Gestão da cadeia de suprimentos

estratégia, planejamento e operações

6ª EDIÇÃO

Gestão da cadeia de suprimentos

estratégia, planejamento e operações

6ª EDIÇÃO

Sunil Chopra
Kellogg School of Management

Peter Meindl
Kepos Capital

Tradução
Sérgio Nascimento

Revisão técnica
Prof. Dr. Sergio Luiz Pereira
*Livre Docente e Doutor em Engenharia Elétrica e
pesquisador em Automação de Processos Industriais,
Cadeia de Suprimentos e Sustentabilidade —
Escola Politécnica da Universidade de São Paulo*

Pearson

©2016 by Pearson Education do Brasil Ltda.
Copyright © 2016, 2013, 2010 by Pearson, Inc.

Todos os direitos reservados. Nenhuma parte desta publicação poderá ser reproduzida ou transmitida de qualquer modo ou por qualquer outro meio, eletrônico ou mecânico, incluindo fotocópia, gravação ou qualquer outro tipo de sistema de armazenamento e transmissão de informação, sem prévia autorização, por escrito, da Pearson Education do Brasil.

Gerente editorial	Thiago Anacleto
Supervisora de produção editorial	Silvana Afonso
Coordenador de produção editorial	Jean Xavier
Editor de aquisições	Vinícius Souza
Editor de texto	Luiz Salla
Editores assistentes	Marcos Guimarães e Karina Ono
Preparação	Rebeca Michelotti
Revisão	Lucas de Sena Lima
Capa	adaptada por Solange Rennó
Projeto gráfico e diagramação	Casa de Ideias

Dados Internacionais de Catalogação na Publicação (CIP)
(Câmara Brasileira do Livro, SP, Brasil)

Chopra, Sunil
 Gestão da cadeia de suprimentos : estratégia, planejamento e operação / Sunil Chopra, Peter Meindl ; tradução Sérgio Nascimento ; revisão técnica Sergio Luiz Pereira. -- 6. ed. -- São Paulo : Pearson Education do Brasil, 2016.

Título original: Supply chain management : strategy, planning, and operation
Bibliografia.
ISBN 978-85-430-0474-7

1. Administração de materiais 2. Compras industriais 3. Entrega de bens - Administração 4. Distribuição física dos bens - Administração 5. Marketing - Canais - Administração 6. Serviços aos consumidores - Administração I. Meindl, Peter. II. Título.

15-10682   CDD-658.7

Índice para catálogo sistemático:
1. Cadeia de suprimentos : Gerenciamento : Administração de empresas 658.7
2. Suprimentos : Cadeia : Gerenciamento : Administração de empresas 658.7

2016
Direitos exclusivos para a língua portuguesa cedidos à
Pearson Education do Brasil Ltda.,
uma empresa do grupo Pearson Education
Avenida Santa Marina, 1193
CEP 05036-001 – São Paulo – SP – Brasil
Fone: 11 3821-3542
vendas@pearson.com

Gostaria de agradecer aos meus colegas da Kellogg por tudo o que eu aprendi com eles sobre logística e gestão da cadeia de suprimentos. Sou grato pelo amor e encorajamento que os meus pais, Krishan e Pushpa, e irmãs, Sudha e Swati, sempre me proporcionaram em cada empreendimento em minha vida. Agradeço aos meus filhos, Ravi e Rajiv, pela alegria que me trouxeram. Por fim, nada disso teria sido possível sem o amor constante, carinho e apoio de minha esposa, Maria Cristina.

Sunil Chopra

Gostaria de agradecer a três mentores — Sunil Chopra, Hau Lee e Gerry Lieberman — que me ensinaram muito. Agradeço também aos meus pais e irmã pelo seu amor, e aos meus filhos, Jamie e Eric, por me fazer sorrir e me ensinar o que a vida é realmente. Mais importante, agradeço a minha esposa, Sarah, que faz a vida ser maravilhosa e a quem eu amo com todo meu coração.

Peter Meindl

Sumário

PARTE I – Construindo um referencial estratégico para análise das cadeias de suprimentos

Capítulo 1   Compreensão da cadeia de suprimentos 1
1.1   O que é uma cadeia de suprimentos? 1
1.2   O objetivo de uma cadeia de suprimentos 3
1.3   A importância das decisões em cadeia de suprimentos 5
1.4   Fases de decisão em uma cadeia de suprimentos 6
1.5   Visões de processo de uma cadeia de suprimentos 8
1.6   Exemplos de cadeias de suprimentos 13
1.7   Resumo dos objetivos de aprendizagem 17
        Perguntas para discussão 18
        Referências 18

Capítulo 2   Desempenho da cadeia de suprimentos: alinhamento e escopo estratégico 19
2.1   Estratégias competitivas e da cadeia de suprimentos 19
2.2   Obtenção de alinhamento estratégico 21
2.3   Expansão do escopo estratégico 32
2.4   Obstáculos para atingir alinhamento estratégico 34
2.5   Resumo dos objetivos de aprendizagem 36
        Perguntas para discussão 37
        Referências 37
        Estudo de caso – O fim da Blockbuster 38

Capítulo 3   Fatores-chave e métricas da cadeia de suprimentos ... 41
3.1   Medidas financeiras do desempenho 41
3.2   Fatores-chave de desempenho da cadeia de suprimentos 45
3.3   Modelo para estruturação de fatores-chave 47
3.4   Instalações 48
3.5   Estoque 50
3.6   Transporte 53

3.7 Informação 54
3.8 *Sourcing* 57
3.9 Precificação (*pricing*) 59
3.10 Resumo dos objetivos de aprendizagem 61
Perguntas para discussão 62
Referências 62
Estudo de caso – Seven-Eleven Japan Co. 62
Estudo de caso – Informativos financeiros do Walmart e da Macy's 68

PARTE II – Planejando a rede de cadeia de suprimentos

Capítulo 4   Projetos de redes de distribuição e aplicações para e-business 70

4.1 O papel da distribuição na cadeia de suprimentos 70
4.2 Fatores que influenciam no projeto de rede de distribuição 72
4.3 Opções de projeto para uma rede de distribuição 75
4.4 E-business e a rede de distribuição 88
4.5 Redes de distribuição na prática 101
4.6 Resumo dos objetivos de aprendizagem 102
Perguntas para discussão 103
Referências 103
Estudo de caso – A Blue Nile e a revenda de diamantes 104

Capítulo 5   Projeto de rede na cadeia de suprimentos 108

5.1 O papel do projeto de rede na cadeia de suprimentos 108
5.2 Fatores que influenciam decisões de projeto de rede 110
5.3 Modelo para decisões de projeto de rede 115
5.4 Modelos para localização de instalações e alocação de capacidade 117
5.5 Tomada de decisões de projeto de rede na prática 133
5.6 Resumo dos objetivos de aprendizagem 134
Perguntas para discussão 134
Exercícios 135
Referências 139
Estudo de caso – Administração do crescimento na SportStuff.com 139
Estudo de caso – Projeto de rede de produção da CoolWipes 141

Capítulo 6   Projeto de redes globais de cadeia de suprimentos 142

6.1 O impacto da globalização nas redes da cadeia de suprimentos 142
6.2 A decisão de *offshoring* (terceirização no exterior): custo total 144
6.3 Gerenciamento de riscos nas cadeias de suprimentos globais 147
6.4 Fluxos de caixa descontados 151
6.5 Avaliação das decisões do projeto de rede por meio de árvores de decisão 153

6.6	Praticar *onshore* ou *offshore*: avaliação das decisões de projeto da cadeia de suprimentos global sob incerteza 160
6.7	Tomada de decisões de projeto de cadeia de suprimentos global sob incerteza na prática 168
6.8	Resumo dos objetivos de aprendizagem 168
	Perguntas para discussão 169
	Exercícios 169
	Referências 171
	Estudo de caso – BioPharma, Inc. 171
	Estudo de caso – A decisão de *sourcing* da Forever Young 174

PARTE III – Planejando e coordenando suprimento e demanda em uma cadeia de suprimentos

Capítulo 7 Previsão de demanda em uma cadeia de suprimentos 175

7.1	A função da previsão em uma cadeia de suprimentos 175
7.2	Características das previsões 176
7.3	Componentes de uma previsão e métodos de previsão 177
7.4	Abordagem básica para a previsão de demanda 179
7.5	Métodos de previsão de séries temporais 180
7.6	Medições de erro de previsão 191
7.7	Seleção do melhor alisamento constante 194
7.8	Previsão da demanda na Tahoe Salt 196
7.9	A função de TI na previsão 201
7.10	Previsão na prática 202
7.11	Resumo dos objetivos de aprendizagem 203
	Perguntas para discussão 203
	Exercícios 204
	Referências 205
	Estudo de caso – Specialty Packaging Corporation 205

Capítulo 8 Planejamento agregado em uma cadeia de suprimentos 208

8.1	A função do planejamento agregado em uma cadeia de suprimentos 208
8.2	O problema do planejamento agregado 210
8.3	Estratégias de planejamento agregado 212
8.4	Planejamento agregado usando programação linear 213
8.5	Planejamento agregado com utilização de programação linear 215
8.6	Planejamento agregado em Excel 220
8.7	Elaboração de um programa mestre de produção estimado 223
8.8	A função da TI no planejamento agregado 224
8.9	Implementação do planejamento agregado na prática 224
8.10	Resumo dos objetivos de aprendizagem 225

Perguntas para discussão 226
Exercícios 226
Referências 228
Estudo de caso – Kloss Planters and Harvesters 228

Capítulo 9 Planejamento de vendas e operações: como planejar oferta e demanda em uma cadeia de suprimentos 230

9.1 Resposta à variabilidade previsível na cadeia de suprimentos 230
9.2 Gestão da oferta 231
9.3 Gestão da demanda 233
9.4 Planejamento de vendas e operações da Red Tomato 235
9.5 Implementação do planejamento de vendas e operações na prática 240
9.6 Resumo dos objetivos de aprendizagem 241
Perguntas para discussão 241
Exercícios 242
Referências 243
Estudo de caso – Mintendo Game Girl 243
Estudo de caso – Desafios de promoção na Gulmarg Skis 244

Capítulo 10 Coordenação em uma cadeia de suprimentos 246

10.1 Falta de coordenação da cadeia de suprimentos e o efeito chicote 246
10.2 O efeito da falta de coordenação sobre o desempenho 248
10.3 Obstáculos à coordenação em uma cadeia de suprimentos 250
10.4 Alavancas gerenciais para conseguir a coordenação 254
10.5 Reposição contínua e estoques controlados pelo fornecedor 259
10.6 Planejamento colaborativo, previsão e reposição 260
10.7 Conseguindo a coordenação na prática 263
10.8 Resumo dos objetivos de aprendizagem 265
Perguntas para discussão 265
Referências 266

PARTE IV – Planejando e gerindo estoques em uma cadeia de suprimentos

Capítulo 11 Gestão de economias de escala em uma cadeia de suprimentos: estoque cíclico 267

11.1 Função do estoque cíclico em uma cadeia de suprimento 267
11.2 Estimativa de custos relacionados ao estoque cíclico na prática 270
11.3 Economias de escala para explorar custos fixos 272
11.4 Agregação de múltiplos produtos em apenas um pedido 277
11.5 Economias de escala para explorar descontos proporcionais à quantidade 285
11.6 Descontos em curto prazo: promoções comerciais 297

11.7 Gestão de estoque cíclico multicamadas 302
11.8 Resumo dos objetivos de aprendizagem 305
      Perguntas para discussão 306
      Exercícios 306
      Referências 309
      Estudo de caso – Estratégia de entrega na MoonChem 309
      Estudo de caso – Definição de preço e entrega na KAR Foods 311
Apêndice 11A 312

Capítulo 12 Gestão de incerteza em uma cadeia de suprimentos: estoque de segurança 313

12.1 A função do estoque de segurança em uma cadeia de suprimentos 313
12.2 Fatores que afetam o nível apropriado de estoque de segurança 315
12.3 Determinação do nível apropriado de estoque de segurança 318
12.4 Impacto da incerteza da oferta sobre o estoque de segurança 327
12.5 Impacto da agregação no estoque de segurança 329
12.6 Impacto de políticas de reposição em estoque de segurança 342
12.7 Gestão do estoque de segurança em uma cadeia de suprimentos multicamadas 345
12.8 A função da TI na gestão de estoque 346
12.9 Estimativa e gestão do estoque de segurança na prática 347
12.10 Resumo dos objetivos de aprendizagem 348
      Perguntas para discussão 349
      Exercícios 349
      Referências 352
      Estudo de caso – Gestão de estoques na ALKO Inc. 353
      Estudo de caso – O empacotamento deveria ser postergado ao CD? 355
Apêndice 12A 356
Apêndice 12B 357
Apêndice 12C 357
Apêndice 12D 358

Capítulo 13 Determinação do nível ideal de disponibilidade de produto 360

13.1 A importância do nível de disponibilidade de produto 360
13.2 Fatores que afetam o nível ideal de disponibilidade de produto 361
13.3 Alavancas gerenciais para melhorar a lucratividade na cadeia de suprimentos 371
13.4 Definição de disponibilidade de produto para múltiplos produtos sob restrições de capacidade 385
13.5 Definição de níveis ideais de disponibilidade de produto na prática 388
13.6 Resumo dos objetivos de aprendizagem 388
      Perguntas para discussão 389
      Exercícios 389

Referências 391
Estudo de caso – A necessidade de rapidez na Winner Apparel 392
Apêndice 13A 393
Apêndice 13B 394
Apêndice 13C 394
Apêndice 13D 395
Apêndice 13E 396
Apêndice 13F 396

PARTE V – Projeto e planejamento de redes de transporte

Capítulo 14 Transporte em uma cadeia de suprimentos 399
14.1 O papel do transporte em uma cadeia de suprimentos 399
14.2 Modos de transporte e suas características de desempenho 401
14.3 Infraestrutura e políticas de transporte 405
14.4 Opções de projeto para uma rede de transporte 408
14.5 Mumbai dabbawalas: uma rede de distribuição altamente responsiva 414
14.6 Trade-offs no projeto de transporte 415
14.7 Transporte adaptado 424
14.8 A função da TI no transporte 426
14.9 Tomada de decisões de transporte na prática 427
14.10 Resumo dos objetivos de aprendizagem 428
Perguntas para discussão 429
Referências 429
Estudo de caso – Projeto de uma rede de distribuição para a Michael's Hardware 429
Estudo de caso – O futuro da entrega no mesmo dia: mesmo como o passado? 430
Estudo de caso – Seleção de modos de transporte para China Imports 431

PARTE VI – Gerindo fatores-chave interfuncionais em uma cadeia de suprimentos

Capítulo 15 Decisões de *sourcing* em uma cadeia de suprimentos 433
15.1 O papel do sourcing em uma cadeia de suprimentos 433
15.2 Interno ou terceirizado 435
15.3 Exemplos de fornecedores terceirizados bem-sucedidos 442
15.4 Custo total de propriedade 444
15.5 Seleção de fornecedor – Leilões e negociações 447
15.6 Compartilhamento de riscos e recompensas na cadeia de suprimentos 449
15.7 Impacto dos incentivos ao terceirizar 460
15.8 Desenvolvimento de um portfólio de *sourcing*: *sourcing* adaptado 462
15.9 Tomada de decisões de *sourcing* na prática 465

15.10 Resumo dos objetivos de aprendizagem 466
   Perguntas para discussão 466
   Exercícios 467
   Referências 468

Capítulo 16 Precificação e gestão de receita em uma cadeia de suprimentos 469

16.1 A função da precificação e da gestão de receita em uma cadeia de suprimentos 469
16.2 Precificação e gestão de receita para diversos segmentos de clientes 471
16.3 Precificação e gestão de receita para ativos perecíveis 478
16.4 Precificação e gestão de receita para demanda sazonal 485
16.5 Precificação e gestão de receita para contratos de massa e contratos à vista 486
16.6 O uso da precificação e da gestão de receita na prática 488
16.7 Resumo dos objetivos de aprendizagem 489
   Perguntas para discussão 489
   Exercícios 490
   Referências 491
   Estudo de caso – Decidir pelo Savored ou pelo Groupon? 491

Capítulo 17 Sustentabilidade e a cadeia de suprimentos 493

17.1 O papel da sustentabilidade em uma cadeia de suprimentos 493
17.2 A tragédia dos bens comuns 495
17.3 Pilares-chaves da sustentabilidade 498
17.4 Sustentabilidade e condutores da cadeia de suprimentos 502
17.5 Cadeias de suprimentos de ciclo fechado 505
17.6 Precificação da sustentabilidade 507
17.7 Resumo dos objetivos de aprendizagem 510
   Perguntas para discussão 510
   Referências 510

Índice remissivo 512

Sobre os autores 523

Capítulo A Tecnologia da informação na cadeia suprimentos (somente na Sala Virtual)

A.1 A função da TI em uma cadeia de suprimentos
A.2 A estrutura de TI em cadeia de suprimentos
A.3 Gestão de relacionamento com o cliente (CRM)
A.4 Gestão da cadeia de suprimentos interna
A.5 Gestão de relacionamento com fornecedores (SRM)
A.6 O alicerce de gestão da transição
A.7 O futuro da TI na cadeia de suprimentos
A.8 Gerenciamento de riscos em TI
A.9 TI em cadeia de suprimentos na prática
A.10 Resumo dos objetivos de aprendizagem

Prefácio

Este livro é voltado tanto para o público acadêmico como para o profissional. Pelo lado acadêmico, ele deve ser apropriado para estudantes de MBA, alunos de mestrado em engenharia e estudantes universitários interessados em gestão da cadeia de suprimentos e logística. Ele também deve servir como uma referência adequada, tanto conceitual quanto metodológica, para os profissionais de consultoria e indústria.

Novidades desta edição

A sexta edição se concentrou em permitir que os alunos aprendam mais à medida que estudem com o livro. Estreitamos a ligação entre os exemplos no livro e as planilhas associadas e inserimos exercícios e estudos de caso em vários capítulos. Também fizemos mudanças com base no feedback de revisores específicos, e acreditamos ter melhorado de modo significativo o livro e seu uso por professores e estudantes.

- Inserimos vários novos minicasos ao longo do livro. Novos casos aparecem nos capítulos 2, 8, 9, 11, 13, 14 e 16. As informações dos outros casos foram atualizadas.
- Para todos os exemplos numéricos discutidos no livro, desenvolvemos planilhas que os alunos podem usar para entender o conceito. Essas planilhas são referidas no livro em *itálico* e permitem que o estudante tente fazer diferentes análises hipotéticas. Essas planilhas estão disponíveis na Sala Virtual.
- Nos capítulos 8 e 9, criamos um fluxo que permite que professores ensinem o conteúdo dos capítulos sem usar o Solver, se assim o desejarem. Para os que quiserem continuar usando-o, todo o material nos capítulos foi ainda mais fortemente ligado às planilhas associadas. Também adicionamos alguns novos minicasos para dar aos alunos a oportunidade de aplicar os conceitos aprendidos nos capítulos.
- No Capítulo 11, inserimos vários exercícios novos, bem como um minicaso.
- No Capítulo 12, adicionamos vários novos exercícios.
- No Capítulo 13, tentamos fazer que o fluxo de material ficasse mais fácil de seguir. Tendo em conta os conceitos mais avançados, estreitamos a ligação com as planilhas associadas. Também adicionamos um minicaso.
- No Capítulo 14, inserimos uma discussão a respeito dos Mumbai dabbawalas, uma rede de distribuição responsiva. Estreitamos a ligação dos exemplos com as planilhas associadas e acrescentamos alguns minicasos.
- O Capítulo 15 teve uma revisão muito significativa, com uma discussão melhorada sobre a terceirização bem-sucedida, bem como sobre o impacto dos incentivos e sobre o compartilhamento de riscos e recompensas na cadeia de suprimentos.
- O Capítulo 16 tem um novo minicaso.
- Tecnologia da informação na cadeia de suprimentos (Capítulo 16 da quarta edição) foi atualizado e disponibilizado on-line na Sala Virtual.

- O novo Capítulo 17, sobre sustentabilidade, possui uma seção relacionada à precificação da sustentabilidade.
- Continuamos a adicionar exemplos atuais ao longo do livro, com um foco particular em trazer mais exemplos globais.

O livro cresceu a partir de um curso sobre gestão da cadeia de suprimentos ministrado a estudantes de MBA do segundo ano na Kellogg School of Management da Northwestern University. O objetivo desse curso não era apenas cobrir a estratégia e os conceitos da cadeia de suprimentos de alto nível, mas também dar aos alunos uma sólida compreensão sobre as ferramentas analíticas necessárias para resolver os problemas da cadeia de suprimentos. Com esse objetivo em mente, nossa meta foi criar um livro que iria desenvolver uma compreensão das seguintes áreas-chave e suas inter-relações:

- o papel estratégico de uma cadeia de suprimentos;
- os condutores estratégicos essenciais do desempenho da cadeia de suprimentos;
- metodologias analíticas para a avaliação da cadeia de suprimentos.

Nosso primeiro objetivo neste livro é que o leitor aprenda a importância estratégica de um bom projeto, planejamento e operação da cadeia de suprimentos para qualquer empresa. O leitor será capaz de entender como a boa gestão da cadeia de suprimentos pode ser uma vantagem competitiva, enquanto os pontos fracos na cadeia podem prejudicar o desempenho de uma empresa. Usamos muitos exemplos para ilustrar essa ideia e desenvolver uma estrutura para a estratégia da cadeia de suprimentos.

Dentro da estrutura estratégica, identificamos instalações, estoque, transporte, informações, *sourcing* e precificação como os condutores-chave do desempenho da cadeia de suprimentos. Nosso segundo objetivo do livro é transmitir como esses condutores podem ser usados em níveis conceituais e práticas da cadeia de suprimentos durante o desenvolvimento, planejamento e operação para melhorar o desempenho. Apresentamos uma variedade de casos que podem ser usados para ilustrar como uma empresa utiliza vários condutores para melhorar o desempenho da cadeia de suprimentos. Para cada condutor de desempenho da cadeia, nosso objetivo é fornecer aos leitores alavancas e conceitos gerenciais práticos que possam ser utilizados para melhorar o desempenho da cadeia de suprimentos.

Usar essas alavancas gerenciais requer o conhecimento de metodologias analíticas para a análise da cadeia de suprimentos. Nosso terceiro objetivo é dar ao leitor uma compreensão dessas metodologias. Toda discussão metodológica é ilustrada com a sua aplicação em Excel. Nessa discussão, também salientamos o contexto gerencial no qual a metodologia é utilizada e as alavancas gerenciais para melhoria a que ela dá suporte.

Os quadros estratégicos e conceitos discutidos no livro são estreitados com uma variedade de exemplos que mostram como uma combinação de conceitos é necessária para alcançar aumentos significativos no desempenho.

Sala Virtual

Na Sala Virtual deste livro (sv.pearson.com.br), professores e estudantes podem acessar os seguintes materiais adicionais a qualquer momento:

Para professores:

- apresentações em PowerPoint;
- manual de soluções (em inglês);
- banco de exercícios (em inglês).

> Esse material é de uso exclusivo para professores e está protegido por senha. Para ter acesso a ele, os professores que adotam o livro devem entrar em contato com seu representante Pearson ou enviar e-mail para ensinosuperior@pearson.com.

Para estudantes:

- Capítulo A on-line – Tecnologias da informação em uma cadeia de suprimentos;
- planilhas associadas com exemplos numéricos aplicados no livro;
- planilhas que permitem aos estudantes construir cada tabela mostrada nos capítulos 7 a 9.

Agradecimentos

Gostaríamos de agradecer às muitas pessoas que nos ajudaram ao longo desse processo. Agradecemos aos revisores, cujas sugestões melhoraram significativamente o livro, incluindo: Steven Brown, da Arizona State University; Ming Chen, da California State University, Long Beach; Sameer Kumar, da University of Saint Thomas; Frank Montabon, da Iowa State University; Brian Sauser, da University of North Texas; e Paul Venderspek, da Colorado State University.

Somos gratos aos estudantes da Kellogg School of Management, que sofreram com as apostilas com problemas de tipografia que antecederam o livro. Gostaríamos também de agradecer ao nosso editor, Dan Tylman, e aos funcionários da Pearson, incluindo Liz Napolitano, gerente de projetos sênior de produção; Anne Fahlgren, gerente executiva de marketing de produtos; Claudia Fernandes, gerente de programa; e Linda Albelli, assistente editorial, por seus esforços com o livro. Finalmente, gostaríamos de agradecer a vocês, nossos leitores, pela leitura e pelo uso deste livro. Esperamos que ele contribua com todos os seus esforços para melhorar o desempenho das empresas e cadeias de suprimentos em todo o mundo. Teremos o prazer de ouvir os seus comentários e sugestões para futuras edições deste texto.

Sunil Chopra
Kellogg School of Management, Northwestern University

Peter Meindl
Kepos Capital

Parte I

Compreensão da cadeia de suprimentos

CAPÍTULO 1

> ### » Objetivos de aprendizagem
>
> Depois de ler este capítulo, você será capaz de:
>
> 1. Discutir o objetivo de uma cadeia de suprimentos e explicar o impacto de decisões relacionadas a ela sobre o sucesso de uma empresa.
> 2. Identificar três decisões-chave em cadeia de suprimentos e explicar o significado de cada uma delas.
> 3. Descrever o ciclo e as visões do tipo *empurrar/puxar* de uma cadeia de suprimentos.
> 4. Classificar os macroprocessos da cadeia de suprimentos em uma empresa.

Neste capítulo, apresenta-se o conceito de cadeia de suprimentos e de diversas questões que precisam ser consideradas em seu projeto, planejamento ou operação. Discute-se o significado das decisões da cadeia de suprimentos e de seu desempenho para o sucesso de uma empresa. Além disso, são fornecidos diversos exemplos de diferentes setores, a fim de enfatizar a variedade de aspectos da cadeia de suprimentos que as empresas precisam considerar nos níveis da estratégia, do planejamento e das operações.

1.1 O que é uma cadeia de suprimentos?

Uma *cadeia de suprimentos* consiste em todas as partes envolvidas, direta ou indiretamente, na realização do pedido de um cliente. Ela inclui não apenas o fabricante e os fornecedores, mas também transportadoras, armazéns, varejistas e até mesmo os próprios clientes. Em cada organização, assim como em um fabricante, a cadeia de suprimentos abrange todas as áreas envolvidas na recepção e na realização de uma solicitação do cliente. Dentre elas podemos citar: o desenvolvimento de produto, o marketing, as operações, a distribuição, o financeiro e o serviço de atendimento ao cliente, no entanto a cadeia de suprimentos pode não se limitar apenas a elas.

Considere um cliente entrando em uma loja Walmart para comprar detergente. A cadeia de suprimentos começa com o cliente e sua necessidade de adquirir esse produto. O próximo estágio é a loja do Walmart que o cliente visita. O Walmart abastece suas prateleiras usando o estoque, que pode ter sido fornecido por um depósito de produtos finais ou por um distribuidor usando caminhões fornecidos por um terceiro. O distribuidor, por sua vez, é abastecido pelo fabricante (Procter & Gamble — P&G —, neste caso). A fábrica da P&G recebe matéria-prima de diversos fornecedores, que podem ter sido abastecidos por fornecedores do estágio anterior. Por exemplo, o material da embalagem pode vir da Pactiv Corporation que, por sua vez, recebe de outros fornecedores a matéria-prima para fabricar a embalagem. Essa cadeia de suprimentos é ilustrada na Figura 1.1, com as setas correspondendo à direção do fluxo de produto físico.

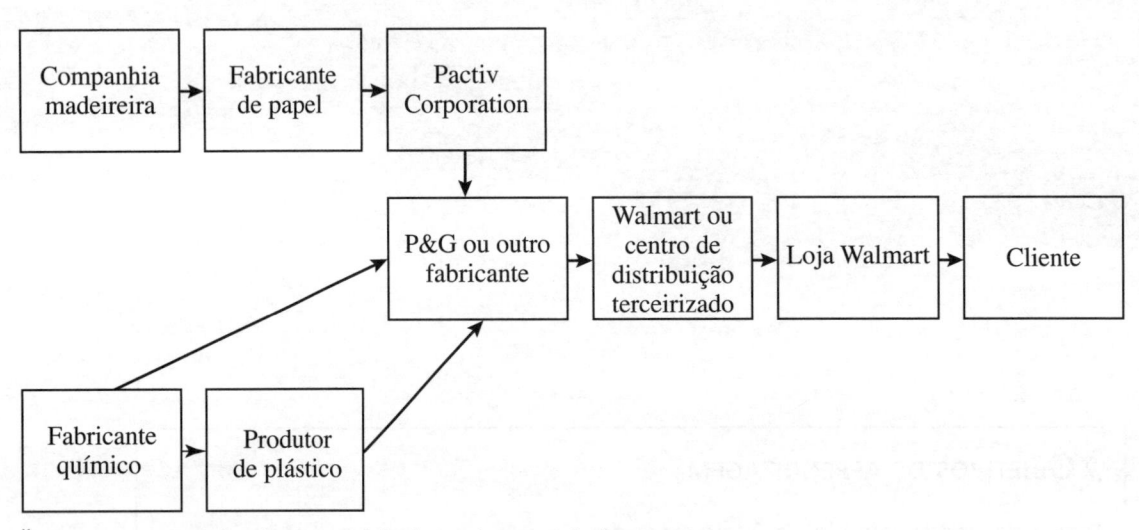

》 **Figura 1.1** Estágios de uma cadeia de suprimentos de detergente.

Uma cadeia de suprimentos é dinâmica e envolve o fluxo constante de informações, produtos e fundos entre diferentes estágios. Em nosso exemplo, o Walmart oferece o produto para o cliente, além de informações de preço e disponibilidade. O cliente transfere fundos para o Walmart, que transmite dados do ponto de venda e também pedidos de reposição ao estoque ou distribuidor, o qual, por sua vez, remete o pedido de reposição via caminhões de volta à loja. O Walmart repassa fundos ao distribuidor após a reposição. O distribuidor oferece informações de preço e envia programações de entrega ao Walmart, que pode devolver o material de acondicionamento das embalagens para serem reciclados. Fluxos semelhantes de informações, materiais e fundos acontecem por toda a cadeia de suprimentos.

Em outro exemplo, quando um cliente faz uma compra on-line na Amazon, a cadeia de suprimentos inclui, entre outros, o consumidor, o site, o depósito e todos os fornecedores da Amazon. O site oferece ao cliente as informações referentes a preços, variedade e disponibilidade de produtos. Ao escolher o produto, o cliente entra com a informação do pedido e paga por ele. O cliente pode, mais tarde, retornar ao site para verificar o *status* do pedido. Os estágios mais adiante na cadeia de suprimentos utilizam as informações do pedido do cliente para atender à solicitação. Esse processo envolve um fluxo adicional de informações, produtos e fundos entre diversos estágios da cadeia de suprimentos.

Esses exemplos ilustram que o cliente é parte integrante da cadeia de suprimentos. De fato, a finalidade principal de qualquer cadeia de suprimentos é satisfazer as necessidades do consumidor e, no processo, gerar lucro por si só. O termo *cadeia de suprimentos* traz à lembrança imagens de produtos ou do estoque movendo-se de fornecedores para fabricantes, distribuidores, comerciantes e para clientes ao longo de uma cadeia. Isso certamente faz parte da cadeia de suprimentos, mas também é importante visualizar informações, fundos e fluxos de produtos em ambos os sentidos dela. O termo *cadeia de suprimentos* também pode implicar que somente um participante esteja envolvido em cada estágio. Na realidade, um fabricante pode receber material de diversos fornecedores e depois abastecer vários distribuidores. Assim, muitas das *cadeias de suprimentos* são, de fato, redes. Pode ser mais exato utilizar o termo *rede de suprimentos* ou *teia de suprimentos* para descrever a estrutura da maioria das cadeias de suprimentos, como mostra a Figura 1.2.

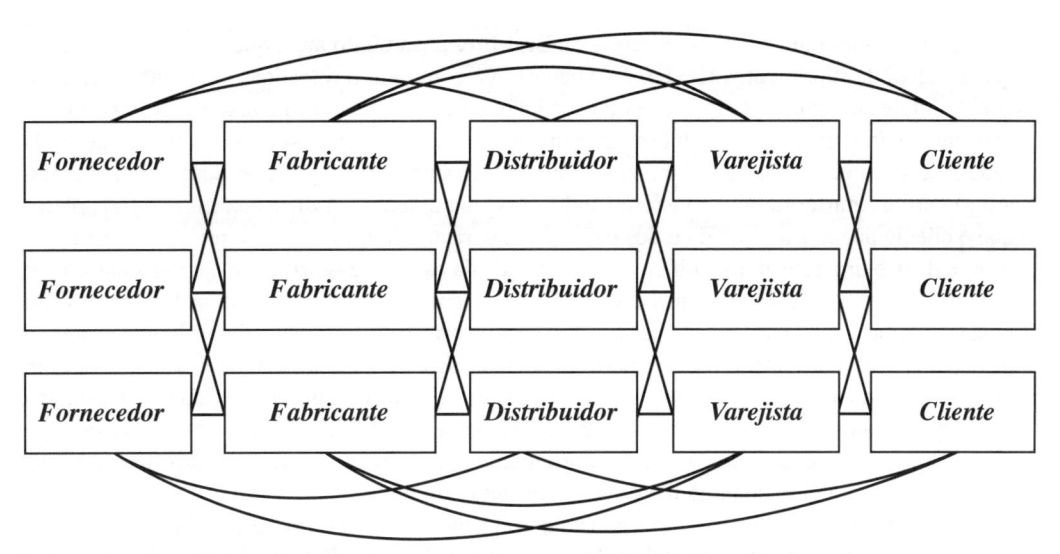

```
Fornecedor — Fabricante — Distribuidor — Varejista — Cliente
Fornecedor — Fabricante — Distribuidor — Varejista — Cliente
Fornecedor — Fabricante — Distribuidor — Varejista — Cliente
```

Figura 1.2 Estágios em cadeia de suprimentos.

Uma cadeia de suprimentos típica pode envolver uma série de estágios, que incluem:

- clientes;
- varejistas;
- atacadistas/distribuidores;
- fabricantes;
- fornecedores de componentes/matéria-prima.

Cada estágio em uma cadeia de suprimentos está conectado pelo fluxo de produtos, informação e fundos. Esses fluxos normalmente ocorrem em duas direções e podem ser gerenciados por um dos estágios ou por um intermediário. Nem todo estágio na Figura 1.2 precisa estar presente em uma cadeia de suprimentos. Como será discutido no Capítulo 4, um projeto apropriado da cadeia de suprimentos depende das necessidades do cliente e das funções desempenhadas pelos estágios envolvidos. Por exemplo, a Dell utiliza duas estruturas de cadeia de suprimentos diferentes para atender seus clientes. Para os negócios de servidores, a Dell monta de acordo com a demanda; ou seja, um pedido do cliente principia a fabricação. Para a venda de servidores, a Dell não tem um varejista, distribuidor ou atacadista separados na cadeia de suprimentos. A Dell também vende produtos de consumo, como PCs e tablets, por meio de varejistas como Walmart, que tem produtos Dell em seu estoque. Essa cadeia de suprimentos, portanto, contém um estágio extra (o varejista) em comparação ao modelo de vendas diretas também usado pela Dell para servidores. No caso de outras lojas varejistas, a cadeia de suprimentos também pode conter um atacadista ou um distribuidor entre a loja e o fabricante.

1.2 O objetivo de uma cadeia de suprimentos

O objetivo de cada cadeia de suprimentos deve ser maximizar o valor geral produzido. O *valor* (também conhecido como *excedente da cadeia de suprimentos*) que uma cadeia de suprimentos gera é a diferença entre o que o produto final vale para o cliente e os custos que incorrem a ela ao atender à solicitação do cliente.

Excedente de cadeia de suprimentos = Valor do cliente – Custo da cadeia de suprimentos

O valor do produto final pode variar para cada cliente e ser estimado pela quantia máxima pela qual o consumidor está disposto a pagar. A diferença entre o valor do produto e seu preço permanece com aquele que o compra como *excedente do cliente*. O restante do excedente da cadeia de suprimentos se torna *lucratividade da cadeia de suprimentos*, a diferença entre a receita gerada do cliente e o custo total ao longo da cadeia de suprimentos. Por exemplo, um cliente que compra um roteador wireless da Best Buy paga 60 dólares, que representa a receita que a cadeia de suprimentos recebe. Os clientes que compram o roteador claramente o avaliam em 60 dólares ou mais. Assim, parte do excedente da cadeia de suprimentos fica com o cliente. O restante permanece com a cadeia de suprimentos como lucro. A Best Buy e outros estágios da cadeia de suprimentos incorrem em custos para transmitir informações, produzir componentes, armazená-los, transportá-los, transferir fundos e assim por diante. A diferença entre os 60 dólares que o cliente pagou e a soma de todos os custos incorridos pela cadeia de suprimentos para produzir e distribuir o roteador significa a lucratividade da cadeia de suprimentos, representada pelo lucro total a ser compartilhado entre todos os estágios e intermediários da cadeia de suprimentos. Quanto maior a lucratividade da cadeia de suprimentos, mais bem-sucedida ela é. O sucesso dessa cadeia deve ser medido em termos de lucratividade, e não em termos dos lucros em um estágio individual. (Nos próximos capítulos, veremos que o foco na lucratividade em estágios individuais pode levar a uma redução nos lucros gerais da cadeia de suprimentos.) O foco no crescimento do excedente da cadeia de suprimentos impulsiona todos os membros dessa cadeia em direção ao aumento do tamanho do negócio como um todo.

Tendo definido o sucesso de uma cadeia de suprimentos em termos de excedente, o próximo passo lógico é procurar por fontes de valor, de receita e de custo. Para qualquer cadeia de suprimentos, existe apenas uma fonte de receita: o cliente. O valor obtido por um cliente que compra um detergente no Walmart depende de vários fatores, incluindo a funcionalidade do detergente, em que medida o consumidor está longe da loja e a probabilidade de encontrar o produto em estoque. O cliente é o único a fornecer fluxo de caixa positivo para a cadeia de suprimentos do Walmart. Todos os outros fluxos de caixa são simplesmente trocas de fundo que ocorrem na cadeia de suprimentos, uma vez que diferentes estágios têm proprietários distintos. Quando o Walmart paga a seu fornecedor, ele está tomando uma parte dos fundos que o cliente oferece e passando esse dinheiro para o fornecedor. Todos os fluxos de informações, produtos ou fundos geram custos dentro da cadeia de suprimentos. Assim, o gerenciamento apropriado desses fluxos é fundamental para o sucesso da cadeia de suprimentos. O *gerenciamento da cadeia de suprimentos* eficaz envolve a administração de ativos e produtos, informações e fluxo de fundos para maximizar o excedente total da cadeia. Um crescimento no excedente da cadeia de suprimentos aumenta o tamanho do negócio como um todo, permitindo a contribuição de membros da cadeia de suprimentos ao benefício.

Neste livro, será dada grande ênfase à análise de todas as decisões da cadeia de suprimentos em termos do impacto em seu excedente. Essas decisões e seus impactos podem variar por uma ampla série de razões. Por exemplo, considere a diferença de estrutura da cadeia de suprimentos de bens de consumo rápido observada nos Estados Unidos e na Índia. Os distribuidores americanos exercem um papel muito menor nessa cadeia de suprimentos quando comparados a seus equivalentes indianos. Essa diferença de estrutura entre as cadeias de suprimentos pode ser explicada pelo impacto que um distribuidor tem no excedente da cadeia em cada um dos dois países.

O varejo nos Estados Unidos é amplamente consolidado, com grandes cadeias comprando bens de consumo da maioria dos fabricantes. Essa consolidação oferece aos varejistas escala suficiente para que a introdução de um intermediário, como um distribuidor, não reduza os custos, podendo, inclusive, aumentá-los, em razão de uma transação adicional. Por outro lado, a Índia possui milhões de pequenos pontos de venda, o que limita a quantidade de estoque que eles podem manter. Isso exige reabastecimento frequente — um pedido indiano pode ser comparado às compras de mercado semanais de uma família nos Estados Unidos. A única maneira de um fabricante manter os custos de transporte baixos é levar caminhões cheios de produtos para perto do mercado e então distribuir localmente, usando entregas não programadas com veículos menores. A presença de um intermediário que pode receber um carregamento de caminhão cheio, fragmentar a carga e depois fazer entregas menores aos varejistas é crucial se os custos com transporte tiverem de ser mantidos baixos. A maioria dos distribuidores indianos são lojas que oferecem vários produtos em um só lugar, e estocam tudo — desde óleo de cozinha até sabonetes e detergentes de diversos fabricantes. Além da conveniência oferecida pelas compras em um único lugar, os distribuidores na Índia também conseguem reduzir custos de transporte para envio externo ao varejista, agregando produtos de vários fabricantes durante as saídas para entrega. Os distribuidores na Índia também são coletores de pagamento, pois o custo de coleta é significativamente menor do que o de cada fabricante cobrando dos varejistas por conta própria. Assim, o importante papel dos distribuidores na Índia pode ser explicado pelo crescimento no excedente da cadeia de suprimentos resultante de sua presença. O argumento do excedente da cadeia de suprimentos implica que, à medida que o varejo na Índia começar a se consolidar, o papel dos distribuidores diminuirá.

1.3 A importância das decisões em cadeia de suprimentos

Existe uma conexão próxima entre projeto e gerenciamento de fluxos da cadeia de suprimentos (produtos, informação e fundos) e o sucesso de uma cadeia de suprimentos. Walmart, Amazon e Seven-Eleven Japan são exemplos de empresas que construíram seu sucesso com base em desempenho superior de projeto, planejamento e operação de sua cadeia de suprimentos. Por outro lado, o fracasso de muitos e-businesses, como o da Webvan, pode ser atribuído às deficiências em seu projeto e no planejamento da cadeia de suprimentos. A ascensão e subsequente queda da rede de livrarias Borders ilustra como uma falha em adaptar a cadeia de suprimentos a um ambiente em transformação e às expectativas do cliente prejudicam o desempenho. Esses exemplos serão discutidos mais adiante nesta seção.

O Walmart tem sido um líder no uso de projeto, planejamento e operação da cadeia de suprimentos para alcançar sucesso. Desde seu início, a empresa investiu muito em infraestrutura de transporte e informação para facilitar o fluxo eficaz de mercadorias e informações. A empresa projetou sua cadeia de suprimentos com grupos de lojas em torno de centros de distribuição para facilitar o reabastecimento frequente em suas revendas de varejo de maneira econômica. Isso permite às lojas um ajuste entre oferta e demanda de modo mais eficiente do que a competição. O Walmart tem sido um líder no compartilhamento de informações e colaboração com fornecedores para reduzir custos e melhorar a disponibilidade de produtos. Os resultados são impressionantes. Em seu relatório anual de 2013, a empresa relatou um lucro líquido de mais de 17 bilhões de dólares e 469 bilhões de dólares de receitas. Esses resultados são fantásticos para uma empresa cujas vendas anuais alcançavam apenas um bilhão de dólares em 1980. O crescimento nas vendas representa uma taxa composta de crescimento anual de mais de 20%.

A Seven-Eleven Japan é outro exemplo de empresa que utilizou excelentes projeto, planejamento e operação da cadeia de suprimentos para dirigir o crescimento e a lucratividade. Ela fez uso de um sistema de reabastecimento bastante eficiente junto de um marcante sistema de informação para assegurar que os produtos fiquem disponíveis no tempo e local que os clientes necessitam. Essa eficiência possibilita que ela troque o mix de produtos em cada loja de acordo com o dia, a fim de atender precisamente a demanda do cliente. Como resultado, a empresa cresceu de 1 bilhão de ienes em vendas em 1974 para quase 1,9 trilhões de ienes em 2013, com lucros em 2013 totalizando 222 bilhões de ienes.

O fracasso de muitos e-businesses, como o da Webvan e o da Kozmo, pode ser atribuído a sua incapacidade de projetar cadeias de suprimentos apropriadas ou gerenciar os fluxos de cadeias de modo eficaz. A Webvan projetou uma cadeia de suprimentos com grandes depósitos em várias cidades importantes nos Estados Unidos, a partir dos quais os mantimentos eram entregues nas casas dos clientes. Esse projeto de cadeia de suprimentos não poderia concorrer em termos de custo com cadeias de suprimentos de supermercados tradicionais. Essas cadeias levam o produto a um supermercado próximo ao consumidor usando carregamentos cheios, resultando em custos de transporte muito baixos. Eles têm um giro de estoques relativamente rápido e permitem que o cliente realize a maior parte da atividade de seleção de produtos no mercado. Em contrapartida, a Webvan tinha um giro de estoque um pouco mais rápido que os supermercados, mas incorria em custos de transporte muito mais altos para entrega doméstica e maiores custos de mão de obra para separar os pedidos dos clientes. O resultado foi uma empresa que faliu em 2001, após dois anos de uma oferta pública inicial muito bem-sucedida.

Como ilustra a experiência da Borders, a falha em adaptar as cadeias de suprimentos ao ambiente em mutação pode prejudicar de modo significativo o desempenho. A Borders, junto da Barnes & Nobles, dominou as vendas de livros e música nos anos 1990 ao implementar o conceito de megaloja. Em comparação às livrarias locais menores que dominavam a indústria antes disso, a Borders estava apta a oferecer maior variedade (cerca de 100 mil títulos nas megalojas, contra menos de 10 mil títulos nas livrarias locais) aos clientes com um custo mais baixo ao agregar as operações nas lojas maiores. Isso possibilitou que a empresa pudesse ter giros maiores de estoque do que as livrarias locais com menores custos de operação por dólar de venda. Em 2004, a Borders chegou a vendas de quase 4 bilhões de dólares, com lucro de 132 bilhões de dólares. Contudo, seu modelo já estava sob pressão com o crescimento da Amazon, que oferecia muito mais variedade que a própria Borders, com baixo custo, ao vender on-line e estocar sua mercadoria em menos centros de distribuição. A incapacidade da Borders em adaptar sua cadeia de suprimentos de modo que pudesse competir com a Amazon levou-a a um rápido declínio. Em 2009, as vendas caíram para 2,8 bilhões de dólares; a empresa perdera 109 milhões naquele ano.

A Dell é outro exemplo de empresa que experimentou tremendo sucesso com base em seu projeto, planejamento e operação da cadeia de suprimentos, mas teve de adaptá-la em resposta às inovações tecnológicas e às expectativas do cliente. Entre 1993 e 2006, a empresa viveu um crescimento sem precedentes, tanto em sua receita como em seu lucro, ao estruturar a cadeia de suprimentos que oferecia a seus clientes PCs personalizados rapidamente e a custo razoável. Em 2006, a Dell teve um lucro líquido de mais de 3,5 bilhões e receitas acima de 56 bilhões de dólares. Esse sucesso baseou-se em duas características-chave da cadeia de suprimentos, que apoiaram a personalização rápida e de baixo custo. A primeira foi a decisão da Dell de vender diretamente ao consumidor final, ignorando distribuidores e varejistas. O segundo aspecto-chave da cadeia de suprimentos da Dell foi a centralização da manufatura e estoques em poucos locais onde a montagem final era adiada até que chegasse o pedido do cliente. Como resultado, a Dell estava apta a fornecer maior variedade de configurações de PCs, enquanto mantinha baixos níveis de estoque de componentes.

> **》Ponto-chave**
>
> Decisões de projeto, planejamento e operação em cadeia de suprimentos desempenham um papel significativo no sucesso ou no fracasso de uma empresa. Para permanecer competitivas, as cadeias de suprimentos devem se adaptar à tecnologia em constante mudança e às expectativas do cliente.

A despeito de seu grande sucesso, o mercado em constante mudança apresentou alguns novos desafios para a Dell. Enquanto sua cadeia de suprimentos estava bem adequada aos PCs altamente personalizados, o mercado mudou com relação aos baixos níveis de personalização. Dado o poder de crescimento do hardware, os clientes estavam satisfeitos com poucos modelos. A Dell reagiu ajustando sua cadeia de suprimentos com relação tanto às vendas diretas como ao processo dos pedidos. A empresa começou por vender seus PCs por meio de redes de varejo como o Walmart nos Estados Unidos e a GOME, na China. Ela também terceirizou uma grande fração de sua montagem para locais de baixo custo, efetivamente visando mais ao estoque de bens que ao atendimento sob demanda. Ao contrário da Borders, a Dell está fazendo um esforço significativo para adaptar a sua cadeia de suprimentos para o ambiente em constante transformação. Futuramente será visto se essas mudanças melhorarão o desempenho da empresa.

Na próxima seção, categorizaremos as fases de decisão da cadeia de suprimentos com base na frequência com que elas são feitas e no período de tempo levado para colocá-las em prática.

1.4 Fases de decisão em uma cadeia de suprimentos

A gestão bem-sucedida da cadeia de suprimentos requer muitas decisões relacionadas ao fluxo de informações, produtos e fundos. Cada decisão deve ser feita para aumentar o excedente da cadeia, e cada uma delas pode ser classificada em três categorias ou fases, dependendo da frequência de cada decisão e do período de tempo durante o qual uma fase da decisão tem impacto. Como resultado, cada uma das categorias deve considerar a incerteza sobre o horizonte da decisão.

1. *Estratégia ou projeto da cadeia de suprimentos:* durante essa fase, uma empresa decide como estruturar a cadeia de suprimentos ao longo dos próximos anos. Ela decide

qual será a configuração da cadeia, como recursos serão alocados e que processos cada estágio realizará. Decisões estratégicas feitas pelas empresas nessa etapa incluem se terceirizarão uma função da cadeia de suprimentos ou se a realizarão internamente, a localização e a capacidade das instalações de produção e armazenagem, os produtos a serem fabricados ou estocados em diversos locais, os modos de transporte que estarão disponíveis ao longo das diferentes rotas de remessa e o tipo de sistema de informação a ser utilizado. A decisão da PepsiCo em 2009 de comprar duas de suas maiores envasadoras pode ser considerada como um projeto ou uma decisão estratégica da cadeia de suprimentos. Uma empresa precisa garantir que a configuração da cadeia de suprimentos suporte seus objetivos estratégicos e aumente o excedente da cadeia durante essa fase. Como anunciou em nota à imprensa o CEO da PepsiCo em 4 de agosto, "enquanto o modelo existente tem nos servido muito bem, o negócio de bebidas totalmente integrado nos permitirá trazer produtos inovadores e pacotes para o mercado mais rápido, simplificar os nossos sistemas de produção e distribuição e reagir mais rápido às mudanças no mercado". As decisões de projeto da cadeia de suprimentos são geralmente tomadas para o longo prazo (para anos) e custam caro para serem alteradas em curto prazo. Em consequência, quando empresas tomam essas decisões, devem levar em consideração a incerteza em antecipar as condições de mercado ao longo dos próximos anos.

2. *Planejamento da cadeia de suprimentos:* para decisões tomadas durante essa fase, o período considerado é de um trimestre a um ano. Portanto, a configuração da cadeia de suprimentos determinada na fase estratégica é fixa e estabelece restrições dentro das quais o planejamento deverá ser feito. O objetivo do planejamento é maximizar o excedente da cadeia de suprimentos, que pode ser gerado ao longo do horizonte do planejamento, dadas as restrições estabelecidas durante a fase estratégica ou de projeto. As empresas iniciam a fase de planejamento com uma previsão para o ano seguinte (ou um período comparável) da demanda e outros fatores, como custos e preços nos diferentes mercados. O planejamento inclui a tomada de decisões com relação a quais mercados de quais locais serão abastecidos, à terceirização da produção, às políticas de estoque a serem seguidas e ao tempo e ao tamanho das ações de marketing e das promoções de preço. Por exemplo, as decisões da gigante do aço ArcelorMittal relacionadas a mercados abastecidos por uma unidade de produção e as quantidades-alvo de produção em cada local são classificadas como decisões de planejamento, que estabelecem parâmetros com base nos quais uma cadeia de suprimentos funcionará ao longo de um período especificado. Na fase de planejamento, as empresas deverão incluir em suas decisões a incerteza na demanda, as taxas de câmbio e a competição durante esse horizonte de tempo. Dado um período mais curto e melhores previsões que na fase de projeto, as empresas na fase de planejamento tentam incorporar qualquer flexibilidade embutida na cadeia de suprimentos na etapa de projeto e a exploram para otimizar o desempenho. Como resultado, as empresas definem um conjunto de políticas operacionais que controlam as operações de curto prazo.

3. *Operação da cadeia de suprimentos:* o horizonte de tempo aqui é semanal ou diário e, durante essa fase, as empresas tomam decisões relacionadas a pedidos individuais de clientes. Em nível operacional, a configuração da cadeia de suprimentos é considerada fixa, e políticas de planejamento já estão definidas. O objetivo das operações da cadeia de suprimentos é manejar os pedidos que chegam do cliente da melhor maneira possível. Nessa etapa, as empresas alocam estoque ou produção para pedidos individuais, definem uma data em que o pedido deverá ser atendido, criam listas de separação de pedidos em um armazém, alocam um pedido a um modo de entrega e meio de transporte em particular, definem prazos de entrega dos caminhões e fazem pedidos de reposição. Como as decisões operacionais estão sendo feitas em curto prazo (minutos, horas ou dias), há menos incerteza sobre a informação de demanda. Dadas as restrições estabelecidas pelas políticas de configuração e planejamento, o objetivo durante a fase de operação é explorar a redução da incerteza e otimizar o desempenho.

O projeto, o planejamento e a operação de uma cadeia de suprimentos têm um forte impacto sobre a lucratividade e sobre seu sucesso em geral. É normal afirmar que grande parte do sucesso de empresas como Walmart e Seven-Eleven Japan pode ser atribuído ao projeto, planejamento e operação eficazes de sua cadeia de suprimentos.

Nos próximos capítulos, desenvolvemos conceitos e apresentamos metodologias que podem ser usadas em cada uma das três fases de decisão descritas anteriormente. A maior parte de nossa discussão tem seu foco nas fases de projeto e planejamento da cadeia de suprimentos.

> **》Ponto-chave**
>
> As fases de decisão da cadeia de suprimentos podem ser classificadas como de projeto, de planejamento ou de operação, dependendo do período durante o qual as decisões tomadas se aplicam. As decisões sobre o projeto formam ou habilitam o bom planejamento, que, por sua vez, forma ou habilita a operação eficaz.

1.5 Visões de processo de uma cadeia de suprimentos

A cadeia de suprimentos é uma sequência de processos e fluxos que ocorrem em diferentes estágios e entre si, e se combinam para atender à necessidade de um cliente por um produto. Existem duas formas distintas de ver os processos realizados em uma cadeia de suprimentos.

1. *Visão cíclica:* os processos em uma cadeia de suprimentos são divididos em uma série de ciclos, cada um realizado na interface entre dois estágios sucessivos de uma cadeia de suprimentos.
2. *Visão empurrar/puxar:* os processos em uma cadeia de suprimentos são divididos em duas categorias, dependendo se eles são executados em resposta aos pedidos de clientes ou em antecipação a eles. Processos do tipo *puxar* são iniciados por um pedido de cliente, enquanto processos do tipo *empurrar* são iniciados e realizados em antecipação aos pedidos de clientes.

Visão cíclica dos processos da cadeia de suprimentos

Dados os cinco estágios de uma cadeia de suprimentos mostrados na Figura 1.2, todos os processos da cadeia de suprimentos podem ser desmembrados nos quatro ciclos de processo a seguir, como mostra a Figura 1.3:

Cliente

Ciclo de pedido do cliente

Revendedor

Ciclo de reposição

Distribuidor

Ciclo de manufatura

Fabricante

Ciclo de aquisição

Fornecedor

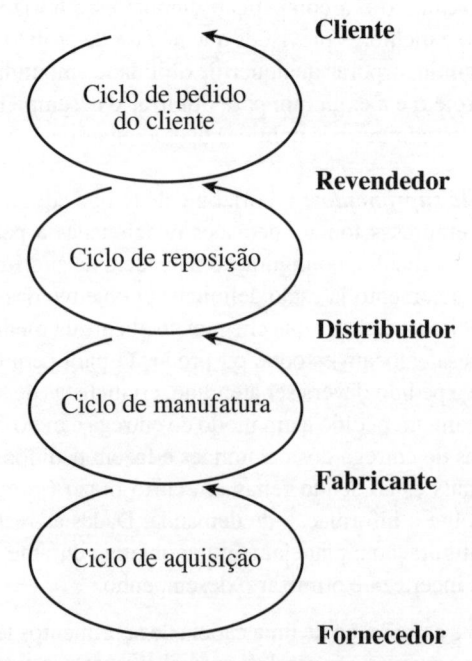

》Figura 1.3 Ciclos de processo na cadeia de suprimentos.

- ciclo de pedido de cliente;
- ciclo de reposição;
- ciclo de manufatura;
- ciclo de aquisição (ou *procurement*).

Cada ciclo ocorre na interface entre dois estágios sucessivos da cadeia de suprimentos. Nem toda ela terá os quatro ciclos claramente separados. Por exemplo, uma cadeia de suprimentos de gêneros alimentícios em que um revendedor estoca mercadorias de produtos acabados e faz pedidos de reposição em um distribuidor provavelmente terá os quatro ciclos separados. A Dell, ao contrário, vende diretamente a clientes, evitando, assim, o varejista e o distribuidor.

Cada ciclo consiste em seis subprocessos, como mostra a Figura 1.4, e começa com o fornecedor comercializando o produto a seus clientes. Um comprador, então, faz um pedido, que é recebido pelo fornecedor. O fornecedor atende ao pedido, que é recebido pelo comprador. O comprador pode retornar parte do produto ou outro material reciclado ao fornecedor ou a um terceiro. O ciclo de atividades, então, recomeça. Os subprocessos descritos na Figura 1.4 podem ser ligados aos processos de origem, execução, entrega e retorno no modelo de referência das operações da cadeia de suprimentos (SCOR). O modelo SCOR fornece uma descrição dos processos da cadeia de suprimentos, um quadro de relações entre esses processos e um conjunto de métricas para medir o desempenho do processo. A descrição da cadeia de suprimentos no modelo SCOR é semelhante à visão cíclica das cadeias de suprimentos discutida nesta seção.

Dependendo da transação em questão, os subprocessos descritos na Figura 1.4 podem ser aplicados ao ciclo apropriado. Quando os clientes compram on-line na Amazon.com, eles fazem parte do ciclo de pedido do cliente — com o cliente como comprador e a Amazon como fornecedor. Em contrapartida, quando a Amazon requisita livros de um distribuidor para repor seu estoque, ela faz parte do ciclo de reposição — com a Amazon como comprador e o distribuidor como fornecedor.

Dentro de cada ciclo, o objetivo do comprador é garantir a disponibilidade do produto e conseguir economias de escala no pedido. O fornecedor tenta prever pedidos de clientes e reduzir o custo de recebimento do pedido. Ele, então, trabalha para atender ao pedido em tempo e melhorar a eficiência e a precisão do processo. O comprador, por sua vez, trabalha para reduzir o custo do processo de recebimento. Os fluxos reversos são administrados para reduzir os custos e atender a objetivos ambientais.

Embora cada ciclo tenha os mesmos subprocessos básicos, existem algumas diferenças importantes entre eles. No ciclo de pedido do cliente, a demanda é externa à cadeia de suprimentos e, portanto, incerta. Em todos os outros casos, a colocação de pedido é incerta, mas pode ser projetada com base nas políticas seguidas pelo estágio em particular da cadeia de suprimentos. Por exemplo, no ciclo de aquisição, um fornecedor de pneus para um fabricante de automóveis pode prever a demanda com precisão se o cronograma de produção no fabricante for conhecido. A segunda diferença entre os ciclos está relacionada à escala de um pedido. Enquanto um cliente compra um único carro, o revendedor pede vários carros de uma só vez do fabricante,

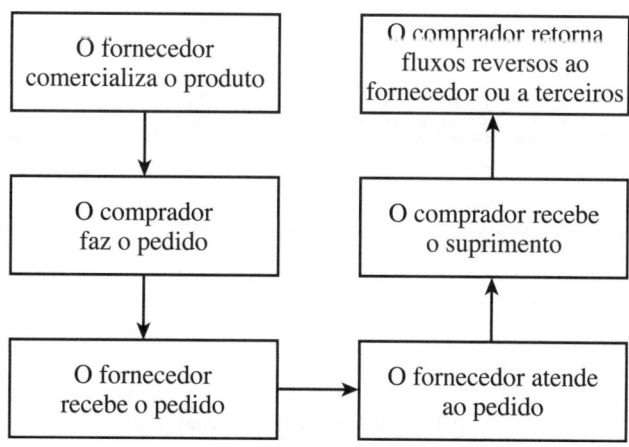

Figura 1.4 Subprocessos em cada ciclo de processo da cadeia de suprimentos.

e o fabricante, por sua vez, pede uma quantidade ainda maior de pneus para seu fornecedor. À medida que passamos do cliente para o fornecedor, o número de pedidos individuais diminui, e o tamanho de cada pedido aumenta. Assim, compartilhar informações e políticas de operação ao longo de estágios da cadeia de suprimentos torna-se mais importante à medida que nos afastamos do consumidor final.

Uma visão cíclica da cadeia de suprimentos é muito útil quando se consideram decisões operacionais, pois especifica claramente os papéis de cada membro da cadeia de suprimentos. A visão cíclica é utilizada pelos sistemas de planejamento de recursos empresariais (*Enterprise Resource Planning* – ERP) a fim de dar suporte às operações da cadeia de suprimentos.

> **》 Ponto-chave**
>
> Uma visão cíclica da cadeia de suprimentos define claramente os processos envolvidos e os proprietários de cada processo. Essa visão é muito útil quando se consideram as decisões operacionais, pois especifica os papéis e as responsabilidades de cada membro da cadeia de suprimentos e o resultado desejado para cada processo.

Visão empurrar/puxar de processos da cadeia de suprimentos

Todos os processos em uma cadeia de suprimentos estão em uma de duas categorias, dependendo do tempo de sua execução em relação à demanda do consumidor final. Com processos do tipo *puxar*, a execução é iniciada em resposta a um pedido do cliente. Em processos do tipo *empurrar*, a execução é iniciada em antecipação a pedidos dos clientes com base em uma previsão. Os processos do tipo *puxar* também podem ser chamados de *processos reativos*, porque reagem à demanda do cliente; já os do tipo *empurrar* podem ser chamados de *processos especulativos*, pois respondem à demanda especulada (ou prevista), em vez da demanda real. A *fronteira empurrar/puxar* em uma cadeia de suprimentos separa os processos do tipo *empurrar* dos processos do tipo *puxar*, como mostra a Figura 1.5. Os processos do tipo *empurrar* operam em um ambiente incerto, pois a demanda do cliente ainda não é conhecida, e os processos do tipo *puxar* operam em um ambiente em que a demanda do cliente é conhecida. Porém, eles normalmente são restringidos pelas decisões de estoque e de capacidade que foram tomadas na fase do tipo *empurrar*.

Vamos comparar um ambiente do tipo *fabricar para estocar*, como aquele da L. L. Bean, com um ambiente do tipo *montar para atender*, como o da Ethan Allen, a fim de comparar a visão *empurrar/puxar* com a visão cíclica.

A L. L. Bean executa todos os processos no ciclo de pedido do cliente *após* sua chegada. Todos os processos que fazem parte do ciclo de pedido do cliente são, portanto, processos do tipo *puxar*. O atendimento do pedido ocorre a partir do produto em estoque que é montado em antecipação

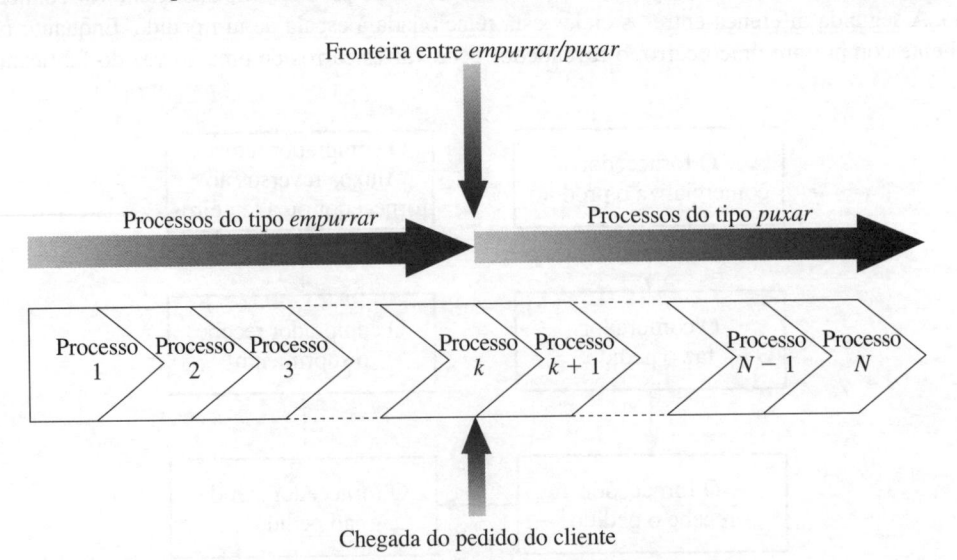

》 Figura 1.5 Visão do tipo *empurrar/puxar* da cadeia de suprimentos.

aos pedidos do cliente. O objetivo do ciclo de reposição é garantir a disponibilidade do produto quando chegar um pedido do cliente. Todos os processos no ciclo de reposição são realizados em antecipação à demanda e, portanto, são processos do tipo *empurrar*. Isso também acontece para os processos no ciclo de manufatura e aquisição. De fato, a matéria-prima, como o tecido, normalmente é adquirida de seis a nove meses antes da demanda esperada do cliente. A própria manufatura começa de três a seis meses antes do ponto de venda. Os processos na cadeia de suprimentos da L. L. Bean se dividem em processos do tipo *puxar* e *empurrar*, como mostra a Figura 1.6.

A Ethan Allen fabrica móveis personalizados, como sofás e cadeiras, para os quais o cliente seleciona o material e o tipo de acabamento. Nesse caso, a chegada de um cliente engatilha a fabricação do produto. O ciclo de manufatura, portanto, faz parte do processo de atendimento ao pedido do cliente no ciclo de pedido. Existem efetivamente dois ciclos na cadeia de suprimentos da Ethan Allen para móveis personalizados: (1) um ciclo de pedido do cliente e manufatura e (2) um ciclo de aquisição, conforme mostra a Figura 1.7.

Todos os processos no ciclo de pedido do cliente e manufatura na Ethan Allen são classificados como processos do tipo *puxar*, pois são iniciados pela chegada do pedido do cliente. Contudo, a empresa não faz pedidos de componentes em resposta a um pedido do cliente; o estoque

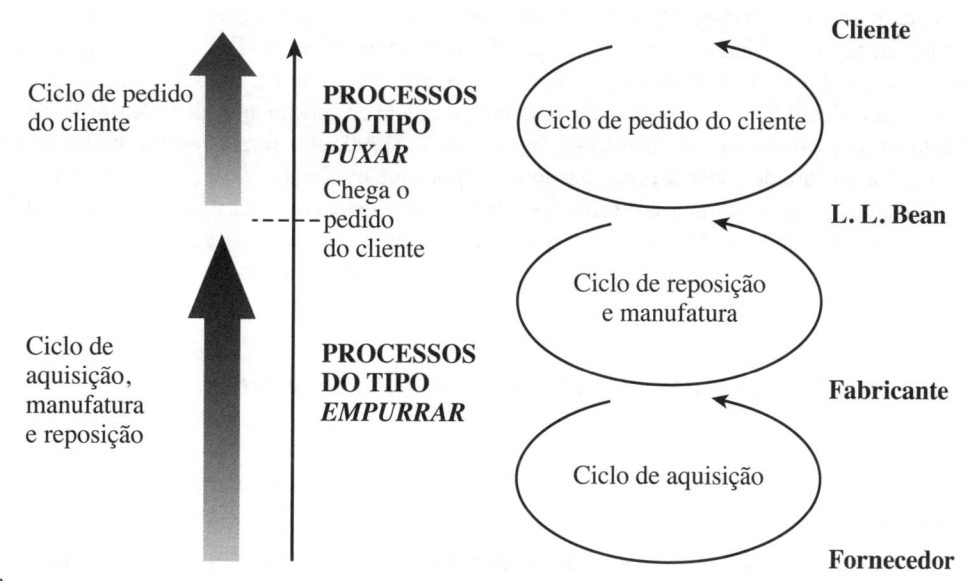

Figura 1.6 Processos do tipo empurrar/puxar para a cadeia de suprimentos da L. L. Bean.

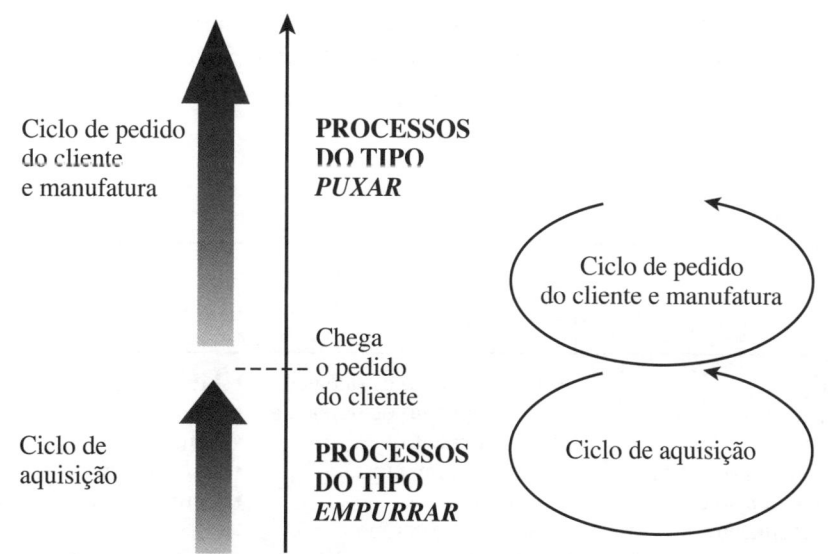

Figura 1.7 Processos do tipo *empurrar/puxar* na cadeia de suprimentos da Ethan Allen para móveis personalizados.

é reposto em antecipação à demanda. Sendo assim, todos os processos no ciclo de aquisição da Ethan Allen são classificados como processos do tipo *empurrar*, pois são feitos em resposta a uma previsão.

> **》 Ponto-chave**
>
> Uma visão do tipo *empurrar/puxar* da cadeia de suprimentos classifica os processos com base em se eles são iniciados em resposta a um pedido do cliente (*puxar*) ou em antecipação a seu pedido (*empurrar*). Essa visão é muito útil quando se consideram decisões estratégicas relacionadas ao projeto da cadeia de suprimentos.

Uma visão do tipo *empurrar/puxar* da cadeia de suprimentos é muito útil quando se consideram decisões estratégicas relacionadas ao projeto da cadeia de suprimentos. O objetivo é identificar uma fronteira apropriada entre *empurrar* e *puxar*, de modo que a cadeia de suprimentos possa combinar oferta e demanda de modo eficiente.

A indústria de tintas oferece outro exemplo excelente dos ganhos do ajuste adequado da fronteira entre *empurrar/puxar*. A fabricação de tinta requer a produção da base, a mistura de cores adequadas e o envase. Até a década de 1980, todos esses processos eram realizados em grandes fábricas, e as latas de tinta eram remetidas às lojas de tintas. Estes eram qualificados como processos do tipo *empurrar*, pois eram realizados com uma previsão, em antecipação à demanda do cliente. Dada a incerteza da demanda, a cadeia de suprimentos de tinta tinha grande dificuldade em ajustar oferta e demanda. Na década de 1990, elas foram reestruturadas de tal modo que a mistura de cores era feita nas lojas, depois que os clientes faziam seus pedidos. Em outras palavras, essa mistura de cores foi deslocada da fase *empurrar* para a fase *puxar* da cadeia de suprimentos, embora a preparação da base e o envase em latas ainda fossem realizados na fase *empurrar*. O resultado é que os clientes sempre conseguem obter a cor escolhida, enquanto os estoques totais de tinta ao longo da cadeia de suprimentos diminuíram.

Macroprocessos da cadeia de suprimentos em uma empresa

Todos os processos da cadeia de suprimentos discutidos nas duas visões de processo e no decorrer deste livro podem ser classificados nos três macroprocessos a seguir, como mostra a Figura 1.8.

1. *Gerenciamento de relacionamento com o cliente (Customer Relationship Management — CRM)*: todos os processos que focam a interface entre a empresa e seus clientes.
2. *Gerenciamento da cadeia de suprimentos interna (Internal Supply Chain Management — ISCM)*: todos os processos que são internos à empresa.
3. *Gerenciamento de relacionamento com fornecedores (Supplier Relationship Management — SRM)*: todos os processos que enfocam a interface entre a empresa e seus fornecedores.

Fornecedor	Empresa	Cliente
SRM	ISCM	CRM

- Origem
- Negócio
- Compra
- Colaboração em projeto
- Colaboração em fornecimento

- Planejamento estratégico
- Planejamento de demanda
- Planejamento de fornecimento
- Execução
- Serviço de campo

- Mercado
- Preço
- Venda
- *Call Center*
- Gerenciamento de pedido

》 Figura 1.8 Macroprocessos da cadeia de suprimentos.

> **》Ponto-chave**
>
> Dentro de uma empresa, todas as atividades da cadeia de suprimentos pertencem a um de três macroprocessos: CRM, ISCM e SRM. A integração entre os três macroprocessos é fundamental para um gerenciamento da cadeia de suprimentos bem-sucedido.

Os três macroprocessos gerenciam o fluxo de informações, de produtos e de fundos exigido para gerar, receber e atender a uma solicitação do cliente. O macroprocesso de CRM tem como objetivo gerar demanda de cliente e facilitar a realização e o acompanhamento de pedidos. Ele inclui processos como marketing, preços, vendas, gerenciamento de pedido e gerenciamento de *call center*. Em um distribuidor industrial, como a W. W. Grainger, os processos de CRM incluem a preparação de catálogos e de outros materiais de marketing, gerenciamento do site e gerenciamento do *call center* que capta pedidos e oferece atendimento. O macroprocesso de ISCM visa atender à demanda gerada pelo processo CRM em tempo e com o menor custo possível. Os processos de ISCM incluem o planejamento da capacidade interna de produção e de armazenamento, a preparação de planos de demanda e fornecimento, e o atendimento a pedidos reais. Na W. W. Grainger, os processos de ISCM incluem o planejamento para localização e dimensionamento de depósitos, a decisão de quais produtos estocar em cada depósito, a formulação de políticas de gerenciamento de estoque e a separação, embalagem e remessa de pedidos reais. O macroprocesso SRM tem como objetivo prover e gerenciar fontes de suprimentos para diversos bens e serviços. Entre seus processos estão a avaliação e a seleção de fornecedores, a negociação de termos de fornecimento e a comunicação com fornecedores com relação a novos produtos e pedidos. Na W. W. Grainger, os processos SRM incluem a seleção de fornecedores para diversos produtos, a negociação de preços e de termos de entrega com os fornecedores, o compartilhamento de planos de demanda e de suprimentos com os fornecedores e a colocação de pedidos de reposição.

Observe que os três macroprocessos visam atender ao mesmo cliente. Para que uma cadeia de suprimentos tenha sucesso, é fundamental que eles estejam bem integrados. A importância dessa integração é discutida no Capítulo 10. A estrutura organizacional da empresa tem forte influência sobre o sucesso ou o fracasso do esforço de integração. Em muitas organizações, o marketing está encarregado do macroprocesso de CRM, a manufatura trata do macroprocesso de ISCM e o departamento de compras supervisiona o macroprocesso de SRM — com pouquíssima comunicação entre eles. Não é raro que marketing e manufatura tenham duas previsões diferentes quando fazem seus planos. Essa falta de integração fere a capacidade da cadeia de suprimentos de ajustar oferta e demanda de modo eficaz, ocasionando clientes insatisfeitos e altos custos. Assim, as empresas devem estruturar uma organização da cadeia de suprimentos que espelhe os macroprocessos e garanta boa comunicação e coordenação entre os proprietários dos processos que interagem entre si.

1.6 Exemplos de cadeias de suprimentos

Nesta seção, consideramos várias cadeias de suprimentos e levantamos questões que deverão ser respondidas durante as fases de projeto, de planejamento e de operação. Nos próximos capítulos, discutiremos conceitos e apresentaremos metodologias que podem ser usadas para responder a essas perguntas.

Gateway e Apple: duas jornadas distintas no varejo

A Gateway foi fundada em 1985 como uma fabricante de PCs com vendas diretas sem presença no varejo. Em 1996, foi uma das primeiras a vender PCs on-line. No entanto, depois de muitos anos vendendo seus PCs sem uma infraestrutura de varejo, a empresa introduziu uma estratégia agressiva, abrindo lojas de varejo por todos os Estados Unidos no final de 1990. Suas lojas traziam um estoque sem fim de mercadorias e estavam focadas sobretudo em ajudar os clientes a selecionar a configuração correta para a compra. Todos os PCs eram fabricados sob encomenda e enviados para o cliente de uma das fábricas de montagem.

Inicialmente, os investidores recompensaram a Gateway por sua estratégia e elevaram o preço das ações para mais de 80 dólares por ação no final de 1999. Porém, esse sucesso não durou. Em novembro de 2002, as ações da Gateway caíram para menos de 4 dólares e a empresa estava perdendo uma quantidade significativa de dinheiro. Em abril de 2004, a empresa tinha fechado todos os seus pontos de revenda e reduzido o número de configurações oferecidas aos clientes. Em agosto de 2007, foi comprada pela Acer de Taiwan por 710 milhões de dólares. Em 2010, os computadores Gateway eram vendidos por vinte pontos de revenda diferentes, incluindo Best Buy e CostCo. Como você pode imaginar, essa foi uma grande transição que a empresa experimentou.

Por outro lado, a Apple obteve um sucesso tremendo desde que abriu sua primeira loja de revenda em 2001. Por volta de 2013, a empresa tinha mais de 415 lojas em todo o mundo, com vendas superiores a 20 bilhões de dólares. Ao contrário da Gateway, a Apple sempre manteve estoque de mercadorias em suas lojas. Por conta do design dos produtos, há relativamente pouca variedade em suas lojas. Em 2012, a média de revenda por loja da Apple era de 51,5 milhões, com 19% de crescimento com relação a 2011.

As perguntas a seguir destacam decisões da cadeia de suprimentos que têm influência sobre a diferença entre o desempenho da Apple e da Gateway:

1. Por que a Gateway opta por não ter qualquer estoque de produto finalizado em suas lojas de varejo? Por que a Apple opta por manter um estoque em suas lojas?
2. Uma empresa com um investimento em lojas de varejo deveria manter qualquer estoque de produtos finalizados? Quais são as características dos produtos que são mais adequados para ser mantidos no estoque de produtos finalizados? O que caracteriza os produtos que são mais bem fabricados mediante o pedido?
3. Como a variedade de produtos afeta o nível de estoque que uma loja de varejo deve manter?
4. Uma cadeia de suprimentos de venda direta, sem lojas de varejo, é sempre menos dispendiosa do que uma cadeia de suprimentos com lojas de varejo?
5. Quais fatores explicam o sucesso do varejo da Apple e o fracasso das lojas da Gateway?

Zara: manufatura e revenda de roupas

A Zara é uma cadeia de lojas de roupas pertencente à Inditex, o maior fabricante e revendedor de roupas da Espanha. Em 2012, a Inditex relatou vendas de cerca de 16 bilhões de euros, vindas de mais de 6.000 pontos de revenda em 86 países. Em um setor em que a demanda do cliente é inconstante, a Zara cresceu rapidamente com a estratégia de ter uma rápida resposta a mudanças de tendência com preços acessíveis. Enquanto os tempos do ciclo entre o design e as vendas no setor de roupas tradicionalmente tinham uma média de mais de seis meses, a Zara alcançou tempos de ciclo de quatro a seis semanas, o que permitiu que introduzisse novos designs semanalmente e mudasse 75% de sua vitrine de mercadorias a cada três ou quatro semanas. Assim, os produtos em vitrine combinam com as preferências do cliente de forma muito mais próxima que os da concorrência. O resultado é que a Zara vende a maioria de seus produtos sem descontos e cerca de apenas metade das mercadorias, em comparação à concorrência, vai para remarcações em suas lojas.

A empresa fabrica suas roupas usando uma combinação de fontes flexíveis e rápidas na Europa (principalmente Portugal e Espanha) e fontes de baixo custo na Ásia. Isso contrasta com a maioria dos fabricantes de roupas, que passaram a maior parte de sua manufatura para a Ásia. Cerca de 40% da capacidade de manufatura pertence à Inditex, e o restante é terceirizado. Os produtos com demanda altamente incerta vêm da Europa, enquanto os produtos que são mais previsíveis são originados na Ásia. Mais de 40% de suas compras de produtos finalizados e a maioria de sua produção interna ocorre após o início da estação de vendas. Isso difere dos menos de 20% de produção após o início da estação para uma revenda típica. Essa resposta rápida e o adiamento das decisões até depois que as tendências sejam conhecidas permitem que a Zara reduza estoques e erros de previsão. Ela também investiu muito em tecnologia da informação para garantir que dados de vendas mais recentes estejam disponíveis para controlar as decisões de reposição e produção.

Em 2012, a Inditex distribuiu para lojas no mundo inteiro a partir de oito centros de distribuição (CD) localizados na Espanha. O grupo anunciou um tempo de entrega médio de 24 a 36 horas para lojas na Europa e até no máximo 48 horas para lojas na América ou na Ásia, desde o momento em que o pedido fosse recebido no CD até o momento em que ele era entregue nas lojas. As entregas dos CDs para as lojas eram feitas várias vezes por semana, o que permitia que o estoque acompanhasse de perto a demanda de clientes.

As perguntas a seguir levantam questões sobre a cadeia de suprimentos que são fundamentais para a estratégia e o sucesso da Zara:

1. Que vantagem a Zara tem em relação à concorrência por ter uma cadeia de suprimentos altamente eficiente?
2. Por que a Inditex escolheu ter manufatura interna e manufaturas terceirizadas? Por que ela manteve a capacidade de manufatura na Europa, embora a manufatura na Ásia fosse muito mais barata?
3. Por que a Zara obtém produtos com demanda incerta dos fabricantes locais e produtos com demanda previsível dos fabricantes asiáticos?
4. Que vantagem a Zara tem por repor suas lojas várias vezes por semana em comparação a um cronograma menos frequente?
5. Você acha que a infraestrutura de reposição eficiente da Zara é mais bem adequada para vendas on-line ou lojas de varejo?

W. W. Grainger e McMaster-Carr: fornecedores de manutenção, reparo e operações

W. W. Grainger e McMaster-Carr vendem produtos de manutenção, reparo e operações (MRO). As duas empresas possuem catálogos, além de sites por meio dos quais os pedidos podem ser feitos. A W. W. Grainger também possui centenas de lojas por todos os Estados Unidos. Os clientes podem entrar em uma loja, ligar e fazer um pedido ou comprar pela internet. Os pedidos na W. W. Grainger são enviados ao cliente ou retirados pelos consumidores em uma de suas lojas. A McMaster-Carr, por sua vez, envia para o consumidor quase todos os seus pedidos (embora alguns clientes perto de seus CDs retirem seus próprios pedidos). A W. W. Grainger possui nove CDs que repõem os estoques nas lojas e atendem aos pedidos de clientes. A McMaster tem cinco CDs dos quais todos os pedidos são atendidos. Nem a McMaster nem a W. W. Grainger fabricam qualquer produto. Elas têm principalmente a função de distribuidor ou revendedor. Seu sucesso é, em grande parte, vinculado à sua capacidade de gerenciamento da cadeia de suprimentos.

As duas empresas oferecem milhares de produtos a seus clientes. A Grainger estoca cerca de 300 mil itens, enquanto a McMaster mantém cerca de 500 mil. A Grainger também oferece muitos outros produtos, que ela não estoca, diretamente de seus fornecedores. Ambas encaram as seguintes questões estratégicas e operacionais:

1. Quantos CDs deverão ser construídos e onde eles deverão estar localizados?
2. Como a estocagem de produtos pode ser gerenciada nos CDs? Todos eles deverão estocar todos os produtos?
3. Quais produtos deverão ser mantidos em estoque e quais deverão ser deixados com o fornecedor a fim de serem enviados diretamente em resposta ao pedido do cliente?
4. Que produtos a W. W. Grainger deve manter em uma loja?
5. Como os mercados deverão ser alocados aos CDs em termos de atendimento do pedido? O que deverá ser feito se um pedido não puder ser totalmente atendido por um CD? Deverão existir locais de apoio especificados? Como eles deverão ser selecionados?

Toyota: um fabricante de automóveis global

A Toyota Motor Corporation, principal fabricante de automóveis do Japão, experimentou um crescimento significativo nas vendas globais durante as duas últimas décadas. Uma questão importante que a empresa enfrenta é o projeto de sua rede global de produção e distribuição. Parte de sua estratégia global é abrir fábricas em cada mercado que atende. A Toyota precisa decidir qual será a capacidade de produção de cada uma das fábricas, e isso tem impacto significativo sobre o sistema de distribuição desejado. Em um extremo, cada fábrica pode ser equipada apenas para a produção local. No outro, cada fábrica é capaz de atender todos os mercados. Antes de 1996, a empresa usava fábricas locais especializadas para cada mercado e, após a crise financeira asiática em 1996/1997, reprojetou suas fábricas de modo que também pudesse exportar para mercados que permaneceram fortes quando o mercado local enfraqueceu. A Toyota chama essa estratégia de "complementação global".

Ser global ou local também é um problema para as fábricas de peças e unidades de desenvolvimento de produtos da Toyota. Elas devem ser projetadas para consumo local ou deve haver menos fábricas de produção globalizada de peças que abastecem múltiplas fábricas de montagem? A Toyota tem trabalhado duro para aumentar a convergência entre partes usadas ao redor do globo. Embora isso tenha ajudado a empresa a reduzir os custos e a melhorar a disponibilidade, partes comuns causam dificuldade significativa quando é necessário fazer *recall* de uma delas. Em 2009, a Toyota teve de recolher cerca de 12 milhões de carros que usam peças comuns em toda a América do Norte, Europa e Ásia, causando danos significativos para a marca, bem como para as finanças.

Para qualquer fabricante global como a Toyota, deve-se resolver as seguintes questões referentes à configuração e à capacidade da cadeia de suprimentos:

1. Onde as fábricas deverão ser localizadas e que grau de flexibilidade deve ser embutido em cada uma? Que capacidade cada fábrica deverá ter?
2. As fábricas devem ser capazes de produzir para todos os mercados ou apenas para mercados de contingência específicos?
3. Como os mercados devem ser alocados às fábricas e com que frequência essa alocação deve ser revista?
4. Como esse investimento em flexibilidade deve ser avaliado?

Amazon.com: um e-business

A Amazon.com vende livros, músicas e outros itens pela internet e é uma das pioneiras do e-business para o consumidor. Sediada em Seattle, começou atendendo a todos os pedidos usando livros adquiridos de um distribuidor em resposta a pedidos de clientes. Com seu crescimento, a empresa adquiriu depósitos, possibilitando-a a responder mais rapidamente ao consumidor. Em 2013, a Amazon tinha cerca de 40 depósitos nos Estados Unidos e outros 40 no restante do mundo. Ela usa o serviço postal dos Estados Unidos e outras transportadoras, como UPS e FedEx, para enviar produtos aos clientes.

Após o lançamento do Kindle, a empresa tem trabalhado duro a fim de aumentar a venda de e-books. Ela também disponibilizou uma quantidade significativa de conteúdo digital em áudio e vídeo para venda.

A Amazon continua a expandir o mix de produtos que vende on-line. Além de livros e artigos de música, acrescentou muitas categorias como brinquedos, roupas, eletrônicos, joias e sapatos. Em 2009, uma das maiores aquisições foi a Zappos, uma líder em venda on-line de sapatos. Essa aquisição simbolizou um grande negócio para a variedade de produtos: de acordo com o relatório anual da Amazon, foi necessário criar 121 mil descrições de produtos e inserir mais de 2,2 milhões de imagens no site. Em 2010, outra aquisição interessante da Amazon foi a diapers.com. Ao contrário da Zappos, essa compra acrescentou uma pequena variedade, mas um volume considerável de venda.

Surgem várias questões com relação a como a Amazon está estruturada e sobre as categorias de produtos que ela continua a disponibilizar:

1. Por que a Amazon está construindo mais depósitos enquanto cresce? Quantos depósitos ela deveria ter e onde eles deveriam estar localizados?
2. A Amazon deveria ter em estoque todos os produtos que vende?
3. Que vantagem os comerciantes tradicionais podem obter com a montagem de um canal on-line? Como eles devem usar os dois canais para obter o máximo de vantagem?
4. Quais vantagens e desvantagens o canal on-line tem na venda de sapatos e fraldas com relação a uma loja de varejo?
5. Para que produtos o canal de comércio eletrônico oferece a maior vantagem com relação às lojas de revenda? O que caracteriza esses produtos?

Macy's: varejo em omni-channel

Depois de vender por décadas em suas lojas de departamento, a Macy's fez um grande esforço para se adequar às vendas de varejo em omni-channel, possibilitando que os clientes tenham uma experiência integrada entre as compras on-line ou em loja. Os clientes podem navegar on-line e, em seguida, experimentar o produto em uma loja ou comprar o produto on-line depois de vê-lo na loja. No entanto, omni-channel não está relacionado apenas à encomenda, mas também ao atendimento. Os pedidos efetuados em qualquer canal têm acesso a toda variedade da Macy's. Por volta de 2012, a empresa tinha equipadas 292 lojas para satisfazer os pedidos on-line ou pedidos de outras lojas que foram vendidos de determinado item. Se os clientes desejam, os pedidos feitos on-line podem ser retirados em lojas selecionadas e itens comprados on-line podem ser devolvidos às lojas.

Cada revendedor omni-channel deve estar atento às seguintes questões:

1. Os pedidos on-line devem ser preenchidos a partir de lojas ou centros de atendimento?
2. Como os estoques de loja devem ser gerenciados em um sistema omni-channel?
3. As devoluções devem ser mantidas na loja ou enviadas a um centro de atendimento?

1.7 Resumo dos objetivos de aprendizagem

1. *Discutir o objetivo de uma cadeia de suprimentos e explicar o impacto de decisões relacionadas a ela sobre o sucesso de uma empresa.* O objetivo de uma cadeia de suprimentos deverá ser maximizar seu excedente geral. Esse excedente é a diferença entre o valor gerado para o cliente e o custo total incorrido ao longo de todos os estágios da cadeia de suprimentos. O foco no excedente aumenta o tamanho total do negócio para todos os membros da cadeia de suprimentos. As decisões da cadeia de suprimentos têm um grande impacto no sucesso ou no fracasso de cada empresa, pois influenciam significativamente na receita gerada e no custo incorrido. Cadeias de suprimentos bem-sucedidas gerenciam fluxos de produtos, informações e fundos a fim de oferecer um alto nível de disponibilidade de produto ao cliente, enquanto mantêm os custos baixos.

2. *Identificar três decisões-chave em cadeia de suprimentos e explicar o significado de cada uma.* Decisões em cadeia de suprimentos podem ser caracterizadas como de estratégia (projeto), de planejamento ou de operações, dependendo do período durante o qual elas se aplicam. As decisões de projeto se relacionam à configuração da cadeia de suprimentos e têm um impacto em longo prazo, durante vários anos. As decisões de planejamento duram de alguns meses a um ano e incluem decisões como planos de produção, terceirização e promoções durante esse período. As decisões operacionais se estendem de minutos até dias, e incluem o arranjo da produção e o atendimento a pedidos específicos. Decisões de projeto definem as restrições para decisões de planejamento e decisões de planejamento definem as restrições para decisões de operações.

3. *Descrever o ciclo e as visões do tipo empurrar/puxar de uma cadeia de suprimentos.* A visão cíclica de uma cadeia de suprimentos divide os processos em ciclos, cada um realizado em uma interface entre dois estágios sucessivos de uma cadeia. Cada ciclo começa com um pedido feito por um estágio da cadeia de suprimentos e termina quando o pedido é recebido do estágio fornecedor. A visão do tipo *empurrar/puxar* de uma cadeia de suprimentos caracteriza processos com base no tempo de sua resposta em relação ao tempo exigido por um pedido de cliente. Os processos do tipo *puxar* são realizados em resposta ao pedido de um cliente, ao passo que os processos do tipo *empurrar* são realizados em antecipação a pedidos de clientes.

4. *Classificar os macroprocessos da cadeia de suprimentos em uma empresa.* Todos os processos da cadeia de suprimentos podem ser classificados em três macroprocessos, dependendo se eles estão na interface do cliente ou do fornecedor ou se são internos à empresa. O macroprocesso de CRM consiste em todos os processos na interface entre a empresa e o cliente que atuam para gerar, receber e acompanhar os pedidos do cliente. O macroprocesso de ISCM consiste em todos os processos da cadeia de suprimentos que são internos à empresa e atuam para planejar e atender a pedidos do cliente. O macroprocesso de SRM consiste em todos os processos da cadeia de suprimentos na interface entre a empresa e seus fornecedores, que atuam para avaliar e selecionar fornecedores e, depois, obter seus bens e serviços.

Perguntas para discussão

1. Considere a compra de uma lata de refrigerante em uma loja de conveniência. Descreva os diversos estágios na cadeia de suprimentos e os diferentes fluxos envolvidos.
2. Por que uma empresa como a Dell deveria levar em consideração a lucratividade total da cadeia de suprimentos ao tomar decisões?
3. Quais são algumas decisões de estratégia, de planejamento e de operações que devem ser feitas por um revendedor de roupas como a Gap?
4. Considere a cadeia de suprimentos envolvida quando um cliente compra um livro em uma livraria. Identifique os ciclos nessa cadeia de suprimentos e o local da fronteira *empurrar/puxar*.
5. Considere a cadeia de suprimentos envolvida quando um cliente pede um livro da Amazon. Identifique a fronteira *empurrar/puxar* e dois processos, um na fase *empurrar* e outro na fase *puxar*.
6. De que maneira os fluxos da cadeia de suprimentos afetam o sucesso ou o fracasso de uma empresa como a Amazon? Indique duas decisões da cadeia de suprimentos que possuem impacto significativo sobre sua lucratividade.

Referências

CAVINATO, J. L. What's Your Supply Chain Type? *Supply Chain Management Review*, maio/jun. 2002, p. 60–66.

FISHER, M. L. What Is the Right Supply Chain for Your Product? *Harvard Business Review*, mar./abr. 1997, p. 83–93.

FULLER, J. B.; O'CONNER, J.; RAWLINSON, R. Tailored Logistics: The Next Advantage. *Harvard Business Review*, maio/jun. 1993, p. 87–98.

KOPCZAK, L. R.; JOHNSON, M. E. The Supply Chain Management Effect. *Sloan Management Review*, Spring 2003, p. 27–34.

LAMBERT, D. M. The Eight Essential Supply Chain Management Processes. *Supply Chain Management Review*, set. 2004, p. 18–26.

LEE, H. L. Aligning Supply Chain Strategies with Product Uncertainties. *California Management Review*, Spring 2002, p. 105–119.

HOFMAN, D.; ARONOW, S.; NILLES, K. The 2013 Supply Chain Top 25: Learning from Leaders. *Supply Chain Management Review*, set./out. 2013, p. 12–21.

POIRIER, C. C.; QUINN, F. J.; SWINK, M. L. *Diagnosing Greatness: Ten Traits of the Best Supply Chains*. Ft. Lauderdale, FL: J. Ross Publishing, 2009.

ROBESON, J. F.; COPACINO, W. C. eds. *The Logistics Handbook*. Nova York: Free Press, 1994.

SHAPIRO, R. D. Get Leverage from Logistics. *Harvard Business Review*, maio/jun. 1984, p. 119–127.

SLONE, R. E. Leading a Supply Chain Turnaround. *Harvard Business Review*, out. 2004, p. 114–121.

Desempenho da cadeia de suprimentos: alinhamento e escopo estratégico

CAPÍTULO 2

》 Objetivos de aprendizagem

Depois de ler este capítulo, você será capaz de:

1. Explicar por que é fundamental alcançar alinhamento estratégico para o sucesso geral de uma empresa.
2. Descrever como uma empresa alcança alinhamento estratégico entre a estratégia da cadeia de suprimentos e sua estratégia competitiva.
3. Discutir a importância da expansão do escopo de alinhamento estratégico ao longo da cadeia de suprimentos.
4. Descrever os principais obstáculos que devem ser superados para a gestão bem-sucedida de uma cadeia de suprimentos.

No Capítulo 1, foi discutido o que é uma cadeia de suprimentos e a importância do projeto, do planejamento e da operação da cadeia de suprimentos para o sucesso de uma empresa. Neste capítulo, definiremos a estratégia da cadeia de suprimentos e explicaremos como a criação de um alinhamento entre as estratégias competitiva e da cadeia de suprimentos de uma empresa afeta seu desempenho. Também discutiremos a importância de expandir o escopo do alinhamento estratégico de uma operação dentro de uma empresa para todos os estagios da cadeia de suprimentos.

2.1 Estratégias competitivas e da cadeia de suprimentos

A *estratégia competitiva* de uma empresa define, em relação a seus concorrentes, um conjunto de necessidades do cliente que ela procura satisfazer por meio de produtos e serviços. Por exemplo, o Walmart tem por objetivo oferecer alta disponibilidade de uma variedade de produtos de qualidade razoável a preços baixos. A maioria dos produtos vendidos nessa rede de supermercados é comum (tudo desde equipamentos domésticos até roupas), que podem ser adquiridos em outros lugares. O que o Walmart oferece é preço baixo e disponibilidade de produtos. A McMaster-Carr vende produtos de manutenção, reparo e operações (MRO). Oferece mais de 500 mil produtos diferentes por meio de um catálogo e de um site. Sua estratégia competitiva visa oferecer conveniência, disponibilidade e responsividade ao cliente. Com esse foco na responsividade, a McMaster não compete com base no preço baixo. Claramente, as duas empresas têm estratégias competitivas diferentes.

Também podemos comparar a Blue Nile — com seu modelo de revenda de diamantes on-line — com a Zales — que vende joias de diamante por meio de pontos de revenda. A Blue Nile enfatizou a variedade de diamantes disponíveis pelo seu site e o fato de que suas margens são significativamente menores que em lojas tradicionais. Contudo, os clientes precisam esperar para obter seus produtos e não têm a oportunidade de tocá-los nem vê-los antes da compra (a Blue Nile oferece um período de 30 dias para devolução). Na Zales, ao contrário, um cliente pode entrar na loja, ser auxiliado por um vendedor e sair imediatamente com um anel de diamantes. Porém, a variedade disponível em loja é bastante limitada. Enquanto a Blue Nile oferece mais de 90 mil pedras em seu site, uma loja típica da Zales estoca menos de mil.

Em cada caso, a estratégia competitiva é definida com base em como o cliente prioriza custo, tempo de entrega, variedade e qualidade. Um cliente da McMaster-Carr prefere a variedade de produtos e o tempo de resposta em vez do custo. Um cliente do Walmart, ao contrário, dá prioridade ao custo. Um cliente da Blue Nile, que compra on-line, enfatiza mais a variedade de produtos e o custo. Um cliente que compra joias na Zales preocupa-se mais com o tempo de resposta rápido e ajuda na seleção do produto. Desse modo, a estratégia competitiva de uma empresa será definida a partir das prioridades dos clientes. A estratégia competitiva é direcionada para um ou mais segmentos de clientes e visa oferecer produtos e serviços que satisfaçam suas necessidades.

Para percebermos o relacionamento entre as estratégias competitivas e da cadeia de suprimentos, começamos com a cadeia de valor para uma organização típica, como mostra a Figura 2.1.

A cadeia de valor começa com o desenvolvimento de um novo produto, criando especificações para ele. Marketing e vendas geram demanda divulgando as prioridades do cliente que os produtos e serviços satisfarão. Esse departamento também recupera informações do cliente a fim de desenvolver um novo produto. Usando as especificações de um novo produto, a área de operações transforma entradas em saídas para criá-lo. A distribuição pode levar o produto ao cliente ou trazer o cliente ao produto. O serviço responde a solicitações do cliente durante ou após a venda. Esses são processos ou funções básicas que precisam ser realizados para uma venda bem-sucedida. Finanças, contabilidade, tecnologia da informação e recursos humanos dão suporte e facilitam o funcionamento da cadeia de valor.

Para executar a estratégia competitiva de uma empresa, todas essas funções desempenham um papel e cada uma delas precisa desenvolver sua própria estratégia. Neste caso, a *estratégia* refere-se ao que cada processo ou função tentará fazer particularmente bem.

Uma estratégia de *desenvolvimento de produto* especifica o portfólio de novos produtos que uma empresa tentará desenvolver. Ela também determina se o esforço de desenvolvimento será feito internamente ou se será terceirizado. Uma estratégia de *marketing e vendas* especifica como o mercado será segmentado e como o produto será posicionado, precificado e promovido. Uma *estratégia de cadeia de suprimentos* determina se a natureza da aquisição de matéria-prima, o transporte de materiais, a fabricação do produto ou operação para fornecer o serviço e a distribuição do produto ao cliente, junto a qualquer serviço de acompanhamento e uma especificação sobre se esses processos serão realizados internamente ou terceirizados. Ela identifica o que as operações, distribuições e funções de serviço, realizadas interna ou externamente, fariam particularmente bem. Por conta de o foco deste capítulo ser na estratégia da cadeia de suprimentos,

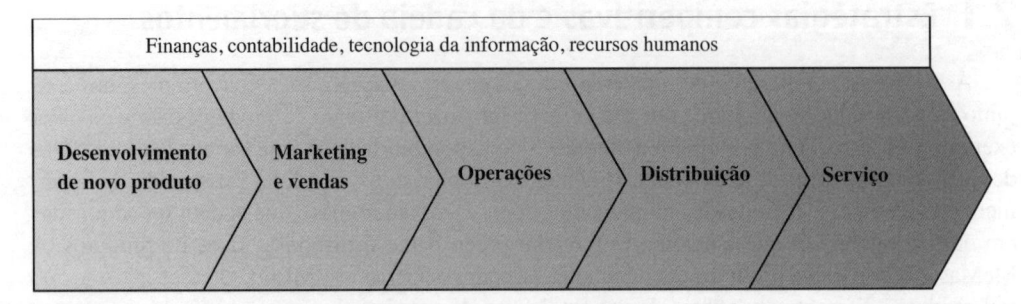

》 **Figura 2.1**   A cadeia de valor em uma empresa.

vamos defini-la com mais detalhes: ela inclui uma especificação da estrutura geral da cadeia e o que muitos tradicionalmente chamam "estratégia de fornecedor", "estratégia de operações" e "estratégia de logística". Por exemplo, a decisão inicial da Dell de vender direto (desde 2007), sua recente decisão de começar a vender por meio de revendas e a decisão da Cisco de usar fabricantes contratados definem a estrutura geral de suas cadeias de suprimentos, e todas fazem parte de suas estratégias de cadeia de suprimentos, que também incluem decisões de projeto com relação a estoque, transporte, instalações operacionais e fluxos de informações. Por exemplo, as decisões da Amazon de construir depósitos para estocar alguns produtos e continuar usando distribuidores como fontes de outros produtos fazem parte da sua estratégia de cadeia de suprimentos. De modo semelhante, a decisão da Toyota de ter instalações de produção em cada um de seus principais mercados também faz parte da sua estratégia de cadeia de suprimentos.

Para uma empresa ter sucesso, todas as estratégias funcionais devem apoiar uma a outra, inclusive a estratégia competitiva. Por exemplo, o sucesso da Seven-Eleven Japan pode estar relacionado ao excelente alinhamento entre suas estratégias funcionais. O marketing na Seven-Eleven tem enfatizado a conveniência na forma de acesso fácil às lojas e disponibilidade de grande variedade de produtos e serviços. O desenvolvimento de novos produtos na rede está constantemente acrescentando produtos e serviços, como pagamento de contas, que atraem clientes e exploram tanto a excelente infraestrutura de informação quanto o fato de os clientes visitarem a Seven-Eleven com frequência. As operações e a distribuição na Seven-Eleven focaram em ter uma alta densidade de lojas, ser muito responsiva e oferecer uma excelente infraestrutura de informação. O resultado é um círculo virtuoso em que a infraestrutura da cadeia de suprimentos é explorada para oferecer novos produtos e serviços que aumentem a demanda, e a maior demanda, por sua vez, torna mais fácil que operações melhorem a densidade de lojas, a responsividade na reposição e a infraestrutura de informação.

Na próxima seção, detalharemos essa noção de alinhamento e buscaremos responder à seguinte pergunta: considerando sua estratégia competitiva, o que a cadeia de suprimentos de uma empresa deve tentar fazer particularmente bem?

2.2 Obtenção de alinhamento estratégico

O alinhamento estratégico requer que tanto as estratégias competitivas como as da cadeia de suprimentos de uma empresa tenham objetivos definidos. Isso se refere à consistência entre as prioridades do cliente ao qual a estratégia competitiva busca satisfazer e as capacidades que a estratégia da cadeia de suprimentos visa construir. Para uma empresa obter o alinhamento estratégico, ela deve considerar os seguintes tópicos:

1. A estratégia competitiva e todas as estratégias funcionais precisam estar alinhadas para formar uma estratégia geral coordenada. Cada estratégia funcional precisa dar suporte a outras estratégias funcionais e ajudar uma empresa a alcançar a meta de sua estratégia competitiva.
2. As diferentes funções em uma empresa precisam estruturar adequadamente seus processos e recursos para poder executar essas estratégias com sucesso.
3. O projeto da cadeia de suprimentos geral e o papel de cada estágio devem estar alinhados para dar suporte à estratégia da cadeia de suprimentos.

Uma empresa pode fracassar por falta de alinhamento estratégico ou porque seu projeto de cadeia de suprimentos, seus processos e seus recursos não oferecem as competências para dar suporte ao alinhamento estratégico desejado. Considere, por exemplo, uma situação em que o marketing esteja divulgando a capacidade de uma empresa de fornecer grande variedade de produtos muito rapidamente; de forma simultânea, a distribuição tem como objetivo utilizar os meios de transporte mais baratos. Nessa situação, é bem provável que a distribuição atrase os pedidos para que seja possível obter maior economia no transporte, seja agrupando pedidos ou usando meios mais baratos, porém mais lentos. Essa ação entra em conflito com o objetivo estabelecido pelo marketing de oferecer variedade de produtos rapidamente. De modo semelhante, considere o cenário em que um varejista decidiu oferecer alto nível de variedade enquanto mantém baixos níveis de estoque, e selecionou fornecedores e transportadoras com base em seu baixo preço e não em sua responsividade. Nesse caso, o varejista provavelmente acabará tendo clientes insatisfeitos, em virtude da baixa disponibilidade de produtos.

Para explicar com detalhes o alinhamento estratégico, vamos considerar a evolução da Dell e de sua cadeia de suprimentos de 1993 até o presente. Entre 1993 e 2006, sua estratégia competitiva foi oferecer grande variedade de produtos personalizados a preço razoável. Dado o foco na customização, a cadeia de suprimentos da Dell foi projetada para ser responsiva. As instalações de montagem pertencentes à empresa foram projetadas para ser flexíveis e para tratar com facilidade a grande variedade de configurações solicitadas por clientes. Uma fábrica que focasse o baixo custo e a eficiência na produção de grandes volumes padronizados não teria sido adequada para esse contexto.

A noção de alinhamento estratégico também se estendeu a outras funções dentro da Dell. Seus computadores foram projetados para usar componentes comuns e permitir rápida montagem. A estratégia de projeto claramente se alinhou bem com o objetivo da cadeia de suprimentos de montar computadores personalizados em resposta aos pedidos do cliente. A Dell trabalhou bastante para transferir esse alinhamento a seus fornecedores. Visto que fabricava produtos personalizados com baixos níveis de estoque, foi decisivo que fornecedores e transportadores fossem altamente responsivos. Por exemplo, a capacidade de as transportadoras combinarem um computador da Dell com um monitor da Sony permitiu que a Dell não mantivesse monitores Sony em estoque.

A partir de 2007, porém, a Dell alterou sua estratégia competitiva e teve de adequar sua cadeia de suprimentos a isso. Embora ela ainda continue a oferecer customização, a empresa também se ramificou para vender computadores por meio de lojas de revenda, como o Walmart. Por meio do Walmart, a Dell oferece uma variedade limitada de desktops e laptops. Também é essencial que os monitores e outros periféricos estejam disponíveis em estoque, pois um cliente que compra um computador no Walmart não espera receber o monitor depois das outras partes. Logicamente, a cadeia de suprimentos flexível e responsiva que se alinha bem às necessidades do cliente por customização não necessariamente tem um bom alinhamento quando clientes não desejam mais customização, mas preferem preços baixos. Considerando a mudança das prioridades do cliente, a Dell mobilizou grande parte de sua produção para atender ao modelo "fazer para estoque", a fim de manter o alinhamento estratégico. Fabricantes contratados, como a FoxConn, que está focada em baixo custo, agora produzem alguns dos produtos da Dell com antecedência. Para manter o alinhamento estratégico, a cadeia de suprimentos da Dell moveu-se do foco implacável na responsividade para o foco no baixo custo.

Como é possível conseguir o alinhamento estratégico?

O que uma empresa precisa fazer para conseguir o tão importante alinhamento estratégico entre a cadeia de suprimentos e as estratégias competitivas? Uma estratégia competitiva especificará, explícita ou implicitamente, um ou mais segmentos do cliente que uma empresa espera satisfazer. Para conseguir alinhamento estratégico, uma empresa precisa garantir que as capacidades da cadeia de suprimentos sustentem sua capacidade de satisfazer os segmentos de determinados clientes.

Existem três etapas básicas para conseguir esse alinhamento estratégico, que esboçamos aqui e em seguida discutimos com mais detalhes:

1. *Entender a incerteza do cliente e da cadeia de suprimentos:* primeiro, uma empresa precisa entender as necessidades do cliente para cada segmento visado e a incerteza que essas necessidades impõem sobre a cadeia de suprimentos. Essas necessidades ajudam a empresa a definir o custo desejado e os requisitos de serviço, e a incerteza da cadeia de suprimentos ajuda a empresa a identificar a extensão da imprevisibilidade da demanda, de interrupção e de atraso para os quais a cadeia de suprimentos deve estar preparada.

2. *Entender as capacidades da cadeia de suprimentos:* existem muitos tipos de cadeias de suprimentos, cada um dos quais projetado para realizar diferentes tarefas de forma eficiente. Uma empresa precisa entender o que sua cadeia de suprimentos está planejada para fazer bem.

3. Conseguir alinhamento estratégico: se houver uma divergência entre o que a cadeia de suprimentos faz particularmente bem e as necessidades desejadas pelo cliente, a empresa poderá precisar reestruturar a cadeia de suprimentos para dar suporte à estratégia competitiva ou alterar sua estratégia competitiva.

ETAPA 1: ENTENDER A INCERTEZA DO CLIENTE E DA CADEIA DE SUPRIMENTOS

Para entender o cliente, uma empresa precisa identificar as necessidades do segmento de clientes que está atendendo. Vamos comparar a Seven-Eleven Japan com uma loja como o Sam's Club (parte do Walmart). Quando os clientes vão à Seven-Eleven para comprar detergente, eles vão lá pela conveniência de uma loja próxima, e não estão necessariamente procurando o menor preço, ao passo que o preço baixo é muito importante para um cliente do Sam's Club. Ele pode estar disposto a tolerar menos variedade e até mesmo comprar tamanhos de pacotes muito grandes, desde que o preço seja baixo. Embora os clientes comprem detergente nos dois lugares, a demanda varia de acordo com certos atributos. No caso da Seven-Eleven, os clientes estão com pressa e desejam conveniência. No caso do Sam's Club, eles querem preço baixo e estão dispostos a gastar tempo para chegar até lá. Em geral, a demanda de cliente de diferentes segmentos varia de acordo com diversos aspectos, como explicamos a seguir:

- *Quantidade de produtos necessária em cada lote:* um pedido urgente de material para reparar uma linha de produção provavelmente será pequeno. Um pedido de material para montar uma nova linha de produção provavelmente será grande.
- *Tempo de resposta que os clientes podem tolerar:* o tempo de resposta tolerável para o pedido emergencial provavelmente será curto, enquanto o tempo de resposta admissível para o pedido de montagem poderá ser longo.
- *Variedade dos produtos necessários:* o cliente pode valorizar muito a disponibilidade de todas as partes de um pedido de reparo de emergência a partir de um único fornecedor. Esse pode não ser o caso para o pedido de montagem.
- *Nível de serviço exigido:* o cliente que faz um pedido emergencial espera um alto nível de disponibilidade do produto. Ele pode procurar outro lugar se todas as partes do pedido não estiverem imediatamente disponíveis. Isso não é possível de acontecer no caso do pedido de montagem, para o qual é provável que haja um longo tempo de execução.
- *Preço do produto:* o cliente que faz o pedido emergencial tem a propensão de ser muito menos sensível ao preço que aquele que faz o pedido de montagem.
- *Taxa desejada de inovação no produto:* clientes de uma loja de departamentos de alto nível esperam muita inovação e novos modelos de roupas vendidas da loja. Clientes do Walmart podem ser menos sensíveis à inovação de produtos.

Clientes dos mesmos segmentos tendem a ter necessidades semelhantes, enquanto clientes de segmentos diferentes podem ter necessidades muito distintas.

Embora tenhamos descrito os muitos atributos ao longo dos quais a demanda de cliente varia, nosso objetivo é identificar uma medida-chave para combinar todos eles. Essa única medida, então, ajuda a definir o que a cadeia de suprimentos deverá fazer particularmente bem.

Incerteza da demanda implícita. À primeira vista, pode parecer que cada uma das categorias de necessidade do cliente deveria ser vista de modo diferente, mas, em um sentido muito fundamental, cada necessidade do cliente pode ser traduzida para a métrica da *incerteza da demanda implícita*, que é a incerteza da demanda imposta sobre a cadeia de suprimentos em virtude das necessidades do cliente que ela busca satisfazer.

Podemos diferenciar a incerteza da demanda e a incerteza da demanda implícita. A *incerteza da demanda* reflete a incerteza da demanda do cliente para um produto. Já a *incerteza da demanda implícita*, ao contrário, é a incerteza resultante apenas para a parte da demanda que a cadeia de suprimentos planeja satisfazer com base nos atributos dos desejos dos clientes. Por exemplo, uma empresa que fornece apenas pedidos emergenciais de um produto enfrentará uma incerteza da demanda implícita mais alta que aquela que fornece o mesmo produto com tempo de execução longo, pois a segunda tem oportunidade para atender aos pedidos uniformemente durante o tempo de execução.

Outro fato que ilustra a necessidade dessa distinção é o impacto do nível de serviço. À medida que uma cadeia de suprimentos eleva seu nível de serviço, ela precisa ser capaz de atender a uma percentagem cada vez mais alta de demanda real, forçando-a a se preparar para raros picos na demanda. Assim, elevar o nível de serviço aumenta a incerteza da demanda implícita, embora a incerteza da demanda básica do produto não mude.

Tanto a incerteza da demanda do produto quanto as diversas necessidades de cliente que a cadeia de suprimentos tenta atender afetam a incerteza da demanda implícita. A Tabela 2.1 ilustra como diversas necessidades de clientes afetam a incerteza da demanda implícita.

À medida que cada necessidade do cliente individual contribui para a incerteza da demanda implícita, podemos usar essa incerteza como uma métrica comum com a qual distinguimos diferentes tipos de demanda.

Fisher (1997) apontou que a incerteza da demanda implícita normalmente está relacionada a outras características da demanda, como mostra a Tabela 2.2. Veja uma explicação a seguir.

1. Produtos com demanda incerta normalmente são menos complexos e possuem menos competição direta. Como resultado, as margens tendem a ser altas.
2. A previsão é mais precisa quando a demanda apresenta menos incerteza.
3. Maior incerteza da demanda implícita ocasiona maior dificuldade na correlação entre oferta e demanda. Para um produto específico, essa dinâmica pode levar à falta de estoque ou a uma situação de estoque em excesso. Maior incerteza da demanda implícita, portanto, ocasiona oferta excessiva e uma taxa de falta de estoque mais alta.
4. Há mais promoções para produtos com alta incerteza da demanda implícita, porque eles normalmente resultam em excesso de oferta.

》 **Tabela 2.1** Impacto das necessidades dos clientes sobre a incerteza na demanda implícita.

Necessidade do cliente	Causa incerteza na demanda implícita para...
Aumento da variação da quantidade exigida	aumentar, pois uma maior variação na quantidade exigida implica maior variação na demanda
Redução do tempo de espera	aumentar, pois existe menos tempo para reagir aos pedidos
Aumento da variação de produtos exigidos	aumentar, pois a demanda por produtos torna-se menos previsível
Aumento do número de canais pelos quais produtos podem ser adquiridos	aumentar, pois a demanda total do cliente por canal torna-se menos previsível
Aumento da taxa de inovação	aumentar, pois novos produtos costumam ter demanda mais incerta
Aumento do nível de serviço exigido	aumentar, pois a empresa precisa lidar com picos incomuns de demanda

》 **Tabela 2.2** Correlação entre incerteza da demanda implícita e outros atributos.

	Baixa incerteza implícita	Alta incerteza implícita
Margem do produto	Baixa	Alta
Erro médio de previsão	10%	40% a 100%
Taxa média de falta de estoque	1% a 2%	10% a 40%
Média de promoção forçada no fim de estação	0%	10% a 25%

Fonte: Adaptado de FISHER (1997).

Primeiramente, vamos usar o exemplo de um produto com baixa incerteza da demanda implícita: o sal de cozinha. Esse produto tem margem muito baixa, previsões de demanda precisas, taxas de falta de estoque baixas e praticamente nenhuma promoção. Essas características combinam bem com o gráfico de Fisher das características para produtos com demanda bastante certa.

No outro extremo, um novo modelo de telefone celular tem alta incerteza da demanda implícita. Ele provavelmente terá margem alta, previsões de demanda bastante imprecisas, taxas de falta de estoque altas (se for um sucesso) e grandes promoções (se for um fracasso). Isso também está bem correlacionado à Tabela 2.2.

Lee (2002) destacou que, junto à incerteza da demanda, é importante considerar a incerteza resultante da capacidade da cadeia de suprimentos. Por exemplo, quando um novo componente é introduzido na indústria de computadores, os resultados de qualidade do processo de produção costumam ser baixos, e falhas são frequentes. Como resultado, as empresas têm dificuldade para entregar de acordo com um cronograma bem definido, resultando em alta incerteza da oferta para os fabricantes. À medida que a tecnologia de produção amadurece e os resultados melhoram, as empresas são capazes de seguir um cronograma fixo de entrega, resultando em baixa incerteza de oferta. A Tabela 2.3 ilustra como diversas características das fontes de oferta afetam a incerteza da oferta.

A incerteza da oferta também é fortemente afetada pela posição do ciclo de vida do produto. Novos produtos possuem maior incerteza de oferta, pois seus projetos e processos de produção ainda estão em evolução. Em contrapartida, produtos amadurecidos possuem menos incerteza de oferta.

Pode-se criar um espectro de incerteza, combinando a incerteza da demanda e da oferta. Isso é apresentado na Figura 2.2.

Uma empresa que lança um modelo de telefone celular com base em componentes inteiramente novos e em nova tecnologia enfrenta altas incertezas de demanda implícita e de oferta. Como resultado, a incerteza implícita enfrentada pela cadeia de suprimentos é muito alta. Por outro lado, um supermercado que vende sal de cozinha enfrenta baixa incerteza de demanda implícita e baixos níveis de incerteza de oferta, que resulta em baixa incerteza implícita. Muitos produtos agrícolas, como café, são exemplos em que as cadeias de suprimentos enfrentam baixos níveis de incerteza da demanda implícita, mas incerteza de oferta significativa, com base no clima. A cadeia de suprimentos, assim, precisa enfrentar um nível intermediário de incerteza implícita.

》**Tabela 2.3** Impacto da capacidade da fonte de oferta sobre a incerteza da oferta.

Capacidade da fonte de oferta	Faz que a incerteza na oferta...
Interrupções frequentes	aumente
Resultados imprevisíveis e baixos	aumente
Má qualidade	aumente
Capacidade de oferta limitada	aumente
Capacidade de oferta inflexível	aumente
Processo de produção em evolução	aumente

Fonte: Adaptado de LEE (2002).

》**Ponto-chave**

O primeiro passo para conseguir alinhamento estratégico entre as estratégias competitiva e da cadeia de suprimentos é entender a incerteza dos clientes e da cadeia. Ela pode ser combinada e mapeada seguindo o espectro de incerteza implícita.

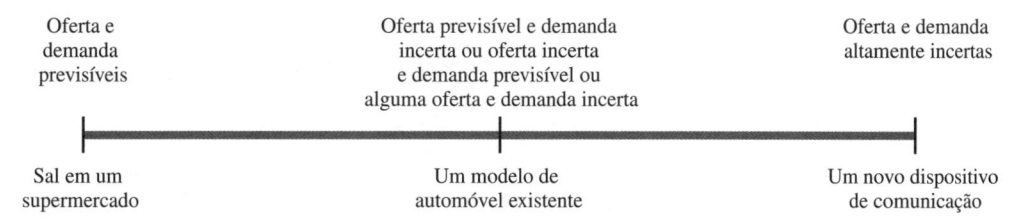

Oferta e demanda previsíveis	Oferta previsível e demanda incerta ou oferta incerta e demanda previsível ou alguma oferta e demanda incerta	Oferta e demanda altamente incertas
Sal em um supermercado	Um modelo de automóvel existente	Um novo dispositivo de comunicação

》**Figura 2.2** O espectro da incerteza implícita (demanda e oferta).

ETAPA 2: ENTENDER AS CAPACIDADES DA CADEIA DE SUPRIMENTOS

Depois de entender a incerteza que a empresa enfrenta, a próxima pergunta é: como ela pode atender melhor à demanda nesse ambiente incerto? Criar alinhamento estratégico é criar uma estratégia de cadeia de suprimentos que melhor atenda à demanda que uma empresa planejou, dada a incerteza que ela enfrenta.

Agora, consideramos as características das cadeias de suprimentos e as categorizamos com base nas diferentes características que influenciam sua responsividade e eficiência.

Primeiramente, vamos apresentar algumas definições. *Responsividade da cadeia de suprimentos* inclui sua capacidade de:

- responder à ampla gama de quantidades solicitadas;
- atender com tempos de execução curtos;
- lidar com grande variedade de produtos;
- criar produtos altamente inovadores;
- atender a um alto nível de serviço;
- manipular a incerteza da oferta.

Essas habilidades são semelhantes a muitas das características da demanda e oferta que levaram à alta incerteza implícita. Quanto mais dessas habilidades uma cadeia de suprimentos tem, mais responsiva ela é.

A responsividade, porém, tem um custo. Por exemplo, para atender a uma gama maior de quantidades solicitadas, a capacidade deve ser aumentada, o que eleva os custos. Esse aumento no custo leva à segunda definição: a *eficiência da cadeia de suprimentos*, que é o inverso do custo de fabricar e entregar um produto ao cliente. Aumentos em custos reduzem a eficiência, e para cada escolha estratégica de aumentar a responsividade, existem custos adicionais que reduzem a eficiência.

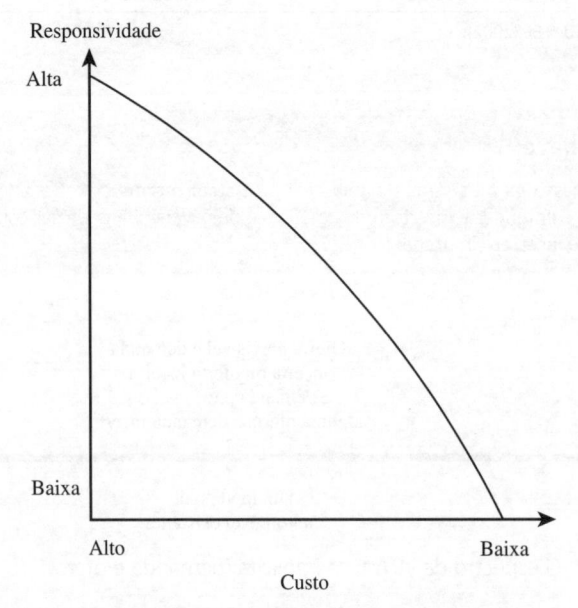

A *fronteira eficiente de custo-responsividade* é a curva da Figura 2.3, que mostra o menor custo possível para determinado nível de responsividade. Ele é definido com base na tecnologia existente; nem toda empresa é capaz de operar na fronteira eficiente, que representa o desempenho de custo-responsividade das melhores cadeias de suprimentos. Uma empresa que não está na fronteira eficiente pode melhorar sua responsividade e seu desempenho de custo ao atingi-la. De outro lado, uma empresa na fronteira eficiente só pode melhorar sua responsividade aumentando o custo e tornando-se menos eficiente. Então, ela precisa fazer uma escolha entre eficiência e responsividade. Naturalmente, as empresas na fronteira eficiente também estão melhorando

》 **Figura 2.3** Fronteira eficiente de custo-responsividade.

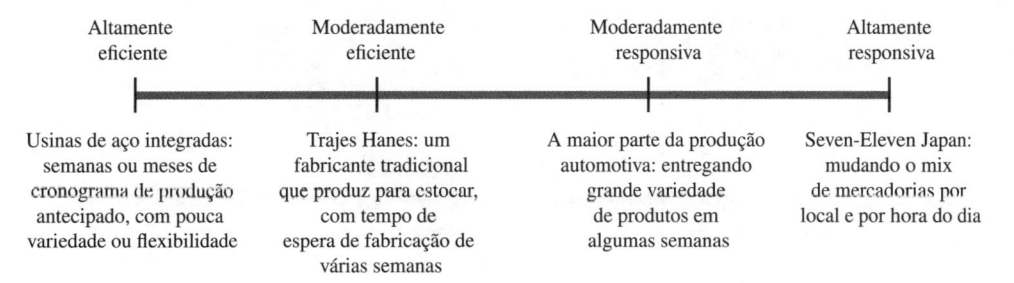

```
Altamente          Moderadamente        Moderadamente         Altamente
eficiente           eficiente             responsiva          responsiva
|———————————————————|———————————————————|—————————————————————|

Usinas de aço integradas:   Trajes Hanes: um        A maior parte da produção    Seven-Eleven Japan:
semanas ou meses de         fabricante tradicional  automotiva: entregando       mudando o mix
cronograma de produção      que produz para estocar, grande variedade            de mercadorias por
antecipado, com pouca       com tempo de            de produtos em               local e por hora do dia
variedade ou flexibilidade  espera de fabricação de algumas semanas
                            várias semanas
```

》 Figura 2.4 O espectro de responsividade.

continuamente seus processos e mudando a tecnologia para deslocar a própria fronteira eficiente. Dada a escolha entre custo e responsividade, uma escolha estratégica fundamental para qualquer cadeia de suprimentos é o nível de responsividade que ela busca oferecer.

As cadeias de suprimentos variam desde aquelas que focam unicamente em ser responsivas àquelas que focam em produzir e fornecer com o menor custo possível. A Figura 2.4 mostra o espectro de responsividade e onde algumas cadeias de suprimentos se encontram nesse espectro.

Quanto mais habilidades convertidas em responsividade uma cadeia de suprimentos tem, mais responsiva ela é. A Seven-Eleven Japan repõe os estoques de suas lojas com itens de café da manhã todas as manhãs; itens de almoço, na parte da tarde; e itens de jantar, à noite. Como resultado, a variedade de produtos disponíveis muda de acordo com a hora do dia. A empresa responde muito rapidamente a pedidos, com os gerentes das lojas solicitando reposição menos de 12 horas antes que ela aconteça, o que torna a cadeia de suprimentos muito responsiva. Outro exemplo é a cadeia da W.W. Grainger. A companhia enfrenta incerteza de demanda e de oferta e, por isso, a cadeia de suprimentos foi projetada para lidar de modo eficiente com ambas, para dar aos clientes uma grande variedade de produtos de MRO dentro de 24 horas. Uma cadeia de suprimentos eficiente, ao contrário, reduz o custo, eliminando algumas de suas capacidades responsivas. Por exemplo, o Sam's Club vende uma variedade limitada de produtos em pacotes de tamanho grande. A cadeia de suprimentos é capaz de reduzir custos, e o foco dessa cadeia está nitidamente na eficiência.

> **》 Ponto-chave**
> O segundo passo para atingir alinhamento estratégico entre estratégias competitivas e de cadeia de suprimentos é entender a cadeia de suprimentos e mapeá-la no espectro de responsividade.

ETAPA 3: CONSEGUIR ALINHAMENTO ESTRATÉGICO

Depois de mapear o nível de incerteza implícita e entender a posição da cadeia de suprimentos no espectro de responsividade, a terceira e última etapa é garantir que o grau de responsividade da cadeia seja coerente com a incerteza implícita. O objetivo é visar tanto a alta responsividade para uma cadeia de suprimentos que enfrenta alta incerteza implícita quanto a eficiência para uma cadeia de suprimentos que enfrenta baixa incerteza implícita.

Por exemplo, a estratégia competitiva da McMaster-Carr visa a clientes que valorizam ter grande variedade de produtos de MRO entregues a eles dentro de 24 horas. Dada a grande variedade de produtos e a entrega rápida desejada, a demanda dos clientes da McMaster-Carr pode ser caracterizada como de alta incerteza implícita. Se a empresa projetasse uma cadeia de suprimentos eficiente, ela teria menos estoque e manteria um volume uniforme no depósito para reduzir os custos de separação e embalagem. Se a McMaster fizesse essa escolha, ela teria dificuldade para atender a desejos do cliente por grande variedade de produtos que são entregues dentro de 24 horas. Para atender seus clientes de modo eficaz, a companhia tem alto nível de estoque e capacidade de separação e embalagem. Claramente, uma cadeia de suprimentos responsiva é mais adequada para atender às necessidades de clientes pretendido pela McMaster-Carr, mesmo que isso resulte em custos mais altos.

Agora, considere um fabricante de massas, como a Barilla. A massa é um produto com demanda de cliente relativamente estável, dando-lhe uma baixa incerteza de demanda implícita.

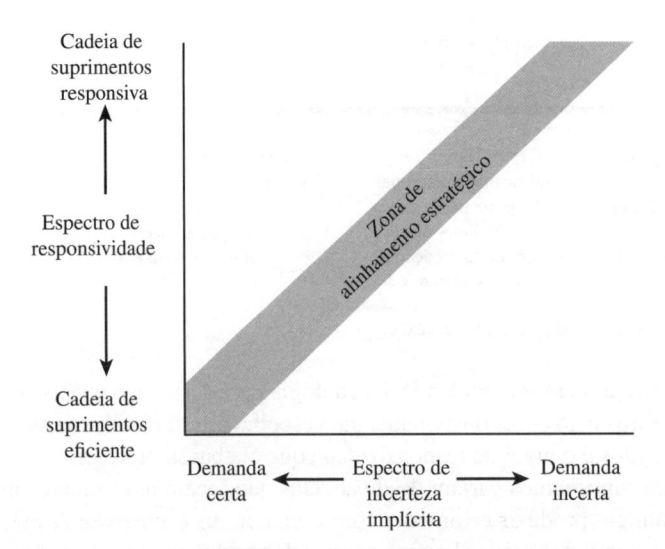

Figura 2.5 Encontrando a zona de alinhamento estratégico.

O suprimento também é bastante previsível. A Barilla poderia projetar uma cadeia de suprimentos altamente responsiva, em que a massa é customizada em lotes muito pequenos em resposta a pedidos do cliente e enviada por um tipo de transporte rápido, como a FedEx. Essa escolha obviamente tornaria a massa tremendamente cara, resultando na perda de clientes. Portanto, a Barilla estará em uma posição muito melhor se projetar uma cadeia de suprimentos mais eficiente, com foco em redução de custos.

Desta breve discussão, concluímos que o aumento da incerteza implícita de clientes e de fontes de suprimento é mais bem atendido aumentando-se a responsividade da cadeia de suprimentos. Esse relacionamento é representado pela *zona de alinhamento estratégico*, ilustrado na Figura 2.5. Para um alto nível de desempenho, as empresas devem mover sua estratégia competitiva (e a incerteza implícita resultante) e estratégia da cadeia de suprimentos (e a responsividade resultante) em direção à zona de alinhamento estratégico.

O próximo passo para conseguir o alinhamento estratégico é atribuir papéis a diferentes estágios da cadeia de suprimentos, que garantam o nível de responsividade adequado. É importante entender que o nível de responsividade desejado, exigido ao longo da cadeia de suprimentos, pode ser atingido atribuindo-se diferentes níveis de responsividade e eficiência a cada estágio da cadeia de suprimentos, conforme ilustrado nos exemplos a seguir.

A IKEA é um varejista sueco de móveis com grandes lojas em mais de vinte países. A empresa tem buscado clientes que desejam móveis elegantes a um custo razoável. Ela limita a variedade de estilos que vende por meio de design modular. A grande escala de cada loja e a variedade limitada de móveis (por meio de design modular) diminuem a incerteza implícita enfrentada pela cadeia de suprimentos. A rede de lojas mantém estoque de todos os estilos e atende clientes com base em seu estoque. Assim, ela usa o estoque para absorver toda a incerteza enfrentada pela cadeia de suprimentos. A presença de estoque em grandes lojas da IKEA permite que pedidos de reposição a seus fabricantes sejam mais estáveis e previsíveis. Como resultado, ela passa muito pouca incerteza a seus fabricantes, que costumam estar localizados em países com baixos custos de produção e que se concentram em eficiência. A IKEA oferece responsividade na cadeia de suprimentos, com as lojas absorvendo a maioria da incerteza e sendo responsivas, e seus fornecedores absorvendo pouca incerteza e sendo eficientes.

Em contrapartida, outra abordagem de responsividade pode envolver o varejista que mantém pouco estoque. Neste caso, o varejista não contribui significativamente para a responsividade da cadeia de suprimentos, e a maior parte da incerteza implícita de demanda é passada para o fabricante. Para a cadeia de suprimentos ser responsiva, o fabricante precisa ser flexível e ter tempo de resposta mais curto. Um exemplo dessa abordagem é a England, Inc., um fabricante de móveis localizado no estado norte-americano do Tennessee. Toda semana, a empresa fabrica milhares de sofás e cadeiras sob encomenda, entregando-os para lojas de móveis em todo o país dentro de três semanas. Os varejistas da England permitem que os clientes escolham a partir de grande variedade de estilos e prometem uma entrega relativamente rápida, o que impõe alto nível de incerteza implícita na cadeia de suprimentos. Os varejistas, porém, não mantêm muito estoque e passam a maior parte da incerteza implícita para a England, Inc.; eles podem, então, ser eficientes, pois a maioria da incerteza implícita para a cadeia de suprimentos é absorvida pela England, Inc., com seu processo de manufatura flexível. A própria empresa tem a escolha de quanta incerteza ela passa para seus fornecedores. Mantendo mais estoques de matéria-prima, a empresa permite que seus fornecedores foquem na eficiência. Se ela diminuir esses estoques, seus fornecedores deverão se tornar mais responsivos.

A discussão anterior ilustra que a cadeia de suprimentos pode atingir determinado nível de responsividade ajustando as funções de cada um de seus estágios. Tornar um estágio mais responsivo permite que outros estágios se concentrem em se tornar mais eficientes. A melhor combinação de funções depende da eficiência e da flexibilidade disponíveis em cada estágio. A noção de atingir determinado nível de responsividade, atribuindo diferentes papéis e níveis de incerteza a diferentes estágios da cadeia de suprimentos, é ilustrada na Figura 2.6, que mostra duas cadeias de suprimentos que enfrentam a mesma incerteza implícita, mas atingem o nível de responsividade desejado com diferentes alocações de incerteza e responsividade ao longo da cadeia de suprimentos. A Cadeia de Suprimentos I tem um varejista muito responsivo que absorve a maior parte da incerteza, permitindo (na realidade, exigindo) que fabricante e fornecedor sejam eficientes. A Cadeia de Suprimentos II, ao contrário, tem um fabricante muito responsivo que absorve a maior parte da incerteza, permitindo, assim, que os outros estágios se concentrem em eficiência.

Para alcançar um alinhamento estratégico completo, uma empresa também precisa garantir que todas as suas funções mantenham estratégias coerentes, que apoiem a estratégia competitiva. Todas as estratégias funcionais precisam dar suporte aos objetivos da estratégia competitiva, e todas as subestratégias dentro da cadeia de suprimentos — como as de manufatura, estoque e compras — também precisam ser coerentes com o nível de responsividade da cadeia de suprimentos. A Tabela 2.4 lista algumas das principais diferenças quanto à estratégia funcional entre cadeias de suprimentos que são eficientes e aquelas que são responsivas.

> **》Ponto-chave**
>
> O passo final para obter o alinhamento estratégico é combinar a responsividade da cadeia de suprimentos e a incerteza implícita de demanda e oferta. O projeto da cadeia de suprimentos e de todas as estratégias funcionais dentro da empresa também precisa dar suporte ao nível de responsividade da cadeia de suprimentos.

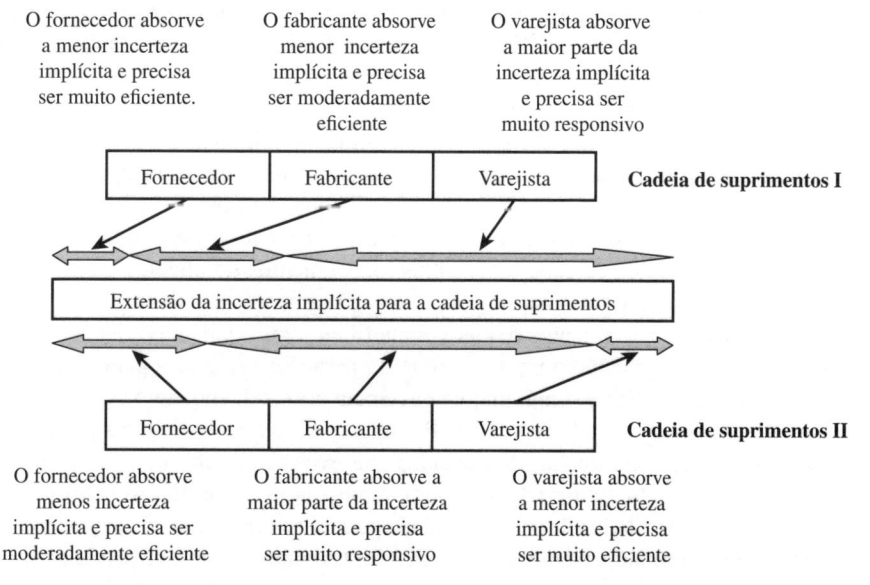

》Figura 2.6 Diferentes funções e alocações da incerteza implicada para um dado nível da responsividade da cadeia de suprimentos.

Tabela 2.4 Comparação das cadeias de suprimentos eficientes e responsivas.

	Cadeias de suprimentos eficientes	Cadeias de suprimentos responsivas
Objetivo principal	Suprir demanda ao menor custo	Responder rapidamente à demanda
Estratégia de projeto do produto	Maximizar o desempenho ao mínimo de custo do produto	Criar *modularidade* para permitir postergação de diferenciação do produto
Estratégia de preço	Reduzir margens porque o preço é um fator principal para o cliente	Margens maiores, porque preço não é um fator principal para o cliente
Estratégia de manufatura	Reduzir custos por meio de alta utilização	Manter flexibilidade de capacidade como segurança contra incerteza da demanda/oferta
Estratégia de estoque	Minimizar estoque para reduzir custo	Manter *estoque de segurança* para lidar com a incerteza da demanda/oferta
Estratégia de tempo esperado (pelo cliente)	Reduzir, mas não em detrimento de custos	Reduzir agressivamente, mesmo que os custos sejam significativos
Estratégia de fornecedor	Selecionar com base em custo e qualidade	Selecionar com base em velocidade, flexibilidade, confiabilidade e qualidade

Fonte: Adaptado de FISHER (1997).

Ajuste da cadeia de suprimentos ao alinhamento estratégico

Nossa discussão anterior concentrou-se em atingir alinhamento estratégico quando uma empresa atende a um único segmento de mercado, e o resultado é uma posição estratégica restrita e bem definida. Embora tal cenário valer para empresas como a IKEA, muitas delas são solicitadas a conseguir o alinhamento estratégico ao servir muitos segmentos de clientes com uma variedade de produtos através de múltiplos canais. Em tal cenário, uma cadeia de suprimentos comum não pode fornecer o alinhamento estratégico e uma estratégia de cadeia de fornecimento adaptada se faz necessária. Por exemplo, a Zara vende tendências de moda com demanda imprevisível, juntamente ao básico, como camisetas brancas, com uma demanda mais previsível. Considerando que a empresa utiliza uma cadeia de suprimentos responsiva com a produção na Europa para tendências de moda, ela usa uma cadeia de suprimentos mais eficiente com a produção na Ásia para o básico. Essa estratégia da cadeia de suprimentos sob medida proporciona um melhor alinhamento estratégico para a Zara em comparação ao uso de uma única cadeia de suprimentos. Outro exemplo é a Levi Strauss, que vende tanto calças jeans customizadas quanto de tamanho padrão. A demanda por calças jeans de tamanho padrão tem uma incerteza muito menor do que a demanda para jeans customizados. Como resultado, a Levi Strauss deve adaptar sua cadeia de suprimentos para atender ambos os conjuntos de necessidades.

Em cada um dos exemplos anteriores, os produtos vendidos e os segmentos de clientes servidos têm a incerteza da demanda implícita diferente. Ao elaborar a estratégia da cadeia de suprimentos nesses casos, a questão fundamental para uma empresa é a concepção de uma cadeia de suprimentos adaptada, que seja capaz de ser eficiente quando a incerteza implícita for baixa e responsiva quando for alta. Ao adaptar a sua cadeia de suprimentos, uma empresa pode fornecer responsividade aos produtos de rápido crescimento, segmentos de clientes e canais, enquanto mantém baixo custo para produtos estáveis, maduros e segmentos de clientes.

Adaptar a cadeia de suprimentos requer compartilhar alguns elos na cadeia de suprimentos com alguns produtos, ao mesmo tempo que se tem operações separadas para outros elos. Eles são compartilhados para atingir o máximo de eficiência possível, enquanto oferecem o nível de responsividade apropriado a cada segmento. Por exemplo, todos os produtos podem ser fabricados na mesma linha de produção, mas aqueles que exigem um alto nível de responsividade podem ser enviados usando um tipo de transporte rápido, como a FedEx. Aqueles produtos que não possuem altas necessidades de responsividade podem ser enviados por meios mais lentos e mais baratos, como caminhão, trem ou mesmo navio. Em outros casos, os produtos que exigem alta responsividade podem ser manufaturados usando um processo bastante flexível, enquanto produtos que exigem baixa responsividade podem ser manufaturados usando um processo menos responsivo, porém mais eficiente. Contudo, o tipo de transporte utilizado nos dois casos pode ser o mesmo. Em outros casos, alguns produtos podem ser mantidos em depósitos regionais próximos ao cliente, enquanto outros podem ser mantidos em um depósito centralizado, longe do cliente. A W.W. Grainger mantém itens de rápida movimentação em locais descentralizados, próximos do cliente. Ela mantém itens de movimentação lenta, com incerteza da demanda implícita mais alta, em um depósito centralizado. O ajuste apropriado da cadeia de suprimentos ajuda uma empresa a atingir níveis variados de responsividade para obter um custo baixo total. O nível de responsividade é ajustado para cada produto, canal ou segmento de clientes. O ajuste da cadeia de suprimentos é um conceito importante, que será mais bem explanado em outros capítulos.

O conceito de ajuste para adquirir o alinhamento estratégico é importante em indústrias, como a de alta tecnologia e a farmacêutica, nas quais a inovação é fundamental e os produtos passam por diferentes fases e necessidades durante o seu ciclo de vida. Vamos considerar mudanças em características de demanda e de oferta durante o ciclo de vida de um produto. Ao longo dos estágios iniciais do ciclo de vida de um produto:

1. A demanda é muito incerta e a oferta pode ser imprevisível.
2. As margens frequentemente são altas e o tempo é decisivo para ganhar vendas.
3. A disponibilidade do produto é decisiva para capturar o mercado.
4. O custo normalmente é uma consideração secundária.

Considere uma empresa farmacêutica que apresenta um novo medicamento. A demanda inicial por esse produto é altamente incerta, as margens normalmente são muito altas e a disponibilidade de produto é a chave para conseguir sua participação no mercado. A fase introdutória do ciclo de vida de um produto corresponde à alta incerteza implícita, dada a alta incerteza da demanda e a necessidade de um alto nível de disponibilidade de produto. Nessa situação, responsividade é a característica mais importante da cadeia de suprimentos.

À medida que o produto se torna um bem de alto consumo em seu ciclo de vida, as características de demanda e oferta mudam. Nesse estágio, o que normalmente acontece é:

1. A demanda se torna mais certa, e a oferta é previsível.
2. As margens são mais baixas em virtude de um aumento na pressão competitiva.
3. O preço se torna fator significativo na escolha do cliente.

No caso de uma companhia farmacêutica, essas alterações ocorrem quando a procura pelo medicamento se estabiliza, tecnologias de produção são bem desenvolvidas e a oferta é previsível. Essa etapa corresponde a um baixo nível de incerteza implícita. Como resultado, a cadeia de suprimentos deve mudar. Em tal situação, torna-se a eficiência a característica mais importante da cadeia de suprimentos. A indústria farmacêutica tem reagido por meio da elaboração de um mix de capacidade flexível e eficiente, cujo uso é adaptado ao ciclo de vida do produto. Novos produtos são tipicamente introduzidos utilizando capacidade flexível, que é mais cara, mas responsiva o suficiente para lidar com o elevado nível de incerteza durante os estágios iniciais do ciclo de vida. Produtos tradicionais com alta demanda são deslocados para a capacidade dedicada, que é altamente eficiente porque lida com baixos níveis de incerteza e tem vantagem de alta escala. A estratégia de capacidade ajustada permitiu às empresas farmacêuticas que mantivessem alinhamento estratégico para uma vasta gama de produtos em diferentes estágios de seu ciclo de vida.

Na próxima seção, descrevemos como o escopo da cadeia de suprimentos tem se expandido ao alcançar o alinhamento estratégico. Discutimos também por que alargar o escopo do alinhamento estratégico é fundamental para o sucesso da cadeia de suprimentos.

> **》Ponto-chave**
>
> Ao fornecer vários segmentos de clientes com ampla variedade de produtos através de vários canais, uma empresa deve adaptar a sua cadeia de suprimentos com o objetivo de conseguir o alinhamento estratégico.

2.3 Expansão do escopo estratégico

Uma questão-chave relacionada ao alinhamento estratégico é o escopo, em termos de estágios de cadeia de suprimentos, por meio do qual o alinhamento estratégico se aplica. O *escopo do alinhamento estratégico* refere-se às funções dentro da empresa e aos estágios da cadeia que criam uma estratégia integrada com um objetivo alinhado. Em um extremo, cada operação dentro de cada área funcional cria sua própria estratégia independente, com o objetivo de otimizar seu desempenho individual. Nesse caso, o escopo do alinhamento estratégico é restrito a uma operação em uma área funcional dentro de um estágio da cadeia de suprimentos. No extremo oposto, todas as áreas funcionais por todos os estágios da cadeia criam estratégias alinhadas que maximizam seu excedente. Nesse caso, o escopo do alinhamento estratégico se estende para a cadeia de suprimentos inteira.

Nesta seção, discutiremos como a expansão do escopo do alinhamento estratégico melhora o desempenho da cadeia de suprimentos. Por exemplo, a IKEA alcançou grande sucesso expandindo seu escopo de alinhamento estratégico para incluir todas as funções e estágios dentro da cadeia de suprimentos. Sua estratégia competitiva é oferecer uma variedade razoável de móveis domésticos e decoração a preços baixos. Suas lojas são grandes e mantêm todos os produtos em estoque. Seus produtos foram planejados para ser modulares e fáceis de montar. As grandes lojas e o design modular permitem que a IKEA passe a montagem final e a entrega na última milha (duas operações de alto custo) para o cliente. Como resultado, todas as funções dentro da cadeia de suprimentos da IKEA concentram-se na eficiência. Seus fornecedores focam a produção de grandes volumes de poucos módulos a baixo custo. Sua função de transportes focaliza a remessa de grandes quantidades de módulos desmontados em alta densidade e baixo custo a grandes lojas. A estratégia em cada estágio e função da cadeia de suprimentos da IKEA está alinhada para aumentar o excedente da cadeia de suprimentos.

Escopo de operação interna: redução do custo local

O *escopo de operação interna* faz que cada estágio da cadeia de suprimentos crie sua estratégia de maneira independente. Nessa configuração, a coleta resultante de estratégias normalmente não é alinhada, ocasionando conflito. Esse escopo limitado era a prática dominante durante as décadas de 1950 e 1960, quando cada operação dentro de cada estágio da cadeia de suprimentos tentava minimizar seus próprios custos. Como resultado desse escopo estreito, a função de transporte em muitas empresas pode ter entregado cargas completas sem qualquer consideração com o impacto resultante sobre os estoques ou a responsividade, além disso, o setor de vendas pode ter oferecido promoções para aumentar a receita sem considerar o modo como isso afetaria a produção, estoque e custos de transporte. A falta de alinhamento resultou na diminuição do excedente da cadeia de suprimentos.

Escopo intrafuncional: redução do custo funcional

Com o passar do tempo, os gestores reconheceram a fraqueza do escopo de operação interna e tentaram alinhar todas as operações dentro de uma função. Por exemplo, o uso do frete aéreo só poderia ser justificado se as economias resultantes em estoque e a responsividade melhorada justificassem o aumento do custo de transporte. Com a visão *intrafuncional*, as empresas tentaram alinhar todas as operações dentro de uma função. Todas as funções da cadeia de suprimentos, incluindo *sourcing*, manufatura, armazenagem e transporte, precisam alinhar sua estratégia para minimizar o custo funcional total. Como resultado dessa visão, o produto pode ser obtido de um fornecedor local com custo mais alto porque a diminuição resultante em estoque e em custos de transporte compensa bastante o custo unitário mais alto.

Escopo interfuncional: maximização do lucro da empresa

A principal fraqueza da visão intrafuncional é que diferentes funções dentro de uma empresa podem ter objetivos conflitantes. As empresas se conscientizaram dessa fraqueza quando viram, por exemplo, marketing e vendas enfatizando a geração de receita, e manufatura e distribuição focando a redução do custo. As ações que as duas funções tomavam normalmente entravam em conflito, prejudicando o desempenho geral da empresa. As organizações em geral observaram a importância da expansão do escopo de alinhamento estratégico e do alinhamento da estratégia em todas as suas funções. Com o escopo interfuncional, o objetivo é maximizar o lucro da empresa e, para conseguir isso, todas as estratégias funcionais são desenvolvidas a fim de se alinharem entre si e com a estratégia competitiva.

O objetivo de alinhar as estratégias por todas as funções resulta em operações de armazenagem dentro da McMaster-Carr, mantendo alto estoque e capacidade em excesso para garantir que a promessa do marketing de entrega no dia seguinte seja sempre atendida. Os lucros da empresa crescem porque a margem aumentada que os clientes estão dispostos a pagar pela alta confiabilidade compensa o estoque maior e o custo de armazenagem. A empresa aproveita os altos lucros porque todas as funções alinham sua estratégia em torno do objetivo comum de conveniência do cliente na forma de entrega no dia seguinte para uma grande variedade de produtos de MRO.

Escopo entre empresas: maximização do excedente da cadeia de suprimentos

O objetivo de apenas aumentar os lucros da empresa às vezes pode levar a conflitos entre os estágios de uma cadeia de suprimentos. Por exemplo, tanto o fornecedor quanto o fabricante em uma cadeia de suprimentos podem preferir que o outro lado mantenha a maior parte do estoque, com o objetivo de melhorar seus próprios lucros. Se as duas partes não puderem enxergar além de seus próprios lucros, a parte mais poderosa simplesmente forçará o outro estágio a manter estoques sem considerar onde eles seriam mais bem mantidos. O resultado é uma diminuição no excedente da cadeia de suprimentos — o total que ambas as partes compartilham.

O escopo entre empresas propõe uma abordagem diferente. Em vez de apenas forçar o estoque para a parte mais fraca, as duas partes devem trabalhar juntas para reduzir a quantidade de estoque exigida. Trabalhando juntos e compartilhando informações, eles podem reduzir os estoques e o custo total, aumentando assim o excedente da cadeia de suprimentos. Quanto maior esse excedente, mais competitiva essa cadeia de suprimentos se torna.

> **》 Ponto-chave**
>
> O escopo entre empresas de alinhamento estratégico requer que as companhias avaliem todas as ações no contexto da cadeia de suprimentos completa. Esse amplo escopo aumenta o tamanho do excedente a ser compartilhado entre todos os estágios da cadeia de suprimentos. O escopo entre empresas de alinhamento estratégico é essencial hoje em dia, pois o campo de jogo competitivo mudou de empresa contra empresa para cadeia de suprimentos contra cadeia de suprimentos. Os parceiros de uma empresa na cadeia de suprimentos podem muito bem determinar seu sucesso, pois ela está intimamente ligada à sua cadeia de suprimentos.

Um bom exemplo da abordagem entre empresas é o modo como o Walmart e a P&G planejam as promoções em conjunto. As duas empresas possuem uma equipe (com funcionários de ambas as partes) que trabalha para garantir que a promoção seja sincronizada e executada para beneficiar ambos os lados. Antes desse esforço colaborativo, as promoções no Walmart às vezes exigiam que a P&G fabricasse os produtos pouco tempo antes da entrega e com alto custo. O resultado foi uma diminuição no excedente da cadeia de suprimentos, pois o produto era vendido com desconto em um momento no qual estava sendo produzido com uma margem de custo alta. As equipes colaborativas agora tentam aumentar o excedente da cadeia de suprimentos, sincronizando a promoção para que tenha alto impacto nas vendas enquanto minimiza o aumento da margem de custo. Eles trabalham para garantir que o produto seja fabricado de maneira que toda a demanda da promoção seja atendida sem gerar excesso de estoques não vendidos.

Escopo ágil entre empresas

Até este ponto, discutimos o alinhamento estratégico em um contexto estático, ou seja, os participantes em uma cadeia de suprimentos e as necessidades do cliente não mudam com o tempo. Na realidade, a situação é muito mais dinâmica que isso. Os ciclos de vida do produto estão ficando mais curtos e as empresas precisam satisfazer as necessidades mutáveis dos clientes individuais. Uma empresa pode ter de fazer parceria com muitas outras, dependendo do produto que é fabricado e do cliente que é atendido. A estratégia e as operações nas companhias precisam ser ágeis o suficiente a fim de manter o alinhamento estratégico em um ambiente em transformação.

O *escopo ágil entre empresas* refere-se à capacidade de uma empresa de atingir alinhamento estratégico ao fazer parcerias com estágios da cadeia de suprimentos que mudam com o tempo. As firmas precisam pensar em termos de cadeias de suprimentos consistindo em muitos participantes em cada estágio. Por exemplo, um fabricante pode interagir com um conjunto diferente de fornecedores e distribuidores, dependendo do produto que está sendo fabricado e do cliente que está sendo atendido. Além disso, como as necessidades dos clientes variam com o tempo, as empresas precisam ter a capacidade de se tornar parte de novas cadeias de suprimentos, enquanto garantem alinhamento estratégico. Esse nível de agilidade torna-se ainda mais importante quando o ambiente competitivo torna-se mais dinâmico.

2.4 Obstáculos para atingir alinhamento estratégico

A chave para atingir alinhamento estratégico é a capacidade de uma empresa de encontrar o equilíbrio entre responsividade e eficiência que melhor atenda às necessidades de seu cliente-alvo. Ao decidir onde esse equilíbrio deve estar localizado no espectro de responsividade, as empresas enfrentam muitos obstáculos. Por um lado, essas dificuldades tornaram muito mais difícil para as empresas criarem o equilíbrio ideal. Por outro, eles permitiram que as empresas aumentassem as oportunidades para melhorar a gestão da cadeia de suprimentos. Os gestores precisam de um conhecimento sólido do impacto desses obstáculos, pois eles são essenciais para a capacidade de uma empresa em obter o máximo de lucratividade de sua cadeia de suprimentos.

Aumento da variedade de produtos e redução dos ciclos de vida

Um dos maiores desafios para a manutenção do alinhamento estratégico é o crescimento na variedade de produtos e a redução do ciclo de vida de muitos deles. Maior variedade de produtos com ciclos de vida mais curtos aumentam a incerteza, reduzindo a janela de oportunidade em que a cadeia de suprimentos pode obter o alinhamento. O desafio é ampliado quando as empresas continuam a aumentar a linha de novos produtos sem a disciplina de eliminar os mais antigos. A Apple, por exemplo, tem tido grande sucesso limitando o seu mix de produtos enquanto introduz novos modelos. Isso permitiu que a empresa tivesse o luxo de lidar apenas com produtos de alta demanda, para que se tornasse mais fácil projetar uma cadeia de suprimentos alinhada. Em geral, porém, as empresas devem criar plataformas de produtos com componentes comuns e manter uma cadeia de suprimentos ajustada, que contenha uma solução responsiva para lidar com novos produtos e outros produtos de baixo volume e uma solução de baixo custo para lidar com o sucesso dos produtos de alto volume. Simultaneamente, a variedade deve ser limitada ao que realmente agrega valor ao cliente. Isso requer muitas vezes a eliminação contínua de produtos mais antigos.

Globalização e aumento da incerteza

A globalização tem aumentado tanto as oportunidades como os riscos para a cadeia de suprimentos. O século 21 começou com flutuações significativas na taxa de câmbio, na demanda global e no preço do petróleo, todos esses fatores afetam o desempenho da cadeia de suprimentos. Somente no ano de 2008, o euro chegou a valer 1,59 dólar e depois caiu para 1,24 dólar. Em 2001, esteve em 0,85 dólar. Depois que a demanda por automóveis nos Estados Unidos teve um pico de mais de 17 milhões de veículos, ela caiu significativamente entre novembro de 2007 e outubro de 2008. Nesse mês, a venda caiu para menos de 30% com relação ao mesmo mês do ano anterior. A queda nas vendas de veículos maiores foi ainda mais significativa do que a dos menores, com gasto mais eficiente de combustível. O preço do barril de petróleo chegou a 145 dólares em julho de 2008 e estava em menos de 50 dólares por volta de novembro de 2008.

As cadeias de suprimentos projetadas para lidar com essas incertezas tiveram desempenho muito melhor do que aquelas que não as consideraram. Por exemplo, a Honda construiu plantas flexíveis que foram de grande ajuda em 2008, conforme a demanda de veículos utilitários (SUVs) caía, mas a demanda por carros menores aumentava. As plantas flexíveis que produziam tanto o CRV como carros menores na mesma linha continuaram em forte operação. Em contrapartida, as empresas que construíram plantas dedicadas a produzir somente caminhões maiores e SUVs tiveram grande dificuldade em 2008, conforme a demanda cessou. Claramente, as empresas devem considerar os riscos globais e incertezas se quiserem manter o alinhamento estratégico.

Fragmentação da propriedade da cadeia de suprimentos

Durante as últimas décadas, a maioria das empresas se tornou menos integrada verticalmente. Enquanto as empresas têm perdido funções secundárias, elas têm sido capazes de tirar proveito das competências do fornecedor e do cliente que elas mesmas não tinham. Essa nova estrutura de propriedade, porém, também dificultou a gestão da cadeia de suprimentos. Com a cadeia dividida em muitos proprietários, cada um com suas próprias políticas e interesses, ela é mais difícil de ser coordenada. Potencialmente, esse problema poderia fazer que cada estágio de uma cadeia de suprimentos trabalhasse apenas para seus próprios objetivos, em vez da cadeia como um todo, resultando na redução de sua lucratividade geral. Alinhar todos os membros da cadeia de suprimentos se tornou importante para adquirir o alinhamento da cadeia de suprimentos.

Tecnologia em constante transformação e ambiente de negócios

Com um ambiente em transformação em termos de necessidades do cliente e tecnologia, as empresas precisam constantemente avaliar sua estratégia de cadeia de suprimentos para manter o alinhamento estratégico. Uma estratégia que pode ter sido muito bem-sucedida em determinado ambiente pode facilmente se tornar um ponto fraco em um ambiente alterado. A Dell é um excelente exemplo dessa dificuldade. Por mais de uma década, a empresa obteve tremendo sucesso com uma estratégia de cadeia de suprimentos baseada em venda de computadores customizados diretamente aos clientes. Esses computadores eram montados conforme o pedido, em instalações flexíveis. Por volta de 2005, o mercado foi em direção aos laptops e os clientes começaram a dar menos valor à customização. Como resultado, a Dell foi forçada a reformular sua estratégia de cadeia de suprimentos e começar a vender por meio de pontos de revenda. Simultaneamente, ela começou a aumentar a quantidade de montagem que era terceirizada para fabricantes contratados com baixos custos.

Outro exemplo é a Blockbuster (veja a seção *Estudo de caso* ao final deste capítulo), que atingiu grande sucesso nos anos 1990, com lojas que dispunham de uma variedade de filmes VHS bem maior que a das locadores existentes. No entanto, com o surgimento dos DVDs, a Netflix utilizou o sistema postal para enviar uma variedade ainda maior de filmes com baixo custo a partir de centros de distribuição específicos. O crescimento da banda larga permitiu que a Netflix disponibilizasse conteúdo digital diretamente à casa do cliente. De maneira simultânea, a Redbox desenvolveu máquinas automáticas que possibilitavam que alguns DVDs fossem alugados a baixo custo. A incapacidade da Blockbuster de se ajustar a essa transformação na tecnologia e no ambiente de negócio resultou em sua falência em 2010.

Meio ambiente e sustentabilidade

As questões relacionadas ao meio ambiente e sustentabilidade têm crescido em relevância e devem ser contabilizadas ao projetar a estratégia da cadeia de suprimentos. Em alguns casos, a regulação tem vindo a impulsionar mudanças; em outros, a mudança tem sido impulsionada pela percepção da falta de sustentabilidade como um fator de risco. Por exemplo, a Waste Electrical and Eletronical Equipament (WEEE) e Restriction of Hazardous Substances (RoHS), diretivas da União Europeia, forçaram os fabricantes de telefones celular a repensar suas estratégias de design e de *sourcing*. Por outro lado, a Starbucks foi forçada a focar na sustentabilidade local de suas fontes de suprimento, pois uma falha nesse processo, especialmente no caso do café de alta qualidade, poderia afetar significativamente a sua capacidade de crescimento. A empresa desenvolveu diretrizes de suprimentos para garantir que o café produzido conhecesse os critérios de desempenho ambiental e social em cada etapa da cadeia de suprimentos. As questões ambientais representam uma tremenda oportunidade para as empresas, que muitas vezes podem agregar valor para os clientes e reduzir os seus próprios custos ao longo dessa dimensão (por exemplo, com a embalagem mais apropriada). Esses problemas também representam um importante desafio, porque algumas das maiores oportunidades exigem coordenação entre os diferentes membros da cadeia de suprimentos. Para serem bem-sucedidas, as empresas terão de conceber uma estratégia que envolve toda a cadeia de suprimentos para identificar e direcionar oportunidades para melhoria da sustentabilidade.

> **》 Ponto-chave**
>
> Muitos obstáculos, como a maior variedade de produtos e menores ciclos de vida, tornaram cada vez mais difícil para as cadeias de suprimentos alcançarem alinhamento estratégico. Contornar esses obstáculos gera uma grande oportunidade para as empresas usarem a gestão da cadeia de suprimentos com o objetivo de obter vantagem competitiva.

2.5 Resumo dos objetivos de aprendizagem

1. *Explicar por que é fundamental alcançar alinhamento estratégico para o sucesso geral de uma empresa.* Falta de alinhamento estratégico entre a estratégia competitiva e a cadeia de suprimentos pode resultar em uma cadeia de suprimentos que toma ações que não são coerentes com as necessidades do cliente, levando a uma redução no excedente da cadeia de suprimentos e diminuição na lucratividade da cadeia. O alinhamento estratégico requer que todas as funções dentro de uma empresa e os estágios na cadeia de suprimentos visem o mesmo objetivo e que sejam coerentes com as necessidades do cliente.
2. *Descrever como uma empresa alcança alinhamento estratégico entre sua estratégia de cadeia de suprimentos e sua estratégia competitiva.* Para alcançar alinhamento estratégico, uma empresa precisa primeiro entender as necessidades de atendimento dos clientes, a incerteza da cadeia de suprimentos e também identificar a incerteza implícita. O segundo passo é entender as capacidades da cadeia de suprimentos em termos de eficiência e responsividade. A chave para o alinhamento estratégico é garantir que a responsividade da cadeia de suprimentos seja coerente com as necessidades do cliente, com as capacidades de fornecimento e com a incerteza implícita resultante. Adaptar a cadeia de suprimentos é essencial para conquistar o alinhamento estratégico ao suprir uma ampla variedade dos clientes com alguns produtos através de canais diferentes.
3. *Discutir a importância da expansão do escopo de alinhamento estratégico ao longo da cadeia de suprimentos.* O escopo de alinhamento estratégico refere-se às funções e aos estágios dentro de uma cadeia de suprimentos que coordenam a estratégia e visam um objetivo comum. Quando o escopo é estreito, funções individuais tentam otimizar seu desempenho com base em seus próprios objetivos. Essa prática normalmente resulta em ações conflitantes, que reduzem o excedente da cadeia de suprimentos. À medida que o escopo de alinhamento estratégico é ampliado para incluir a cadeia de

suprimentos inteira, ações são avaliadas com base em seu impacto sobre o desempenho geral da cadeia, o que ajuda a aumentar seu excedente.

4. ***Descrever os principais obstáculos que devem ser contornados para a gestão bem-sucedida de uma cadeia de suprimentos.*** Globalização, aumento da variedade de produtos, diminuição do ciclo de vida do produto, fragmentação da cadeia de suprimentos, tecnologias em transformação e um foco aumentado em sustentabilidade representam desafios significativos para a obtenção do alinhamento estratégico. Eles também representam grandes oportunidades para empresas que podem direcionar de modo bem-sucedido esses desafios a suas estratégias de cadeia de suprimentos.

Perguntas para discussão

1. Como você caracterizaria a estratégia competitiva de uma rede de lojas de departamento, como a Nordstrom? Quais são as principais necessidades do cliente que a Nordstrom busca atender?
2. Onde você colocaria a demanda enfrentada pela Nordstrom no espectro de incerteza da demanda implícita? Por quê?
3. Que nível de responsividade seria mais apropriado para a cadeia de suprimentos da Nordstrom? O que a cadeia deverá ser capaz de fazer particularmente bem?
4. Como a Nordstrom expande o escopo de alinhamento estratégico em sua cadeia de suprimentos?
5. Reconsidere as quatro perguntas anteriores para outras empresas, como a Amazon, uma cadeia de supermercados, um fabricante de automóveis e um varejista, como o Walmart.
6. Dê argumentos para apoiar a declaração de que o Walmart atingiu um alinhamento estratégico muito bom entre suas estratégias competitiva e de cadeia de suprimentos. Quais desafios ele encararia ao trabalhar com lojas abertas de formato menor em ambientes urbanos?
7. Quais são os fatores que influenciam a incerteza implícita? Como ela difere entre uma usina de aço integrada, que mede os tempos de produção em meses e requer grandes pedidos, e um centro de serviços em aço, que promete tempos de espera de 24 horas e vende pedidos de qualquer tamanho?
8. Qual é a diferença na incerteza implícita enfrentada por uma cadeia de lojas de conveniência, como a Seven-Eleven, uma cadeia de supermercados e um varejista, como a Costco?
9. Quais são os problemas que podem surgir quando cada estágio de uma cadeia de suprimentos foca unicamente seus próprios lucros ao tomar decisões? Identifique algumas ações que podem ajudar um varejista e um fabricante a trabalharem juntos para expandir o escopo de alinhamento estratégico.

Referências

BLACKWELL, R. D.; BLACKWELL, K. The Century of the Consumer: Converting Supply Chains into Demand Chains. *Supply Chain Management Review*, Fall 1999, p. 22–32.

BOVET, D. M.; FRENTZEL, D. G. The Value Net: Connecting for Profitable Growth. *Supply Chain Management Review*, Fall 1999, p. 96–104.

FINE, C. H. *Clock Speed, Winning Industry Control in the Age of Temporary Advantage.* Reading, MA: Perseus Books, 1999.

FISHER, M. L. What Is the Right Supply Chain for Your Product? *Harvard Business Review*, mar./abr. 1997, p. 83–93.

FULLER, J.; O'CONNER, J.; RAWLINSON, R. Tailored Logistics: The Next Advantage. *Harvard Business Review*, maio/jun. 1993, p. 87–98.

GATTORNA, J. Supply Chains Are the Business. *Supply Chain Management Review*, set. 2006, p. 42–49.

GILMORE, J. H.; PINE II, B. J. *Markets of One:* Creating Customer Unique Value Through Mass Customization. Boston: Harvard Business School Press, 2000.

LEE, H. L. Aligning Supply Chain Strategies with Product Uncertainties. *California Management Review*, Spring 2002, p. 105–119.

_____. The Triple-A Supply Chain. *Harvard Business Review*, 2004, p. 102–112.

_____. Don't Tweak Your Supply Chain – Rethink It End to End. *Harvard Business Review*, 2010, p. 62–69.

MAGRETTA, J. Fast, Global, and Entrepreneurial: Supply Chain Management, Hong Kong Style. *Harvard Business Review*, set./out. 1998, p. 102–114.

_____. The Power of Virtual Integration: An Interview with Dell Computer's Michael Dell. *Harvard Business Review*, mar./abr. 1998, p. 72–84.

NARDONE, R.; MONAHAN, S. How Unilever Aligned Its Supply Chain and Business Strategies. *Supply Chain Management Review*, nov. 2007, p. 44–50.

OLAVSON, T.; LEE, H.; DENYSE, G. A Portfolio Approach to Supply Chain Design. *Supply Chain Management Review*, jul./ago. 2010, p. 20–27.

PINE II, B. J. *Mass Customization.* Boston: Harvard Business School Press, 1999.

ROSS, D. F. The Intimate Supply Chain. *Supply Chain Management Review*, jul./ago. 2006, p. 50–57.

SHAPIRO, R. D. Get Leverage from Logistics. *Harvard Business Review*, maio/jun. 1984, p. 119–127.

_____; HESKETT, J. L. *Logistics Strategy:* Cases and Concepts. St. Paul, MN: West Publishing Company, 1985.

STALK JR., G.; HOUT, T. M. *Competing Against Time.* Nova York: Free Press, 1990.

SWAN, D.; PAL, S.; LIPPERT, M. Finding the Perfect Fit. *Supply Chain Quarterly*, 2009, p. 24–33.

Estudo de caso
O fim da Blockbuster

Depois de lutar contra a dívida e a forte concorrência da Netflix e da Redbox, a Blockbuster, Inc. entrou com pedido de falência em setembro de 2010. Este foi um triste fim para uma empresa que havia dominado o negócio de aluguel de filmes nos anos 1990. A Blockbuster, Inc. foi fundada por David Cook em 1985, com sua primeira loja em Dallas. Cook planejava tomar vantagem de um mercado de aluguel de vídeo altamente fragmentado, em que a maioria das lojas era uma modesta operação familiar que levava uma pequena seleção de filmes antigos de grande sucesso aos clientes por conta, principalmente, dos altos custos cobrados pelos distribuidores (cerca de 65 dólares por fita). Com 8.000 fitas cobrindo 6.500 títulos, a Blockbuster tinha um estoque muito mais amplo e profundo em comparação à sua concorrente mais próxima. As operações de loja também foram muito simplificadas por um sistema computadorizado de controle de estoque e check-out. A loja foi um enorme sucesso, o que levou à aquisição de mais três lojas até meados de 1986.

Em 1986, por causa de problemas de liquidez, Cook foi forçado a entregar toda a empresa a um grupo de investidores liderados por Wayne Huizenga. Entre 1987 e 1993, Huizenga fez a Blockbuster crescer com enorme sucesso. Durante esse período, a Blockbuster abriu lojas em todo o mundo, cerca de uma por dia. Em 1993, a Blockbuster foi o fornecedor-líder mundial de filmes vistos em casa e jogos de entretenimento, com mais de 3.400 lojas nas Américas, Europa, Ásia e Austrália. As lojas Blockbuster tinham a característica de estar onipresentes nos bairros, estando abertas 365 dias por ano, geralmente a partir das 10h à meia-noite. A seleção de mercadoria, quantidade e formato foi personalizada em nível de loja para atender as necessidades e preferências dos clientes locais.

No início de 2000, porém, a Blockbuster começou a ver a concorrência real a partir do mercado vivaz de aluguel on-line, conforme os DVDs começaram a substituir as fitas. Seu principal concorrente foi a Netflix, lançada em 1997. Além de serem mais baratos que as fitas, os DVDs foram bem adequados para o transporte pelo correio, porque eles eram menos caros para o envio e menos frágeis do que as fitas.

A Netflix desafiou a Blockbuster em duas dimensões-chave: variedade e taxas de atraso. Enquanto as lojas da Blockbuster geralmente disponibilizavam cerca de 3.000 títulos, a Netflix começou oferecendo mais de dez vezes esse número. Além disso, a Netflix não cobrava as tão odiadas "taxas de atraso", em vez disso permitia que os clientes ficassem com os títulos o tanto quanto quisessem. O plano de assinatura mensal da Netflix oferecia aluguel ilimitado de vídeos enviados por correspondência por US$ 9, o custo de dois aluguéis em uma loja Blockbuster.

Tabela 2.5 Resultados financeiros da Blockbuster, Netflix e Coinstar em 2009 (em milhões de dólares).

	Blockbuster	Netflix	Coinstar
Receita	4.062	1.670	1.145
Custo de receita	1.884	1.079	793
Lucro bruto	2.178	591	351
Despesas operacionais			
Vendas, gerais e administrativas	2.020	289	150
Gastos operacionais totais	2.533	399	267
Resultado operacional	−355	192	84
Resultado líquido de operações contínuas	−518	116	29
Resultado líquido	−558	116	54
ATIVOS			
Contas a receber	79	—	61
Estoques	639	37	104
Ativos correntes totais	1.060	411	391
Propriedade e equipamento em custo	2.374	266	759
Depreciação acumulada	−2.125	−134	−358
Resultado líquido, planta e equipamento	249	132	400
Ativos totais	1.538	680	1.223

Enquanto isso, a Redbox, uma unidade da Coinstar, Inc., operava máquinas automáticas que alugavam DVDs pelo pequeno valor de US$ 1 por noite. Apesar de seus melhores esforços, as lojas físicas da Blockbuster não puderam concorrer com os modelos de baixo custo da Netflix e da Redbox, levando à sua falência (ver resultados financeiros da Tabela 2.5).

Netflix

A Netflix foi fundada em 1997 por Reed Hastings como uma empresa de aluguel de vídeos por correspondência no sistema *"pay-per-rental"*. Depois de experimentar tanto o sistema *"pay-per-rental"* como o de assinatura, a empresa passou a focar em uma estratégia baseada em assinatura no final de 1999. Por volta de 2010, a Netflix tinha 13 milhões de membros e era o maior serviço de assinatura do mundo, enviando DVDs por correio e disponibilizando filmes e séries pela internet. Por US$ 9 por mês, os membros da Netflix poderiam ter qualquer um dos mais de 100 mil títulos de DVDs entregues em suas casas e poderiam instantaneamente assistir a um conjunto menor de episódios de séries e filmes transmitidos para seus televisores e computadores. A Netflix enviou cerca de 2 milhões de DVDs diariamente nos Estados Unidos.

A Netflix focou a sua estratégia em oferecer grande variedade de títulos, ajudando os clientes a navegar por títulos com um sofisticado mecanismo de recomendação, e garantindo que eles alcancem os clientes rapidamente. Enquanto uma loja física de aluguel costumava disponibilizar cerca de 3.000 títulos, em 2010 a Netflix oferecia uma seleção de mais de 100.000 títulos em DVD, a maioria sem ser lançamento. Em 2009, cerca de 70% dos DVDs enviados pela Netflix eram títulos lançados há mais de treze semanas.

Em 2010, a Netflix tinha cerca de 60 centros de distribuição regional em todos os Estados Unidos, com sofisticado sistema para monitorar as "filas" de aluguel de DVD dos clientes. Como os processos do centro de distribuição estavam ligados ao software de recomendação, filmes que provavelmente estavam em estoque eram recomendados aos clientes. Quando o centro de distribuição recebia um DVD assistido de volta de um cliente, um novo na fila de aluguel do cliente era enviado. Esses centros de distribuição eram altamente automatizados a fim de atender o processamento rápido e eram localizados dentro de um raio de distância de várias instalações de processamento do Serviço Postal dos Estados Unidos. A Netflix estimou que gastaria cerca de 600 milhões de dólares em 2010 com despesas de envio.

A capacidade da Netflix de alugar títulos mais antigos era muito atraente para os estúdios, que haviam visto historicamente pouca receita a partir desse conteúdo. A Netflix comprou DVDs mais antigos dos estúdios a preço de custo e, por sua vez, deu-lhes uma percentagem da receita de assinatura com base na utilização da locação durante um determinado período (normalmente 6 a 12 meses). Para o conteúdo mais recente, a empresa não tentou atender ao clamor inicial da demanda por aluguel. Dado o custo inicial mais elevado da compra, a empresa adquiriu apenas um número limitado de novos DVDs de lançamento, preferindo em vez disso esperar por algumas semanas e comprá-los a um custo menor. Os clientes poderiam colocar novos títulos em suas filas e recebê-los quando os DVDs estivessem disponíveis em estoque.

Entre 2005 e 2009, a Netflix conseguiu excelentes resultados financeiros e aumentou as receitas em 150% e os lucros em cerca de 175%. Contudo, apesar do forte desempenho de seu negócio de aluguel de DVD, a empresa estava focada no aumento da fração do conteúdo digital que oferecia. Seu serviço de disponibilização on-line, lançado em 2007, permitiu que os clientes assistissem filmes e conteúdo selecionados no site da Netflix por meio de seus computadores. Em 2009, o serviço da Netflix oferecia mais de 17.000 títulos (embora a maioria dos novos lançamentos não estivesse incluída na seleção) transmitidos por meio de uma variedade de dispositivos. Em 2013, o serviço de disponibilização on-line contribuía para o aumento da receita da Netflix, embora a maior parte dos lucros ainda viesse do negócio de envio de DVDs por correspondência.

Redbox

O conceito da Redbox, originado em 2002 na McDonald's Ventures, LLC, visava identificar novas maneiras de direcionar o tráfego para seus restaurantes e proporcionar conveniência e relevância aos clientes. O primeiro quiosque da Redbox foi lançado em 2004, em Denver. A Coinstar, Inc. adquiriu a empresa no início de 2009.

A estratégia da Redbox baseou-se em atingir o cliente de locação de filmes que considerasse o baixo custo e que quisesse alugar rapidamente um DVD para uso imediato. A Redbox atendeu essa necessidade, colocando seus quiosques vermelhos de aluguel automático em locais de fácil acesso, em que os clientes pudessem alugar filmes a US$ 1 por noite. Os filmes podiam ser retornados a qualquer máquina da Redbox e nenhuma associação era exigida.

No início de 2010, havia aproximadamente 23.000 quiosques em todo o país, incluindo alguns restaurantes do McDonald's, mercearias de mais movimento e o Walmart, Walgreens, além de lojas Seven-Eleven. A Redbox planejava mais que dobrar o número de seus quiosques até 2012. Os varejistas, que estavam lutando para manter as pessoas comprando, perceberam que ter um quiosque de DVD em uma loja criava movimento de possíveis clientes. Em alguns casos, os varejistas ainda ofereciam descontos que, essencialmente, tornavam livre a escolha da Redbox de instalar um quiosque.

Cada quiosque Redbox continha cerca de 630 discos, compreendendo 200 dos mais recentes títulos de filmes. Um quiosque Redbox alugava um DVD em média 15 vezes em um valor médio de US$ 2 por transação. Depois disso, os DVDs eram disponibilizados para venda aos clientes por US$ 7.

Em meados de 2010, a Redbox foi responsável por 25% do volume de DVDs alugados, mais do que a Blockbuster. A empresa estava a caminho de gerar mais de 1 bilhão de dólares em vendas anuais, alcançados mais rápido do que a Netflix.

Questões para estudo

1. De que forma a Blockbuster conseguiu um melhor alinhamento estratégico que as lojas locais?
2. Como a Netflix e a Redbox conseguiram um melhor alinhamento estratégico que a Blockbuster?

Fatores-chave e métricas da cadeia de suprimentos

CAPÍTULO 3

》 Objetivos de aprendizagem

Depois de ler este capítulo, você será capaz de:

1. Descrever as medidas financeiras-chave para o desempenho da empresa.
2. Identificar os fatores-chave de desempenho da cadeia de suprimentos.
3. Discutir o papel de cada fator-chave na criação de alinhamento estratégico entre a estratégia de cadeia de suprimentos e a estratégia competitiva.
4. Definir as principais métricas que acompanham o desempenho da cadeia de suprimentos em termos de cada fator-chave.

Neste capítulo, temos por objetivo ligar as medidas-chave financeiras do desempenho da empresa ao desempenho da cadeia de suprimentos. Apresentamos os três fatores-chave logísticos — instalações, estoque e transporte — e os três fatores-chave interfuncionais — informação, contratação e preços — que determinam o desempenho de qualquer cadeia de suprimentos. Discutimos como esses fatores são usados no projeto, no planejamento e na operação da cadeia de suprimentos. Definimos várias métricas que podem ser usadas para avaliar o desempenho de cada fator e seu impacto no desempenho financeiro.

3.1 Medidas financeiras do desempenho

No Capítulo 1, discutimos como o crescimento do excedente da cadeia de suprimentos é o objetivo final dela. Partimos da premissa que o aumento do excedente permite um crescimento da lucratividade da cadeia de suprimentos, o que facilita uma melhoria no desempenho financeiro de cada membro da cadeia de suprimentos. Nesta seção, definimos medidas financeiras importantes que são relatadas por uma empresa e afetadas pelo desempenho da cadeia de suprimentos. Em seções posteriores, ligaremos os fatores-chave da cadeia de suprimentos e métricas associadas às diversas medidas financeiras. As definições das medidas financeiras nesta seção são baseadas em Dyckman, Magee e Pfeiffer (2011). Para ilustrar as várias medidas financeiras, usamos os resultados financeiros relatados em 2013 pela Amazon.com e pela Nordstrom Inc. e consideramos uma taxa de 0,35.

Do ponto de vista dos acionistas, o retorno sobre a equidade — ROE (*Return On Equity*) — é a medida sumária principal do desempenho de uma empresa.

$$ROE = \frac{Resultado\ líquido}{Equidade\ média\ do\ acionista}$$

Enquanto o ROE mede o retorno no investimento feito pelos acionistas da empresa, o retorno sobre os ativos — ROA (*Return On Assets*) — mede o retorno ganho em cada dólar investido pela empresa em ativos.

$$ROA = \frac{Ganhos\ antes\ do\ interesse}{Ganhos\ médios\ totais} = \frac{Resultado\ líquido + [Despesa\ de\ interesse \times (1 - Taxa)]}{Ganhos\ médios\ totais}$$

Considere o desempenho financeiro apresentado na Tabela 3.1 para a Amazon.com e a Nordstrom Inc. Em 2013, a Amazon {Nordstrom} alcançou ROE = 274/9.746 = 2,81 por cento {613/1.913 = 32,04 por cento e ROA = [274 + 141 × (1 − 0,35)]/40.159 = 0,91 por cento {[613 + 160 × (1 − 0,35)]/8.089 = 8,86 por cento}. A diferença entre ROE e ROA é referida como retorno sobre a alavancagem financeira (ROFL). Em 2013, a Amazon {Nordstrom} teve ROFL = 2,81− 0,91 = 1,90 por cento {32,04 − 8,86 = 23,18 por cento}. O ROFL capta a quantidade de ROE que pode ser atribuída à alavancagem financeira (como contas a pagar e débito). No caso da Amazon, uma significativa porção da alavancagem financeira em 2013 veio de contas a pagar, em vez de débito. Assim, uma proporção importante que define a alavancagem financeira é o giro de contas a pagar — APT (*Accounts Payable Turnover*).

$$APT = \frac{Custos\ de\ mercadorias\ vendidas}{Contas\ a\ pagar}$$

No caso da Amazon {Nordstrom}, em 2013 APT = 54.181/21.821 = 2,48 {7.432/1.415 = 5,25}. O pequeno APT indica que a Amazon foi capaz de usar o dinheiro que devia a fornecedores para financiar uma fração considerável de suas operações. Em 2013, a Amazon efetivamente financiou suas próprias operações para cerca de 52/2,48 = 20,97 semanas, com o dinheiro dos seus fornecedores.

O ROA pode ser descrito como o produto de duas razões — margem de lucro e rotatividade de ativos —, como indicado a seguir:

$$ROA = \frac{Ganhos\ antes\ do\ interesse}{Receita\ de\ vendas} \times \frac{Receita\ de\ vendas}{Ativos\ totais} + Margem\ de\ lucro \times giro\ de\ ativo$$

Assim, uma empresa pode aumentar o ROA a partir do crescimento da margem de lucro e/ou do aumento do giro de ativos. Em 2013, a Amazon {Nordstrom} alcançou uma margem de lucro de 647/74.452 = 0,87 por cento {1.345/12.148 = 11,07 por cento} e um giro de ativos de 74.452/40.159 = 1,85 {12.148/8,089 = 1,50}. Apesar de ter um giro de ativos inferior ao da Amazon, a Nordstrom teve um ROA melhor porque alcançou margens de lucro muito mais elevadas. A margem de lucro pode ser aprimorada ao receber melhores preços ou ao se reduzir as despesas incorridas. Embora a maior margem de lucro da Nordstrom possa ser explicada em parte pela disposição de seus clientes a pagar pela maior responsividade que a Nordstrom proporciona, uma boa gestão da cadeia de suprimentos também permite que uma empresa diminua as despesas incorridas a fim de atender a demanda do cliente. No caso da Amazon, um gasto significativo é o custo com frete de mercadorias. No seu relatório anual de 2013, a empresa registrou custos com transporte de produtos de 5,13 bilhões de dólares. Após a contabilização de receitas do transporte, a perda líquida no frete de mercadorias foi de 2,85 bilhões de dólares, cerca de dez vezes o seu lucro líquido. Fica claro que uma redução nos custos de transporte dos produtos pode ter um impacto significativo sobre a margem de lucro da Amazon.

Os principais componentes do giro de ativos são o giro de contas a receber (ART — *Accounts Receivable Turnover*); o giro de estoque (INVT — *Inventory Turnover*); e o giro de propriedade, instalação e equipamentos (PPET — *Property, Plant, and Equipment Turnover*). Eles são definidos com a expressão a seguir:

$$ART = \frac{Receita\ de\ vendas}{Contas\ a\ receber},\ INVT = \frac{Custos\ de\ mercadorias\ vendidas}{Estoques},\ PPET = \frac{Receita\ de\ vendas}{PP\&E}$$

Tabela 3.1 Dados financeiros selecionados da Amazon.com e da Nordstrom Inc.

Término do período	Amazon.com 31/12/2013	Nordstrom Inc. 02/02/2013
Receita total	74.452.000	12.148.000
Custo de bens vendidos	54.181.000	7.432.000
Lucro bruto	20.271.000	4.716.000
Venda, geral e administrativo	19.526.000	3.371.000
Resultado operacional ou perda	745.000	1.345.000
Outras despesas/resultados líquidos totais	−98.000	—
Ganhos sem dedução de juros e impostos	647.000	1.345.000
Despesas com juros	141.000	160.000
Resultado antes da dedução de impostos	506.000	1.185.000
Despesa tributária	161.000	450.000
Participações minoritárias	—	—
Resultado líquido	274.000	613.000
Ativos		
Caixa e equivalente de caixa	8.658.000	1.285.000
Investimentos de curto prazo	3.789.000	—
Recebíveis líquidos	4.767.000	2.356.000
Estoque	7.411.000	1.360.000
Outros ativos correntes	—	80.000
Ativos correntes totais	24.625.000	5.081.000
Propriedade, instalação e equipamento (PP&E)	10.949.000	2.579.000
Clientes	2.655.000	175.000
Outros ativos	1.930.000	254.000
Ativos totais	40.159.000	8.089.000
Passivos e equidade dos acionistas		
Contas a pagar	21.821.000	1.415.000
Débito corrente de curto e longo prazo	—	7.000
Outros passivos correntes	1.159.000	804.000
Débito de longo prazo	3.191.000	3.124.000
Outros passivos	4.242.000	341.000
Encargos de passivo de longo prazo deferidos	—	485.000
Passivos totais	30.413.000	6.176.000
Equidade do acionista total	9.746.000	1.913.000

A Amazon {Nordstrom} alcançou um giro de contas a receber de 74.452/4.767 = 15,62 {12.148/2.356 = 5,16} em 2013. Ela recolheu seu dinheiro relativamente rápido (em cerca de 52/15,62 = 3,33 semanas, em média, em 2013) depois de ter feito uma venda, enquanto a Nordstrom levou mais tempo (cerca de 10 semanas). A Amazon {Nordstrom} teve um giro de estoque em torno de 54.181/7.411 = 7,31 vezes {7.432/1.360 = 5,46} e teve PPET = 74.452/10.949 =

6,80 {12.148/2.579 = 4,71} em 2013. Assim, o estoque permaneceu na Amazon cerca de 52/7,31 = 7,11 {52/5,46 = 9,52} semanas, em média, e cada dólar investido em PP&E apoiou cerca de 6,80 dólares {4,71 dólares} das vendas em 2013. A Amazon atingiu um giro de ativos superior ao da Nordstrom, transformando seu estoque mais rapidamente e gerando maior receita por dólar investido em PP&E. A Nordstrom, no entanto, conseguiu um ROA muito superior se comparado ao da Amazon porque tinha uma margem de lucro muito maior. Uma empresa pode melhorar o seu volume de ativos girando seu estoque mais rapidamente ou usando seu armazenamento existente e infraestrutura de tecnologia para suportar um nível mais elevado de vendas (ou diminuindo a armazenagem e tecnologia de infraestrutura necessária para suportar o nível atual das vendas). Uma empresa pode melhorar a sua margem de lucro aumentando a disposição de um cliente a pagar ou diminuindo a despesa operacional.

Outra métrica útil é o ciclo *cash-to-cash* (C2C), que mensura a quantidade média de tempo a partir da entrada do dinheiro no processo como custo, até o retorno dele como receita recolhida.

$$C2C = - \text{Pagáveis por semana } (1/APT) + \text{Semanas em estoque } (1/INVT) + \text{Recebíveis por semana } (1/ART)$$

No caso da Amazon, obteve-se C2C = –20,97 + 7,11 + 3,33 = –10,53 em 2013. Nesse ano, a empresa recolheu o dinheiro da venda dos produtos mais de 10 semanas antes de ter de pagar seus fornecedores. A Tabela 3.2 mostra métricas financeiras selecionadas de indústrias. É interessante observar que a indústria de eletrônicos tem um ciclo C2C médio de apenas 9,3 dias, ao passo que os fabricantes de instrumentos médicos têm um ciclo médio de mais de 200 dias.

Contudo, existem duas medidas importantes que não são explicitamente parte das demonstrações financeiras de uma empresa: remarcações e vendas perdidas. *Remarcações* representam os descontos necessários para convencer os clientes a comprar a sobra de estoque. Demonstrações financeiras mostram apenas a receita recebida das vendas, não as receitas que "poderiam" ter sido recebidas. Para a General Motors (GM), um dos maiores problemas no início do século XXI eram os descontos necessários para mover o excesso de estoque de lotes dos negociantes. Esses descontos prejudicavam de modo significativo o desempenho financeiro. Em 2010, uma das maiores melhorias no desempenho financeiro da GM foi a sua capacidade de vender seus carros com descontos muito menores, porque a cadeia de suprimentos teve uma sobra de estoque muito menor. As vendas perdidas representam as vendas dos clientes que não se concretizaram por conta da falta do produto que o cliente queria adquirir. Cada venda perdida corresponde à margem do produto que é perdida. Tanto as remarcações como as vendas perdidas reduzem o lucro líquido e representam indiscutivelmente o maior impacto no desempenho da cadeia de suprimentos sobre o desempenho financeiro de uma empresa. Empresas como Walmart e Zara atingiram um forte desempenho financeiro em grande parte porque suas cadeias de suprimentos permitem uma melhor adequação entre a oferta e a demanda, de modo a reduzir remarcações e vendas perdidas.

》Tabela 3.2 Métricas financeiras selecionadas em setores da indústria, 2000–2012.

Indústria	Margem operacional média	Ciclo C2C médio	Fluxos de estoque médios	Custo/Receita de SG&A médios
Farmacêutica	0,25	190,3	2,0	0,31
Fabricantes de dispositivos médicos	0,18	211,6	2,2	0,36
Mercadorias embaladas	0,17	28.3	5,6	0,31
Alimentação	0,16	37,4	6,2	0,23
Eletrônicos	0,12	9,3	43,8	0,14
Vestuário	0,10	127,7	3,2	0,35
Química	0,09	78,1	5,3	0,09
Automotiva	0,04	75,9	9,9	0,13

Fonte: Adaptado de MAYER (2013).

Na próxima seção, identificaremos os fatores-chave do desempenho da cadeia de suprimentos que influenciam o desempenho financeiro de uma empresa. O objetivo é entender como esses fatores podem explicar a diferença no desempenho financeiro em empresas como a Amazon e a Nordstrom.

3.2 Fatores-chave de desempenho da cadeia de suprimentos

O alinhamento estratégico discutido no Capítulo 2 requer que a cadeia de suprimentos de uma empresa atinja o equilíbrio entre responsividade e eficiência que dê melhor suporte à estratégia competitiva da companhia. Um desempenho de cadeia de suprimentos em termos de responsividade e eficiência é baseado na interação entre os seguintes fatores-chave transfuncionais e logísticos do desempenho da cadeia de suprimentos: instalações, estoque, transporte, informação, contratação e preços. A estrutura desses fatores-chave também afeta as medidas financeiras discutidas na Seção 3.1. O objetivo é estruturar os fatores-chave a fim de atingir o nível desejado de responsividade ao menor custo possível, de modo a melhorar o excedente da cadeia de suprimentos e o desempenho financeiro da empresa.

Primeiramente, definiremos cada fator-chave e discutiremos seu impacto sobre o desempenho da cadeia de suprimentos.

1. *Instalações* são os locais físicos reais na rede da cadeia de suprimentos onde o produto é armazenado, montado ou fabricado. Os dois tipos principais de instalações são locais de produção e locais de armazenamento. Decisões com relação à função, localização, capacidade e flexibilidade das instalações têm impacto significativo sobre o desempenho da cadeia de suprimentos. Por exemplo, em 2013, a Amazon aumentou o número de instalações de armazenamento (e, como resultado, experimentou um aumento em PP&E) localizado próximo aos clientes a fim de melhorar a sua responsividade. Por outro lado, a Best Buy tentou melhorar a sua eficiência em 2013 fechando instalações de varejo, embora isso reduzisse a responsividade. Os custos de instalações são mostrados sob PP&E se as instalações são de propriedade da empresa ou em vendas, gerais e administrativa, se elas são alugadas.

2. *Estoque* abrange todas as matérias-primas, o trabalho em processo e os produtos acabados dentro de uma cadeia de suprimentos. O estoque pertencente a uma empresa é relatado sob ativos. Mudar políticas de estoque pode alterar de modo significativo a eficiência e a responsividade da cadeia de suprimentos. Por exemplo, a W.W. Grainger se faz responsiva estocando grandes quantidades de bens e satisfazendo a demanda dos clientes, mesmo que os altos níveis de estoque reduzam a eficiência. Tal prática faz sentido para a Grainger porque seus produtos mantêm o seu valor por um longo tempo. Porém, uma estratégia que utilize altos níveis de estoque pode ser perigosa no negócio de vestuário de moda, no qual o estoque perde valor de forma relativamente rápida com a mudança de estações e tendências. Em vez de manter grandes estoques, a varejista espanhola de roupas Zara trabalha bastante para encurtar tempos de lançamento de produtos novos e de reposição de estoques. Como resultado, a empresa é bastante responsiva, mas mantém baixos níveis de estoque.

3. *Transporte* envolve a movimentação de estoque de um ponto para outro na cadeia de suprimentos. O transporte pode tomar a forma de muitas combinações de modais e de rotas, cada uma com suas próprias características de desempenho. Opções de transporte têm grande impacto sobre a responsividade e a eficiência da cadeia de suprimentos. Por exemplo, uma empresa de vendas por catálogo com entrega via correio pode usar um modo de transporte mais rápido, como a FedEx, para enviar seus produtos, tornando, assim, sua cadeia de suprimentos mais responsiva, mas também menos eficiente em razão dos altos custos associados ao uso da FedEx. A McMaster-Carr e a W. W. Grainger, porém, estruturaram sua cadeia de suprimentos para oferecer determinados serviços para o dia seguinte à maioria de seus clientes usando transporte terrestre. Eles estão oferecendo um alto nível de responsividade com menor custo. Os custos de transporte de entrega ao cliente são geralmente incluídos na despesa de venda, geral e administrativa, ao passo que os custos com transporte de recebimento são geralmente incluídos nos custos dos bens vendidos.

4. *Informação* consiste em dados e análise referentes a instalações, estoque, transporte, custos, preços e clientes por toda a cadeia de suprimentos. A informação é potencialmente o maior fator-chave de desempenho na cadeia, pois afeta diretamente cada um dos demais fatores. A informação apresenta à gerência a oportunidade de tornar as cadeias de suprimentos mais responsivas *e* mais eficientes. Por exemplo, a Seven-Eleven Japan tem usado informações para ajustar melhor a oferta e a demanda e alcançar economias em produção e distribuição. O resultado é um elevado nível de capacidade de resposta à procura dos clientes, enquanto os custos de produção e de reposição são reduzidos. Despesas relacionadas à tecnologia de informação são normalmente incluídas em qualquer despesa de operação (sobretudo sob despesas de vendas, gerais e administrativas) ou ativos. Por exemplo, em 2012, a Amazon incluiu 4,54 bilhões de dólares em gastos de tecnologia sob despesa operacional e outros 454.000.000 de dólares sob ativos fixados a ser depreciados.

5. *Sourcing* é a escolha de quem realizará determinada atividade da cadeia de suprimentos, como produção, armazenamento, transporte ou a gestão da informação. Em nível estratégico, essas decisões determinam quais funções uma empresa realiza e quais ela terceiriza. Decisões de contratação afetam tanto a responsividade quanto a eficiência de uma cadeia de suprimentos. Depois que a Motorola terceirizou grande parte de sua produção para contratar fabricantes na China, por exemplo, ela viu sua eficiência melhorar, mas sua responsividade sofrer, em virtude das longas distâncias. Para compensar a queda da responsividade, a Motorola começou a enviar alguns de seus telefones celulares da China por avião, mesmo que essa escolha aumentasse o custo do transporte. A Flextronics, um fabricante de eletrônicos com base em contrato, espera oferecer opções de contratação responsivas e eficientes a seus clientes. Ela está tentando tornar suas instalações de produção nos Estados Unidos muito responsivas, enquanto mantém eficientes suas instalações em países de baixo custo. A Flextronics espera se tornar uma fonte eficaz para todos os clientes usando essa combinação de instalações. Despesas de contratação mostradas no custo dos bens vendidos e valores devidos a fornecedores estão registrados sob contar a pagar.

6. *Precificação* (pricing) determina o quanto uma empresa cobrará por bens e serviços que ela torna disponíveis na cadeia de suprimentos. Preços afetam o comportamento do comprador do bem ou serviço, afetando, assim, o desempenho e a demanda da cadeia de suprimentos. Por exemplo, se uma companhia de transporte varia seus custos de acordo com o tempo de entrega ofertado aos clientes, é bem provável que os clientes que valorizam eficiência coloquem pedidos antecipadamente, e clientes que valorizam responsividade estejam dispostos a esperar e pedir apenas quando precisarem que um produto seja transportado. Preço diferenciado oferece responsividade a clientes que o valorizam e baixo custo a clientes que não valorizam tanto a responsividade. Qualquer mudança no preço também afeta os custos com base no impacto dessa mudança nos outros fatores-chave.

Nossa definição desses fatores-chave tenta delinear a logística e a gestão da cadeia de suprimentos. A gestão da cadeia de suprimentos inclui o uso de logística e fatores-chave interfuncionais para aumentar o excedente dessa cadeia. Os fatores-chave interfuncionais tornaram-se cada vez mais importantes para elevar o excedente da cadeia nos últimos anos. Embora a logística permaneça parte importante, a gestão da cadeia de suprimentos está se tornando cada vez mais focada nos três fatores-chave interfuncionais.

É importante observar que esses fatores-chave não atuam independentemente, mas interagem entre si para determinar o desempenho geral da cadeia de suprimentos. Um bom projeto e operação de cadeia reconhece essa interação e faz as escolhas apropriadas para oferecer o nível de responsividade desejado. Considere, por exemplo, a venda de móveis da IKEA. O objetivo principal dessa cadeia de suprimentos é oferecer preço baixo e qualidade aceitável. O design modular e os móveis desmontados permitem que a IKEA transporte componentes em estoque em suas lojas. A baixa variedade de componentes e pedidos de reposição estáveis possibilitam que os fornecedores da IKEA se concentrem na eficiência. Dado o estoque disponível, os modos de baixo custo de transporte são usados para levar componentes densamente embalados. Nesse caso, o estoque de custo relativamente baixo da IKEA permite que a cadeia de suprimentos se torne eficiente, diminuindo os custos de transporte e de produção. Em contrapartida, alguns fabricantes de móveis dos Estados Unidos optaram por se concentrar em proporcionar variedade.

Dada a elevada variedade e os preços altos, manter o estoque de todas as variantes em uma loja seria muito caro. Nesse caso, a cadeia de suprimentos foi projetada de modo que o varejista tenha pouco estoque. Os clientes fazem seus pedidos com o varejista, vendo uma variante dos móveis e selecionando entre as várias opções. A cadeia de suprimentos faz-se responsiva usando tecnologia da informação para transmitir informações de pedido de modo efetivo, estruturando instalações de fábrica flexíveis para ser capaz de produzir em pequenos lotes, e usando o transporte responsivo para entregar os móveis para o cliente. Nesse caso, instalações responsivas, transporte e informações são utilizadas para reduzir os custos de estoque. Como o restante deste capítulo irá ilustrar, a chave para alcançar alinhamento estratégico e forte desempenho financeiro em toda a cadeia de suprimentos é estruturar os fatores-chave da cadeia de suprimentos de forma adequada para proporcionar o nível desejado de responsividade ao mais baixo custo possível.

Doheny et al. (2010) apontam que o desempenho da cadeia de suprimentos afeta quase 35% do desempenho financeiro das varejistas de vestuário. Como um percentual das vendas, afirmam que remarcações, representando 10 a 30% das vendas, e vendas perdidas, representando 5 a 10% das vendas, são os fatores-chave dominantes do desempenho financeiro dos varejistas. Eles afirmam ainda que o transporte representa 2 a 5%, armazenagem de 1 a 3%, manuseio do produto em loja de 3 a 5%, e os custos de estoque de 2 a 5% das vendas. Embora a fração precisa varie entre diferentes cadeias de suprimentos, é evidente que o desempenho da cadeia de suprimentos ao longo de seis fatores-chave tem influência significativa no desempenho financeiro de uma empresa.

Antes de discutirmos cada um dos seis fatores com detalhes, colocamos esses fatores-chave em um modelo que ajuda a esclarecer o papel de cada um dos fatores na melhoria de desempenho da cadeia de suprimentos.

3.3 Modelo para estruturação de fatores-chave

Oferecemos um modelo visual para tomada de decisão em cadeia de suprimentos na Figura 3.1. A maior parte das empresas começa com uma estratégia competitiva e depois decide qual deveria ser sua estratégia de cadeia de suprimentos. Essa estratégia determina como a cadeia de suprimentos deveria funcionar com relação à eficiência e à responsividade. A cadeia de suprimentos precisa, então, utilizar os três fatores-chave logísticos e os três fatores-chave interfuncionais para atingir o nível de desempenho que a estratégia da cadeia de suprimentos determina e maximizar os lucros da cadeia. Embora esse modelo geralmente seja visto de cima para baixo, em muitos casos um estudo dos seis fatores pode indicar a necessidade de mudar a cadeia de suprimentos e potencialmente até mesmo a estratégia competitiva.

Considere este modelo usando o Walmart como exemplo. Sua estratégia competitiva é ser um varejista de baixo custo confiável para uma grande variedade de bens de consumo em massa. Essa estratégia estabelece que a cadeia de suprimentos ideal enfatizará a eficiência, mas também manterá um nível adequado de responsividade em termos de disponibilidade do produto. O Walmart usa os três fatores-chave logísticos e os três fatores-chave interfuncionais com eficiência para alcançar esse tipo de desempenho da cadeia de suprimentos. Com o fator-chave estoque, o Walmart mantém uma cadeia de suprimentos eficiente, mantendo baixos níveis de estoque. Por exemplo, a empresa foi pioneira em *cross-docking*, um sistema em que o item não é estocado em um depósito, mas enviado a lojas direto do fabricante. Essas remessas fazem apenas pequenas paradas em centros de distribuição (CDs), onde são transferidas para caminhões que entregam às lojas. Isso reduz significativamente o estoque, pois os produtos são estocados apenas em lojas, e não em lojas e em depósitos. Com relação a estoque, o Walmart privilegia eficiência em detrimento à responsividade. Em relação ao transporte, dirige sua própria frota para manter alta responsividade. Isso aumenta o custo de transporte, mas os benefícios em termos de redução de estoque e de melhor disponibilidade de produto justificam esse custo no caso do Walmart. No caso das instalações, a companhia usa CDs localizados centralmente em sua rede de lojas para diminuir o número de instalações e aumentar a eficiência em cada CD. O Walmart implanta lojas de varejo somente onde a demanda é suficiente para justificar ter várias delas servidas por um CD, aumentando, assim, a eficiência de seus ativos de transporte.

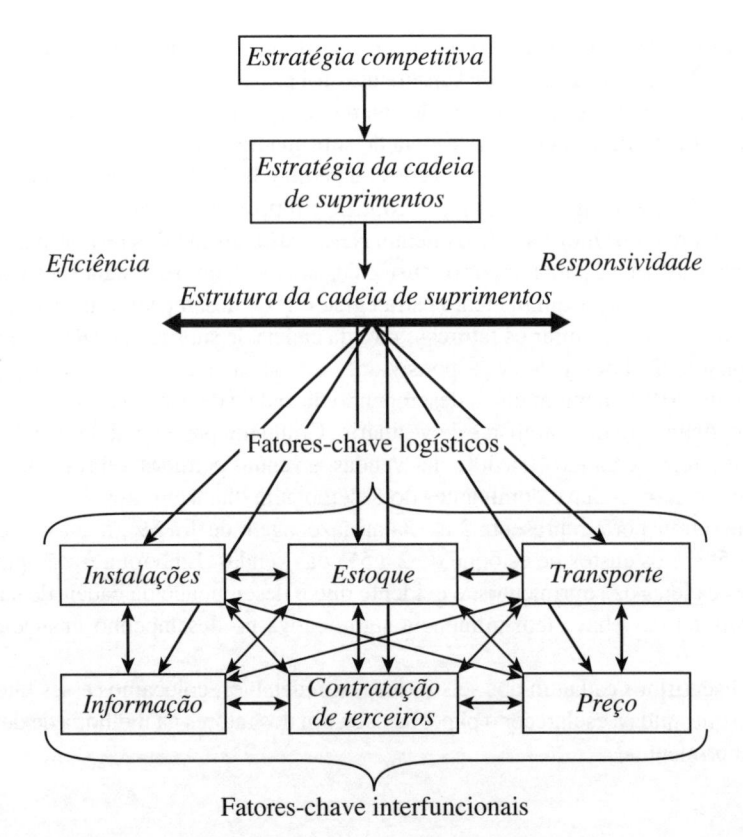

Figura 3.1 Modelo de tomada de decisão em cadeia de suprimentos.

O Walmart investiu significativamente mais do que seus concorrentes em tecnologia da informação, permitindo-o alimentar a informação de demanda por toda a cadeia de suprimentos aos fornecedores, que fabricam somente o que pede a demanda. Como resultado, a empresa é líder no uso do fator-chave informação para melhorar a responsividade e diminuir o investimento em estoque. Com relação ao fator-chave *sourcing*, a empresa identifica fontes eficientes para cada produto que vende. O Walmart lhes envia grandes pedidos, permitindo que sejam eficientes pela utilização de economias de escala. Finalmente, para o fator-chave preço, o Walmart pratica "preço baixo todo dia" (EDLP — *Every Day Low Pricing*) para seus produtos. Isso garante que a demanda de cliente permaneça constante e não flutue com variações de preço. A cadeia de suprimentos inteira, então, concentra-se em atender a essa demanda de maneira eficiente. O Walmart usa todos os fatores-chave da cadeia de suprimentos para alcançar o exato equilíbrio entre responsividade e eficiência, de modo que sua estratégia competitiva e sua estratégia de cadeia de suprimentos estejam em harmonia.

Dedicamos as próximas seis seções a uma discussão detalhada de cada um dos três fatores-chave logísticos e dos três fatores-chave interfuncionais e seus papéis na cadeia de suprimentos, além do impacto no desempenho financeiro.

3.4 Instalações

Nesta seção, discutimos o papel que as instalações exercem na cadeia de suprimentos, assim como decisões críticas relativas a instalações que os gerentes da cadeia de suprimentos precisam tomar.

Papel na cadeia de suprimentos

As empresas podem elevar a responsividade por meio do aumento do número de instalações, tornando-os mais flexíveis, ou elevando a capacidade. Cada uma dessas ações, no entanto, tem um custo. O aumento do número de instalações eleva os custos das instalações e estoque, mas diminui os custos de transporte e reduz o tempo de resposta. Aumentar a flexibilidade ou a capacidade de uma instalação eleva os custos de instalação, mas diminui os custos de estoque e tempo de resposta. Assim, cada cadeia de suprimentos deve encontrar o equilíbrio apropriado ao projetar sua rede de instalações. A IKEA tornou-se rentável abrindo algumas centenas de lojas grandes (não mais do que uma ou duas por município) para aprimorar a sua eficiência, já a Seven Eleven aumentou a sua rentabilidade através da abertura de uma rede muito mais ampla de lojas (normalmente centenas por cidade) para proporcionar responsividade. Ambas as empresas são bem-sucedidas porque as decisões de instalação estão alinhadas com a estratégia da cadeia de suprimentos.

EXEMPLO 3.1 》 Toyota e Honda

Tanto a Toyota como a Honda utilizam decisões de instalações para serem mais responsivas a seus clientes. Essas empresas têm o objetivo final de abrir instalações de fabricação em cada mercado importante em que entram. Embora existam outros benefícios de abrir instalações locais, como proteção contra flutuação de moeda e barreiras comerciais, o aumento na responsividade exerce um grande papel na decisão da Toyota e da Honda de implantar instalações em seus mercados locais. A flexibilidade das instalações da Honda de montar tanto veículos utilitários esportivos (SUVs — *Sport Utility Vehicles*) como automóveis na mesma fábrica permitiu à empresa manter custos baixos no período de crise econômica em 2008. Enquanto as instalações de produção de veículos utilitários esportivos dos concorrentes ficaram ociosas, as instalações da Honda mantiveram um alto nível de utilização.

Componentes de decisões de instalações

Decisões relativas a instalações são parte importante do projeto de cadeia de suprimentos. A seguir identificaremos componentes de decisões de instalações que as empresas precisam analisar.

PAPEL Para instalações de produção, as empresas precisam decidir se serão flexíveis, dedicadas ou uma combinação dos dois. A capacidade flexível pode ser usada para muitos tipos de produtos, mas normalmente é menos eficiente, enquanto a capacidade dedicada pode ser usada apenas para um número limitado de produtos, porém com mais eficiência. As empresas também precisam decidir se projetarão uma instalação com foco em um produto ou com foco funcional. Uma instalação com foco em produto realiza muitas funções diferentes (por exemplo, fabricação *e* montagem) na produção de um único tipo de produto. Uma instalação com foco funcional realiza menos funções (por exemplo, apenas fabricação *ou* apenas montagem) de muitos tipos de produtos. Um foco em produto tende a resultar em mais experiência sobre determinado item, em detrimento da experiência funcional que vem de uma metodologia funcional.

Para depósitos e CDs, as empresas precisam decidir se elas serão principalmente instalações de *cross-docking* ou instalações de depósito. Nas instalações de *cross-docking*, caminhões que chegam de fornecedores são descarregados; o produto é dividido em lotes menores e é rapidamente carregado em caminhões que se dirigem às lojas. Cada caminhão que se dirige às lojas transporta diversos produtos, alguns oriundos de cada caminhão que chega. Para instalações de depósito, as empresas precisam decidir sobre os produtos a serem armazenados em cada instalação.

LOCALIZAÇÃO Decidir onde uma empresa localizará suas instalações se constitui numa grande parte do projeto de uma cadeia de suprimentos. Um dilema básico aqui é centralizar, a fim de economizar em escala, ou descentralizar, para tornar-se mais responsiva por estar mais próxima ao cliente. As empresas também precisam considerar uma série de questões relacionadas às diversas características da área em que a instalação está situada. Estas incluem fatores macroeconômicos, qualidade e custo dos trabalhadores, custo da instalação, disponibilidade de infraestrutura, proximidade de clientes, a localização de outras instalações dessa empresa, efeitos de impostos e outros fatores estratégicos.

CAPACIDADE As empresas devem também determinar a capacidade de uma instalação realizar sua função ou funções pretendidas. Capacidade em excesso permite que a instalação seja muito flexível e responda a grandes mudanças nas demandas impostas sobre ela. Porém, capacidade em excesso custa dinheiro e, portanto, pode diminuir eficiência. Uma instalação com pouca capacidade provavelmente será mais eficiente por unidade de produto que ela produz do que uma com muita capacidade não utilizada. No entanto, a instalação com alta utilização terá dificuldade em responder a flutuações de demanda. Portanto, uma empresa deve fazer uma escolha para determinar a quantidade certa de capacidade que cada uma de suas instalações terá.

MÉTRICAS RELACIONADAS À INSTALAÇÃO Decisões relativas às instalações afetam tanto o desempenho financeiro da empresa como a responsividade da cadeia de suprimentos aos consumidores. Pelo lado financeiro, as decisões de instalações têm impacto no custo dos bens vendidos, ativos em PP&E (se as instalações são próprias), e despesas de vendas, gerais e administrativas (se as instalações são alugadas). Um gestor deverá acompanhar as seguintes métricas relacionadas à instalação que influenciam no desempenho da cadeia de suprimentos:

- *Capacidade* mede o volume máximo que uma instalação pode processar.
- *Utilização* mede a fração de capacidade que atualmente está sendo usada na instalação. A utilização afeta tanto o custo unitário do processamento quanto os atrasos associados. Com o aumento da utilização, custos unitários tendem a diminuir (aumento de PPET) e os atrasos a aumentar.
- *Tempo ocioso de processamento/preparação/parada* mede a fração de tempo em que a instalação estava processando unidades, sendo preparada para processar unidades, indisponível porque estava inoperante ou ociosa porque não tinha unidades para processar. O ideal seria que a utilização fosse limitada pela demanda não pelo tempo de preparação ou de inoperância.
- *Custo de produção por unidade* mede o custo médio para produzir uma unidade de saída. Esses custos podem ser medidos por unidade, por caixa ou por quilo, dependendo do produto.
- *Perda de qualidade* mede a fração da produção perdida em decorrência de defeitos. A perda de qualidade afeta tanto o desempenho financeiro como a responsividade.
- *Tempo de fluxo/ciclo teórico de produção* mede o tempo exigido para processar uma unidade se não houver absolutamente quaisquer atrasos em qualquer estágio.
- *Tempo de fluxo/ciclo médio real* mede o tempo médio real usado por todas as unidades processadas por um período específico, como uma semana ou um mês. O tempo de fluxo/ciclo real inclui o tempo teórico e quaisquer atrasos. Essa métrica deverá ser usada quando são definidas datas de vencimento para pedidos.
- *Eficiência de tempo de fluxo* é a razão entre o tempo de fluxo teórico e o tempo de fluxo médio real. Valores baixos para eficiência de tempo de ciclo indicam que uma grande fração de tempo é gasta em espera.
- *Variedade de produtos* mede o número de produtos/famílias de produtos processados em uma instalação. Custos de processamento e tempos de fluxo provavelmente aumentarão com a variedade de produtos.
- *Contribuição de volume dos 20% maiores SKUs e clientes* mede a fração do volume total processado por uma instalação representado por 20% das maiores unidades de manutenção de estoque (SKU — *Stock Keeping Units*) ou clientes. Um resultado 80/20, em que as 20% maiores contribuem com 80% do volume, indica prováveis benefícios de focar a instalação onde os procedimentos são usados para processar, de forma separada, as 20% maiores e as 80% restantes.
- *Tamanho médio de lote de produção* mede a quantidade média produzida em cada lote de produção. Grandes quantidades por lote diminuirão o custo de produção, mas aumentarão os estoques.
- *Nível de serviço de produção* mede a fração de ordens de produção concluídas em tempo e por completo.

3.5 Estoque

Nesta seção, vamos discutir o papel que o estoque desempenha na cadeia de suprimentos e como os gestores utilizam o estoque para controlar o desempenho da cadeia de suprimentos.

Papel na cadeia de suprimentos

O estoque existe na cadeia de suprimentos por causa de um descompasso entre oferta e demanda. Esse descompasso é intencional em um fabricante de aço, para o qual é econômico manufaturar em grandes lotes que são armazenados para vendas futuras. O descompasso também é intencional em uma loja de varejo onde o estoque é mantido em antecipação de uma demanda futura ou quando a loja de varejo acumula estoque a fim de se preparar para um aumento nas vendas durante os feriados. Nesses casos, o estoque é mantido para reduzir custos ou aumentar o nível de disponibilidade do produto.

O estoque afeta os ativos mantidos, os custos incorridos e a responsividade proporcionada pela cadeia de suprimentos. Altos níveis de estoque em uma cadeia de suprimentos de vestuário melhoram a responsividade, mas também a deixam vulnerável à necessidade de remarcações, reduzindo as margens de lucro. Uma maior quantidade de estoque facilita também uma redução nos custos de produção e transporte por causa da melhoria das economias de escala em ambas as funções. Essa escolha, no entanto, aumenta o custo de manutenção de estoque. Estoques baixos melhoram o giro de mercadoria, mas podem resultar em vendas perdidas se os clientes são incapazes de encontrar os produtos que eles estão prontos para comprar. Em geral, os gestores devem ter como objetivo reduzir o estoque de maneira que não aumente o custo ou diminua a responsividade.

O estoque também tem um impacto significativo sobre o tempo de fluxo de material em uma cadeia de suprimentos. *Tempo de fluxo de material* é o tempo decorrido entre o ponto em que o material entra na cadeia de suprimentos até o ponto em que ele sai. Para uma cadeia de suprimentos, a *vazão* (*throughput*) é a velocidade com que as vendas ocorrem. Se o estoque for representado por E, o tempo de fluxo por T e a vazão por V, os três podem ser relacionados usando-se a lei de Little, da seguinte forma:

$$E = VT \qquad (3.1)$$

Por exemplo, se um depósito da Amazon mantém 100.000 unidades em estoque e vende 1.000 unidades por dia, a lei de Little nos diz que a unidade média vai gastar 100.000/1.000 = 100 dias de estoque. Se a Amazon fosse capaz de reduzir o tempo de fluxo para 50 dias, enquanto mantivesse constante a vazão, reduziria o estoque para 50.000 unidades. Observe que, nessa relação, estoque e transferência devem ter unidades consistentes.

EXEMPLO 3.2 》 Amazon.com

A Amazon tenta fornecer grande variedade de livros (entre outros produtos) para os seus clientes. Os mais vendidos são estocados em muitos depósitos regionais perto dos clientes, de modo a proporcionar alta responsividade. Livros com menos saída são estocados em menos depósitos para diminuir o custo de estoque à custa de alguma responsividade. Alguns dos livros com menos saída não são mantidos em estoque, mas são obtidos a partir da editora/distribuidora ou impressos sob demanda quando solicitado por um cliente. A Amazon muda a forma, localização e quantidade de estoque que mantém conforme o nível de vendas de um livro a fim de proporcionar o equilíbrio certo entre responsividade e eficiência.

Componentes de decisões de estoque

Agora, vamos identificar as principais decisões relacionadas a estoque que gestores da cadeia de suprimentos devem tomar para criar cadeias efetivamente mais responsivas e mais eficientes.

ESTOQUE CÍCLICO é a quantidade média de estoque usada para atender à demanda entre os recebimentos de remessas do fornecedor. O tamanho do estoque cíclico é resultado da produção, transporte ou compra de material em grandes lotes. As empresas produzem ou compram em grandes lotes para explorar economias de escala no processo de produção, transporte ou compra. Contudo, com o aumento no tamanho do lote, há um aumento nos custos de manutenção de estoque. Como exemplo de uma decisão de estoque cíclico, considere um varejista de livros on-line. A média de vendas desse varejista gira em torno de dez carregamentos de livros por mês. As decisões de estoque cíclico que o varejista precisa tomar são o quanto pedir para reposição e com que frequência fazer esses pedidos. O varejista eletrônico poderia pedir dez carregamentos uma vez por mês ou poderia pedir um carregamento a cada três dias. O dilema básico que os gestores da cadeia de suprimentos enfrentam é o custo de manter maiores lotes de estoque (quando o estoque cíclico é alto) contra o custo de pedir produtos com frequência (quando o estoque cíclico é baixo).

ESTOQUE DE SEGURANÇA é aquele mantido caso a demanda ultrapasse a expectativa; ele é preservado para combater a incerteza. Se o mundo fosse perfeitamente previsível, somente o estoque cíclico seria necessário. Porém, como a demanda é incerta e pode ultrapassar as expectativas, as empresas mantêm estoque de segurança para satisfazer uma demanda inesperadamente alta. Gestores enfrentam uma decisão-chave quando determinam quanto estoque de segurança devem manter. Por exemplo, um varejista de brinquedos, como a Toys 'R' Us, deve calcular seu estoque de segurança para a estação de compras em períodos festivos. Se ela tiver muito estoque de segurança, os brinquedos não são vendidos e podem precisar de descontos após esses períodos. Porém, se a empresa tiver pouco estoque de segurança, então a Toys 'R' Us perde vendas, e com elas a margem de lucro que teriam trazido. Portanto, escolher estoque de segurança envolve fazer uma escolha entre os custos de se ter muito estoque e os custos de perder vendas por não ter estoque suficiente.

ESTOQUE SAZONAL é aquele criado para combater variabilidade previsível na demanda. Empresas usando estoque sazonal geram estoque em períodos de baixa demanda e o armazenam para períodos de alta demanda, quando não terão capacidade de produzir tudo o que é solicitado. Gestores enfrentam decisões-chave determinando se deverão gerar estoque sazonal e, se realmente gerarem, decidindo o quanto gerar. Se uma empresa tiver flexibilidade de volume e puder mudar rapidamente a taxa de seu sistema de produção a um custo muito baixo, então ela pode não precisar de estoque sazonal. Porém, se a mudança da taxa de produção for cara (por exemplo, quando trabalhadores tiverem de ser contratados ou demitidos), então uma empresa seria sensata em estabelecer uma taxa de produção estável e construir seu estoque durante períodos de baixa demanda. Portanto, o dilema básico que gestores da cadeia de suprimentos enfrentam ao determinar quanto gerar de estoque sazonal é o custo de manter o estoque sazonal adicional contra o custo de se ter uma taxa de produção mais flexível.

NÍVEL DE DISPONIBILIDADE DE PRODUTO é a fração de demanda que é atendida prontamente a partir do produto mantido no estoque. Um alto nível de disponibilidade de produto oferece um alto nível de responsividade, mas aumenta o custo, pois muito estoque é mantido, mas raramente utilizado. Em contrapartida, um baixo nível de disponibilidade de produto reduz o custo de manutenção de estoque, mas resulta em uma fração mais alta de clientes que não são atendidos prontamente. O dilema básico ao determinar o nível de disponibilidade de produto está entre o custo de estoque para aumentar a disponibilidade de produto e a perda por não atender prontamente aos clientes.

MÉTRICAS RELACIONADAS A ESTOQUE As decisões relacionadas ao estoque afetam o custo de bens vendidos, o ciclo C2C, os ativos mantidos pela cadeia de suprimentos e sua responsividade aos clientes. Um gestor deverá acompanhar as seguintes métricas relacionadas a estoque, que influenciam o desempenho da cadeia de suprimentos:

- *Tempo cíclico C2C* é uma métrica de alto nível que inclui estoques, contas a pagar e contas a receber.
- *Estoque médio* indica a quantidade média de estoque mantido. O estoque médio deve ser medido em unidades, dias de demanda e valor financeiro.
- *Giro de estoque* mede o número de vezes que o estoque gira em um ano. É a razão entre o estoque médio e o custo dos bens vendidos ou das vendas.
- *Produtos com mais de um número específico de dias de estoque* identifica os produtos para os quais a empresa está mantendo um alto nível de estoque. Essa métrica pode ser usada para identificar produtos que estão em oferta excessiva ou identificar motivos que justifiquem o estoque alto, como descontos, ou produtos que estão com pouca saída.

- *Tamanho médio de lote de reposição* estima a quantidade média em cada pedido de reposição. O tamanho do lote deve ser medido por SKU em termos de unidades e dias de demanda. Ele pode ser estimado calculando-se a média da diferença entre o estoque máximo e o estoque mínimo disponíveis (medidos em cada ciclo de reposição) ao longo do tempo.
- *Estoque de segurança médio* estima a quantidade média de estoque disponível quando um pedido de reposição chega. O estoque de segurança médio deve ser medido por SKU em unidades e dias de demanda. Ele pode ser estimado calculando-se a média do estoque disponível mínimo em cada ciclo de reposição ao longo do tempo.
- *Estoque sazonal* mede o valor pelo qual o ingresso de produto excede suas vendas (além do ciclo de estoque e de segurança). O estoque sazonal é criado exclusivamente para lidar com picos antecipados na demanda.
- *Taxa de atendimento* (pedido/caso) mede a fração de pedidos/demanda que foram atendidos prontamente com base em estoque. A taxa de atendimento não deve ter a média calculada com relação ao tempo, mas sim com relação a um número especificado de unidades de demanda (digamos, a cada mil, milhão etc.).
- *Fração de tempo sem estoque* mede a fração de tempo que determinado SKU teve estoque zero. Essa fração pode ser usada para estimar a demanda durante o período sem estoque.
- *Estoque obsoleto* mede a fração de estoque mais antigo que uma data de obsolescência especificada.

3.6 Transporte

Nesta seção, discutimos o papel que o transporte desempenha na cadeia de suprimentos, bem como as principais decisões relacionadas a transporte que os gestores da cadeia de suprimentos devem tomar.

Papel na cadeia de suprimentos

O transporte move o produto entre diferentes estágios em uma cadeia de suprimentos e afeta tanto a responsividade como a eficiência. O transporte mais rápido é mais caro, mas permite que uma cadeia de suprimentos seja mais responsiva. Como resultado, a cadeia de suprimentos pode ter estoques menores e poucas instalações.

A escolha apropriada de transporte possibilita que a empresa ajuste o local de suas instalações e estoque para encontrar o equilíbrio ideal entre responsividade e eficiência. Uma empresa que vende itens de valor, como marca-passos, pode usar o transporte rápido para ser responsiva, ao passo que centraliza suas instalações e estoque a fim de diminuir o custo. Por outro lado, uma empresa que vende itens de baixo valor e alta demanda, como lâmpadas, pode manter um estoque razoável próximo ao consumidor, mas então usar transporte de baixo custo, como mar, trem e caminhões maiores para repor esse estoque a partir das fábricas localizadas em países com baixo custo de produção.

EXEMPLO 3.3 》 Blue Nile

A Blue Nile é uma varejista on-line de diamantes que tem empregado transporte responsivo usando a FedEx para enviar diamantes para clientes nos Estados Unidos, no Canadá e em vários países na Europa e na Ásia. Dado o alto valor dos diamantes, a Blue Nile oferece frete grátis para entrega no dia seguinte. Essa remessa responsiva permite que a Blue Nile centralize seu estoque de diamantes e também elimine a necessidade de lojas com fachadas caras. Apesar dos altos custos de transporte, a Blue Nile tem custos muito baixos em comparação aos varejistas tradicionais, em virtude do baixo custo de instalação e estoque. A Blue Nile, portanto, é capaz de oferecer preços significativamente mais baixos do que seus concorrentes de lojas físicas.

Componentes de decisões de transporte

A seguir, identificaremos os principais componentes de transporte que as empresas precisam analisar quando projetam e operam uma cadeia de suprimentos.

PROJETO DE REDE DE TRANSPORTE A rede de transporte é a coleção de meios de transporte, locais e rotas ao longo das quais o produto pode ser entregue. Uma empresa deve decidir se o transporte de uma fonte de suprimentos será feito diretamente para o ponto ou se passará por pontos de consolidação intermediários. Decisões de projeto também incluem se vários pontos de fornecimento ou demanda serão incluídos em um único roteiro ou não.

ESCOLHA DO MEIO DE TRANSPORTE O modo de transporte é a maneira como um produto é movido de um local da cadeia de suprimentos para outro. Empresas podem escolher entre transporte aéreo, terrestre, ferroviário, pluvial e dutos como modais para transporte de produtos. Atualmente, bens de informação também podem ser enviados por meio da internet. Cada modo tem diferentes características com relação à velocidade, ao tamanho das entregas (desde encomendas individuais até paletes e caminhões cheios, ou mesmo navios inteiros), ao custo de remessa e à flexibilidade, o que leva empresas a escolher um tipo em particular em vez de outros.

MÉTRICAS RELACIONADAS A TRANSPORTE Decisões de transporte de recebimento afetam o custo dos bens vendidos, enquanto os custos de transporte de entrega são parte das despesas de venda, gerais e administrativas. Assim, os custos de transporte afetam a margem de lucro. Um gestor deveria acompanhar as seguintes métricas relacionadas ao transporte, que influenciam o desempenho da cadeia de suprimentos:

- *Custo médio de transporte de recebimento* normalmente mede o custo de transportar o produto para uma instalação. Idealmente, o custo deveria ser medido por unidade transportada, mas costuma ser medido como uma percentagem das vendas ou custo dos bens vendidos (COGS — *Cost Of Goods Sold*). O custo de transporte de recebimento geralmente está incluído no COGS. É útil medir esse custo separadamente por cada fornecedor.
- *Tamanho médio de recebimento* mede o número médio de unidades ou dólares de cada recebimento em uma instalação.
- *Custo médio de transporte de recebimento por embarque* mede o custo médio do transporte de cada entrega que chega. Junto ao tamanho do embarque que chega, essa métrica identifica oportunidades para maiores economias de escala no transporte de chegada.
- *Custo médio de transporte do embarque* mede o custo de enviar o produto de uma instalação para o cliente. O ideal é que esse custo seja medido por unidade entregue, mas normalmente é medido como uma percentagem das vendas. É útil separar essa métrica por cliente.
- *Tamanho médio de embarque* mede o número médio de unidades ou dólares em cada embarque em uma instalação.
- *Custo médio de transporte de envio por embarque* mede o custo médio do transporte de cada embarque. Junto ao tamanho do embarque, essa métrica identifica oportunidades para maiores economias de escala no transporte de saída.
- *Fração transportada por modal* mede a fração de transporte (em unidades ou dólares) usando cada modo de transporte. Essa métrica pode ser usada para estimar se certos modais são usados excessivamente ou subutilizados.

3.7 Informação

Nesta seção, discutiremos o papel que a informação desempenha na cadeia de suprimentos, além das decisões relacionadas à informação que os gestores da cadeia de suprimentos precisam tomar.

Papel na cadeia de suprimentos

A boa informação pode ajudar na utilização dos ativos da cadeia de suprimentos e na coordenação dos fluxos da cadeia de suprimentos para aumentar a responsividade e diminuir os custos.

A Seven-Eleven Japan usa a informação para melhorar a disponibilidade de produtos, enquanto diminui os estoques. O Walmart usa a informação sobre remessas de fornecedores para facilitar o despacho rápido e reduzir o custo do estoque e do transporte. A Li & Fund, um grupo de comércio global que fornece mercadorias aos clientes que precisam delas rápido, como vestuário, utiliza a informação sobre seus fabricantes terceirizados para atender cada pedido a partir do fornecedor mais apropriado. As companhias aéreas utilizam rotineiramente a informação para oferecer o número certo de assentos com um preço promocional, deixando assentos suficientes para os clientes de negócios que precisam viajar na última hora, podendo pagar um preço alto. Cada um desses exemplos ilustra a importância da informação como um fator-chave que pode ser usado para oferecer maior responsividade e, ao mesmo tempo, melhorar a eficiência.

Mesmo que o compartilhamento de informações possa ajudar uma cadeia de suprimentos a atender melhor às necessidades do cliente por um custo menor, há um perigo na suposição de que mais informação é sempre melhor. À medida que mais informações são compartilhadas por meio de uma cadeia de suprimentos, a complexidade e os custos, tanto da infraestrutura necessária como da análise de seguimento, crescem exponencialmente. O valor de margem proporcionado pela informação compartilhada, no entanto, diminui à medida que mais e mais informação se torna disponível. Assim, é importante avaliar a informação mínima necessária para atingir os objetivos desejados. Por exemplo, muitas vezes pode ser suficiente se as vendas agregadas, em vez de dados detalhados de ponto de venda, são compartilhadas entre um varejista e fabricante. As informações agregadas são mais baratas de se compartilhar e fornecem a maior parte do valor em relação ao melhor planejamento da produção. O equilíbrio entre complexidade e valor deve ser considerado na criação de infraestrutura de informações. Os exemplos que se seguem ilustram a maneira como a informação pode ser usada para fornecer produtos personalizados e melhorar o desempenho da cadeia de suprimentos.

EXEMPLO 3.4 》 Andersen Windows

A Andersen Windows, um importante fabricante de janelas de madeira residenciais, localizado em Bayport, Minnesota, investiu em um sistema de informação que permite que a empresa entregue rapidamente produtos customizados para o mercado. Esse sistema, chamado "Window of Knowledge", permite que distribuidores e clientes criem janelas de acordo com suas necessidades. Os usuários fazem sua seleção a partir de uma biblioteca com mais de 50 mil componentes que podem ser combinados de diversas maneiras. De imediato o sistema oferece ao cliente cotações de preço e automaticamente envia o pedido para a fábrica se o cliente decide comprar. Esse investimento em informação não apenas oferece ao cliente uma variedade muito maior de produtos, mas permite que a Andersen seja muito mais responsiva ao consumidor, pois recebe o pedido do cliente na fábrica assim que este é feito.

EXEMPLO 3.5 》 Sunsweet Growers

A Sunsweet Growers, uma produtora de frutas secas da Califórnia, implementou um pacote de planejamento e vendas de operações da cadeia de suprimentos (PVO) para substituir seu sistema de planejamento baseado em Excel. A empresa tem uma oferta altamente sazonal, com a colheita ocorrendo principalmente durante setembro e outubro. A demanda também é sazonal, com tempos de pico ocorrendo durante o período do Natal. O bom planejamento, assim, pode ser muito valioso. O objetivo da Sunsweet ao implementar o pacote foi duplo: cada função deve operar com os mesmos dados e uma capacidade de aviso antecipado deverá alertar os planejadores e gestores sobre quaisquer divergências em potencial entre oferta e demanda. Após a implementação, estouros de produção na Sunsweet caíram de 30% para menos de 15%. A precisão da previsão melhorou em 15% a 20%. O sistema de aviso antecipado alerta os planejadores autorizados a reagirem em até duas ou três semanas mais cedo do que antes da implementação.

Componentes de decisões de informação

A seguir, vamos considerar os principais componentes de informação que uma empresa precisa analisar para aumentar a eficiência e melhorar a responsividade dentro de sua cadeia de suprimentos.

EMPURRAR VERSUS PUXAR Ao projetar processos de cadeia de suprimentos, gestores precisam determinar se esses processos fazem parte da fase empurrar ou puxar na cadeia. Discutimos essa diferença no Capítulo 1, mas a mencionamos novamente porque diferentes tipos de sistemas exigem tipos de informação distintos. Os sistemas do tipo empurrar começam com previsões que são usadas para elaborar o cronograma-mestre de produção e desmembrá-lo, criando cronogramas para fornecedores com tipos de peças, quantidades e datas de entrega. Os sistemas do tipo puxar exigem que as informações sobre a demanda real sejam transmitidas de modo extremamente rápido pela cadeia inteira, de modo que a produção e a distribuição de produtos possam refletir a demanda real com precisão.

COORDENAÇÃO E COMPARTILHAMENTO DE INFORMAÇÕES A *coordenação da cadeia de suprimentos* ocorre quando todos os estágios de uma cadeia trabalham com o objetivo de maximizar a lucratividade total da cadeia de suprimentos com base em informação compartilhada. A falta de coordenação pode resultar em perda significativa de excedente da cadeia de suprimentos. A coordenação entre diferentes estágios em uma cadeia exige que cada estágio compartilhe informações apropriadas com outros estágios. Por exemplo, se um fornecedor precisa produzir as peças certas em tempo hábil para um fabricante em um sistema do tipo puxar, o fabricante precisa compartilhar informações de demanda e produção com o fornecedor. Assim, o compartilhamento de informações é essencial para o sucesso de uma cadeia de suprimentos.

PLANEJAMENTO DE VENDAS E OPERAÇÕES *Planejamento de vendas e operações* (PVO) é o processo de criação de um plano de oferta geral (produção e estoques) para atender o nível previsto de demanda (vendas). O processo de PVO começa com vendas e marketing para comunicar as suas necessidades à cadeia de suprimentos que, por sua vez, comunica-se com vendas e marketing se as necessidades puderem ser cumpridas e a que custo. O objetivo do PVO é chegar a um acordo sobre as vendas, produção e um plano de estoque que pode ser usado para planejar as necessidades da cadeia de suprimentos e receitas do projeto e lucros. O plano de vendas e operações torna-se uma peça fundamental de informação a ser compartilhada por toda a cadeia de suprimentos porque afeta tanto a demanda sobre os fornecedores de uma empresa como o fornecimento aos seus clientes.

TECNOLOGIAS CAPACITADORAS Existem muitas tecnologias para compartilhar e analisar informações na cadeia de suprimentos. Os gestores devem decidir quais tecnologias usar e como integrá-las à sua cadeia de suprimentos. Algumas dessas tecnologias incluem:

1. Intercâmbio eletrônico de dados (EDI — *Electronic Data Interchange*) foi desenvolvido em 1970 para facilitar que fossem feitos pedidos de compra instantâneos, sem papel, aos fornecedores. A sua natureza proprietária, no entanto, necessitou investimento inicial significativo e muitas vezes alguma tradução entre as partes comunicantes. E, no entanto, fez transações mais rápidas e precisas do que quando baseadas em papel.

2. Em relação ao EDI, a internet transmite muito mais informação usando uma infraestrutura padrão, permitindo que as cadeias de suprimentos melhorem a eficiência e responsividade. O início do século 21 tem visto a internet se tornar o meio dominante de comunicação em todos os macroprocessos (CRM, ISCM e SRM, discutidos no Capítulo 1) que ligam a cadeia de suprimentos aos fornecedores.

3. Sistemas de planejamento de recursos da empresa (ERP — *Enterprise Resource Planning*) oferecem o acompanhamento transacional e a visibilidade global de informações de dentro de uma empresa e ao longo de sua cadeia de suprimentos. Essa informação em tempo real ajuda uma cadeia de suprimentos a melhorar a qualidade de suas decisões operacionais. Sistemas de ERP monitoram as informações, enquanto a internet oferece um método com o qual as informações são vistas.

4. O software de gerenciamento da cadeia de suprimentos (SCM — *Supply Chain Management*) utiliza as informações nos sistemas de ERP para oferecer apoio analítico à decisão, além da visibilidade da informação. Os sistemas de ERP mostram a uma empresa o que está acontecendo, enquanto os sistemas de SCM ajudam uma empresa a decidir o que ela deve fazer.

5. A identificação por radiofrequência (RFID — *Radio Frequency Identification*) consiste em uma etiqueta de radiofrequência (RF) aplicada ao item sendo acompanhado e um leitor/emissor de RF. Uma etiqueta passiva apanha energia do leitor, enquanto uma etiqueta ativa tem sua própria bateria e apanha energia de lá. A RFID tem muitos usos em potencial. Ela pode ser usada na manufatura para verificar a disponibilidade da fatura inteira de materiais. A tecnologia pode tornar o recebimento de um caminhão muito mais rápido e mais barato. A implementação total da RFID poderia eliminar a necessidade de contagem manual e varredura por código de barras no local de recebimento. Ela também pode ser usada para obter uma contagem exata dos itens que chegam e dos itens armazenados.

MÉTRICAS RELACIONADAS À INFORMAÇÃO Um gestor deverá acompanhar as seguintes métricas relacionadas à informação que influenciam o desempenho da cadeia de suprimentos:

- *Horizonte de previsão* identifica até que ponto antes do evento real uma previsão é feita. O horizonte de previsão deve ser igual ao tempo de execução da decisão que é controlada pela previsão.
- *Frequência de atualização* identifica com que frequência cada previsão é atualizada. A previsão deverá ser atualizada com mais frequência do que uma decisão será revisada, de modo que grandes mudanças possam ser sinalizadas e uma ação corretiva seja tomada.
- *Erro de previsão* mede a diferença entre a previsão e a demanda real. O erro de previsão é uma medida da incerteza e controla todas as respostas à incerteza, como o estoque de segurança ou a capacidade em excesso.
- *Fatores sazonais* medem a extensão à qual a demanda média em determinada estação está acima ou abaixo da média no ano.
- *Variância do plano* identifica a diferença entre os valores de produção/estoque planejados e os valores reais. Essas variâncias podem ser usadas para disparar avisos que identificam escassez ou excedentes.
- *Razão entre variabilidade da demanda e variabilidade do pedido* mede o desvio-padrão da demanda recebida e os pedidos de suprimento que foram feitos. Uma razão menor que a unidade potencialmente indica a existência do efeito chicote, que é discutido no Capítulo 10.

3.8 *Sourcing*

Nesta seção, discutimos o papel que o *sourcing* desempenha na cadeia de suprimentos e as principais decisões relacionadas a ele que os gestores precisam tomar.

Papel na cadeia de suprimentos

Sourcing é o conjunto de processos de negócios exigidos para a aquisição de bens e serviços. Os gestores devem primeiro determinar se cada tarefa será realizada por uma fonte eficiente ou responsiva e, em seguida, se ela será interna ou terceirizada. Decisões de *sourcing* devem ser feitas para aumentar o tamanho do excedente total a ser compartilhado em toda a cadeia de suprimentos. A terceirização é interessante se a empresa contratada aumentar o excedente da cadeia de suprimentos mais do que a empresa pode fazer por conta própria. Por outro lado, uma empresa deve manter a função de cadeia de suprimentos internamente se a empresa contratada não puder aumentar o excedente da cadeia de suprimentos ou se o risco associado com a terceirização for significativo. Por exemplo, a W. W. Grainger terceiriza a entrega de pacotes porque é muito caro assumir essa capacidade internamente. Em contrapartida, a Grainger é proprietária e opera seus depósitos, porque há escala suficiente para justificar essa escolha. As decisões de *sourcing* devem ter como objetivo proporcionar o nível adequado de responsividade ao menor custo.

O exemplo a seguir demonstra como a Zara contrata apropriadamente para ser eficiente com relação a produtos básicos e responsiva com relação aos produtos da moda.

EXEMPLO 3.6 》 Zara

A Zara tem uma estratégia de *sourcing* que varia conforme o tipo de produto. Para os produtos básicos, como camisetas brancas, a Zara busca a eficiência porque a demanda é previsível. Esses produtos são fabricados em países que têm produção de baixo custo. Os produtos da moda, para os quais a demanda é imprevisível, por outro lado, são feitos em suas próprias fábricas na Europa. Essas fábricas não são de baixo custo, mas elas são flexíveis e responsivas às necessidades em rápida evolução do mercado da moda.

Componentes de decisões de contratação

A seguir, vamos considerar as principais decisões de *sourcing* que são feitas dentro de uma empresa.

INTERNALIZAR OU TERCEIRIZAR A decisão de *sourcing* mais significativa para uma empresa é se ela realizará uma tarefa internamente ou se contratará serviços de terceiros. Em uma tarefa como o transporte, os gestores devem decidir se terceirizam tudo, se terceirizam somente o componente responsivo ou se terceirizam somente o componente eficiente. Essa decisão deveria ser controlada em parte pelo seu impacto no excedente total da cadeia de suprimentos. É melhor terceirizar se o crescimento do excedente total da cadeia de suprimentos for significativo, com pequeno risco adicional.

SELEÇÃO DE FORNECEDOR Os gestores devem decidir sobre o número de fornecedores que terão para determinada atividade. Eles devem, então, identificar critérios sobre os quais fornecedores serão avaliados e como serão selecionados.

AQUISIÇÃO A *aquisição* é o processo de obter bens e serviços dentro da cadeia de suprimentos. Os gestores devem estruturar a aquisição com o objetivo de aumentar o excedente da cadeia de suprimentos. Por exemplo, uma empresa deverá preparar a aquisição para materiais diretos a fim de garantir a boa coordenação entre o fornecedor e o comprador. Por outro lado, a aquisição de produtos de MRO deverá ser estruturada para garantir que os custos de transação sejam baixos.

MÉTRICAS RELACIONADAS A *SOURCING* As decisões de *sourcing* têm impacto direto no custo dos bens vendidos e nas contas a pagar. O desempenho da empresa contratada também afeta a qualidade, o estoque e o custo de transporte à loja. Um gestor deverá acompanhar as seguintes métricas relacionadas à contratação, que influenciam no desempenho da cadeia de suprimentos:

- *Dias pendentes de contas a pagar* mede o número de dias a partir da realização de uma tarefa na cadeia de suprimentos por um fornecedor até a data de seu pagamento.
- *Preço médio de compra* mede o preço médio em que um bem ou serviço foi comprado durante o ano. O preço médio deverá ser resultado da ponderação de cada quantidade adquirida pelo preço correspondente.
- *Faixa de preço de compra* mede a flutuação no preço de compra durante um período especificado. O objetivo é identificar se a quantidade comprada está correlacionada com o preço.
- *Quantidade média de compra* mede a quantidade média adquirida por pedido. O objetivo é identificar se está ocorrendo um nível de agregação suficiente entre os locais ao fazer um pedido.
- *Qualidade do fornecimento* mede a qualidade do produto fornecido.
- *Tempo de execução de fornecimento* mede o tempo médio entre quando um pedido é feito e quando o produto chega. Longos tempos de execução diminuem a responsividade e atingem o estoque que a cadeia de suprimentos deve manter.

- **Percentagem de entregas de imediato** mede a fração de entregas do fornecedor que foram feitas prontamente.
- **Confiabilidade do fornecedor** mede a variabilidade do tempo de execução do fornecedor, além da quantidade entregue em relação à planejada. A baixa confiabilidade do fornecedor afeta a responsividade e atinge a quantidade de estoque que a cadeia de suprimentos deve manter.

3.9 Precificação (*pricing*)

Nesta seção, discutiremos o papel que a precificação (*pricing*) desempenha na cadeia de suprimentos.

Papel na cadeia de suprimentos

Precificação é o processo pelo qual uma empresa decide quanto cobrar dos clientes por seus bens e serviços. A precificação afeta os segmentos de clientes que escolhem comprar o produto, além das expectativas do cliente. Isso afeta diretamente a cadeia de suprimentos em termos do nível de responsividade exigido, além do perfil de demanda que a cadeia de suprimentos tenta atender. A precificação também é uma alavanca que pode ser usada para confrontar oferta e demanda, sobretudo quando a cadeia de suprimentos não é muito flexível. Descontos de curto prazo podem ser usados para eliminar excessos de estoque ou diminuir picos de demanda sazonais, deslocando parte da demanda para a frente. Todas as decisões de precificação devem ser tomadas com o objetivo de aumentar os lucros da empresa. Isso requer uma compreensão da estrutura de custos da atividade da cadeia de suprimentos realizada e do valor que essa atividade traz à cadeia de suprimentos. Estratégias como EDLP podem promover a demanda estável que proporcione a eficiência na cadeia de suprimentos. Por exemplo, a Costco, um atacadista com programa de sócios nos Estados Unidos, tem uma política de manter os preços estáveis, mas baixos. Os preços estáveis garantem que a demanda permaneça relativamente estável. A cadeia de suprimentos da Costco explora a relativa estabilidade da demanda para ser eficiente. Por outro lado, algumas empresas de fabricação e transporte usam preços que variam com o tempo de resposta desejado pelo cliente. Por meio de sua precificação, essas empresas estão almejando um conjunto mais amplo de clientes, alguns dos quais precisam de responsividade, enquanto outros precisam de eficiência. Nesse caso, torna-se importante para essas empresas estruturar uma cadeia de suprimentos que possa atender às duas necessidades divergentes. A Amazon utiliza um menu de opções de envio e preços para identificar os clientes que valorizam a responsividade e aqueles que valorizam o baixo custo. Essa identificação permite que a empresa sirva de forma eficaz, como mostrado no exemplo a seguir.

EXEMPLO 3.7 》 Amazon.com

A Amazon oferece aos seus clientes um grande menu de preços para produtos que são adquiridos da empresa. Por exemplo, em janeiro de 2014, uma pessoa comprando dois livros por 40 dólares poderia usar a entrega padrão (entrega em 3 a 5 dias úteis) a um custo de 4,98 dólares, entrega em dois dias úteis a um custo de 14,97 dólares, entrega em um dia útil a um custo de 24,97 dólares ou usar a entrega gratuita (de 5 a 8 dias úteis). O menu de precificação permite que a Amazon atraia clientes com níveis variados de responsividade desejada. Embora clientes pagando pela entrega em um dia imponham alto grau de incerteza na Amazon, clientes optando por entrega gratuita podem ser usados para nivelar a carga de trabalho no depósito ao longo do tempo. A Amazon pode, assim, usar sua precificação para oferecer responsividade aos que a valorizam enquanto atende aos clientes que desejam um preço baixo, ajudando a melhorar a eficiência da empresa.

Decisões de componentes de precificação

A seguir, vamos descrever os principais componentes de precificação que afetam o desempenho da cadeia de suprimentos.

PRECIFICAÇÃO E ECONOMIAS DE ESCALA A maioria das atividades da cadeia de suprimentos apresenta economias de escala. Mudanças de volume tornam a produção de poucas quantidades mais cara por unidade do que grandes quantidades. Os custos de carga e descarga tornam mais barato entregar um caminhão para um local do que para quatro. Em cada caso, o fornecedor da atividade da cadeia de suprimentos deve decidir como definir o preço corretamente para refletir essas economias de escala. Uma técnica normalmente utilizada é oferecer descontos por quantidade. Deve-se ter o cuidado de garantir que os descontos oferecidos sejam coerentes com economias de escala no processo básico. Caso contrário, existe o perigo de os pedidos do cliente serem controlados principalmente pelos descontos por quantidade, embora o processo básico não tenha economias de escala significativas.

PREÇOS BAIXOS TODO DIA VERSUS PREÇOS ALTOS E BAIXOS Uma empresa como a Costco pratica preços baixos todo dia em seus depósitos, mantendo os preços constantes com o tempo. A Costco chega ao ponto de não oferecer nenhum desconto sobre livros danificados para garantir sua estratégia de preços baixos todo dia. Por outro lado, a maioria dos supermercados pratica preços altos e baixos e oferece descontos pronunciados em um subconjunto de seus produtos a cada semana. A estratégia de preços da Costco resulta em uma demanda relativamente estável. A estratégia de preços altos e baixos resulta em um pico de desconto durante a semana, normalmente seguido por uma queda pronunciada na demanda durante as semanas seguintes. As duas estratégias de preços levam a perfis de demanda diferentes, aos quais a cadeia de suprimentos precisa atender.

PREÇO FIXO VERSUS PRECIFICAÇÃO POR MENU Uma empresa precisa decidir se cobrará um preço fixo por suas atividades da cadeia de suprimentos ou se terá um menu com preços que variam conforme outro atributo, como o tempo de resposta ou o local da entrega. Se os custos marginais da cadeia de suprimentos ou o valor para o cliente variarem significativamente por algum atributo, normalmente é eficaz ter um menu de preços. Já discutimos a Amazon como um exemplo de empresa que oferece um menu que, de certa forma, é coerente com o custo de fornecer o serviço em particular da cadeia de suprimentos. Um exemplo em que o menu de preços é de certa forma incoerente é visto em muitos fornecedores de MRO, os quais normalmente permitem que os clientes tenham seu pedido entregue ou que o busquem pessoalmente. O custo de escolha, embalagem e entrega no depósito é maior no caso de escolha pessoal se comparado à entrega em domicílio. A política de precificação, desse modo, pode levar ao comportamento negativo do cliente, que tem impacto nos lucros.

MÉTRICAS RELACIONADAS À PRECIFICAÇÃO A precificação afeta diretamente as receitas, mas também pode influenciar nos custos de produção e nos estoques, dependendo do impacto que ela tem sobre a demanda do cliente. Um gestor deverá acompanhar as métricas relacionadas à precificação descritas a seguir. Com a precificação em menu, cada métrica deverá ser acompanhada separadamente para cada segmento no menu:

- *Margem de lucro* mede o lucro como uma percentagem da receita. Uma empresa precisa examinar uma grande variedade de métricas de margem de lucro para otimizar sua precificação, incluindo dimensões como tipo de margem (bruta, líquida etc.), escopo (SKU, linha de produtos, divisão, empresa), tipo de cliente e outras.
- *Dias de vendas pendentes* mede o tempo médio entre quando uma venda é feita e quando o dinheiro é recebido.
- *Custo fixo incremental por pedido* mede os custos incrementais que são independentes do tamanho do pedido. Estes incluem custos de transição na fábrica ou custos de processamento ou transporte de pedido, que são incorridos independentemente do tamanho do embarque em uma empresa de entrega por correio.

- *Custo variável incremental por unidade* mede os custos incrementais que variam com o tamanho do pedido. Dentre eles estão os custos de separação em uma empresa de entrega por correio ou custos de produção variável em uma fábrica.
- *Preço médio de venda* indica o preço médio em que uma atividade de cadeia de suprimentos foi realizada em determinado período. A média deverá ser obtida pesando-se o preço com a quantidade vendida a esse preço.
- *Tamanho médio de pedido* mede a quantidade média por pedido. Preço médio de venda, tamanho de pedido, custo fixo incremental por pedido e custo variável incremental por unidade ajudam a estimar a contribuição da realização da atividade da cadeia de suprimentos.
- *Faixa de preço de venda* mede o máximo e o mínimo de preço de venda por unidade durante um horizonte de tempo específico.
- *Faixa de vendas periódicas* mede o máximo e o mínimo da quantidade vendida por período (dia/semana/mês) durante um horizonte de tempo específico. O objetivo é captar qualquer correlação entre vendas e preço e qualquer oportunidade em potencial para deslocar as vendas alterando o preço ao longo do tempo.

3.10 Resumo dos objetivos de aprendizagem

1. Descrever as medidas-chave financeiras do desempenho da empresa. As medidas-chave financeiras do desempenho da empresa incluem o retorno da equidade; retorno dos ativos; giro de contas a pagar; margem de lucro; giro de ativos e de contas recebíveis; giros de estoque; giro de propriedade, planta e equipamentos; e ciclo C2C.

2. Identificar os fatores-chave de desempenho da cadeia de suprimentos. Os principais fatores de desempenho da cadeia de suprimentos são instalações, estoque, transporte, informação, *sourcing* e precificação.

3. Discutir o papel de cada fator-chave na criação de alinhamento estratégico entre a estratégia da cadeia de suprimentos e a estratégia competitiva. Uma empresa que consiga alinhamento estratégico terá achado o equilíbrio certo entre responsividade e eficiência. Cada fator-chave afeta esse equilíbrio. Ter mais instalações geralmente resulta em uma cadeia mais responsiva, ao passo que ter menos instalações, mais centrais, cria maior eficiência. Manter níveis de estoque maiores aumenta a responsividade de uma cadeia de suprimentos, enquanto manter estoque baixo aumenta sua eficiência. O uso de modos de transporte mais rápidos aumenta a responsividade de uma cadeia, enquanto o uso de modos mais lentos geralmente aumenta sua eficiência. Investimento em informação pode melhorar bastante o desempenho da cadeia de suprimentos nas duas dimensões. Esse investimento, porém, precisa ser feito com base na posição estratégica sustentada pelos outros fatores-chave. Decisões de *sourcing* apropriadas elevam os lucros da cadeia de suprimentos, atribuindo funções da cadeia à parte correta, o que traz maiores economias de escala ou um nível mais alto de agregação de incerteza. Precificação (*pricing*) pode ser usada para atrair o devido segmento de cliente-alvo. Precificação diferenciada pode ser usada para atrair clientes que valorizam a responsividade, bem como clientes que desejam eficiência. A cadeia de suprimentos pode, então, ser estruturada para oferecer responsividade a alguns clientes enquanto melhora a eficiência como um todo.

4. Definir as principais métricas que acompanham o desempenho da cadeia de suprimentos em termos de cada fator-chave. Métricas relacionadas à instalação são capacidade, utilização, tempo de fluxo/ciclo teórico de produção, tempo de fluxo/ciclo médio real, eficiência de tempo de fluxo, variedade de produtos, contribuição no volume dos 20% maiores SKUs/clientes, tempo ocioso de processamento/preparação/parada, tamanho médio de lote de produção. Métricas relacionadas a estoque são estoque médio, produtos com mais de um número específico de dias de estoque, tamanho médio de lote de reposição, estoque de segurança médio, estoque sazonal, taxa de atendimento, fração de tempo sem estoque. Métricas relacionadas a transporte são custo médio de transporte de recebimento, tamanho médio de recebimento, custo médio de transporte de recebimento por remessa, custo médio de transporte de embarque, tamanho médio de embarque, custo médio de transporte de envio por embarque e fração transportada por modal. As métricas relacionadas à informação são horizonte de previsão, erro de previsão, fatores sazonais, variância do plano e razão entre variabilidade da demanda e variabilidade do pedido. Métricas relacionadas a *sourcing* são dias pendentes de contas a pagar, preço médio de compra, faixa de preço de compra, quantidade média de compra, fração de entregas de imediato, qualidade de fornecimento e tempo de execução de fornecimento. Métricas relacionadas a preços são margem de lucro, dias de vendas pendentes, custo fixo incremental por pedido, custo variável incremental por unidade, preço médio de venda, tamanho médio de pedido, faixa de preço de venda e faixa de vendas periódicas. Cada uma dessas métricas afeta direta ou indiretamente as métricas financeiras e a responsividade aos clientes.

Perguntas para discussão

1. Como um varejista da área de alimentos poderia utilizar o estoque para aumentar a responsividade da cadeia de suprimentos da empresa?
2. Como um fabricante de automóveis poderia usar o transporte para aumentar a eficiência de sua cadeia de suprimentos?
3. Como um fabricante de bicicletas poderia aumentar sua responsividade com base em suas instalações?
4. Como um distribuidor de suprimentos industriais poderia usar informação para aumentar sua responsividade?
5. A Motorola passou da fabricação própria de todos os seus telefones celulares para a terceirização quase que total da manufatura. Quais são os prós e os contras das duas abordagens?
6. Como uma empresa de entrega em domicílio, como a Peapod, pode usar os preços de seus serviços de entrega para melhorar sua lucratividade?
7. Cite algumas indústrias em que os produtos se proliferaram e os ciclos de vida encurtaram. Como as cadeias de suprimentos se adaptaram nessas indústrias?
8. Como o conjunto completo de fatores-chave logísticos e interfuncionais pode ser usado para criar alinhamento estratégico para um fabricante de celulares, visando a clientes sensíveis a tempo e conscientes sobre o preço?
9. Em quais fatores-chave de uma cadeia de suprimentos uma empresa que esteja tentando encolher seu ciclo C2C deveria estar focada?
10. Você esperaria que um varejista com loja física tradicional ou um varejista on-line tivesse um giro de ativos mais alto? Quais fatores-chave da cadeia de suprimentos têm impacto no giro de ativos?

Referências

DAVIS, T. S., NOVACK, R. A. Why Metrics Matter. *Supply Chain Management Review*, jul./ago. 2012, p. 0-17.

DOHENY, M. et al. *Driving Productivity in the Apparel Supply Chain*. Dez. 17, 2010. Disponível em: <https://operations-extranet.mckinsey.com/html/knowledge/article/20101213_apparel_supply_chain.asp>. Acesso em: 28 jul. 2015.

DYCKMAN, T. R. et al. *Financial Accounting*. Westmont, IL: Cambridge Business Publishers, 2011.

HOFMAN, D. The Hierarchy of Supply Chain Metrics. *Supply Chain Management Review*, set. 2004, p. 28-37.

MARIEN, E. J. The Four Supply Chain Enablers. *Supply Chain Management Review*, mar./abril. 2000, p. 60-68.

MAYER, A. Supply Chain Metrics That Matter: A Closer Look at the Cash-to-Cash Cycle (2000-2012). *Supply Chain Insights LLC* report, nov. 11, 2013.

PRESUTTI, W. D. Jr.; MAWHINNEY, John R. The Supply Chain-Finance Link. *Supply Chain Management Review*, set. 2007, p. 32-38.

SLONE, R. E.; DITTMAN, J. P.; MENTZER, J. T. *The New Supply Chain Agenda: The Five Steps that Drive Real Value*. Boston: Harvard Business Press, 2010.

Estudo de caso

Seven-Eleven Japan Co.

Estabelecida em 1973, a Seven-Eleven Japan inaugurou sua primeira loja em Koto-ku, Tóquio, em maio de 1974. A empresa foi listada inicialmente na Bolsa de Valores de Tóquio em outubro de 1979. Em 1º de setembro de 2005, a Seven & i Holdings Co. Ltd. foi oficializada como a empresa *holding* da Seven-Eleven Japan, da Ito-Yokado, e da Denny's Japan. Com isso, os resultados financeiros detalhados pela Seven-Eleven Japan não estiveram disponíveis desde então e são relatados somente como porção da loja de conveniência da Seven & i Holdings. A Seven-Eleven Japan obteve um crescimento fenomenal entre os anos de 1985 e 2013. Durante esse período, o número de lojas aumentou de 2.299 para mais de 16.000. Globalmente, a empresa teve mais de 53.000 lojas de conveniência em junho de 2014 e foi a maior cadeia do mundo em termos de lojas de varejo. As receitas globais da Seven & i Holdings a partir das operações da loja de conveniência foram de 1.899 bilhões de ienes em 2013 com um resultado operacional de 221,7 bilhões de ienes. A empresa estava presente em 42 das 47 províncias do Japão e planejou abrir 1.500 lojas no Japão em 2014. As visitas dos clientes às lojas Seven-Eleven eram em média de 1.000 por loja ao dia em 2013.

História e perfil da empresa

Tanto a Ito-Yokado quanto a Seven-Eleven Japan foram fundadas por Masatoshi Ito. Ele iniciou seu império de varejo após a Segunda Guerra Mundial, quando se juntou à sua mãe e a seu irmão mais velho e começou a trabalhar em uma pequena loja de roupas em Tóquio. Por volta de 1960, ele estava no controle exclusivo e a única loja tinha se agigantado em uma empresa de 3 milhões de dólares. Após uma viagem aos Estados Unidos em 1961, Ito convenceu-se de que as superlojas eram a onda do futuro. Nessa época, o Japão ainda era dominado por lojas comuns. A cadeia de superlojas de Ito na região de Tóquio tornou-se instantaneamente popular e logo se constituiu no núcleo de operações de varejo de Ito-Yokado.

Em 1972, Ito fez a primeira abordagem à Southland Corporation sobre a possibilidade de abrir lojas de conveniência Seven-Eleven no Japão. Depois de rejeitar seu pedido inicial, em 1973 a Southland concordou com um acordo de licença. Em troca de 0,6% do total de vendas, a Southland deu a Ito direitos exclusivos em todo o Japão. Em maio de 1974, a primeira loja de conveniência da Seven-Eleven foi aberta em Tóquio.

Esse novo conceito teve êxito imediato no Japão, e a Seven-Eleven Japan experimentou um tremendo crescimento. Por volta de 1979, já havia 591 lojas Seven-Eleven no Japão; em 1984, havia 2.001. O crescimento rápido continuou (ver Tabela 3.3), resultando em 16.086 lojas em 2014.

Em 24 de outubro de 1990, a Southland Corporation entrou com pedido de concordata. A Southland pediu ajuda para Ito-Yokado e, em 5 de março de 1991, a IYG Holding foi criada pela Seven-Eleven Japan (48%) e por Ito-Yokado (52%). A IYG adquiriu 70% das ações comuns da Southland por um preço total de 430 milhões de dólares.

Em 2005, a Seven & i Holdings se estabeleceu por meio de transferências de ações que combinavam a Seven-Eleven Japan, Ito-Hokado e Denny's Japan. Em 2013, as operações da loja de conveniência da Seven-Eleven Japan e outras subsidiárias na América do Norte e na China contribuíram em 37,4% das receitas totais de operações e 76,1% dos resultados operacionais da Seven & i Holdings Company (ver Tabela 3.4 para detalhes). O desempenho relativo das lojas de conveniência dentro das operações japonesas era ainda mais dominante. A discrepância entre a Tabela 3.3 e a Tabela 3.4 resulta do fato de a Tabela 3.3 relatar vendas tanto das lojas próprias como das franquiadas, ao passo que a Tabela 3.4 mostra somente a receita da Seven & i Holdings.

Tabela 3.3 Lojas e vendas anuais da Seven-Eleven Japan.

Ano	Número de lojas	Vendas anuais (em bilhões de ienes)
1974	15	0,7
1979	801	109,8
1984	2.299	386,7
1989	3.954	780,3
1994	5.905	1.392.3
1999	8.153	1.963,9
2004	10.826	2.440,8
2005	11.310	2.498,7
2006	11.735	2.533,5
2007	12.034	2.574,3
2008	12.298	2.762,5
2009	12.753	2.784,9
2010	13.232	2.947,6
2011	14.005	3.280,5
2012	15.072	3.508,4
2013	16.086	3.781,2

Fonte: STEVENSON, J. C. Downtown Fixture, *Business*, Nov. 6, 2006, p. 1, 8–9.

Tabela 3.4 Valores financeiros da Seven & i Holdings (2011–2014).

Para anos fiscais terminando em 28/29 de fevereiro	2011	2012	2013
Receitas totais (em bilhões de ienes)	5.119,7	4.786,3	4.991,6
Resultado operacional total (em bilhões de ienes)	243,3	292,1	295,7
Receitas de loja de conveniência (em bilhões de ienes)		1.662,7	1.899,5
Resultados operacionais de loja de conveniência (em bilhões de ienes)		215,9	221,7

Fonte: Dados obtidos a partir do Relatório Anual de 2013 da Seven-Eleven Japan.

A indústria de lojas de conveniência e a Seven-Eleven no Japão

No Japão, o setor de lojas de conveniência foi uma das poucas áreas de negócios que continuaram a crescer durante o período de baixa prolongado do final do século 20 até o início do século 21. De 1991 a 2013, as vendas anuais de lojas de conveniência mais do que triplicaram, de apenas 3 trilhões a quase 10 trilhões de ienes. Como ponto de comparação nesse período, as vendas de supermercado mantiveram-se estáveis, em cerca de 13 trilhões de ienes.

O setor de lojas de conveniência no Japão consolidou-se gradualmente, com os maiores participantes crescendo e os menores fechando as portas. Em 2004, as dez maiores cadeias de loja de conveniência foram responsáveis por aproximadamente 90% das lojas de conveniência do Japão. Por volta de 2013, a consolidação resultou em um top 5 de cadeias que formavam mais de 90% das lojas de conveniência no Japão.

A Seven-Eleven Japan continuou aumentando sua fatia de mercado de loja de conveniência desde que foi aberta. Em 2012, era a maior operadora de lojas de conveniência do Japão, responsável por 38,8% do mercado no segmento de lojas de conveniência. O mercado teve um aumento significativo se comparado aos 34,3% em 2008. A Seven-Eleven foi muito efetiva em termos de vendas na mesma loja. Em 2004, a média de vendas diárias nas quatro principais redes de loja de conveniência, excluindo a Seven-Eleven Japan, totalizou 484 mil ienes. As lojas Seven-Eleven, ao contrário, tinham vendas diárias de 647 mil ienes — mais de 30% maiores do que a concorrência junta. Por volta de 2013, as vendas médias diárias por loja da Seven-Eleven Japan aumentaram para 668 mil ienes. Em 2013, os resultados operacionais de 224,9 bilhões de ienes posicionaram-na como líder não só do setor de lojas de conveniência, mas também da indústria de varejo japonesa como um todo. Ela tinha a intenção de continuar seu crescimento ao abrir 1.500 novas lojas no final do ano que terminava em fevereiro de 2014. Esse crescimento havia sido cuidadosamente planejado, explorando os principais pontos fortes que a Seven-Eleven Japan havia desenvolvido nas áreas de sistemas de informação e sistemas de distribuição.

O sistema de franquia da Seven-Eleven Japan

A Seven-Eleven Japan desenvolveu uma extensa rede de franquias e exerceu um papel-chave nas operações diárias dessa rede. A rede Seven-Eleven Japan incluiu lojas pertencentes à empresa e franquias de terceiros. Para assegurar a eficiência, a Seven-Eleven Japan baseou sua política fundamental de expansão de rede em uma estratégia de domínio de mercado. A entrada em qualquer novo mercado era feita em torno de um *cluster* de 50 a 60 lojas com o suporte de um centro de distribuição. Essa *clusterização* deu à Seven-Eleven Japan alta densidade de presença no mercado e permitiu que ela operasse um sistema de distribuição eficiente. Ela sentiu que essa estratégia melhorou a eficiência da distribuição, a notoriedade da marca, a eficiência dos serviços de apoio às franquias e a efetividade da publicidade. Isso também serviu como impedimento aos competidores.

Aderindo à sua estratégia de domínio, a Seven-Eleven Japan abriu a maioria de suas novas lojas em áreas com *cluster* de lojas existentes. Por exemplo, a província de Aichi, onde a Seven-Eleven começou a abrir lojas em 2002, assistiu a um grande aumento em 2004, com 108 novas aberturas de lojas. Isso representava mais de 15% das novas lojas da Seven-Eleven abertas no Japão naquele ano.

Em 2004, a empresa tinha lojas em 42 das 47 províncias do Japão. Com o aumento da demanda por lojas de conveniência mais próximas do cliente quando houvesse poucos varejistas pequenos e médios em dada área, a Seven-Eleven sentiu que além de trazer lojas para as novas áreas, ela também poderia continuar a abrir lojas nas áreas urbanas densamente habitadas, como Tóquio, Nagoya e Osaka.

Com as franquias da Seven-Eleven sendo altamente procuradas, menos de um em cada cem candidatos recebia uma franquia (uma prova da lucratividade da loja). O proprietário da franquia deveria investir muito dinheiro logo no início. Metade disso era usado para preparar a loja e treinar o proprietário. O restante era usado para adquirir o estoque inicial para a loja. Em 1994, 45% dos lucros brutos totais em uma loja eram para a Seven-Eleven Japan, e o restante era para o proprietário da loja. As responsabilidades das duas partes eram as seguintes:

Responsabilidades da Seven-Eleven Japan:

- desenvolver suprimento e mercado;
- proporcionar sistema de pedido;
- pagar pela operação do sistema;
- fornecer serviços contábeis;
- oferecer publicidade;
- instalar e remodelar instalações;
- pagar 80% dos custos de serviços públicos.

Responsabilidades do proprietário de franquia:

- operar e gerir a loja;
- contratar e pagar o pessoal;
- pedir suprimentos;
- manter a aparência da loja;
- oferecer serviço ao cliente.

Informação e conteúdo da loja

A Seven-Eleven tinha mais de 16.000 lojas no Japão por volta de janeiro de 2014 (ver Tabela 3.3). Em 2004, a Seven-Eleven Japan mudou o tamanho padrão das novas lojas de 125 m² para 150 m², ainda muito menor que a maioria das lojas Seven-Eleven nos Estados Unidos. Em 2013, as vendas diárias em uma loja eram em média de 668 mil ienes (cerca de 6.528 dólares em março de 2014 com uma taxa de câmbio de cerca de 102 ienes por dólar), que era cerca do dobro da média em uma loja nos Estados Unidos.

A Seven-Eleven Japan oferecia às suas lojas a possibilidade de escolha entre um conjunto de 5 mil SKUs. Cada loja mantinha uma média de 3 mil SKUs, dependendo da demanda de cliente local. A Seven-Eleven enfatizava a ação regional de mercado para atender precisamente às preferências locais. Cada loja mantinha itens de alimentos, bebidas, revistas e itens de consumo como sabonetes e detergentes. As vendas por categoria de produto em 2012 estão apontadas na Tabela 3.5.

Os itens alimentícios eram classificados em quatro categorias gerais: (1) itens em temperatura resfriada, incluindo sanduíches, frios e leite; (2) itens em temperatura aquecida, incluindo refeições embaladas em caixa, bolinhos de arroz e pão fresco; (3) itens congelados, como sorvetes, alimentos congelados e gelo; e (4) itens em temperatura ambiente, como alimentos enlatados, macarrão instantâneo e condimentos. Os alimentos processados e as refeições rápidas (fast-foods) vendiam muito nas lojas. Em 2012, os alimentos processados e as refeições rápidas contribuíram com cerca de 53% do total de vendas em cada loja. Mais de 1 bilhão de bolinhos de arroz foram vendidos em 2004; isso equivale a cada cidadão japonês comendo aproximadamente oito bolinhos de arroz na Seven-Eleven por ano. Os produtos mais vendidos na categoria refeições rápidas foram refeições embaladas em caixa, bolinhos de arroz e produtos à base de pão, além de massas. Em 2013, a Seven-Eleven Japan tinha 171 instalações de produção diária e 158 centros de distribuição por todo o Japão.

》 **Tabela 3.5** Vendas por categoria de produto em 2012.

	Percentagem de vendas totais
Alimentos processados	26,6
Comidas rápidas	26,0
Alimentos diários/frescos	12,3
Produtos não alimentares	35,1

Fonte: Dados obtidos a partir do Relatório Anual de 2012 da Seven-Eleven Japan.

Outros produtos vendidos nas lojas Seven-Eleven incluíam refrigerantes, bebidas nutritivas, bebidas alcoólicas como cerveja e vinho, softwares de jogos, CDs de música e revistas.

A Seven-Eleven estava focada em aumentar o número de itens exclusivos que estavam disponíveis somente em suas lojas. Em 2004, os itens exclusivos foram responsáveis por cerca de 52 por cento do total de vendas da loja. Em 2007, a Seven & i Holdings lançou a marca Seven Premium, de produtos a serem vendidos internamente. Em fevereiro de 2010, a Seven Premium oferecia 1.035 SKUs; e esperava-se que esse número crescesse no futuro. Os produtos de marca própria foram vendidos em todos os formatos de lojas e foram vistos pela empresa como parte importante da expansão da sinergia entre os seus diferentes formatos de varejo.

Serviços da loja

Além de produtos, a Seven-Eleven Japan introduziu gradativamente uma série de serviços que os clientes podiam obter em suas lojas. O primeiro serviço, introduzido em outubro de 1987, foi o pagamento de contas da Tokyo Electric Power na loja. A empresa mais tarde expandiu o conjunto de contas de concessionárias de serviços públicos que os clientes podiam pagar nas lojas, incluindo gás, prêmios de seguros e telefone. Com mais conveniência em horas de operação e localização que bancos ou outras instituições financeiras, o serviço de pagamento de contas atraiu milhões de novos clientes a cada ano. Em abril de 1994, a Seven-Eleven Japan começou a aceitar pagamentos de crediários de companhias de crédito. A rede começou a vender bilhetes de teleféricos de estações de esqui em novembro de 1994. Em 1995, começou a aceitar pagamento de compras feitas por catálogo. Isso foi expandido para incluir pagamento de compras pela internet em novembro de 1999. Em agosto de 2000, uma empresa de serviço de entrega de alimentos, a Seven-Meal Service Co. Ltd., foi estabelecida para atender à população mais idosa do Japão. O Seven Bank foi estabelecido como a principal empresa operacional para os serviços financeiros da Seven & i Holdings. Por volta de 2013, praticamente todas as lojas da Seven-Eleven Japan tiveram um caixa eletrônico instalado, com o Seven Bank, totalizando quase 18.000 caixas eletrônicos. A empresa tinha uma média de 111 operações por caixa ao dia.

Outros serviços oferecidos nas lojas incluem fazer fotocópias, vender ingressos (como partidas de beisebol, ônibus expressos e shows) usando copiadoras multifuncionais e ser um local de entrega para empresas de entrega de encomendas que normalmente não as deixam se o cliente não estiver em casa. Em 2010, as lojas também começaram a oferecer alguns serviços governamentais, como fornecer comprovantes de residência. O principal impulso para oferecer esses serviços foi obter vantagem da localização das lojas. Além de proporcionar receita complementar, os clientes tinham um motivo a mais para visitar a loja com frequência. Vários desses serviços exploravam o *Total Information System* (ver texto a seguir) existente na loja.

Em fevereiro de 2000, a Seven-Eleven Japan estabeleceu a 7dream.com, uma empresa de comércio eletrônico. O objetivo era explorar o sistema de distribuição existente e o fato de que as lojas eram facilmente acessíveis à maioria dos japoneses. As lojas serviam como pontos de entrega e coleta para clientes japoneses. Uma pesquisa da eSBook (uma *joint venture* entre Softbank, Seven-Eleven Japan, Yahoo!Japan e Tohan, uma editora) descobriu que 92% de seus clientes prefeririam buscar os produtos que compravam on-line na loja de conveniência local em vez de recebê-los em casa. Isso é fácil de entender, dada a frequência com que os clientes japoneses visitam sua loja de conveniência local. A 7dream esperava basear-se nessa preferência, juntamente às sinergias do sistema de distribuição existente.

Em março de 2007, a Seven-Eleven Japan introduziu as compras *"Otoriyose-bin"*, ou pela internet. O serviço permitia que os clientes comprassem produtos que normalmente não estavam disponíveis nas lojas de varejo. Os clientes podiam pedir na Web e receber a mercadoria e pagá-la nas lojas Seven-Eleven. Não havia cobrança de taxa de entrega por esse serviço. A empresa criou o Seven Net Shopping, seu site que tinha o objetivo de combinar as os serviços oferecidos nas lojas físicas e na internet. Em abril de 2007, o dinheiro eletrônico *"nanaco"* passou a ser oferecido nas lojas Seven-Eleven. O serviço permitia que os clientes pagassem antecipadamente e usassem um cartão ou telefone celular para fazer pagamentos. O serviço era oferecido como uma conveniência para clientes que fizessem pequenas compras e também era um sistema de recompensas, oferecendo um iene em pontos para cada cem ienes gastos pelo cliente. Em 2013, 21,45 milhões em contas de *nanacos* foram criadas.

Dado o envelhecimento da população do Japão e o aumento do número de mulheres que trabalham fora de casa (a Seven-Eleven estimou que, em 2009, mais de 70% das mulheres na faixa etária de 40 anos trabalhava fora de casa), a Seven-Eleven queria explorar as suas "lojas de conveniência próximas do cliente" para atendê-los melhor. A empresa tentou fazer isso aumentando o número de produtos de alto consumo diário de 500 para 900, além de reforçar o seu Serviço Seven-Meal, de entrega de refeições em domicílio.

Sistema integrado de informação de loja da Seven-Eleven Japan

Desde seu início, a Seven-Eleven Japan buscou simplificar suas operações usando tecnologia de informação avançada. A rede atribuiu uma parte significativa de seu sucesso ao *Total Information System* instalado em cada ponto de venda e ligado à sede, aos seus fornecedores e aos centros de distribuição. A primeira rede on-line ligando sede, lojas e vendedores foi estabelecida em 1979, embora a empresa não coletasse informações de pontos de venda (PDV) nessa época. Em 1982, a Seven-Eleven tornou-se a primeira empresa no Japão a introduzir um sistema de PDV compreendendo caixas registradoras e equipamentos de controle de terminal. Em 1985, a empresa desenvolveu, em parceria com a NEC, computadores pessoais usando gráficos coloridos que foram instalados em cada loja e ligados às caixas registradoras. Esses computadores também estavam na rede ligando a loja à sede, além dos vendedores. Até julho de 1991, sede, lojas, centros de distribuição e fornecedores estavam ligados somente por uma rede analógica tradicional. Nessa época, uma rede digital de serviços integrados (ISDN — *Integrated Services Digital Network*) foi instalada. Ligando mais de 5 mil lojas, tornou-se um dos maiores sistemas ISDN do mundo naquela época. Os dados de venda colhidos em cada loja por volta de 11 da manhã eram processados e estavam prontos para análise na manhã seguinte.

O sistema de hardware em uma loja Seven-Eleven em 1994 incluía o seguinte:

- **Terminal de pedido gráfico:** esse era um dispositivo portátil com uma grande tela gráfica, usado pelo proprietário ou gerente da loja para fazer pedidos. O gerente/proprietário da loja caminhava pelos corredores e fazia os pedidos por item. Ao fazer um pedido, o gerente tinha acesso (pelo computador da loja) à análise detalhada dos dados de PDV relacionados ao item em particular. Isso incluía análise de vendas das categorias de produto e de SKUs sobre tempo, análise de desperdício, tendências de vendas de SKUs por dez semanas e por dez dias, tendências de vendas de novos produtos, análise de vendas por dia e hora, lista de itens de pouca saída, análise de vendas e número de clientes ao longo do tempo, contribuição do produto para as seções na loja e o crescimento de vendas por categorias de produto. O gerente da loja usava essa informação ao fazer seu pedido, que era inserido diretamente no terminal. Quando todos os pedidos eram inseridos, o terminal era recolocado em seu local de origem, em cujo ponto os pedidos eram repassados pelo computador da loja para o vendedor apropriado e para o centro de distribuição da Seven-Eleven.

- **Terminal de *scanner*:** esses *scanners* leem códigos de barra e estoque registrado. Eles eram usados para receber produtos vindos de um centro de distribuição. Isso era automaticamente comparado ao pedido feito anteriormente e os dois eram reconciliados. Antes que os terminais de *scanner* fossem introduzidos, os motoristas dos caminhões esperavam na loja até que a mercadoria fosse verificada. Quando foram introduzidos, o motorista simplesmente passou a deixar a remessa na loja e um funcionário a recebia em um momento adequado, quando houvesse menos clientes. Os terminais de *scanner* também eram usados para exame do estoque das lojas.

- **Computador de loja:** era ligado à rede Seven-Eleven, à registradora de PDV, ao terminal de pedido gráfico e ao terminal de *scanner*. Ele se comunicava entre as várias fontes de entrada, rastreava estoque e vendas da loja, fazia pedidos, fornecia análise detalhada dos dados de PDV e mantinha e regulava o equipamento da loja.

- **Registradora de PDV:** assim que um cliente comprava um item e pagava na registradora de PDV, a venda e outros dados (como idade e sexo do cliente) eram registrados e transmitidos para a sede por meio do computador da loja.

Os dados analisados e atualizados eram, então, enviados de volta às lojas da Seven-Eleven Japan pela rede a cada manhã. Todas essas informações estavam disponíveis no terminal gráfico com o objetivo de melhorar o atendimento ao pedido.

O sistema de informação permitia que as lojas Seven-Eleven confrontassem melhor oferta e demanda. O pessoal da loja podia ajustar o *mix* de mercadorias nas prateleiras de acordo com padrões de consumo durante o dia. Por exemplo, itens populares para café da manhã eram estocados bem cedo durante o dia, enquanto itens populares para jantar eram estocados no início da noite. A identificação de itens com pouca ou nenhuma saída permitia que uma loja convertesse espaço de prateleira para introduzir novos itens. Cerca de 70% dos itens vendidos em uma loja da Seven-Eleven mudaram no decorrer de um ano. Por volta de cem novos produtos eram introduzidos por semana. Ao introduzir um novo produto, a decisão sobre continuar a estocá-lo era tomada nas primeiras três semanas. Cada item na prateleira contribuía tanto para as vendas quanto para a margem e não ocupava espaço em vão.

Sistema de distribuição da Seven-Eleven

O sistema de distribuição da Seven-Eleven ligava a cadeia de suprimentos inteira para todas as categorias de produtos. Todas as lojas recebiam horários-limite para pedidos de café da manhã, almoço e jantar. Quando uma loja fazia um pedido, este era imediatamente transmitido ao fornecedor, assim como ao centro de distribuição. O fornecedor recebia pedidos de todas as lojas Seven-Eleven e iniciava a produção para atendê-los. O fornecedor, então, enviava os pedidos por caminhão ao centro de distribuição. Cada pedido de loja era separado de modo que o centro de distribuição pudesse facilmente atribuí-lo ao caminhão de loja apropriado usando a informação de pedido que ele já tinha.

A chave para a entrega em lojas era o que a Seven-Eleven chamava de *sistema de entrega combinada*. No centro de distribuição, a entrega de produtos semelhantes de diferentes fornecedores (por exemplo, leite e sanduíches) era direcionada para um único caminhão com temperatura controlada. Havia quatro categorias de caminhões com temperatura controlada: alimentos congelados, resfriados, processados na temperatura ambiente e aquecidos. Alimentos aquecidos e resfriados eram entregues três vezes por dia, ao passo que os produtos em temperatura ambiente eram entregues uma vez por dia. Os produtos congelados eram entregues de três a sete vezes por semana, dependendo das condições do clima. Cada caminhão fazia entregas em múltiplas lojas de varejo. O número de lojas por caminhão dependia do volume de vendas. Todas as entregas eram feitas fora do horário de pico e eram recebidas utilizando os terminais de *scanner*. O sistema funcionava por confiança e não exigia que a pessoa estivesse presente quando o pessoal da loja escaneasse a entrega. Isso reduziu o tempo de entrega gasto em cada loja.

Esse sistema de distribuição permitiu que a Seven-Eleven reduzisse o número de veículos exigidos para o serviço de entrega diário para cada loja, embora a frequência de entrega de cada item fosse muito alta. Em 1974, 70 veículos visitavam cada loja diariamente. Em 2006, apenas nove eram necessários. Isso reduziu bastante os custos de entrega e permitiu a entrega rápida de diversos alimentos frescos.

Em maio de 2013, a Seven-Eleven Japan tinha um total de 171 fábricas espalhadas pelo país, produzindo itens que eram distribuídos por 158 centros de distribuição que asseguravam a entrega rápida e confiável. Nenhum desses centros mantinha qualquer estoque; eles apenas transferiam o estoque dos caminhões dos fornecedores aos caminhões dos distribuidores da Seven-Eleven. O transporte era feito pela Transfleet Ltd., uma empresa da Mitsui and Co., para uso exclusivo da Seven-Eleven Japan.

Seven-Eleven nos Estados Unidos

A Seven-Eleven expandiu-se rapidamente pelo mundo (ver Tabela 3.6). O maior crescimento foi na Ásia, embora os Estados Unidos continuassem a ser o segundo maior mercado para a rede. Quando a Seven-Eleven Japan adquiriu a Southland Corporation, ela começou a melhorar as operações nos Estados Unidos. Nos anos iniciais, várias lojas da Seven-Eleven nos Estados Unidos foram fechadas. O número de lojas começou a crescer a partir de 1998. Historicamente,

Tabela 3.6 Distribuição global de lojas Seven-Eleven em dezembro de 2013.

País	Lojas
Japão	16.020
Estados Unidos	8.155
Taiwan	4.919
Tailândia	7.429
Coreia do Sul	7.085
China	2.001
Malásia	1.557
México	1.690
Canadá	486
Austrália	595
Cingapura	537
Filipinas	1.009
Noruega	157
Suécia	190
Dinamarca	196
Indonésia	149
Total	52.175

Fonte: Dados obtidos a partir do site da Seven-Eleven Japan. Disponível em: <http://www.sej.co.jp/company/en/g_stores.html>.

a estrutura de distribuição nos Estados Unidos era completamente diferente da estrutura do Japão. As lojas nos Estados Unidos eram abastecidas usando entrega direta em loja (DSD — *Direct Store Delivery*) por alguns fabricantes, com os produtos restantes sendo entregues por atacadistas. A entrega DSD era responsável por metade do volume total, com o restante vindo de atacadistas.

Com o objetivo de introduzir produtos "frescos", a Seven-Eleven apresentou o conceito de centros de distribuição combinados (CDCs) por volta do ano 2000. Em 2003, a Seven-Eleven tinha 23 CDCs localizados pela América do Norte, dando suporte a cerca de 80% da rede de lojas. Os CDCs entregavam itens frescos, como sanduíches, produtos de confeitaria, pão, produtos agrícolas e outros perecíveis uma vez por dia. Diversos fornecedores de alimentos frescos enviavam produtos ao CDC durante o dia, onde eram classificados para entrega às lojas durante a noite. Pedidos de gerentes de lojas eram enviados ao CDC mais próximo e, por volta das dez da noite, os produtos estavam a caminho das lojas. Com relação ao Japão, a maior fração de alimentos vendidos, sobretudo comida quente, como asinhas de frango e pizza, era preparada na loja. As vendas de alimentos frescos na América do Norte ultrapassavam 450 milhões de dólares em 2003. Durante esse período, a DSD dos fabricantes e a entrega de atacadistas às lojas também continuaram.

Esse foi um período em que a Seven-Eleven trabalhou muito para introduzir novos itens alimentícios frescos com o objetivo de competir mais diretamente com lojas do tipo Starbucks do que com lojas de conveniência tradicionais de postos de combustíveis. A Seven-Eleven nos Estados Unidos tinha mais de 63% de suas vendas provenientes de produtos não associados à gasolina se comparada ao restante da indústria, para o qual esse número era mais próximo de 35%. O objetivo era continuar a aumentar as vendas nas categorias de produtos frescos e refeições rápidas, com foco especial em comidas quentes.

Em 2009, a receita nos Estados Unidos e no Canadá totalizou 16 bilhões de dólares, com cerca de 63% vindos de mercadorias e o restante da venda de gasolina. O giro de estoques na América do Norte em 2004 era de aproximadamente 19, em comparação aos mais de 50 no Japão. Esse desempenho, porém, representava uma melhora significativa no desempenho da América do Norte, onde os giros de estoque em 1992 estavam em torno de 12.

Questões para estudo

1. Uma cadeia de lojas de conveniência tenta ser responsiva e oferecer aos clientes o que eles precisam, quando eles precisam e onde eles precisam. Quais são algumas das diferentes formas de como a cadeia de suprimentos de uma loja de conveniência pode ser responsiva? Quais são os riscos em cada caso?
2. A estratégia da cadeia de suprimentos da Seven-Eleven no Japão pode ser descrita como uma tentativa de combinar minuciosamente oferta e demanda por meio de rápida reposição. Quais são os riscos associados a essa escolha?
3. O que a Seven-Eleven fez em sua opção de localização de instalação, gestão de estoque, transporte e infraestrutura de informação para desenvolver capacidades que deem suporte à sua estratégia de cadeia de suprimentos no Japão?
4. A Seven-Eleven não permite a entrega direta em lojas no Japão, mas tem todos os produtos passando por seu centro de distribuição. Que benefício a Seven-Eleven extrai dessa política? Quando a entrega direta na loja é mais apropriada?
5. O que você acha do conceito da 7dream para a Seven-Eleven Japan? Do ponto de vista da cadeia de suprimentos, é provável que ela seja mais bem-sucedida no Japão ou nos Estados Unidos? Por quê?
6. A Seven-Eleven está tentando duplicar a estrutura da cadeia de suprimentos que teve sucesso no Japão e nos Estados Unidos com a introdução de CDCs. Quais são os prós e os contras dessa técnica? Lembre-se de que as lojas também são reabastecidas por atacadistas e DSDs pelos fabricantes.
7. Os Estados Unidos têm distribuidores de serviços alimentícios que também reabastecem lojas de conveniência. Quais são os prós e os contras de se ter um distribuidor reabastecendo lojas de conveniência *versus* uma empresa como a Seven-Eleven gerindo sua própria função de distribuição?

Estudo de caso

Informativos financeiros do Walmart e da Macy's

A Tabela 3.7 apresenta os resultados financeiros do Walmart e da Macy's em 2012. Avalie o desempenho financeiro de cada empresa com base nas diversas métricas discutidas na Seção 3.1, como ROE, ROA, margem de lucro, giro de ativos, APT, C2C, ART, INVT e PPET. Você poderia explicar as diferenças que observa no desempenho de ambas com base em sua estratégia e estrutura de cadeia de suprimentos? Compare as métricas de cada empresa com as métricas semelhantes da Amazon e da Nordstrom, apresentadas na Tabela 3.1 Em quais métricas cada empresa apresenta melhor desempenho? Quais fatores-chave e métricas poderiam explicar a diferença no desempenho?

Tabela 3.7 Dados financeiros selecionados do Walmart e da Macy's.

Ano terminado em 31 de janeiro de 2013 (em milhões de dólares)	Walmart	Macy's
Receita operacional líquida	469.162	27.686
Custo de bens vendidos	352.488	16.538
Lucro bruto	116.674	11.148
Despesa de vendas, gerais e administrativas	88.873	8.482
Resultado operacional	27.801	2.661
Despesa de interesse	2.251	425
Outro resultado (perda) – líquido	187	(134)
Resultado antes das taxas de resultado	25.737	2.102
Taxas de resultado	7.981	767
Resultado líquido	17.756	1.198
Ativos		
Equivalentes C2C	7.781	1.836
Recebíveis líquidos	6.768	371
Estoques	43.803	5.308
Ativos correntes totais	59.940	7.876
Propriedade, planta e equipamento	116.681	8.196
Clientela	20.497	3.743
Outros ativos	5.987	615
Ativos totais	203.105	20.991
Passivos e equidade do acionista		
Contas a pagar	59.099	4.951
Débito de curto prazo	12.719	124
Passivos correntes totais	71.818	5.075
Débito de longo prazo	41.417	6.806
Passivos totais	126.243	14.940
Equidade do acionista	76.343	6.051

Parte II

CAPÍTULO 4

Projetos de redes de distribuição e aplicações para e-business

> ## Objetivos de aprendizagem
>
> Depois de ler este capítulo, você será capaz de:
>
> 1. Identificar os fatores-chave a serem considerados no projeto de uma rede de distribuição.
> 2. Discutir os pontos fortes e fracos de diversas opções de distribuição.
> 3. Compreender como o e-business influenciou o projeto de redes de distribuição em diferentes indústrias.

Neste capítulo, proporcionaremos uma compreensão do papel da distribuição em uma cadeia de suprimentos e identificaremos fatores que devem ser considerados no projeto de uma rede de distribuição. Identificaremos vários potenciais projetos para essas redes e avaliaremos pontos fortes e fracos de cada opção. Aplicaremos essas ideias para discutir sobre a evolução das redes de distribuição em diversas indústrias desde o advento do e-business. Nosso objetivo é oferecer aos gestores um modelo lógico para a seleção da rede de distribuição apropriada, dadas as características de produto, competitivas e de mercado.

4.1 O papel da distribuição na cadeia de suprimentos

Distribuição refere-se aos passos tomados para mover e armazenar um produto desde o estágio do fornecedor até o estágio do cliente na cadeia de suprimentos. A distribuição ocorre entre cada par de estágios na cadeia de suprimentos. Matérias-primas e componentes são movidos de fornecedores a fabricantes, enquanto produtos acabados são movidos do fabricante até o consumidor final. Distribuição é um fator-chave da lucratividade geral de uma empresa, pois afeta diretamente tanto o custo da cadeia de suprimentos quanto a experiência do cliente. Na indústria varejista de vestuário, por exemplo, a distribuição afeta aproximadamente 35% da receita (incluindo sua influência em remarcações e vendas perdidas). Na Índia, a distribuição cimento corresponde a cerca de 30% do custo da produção e da venda.

Não seria exagero dizer que duas das empresas mais lucrativas do mundo, o Walmart e a Seven-Eleven Japan, basearam o sucesso de seu negócio inteiro em torno de um excelente projeto e operação de distribuição. No caso do Walmart, a distribuição permite que a empresa ofereça altos níveis de disponibilidade de produtos relativamente comuns a um custo muito baixo. No caso da Seven-Eleven Japan, a distribuição eficaz proporciona alto nível de responsividade ao cliente a um custo razoável.

O processo de projetar uma rede de distribuição tem duas grandes fases. Na primeira, a ampla estrutura da rede de cadeia de suprimentos é visualizada. Essa fase determina o número dos estágios da cadeia de suprimentos e o papel de cada etapa. A segunda fase, em seguida, considera a ampla estrutura e a converte para locais específicos com aptidão, capacidade e alocação de demanda. Este capítulo se concentra em questões que afetam o projeto da ampla rede de distribuição. Os capítulos 5 e 6 focarão na segunda fase, que começa com a rede ampla e resulta em uma cadeia de suprimentos específica.

A rede de distribuição apropriada pode ser usada para alcançar diversos objetivos da cadeia de suprimentos, do baixo custo à alta responsividade. Como resultado, empresas na mesma indústria normalmente selecionam redes de distribuição diferentes. Em seguida, discutimos exemplos de indústrias que destacam a variedade das opções de rede de distribuição e as questões que surgem quando se seleciona entre essas opções.

Até 2007, a Dell distribuía seus PCs diretamente aos consumidores finais, enquanto empresas como a HP distribuíam por revendas. Os clientes da Dell esperavam vários dias para obter um PC, enquanto poderiam sair de uma revendedora da HP com um PC em mãos. A partir de junho de 2007, a Dell também começou a vender seus PCs em revendas como o Walmart. No final dos anos de 1990, a Gateway abriu lojas Gateway Country, onde clientes poderiam examinar os produtos e ter ajuda de vendedores para configurar um PC que fosse adequado às suas necessidades. A Gateway, porém, escolheu não vender produtos nas lojas; todos os PCs eram entregues diretamente da fábrica ao cliente. Em abril de 2004, a Gateway fechou todas as suas lojas em virtude de seu fraco desempenho financeiro. A Apple Computer, ao contrário, abriu muitas lojas de revenda onde computadores são vendidos. Essas empresas de computadores escolheram diferentes modelos de distribuição. Como podemos avaliar essa grande variedade de opções de distribuição? Quais atendem melhor às empresas e a seus clientes?

A P&G escolheu distribuir diretamente para grandes redes de supermercados, obrigando competidores menores a comprarem produtos da P&G de distribuidores. Os produtos saem diretamente da empresa para grandes cadeias, mas passam por um estágio adicional quando vão para supermercados menores. A Texas Instruments, que antes fazia apenas vendas diretas, agora vende cerca de 30% de seu volume para 98% de seus clientes por meio de distribuidores, enquanto atende diretamente aos 2% de clientes restantes com 70% do volume (Raman e Rao, 1997). Que valor esses distribuidores oferecem? Quando uma rede de distribuição deverá incluir um estágio adicional, como um distribuidor? Os distribuidores desempenham um papel muito mais significativo para a distribuição de bens de consumo em um país como a Índia, se comparada aos Estados Unidos. Por que isso acontece?

A W.W. Grainger estoca cerca de 300 mil SKUs que podem ser enviados a clientes um dia após o pedido ser feito. Os produtos restantes de menor saída não são estocados, e sim entregues diretamente pelo fabricante quando um cliente faz um pedido. Nesse caso, são necessários vários dias para o cliente receber o produto. Essas são escolhas de distribuição apropriadas? Como elas podem ser justificadas?

Como os exemplos anteriores ilustram, as empresas podem fazer escolhas muito diferentes ao projetar sua rede de distribuição. Uma rede inadequada pode ter um efeito negativo significativo sobre a lucratividade da empresa, como é evidente no fracasso de muitas companhias, como a Blockbuster e a Webvan. A escolha apropriada da rede de distribuição aumenta o excedente da cadeia de suprimentos ao satisfazer as necessidades do cliente ao menor custo possível.

Na próxima seção, identificaremos medidas de desempenho que devem ser consideradas quando se projeta a rede de distribuição.

4.2 Fatores que influenciam no projeto de rede de distribuição

No nível mais alto, o desempenho de uma rede de distribuição deverá ser avaliado ao longo de duas dimensões:

1. Necessidades do cliente que são atendidas.
2. Custo do atendimento às necessidades do cliente.

Assim, à medida que compara as diferentes opções da rede de distribuição, uma empresa precisa avaliar o impacto sobre o serviço ao cliente e custo. As necessidades dos clientes que são atendidas influenciam as receitas da empresa, as quais, junto do custo, decidem a lucratividade da rede de entrega.

Embora o valor do cliente seja afetado por muitos fatores, focamos nas medidas que são influenciadas pela estrutura da rede de distribuição, são elas:

- tempo de resposta;
- variedade de produto;
- disponibilidade de produto;
- experiência do cliente;
- tempo de lançamento ao mercado;
- visibilidade de pedido;
- facilidade de devolução.

Tempo de resposta é o montante de tempo transcorrido até o cliente receber um pedido. *Variedade de produto* é o número de diferentes produtos/configurações que são oferecidos pela rede de distribuição. *Disponibilidade de produto* é a probabilidade de se ter um produto em estoque quando chega um pedido de cliente. *Experiência do cliente* inclui a facilidade com que os clientes podem fazer e receber pedidos, além da extensão à qual essa experiência é customizada. Ela também inclui aspectos puramente experienciais, como a possibilidade de conseguir uma xícara de café e a qualidade que o pessoal de vendas oferece. *O tempo de lançamento ao mercado* é o tempo gasto para se levar um novo produto ao mercado. *Visibilidade de pedido* é a capacidade de os clientes acompanharem seus pedidos do momento em que o fazem até quando ele é entregue. *Facilidade de devolução* é a facilidade com que um cliente pode devolver mercadorias insatisfatórias e a capacidade da rede de lidar com essas devoluções.

A princípio, pode parecer que um cliente sempre deseja o mais alto nível de desempenho em todas essas dimensões. Na prática, porém, isso não acontece. Clientes que pedem um livro na Amazon.com estão dispostos a esperar mais do que aqueles que se dirigem até uma livraria próxima para comprar o mesmo livro. Em contraste, os clientes podem achar uma variedade muito maior de livros na Amazon em comparação à livraria. Desse modo, clientes da Amazon trocam tempos de resposta rápidos por altos níveis de variedade.

Empresas voltadas para clientes que podem tolerar um tempo de resposta maior requerem poucos locais, os quais podem estar distantes do cliente. Essas empresas podem focar no aumento da capacidade de cada local. Ao contrário, empresas voltadas para clientes que valorizam tempos de resposta curtos precisam manter instalações próximas deles. Essas empresas precisam ter muitas instalações, cada qual com uma capacidade baixa. Assim, a diminuição no tempo de resposta que os clientes desejam aumenta o número de instalações exigidas na rede, como mostra a Figura 4.1. Por exemplo, a livraria Barnes & Noble oferece livros no mesmo dia aos seus clientes, mas requer centenas de lojas para conseguir esse objetivo para a maior parte dos Estados Unidos. A Amazon, por outro lado, leva cerca de uma semana para entregar um livro a seus clientes nos Estados Unidos, mas usa apenas cerca de oito locais para armazenar seus livros.

Mudar o projeto da rede de distribuição afeta os seguintes custos da cadeia de suprimentos (observe que estes são quatro dos seis fatores-chave da cadeia que discutimos anteriormente):

- estoques;
- transporte;
- instalações e manuseio;
- informação.

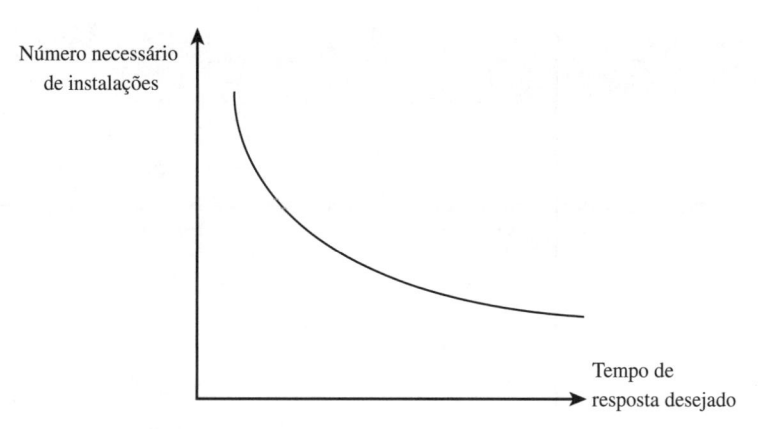

Figura 4.1 Relação entre tempo de resposta desejado e número de instalações.

Os outros dois fatores-chave, *sourcing* e precificação, também afetam a escolha do sistema de distribuição; esses dois temas serão discutidos quando for relevante.

À medida que o número de instalações em uma cadeia de suprimentos aumenta, o estoque necessitado também aumenta (ver Capítulo 12), como mostra a Figura 4.2. Para reduzir os custos de estocagem, as empresas tentam consolidar e limitar o número de instalações em sua rede de cadeia de suprimentos. Por exemplo, a Amazon é capaz de girar seu estoque cerca de duas vezes mais que a Barnes & Noble porque tem muito menos instalações.

Os *custos de transporte de recebimento* são os custos incorridos ao se trazer o material para uma instalação. Os *custos de transporte de entrega* são os custos de remessa de material para fora de uma instalação. Os custos de transporte de entrega por unidade tendem a ser mais altos do que os custos de recebimento, pois os tamanhos de lotes de recebimento normalmente são maiores. Por exemplo, o depósito da Amazon recebe carregamentos inteiros de livros no lado de recebimento, mas envia pequenos pacotes, com apenas alguns livros por cliente, no lado da expedição. Aumentar o número de locais de depósito diminui a distância média da expedição até o cliente e torna a distância de transporte de expedição uma fração menor da distância total trafegada pelo produto. Assim, desde que sejam mantidas as economias de escala do transporte de recebimento, aumentar o número de instalações diminui o custo total de transporte, como mostra a Figura 4.3. Se o número de instalações for aumentado ao ponto em que os tamanhos de lote de recebimento sejam muito pequenos e resultem em perda significativa das economias de escala no transporte da expedição, aumentar o número de instalações eleva o custo total de transporte, como mostra a Figura 4.3.

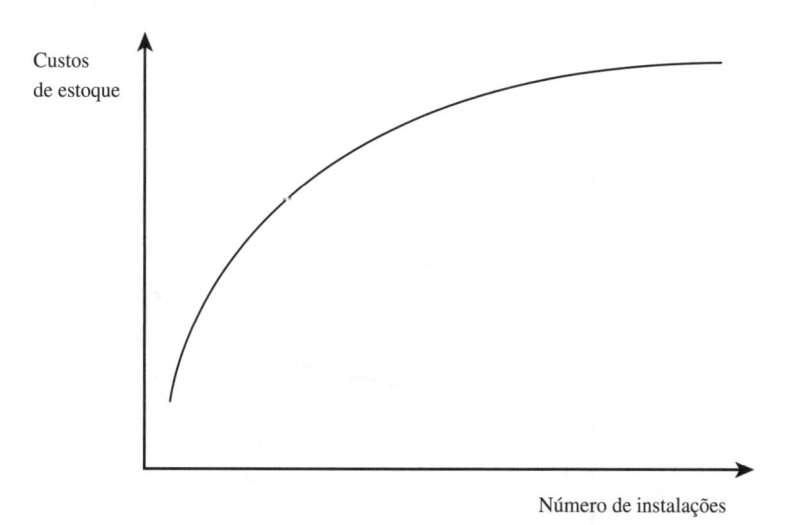

Figura 4.2 Relação entre número de instalações e custos de estoque.

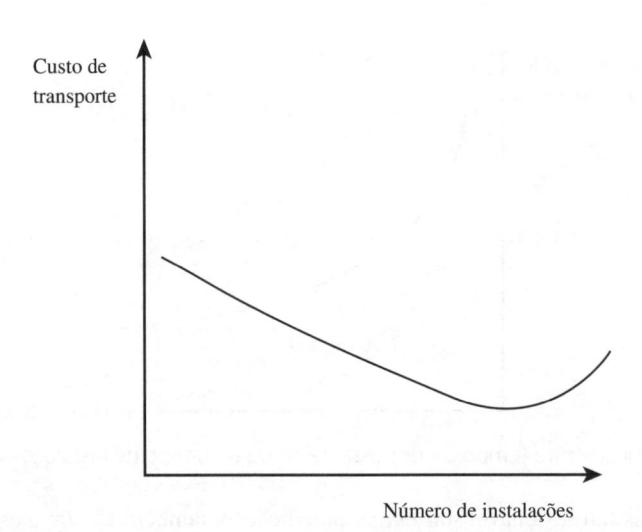

Figura 4.3 Relação entre número de instalações e custo de transporte.

Os custos da instalação diminuem conforme o número de instalações é reduzido, como mostra a Figura 4.4, pois a consolidação de instalações permite que uma empresa explore as economias de escala.

Os *custos totais de logística* são a soma dos custos de estocagem, transporte e instalação para uma rede de cadeia de suprimentos. Conforme o número de instalações aumenta, os custos totais de logística primeiro diminuem e depois aumentam, como mostra a Figura 4.5. Cada empresa deveria ter *pelo menos* o número de instalações que minimiza custos logísticos totais. A Amazon tem mais de um depósito, principalmente para minimizar seus custos logísticos (e melhorar o tempo de resposta). Quando uma empresa deseja reduzir o tempo de resposta para seus clientes mais distantes, pode ser necessário aumentar o número de instalações além do nível que minimiza custos logísticos. Uma organização somente deve aumentar instalações além do nível de minimização de custo se os gestores estiverem confiantes de que o aumento em receitas decorrente de melhor responsividade é maior que o aumento em custos em virtude das instalações adicionais.

Os componentes de serviço e de custo de cliente listados anteriormente são as principais medidas usadas para avaliar diferentes projetos de rede de entrega. Em geral, nenhuma rede de distribuição terá desempenho superior a outras em todas as dimensões. Desse modo, é importante garantir que os pontos fortes da rede de distribuição alinhem-se à posição estratégica da empresa.

Na próxima seção, discutiremos diversas redes de distribuição e seus pontos fortes e fracos relativos.

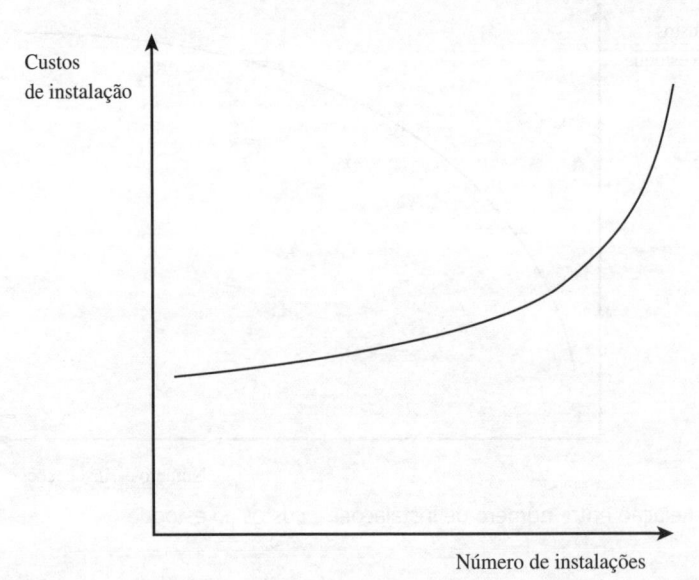

Figura 4.4 Relação entre número de instalações e custos da instalação.

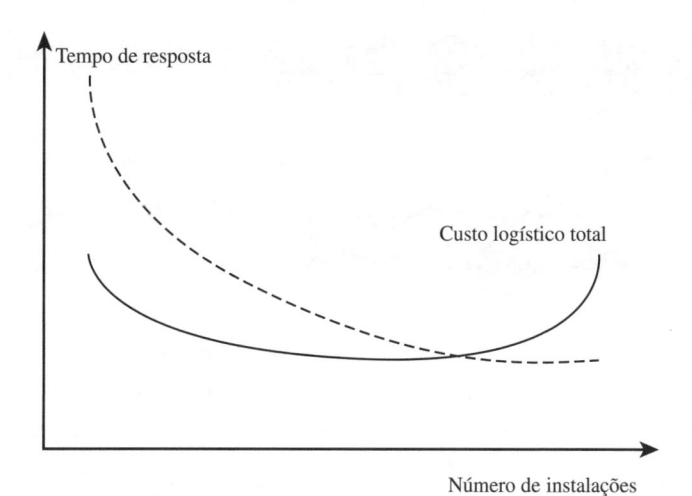

Figura 4.5 Variação em custos logísticos e no tempo de resposta conforme o número de instalações.

4.3 Opções de projeto para uma rede de distribuição

Nesta seção, discutiremos escolhas de rede de distribuição do fabricante para o consumidor final. Ao considerar a distribuição entre qualquer par de estágios, como do fornecedor ao fabricante, ou mesmo uma empresa de serviço atendendo a seus clientes através de uma rede de distribuição, muitas dessas opções ainda se aplicam. Gestores devem tomar duas decisões-chave ao projetarem uma rede de distribuição:

1. O produto será entregue diretamente cliente ou em um local predeterminado?
2. O produto passará por um intermediário (ou por um local intermediário)?

Com base no negócio da empresa e nas respostas a essas duas perguntas, um de seis projetos distintos de rede de distribuição pode ser usado para mover produtos da fábrica para o cliente, os quais são classificados da seguinte forma:

- armazenagem no fabricante com remessa direta;
- armazenagem no fabricante com remessa direta e consolidação em trânsito;
- armazenagem no distribuidor com entrega por transportadora de encomendas expressas;
- armazenagem no distribuidor com entrega direta;
- armazenagem no fabricante ou no distribuidor com retirada pelo cliente;
- armazenagem no varejista com retirada pelo cliente.

Armazenagem no fabricante com remessa direta

Nesta opção, o produto é embarcado diretamente do fabricante ao cliente final, sem passar pelo varejista (que toma o pedido e encaminha a solicitação de entrega). Essa operação também é conhecida como *drop-shipping*, com o produto entregue diretamente do fabricante para o cliente. O varejista, caso independa do fabricante, não mantém estoque. A informação flui do cliente, via varejista, até o fabricante, e o produto é enviado diretamente do fabricante para os clientes, como mostra a Figura 4.6. Varejistas on-line, como eBags e Nordstrom.com, utilizam remessa direta para entregar produtos ao cliente final. A eBags mantém poucas bolsas em estoque. A Nordstrom mantém alguns produtos em estoque e usa o modelo de remessa direta para calçados com pouca saída. A W.W. Grainger também usa remessa direta para entregar itens de pouca saída aos clientes.

A maior vantagem da remessa direta é a capacidade de centralizar os estoques no fabricante. Um fabricante pode agregar a demanda de todos os varejistas para os quais ele fornece. Como resultado, a cadeia de suprimentos é capaz de oferecer um alto nível de disponibilidade de produto com níveis de estoque mais baixos. Um quesito fundamental com relação à remessa direta é a estrutura de posse do estoque no fabricante. Se partes específicas de estoque no fabricante forem

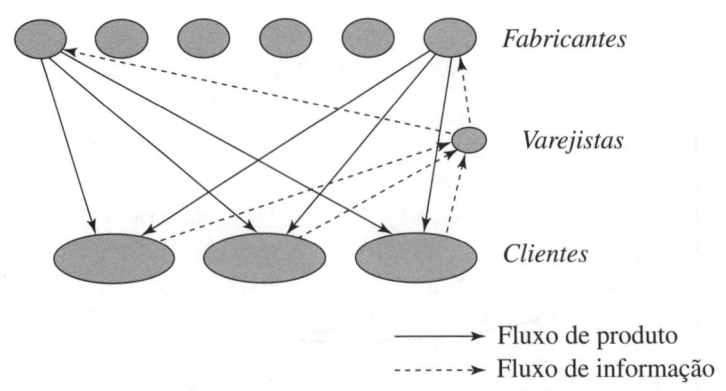

Figura 4.6 Armazenagem em um fabricante com remessa direta.

→ Fluxo de produto
----→ Fluxo de informação

alocadas a varejistas individuais, haverá pouco benefício com a agregação, embora o estoque seja fisicamente agregado. O benefício da agregação é alcançado somente se o fabricante puder alocar pelo menos uma parte do estoque disponível entre os varejistas conforme a necessidade. Os benefícios da centralização são mais altos para itens de alto valor e baixa demanda, com demanda imprevisível. A decisão da Nordstrom de remeter calçados de baixa demanda diretamente satisfaz a esses critérios. De modo semelhante, as bolsas vendidas pela eBags costumam ter alto valor e demanda relativamente baixa por SKU. Os benefícios de agregação de estoque são pequenos para itens com demanda previsível e valor baixo. Desse modo, a remessa direta não oferece uma vantagem de estoque significativa para um comerciante on-line que venda um item de consumo como detergente. Para itens de pouca movimentação, giros de estoque podem aumentar por um fator de 6 ou mais alto se a remessa direta for usada em lugar da armazenagem em lojas de varejo.

A remessa direta também oferece ao fabricante a oportunidade de postergar a customização para depois de um cliente ter feito um pedido. A postergação, se implementada, reduz ainda mais estoques, agregando ao nível do componente. Por exemplo, uma editora deve remeter diretamente livros que tenham sido impressos por demanda, de modo a reduzir o valor do estoque mantido.

Embora custos de estoque normalmente sejam baixos com a remessa direta, os custos de transporte são altos, pois a distância média em direção ao cliente final é grande. Com remessa direta, um pedido incluindo itens de vários fabricantes envolverá várias remessas para o cliente. Essa perda em agregação de transporte de entrega aumenta o custo.

Cadeias de suprimentos economizam no custo fixo de instalações quando usam remessa direta, pois todos os estoques estão centralizados no fabricante. Isso elimina a necessidade de outro espaço de armazenagem na cadeia de suprimentos. Também pode haver algumas economias com custos de manuseio, pois não ocorre mais a transferência do fabricante ao varejista. Porém, economias com custo de manuseio devem ser avaliadas com cuidado, pois o fabricante agora precisa transferir itens para o depósito da fábrica em caixas cheias e, depois, retirá-los do depósito em unidades isoladas. A dificuldade de um fabricante em desenvolver capacidades de remessa unitária pode ter um efeito negativo significativo sobre o custo de manuseio e o tempo de resposta. Os custos de manuseio podem ser bastante reduzidos se o fabricante tiver a capacidade de remeter pedidos diretamente da linha de produção.

Uma boa infraestrutura de informação é necessária entre os varejistas e o fabricante para que o varejista possa oferecer informações sobre a disponibilidade de produto ao cliente, embora o estoque esteja localizado no fabricante. O cliente também deve ter visibilidade de processamento de pedido no fabricante, mesmo que seja feito com o varejista. A remessa direta geralmente requer um investimento significativo em infraestrutura de informação.

Os tempos de resposta tendem a ser longos quando é usada remessa direta, pois o pedido precisa ser transmitido do varejista ao fabricante e as distâncias de remessa geralmente são maiores a partir do local centralizado do fabricante. A eBags, por exemplo, estabelece que o processamento do pedido pode levar de um a cinco dias, e depois disso o transporte terrestre pode levar de 3 a 11 dias úteis. Isso implica que o tempo de resposta do cliente na eBags será de 4 a 16 dias usando transporte terrestre e remessa direta.

Outra questão é que o tempo de resposta não precisa ser idêntico para cada fabricante que faça parte de um pedido. Dado um pedido contendo produtos de várias origens, o cliente receberá várias remessas parciais ao longo do tempo, tornando o recebimento mais complicado.

A armazenagem no fabricante permite que um alto nível de variedade de produto esteja disponível ao cliente. Com um modelo de remessa direta, cada produto no fabricante pode se tornar disponível ao cliente sem quaisquer limites impostos pelo espaço nas prateleiras. A W.W. Grainger consegue oferecer, usando remessa direta, centenas de milhares de itens de pouca saída, de milhares de fabricantes. Isso seria impossível se cada produto tivesse de ser estocado pela W.W. Grainger. A remessa direta permite que um novo produto esteja disponível ao mercado no dia em que a primeira unidade for produzida.

A remessa direta oferece uma boa experiência ao cliente, na forma de entrega em sua localização. Contudo, a experiência é prejudicada quando um único pedido contendo produtos de vários fabricantes é entregue em remessas parciais.

A visibilidade do pedido é muito importante no contexto de armazenagem no fabricante, pois dois estágios na cadeia de suprimentos estão envolvidos em cada pedido. Deixar de oferecer essa capacidade provavelmente terá um efeito negativo significativo sobre a satisfação do cliente. Contudo, o acompanhamento do pedido se torna mais difícil de implementar em um sistema de remessa direta, pois requer a integração completa dos sistemas de informação, tanto no varejista quanto no fabricante.

Uma rede de armazenagem no fabricante provavelmente terá dificuldade de lidar com devoluções, reduzindo a satisfação do cliente. O manejo de devoluções é mais caro na remessa direta porque cada pedido pode envolver envios de mais de um fabricante. As devoluções podem ser tratadas de duas maneiras. Uma é o cliente retornar o produto diretamente ao fabricante. A segunda abordagem é o varejista montar uma instalação separada (para todos os fabricantes) para lidar com devoluções. A primeira abordagem incorre em altos custos de transporte e coordenação, ao passo que a segunda requer investimento em uma instalação a fim de lidar com devoluções.

As características de desempenho da remessa direta, ao longo de várias dimensões, são resumidas na Tabela 4.1.

》Tabela 4.1 Características de desempenho de armazenagem no fabricante com rede de remessa direta.

Fator de custo	Desempenho
Estoque	Custos mais baixos em virtude da agregação. Benefícios de agregação são mais altos para itens de pouca demanda e alto valor. Benefícios são muito grandes se a customização de produto puder ser postergada no fabricante.
Transporte	Custos de transporte mais altos, em razão da maior distância e da remessa desagregada.
Instalações e manuseio	Custos de instalação mais baixos em virtude da agregação. Alguma economia nos custos de manuseio se o fabricante puder gerir pequenas remessas ou enviar da linha de produção.
Informação	Investimento significativo em infraestrutura de informação para integrar fabricante e varejista.
Fator de serviço	**Desempenho**
Tempo de resposta	Tempo de resposta longo, de uma a duas semanas, em razão da maior distância e dos dois estágios para processamento de pedido. O tempo de resposta pode variar por produto, complicando, assim, o recebimento.
Variedade de produto	Fácil de fornecer um alto nível de variedade.
Disponibilidade de produto	Fácil de fornecer um alto nível de disponibilidade de produto em virtude da agregação no fabricante.
Experiência do cliente	Boa em termos de entrega doméstica, mas pode incomodar se o pedido de vários fabricantes for enviado como remessas parciais.
Tempo de lançamento ao mercado	Rápido, com o produto disponível assim que a primeira unidade for produzida.
Visibilidade de pedido	Mais difícil, mas também mais importante de uma perspectiva de serviço ao cliente.
Facilidade de devolução	Cara e difícil de implementar.

Dadas as suas características de desempenho, a armazenagem no fabricante com remessa direta é mais adequada para uma grande variedade de itens de baixa demanda e alto valor, para os quais os clientes estão dispostos a esperar pela entrega e aceitam várias remessas parciais. A armazenagem no fabricante também é adequada se permitir que o fabricante postergue a customização, reduzindo assim os estoques. Assim, ela é ideal para vendedores diretos que são capazes de atender sob encomenda. Para a remessa direta ser efetiva, é preciso que haja poucos locais de *sourcing* por pedido.

Armazenagem no fabricante com remessa direta e consolidação em trânsito

Diferentemente da remessa direta pura, na qual cada produto no pedido é enviado diretamente de seu fabricante para o cliente final, a consolidação em trânsito combina partes do pedido vindas de diferentes locais, de modo que o cliente receba uma única entrega. Os fluxos de informação e produto para a rede de consolidação em trânsito são como apresentados na Figura 4.7. A consolidação em trânsito tem sido usada por vendedores diretos, como a Dell, e pode ser usada por empresas que implementam remessa direta. Quando um cliente pede um PC da Dell junto a um monitor da Sony (durante o período de venda direta da Dell), a transportadora de encomendas expressas busca o PC na fábrica da Dell e o monitor na fábrica da Sony; depois, ela consolida ambos em um depósito central de distribuição antes de fazer apenas uma entrega ao cliente.

Assim como a remessa direta, a capacidade de agregar estoques e postergar a customização do produto é uma vantagem significativa da consolidação em trânsito. Esta permite que Dell e Sony mantenham todos os seus estoques na fábrica. Essa abordagem gera os maiores benefícios para produtos com alto valor, cuja demanda é difícil de prever, particularmente se a customização do produto puder ser postergada.

Embora um aumento na coordenação seja requerido, a consolidação em trânsito diminui os custos de transporte relativos à remessa direta ao agregar a entrega final.

Os custos de instalação e processamento para o fabricante e o varejista são semelhantes àqueles de remessa direta. A parte que realiza a consolidação em trânsito tem maiores custos de instalação, em virtude da capacidade de consolidação exigida. Os custos de recepção no cliente são menores, pois uma única entrega é recebida. Os custos gerais de instalação e manuseio da cadeia de suprimentos são um pouco maiores do que com a remessa direta.

É necessária uma infraestrutura de informação muito sofisticada para permitir consolidação em trânsito. Além da informação, as operações no varejista, nos fabricantes e na transportadora precisam ser coordenadas. O investimento em infraestrutura de informação é mais alto do que para remessa direta.

Tempos de resposta, variedade de produtos, disponibilidade e tempo de lançamento ao mercado são semelhantes aos da remessa direta. Tempos de resposta podem ser maiores se os envios de várias fontes não forem coordenados. A experiência do cliente provavelmente será melhor do que com a remessa direta, pois o cliente só recebe uma única entrega para um pedido, em vez de muitos envios parciais. A visibilidade de pedido é um requisito importante. Embora a preparação inicial seja difícil, pois requer integração entre fabricante, transportadora e varejista, o próprio rastreamento fica mais fácil, em virtude da consolidação que ocorre no depósito central de distribuição da transportadora.

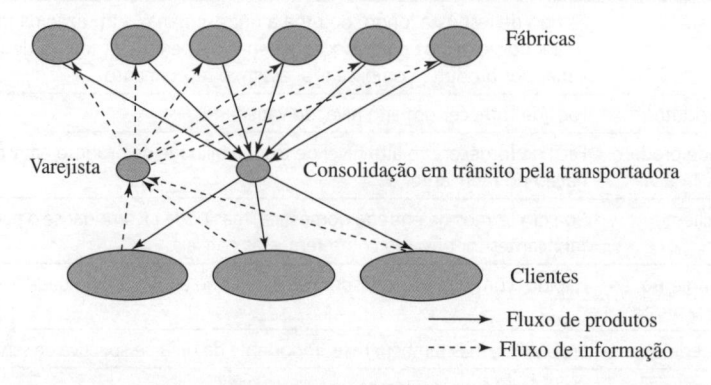

》 **Figura 4.7** Rede de consolidação em trânsito.

Tabela 4.2 Características de desempenho da consolidação em trânsito.

Fator de custo	Desempenho
Estoque	Semelhante à remessa direta.
Transporte	Custos de transporte um pouco mais baixos do que com a remessa direta.
Instalações e manuseio	Custos de manuseio maiores do que com remessa direta na transportadora; custos de recebimento menores no cliente.
Informação	Investimento um pouco mais alto do que com a remessa direta.
Fator de serviço	**Desempenho**
Tempo de resposta	Semelhante à remessa direta; pode ser marginalmente maior.
Variedade de produto	Semelhante à remessa direta.
Disponibilidade de produto	Semelhante à remessa direta.
Experiência do cliente	Melhor que com a remessa direta, pois é feita apenas uma entrega.
Tempo de lançamento ao mercado	Semelhante à remessa direta.
Visibilidade de pedido	Semelhante à remessa direta.
Facilidade de devolução	Semelhante à remessa direta.

A facilidade de devolução é semelhante àquela da remessa direta. Problemas no tratamento das devoluções são muito prováveis, e a cadeia de suprimentos reversa continuará a ser cara e difícil de implementar, assim como ocorre com a de remessa direta.

O desempenho de armazenagem no fabricante com consolidação em trânsito é comparado ao de remessa direta na Tabela 4.2. As principais vantagens da consolidação em trânsito em relação à remessa direta são menor custo de transporte e melhor experiência do cliente. A principal desvantagem é o esforço adicional durante a própria consolidação. Dadas as suas características de desempenho, a armazenagem no fabricante com consolidação em trânsito é mais adequada para baixas e médias demandas e para itens de alto valor, com os quais o lojista seja suprido por um número limitado de fabricantes. Comparada à remessa direta, a consolidação em trânsito requer uma demanda mais alta de cada fabricante (não necessariamente de cada produto) a fim de ser eficaz. Quando existem muitas origens, a consolidação em trânsito pode ser muito difícil de coordenar e implementar. A consolidação em trânsito é mais bem implementada se não houver mais de quatro ou cinco locais de origem. A consolidação em trânsito de um PC da Dell com um monitor Sony é apropriada porque a variedade de produtos é alta, mas existem poucos locais de origem com demanda total relativamente grande de cada local de origem.

Armazenagem no distribuidor com entrega por transportadora de encomendas expressas

Sob esta opção, o estoque não é mantido pelos fabricantes nas fábricas, mas pelos distribuidores/varejistas em depósitos intermediários, e transportadoras de encomendas expressas são usadas para transportar produtos do local intermediário para o cliente final. A Amazon, assim como distribuidores industriais como a W.W. Grainger e a McMaster-Carr, usava essa abordagem combinada com remessa direta a partir de um fabricante (ou distribuidor). Os fluxos de informações e de produtos no caso de armazenagem no distribuidor com remessa por uma transportadora de encomendas expressas são mostrados na Figura 4.8.

Em relação à armazenagem no fabricante, a armazenagem no distribuidor requer um nível mais alto de estoque, por conta da perda de agregação. Sob uma perspectiva de estoque, a armazenagem no distribuidor faz sentido para produtos com demanda um pouco maior. Isso é visto tanto nas operações da Amazon quanto nas da W.W. Grainger. Eles estocam apenas os itens de média a grande saída em seus depósitos, com os itens de menor saída estocados mais a montante. Em alguns casos, a postergação pode ser implementada com armazenagem no distribuidor, mas isso requer que o depósito desenvolva alguma capacidade de montagem. Contudo,

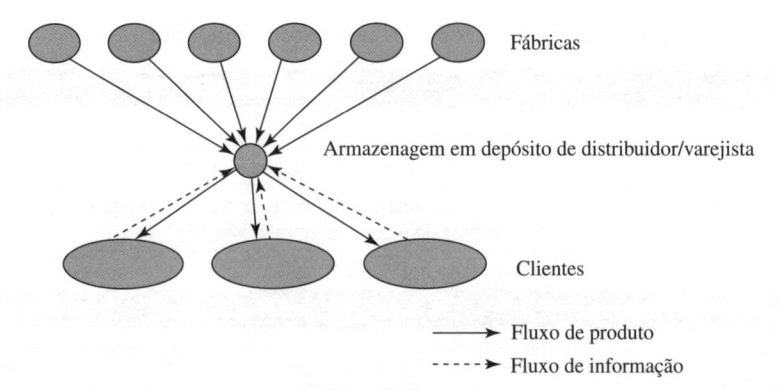

Figura 4.8 Armazenagem no distribuidor com entrega por transportadora de encomendas expressas.

a armazenagem no distribuidor requer muito menos estoque do que uma rede de varejo. Em 2013, a Amazon utilizou armazenagem em depósito para girar seu estoque cerca de duas vezes, tão rápido quanto a rede de varejo da Barnes & Noble.

Custos de transporte são um pouco menores para armazenagem no distribuidor em comparação à armazenagem no fabricante, pois um modo de transporte econômico (por exemplo, caminhões) pode ser empregado para remessas ao depósito, o qual é mais próximo do cliente. Diferentemente da armazenagem no fabricante, sob o qual várias remessas podem ter de sair para um único pedido do cliente com vários itens, a armazenagem no distribuidor permite que os pedidos que saiam para o cliente sejam reunidos em uma única remessa, reduzindo ainda mais o custo do transporte. A armazenagem no distribuidor oferece economias no transporte de itens mais vendidos em relação à armazenagem no fabricante.

Em comparação à armazenagem no fabricante, os custos de instalação (ou de armazenagem) são um pouco mais altos com a armazenagem no distribuidor em decorrência de uma perda de agregação. Os custos de processamento e manuseio são comparáveis à armazenagem no fabricante, a menos que a fábrica seja capaz de enviar ao cliente final diretamente da linha de produção. Nesse caso, a armazenagem no distribuidor tem custos de processamento mais altos. Do ponto de vista de custo da instalação, a armazenagem no distribuidor não é apropriada para itens com saída extremamente baixa.

A infraestrutura de informação necessária com a armazenagem no distribuidor é muito menos complexa do que a necessária com a armazenagem no fabricante. O depósito do distribuidor serve como um local intermediário entre o cliente e o fabricante, diminuindo a necessidade de coordenar completamente os dois. A visibilidade em tempo real entre os clientes e o depósito é necessária, enquanto a visibilidade em tempo real entre o cliente e o fabricante não é. A visibilidade entre o depósito do distribuidor e o fabricante pode ser alcançada a um custo muito mais baixo do que a visibilidade em tempo real entre o cliente e o fabricante.

O tempo de resposta sob a armazenagem no distribuidor é melhor do que sob a armazenagem no fabricante, pois os depósitos do distribuidor, em geral, estão mais próximos dos clientes, e o pedido inteiro é agregado no depósito antes de ser entregue. A Amazon, por exemplo, processa a maioria dos itens armazenados em depósito dentro de um dia e, depois, são necessários três a cinco dias úteis usando transporte terrestre para que o pedido chegue até o cliente. A W.W. Grainger processa pedidos do cliente no mesmo dia e tem depósitos suficientes para entregar a maioria dos pedidos no dia seguinte usando transporte terrestre. A armazenagem em depósito limita até certo ponto a variedade de produtos que podem ser oferecidos. A W.W. Grainger não armazena itens de demanda muito baixa em seu depósito, contando com os fabricantes para remeterem esses produtos diretamente ao cliente. A conveniência do cliente é alta com a armazenagem no distribuidor, pois uma única remessa chega ao cliente em resposta a um pedido. O tempo de lançamento ao mercado sob armazenagem no distribuidor é um pouco maior do que sob a armazenagem no fabricante, pela necessidade de estocar em outro estágio na cadeia de suprimentos. A visibilidade do pedido torna-se mais fácil do que com a armazenagem no fabricante, pois existe uma única remessa do depósito para o cliente e apenas um estágio da cadeia de suprimentos é envolvido diretamente no preenchimento do pedido do cliente. A facilidade de devolução é melhor do que com a armazenagem no fabricante, pois todas as devoluções podem ser processadas no próprio depósito. O cliente também precisa devolver apenas um pacote, mesmo se os itens forem de vários fabricantes.

O desempenho da armazenagem no distribuidor com entrega por transportadora de encomendas expressas é resumido na Tabela 4.3. Esse tipo de armazenagem é bem adequado para itens de movimentação média a alta. A armazenagem no distribuidor também faz sentido quando clientes desejam uma entrega mais rápida do que a oferecida pela armazenagem no fabricante, mas não precisam dela imediatamente. Essa modalidade pode lidar com uma variedade um pouco menor do que a armazenagem no fabricante, mas pode lidar com um nível de variedade muito mais alto do que uma cadeia de lojas de varejo.

》Tabela 4.3 Características de desempenho da armazenagem no distribuidor com entrega por transportadora de encomendas expressas.

Fator de custo	Desempenho
Estoque	Mais alto do que na armazenagem no fabricante. A diferença não é grande para itens de maior movimentação.
Transporte	Menor que na armazenagem no fabricante. A redução é mais alta para itens de maior movimentação.
Instalações e manuseio	Um pouco maior do que na armazenagem no fabricante. A diferença pode ser grande para itens de pouca movimentação.
Informação	Infraestrutura mais simples em comparação à armazenagem no fabricante.
Fator de serviço	**Desempenho**
Tempo de resposta	Mais rápido do que na armazenagem no fabricante.
Variedade de produto	Menor do que na armazenagem no fabricante.
Disponibilidade de produto	Custo mais alto para oferecer o mesmo nível de disponibilidade da armazenagem no fabricante.
Experiência do cliente	Melhor do que na armazenagem no fabricante com remessa direta.
Tempo de lançamento ao mercado	Mais alto do que na armazenagem no fabricante.
Visibilidade de pedido	Mais fácil do que na armazenagem no fabricante.
Facilidade de devolução	Mais fácil do que na armazenagem no fabricante.

Armazenagem no distribuidor com entrega direta

Entrega direta refere-se ao distribuidor/varejista entregando o produto na casa do cliente em vez de usar uma transportadora de encomendas expressas. AmazonFresh, Peadpod e Tesco têm usado entrega direta no setor de alimentos. Empresas como Kozmo e Urbanfetch tentaram montar redes de entrega doméstica para diversos produtos, mas não conseguiram sobreviver. O setor de peças de reposição de automóveis é onde a armazenagem no distribuidor com entrega direta é o modelo dominante. É muito caro para os comerciantes manterem todas as peças sobressalentes em estoque. Assim, fabricantes de equipamentos originais (OEM — *Original Equipament Manufacturers*) tendem a manter a maioria das peças sobressalentes em um centro de distribuição local, normalmente localizado a não mais do que algumas horas de viagem terrestre de seus comerciantes, e muitas vezes administrado por um terceiro. O centro de distribuição local é responsável por entregar as peças necessárias a um grupo de comerciantes e faz várias entregas por dia. Diferentemente da entrega por transportadora, a entrega direta exige que o depósito do distribuidor esteja muito mais próximo ao cliente. Em decorrência do raio limitado que pode ser atendido com a entrega direta, mais depósitos são necessários em comparação ao caso em que a transportadora de encomendas expressas é utilizada. A rede com armazenagem no distribuidor com entrega direta pode ser vista na Figura 4.9.

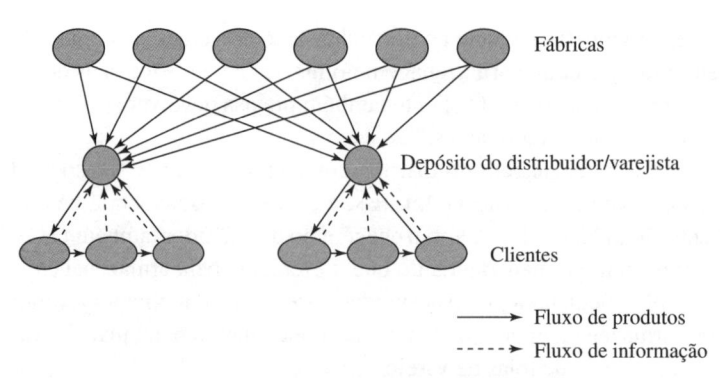

Figura 4.9 Armazenagem no distribuidor com entrega direta.

A armazenagem no distribuidor com entrega direta requer níveis mais altos de estoque do que as outras opções (exceto para lojas de varejo), pois tem um nível menor de agregação. Sob uma perspectiva de estoque, a armazenagem em depósito com entrega direta é adequada para itens de movimentação relativamente rápida, para os quais algum nível de agregação é benéfico. Autopeças exigidas por concessionárias de veículos se encaixam nessa descrição.

Em todas as redes de distribuição os custos de transporte são mais altos para a entrega direta, sobretudo quando a entrega é para indivíduos. Isso porque transportadoras de encomendas expressas consolidam a entrega de muitos varejistas e podem conseguir melhores economias de escala do que quando um distribuidor/varejista tenta fazer a entrega direta. Os custos de entrega (incluindo transporte e processamento) podem ser superiores a 20 dólares por entrega doméstica no setor de alimentos. A entrega direta pode ser um pouco mais barata em cidades grandes, densas, principalmente se o distribuidor tiver grandes vendas e mantiver uma ampla gama de produtos. A Amazon, que tem grandes vendas em conjunto com uma ampla variedade de categorias de produtos, parece mais bem equipada para realizar a entrega direta do que a Peapod, que mantém apenas itens alimentícios. Uma terceira parte que sirva a ampla variedade de varejistas pode também ser apta a proporcionar a entrega direta de modo efetivo, dada a sua capacidade de amortizar seus custos de distribuição por meio de um grande fluxo de entregas. Custos de transporte também podem ser justificáveis para produtos volumosos, para os quais o cliente está disposto a pagar pela entrega doméstica. A entrega doméstica de água e de grandes pacotes de arroz provou ser muito bem-sucedida na China, onde a alta densidade populacional ajudou a diminuir os custos de entrega. Custos de transporte em entrega direta são mais bem justificados em ambientes onde o cliente está comprando em grandes quantidades. Isso é raro para clientes individuais, mas negócios como concessionárias de veículos que compram grandes quantidades de peças de reposição diariamente têm uma justificativa para a entrega diária. A entrega doméstica para clientes individuais pode ser justificada para itens volumosos, como garrafas de água de 20 litros nos Estados Unidos e grandes sacos de arroz na China. Em cada caso, a entrega direta é mais barata e mais conveniente do que cada cliente retirar suas próprias garrafas ou sacos.

Usando essa opção, os custos de instalação são um pouco menores do que aqueles de uma rede com lojas de varejo, mas muito mais altos seja para a armazenagem do fabricante ou para a armazenagem do distribuidor com entrega via transportadora. No entanto, os custos de processamento são muito mais altos do que para uma rede de lojas de varejo, pois toda a participação do cliente é eliminada. Um armazém que faz entrega direta realiza todo o processamento até que o produto seja entregue na casa do cliente, diferentemente de um supermercado, onde existe muito mais participação do cliente.

A infraestrutura de informação com entrega direta é semelhante àquela para a armazenagem no distribuidor com entrega por transportadora de encomendas expressas. Porém, ela exige a capacidade adicional de programação de entregas.

Os tempos de resposta são mais rápidos usando transportadoras de encomendas expressas. Kozmo e Urbanfetch tentaram oferecer a entrega no mesmo dia, enquanto mercearias on-line normalmente oferecem entrega para o dia seguinte. A variedade de produtos geralmente é menor do que para a armazenagem no distribuidor com entrega por transportadora de encomendas expressas. O custo de fornecer disponibilidade de produtos é mais alto do que para cada opção fora as lojas de varejo. A experiência do cliente pode ser muito boa usando essa opção, particularmente para itens volumosos, difíceis de transportar. O tempo de lançamento ao mercado é ainda mais alto do que para a armazenagem no distribuidor com entrega por transportadora de encomendas expressas, pois o novo produto precisa penetrar mais profundamente antes que esteja disponível ao cliente. A visibilidade do pedido não é um fator importante, pois as entregas são feitas dentro de 24 horas. O recurso de rastreamento de pedido torna-se importante para lidar com exceções, no caso de pedidos incompletos ou não entregues. De todas as opções discutidas, a facilidade de devolução é melhor com a entrega direta, pois os caminhões que fazem entregas também podem buscar devoluções dos clientes. Estas ainda são mais caras de lidar do que em um lojista, onde o cliente pode levar o produto de volta.

As características de desempenho da armazenagem no distribuidor com entrega direta são resumidas na Tabela 4.4. Nas áreas com custos de trabalho mais altos, é muito difícil justificar a armazenagem no distribuidor com entrega direta para consumidores individuais com base em eficiência ou em melhoria de margem. A entrega direta pode ser justificável se os pedidos forem grandes o suficiente para oferecer algumas economias de escala e se os clientes estiverem dispostos a pagar por essa conveniência. A Peapod mudou suas políticas de preços para refletir essa ideia. Os tamanhos mínimos de pedido são de US$ 60 (com uma taxa de entrega de US$ 9,95); a taxa de entrega caiu para US$ 6,95 para pedidos cujo valor seja maior que US$ 100. A Peapod oferece descontos para entregas durante períodos de menor saída, com base em seu cronograma. A entrega direta é mais fácil de justificar quando o cliente é uma empresa, como um revendedor de automóveis que compra grandes quantidades.

》 **Tabela 4.4** Características de desempenho da armazenagem no distribuidor com entrega direta.

Fator de custo	Desempenho
Estoque	Mais alto do que a armazenagem no distribuidor com entrega por transportadora de encomendas expressas.
Transporte	Custo muito alto dadas as economias de escala mínima. Mais alto do que qualquer outra opção de distribuição.
Instalações e manuseio	Custos de instalações mais altos do que com a armazenagem no fabricante ou no distribuidor com entrega por transportadora de encomendas
Informação	Semelhante à armazenagem no distribuidor com entrega por transportadora de encomendas expressas.
Fator de serviço	**Desempenho**
Tempo de resposta	Muito rápido. Entrega no mesmo dia ou no dia seguinte.
Variedade de produto	Um pouco menor que com a armazenagem no distribuidor com entrega por transportadora de encomendas expressas, porém maior que no caso de lojas de varejo.
Disponibilidade de produto	Mais caro para oferecer disponibilidade do que qualquer outra opção, exceto lojas de varejo.
Experiência do cliente	Muito boa, particularmente para itens volumosos.
Tempo de lançamento ao mercado	Ligeiramente mais alto do que a armazenagem no distribuidor com entrega por transportadora de encomendas expressas.
Rastreabilidade do pedido	Não é um fator importante, e é mais fácil de implementar do que a armazenagem no fabricante ou no distribuidor com entrega por transportadora de encomendas expressas.
Facilidade de devolução	Mais fácil de implementar do que as outras opções. Mais difícil e mais cara do que uma rede de varejo.

Armazenagem no fabricante ou distribuidor com retirada pelo cliente

Nesta abordagem, o estoque é armazenado no depósito do fabricante ou no distribuidor, mas os clientes fazem seus pedidos on-line ou pelo telefone e depois vão a pontos designados para retirar suas mercadorias. Os pedidos são enviados do local de armazenamento para os pontos de retirada, conforme a necessidade. Alguns exemplos são 7dream.com e Otoriyose-bin, operadas pela Seven-Eleven Japan, que permitem que os clientes retirem pedidos on-line em uma loja designada. A Tesco tem implementado um serviço como esse nos Estados Unidos, em que os clientes podem retirar pedidos que foram feitos on-line. A Amazon também está colocando em prática os armários Amazon, nos quais os clientes podem pegar suas encomendas. Um exemplo de B2B é a W.W. Grainger, cujos clientes podem retirar seus pedidos em um de seus pontos de revenda. Alguns itens são guardados no local de retirada, ao passo que outros podem vir de um local central. No caso da 7dream.com, o pedido é entregue a partir de um depósito do fabricante ou distribuidor para o local de retirada. Em 2007, o Walmart iniciou seu serviço "Site to Store", que permite que os clientes peçam milhares de produtos on-line no Walmart.com e os recebam gratuitamente em uma loja Walmart local. Os itens chegam às lojas em sete a dez dias úteis após o pedido ser processado, e os clientes recebem uma notificação por e-mail quando seu pedido está pronto para ser retirado.

Os fluxos de informação e produtos mostrados na Figura 4.10 são semelhantes aos da rede Seven-Eleven Japan. A Seven-Eleven tem centros de distribuição onde o produto dos fabricantes é despachado rapidamente (*cross-docking*) e enviado aos pontos de revenda diariamente. Um revendedor on-line que entrega um pedido pela Seven-Eleven pode ser tratado como um dos fabricantes, com entregas despachadas rapidamente e enviadas à loja Seven-Eleven apropriada. Servir como ponto de venda para pedidos on-line permite que a Seven-Eleven melhore a utilização de seus ativos logísticos existentes.

Os custos de estoque usando essa técnica podem ser mantidos baixos, com a armazenagem no fabricante ou no distribuidor para explorar a agregação. A W.W. Grainger mantém seu estoque de itens de muita saída em locais de retirada, enquanto os itens de baixa saída são estocados em um depósito central ou, em alguns casos, no fabricante.

O custo de transporte é mais baixo do que para qualquer solução usando transportadoras, pois uma agregação significativa é possível quando se entrega pedidos em um ponto de retirada. Isso permite o uso de caminhões lotados ou quase totalmente carregados para transportar pedidos para o ponto de retirada. Para uma empresa como a Seven-Eleven Japan ou Walmart, o aumento marginal no custo de transporte é pequeno porque os caminhões já estão fazendo entregas às lojas, e sua utilização pode ser melhorada incluindo pedidos on-line. Como resultado, a empresa permite que os clientes retirem pedidos sem taxa de entrega.

Os custos da instalação são altos se novos pontos de retirada tiverem de ser montados. Uma solução usando pontos existentes pode reduzir os custos adicionais da instalação. Este, por exemplo, é o caso da 7dream.com, do Walmart e da W.W. Grainger, para os quais as lojas já existem. Os custos de processamento no fabricante ou no depósito são comparáveis aos de outras soluções. Esses custos no ponto de retirada são altos, pois cada pedido deve ser combinado com um cliente específico quando ele chegar. A criação dessa capacidade pode aumentar bastante os custos de processamento se não houver sistemas de armazenamento e informação instalados. O custo de processamento aumentado no ponto de retirada é o maior obstáculo para o sucesso dessa técnica.

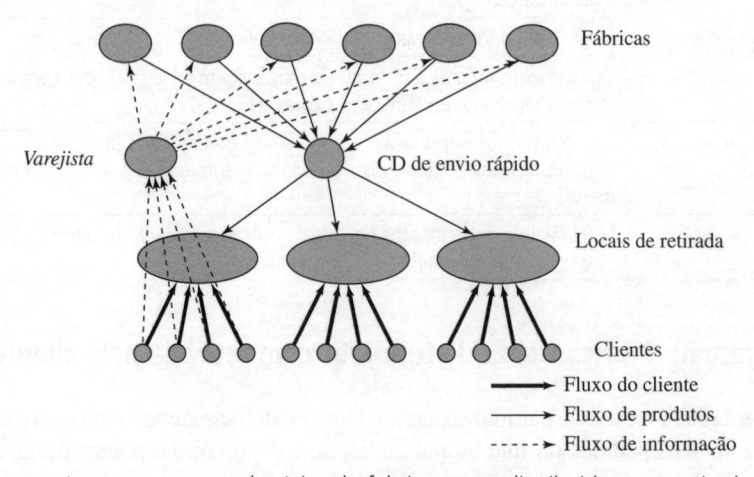

Figura 4.10 Armazenagem no depósito do fabricante ou distribuidor com retirada pelo cliente.

Uma infraestrutura de informação significativa é necessária para fornecer visibilidade do pedido até que o cliente o retire. Uma coordenação muito boa é necessária entre o lojista, o local de armazenagem e o local de retirada.

Nesse caso, pode ser alcançado um tempo de resposta comparável àquele usando transportadoras de encomendas expressas. Podem ser fornecidas variedade e disponibilidade comparáveis a qualquer opção de armazenamento no fabricante ou distribuidor. Há certa perda na experiência do cliente, pois, diferentemente das outras opções discutidas, ele precisa retirar seus próprios pedidos. Por outro lado, os clientes que não querem pagar on-line podem pagar em dinheiro usando essa opção. Em países como Japão, onde a Seven-Eleven tem mais de 15 mil pontos de venda, pode-se argumentar que a perda da conveniência do cliente é pequena, pois a maioria deles está próxima de um local de retirada e pode apanhar o pedido quando bem quiser. Em alguns casos, essa opção é considerada mais conveniente, porque não exige que o cliente esteja em casa no momento da entrega. O tempo de lançamento ao mercado para novos produtos pode ser tão curto quanto com a armazenagem no fabricante.

A visibilidade do pedido é extremamente importante para retiradas pelo cliente. O cliente precisa ser informado quando o pedido tiver chegado, e o pedido deve ser facilmente identificado quando o cliente chegar para retirá-lo. Esse sistema é difícil de implementar, pois requer integração de vários estágios na cadeia de suprimentos. As devoluções podem ser manejadas no local da retirada, facilitando a vida dos clientes. De uma perspectiva de transporte, os fluxos de devolução podem ser manejados por meio da utilização de caminhões de entrega.

As características de desempenho da armazenagem no fabricante ou distribuidor com locais de retirada pelo consumidor são resumidas na Tabela 4.5. A principal vantagem de uma rede com pontos de retirada pelo consumidor é que isso pode reduzir o custo de entrega e expandir o conjunto de produtos vendidos, também para os clientes atendidos on-line. O principal obstáculo é o maior custo de manuseio no ponto de retirada. Esse tipo de rede provavelmente será mais eficiente se os locais existentes forem usados como locais de retirada, pois esse tipo de rede aumenta a economia em virtude da infraestrutura existente. Em particular, essa rede pode ser eficiente para empresas como Seven-Eleven Japan, Walmart e W.W. Grainger, que possuem uma rede de lojas e negócios on-line. Infelizmente, esses pontos de venda em geral são criados para permitir que o cliente faça a retirada, mas precisam desenvolver a capacidade de separar um pedido específico do cliente.

》 **Tabela 4.5** Características de desempenho de rede com instalações para retirada pelo cliente.

Fator de custo	Desempenho
Estoque	Pode ser comparado a qualquer outra opção, dependendo do local de estoque.
Transporte	Mais baixo do que o uso de transportadoras de encomendas expressas, especialmente se estiver usando uma rede de entregas existente.
Instalações e manuseio	Os custos da instalação podem ser muito altos se novas instalações tiverem de ser montadas. Os custos são mais baixos se as instalações existentes forem utilizadas. O aumento no custo de manuseio no local de retirada pode ser significativo.
Informação	Um investimento significativo na infraestrutura é exigido.
Fator de serviço	**Desempenho**
Tempo de resposta	Semelhante à entrega por transportadora de encomendas expressas com armazenagem no fabricante ou distribuidor. A entrega no mesmo dia é possível para itens estocados no local de retirada.
Variedade de produto	Semelhante a outras opções de armazenagem no fabricante ou distribuidor.
Disponibilidade de produto	Semelhante a outras opções de armazenagem no fabricante ou distribuidor.
Experiência do cliente	Inferior às outras opções, em razão da falta de entrega em casa. A experiência é sensível à capacitação do local de retirada.
Tempo de lançamento ao mercado	Semelhante às opções de armazenagem no fabricante.
Visibilidade de pedido	Difícil, porém essencial.
Facilidade de devolução	Um pouco mais fácil, pois o local de retirada pode lidar com as devoluções.

Armazenagem no varejista com retirada pelo cliente

Nesta opção, muitas vezes vista como o tipo mais tradicional de cadeia de suprimentos, o estoque é armazenado localmente em varejistas. Os clientes vão até a loja ou fazem um pedido on-line ou pelo telefone e o buscam na loja. Alguns exemplos de empresas que oferecem múltiplas opções de pedido incluem Walmart e Tesco. Em ambos os casos, os clientes podem ir até a loja ou fazer o pedido on-line. Um exemplo de B2B é a W.W. Grainger: os clientes podem fazer o pedido on-line, por telefone ou pessoalmente, e apanhar seu pedido em um de seus pontos de revenda.

A armazenagem local aumenta custos de estoque em virtude da falta de consolidação. Contudo, para itens com muita saída, existe um pequeno aumento no estoque, mesmo com armazenagem local. O Walmart usa a armazenagem local para seus produtos de muita saída, ao passo que disponibiliza uma variedade de produtos maior de seu depósito central para ser retirada na loja. De modo semelhante, a W.W. Grainger mantém seu estoque de itens de muita saída em locais para retirada, enquanto os itens de pouca saída são estocados em um depósito central.

O custo do transporte é muito menor do que com outras soluções, pois modos de transporte menos dispendiosos podem ser usados para reabastecer produtos nos varejistas. Os custos das instalações são altos, pois são necessárias muitas instalações locais. Uma infraestrutura de informação mínima é necessária se os clientes forem até a loja e fizerem pedidos. Para pedidos on-line, porém, uma infraestrutura de informação significativa é necessária para fornecer a visibilidade do pedido até que o cliente o retire.

Podem ser alcançados tempos de resposta muito bons com esse sistema em virtude da armazenagem local. Por exemplo, tanto Tesco como W.W. Grainger oferecem retirada no mesmo dia a partir de seus pontos de venda. A variedade de produtos armazenados localmente é mais baixa do que sob outras opções. É mais caro do que em todas as outras opções fornecer um alto nível de disponibilidade de produto. A experiência do cliente depende de o cliente gostar de fazer compras ou não. O tempo de lançamento ao mercado é o mais alto com essa opção, pois o novo produto precisa penetrar na cadeia de suprimentos inteira antes que esteja disponível aos clientes. A visibilidade de pedido é extremamente importante para retiradas pelo cliente quando os pedidos são feitos on-line ou por telefone. As devoluções podem ser tratadas no local da retirada. Em geral, a facilidade de devolução é muito boa usando essa opção.

As características de desempenho de uma rede com locais de retirada pelo cliente e armazenagem local no lojista são resumidas na Tabela 4.6. A principal vantagem de uma rede com

Tabela 4.6 Características de desempenho de armazenagem no lojista em locais de retirada pelo cliente.

Fator de custo	Desempenho
Estoque	Mais alto do que todas as outras opções.
Transporte	Mais baixo do que todas as outras opções.
Instalações e manuseio	Mais alto do que as outras opções. O aumento no custo de manuseio no local de retirada pode ser significativo para pedidos on-line e por telefone.
Informação	É exigido algum investimento em infraestrutura para pedidos on-line e por telefone.
Fator de serviço	Desempenho
Tempo de resposta	Retirada no mesmo dia (imediata) é possível para itens armazenados no local de retirada.
Variedade de produto	Menor do que todas as outras opções.
Disponibilidade de produto	Mais caro para fornecer do que todas as outras opções.
Experiência do cliente	Relacionada ao modo como a compra é vista pelo cliente, seja como uma experiência positiva, seja como negativa.
Tempo de lançamento ao mercado	O mais alto entre as opções de distribuição.
Visibilidade de pedido	Trivial para pedidos na loja. Difícil, porém essencial, para pedidos on-line e por telefone.
Facilidade de devolução	Mais fácil do que as outras opções, visto que o local de retirada pode lidar com as devoluções.

armazenagem no lojista é que ele pode reduzir os custos e oferecer uma resposta mais rápida do que outras redes. A principal desvantagem são os maiores custos de estoque e instalação. Essa rede é mais adequada para itens de muita saída ou itens para os quais os clientes valorizam uma resposta rápida.

Seleção de um projeto de rede de distribuição

Um projetista de rede precisa considerar as características do produto e também os requisitos da rede quando decidir sobre a rede de entrega apropriada. As diversas redes consideradas anteriormente possuem diferentes pontos fortes e fracos. Na Tabela 4.7, as diversas redes de entrega são avaliadas umas em relação às outras por diferentes dimensões de desempenho. Uma classificação de 1 indica o melhor desempenho ao longo da dimensão indicada; à medida que o desempenho relativo piora, o número da avaliação aumenta.

Somente as empresas de nicho acabam usando uma única rede de distribuição. A maioria das empresas é mais bem atendida por uma combinação de redes de entrega. A combinação utilizada depende das características do produto, assim como da posição estratégica que a empresa está buscando. A adequação de diferentes projetos de entrega (do ponto de vista da cadeia de suprimentos) em várias situações aparece na Tabela 4.8.

Um excelente exemplo de rede híbrida é o da W.W. Grainger, que combina todas as opções mencionadas em sua rede de distribuição. A rede, porém, é ajustada para corresponder às características do produto e às necessidades do cliente. Itens de muita saída e de emergência são estocados localmente, e os clientes podem retirá-los ou pedir que sejam entregues, dependendo da urgência. Itens de pouca saída são estocados em um CD nacional e enviados ao cliente dentro de um ou dois dias. Itens de muito pouca saída normalmente são embarcados diretamente do fabricante e levam um tempo maior. Outra rede híbrida é usada pela Amazon, que estoca itens de muita saída na maioria de seus depósitos e itens de pouca saída em menos depósitos; itens de muito pouca saída podem ser enviados diretamente do fornecedor.

》Tabela 4.7 Desempenho comparativo dos projetos de rede de distribuição.

	Armazenagem no varejista com retirada pelo cliente	Armazenagem no fabricante com remessa direta	Armazenagem no fabricante com consolidação em trânsito	Armazenagem no distribuidor com entrega por transportadora de encomendas expressas	Armazenagem no distribuidor com entrega direta	Armazenagem no fabricante com retirada
Tempo de resposta	1	4	4	3	2	4
Variedade de produto	4	1	1	2	3	1
Disponibilidade de produtos	4	1	1	2	3	1
Experiência do cliente	Varia de 1 a 5	4	3	2	1	5
Tempo de lançamento ao mercado	4	1	1	2	3	1
Visibilidade de pedido	1	5	4	3	2	6
Facilidade de devolução	1	5	5	4	3	2
Estoque	4	1	1	2	3	1
Transporte	1	4	3	2	5	1
Instalações e manuseio	6	1	2	3	4	5
Informação	1	4	4	3	2	5

Obs.: 1 corresponde ao desempenho mais forte e 6 ao desempenho mais fraco.

Tabela 4.8 Desempenho das redes de distribuição para diferentes características de produto/cliente.

	Armazenagem no varejista com retirada pelo cliente	Armazenagem no fabricante com remessa direta	Armazenagem no fabricante com consolidação em trânsito	Armazenagem no distribuidor com entrega por transportadora de encomendas expressas	Armazenagem no distribuidor com entrega direta	Armazenagem no fabricante com retirada
Produto de alta demanda	+2	−2	−1	0	+1	−1
Produto de demanda média	+1	−1	0	+1	0	0
Produto de demanda baixa	−1	+1	0	+1	−1	+1
Produto de demanda muito baixa	−2	+2	+1	0	−2	+1
Muitas fontes de produtos	+1	−1	−1	+2	+1	0
Alto valor de produto	−1	+2	+1	+1	0	+2
Resposta rápida desejada	+2	−2	−2	−1	+1	−2
Alta variedade de produtos	−1	+2	0	+1	0	+2
Pouco esforço do cliente	−2	+1	+2	+2	+2	−1

Obs.: +2 = muito adequado; +1 = razoavelmente adequado; 0 = neutro; −1 = razoavelmente inadequado; −2 = muito inadequado.

Agora podemos retornar aos exemplos do setor de computação discutidos no início do capítulo. A decisão da Gateway de criar uma rede de lojas de varejo sem explorar qualquer uma das vantagens da cadeia de suprimentos que tal rede oferece foi incorreta. Para explorar totalmente os benefícios da rede varejista, a Gateway deveria ter estocado suas configurações padrão (que provavelmente têm alta demanda) em lojas de varejo, com todas as outras configurações entregues diretamente da fábrica (talvez com uma retirada local nas lojas de varejo, se isso fosse econômico). Em vez disso, eles remetiam todas as configurações diretamente da fábrica. A Apple abriu várias lojas de varejo e realmente mantém produtos para venda nessas lojas. Isso faz sentido, dada a baixa variedade para a maioria dos produtos. De fato, a Apple tem tido um crescimento consistente nas vendas e nos lucros em seus pontos de varejo.

4.4 E-business e a rede de distribuição

Nesta seção, usaremos ideias discutidas anteriormente neste capítulo para ver como a internet afetou a estrutura e o desempenho de diversas redes de distribuição. O objetivo é entender o que controlou a introdução bem-sucedida do e-business em algumas redes e não em outras, e como essas redes provavelmente evoluirão.

De modo semelhante à nossa consideração relativa às redes de distribuição, prepararemos um conjunto de indicadores com base em como o e-business afeta a capacidade da cadeia de suprimentos de atender às necessidades do cliente e o custo de atender a elas. A seguir, detalharemos o conteúdo de cada categoria de indicadores.

Impacto do e-business no serviço ao cliente

Assim como as redes de distribuição consideradas anteriormente, começaremos estudando como o e-business afeta os elementos do serviço ao cliente, como tempo de resposta, variedade de produtos, disponibilidade, experiência do cliente, tempo de lançamento ao mercado, visibilidade e facilidade de devolução. Também examinamos fatores como vendas diretas e a capacidade de oferecer preços flexíveis que ajudam o e-business.

TEMPO DE RESPOSTA AOS CLIENTES Na venda de produtos físicos que não podem ser baixados, pedidos de clientes levam mais tempo para serem atendidos por meio de e-business do que por meio da loja de varejo por conta do tempo de envio envolvido. Assim, os clientes que exigem um tempo de resposta curto podem não usar a internet para pedir um produto. Porém, não existe tal atraso para produtos que podem ser baixados. A internet tem facilitado quase todos os acessos instantâneos a filmes, músicas e livros em formato digital.

VARIEDADE DE PRODUTOS Um e-business acha mais fácil oferecer uma seleção maior de produtos do que uma loja física. Por exemplo, o Walmart.com oferece uma seleção muito maior de produtos do que as lojas físicas do próprio Walmart. Oferecer a mesma variedade em uma loja exigiria um local muito grande, com uma quantidade de estoque igualmente grande.

DISPONIBILIDADE DE PRODUTO Ao agregar seu estoque, um e-business pode aumentar a disponibilidade do produto. Melhores informações sobre as preferências do cliente também possibilitam que o e-business melhore sua disponibilidade.

EXPERIÊNCIA DO CLIENTE Um e-business afeta a experiência do cliente em termos de acesso, customização e conveniência. Diferentemente da maioria das lojas de varejo que são abertas apenas durante horários comerciais, um e-business permite o acesso aos clientes que podem não conseguir fazer pedidos durante os horários comercialmente normais. De fato, a W.W. Grainger tem observado um expressivo aumento nos pedidos on-line após o horário de fechamento de suas lojas físicas. Um e-business também permite que uma empresa alcance clientes que estão geograficamente distantes. Por exemplo, uma pequena loja especializada em determinado ramo localizada perto de Chicago pode alcançar os clientes de todos os Estados Unidos, ou mesmo do mundo, montando um e-business. O acesso a um e-business é limitado apenas pelo acesso dos clientes à internet.

A internet oferece uma oportunidade para criar uma experiência de compra personalizada para cada cliente. Por exemplo, a Amazon apresenta produtos que estão relacionados ao que os clientes adquiriram ou procuraram recentemente. As empresas que focaram a customização em massa podem usar a internet para ajudar os clientes a selecionar um produto de acordo com suas necessidades. Por exemplo, a Pella permite que os clientes projetem suas janelas em seu site.

Para clientes e empresas, o e-business pode aumentar a facilidade com que os negócios são feitos. Os clientes não precisam deixar sua casa ou o trabalho para fazer a compra. Para alguns e-businesses, como a Peapod, informações sobre as compras anteriores são usadas para aumentar de modo significativo o atendimento do pedido ao cliente.

TEMPO DE LANÇAMENTO AO MERCADO MAIS RÁPIDO Uma empresa pode usar e-business para introduzir novos produtos muito mais rapidamente do que outra que usa canais físicos. Uma empresa que vende eletrônicos por canais físicos deve produzir unidades suficientes a fim de estocar na prateleira de seus fornecedores e varejistas antes de começar a notar a receita gerada por um novo produto. Um e-business, por outro lado, introduz um novo produto tornando-o disponível no site assim que a unidade estiver pronta para ser produzida. Isso é evidente no Walmart.com, onde novos modelos de TV ficam disponíveis para venda bem antes de serem vendidos nas lojas físicas do Walmart.

VISIBILIDADE DO PEDIDO A internet possibilita o fornecimento de visibilidade de status do pedido. Sob o ponto de vista do cliente é essencial oferecer essa visibilidade, pois um pedido on-line não tem equivalente físico a um cliente comprando um item em um varejista.

FACILIDADE DE DEVOLUÇÃO A facilidade de devolução é mais difícil com os pedidos on-line, que normalmente chegam a partir de um local centralizado. É muito mais fácil devolver um produto adquirido em um varejista. A proporção de devoluções provavelmente também será muito maior para pedidos on-line, pois os clientes não podem tocar e sentir o produto antes de sua compra. Entrar para o comércio on-line, portanto, aumenta o custo dos fluxos reversos.

VENDAS DIRETAS AOS CLIENTES Um e-business permite que os fabricantes e outros membros da cadeia de suprimentos que não possuem contato direto com os clientes nos canais tradicionais tenham feedback do cliente e construam uma relação com ele. Os canais de rede social, como Facebook e Twitter, possibilitam que a empresa direcione produtos e promoções diretamente aos clientes.

PREÇOS FLEXÍVEIS, PORTFÓLIO DE PRODUTOS E PROMOÇÕES Dada a facilidade da mudança de preços e a variedade on-line, a internet permite que uma empresa venda on-line para administrar receitas advindas de seu portfólio de produtos disponíveis de modo muito mais efetivo do que os canais tradicionais. Informações de promoção podem ser transmitidas aos clientes de maneira rápida e barata, utilizando a internet à medida que o negócio tenha acesso à rede do cliente. O Groupon é uma empresa que tem usado as redes sociais para direcionar promoções a seus clientes.

TRANSFERÊNCIA DE FUNDOS EFICIENTE A internet e os celulares podem aumentar a conveniência e diminuir os custos de coleta de receita, sobretudo de pequenas quantidades. Por exemplo, depois do terremoto do Haiti em 2010, A Mercy Corps transferiu 40 dólares automaticamente na conta de cada haitiano, com o intuito de que pudessem comprar algum alimento nos mercados locais. Isso foi muito mais eficiente do que distribuir o dinheiro pessoalmente ou por vouchers.

Impacto do e-business no custo

Em relação ao custo, o e-business afeta os valores gastos com estoque, instalações, transporte e informação. É importante observar que o impacto em cada caso não é necessariamente positivo.

ESTOQUE Um e-business pode reduzir os níveis do estoque, ao agregar estoques longe dos clientes se a maioria deles estiver disposta a esperar pela entrega. Por exemplo, a Amazon.com é capaz de agregar seu estoque de livros em poucos depósitos. A Barnes & Noble, ao contrário, necessita de mais estoque, pois precisa manter parte significativa de seus itens nos varejistas. Um ponto importante a observar é que o benefício relativo da agregação é pequeno para itens de grande saída com baixa variabilidade, mas grande para itens de pouca saída com alta variabilidade.

Um e-business pode reduzir seus estoques se puder postergar a introdução da variedade até que o pedido seja recebido. O espaço de tempo entre o momento em que o cliente faz o pedido e quando ele espera a entrega oferece a um e-business uma janela de oportunidade para implementar a postergação. Por exemplo, para seu negócio on-line, a Dell mantém seu estoque como componentes e monta seus PCs depois de receber o pedido do cliente. A quantidade de estoque de componentes exigida é muito menor do que se a Dell mantivesse seus estoques em forma de PCs montados. De modo semelhante, a Amazon imprime alguns livros de baixo volume de vendas, permitindo que o estoque seja reduzido.

INSTALAÇÕES Dois tipos básicos de custos de instalação devem ser incluídos na análise: (1) os custos relacionados ao número e local das instalações na rede, e (2) os associados às operações que ocorrem nessas instalações. Um e-business pode reduzir os custos de instalação da rede centralizando operações, reduzindo, assim, o número de instalações exigidas. Por exemplo, a Netflix é capaz de satisfazer a demanda pelo aluguel de DVDs a partir de cerca de 50 depósitos, ao passo que a Blockbuster precisava de milhares de lojas para atender aos clientes.

Com relação aos custos operacionais contínuos, a participação do cliente na seleção e preparação do pedido permite que o e-business reduza seus custos com recursos relativos à equipe da loja de varejo. Vendas on-line podem também diminuir os custos de atendimento ao pedido da empresa porque não precisa atendê-lo tão logo ele chegue. Uma loja de varejo ou supermercado precisa equipar seus balcões de venda para que mais caixas estejam disponíveis quando mais clientes estiverem comprando. Como resultado, essas lojas exigem um maior número de pessoas durante o período de pico. Em um e-business, se for mantida uma quantidade razoável de pedidos não preenchidos, a taxa de atendimento dos pedidos pode se tornar muito mais tranquila do que a taxa em que eles chegam, o que reduz a carga de pico para o atendimento do pedido e, assim, diminui as exigências e o custo.

Porém, pelo lado negativo, para alguns produtos, como alimentos, um e-business precisa realizar tarefas atualmente feitas pelo cliente nas lojas, afetando tanto os custos de manuseio como os custos de transporte. Nessas situações, o e-business contrairá maiores custos de manuseio e entrega do que um varejista. Por exemplo, enquanto um cliente seleciona os itens necessários em um mercado, um e-business como a Peapod incorre em custos de manuseio mais altos porque seus funcionários precisam buscar o pedido de um cliente das prateleiras do depósito e entregá-lo em sua casa.

TRANSPORTE A internet diminuiu de modo significativo o custo de "transporte" de produtos de informação em modo digital, como filmes, música e livros. Para produtos não digitais, a agregação de estoques aumenta o transporte de entrega em relação ao transporte de recebimento. Em comparação a uma empresa com muitos pontos de revenda, um e-business com estoques agregados tende a ter maiores custos de transporte (ao longo da cadeia de suprimentos inteira) por unidade, em decorrência dos maiores custos de entrega.

INFORMAÇÃO Um e-business pode compartilhar informações de demanda ao longo de sua cadeia de suprimentos para melhorar a visibilidade. A internet também pode ser usada para compartilhar informações de planejamento e previsão dentro da cadeia, melhorando ainda mais a coordenação. Isso ajuda a reduzir os custos gerais da cadeia de suprimentos e combinar melhor a oferta e a demanda. Aqui, vemos que a informação é um capacitador de muitos dos benefícios de e-business discutidos até o momento.

Um e-business incorre em custos adicionais de informação, no entanto, para construir e manter a infraestrutura de informação. Por exemplo, quando a Amazon adquiriu a Zappos, ela teve de adicionar cerca de 120 mil descrições de produtos e mais de 2 milhões de fotografias em seu site.

O painel em branco com indicadores de e-business B2C mostrado na Tabela 4.9 pode ser usado por uma empresa para resumir o impacto do e-business sobre cada uma das áreas identificadas anteriormente.

O valor da montagem de um e-business não é o mesmo para cada setor. Enquanto a Amazon e a Blue Nile viram seus lucros aumentarem depois que entraram para o mercado on-line, a Webvan e muitos outros comerciantes on-line saíram do negócio. O painel em branco com o conjunto de indicadores na Tabela 4.9 pode ser usado para entender como o e-business afeta o desempenho de diferentes redes da cadeia de suprimentos. Na próxima seção, aplicaremos esse conjunto de indicadores a vários exemplos.

Tabela 4.9 O painel de indicadores de um e-business.

Área	Impacto
Tempo de resposta	
Variedade de produtos	
Disponibilidade de produto	
Experiência do cliente	
Tempo de lançamento ao mercado	
Visibilidade de pedido	
Vendas diretas	
Preço flexível, portfólio, promoções	
Transferência eficiente de fundos	
Estoque	
Instalações	
Transporte	
Informação	

Obs.: +2 = muito positivo; +1 = positivo; 0 = neutro; –1 = negativo; –2 = muito negativo.

Usando e-business para vender PCs: Dell

Depois de mais de uma década de grande sucesso vendendo seus produtos somente on-line, a Dell começou a vendê-los por meio de lojas de varejo do Walmart em 2007. Contudo, ela continuou a vender seus PCs somente on-line. Desde 2005, experimenta um sucesso considerável vendendo seus celulares e computadores por lojas de varejo. Isso levanta a questão sobre o valor relativo dos canais on-line e das lojas de varejo com relação à venda de hardwares.

Para fazer essa comparação, confrontamos a cadeia de suprimentos da Dell para PCs e laptops. Antes de 2007, tanto PCs como laptops eram configurados por pedido nas fábricas da Dell. Por volta de 2014, os PCs eram configurados por pedido, mas os laptops, vendidos em lojas de varejo ou on-line, eram geralmente montados bem antes da venda final. Usamos nossa estrutura para entender como PCs e laptops são bem manuseados por meio de diferentes canais.

IMPACTO DO E-BUSINESS NO SERVIÇO AO CLIENTE NA INDÚSTRIA DE PC A principal desvantagem de vender PCs pela internet para a Dell é o atraso no atendimento do pedido do cliente. Embora um tempo de resposta mais longo não seja muito negativo para PCs customizados, é uma desvantagem ao tentar vender configurações padronizadas on-line.

A Dell é capaz de explorar a maior parte das oportunidades de melhoria da responsividade oferecidas por um e-business para PCs customizados. A empresa usa a internet para oferecer uma variedade muito grande de configurações customizadas de PCs, com processador, memória, disco rígido e outros componentes desejados. A customização permite que a Dell satisfaça os clientes dando-lhes um produto que está próximo de seus requisitos específicos. As opções de customização são muito fáceis de exibir pela internet, permitindo que a empresa atraia clientes que valorizam essa escolha. Nitidamente, todas essas capacidades não são tão valiosas para configurações padronizadas.

A internet permite que a Dell leve novos produtos ao mercado rapidamente. Isso é particularmente importante porque os produtos na indústria do PC possuem ciclos de vida curtos, de alguns meses. Enquanto a internet permite que um novo produto seja oferecido assim que produzido, o canal de varejo requer que cadeia de suprimentos por completo seja estocada antes que o cliente acesse o produto.

O canal de internet permitiu que empresas como a Dell fizessem mudanças de preço de modo rápido e eficiente, com base na disponibilidade e demanda do produto. Por estar disponível todos os dias, o canal on-line permite que a Dell sirva os clientes a um custo muito menor do que as lojas de varejo.

IMPACTO DO E-BUSINESS NO CUSTO DA INDÚSTRIA DE PCs

Custos de estoque. O e-business da Dell oferece a capacidade de reduzir seus estoques agregando-os em poucas localizações geográficas. A Dell é capaz de reduzir ainda mais os estoques ao adiar a montagem dos PCs até depois da chegada do pedido. Isso permite que ela mantenha seu estoque de componentes em vez de produtos finalizados.

Observe que a redução de estoque por meio de agregação e postergação é muito mais significativa para configurações customizadas com demanda baixa e imprevisível, se comparada às configurações padrão, com demanda alta e previsível.

Custos da instalação. O e-business da Dell permite que sua cadeia de suprimentos reduza os custos da instalação relativos ao canal. A Dell incorre apenas no custo da instalação de manufatura e espaço em depósito para os componentes. Uma cadeia de suprimentos de PCs que vende por meio de varejistas também precisa pagar por depósitos de distribuição e lojas de varejo.

A Dell também está apta a tomar vantagem da participação do cliente e economizar no custo de representantes de *call center*, pois os clientes fazem todo o trabalho quando emitem um pedido on-line. Mais uma vez, as economias gerais são maiores para os PCs customizados em comparação aos laptops padrões.

Custos de transporte. Como resultado do e-business, os custos totais de transporte na cadeia de suprimentos da Dell são mais altos do que em uma cadeia de suprimentos que vende PCs por meio de distribuidores e varejistas. Enquanto o aumento no custo de transporte consiste em uma pequena fração do custo de um PC customizado de alto custo, esse aumento pode ser uma grande fração do custo de um laptop padrão de baixo custo.

Custos de informação. Embora a Dell tenha feito um investimento significativo em tecnologia da informação para implementar seu modelo de montagem sob encomenda, a maior parte desses custos poderia ser incorrida independentemente do status de vendas on-line da Dell. Portanto, o e-business aumenta os custos de informação da Dell, mas esse não é um fator significativo dados os benefícios. O valor da infraestrutura de informação, no entanto, é maior para os PCs customizados com relação aos laptops padrão.

IMPACTO DO E-BUSINESS NO DESEMPENHO DA DELL Conforme resumimos no painel de indicadores na Tabela 4.10, o e-business permite que a Dell melhore significativamente seu desempenho para PCs customizados em termos de responsividade e custo. Porém, para laptops padronizados, o canal on-line é significativamente menos atraente, pois seu principal ponto forte — a redução de estoques pela agregação — não é tão valioso para configurações padronizadas. Simultaneamente, os pontos fracos do canal on-line — menor responsividade e maiores custos de transporte — tornam-se mais significativos para as configurações padronizadas.

》 **Tabela 4.10** Impacto do e-business no desempenho da Dell.

Área	Impacto para PCs customizados	Impacto para laptops padrão
Tempo de resposta	−1	−2
Variedade de produtos	+2	0
Disponibilidade de produto	+1	+1
Experiência do cliente	+2	+1
Tempo de lançamento ao mercado	+2	+1
Visibilidade de pedido	+1	0
Vendas diretas	+2	+1
Preços flexíveis, portfólio, promoções	+2	+1
Transferência eficiente de fundos	+2	+2
Estoque	+2	+1
Instalações	+2	+1
Transporte	−1	−2
Informação	+1	0

Obs.: +2 = muito positivo; +1 = positivo; 0 = neutro; −1 = negativo; −2 = muito negativo.

UMA REDE DE CADEIA DE SUPRIMENTOS PARA PCS USANDO REVENDAS E A INTERNET Pode parecer, à primeira vista, que a venda de PCs on-line tem vantagens significativas. Porém, um estudo cuidadoso indica que um modelo híbrido, combinando lojas de varejo e o canal on-line, pode ser muito eficiente. O canal on-line é mais efetivo para vender produtos ou configurações customizadas de hardwares cuja demanda seja difícil de prever, já o canal de varejo tem maior efetividade e baixo custo vendendo as configurações padrão, cuja demanda é mais fácil de prever. Mesmo para esses produtos padronizados, os fabricantes deverão introduzir novos modelos na internet; quando a demanda por alguns deles aumentar, esses modelos devem ser acrescentados ao canal de varejo. Outra opção é introduzir nas revendas configurações recomendadas de novos modelos, enquanto todas as configurações customizadas são vendidas na internet. Assim, o fabricante é capaz de diminuir estoques agregando toda a produção de alta variabilidade e satisfazendo essa demanda on-line. Esses modelos deverão ser montados sob encomenda usando o máximo de componentes comuns que forem viáveis. Os modelos padrão podem ser produzidos usando uma técnica de baixo custo, mesmo que isso envolva um tempo de execução maior. Vender modelos padronizados por meio de distribuidores e lojistas permite que a cadeia de suprimentos seja mais responsiva e economize custos de transporte, os quais provavelmente são mais significativos para essas configurações.

Um fabricante de PCs pode usar a técnica dupla esboçada anteriormente para utilizar tanto os pontos fortes do e-business quanto os dos canais tradicionais de varejo e distribuição.

A Gateway falhou em seu esforço com varejistas, pois não usava os pontos fortes da cadeia de suprimentos do canal tradicional. Em vez de apenas ajudar as pessoas com a configuração em suas lojas, a Gateway teria atendido melhor seus clientes se também mantivesse configurações recomendadas de seus PCs nas lojas. Isso satisfaria imediatamente os clientes que quisessem a configuração recomendada, enquanto permitiria que a Gateway produzisse as configurações mais customizadas de modo eficiente. Por outro lado, a Apple tem sido bem-sucedida com o canal de varejo porque vende uma variedade relativamente baixa de PCs padronizados em grandes volumes em suas lojas. A Dell também começou a usar a estratégia esboçada com os PCs customizados, como aqueles montados mediante o pedido, enquanto PCs padronizados, como laptops, são produzidos em países com produção de baixo custo e vendidos por meio de lojas de varejo como o Walmart. Em longo prazo, é provável que a estratégia esboçada prevaleça na indústria de produção de celulares e computadores.

O uso do e-business para vender livros: Amazon

As cadeias de suprimentos de livros foram transformadas com o advento do e-business e o lançamento da Amazon.com em julho de 1995. Desde então, a Amazon.com tem acrescentado muitas categorias, incluindo música, brinquedos, eletrônicos, software e eletrodomésticos em suas ofertas de produtos. Enquanto a internet proporciona alguma vantagem à Amazon para vendas dos livros físicos, essa vantagem se potencializou com o crescimento dos e-books.

IMPACTO DO E-BUSINESS SOBRE O SERVIÇO AO CLIENTE NA INDÚSTRIA DE LIVROS O e-business não ajudou nos lucros da indústria de livros da mesma forma que na indústria de PCs customizados. Diferentemente desta, em que o e-business facilita as vendas diretas pelos fabricantes, o e-business não encurtou as cadeias de suprimentos na indústria de livros.

Para livros tradicionais, a Amazon.com só pode atrair clientes que estejam dispostos a esperar alguns dias para receber um livro. Também não pode atrair clientes que valorizam a capacidade de folhear livros. A empresa tenta contornar esse problema oferecendo resenhas e outras informações, para permitir que os clientes conheçam o livro on-line.

Para contornar essas desvantagens, a Amazon.com explorou várias oportunidades na internet para atrair clientes e aumentar receitas. A empresa atrai muitos clientes oferecendo uma ampla seleção de milhões de livros. Os clientes podem procurar livros difíceis de achar ou aqueles de especial interesse. Uma grande livraria física, ao contrário, pode manter menos de cem mil títulos. A Amazon.com também usa a internet para recomendar livros aos clientes com base em seu histórico de compras. Também oferece críticas e comentários de outros clientes sobre os títulos disponíveis. Novos títulos são rapidamente introduzidos e se tornam disponíveis on-line, ao passo que, em uma cadeia de livrarias tradicional, todas as lojas precisam receber estoque.

A Amazon.com usa a internet para permitir que os clientes peçam um livro a qualquer momento, no conforto de sua própria casa e o recebam em sua porta. Esse fato permite que a Amazon.com atraia clientes que valorizam essa conveniência e estejam dispostos a esperar pela entrega.

Para e-books, a Amazon é capaz de obter maior vantagem usando o canal on-line. Por exemplo, os clientes podem baixar um livro em segundos, sem ter de sair de casa. Para as pessoas que valorizam o tempo, essa experiência é superior à compra de um livro tradicional on-line ou em uma livraria. A disponibilidade do produto nunca é um problema com e-books, e a variedade pode ser adicionada ao custo baixo de margem. De fato, a internet permitiu que a disponibilidade de livros que não estão garantidos proporcionasse uma demanda elevada o suficiente para torná-los viáveis para as editoras tradicionais. Para livros de muito baixo volume, não há melhor canal do que o on-line, como e-books.

IMPACTO DE CUSTO DO E-BUSINESS NA INDÚSTRIA DE LIVROS A Amazon.com também usa o e-business para reduzir seu estoque e alguns de seus custos de instalação. Para livros tradicionais, os custos de transporte aumentam como um resultado da venda de livros on-line. Para e-books, no entanto, o custo de transporte não é um fator a ser considerado, dado que eles podem ser baixados de modo eficiente pela internet.

Custos de estoque. A Amazon.com é capaz de diminuir os estoques agregando-os em poucas localizações geográficas. Uma cadeia de livrarias, ao contrário, tem maiores estoques porque os títulos são mantidos em cada loja. A redução de estoques pela agregação é mais significativa para livros de baixa demanda, com alta incerteza. O benefício é menos significativo para *best-sellers*, que têm uma demanda mais previsível. A Amazon.com mantém títulos de demanda média a alta no estoque, enquanto adquire títulos de pouca saída de um distribuidor, em resposta a um pedido do cliente. Em alguns casos, a Amazon também imprime títulos de saída muito baixa em gráficas que atendem pedidos de baixa demanda. Isso permite que a cadeia de suprimentos da Amazon.com reduza ainda mais os estoques de títulos de pouca saída. Para os e-books, a Amazon incorre nos custos e estoque, pois não precisam ser estocados fisicamente.

Custos de instalação. O e-business da Amazon.com permite que se reduzam custos de instalação porque ela não precisa da infraestrutura de varejista que uma cadeia de livrarias como a Barnes & Noble precisa ter. Inicialmente, a Amazon.com não tinha um depósito, pois adquiria todos os livros dos distribuidores. Quando os volumes da demanda eram baixos, o distribuidor era um local melhor para manter os estoques, pois agregava a demanda de outras livrarias além da Amazon.com. Porém, à medida que a demanda crescia, a Amazon.com abriu seus próprios depósitos, onde estoca livros. Assim, os custos de instalação estão crescendo, embora ainda sejam muito menores do que os custos de instalação de uma cadeia de livrarias. Por exemplo, a Amazon precisa ter capacidade de servidor para assegurar que os downloads sejam rápidos, mas o investimento nessa capacidade provavelmente é mais baixo do que para os depósitos que servem a demanda de livros físicos.

Custos de transporte. A cadeia de suprimentos da Amazon.com incorre em maiores custos de transporte do que uma cadeia de livrarias que vende por meio de varejistas. As livrarias locais não têm o custo da remessa individual de livros aos clientes. Ao contrário, a Amazon.com incorre em custo de enviar livros para seus clientes a partir de depósitos. O custo de entrega a partir de um depósito da Amazon.com representa uma fração significativa do custo de um livro (ela pode ser ainda maior que 100% para um livro mais barato). À medida que a demanda crescia, a Amazon.com abria vários depósitos em um esforço para aproximar-se dos clientes, diminuindo seus custos de transporte e melhorando seu tempo de resposta. Os custos de transporte da Amazon em 2012 foram de mais de 5 bilhões de dólares; depois de considerar a receita de transporte, a perda líquida em transporte de entrega foi de 2,85 bilhões, uma quantidade bastante significativa. Por outro lado, o custo de entrega de e-books e outros conteúdos digitais aos clientes são muito baixos, se for feita uma comparação.

Custos de informação. Configurar vendas on-line para livros exige algum investimento adicional em TI, mas não é proibitivamente caro. O custo da infraestrutura de TI para suportar a descarga de e-books, no entanto, é mais caro.

Impacto do e-business no desempenho da Amazon. O painel de indicadores de e-business da Amazon é resumido na Tabela 4.11. Uma comparação entre as tabelas 4.10 e 4.11 mostra que o e-business oferece vantagens bem maiores ao vender PCs do que ao vender livros. Esse fato é explicado pelas principais diferenças entre os dois produtos: (1) a diferenciação de produto nos PCs pode ser postergada até que o cliente tenha feito um pedido, enquanto os livros atualmente são publicados bem antes de uma venda; e (2) o custo de transporte representa uma parte muito maior do custo de livros e uma parte relativamente pequena do custo dos PCs. Para e-books, no entanto, a internet oferece uma vantagem considerável com relação às livrarias tradicionais. A Amazon se esforçou, depois do lançamento do Kindle, seu e-reader, para encorajar os clientes a comprar livros on-line.

Outros conteúdos digitais que a Amazon.com vende incluem filmes, software e música. Em cada caso, o canal de internet oferece grande vantagem com relação à distribuição física. Com o crescimento do iTunes da Apple e das vendas on-line da Amazon, as cadeias de varejo baseadas na venda de formatos físicos de música tiverem dificuldade para sobreviver, com a maioria fechando por volta de 2010. No ramo de filmes, grandes varejistas de venda de DVD, como o Walmart, continuaram a ter bom desempenho, mas empresas menores, como a Blockbuster, não sobreviveram vendendo e alugando DVDs em lojas físicas.

Tabela 4.11 Impacto do e-business no desempenho da Amazon.com.

Área	Livros físicos	e-books
Tempo de resposta	−1	+1
Variedade de produtos	+2	+2
Disponibilidade de produto	+1	+2
Experiência do cliente	+1	+1
Tempo de lançamento ao mercado	+1	+2
Visibilidade de pedido	0	0
Vendas diretas	0	+1
Preços flexíveis, portfólio, promoções	+1	+1
Transferência de fundos eficiente	0	0
Estoque	+1	+2
Instalações	+1	+2
Transporte	−2	+1
Informação	−1	−1

Obs.: +2 = muito positivo; +1 = positivo; 0 = neutro; −1 = negativo; −2 = muito negativo.

UMA REDE DA CADEIA DE SUPRIMENTOS ADAPTADA PARA LIVROS USANDO LOJAS DE VAREJO E A INTERNET Na década de 1980, grandes cadeias de livrarias, como a Borders e a Barnes & Noble, se estabeleceram à custa de livrarias de bairro, principalmente por meio da agregação. Grandes áreas de varejo permitiram que as duas cadeias mantivessem uma variedade maior de livros, enquanto normalmente alcançavam menos custos do que as pequenas livrarias. Tanto a Borders quanto a Barnes & Noble cobravam o preço total para livros de pouca saída, enquanto ofereciam maior variedade e descontos sobre *best-sellers*. Essa técnica foi muito eficaz até que a Amazon.com estabeleceu uma posição dominante, utilizando a internet para vender livros de pouca saída de modo muito mais eficiente do que qualquer cadeia de livrarias. Com o crescimento dos e-books e de outros formatos de varejo, como Walmart e Cotsco, vendendo *best-sellers*, grandes cadeias de livrarias ficaram estagnadas, sem nenhuma área de dominação. Essas cadeias estão sendo comprimidas pelos dois lados: outros formatos de varejo para livros *best-sellers* e e-business para livros com baixa saída e e-books. A Borders fechou em 2011 e a Barnes & Noble está enfrentando desafios significativos.

Usando e-business para vender alimentos: Peapod

O setor de alimentos viu um aumento em novos e-businesses em 1998 e 1999, embora praticamente todos tenham saído do negócio. A Peapod, um dos mercados on-line mais antigos, é um dos poucos que restaram. Dado o histórico fraco, pode-se supor que esse não é um setor muito adequado para e-business. Apesar da falta de sucesso nessa indústria, a Amazon lançou o AmazonFresh e a Tesco se empenhou no e-business no Reino Unido e na Coreia do Sul. Vamos analisar com nosso painel de indicadores e ver onde a internet oferece vantagem nessa indústria.

A Peapod começou a atender pedidos usando funcionários em seus mercados para separar e entregá-los. A empresa passou então a fornecer pedidos a partir de pontos de atendimento centralizados em Chicago e Washington DC, e a partir de grandes supermercados com estoques adjacentes em outras áreas. Cada centro de atendimento é muito maior do que um supermercado, comparável a um depósito. As cadeias de suprimentos da Peapod e de supermercado são semelhantes, exceto pelo fato de que a Peapod deve entregar as mercadorias ao cliente, enquanto o cliente vai ao supermercado.

IMPACTO DO E-BUSINESS SOBRE O SERVIÇO AO CLIENTE NO SETOR DE ALIMENTOS A Peapod e outros mercados on-line tentaram vender a conveniência e a economia de tempo que eles oferecem aos clientes. Para muitas pessoas, as compras em mercados são uma tarefa demorada e raramente agradável. A Peapod permite que os clientes façam pedidos a qualquer momento, que são entregues em casa, eliminando uma ida ao supermercado. Isso pode ser uma conveniência significativa, especialmente em áreas urbanas, onde os clientes precisam caminhar até um supermercado e carregar todas as suas compras para casa. Em uma área suburbana, o benefício é menor porque as pessoas tendem a dividir suas compras e podem dirigir até os supermercados com relativa facilidade. Porém, a conveniência da economia de tempo continua sendo muito valiosa.

O fator conveniência relacionado ao acesso é ainda mais significativo se um provedor de alimentos especializados entrar para o comércio on-line. Lojas de alimentos regionais não são tão acessíveis como supermercados e as pessoas muitas vezes dirigem longas distâncias para chegar a eles. Oferecer esses alimentos na internet proporciona acesso fácil aos clientes, além da economia de tempo. Boa parte dos grandes supermercados oferece uma variedade suficientemente grande para cobrir as necessidades da maioria dos lares. Contudo, a Peapod oferece menos variedade do que um típico supermercado.

A Peapod é capaz de aumentar as receitas criando uma experiência de compras personalizada para os clientes, entregando anúncios e promoções customizados, um a um. Isso é feito usando extensos perfis de membros que a Peapod cria com base no comportamento e nos históricos de compras on-line e em pesquisas. Diferentemente de um supermercado, onde a loja não sabe o que os clientes selecionaram até que paguem, a Peapod pode orientar os clientes on-line com base no que eles adquiriram. Por exemplo, se um cliente compra uma massa, a Peapod pode sugerir um tipo de molho ou um queijo parmesão. Por períodos maiores, a Peapod pode coletar padrões de compras e sugerir produtos que correspondam às preferências do cliente. Essas sugestões melhoram as receitas, aumentando as compras por impulso.

A Peapod também aumenta suas receitas dando às empresas de produtos de consumo um fórum para anúncios interativos direcionados e cupons eletrônicos. Os dados de escolha do consumidor disponíveis a um comerciante on-line são mais valiosos do que os dados do *scanner* de um supermercado, pois tais dados só revelam as compras finais do cliente. Um comerciante on-line, ao contrário, pode registrar o processo de decisão do cliente — por exemplo, os padrões de substituição de um cliente para itens que estão indisponíveis no estoque. Com dados do *scanner*, um supermercado não pode registrar substituições, pois ele não tem como descobrir se o cliente procurou algo que não está no estoque.

IMPACTO DO E-BUSINESS SOBRE OS CUSTOS NO SETOR DE ALIMENTOS A Peapod e outros comerciantes on-line utilizam e-business para reduzir alguns custos de instalação e, até certo ponto, custos de estoque. Porém, os custos de separação e os de transporte são muito mais altos do que nos supermercados tradicionais.

Custos de estoque. Se comparado a uma rede de supermercados, um comerciante on-line como a Peapod pode reduzir os estoques agregando o estoque em alguns grandes centros de reposição. O grau de agregação, porém, é menor do que o alcançado pela Amazon.com para livros ou pela Dell, para PCs, pois a Peapod precisa de centros de atendimento em cada área urbana que ela atende, para levar os alimentos aos clientes em condições aceitáveis.

Os benefícios da agregação são ainda mais reduzidos pelo fato de que a maioria dos produtos vendidos em um supermercado são itens de primeira necessidade, com demanda constante. Assim, a agregação oferece um benefício pequeno em termos de maior exatidão na previsão e estoques reduzidos (ver Capítulo 12). Os benefícios da agregação são maiores para itens especializados, com pouca saída e alta incerteza de demanda. Esses produtos constituem uma pequena fração das vendas gerais em um supermercado. Assim, a agregação permite que os e-businesses de alimentos reduzam seus custos de estoque apenas um pouco em comparação a um supermercado comum. Se os comerciantes on-line focassem principalmente itens especializados, como alimentos étnicos, os benefícios de estoque da agregação seriam maiores.

Custos da instalação. O e-business da Peapod permite que ela reduza os custos da instalação, pois só precisa de um local para o depósito e pode economizar no custo dos pontos de revenda, como supermercados. Contudo, os custos de processamento na Peapod, para atender a um pedido, são muito mais altos do que aqueles em um supermercado, e superam as economias por não usar muitas instalações. A Peapod economiza em funcionários de caixa em comparação a um supermercado, mas precisa separar o pedido do cliente, uma tarefa que ele mesmo realiza em um supermercado e que é muito mais demorada do que o trabalho do caixa. Assim, o e-business resulta em uma perda da participação do cliente se comparada a um supermercado e aumenta os custos gerais da instalação.

Transporte. Um comerciante on-line, como a Peapod, tem custos de transporte muito mais altos do que um supermercado. Os supermercados têm a vantagem de arcar apenas com o custo do transporte de recebimento dos produtos, com os clientes fazendo o transporte do supermercado para suas casas. Os custos do transporte de recebimento costumam ser baixos, pois os supermercados possuem grandes entregas, permitindo-lhes explorar as economias de escala em transporte. A Peapod, ao contrário, precisa arcar com o custo do transporte de recebimento em seus centros de atendimento e depois os custos de entrega dos centros de atendimento para as casas dos clientes. Os custos de entrega são altos, pois os pedidos individuais precisam ser entregues na casa do cliente. A tarefa torna-se mais problemática em razão dos diferentes requisitos de temperatura para diferentes tipos de alimentos.

Em comparação aos computadores e até mesmo livros, os alimentos possuem uma baixa relação valor-peso/volume. Por exemplo, toalhas de papel e papel higiênico possuem muito pouco valor, mas ocupam muito espaço em um caminhão. Assim, os custos de transporte são uma fração significativa do custo incorrido pelos comerciantes on-line. Isso torna muito difícil competir com um supermercado em termos de preços.

Custos de informação. Novamente, a infraestrutura de TI exigida para um e-business aumenta os custos. No caso de um comércio eletrônico de alimentos, isso é ainda mais significativo do que com outros tipos de e-business que já discutimos, pois este assume uma gama maior de funções que os próprios compradores teriam. Portanto, os custos de TI são mais altos para um comércio eletrônico de alimentos. Assim como nos outros exemplos, porém, os custos de TI não são um motivo para esse modelo de negócios fracassar.

IMPACTO DO E-BUSINESS NO DESEMPENHO DA PEAPOD Um e-business oferece algumas oportunidades de melhora de receita no setor de alimentos. Os custos, porém, são significativamente mais altos para um comerciante de alimentos on-line do que para um supermercado, como podemos ver na Tabela 4.12. Uma comparação entre as tabelas 4.10, 4.11 e 4.12 mostra que o e-business oferece menos benefícios ao vender alimentos se comparado a livros e PCs. Os supermercados são grandes o suficiente para gozar da maior parte dos benefícios de estoque que a agregação oferece, sem ter o custo de entrega adicional incorrido por um comerciante on-line. Os comerciantes de alimentos on-line não podem competir com os supermercados no preço, e só poderão ser bem-sucedidos se houver pessoas suficientes dispostas a pagar mais pela conveniência da entrega em domicílio. Contudo, podem oferecer alguma vantagem de custo quando vendem produtos especializados, cuja demanda tende a ser baixa e incerta.

》Tabela 4.12 Impacto do e-business no desempenho da Peapod.

Área	Impacto
Tempo de resposta	–1
Variedade de produtos	0
Disponibilidade de produto	0
Experiência do cliente	+1
Tempo de lançamento ao mercado	0
Visibilidade do pedido	–1
Vendas diretas	0
Preços flexíveis, portfólio, promoções	+1
Transferência eficiente de fundos	0
Estoque	0
Instalações	–1
Transporte	–2
Informação	–1

Obs.: +2 = muito positivo; +1 = positivo; 0 = neutro; –1 = negativo; –2 = muito negativo.

UMA CADEIA DE SUPRIMENTOS ADAPTADA PARA UMA REDE DE ALIMENTOS As redes de supermercados tradicionais podem se beneficiar usando uma estratégia de e-business para complementar os pontos fortes de sua rede. O e-business pode ser usado para oferecer conveniência aos clientes que estiverem dispostos a pagar por ele. Os supermercados podem ser usados para atender os clientes que valorizam os preços mais baixos.

Uma rede de supermercados com e-business tem a oportunidade de oferecer uma completa gama de serviços com diferentes preços, com base na quantidade de trabalho que o cliente faz. O serviço mais barato envolve clientes entrando no supermercado e comprando os produtos que desejam. Nesse caso, o cliente busca o pedido das prateleiras e realiza o transporte de saída para ele. Por um preço adicional, um supermercado poderia permitir que os clientes fizessem pedidos on-line e os buscassem mais tarde. O pessoal do supermercado separaria o pedido na prateleira, mas o cliente providenciaria o transporte de saída. O serviço mais caro é quando o cliente faz pedidos on-line para entrega em domicílio. Nesse caso, a rede de supermercados é responsável por separar o pedido na prateleira e entregá-lo na residência do cliente. Os serviços e preços variáveis permitiriam que as redes de supermercado satisfizessem, de modo eficiente, as necessidades de uma série de clientes.

Entre as redes de supermercados, a Tesco tem tomado a frente na combinação de e-business com supermercados físicos, para servir o cliente de diversas maneiras. Os clientes podiam comprar em um supermercado, fazer o pedido on-line para entrega em domicílio ou retirá-lo em um local determinado. Tradicionalmente, a Tesco retira os alimentos de supermercados existentes para entrega em domicílio. Por volta de 2012, contudo, a Tesco abriu algumas *dark stores* em Londres, que não eram abertas ao público, mas eram usadas principalmente para atender pedidos on-line. Em vez de fazer uso de grandes depósitos abertos, a Tesco preferiu atender os pedidos on-line por essas *dark stores*. Ela tinha a intenção de abrir mais *dark stores* em Londres e em outras cidades. Também experimentou outros modelos inovadores na Ásia. Na Coreia do Sul, visou à grande quantidade de usuários de smartphones ao abrir sua primeira loja virtual no metrô de Seul em agosto de 2011. As paredes de vidro das estações de metrô foram cobertas com imagens de produtos dispostas como estariam em um supermercado tradicional. As "prateleiras" continham QR codes (*quick response codes*) que poderiam ser escaneados pelo smartphone para compor um carrinho de compras rapidamente. Se o trem chegasse antes de a compra ser completada, o passageiro poderia continuar a preencher seu carrinho usando um aplicativo de celular tradicional. As entregas eram programadas para chegar na casa do passageiro a tempo de ele preparar o jantar naquela noite.

O uso da internet para alugar filmes: Netflix

Fundada em 1997, a Netflix havia crescido para mais de 35 milhões de assinantes em 2013, sendo o maior serviço de assinatura do mundo, enviando DVDs pelos correios e disponibilizando filmes e séries por meio da internet. Por 7,99 dólares ao mês, os clientes obteriam disponibilizações ilimitadas a partir de sua biblioteca digital, e por outros 7,99 dólares ao mês eles poderiam ter qualquer um dos mais de 100.000 títulos de DVD entregues em sua casa pelos correios. O crescimento da Netflix foi um dos maiores fatores que levaram a Blockbuster à falência em 2010.

IMPACTO DO E-BUSINESS NO SERVIÇO AO CONSUMIDOR DA NETFLIX A Netflix atraiu clientes com a sua seleção impressionante e um excelente mecanismo de recomendação que permitiu aos clientes acessar uma lista de títulos que eles poderiam eventualmente gostar. Considerando que uma loja típica Blockbuster oferecia 3.000 títulos, a Netflix tinha mais de 100 mil títulos disponíveis. A Netflix afirmou que 95% de seus clientes receberam os seus DVDs no prazo de 24 horas de transporte. Em fevereiro de 2000, a Netflix introduziu o Cinematch, um programa que faz recomendações com base no histórico de aluguel de um cliente e preferências acopladas com avaliações de outros usuários com interesses semelhantes. A Netflix tinha mais de 3 bilhões de classificações de filmes por membros, com cerca de 4 milhões de filmes, sendo classificados por dia. O sistema de classificação revelou ser especialmente preciso, e 60% de todos os usuários da Netflix selecionavam seus filmes com base em recomendações relacionadas aos seus gostos pessoais.[1] A empresa utilizou sua tecnologia de recomendação para manter as remessas de DVD em movimento e um número maior de seus títulos de DVD mais antigos em circulação.

Por seu conteúdo digital, a Netflix permitiu a disponibilização de vídeo por meio de uma variedade de dispositivos, incluindo boxes set-top da Roku, Xbox da Microsoft Xbox, PlayStation 3 da Sony e TVs de alta definição da Sony e da LG. A utilização da internet para visualizar conteúdos digitais tinha crescido a uma taxa considerável. Estima-se que 48% dos clientes assistiram mais de 15 minutos de conteúdo disponibilizado no quarto trimestre de 2009, acima dos 28% do ano anterior.[2] Essa proporção era suscetível a crescimento no futuro.

Um desafio para a Netflix foi a espera que os estúdios queriam provocar antes de permitir que novos filmes estivessem disponíveis para a empresa. Dado que obtinham mais receita com as vendas de DVD do que com as locações, eles tinham negociado uma espera de quatro semanas a partir de quando o DVD fosse disponibilizado pela primeira vez para a venda até quando ele estaria disponível na Netflix. Era uma espera artificial projetada para incentivar a venda de DVDs por meio de lojas como o Walmart.

IMPACTO DO E-BUSINESS NOS CUSTOS DA NETFLIX A empresa usou a internet para diminuir de modo significativo os custos com instalações e estoque, se comparados aos custos da Blockbuster.

Custos de estoque. A Netflix agregou seu estoque em cerca de 60 centros de distribuição em 2010. Isso permitiu que mantivesse um estoque significativamente menor do que o da Blockbuster, que mantinha a maioria do seu estoque em milhares de lojas de varejo. Em 2009, cerca de 70% dos DVDs enviados pela Netflix consistiam em títulos com datas de release maiores do que 13 semanas.[3] Os estúdios cinematográficos estavam satisfeitos porque os clientes podiam ver seus catálogos mais antigos (o que, por outro lado, proporcionava pouca receita) e, assim, ofereciam à Netflix esses DVDs a preço de custo e compartilhavam a receita que a Netflix adquiria. Não ter de pagar por DVDs mais antigos reduzia ainda mais os custos de estoque da Netflix. Em 2009, a empresa manteve somente 37 milhões de dólares em estoque (em vendas de 1,67 bilhões de dólares), ao passo que a Blockbuster manteve 639 milhões de dólares em estoque (em vendas de 4,06 bilhões de dólares).

Custos de instalação. A Netflix diminuiu de modo significativo seus custos de instalação com relação à Blockbuster, pois ela agregou sua operação em menos de 60 centros de distribuição, ao passo que a Blockbuster tinha milhares de lojas pelas quais ela tinha de pagar. Enquanto 266 milhões de dólares em propriedade e equipamentos da Netflix geraram 1,67 bilhões de vendas em 2009, a Blockbuster precisou de 2,37 bilhões em propriedades e equipamentos para chegar a 4,06 bilhões de dólares em vendas.

Custos de transporte. Os custos de transporte da Netflix eram consideravelmente mais altos do que os da Blockbuster. O CFO da Netflix apontou que a empresa gastou cerca de 600 milhões de dólares em envio de DVDs em 2010. À medida que as pessoas foram passando a ver os filmes pela internet, os custos foram diminuindo. De fato, a estratégia da Netflix era adquirir mais conteúdo digital, poupando seus custos com transporte conforme os assinantes começavam a ver mais conteúdo on-line.

Custos de informação. Os custos de informação eram mais altos em operações da Netflix do que da Blockbuster. Com o aumento da disponibilização de conteúdo digital, os custos de informação foram se elevando.

IMPACTO DO E-BUSINESS NO DESEMPENHO DA NETFLIX A Netflix teve vantagens significativas em aluguel de filmes em comparação com os canais de distribuição física da Blockbuster, como visto na Tabela 4.13. Essas vantagens eram mais pronunciadas pelas amplas seleções de filmes antigos que os estúdios tinham em seus catálogos. Elas se tornavam maiores quanto mais conteúdo era disponibilizado. Contudo, como a Netflix se direciona para ser

---

[1] Clive Thompson, If You Liked This, You're Sure to Love That, *New York Times*, Nov 21, 2008, http://www.nytimes.com/2008/11/23/magazine/23Netflix-t.html.

[2] Relatório Anual de 2009 da Netflix.

[3] Relatório Anual de 2009 da Netflix.

Tabela 4.13 Impacto de e-business para o desempenho da Netflix com relação à Blockbuster.

Área	Impacto para DVDs	Impacto para conteúdo digital
Tempo de resposta	−1	+2
Variedade de produtos	+2	+2
Disponibilidade de produto	+1	+2
Experiência do cliente	+1	+1
Tempo de lançamento ao mercado	−1	−1
Visibilidade do pedido	0	0
Vendas diretas	0	0
Preços flexíveis, portfólio, promoções	+1	+1
Transferência eficiente de fundos	0	0
Estoque	+2	+2
Instalações	+1	+1
Transporte	−2	0
Informação	−1	−1

Obs.: +2 = muito positivo; +1 = positivo; 0 = neutro; −1 = negativo; −2 = muito negativo.

principalmente um serviço de disponibilização de conteúdo on-line, ela enfrenta grande competição de empresas como a Amazon, Apple, Google e Hulu. O maior desafio para a cadeia de suprimentos de disponibilização on-line é a origem do conteúdo, pois a cadeia de suprimentos tem investimento relativamente baixo em outros ativos. A Netflix achará difícil manter uma estratégia competitiva nesse cenário, ao contrário de sua competição com a Blockbuster.

UMA CADEIA DE SUPRIMENTOS ADAPTADA PARA ALUGUEL DE FILMES Enquanto a Netflix é idealmente direcionada por seu modelo centralizado que visa suprir uma ampla variedade de filmes antigos (seja por DVD ou por disponibilização on-line), a Redbox utiliza máquinas de venda eletrônica de DVD para proporcionar um canal de baixo custo para os lançamentos. Essas máquinas contêm somente algumas centenas de títulos, que consistem em filmes novos e filmes populares infantis. Elas permitem que os clientes acessem on-line e reservem os filmes utilizando cartão de crédito. O resultado é uma agregação virtual de estoques, que proporciona a combinação entre fornecimento e demanda, além de reduzir a despesa de estoque. As máquinas são instaladas geralmente em infraestruturas de lojas existentes, como minimercados. Desse modo, o aumento de margem de PP&E é pequeno. A combinação adaptada da Redbox, que proporciona lançamentos recentes a partir das máquinas de venda eletrônica, e da Netflix, que proporciona ampla variedade de títulos a partir de seu modelo centralizado, é capaz de fornecer tanto lançamentos recentes como um grande leque de filmes em um custo muito menor do que o da Blockbuster, que tentava fazer ambos em suas lojas.

4.5 Redes de distribuição na prática

1. *A estrutura de propriedade da rede de distribuição pode ter um impacto tão grande quanto o tipo de rede de distribuição.* A maior parte deste capítulo trata dos diferentes tipos de redes físicas e os fluxos subsequentes para distribuir produtos de maneira bem-sucedida. Contudo, é igualmente importante quem possui cada estágio na rede de distribuição. As redes de distribuição que têm exatamente o mesmo fluxo físico, mas diferentes estruturas de propriedade, podem ter desempenhos muito distintos. Por exemplo, um fabricante que possui sua rede de distribuição pode controlar suas ações. Porém, se o fabricante não possui a rede de distribuição, como normalmente acontece, uma grande variedade de problemas precisa ser considerada para otimizar por toda a rede. Obviamente, um distribuidor independente deseja otimizar sua própria empresa, não necessariamente a cadeia de suprimentos inteira. Tentar otimizar por meio de uma rede de distribuição com múltiplas empresas requer grande habilidade na coordenação dos incentivos de cada um dos participantes e na criação dos relacionamentos corretos.

2. É importante ter redes de distribuição adaptáveis. As redes de distribuição devem estar preparadas para se adaptar às constantes mudanças nas tecnologias e no ambiente. A incapacidade de se adaptar pode ser muito danosa nesses tempos de rápida mudança. Por exemplo, a Blockbuster, no setor de aluguel de filmes, e a Borders, no setor de venda de livros, tiveram grande sucesso com a rede de lojas de varejo. Suas incapacidades de se adaptarem à chegada da internet, no entanto, permitiu que competidores como a Amazon e a Netflix ganhassem uma participação de mercado às suas custas. Se tanto a Blockbuster como a Borders tivessem se adaptado para tomar vantagem da internet a fim de criar uma rede de distribuição adaptada, seria possível dizer que elas poderiam continuar com sua dominância. O Walmart é um exemplo de empresa que, por meio de tentativa e erro, adaptou sua rede de distribuição para tomar vantagem da internet com sua rede de lojas de varejo existentes.

3. Preço de produto, popularização e condição crítica afetam o tipo de sistema de distribuição preferido pelos clientes. As interações entre um comprador e um vendedor exigem tempo e recursos. Como resultado, é mais conveniente para um comprador lidar com uma empresa única que possa entregar uma linha completa de produtos. Para produtos de alto valor, especializados ou difíceis de encontrar, os clientes estão dispostos a estabelecer uma relação unicamente em torno daquela mercadoria em particular. Para produtos de baixo valor, populares, como material de escritório, a maioria dos clientes prefere fazer a compra em lojas que dispõem de vários setores. Enquanto a Apple teve sucesso com lojas que vendiam somente produtos da própria marca, é muito improvável que um fabricante de grampeador obtenha sucesso sem distribuir seus produtos em papelarias em geral. Conforme o hardware se tornou mais popular, os clientes migraram para locais que não são especificamente do próprio fabricante, mesmo para produtos como computadores e smartphones.

4. Integre a internet com a rede física existente. Para extrair o máximo de benefício do canal on-line para mercadorias físicas, as empresas devem integrá-lo às suas redes existentes na cadeia de suprimentos. A separação das duas redes normalmente resulta em ineficiências dentro da cadeia. Eles devem ser acoplados de maneira adaptada que explore as forças de cada canal.

O uso da Tesco de seus ativos físicos para satisfazer tanto os pedidos on-line como pessoas que querem comprar em um supermercado é um tipo de integração efetiva do e-business dentro de uma rede de cadeias de suprimentos. Outro exemplo de estratégia efetiva é o Walmart, que permite que os clientes retirem seus pedidos on-line em suas lojas de varejo. A internet é utilizada para expandir a variedade disponível aos clientes em uma loja Walmart. Essas lojas estocam os itens populares, enquanto os clientes podem escolher on-line as cores ou tamanhos que não estão disponíveis na loja. Isso possibilita que o Walmart centralize itens de baixa demanda enquanto aumenta a variedade disponível aos clientes. Cada canal é adaptado para manter os produtos com os quais ele lida melhor.

4.6 Resumo dos objetivos de aprendizagem

1. Identificar os fatores-chave a serem considerados no projeto de uma rede de distribuição. Um gestor precisa considerar as necessidades do cliente a serem atendidas e o custo de atender a elas ao projetar a rede de distribuição. Algumas necessidades-chave do cliente a serem consideradas são: tempo de resposta, variedade/disponibilidade de produtos, conveniência, visibilidade do pedido e facilidade de devolução. Custos importantes que os gestores precisam considerar incluem estoques, transporte, instalações e manuseio, e informação. Aumentar o número de instalações reduz o tempo de resposta e o custo de transporte, mas aumenta o custo de estoque e instalação.

2. Discutir os pontos fortes e fracos de diversas opções de distribuição. As redes de distribuição que remetem diretamente ao cliente são mais adequadas para uma grande variedade de produtos de alto valor que possuem demanda baixa e incerta. Essas redes mantêm baixos níveis de estoque, mas incorrem em custo de transporte elevado e oferecem tempo de resposta lento. As redes de distribuição que mantêm estoque local são adequadas para produtos com alta demanda, sobretudo se o transporte consistir em uma grande fração do custo total. Essas redes incorrem no maior custo de estoque, mas no menor custo de transporte e proporcionam um tempo de resposta mais rápido.

3. Compreender como o e-business influenciou o projeto de redes de distribuição em diferentes indústrias. O aumento de e-businesses tem afetado tanto o serviço ao cliente como os custos nas cadeias de suprimentos. Um e-business permite que uma empresa ofereça maior variedade de produtos e melhore a disponibilidade destes, centralizando estoques. Isso é especialmente benéfico para produtos de baixo volume e alta variedade. Essa modalidade de negócio também melhora a experiência do cliente, oferecendo acesso 24 horas e permitindo uma experiência mais personalizada. Vender um produto on-line, porém, aumenta o tempo de resposta em relação ao varejo tradicional. Reduzem-se os custos de instalação se não houver perda significativa da participação do cliente. Contudo, os custos de transporte aumentam, e isso é particularmente significativo para produtos de baixo valor, com demanda previsível. Um e-business tem sido mais eficaz para produtos de alto valor com demanda incerta quando os clientes estão dispostos a esperar por algum tempo antes da entrega. A internet é particularmente efetiva para produtos como música, filmes e livros que podem ser digitalizados por conta de duas desvantagens, principalmente em distribuir produtos físicos on-line — longos tempos de resposta e alto custo de transporte —, que desaparecem.

Perguntas para discussão

1. Que diferenças no ambiente de varejo podem justificar o fato de que a cadeia de suprimentos de bens de consumo mais vendidos na Índia tenha muito mais distribuidores do que a dos Estados Unidos?
2. Uma companhia de produtos químicos especializados está considerando a expansão de suas operações ao Brasil, onde cinco companhias dominam o consumo de químicos especializados. Que tipo de rede de distribuição essa companhia deverá utilizar?
3. Um distribuidor ouviu que um de seus principais fabricantes, dos quais ele compra, está pensando em vender diretamente ao consumidor. O que o distribuidor pode fazer a respeito disso? Quais vantagens ele pode oferecer ao fabricante que este provavelmente não conseguirá reproduzir?
4. Que tipos de redes de distribuição normalmente são mais adequadas para itens de *commodity*?
5. Que tipo de redes são mais adequadas para produtos altamente diferenciados?
6. No futuro, você consegue ver o valor agregado a distribuidores diminuindo, aumentando ou permanecendo o mesmo?
7. Por que o e-business tem sido mais bem-sucedido na indústria de PCs em comparação à indústria de alimentos? No futuro, que valor o e-business provavelmente terá na indústria de PCs?
8. O e-business tem mais chances de ser benéfico na parte inicial ou na parte madura do ciclo de vida do produto? Por quê?
9. Considere a venda de produtos para reformas na Home Depot ou uma cadeia de lojas de ferragens, como a True-Value. Quem pode obter o maior benefício entrando para o comércio on-line? Por quê?
10. A Amazon.com vende, on-line, livros, música, eletrônicos, software, brinquedos e produtos para o lar. Em que categoria de produtos o e-business oferece maior vantagem se comparado a uma rede de lojas do varejo tradicional? Em que categoria de produtos o e-business oferece a menor vantagem (ou uma desvantagem de custo em potencial) em comparação a uma cadeia de lojas do varejo? Por quê?
11. Por que um e-business como a Amazon.com deve construir mais depósitos à medida que seu volume de vendas cresce?

Referências

CHOPRA, S. Designing the Delivery Network for a Supply Chain. *Transportation Research, Part E*, 2003, p. 39, 123–140.

CHOPRA, S. Movie Rental Business: Blockbuster, Netflix, and Redbox. *Kellogg School of Management Case* #5, p. 310–507, 2010.

CHOPRA, S.; MIEGHEM, J. V. Which e-Business Is Right for Your Supply Chain? *Supply Chain Management Review*, jul./ago. 2000, p. 32–40.

EVANS, P. WURSTER, T. S. Getting Real about Virtual Commerce. *Harvard Business Review*, nov./dez. 1999, p. 84–94.

KALAYNAM, K.; HANSON, W. *Internet Marketing and e-Commerce*. Cincinnati, OH: South-Western Publishing, 2007.

LEE, H.; WHANG, S. Winning the Last Mile of e-Commerce. *Sloan Management Review*, 2001, p. 54–62.

OLAVSON, T.; LEE, H.; DENYSE, G. A Portfolio Approach to Supply Chain Design. *Supply Chain Management Review*, jul./ago. 2010, p. 20–27.

POIRIER, C. The Convergence of Business & Technology. *Supply Chain Management Review*, 1999, p. 52–58.

RAMAN, A.; RAO, B. P. *A Tale of Two Electronic Component Suppliers.* Harvard Business School, caso, 9-697-064, 1997.

RICKER, F. R.; KALAKOTA, R. Order Fulfillment: The Hidden Key to e-Commerce Success. *Supply Chain Management Review,* 1999, p. 60–70.

SALCEDO, S.; GRACKIN, A. The e-Value Chain. *Supply Chain Management Review,* 2000, p. 63–70.

WILLCOCKS, L. P.; PLANT, R. Pathways to e-Business Leadership: Getting from Bricks to Clicks. *Sloan Management Review,* 2001, p. 50–59.

SHAPIRO, C.; VARIAN, H. R. *Information Rules: A Strategic Guide to the Network Economy.* Boston: Harvard Business School Press, 1999.

THE e-Enabled Supply Chain. Global Supplement, *Supply Chain Management Review,* 1999.

TURBAN, E. et al. *Electronic Commerce: A Managerial Perspective.* Upper Saddle River, NJ: Prentice Hall, 2000.

Estudo de caso
A Blue Nile e a revenda de diamantes[4]

Um cliente entra em sua joalheria com listagens de seleções de diamantes da Blue Nile, empresa que é a maior revendedora de diamantes on-line. O preço de catálogo para o diamante desejado pelo cliente é de apenas 100 dólares acima de seu custo total para uma pedra com as mesmas características. Você deixa o cliente sair sem comprar ou reduz o preço para competir?[5]

Esse é um dilema que muitos joalheiros têm enfrentado. Alguns argumentam que os joalheiros devem reduzir o preço das pedras para manter o cliente. As vendas futuras e as vendas adicionais, como projetos personalizados, montagens e reparos, podem, então, ser usadas para criar margens adicionais. Outros argumentam que reduzir preços para competir envia um sinal negativo aos clientes leais do passado, que podem ficar chateados pelo fato de não terem recebido o melhor preço.

À medida que a economia ficou mais apertada no final de 2007, as diferenças entre o desempenho da Blue Nile e o dos lojistas tradicionais foram impressionantes. Em janeiro de 2008, a Blue Nile informou um salto de 24% nas vendas durante seu quarto trimestre. Para o mesmo trimestre, a Tiffany anunciou uma queda de 2% nas vendas e a Zales, uma queda de 9%. A diretora de operações da Blue Nile, Diane Irvine, afirmou: "Este negócio trata principalmente de apanhar a fatia de mercado. Vemos esse tipo de ambiente como uma oportunidade."

O setor de revenda de diamantes

O ano de 2008 estava se transformando em um ano muito difícil para a indústria de diamantes, tanto no atacado quanto no varejo. As coisas estavam tão ruins no lado da oferta que a associação comercial dos revendedores, a World Federation of Diamond Bourses, emitiu um apelo para que os produtores de diamantes reduzissem a oferta de novas joias que entrassem no mercado, em um esforço para diminuir a oferta.

Contudo, o maior produtor do mundo, De Beers, parecia impassível, recusando qualquer comprometimento para reduzir a produção. Recentemente a empresa abriu a mina Voorspoed, na África do Sul, que, quando estivesse operando totalmente, poderia acrescentar 800 mil quilates por ano a um mercado que já tem excesso de oferta. Historicamente, a De Beers exerceu um controle tremendo sobre a oferta de diamantes, chegando ao ponto de comprar grandes quantidades de diamantes brutos de outros produtores. Em 2005, a European Commission forçou a De Beers a retirar seu acordo de comprar diamantes da ALROSA, o segundo maior produtor de diamantes do mundo, que era responsável pela maior parte da produção de diamantes na Rússia. A Rússia era o segundo maior produtor de diamantes do mundo, depois de Botswana.

Enquanto varejistas de desconto como Walmart e Costco continuavam lutando, a situação era muito difícil para os comerciantes de joias tradicionais. A Friedman pediu falência (Capítulo 11) em janeiro de 2008, seguida pouco depois pela Whitehall de Chicago, em junho. Quando pediu falência, a Friedman era a terceira maior rede de joalherias na América do Norte, com 455 lojas, enquanto a Whitehall estava em quinto lugar, com 375 lojas em abril de 2008. Em fevereiro de 2008, a Zales anunciou um plano de fechar mais de cem lojas naquele ano. Essa reformulação ofereceu uma oportunidade para outros participantes entrarem e tentarem ganhar uma fatia do mercado.

Com a economia enfraquecida, o terceiro e quarto trimestres de 2008 foram particularmente difíceis para os revendedores de diamantes. Mesmo os participantes historicamente bem-sucedidos, como Blue Nile, Tiffany e Zales, viram um declínio nas vendas e uma queda significativa no preço de suas ações. À medida que os clientes apertavam seus cintos e cortavam gastos supérfluos, compras de alto valor, como joias em diamantes, normalmente eram as primeiras a serem adiadas. A situação piorou quando a concorrência para o número decrescente de clientes tornou-se mais acirrada. Nesse ambiente difícil, era complicado julgar quais fatores poderiam ajudar mais os diferentes revendedores de joias a terem sucesso.

---

[4] Este caso foi escrito em conjunto com o Professor Roby Thomas do Elmhurst College.

[5] KING, Stacey. The Internet: retailers' new challenge. *Professional Jeweller Magazine,* ago. 1999.

Blue Nile

Em dezembro de 1998, Mark Vadon, um jovem consultor, estava comprando um anel de noivado e se deparou com uma empresa chamada internet Diamonds, dirigida pelo joalheiro de Seattle Doug Williams. Vadon não só comprou um anel, mas também entrou no negócio com Williams no início de 1999. A empresa mudou seu nome para Blue Nile ao final de 1999, pois o novo nome "parecia mais elegante e luxuoso", de acordo com Vadon.

Em seu site, a Blue Nile articulava sua filosofia da seguinte forma: "Oferecemos diamantes de alta qualidade e joias finas a preços incríveis. Quando você visitar nosso site, encontrará joias extraordinárias, orientações úteis e um treinamento fácil para entender sobre a joia perfeita para a sua ocasião".

Muitos clientes (sobretudo os homens) gostaram da tática de venda menos forçada, com foco na educação. Além de explicar sobre os quatro C's — corte, cor, clareza e *carat* (quilate) —, a Blue Nile permitia que os clientes "montassem seu próprio anel". Começando com o corte que eles preferiam, os clientes poderiam determinar faixas ao longo de cada um dos quatro C's e do preço. A empresa, então, exibia todas as pedras no estoque que se ajustavam ao perfil desejado pelo cliente. Os clientes selecionavam a pedra escolhida, seguida pela montagem de que mais gostassem. A Blue Nile também permitia que os clientes tivessem suas perguntas solucionadas pelo telefone por representantes de vendas que não trabalhavam por comissão. Essa tática de vendas menos forçada atraiu bastante um segmento da população. Em um artigo da *BusinessWeek* em 2008, o empreendedor da Web Jason Calacanis foi citado, dizendo que comprar seu anel de noivado (pelo qual ele gastou "dezenas de milhares de dólares") na Blue Nile "foi a melhor experiência de compra que ele já teve".[6]

A empresa focou a oferta de um bom valor aos seus clientes. Enquanto os joalheiros tradicionais normalmente subiam o preço dos diamantes em até 50%, a Blue Nile mantinha uma remarcação inferior, de cerca de 20%. A empresa sentiu que poderia permitir a remarcação mais baixa em virtude dos menores custos de estoque e depósito. Diferentemente dos varejistas de joias que mantinham lojas em áreas altamente valorizadas, a Blue Nile tinha um único depósito nos Estados Unidos, onde guardava seu estoque inteiro.

A estratégia da empresa também tinha obstáculos, pois alguns clientes não se importavam tanto com preços mais baixos que os da concorrência. Por exemplo, alguns clientes preferiam "uma joia fina em uma caixa azul com Tiffany escrito nela"[7] a obter um desconto no preço. Além disso, não estava inteiramente claro se os clientes estariam dispostos a gastar milhares de dólares em um item que não tinham visto ou tocado. Para contornar esse problema, a Blue Nile oferecia uma garantia de devolução de 30 dias sobre os itens em condição original.

Em 2007, a empresa lançou sites no Canadá e no Reino Unido, e abriu um escritório em Dublin com operações locais de serviço e atendimento ao cliente. O escritório em Dublin oferecia remessa gratuita a vários países no Oeste europeu. A instalação nos Estados Unidos tratava da remessa internacional para alguns países na região Ásia-Pacífico. As vendas internacionais aumentaram de 17 milhões de dólares em 2007 para mais de 62 milhões de dólares em 2012.

Por volta de 2007, a Blue Nile tinha vendido mais de 70 mil anéis de mais de um quilate com 25 pedidos acima de 100 mil dólares. Em junho de 2007, a empresa vendeu um único diamante por 1,5 milhão de dólares. A *Forbes* chamou o fato de talvez "a maior compra de consumo na história da Web — e também a mais improvável".[8] A pedra, com mais de dez quilates, tinha o diâmetro aproximado do tamanho de uma moeda de um centavo. A Blue Nile não tinha a pedra em estoque, mas sua rede de fornecedores localizou rapidamente uma pedra em um avião que partiu de um comerciante em Nova York para um varejista na Itália. A pedra foi enviada para a sede da Blue Nile em Seattle e transportada em um caminhão blindado da Brinks para o comprador. O processo inteiro levou apenas três dias.

Em fevereiro de 2014, a Blue Nile ofereceu mais de 140 mil diamantes em seu site. Desses, mais de 50 mil tinham um quilate ou mais, com preços de até 2,9 milhões de dólares. Quase 76 mil diamantes no site da Blue Nile tiveram preços acima de 2.500 dólares. Em 2010, a CEO da empresa, Diane Irvine, disse: "Não estamos posicionados como um saldão. Estamos vendendo um produto de qualidade muito alta, mas a preço muito menor". O relatório anual de 2012 afirmou: "temos por objetivo limitar nossas ofertas de diamantes a aqueles que possuem características associadas com a alta qualidade".

Em 2012, a empresa teve vendas de cerca de 400 milhões de dólares com um resultado líquido de 8,4 milhões de dólares. Embora as vendas tivessem aumentado, o resultado caiu relativamente em 2011. A empresa também começou a oferecer uma ampla gama de produtos não relacionados a noivado, como anéis, alianças, colares, pingentes, braceletes e acessórios contendo metais preciosos, diamantes, pedras preciosas e pérolas. Contudo, a empresa sustentou que a categoria de noivado era seu negócio principal.

Zales

As primeiras joalherias Zales foram estabelecidas por Morris (M.B) Zale, William Zale e Ben Lipshy em 1924. Sua

---

6 Jay Greene. Blue Nile: no diamond in the rough. *BusinessWeek e.biz*, maio 2000.
7 King, The Internet: Retailers' New Challenge.
8 Victoria Murphy Barret, The Digital Diamond District, *Forbes.com*, Out 2007.

estratégia de marketing era oferecer um plano de crédito de "um centavo abaixo e um dólar por semana". Seu sucesso lhes permitiu expandir para 12 lojas em Oklahoma e Texas em 1941. Pelas quatro décadas seguintes, a empresa cresceu com centenas de lojas, comprando outras lojas e redes menores.

Em 1986, a empresa foi vendida, em uma aquisição feita com recursos financiados, pela Peoples Jewellers do Canadá e Swarovski International. Em 1992, seus débitos levaram a Zales à concordata por um ano. Ela tornou-se uma empresa pública novamente nessa década e operava quase 2.400 lojas em 2005. As divisões da empresa incluíam Piercing Pagoda, com quiosques em áreas comerciais vendendo joias a adolescentes; Zales Jewelers, que vendia joias em diamantes para compradores de shoppings frequentados por trabalhadores assalariados; a luxuosa Gordon's e a Bailey Banks & Biddle Fine Jewelers, que vendia produtos ainda mais caros em shoppings mais luxuosos, a qual foi vendida pela Zales Corporation em novembro de 2007.

Três anos de fatia de mercado em declínio, perdidos principalmente para lojas de descontos como Walmart e Costco, colocaram pressão sobre a Zales para decidir sobre uma remodelação em 2005. A empresa reduziu as joias de ouro de dez quilates mais baratas e os diamantes de qualidade modesta. O objetivo era tornar a joalheria mais luxuosa e atenta às tendências da moda, afastando-se de sua reputação de empresa controlada por promoções e de nível inferior. Infelizmente, a mudança foi um desastre. Houve atrasos na inclusão de novas mercadorias e as vendas na mesma base de lojas caíram. A empresa perdeu muitos de seus clientes tradicionais sem ganhar os novos que desejava. Logo, foi passada para trás pela Sterling de Akron, Ohio (uma subsidiária do Signet Group) como maior joalheria nos Estados Unidos. O CEO da Zale Corporation foi forçado a se demitir no início de 2006.

Em agosto de 2006, com um novo CEO, a Zales iniciou uma transição para retornar a seu papel de revenda promocional, voltada para joias e anéis de diamante da moda. A transição envolveu a venda de quase 50 milhões de dólares em estoque descontinuado de sua estratégia luxuosa e um gasto de 120 milhões de dólares em estoque novo. Como resultado da redução de ativos de estoque, a Zales perdeu 26,4 milhões de dólares em seu trimestre terminado em 31 de julho de 2006.

A empresa teve algum sucesso com sua nova estratégia, mas foi prejudicada pelo aumento nos preços do combustível e pela queda nos preços de imóveis em 2007, que fizeram seus clientes de classe média se sentirem menos seguros. Seus principais clientes hesitavam em comprar joias, pois enfrentavam preços mais altos para alimentos e combustível. A Zales informou um lucro de 1,5 milhão de dólares no trimestre que terminou em 31 de julho de 2007, mas as vendas na mesma base de lojas caíram em 0,5%. Em fevereiro de 2008, a empresa anunciou um plano para fechar aproximadamente 105 lojas, reduzir o estoque em 100 milhões de dólares e diminuir o pessoal na sede da empresa em cerca de 20%. O objetivo desse plano era aumentar a lucratividade da empresa e melhorar sua eficácia geral. Depois de alguns anos de perda, a empresa finalmente anunciou lucro em 2012 (ver Tabela 4.14).

Tabela 4.14 Dados financeiros selecionados da Blue Nile, Inc., Zale Corporation e Tiffany & Co. (em milhares de dólares) em 2012.

	Blue Nile	Zale	Tiffany
Vendas líquidas	400,0	1.888,0	3.794,2
Custo de vendas	325,0	903,6	1.631,0
Lucro bruto	75,1	984,4	2.163,2
Despesas de vendas, gerais e administrativas	62,8	915,5	1.466,1
Resultados operacionais	12,3	35,1	697,2
Resultado líquido	8,4	10,0	416,1
Dinheiro em espécie e equivalentes	87,0	17,1	504,8
Recebíveis líquidos	4,4	–	253,5
Estoques	33,3	767,2	2.234,3
Ativos correntes totais	125,9	837,2	3.151,6
Propriedade e equipamentos	7,9	108,9	818,8
Outros ativos	89	35,7	354,0
Ativos totais	145,9	1.187,3	4.630,9
Contas a pagar	128,6	327,6	325,9
Equidade dos acionistas	14,1	183,3	2.598,7

Tiffany

A Tiffany foi aberta em 1837 como um empório de artigos de escritório e produtos de decoração na cidade de Nova York. Ela publicou seu primeiro catálogo em 1845. A empresa gozava de tremendo sucesso, em particular com seus objetos de prata, tornando-se populares em todo o mundo. Em 1886, a Tiffany introduziu sua hoje famosa "montagem Tiffany" para anéis de noivado solitários. A marca Tiffany era tão forte que ajudou a definir os padrões de pureza de diamante e platina usados em todo o mundo. Em 1950, Truman Capote publicou seu *best-seller Breakfast at Tiffany's* (Bonequinha de luxo), que foi adaptado para o cinema de maneira muito bem-sucedida em 1961. Depois de mais de um século de tremendo sucesso com sua joalheria e outros produtos, a empresa abriu seu capital em 1987.

Os produtos de alto nível da Tiffany incluíam anéis de diamante, anéis de noivado, joias de pedras preciosas e anéis com diamantes como pedra principal. A empresa também vendia joias de pedras não preciosas, ouro, platina e prata. Outros produtos vendidos incluíam relógios e itens de alto valor para casa, como cristais e baixelas de prata. Além de seus próprios projetos, a Tiffany também vendia joias projetadas por Elsa Peretti, Paloma Picasso, o falecido Jean Schlumberger e o arquiteto Frank Gehry.

Por volta de 2012, a Tiffany tinha mais de 275 lojas e butiques em todo o mundo, com cerca de 90 delas nos Estados Unidos. De seus pontos de venda globais, a Tiffany tinha mais de 50 no Japão e mais de 65 no restante da região Ásia-Pacífico. O tamanho das lojas variava de 390 a 6 mil m² quadrados, com uma média de 2 mil m². Sua principal loja em Nova York contribuiu com cerca de 10% das vendas da empresa em 2007. Além das lojas de varejo, a empresa também vendia por meio de site e catálogo. A empresa, porém, não oferecia joias de noivado em seu site em 2012. Seus produtos de ponta, incluindo joias, eram vendidos principalmente por meio das lojas. O canal direto focava o que a Tiffany chamava de itens "D", que consistiam principalmente em joias não preciosas e as confeccionadas em prata, com um preço médio de 200 dólares em 2007. As vendas na categoria D representavam cerca de 58% do total de vendas para o canal direto. Diferentemente, mais da metade das vendas do varejo vinha dos produtos de ponta, como anéis de diamantes e joias preciosas com um preço de venda médio, em 2007, de mais de 3 mil dólares.

A Tiffany mantinha suas próprias instalações de manufatura em Rhode Island e Nova York, mas também continuava a comprar de terceiros. Em 2007, quase 60% de suas joias eram provenientes de instalações de manufatura internas. A Tiffany tinha um centro de serviço de varejo em Nova Jersey que era voltado para receber produtos de todo o mundo e reabastecer suas lojas. A empresa tinha um centro de atendimento ao cliente separado, para processar pedidos diretamente.

Até 2003, a empresa não comprava diamantes brutos, priorizando inteiramente a compra de pedras polidas. Desde então, estabeleceu operações de processamento de diamantes no Canadá, África do Sul, Botswana, Namíbia, Bélgica, China e Vietnã. Em 2007, aproximadamente 40% dos diamantes usados pela Tiffany eram produzidos a partir de diamantes brutos comprados pela empresa. Nem todos eles poderiam ser lapidados e polidos de acordo com os padrões de qualidade da Tiffany. Os diamantes que não conseguiam atingir os padrões da empresa eram, então, vendidos para terceiros ao preço de mercado, às vezes com perdas.

Em 2012, 90% das vendas líquidas da Tiffany vinham de joias, com aproximadamente 48% das vendas líquidas vindo de produtos contendo diamantes de vários tamanhos[9]. Os produtos contendo um ou mais diamantes de um quilate ou mais compreendiam mais de 10% das vendas líquidas em 2007. Detalhes financeiros selecionados do desempenho da Tiffany durante esse período aparecem na Tabela 4.14.

A associação da marca Tiffany à qualidade, ao luxo e à exclusividade foi uma parte importante de seu sucesso. Nenhum outro vendedor de diamantes e joias obteve margens sequer próximas daquelas da Tiffany. Em seus relatórios anuais, a empresa listava a forte marca como principal fator de risco, pois qualquer enfraquecimento na imagem de sua marca teria um impacto negativo significativo sobre suas margens.

Questões para estudo

1. Quais são alguns fatores-chave de sucesso na revenda de diamantes? Como a Blue Nile, a Zales e a Tiffany se comparam nessas dimensões?
2. O que você acha do fato de a Blue Nile manter mais algumas pedras com preços de 2.500 dólares ou mais enquanto quase uma grande fração dos produtos vendidos pelo site da Tiffany têm preço em torno de 200 dólares? Qual das duas categorias de produtos é mais adequada aos pontos fortes do canal on-line?
3. O que você acha da decisão da Tiffany de não vender anéis de noivado on-line? O que você acha do crescimento da Blue Nile na categoria de não noivado?
4. Dado que as lojas da Tiffany prosperaram com seu foco na venda de joias de alto nível, o que você acha do fracasso da Zales com sua estratégia luxuosa em 2006? Em que produtos a Zales deveria focar?
5. Qual das três empresas você acha que estava mais bem-estruturada para lidar com o período de baixa econômica?
6. Que conselho você daria a cada uma das três empresas com relação à sua estratégia e estrutura?

---

9 Relatório Anual da Tiffany (março de 2013).

CAPÍTULO 5

Projeto de rede na cadeia de suprimentos

» Objetivos de aprendizagem

Depois de ler este capítulo, você será capaz de:

1. Compreender o papel das decisões do projeto de rede em uma cadeia de suprimentos.
2. Identificar fatores que influenciam decisões de projeto de rede na cadeia de suprimentos.
3. Desenvolver um modelo para tomar decisões de projeto de rede.
4. Usar a otimização para decisões sobre localização de instalações e alocação de capacidade.

Neste capítulo, começamos com o projeto geral da cadeia de suprimentos discutido no Capítulo 4 e focamos as questões fundamentais de localização de instalações, alocação de capacidade e mercado dentro de uma rede de cadeia de suprimentos. Identificamos e discutimos os diversos fatores que influenciam as decisões de localização de instalações, de capacidade e de alocação de mercado. Depois, estabelecemos um modelo e discutimos diversas soluções metodológicas para decisões de projeto de rede.

5.1 O papel do projeto de rede na cadeia de suprimentos

Decisões de projeto de rede da cadeia de suprimentos incluem a atribuição do papel das instalações, da localização de instalações relacionadas à manufatura, do armazenamento ou do transporte, e da alocação de capacidade e mercados. Decisões de projeto de rede da cadeia de suprimentos são classificadas da seguinte forma:

1. *Papel das instalações*: Que papel cada uma das instalações deve desempenhar? Que processos são realizados em cada uma das instalações?

2. *Localização das instalações*: Onde as instalações devem estar localizadas?

3. *Alocação de capacidade*: Quanta capacidade deve ser alocada a cada uma das instalações?

4. *Alocação de mercado e suprimentos*: A que mercados cada instalação deverá atender? Que fontes de suprimentos devem alimentar cada uma das instalações?

Decisões de projeto de rede têm impacto significativo no desempenho, pois determinam a configuração da cadeia de suprimentos e estabelecem restrições dentro das quais outros fatores-chave da cadeia podem ser usados tanto para diminuir seu custo quanto para aumentar a responsividade. Todas as decisões de projeto de rede afetam umas às outras e precisam ser feitas levando esse fato em consideração. Decisões com relação ao papel de cada uma das instalações são significativas, pois determinam a quantidade de flexibilidade que a cadeia de suprimentos tem ao mudar a forma como atende à demanda. Por exemplo, a Toyota possui fábricas localizadas pelo mundo afora, em cada mercado a que atende. Antes de 1997, cada fábrica era capaz de atender somente ao seu mercado local. Isso prejudicou a Toyota quando a economia asiática entrou em recessão no final da década de 1990. As fábricas localizadas na Ásia tinham capacidade ociosa, que não poderia ser usada para atender a outros mercados que estavam experimentando demanda em excesso. A Toyota aumentou a flexibilidade de cada fábrica para poder atender a mercados outros que não os locais. Essa flexibilidade adicional ajuda a Toyota a lidar de modo mais eficaz com mudanças em condições de mercado global. De modo semelhante, a flexibilidade das fábricas da Honda nos Estados Unidos de produzir tanto utilitários quanto carros de passeio na mesma fábrica foi muito útil em 2008, quando a demanda por utilitários caiu, mas não a por carros pequenos.

Decisões de localização de instalações exercem um impacto em longo prazo sobre o desempenho de uma cadeia de suprimentos, pois é muito caro fechar uma instalação ou mudá-la para um local diferente. Uma boa decisão de localização pode ajudar uma cadeia a ser responsiva enquanto mantém seus custos baixos. A Toyota, por exemplo, montou sua primeira fábrica nos Estados Unidos em Lexington, Kentucky, em 1988, e a tem utilizado desde então. As instalações norte-americanas provaram ser lucrativas para a Toyota, quando o iene foi fortalecido e os carros produzidos no Japão ficaram muito caros para competir com carros produzidos nos Estados Unidos. As instalações locais permitiram que a Toyota fosse responsiva ao mercado norte-americano enquanto mantinha custos baixos.

A alocação de capacidade pode ser alterada mais facilmente do que a localização, mas decisões sobre capacidade tendem a permanecer imutáveis por vários anos. Alocar muita capacidade a um local resulta em má utilização e, como resultado, em custos mais altos. Alocar pouca capacidade resulta em fraca responsividade se a demanda não for satisfeita, ou em custo alto se a demanda for atendida por uma instalação distante.

A alocação de fontes de suprimentos e mercados para instalações tem um impacto significativo no desempenho, pois afeta custos totais de produção, de estoque e de transporte, incorridos pela cadeia de suprimentos para satisfazer a demanda do cliente. Essa decisão deverá ser reconsiderada regularmente para que a alocação possa ser alterada conforme mudem os custos de produção e transporte, as condições de mercado ou a capacidade das instalações. Naturalmente, a alocação de mercados e de fontes de suprimentos só podem ser mudadas se as instalações forem flexíveis o bastante para atender a diferentes mercados e para receber suprimentos de diferentes fontes.

As decisões do projeto de rede devem ser revistas à medida que uma empresa cresce ou quando duas empresas se unem. Por exemplo, conforme sua base de assinantes crescia, a Netflix tinha 58 centros de distribuição em 2010 por todos os Estados Unidos, para diminuir os custos de transporte e melhorar a responsividade. Com o crescimento da disponibilização on-line de vídeos e a correspondente queda no aluguel de DVDs, a Netflix fechou quase 20 centros de distribuição no final de 2013. Por outro lado, a Amazon aumentou o número de centros de distribuição nos Estados Unidos de cerca de 20 em 2009 para cerca de 40 em 2013. Mudar o número, local e alocação de demanda dos centros de distribuição com a demanda em constante mudança tem sido importante para manter o baixo custo e responsividade, tanto da Netflix como da Amazon.

Seguindo a junção, consolidar algumas instalações e mudar o local e o papel de outros pode muitas vezes ajudar a reduzir o custo e aumentar a responsividade por conta das redundâncias e diferenças nos mercados servidos por qualquer das duas empresas em separado. As decisões de projetos de rede podem também precisar ser revisadas se o fator custos, como transporte, tiver mudado de modo significativo. Em 2008, a P&G anunciou que iria repensar sua rede de distribuição, que foi implementada quando o "custo do petróleo estava a US$ 10 por barril".

Focamos no desenvolvimento de um modelo, assim como de metodologias que podem ser usadas para o projeto de rede em uma cadeia de suprimentos.

5.2 Fatores que influenciam decisões de projeto de rede

Nesta seção, examinaremos uma ampla variedade de fatores que influenciam decisões de projeto de rede em cadeias de suprimentos.

Fatores estratégicos

A estratégia competitiva de uma empresa tem um impacto significativo sobre as decisões de projeto de rede dentro da cadeia de suprimentos. Empresas que focam em custear a liderança tendem a encontrar o local de menor custo para suas instalações de manufatura, mesmo que isso signifique ficar longe dos mercados a que atendem. Provedores de serviços de manufatura eletrônica, como a Foxconn e a Flextronics, têm sido bem-sucedidos em proporcionar montagem eletrônica de baixo custo localizando suas fábricas em países com mão de obra de baixo custo, como a China. Por outro lado, empresas que focam em responsividade tendem a localizar instalações mais próximas do mercado e podem selecionar um local de alto custo se essa escolha permitir que a empresa reaja rapidamente a necessidades de mercado variáveis. A Zara, fabricante espanhola de roupas, tem grande parte de sua capacidade de produção em Portugal e na Espanha, apesar de o custo ser mais alto por lá. A capacidade local permite que a empresa responda rapidamente a mudanças em tendências da moda. Essa responsividade permitiu que a Zara se tornasse um dos revendedores de roupas que mais crescem no mundo.

Redes de lojas de conveniência visam oferecer acesso fácil a clientes como parte de sua estratégia competitiva. Portanto, essas redes incluem muitas lojas que cobrem dada área, com cada loja sendo relativamente pequena. Em contrapartida, lojas de desconto, como Sam's Club ou Costco, utilizam uma estratégia competitiva voltada para oferecer preços baixos. Assim, suas redes possuem lojas muito grandes e os clientes normalmente precisam viajar muitos quilômetros para chegar até uma delas. A área geográfica coberta por uma loja do Sam's Club pode incluir dezenas de lojas de conveniência.

Redes de cadeia de suprimentos globais podem atender melhor a seus objetivos estratégicos com instalações em diferentes países desempenhando papéis distintos. Por exemplo, a Zara tem instalações de produção na Europa e também na Ásia. Essas instalações na Ásia têm foco no baixo custo e produzem principalmente produtos de baixo custo e padronizados, vendidos em grande quantidade. As instalações da Europa focam em ser responsivas e produzem sobretudo modelos da moda em vigor, cuja demanda é imprevisível. Essa combinação de instalações possibilita que a Zara produza uma ampla variedade de produtos de maneira mais lucrativa.

Fatores tecnológicos

As características das tecnologias de produção disponíveis possuem impacto significativo sobre decisões de projeto de rede. Se a tecnologia de produção exibir economias de escala significativas, algumas poucas localidades de alta capacidade serão mais eficazes. Isso acontece na manufatura de chips de computador, para os quais as fábricas exigem um investimento muito grande e o transporte da entrega é relativamente barato. Como resultado, a maioria das empresas de semicondutores constroem poucas instalações com alta capacidade.

Em contrapartida, se as instalações tiverem custos fixos menores, muitas instalações locais são preferidas, pois isso ajuda a reduzir custos de transporte. Por exemplo, fábricas de garrafas para a Coca-Cola não têm um custo fixo muito alto. Para reduzir os custos de transporte, a empresa monta muitas fábricas de garrafas em todo o mundo, cada uma atendendo a seu mercado local.

Fatores macroeconômicos

Fatores macroeconômicos incluem impostos, tarifas, taxas de câmbio e custos de envio que não são internos a uma única empresa. À medida que o comércio global aumentou, fatores macroeconômicos tiveram influência significativa sobre o sucesso ou fracasso das redes de cadeia de suprimentos. Assim, é imperativo que as empresas levem esses fatores em consideração quando tomam decisões de projeto de rede.

TARIFAS E INCENTIVOS FISCAIS *Tarifas* referem-se a quaisquer obrigações que precisam ser pagas quando os produtos e/ou equipamentos passam por fronteiras internacionais, estaduais ou municipais. As tarifas possuem forte influência sobre as decisões de localização dentro de uma cadeia de suprimentos. Se um país tem tarifas muito altas, as empresas podem tanto não atender ao mercado local quanto montar fábricas dentro do país para economizar em impostos. Altas tarifas levam a mais locais de produção dentro de uma rede de cadeia de suprimentos, com cada local tendo uma capacidade alocada inferior. Como as tarifas caíram com a Organização Mundial do Comércio e com acordos regionais como o Nafta (Tratado Norte-Americano de Livre Comércio), a União Europeia e o Mercosul (Mercado Comum do Sul), as empresas consolidaram sua produção global e instalações de distribuição.

Incentivos fiscais são uma redução em tarifas ou impostos que os países, estados e cidades normalmente oferecem para encorajar as empresas a localizar suas instalações em áreas específicas. Muitos países variam os incentivos de uma cidade para outra a fim de encorajar os investimentos em áreas com menor desenvolvimento econômico. Tais incentivos frequentemente são um fator-chave na decisão final de localização para muitas fábricas. A BMW, por exemplo, construiu sua fábrica norte-americana em Spartanburg, na Carolina do Sul, sobretudo por conta dos incentivos fiscais oferecidos pelo estado.

Países em desenvolvimento frequentemente criam *zonas de livre comércio*, nas quais impostos e taxas de importação são reduzidos desde que a produção seja usada fundamentalmente para exportação. Isso cria um forte incentivo para empresas multinacionais estabelecerem fábricas nesses países a fim de poderem explorar seus baixos custos de mão de obra. Na China, por exemplo, o estabelecimento de uma zona de livre comércio próxima a Guangzhou fez com que muitas empresas multinacionais localizassem instalações por lá na década de 1990.

Um grande número de países em desenvolvimento também oferece outros incentivos fiscais com base em treinamento, alimentação, transporte e outras instalações oferecidas à força de trabalho. As tarifas também podem variar com base no nível de tecnologia do produto. A China, por exemplo, dispensa integralmente tarifas para produtos high-tech, em um esforço para encorajar empresas a se instalarem lá e levarem tecnologia de ponta. A Motorola instalou uma grande fábrica de chips na China para tirar proveito de tarifas reduzidas e de outros incentivos disponíveis a produtos de alta tecnologia.

Muitos países também estabelecem requisitos mínimos de conteúdo local e limites sobre importações para ajudar a desenvolver os fabricantes locais. Essas políticas levam empresas multinacionais a estabelecerem muitas instalações e desenvolverem fornecedores locais. Por exemplo, a espanhola Gamesa era o principal fornecedor de turbinas de vento à China, tendo cerca de um terço da fatia de mercado em 2005. Naquele ano, a China estabeleceu que as usinas de vento deveriam comprar o equipamento com pelo menos 70% de seu conteúdo sendo local. Isso forçou empresas como a Gamesa e a GE, que queria uma fatia do mercado chinês, a treinar fornecedores locais e ser abastecidos por eles. Em 2009, a China revogou as exigências de conteúdo local. A partir de então, os fornecedores chineses tinham escala suficientemente larga para atingir alguns dos custos mais baixos do mundo. Esses fornecedores também venderam parte para os competidores chineses da Gamesa, que se desenvolveram dentro das empresas multinacionais dominantes.

TAXA DE CÂMBIO E RISCO DE DEMANDA Flutuações em taxas de câmbio são comuns e têm impacto significativo sobre os lucros de qualquer cadeia de suprimentos que atende a mercados globais. Por exemplo, o dólar flutuou entre uma alta de 124 ienes em 2007 e uma baixa de 81 ienes em 2010, depois voltou a mais de 100 ienes em 2014. Uma empresa que vende seus produtos nos Estados Unidos com produção no Japão fica exposta ao risco de valorização do iene. O custo da produção é contraído em ienes, enquanto as receitas são obtidas em dólares. Assim, um aumento no valor do iene eleva o custo da produção em dólares, diminuindo os lucros da empresa. Na década de 1980, muitos fabricantes japoneses enfrentaram esse problema quando o iene se valorizou, porque a maior parte de sua capacidade de produção estava localizada no Japão. A valorização do iene diminuiu suas receitas (em termos de iene) de grandes mercados externos e eles viram seus lucros caírem. Muitos fabricantes japoneses responderam construindo instalações de produção em outras partes do mundo. O dólar flutuou entre 0,63 e 1,15 euros entre 2002 e 2008, caindo para US$ 0,63 em julho de 2008. A queda no dólar foi particularmente negativa para fabricantes de automóveis europeus, como a Daimler, a BMW e a Porsche, que exportam muitos veículos para os Estados Unidos. Foi informado que cada centavo de aumento no euro custa à BMW e à Mercedes aproximadamente cerca de US$ 75 milhões por ano para cada uma.

Os riscos de taxa de câmbio podem ser tratados usando-se instrumentos financeiros que limitam ou protegem contra o risco de perda decorrente de flutuações. Contudo, redes de cadeia de suprimentos bem planejadas oferecem a oportunidade de tirar proveito das flutuações de taxa de câmbio e aumentar os lucros. Um modo eficaz de fazer isso é construir algum excesso de capacidade na rede e tornar a capacidade flexível, de modo que possa ser usada para suprir diferentes mercados. Essa flexibilidade permite que a empresa reaja a flutuações em taxa de câmbio, alterando fluxos de produção dentro da cadeia para maximizar lucros.

As empresas também devem levar em consideração flutuações na demanda causadas por mudanças nas economias de diferentes países. Por exemplo, 2009 foi um ano em que as economias dos Estados Unidos e da Europa Ocidental encolheram (o PIB dos Estados Unidos teve queda de 2,4%), ao passo que o da China cresceu mais de 9% e o da Índia mais de 7%. Durante esse período, as empresas multinacionais com presença na China e na Índia e flexibilidade para deslocar recursos dos mercados em baixa para os mercados em crescimento se saíram melhor do que aquelas que não tinham presença nesses mercados ou flexibilidade. Como a economia do Brasil, China e Índia continua a crescer, as cadeias de suprimentos globais terão de estabelecer presença local nesses países, além da flexibilidade para servir múltiplos mercados.

CUSTOS DE FRETE E DE COMBUSTÍVEL Flutuações nos custos de frete e de combustível têm um impacto significativo nos lucros de qualquer cadeia de suprimentos global. Por exemplo, apenas em 2010, o Baltic Dry Index, que mede custo de transporte de matérias-primas como metais, grãos, combustíveis fósseis, teve um pico de 2.187 em maio e chegou a uma queda de 1.709 em julho. O preço do petróleo bruto estava a apenas US$ 31 por barril em fevereiro de 2009 e aumentou para US$ 90 por barril em dezembro de 2010. Pode ser difícil lidar com a extensão da flutuação de preços mesmo com a flexibilidade da cadeia de suprimentos. Essas flutuações são mais bem tratadas diante de preços compensadores nos mercados de commodities ou contratos assinados adequados, de longo prazo. Durante a primeira década do século 21, por exemplo, uma fração significativa dos lucros da Southwest Airlines foram atribuídas a combustíveis comprados a preços compensadores.

Ao projetar redes da cadeia de suprimentos, as empresas devem considerar as flutuações nas taxas de câmbio, demanda e custos de frete e de combustível.

Fatores políticos

A estabilidade política do país em consideração desempenha um papel significativo na escolha da localização. As empresas preferem localizar instalações em países politicamente estáveis, onde as regras de comércio e propriedade são bem definidas. Enquanto o risco político é difícil de quantificar, há alguns índices, como o Global Political Risk Index (GPRI), que podem ser usados pelas empresas ao investir nos mercados emergentes. O GPRI é avaliado pela empresa de consultoria (Eurasia Group) e tem por objetivo medir a capacidade de um país de resistir a choque ou crises em quatro categorias: governo, sociedade, segurança e economia.

Fatores de infraestrutura

A disponibilidade de boa infraestrutura é um pré-requisito importante para a localização de uma instalação em determinada área. Uma infraestrutura fraca aumenta o custo de fazer negócios em dado local. Na década de 1990, empresas multinacionais localizavam suas fábricas na China, perto de Xangai, Tianjin e Guangzhou — embora esses locais não tivessem os menores custos de mão de obra ou de terreno —, pois havia boa infraestrutura nesses lugares. Os principais elementos de infraestrutura a serem considerados durante o projeto de rede incluem disponibilidade de locais e de mão de obra, proximidade a terminais de transporte, serviço ferroviário, proximidade a aeroportos e a portos marítimos, acesso a rodovias, congestionamento e serviços públicos locais.

Fatores competitivos

As empresas devem considerar a estratégia, o tamanho e a localização dos concorrentes ao projetar suas redes de cadeia de suprimentos. Uma decisão fundamental que elas tomam é se localizarão suas instalações próximas aos concorrentes ou longe deles. A forma de competição e fatores como matéria-prima ou disponibilidade de mão de obra influenciam essa decisão.

EXTERNALIDADES POSITIVAS ENTRE EMPRESAS *Externalidades positivas* são casos em que a vizinhança de múltiplas empresas beneficia a todas elas. As externalidades positivas fazem com que os concorrentes se localizem próximos uns dos outros. Por exemplo, lojas de varejo costumam se aproximar porque, agindo dessa forma, a demanda geral aumenta, beneficiando, assim, todas as partes. Por estarem juntas em um shopping, lojas concorrentes geram mais conveniência para os clientes, que precisam se dirigir a apenas um local para encontrar tudo o que estão procurando. Isso eleva o número total de clientes que visitam o shopping, aumentando a demanda para todas as lojas que lá se encontram.

Outro exemplo de externalidade positiva é quando a presença de um concorrente leva ao desenvolvimento de infraestrutura apropriada em uma área em desenvolvimento. Na Índia, a Suzuki foi o primeiro fabricante estrangeiro de automóveis a montar uma instalação de manufatura. A empresa fez um esforço considerável para desenvolver uma rede de fornecedores locais. Com a base de fornecedores bem estabelecida na Índia, os concorrentes da Suzuki também instalaram fábricas por lá, pois eles passaram a achar mais eficiente montar carros na Índia do que importá-los para o país.

LOCALIZAÇÃO PARA DIVIDIR O MERCADO Quando não existem externalidades positivas, as empresas estabelecem seu local de trabalho para se apropriar da maior fatia do mercado possível. Um modelo simples, proposto inicialmente por Hotelling, explica as questões por trás dessa decisão (TIROLE, 1997).

Quando as empresas não controlam o preço, mas competem em termos de distância do cliente, elas podem maximizar a fatia de mercado, localizando-se próximas umas das outras e dividindo-o. Considere uma situação em que os clientes estão uniformemente localizados ao longo do segmento de linha entre 0 e 1 e duas empresas que competem com base em termos de sua distância do cliente, como mostra a Figura 5.1. Um cliente vai até a empresa mais próxima e os clientes que estão equidistantes das duas companhias são divididos uniformemente entre elas.

Se a demanda total é 1, a Empresa 1 se localiza no ponto a e a Empresa 2 se localiza no ponto $1 - b$, a demanda nas duas empresas, $d1$ e $d2$, é dada por:

$$d_1 = a + \frac{1 - b - a}{2} \quad \text{e} \quad d_2 = \frac{1 + b - a}{2}$$

As duas empresas maximizam sua fatia de mercado se elas se juntarem e se localizarem em $a = b = 1/2$.

Observe que, quando as duas empresas se localizam no meio do segmento de linha ($a = b = 1/2$), a distância média que os clientes precisam trafegar é 1/4. Se uma empresa se localiza a 1/4 e a outra a 3/4, a distância média que os clientes precisam viajar cai para 1/8 (clientes entre 0 e 1/2 vêm para a Empresa 1, localizada a 1/4, ao passo que clientes entre 1/2 vêm para a Empresa 2, localizada a 3/4). Esse conjunto de locais, porém, não é um equilíbrio, pois dá às duas companhias um incentivo de tentar aumentar a fatia de mercado, movendo-se para o meio (mais próximo a 1/2). Esse conjunto de locais, no entanto, não constitui um equilíbrio, pois ele proporciona a ambas as empresas um incentivo para tentar aumentar a fatia de mercado ao mover-se para o meio

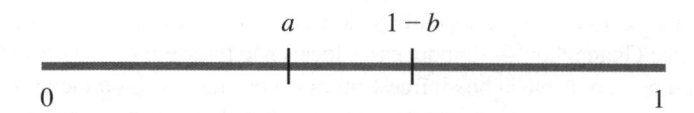

Figura 5.1 Duas empresas localizadas em uma linha.

(mais próximo de 1/2). O resultado da concorrência é que as duas companhias se aproximam, mesmo que isso aumente a distância média para o cliente.

Se as empresas competem em preço e incorrem em custo de transporte para o cliente, pode ser ideal para as duas empresas se localizarem o mais distante possível, com a Empresa 1 localizando-se em 0 e a Empresa 2 localizando-se em 1. O afastamento minimiza a competição em preços e ajuda as empresas a dividir o mercado e a maximizar lucros.

Tempo de resposta de cliente e presença local

Empresas voltadas para clientes que valorizam um tempo de resposta curto precisam estar próximas a eles. Os clientes provavelmente não irão a uma loja de conveniência se tiverem de fazer uma longa viagem para chegar lá. Assim, é melhor que uma rede de lojas de conveniência tenha muitas lojas distribuídas em uma área, de modo que a maioria das pessoas tenha uma loja perto delas. Essa situação difere de clientes que compram maiores quantidades de produtos em supermercados e estão dispostos a viajar por distâncias maiores para chegar até um deles. Assim, redes de supermercados costumam ter lojas maiores que as de conveniência e não tão densamente distribuídas. Muitas cidades têm menos supermercados do que lojas de conveniência. Lojas de descontos, como Sam's Club, buscam clientes que são ainda menos sensíveis ao tempo. Essas lojas são ainda maiores que supermercados e há poucas delas em uma região. A W.W. Grainger usa cerca de 400 instalações em todos os Estados Unidos para oferecer, no mesmo dia, entrega de suprimentos de manutenção e reparos a muitos de seus clientes. A concorrente McMaster-Carr visa a clientes que estão dispostos a esperar pela entrega no dia seguinte. A McMaster-Carr tem apenas cinco instalações nos Estados Unidos, e é capaz de oferecer entrega no dia seguinte para um grande número de clientes.

Se uma empresa estiver entregando seus produtos aos clientes, o uso de um meio de transporte rápido permite que ela construa menos instalações e ainda ofereça um tempo de resposta curto. Essa opção, porém, aumenta o custo do transporte. Além do mais, há muitas situações nas quais é importante a presença de uma instalação próxima a um cliente. Por exemplo, um café provavelmente atrairá clientes que moram ou trabalham na vizinhança. Nenhum modo de transporte mais rápido pode servir como substituto e ser usado para atrair clientes que estão longe do café.

Custos de logística e instalação

Custos de logística e instalação contraídos dentro de uma cadeia de suprimentos mudam à medida que são alterados o número de instalações, seu local e a alocação de capacidade. As empresas precisam considerar custos de estoque, transporte e instalação ao projetar suas redes de cadeia de suprimentos.

Custos de estoque e instalação se elevam à medida que aumenta o número de instalações em uma cadeia de suprimentos. Custos de transporte diminuem à medida que o número de instalações aumenta. Se o número de instalações aumentar a um ponto em que sejam perdidas economias de escala na chegada, então o custo do transporte aumenta. Por exemplo, com poucas instalações, a Amazon.com tem menores custos de estoque e instalação do que a Barnes & Noble, que tem centenas de lojas. A Barnes & Noble, porém, tem menores custos de transporte.

O projeto de rede da cadeia de suprimentos também é influenciado pela transformação que ocorre em cada instalação. Quando existe uma redução significativa no peso ou no volume do material como resultado do processamento, pode ser melhor localizar instalações mais próximas das fontes de suprimentos do que do cliente. Por exemplo, quando o minério de ferro é processado para se transformar em aço, a quantidade de saída é uma fração pequena da quantidade de minério utilizado. Localizar a usina de aço perto da fonte de suprimentos é preferível porque reduz a distância que a grande quantidade de minério precisa viajar.

Custos totais de logística são uma soma dos custos de estoque, transporte e instalação. As instalações em uma rede de cadeia de suprimentos devem pelo menos igualar-se ao número que minimiza o custo total de logística. Uma empresa pode aumentar o número de instalações além desse ponto para melhorar o tempo de resposta a seus clientes. Essa decisão se justifica se o aumento de receita em razão da resposta melhorada for superior ao aumento de custo de instalações adicionais. Na próxima seção, discutimos um modelo para a tomada de decisões de projeto de rede.

5.3 Modelo para decisões de projeto de rede

O objetivo ao projetar uma rede de cadeia de suprimentos é maximizar os lucros da empresa e satisfazer as necessidades do cliente em termos de demanda e responsividade. Para projetar uma rede eficaz, um gestor precisa considerar todos os fatores descritos na Seção 5.2, assim como os discutidos no Capítulo 4. Decisões globais de projeto de rede são tomadas em quatro fases, como mostrado na Figura 5.2. Explicaremos cada fase com mais detalhes.

Fase I – Definir uma estratégia/projeto de cadeia de suprimentos

O objetivo da primeira fase do projeto de rede é definir um projeto geral de cadeia de suprimentos de uma empresa. Isso inclui determinar os estágios na cadeia de suprimentos e se cada função desta será realizada internamente ou se será terceirizada (ver Capítulo 4).

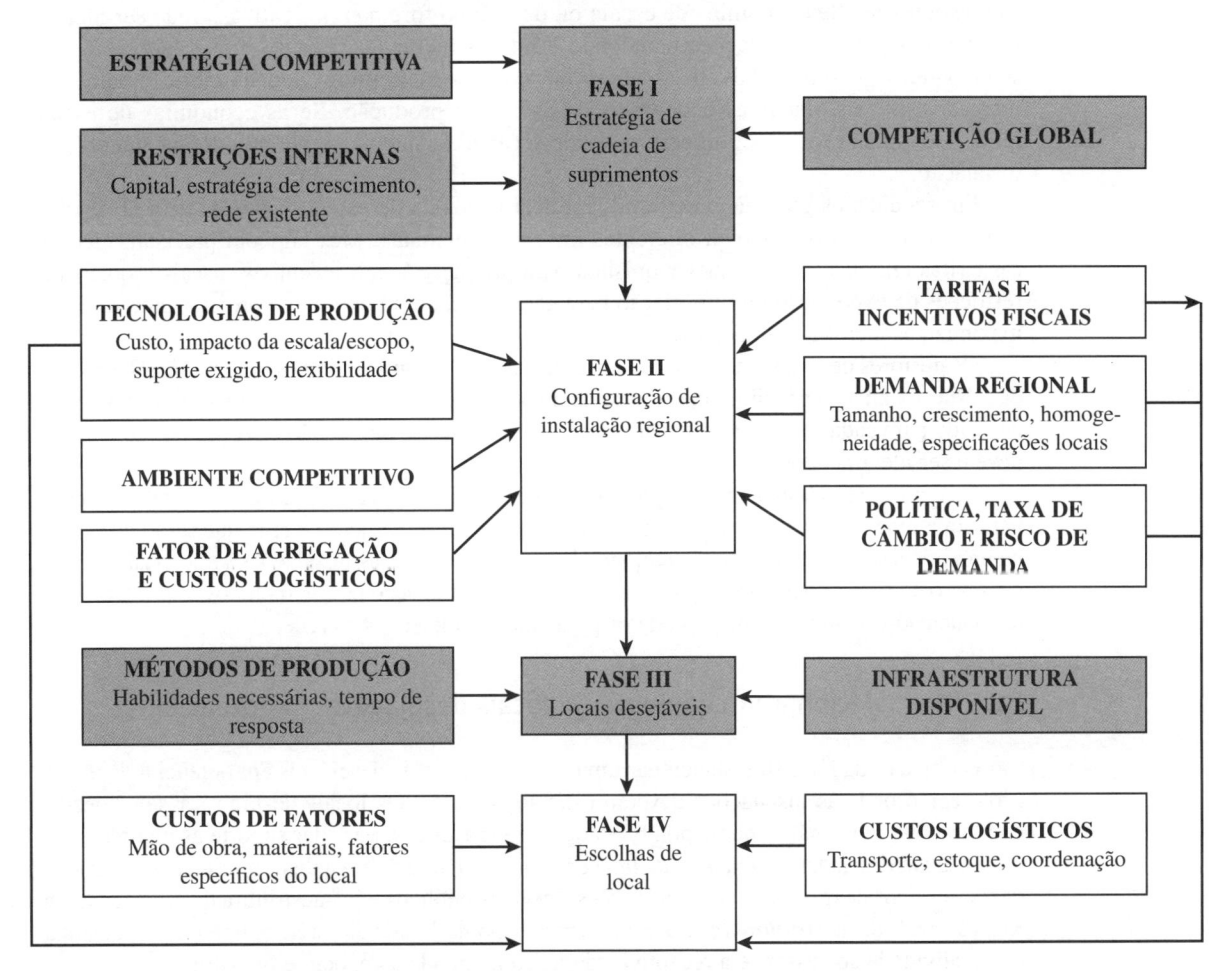

Figura 5.2 Modelo para decisões de projeto de rede.

A Fase I começa com uma definição clara da estratégia competitiva da empresa como um conjunto de necessidades do cliente que a cadeia de suprimentos visa satisfazer. Então, a estratégia da cadeia especifica quais capacidades sua rede precisa ter para dar suporte à estratégia competitiva (ver Capítulo 2). Em seguida, os gestores precisam prever a provável evolução da competição global e se os concorrentes em cada mercado serão participantes locais ou globais. Os gestores também precisam identificar restrições sobre o capital disponível e se o crescimento será realizado adquirindo instalações existentes, construindo novas instalações ou fazendo parcerias.

Com base na estratégia competitiva da empresa, em sua estratégia de cadeia de suprimentos resultante, em uma análise da concorrência, em quaisquer economias de escala ou escopo e em quaisquer restrições, os gestores deverão determinar o projeto de cadeia de suprimentos para a empresa.

Fase II – Definir a configuração de instalação regional

O objetivo da segunda fase do projeto de rede é identificar regiões onde as instalações estarão localizadas, seus papéis potenciais e sua capacidade aproximada.

Uma análise da Fase II começa com uma previsão da demanda por país. Uma previsão como essa precisa incluir uma medida do tamanho da demanda, assim como a determinação de se os requisitos do cliente são homogêneos ou variáveis entre diferentes países. Requisitos homogêneos favorecem grandes instalações consolidadas, enquanto requisitos que variam entre países favorecem instalações flexíveis ou instalações localizadas menores.

O passo seguinte é para que gerentes identifiquem se economias de escala ou de escopo podem desempenhar papel significativo na redução de custos, dadas as tecnologias de produção disponíveis. Se economias de escala ou de escopo forem significativas, pode ser melhor ter algumas poucas instalações atendendo a muitos mercados. Por exemplo, fabricantes de semicondutores como a Advanced Micro Devices possuem muito poucas fábricas para seus mercados globais, dadas as economias de escala na produção. Se as economias de escala ou de escopo não forem significativas, pode ser melhor que cada mercado tenha sua própria instalação.

Em seguida, os gestores precisam identificar riscos da demanda, riscos da taxa de câmbio e riscos políticos associados a diferentes mercados regionais. Eles também precisam identificar tarifas regionais e quaisquer requisitos para produção local, incentivos fiscais e quaisquer restrições de exportação ou importação para cada mercado. O objetivo é projetar uma rede que maximize os lucros pós-impostos.

Os gestores devem identificar concorrentes em cada região e definir se uma instalação precisa estar localizada próxima ou distante da instalação de um concorrente. O tempo de resposta desejado para cada mercado e os custos logísticos a nível de agregação em cada região também devem ser identificados.

Com base em toda essa informação, os gestores identificam a configuração de instalação regional para a rede de cadeia de suprimentos usando modelos de projeto de rede que serão discutidos na próxima seção. A configuração regional define regiões onde as instalações serão estabelecidas, o número aproximado de instalações na rede, e se uma instalação produzirá todos os produtos para dado mercado ou alguns poucos produtos para todos os mercados na rede.

Fase III – Selecionar um conjunto de locais desejáveis em potencial

O objetivo da Fase III é selecionar um conjunto de locais desejáveis em potencial dentro de cada região onde as instalações deverão estar localizadas. Os locais deverão ser selecionados com base em uma análise da disponibilidade de infraestrutura para dar suporte às metodologias de produção desejadas. *Requisitos de infraestrutura física* incluem a disponibilidade de fornecedores, serviços de transporte, comunicações, serviços públicos e infraestrutura de armazenagem. *Requisitos de infraestrutura de apoio* incluem a disponibilidade da força de trabalho especializada, rotatividade de pessoal e a receptividade da comunidade a negócio e indústria.

Fase IV – Escolhas de localização

O objetivo da Fase IV é selecionar uma localização precisa e a alocação de capacidade para cada instalação. A rede é projetada para maximizar lucros totais, levando em conta a margem e a demanda esperadas em cada mercado, diversos custos logísticos e de instalação, e os impostos e tarifas em cada localização.

Na próxima seção, discutiremos as metodologias para a tomada de decisões de localização de instalações e de alocação de capacidade durante as Fases II a IV.

5.4 Modelos para localização de instalações e alocação de capacidade

O objetivo de um gestor ao localizar instalações e alocar capacidade deverá ser maximizar a lucratividade geral da rede de cadeia de suprimentos resultante enquanto oferece aos clientes a responsividade apropriada. As receitas vêm da venda de produto, enquanto os custos aumentam com instalações, mão de obra, transporte, material e estoques. Os lucros da empresa também são afetados por impostos e tarifas. O ideal é que os lucros após todas as taxas sejam maximizados quando se projeta uma rede de cadeia de suprimentos.

Um gestor precisa considerar muitos dilemas durante o projeto de rede. Por exemplo, construir muitas instalações para atender a mercados locais reduz o custo de transporte e oferece um tempo rápido de resposta, mas aumenta os custos de instalação e estoque incorridos pela empresa.

Os gestores usam modelos de projeto de rede em duas situações diferentes. Primeiro, esses modelos são usados para decidir sobre locais onde as instalações serão estabelecidas e a capacidade a ser atribuída a cada instalação. Os gestores devem tomar essa decisão considerando um horizonte de tempo sobre quais localizações e capacidades não serão alterados (normalmente em anos). Segundo, esses modelos são usados para atribuir a demanda atual às instalações disponíveis e identificar corredores ao longo dos quais os produtos serão transportados. Os gestores precisam considerar essa decisão pelo menos anualmente, quando demanda, preços, taxas de câmbio e impostos mudam. Em ambos os casos, o objetivo é maximizar os lucros enquanto as necessidades do cliente são satisfeitas. É de se esperar que a informação a seguir esteja disponível ao tomar a decisão de projeto:

- localização de fontes de suprimento e mercados;
- localização de áreas para instalações em potencial;
- previsão de demanda pelo mercado;
- custos de instalação, mão de obra e material por área;
- custos de transporte entre pares de áreas;
- custos de estoque por área e em função da quantidade;
- preço de venda de produto em diferentes regiões;
- impostos e tarifas;
- tempo de resposta desejado e outros fatores de serviço.

Dada essa informação, modelos tanto de gravidade quanto de otimização de rede podem ser usados para projetar a rede. Organizaremos os modelos de acordo com a fase do projeto de rede na qual cada modelo provavelmente será útil.

Fase II – Modelos de otimização de rede

Durante a Fase II do modelo de projeto de rede (ver Figura 5.2), um gestor considera a demanda regional, tarifas, economias de escala e custos de fator agregado para decidir as regiões nas quais as instalações serão localizadas. Como um exemplo, considere a SunOil, um fabricante de produtos petroquímicos com vendas mundiais. O vice-presidente da cadeia de suprimentos pode considerar várias opções diferentes para atender à demanda. Uma possibilidade seria estabelecer uma instalação em cada região. A vantagem dessa técnica é que ela reduz o custo de transporte e também ajuda a evitar impostos de importação que podem ser aplicados se o produto for importado de outras regiões. A desvantagem dessa abordagem é que as fábricas são dimensionadas para atender à demanda local, e podem não explorar totalmente as economias de escala. Uma abordagem alternativa seria consolidar fábricas em apenas algumas regiões. Isso melhora as economias de escala, mas aumenta o custo de transporte e os impostos de importação. Durante a Fase II, o gestor deve considerar esses dilemas quantificáveis junto de fatores não quantificáveis, como o ambiente competitivo e o risco político.

Os modelos de otimização de rede são úteis para gestores que consideram a configuração regional durante a Fase II. O primeiro passo é reunir os dados em um formulário que possa ser usado para um modelo quantitativo. Para a SunOil, o vice-presidente da cadeia de suprimentos decide enxergar a demanda mundial em termos de cinco regiões — América do Norte, América do Sul, Europa, África e Ásia. Os dados coletados aparecem na Figura 5.3.

A demanda anual para cada uma das cinco regiões aparece nas células B9:F9. As células B4:F8 contêm os custos variáveis de produção, de estoque e de transporte (incluindo tarifas e impostos de importação) de produzir em uma região para atender à demanda em cada região. Todos os custos são calculados em milhares de dólares. Por exemplo, como mostrado na célula C4, custa US$ 92 mil (incluindo encargos de importação) para produzir 1 milhão de unidades na América do Norte e vendê-las na América do Sul. Conforme mostra a célula H4, custa US$ 6 milhões em custo fixo construir uma fábrica de baixa capacidade na América do Norte. Observe que os dados coletados nesse estágio estão em um nível bastante agregado.

Existem tanto custos fixos como variáveis associados a instalações, transporte e estoques em cada planta. Custos fixos são os incorridos não importa o quanto seja produzido ou embarcado a partir de uma instalação. Custos variáveis são os incorridos em proporção direta à quantidade produzida ou enviada de determinada instalação. Custos com instalação, transporte e estoque geralmente exibem economias de escala e o custo marginal diminui à medida que a quantidade produzida em uma instalação aumenta. Nos modelos que consideramos, porém, todos os custos variáveis crescem linearmente com a quantidade produzida ou enviada.

A SunOil está considerando dois tamanhos de fábrica diferentes em cada localização. Fábricas de baixa capacidade podem produzir 10 milhões de unidades/ano, enquanto fábricas de alta capacidade podem produzir 20 milhões de unidades/ano, conforme mostram as células H4:H8 e J4:J8, respectivamente. Fábricas de alta capacidade apresentam algumas economias de escala e têm custos fixos menores que o dobro do custo fixo de uma fábrica de baixa capacidade, como mostram as células I4:I8. Todos os custos fixos são anuais. O vice-presidente deseja saber como deverá ser a rede com menor custo. Para responder a essa pergunta, em seguida discutiremos o modelo de localização de fábrica com base em capacidade, que pode ser usado nesse arranjo.

O MODELO DE LOCALIZAÇÃO DE FÁBRICA COM BASE EM CAPACIDADE O modelo de otimização de rede de localização de fábrica com base em capacidade requer as seguintes informações:

n = número de locais/capacidade da fábrica em potencial (cada nível de capacidade será considerado como um local separado);

m = número de mercados ou pontos de demanda;

	A	B	C	D	E	F	G	H	I	J
1	Informações - Custos, Capacidade, Demandas									
2		Região da Demanda Produção e Transporte por 1 milhão de unidades					Custo de			
3	Região de Fornecimento	América do Norte	América do Sul	Europa	Ásia	África	Custo Fixo (US$)	Baixa Capacidade	Custo Fixo (US$)	Alta Capacidade
4	América do Norte	R$81,00	92	101	130	115	6.000	10	9.000	20
5	América do Sul	117	77	108	98	100	4.500	10	6.750	20
6	Europa	102	105	95	119	111	6.500	10	9.750	20
7	Ásia	115	125	90	59	74	4.100	10	6.150	20
8	África	142	100	103	105	71	4.000	10	6.000	20
9	Demanda	12	8	14	16	7				
10										

Figura 5.3 Dados de custo (em milhares de dólares) e dados de demanda (em milhões de unidades) da SunOil.

D_j = demanda anual do mercado j;
K_i = capacidade potencial da fábrica i;
f_i = custo fixo anual de manter a fábrica i aberta;
c_{ij} = custo de produzir e enviar uma unidade da fábrica i ao mercado j (custo inclui produção, estoque, transporte e tarifas).

O objetivo da equipe da cadeia de suprimentos é decidir sobre um projeto de rede que maximize os lucros depois dos impostos. Por uma questão de simplicidade, no entanto, assumimos que toda a demanda deverá ser atendida e os impostos sobre os ganhos são ignorados. O modelo, portanto, visa minimizar o custo para atender à demanda global. Contudo, ele pode ser modificado para incluir lucros e impostos. Defina as seguintes variáveis de decisão:

y_i = 1 se a fábrica i for aberta, 0 em caso contrário;
x_{ij} = quantidade enviada da fábrica i para o mercado j.

O problema, então, é formulado com a seguinte programação linear inteira:

$$Mín \sum_{i=1}^{n} f_i y_i + \sum_{i=1}^{n}\sum_{j=1}^{m} c_{ij} x_{ij}$$

Sujeito a:

$$\sum_{i=1}^{n} x_{ij} = D_j \quad \text{para} \quad j = 1, \ldots, m \quad (5.1)$$

$$\sum_{j=1}^{m} x_{ij} \leq K_i y_i \quad \text{para} \quad i = 1, \ldots, n \quad (5.2)$$

$$y_i \in \{0, 1\} \quad \text{para} \quad i = 1, \ldots, n, x_{ij} \geq 0 \quad (5.3)$$

A função objetivo minimiza o custo total (fixo + variável) de estabelecer e operar a rede. A restrição na Equação 5.1 exige que a demanda em cada mercado regional seja satisfeita. A restrição na Equação 5.2 indica que nenhuma fábrica pode fornecer mais do que sua capacidade. (Claramente, a capacidade é 0 se a fábrica estiver fechada e K_i se estiver aberta. O produto dos termos, $K_i y_i$, capta esse efeito.) A restrição na Equação 5.3 impõe que cada fábrica esteja ou aberta (y_i = 1) ou fechada (y_i = 0). A solução identifica as fábricas que devem ser mantidas abertas, suas capacidades e a alocação da demanda regional a estas fábricas.

	A	B	C	D	E	F	G	H	I	J
1	*Informações - Custos, Capacidade, Demandas*									
2		**Região da Demanda** — Custo de Produção e Transporte por 1 milhão de unidades								
3	*Região de Fornecimento*	América do Norte	América do Sul	Europa	Ásia	África	Custo Fixo (US$)	Baixa Capacidade	Custo Fixo (US$)	Alta Capacidade
4	América do Norte	81	92	101	130	115	6.000	10	9.000	20
5	América do Sul	117	77	108	98	100	4.500	10	6.750	20
6	Europa	102	105	95	119	111	6.500	10	9.750	20
7	Ásia	115	125	90	59	74	4.100	10	6.150	20
8	África	142	100	103	105	71	4.000	10	6.000	20
9	Demanda	12	8	14	16	7				
10										
11	*Variáveis de Decisão*									
12		Região da Demanda - Alocação de Produção (1.000 unidades)								
13	*Região de Fornecimento*	América do Norte	América do Sul	Europa	Ásia	África	Fábricas (1=aberta)	Fábricas (1=aberta)		
14	América do Norte	0	0	0	0	0	0	0		
15	América do Sul	0	0	0	0	0	0	0		
16	Europa	0	0	0	0	0	0	0		
17	Ásia	0	0	0	0	0	0	0		
18	África	0	0	0	0	0	0	0		

Figura 5.4 Área da planilha para variáveis de decisão da SunOil.

O modelo é resolvido utilizando-se a ferramenta Solver no Excel (vejas as áreas de planilha nas figuras 5.3 a 5.7). Com esses dados, o próximo passo no Excel é identificar as células correspondentes a cada variável de decisão, como mostra a Figura 5.4. As células B14:F18 correspondem às variáveis de decisão x_{ij} e determinam a quantidade produzida em uma região de fornecimento e enviada a uma região de demanda. As células G14:G18 contêm as variáveis de decisão y_i correspondentes às fábricas de baixa capacidade, e as células H14:H18 contêm as variáveis de decisão y_i correspondentes às fábricas de alta capacidade. Inicialmente, todas as variáveis de decisão são definidas como 0.

O próximo passo é construir células para as restrições nas equações 5.1 e 5.2 e a função objetivo. As células de restrição e a função objetivo são mostradas na Figura 5.5. As células B22:B26 contêm as restrições de capacidade na Equação 5.2 e as células B28:F28 contêm as restrições de demanda na Equação 5.1. A função objetivo é mostrada na célula B31 e mede o custo fixo total mais o custo variável de operação da rede.

	A	B	C	D	E	F	G	H	I	J
1	*Informações - Custos, Capacidade, Demandas*									
2				Região da Demanda Custo de Produção e Transporte por 1 milhão de unidades				Custo Fixo	Baixa	Custo Fixo	Alta
3	*Região de Fornecimento*	América do Norte	América do Sul	Europa	Ásia	África	(US$)	Capacidade	(US$)	Capacidade
4	América do Norte	81	92	101	130	115	6.000	10	9.000	20
5	América do Sul	117	77	108	98	100	4.500	10	6.750	20
6	Europa	102	105	95	119	111	6.500	10	9.750	20
7	Ásia	115	125	90	59	74	4.100	10	6.150	20
8	África	142	100	103	105	71	4.000	10	6.000	20
9	*Demanda*	12	8	14	16	7				
10										
11	*Variáveis de Decisão*									
12				Região da Demanda - Alocação de Produção (1.000 unidades)						
13	*Região de Fornecimento*	América do Norte	América do Sul	Europa	Ásia	África	Fábricas (1=aberta)	Fábricas (1=aberta)		
14	América do Norte	0	0	0	0	0	0	0		
15	América do Sul	0	0	0	0	0	0	0		
16	Europa	0	0	0	0	0	0	0		
17	Ásia	0	0	0	0	0	0	0		
18	África	0	0	0	0	0	0	0		
19										
20	*Restrições*									
21	*Região de Fornecimento*	*Excesso de capacidade*								
22	América do Norte	0								
23	América do Sul	0								
24	Europa	0								
25	Ásia	0								
26	África	0								
27		América do Norte	América do Sul	Europa	Ásia	África				
28	*Demanda não alcançada*	12	8	14	16	7				
29										
30	*Função Objetivo*									
31	*Custo =*	$ -								

Célula	Fórmula da célula	Equação	Copiada para
B28	=B9 − SUM(B14:B18)	5.1	B28:F28
B22	=G14*H4+H14*J4 − SUM(B14:F14)	5.2	B22:B26
B31	=SUMPRODUCT(B14:F18,B4:F8) + SUMPRODUCT(G14:G18,G4:G8) + SUMPRODUCT(H14:H18,I4:I8)	Função objetivo	–

Figura 5.5 Área da planilha para restrições e função objetivo da SunOil.

O próximo passo é usar Dados para chamar o Solver, como mostra a Figura 5.6. Dentro do Solver, o objetivo é minimizar o custo total na célula B31. As variáveis estão nas células B14:H18. As restrições são as seguintes:

B14:H18 $\geq$ 0 {Todas as variáveis de decisão são não negativas}

B22:B26 $\geq$ 0 $\{K_i y_i - \sum_{j=1}^{m} x_{ij} \geq 0$ para $i = 1, \ldots, 5\}$

B28:F28 = 0 $\{D_j - \sum_{i=1}^{n} x_{ij} = 0$ para $j = 1, \ldots, 5\}$

G14:H18 *binário* {Variáveis de local y, são binárias; ou seja, 0 ou 1}

Dentro da caixa de diálogo Parâmetros do Solver, selecione Simplex LP e, em seguida, clique em Resolver para obter a solução ideal, como mostra a Figura 5.7. Pela Figura 5.7, a equipe da cadeia de suprimentos conclui que a rede de menor custo terá instalações localizadas na América do Sul (célula H15 = 1), Ásia (célula H17 = 1) e África (célula H18 = 1). Além disso, uma fábrica de alta capacidade deverá ser planejada em cada região. A fábrica na América do Sul atende à demanda da América do Norte (célula B15), enquanto a demanda europeia é atendida por fábricas na Ásia (célula D17) e na África (célula D18).

O modelo discutido anteriormente pode ser modificado para levar em conta imperativos estratégicos que exigem a localização de uma fábrica em alguma região. Por exemplo, se a SunOil decidir estabelecer uma fábrica na Europa por motivos estratégicos, podemos modificar o modelo acrescentando uma restrição que exija que uma fábrica esteja localizada na Europa. Nesse estágio, os custos associados a uma série de opções incorporando diferentes combinações de detalhes estratégicos, como a presença no local, devem ser avaliados. Uma configuração regional adequada é, então, selecionada.

Em seguida, consideramos um modelo que pode ser útil durante a Fase III.

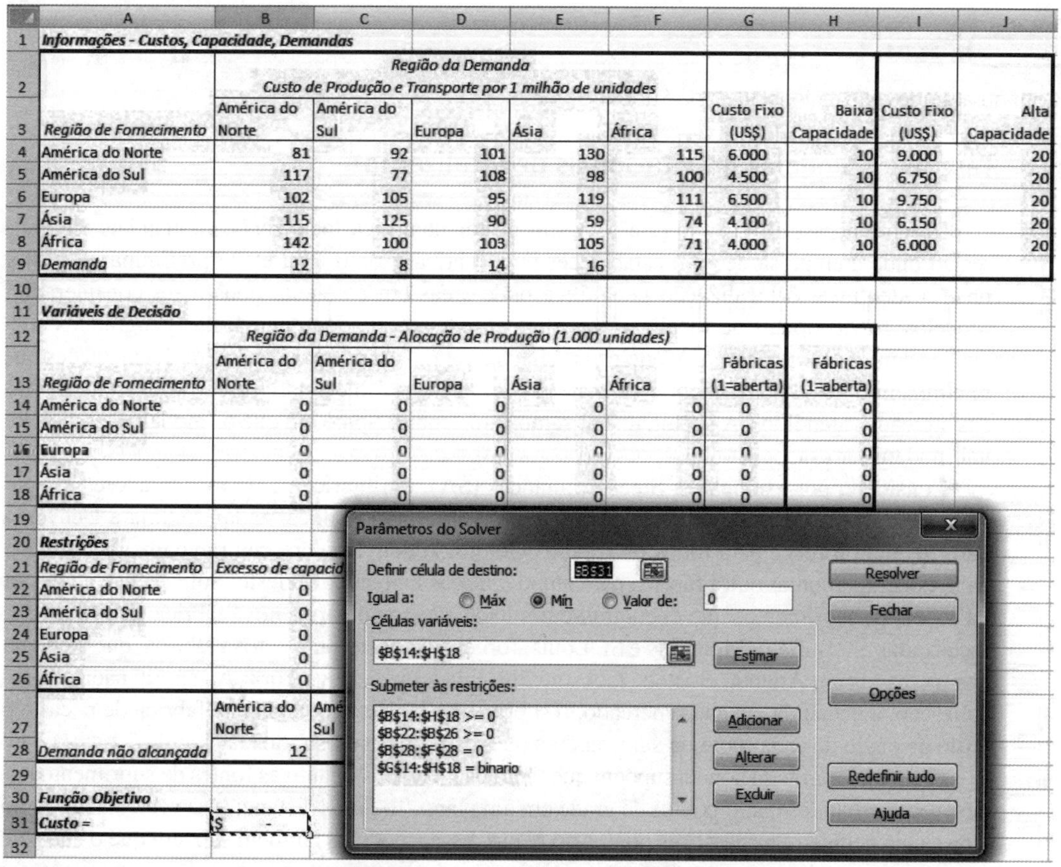

Figura 5.6 Usando o Solver para definir a configuração regional da SunOil.

	A	B	C	D	E	F	G	H	I	J
1	**Informações – Custos, Capacidade, Demandas**									
2		Região da Demanda Custo de Produção e Transporte por 1 milhão de unidades					Custo Fixo (US$)	Baixa Capacidade	Custo Fixo (US$)	Alta Capacidade
3	Região de Fornecimento	América do Norte	América do Sul	Europa	Ásia	África				
4	América do Norte	81	92	101	130	115	6.000	10	9.000	20
5	América do Sul	117	77	108	98	100	4.500	10	6.750	20
6	Europa	102	105	95	119	111	6.500	10	9.750	20
7	Ásia	115	125	90	59	74	4.100	10	6.150	20
8	África	142	100	103	105	71	4.000	10	6.000	20
9	Demanda	12	8	14	16	7				
10										
11	**Variáveis de Decisão**									
12		Região da Demanda – Alocação de Produção (1.000 unidades)					Fábricas (1=aberta)	Fábricas (1=aberta)		
13	Região de Fornecimento	América do Norte	América do Sul	Europa	Ásia	África				
14	América do Norte	0	0	0	0	0	0	0		
15	América do Sul	12	8	0	0	0	0	1		
16	Europa	0	0	0	0	0	0	0		
17	Ásia	0	0	4	16	0	0	1		
18	África	0	0	10	0	7	0	1		
19										
20	**Restrições**									
21	Região de Fornecimento	Excesso de capacidade								
22	América do Norte	0								
23	América do Sul	0								
24	Europa	0								
25	Ásia	0								
26	África	3								
27		América do Norte	América do Sul	Europa	Ásia	África				
28	Demanda não alcançada	0	0	0	0	0				
29										
30	**Função Objetivo**									
31	Custo =	$ 23.751								

》 **Figura 5.7** Configuração de rede regional ideal da SunOil.

Fase III — Modelos gravitacionais de localização

Durante a Fase III (ver Figura 5.2), um gestor identifica localizações potenciais em cada região onde a empresa decidiu estabelecer uma fábrica. Como uma etapa preliminar, o gestor precisa identificar a localização geográfica onde áreas em potencial podem ser consideradas. Modelos gravitacionais de localização podem ser úteis para identificar locais geográficos adequados dentro de uma região. Modelos gravitacionais são usados para encontrar localizações que minimizem o custo de transporte de matérias-primas dos fornecedores e de produtos acabados aos mercados atendidos. A seguir, discutiremos um cenário típico em que os modelos gravitacionais podem ser usados.

Considere, por exemplo, a Steel Appliances (SA), um fabricante de refrigeradores e utensílios de cozinha de alta qualidade. A SA tem uma montadora localizada próxima a Denver, a partir da qual fornece para todos os Estados Unidos. A demanda cresceu rapidamente e o CEO da SA decidiu montar outra fábrica para atender a seus mercados do leste. Solicitou-se ao gestor da cadeia de suprimentos que encontrasse um local adequado para a nova fábrica. Três fábricas, localizadas em Buffalo, Memphis e St. Louis, fornecerão peças para a nova fábrica, que atenderá aos mercados em Atlanta, Boston, Jacksonville, Filadélfia e Nova York. As coordenadas de localização, a demanda em cada mercado, o suprimento necessário para cada fábrica de peças e o custo de envio de cada fonte de suprimentos ou mercado são mostrados na Tabela 5.1.

Os modelos gravitacionais supõem que tanto os mercados quanto as fontes de suprimento podem ser distribuídos como pontos de grade em um plano. Todas as distâncias são calculadas como a distância geométrica entre dois pontos no plano. Esses modelos também supõem que o custo de transporte cresce linearmente com a quantidade enviada. Examinaremos um modelo gravitacional

Tabela 5.1 Locais de fontes de suprimentos e mercados para utensílios de aço.

Fontes/mercados	Custo de transporte US$/t-milha ($F_n$)	Quantidade em t (D_n)	Coordenadas	
			Xn	Yn
Fontes de suprimentos				
Buffalo	0,90	500	700	1.200
Memphis	0,95	300	250	600
St. Louis	0,85	700	225	825
Mercados				
Atlanta	1,50	225	600	500
Boston	1,50	150	1.050	1.200
Jacksonville	1,50	250	800	300
Filadélfia	1,50	175	925	975
Nova York	1,50	300	1.000	1.080

para localizar uma única instalação que recebe matéria-prima de fontes de suprimentos e envia o produto acabado a mercados. As informações básicas para o modelo são as seguintes:

x_n, y_n: coordenadas de localização, de um mercado ou de uma fonte de suprimentos n;

F_n: custo de embarque de uma unidade (uma unidade poderia ser uma peça, um pallet, uma carga de caminhão ou tonelada) por milha entre a instalação e o mercado ou a fonte de suprimentos n;

D_n: quantidade a ser enviada entre a instalação e o mercado ou a fonte de suprimentos n.

Se (x, y) é o local selecionado para a instalação, a distância d_n entre a instalação no local (x, y) e a fonte de suprimentos ou entre o local (x, y) e o mercado n é dada por:

$$d_n = \sqrt{(x - x_n)^2 + (y - y_n)^2} \tag{5.4}$$

E o custo total de transporte (TC) é dado por:

$$TC = \sum_{n=1}^{k} d_n D_n F_n \tag{5.5}$$

A localização ideal é aquela que minimiza o TC na Equação 5.5. A solução ideal para a SA é obtida utilizando-se a ferramenta Solver no Excel, como mostra a Figura 5.8.

O primeiro passo é entrar com os dados do problema conforme mostrado nas células B5:F12. Em seguida, definimos as variáveis de decisão (x, y) correspondentes à localização da nova instalação nas células B16 e B17, respectivamente. Nas células G5:G12, calculamos, então, a distância dn do local da instalação (x, y) até cada fonte ou mercado, usando-se a Equação 5.4. O TC total é, então, calculado na célula B19, utilizando-se a Equação 5.5.

O próximo passo é usar o comando Ferramentas > Solver para chamar o Solver. Dentro da caixa de diálogo Parâmetros do Solver (ver Figura 5.8), a informação a seguir é inserida para representar o problema:

Definir célula de destino: B19
Igual a: Selecione *Mín*
Células variáveis: B16:B17

Selecione GRG não linear e clique no botão Resolver. A solução ideal é retornada nas células B16 e B17, sendo 681 e 882, respectivamente.

O gestor, assim, identifica as coordenadas $(x, y) = (681, 882)$ como a localização da fábrica que minimiza o custo total TC. Em um mapa, essas coordenadas estão próximas à fronteira entre Carolina do Norte e Virgínia. As coordenadas exatas fornecidas pelo modelo gravitacional po-

	A	B	C	D	E	F	G
2							
3		Fontes/	$/T-milha	Toneladas	Coordenadas		
4		Mercados	F_n	D_n	x_n	y_n	d_n
5		Buffalo	0,9	500	700	1200	1389
6	Fontes	Memphis	0,95	300	250	600	650
7		St. Louis	0,85	700	225	825	855
8		Atlanta	1,5	225	600	500	781
9		Boston	1,5	150	1050	1200	1595
10	Mercados	Jacksonville	1,5	250	800	300	854
11		Philadelphia	1,5	175	925	975	1344
12		Nova York	1,5	300	1000	1080	1472
14	**Localização da instalação**						
16	X =	0					
17	Y =	0					
19	Custo =	$ 3.277.110					

Célula	Fórmula da célula	Equação	Copiada para
G5	=SQRT(($B$16-E5)^2+($B$17-F5)^2)	5.1	G5:G12
B19	=SUMPRODUCT(G5:G12,D5:D12,C5:C12)	5.2	–

》 Figura 5.8 Usando o Solver para otimizar a localização da Steel Appliances.

dem não corresponder a uma localização viável. O gestor deverá procurar por locais desejáveis próximos das coordenadas ideais que possuam a infraestrutura exigida, além da força de trabalho apropriada disponível.

O modelo gravitacional também pode ser resolvido usando-se o seguinte procedimento iterativo:

1. Para cada fonte de suprimentos ou mercado n, avalie d_n, conforme definido na Equação 5.4.
2. Obtenha um novo local (x', y') para a instalação, onde:

$$x' = \frac{\sum_{n=1}^{k} \frac{D_n F_n x_n}{d_n}}{\sum_{n=1}^{k} \frac{D_n F_n}{d_n}} \quad e \quad y' = \frac{\sum_{n=1}^{k} \frac{D_n F_n y_n}{d_n}}{\sum_{n=1}^{k} \frac{D_n F_n}{d_n}}$$

3. Se o novo local (x', y') for quase o mesmo que (x, y), pare. Caso contrário, defina $(x, y) = (x', y')$ e volte à etapa 1.

Fase IV – Modelos de otimização de rede

Durante a Fase IV (ver Figura 5.2), um gestor decide sobre a localização e a alocação de capacidade para cada instalação. Além de localizar as instalações, ele também decide como os mercados são alocados às instalações. Essa alocação precisa considerar restrições de serviço ao cliente em termos de tempo de resposta. A decisão de alocação de demanda pode ser alterada regularmente à medida que os custos mudam e os mercados evoluem. Ao projetar a rede, decisões tanto sobre o local quanto sobre alocação são feitas em conjunto.

Ilustramos os modelos de otimização de rede relevantes, usando o exemplo da TelecomOne e da HighOptic, dois fabricantes de equipamento de telecomunicação. A TelecomOne tem se concentrado na metade leste dos Estados Unidos. Ela tem instalações de manufatura localizadas em Baltimore, Memphis e Wichita, e atende a mercados em Atlanta, Boston e Chicago. A HighOptic tem se concentrado na metade oeste dos Estados Unidos, e atende a mercados em Denver, Omaha e Portland, a partir de fábricas localizadas em Cheyenne e Salt Lake City.

As capacidades de fábrica, a demanda de mercado, os custos variáveis de produção e transporte por mil unidades enviados, além dos custos fixos por mês em cada fábrica, são mostrados na Tabela 5.2.

ALOCANDO DEMANDA ÀS INSTALAÇÕES DE PRODUÇÃO Pela Tabela 5.2, calculamos que a TelecomOne tem capacidade de produção total de 71 mil unidades por mês e uma demanda total de 32 mil unidades por mês, enquanto a HighOptic tem uma capacidade de produção de 51 mil unidades por mês e uma demanda de 24 mil unidades por mês. A cada ano, os gestores das duas empresas precisam decidir como alocar a demanda às suas instalações de produção à medida que a demanda e os custos mudam.

O problema de alocação de demanda pode ser resolvido usando-se um modelo de alocação de demanda. O modelo requer as seguintes informações:

n = número de locais de fabricação;
m = número de mercados ou pontos de demanda;
D_j = demanda anual do mercado j;
K_i = capacidade da fábrica i;
c_{ij} = custo de produzir e enviar uma unidade da fábrica i ao mercado j (o custo inclui produção, estoque e transporte).

O objetivo é alocar a demanda de diferentes mercados às várias fábricas para minimizar o custo total de instalações, transporte e estoque. Defina as variáveis de decisão:

x_{ij} = quantidade enviada da fábrica i ao mercado j.

O problema é formulado em termos da seguinte programação linear:

$$\text{Mín} \sum_{i=1}^{n} \sum_{j=1}^{m} c_{ij} x_{ij}$$

Sujeito a:

$$\sum_{i=1}^{n} x_{ij} = D_j \quad \text{para} \quad j = 1, \ldots, m \qquad (5.6)$$

$$\sum_{j=1}^{m} x_{ij} \leq K_i \quad \text{para} \quad i = 1, \ldots, n \qquad (5.7)$$

Tabela 5.2 Dados de capacidade, demanda e custo para a TelecomOne e para a HighOptic.

Cidade fornecedora	Cidade da demanda Custo de produção e de transporte por mil unidades (milhares de US$)						Capacidade mensal (milhares de unidades), K	Custo mensal fixo (milhares de US$), f
	Atlanta	Boston	Chicago	Denver	Omaha	Portland		
Baltimore	1.675	400	685	1.630	1.160	2.800	18	7.650
Cheyenne	1.460	1.940	970	100	495	1.200	24	3.500
Salt Lake City	1.925	2.400	1.425	500	950	800	27	5.000
Memphis	380	1.355	543	1.045	665	2.321	22	4.100
Wichita	922	1.646	700	508	311	1.797	31	2.200
Demanda mensal (milhares de unidades) D_j	10	8	14	6	7	11		

As restrições na Equação 5.6 garantem que toda a demanda do mercado é satisfeita e as restrições na Equação 5.7 garantem que nenhuma fábrica produz mais do que sua capacidade.

Para a TelecomOne e a HighOptic, o problema de alocação de demanda pode ser solucionado usando-se a ferramenta Solver do Excel. A alocação de demanda ideal é apresentada na Tabela 5.3 (ver a planilha *Figuras 5-9 a 5-12* disponível na Sala Virtual). Observe que é ótimo para a TelecomOne não produzir nada na instalação de Wichita, por conta dos altos custos de produção e envio, embora a instalação esteja operando e incorra em custo fixo. Com a alocação de demanda, conforme mostra a Tabela 5.3, a TelecomOne incorre em um custo variável mensal de US$ 14.886.000 e em um custo fixo mensal de US$ 13.950.000 para um custo mensal total de US$ 28.836.000. A HighOptic incorre em um custo variável de US$ 12.865.000 e em um custo fixo mensal de US$ 8.500.000 para um custo mensal total de US$ 21.365.000.

LOCALIZANDO FÁBRICAS: O MODELO DE LOCALIZAÇÃO DE FÁBRICA COM BASE EM CAPACIDADE Tanto a administração da TelecomOne quanto a da HighOptic decidiram fundir as duas empresas em uma única entidade, chamada TelecomOptic. A administração acredita que haverá benefícios significativos se as duas redes forem unidas adequadamente. A TelecomOptic terá cinco fábricas, com as quais atenderá a seis mercados. Os executivos estão debatendo se todas as cinco fábricas são necessárias. Eles alocaram uma equipe da cadeia de suprimentos para estudar a rede para a empresa resultante e identificar as fábricas que poderiam ser fechadas.

O problema de selecionar a localização e a alocação de capacidade ideais é muito semelhante ao problema de configuração regional que já estudamos na Fase II. A única diferença é que, em vez de usar custos e taxas de importação que se aplicam a uma região, agora usamos custos e taxas de importação específicas da localização. A equipe da cadeia de suprimentos, assim, decide usar um modelo de localização de fábrica com base em capacidade, discutido anteriormente, para resolver o problema na Fase IV.

O ideal é que o problema seja formulado para maximizar os lucros totais, levando-se em conta custos, impostos e taxas de importação relativos à localização. Visto que impostos e taxas de importação não variam entre localizações, a equipe de cadeia de suprimentos decide localizar as fábricas e depois alocar a demanda àquelas que estão abertas para minimizar o custo total de instalações, transporte e estoque. Defina as seguintes variáveis de decisão:

$y_i = 1$ se a fábrica i estiver aberta, 0 em caso contrário;
x_{ij} = quantidade enviada da fábrica i ao mercado j.

Lembre-se de que o problema é, então, formulado em termos da seguinte programação mixada inteira:

$$\text{Mín} \sum_{i=1}^{n} f_i y_i + \sum_{i=1}^{n} \sum_{j=1}^{m} c_{ij} x_{ij}$$

Sujeito a x e y que satisfaçam às restrições nas equações 5.1, 5.2 e 5.3.

Os dados de capacidade e demanda, junto dos custos de produção, transporte e estoque nas diferentes fábricas, para a empresa resultante, TelecomOptic, aparecem na Tabela 5.2. A equipe de cadeia de suprimentos decide resolver o modelo de localização de fábrica usando a ferramenta Solver no Excel.

Tabela 5.3 Alocação de demanda ideal para a TelecomOne e a HighOptic.

		Atlanta	Boston	Chicago	Denver	Omaha	Portland
TelecomOne	Baltimore	0	8	2			
	Memphis	10	0	12			
	Wichita	0	0	0			
HighOptic	Salt Lake				0	0	11
	Cheyenne				6	7	0

O primeiro passo na preparação do modelo Solver é informar custo, demanda e capacidade, como mostrado na Figura 5.9 (ver a aba *Figura 5.12* da planilha *Figuras 5-9 a 5-12* disponível na Sala Virtual). Os custos fixos f_i para as cinco fábricas são inseridos nas células H4 a H8. As capacidades K_i das cinco fábricas são inseridas nas células I4 a I8. Os custos variáveis de cada fábrica para cada cidade demandante, c_{ij}, são inseridos nas células B4 a G8. As demandas D_j dos seis mercados são inseridas nas células B9 a G9. Em seguida, correspondendo às variáveis de decisão x_{ij} e y_i, as células B14 a G18 e H14 a H18, respectivamente, são definidas como mostra a Figura 5.9. Inicialmente, todas as variáveis são definidas como 0.

O próximo passo é construir células para cada uma das restrições nas equações 5.1 e 5.2. As células de restrição são mostradas na Figura 5.10. As células B22 a B26 contêm as restrições de capacidade na Equação 5.1, enquanto as células B29 a G29 contêm as restrições de demanda na Equação 5.2. A célula B29 corresponde à restrição de demanda para o mercado em Atlanta. A restrição na célula B22 corresponde à restrição de capacidade para a fábrica em Baltimore. As restrições de capacidade exigem que o valor da célula seja maior ou igual a ($\geq$) 0, enquanto as restrições de demanda exigem que o valor da célula seja igual a 0.

A função objetivo mede o custo total fixo e variável da rede de cadeia de suprimentos e é avaliada na célula B32. O próximo passo é usar o Solver, como mostrado na Figura 5.11.

No Solver, o objetivo é minimizar o custo total na célula B32. As variáveis estão nas células B14:H18. As restrições são as seguintes:

B14:G18 ≥ 0 {Todas as variáveis de decisão são não negativas}

B22:B26 $\geq 0 \left\{ K_i y_i - \sum_{j=1}^{} x_{ij} \geq 0 \quad \text{para } i = 1, \ldots, 5 \right\}$

B29:G29 $= 0 \left\{ D_j - \sum_{i=1}^{n} x_{ij} = 0 \quad \text{para } j = 1, \ldots, 6 \right\}$

H14:H18 *binário* {Variáveis localizacionais yi são binárias; ou seja, 0 ou 1}

	A	B	C	D	E	F	G	H	I
1	*Informações - Custos, Capacidade, Demandas (para a TelecomOptic)*								
2		\multicolumn{6}{c}{Cidade da Demanda — Custo de Produção e Transporte por mil unidades}			Custo Fixo	
3	Cidade de Fornecimento	Atlanta	Boston	Chicago	Denver	Omaha	Portland	(US$)	Capacidade
4	Baltimore	1.675	400	685	1.630	1.160	2.800	7.650	18
5	Cheyenne	1.460	1.940	970	100	495	1.200	3.500	24
6	Salt Lake	1.925	2.400	1.425	500	950	800	5.000	27
7	Memphis	380	1.355	543	1.045	665	2.321	4.100	22
8	Wichita	922	1.646	700	508	311	1.797	2.200	31
9	*Demanda*	10	8	14	6	7	11		
10									
11	*Variáveis de Decisão*								
12		\multicolumn{6}{c}{Cidade da Demanda - Alocação de Produção (mil unidades)}			Fábricas	
13	Cidade de Fornecimento	Atlanta	Boston	Chicago	Denver	Omaha	Portland	(1=aberta)	
14	Baltimore	0	0	0	0	0	0	0	
15	Cheyenne	0	0	0	0	0	0	0	
16	Salt Lake	0	0	0	0	0	0	0	
17	Memphis	0	0	0	0	0	0	0	
18	Wichita	0	0	0	0	0	0	0	

Figura 5.9 Área da planilha para variáveis de decisão da TelecomOptic.

	A	B	C	D	E	F	G	H	I
1	Informações - Custos, Capacidade, Demandas (para a TelecomOptic)								
2		Cidade da Demanda Custo de Produção e Transporte por mil unidades						Custo Fixo (US$)	
3	Cidade de Fornecimento	Atlanta	Boston	Chicago	Denver	Omaha	Portland		Capacidade
4	Baltimore	1.675	400	685	1.630	1.160	2.800	7.650	18
5	Cheyenne	1.460	1.940	970	100	495	1.200	3.500	24
6	Salt Lake	1.925	2.400	1.425	500	950	800	5.000	27
7	Memphis	380	1.355	543	1.045	665	2.321	4.100	22
8	Wichita	922	1.646	700	508	311	1.797	2.200	31
9	Demanda	10	8	14	6	7	11		
10									
11	Variáveis de Decisão								
12		Cidade da Demanda - Alocação de Produção (mil unidades)						Fábricas	
13	Cidade de Fornecimento	Atlanta	Boston	Chicago	Denver	Omaha	Portland	(1=aberta)	
14	Baltimore	0	0	0	0	0	0	0	
15	Cheyenne	0	0	0	0	0	0	0	
16	Salt Lake	0	0	0	0	0	0	0	
17	Memphis	0	0	0	0	0	0	0	
18	Wichita	0	0	0	0	0	0	0	
19									
20	Restrições								
21	Cidade de Fornecimento	Excesso de capacidade							
22	Baltimore	0		Total de capacidade disponível 0					
23	Cheyenne	0							
24	Salt Lake	0		Solver				Veja Formulação de Programa Linear	
25	Memphis	0							
26	Wichita	0							
28		Atlanta	Boston	Chicago	Denver	Omaha	Portland		
29	Demanda não alcançada	10	8	14	6	7	11		
30									
31	Função Objetivo								
32	Custo =	$ -							

Célula	Fórmula	Equação	Copiada para
B22	= I4*H14 − SUM(B14:G14)	5.1	B23:B26
B29	= B9 − SUM(B14:B18)	5.2	B29:B29
B32	= SUMPRODUCT(B4:G8, B14:G18) + SUMPRODUCT(H4:H8, H14:H18)	Função objetivo	

Figura 5.10 Área da planilha para restrições da TelecomOptic.

Dentro da caixa de diálogo de parâmetros do Solver, selecione Simplex LP e clique em Resolver para obter a solução ideal, como mostrado na Figura 5.12. Por essa mesma figura, a equipe da cadeia de suprimentos conclui que o ideal para a TelecomOptic é fechar as fábricas em Salt Lake City e em Wichita, mantendo abertas as fábricas em Baltimore, Cheyenne e Memphis. O custo mensal total dessa rede e da operação é de US$ 47.401.000. Esse custo representa uma economia de cerca de US$ 3 milhões por mês em comparação à situação na qual a TelecomOne e a HighOptic operam redes de cadeia de suprimentos separadas.

LOCALIZANDO FÁBRICAS: O MODELO DE FÁBRICA COM BASE EM CAPACIDADE COM FONTE ÚNICA Em alguns casos, as empresas querem projetar redes de cadeia de suprimentos nas quais um mercado é abastecido por apenas uma fábrica, conhecida como *fonte única*. As empresas podem impor essa restrição porque isso reduz a complexidade de coordenação da rede e requer menos flexibilidade de cada instalação. O modelo de localização de fábrica discutido anteriormente precisa de alguma modificação para acomodar essa restrição. As variáveis de decisão são redefinidas da seguinte forma:

$y_i = 1$ se a fábrica estiver localizada no local i, 0 em caso contrário;
$x_{ij} = 1$ se o mercado j for abastecido pela fábrica i, 0 em caso contrário.

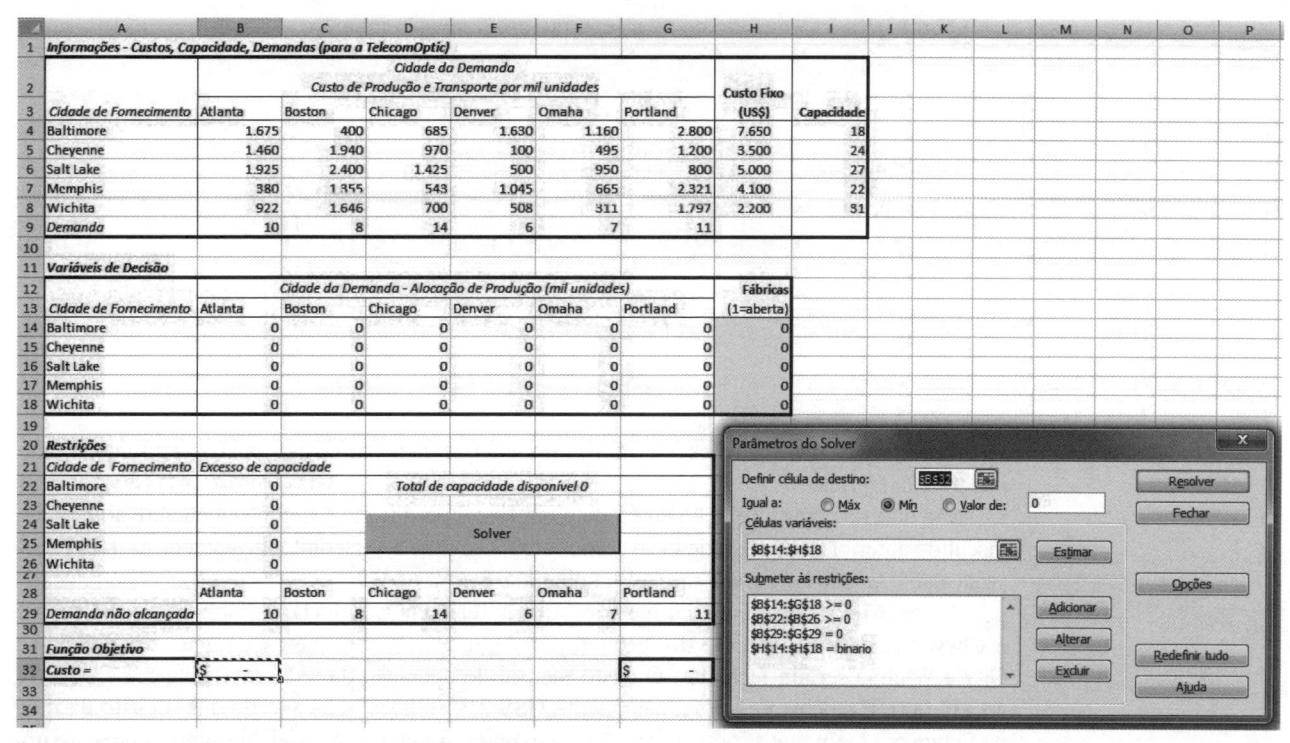

Figura 5.11

Caixa de diálogo do Solver para a TelecomOptic.

Informações - Custos, Capacidade, Demandas (para a TelecomOptic)

Cidade de Fornecimento	Cidade da Demanda – Custo de Produção e Transporte por mil unidades						Custo Fixo (US$)	Capacidade
	Atlanta	Boston	Chicago	Denver	Omaha	Portland		
Baltimore	1.675	400	685	1.630	1.160	2.800	7.650	18
Cheyenne	1.460	1.940	970	100	495	1.200	3.500	24
Salt Lake	1.925	2.400	1.425	500	950	800	5.000	27
Memphis	380	1.355	543	1.045	665	2.321	4.100	22
Wichita	922	1.646	700	508	311	1.797	2.200	31
Demanda	10	8	14	6	7	11		

Variáveis de Decisão

Cidade de Fornecimento	Cidade da Demanda - Alocação de Produção (mil unidades)						Fábricas (1=aberta)
	Atlanta	Boston	Chicago	Denver	Omaha	Portland	
Baltimore	0	8	2	0	0	0	1
Cheyenne	0	0	0	6	7	11	1
Salt Lake	0	0	0	0	0	0	0
Memphis	10	0	12	0	0	0	1
Wichita	0	0	0	0	0	0	0

Restrições

Cidade de Fornecimento	Excesso de capacidade
Baltimore	8
Cheyenne	0
Salt Lake	0
Memphis	0
Wichita	0

Total de capacidade disponível 0

	Atlanta	Boston	Chicago	Denver	Omaha	Portland
Demanda não alcançada	0	0	0	0	0	0

Função Objetivo

Custo = $ 47.401

Figura 5.12

Projeto de rede ideal para a TelecomOptic.

O problema é formulado como a seguinte programação inteira:

$$Mín \sum_{i=1}^{n} f_i y_i + \sum_{i=1}^{n}\sum_{j=1}^{m} D_j c_{ij} x_{ij}$$

Sujeito a:

$$\sum_{i=1}^{n} x_{ij} = 1 \quad \text{para} \quad j = 1, \ldots, m \tag{5.8}$$

$$\sum_{j=1}^{m} D_j x_{ij} \leq K_i y_i \quad \text{para} \quad i = 1, \ldots, n \tag{5.9}$$

$$x_{ij}, y_i \in \{0, 1\} \tag{5.10}$$

As restrições nas equações 5.8 e 5.10 impõem que cada mercado seja abastecido por exatamente uma fábrica.

Não descrevemos a solução do modelo em Excel porque ela é muito semelhante ao modelo discutido anteriormente. A rede ideal com fonte única para a TelecomOptic aparece na Tabela 5.4 (veja a aba *Tabela 5.4 Fontes simples* na planilha *Figuras 5-9 a 5-12*).

Se for exigida fonte única, o melhor é que a TelecomOptic feche as fábricas em Baltimore e Cheyenne. Isso é diferente do resultado na Figura 5.12, em que as fábricas em Salt Lake City e Wichita seriam fechadas. O custo mensal de operação da rede na Tabela 5.4 é de US$ 49.717.000. Esse custo é aproximadamente US$ 2,3 milhões mais alto do que o custo da rede na Figura 5.12, em que a fonte única não era exigida. A equipe da cadeia de suprimentos, assim, conclui que a fonte única aumenta o custo da rede em cerca de US$ 2,3 milhões por mês, embora torne a coordenação mais fácil e exija menos flexibilidade das fábricas.

LOCALIZANDO FÁBRICAS E DEPÓSITOS SIMULTANEAMENTE Uma forma muito mais geral do modelo de localização de fábrica precisa ser considerada se a rede de cadeia de suprimentos inteira, do fornecedor ao cliente, tiver de ser projetada. Consideramos uma cadeia de suprimentos em que os fornecedores enviam material às fábricas, que abastecem os depósitos que, por sua vez, abastecem os mercados, como mostra a Figura 5.13. Decisões de localização e alocação de capacidade precisam ser tomadas tanto para fábricas como para depósitos. Múltiplos depósitos

Tabela 5.4 Configuração de rede ideal para a TelecomOptic com fonte única.

	Aberto/Fechado	Atlanta	Boston	Chicago	Denver	Omaha	Portland
Baltimore	Fechado	0	0	0	0	0	0
Cheyenne	Fechado	0	0	0	0	0	0
Salt Lake City	Aberto	0	0	0	6	0	11
Memphis	Aberto	10	8	0	0	0	0
Wichita	Aberto	0	0	14	0	7	0

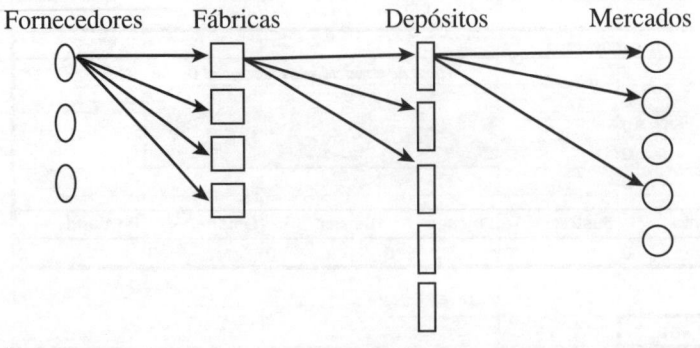

Figura 5.13 Estágios em uma rede de suprimentos.

podem ser usados para atender à demanda em dado mercado e múltiplas fábricas podem ser usadas para reabastecer depósitos. Também se pressupõe que as unidades foram ajustadas corretamente, de modo que uma unidade de entrada de uma fonte de suprimentos produza uma unidade do produto acabado. O modelo requer as seguintes informações:

m = número de mercados ou pontos de demanda;
n = número de locais de fábrica em potencial;
l = número de fornecedores;
t = número de locais de depósito em potencial;
D_j = demanda anual do cliente j;
K_i = capacidade em potencial da fábrica no local i;
S_h = capacidade de suprimento no fornecedor h;
W_e = capacidade de depósito em potencial no local e;
F_i = custo fixo de localizar uma fábrica no local i;
f_e = custo fixo de localizar um depósito no local e;
c_{hi} = custo de enviar uma unidade da fonte de suprimentos h para a fábrica i;
c_{ie} = custo de produzir e enviar uma unidade da fábrica i para o depósito e;
c_{ej} = custo de embarcar uma unidade do depósito e para o cliente j.

O objetivo é identificar localizações de fábrica e de depósito, assim como as quantidades enviadas entre diversos pontos, que minimizem os custos fixos e variáveis totais. Defina as seguintes variáveis de decisão:

y_i = 1 se a fábrica estiver localizada no local i, 0 em caso contrário;
y_e = 1 se o depósito estiver localizado no local e, 0 em caso contrário;
x_{ej} = quantidade enviada do depósito e ao mercado j;
x_{ie} = quantidade enviada da fábrica no local i ao depósito e;
x_{hi} = quantidade enviada do fornecedor h para a fábrica no local i.

O problema é formulado como a seguinte programação linear inteira:

$$\text{Mín} \sum_{i=1}^{n} F_i y_i + \sum_{e=1}^{t} f_e y_e + \sum_{h=1}^{l} \sum_{i=1}^{n} c_{hi} x_{hi} + \sum_{i=1}^{n} \sum_{e=1}^{t} c_{ie} x_{ie} + \sum_{e=1}^{t} \sum_{j=1}^{m} c_{ej} x_{ej}$$

A função objetivo minimiza os custos fixos e variáveis totais da rede da cadeia de suprimentos, sujeitos às seguintes restrições:

$$\sum_{i=1}^{n} x_{hi} \leq S_h \quad \text{para} \quad h = 1, \ldots, l \tag{5.11}$$

A restrição na Equação 5.11 especifica que a quantidade total enviada de um fornecedor não pode exceder a capacidade do fornecedor.

$$\sum_{h=1}^{l} x_{hi} - \sum_{e=1}^{t} x_{ie} \geq 0 \quad \text{para} \quad i = 1, \ldots, n \tag{5.12}$$

A restrição na Equação 5.12 indica que a quantidade enviada de uma fábrica não pode exceder a quantidade de matéria-prima recebida.

$$\sum_{e=1}^{t} x_{ie} \leq K_i y_i \quad \text{para} \quad i = 1, \ldots, n \tag{5.13}$$

A restrição na Equação 5.13 impõe que a quantidade produzida na fábrica não exceda sua capacidade.

$$\sum_{i=1}^{n} x_{ie} - \sum_{j=1}^{m} x_{ej} \geq 0 \quad \text{para} \quad e = 1, \ldots, t \tag{5.14}$$

A restrição na Equação 5.14 especifica que a quantidade enviada de um depósito não pode exceder a quantidade recebida das fábricas.

$$\sum_{j=1}^{m} x_{ej} \leq W_e y_e \quad \text{para} \quad e = 1, \ldots, t \quad (5.15)$$

A restrição na Equação 5.15 especifica que a quantidade enviada por um depósito não pode exceder sua capacidade.

$$\sum_{e=1}^{t} x_{ej} = D_j \quad \text{para} \quad j = 1, \ldots, m \quad (5.16)$$

A restrição na Equação 5.16 especifica que a quantidade enviada a um cliente deverá cobrir a demanda.

$$y_i, y_e \in \{0, 1\}, x_{ej}, x_{ie}, x_{hi} \geq 0 \quad (5.17)$$

A restrição na Equação 5.17 impõe que cada fábrica ou depósito esteja aberto ou fechado.

O modelo discutido anteriormente pode ser modificado para permitir envios diretos entre fábricas e mercados. Todos os demais modelos discutidos anteriormente também podem ser modificados para acomodar economias de escala em custos de produção, transporte e estoque. Porém, esses requisitos tornam os modelos mais difíceis de solucionar.

Considerando impostos, tarifas e requisitos do cliente

Os projetos de rede deverão ser estruturados de modo que a rede da cadeia de suprimentos resultante maximize os lucros após os impostos e tarifas, enquanto atende aos requisitos de serviço ao cliente. Os modelos discutidos anteriormente podem ser facilmente modificados para maximizar lucros considerando impostos, mesmo quando as receitas estiverem em moedas diferentes. Se r_j é a receita da venda de uma unidade no mercado j, a função objetivo do modelo de localização de fábrica com base na capacidade pode ser modificada para:

$$\text{Máx} \sum_{j=1}^{m} r_j \sum_{i=1}^{n} x_{ij} - \sum_{i=1}^{n} F_i y_i - \sum_{i=1}^{n} \sum_{j=1}^{m} c_{ij} x_{ij}$$

Essa função objetivo maximiza os lucros para a empresa. Ao usar uma função objetivo de maximização de lucro, um gestor deverá modificar a restrição na Equação 5.1 para:

$$\sum_{i=1}^{n} x_{ij} \leq D_j \quad \text{para} \quad j = 1, \ldots, m \quad (5.18)$$

A restrição na Equação 5.18 é mais apropriada do que a restrição na Equação 5.1, pois permite que o projetista da rede identifique a demanda que pode ser satisfeita de modo lucrativo e a demanda satisfeita enquanto perda para a empresa. O modelo de localização de fábrica com a Equação 5.18 em vez da Equação 5.1 e a função objetivo de maximização de lucro só servirão à parte da demanda que for lucrativa para ser atendida. Isso pode resultar em alguns mercados nos quais caia uma parte da demanda, a menos que esta queda seja impedida de outra forma, pois ela não pode ser atendida lucrativamente.

As preferências e os requisitos do cliente podem ser em termos do tempo de resposta desejado e da escolha do modo ou do provedor de transporte. Considere, por exemplo, dois modos de transporte disponíveis entre o local de fábrica i e o mercado j. O Modo 1 pode ser marítimo e o Modo 2 pode ser aéreo. O modelo de localização de fábrica é modificado definindo-se duas variáveis de decisão distintas, x_{ij}^1 e x_{ij}^2, correspondentes à quantidade enviada do local i ao mercado j, usando os modos 1 e 2, respectivamente. O tempo de resposta desejado usando cada modo de transporte é considerado para permitir entregas somente quando o tempo gasto for menor que o tempo de resposta desejado. Por exemplo, se o tempo do local i ao mercado j usando o modo 1 (marítimo) for maior do que seria aceitável para o cliente, simplesmente retiramos a variável de decisão x_{ij}^1 do modelo de localização de fábrica. A opção entre vários provedores de transporte pode ser modelada de modo semelhante.

5.5 Tomada de decisões de projeto de rede na prática

Os gestores deverão ter em mente os seguintes aspectos ao tomar decisões de projeto de rede para uma cadeia de suprimentos.

Não subestimar o tempo de vida das instalações. É importante refletir sobre as consequências em longo prazo de decisões sobre instalações, pois estas duram muito tempo e possuem um impacto duradouro sobre o desempenho de uma empresa. Os gestores precisam considerar não apenas a demanda e os custos futuros, mas também cenários em que a tecnologia pode mudar. Ao contrário, as instalações podem se tornar inúteis dentro de poucos anos. Por exemplo, uma companhia de seguros mudou seu local de trabalho administrativo da metrópole para o subúrbio, para reduzir custos. Com o aumento da automação, contudo, a necessidade de mão de obra administrativa diminuiu bastante e, dentro de poucos anos, a instalação deixou de ser necessária. A empresa achou muito difícil vender a instalação em virtude da distância de áreas residenciais e aeroportos (HARDING, 1988). Dentro da maioria das cadeias de suprimentos, as instalações de produção são mais difíceis de mudar do que as instalações de armazenamento. Os projetistas de rede da cadeia de suprimentos precisam considerar que quaisquer fábricas que implantem permanecerão lá por um período de uma década ou mais. Depósitos ou instalações de armazenamento, principalmente aqueles que não são de propriedade da empresa, podem ser mudados dentro de um ano após a tomada da decisão.

Não desconsiderar as implicações culturais. As decisões de projeto de rede com relação ao local da instalação e ao papel desta possuem um impacto significativo sobre a cultura de cada instalação e da empresa. A cultura em uma instalação será influenciada pelas outras na vizinhança. Os projetistas de rede podem usar esse fato para influenciar o papel da nova instalação e o foco das pessoas que lá trabalham. Por exemplo, quando a Ford Motor Company introduziu o modelo Lincoln Mark VIII, a administração se deparou com um dilema. Na época, o Mark VIII compartilhava uma plataforma com o Mercury Cougar. Porém, o Mark VIII fazia parte da luxuosa divisão Lincoln da Ford. Manter a linha Mark VIII com o Cougar teria vantagens operacionais óbvias, em virtude das peças e dos processos compartilhados. Contudo, a Ford decidiu levar a linha Mark VIII para a fábrica em Wixom, Michigan, onde outros carros Lincoln eram produzidos. O principal motivo para isso foi garantir que o foco na qualidade para o Mark VIII fosse coerente com o de outros carros de luxo da Ford que eram produzidos em Wixom.

Não ignorar questões de qualidade de vida. A qualidade de vida em locais de instalação selecionados tem um impacto significativo sobre o desempenho, pois influencia a força de trabalho disponível e seu moral. Em muitos casos, pode ser melhor para uma empresa selecionar um local com custo mais alto se este proporcionar uma qualidade de vida muito melhor. Deixar de fazer isso pode ter consequências terríveis. Por exemplo, um fornecedor de peças do setor aeroespacial decidiu passar uma divisão inteira para uma área com um padrão de vida inferior, a fim de reduzir seus custos. Contudo, a maior parte da equipe de marketing recusou-se a mudar. Como resultado, as relações com o cliente se deterioraram e a empresa passou por uma transição muito difícil. O esforço para economizar custos prejudicou a empresa e efetivamente restringiu seu status como um concorrente importante em seu mercado (HARDING 1988).

Enfatizar as tarifas e incentivos fiscais ao localizar as instalações. Ao tomarem decisões de localização de instalação, os gestores deverão considerar tarifas e incentivos fiscais com cuidado. Ao considerar localizações internacionais, é incrível a frequência com que os incentivos fiscais induzem à escolha do local, muitas vezes sobrepujando todos os outros fatores de custo combinados. Por exemplo, a Irlanda desenvolveu uma grande indústria de alta tecnologia ao incentivar empresas com impostos baixos. Até mesmo dentro do mesmo país, os governos locais podem oferecer pacotes generosos de redução ou isenção de impostos, e até mesmo terreno gratuito, quando as empresas decidem manter instalações dentro de sua jurisdição. Toyota, BMW e Mercedes escolheram os locais de suas instalações nos Estados Unidos, em grande parte, devido a incentivos fiscais oferecidos por diferentes estados.

5.6 Resumo dos objetivos de aprendizagem

1. Compreender o papel das decisões de projeto de rede em uma cadeia de suprimentos. As decisões de projeto de rede incluem identificar funções, locais e capacidades da instalação, assim como alocar mercados para serem atendidos por diferentes instalações. Essas decisões definem as restrições físicas dentro das quais a rede deverá ser operada à medida que as condições de mercado mudam. Boas decisões de projeto de rede aumentam os lucros da cadeia de suprimentos.

2. Identificar fatores que influenciam decisões de projeto de rede na cadeia de suprimentos. De modo geral, as decisões de projeto de rede são influenciadas por fatores estratégicos, tecnológicos, macroeconômicos, políticos, de infraestrutura, competitivos e operacionais.

3. Desenvolver um modelo para tomar decisões de projeto de rede. O objetivo do projeto de rede é maximizar a lucratividade da cadeia de suprimentos em longo prazo. O processo começa definindo a estratégia da cadeia de suprimentos, que precisa estar alinhada com a estratégia competitiva da empresa. A estratégia da cadeia de suprimentos, a demanda regional, os custos, a infraestrutura e o ambiente competitivo são usados para definir uma configuração de instalação regional. Para regiões onde as instalações devem ser localizadas, locais potencialmente atraentes são, então, selecionados com base na infraestrutura disponível. A configuração ideal é determinada a partir dos locais em potencial usando demanda, custo logístico, custos de fatores, impostos e margens em diferentes mercados.

4. Usar o conceito de otimização para decisões sobre localização da instalação e alocação de capacidade. Os modelos gravitacionais de localização identificam uma localização que minimiza os custos de transporte de recebimento e entrega. Eles são simples de implementar, mas não consideram outros custos importantes. Os modelos de otimização de rede podem incluir custos com margens de contribuição, impostos, taxas, produção, transporte e estoque, e são usados para maximizar a lucratividade. Esses modelos são úteis para localização, alocação de capacidade e alocação de mercados às instalações.

Perguntas para discussão

1. Como a localização e o tamanho dos depósitos afetam o desempenho de uma empresa como a Amazon.com? Que fatores essa empresa deve levar em consideração ao tomar essa decisão?

2. Como taxas de importação e de câmbio afetam a decisão de localização em uma cadeia de suprimentos?

3. Como o aumento dos custos de transporte provavelmente afetam as redes globais de cadeia de suprimentos?

4. A Amazon.com construiu novos depósitos à medida que crescia. Como essa mudança afeta o custo e os diversos tempos de resposta em sua cadeia de suprimentos?

5. A McMaster-Carr vende equipamentos de manutenção, reparo e operações a partir de cinco depósitos nos Estados Unidos. A W.W. Grainger vende produtos em mais de 350 varejistas, apoiada por vários depósitos. Nos dois casos, os clientes fazem pedidos usando a internet ou por telefone. Discuta os prós e os contras das duas estratégias.

6. Considere uma empresa como a Apple ou a Dell, com muito poucas instalações de produção no mundo inteiro. Liste os prós e os contras dessa abordagem e por que ela pode ou não ser adequada para a indústria de computadores.

7. Considere uma empresa como a Ford, com mais de 150 instalações no mundo. Relacione os prós e os contras de ter muitas instalações e por que isso pode ou não ser adequado para a indústria automobilística.

Exercícios

1. A SC Consulting, uma empresa de consultoria em cadeia de suprimentos, precisa decidir sobre a localização de seus escritórios. Seus clientes estão principalmente nos 16 estados listados na Tabela 5.5. Existem quatro localizações em potencial para seus escritórios: Los Angeles, Tulsa, Denver e Seattle. O custo fixo anual de localizar um escritório em Los Angeles é de US$ 165.428, em Tulsa é de US$ 131.230, em Denver é de US$ 140.000 e em Seattle é de US$ 145.000. O número esperado de viagens para cada estado e os custos de viagem de cada localização em potencial aparecem na Tabela 5.5. Cada consultor deverá fazer no máximo 25 viagens por ano.

   a. Se não existem restrições sobre o número de consultores em um local e o objetivo é minimizar os custos, onde os escritórios deverão estar localizados e quantos consultores deverão ser alocados a cada escritório? Qual é o custo anual em termos de instalação e de viagens?

   b. Se no máximo dez consultores serão alocados a um escritório, onde os escritórios deverão ser estabelecidos? Quantos consultores deverão ser alocados em cada um? Qual é o custo anual dessa rede?

   c. O que você acha de uma regra segundo a qual todos os projetos de consultoria de determinado estado são atribuídos a um único escritório? O quanto essa política poderá aumentar o custo se comparada a vários escritórios cuidando de um mesmo estado?

2. A DryIce, Inc., é um fabricante de aparelhos de ar-condicionado que viu sua demanda crescer significativamente. A empresa prevê a demanda nacional para o próximo ano em 180 mil unidades no sul, 120 mil unidades no centro-oeste, 110 mil unidades no leste e 100 mil unidades no oeste. Os gestores da DryIce estão projetando a rede de manufatura e selecionaram quatro locais em potencial — Nova York, Atlanta, Chicago e San Diego. As fábricas poderiam ter capacidade de 200 mil ou de 400 mil unidades. Os custos fixos anuais nos quatro locais aparecem na Tabela 5.6, junto do custo de produzir e enviar um aparelho de ar-condicionado a cada um dos quatro mercados. Onde a DryIce deverá construir suas fábricas e que tamanho elas deverão ter?

3. A Sunchem, fabricante de tintas de impressão, tem cinco fábricas espalhadas pelo mundo. Suas localizações e capacidades aparecem na Tabela 5.7, junto ao custo de produção de uma tonelada de tinta em cada instalação. Os custos de produção estão na moeda local do país onde a fábrica se localiza. Os maiores mercados para as tintas são América do Norte, América do Sul, Europa, Japão e o restante da Ásia. A demanda em cada mercado e os custos de transporte de cada fábrica até cada mercado, em dólares americanos, aparecem na Tabela 5.7. A administração precisa de um plano de produção para o próximo ano.

   a. Se as taxas de câmbio esperadas forem conforme a Tabela 5.8 e nenhuma fábrica puder funcionar abaixo de 50% da capacidade, quanto cada fábrica deverá produzir e para quais mercados cada uma deverá fornecer?

   b. Se não houver limites sobre a quantidade produzida em uma fábrica, quanto cada uma deverá produzir?

   c. A inclusão de 10 toneladas de capacidade em qualquer fábrica reduziria os custos?

   d. Como a Sunchem deveria considerar o fato de que as taxas de câmbio flutuam com o tempo?

Tabela 5.5 Custos e número de viagens para a SC Consulting.

	Custos de viagem (US$)				
Estado	Los Angeles	Tulsa	Denver	Seattle	Número de viagens
Washington	150	250	200	25	40
Oregon	150	250	200	75	35
Califórnia	75	200	150	125	100
Idaho	150	200	125	125	25
Nevada	100	200	125	150	40
Montana	175	175	125	125	25
Wyoming	150	175	100	150	50
Utah	150	150	100	200	30
Arizona	75	200	100	250	50
Colorado	150	125	25	250	65
Novo México	125	125	75	300	40
Dakota do Norte	300	200	150	200	30
Dakota do Sul	300	175	125	200	20
Nebraska	250	100	125	250	30
Kansas	250	75	75	300	40
Oklahoma	250	25	125	300	55

Tabela 5.6 Custos de produção e transporte para a DryIce, Inc.

	Nova York	Atlanta	Chicago	San Diego
Custo fixo anual da fábrica de 200 mil	US$ 6 milhões	US$ 5,5 milhões	US$ 5,6 milhões	US$ 6,1 milhões
Custo fixo anual da fábrica de 400 mil	US$ 10 milhões	US$ 9,2 milhões	US$ 9,3 milhões	US$ 10,2 milhões
Leste	US$ 211	US$ 232	US$ 238	US$ 299
Sul	US$ 232	US$ 212	US$ 230	US$ 280
Centro-oeste	US$ 240	US$ 230	US$ 215	US$ 270
Oeste	US$ 300	US$ 280	US$ 270	US$ 225

Tabela 5.7 Capacidade, demanda, custos de produção e de transporte para a Sunchem.

	América do Norte	Europa	Japão	América do Sul	Ásia	Capacidade t/ano	Custo de produção/t
Estados Unidos	US$ 600	US$ 1.300	US$ 2.000	US$ 1.200	US$ 1.700	US$ 185	US$ 10.000
Alemanha	US$ 1.300	US$ 600	US$ 1.400	US$ 1.400	US$ 1.300	US$ 475	15.000 euros
Japão	US$ 2.000	US$ 1.400	US$ 300	US$ 2.100	US$ 900	US$ 50	1.800.000 ienes
Brasil	US$ 1.200	US$ 1.400	US$ 2.100	US$ 800	US$ 2.100	US$ 200	13.000 reais
Índia	US$ 2.200	US$ 1.300	US$ 1.000	US$ 2.300	US$ 800	US$ 80	400.000 rúpias
Demanda (t/ano)	270	200	120	190	100		

Tabela 5.8 Taxas de câmbio antecipadas para o próximo ano.

	Dólares	Euros	Ienes	Reais	Rúpias
Dólares	1,000	1,993	107,7	1,78	43,55
Euros	0,502	1	54,07	0,89	21,83
Ienes	0,0093	0,0185	1	0,016	0,405
Reais	0,562	1,124	60,65	1	24,52
Rúpias	0,023	0,046	2,47	0,041	1

Tabela 5.9 Demanda global e taxas de importação para a Sleekfon e a Sturdyfon.

Mercado	América do Norte	América do Sul	Europa (UE)	Europa (não UE)	Japão	Demais países da Ásia/Austrália	África
Demanda da Sleekfon	10	4	20	3	2	2	1
Demanda da Sturdyfon	12	1	4	8	7	3	1
Tarifas de importação (%)	3	20	4	15	4	22	25

Tabela 5.10 Capacidades e custos de fábrica para a Sleekfon e a Sturdyfon.

		Capacidade	Custo fixo/ano	Custo variável/unidade
Sleekfon	Europa (UE)	20	100	6,0
	América do Norte	20	100	5,5
	América do Sul	10	60	5,3
Sturdyfon	Europa (UE)	20	100	6,0
	América do Norte	20	100	5,5
	Demais países da Ásia	10	50	5,0

Tabela 5.11 Custo de transporte entre regiões (dólares por unidade).

	América do Norte	América do Sul	Europa (UE)	Europa (não UE)	Japão	Demais países da Ásia/Austrália	África
América do Norte	1,00	1,50	1,50	1,80	1,70	2,00	2,20
América do Sul	1,50	1,00	1,70	2,00	1,90	2,20	2,20
Europa (UE)	1,50	1,70	1,00	1,20	1,80	1,70	1,40
Europa (não UE)	1,80	2,00	1,20	1,00	1,80	1,60	1,50
Japão	1,70	1,90	1,80	1,80	1,00	1,20	1,90
Demais países da Ásia/Austrália	2,00	2,20	1,70	1,60	1,20	1,00	1,80
África	2,20	2,20	1,40	1,50	1,90	1,80	1,00

4. A Sleekfon e a Sturdyfon são dois importantes fabricantes de telefone celular que se fundiram. Seus tamanhos de mercado atuais aparecem na Tabela 5.9. Toda a demanda está em milhões de unidades.

    A Sleekfon tem três instalações de produção na Europa (UE), América do Norte e América do Sul. A Sturdyfon também tem três instalações de produção na Europa (UE), América do Norte e restante da Ásia/Austrália. A capacidade (em milhões de unidades), o custo fixo anual (em milhões de dólares) e os custos de produção variáveis (dólares por unidade) para cada fábrica aparecem na Tabela 5.10.

    Os custos de transporte entre as regiões podem ser vistos na Tabela 5.11. Todos os custos de transporte aparecem em dólares por unidade.

    As taxas de importação são aplicadas a cada unidade com base no custo fixo por capacidade unitária, custo variável por unidade e custo de transporte. Assim, uma unidade atualmente enviada da América do Norte para a África tem um custo fixo por unidade de capacidade de US$ 5, um custo de produção variável de US$ 5,50 e um custo de transporte de US$ 2,20. A taxa de importação de 25% é, então, aplicada sobre US$ 12,70 (5,00 + 5,50 + 2,20) para gerar um custo total de importação de US$ 15,88. Para as perguntas a seguir, suponha que a demanda do mercado seja conforme a Tabela 5.9.

    A empresa resultante estimou que reduzir a capacidade de uma fábrica de 20 para 10 milhões de unidades economiza 30% em custos fixos. Os custos variáveis em uma fábrica reduzida não são afetados. Fechar uma fábrica (tanto a que produz 20 quanto a que produz 10 milhões de unidades) economiza 80% de custos fixos. Estes são recuperados apenas parcialmente, em decorrência da separação e de outros custos associados a um fechamento.

    a. Qual é o menor custo que se podia alcançar para a rede de produção e distribuição antes da fusão? Quais fábricas atendem a quais mercados?

    b. Qual é o menor custo que se pode alcançar para a rede de produção e distribuição após a fusão se nenhuma das fábricas for fechada? Quais fábricas atendem a quais mercados?

    c. Qual é o menor custo possível para a rede de produção e distribuição após a fusão se as fábricas puderem ser fechadas ou reduzidas em lotes de 10 milhões de unidades de capacidade? Quais fábricas atendem a quais mercados?

    d. Como a configuração de rede ideal é afetada se todas as tarifas de importação forem reduzidas para 0?

    e. Como a rede resultante deverá ser configurada?

5. Retorne aos dados da Sleekfon e Sturdyfon no Exercício 4. A administração estimou que a demanda em mercados globais provavelmente cresceria. América do Norte, Japão e Europa (UE) estiveram relativamente saturados e não esperavam crescimento. Os mercados na América do Sul, África e Europa (não UE) esperavam um crescimento de 20%. Os demais países da Ásia/Austrália preveram um crescimento de 200%.

    a. Como a nova empresa resultante deverá configurar sua rede a fim de acomodar o crescimento previsto? Qual é o custo anual de operação da rede?

    b. Existe uma opção de aumentar a capacidade na fábrica dos demais países da Ásia/Austrália. O aumento de 10 milhões de unidades na capacidade incorre em um custo fixo adicional de US$ 40 milhões por ano. O aumento de 20 milhões de unidades de capacidade adicional incorre em um custo adicional fixo de US$ 70 milhões por ano. Se os custos de fechamento e as taxas de importação são os apresentados no Exercício 4, como a empresa resultante deverá configurar sua rede para acomodar o crescimento previsto? Qual é o custo anual de operação da nova rede?

    c. Se todas as taxas de importação fossem reduzidas para 0, como seria sua resposta para o Exercício 5(b)?

    d. Como a rede resultante seria configurada, dada a opção de aumentar a fábrica nos demais países da Ásia/Austrália?

6. A StayFresh, fabricante de refrigeradores na Índia, tem duas fábricas — uma em Mumbai e a outra em Chennai. Cada fábrica tem uma capacidade para 300 mil unidades. As duas fábricas atendem ao país inteiro, que é dividido em quatro mercados regionais: o norte, com uma demanda de 100 mil unidades; o oeste, com uma demanda de 150 mil unidades; o sul, com uma demanda de 150 mil unidades; e o leste, com uma demanda de 50 mil unidades. Dois outros locais em potencial para as fábricas incluem Nova Délhi e Kolkata. Os custos variáveis de produção e transporte (em milhares de rúpias) por refrigerador a partir de cada local de produção em potencial para cada mercado aparecem na Tabela 5.12.

    A StayFresh está esperando um crescimento composto na demanda de 20% ao ano para os próximos cinco anos, e precisa planejar suas decisões de investimento de rede. Espera-se que a demanda se estabilize após cinco anos de crescimento. A capacidade pode ser acrescentada em incrementos de 150 ou 300 mil unidades. A inclusão de 150 mil unidades de capacidade incorre em um custo único de 2 bilhões de rúpias, enquanto a inclusão de 300 mil unidades de capacidade incorre em um custo único de 3,4 bilhões de rúpias. Suponha que a StayFresh queira atender a toda a demanda (os preços são suficientemente altos) e que

Tabela 5.12 Custo de produção e transporte (em mil rúpias) por refrigerador.

	Norte	Leste	Oeste	Sul
Chennai	20	19	17	15
Nova Délhi	15	18	17	20
Kolkata	18	15	20	19
Mumbai	17	20	15	17

a capacidade para cada ano deva estar pronta no início do ano. Suponha, também, que o custo para o quinto ano continue pelos próximos dez anos, ou seja, nos anos de 6 a 15. O problema agora pode ser resolvido para diferentes fatores de desconto. Para começar, considere um fator de desconto de 0,2, ou seja, 1 rúpia gasta no ano seguinte vale 1 − 0,2 = 0,8 rúpia neste ano.

a. Como a rede de produção para a empresa deverá evoluir durante os próximos cinco anos?

b. Como sua resposta mudaria se o crescimento antecipado fosse de 15%? E de 25%?

c. Como sua decisão mudaria para um fator de desconto de 0,25? E de 0,15?

d. Que estratégia de investimento você recomenda para a empresa?

7. A Blue Computers, um grande fabricante de PC nos Estados Unidos, atualmente possui fábricas em Kentucky e Pensilvânia. A fábrica no Kentucky tem capacidade de 1 milhão de unidades por ano e a fábrica na Pensilvânia tem capacidade de 1,5 milhão de unidades por ano. A empresa divide os Estados Unidos em cinco mercados: nordeste, sudeste, centro-oeste, sul e oeste. Cada PC é vendido por US$ 1.000. A empresa prevê um crescimento de 50% na demanda (em cada região) neste ano (após o qual a demanda se estabilizará) e deseja construir uma fábrica com capacidade de 1,5 milhão de unidades por ano para acomodar o crescimento. Os locais em potencial que estão sendo considerados estão na Carolina do Norte e na Califórnia. Atualmente, a empresa paga impostos federais, estaduais e locais sobre a renda de cada fábrica. Os impostos federais são 20% da receita, e todos os impostos estaduais e locais são de 7% da renda em cada estado. O estado da Carolina do Norte ofereceu redução de impostos, pelos próximos dez anos, de 7% para 2%. A Blue Computers gostaria de levar em consideração a brecha fiscal ao planejar sua rede. Considere a renda nos próximos dez anos em sua análise. Suponha que todos os custos permaneçam inalterados por esses dez anos. Use um fator de desconto de 0,1 para sua análise. Os custos fixos anuais, os custos de produção e de envio por unidade, e a demanda regional atual (antes do aumento de 50%) aparecem na Tabela 5.13.

a. Se a Blue Computers define um objetivo de minimizar custos fixos e variáveis totais, onde eles deverão construir a nova fábrica? Como a rede deverá ser estruturada?

b. Se a Blue Computers define um objetivo de maximizar lucros após impostos, onde eles deverão construir a nova fábrica? Como a rede deverá ser estruturada?

8. Hot&Cold e CaldoFreddo são dois fabricantes europeus de aparelhos domésticos que se uniram. A Hot&Cold tem fábricas na França, Alemanha e Finlândia, enquanto a CaldoFreddo tem fábricas no Reino Unido e na Itália. O mercado europeu é dividido em quatro regiões: norte, leste, oeste e sul. As capacidades das fábricas (milhões de unidades por ano), os custos fixos anuais (milhões de euros por ano), a demanda regional (milhões de unidades) e os custos variáveis de produção e envio (euros por unidade) são apresentados na Tabela 5.14.

Cada aparelho é vendido por um preço médio de 300 euros. Todas as fábricas são atualmente tratadas como centros de lucros, e a empresa paga impostos separadamente para cada fábrica. As taxas de impostos nos diversos países são as seguintes: França – 0,25; Alemanha – 0,25; Finlândia – 0,3; Reino Unido – 0,2; Itália – 0,35.

a. Antes da fusão, qual seria a rede ideal para cada uma das duas empresas se seu objetivo fosse minimizar custos? Qual seria a rede atual se o objetivo fosse maximizar lucros após impostos?

b. Após a fusão, qual é a configuração de custo mínimo se nenhuma das fábricas for fechada? Qual é a configuração que maximiza lucros após impostos se nenhuma das fábricas for fechada?

c. Após a fusão, qual é a configuração de custo mínimo se as fábricas puderem ser fechadas (suponha que um fechamento economize 100% do custo fixo anual da fábrica)? Qual é a configuração que maximiza lucros após impostos?

》 **Tabela 5.13** Custos variáveis de produção e envio para a Blue Computers.

	Custo variável de produção e envio (US$/unidade)					Custo fixo anual (em milhões de dólares)
	Nordeste	Sudeste	Centro-oeste	Sul	Oeste	
Kentucky	185	180	175	175	200	150
Pensilvânia	170	190	180	200	220	200
Carolina do Norte	180	180	185	185	215	150
Califórnia	220	220	195	195	175	150
Demanda (mil unidades/mês)	700	400	400	300	600	

》 **Tabela 5.14** Dados de capacidade, custo e demanda para a Hot&Cold e a CaldoFreddo.

		Custos variáveis de produção e envio				Capacidade	Custo fixo anual
		Norte	Leste	Sul	Oeste		
Hot&Cold	França	100	110	105	100	50	1.000
	Alemanha	95	105	110	105	50	1.000
	Finlândia	90	100	115	110	40	850
Demanda		30	20	20	35		
CaldoFreddo	Reino Unido	105	120	110	90	50	1.000
	Itália	110	105	90	115	60	1.150
Demanda		15	20	30	20		

Referências

ANDERSON, K. E.; MURPHY, D. P.; REEVE, J. M. Smart Tax Planning for Supply Chain Facilities. *Supply Chain Management Review*, p. 46–52, nov./dez. 2002.

BALLOU, R. H. *Business Logistics Management.* Upper Saddle River, NJ: Prentice Hall, 1999.

BOVET, D. Good Time to Rethink European Distribution. *Supply Chain Management Review*, p. 6–7, jul./ago. 2010.

DASKIN, M. S. *Network and Discrete Location.* Nova York: Wiley, 1995.

DREZNER, Z.; HAMACHER, H. *Facility Location: Applications and Theory.* Berlin: Springer Verlag, 2004.

FERDOWS, K. Making the Most of Foreign Factories. *Harvard Business Review*, p. 73–88, mar./abr. 1997.

HARDING, C. F. Quantifying Abstract Factors in Facility-Location Decisions. *Industrial Development*, maio/jun. 1988, p. 24.

KORPELA, J.; LEHMUSVAARA, A.; TUOMINEN, M. Customer Service Based Design of the Supply Chain. *International Journal of Production Economics*, 69, p. 193–204, 2001.

MACCORMACK, A.D.; NEWMAN III, L. J.; ROSENFIELD, D. B. The New Dynamics of Global Manufacturing Site Location. *Sloan Management Review*, p. 69–79, 1994.

MENTZER, J. Seven Keys to Facility Location. *Supply Chain Management Review*, p. 25–31, maio/jun. 2008.

MURPHY, S. Will Sourcing Come Closer to Home? *Supply Chain Management Review*, p. 33–37, set. 2008.

Note on Facility Location. Harvard Business School Note 9-689-059, 1989.

ROBESON, J. F.; COPACINO, W. C. *The Logistics Handbook.* Nova York: Free Press, 1994.

TAYUR, S.; GANESHAN, R.; MAGAZINE, M., eds. *Quantitative Models for Supply Chain Management.* Boston: Kluwer Academic Publishers, 1999.

TIROLE, J. *The Theory of Industrial Organization.* Cambridge, MA: MIT Press, 1997.

Estudo de caso

Administração do crescimento na SportStuff.com

Em dezembro de 2008, Sanjay Gupta e sua equipe de administradores estavam ocupados avaliando o desempenho da SportStuff.com durante o ano anterior. A demanda tinha crescido 80%. Esse crescimento, porém, foi uma faca de dois gumes. Os capitalistas de risco que apoiaram a empresa ficaram satisfeitos com o crescimento nas vendas e o aumento resultante na receita. Sanjay e sua equipe, porém, podiam ver claramente que os custos cresceriam mais rapidamente do que as receitas se a demanda continuasse a crescer e a rede de cadeia de suprimentos não fosse modificada. Eles decidiram analisar o desempenho da rede atual para ver como ela poderia ser modificada a fim de enfrentar melhor o rápido crescimento previsto para os três anos seguintes.

SportStuff.com

Sanjay Gupta fundou a SportStuff.com em 2004 com a missão de fornecer a pais equipamentos esportivos a preços mais acessíveis para seus filhos. Os pais reclamavam por terem de descartar skates, esquis, jaquetas e calçados caros porque os filhos cresciam e os perdiam rapidamente. O plano inicial de Sanjay era que a empresa comprasse equipamentos e jaquetas usadas das famílias e qualquer equipamento excedente de fabricantes e varejistas, vendendo-os pela internet. A ideia foi muito bem recebida no mercado, a demanda cresceu rapidamente e, no final de 2004, a empresa tinha vendas de 0,8 milhão de dólares. Nessa época, uma série de produtos novos e usados estava sendo vendida e a empresa recebeu um aporte de capital de risco significativo.

Em junho de 2004, Sanjay alugou parte de um depósito nos subúrbios de St. Louis para administrar a grande quantidade de produtos colocados à venda. Os fornecedores enviavam seus produtos para o depósito. Os pedidos dos clientes eram empacotados e entregues pela UPS a partir de lá. À medida que a demanda cresceu, a SportStuff.com alugou mais espaço dentro do depósito. Em 2007, a empresa alugou o depósito inteiro e os pedidos estavam sendo entregues a clientes por todo o país. A administração dividiu os Estados Unidos em seis zonas de clientes para fins de planejamento. A demanda de cada zona de clientes em 2007 é apresentada na Tabela 5.15. Sanjay estimou que os três anos seguintes veriam uma taxa de crescimento de cerca de 80% por ano, após os quais a demanda nivelaria.

> **Tabela 5.15** Demanda regional na SportStuff.com para 2007.

Zona	Demanda em 2007	Zona	Demanda em 2007
Noroeste	320.000	Centro-oeste inferior	220.000
Sudoeste	200.000	Nordeste	350.000
Centro-oeste superior	160.000	Sudeste	175.000

As opções de rede

Sanjay e sua equipe de administradores podiam ver que precisavam de mais espaço de depósito para lidar com o crescimento antecipado. Uma opção foi alugar mais espaço de depósito em St. Louis mesmo. Outras opções incluíam alugar depósitos por todo o país. O aluguel de um depósito envolvia custos fixos, com base no tamanho do depósito, e custos variáveis, que mudavam conforme a quantidade enviada pelo depósito. Quatro locais em potencial para os depósitos foram identificados em Denver, Seattle, Atlanta e Filadélfia. Os depósitos alugados poderiam ser pequenos (cerca de 30 mil m²) ou grandes (60 mil m²). Depósitos pequenos poderiam lidar com um fluxo de até 2 milhões de unidades por ano, enquanto depósitos grandes poderiam lidar com um fluxo de até 4 milhões de unidades por ano. O depósito em uso em St. Louis era pequeno. Os custos fixos e variáveis dos depósitos pequenos e grandes em diferentes locais são mostrados na Tabela 5.16.

Sanjay estimou que os custos de manutenção de estoque em um depósito (excluindo a despesa deste) eram de cerca de US$ 600 $\sqrt{F}$, onde F é o número de unidades que passa pelo depósito por ano. Essa relação é baseada na observação teórica de que um estoque mantido na fábrica (sem ser por meio da rede) é proporcional à raiz quadrada da taxa de transferência por meio da instalação. Como resultado, a agregação de taxa de transferência por meio de algumas instalações reduz o estoque mantido, em comparação à taxa de transferência desagregadora por meio de algumas instalações. Assim, um depósito que lidasse com 1 milhão de unidades por ano implicava um custo de manutenção de estoque de US$ 600 mil no decorrer do ano. Se sua versão do Excel tiver problemas para resolver a função objetivo não linear, use os seguintes custos de estoque:

Se você só puder lidar com um único custo de estoque linear, deverá usar US$ 475.000Y + 0,165F. Para cada instalação, $Y = 1$, se a instalação é usada; 0, se não.

Intervalo de F	Custo de estoque
0–2 milhões	US$ 250.000Y + 0,310F
2–4 milhões	US$ 530.000Y + 0,170F
4–6 milhões	US$ 678.000Y + 0,133F
Mais de 6 milhões	US$ 798.000Y + 0,113F

A SportStuff.com cobrava uma taxa única de US$ 3 por entrega enviada a um cliente. Um pedido comum continha quatro unidades. A SportStuff.com, por sua vez, tinha contrato com a UPS para cuidar de todas as suas entregas. As cobranças da UPS eram baseadas na origem e no destino da encomenda, e aparecem na Tabela 5.17. A administração estimou que os custos de transporte de recebimento para embarques de fornecedores provavelmente não mudariam, não importando a configuração de depósito escolhida.

Questões para estudo

1. Qual é o custo que a SportStuff.com incorre se todos os depósitos alugados estão em St. Louis?
2. Que configuração de rede da cadeia de suprimentos você recomenda para a SportStuff.com?
3. Como sua recomendação mudaria se os custos de transporte fossem o dobro daqueles mostrados na Tabela 5.17?

Tabela 5.16 Custos fixos e variáveis de depósitos em potencial.

Local	Depósito pequeno		Depósito grande	
	Custo fixo (US$/ano)	Custo variável (US$/unidade de fluxo)	Custo fixo (US$/ano)	Custo variável (US$/unidade de fluxo)
Seattle	300.000	0,20	500.000	0,2
Denver	250.000	0,20	420.000	0,2
St. Louis	220.000	0,20	375.000	0,2
Atlanta	220.000	0,20	375.000	0,2
Filadélfia	240.000	0,20	400.000	0,2

Tabela 5.17 Preços da UPS por envio (quatro unidades).

	Noroeste	Sudoeste	Centro-oeste superior	Centro-oeste inferior	Nordeste	Sudeste
Seattle	US$ 2,00	US$ 2,50	US$ 3,50	US$ 4,00	US$ 5,00	US$ 5,50
Denver	US$ 2,50	US$ 2,50	US$ 2,50	US$ 3,00	US$ 4,00	US$ 4,50
St. Louis	US$ 3,50	US$ 3,50	US$ 2,50	US$ 2,50	US$ 3,00	US$ 3,50
Atlanta	US$ 4,00	US$ 4,00	US$ 3,00	US$ 2,50	US$ 3,00	US$ 2,50
Filadélfia	US$ 4,50	US$ 5,00	US$ 3,00	US$ 3,50	US$ 2,50	US$ 4,00

Estudo de caso

Projeto de rede de produção da CoolWipes

Matt O'Grady, vice-presidente da cadeia de suprimentos da Cool Whipes, pensou que a produção atual e a rede de distribuição não eram apropriadas, dado o aumento significativo nos custos de transporte durante os últimos anos. Em comparação à quando a empresa estabeleceu sua produção em Chicago, os custos em transporte aumentaram em mais de quatro vezes e a expectativa é que continuem crescendo nos próximos anos. Uma decisão rápida de construir uma ou mais novas instalações poderia fazer com que a empresa economizasse uma quantidade significativa nos gastos com transporte no futuro.

CoolWipes

A CoolWipes foi fundada no final de 1980 e produz lenços umedecidos e pomada contra assadura. A demanda para os dois produtos é mostrada na Tabela 5.18. Atualmente, a empresa tem uma fábrica em Chicago, que fabrica ambos os produtos para todos os Estados Unidos. A linha de lenços tem capacidade de produzir 5 milhões de unidades, a um custo anual fixo de US$ 5 milhões por ano, e um custo variável de US$ 10 por unidade. A linha de pomada tem capacidade de produzir 1 milhão de unidades, a um custo anual fixo de US$ 1,5 milhões por ano, e um custo variável de US$ 20 por unidade. Os custos atuais de transporte por unidade (para ambos os produtos) são mostrados na Tabela 5.19.

Novas opções de rede

Matt identificou Princeton, Nova Jersey, Atlanta e Los Angeles como lugares potenciais para novas instalações. Cada uma poderia ter uma linha de lenços, uma linha de pomada, ou ambas. Uma nova linha de lenços teria a capacidade de 2 milhões de unidades, a um custo anual fixo de US$ 2,2 milhões e um custo variável de produção de US$ 10 por unidade. Uma nova linha de pomadas teria a capacidade de produzir 1 milhão de unidades, a um custo anual fixo de US$ 1,5 milhões, e a um custo variável de US$ 20 por unidade. Os custos atuais de transporte por unidade são mostrados na Tabela 5.19. Matt teria que decidir se construiria uma nova instalação e, em caso afirmativo, quais linhas de produção colocaria em cada nova planta.

Questões para estudo

1. Qual é o custo anual de servir todos os Estados Unidos a partir de Chicago?

2. Você recomendaria a adição de alguma(s) planta(s)? Em caso afirmativo, onde ela(s) deveria(m) ser construída(s) e quais linhas de produção deveriam ser incluídas? Suponha que a instalação de Chicago seja mantida em sua capacidade atual, mas poderia ser submetida a menor utilização. Sua decisão seria diferente se os custos de transporte fossem a metade de seu valor atual? E se fossem o dobro de seu valor atual?

3. Se Matt pudesse projetar uma nova rede a partir do zero (suponha que ele não tivesse a instalação de Chicago, mas poderia construí-la conforme o custo e a capacidade especificada no caso), qual rede de produção você recomendaria? Suponha que qualquer nova planta construída além Chicago seria conforme o custo e a capacidade especificada sob as novas opções da rede. Sua decisão seria diferente se os custos de transporte fossem metade do seu valor atual? E se eles fossem o dobro do seu valor atual?

Tabela 5.18 Demanda regional da CoolWipes (em milhares).

Zona	Demanda da Wipes	Demanda de pomada	Zona	Demanda da Wipes	Demanda de pomada
Noroeste	500	50	Centro-oeste inferior	800	65
Sudoeste	700	90	Nordeste	1.000	120
Centro-oeste superior	900	120	Sudeste	600	70

Tabela 5.19 Custos de transporte por unidade.

Zona	Noroeste	Sudoeste	Centro-oeste superior	Centro-oeste inferior	Nordeste	Sudeste
Chicago	US$ 6,32	US$ 6,32	US$ 3,68	US$ 4,04	US$ 5,76	US$ 5,96
Princeton	US$ 6,60	US$ 6,60	US$ 5,76	US$ 5,92	US$ 3,68	US$ 4,08
Atlanta	US$ 6,72	US$ 6,48	US$ 5,92	US$ 4,08	US$ 4,04	US$ 3,64
Los Angeles	US$ 4,36	US$ 3,68	US$ 6,32	US$ 6,32	US$ 6,72	US$ 6,60

CAPÍTULO 6

Projeto de redes globais de cadeia de suprimentos

» OBJETIVOS DE APRENDIZAGEM

Depois de ler este capítulo, você será capaz de:

1. Identificar fatores que precisam ser incluídos no custo total ao tomar decisões globais de aquisição.
2. Definir incertezas que são particularmente relevantes no projeto das cadeias de suprimentos globais.
3. Explicar diferentes estratégias que podem ser usadas para reduzir o risco em cadeias de suprimentos globais.
4. Compreender as metodologias de árvore de decisão utilizadas para avaliar as decisões de projeto da cadeia de suprimentos sob incerteza.

A globalização ofereceu grandes oportunidades, assim como maior risco no desenvolvimento das cadeias de suprimentos. Cadeias de alto desempenho, como Samsung e Zara, tiraram o máximo proveito da globalização. Diferentemente, várias outras viram-se despreparadas para o risco aumentado que acompanhou a globalização. Como resultado, os administradores precisam considerar as oportunidades e as incertezas em longo prazo quando projetam uma rede da cadeia de suprimentos global. Neste capítulo, identificaremos fontes de risco para as cadeias de suprimentos globais, discutiremos estratégias de redução de risco, detalharemos as metodologias utilizadas para avaliar as decisões de projeto de rede sob incerteza e mostraremos como elas melhoram as decisões da cadeia de suprimentos global.

6.1 O impacto da globalização nas redes da cadeia de suprimentos

A globalização oferece às empresas oportunidades para aumentar receitas e diminuir custos simultaneamente. Em seu relatório anual de 2008, a P&G relatou que mais de um terço do crescimento nas vendas globais veio de mercados em desenvolvimento, com uma margem de lucro comparável às margens do mercado já desenvolvido. Em 2010, as vendas para a empresa em mercados em desenvolvimento representaram quase 34% das vendas globais. A maioria das vendas da Samsung foi fora de seu país-sede, a Coreia do Sul. Em 2012, as vendas para outros países representaram 86% das vendas da empresa. Enquanto mantinha uma posição dominante em mercados desenvolvidos como os Estados Unidos, ela também penetrou efetivamente nos mercados emergentes, como China e Índia. Nesse mesmo ano, a Samsung era a líder de vendas de smartphones em ambos os mercados. Nitidamente, a globalização ofereceu tanto à P&G quanto à Samsung uma oportunidade significativa para melhorar a receita.

Roupas e eletrônicos são duas áreas em que a globalização tem oferecido oportunidades significativas para redução de custos. Os eletrônicos de consumo focam itens pequenos e leves, de alto valor, que são relativamente fáceis e baratos de enviar. As empresas têm explorado grandes economias de escala, consolidando a produção e componentes eletrônicos padronizados em um único local para uso em vários produtos no mundo inteiro. Fabricantes contratados como a Foxconn e a Flextronics tornaram-se gigantes em instalações em países de produção de baixo custo. A fabricação de roupas tem alto volume de mão de obra e o produto é relativamente leve e econômico para se transportar. As empresas têm explorado a globalização deslocando grande parte da fabricação de roupas para países com baixo custo de mão de obra, sobretudo a China. Na primeira metade de 2009, aproximadamente 33% das importações de roupas dos Estados Unidos eram da China. O resultado líquido é que os dois setores têm se beneficiado bastante da redução de custos como resultado da globalização.

Porém, deve-se ter em mente que as oportunidades vindas da globalização geralmente são acompanhadas por um risco adicional significativo. Em um estudo realizado pela Accenture em 2006, mais de 50% dos executivos questionados acharam que o risco da cadeia de suprimentos aumentava como resultado de sua estratégia de operações globais. Por exemplo, em 2005, perdas de mais de 160 km^2 de plantações devido a furacões reduziram a produção global de bananas da Dole em cerca de 25%. Quando a Sony introduziu o console de jogos PlayStation 3, a falta de componentes prejudicou as receitas e o preço das ações da empresa. A capacidade de incorporar a redução de risco adequada ao projeto da cadeia de suprimentos geralmente tem sido a diferença entre as cadeias de suprimentos globais que tiveram sucesso e as que não tiveram.

O estudo da Accenture categorizou o risco em cadeias de suprimentos globais conforme mostra a Tabela 6.1 e pediu aos entrevistados que indicassem os fatores que as afetaram. Mais de um terço dos entrevistados foi afetado por desastres naturais, volatilidade nos preços de combustíveis e pelo desempenho de parceiros da cadeia de suprimentos.

》Tabela 6.1 Resultados do estudo da Accenture sobre fontes de risco que afetam o desempenho global da cadeia de suprimentos.

Fatores de risco	Percentual da cadeia de suprimentos afetado
Desastres naturais	35
Falta de recursos qualificados	24
Incerteza geopolítica	20
Infiltração terrorista em cargas	13
Volatilidade dos preços de combustíveis	37
Flutuação da moeda	29
Atrasos nas operações/alfândega nos portos	23
Mudanças na preferência do cliente/consumidor	23
Desempenho dos parceiros da cadeia de suprimentos	38
Capacidade/complexidade da logística	33
Exatidão na previsão/planejamento	30
Questões de planejamento/comunicação com o fornecedor	27
Tecnologia inflexível na cadeia de suprimentos	21

Fonte: Adaptado de FERRE, J.; KARLBERG, J.; HINTLIAN, J. Integration: The Key to Global Success. *Supply Chain Management Review*, p. 24-30, mar. 2007.

O preço à vista do petróleo cru e as flutuações na taxa de câmbio em 2008 ilustram a extrema volatilidade com que as cadeias de suprimentos globais devem lidar. No início de 2008, o petróleo cru era cotado a 90 dólares por barril, chegando, em julho, a mais de 140 dólares por barril e caindo para menos de 40 dólares por barril em dezembro. O euro, no início de 2008, valia cerca de US$ 1,47, subiu em julho para quase US$ 1,60, caiu para cerca de US$ 1,25 ao final de outubro e, então, subiu novamente para US$ 1,46 no final de dezembro. Pode-se imaginar a confusão que essa flutuação causou sobre o desempenho da cadeia de suprimentos em 2008! Flutuações como essas nas taxas de câmbio e no preço do petróleo continuaram desde então.

A única constante no gerenciamento da cadeia de suprimentos global parece ser a incerteza. Durante o tempo de vida de uma rede de cadeia de suprimentos, uma empresa experimenta flutuações na demanda, nos preços, nas taxas de câmbio e no ambiente competitivo. Uma decisão que parece boa sob o ambiente atual pode ser muito fraca se a situação mudar. Entre 2000 e 2008, o euro flutuou de uma baixa de US$ 0,84 para uma alta de US$ 1,60. Claramente, as cadeias de suprimentos otimizadas para US$ 0,84 por euro teriam dificuldade de funcionar bem quando a moeda atingiu US$ 1,60.

A incerteza da demanda e do preço orientam o valor de criar de uma capacidade de produção flexível em uma fábrica. Se o preço e a demanda variam com o tempo em uma rede global, a capacidade de produção flexível pode ser reconfigurada para maximizar lucros no novo ambiente. Entre 2007 e 2008, as vendas de automóveis nos Estados Unidos caíram mais de 30%. Embora todas as categorias de veículos tenham sido afetadas, a queda nas vendas de utilitários esportivos foi muito mais significativa do que a queda nas vendas de carros pequenos e híbridos. As vendas de utilitários esportivos caíram quase 35%, mas as vendas de carros pequenos na verdade aumentaram cerca de 1%. A Honda lidou com essa flutuação de modo mais eficaz do que seus concorrentes, pois suas fábricas eram flexíveis o bastante para produzir os dois tipos de veículos. Essa flexibilidade para produzir tanto utilitários esportivos quanto carros menores na mesma instalação manteve as fábricas da Honda operando em níveis de utilização razoavelmente altos. Ao contrário, empresas com fábricas dedicadas à produção de utilitários esportivos não tiveram outra opção além de deixar muita capacidade ociosa. No final da década de 1990, a Toyota tornou suas fábricas de montagem globais mais flexíveis, de modo que cada uma pudesse abastecer vários mercados. Um dos principais benefícios dessa flexibilidade é que isso permite à Toyota reagir a flutuações na demanda, taxas de câmbio e preços locais, alterando a produção para maximizar os lucros. Assim, deve-se considerar oferta, demanda e incerteza financeira ao se tomar decisões globais de projeto de rede.

6.2 A decisão de *offshoring* (terceirização no exterior): custo total

A importância da vantagem comparativa nas cadeias de suprimentos globais foi reconhecida por Adam Smith em *A riqueza das nações*, quando ele afirmou: "Se outro país puder nos fornecer uma mercadoria mais barata do que nós mesmos podemos fabricá-la, é melhor comprar deles com uma parte da produção da nossa própria indústria, empregada em um modo no qual tenhamos alguma vantagem". A redução de custos passando a produção para países de menor custo normalmente é mencionada entre os principais motivos para uma cadeia de suprimentos se tornar global. Contudo, o desafio é quantificar os benefícios (ou a vantagem comparativa) da produção no exterior, junto dos motivos para essa vantagem comparativa. Embora muitas empresas tenham tirado proveito da redução de custos por meio do *offshoring*, outras viram os benefícios dessa prática como muito menores do que o esperado e, em alguns casos, inexistentes. Os aumentos nos custos de transporte entre 2000 e 2011 tiveram um impacto negativo significativo sobre os benefícios do *offshoring* percebidos. As empresas deixaram de ganhar por dois motivos principais: (1) focar exclusivamente no custo unitário, em vez do custo total, ao decidir pelo *offshoring* e (2) ignorar fatores de risco críticos. Nesta seção, ressaltaremos as dimensões ao longo das quais o custo adicional total precisa ser avaliado ao decidir pelo *offshoring*.

As dimensões significativas de custo total podem ser identificadas examinando o processo de aquisição completo para o *offshoring*. É importante ter em mente que uma cadeia de suprimentos com *offshoring* aumenta a extensão e a duração dos fluxos de informação, produto e caixa.

Como resultado, a complexidade e o custo do gerenciamento da cadeia de suprimentos podem ser significativamente mais altos do que o previsto. A Tabela 6.2 identifica dimensões ao longo das quais cada um dos três fluxos deve ser analisado para o impacto sobre o custo e a disponibilidade do produto.

Ferreira e Prokopets (2009) sugeriram que as empresas deveriam avaliar o impacto do *offshoring* com base nos seguintes elementos-chave do custo total:

1. Preço do fornecedor: deve conectar-se a custos de materiais diretos, mão de obra direta, trabalho indireto, gestão, sobrecarga, amortização do capital, impostos locais, custos de manufatura e custos locais de conformidade de regulamentação.
2. Termos: os custos são afetados pelos termos de pagamento líquido e por quaisquer descontos de volume.
3. Custos de entrega: incluem transporte dentro do próprio país, frete aéreo ou marítimo, transporte ao destino e embalagem.
4. Armazenagem e estoque: incluem estoques interno, manufatura interna, custos de armazenagem na planta, estoques de cadeia de suprimentos e custos de armazenagem na cadeia de suprimentos.
5. Custos de qualidade: incluem custos de validação, custos de queda de desempenho devido à baixa qualidade e custo de medidas complementares que busquem combater a queda de qualidade.
6. Direitos dos clientes, impostos sobre valor fiscal agregado e incentivos fiscais locais.
7. Custo de risco, equipe de aquisição, taxas de corretagem, infraestrutura (TI e instalações) e custos de ferramentaria e molde.
8. Tendências de taxa e câmbio e seus impactos no custo.

Ao decidir pelo *offshoring*, é importante quantificar esses fatores cuidadosamente e acompanhá-los com o passar do tempo. Conforme a Tabela 6.2 indica, a redução do custo unitário

》 **Tabela 6.2** Dimensões a considerar na avaliação do custo adicional total do *offshoring*.

Dimensão do desempenho	Atividade que afeta o desempenho	Impacto do *offshoring*
Comunicação do pedido	Preparação do pedido	Comunicação mais difícil
Visibilidade da cadeia de suprimentos	Cronograma e gastos	Pior visibilidade
Custos de matéria-prima	Aquisição de matéria-prima	Pode ser em qualquer direção, dependendo da fonte de matéria-prima
Custo unitário	Produção, qualidade (produção e transporte)	Custos de mão de obra/fixos diminuem; a qualidade pode ser prejudicada
Custos de frete	Modos de transporte e quantidade	Custos de frete maiores
Impostos e taxas	Travessia de fronteira	Pode ser em qualquer direção
Tempo do processo de suprimento	Comunicação do pedido, cronograma de produção no fornecedor, tempo de produção, alfândega, transporte, recebimento	Aumento no tempo de execução resulta em previsões mais fracas e maiores estoques
Incerteza da entrega a tempo/tempo de execução	Produção, qualidade, alfândega, transporte, recebimento	Pior entrega a tempo e maior incerteza resultam em maiores estoques e menor disponibilidade de produtos
Quantidade mínima de pedido	Produção, transporte	Maiores quantidades mínimas aumentam o estoque
Devoluções de produtos	Qualidade	Provavelmente mais devoluções
Estoques	Tempos de execução, estoque em trânsito e produção	Aumentam
Capital de giro	Estoques e reconciliação financeira	Aumentam
Custos ocultos	Comunicação do pedido, erros de faturamento, gerenciamento do risco de taxa de câmbio	Custos ocultos mais altos
Faltas de estoque	Pedido, produção, transporte com menor visibilidade	Aumentam

por mão de obra e custos fixos mais baixos, junto de possíveis vantagens fiscais, provavelmente são os principais benefícios do *offshoring*, com quase todos os outros fatores sendo piores. Por exemplo, plantas de fábricas de automóveis e autopeças na Índia são projetadas com muito mais mão de obra do que na produção semelhante em países desenvolvidos, a fim de reduzir os custos fixos. No entanto, é pouco provável que a vantagem de menor custo de trabalho seja significativa para um produto fabricado, se o custo do trabalho é uma pequena fração do custo total. É também o caso que, em vários países de baixo custo, como a China e a Índia, os custos laborais tenham aumentado de modo significativo. Como mencionado por Goel et al. (2008), a inflação de salários na China esteve em torno de 19%, em termos de dólares entre 2003 e 2008 em comparação a cerca de 3% nos Estados Unidos. Durante o mesmo período, os custos de transporte aumentaram significativamente (os custos de frete marítimo tiveram aumento de 135% entre 2005 e 2008) e o yuan chinês se fortaleceu em relação ao dólar (em cerca de 18% entre 2005 e 2008). O resultado líquido foi que o *offshoring* de produtos manufaturados dos Estados Unidos para a China parecia muito menos atraente em 2008 do que era em 2003.

Em geral, o *offshoring* para países de baixo custo provavelmente será mais atraente para produtos com alto volume de mão de obra, grandes volumes de produção, variedade relativamente baixa e baixos custos de transporte em relação ao valor do produto. Por exemplo, uma empresa que produza grande variedade de bombas provavelmente notará que o *offshoring* da produção de peças fundidas para uma parte comum a muitas bombas em geral será muito mais atraente do que o de peças projetadas altamente especializadas.

Dado que o *sourcing* global tende a aumentar os custos de transporte, é importante focar na redução do conteúdo de transporte para sucesso em *sourcing* global. Componentes adequadamente projetados podem facilitar uma densidade muito maior no transporte de produtos. A IKEA projetou produtos modulares, que são montados pelo cliente, de maneira que os módulos possam ser enviados em alta densidade, diminuindo os custos de transporte. De modo semelhante, a Nissan redesenhou seus componentes adquiridos globalmente de maneira que eles possam ser embalados de forma mais compacta quando remetidos. O uso de centros de consolidação de suprimento (*hubs*) de fornecedores pode ser muito eficiente se vários componentes estiverem sendo adquiridos globalmente de diferentes locais. Muitos fabricantes criaram centros de consolidação de suprimentos na Ásia, que são alimentados por cada um de seus fornecedores asiáticos. Isso permite que um embarque consolidado seja enviado por esse centro de consolidação de suprimento, em vez de vários carregamentos menores de cada fornecedor. Políticas flexíveis mais sofisticadas, que proveem o embarque direto do fornecedor quando os volumes são altos, junto do embarque consolidado por um centro de consolidação quando os volumes são baixos, podem ser muito eficientes na redução do transporte.

Também é muito importante fazer uma revisão cuidadosa do processo de produção para decidir quais partes do processo devem ser feitas em outro país. Por exemplo, um pequeno fabricante de joias americano queria transferir para Hong Kong parte de seu processo de fabricação. A matéria-prima, na forma de chapa de ouro, era adquirida nos Estados Unidos. O primeiro passo no processo de manufatura era a estampagem da chapa de ouro em um molde de tamanho adequado. Esse processo gerava cerca de 40% de desperdício, que poderia ser reciclado para produzir mais chapas de ouro. O fabricante teve de escolher entre fazê-lo nos Estados Unidos ou em Hong Kong. Estampar em Hong Kong geraria menor custo de mão de obra, porém maior custo de transporte, e exigiria mais capital de giro, por conta do atraso até que o ouro desperdiçado pudesse ser reciclado. Uma análise cuidadosa indicou que o mais barato era que as ferramentas de estampa fossem instaladas no fornecedor das chapas de ouro nos Estados Unidos. A estampagem no fornecedor reduzia o custo de transporte, porque apenas o material utilizável era enviado para Hong Kong. Mais importante do que isso, essa decisão reduziu a necessidade de capital de giro, pois o ouro desperdiçado na estampagem era reciclado dentro de dois dias.

Um dos maiores desafios do *offshoring* é o aumento do risco e seu impacto potencial sobre o custo. Esse desafio é agravado se uma empresa usa um local no exterior que tem como alvo, principalmente, baixos custos para absorver todas as incertezas em sua cadeia de suprimentos. Em tal contexto, frequentemente é muito mais eficaz utilizar uma combinação de instalações *offshore* que é dada como previsível, de trabalho de alto volume, com uma instalação *onshore* ou *near-shore*, que está projetada especificamente para lidar com a maior parte da flutuação. As empresas que utilizam unicamente instalações *offshore* encontram-se frequentemente mantendo estoque extra e recorrendo ao transporte aéreo por causa dos longos prazos de entrega e variáveis. A presença de uma instalação *onshore* flexível que absorve toda a variação pode muitas vezes diminuir o custo total, eliminando o frete caro e reduzindo significativamente a quantidade de estoque mantido na cadeia de suprimentos.

> **》Ponto-chave**
>
> É essencial que as decisões de *offshoring* sejam tomadas considerando-se o custo adicional total. Esse processo normalmente reduz custos fixos e de mão de obra, mas aumenta os custos de frete e o capital de giro. Antes de se decidir pelo *offshoring*, os projetos de produto e de processo devem ser cuidadosamente avaliados para identificar etapas que poderão reduzir o componente de frete e a necessidade de capital de giro. Incluir uma opção *onshore* pode diminuir o custo associado com risco de cobertura de uma instalação *offshore*.

6.3 Gerenciamento de riscos nas cadeias de suprimentos globais

As cadeias de suprimentos globais atuais estão sujeitas a mais fatores de risco do que as cadeias de suprimento locais do passado. Esses riscos incluem interrupções de suprimento, atraso no suprimento, flutuações na demanda, no preço e na taxa de câmbio. Conforme ficou evidente na crise financeira de 2008, subestimar os riscos nas cadeias de suprimentos globais e não ter estratégias e redução adequadas em vigor pode ter resultados muito dolorosos. Por exemplo, a contaminação em um dos dois fornecedores de vacinas contra a gripe nos Estados Unidos levou a um grave desabastecimento no início da temporada de gripe de 2004. Esse desabastecimento levou ao racionamento na maioria dos estados e a um severo aumento de preços em alguns casos. De modo semelhante, o fortalecimento significativo do euro em 2008 afetou empresas que tinham suas fontes de suprimento localizadas no oeste europeu. Em outro caso, deixar de armazenar estoque suficiente para reduzir a incerteza no fornecimento resultou em altos custos, ao invés de economias. Um fabricante de componentes automotivos esperava economizar de 4 a 5 milhões de dólares por ano comprando da Ásia em vez de comprar do México. Como resultado do congestionamento de portos em Los Angeles–Long Beach, a empresa teve de fretar uma aeronave para buscar as peças na Ásia, pois não tinha estoque suficiente para cobrir os atrasos. Um frete que teria custado 20 mil dólares por aeronave a partir do México acabou custando à empresa 750 mil dólares. As economias previstas se transformaram em uma perda de 20 milhões de dólares.

Assim, é essencial que as cadeias de suprimentos globais estejam cientes dos fatores de risco relevantes e preparem estratégias de redução adequadas. A Tabela 6.3 apresenta a categorização e os fatores-chave dos riscos que devem ser considerados durante o projeto da rede.

O bom projeto de rede pode desempenhar um papel significativo na redução do risco da cadeia de suprimentos. Por exemplo, ter vários fornecedores reduz o risco de interrupção de qualquer uma das fontes. Um exemplo excelente é a diferença no impacto sobre a Nokia e a Ericsson quando uma fábrica pertencente à Royal Philips Electronics, localizada em Albuquerque, Novo México, pegou fogo, em março de 2000. A Nokia ajustou a interrupção rapidamente usando várias outras fábricas em sua rede. A Ericsson, ao contrário, não tinha uma fonte de reserva em sua rede, e não conseguiu reagir. Como resultado, a empresa estimou uma perda de receitas de 400 milhões de dólares. De modo semelhante, ter uma capacidade flexível reduz os riscos de flutuações globais em demanda, preço e taxa de câmbio. Por exemplo, a Hino Trucks usa capacidade flexível em suas fábricas para mudar os níveis de produção de diferentes produtos deslocando a força de trabalho entre as linhas. Como resultado, a empresa mantém uma força de trabalho constante na fábrica, mesmo que a produção em cada linha varie para ajustar melhor a oferta e a demanda. Conforme ilustramos com esses exemplos, o projeto de estratégias de redução de risco na rede melhora significativamente a capacidade de uma cadeia de suprimentos de lidar com o risco.

No entanto, cada estratégia de redução tem um preço e pode aumentar outros riscos. Por exemplo, aumentar o estoque reduz o risco de atrasos, mas aumenta o risco de obsolescência. A aquisição de múltiplos fornecedores reduz o risco de interrupção, mas aumenta os custos, porque

Tabela 6.3 Riscos da cadeia de suprimentos a serem considerados durante o projeto da rede.

Categoria	Fatores de risco
Interrupções	Desastre natural, guerra, terrorismo
	Disputas trabalhistas
	Falência do fornecedor
Atrasos	Alta utilização da capacidade na fonte de suprimentos
	Inflexibilidade da fonte de suprimentos
	Má qualidade ou resultado na fonte de suprimentos
Risco de sistemas	Falha na infraestrutura de informação
	Integração de sistemas ou extensão de sistemas em rede
Risco de previsão	Previsões imprecisas em virtude de longos tempos de espera, sazonalidade, variedade de produtos, ciclos de vida curtos, base pequena de clientes
	Distorção de informação
Risco de propriedade intelectual	Integração vertical da cadeia de suprimentos
	Terceirização e mercados globais
Risco de aquisição	Risco de taxa de câmbio
	Preço dos insumos
	Fração adquirida de uma única fonte
	Utilização da capacidade de todo o setor
Risco de contas a receber	Número de clientes
	Poder financeiro dos clientes
Risco de estoque	Taxa de obsolescência de produtos
	Custo de manutenção do estoque
	Valor do produto
	Incerteza de demanda e oferta
Risco de capacidade	Custo da capacidade
	Flexibilidade da capacidade

Fonte: Adaptado de Chopra e Sodhi (2004).

cada fornecedor pode ter dificuldade para conseguir economias de escala. Assim, é muito importante desenvolver estratégias de redução sob medida durante o projeto de rede que alcancem um bom equilíbrio entre a quantidade de risco reduzida e o aumento no custo. Algumas estratégias de redução sob medida são esboçadas na Tabela 6.4. A maioria dessas estratégias é discutida com mais detalhes mais adiante neste livro.

As cadeias de suprimentos globais em geral devem usar uma combinação de estratégias de redução de risco projetadas para elas, junto das estratégias financeiras, a fim de limitar os riscos não cobertos. Uma estratégia global da cadeia de suprimentos focada em eficiência e baixo custo pode se concentrar na produção global em alguns países de baixo custo. No entanto, esse projeto é vulnerável ao risco de interrupção do suprimento, bem como a flutuações nos preços de transporte e taxas de câmbio. Nesse cenário, é essencial que a empresa faça coberturas com base em limitação dos custos de combustível e taxas de câmbio, pois o projeto da cadeia de suprimentos por si só não possui mecanismos embutidos para lidar com essas flutuações. Ao contrário, em uma cadeia global projetada com folga, a capacidade flexível permite que a produção seja deslocada para algum local mais eficiente, dado determinado conjunto de condições macroeconômicas. A capacidade de esse projeto flexível reagir a flutuações diminui a necessidade de limitações financeiras. As coberturas operacionais, como a flexibilidade, são mais complexas de executar do que as financeiras, mas têm a vantagem de ser reativas, pois a cadeia de suprimentos pode ser reconfigurada para reagir melhor ao estado macroeconômico do mundo.

Tabela 6.4 Estratégias de redução de risco sob medida durante o projeto de rede.

Estratégias de redução de risco	Estratégias sob medida
Aumentar a capacidade	Focar a capacidade de baixo custo, descentralizada, para a demanda previsível. Montar capacidade centralizada para a demanda imprevisível. Aumentar a descentralização à medida que o custo da capacidade cai.
Obter fornecedores redundantes	Fornecimento mais redundante para produtos de alto volume, menos redundância para produtos de baixo volume. Centralizar a redundância para produtos de baixo volume em poucos fornecedores flexíveis.
Aumentar a responsividade	Favorecer o custo à responsividade para produtos de consumo. Favorecer a responsividade ao custo para produtos com ciclo de vida curto.
Aumentar o estoque	Descentralizar o estoque de produtos previsíveis, de baixo valor. Centralizar o estoque de produtos menos previsíveis, de maior valor.
Aumentar a flexibilidade	Favorecer o custo à flexibilidade para produtos flexíveis, de alto volume. Favorecer a flexibilidade para produtos imprevisíveis, de baixo volume. Centralizar a flexibilidade em poucos locais, se ela for cara.
Juntar ou agregar a demanda	Incrementar a agregação à medida que a imprevisibilidade aumenta.
Aumentar a capacidade da fonte	Preferir a capacidade ao custo para produtos de altos valor e risco. Favorecer o custo à capacidade para produtos de consumo, de baixo valor. Se possível, centralizar a alta capacidade em uma fonte flexível.

Fonte: Adaptado de Chopra e Sodhi (2004).

É importante ter em mente que nem toda estratégia de redução de risco é em dinheiro. Por exemplo, a flexibilidade criada nas fábricas da Honda só provou ser eficaz quando a demanda por veículos mudou de maneira imprevisível em 2008. Se não houvesse flutuação na demanda, a flexibilidade ficaria sem utilização. A flexibilidade na forma do sistema de montagem de carroceria inteligente (*Intelligent Body Assembly System* — IBAS) criado pela Nissan no início da década de 1990 quase arruinou a empresa, pois o estado dos mercados automotivos era relativamente estável na época. De maneira semelhante, o uso de coberturas para combustível, que geraram bilhões para a Southwest Airlines, custou caro ao final de 2008, quando os preços do petróleo cru caíram significativamente.

Assim, é fundamental que as estratégias de redução de risco sejam avaliadas rigorosamente em termos de seu valor esperado em longo prazo, antes que sejam implementadas. Nas próximas seções, discutiremos as metodologias que permitem a avaliação financeira de estratégias de redução de risco projetadas em uma cadeia de suprimentos global.

Flexibilidade, encadeamento e contenção

A flexibilidade desempenha papel importante na redução de diferentes riscos e incertezas enfrentadas por uma cadeia de suprimentos global. Ela pode ser dividida em três categorias gerais: flexibilidade de novo produto, flexibilidade de mix e flexibilidade de volume. *Flexibilidade de novo produto* refere-se à capacidade de uma empresa introduzir novos produtos no mercado rapidamente. Essa característica é essencial em um ambiente competitivo, em que a tecnologia está evoluindo e a demanda do cliente é volúvel. Ela pode advir do uso de arquiteturas e plataformas de produtos comuns com o objetivo de prover uma grande quantidade de produtos distintos usando o mínimo possível de plataformas exclusivas. Historicamente, a indústria do PC tem seguido essa abordagem para introduzir um fluxo contínuo de novos produtos. A flexibilidade de novo produto também pode acontecer se uma fração da capacidade de produção for flexível o suficiente para ser capaz de produzir qualquer produto. Essa abordagem tem sido usada na indústria farmacêutica, em que uma fração da capacidade é muito flexível com todos os novos produtos fabricados primeiro nos Estados Unidos. Somente quando o produto ganha aceitação é que ele é passado para uma capacidade dedicada, com menos custos variáveis.

Flexibilidade de mix refere-se à capacidade de produzir uma série de produtos dentro de um curto período de tempo. Essa capacidade é essencial em um ambiente em que a demanda por produtos individuais é pequena ou altamente imprevisível, o fornecimento de matéria-prima é incerto e a tecnologia está evoluindo rapidamente. A indústria de produtos eletrônicos de consumo é um bom exemplo no qual a flexibilidade de mix é essencial nos ambientes de produção, especialmente à medida que mais partes da produção passa para fabricantes contratados. Projeto modular e componentes comuns facilitam a flexibilidade de mix. As instalações europeias da Zara têm significativa flexibilidade de mix, possibilitando que forneça roupas da moda com demanda altamente imprevisível.

A *flexibilidade de volume* refere-se à capacidade de uma empresa de operar com lucratividade em diferentes níveis de saída, sendo decisiva em indústrias cíclicas. As empresas na indústria automotiva que perderam flexibilidade de volume foram prejudicadas em 2008 quando a demanda por automóveis nos Estados Unidos encolheu de modo significativo. A indústria do aço é um exemplo em que alguma flexibilidade de volume e consolidação ajudou o desempenho. Antes de 2000, as empresas tinham flexibilidade limitada e não ajustavam os volumes de produção quando a demanda começava a cair. O resultado era um acúmulo de estoques e uma queda significativa no preço do aço. No início da década de 2000, algumas empresas grandes se consolidaram na indústria do aço e desenvolveram alguma flexibilidade de volume. Como resultado, puderam reduzir a produção quando a demanda caiu. O resultado tem sido menos acúmulo de estoque e menores quedas nos preços durante os ciclos de baixa econômica, seguidos de uma recuperação mais rápida da indústria do aço.

Uma vez que alguma forma de flexibilidade normalmente é usada para reduzir riscos nas cadeias de suprimentos globais, é importante entender os benefícios e as limitações dessa técnica. Ao lidar com a incerteza da demanda, Jordan e Graves (1995) fazem a importante observação de que, quando a flexibilidade aumenta, o benefício marginal derivado da maior flexibilidade diminui. Esses autores sugerem operacionalizar essa ideia no conceito de encadeamento, que é ilustrado a seguir. Considere uma empresa que vende quatro produtos distintos. Uma rede de suprimentos sem flexibilidade teria quatro fábricas, cada uma dedicada a produzir um único produto, como mostra a Figura 6.1. A configuração de rede mais flexível seria aquela em que cada fábrica fosse capaz de produzir todos os quatro produtos. A flexibilidade de produção das fábricas é benéfica quando a demanda para cada um dos quatro produtos é imprevisível. Com fábricas dedicadas, a empresa não é capaz de atender à demanda em excesso da capacidade da fábrica. Com fábricas flexíveis, a empresa é capaz de deslocar a demanda excessiva de um produto para uma fábrica com capacidade em excesso. Jordan e Graves definem uma rede encadeada com uma cadeia longa (flexibilidade limitada), configurada como mostra a Figura 6.1. Em uma configuração encadeada, cada fábrica é capaz de produzir dois produtos com a flexibilidade organizada, de modo que as fábricas e seus produtos formem uma cadeia. Jordan e Graves mostram que uma rede encadeada reduz o risco causado pela flutuação da demanda, de modo quase tão eficaz quanto uma rede totalmente flexível. Dado o custo mais alto da flexibilidade total, os resultados de Jordan e Graves indicam que o encadeamento é uma excelente estratégia para usar na implementação da flexibilidade.

O tamanho desejado das cadeias é uma questão importante a ser tratada quando se projetam redes encadeadas. Cadeias mais longas têm a vantagem de efetivamente combinar a capacidade disponível em maior extensão ao lidar com a incerteza da demanda. Contudo, cadeias longas possuem algumas desvantagens. O custo fixo da construção de uma única cadeia longa pode

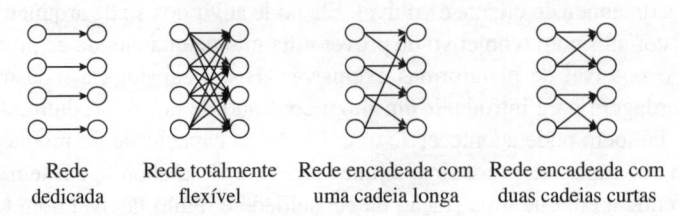

Figura 6.1 Diferentes configurações de flexibilidade na rede.

ser mais alto que o custo de várias cadeias menores. Com uma única cadeia longa, o efeito de qualquer flutuação se propaga para todas as instalações na cadeia, tornando a coordenação mais difícil através da rede. Também tem sido observado por vários pesquisadores que a flexibilidade e o encadeamento são eficazes quando se lida com a flutuação da demanda, porém menos eficazes quando se lida com a interrupção do fornecimento. Na presença dele, Lim et al. (2008) observaram que o projeto de cadeias menores que contenham ou limitam o impacto de uma interrupção pode ser mais eficiente do que o projeto de rede com uma cadeia longa. Um exemplo de contenção aparece na Figura 6.1, em que as quatro fábricas têm flexibilidade para produzir os quatro produtos na forma de duas cadeias pequenas. Nesse projeto, qualquer interrupção em uma das cadeias não afeta a outra. Um exemplo simples de contenção é a criação de porcos, em que as fazendas são grandes para ganhar economias de escala, mas os porcos são mantidos separados em pequenos grupos, a fim de garantir que o risco de doenças fique contido dentro de um grupo, e não se espalhe para a fazenda inteira.

> **》 Ponto-chave**
> A flexibilidade apropriada é uma técnica eficaz para uma cadeia de suprimentos global lidar com uma série de riscos e incertezas. Embora alguma flexibilidade seja muito valiosa, muita flexibilidade pode não compensar o custo. Estratégias como encadeamento e contenção devem ser usadas para maximizar o benefício da flexibilidade enquanto mantêm os custos baixos.

6.4 Fluxos de caixa descontados

As decisões de projeto da cadeia de suprimentos global devem ser avaliadas como uma sequência de fluxos de caixa pelo tempo em que serão usadas. Isso requer a avaliação da contabilidade dos fluxos de caixa futuros para riscos e incertezas que provavelmente surgirão na cadeia de suprimentos global. Nesta seção, discutiremos os fundamentos da análise para avaliar os fluxos de caixa futuros antes de introduzir a incerteza na seção seguinte.

O valor presente de um curso de fluxos de caixa é o valor desse curso na moeda de hoje. A análise do *fluxo de caixa descontado* (FCD) avalia o valor presente de qualquer curso de fluxos de caixa futuros e permite que a administração compare dois cursos de fluxos de caixa em termos de seu valor financeiro. A análise de FCD se baseia na premissa fundamental de que "um dólar hoje vale mais do que um dólar amanhã", pois o dinheiro hoje pode ser investido e dele obtido um retorno além do aplicado. Essa premissa oferece a ferramenta básica para comparar o valor relativo dos fluxos de caixa futuros que chegarão durante períodos diferentes.

O valor presente do fluxo de caixa futuro é encontrado usando-se um fator de desconto. Se um dólar hoje puder ser investido e obter-se uma taxa de retorno k durante o período seguinte, um investimento de US$ 1 hoje resultará em $1 + k$ dólares no próximo período. Para um investidor, portanto, seria indiferente obter US$ 1 no próximo período ou US$ $1/(1 + k)$ no período atual. Assim, US$ 1 no próximo período é descontado por:

$$\text{Fator de desconto} = \frac{1}{1 + k} \quad (6.1)$$

para obter seu valor presente.

A taxa de retorno k também é conhecida como *taxa de desconto*, *taxa de retorno mínimo* ou *custo de oportunidade de capital*. Dado um curso de fluxos de caixa $C_0, C_1, \ldots, C_T$ pelos próximos T períodos, e uma taxa de retorno k, o valor presente líquido (VPL) desse curso de fluxo de caixa é dado por:

$$\text{VPL} = C_0 + \sum_{t=1}^{T} \left(\frac{1}{1+k}\right)^t C_t \quad (6.2)$$

O VPL — *valor presente líquido* — de diferentes opções deve ser comparado quando se tomam decisões de cadeia de suprimentos. Um VPL negativo para uma opção indica que ela perderá dinheiro para a cadeia de suprimentos. A decisão com o VPL maior dará a uma cadeia de suprimentos o retorno financeiro maior.

Exemplo 6.1

A Trips Logistics, uma empresa de logística terceirizada que oferece armazenamento e outros serviços logísticos, está vivenciando uma decisão relacionada à quantidade de espaço para alugar para o próximo período de três anos. O gerente geral previu que a empresa precisará lidar com uma demanda de 100 mil unidades para cada um dos próximos três anos. Historicamente, a Trips Logistics precisava de 1.000 pés quadrados de espaço em depósito para cada mil unidades de demanda. Para fins desta discussão, o único custo que a empresa tem é o do depósito.

A Trips Logistics recebe receitas de US$ 1,22 para cada unidade de demanda. O gerente geral precisa decidir se assinará um contrato de aluguel de três anos ou se obterá espaço de armazenamento no mercado à vista a cada ano. O aluguel de três anos custará US$ 1,00 por pé quadrado ao ano e a taxa do mercado à vista deverá ser de US$ 1,20 por pé quadrado por ano para cada um dos três anos. A Trips Logistics tem uma taxa de desconto de $k = 0,1$.

Análise

O gerente geral decide comparar o VPL da assinatura de um contrato de aluguel de três anos para 100 mil pés quadrados de espaço em depósito com a obtenção do espaço do mercado à vista a cada ano. Se ele obtiver espaço em depósito do mercado à vista a cada ano, a Trips Logistics ganhará US$ 1,22 para cada unidade e pagará US$ 1,20 por pé quadrado de espaço em depósito exigido. O lucro anual esperado para a Trips Logistics, nesse caso, é dado pelo seguinte:

Lucro anual esperado se o espaço em depósito for obtido do mercado à vista = $(100.000 \times US\$ 1,22) - (100.000 \times US\$ 1,20) = US\$ 2.000$.

Obter espaço em depósito no mercado à vista oferece à Trips Logistics um fluxo de caixa positivo esperado de US$ 2.000 em cada um dos três anos. O VPL pode ser avaliado da seguinte forma:

$$\text{VPL (sem aluguel)} = C_0 + \frac{C_1}{1+k} + \frac{C_2}{(1+k)^2} = 2.000 + \frac{2.000}{1,1} + \frac{2.000}{1,1^2} = \$5.471$$

Se o gerente geral alugar 100.000 pés quadrados de espaço em depósito pelos próximos três anos, a Trips Logistics paga US$ 1,00 por pé quadrado de espaço alugado a cada ano. O lucro anual esperado para a Trips Logistics nesse caso é dado pelo seguinte:

Lucro anual esperado com aluguel de três anos = $(100.000 \times US\$ 1,22) - (100.000 \times US\$ 1,00) = US\$ 22.000$.

Assinar um contrato de aluguel por três anos oferece à Trips Logistics um fluxo de caixa positivo de US$ 22.000 em cada um dos três anos. O VPL pode ser avaliado como:

$$\text{VPL (com aluguel)} = C_0 + \frac{C_1}{1+k} + \frac{C_2}{(1+k)^2} = 22.000 + \frac{22.000}{1,1} + \frac{22.000}{1,1^2} = \$60.182$$

O VPL de assinar o aluguel é US$ 60.182 − US$ 5.471 = US$ 54.711 a mais do que obter o espaço em depósito no mercado à vista.

Com base nessa análise simples, um gerente pode optar por assinar o contrato de aluguel. Porém, isso não é o suficiente, pois ainda não avaliamos a maior flexibilidade de ajustar as incertezas que o mercado à vista oferece ao gerente. Na próxima seção, apresentaremos a metodologia que possibilita a incerteza e discutiremos como a inclusão da incerteza da demanda e custos futuros pode fazer com que o gerente repense sua decisão.

6.5 Avaliação das decisões do projeto de rede por meio de árvores de decisão

Em uma cadeia de suprimentos global, demanda, preços, taxas de câmbio e vários outros fatores são altamente incertos e provavelmente flutuam durante o período de qualquer decisão. Em um ambiente de incerteza, o problema com o uso de FCD simples é que ele costuma subvalorizar a flexibilidade. O resultado é muitas vezes uma cadeia de suprimentos que tem bom desempenho se tudo correr de acordo com o plano, mas se torna terrivelmente cara se algo inesperado acontecer. Um gerente toma várias decisões diferentes ao projetar uma rede de cadeia de suprimentos. Por exemplo:

- A empresa deverá assinar um contrato de longo prazo para obter espaço em depósito ou adquirir espaço no mercado à vista, conforme a necessidade?
- Qual deverá ser o mix de mercado em longo prazo e à vista da empresa no portfólio da capacidade de transporte?
- Quanto de capacidade as diversas instalações deverão ter? Que fração dessa capacidade deverá ser flexível?

Se a incerteza for ignorada, um gerente sempre assinará contratos em longo prazo (pois eles normalmente são mais baratos) e evitará toda a capacidade flexível (pois é mais cara). Porém, essas decisões podem prejudicar a empresa se a demanda ou os preços futuros não forem conforme o previsto no momento da decisão. Executivos que participaram do *Accenture 2013 Global Manufacturing Study* citaram uma variedade de fatores relacionados à volatilidade como potenciais obstáculos à sua capacidade de crescer — inclusive a instabilidade da moeda global, os custos de commodities imprevisíveis, a incerteza quanto à demanda do cliente, agitação política ou social em mercados-chave, além de possíveis alterações nos regulamentos governamentais. Assim, é importante proporcionar uma metodologia que permita aos gerentes incorporar essa incerteza em seu processo de projeto de rede. Nesta seção, descreveremos essa metodologia e mostraremos que considerar a incerteza pode ter impacto significativo sobre o valor de decisões de projeto de rede.

As bases da análise da árvore de decisão

A *árvore de decisão* é um dispositivo gráfico usado para avaliar decisões sob incerteza. As árvores de decisão com FCDs podem ser usadas para avaliar decisões de projeto da cadeia de suprimentos, dada a incerteza sobre preços, demanda, taxas de câmbio e inflação.

O primeiro passo na preparação de uma árvore de decisão é identificar o número de períodos no futuro que será considerado ao se tomar a decisão. O tomador de decisão também deverá identificar a duração de um período — que poderia ser de um dia, um mês, um trimestre ou qualquer outro período. A duração de um período deverá ser o tempo mínimo sobre o qual os fatores que afetam as decisões da cadeia de suprimentos podem mudar por uma quantidade *significativa*. "Significativa" é um termo difícil de definir, mas na maioria dos casos é apropriado usar a duração sobre a qual um plano em conjunto se mantém como o período. Se o planejamento for feito mensalmente, por exemplo, definimos a duração de um período em um mês. Na discussão a seguir, T representará o número de períodos sobre os quais a decisão da cadeia de suprimentos deverá ser avaliada.

O próximo passo é identificar fatores que afetarão o valor da decisão e que são capazes de flutuar pelos próximos T períodos. Esses fatores incluem demanda, preço, taxa de câmbio e inflação, entre outros. Identificados os principais fatores, o próximo passo é identificar as distribuições de probabilidade que definem a flutuação de cada fator, de um período para o seguinte. Se, por exemplo, a demanda e o preço forem identificados como os dois principais fatores que afetam a decisão, a probabilidade de passar de determinado valor de demanda e preço em um período para qualquer outro valor de demanda e preço no período seguinte deverá ser definida.

O passo seguinte é identificar uma taxa de desconto periódica k que será aplicada aos fluxos de caixa futuros. Não é essencial que a mesma taxa de desconto se aplique a cada período, ou ainda em cada nó em um período. A taxa deverá levar em consideração o risco inerente associado ao investimento. Em geral, uma taxa de desconto mais alta deverá se aplicar a investimentos com maior risco.

A decisão agora é avaliada usando uma árvore de decisão que contém o período presente e T períodos futuros. Dentro de cada período, um nó deverá ser definido para cada combinação possível de valores de fator (digamos, demanda e preço) que podem ser atingidos. São desenhadas setas dos nós de origem no Período i para os nós de fim no Período $i + 1$. A probabilidade em uma seta é conhecida como probabilidade de transição, e é a probabilidade de mudar do nó de origem no Período i ao nó de fim no Período $i + 1$.

A árvore de decisão é avaliada começando dos nós no Período T e retornando ao Período 0. Para cada nó, a decisão é otimizada levando-se em conta os valores atual e futuro de diversos fatores. A análise é baseada no *princípio de Bellman*, que afirma que, para qualquer escolha de estratégia em dado estado, a estratégia ideal no período seguinte é a que for selecionada se for assumido que a análise inteira começa no período seguinte. Esse princípio permite que a estratégia ideal seja solucionada de trás para a frente, começando no último período. Os fluxos de caixa futuros esperados são descontados para trás e incluídos na decisão em consideração atualmente. O valor do nó no Período 0 indica o valor do investimento, além das decisões feitas durante cada período. (Ferramentas como Treeplan estão disponíveis para ajudar a solucionar árvores de decisão em planilhas.) A metodologia de análise por meio de árvores de decisão é resumida da seguinte forma:

1. Identifique a duração de cada período (mês, trimestre etc.) e o número de períodos T sobre os quais a decisão deve ser avaliada.
2. Identifique fatores como demanda, preço e taxa de câmbio cuja flutuação será considerada sobre os próximos T períodos.
3. Identifique representações de incerteza para cada fator; ou seja, determine que distribuição usar para moldar a incerteza.
4. Identifique a taxa de desconto periódica k para cada período.
5. Represente a árvore de decisão com estados definidos em cada período, assim como as probabilidades de transição entre os estados em períodos sucessivos.
6. Começando no Período T, retorne até o Período 0, identificando a decisão ideal e os fluxos de caixa esperados em cada etapa. Os fluxos de caixa esperados em cada estado em determinado período deverão ser descontados de volta quando incluídos no período anterior.

Avaliação da flexibilidade na Trips Logistics

Ilustramos a metodologia de análise da árvore de decisão usando a decisão de aluguel enfrentada pelo gerente geral da Trips Logistics. Ele precisa decidir se alugará espaço em depósito para os próximos três anos e a quantidade a alugar. O gerente prevê incerteza na demanda e nos preços à vista para espaço em depósito durante os próximos três anos. O aluguel em longo prazo é mais barato, mas pode cair em desuso se a demanda for inferior à esperada. Essa opção também pode acabar sendo mais cara se os preços futuros do mercado à vista caírem. O gerente está considerando três opções:

1. Obter todo o espaço em depósito do mercado à vista de acordo com a necessidade.
2. Contratar um aluguel de três anos por um valor fixo de espaço em depósito e obter necessidades adicionais no mercado à vista.
3. Contratar um aluguel flexível com um encargo mínimo, que permita o uso variável do espaço em depósito, até um limite, com necessidades adicionais atendidas pelo mercado à vista.

Agora, vamos discutir como o gerente pode tomar a decisão apropriada, levando em consideração a incerteza. Mil pés quadrados de espaço em depósito são necessários para cada mil unidades de demanda, e a demanda atual na Trips Logistics é de 100 mil unidades por ano. De um ano para o seguinte, a demanda poderá subir 20%, com uma lucratividade de 0,5 ou cair 20%, com uma lucratividade de 0,5. As probabilidades dos dois resultados são independentes e inalteradas de um ano para o seguinte.

O gerente geral pode contratar um aluguel de três anos a um preço de US$ 1 o pé quadrado ao ano. O espaço em depósito atualmente está disponível no mercado à vista a US$ 1,20 o pé quadrado ao ano. De um ano para o outro, os preços à vista para espaço em depósito podem subir 10%, com probabilidade de 0,5, ou cair 10%, com probabilidade de 0,5. As probabilidades dos dois resultados são independentes e inalteradas de um ano para o seguinte.

O gerente geral acha que os preços do espaço em depósito e a demanda para o produto flutuam independentemente. Cada unidade conduzida pela Trips Logistics resulta em receitas de US$ 1,22 e a empresa está empenhada em lidar com toda demanda que aparece. A empresa utiliza uma taxa de desconto de $k = 0,1$ para cada um dos três anos.

O gerente geral considera que todos os custos são incorridos no início de cada ano e, portanto, constrói uma árvore de decisão com $T = 2$. A árvore de decisão aparece na Figura 6.2, e cada nó representa a demanda (D) em milhares de unidades e preço (p) em dólares. A probabilidade de cada transição é de $0,5 \times 0,5 = 0,25$, pois o preço e a demanda flutuam independentemente.

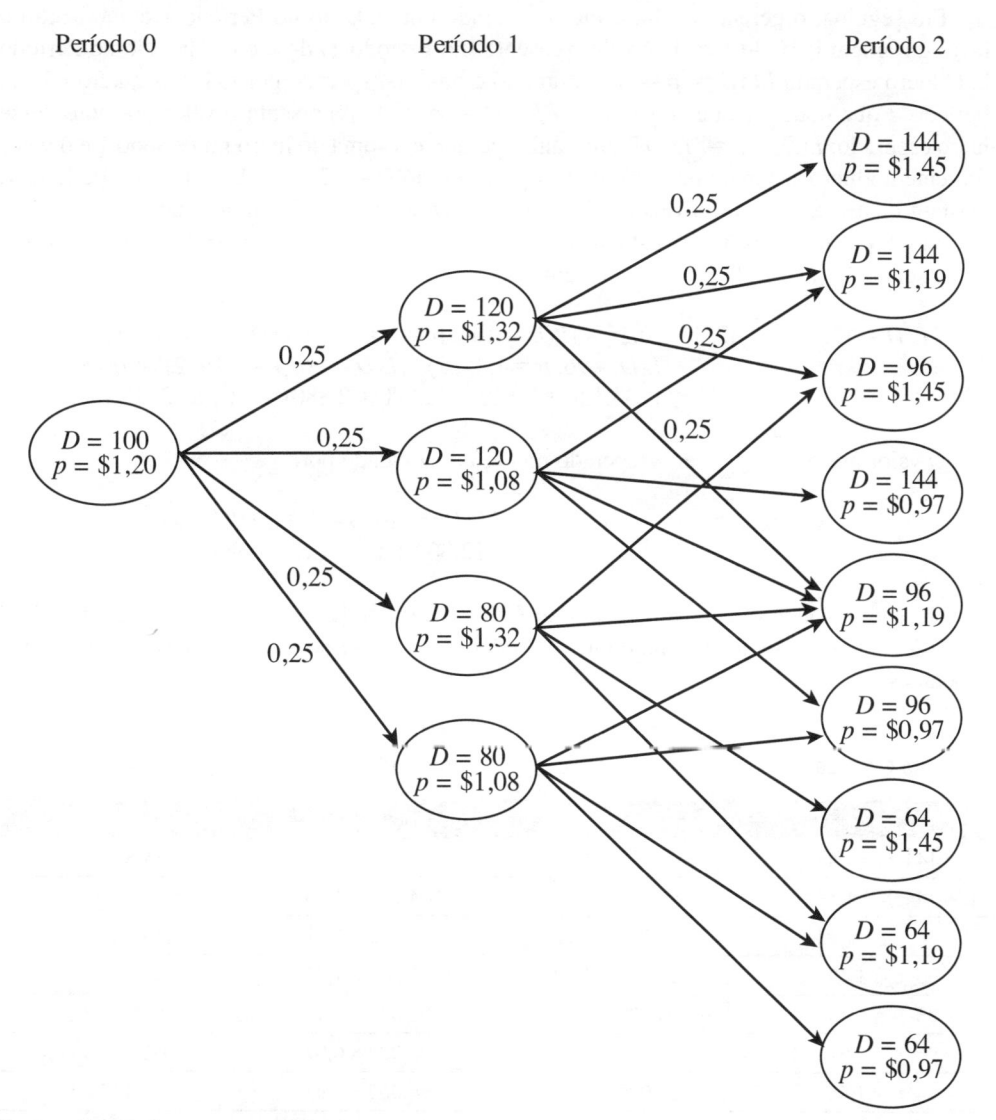

》 **Figura 6.2** Árvore de decisão para a Trips Logistics, considerando a flutuação de demanda e preço.

Avaliação da opção do mercado à vista

Utilizando a árvore de decisão apresentada na Figura 6.2, o gerente analisa primeiro a opção de não contratar um aluguel e obter todo o espaço em depósito pelo mercado à vista. Ele começa com o Período 2 e avalia o lucro para a Trips Logistics em cada nó. No nó $D = 144$, $p =$ US$ 1,45. A empresa precisa satisfazer uma demanda de 144 mil e enfrenta um preço à vista de US$ 1,45 por pé quadrado de espaço em depósito no Período 2. O custo contraído no Período 2 no nó $D = 144$, $p =$ US$ 1,45 é representado por $C(D = 144, p = 1,45, 2)$ e é dado por:

$$C(D = 144, p = 1,45, 2) = 144.000 \times 1,45 = US\$\ 208.800$$

O lucro na Trips Logistics no Período 2 no nó $D = 144$, $p =$ US$ 1,45 é representado por $L(D = 144, p = 1,45, 2)$ e é dado por:

$$L(D = 144, p = 1,45, 2) = 144.000 \times 1,22 - C(D = 144, p = 1,45, 2)$$
$$= 175.680 - 208.800 = -US\$\ 33.120$$

O lucro da empresa em cada um dos outros nós no Período 2 é avaliado de modo semelhante, como mostra a Tabela 6.5.

Em seguida, o gerente avalia o lucro esperado em cada nó no Período 1 como sendo o lucro durante o Período 1 mais o valor presente (no Período 1) do lucro esperado no Período 2. O lucro esperado $LE(D =, p =, 1)$ em um nó é o lucro esperado por todos os quatro nós no Período 2 que pode resultar desse nó. $VPLE(D =, p =, 1)$ representa o valor presente desse lucro esperado; $L(D =, p =, 1)$, o lucro total esperado é a soma do lucro no Período 1 e o valor presente do lucro esperado no Período 2. A partir do nó $D = 120$, $p =$ US$ 1,32 no Período 1, existem quatro estados possíveis no Período 2. O gerente, assim, avalia o lucro esperado no Período 2, por todos os quatro estados possíveis do nó $D = 120$, $p =$ US$ 1,32 no Período 1, como sendo $LE(D = 120, p = 1,32, 1)$, em que:

$$LE(D = 120, p = 1,32, 1) = 0,25 \times [L(D = 144, p = 1,45, 2) + L(D = 144, p = 1,19, 2)$$
$$+ L(D = 96, p = 1,45, 2) + L(D = 96, p = 1,19, 2)] = 0,25$$
$$\times [-33.120 + 4.320 - 22.080 + 2.880] = -US\$\ 12.000$$

O valor presente desse valor esperado no Período 1 é dado por:

$$VPLE(D = 120, p = 1,32, 1) = LE(D = 120, p = 1,32, 1)/(1 + k)$$
$$= -12.000/1,1 = -US\$\ 10.909$$

O gerente obtém o lucro esperado total $L(D = 120, p = 1,32, 1)$ no nó $D = 120$, $p = 1,32$ no Período 1 como sendo a soma do lucro no Período 1 nesse nó e o valor presente dos lucros esperados.

》 Tabela 6.5 Cálculos do Período 2 para a opção de mercado à vista.

	Receita	Custo $C(D =, p =, 2)$	Lucro $L(D =, p =, 2)$
$D = 144, p = 1,45$	$144.000 \times 1,22$	$144.000 \times 1,45$	−US$ 33.120
$D = 144, p = 1,19$	$144.000 \times 1,22$	$144.000 \times 1,19$	US$ 4.320
$D = 144, p = 0,97$	$144.000 \times 1,22$	$144.000 \times 0,97$	US$ 36.000
$D = 96, p = 1,45$	$96.000 \times 1,22$	$96.000 \times 1,45$	−US$ 22.080
$D = 96, p = 1,19$	$96.000 \times 1,22$	$96.000 \times 1,19$	US$ 2.880
$D = 96, p = 0,97$	$96.000 \times 1,22$	$96.000 \times 0,97$	US$ 24.000
$D = 64, p = 1,45$	$64.000 \times 1,22$	$64.000 \times 1,45$	−US$ 14.720
$D = 64, p = 1,19$	$64.000 \times 1,22$	$64.000 \times 1,19$	US$ 1.920
$D = 64, p = 0,97$	$64.000 \times 1,22$	$64.000 \times 0,97$	US$ 16.000

$$L(D = 120, p = 1{,}32, 1) = (120.000 \times 1{,}22) - (120.000 \times 1{,}32) + VPLE(D = 120, p = 1{,}32, 1)$$
$$= -\text{US\$ } 12.000 - \text{US\$ } 10.909 = -\text{US\$ } 22.909$$

O lucro esperado total para todos os outros nós no Período 1 é avaliado como mostra a Tabela 6.6.

Para o Período 0, o lucro total $L(D = 100, p = 1{,}20, 0)$ é a soma do lucro no Período 0 e o valor presente do lucro esperado pelos quatro nós no Período 1.

$$LE(D = 100, p = 1{,}20, 0) = 0{,}25 \times [L(D = 120, p = 1{,}32, 1) + L(D = 120, p = 1{,}08, 1)$$
$$+ L(D = 80, p = 1{,}32, 1) + L(D = 80, p = 1{,}08, 1)] = 0{,}25$$
$$\times [-22.909 + 32.073 - 15.273 + 21.382] = \text{US\$ } 3.818$$

$$VPLE(D = 100, p = 1{,}20, 1) = LE(D = 100, p = 1{,}20, 0)/(1 + k)$$
$$= 3.818/1{,}1 = \text{US\$ } 3.471$$

$$L(D = 100, p = 1{,}20, 0) = (100.000 \times 1{,}22) - (100.000 \times 1{,}20) + VPLE(D = 100,$$
$$p = 1{,}20, 0) = \text{US\$ } 2.000 + \text{US\$ } 3.471 = \text{US\$ } 5.471$$

Assim, o VPL esperado de não assinar o aluguel e obter todo o espaço em depósito pelo mercado à vista é dado por:

$$\text{VPL (mercado à vista)} = \text{US\$ } 5.471$$

》 **Tabela 6.6** Cálculos do Período 1 para a opção de mercado à vista.

Nó	$LE(D =, p =, 1)$	$L(D =, p =, 1) = D \times 1{,}22 - D \times p + LE(D =, p =, 1)/(1 + k)$
$D = 120, p = 1{,}32$	−US\$ 12.000	−US\$ 22.909
$D = 120, p = 1{,}08$	US\$ 16.800	US\$ 32.073
$D = 80, p = 1{,}32$	−US\$ 8.000	−US\$ 15.273
$D = 80, p = 1{,}08$	US\$ 11.200	US\$ 21.382

Avaliação da opção de aluguel fixo

No passo seguinte, o gerente avalia a alternativa na qual é contratado o aluguel para 100.000 pés quadrados de espaço em depósito. O procedimento de avaliação é muito semelhante ao do caso anterior, mas muda o resultado em termos de lucro. Por exemplo, no nó $D = 144, p = 1{,}45$, o gerente precisará de 44.000 pés quadrados de espaço em depósito do mercado à vista a US\$ 1,45 por pé quadrado, pois somente 100.000 pés quadrados foram alugados a US\$ 1 por pé quadrado. Se a demanda for menor que 100 mil unidades, a Trips Logistics ainda terá de pagar pelos 100.000 pés alugados inteiros de espaço alugado. Para o Período 2, o gerente obtém o lucro em cada um dos nove nós, conforme mostra a Tabela 6.7.

Em seguida, o gerente avalia o lucro esperado total para cada nó no Período 1. Novamente, o lucro esperado $LE(D =, p =, 1)$, em um nó, é o lucro esperado de todos os quatro nós no Período 2, que possa resultar desse nó (ver Figura 6.2); e $L(D =, p =, 1)$ é o lucro esperado total dos períodos 1 e 2. O gerente, assim, obtém os resultados contidos na Tabela 6.8.

Para o Período 0, o lucro esperado $LE(D = 100, p = 1{,}20, 0)$ pelos quatro nós no Período 1 é dado por:

$$LE(D = 100, p = 1{,}20, 0) = 0{,}25 \times [L(D = 120, p = 1{,}32, 1) + L(D = 120, p = 1{,}08, 1)$$
$$+ L(D = 80, p = 1{,}32, 1) + L(D = 80, p = 1{,}08, 1)]$$
$$= 0{,}25 \times [35.782 + 45.382 - 4.582 - 4.582] = \text{US\$ } 18.000$$

O valor presente do lucro esperado no Período 0 é dado por:

$$VPLE(D = 100, p = 1{,}20, 0) = LE(D = 100, p = 1{,}20, 0)/(1 + k)$$
$$= 18.000/1{,}1 = \text{US\$ } 16.364$$

> **Tabela 6.7** Cálculos de lucro no Período 2 na Trips Logistics para a opção de aluguel fixo.

Nó	Espaço alugado	Espaço em depósito no mercado à vista ou *spot* (S)	Lucro $L(D=, p,=2) = D \times 1{,}22 - (100.000 \times 1 + S \times p)$
$D = 144, p = 1{,}45$	100.000 pés^2	44.000 pés^2	US$ 11.880
$D = 144, p = 1{,}19$	100.000 pés^2	44.000 pés^2	US$ 23.320
$D = 144, p = 0{,}97$	100.000 pés^2	44.000 pés^2	US$ 33.000
$D = 96, p = 1{,}45$	100.000 pés^2	0 pé^2	US$ 17.120
$D = 96, p = 1{,}19$	100.000 pés^2	0 pé^2	US$ 17.120
$D = 96, p = 0{,}97$	100.000 pés^2	0 pé^2	US$ 17.120
$D = 64, p = 1{,}45$	100.000 pés^2	0 pé^2	−US$ 21.920
$D = 64, p = 1{,}19$	100.000 pés^2	0 pé^2	−US$ 21.920
$D = 64, p = 0{,}97$	100.000 pés^2	0 pé^2	−US$ 21.920

> **Tabela 6.8** Cálculos de lucro no Período 1 na Trips Logistics para a opção de aluguel fixo.

Nó	$LE(D=, p=, 1)$	Espaço em depósito no mercado à vista (S)	$L(D=, p=, 1) = D \times 1{,}22 - (100.000 \times 1 + S \times p) + LE(D=, p=, 1)/(1+k)$
$D = 120, p = 1{,}32$	$0{,}25 \times [L(D=144, p=1{,}45, 2) + L(D=144, p=1{,}19, 2) + L(D=96, p=1{,}45, 2) + L(D=96, p=1{,}19, 2)]$ $= 0{,}25 \times (11.880 + 23.320 + 17.120 + 17.120) =$ US$ 17.360	20.000	US$ 35.782
$D = 120, p = 1{,}08$	$0{,}25 \times (23.320 + 33.000 + 17.120 + 17.120) =$ US$ 22.640	20.000	US$ 45.382
$D = 80, p = 1{,}32$	$0{,}25 \times (17.120 + 17.120 - 21.920 - 21.920) = -US 2.400	0	−US$ 4.582
$D = 80, p = 1{,}08$	$0{,}25 \times (17.120 + 17.120 - 21.920 - 21.920) = -US 2.400	0	−US$ 4.582

O lucro esperado total é obtido como a soma do lucro no Período 0 e o valor presente do lucro esperado por todos os quatro nós no Período 1. Ele é:

$$L(D = 100, p = 1{,}20, 0) = (100.000 \times 1{,}22) - (100.000 \times 1) + VPLE(D = 100, p = 1{,}20, 0) = \text{US\$ } 22.000 + \text{US\$ } 16.364 = \text{US\$ } 38.364$$

O VPL da contratação de um aluguel de três anos para 100.000 pés quadrados de espaço em depósito é, portanto:

$$\text{VPL(Aluguel)} = \text{US\$ } 38.364$$

Observe que o VPL da opção de aluguel sob incerteza é consideravelmente menor do que quando a incerteza é ignorada (US$ 60.182 pelo Exemplo 6.1). Isso ocorre porque o aluguel é uma decisão fixa, e a Trips Logistics é incapaz de reagir às condições do mercado alugando menos espaço se a demanda for inferior. Contratos rígidos são menos atraentes na presença de incerteza.

> **Ponto-chave**
>
> A incerteza na demanda e fatores econômicos devem ser incluídos na avaliação financeira das decisões de projeto da cadeia de suprimentos. A inclusão da incerteza costuma diminuir o valor de rigidez e aumentar o valor da flexibilidade.

Avaliação da opção de aluguel flexível

O gerente geral recebeu uma oferta de contrato em que, por um pagamento antecipado de US$ 10.000, a Trips Logistics terá a flexibilidade de usar entre 60.000 pés quadrados e 100.000 pés quadrados de espaço em depósito a US$ 1 por pé quadrado ao ano. A empresa deverá pagar US$ 60.000 por ano pelos primeiros 60.000 pés quadrados, e pode usar até outros 40.000 pés quadrados por demanda a US$ 1 por pé quadrado. O gerente geral decide usar árvores de decisão para avaliar se esse contrato flexível é preferível a um contrato fixo de 100.000 pés quadrados.

A árvore de decisão básica para avaliar o contrato flexível é exatamente como mostra a Figura 6.2. O lucro em cada nó, porém, muda por causa da flexibilidade no espaço, como mostrado na Tabela 6.9. Se a demanda for maior que 100 mil unidades, a Trips Logistics usará todos os 100.000 pés quadrados de espaço em depósito, a US$ 1 e consegue o restante a preço à vista. Se a demanda estiver entre 60 e 100 mil unidades, a empresa usa e paga US$ 1 apenas pela quantidade exata de espaço em depósito requerida. O lucro em todos os nós em que a demanda é de 100 mil unidades ou mais continua sendo o mesmo que o apresentado na Tabela 6.7. O lucro no Período 2 em todos os nós em que a demanda é menor que 100 mil unidades aumenta conforme mostra a Tabela 6.9.

O gerente geral avalia o lucro esperado $LE(D=, p=, 1)$ do Período 2 e o lucro esperado total para cada nó no Período 1, como discutimos anteriormente. Os resultados aparecem na Tabela 6.10.

O lucro esperado total no Período 0 é a soma do lucro no Período 0 e o valor presente do lucro esperado no Período 1. Assim, o gerente obtém:

$$LE(D = 100, p = 1{,}20, 0) = 0{,}25 \times [L(D = 120, p = 1{,}32, 1) + L(D = 120, p = 1{,}08, 1) \\ + L(D = 80, p = 1{,}32, 1) + L(D = 80, p = 1{,}08, 1)] = 0{,}25 \\ \times [37.600 + 47.200 + 33.600 + 33.600] = US\$\ 38.000$$

》Tabela 6.9 Cálculos de lucro no Período 2 na Trips Logistics com contrato de aluguel flexível.

Nó	Espaço em depósito em US$ 1 (W)	Espaço em depósito a preço à vista (S)	Lucro $L(D=, p=, 2) = D \times 1{,}22 - (W \times 1 + S \times p)$
$D = 144, p = 1{,}45$	100.000 pés²	44.000 pés²	US$ 11.880
$D = 144, p = 1{,}19$	100.000 pés²	44.000 pés²	US$ 23.320
$D = 144, p = 0{,}97$	100.000 pés²	44.000 pés²	US$ 33.000
$D = 96, p = 1{,}45$	96.000 pés²	0 pé²	US$ 21.120
$D = 96, p = 1{,}19$	96.000 pés²	0 pé²	US$ 21.120
$D = 96, p = 0{,}97$	96.000 pés²	0 pé²	US$ 21.120
$D = 64, p = 1{,}45$	64.000 pés²	0 pé²	US$ 14.080
$D = 64, p = 1{,}19$	64.000 pés²	0 pé²	US$ 14.080
$D = 64, p = 0{,}97$	64.000 pés²	0 pé²	US$ 14.080

》Tabela 6.10 Cálculos de lucro do Período 1 na Trips Logistics com contrato de aluguel flexível.

Nó	$LE(D=, p=, 1)$	Espaço em depósito em US$ 1 (W)	Espaço em depósito a preço à vista (S)	$L(D=, p=, 1) = D \times 1{,}22 - (W \times 1 + S \times p) + LE(D=, p=, 1)/(1+k)$
$D = 120, p = 1{,}32$	$0{,}25 \times (11.880 + 23.320 + 21.120 + 21.120) = US\$\ 19.360$	100.000	20.000	US$ 37.600
$D = 120, p = 1{,}08$	$0{,}25 \times (23.320 + 33.000 + 21.120 + 21.120) = US\$\ 24.640$	100.000	20.000	US$ 47.200
$D = 80, p = 1{,}32$	$0{,}25 \times (21.120 + 21.120 + 14.080 + 14.080) = US\$\ 17.600$	80.000	0	US$ 33.600
$D = 80, p = 1{,}08$	$0{,}25 \times (21.120 + 21.120 + 14.080 + 14.200) = US\$\ 17.600$	80.000	0	US$ 33.600

$$VPLE(D = 100, p = 1{,}20, 1) = LE(D = 100, p = 1{,}20, 0)/(1 + k)$$
$$= 38.000/1{,}1 = US\$\ 34.545$$

$$L(D = 100, p = 1{,}20, 0) = (100.000 \times 1{,}22) - (100.000 \times 1) + VPLE(D = 100,$$
$$p = 1{,}20, 0) = US\$\ 22.000 + US\$\ 34.545 = US\$\ 56.545$$

Com o pagamento de US$ 10.000 adiantado, o lucro líquido é de US$ 46.545 sob o aluguel flexível. Considerando a incerteza, o gerente avalia as três opções, como mostra a Tabela 6.11. Portanto, o contrato flexível é benéfico para a Trips Logistics, pois é US$ 8.181 mais valioso do que o contrato rígido por três anos.

》 **Tabela 6.11** Comparação de diferentes opções de aluguel para a Trips Logistics.

Opção	Valor
Todo o espaço em depósito do mercado à vista	US$ 5.471
Aluguel de 100.000 pés² por três anos	US$ 38.364
Aluguel flexível para usar entre 60.000 e 100.000 pés²	US$ 46.545

》 **Ponto-chave**

A flexibilidade deve ser avaliada considerando-se a incerteza na demanda e nos fatores econômicos. Em geral, o valor da flexibilidade se eleva com o aumento na incerteza.

6.6 Praticar *onshore* ou *offshore*: avaliação das decisões de projeto da cadeia de suprimentos global sob incerteza

Nesta seção, vamos discutir uma decisão de projeto de cadeia de suprimentos da D-Solar, um fabricante alemão de painéis solares, a fim de ilustrar o poder da metodologia de análise de árvore de decisão para projetar redes de cadeia de suprimentos globais, enquanto considera a incerteza. A D-Solar enfrenta a decisão de localização da fábrica em uma rede global com taxas de câmbio flutuantes e incerteza da demanda.

A D-Solar vende seus produtos principalmente na Europa. A demanda no mercado da Europa é atualmente de 100.000 painéis por ano, e cada painel é vendido por € 70. Embora se espere que a demanda por painel cresça, há alguns riscos de queda se o ritmo da economia diminuir. De um ano para o seguinte, a procura poderá aumentar 20%, com probabilidade de 0,8, ou diminuir em 20%, com uma probabilidade de 0,2.

A D-Solar teve de decidir entre construir uma fábrica na Europa ou na China. Em qualquer dos casos, ela planeja construir uma fábrica com capacidade estimada de 120 mil painéis. Os custos fixos e variáveis das duas fábricas são mostrados na Tabela 6.12. Observa-se que os custos fixos são dados por ano, e não como um investimento único. A fábrica europeia é mais cara, mas também terá maior volume de flexibilidade. A fábrica será capaz de aumentar ou diminuir a produção de qualquer lugar no intervalo de 60.000 a 150.000 painéis, mantendo o seu custo variável. Em contrapartida, a fábrica chinesa é mais barata (a uma taxa de câmbio atual de 9 yuan/euro), mas terá flexibilidade de volume limitado e só pode produzir entre 100.000 e 130.000 painéis. Se a fábrica chinesa for construída, a D-Solar terá de suportar o custo variável para 100.000 painéis,

》 **Tabela 6.12** Custos de produção fixos e variáveis para a D-Solar.

Fábrica europeia		Planta chinesa	
Custo fixo (euro)	Custo variável (euro)	Custo fixo (yuan)	Custo variável (yuan)
1 milhão/ano	40/painel	8 milhões/ano	340/painel

mesmo se a demanda for inferior a esse nível e perderá vendas se a demanda aumentar acima de 130.000 painéis. As taxas de câmbio são voláteis; a cada ano, espera-se que o yuan tenha aumento de 10%, com uma probabilidade de 0,7 ou queda de 10%, com uma probabilidade de 0,3. Supõe-se que a decisão de *sourcing* estará em vigor durante os próximos três anos e que a taxa de desconto utilizada pela D-Solar seja $k = 0,1$. Presume-se que todos os custos e as receitas acumulem no início do ano, o que nos permite considerar o primeiro ano como Período 0 e os dois anos seguintes como períodos 1 e 2.

Avaliação das opções com o uso da demanda esperada e da taxa de câmbio

Uma abordagem simplista muitas vezes tomada é a de considerar o movimento esperado de demanda e taxas de câmbio em períodos futuros ao avaliar fluxos de caixa descontados. O ponto fraco de tal abordagem é que ela calcula a média das tendências, ignorando a incerteza. Começamos por considerar tal abordagem simplista para as opções *onshoring* e *offshoring*. Em média, espera-se que a demanda aumente para 12% [$(20 \times 0,8) - (20 \times 0,2) = 12$], ao passo que se espera que o yuan se fortaleça em 4% [$(10 \times 0,7) - (10 \times 0,3) = 4$] a cada ano. As taxas de demanda e câmbio esperadas nos dois períodos futuros são apresentadas na Tabela 6.13.

Avaliaremos os fluxos de caixa descontados para ambas as opções, supondo que a variação média esperada de demanda e as taxas de câmbio sejam para os dois próximos períodos.

Para a opção de *onshoring*, temos o seguinte:

Lucros do Período 0 = (100.000 × 70) − 1.000.000 − (100.000 × 40) = € 2.000.000
Lucros do Período 1 = (112.000 × 70) − 1.000.000 − (112.000 × 40) = € 2.360.000
Lucros do Período 2 = (125.440 × 70) − 1.000.000 − (125.440 × 40) = € 2.763.200

Desse modo, o FCD para as opções de *onshoring* são obtidos da seguinte maneira:

Lucro esperado a partir do *onshoring* = 2.000.000 + 2.360,000 / 1,1
+ 2.763.200 / 1,21 = € 6.429.091

Para a opção de *offshoring*, temos o seguinte:

Lucros do Período 0 = (100.000 × 70) − (8.000.000 / 9) − (100,000 × 340 / 9) = € 2.333.333
Lucros do Período 1 = (112.000 × 70) − (8.000.000 / 8,64) − (112.000 × 340 / 8,64) = € 2.506.667
Lucros do Período 2 = (125.440 × 70) − (8.000.000 / 8,2944) − (125.440 × 340 / 8,2944) = € 2.674.319

Desse modo, o FCD para a opção de *offshoring* é obtido da seguinte maneira:

Lucro esperado a partir do *offshoring* = 2.333.333 + 2.506.667 / 1,1
+ 2.674.319 / 1,21 = € 6.822.302

Com base na realização de uma análise de FCD simples e supondo a tendência esperada da demanda e as taxas de câmbio durante os próximos dois períodos, parece que o *offshoring* deve ser preferido ao *onshoring* porque espera-se fornecer lucros adicionais de quase € 393.000.

O problema da análise anterior é que ela ignora a incerteza. Por exemplo, embora a procura deva crescer, há alguma probabilidade de que ele vá diminuir. Se a demanda cai abaixo de 100.000 painéis, a opção *offshore* poderia acabar custando mais por causa da falta de flexibilidade. Da mesma forma, se a procura aumenta mais do que o esperado (por exemplo, se ela cresce em 20% em cada um dos dois anos), a instalação *offshore* não será capaz de manter o aumento. Uma análise precisa deve refletir as incertezas e, idealmente, deve ser realizada usando uma árvore de decisão.

》 **Tabela 6.13** Demanda futura esperada e taxa de câmbio.

Período 1		Período 2	
Demanda	Taxa de câmbio	Demanda	Taxa de câmbio
112.000	8,64 yuans/euro	125,440	8,2944 yuans/euro

Avaliação das opções com o uso de árvores de decisão

Para essa análise, construímos uma árvore de decisão, como mostrado na Figura 6.3. Cada nó num dado período leva a quatro nós possíveis no período seguinte porque a demanda e a taxa de câmbio podem ir para cima ou para baixo. As ligações e probabilidades de transição detalhadas são mostradas na Figura 6.3. A demanda está em milhares e é representada por D. A taxa de câmbio está representada por C, onde C é o número de yuan a um euro. Por exemplo, começando com o nó $D = 100$, $C = 9,00$ no Período 0, é possível fazer a transição para qualquer um dos quatro nós no Período 1. A transição para o nó $D = 120$, $C = 9,90$ no Período 1 ocorre se a demanda aumenta (probabilidade de 0,8) e o yuan se enfraquece (probabilidade de 0,3). Assim, a transição do nó $D = 100$, $C = 9,00$ no Período 0 ao nó $D = 120$, $C = 9,90$ no Período 1 ocorre com uma probabilidade de $0,8 \times 0,3 = 0,24$. Todas as outras probabilidades de transição na Figura 6.3 são calculadas de modo semelhante. A principal vantagem da utilização de uma árvore de decisão é que ela permite a avaliação real dos lucros em cada cenário que a D-Solar se deparar.

Avaliação da opção *onshore*

Lembre-se que a opção *onshore* é flexível e pode mudar os níveis de produção (e, portanto, os custos são variáveis) para combinar os níveis de demanda entre 60.000 e 150.000. Na análise

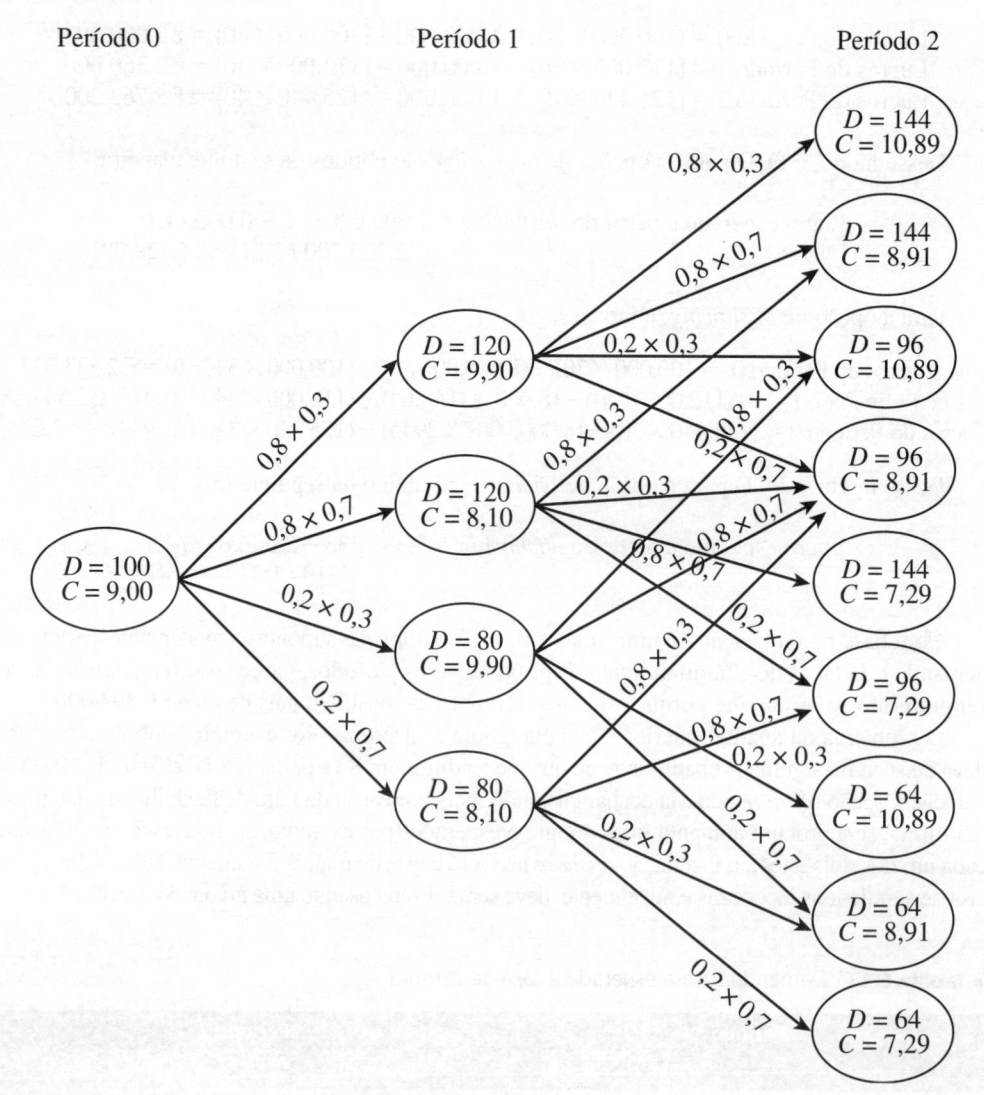

》 **Figura 6.3** Árvore de decisão parcial para a D-Solar.

a seguir, calculamos lucros esperados em cada nó na árvore de decisão (representados pelos valores correspondentes D e C) a partir de Período 2 e trabalhando de volta ao presente (Período 0). Com a opção *onshore*, as taxas de câmbio não afetam os lucros em euro porque as receitas e os custos são em euro.

AVALIAÇÃO DO PERÍODO 2 Proporcionamos uma análise detalhada para o nó $D = 144$ (demanda de painel solar de 144.000), $C = 10,89$ (taxa de câmbio de 10,89 yuans por euro). Dada a sua flexibilidade, a instalação *onshore* está apta a produzir toda a demanda de 144.000 painéis a um custo variável de € 40 e vender cada painel pela receita de € 70. Receitas e custos são avaliados do seguinte modo:

$$\text{Receita a partir da manufatura e venda de 144.000 painéis} = 144.000 \times 70 = €\ 10.080.000$$

$$\text{Custos fixos + variáveis da instalação onshore} = 1.000.000 + (144.000 \times 40) = €\ 6.760.000$$

No Período 2, o lucro total da D-Solar no nó $D = 144$, $C = 10,89$ para a opção *offshore* é, então, dado por:

$$P(D = 144, C = 10.89, 2) = 10.080.000 - 6.760.000 = €\ 3.320.000$$

Usando a mesma abordagem, pode-se avaliar o lucro em cada um dos nove estados (representado pelo valor correspondente de D e C) no Período 2, como mostrado na Tabela 6.14.

AVALIAÇÃO DO PERÍODO 1 O Período 1 contém quatro nós de resultados a serem analisados. Uma análise detalhada para um dos nós, $D = 120$, $C = 9,90$, é aqui apresentada. Além da receita e custo neste nó, também precisamos considerar o valor presente do lucro esperado no Período 2 a partir dos quatro nós que pode resultar. A probabilidade de transição em cada um dos quatro nós é mostrada na Figura 6.3. O lucro esperado no Período 2 para os quatro resultados potenciais resultantes a partir do nó $D = 120$, $C = 9,90$ é, assim, dado por:

$$\begin{aligned}LE(D = 120, C = 9,90, 1) &= 0,24 \times L(D = 144, C = 10,89, 2) + 0,56 \times L(D = 144, C = 8,91, 2) \\ &+ 0,06 \times L(D = 96, C = 10,89, 2) + 0,14 \times L(D = 96, C = 8,91, 2) \\ &= (0,24 \times 3.320.000) + (0,56 \times 3.320.000) \\ &+ (0,06 \times 1.880.000) + (0,14 \times 1.880.000) = €\ 3.032.000\end{aligned}$$

O valor presente do lucro esperado no Período 2 descontado para o Período 1 é dado por:

$$\begin{aligned}VPLE(D = 120, C = 9,90, 1) &= LE(D = 120, C = 9,90, 1) / (1 + k) \\ &= 3.032.000 / 1,1 = €\ 2.756.364\end{aligned}$$

》 **Tabela 6.14** Lucros no Período 2 para a opção *onshore*.

D	E	Vendas	Quantidade do custo de produção	Receita (euro)	Custo (euro)	Lucro (euro)
144	10,89	144.000	144.000	10.080.000	6.760.000	3.320.000
144	8,91	144.000	144.000	10.080.000	6.760.000	3.320.000
96	10,89	96.000	96.000	6.720.000	4.840.000	1.880.000
96	8,91	96.000	96.000	6.720.000	4.840.000	1.880.000
144	7,29	144.000	144.000	10.080.000	6.760.000	3.320.000
96	7,29	96.000	96.000	6.720.000	4.840.000	1.880.000
64	10,89	64.000	64.000	4.480.000	3.560.000	920.000
64	8,91	64.000	64.000	4.480.000	3.560.000	920.000
64	7,29	64.000	64.000	4.480.000	3.560.000	920.000

Em seguida, avaliamos os lucros na fábrica *onshore* no nó $D = 120$, $C = 9,90$ a partir de suas operações no Período 1, em que a fábrica *onshore* produz 120.000 painéis a um custo variável de € 40 e obtém receitas de € 70 por painel. As receitas e os custos são avaliados como segue:

$$\text{Receita de manufatura e venda de 120.000 painéis} = 120.000 \times 700 = € \, 8.400.000$$

$$\text{Custo fixo + variável da fábrica } onshore = 1.000.000 + (120.000 \times 40) = € \, 5.800.000$$

O lucro esperado pela D-Solar no nó $D = 120$, $C = 9,90$ é obtido pela adição de lucros operacionais nesse nó no Período 1 e os lucros esperados descontados a partir dos quatro nós que resultam no Período 2. O lucro esperado nesse nó no Período 1 é dado por:

$$L(D = 120, C = 9.90, 1) = 8.400.000 - 5.800.000 + VPLE(D = 120, C = 9,90, 1)$$
$$= 2.600.000 + 2.756.364 = € \, 5.356.364$$

O lucro esperado para todos os nós no Período 1 é calculado de modo semelhante ao apresentado na Tabela 6.15.

AVALIAÇÃO DO PERÍODO 0 No Período 0, a demanda e a taxa de câmbio são dadas por $D = 100$, $C = 9$. Além da receita e do custo nesse nó, também precisamos considerar o lucro esperado a partir dos quatro nós no Período 1. O lucro esperado é dado por:

$$LE(D = 100, C = 9,00, 0) = 0,24 \times L(D = 120, C = 9,90, 1) + 0,56 \times L(D = 120, C = 8,10, 1)$$
$$+ 0,06 \times L(D = 80, C = 9,90, 1) + 0,14 \times L(D = 80, C = 8,10, 1)$$
$$= (0,24 \times 5.356.364) + (0,56 \times 5.356.364)$$
$$+ (0,06 \times 2.934.545) + (0,14 \times 2.934.545) = € \, 4.872.000$$

O valor presente do lucro esperado no Período 1, descontado para o Período 0, é dado por:

$$VPLE(D = 100, C = 9,00, 0) = LE(D = 100, C = 9,00, 0) / (1 + k)$$
$$= 4.872.000 / 1,1 = € \, 4.429.091$$

A seguir, serão avaliados os lucros a partir de operações de fábricas *onshore* no Período 0 a partir da manufatura e venda de 100.000 painéis.

$$\text{Receita a partir da manufatura e venda de 100.000 painéis} = 100.000 \times 70 = € \, 7.000.000$$

$$\text{Custo fixo + variável da fábrica } onshore = 1.000.000 + (100.000 \times 40)$$
$$= € \, 5.000.000$$

O lucro esperado para a D-Solar no nó $D = 100$, $C = 9,00$ no Período 0 é dado por

$$L(D = 100, C = 9.00, 0) = 7.000.000 - 5.000.000 + VPLE(D = 100, C = 9,00, 0)$$
$$= 2.000.000 + 4.429.091 = € \, 6.429.091$$

》Tabela 6.15 Lucros no Período 1 para a opção *onshore*.

D	E	Vendas	Quantidade de custo de produção	Receita (euro)	Custo (euro)	Lucro esperado (euro)
120	9,90	120.000	120.000	8.400.000	5.800.000	5.356.364
120	8,10	120.000	120.000	8.400.000	5.800.000	5.356.364
80	9,90	80.000	80.000	5.600.000	4.200.000	2.934.545
80	8,10	80.000	80.000	5.600.000	4.200.000	2.934.545

Assim, a construção da fábrica *offshore* tem um retorno esperado de € 6.429.091 durante o período de avaliação. Esse número representa incertezas na demanda e nas taxas de câmbio e a capacidade de instalações *onshore* de reagir a essas flutuações.

Avaliação da opção *offshore*

Tal como acontece com a opção *onshore*, começamos por avaliar lucros em cada nó no Período 2 e, em seguida, voltamos a nossa avaliação até os períodos 1 e 0. Lembre-se que a opção *offshore* não é totalmente flexível e pode alterar os níveis de produção (e, assim, os custos variáveis) apenas entre 100.000 e 130.000 painéis. Assim, se a demanda cai abaixo de 100.000 painéis, a D-Solar ainda incorre o custo de produção variável de 100.000 painéis. Se a demanda aumenta acima de 130.000 painéis, a instalação *offshore* pode satisfazer a procura apenas até 130 mil painéis. Em cada nó, dada a demanda, calculamos os lucros esperados considerando a taxa de câmbio que influencia os custos *offshore* avaliados em euros.

AVALIAÇÃO DO PERÍODO 2 A análise detalhada para o nó $D = 144$ (demanda de painel solar de 144.000), $C = 10,89$ (taxa de câmbio de 10,89 yuan por euro) é dada a seguir. Mesmo que a demanda seja para 144.000 painéis, dada a sua falta de flexibilidade de volume, a instalação *offshore* é capaz de produzir apenas 130 mil painéis a um custo variável de 340 yuans cada e vender cada painel para uma receita de € 70. As receitas e os custos são avaliados como se segue:

$$\text{Receita a partir da manufatura e venda de 130.000 painéis} = 130.000 \times 70 = € 9.100.000$$

$$\text{Custo fixo + variável da fábrica } offshore = 8.000.000 + (130.000 \times 340)$$
$$= 52.200.000 \text{ yuans}$$

O lucro total da D-Solar no nó $D = 144$, $C = 10,89$ para a opção *offshore* (avaliado em euro), é então dado por:

$$P(D = 144, C = 10,89, 2) = 9.100.000 - (52.200.000 / 10.89) = € 4.306.612$$

Usando a mesma abordagem, pode-se avaliar o lucro em cada um dos nove estados (representados pelos valores correspondentes de D e E) no Período 2, como mostrado na Tabela 6.16. Observa-se que a falta de flexibilidade na instalação *offshore* prejudica a D-Solar sempre que a demanda é superior a 130.000 (margem perdida) ou abaixo de 100.000 (custos mais elevados). Por exemplo, quando a demanda cai para 64.000 painéis, a instalação *offshore* continua a incorrer em custos variáveis de produção para 100 mil painéis. Os lucros são também afetados quando o yuan está mais forte do que o esperado.

》 Tabela 6.16 Lucros do Período 2 para a opção *offshore*.

D	E	Vendas	Quantidade de custo de produção	Receita (euro)	Custo (euro)	Lucro (euro)
144	10,89	130.000	130.000	9.100.000	52.200.000	4.306.612
144	8,91	130.000	130.000	9.100.000	52.200.000	3.241.414
96	10,89	96.000	100.000	6.720.000	42.000.000	2.863.251
96	8,91	96.000	100.000	6.720.000	42.000.000	2.006.195
144	7,29	130.000	130.000	9.100.000	52.200.000	1.939.506
96	7,29	96.000	100.000	6.720.000	42.000.000	958.683
64	10,89	64.000	100.000	4.480.000	42.000.000	623.251
64	8,91	64.000	100.000	4.480.000	42.000.000	−233.805
64	7,29	64.000	100.000	4.480.000	3.560.000	−1.281.317

AVALIAÇÃO DO PERÍODO 1 No Período 1 existem quatro nós de resultado a serem analisados. Assim como na opção *onshore*, uma análise detalhada para o nó $D = 120$, $C = 9{,}90$ é apresentada aqui. Além da receita e do custo nesse nó, também precisamos considerar o valor presente do lucro esperado dos quatro nós no Período 2 que podem resultar desse nó. A probabilidade de transição para cada um dos quatro nós é mostrada na Figura 6.3. O lucro esperado no Período 2 a partir do nó $D = 120$, $C = 9{,}90$ é dado por:

$$LE(D = 120, C = 9{,}90\ 1) = 0{,}24 \times L(D = 144, C = 10{,}89, 2) + 0{,}56 \times L(D = 144, C = 8{,}91, 2)$$
$$+ 0{,}06 \times L(D = 96, C = 10{,}89, 2) + 0{,}14 \times L(D = 96, C = 8{,}91, 2)$$
$$= (0{,}24 \times 4.306.612) + (0{,}56 \times 3.241.414)$$
$$+ (0{,}06 \times 2.863.251) + (0{,}14 \times 2.006.195) = €\ 3.301.441$$

O valor presente do lucro esperado no Período 2, descontado para o Período 1, é dado por:

$$VPLE(D = 120, C = 9{,}90, 1) = LE(D = 120, C = 9{,}90, 1) / (1 + k)$$
$$= 3.301.441\ /1{,}1 = €\ 3.001.310$$

A seguir, serão avaliados os lucros da fábrica *onshore* no nó $D = 120$, $C = 9{,}90$ a partir das operações no Período 1. A fábrica *offshore* produz 120.000 painéis a um custo variável de 340 yuans e obtém receita de € 70 por painel. Receitas e custos são avaliados como a seguir:

Receita a partir da manufatura e venda de 120.000 painéis
$$= 120.000 \times 70 = €\ 8.400.000$$

Custo fixo + variável da fábrica *onshore* $= 8.000.000 + (120.000 \times 340)$
$$= €\ 48.800.000\ \text{yuans}$$

O lucro esperado para a D-Solar no nó $D = 120$, $C = 9{,}90$ no Período 1 é dado por:

$$L(D = 120, C = 9.90, 1) = 8.400.000 - 48.800.000 / 9{,}90 + VPLE(D = 120, C = 9{,}90, 1)$$
$$= 3.470.707 + 3.001.310 = €\ 6.472.017$$

Para a opção *offshore*, os lucros esperados para todos os nós do Período 1 são mostrados na Tabela 6.17.

Observe que para o nó $D = 80$, $C = 8{,}10$, a D-Solar tem um lucro esperado inferior a partir da opção *offshore* (Tabela 6.17) em relação à opção *onshore* (Tabela 6.15) porque a fábrica *offshore* incorre em alto custo variável, dada a sua falta de flexibilidade (o custo é incorrido para 100.000 unidades, mesmo que apenas 80 mil sejam vendidos), e todos os custos *offshore* se tornam caros, dada a força do yuan.

AVALIAÇÃO DO PERÍODO 0 No Período 0, a demanda e a taxa de câmbio são dadas por $D = 100$, $C = 9$. Além da receita e do custo nesse nó, também precisamos considerar o valor presente do lucro esperado de todos os nós no Período 1. O lucro esperado para a opção *offshore* é dado por:

$$LE(D = 100, C = 9{,}00\ 0) = 0{,}24 \times L(D = 120, C = 9{,}90, 1) + 0{,}56 \times L(D = 120, C = 8{,}10, 1)$$
$$+ 0{,}06 \times L(D = 80, C = 9{,}90, 1) + 0{,}14 \times L(D = 80, C = 8{,}10, 1)$$
$$= (0{,}24 \times 6.472.017) + (0{,}56 \times 4.301.354)$$
$$+ (0{,}06 \times 3.007.859) + (0{,}14 \times 1.164.757) = €\ 4.305.580$$

》 **Tabela 6.17** Lucros no Período 1 para a opção *offshore*.

D	E	Vendas	Quantidade de custo de produção	Receita (euro)	Custo (euro)	Lucro (euro)
120	9,90	120.000	120.000	8.400.000	48.800.000	6.472.017
120	8,10	120.000	120.000	8.400.000	48.800.000	4.301.354
80	9,90	80.000	100.000	5.600.000	42.000.000	3.007.859
80	8,10	80.000	100.000	5.600.000	42.000.000	1.164.757

O valor presente do lucro esperado no Período 1, descontado para o Período 0, é dado por:

$$VPLE(D = 100, C = 9,00, 0) = LE(D = 100, C = 9,00, 0) / (1 + k)$$
$$= 4.305.580 / 1,1 = €\ 3.914.164$$

A seguir, serão avaliados os lucros das operações da fábrica *offshore* no Período 0 a partir da manufatura e venda de 100.000 painéis.

$$\text{Receita a partir da manufatura e venda de 100.000 painéis}$$
$$= 100.000 \times 70 = €\ 7.000.000$$

$$\text{Custo fixo + variável da fábrica } \textit{offshore} = 8.000.000 + (100.000 \times 340)$$
$$= €\ 42.000.000 \text{ yuans}$$

O lucro esperado para a D-Solar no nó $D = 100$, $C = 9,00$ no Período 0 é dado por:

$$L(D = 100, C = 9.00, 0) = 7.000.000 - (42.000.000 / 9,00) + VPLE(D = 100, C = 9,00, 0)$$
$$= 2.333.333 + 3.914.164 = €\ 6.247.497$$

Assim, a construção da fábrica *offshore* tem um retorno esperado de € 6.247.497 durante o período de avaliação.

Veja que o uso de uma árvore de decisão que considere a flutuação tanto da demanda como da taxa de câmbio mostra que a opção *onshore*, com sua flexibilidade, é de fato mais valorosa (vale € 6.429.091) do que a opção *offshore* (vale €6.247.497), que é mais flexível. Isso está em contraste direto com a decisão, se tivéssemos simplesmente usado a demanda esperada e a taxa de câmbio para cada ano. Ao usar a demanda esperada e a taxa de câmbio, a opção *onshore* proporciona lucros esperados de € 6.429.091, ao passo que a opção *offshore* proporciona lucros esperados de € 6.822.302. Essa opção está sobrevalorizada nesse caso, pois as flutuações potenciais no câmbio e na demanda são mais amplas do que as flutuações esperadas. Usar a flutuação esperada, desse modo, não considera completamente a falta de flexibilidade na instalação *offshore* e o grande aumento nos custos que resultariam se o yuan se fortalecesse mais do que o valor esperado.

De Treville e Trigeorgis (2010) discutiram a importância de avaliar todas as decisões de projetos de cadeia de suprimentos globais usando a árvore de decisão ou metodologia de opções reais. Eles deram o exemplo da Flexcell, uma empresa suíça que vende painéis solares leves. Em 2006, a empresa estava buscando expandir suas operações construindo uma nova fábrica. Os três locais candidatos eram China, Leste da Alemanha e próximo à sede da empresa, na Suíça. Embora as fábricas chinesas e alemãs fossem mais baratas do que a suíça, o conselho da Flexcell justificou a construção de uma fábrica suíça de alto custo por causa de sua alta flexibilidade e da capacidade de reagir a mudanças nas condições de mercado. Se somente os valores esperados de cenários futuros fossem considerados, a fábrica suíça mais cara não poderia ser justificada. Essa decisão valeu a pena para a empresa, porque a fábrica suíça foi suficientemente flexível para lidar com a variabilidade considerável da demanda, que foi resultado da recessão em 2008.

Quando as árvores de decisão subjacentes são muito complexas e soluções explícitas para essas árvores são difíceis de obter, as empresas devem usar simulação para avaliar as decisões (ver Capítulo 13). Em uma árvore complexa, milhares ou mesmo milhões de caminhos possíveis podem surgir do primeiro período até o último. As probabilidades de transição são usadas para gerar caminhos aleatórios com probabilidade ponderada dentro da árvore de decisão. Para cada caminho, é avaliada a decisão estágio por estágio, bem como o valor presente do ganho. Os caminhos são gerados de modo que a probabilidade de um caminho ser gerado durante a simulação seja a mesma que a probabilidade do caminho na árvore de decisão. Depois de gerar muitos caminhos e avaliar os ganhos em cada caso, os ganhos obtidos durante a simulação são usados como uma representação dos resultantes da árvore de decisão. O ganho esperado é, então, calculado pela média dos ganhos obtidos na simulação.

6.7 Tomada de decisões de projeto de cadeia de suprimentos global sob incerteza na prática

Os gestores devem considerar as seguintes ideias para ajudá-los a tomar melhores decisões de projeto de rede sob incerteza.

1. *Combinar o planejamento estratégico e o planejamento financeiro durante o projeto de rede global.* Na maioria das organizações, o planejamento financeiro e o planejamento estratégico são feitos de forma independente. O planejamento estratégico tenta preparar para incertezas futuras, mas muitas vezes sem uma análise quantitativa rigorosa, enquanto o planejamento financeiro realiza a análise quantitativa, mas considera um futuro previsível ou bem definido. Este capítulo apresenta metodologias que permitem a integração dos planejamentos financeiro e estratégico. Os tomadores de decisão devem projetar redes globais da cadeia de suprimentos considerando um portfólio de opções estratégicas — a opção de esperar, criar capacidade em excesso, criar capacidade flexível, assinar contratos de longo prazo, comprar do mercado à vista e assim por diante. As diversas opções devem ser avaliadas no contexto da incerteza futura.
2. *Usar diversas métricas para avaliar as redes globais da cadeia de suprimentos.* Como uma métrica só pode mostrar parte do quadro, é útil examinar as decisões de projeto de rede usando diversas métricas, como lucros da empresa, lucros da cadeia de suprimentos, níveis de serviço ao cliente e tempos de resposta. Boas decisões funcionam bem seguindo as métricas mais relevantes.
3. *Usar a análise financeira como entrada, e não como o processo para a tomada de decisão.* A análise financeira é uma ferramenta excelente no processo de tomada de decisão, pois normalmente produz uma resposta e uma boa quantidade de dados quantitativos para apoiar essa resposta. Porém, metodologias financeiras isoladas não oferecem o quadro completo de alternativas, e outras entradas não quantificáveis também devem ser consideradas.
4. *Usar estimativas junto à análise da sensibilidade.* Muitas das entradas para a análise financeira são difíceis, se não impossíveis, de se obter com precisão. Isso pode fazer com que essa análise seja um processo longo e contínuo. Uma das melhores maneiras de agilizar o processo e se chegar a uma boa decisão é usar estimativas de entradas quando parece que seria preciso muito tempo para se encontrar uma entrada bastante precisa. Conforme discutimos em algumas das outras seções práticas, o uso de estimativas é bom quando elas são apoiadas em análise de sensibilidade. Fazendo a análise de sensibilidade no intervalo da entrada, os gestores muitas vezes podem mostrar que, independentemente de onde esteja a entrada verdadeira dentro do intervalo, a decisão continua sendo a mesma. Quando isso não acontece, eles destacam uma variável-chave para tomar a decisão, e ela provavelmente merece mais atenção para que se chegue a uma resposta mais precisa.

6.8 Resumo dos objetivos de aprendizagem

1. *Identificar fatores que precisam ser incluídos no custo total ao tomar decisões globais de aquisição.* Além do custo unitário, o custo total deverá incluir o impacto de *sourcing* global sobre frete, estoques, tempo de espera, qualidade, entrega a tempo, quantidade mínima do pedido, capital de giro e faltas de estoque. Outros fatores a serem considerados são o impacto sobre a visibilidade da cadeia de suprimentos, comunicação do pedido, erros de faturamento e a necessidade de proteção contra flutuações de moeda.
2. *Definir incertezas que são particularmente relevantes no projeto de cadeias de suprimentos globais.* O desempenho de uma cadeia de suprimentos global é afetado pela incerteza em uma série de fatores de entrada, como demanda, preço, taxas de câmbio e

outros fatores econômicos. Essas incertezas e qualquer flexibilidade na rede precisam ser consideradas na avaliação de projetos alternativos de uma cadeia de suprimentos.

3. ***Explicar diferentes estratégias que podem ser usadas para reduzir o risco em cadeias de suprimentos globais.*** Estratégias operacionais que ajudam a reduzir o risco em cadeias de suprimentos globais incluem manter capacidade e estoque em excesso, capacidade flexível, fornecedores redundantes, responsividade melhorada e agregação da demanda. Proteções contra flutuações de custos de combustível e câmbio são estratégias financeiras que podem ajudar a reduzir o risco. É importante ter em mente que nenhuma estratégia de redução de riscos sempre compensará. Essas estratégias de redução são elaboradas para proteger contra certas situações mundiais que podem surgir em um ambiente global incerto.

4. ***Compreender as metodologias de árvore de decisão utilizadas para avaliar as decisões de projeto da cadeia de suprimentos sob incerteza.*** Ao avaliar os cursos de fluxo de caixa resultantes do desempenho de uma cadeia de suprimentos, as árvores de decisão são uma técnica básica para analisar alternativas sob incerteza. Incerteza ao longo de diferentes dimensões durante o período de avaliação são representadas como uma árvore com cada nó correspondendo a um cenário possível. Começando pelo último período de intervalo de avaliação, a análise de árvore de decisão volta ao Período 0, identificando a decisão ideal e os fluxos de caixa esperados a cada passo.

Perguntas para discussão

1. Por que é importante considerar a incerteza ao avaliar as decisões de projeto da cadeia de suprimentos?
2. Quais são as principais fontes de incerteza que podem afetar o valor das decisões da cadeia de suprimentos?
3. Descreva o princípio básico dos FCDs e como ele pode ser usado para comparar diferentes cursos de fluxos de caixa.
4. Resuma as etapas básicas na metodologia de análise pela árvore de decisão.
5. Discuta por que utilizar tendências esperadas para o futuro pode levar a diferentes decisões de cadeia de suprimentos relativas à análise de árvore de decisão que consideram a incerteza.
6. Quais são as principais incertezas financeiras enfrentadas por um fabricante de componentes eletrônicos ao decidir se montará uma fábrica na Tailândia ou nos Estados Unidos?
7. Quais são algumas das principais incertezas não financeiras que uma empresa deverá considerar ao tomar decisões sobre onde adquirir um produto?

Exercícios

1. A Moon Micro é um pequeno fabricante de servidores que atualmente monta toda a sua produção em Santa Clara, Califórnia. À medida que o mercado de servidores cresceu dramaticamente, a fábrica em Santa Clara atingiu a capacidade de 10 mil servidores por ano. A Moon está considerando duas opções para aumentar sua capacidade. A primeira é aumentar 10 mil unidades de capacidade na fábrica de Santa Clara, a um custo fixo anual de US$ 10 milhões mais US$ 500 de mão de obra por servidor. A segunda opção é deixar que a Molectron, um montador independente, fabrique os servidores para a Moon a um custo de US$ 2.000 para cada servidor (fora o custo da matéria-prima). A matéria-prima custa US$ 8.000 por servidor e a Moon vende cada um deles por US$ 15.000.

   A Moon precisa tomar essa decisão para um horizonte de tempo de dois anos. Durante cada ano, a demanda por servidores Moon tem uma chance de 80% de aumentar em 50% a partir do ano anterior, e uma chance de 20% de permanecer a mesma que no ano anterior. Os preços da Molectron também podem mudar. Eles são fixados para o primeiro ano, mas têm 50% de chance de aumentar 20% no segundo ano e uma chance de 50% de permanecer iguais aos atuais.

   Use uma árvore de decisão para determinar se a Moon deverá aumentar a capacidade em sua fábrica em Santa Clara ou se deverá terceirizar para a Molectron. Quais são alguns outros fatores ainda não discutidos que afetariam essa decisão?

2. A Unipart, fabricante de autopeças, está considerando dois mercados B2B diferentes para adquirir seus suprimentos de MRO. Os dois mercados oferecem uma linha completa de suprimentos a preços muito semelhantes para produtos e entrega. Ambos oferecem níveis de serviço e tempos de espera muito semelhantes. Contudo, suas estruturas são bastante diferentes. O primeiro mercado, Parts4u.com, vende todos os seus produtos com uma comissão de 5%, fixada em cima do preço do produto (sem incluir a entrega). Os preços da AllMRO.com são baseados em uma taxa de assinatura de US$ 10 milhões, que deve ser paga no início, para um período de dois anos, e uma comissão de 1% do preço de produto de cada transação.

   A Unipart gasta cerca de US$ 150 milhões em suprimentos de MRO a cada ano, embora isso varie com sua utilização. O próximo ano provavelmente será forte, e a alta utilização manterá os gastos de MRO em US$ 150 milhões. Porém, existe uma chance de 25% de que os gastos caiam 10%. No segundo ano, existe uma chance de 50% de que o nível de gastos permaneça igual ao do primeiro ano e uma chance de 50% de que ele caia outros 10%. A Unipart usa uma taxa de desconto de 20%. Considere que todos os custos são contraídos no início de cada ano (de modo que os custos do Ano 1 são contraídos agora e os custos do Ano 2 são contraídos em um ano).

De qual mercado B2B a Unipart deverá comprar suas peças?

3. A Alphacap, fabricante de componentes eletrônicos, está tentando selecionar um único fornecedor para a matéria-prima de seu produto principal, o *doublecap*. Esse é um novo capacitor usado pelos fabricantes de telefone celular para proteger os microprocessadores de picos de energia. Duas empresas podem oferecer os materiais necessários: a MultiChem e a Mixemat.

A MultiChem tem uma reputação bastante sólida por seus produtos e cobra um preço mais alto, considerando sua confiabilidade de oferta e entrega. Essa empresa dedica a capacidade da fábrica a cada cliente, portanto, a oferta é garantida. Isso permite que a MultiChem cobre US$ 1,20 pela matéria-prima usada em cada *doublecap*.

A Mixemat é um pequeno fornecedor de matérias-primas que possui capacidade limitada, mas cobra apenas US$ 0,90 pela quantidade necessária de matéria-prima para uma unidade. Contudo, sua confiabilidade de oferta é questionável. Essa empresa não tem capacidade suficiente para fornecer para todos os clientes o tempo todo. Isso significa que os pedidos feitos à Mixemat não são garantidos. Em um ano de alta demanda por matéria-prima, a Mixemat terá 90 mil unidades disponíveis para a Alphacap. Em anos de pouca demanda, toda a produção será entregue.

Se a Alphacap não receber matéria-prima dos fornecedores, ela terá de comprá-los no mercado à vista para atender os seus clientes. A empresa conta com um importante fabricante de telefones celulares para a maioria de seus negócios. Deixar de entregar poderia ocasionar perda desse contrato, basicamente colocando a empresa em risco. Portanto, a Alphacap comprará matéria-prima no mercado à vista para compensar qualquer falta. Os preços à vista para as compras de único lote (como a Alphacap precisaria) são de US$ 2,00 quando a demanda de matéria-prima é baixa e US$ 4,00 quando a demanda é alta.

A demanda no mercado de matéria-prima tem uma chance de 75% de ser alta no mercado em cada um dos próximos dois anos. A Alphacap vendeu 100 mil *doublecaps* no ano passado e espera vender 110 mil neste ano. Porém, existe 25% de chance de que eles vendam apenas 100 mil. No ano seguinte, a demanda tem 75% de chance de subir 20% em relação ao ano atual, e 25% de chance de cair 10%. A empresa usa uma taxa de desconto de 20%. Suponha que todos os custos sejam contraídos no início de cada ano (os custos do Ano 1 são contraídos agora e os custos do Ano 2 são contraídos em um ano) e que a Alphacap precisa tomar uma decisão com um horizonte de dois anos. Somente um fornecedor poderá ser escolhido, pois os dois se recusam a fornecer para alguém que trabalha com seu concorrente.

Qual fornecedor a Alphacap deverá escolher? Que outra informação você gostaria de ter para tomar essa decisão?

4. A Bell Computer está chegando a uma encruzilhada. Esse fabricante de PC cresceu muito rapidamente, causando problemas para suas operações enquanto tenta acompanhar a demanda repentinamente aumentada. Os executivos da Bell claramente podem ver que, dentro do próximo semestre, os sistemas usados para coordenar sua cadeia de suprimentos fracassarão, pois não poderão lidar com o volume dos projetos que eles terão.

Para resolver esse problema, a Bell chamou duas companhias de software de cadeia de suprimentos que fizeram propostas sobre sistemas que poderiam cobrir o volume e a complexidade das tarefas com as quais a Bell precisa lidar. Contudo, essas duas companhias de software estão oferecendo tipos de produtos muito diferentes.

A primeira companhia, a SCSoftware, propõe um sistema para o qual a Bell comprará uma licença. Isso permitirá que a Bell use o software pelo tempo que quiser. Porém, a Bell será responsável por manter esse software, o que exigirá recursos significativos.

A segunda companhia, a SC-ASP, propõe que se pague uma taxa de assinatura mensal para a empresa hospedar as aplicações da cadeia de suprimentos da Bell nas máquinas da SC-ASP. Os funcionários da Bell acessarão as informações e a análise por meio de um navegador Web. A informação será alimentada automaticamente dos servidores da ASP para os servidores da Bell sempre que for necessário. Esta continuará a pagar a taxa mensal pelo software, mas toda a manutenção será realizada pela SC-ASP.

Como a Bell deverá tomar uma decisão com relação a qual companhia de software escolher? Quais são as informações específicas que a empresa precisa saber (tanto sobre o software quanto sobre as condições futuras que a Bell experimentará) para tomar uma decisão? Quais são alguns dos aspectos qualitativos que a empresa precisa cogitar para tomar essa decisão?

5. A Reliable é um fabricante de telefones celulares que atende aos mercados asiático e norte-americano. A demanda atual de seu produto na Ásia é de 2 milhões ao ano, enquanto a demanda na América do Norte é de 4 milhões. Nos próximos dois anos, a demanda na Ásia deverá subir 50%, com uma probabilidade de 0,7, ou subir 20%, com uma probabilidade de 0,3. Pelo mesmo período, a demanda na América do Norte deverá subir 10%, com uma probabilidade de 0,5, ou cair 10%, com uma probabilidade de 0,5. A Reliable atualmente tem uma instalação de produção na Ásia, com capacidade para 2.400.000 unidades por ano, e uma instalação na América do Norte, com capacidade para 4.200.000 por ano. O custo de produção variável por aparelho na Ásia é de 15 dólares, e o custo variável por aparelho na América do Norte é de 17 dólares. O custo de remessa de um aparelho entre os dois mercados é de 3 dólares. Cada aparelho é vendido por 40 dólares nos dois mercados.

A Reliable está analisando se aumentará 2 milhões de unidades ou 1,5 milhão de unidades de capacidade na fábrica asiática. O maior aumento da fábrica custará 18 milhões de dólares, enquanto o menor aumento custará 15 milhões de dólares. Suponha que a Reliable use uma taxa de desconto de 10 por cento. O que você recomenda?

6. Um fabricante de roupas europeu tem instalações de produção na Itália e na China para atender a seu mercado europeu, em que a demanda anual é de 1,9 milhão de unidades. A demanda deverá permanecer no mesmo nível pelo futuro imediato. Cada instalação tem capacidade de 1 milhão de unidades por ano. Com as taxas de câmbio atuais, o custo de produção e distribuição a partir da Itália é de 10 euros por unidade, enquanto o custo de produção e distribuição a partir da China é de 7 euros.

Sobre cada um dos três anos seguintes, a moeda chinesa poderá aumentar 15% em relação ao euro, com uma probabilidade de 0,5, ou cair 5%, com uma probabilidade de 0,5. Uma opção considerada é reduzir 0,5 milhão de unidades de capacidade na Itália e passá-las para a China, a um custo único de 2 milhões de euros. Considere uma taxa de desconto de 10% pelos três anos. Você recomenda essa opção?

7. Um fabricante de produtos químicos está definindo a capacidade na Europa e na América do Norte para os próximos três anos. A demanda anual em cada mercado é de 2 milhões de quilos e provavelmente permanecerá nesse nível. As duas escolhas em consideração estão entre estabelecer 4 milhões de unidades de capacidade na América do Norte ou 2 milhões de capacidade em cada um dos dois locais. A construção de duas fábricas incorrerá em um custo único adicional de US$ 2 milhões. O custo variável de produção na América do Norte (para uma fábrica grande ou pequena) atualmente é de 10 dólares/kg, enquanto o custo na Europa é de 9 euros/kg. A taxa de câmbio atual é de 1 euro para US$ 1,33. Durante cada um dos próximos três anos, o dólar de-

verá ser valorizado em 10%, com uma probabilidade de 0,5, ou enfraquecido em 5%, com uma probabilidade de 0,5. Considere uma taxa de desconto de 10%. O que o fabricante de produtos químicos deverá fazer? Qual diferencial de custo inicial de montagem das duas fábricas fará o fabricante ficar indiferente entre as duas opções?

Referências

AMRAM, M.; KULATILAKA, N. *Real Options*. Cambridge, MA: Harvard Business School Press, 1999.

BOVET, D. The Supply Chain Manager as Global Economist. *Supply Chain Management Review*, p. 17–24, set. 2008.

BREALEY, R. A.; MYERS, S. C. *Principles of Corporate Finance*. New York: McGraw-Hill, 1996.

CHANG, S.; LIN, N.; SHEU, C. Aligning Manufacturing Flexibility with Environmental Uncertainty: Evidence from High-Technology Component Manufacturers in Taiwan. *International Journal of Production Research*, v. 40, n. 18, p. 4765–4780, 2002.

CHOPRA, S.; SODHI, M. S. Managing Risk to Avoid Supply Chain Breakdown. *Sloan Management Review*, v. 46, n. 1, p. 53–61, 2004.

DE TREVILLE, S.; TRIGEORGIS, L. It May Be Cheaper to Manufacture at Home. *Harvard Business Review*, p. 84–87, out. 2010.

FARRELL, D. Beyond Offshoring: Assess Your Company's Global Potential. *Harvard Business Review*, p. 82–90, dez. 2004.

FAVRE, D.; MCCREERY, J. Coming to Grips with Rising Supplier Risk. *Supply Chain Management* Review, p. 26–32, set. 2008.

FERREIRA, J.; PROKOPETS, L. Does Offshoring Still Make Sense? *Supply Chain Management Review*, p. 20–27, jan./fev. 2009.

GARBER, R.; SARKAR, S. Want a More Flexible Supply Chain? *Supply Chain Management Review*, p. 28–34, jan./fev. 2007.

GOEL, A.; MOUSSAVI, N.; SRIVATSAN, V. N. Time to Rethink Offshoring? *McKinsey on Business Technology*, n. 14, p. 32–35, 2008.

HARDING, M. L. Gauging Total Cost, Supplier by Supplier. *CSCMP's Supply Chain* Quarterly, p. 64–68, 2007.

HOBERG, K.; ALICKE, K. Lessons for Supply Chains from the Financial Crisis. *Supply Chain Management Review*, p. 48–55, set./out. 2013.

HORNGREN, C. T.; FOSTER, G.; DATAR, S. M. *Cost Accounting*. Upper Saddle River, NJ: Prentice Hall, 1997.

JORDAN, W. C.; GRAVES, S. C. Principles on the Benefits of Manufacturing Process Flexibility. *Management Science*, n. 41, p. 577–594, abr. 1995.

LIM, M. et al. Flexibility and Fragility: Supply Chain Network Design with Disruption Risks. Working paper, Northwestern University, Evanston, IL, 2008.

LUEHRMAN, T. A. Capital Projects as Real Options: An Introduction. *Harvard Business School* Case 9-295-074, 1995.

_____. Investment Opportunities as Real Options: Getting Started on the Numbers. *Harvard Business Review*, p. 51–67, jul./ago. 1998.

_____. Strategy as a Portfolio of Real Options. *Harvard Business Review*, p. 89–99, set./out. 1998.

MELNYK, S. A. et al. Understanding Supply Chain Resilience. *Supply Chain Management Review*, p. 34–41, jan./fev. 2014.

SHEFFI, Y. *The Resilient Enterprise*. Cambridge, MA: MIT Press, 2005.

SMITH, A. *An Inquiry into the Nature and Causes of the Wealth of Nations*, 5. ed. London: Methuen & Co., Ltd., 1904.

SWAMINATHAN, J. M.; TOMLIN, B. How to Avoid the Six Risk Management Pitfalls. *Supply Chain Management Review*, p. 34–42, jul./ago. 2007.

TANOWITZ, M.; RUTCHIK, D. Squeezing Opportunity Out of Higher Fuel Costs. *Supply Chain Management Review*, p. 34–40, out. 2008.

TRIGEORGIS, L. *Real Options*. Cambridge, MA: MIT Press, 1996.

Estudo de caso

BioPharma, Inc.[1]

Em 2013, Phillip (Phil) Landgraf enfrentou vários problemas evidentes no desempenho financeiro de sua empresa, a BioPharma, Inc. A empresa tinha experimentado um declínio acentuado nos lucros e custos muito altos em suas fábricas na Alemanha e no Japão. Landgraf, o presidente da empresa para operações no exterior, sabia que a demanda pelos produtos estava estável em todo o mundo. Como resultado, a capacidade excedente em sua rede de produção global parecia um luxo que ele não podia mais manter.

Qualquer melhora no desempenho financeiro dependia de ter a rede mais eficiente em operação, pois as receitas provavelmente não cresceriam. Portanto, reduzir os custos era uma prioridade máxima para o ano seguinte. Para ajudar a projetar uma rede mais econômica, Landgraf designou uma força-tarefa para recomendar um curso de ação.

Contexto

A BioPharma, Inc. é um fabricante global de produtos químicos a granel, usados na indústria farmacêutica. A empresa mantém patentes sobre dois produtos, internamente chamados Highcal e Relax. Esses produtos são usados internamente pela divisão farmacêutica da empresa e também são vendidos para outros fabricantes de medicamentos. Existem distinções nas especificações químicas exatas a serem atendidas em diferentes partes do mundo. Porém, atualmente todas as fábricas estão preparadas para produzir para qualquer parte do mundo.

Para 2013, as vendas de cada produto por região e a produção e capacidade de cada fábrica são apresentadas na Tabela 6.18. A capacidade da fábrica, medida em milhões de quilos de produção, pode ser atribuída a qualquer um

---

[1] Este caso foi inspirado por *Applichem* (A), Harvard Business School Case 9-685-051, 1985.

Tabela 6.18 Vendas por região e produção/capacidade por fábrica de Highcal e Relax (em milhões de quilos).

			Highcal		Relax	
Região	Fábrica	Capacidade	Vendas em 2013	Produção em 2013	Vendas em 2013	Produção em 2013
América Latina	Brasil	18,0	7,0	11,0	7,0	7,0
Europa	Alemanha	45,0	15,0	15,0	12,0	0,0
Ásia (sem Japão)	Índia	18,0	5,0	10,0	3,0	8,0
Japão	Japão	10,0	7,0	2,0	8,0	0,0
México	México	30,0	3,0	12,0	3,0	18,0
Estados Unidos	Estados Unidos	22,0	18,0	5,0	17,0	17,0

dos produtos, desde que a fábrica seja capaz de produzir ambos. A BioPharma previu que suas vendas para os dois produtos provavelmente seriam estáveis para todas as partes do mundo, exceto para a Ásia sem o Japão, onde as vendas deveriam crescer 10% anualmente para cada um dos próximos cinco anos antes de se estabilizarem.

A fábrica japonesa é líder de tecnologia dentro da rede BioPharma em termos de sua capacidade de lidar com questões reguladoras e ambientais. Alguns desenvolvimentos na fábrica japonesa foram transferidos para outras fábricas na rede. A fábrica alemã é líder em termos de sua capacidade de produção. Normalmente a fábrica tinha os resultados mais altos dentro da rede global. As fábricas brasileira, indiana e mexicana possuem tecnologia um tanto desatualizada e precisam de atualização.

Custos atuais de fábrica na BioPharma

Após um debate considerável, a força-tarefa identificou a estrutura de custo em cada fábrica em 2013 conforme mostra a Tabela 6.19. Cada fábrica incorre em um custo fixo anual que independe do nível de produção na fábrica. O custo fixo inclui depreciação, serviços públicos essenciais e os salários e encargos dos funcionários envolvidos em gerência geral, programação, expedição, contabilidade, manutenção e assim por diante. Cada fábrica capaz de produzir Highcal ou Relax também incorre em um custo fixo relacionado ao produto, que independe da quantidade de cada item. Esse custo fixo inclui a depreciação de equipamento específico de um produto e outros custos fixos mencionados, que são específicos a um produto. Se uma fábrica mantém a capacidade de produzir, ela incorre em custo fixo relacionado ao produto correspondente, mesmo que este não seja produzido na fábrica.

O custo de produção variável de cada produto consiste em dois componentes: matérias-primas e custos de produção. O custo de produção variável é contraído em proporção à quantidade produzida e inclui mão de obra direta e descarte. As próprias fábricas podem lidar com níveis variáveis de produção. Na verdade, elas também podem estar ociosas para o ano, quando incorre em apenas custo fixo, e nenhum custo variável.

A BioPharma transporta os produtos químicos em recipientes especiais, por mar, e em caminhões especiais, por terra. Os custos de transporte entre as fábricas e os mercados são apresentados na Tabela 6.20. As taxas de câmbio históricas aparecem na Tabela 6.21, e as taxas de importação regionais, na Tabela 6.22. Em virtude de alianças comerciais regionais, os impostos de importação na realidade variam de acordo com a origem do produto. Porém, para simplificar, a força-tarefa considerou que os impostos são orientados apenas pelo destino. Considera-se que não incidem impostos de importação sobre a produção local dentro de cada região. Assim, a produção de Brasil, Alemanha e Índia pode ser enviada para América Latina, Europa e para o restante

Tabela 6.19 Custos de produção fixos e variáveis em cada fábrica BioPharma em 2013 (em dólares).

				Highcal		Relax	
Fábrica	Custo fixo da fábrica (milhões de US$)	Custo fixo do Highcal (milhões de US$)	Custo fixo do Relax (milhões de US$)	Matéria-prima (US$/kg)	Custo de produção (US$/kg)	Matéria-prima (US$/kg)	Custo de produção (US$/kg)
Brasil	20,0	5,0	5,0	3,6	5,1	4,6	6,6
Alemanha	45,0	13,0	13,0	3,9	6,0	5,0	7,0
Índia	14,0	3,0	3,0	3,6	4,5	4,5	6,0
Japão	13,0	4,0	4,0	3,9	6,0	5,1	7,0
México	30,0	6,0	6,0	3,6	5,0	4,6	6,5
Estados Unidos	23,0	5,0	5,0	3,6	5,0	4,5	6,5

Tabela 6.20 Custos de transporte das fábricas aos mercados (em dólares/kg).

De/para	América Latina	Europa	Ásia (sem Japão)	Japão	México	Estados Unidos
Brasil	0,20	0,45	0,50	0,50	0,40	0,45
Alemanha	0,45	0,20	0,35	0,40	0,30	0,30
Índia	0,50	0,35	0,20	0,30	0,50	0,45
Japão	0,50	0,40	0,30	0,10	0,45	0,45
México	0,40	0,30	0,50	0,45	0,20	0,25
Estados Unidos	0,45	0,30	0,45	0,45	0,25	0,20

Tabela 6.21 Histórico das taxas de câmbio em moeda/US$ 1 (no início de cada ano).

	Real	Euro	Rúpia (Índia)	Iene (Japão)	Peso (México)	Dólar (Estados Unidos)
2013	2,15	0,75	58,44	97,58	12,75	1,00
2012	1,95	0,78	53,46	79,79	13,15	1,00
2011	1,67	0,72	46,85	79,70	12,42	1,00
2010	1,75	0,75	45,72	87,78	12,63	1,00
2009	1,99	0,72	48,42	93,58	13,48	1,00
2008	1,83	0,68	43,62	103,42	11,13	1,00
2007	1,94	0,73	41,34	117,77	10,92	1,00
2006	2,17	0,80	45,18	116,29	10,89	1,00

Tabela 6.22 Tarifas de importação (percentagem do valor do produto importado, incluindo transporte).

América Latina	Europa	Ásia (sem Japão)	Japão	México	Estados Unidos
30%	3%	27%	6%	35%	4%

da Ásia sem o Japão, respectivamente, sem o pagamento de quaisquer impostos de importação. Estas se aplicam apenas ao componente de matéria-prima, produção e transporte, e não ao componente de custo fixo. Assim, um produto que entra na América Latina com um custo de matéria-prima, produção e transporte de 10 dólares incorre em impostos de importação de 3 dólares.

Opções de rede sob consideração

A força-tarefa está considerando uma série de opções para sua análise. Uma opção é manter a rede global com sua estrutura e capacidade atuais. Outras opções incluem fechar algumas fábricas ou limitar a capacidade de algumas para fabricar apenas um produto. Fechar uma fábrica elimina todos os custos variáveis e economiza 80% dos custos fixos anuais (os 20% restantes devem-se aos custos incorridos em relação ao fechamento da fábrica). De modo semelhante, se uma fábrica for limitada a produzir apenas um produto, ela economiza 80% do custo fixo associado a ele. As duas opções seriamente consideradas são fechar a fábrica japonesa e limitar a fábrica alemã a um único produto.

Questões para estudo

1. Como a BioPharma deveria ter usado sua rede de produção em 2013? Alguma das fábricas deveria ter ficado ociosa? Qual é o custo anual de sua proposta, incluindo impostos de importação?
2. Como Landgraf deveria estruturar sua rede de produção global? Suponha que o passado seja um indicador razoável do futuro em termos de taxas de câmbio.
3. Existe alguma fábrica para a qual possa valer a pena acrescentar um milhão de quilos de capacidade adicional a um custo fixo de 3 milhões de dólares por ano?
4. Como suas recomendações são afetadas pela redução de impostos?
5. A análise tem considerado que cada fábrica tem um rendimento de 100% (percentual de saída com qualidade aceitável). Como você modificaria sua análise para considerar diferenças de rendimento entre as fábricas?
6. Que outros fatores devem ser considerados ao fazer suas recomendações?

Estudo de caso

A decisão de *sourcing* da Forever Young

A Forever Young é um varejista de vestuário de moda e de baixo custo nos Estados Unidos. A empresa divide o ano em quatro estações de vendas de cerca de três meses cada e traz novidades para cada estação. A empresa tem historicamente terceirizado a produção para a China, dados os custos mais baixos. A terceirização a partir do fornecedor chinês custa 55 yuans/unidade (incluindo todos os custos de entrega), que a uma taxa de câmbio atual de 6,5 yuan/dólares dá um custo variável de menos de US$ 8,50/unidade. O fornecedor chinês, no entanto, tem um longo período de antecedência, forçando a Forever Young a escolher o tamanho do pedido bem antes do início da estação. Isso não dá à empresa qualquer flexibilidade se a demanda real diferir do tamanho do pedido.

Um fornecedor local foi até a gestão com uma proposta para o fornecimento de produtos a um custo de US$10/unidade, mas para produzir rápido o suficiente de modo que a Forever Young seja capaz de suprir exatamente a demanda da estação. A gestão está preocupada com o custo variável mais elevado, mas acha a flexibilidade do fornecedor *onshore* muito atraente. O desafio consiste em valorizar a capacidade de resposta fornecida pelo fornecedor local.

Incertezas encaradas pela Forever Young

Para comparar melhor os dois fornecedores, a gestão identifica a demanda e as taxas de câmbio conforme as incertezas encaradas pela empresa. Durante cada um dos dois períodos seguintes (supondo que sejam de um ano cada), a demanda pode aumentar em 10%, com uma probabilidade de 0,5, ou cair em 10%, com uma probabilidade de 0,5. A demanda no período atual foi de 1.000 unidades. Da mesma forma, sobre cada um dos próximos dois períodos, o yuan pode se fortalecer em 5%, com uma probabilidade de 0,5, ou se enfraquecer em 5%, com uma probabilidade de 0,5. A taxa de câmbio no período atual foi de 6,5 yuan/dólares.

Definição de políticas com os dois fornecedores

Dado o longo tempo de espera do fornecedor *offshore*, a Forever Young compromete-se com um pedido antes de observar qualquer sinal de demanda. Considerando a incerteza sobre a demanda dos dois próximos períodos e o fato de que a margem de cada unidade (cerca de US$ 11,50) é maior do que a perda se a unidade permanece não vendida no final da estação (perda de cerca de US$ 8,50), a gestão decide solicitar um pedido que é um pouco maior do que a demanda esperada. Considerando que a demanda esperada é de 1.000 unidades ao longo de cada um dos dois próximos períodos, a gestão decide encomendar 1.040 unidades do fornecedor chinês para cada um dos dois próximos períodos. Se a procura de um período acaba por ser maior do que 1.040 unidades, a Forever Young vai vender 1.040 unidades. Contudo, se a demanda acaba por ser menor do que 1.040, a empresa terá sobra de produto por conta da qual não será capaz de recuperar qualquer receita.

O curto tempo de espera do fornecedor local permite que a Forever Young continue trazendo produtos aos poucos, com base nas vendas reais. Assim, se o fornecedor local é utilizado, a empresa é capaz de atender toda a demanda em cada período sem ter qualquer estoque não vendido ou vendas perdidas. Em outras palavras, o pedido final do fornecedor local será exatamente igual à demanda da Forever Young.

Uma potencial estratégia híbrida

O fornecedor local também ofereceu outra proposta que permitiria que a Forever Young trabalhasse com ambos os fornecedores, cada um desempenhando um papel diferente. O fornecedor chinês produziria uma quantidade básica para a estação e o fornecedor local cobriria todas as necessidades posteriores. O curto tempo de espera do fornecedor local garantiria que nenhuma venda seria perdida. Em outras palavras, se a Forever Young solicitasse uma quantidade básica de 900 unidades ao fornecedor chinês em um período determinado e a demanda fosse de 900 unidades ou menos, nada iria ser encomendado junto ao fornecedor local. Se a demanda, no entanto, fosse maior do que 900 unidades (por exemplo, 1.100), o déficit de 200 unidades seria fornecido pelo fornecedor local. Sob uma estratégia híbrida, o fornecedor local acaba fornecendo apenas uma pequena fração da demanda da temporada. Contudo, por essa flexibilidade extra e volumes reduzidos, o fornecedor local se propõe a cobrar US$ 11/unidade, se for usado como parte de uma estratégia híbrida.

Questões para estudo

1. Projete uma árvore de decisão que reflita a incerteza quanto aos dois próximos períodos. Identifique cada nó em termos de demanda e taxa de câmbio, além das probabilidades de transição.
2. Se a gestão da Forever Young for escolher apenas um dos dois fornecedores, qual deles você recomendaria? Qual seria o VPL de lucro esperado para os próximos dois períodos para cada uma das duas escolhas? Suponha um fator de desconto de $k = 0,1$ por período.
3. O que você acha da abordagem híbrida? Vale a pena pagar o fornecedor local extra para usá-lo como parte de uma estratégia híbrida? Para a abordagem híbrida, suponha que a gestão irá pedir uma quantidade básica de 900 unidades dos fornecedores chineses para cada um dos dois períodos, produzindo-se qualquer déficit de cada período no fornecedor local. Avalie o VPL dos lucros esperados para a opção híbrida supondo um fator de desconto de $k = 0,1$ por período.

Parte III

CAPÍTULO 7

Previsão de demanda em uma cadeia de suprimentos

» Objetivos de aprendizagem

Depois de ler este capítulo, você será capaz de:

1. Compreender o papel da previsão tanto para uma empresa como para uma cadeia de suprimentos.
2. Identificar os componentes de uma previsão de demanda.
3. Prever a demanda em uma cadeia de suprimentos com dados históricos usando metodologias de séries temporais.
4. Analisar previsões de demanda a fim de estimar erros de previsão.

Todas as decisões relativas à cadeia de suprimentos tomadas antes que a demanda se materialize são chamadas de previsão. Neste capítulo, explicaremos como as informações históricas de demanda podem ser usadas para prever a demanda futura e como essas previsões afetam a cadeia. Descreveremos vários métodos para prever a demanda e estimar a exatidão de uma previsão. Depois, discutiremos como esses métodos podem ser implementados usando o Microsoft Excel.

7.1 A função da previsão em uma cadeia de suprimentos

As previsões de demanda formam a base de todo o planejamento da cadeia de suprimentos. Considere a visão *empurrar/puxar* (*push/pull*), discutida no Capítulo 1. Todos os processos do tipo *empurrar* são realizados em antecipação à demanda do cliente, enquanto todos os processos do tipo *puxar* são realizados em resposta a essa demanda. Para os processos do tipo *empurrar*, o gestor deve planejar o nível de atividade, seja ela em produção, transporte ou qualquer outra atividade planejada. Para os processos do tipo *puxar*, um gestor precisa planejar o nível de capacidade e estoque disponíveis, mas não a quantidade real a ser executada. Nos dois casos, o primeiro passo que o gestor deverá tomar é prever qual será a demanda do cliente.

Uma loja Home Depot de venda de tintas escolhe a tinta e corantes de base em antecipação aos pedidos dos clientes, enquanto executa a mixagem final da tinta em resposta aos pedidos. A Home Depot usa uma previsão de demanda futura para determinar a quantidade de tinta e corante a ter na mão (um processo de *empurrar*). Mais acima na cadeia de suprimentos, a fábrica de tintas que produz a base também precisa de previsões para determinar os seus próprios níveis de produção e de estoque. Os fornecedores da fábrica de tintas também precisam de previsões pela mesma razão. Quando cada etapa da cadeia de suprimentos faz a própria previsão em separado, essas previsões são frequentemente muito diferentes. O resultado é um defasamento entre a oferta e a demanda. Quando todas as etapas de uma cadeia de suprimentos trabalham em conjunto para produzir uma previsão colaborativa, no entanto, a previsão tende a ser muito mais precisa. A precisão de previsão resultante permite que cadeias de suprimentos sejam tanto mais responsivas como mais eficientes em servir os seus clientes. Líderes em muitas cadeias de suprimentos, de fabricantes de eletrônicos a varejistas de bens de consumo, têm melhorado sua capacidade de equilibrar a oferta e a demanda movendo-se em direção à previsão colaborativa.

Considere o valor de previsão colaborativa para a Coca-Cola e seus engarrafadores. A empresa decide sobre o tempo de diversas promoções com base na previsão de demanda sobre o trimestre seguinte. Então, as decisões de promoção são incorporadas a uma previsão de demanda atualizada. Essa previsão atualizada é essencial para os engarrafadores planejarem suas decisões de capacidade e produção. Um engarrafador operando sem uma previsão atualizada com base na promoção provavelmente não terá estoque suficiente de Coca-Cola disponível, prejudicando, assim, os lucros da cadeia de suprimentos.

Produtos maduros, com demanda estável, como leite ou papel-toalha, normalmente são mais fáceis de prever. A previsão e as decisões gerenciais que a acompanham são extremamente difíceis quando tanto a oferta de matérias-primas quanto a demanda pelo produto acabado são altamente imprevisíveis. Itens de moda e muitos produtos *high-tech* são exemplos de itens difíceis de prever. Nos dois casos, uma estimativa de erro de previsão é essencial quando se projeta a cadeia de suprimentos e se planeja sua resposta.

Antes de iniciarmos uma discussão profunda dos componentes de previsões e métodos de previsão na cadeia de suprimentos, listaremos rapidamente as características de previsões que um gestor precisa entender para projetar e gerenciar sua cadeia de modo eficiente.

7.2 Características das previsões

As empresas e os gestores de cadeia de suprimentos devem estar cientes das seguintes características de previsões.

1. As previsões são sempre imprecisas e, assim, devem incluir seu valor esperado e uma medida de seu erro. Para entender a importância do erro de previsão, considere dois revendedores de carros. Um deles espera que as vendas variem entre 100 e 1.900 unidades, enquanto o outro espera que as vendas variem entre 900 e 1.100 unidades. Embora os dois revendedores esperem vendas médias de 1.000 unidades, as políticas de aquisição para cada revendedor devem ser muito diferentes, dada a diferença na exatidão de previsão. Assim, o erro de previsão (ou incerteza da demanda) deve ser uma entrada decisiva para a maioria das decisões da cadeia de suprimentos. Infelizmente, a maioria das empresas não mantém qualquer estimativa de erro de previsão.

2. Previsões de longo prazo normalmente são menos precisas do que previsões de curto prazo; ou seja, as previsões de longo prazo têm maior desvio padrão de erro em relação à média do que as de curto prazo. A Seven-Eleven Japan tem explorado essa propriedade-chave para melhorar seu desempenho. A empresa instituiu um processo de reposição que lhe permite responder a um pedido dentro de algumas horas. Por exemplo, se um gerente de loja faz um pedido às 10:00, ele é entregue por volta das 19:00 do mesmo dia. Portanto, o gerente só precisa prever o que venderá naquela noite menos de 12 horas antes da venda real. O tempo de execução curto permite que um gerente leve em consideração a informação atual que poderia afetar as vendas, como o clima. Essa previsão provavelmente será mais exata do que se o gerente tivesse de prever a demanda com uma semana de antecedência.

3. As previsões agregadas normalmente são mais exatas do que as desagregadas, pois costumam ter um desvio padrão do erro menor em relação à média. Por exemplo, é fácil

prever o produto interno bruto (PIB) dos Estados Unidos para determinado ano com menos de 2% de erro. Porém, é muito mais difícil prever a receita anual para uma empresa com menos de 2% de erro, e ainda mais difícil prever a receita para determinado produto com o mesmo grau de precisão. A principal diferença entre as três previsões é o grau de agregação. O PIB é uma agregação por muitas empresas, e os ganhos de uma empresa são uma agregação por várias linhas de produtos. Quanto maior a agregação, mais exata é a previsão.

4. Em geral, quanto mais a montante uma empresa está na cadeia de suprimentos (ou mais distante está do consumidor), maior é a distorção de informação que ela recebe. Um exemplo clássico disso é o efeito chicote (ver Capítulo 10), no qual a variação do pedido é amplificada à medida que os pedidos se afastam do cliente final. A previsão colaborativa baseada nas vendas para o cliente final ajuda as empresas a montante na cadeia a reduzirem o erro de previsão.

Na próxima seção, discutiremos os componentes básicos de uma previsão, explicaremos as quatro classificações em que os métodos de previsão se encontram e apresentaremos a noção de erro de previsão.

7.3 Componentes de uma previsão e métodos de previsão

Yogi Berra, ex-receptor dos New York Yankees, famoso por seus malapropismos, disse certa vez: "É difícil fazer previsões, especialmente sobre o futuro". Podemos ser tentados a tratar a previsão da demanda como mágica ou arte, deixando tudo para o acaso. Porém, o que uma empresa sabe sobre o comportamento passado de seus clientes joga luz sobre seu comportamento futuro. A demanda não surge em um vácuo. Em vez disso, é influenciada por diversos fatores e pode ser prevista, pelo menos com alguma probabilidade, se uma empresa puder determinar o relacionamento entre esses fatores e a demanda futura. Para prever a demanda, as empresas primeiro devem identificar os fatores que a influenciam e depois averiguar o relacionamento entre esses fatores e a demanda.

As empresas precisam equilibrar fatores objetivos e subjetivos ao prever a demanda. Embora focalizemos os métodos de previsão quantitativa neste capítulo, é necessário que as empresas incluam a variável humana quando fizerem sua previsão final. A Seven-Eleven Japan ilustra esse ponto.

A Seven-Eleven Japan oferece aos seus gerentes de loja um sistema de suporte à decisão de última geração, o qual faz uma previsão de demanda e fornece uma recomendação de pedido. O gerente, porém, é responsável por tomar a decisão final e fazer o pedido, pois ele pode ter acesso a informações sobre condições do mercado que não estão disponíveis nos dados históricos de demanda. É possível que esse conhecimento das condições do mercado melhore a previsão. Por exemplo, se o gerente souber que o tempo provavelmente será chuvoso e frio no dia seguinte, ele poderá reduzir o tamanho de um pedido de sorvetes que será feito para um fornecedor em um ponto mais alto da cadeia, mesmo se a demanda fosse alta poucos dias antes, quando o clima estava quente. Nesse caso, uma mudança nas condições do mercado (o clima) não teria sido prevista usando dados históricos de demanda. Uma cadeia de suprimentos pode experimentar resultados substanciais melhorando sua previsão de demanda por meio de dados qualitativos humanos.

Uma empresa deve ser conhecedora de diversos fatores que estão relacionados à previsão da demanda. Alguns desses fatores são listados a seguir:

- demanda passada;
- tempo de espera de ressuprimento de produtos;
- esforços de propaganda ou marketing planejados;
- descontos de preço planejados;
- estado da economia;
- ações tomadas pelos concorrentes.

Uma empresa precisa entender esses fatores antes que possa selecionar uma metodologia apropriada de previsão. Por exemplo, uma empresa pode, historicamente, ter experimentado baixa demanda para canja de galinha em dezembro e janeiro e alta demanda em julho. Se ela decidir dar um desconto para o produto em dezembro, a situação provavelmente mudará, com parte da demanda futura deslocando-se para o mês de dezembro. A empresa deverá fazer sua previsão levando esse fator em consideração.

Os métodos de previsão são classificados de acordo com os quatro tipos a seguir.

1. *Qualitativo:* métodos de previsão qualitativos são essencialmente subjetivos e contam com o julgamento humano. Eles são mais apropriados quando poucos dados históricos estão disponíveis ou quando especialistas possuem inteligência de mercado que possa afetar a previsão. Esses métodos também podem ser necessários para prever a demanda por vários anos no futuro em uma indústria nova.

2. *Séries temporais:* os métodos de previsão de séries temporais utilizam a demanda histórica para fazer uma previsão. Eles fundamentam-se na suposição de que o histórico da demanda passada é um bom indicador da demanda futura. Esses métodos são mais apropriados quando o padrão de demanda básico não varia significativamente de um ano para o seguinte. Esses são os métodos mais simples de implementar e podem servir como um bom ponto de partida para uma previsão de demanda.

3. *Causal:* os métodos de previsão causais supõem que a previsão da demanda está altamente relacionada a certos fatores no ambiente (o estado da economia, taxas de juros etc.). Os métodos de previsão causais encontram essa correlação entre demanda e fatores ambientais e utilizam estimativas de quais serão os fatores ambientais para prever a demanda futura. Por exemplo, o preço do produto está fortemente relacionado à demanda. Assim, as empresas podem utilizar métodos causais para determinar o impacto das promoções de preço sobre a demanda.

4. *Simulação:* os métodos de previsão por simulação imitam as escolhas do consumidor que geram a demanda para chegar a uma previsão. Usando simulação, uma empresa pode combinar métodos de séries temporais e causais para responder a perguntas como: qual será o impacto de uma promoção? Qual será o impacto de um concorrente que abre uma loja na vizinhança? As companhias aéreas simulam o comportamento de compra do cliente para prever a demanda por assentos com tarifa mais alta quando não existem assentos disponíveis nas classes econômicas.

Uma empresa pode achar difícil decidir qual método é mais apropriado para a previsão. De fato, vários estudos indicam que o uso de diversos métodos para criar uma previsão combinada é mais eficiente do que o uso de qualquer método isolado.

Neste capítulo, tratamos principalmente dos métodos de séries temporais, que são os mais apropriados quando a demanda futura está relacionada à demanda histórica, padrões de crescimento e quaisquer padrões sazonais. Com qualquer método de previsão, sempre há um elemento aleatório que não pode ser explicado por padrões históricos de demanda. Portanto, qualquer demanda observada pode ser dividida em um componente sistemático e um aleatório.

Demanda observada (O) = componente sistemático (S) + componente aleatório (A)

O *componente sistemático* mede o valor esperado da demanda e consiste no que chamaremos de *nível*, a demanda atual não sazonal; *tendência*, a taxa de crescimento ou declínio na demanda para o próximo período; e *sazonalidade*, as flutuações sazonais previsíveis na demanda.

O *componente aleatório* é a parte da previsão que se desvia da parte sistemática. Uma empresa não pode (e não deve) prever a direção do componente aleatório. Tudo o que uma empresa pode prever é o tamanho e variabilidade do componente aleatório, o que oferece uma medida do erro de previsão. O objetivo da previsão é filtrar o componente aleatório (ruído) e estimar o componente sistemático. O *erro de previsão* mensura a diferença entre a demanda atual e a prevista. Na média, um bom método de previsão tem um erro cujo tamanho é comparável ao componente aleatório da demanda. O gestor deverá ser cético sobre um método de previsão que afirma não ter erro de previsão sobre a demanda histórica. Nesse caso, o método terá reunido o componente aleatório histórico com o componente sistemático. Como resultado, o método de previsão provavelmente terá pior funcionamento.

7.4 Abordagem básica para a previsão de demanda

Os cinco pontos a seguir são importantes para organizar uma previsão efetiva:

1. Entender o objetivo da previsão.
2. Integrar o planejamento da demanda e a previsão por toda a cadeia de suprimentos.
3. Identificar os principais fatores que influenciam a previsão da demanda.
4. Prever no nível apropriado de agregação.
5. Estabelecer medidas de desempenho e erro para a previsão.

Compreensão do objetivo da previsão

Cada previsão dá suporte a decisões que são baseadas na previsão, de modo que um primeiro passo importante é identificar claramente essas decisões. Alguns exemplos incluem quanto fabricar de determinado produto, quanto manter em estoque e quanto pedir. Todas as partes afetadas por uma decisão da cadeia de suprimentos devem estar cientes da ligação entre a decisão e a previsão. Por exemplo, os planos do Walmart de oferecer descontos sobre detergentes durante o mês de julho devem ser compartilhados com o fabricante, o transportador e outros envolvidos no atendimento da demanda, pois eles deverão tomar decisões que são afetadas pela previsão. Todas as partes deverão chegar a uma previsão comum para a promoção e a um plano de ação compartilhado com base na previsão. Deixar de tomar essas decisões em conjunto pode resultar em muito ou pouco produto em diversos estágios da cadeia de suprimentos.

Integração do planejamento da demanda e da previsão por toda a cadeia de suprimentos

Uma empresa deverá vincular sua previsão a todas as atividades de planejamento por toda a cadeia de suprimentos. Estas incluem o planejamento de capacidade, de produção, de promoção e compras, entre outros. Em um cenário infelizmente comum, o varejista desenvolve previsões com base nas atividades promocionais, enquanto o fabricante, sem saber dessas promoções, desenvolve uma previsão diferente para seu planejamento de produção com base em pedidos históricos. Isso leva a uma divergência entre oferta e demanda, resultando em um fraco serviço ao cliente. Para conseguir essa integração, é interessante para uma empresa ter uma equipe interfuncional, com membros de cada função afetada responsáveis por prever a demanda — e uma ideia ainda melhor é fazer com que os membros de diferentes empresas na cadeia de suprimentos trabalhem juntos para criar uma previsão.

Identificação dos principais fatores que influenciam a previsão de demanda

Em seguida, a empresa precisa identificar a demanda, a oferta e os fenômenos relacionados ao produto que influenciam a previsão de demanda. No lado da demanda, uma empresa precisa verificar se ela está crescendo, diminuindo ou se tem um padrão sazonal. Essas estimativas precisam ser baseadas na demanda – não em dados de vendas. Por exemplo, um supermercado promoveu uma marca de cereal em julho de 2014. Como resultado, a demanda por esse cereal foi alta, enquanto a demanda para outras marcas compatíveis de cereais foi baixa naquele mês. O supermercado não deve usar os dados de vendas de 2014 para estimar que a demanda por essa marca será alta em julho de 2015, pois isso só ocorrerá se a mesma marca tiver uma nova promoção em julho de 2015 e as outras marcas responderem como fizeram no ano anterior. Ao fazer a previsão, o supermercado deve entender qual teria sido a demanda na ausência da atividade de promoção e como ela é afetada pelas promoções e ações da concorrência. Uma combinação dessas informações permitirá que o supermercado preveja a demanda para julho de 2015, dada a atividade de promoção planejada para tal ano.

No lado da oferta, a empresa precisa considerar as fontes de suprimento disponíveis para decidir sobre a exatidão da demanda desejada. Se houver fontes com tempos de execução curtos, uma previsão altamente precisa pode não ser especialmente importante. Porém, se houver apenas um único fornecedor com um longo tempo de execução, uma previsão exata terá grande valor.

No lado do produto, uma empresa precisa saber o número de variantes de um produto que é vendido e se essas variantes substituem ou complementam umas às outras. Se a demanda por um produto influenciar ou for influenciada pela demanda por outro, é melhor que as duas previsões sejam feitas em conjunto. Por exemplo, quando uma empresa introduz uma versão melhorada de um produto existente, é provável que a demanda para a versão antiga diminua, porque novos clientes comprarão a versão melhorada. Embora o declínio na demanda para o produto original não seja indicado por dados históricos, a demanda histórica ainda é útil porque permite que a empresa estime a demanda total combinada para as duas versões. É claro que a demanda para os dois produtos deve ser prevista em conjunto.

Previsão do nível apropriado de agregação

Considerando-se que as previsões agregadas são mais precisas do que as previsões desagregadas, é importante prever em um nível de agregação que seja adequado, dado que a decisão da cadeia de suprimentos é direcionada à previsão. Considere um comprador em uma cadeia de varejo que está prevendo definir a quantidade de um pedido de camisetas. Uma abordagem é pedir a cada gerente de loja que estipule o número preciso de camisetas a ser encomendado e adicionar todos os pedidos para obter a quantidade do pedido a ser solicitada ao fornecedor. A vantagem dessa abordagem é que ela aproveita a inteligência do mercado local que cada gerente de loja tem. O problema dela é que a previsão dos gerentes de loja é feita bem antes de surgir a demanda, num momento em que suas previsões provavelmente não são precisas. A melhor abordagem pode ser a de prever a demanda no nível agregado quando for fazer a encomenda ao fornecedor e pedir a cada gerente de loja que preveja apenas quando as camisetas estão para ser alocadas nas lojas. Nesse caso, a previsão do tempo longo de espera (pedido do fornecedor) é agregada, reduzindo assim o erro. A previsão desagregada em nível de loja é feita perto da temporada de vendas, quando é provável que a inteligência de mercado local seja mais eficaz.

Estabelecimento de medidas de desempenho e erro para a previsão

As empresas devem estabelecer medidas de desempenho claras para avaliar a precisão e o tempo oportuno para a previsão. Essas medidas devem estar altamente correlacionadas com os objetivos das decisões de negócios com base nessas previsões. Considere uma empresa de vendas por correio que usa uma previsão para fazer pedidos a seus fornecedores, que levam dois meses para enviar os pedidos. A empresa precisa garantir que a previsão seja criada pelo menos dois meses antes do início da estação de vendas, em razão do tempo de execução de dois meses para a reposição. Ao final da estação de vendas, a empresa precisa comparar a demanda real com a demanda prevista a fim de estimar a exatidão da previsão. Depois, podem ser colocados em prática planos para diminuir os erros de previsão futuros ou responder aos erros de previsão observados.

Na próxima seção, discutiremos as técnicas para a previsão de séries temporais estática e adaptativa.

7.5 Métodos de previsão de séries temporais

O objetivo de qualquer método de previsão é prever o componente sistemático da demanda e estimar o componente aleatório. Em sua forma mais geral, o componente sistemático dos dados de demanda contém um nível, uma tendência e um fator sazonal. A equação para calcular o componente sistemático pode ter diversas formas, como mostramos a seguir.

- **Multiplicativa:** componente sistemático = nível × tendência × fator sazonal.
- **Aditiva:** componente sistemático = nível + tendência + fator sazonal.
- **Mista:** componente sistemático = (nível + tendência) × fator sazonal.

A forma específica do componente sistemático aplicável a determinada previsão depende da natureza da demanda. As empresas podem desenvolver métodos de previsão estáticos e adaptativos para cada forma. Agora, vamos descrever esses métodos.

Métodos estáticos

Um método estático supõe que as estimativas de nível, tendência e sazonalidade dentro do componente sistemático não variam à medida que a nova demanda é observada. Nesse caso, estimamos cada um desses parâmetros com base em dados históricos e, depois, usamos os mesmos valores para todas as previsões futuras. Nesta seção, discutimos um método de previsão estático para uso quando a demanda tem uma tendência e também um componente sazonal. Supomos que o componente sistemático da demanda seja misto, isto é:

Componente sistemático = (nível + tendência) × fator sazonal

Um método semelhante também pode ser aplicado para outras formas. Começamos com algumas definições básicas:

L = estimativa do nível em $t = 0$ (a estimativa de demanda não sazonal durante o Período $t = 0$);
T = estimativa da tendência (aumento ou diminuição na demanda por período);
S_t = estimativa do fator sazonal para o Período t;
D_t = demanda real observada no Período t;
F_t = previsão de demanda para o Período t.

Em um método de previsão estático, a previsão no Período t para a demanda no Período $t + l$ é um produto do nível no Período $t + l$ e o fator sazonal para o Período $t + l$. O nível no Período $t + l$ é a soma do nível no Período 0 (L) e $(t + l)$ vezes a tendência T. A previsão no Período t para a demanda no Período $t + l$ é dada como

$$F_{t+l} = [L + (t + l)T]S_{t+l} \qquad (7.1)$$

Agora, descrevemos um método para estimar os três parâmetros, L, T e S. Como um exemplo, considere a demanda para sal-gema, usado principalmente para derreter neve. Esse sal é produzido por uma empresa chamada Tahoe Salt, que vende por meio de diversos varejistas independentes em torno da área de Lake Tahoe de Serra Nevada. No passado, a Tahoe Salt contou com estimativas de demanda de uma amostra de seus varejistas, mas a empresa observou que eles sempre superestimavam suas compras, deixando a Tahoe (e até mesmo alguns dos próprios varejistas) presos ao estoque em excesso. Depois de se reunir com seus revendedores, a Tahoe decidiu produzir uma previsão colaborativa. A empresa deseja trabalhar com os revendedores para criar uma previsão mais exata com base nas vendas reais de varejo de seu sal. Dados trimestrais de demanda do varejo para os últimos três anos aparecem na Tabela 7.1 e são representados na Figura 7.1.

Na Figura 7.1, observe que a demanda para o sal é sazonal, aumentando do segundo trimestre de um ano para o primeiro trimestre do ano seguinte. O segundo trimestre de cada ano tem a menor demanda. Cada ciclo dura quatro trimestres e o padrão de demanda se repete a cada ano. Também há uma tendência de crescimento na demanda, com as vendas crescendo pelos três últimos anos. A empresa estima que o crescimento continuará no ano seguinte com as taxas históricas. Descreveremos a seguir os dois passos necessários para estimar cada um dos três parâmetros — nível, tendência e fatores sazonais.

1. Retirar a sazonalidade da demanda e executar a regressão linear para estimar o nível e a tendência.
2. Estimar fatores sazonais.

Tabela 7.1 Demanda trimestral para a Tahoe Salt.

Ano	Trimestre	Período, t	Demanda, D_t
1	2	1	8.000
1	3	2	13.000
1	4	3	23.000
2	1	4	34.000
2	2	5	10.000
2	3	6	18.000
2	4	7	23.000
3	1	8	38.000
3	2	9	12.000
3	3	10	13.000
3	4	11	32.000
4	1	12	41.000

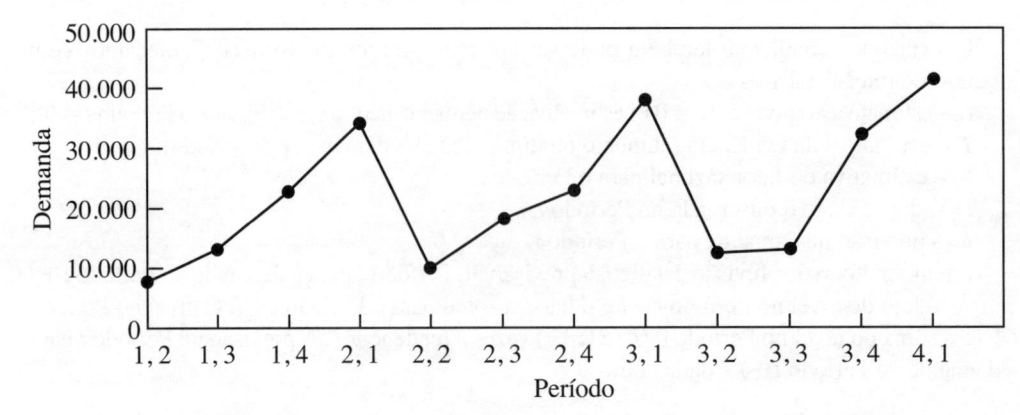

Figura 7.1 Demanda trimestral na Tahoe Salt.

ESTIMANDO NÍVEL E TENDÊNCIA O objetivo desta etapa é estimar o nível no Período 0 e a tendência. Começamos *dessazonalizando* os dados de demanda. A *demanda não sazonal* representa a demanda que teria sido observada na ausência de flutuações sazonais. A *periodicidade* (p) é o número de períodos após os quais o ciclo sazonal se repete. Para a demanda da Tahoe Salt, o padrão se repete a cada ano. Visto que estamos medindo a demanda trimestralmente, a periodicidade para a demanda na Tabela 7.1 é $p = 4$.

Para garantir que cada estação receba o mesmo peso ao retirar a sazonalidade da demanda, apanhamos a média de p períodos de demanda consecutivos. A média de demanda do Período $l + 1$ para o período $l + p$ oferece demanda não sazonal para o Período $l + (p + 1)/2$. Se p for ímpar, esse método oferece demanda não sazonal para um período existente. Se p for par, esse método oferece demanda não sazonal em um ponto entre o Período $l + (p/2)$ e $l + 1 + (p/2)$. Tirando a média de demanda não sazonal fornecida pelos períodos $l + 1$ a $l + p$ e $l + 2$ a $l + p + 1$, obtemos a demanda não sazonal para o Período $l + 1 + (p/2)$ se p é o mesmo. Assim, a demanda não sazonal, $\overline{D}_t$, para Período t, pode ser obtida da seguinte maneira:

$$\overline{D}_t = \begin{cases} \left[D_{t-(p/2)} + D_{t+(p/2)} + \sum_{i=t+1-(p/2)}^{t-1+(p/2)} 2D_i \right] / (2p) & \text{para } p \text{ par} \\ \sum_{i=t-[(p-1)/2]}^{t+[(p-1)/2]} D_i / p & \text{para } p \text{ ímpar} \end{cases} \quad (7.2)$$

Em nosso exemplo, $p = 4$ é par. Para $t = 3$, obtemos a demanda não sazonal usando a Equação 7.2 da seguinte maneira:

$$\overline{D}_3 = \left[D_{t-(p/2)} + D_{t+(p/2)} + \sum_{i=t+1-(p/2)}^{t-1+(p/2)} 2D_i \right] \bigg/ (2p) = D_1 + D_5 + \sum_{i=2}^{4} 2D_i \bigg/ 8$$

Com esse procedimento, podemos obter a demanda não sazonal entre os períodos 3 e 10, conforme mostram as figuras 7.2 e 7.3 (todos os detalhes estão disponíveis na planilha *Tahoe-Salt* na Sala Virtual).

O relacionamento linear a seguir existe entre a demanda não sazonal, $\overline{D}_t$, e o tempo t, com base na mudança na demanda com o passar do tempo.

$$\overline{D}_t = L + Tt \qquad (7.3)$$

Na Equação 7.3, $\overline{D}_t$, representa a demanda não sazonal e não a demanda real no Período t, L representa o *nível* ou demanda não sazonal no Período 0, e T representa a taxa de crescimento da demanda não sazonal, ou *tendência*. Podemos estimar os valores de L e T para a demanda não sazonal usando regressão linear com demanda não sazonal (na Figura 7.2) como a variável dependente e o tempo como a variável independente. Essa regressão pode ser feita com o Microsoft Excel (Ferramentas | Análise de dados | Regressão). Essa sequência de comandos abre a caixa de diálogo Regressão. Para a planilha da *Tahoe Salt* na Figura 7.2, na caixa de diálogo que aparece, digitamos:

Intervalo Y de entrada: C4:C11
Intervalo X de entrada: A4:A11

	A	B	C
1	Período t	Demanda D_t	Demanda não sazonal
2	1	8.000	
3	2	13.000	
4	3	23.000	19.750
5	4	34.000	20.625
6	5	10.000	21.250
7	6	18.000	21.750
8	7	23.000	22.500
9	8	38.000	22.125
10	9	12.000	22.625
11	10	13.000	24.125
12	11	32.000	
13	12	41.000	

Célula	Fórmula da célula	Equação	Copiada para
C4	=(B2+B6+2*SUM(B3:B5))/8	7.2	C5:C11

》 **Figura 7.2** Planilha do Excel com demanda não sazonal para a Tahoe Salt.

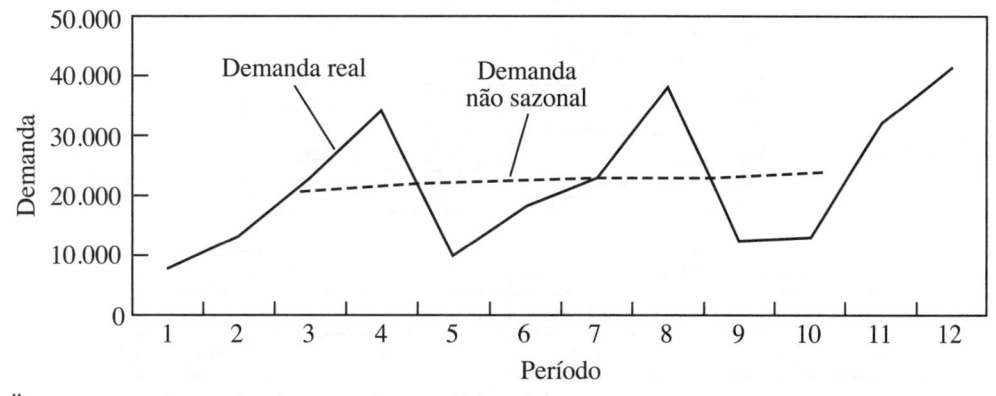

》 **Figura 7.3** Demanda não sazonal para a Tahoe Salt.

e clicamos no botão OK. Uma nova planilha, contendo os resultados da regressão, é aberta (ver planilha *Regressão-1* disponível na Sala Virtual). Essa nova planilha contém estimativas tanto para o nível inicial L como a tendência T. O nível inicial, L, é obtido como o *coeficiente da interseção* e a tendência, T, é obtida como o *coeficiente da variável X* (ou a inclinação) a partir da planilha contendo os resultados da regressão. Para o exemplo da Tahoe Salt, obtemos $L = 18.439$ e $T = 524$ (todos os detalhes estão disponíveis na planilha *Regressão-1* e os números são arredondados para valores inteiros). Para este exemplo, a demanda não sazonal $\overline{D}_t$ para qualquer Período t é, portanto, dada por:

$$\overline{D}_t = 18.439 + 524t \qquad (7.4)$$

Não é apropriado executar uma regressão linear entre os dados de demanda originais e o tempo para estimar o nível e a tendência, pois os dados de demanda originais não são lineares e a regressão linear resultante não será precisa. A demanda deve ser não sazonal antes de executarmos a regressão linear.

ESTIMANDO FATORES SAZONAIS Agora, podemos obter a demanda não sazonal para cada período usando a Equação 7.4 (ver Figura 7.4). O fator sazonal $\overline{S}_t$ para o Período t é a razão entre a demanda real D_t e a demanda não sazonal $\overline{D}_t$, e é dado como:

$$\overline{S}_t = \frac{D_t}{\overline{D}_t} \qquad (7.5)$$

Para o exemplo da Tahoe Salt, a demanda não sazonal estimada usando a Equação 7.4 e os fatores sazonais estimados usando a Equação 7.5 aparecem na Figura 7.4 (ver a aba *Figura 7.4* da planilha *Tahoe Salt*).

Dada a periodicidade p, obtemos o fator sazonal para determinado período tirando a média dos fatores sazonais que correspondem a períodos semelhantes. Por exemplo, se temos uma periodicidade de $p = 4$, os Períodos 1, 5 e 9 possuem fatores sazonais semelhantes. O fator sazonal para esses períodos é obtido como a média dos três fatores sazonais. Dados r ciclos sazonais nos dados, para todos os períodos da forma $pt + i$, $1 \leq i \leq p$, obtemos o fator sazonal como:

$$S_i = \frac{\sum_{j=0}^{r-1} \overline{S}_{jp+i}}{r} \qquad (7.6)$$

	A	B	C	D
1	Período t	Demanda D_t	Demanda não sazonal $\overline{D}_t$ (Equação 7.4)	Fator sazonal $\overline{S}_t$ (Equação 7.5)
2	1	8.000	18.963	0,42
3	2	13.000	19.487	0,67
4	3	23.000	20.011	1,15
5	4	34.000	20.535	1,66
6	5	10.000	21.059	0,47
7	6	18.000	21.583	0,83
8	7	23.000	22.107	1,04
9	8	38.000	22.631	1,68
10	9	12.000	23.155	0,52
11	10	13.000	23.679	0,55
12	11	32.000	24.203	1,32
13	12	41.000	24.727	1,66

Célula	Fórmula da célula	Equação	Copiada para
C2	=18439+A2*524	7.4	C3:C13
D2	=B2/C2	7.5	D3:D13

》 Figura 7.4 Demanda não sazonal e fatores sazonais para a Tahoe Salt.

Para o exemplo da Tahoe Salt, um total de 12 períodos e uma periodicidade de $p = 4$ implicam que existem $r = 3$ ciclos sazonais nos dados. Obtemos fatores sazonais usando a Equação 7.6 como:

$$S_1 = (\overline{S}_1 + \overline{S}_5 + \overline{S}_9)/3 = (0{,}42 + 0{,}47 + 0{,}52)/3 = 0{,}47$$
$$S_2 = (\overline{S}_2 + \overline{S}_6 + \overline{S}_{10})/3 = (0{,}67 + 0{,}83 + 0{,}55)/3 = 0{,}68$$
$$S_3 = (\overline{S}_3 + \overline{S}_7 + \overline{S}_{11})/3 = (1{,}15 + 1{,}04 + 1{,}32)/3 = 1{,}17$$
$$S_4 = (\overline{S}_4 + \overline{S}_8 + \overline{S}_{12})/3 = (1{,}66 + 1{,}68 + 1{,}66)/3 = 1{,}67$$

Nesse estágio, estimamos o nível, a tendência e todos os fatores sazonais. Agora, podemos obter a previsão para os próximos quatro trimestres usando a Equação 7.1. No exemplo, a previsão para os próximos quatro períodos usando o método de previsão estático é dada por:

$$F_{13} = (L + 13T)S_{13} = (18.439 + 13 \times 524)0{,}47 = 11.868$$
$$F_{14} = (L + 14T)S_{14} = (18.439 + 14 \times 524)0{,}68 = 17.527$$
$$F_{15} = (L + 15T)S_{15} = (18.439 + 15 \times 524)1{,}17 = 30.770$$
$$F_{16} = (L + 16T)S_{16} = (18.439 + 16 \times 524)1{,}67 = 44.794$$

A Tahoe Salt e seus varejistas agora têm uma previsão mais exata sobre a demanda. Sem o compartilhamento de informação de venda direta entre os varejistas e o fabricante, esta cadeia de suprimentos teria uma previsão menos exata e haveria uma série de ineficiências de produção e estoque.

Previsão adaptativa

Na previsão adaptativa, as estimativas de nível, tendência e sazonalidade são atualizadas após cada observação de demanda. A principal vantagem da previsão adaptativa é as estimativas incorporam todos os dados que são observados. Agora, discutiremos um modelo básico e vários métodos que podem ser usados para esse tipo de previsão. O modelo é fornecido na configuração mais geral, quando o componente sistemático dos dados de demanda tem a forma mista e contém um nível, uma tendência e um fator sazonal. No entanto, pode ser facilmente modificado para ambos os casos. O modelo também pode ser especializado para o caso em que o componente sistemático não contém sazonalidade ou tendência. Consideramos que temos um conjunto de dados históricos para n períodos e que a demanda é sazonal com periodicidade p. Com dados trimestrais, em que o padrão se repete a cada ano, temos uma periodicidade de $p = 4$.

Vamos começar definindo alguns termos:

L_t = estimativa de nível ao final do Período t;
T_t = estimativa de tendência ao final do Período t;
S_t = estimativa de fator sazonal para o Período t;
F_t = previsão de demanda para o Período t (feita no Período $t - 1$ ou antes disso);
D_t = demanda real observada no Período t;
E_t = erro de previsão no Período t.

Nos métodos adaptativos, a previsão para o Período $t + l$ no Período t utiliza a estimativa de nível e a tendência no Período t (L_t e T_t, respectivamente) e é dada como:

$$F_{t+l} = (L_t + lT_t)S_{t+l} \qquad (7.7)$$

As quatro etapas no modelo de previsão adaptativa são as seguintes:

1. ***Inicializar:*** calcule as estimativas iniciais do nível (L_0), tendência (T_0) e fatores sazonais ($S_1,...,S_p$) a partir dos dados recebidos. Isso é feito exatamente como no método de previsão estático, discutido anteriormente no capítulo com $L_0 = L$ e $T_0 = T$.

2. *Prever:* dadas as estimativas no Período t, preveja a demanda para o Período $t+1$ usando a Equação 7.7. Nossa primeira previsão é para o Período 1, e é feita com as estimativas de nível, tendência e fator sazonal no Período 0.
3. *Estimar erro:* registre a demanda real D_{t+1} para o Período $t+1$ e calcule o erro E_{t+1} na previsão para o Período $t+1$ como a diferença entre a previsão e a demanda real. O erro para o Período $t+1$ é indicado como:

$$E_{t+1} = F_{t+1} - D_{t+1} \tag{7.8}$$

4. *Modificar estimativas:* modifique as estimativas de nível (L_{t+1}), tendência (T_{t+1}) e fator sazonal (S_{t+p+1}), dado o erro E_{t+1} na previsão. É desejável que a modificação seja tal que, se a demanda for inferior ao previsto, as estimativas sejam revisadas para baixo, ao passo que, se a demanda for superior à previsão, as estimativas sejam revisadas para cima.

As estimativas revisadas no Período $t+1$ são, então, utilizadas para fazer uma previsão para o Período $t+2$, e as etapas 2, 3 e 4 são repetidas até que todos os dados históricos até o Período n tenham sido cobertos. As estimativas no Período n são, então, usadas para prever a demanda futura.

Agora, vamos discutir diversos métodos de previsão adaptativos. O método mais apropriado dependerá da característica da demanda e da composição de seu componente sistemático. Em cada caso, pressupomos que o período em consideração seja t.

MÉDIA MÓVEL O método da média móvel é usado quando a demanda não possui tendência ou sazonalidade observada. Nesse caso:

Componente sistemático da demanda = nível

Nesse método, o nível no Período t é estimado como a demanda média sobre os N períodos mais recentes. Isso representa uma média móvel de N períodos e é avaliado da seguinte forma:

$$L_t = (D_t + D_{t-1} + \cdots + D_{t-N+1})/N \tag{7.9}$$

A previsão atual para todos os períodos futuros é a mesma, e é baseada na estimativa atual de nível. A previsão é indicada como:

$$F_{t+1} = L_t \quad \text{and} \quad F_{t+n} = L_t \tag{7.10}$$

Depois de observar a demanda para o Período $t+1$, revisamos as estimativas da seguinte forma:

$$L_{t+1} = (D_{t+1} + D_t + \cdots + D_{t-N+2})/N, \quad F_{t+2} = L_{t+1}$$

Para calcular a nova média móvel, simplesmente acrescentamos a observação mais recente e retiramos a mais antiga. A média móvel revisada serve como a próxima previsão. A média móvel corresponde a dar aos N últimos períodos de dados um peso igual ao fazer a previsão e ignorar todos os dados mais antigos que essa nova média. À medida que aumentamos N, essa média torna-se menos responsiva à demanda observada mais recentemente. Ilustramos o uso da média móvel no Exemplo 7.1.

Exemplo 7.1 》 Movendo a média

Um supermercado teve uma demanda semanal de leite de $D_1 = 120$, $D_2 = 127$, $D_3 = 114$ e $D_4 = 122$ galões durante as últimas quatro semanas. Preveja a demanda para o Período 5 usando uma média móvel de quatro períodos. Qual é o erro de previsão se a demanda no Período 5 for de 125 galões?

Análise

Fazemos a previsão para o Período 5 ao final do Período 4. Assim, consideramos que o período atual seja $t = 4$. Nosso primeiro objetivo é estimar o nível no Período 4. Usando a Equação 7.9, com $N = 4$, obtemos

$$L_4 = (D_4 + D_3 + D_2 + D_1)/4 = (122 + 114 + 127 + 120)/4 - 120{,}75$$

A previsão da demanda para o Período 5, usando a Equação 7.10, é expressa como:

$$F_5 = L_4 = 120{,}75 \text{ galões}$$

Como a demanda real no Período 5, D_5, foi de 125 galões, temos um erro de previsão para o Período 5 de:

$$E_5 = F_5 - D_5 = 125 - 120{,}75 = 4{,}25$$

Depois de observar a demanda no Período 5, a estimativa revisada de nível para o Período 5 é dada por:

$$L_5 = (D_5 + D_4 + D_3 + D_2)/4 = (125 + 122 + 114 + 127)/4 = 122$$

ALISAMENTO EXPONENCIAL SIMPLES   O método do alisamento exponencial simples é apropriado quando a demanda não possui tendência ou sazonalidade observáveis. Nesse caso:

Componente sistemático da demanda = nível

A estimativa inicial de nível, L_0, é considerada como sendo uma média de todos os dados históricos, pois a demanda foi considerada como sem tendência ou sazonalidade observáveis. Com os dados de demanda para os períodos de 1 a n, temos o seguinte:

$$L_0 = \frac{1}{n}\sum_{i=1}^{n} D_i \qquad (7.11)$$

A previsão atual para todos os períodos futuros é igual à estimativa atual de nível, sendo dada por

$$F_{t+1} = L_t \quad \text{e} \quad F_{t+n} = L_t \qquad (7.12)$$

Depois de observar a demanda, D_{t+1}, para o Período $t + 1$, revemos a estimativa do nível da seguinte maneira:

$$L_{t+1} = \alpha D_{t+1} + (1 - \alpha) L_t \qquad (7.13)$$

onde α ($0 < \alpha < 1$) é uma constante de alisamento para o nível. O valor revisado do nível é uma média ponderada do valor observado do nível (D_{t+1}) no Período $t + 1$ e a estimativa antiga do nível (L_t) no Período t. Usando a Equação 7.13, podemos expressar o nível em determinado período como uma função da demanda atual e o nível no período anterior. Assim, podemos reescrever a Equação 7.13 como:

$$L_{t+1} = \sum_{n=0}^{t-1} \alpha(1-\alpha)^n D_{t+1-n} + (1-\alpha)^t D_1$$

A estimativa atual do nível é uma média ponderada de todas as observações passadas da demanda; as observações recentes têm peso maior que as observações mais antigas. Um valor mais alto de α corresponde a uma previsão mais responsiva a observações recentes, enquanto um valor mais baixo de α representa uma previsão mais estável e menos responsiva a observações recentes. Ilustramos o uso de alisamento exponencial no Exemplo 7.2.

Exemplo 7.2 》 Alisamento exponencial simples

Considere o supermercado do Exemplo 7.1, no qual a demanda semanal de leite foi de $D_1 = 120$, $D_2 = 127$, $D_3 = 114$ e $D_4 = 122$ galões durante as quatro últimas semanas. Preveja a demanda para o Período 1 usando o alisamento exponencial simples, com $\alpha = 0,1$.

Análise

Neste caso, temos dados de demanda para $n = 4$ períodos. Usando a Equação 7.11, a estimativa inicial do nível (arredondado em dois décimos) é expressa por:

$$L_0 = \sum_{i=1}^{4} D_i / 4 = 120,75$$

A previsão para o Período 1 (usando a Equação 7.12) é, portanto, dada por:

$$F_1 = L_0 = 120,75$$

A demanda observada para o Período 1 é $D_1 = 120$. O erro de previsão para o Período 1 é dado por:

$$E_1 = F_1 - D_1 = 120,75 - 120 = 0,75$$

Com $\alpha = 0,1$, a estimativa revisada de nível para o Período 1 usando a Equação 7.13 é dada por:

$$L_1 = \alpha D_1 + (1 - \alpha)L_0 = (0,1 \times 120) + (0,9 \times 120,75) = 120,68$$

Observe que a estimativa de nível para o Período 1 é menor do que para o Período 0, pois a demanda no Período 1 é menor que a prevista para ele. Desse modo, obtemos $F_2 = L_1 = 120,68$. Dado que $D_2 = 127$, obtemos $L_2 = (0,1 \times 127) + (0,9 \times 120,68) = 121,31$. Isso ocasiona $F_3 = L_2 = 121,31$. Dado que $D_3 = 114$, obtemos $L_3 = (0,1 \times 114) + (0,9 \times 121,31) = 120,58$. Dado que $D_4 = 122$, obtemos $L_4 = (0,1 \times 122) + (0,9 \times 120,58) = 120,72$. Isso ocasiona $F_5 = L_4 = 120,72$.

ALISAMENTO EXPONENCIAL CORRIGIDO PELA TENDÊNCIA (MODELO DE HOLT) O método do alisamento exponencial corrigido pela tendência (modelo de Holt) é apropriado quando se considera que a demanda tem um nível e uma tendência no componente sistemático, mas sem sazonalidade. Nesse caso, temos:

Componente sistemático de demanda = nível + tendência

Obtemos uma estimativa inicial de nível e tendência executando uma regressão linear entre a demanda, D_t e o Período t na forma:

$$D_t = at + b$$

Nesse caso, a execução da regressão linear entre a demanda e os períodos é apropriada porque consideramos que a demanda tem uma tendência, mas não sazonalidade. O relacionamento básico entre a demanda e o tempo é, portanto, linear. A constante b mede a estimativa de demanda no Período $t = 0$ e é nossa estimativa do nível inicial L_0. A inclinação a mede a taxa de mudança na demanda por período e é nossa estimativa inicial da tendência T_0.

No Período t, dadas estimativas de nível L_t e tendência T_t, a previsão para os períodos futuros é expressa como:

$$F_{t+1} = L_t + T_t \quad \text{e} \quad F_{t+n} = L_t + nT_t \tag{7.14}$$

Depois de observar a demanda para o Período t, revisamos as estimativas para nível e tendência da seguinte forma:

$$L_{t+1} = \alpha D_{t+1} + (1 - \alpha)(L_t + T_t) \tag{7.15}$$

$$T_{t+1} = \beta(L_{t+1} - L_t) + (1 - \beta)T_t \tag{7.16}$$

onde α ($0 < \alpha < 1$) é uma constante de alisamento para o nível, e β ($0 < \beta < 1$) é uma constante de alisamento para a tendência. Observe que, em cada uma das duas atualizações, a estimativa revisada (de nível ou tendência) é uma média ponderada do valor observado e da estimativa antiga. Ilustramos o uso do modelo de Holt no Exemplo 7.3 (veja a planilha relacionada *Exemplos 1-4* disponível na Sala Virtual).

Exemplo 7.3 》 Modelo de Holt

Um fabricante de eletrônicos tem visto a demanda de seu mais novo MP3 player aumentar nos seis últimos meses. A demanda observada (em milhares) foi de $D_1 = 8.415$, $D_2 = 8.732$, $D_3 = 9.014$, $D_4 = 9.808$, $D_5 = 10.413$ e $D_6 = 11.961$. Preveja a demanda para o Período 7 usando o alisamento exponencial corrigido pela tendência com $\alpha = 0,1$ e $\beta = 0,2$.

Análise

O primeiro passo é obter estimativas iniciais de nível e tendência usando regressão linear. Primeiro, executamos uma regressão linear (usando a ferramenta do Excel acessada por Ferramentas | Análise de dados | Regressão) entre a demanda e os períodos. A estimativa de nível inicial L_0 é obtida como o *coeficiente de interseção* e a tendência T_0 é obtida como o *coeficiente da variável X* (ou a inclinação) na planilha *Exemplos 1-4* (existem algumas variações entre a planilha e os resultados mostrados aqui por conta do arredondamento). Para os dados do MP3 player, obtemos:

$$L_0 = 7.367 \quad \text{e} \quad T_0 = 673$$

Portanto, a previsão para o Período 1 (usando a Equação 7.14) é dada por:

$$F_1 = L_0 + T_0 = 7.367 + 673 = 8.040$$

A demanda observada para o Período 1 é $D_1 = 8.415$. O erro para o Período 1 é, portanto, dado por:

$$E_1 = F_1 - D_1 = 8.040 - 8.415 = -375$$

Com $\alpha = 0,1$ e $\beta = 0,2$, a estimativa revista de nível e tendência para o Período 1 usando as equações 7.15 e 7.16 é dada por:

$$L_1 = \alpha D_1 + (1 - \alpha)(L_0 + T_0) = (0,1 \times 8.415) + (0,9 \times 8.040) = 8.078$$
$$T_1 = \beta(L_1 - L_0) + (1 - \beta)T_0 = [0,2 \times (8.078 - 7.367)] + (0,8 \times 673) = 681$$

Observe que a estimativa inicial para a demanda no Período 1 é muito baixa. Como resultado, nossas atualizações aumentaram a estimativa de nível L_1 para o Período 1 de 8.040 para 8.078, e a estimativa da tendência, de 673 para 681. Usando a Equação 7.14, obtemos, assim, a seguinte previsão para o Período 2:

$$F_2 = L_1 + T_1 = 8.078 + 681 = 8.759$$

Continuando dessa maneira, obtemos $L_2 = 8.755$, $T_2 = 680$, $L_3 = 9.393$, $T_3 = 672$, $L_4 = 10.039$, $T_4 = 666$, $L_5 = 10.676$, $T_5 = 661$, $L_6 = 11.399$, $T_6 = 673$. Isso nos dá uma previsão para o Período 7 de:

$$F_7 = L_6 + T_6 = 11.399 + 673 = 12.072$$

ALISAMENTO EXPONENCIAL CORRIGIDO POR TENDÊNCIA E SAZONALIDADE (MODELO DE WINTER) Esse método é apropriado quando o componente sistemático da demanda tem um nível, uma tendência e um fator sazonal. Nesse caso, temos:

Componente sistemático de demanda = (nível + tendência) × fator sazonal

Considere que a periodicidade de demanda seja p. Para começar, precisamos de estimativas iniciais de nível (L_0), tendência (T_0) e fatores sazonais ($S_1, ..., S_p$). Obtemos essas estimativas usando o procedimento para a previsão estática, descrito anteriormente neste capítulo.

No Período t, dadas as estimativas de nível, L_t, tendência, T_t, e fatores sazonais, $S_t, ..., S_{t+p-1}$, a previsão para períodos futuros é dada por:

$$F_{t+1} = (L_t + T_t)S_{t+1} \quad \text{and} \quad F_{t+l} = (L_t + lT_t)S_{t+l} \tag{7.17}$$

Observando a demanda para o Período $t + 1$, revisamos as estimativas de nível, tendência e fatores sazonais da seguinte forma:

$$L_{t+1} = \alpha(D_{t+1}/S_{t+1}) + (1-\alpha)(L_t + T_t) \tag{7.18}$$

$$T_{t+1} = \beta(L_{t+1} - L_t) + (1-\beta)T_t \tag{7.19}$$

$$S_{t+p+1} = \gamma(D_{t+1}/L_{t+1}) + (1-\gamma)S_{t+1} \tag{7.20}$$

onde α ($0 < \alpha < 1$) é uma constante de alisamento para o nível; β ($0 < \beta < 1$) é uma constante de alisamento para a tendência; e γ ($0 < \gamma < 1$) é uma constante de alisamento para o fator sazonal. Observe que, em cada uma das atualizações (nível, tendência ou fator sazonal), a estimativa revisada é uma média ponderada do valor observado e da estimativa antiga. Ilustramos o uso do modelo de Winter no Exemplo 7.4 (ver a aba *Exemplo 7.4* da planilha *Exemplos 1-4*).

Exemplo 7.4 》 Modelo de Winter

Considere os dados de demanda da Tahoe Salt na Tabela 7.1. Preveja a demanda para o Período 1 usando o alisamento exponencial corrigido por tendência e sazonalidade com $\alpha = 0,1$, $\beta = 0,2$ e $\gamma = 0,1$.

Análise

Obtemos as estimativas iniciais de nível, tendência e fatores sazonais exatamente como no caso estático. Eles são expressos da seguinte forma:

$$L_0 = 18.439 \quad T_0 = 524 \quad S_1 = 0,47 \quad S_2 = 0,68 \quad S_3 = 1,17 \quad S_4 = 1,67$$

A previsão para o Período 1 (usando a Equação 7.17) é, portanto, dada por:

$$F_1 = (L_0 + T_0)S_1 = (18.439 + 524)0,47 = 8.913$$

A demanda observada para o Período 1 é $D1 = 8.000$. O erro de previsão para o Período 1, portanto, é dado por:

$$E_1 = F_1 - D_1 = 8.913 - 8.000 = 913$$

Com $\alpha = 0,1$, $\beta = 0,2$ e $\gamma = 0,1$, a estimativa revisada de nível e tendência para o Período 1 e fator sazonal para o Período 5, usando as equações 7.18, 7.19 e 7.20, é dada por:

$$L_1 = \alpha(D_1/S_1) + (1 - \alpha)(L_0 + T_0)$$
$$= [0,1 \times (8.000/0,47)] + [0,9 \times (18.439 + 524)] = 18.769$$
$$T_1 = \beta(L_1 - L_0) + (1 - \beta)T_0 = [0,2 \times (18.769 - 18.439)] + (0,8 \times 524) = 485$$
$$S_5 = \gamma(D_1/L_1) + (1 - \gamma)S_1 = [0,1 \times (8.000/18.769)] + (0,9 \times 0,47) = 0,47$$

Portanto, a previsão de demanda para o Período 2 (usando a Equação 7.17) é dada por:

$$F_2 = (L_1 + T_1)S_2 = (18.769 + 485) \times 0,68 = 13.093$$

Os métodos de previsão que discutimos e as situações em que eles geralmente se aplicam estão na Tabela 7.2:

》Tabela 7.2 Métodos de previsão e aplicabilidades.

Método de previsão	Aplicabilidade
Média móvel	Sem tendência nem sazonalidade
Alisamento exponencial simples	Sem tendência nem sazonalidade
Modelo de Holt	Tendência sem sazonalidade
Modelo de Winter	Tendência e sazonalidade

Se a Tahoe Salt utiliza um método de previsão adaptativo para os dados de venda direta obtidos de seus varejistas, o modelo de Winter é a melhor escolha, pois sua demanda experimenta tanto uma tendência quanto sazonalidade.

Se não sabemos se a Tahoe Salt experimenta tendência e sazonalidade, como podemos descobrir? O erro de previsão ajuda a identificar ocasiões em que o método de previsão que está sendo usado é impróprio. Na próxima seção, descreveremos como um gestor pode estimar e usar o erro de previsão.

7.6 Medições de erro de previsão

Como já dissemos, todo caso de demanda tem um componente aleatório. Um bom método de previsão deverá capturar o componente sistemático de demanda, mas não o componente aleatório. Este se manifesta na forma de um erro de previsão. Tais erros contêm informações valiosas e devem ser analisados cuidadosamente por dois motivos:

1. Os gestores utilizam a análise de erro para determinar se o método de previsão atual está prevendo com precisão o componente sistemático de demanda. Por exemplo, se um método produz consistentemente um erro positivo, o método de previsão está superestimando o componente sistemático e deverá ser corrigido.
2. Todos os planos de contingência precisam considerar o erro de previsão. Considere uma empresa de vendas por correio com dois fornecedores. O primeiro está no Extremo Oriente e tem um tempo de execução de dois meses. O segundo é local e pode atender aos pedidos uma semana após o aviso. O fornecedor local é mais caro que o do Extremo Oriente. A empresa de vendas por correio deseja contratar certa quantidade de capa-

cidade de contingência com o fornecedor local, a ser utilizada se a demanda exceder a quantidade que o fornecedor do Extremo Oriente fornece. A decisão com relação à quantidade de capacidade local a contratar está estreitamente relacionada ao tamanho do erro de previsão com tempo de espera de dois meses.

Desde que os erros observados estejam dentro das estimativas de erro históricas, as empresas podem continuar usando seu método de previsão atual. Encontrar um erro que está bem além das estimativas históricas pode indicar que o método de previsão em uso não é mais apropriado ou a demanda mudou fundamentalmente. Se todas as previsões tendem consistentemente a superestimar ou subestimar a demanda, isso pode ser outro sinal de que a empresa deve mudar seu método de previsão.

Como já definimos, o erro de previsão para o Período t é dado por E_t, em que a seguinte equação é verdadeira:

$$E_t = F_t - D_t$$

Ou seja, o erro no Período t é a diferença entre a previsão para esse período e a demanda real. É importante que o gestor estime o erro de uma previsão feita pelo menos com antecedência igual ao tempo de execução necessário para que o gestor tome qualquer ação para a qual a previsão é usada. Por exemplo, se uma previsão for usada para determinar a quantidade de um pedido e o tempo de execução é de seis meses, o gestor deverá estimar o erro para uma previsão feita seis meses antes que surja a demanda. Em uma situação com tempo de execução de seis meses, não há sentido em estimar erros para uma previsão feita com um mês de antecedência.

Uma medida de erro de previsão é o *erro quadrático médio* (EQM), em que (o denominador na Equação 7.21 pode também ter $n - 1$ em vez de n):

$$EQM_n = \frac{1}{n}\sum_{t=1}^{n} E_t^2 \qquad (7.21)$$

O EQM pode estar relacionado à variância do erro de previsão. Com efeito, estimamos que o componente aleatório da demanda tem uma média de 0 e uma variância de EQM. O EQM penaliza os erros maiores de modo muito mais significativo do que os erros menores, pois todos os erros são quadráticos. Assim, se selecionamos métodos de previsão ao minimizar o EQM, o método com a sequência de erro de previsão de 10, 12, 9 e 9 será preferível a um método com uma sequência de erro de 1, 3, 2 e 20. Desse modo, é interessante usar o EQM para comparar os métodos de previsão se o custo do erro maior for muito maior do que os ganhos a partir de previsões muito precisas. Usar o EQM conforme a medida de erro é apropriado quando o erro de previsão tem a distribuição que é simétrica sobre zero.

Defina o *desvio absoluto* no Período t, A_t, como sendo o valor absoluto do erro no Período t; ou seja:

$$A_t = |E_t|$$

Defina o *desvio médio absoluto* (DMA) como sendo a média do desvio absoluto por todos os períodos, como expresso por:

$$DMA_n = \frac{1}{n}\sum_{t=1}^{n} A_t \qquad (7.22)$$

O DMA pode ser usado para estimar o desvio padrão do componente aleatório, supondo que esse componente seja distribuído normalmente. Nesse caso, seu desvio padrão é:

$$\sigma = 1{,}25\, DMA \qquad (7.23)$$

Em seguida, estimamos que a média do componente aleatório é 0 e o desvio padrão do componente aleatório de demanda é σ. O DMA é uma medida de erro melhor do que o EQM se o erro previsto não tiver uma distribuição simétrica. Mesmo quando a distribuição do erro for simétrica,

DMA é a escolha apropriada quando se selecionam os métodos de previsão se o custo de um erro de previsão for proporcional ao tamanho do erro.

O *erro percentual absoluto médio* (EPAM) é o erro absoluto médio como uma percentagem da demanda, dado por:

$$EPAM_n = \frac{\sum_{t=1}^{n} \left|\frac{E_t}{D_t}\right| 100}{n} \quad (7.24)$$

O EPAM é uma boa medida de erro de previsão quando a previsão subjacente tem significativa sazonalidade e a demanda varia consideravelmente de um período para o outro. Considere um cenário em que dois métodos são usados para fazer previsões trimestrais para um produto com demanda sazonal que atinge o pico no terceiro trimestre. O Método 1 retorna erros de previsão de 190, 200, 245, e 180; o Método 2 retorna erros de previsão de 100, 120, 500 e 100 ao longo de quatro trimestres. O Método 1 possui um EQM inferior e DMA em relação ao Método 2, e seria preferível, se nenhum dos critérios foi utilizado. Se a demanda é altamente sazonal, no entanto, e há médias de 1.000, 1.200, 4.800, e 1.100 nos quatro períodos, o Método 2 resulta em um EPAM de 9,9 por cento, enquanto o Método 1 resulta em um EPAM muito maior, de 14,3 por cento. Nesse caso, pode-se argumentar que o Método 2 deve ser preferido ao Método 1.

Quando um método de previsão para de refletir o padrão de demanda subjacente (por exemplo, se a demanda cai consideravelmente, como o fez para a indústria automotiva em 2008-2009), os erros de previsão não são suscetíveis de ser distribuídos aleatoriamente em torno de 0. Em geral, é necessário um método para rastrear e controlar o método de previsão. Uma abordagem consiste em utilizar a soma de erros de previsão para avaliar o viés, como se segue:

$$viés_n = \sum_{t=1}^{n} E_t \quad (7.25)$$

O viés flutuará em torno de 0 se o erro for verdadeiramente aleatório e não viesado de um lado ou do outro. O ideal é que, se representarmos graficamente todos os erros, a inclinação da melhor linha reta atravessando os erros seja 0.

O *sinal de acompanhamento* (SA) é a razão entre o viés e o DMA, que é calculado como:

$$SA_t = \frac{viés_t}{DMA_t} \quad (7.26)$$

Se o SA em qualquer período estiver fora do intervalo ±6, isso indica que a previsão é viesada e está prevendo a menos ($SA < -6$) ou a mais ($SA > +6$). Isso pode acontecer porque o método de previsão é falho ou o padrão de demanda subjacente mudou. Um exemplo no qual haverá um grande SA negativo é quando a demanda tiver uma tendência de crescimento e o gestor estiver usando um método de previsão como a média móvel. Como a tendência não é incluída, a média da demanda histórica sempre é inferior à futura. O SA negativo detecta que o método de previsão consistentemente subestima a demanda e serve para alertar o gestor.

O sinal de rastreamento também pode ficar maior quando a demanda cai de repente (como fez para muitas indústrias em 2009) ou for aumentada por uma quantidade significativa, tornando os dados históricos menos relevantes. Se a demanda cair de repente, faz sentido aumentar o peso nos dados atuais em relação aos dados mais antigos ao fazer previsões. McClain (1981) recomenda o método "alpha declinante" ao usar o alisamento exponencial quando a constante de alisamento começa grande (para dar maior peso aos dados mais recentes), mas depois diminui ao longo do tempo. Se temos como objetivo um longo prazo de constante de alisamento $\alpha = 1 - \rho$, uma abordagem alfa declinante seria começar com $\alpha_0 = 1$ e repor a constante de alisamento como se segue:

$$\alpha_t = \frac{\alpha_{t-1}}{\rho + \alpha_{t-1}} = \frac{1-\rho}{1-\rho^t}$$

No longo prazo, a constante de alisamento vai convergir $\alpha = 1 - \rho$ com a previsão se tornando mais estável ao longo do tempo.

7.7 Seleção do melhor alisamento constante

Ao utilizar alisamento exponencial, o valor da constante de alisamento escolhida tem impacto direto sobre a sensibilidade da previsão com dados recentes. Se o gestor tem uma boa noção do padrão de demanda subjacente, é melhor usar uma constante de suavização que não seja maior do que 0,2. Em geral, é melhor escolher constantes de alisamento que minimizem o termo de erro com as quais o gestor esteja mais confortável, como EQM, DMA e EPAM. Na ausência de uma preferência entre os termos de erro, é melhor escolher constantes de alisamento que minimizam o EQM.

Ilustramos o impacto de escolher constantes de alisamento que minimizam diferentes medidas de erro usando os dados de demanda de 10 períodos, indicados nas células B3:B12 da Figura 7.5 (que acompanha a planilha *Tahoe Salt* na aba *Figuras 7.5 e 7.6*). O nível inicial é estimado utilizando a equação 7.11 e é mostrado na célula C2. A constante de alisamento é obtida utilizando o Solver ao minimizar o EQM (célula F13) no final dos 10 períodos, como mostrado na Figura 7.5. A previsão mostrada na Figura 7.5 usa o resultante $\alpha = 0{,}54$ e dá EQM = 2.460, DMA = 42,5 e EPAM = 2,1%.

	A	B	C	D	E	F	G	H
1	Período t	Demanda D_t	Nível L_t	Previsão F_t	Erro E_t	Erro Quadrático	Erro Absoluto A_t	% de Erro
2	0		2017,9					
3	1	2024	2021,2	2017,9	-6,1	37	6,1	0,3%
4	2	2076	2050,8	2021,2	-54,8	3003	54,8	2,6%
5	3	1992	2019,0	2050,8	58,8	3463	58,8	3,0%
6	4	2075	2049,3	2019,0	-56,0	3135	56,0	2,7%
7	5	2070	2060,5	2049,3	-20,7	429	20,7	1,0%
8	6	2046	2052,7	2060,5	14,5	210	14,5	0,7%
9	7	2027	2038,8	2052,7	25,7	658	25,7	1,3%
10	8	1972	2002,7	2038,8	66,8	4459	66,8	3,4%
11	9	1912	1953,6	2002,7	90,7	8218	90,7	4,7%
12	10	1985	1970,6	1953,6	-31,4	985	31,4	1,6%
13		2017,9			87	2.460	42,5	2,1%
14	$\alpha =$	0,54						

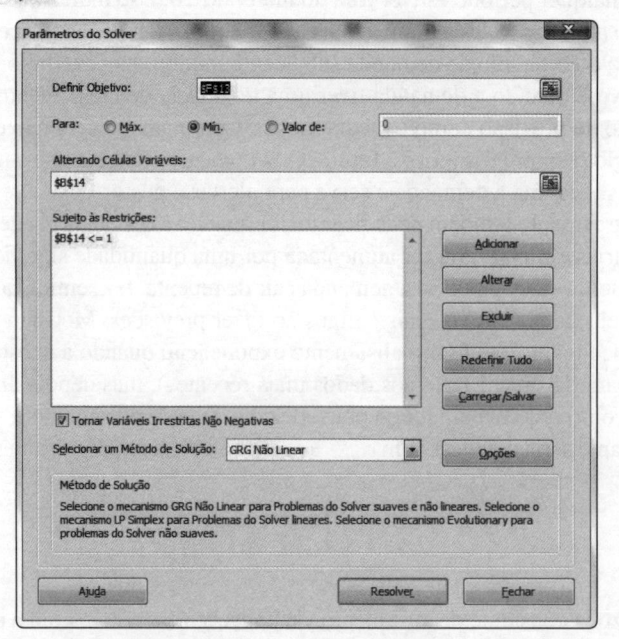

》 **Figura 7.5** Seleção da constante de alisamento ao minimizar o EQM.

A constante de alisamento também pode ser selecionada usando o Solver ao minimizar o DMA ou o EPAM no final de 10 períodos. Na Figura 7.6, mostramos os resultados de minimizar o DMA (celular G13). As previsões e erros com o resultado $\alpha = 0{,}32$ são mostrados na Figura 7.6. Nesse caso, o EQM aumenta para 2.570 (em comparação a 2.460 na Figura 7.5), ao passo que o DMA diminui a 39,2 (em comparação a 42,5 na Figura 7.5) e o EPAM diminui a 2% (em comparação a 2,1% na Figura 7.5). A principal diferença entre as duas previsões é no Período 9 (o período com o maior erro, mostrado na célula D11), quando a minimização do EQM escolhe uma constante de alisamento que reduz grandes erros, enquanto a minimização do DMA escolhe uma constante de alisamento que dá peso igual para reduzir todos os erros, mesmo que grandes erros fiquem um pouco maiores.

Em geral, não é boa ideia utilizar constantes de alisamento muito maiores do que 0,2 para períodos de tempo prolongados. Uma constante de alisamento maior pode ser justificada para um curto período de tempo quando a demanda está em transição. Deve, no entanto, em geral, ser evitada por longos períodos de tempo.

	A	B	C	D	E	F	G	H
1	Período t	Demanda D_t	Nível L_t	Previsão F_t	Erro E_t	Erro Quadrático	Erro Absoluto A_t	% de Erro
2	0		2017,9					
3	1	2024	2019,8	2017,9	-6,1	37	6,1	0,3%
4	2	2076	2037,8	2019,8	-56,2	3153	56,2	2,7%
5	3	1992	2023,2	2037,8	45,8	2097	45,8	2,3%
6	4	2075	2039,7	2023,2	-51,8	2687	51,8	2,5%
7	5	2070	2049,4	2039,7	-30,3	916	30,3	1,5%
8	6	2046	2048,3	2049,4	3,4	12	3,4	0,2%
9	7	2027	2041,5	2048,3	21,3	454	21,3	1,1%
10	8	1972	2019,3	2041,5	69,5	4831	69,5	3,5%
11	9	1912	1985,0	2019,3	107,3	11511	107,3	5,6%
12	10	1985	1985,0	1985,0	0,0	0	0,0	0,0%
13		2017,9			103	2.570	39,2	2,0%
14	$\alpha =$	0,32						

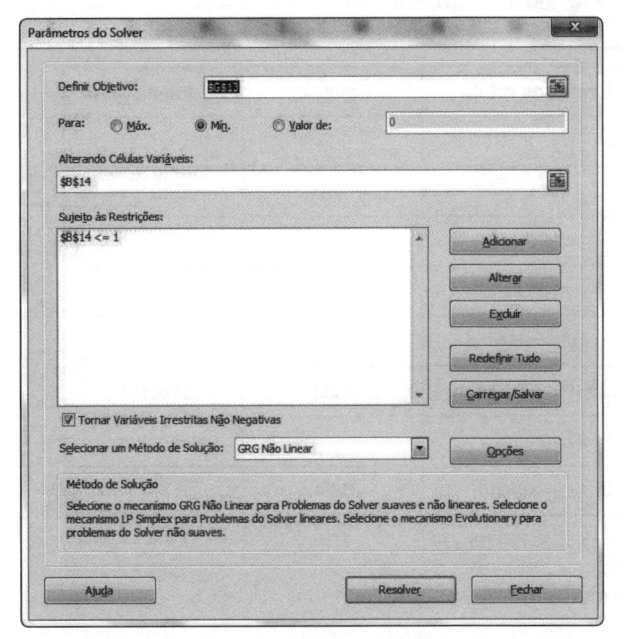

Figura 7.6 Seleção da constante de alisamento ao minimizar o EQM.

7.8 Previsão da demanda na Tahoe Salt

Lembre-se do exemplo da Tahoe Salt, anteriormente citado neste capítulo, com o histórico da demanda de venda direta de seus varejistas apresentado na Tabela 7.1. Os dados de demanda também aparecem na coluna B da Figura 7.7 (ver a planilha *Tahoe Salt* disponível na Sala Virtual). A empresa atualmente está negociando contratos com os fornecedores para os quatro trimestres entre o segundo do ano 4 e o primeiro do ano 5. Uma informação importante para essa negociação é a previsão de demanda que a Tahoe Salt e seus varejistas estão fazendo de forma colaborativa. Eles prepararam uma equipe, que consiste em dois gestores de vendas dos varejistas e o vice-presidente de operações da Tahoe Salt, para chegarem a essa previsão. A equipe de previsão decide aplicar aos dados históricos cada um dos métodos de previsão adaptativa, discutidos neste capítulo. Seu objetivo é selecionar o método de previsão mais apropriado e depois usá-lo para prever a demanda para os próximos quatro trimestres. A equipe decide selecionar o método de previsão com base nos erros que resultam quando cada método é usado nos 12 trimestres dos dados históricos de demanda.

A demanda, nesse caso, certamente tem uma tendência e uma sazonalidade no componente sistemático. Assim, inicialmente a equipe espera que o modelo de Winter produza a melhor previsão.

	A	B	C	D	E	F	G	H	I	J	K
1	Período t	Demanda D_t	Nível L_t	Previsão F_t	Erro E_t	Erro Absoluto A_t	Erro Quadrático Médio EQM$_t$	DMA$_t$	% de Erro	EPAM$_t$	SA$_t$
2	1	8.000									
3	2	13.000									
4	3	23.000									
5	4	34.000	19.500								
6	5	10.000	20.000	19.500	9.500	9.500	90.250.000	9.500	95	95	1,00
7	6	18.000	21.250	20.000	2.000	2.000	47.125.000	5.750	11	53	2,00
8	7	23.000	21.250	21.250	-1.750	1.750	32.437.500	4.417	8	38	2,21
9	8	38.000	22.250	21.250	-16.750	16.750	94.468.750	7.500	44	39	-0,93
10	9	12.000	22.750	22.250	10.250	10.250	96.587.500	8.050	85	49	0,40
11	10	13.000	21.500	22.750	9.750	9.750	96.333.333	8.333	75	53	1,56
12	11	32.000	23.750	21.500	-10.500	10.500	98.321.429	8.643	33	50	0,29
13	12	41.000	24.500	23.750	-17.250	17.250	123.226.563	9.719	42	49	-1,52

Célula	Fórmula da célula	Equação	Copiada para
C5	=Average(B2:B5)	7.9	C6:C13
D6	=C5	7.10	D7:D13
E6	=D6-B6	7.8	E7:E13
F6	=Abs(E6)		F7:F13
G6	=Sumsq($E$6:E6)/(A6-4)	7.21	G7:G13
H6	=Sum($F$6:F6)/(A6-4)	7.22	H7:H13
I6	=100*(F6/B6)		I7:I13
J6	=Average($I$6:I6)	7.24	J7:J13
K6	=Sum($E$6:E6)/H6	7.26	K7:K13

Figura 7.7 Previsões da Tahoe Salt usando a média móvel de quatro períodos.

Média móvel

Inicialmente, a equipe de previsão decide testar uma média móvel por quatro períodos para a previsão. Todos os cálculos aparecem na Figura 7.7 (ver a aba *Figura 7.7* na planilha *Tahoe Salt*) e são feitos, conforme discutimos anteriormente neste capítulo, na seção sobre o método de média móvel. A equipe usa a Equação 7.9 para estimar o nível e a Equação 7.10 para prever a demanda.

Conforme indicamos pela coluna K da Figura 7.7, o SA está bem dentro do intervalo ±6, o que indica que a previsão usando a média móvel para quatro períodos não contém nenhum viés significativo. Porém, ela tem um DMA_{12} muito grande, de 9.719, com um EPAM de 49%. Pela Figura 7.7, observe que:

$$L_{12} = 24.500$$

Assim, usando uma média móvel por quatro períodos, a previsão para os períodos de 13 a 16 (usando a Equação 7.10) é obtida por:

$$F_{13} = F_{14} = F_{15} = F_{16} = L_{12} = 24.500$$

Visto que DMA_{12} é 9.719, a estimativa do desvio padrão de erro de previsão, usando uma média móvel por quatro períodos, é $1,25 \times 9.719 = 12.148$. Nesse caso, o desvio padrão de erro de previsão é muito grande em relação ao tamanho da previsão.

Alisamento exponencial simples

A equipe de previsão em seguida usa uma técnica de alisamento exponencial simples com $\alpha = 0,1$ para prever a demanda. Esse método também é testado nos 12 trimestres de dados históricos. Usando a Equação 7.11, a equipe estima o nível inicial para o Período 0 como a demanda média para os períodos de 1 a 12 (ver a aba *Figura 7.8* da planilha *Tahoe Salt*). O nível inicial é a média das entradas de demanda nas células de B3 a B14 na Figura 7.8 e resulta em:

$$L_0 = 22.083$$

Então, a equipe usa a Equação 7.12 para prever a demanda para o período anterior. A estimativa de nível é atualizada a cada período usando a Equação 7.13. Os resultados aparecem na Figura 7.8.

Conforme indicado pelo SA, que varia de –1,38 a 2,15, a previsão usando o alisamento exponencial simples com $\alpha = 0,1$ não indica nenhum viés significativo. Porém, ela tem um DMA_{12} muito grande de 10.208, com um $EPAM_{12}$ de 59%. Pela Figura 7.8, observe que:

$$L_{12} = 23.490$$

Assim, a previsão para os próximos quatro trimestres (usando a Equação 7.12) é dada por:

$$F_{13} = F_{14} = F_{15} = F_{16} = L_{12} = 23.490$$

Nesse caso, DMA_{12} é 10.208 e $EPAM_{12}$ é 59%. Assim, a estimativa de desvio padrão do erro de revisão usando o alisamento exponencial simples é $1,25 \times 10.208 = 12.760$. Assim, o desvio padrão do erro de previsão é muito grande em relação ao tamanho da previsão.

Alisamento exponencial corrigido pela tendência (modelo de Holt)

Em seguida, a equipe investiga o uso do modelo de Holt. Nesse caso, o componente sistemático de demanda é dado por:

Componente sistemático de demanda = nível + tendência

	A	B	C	D	E	F	G	H	I	J	K
1	Período t	Demanda D_t	Nível L_t	Previsão F_t	Erro E_t	Erro Absoluto A_t	Erro Quadrático Médio EQM_t	DMA_t	% de Erro	$EPAM_t$	SA_t
2	0		22.083								
3	1	8.000	20.675	22.083	14.083	14.083	198.340.278	14.083	176	176	1,00
4	2	13.000	19.908	20.675	7.675	7.675	128.622.951	10.879	59	118	2,00
5	3	23.000	20.217	19.908	-3.093	3.093	88.936.486	8.284	13	83	2,25
6	4	34.000	21.595	20.217	-13.783	13.783	114.196.860	9.659	41	72	0,51
7	5	10.000	20.436	21.595	11.595	11.595	118.246.641	10.046	116	81	1,64
8	6	18.000	20.192	20.436	2.436	2.436	99.527.532	8.777	14	70	2,15
9	7	23.000	20.473	20.192	-2.808	2.808	86.435.714	7.925	12	62	2,03
10	8	38.000	22.226	20.473	-17.527	17.527	114.031.550	9.125	46	60	-0,16
11	9	12.000	21.203	22.226	10.226	10.226	112.979.315	9.247	85	62	0,95
12	10	13.000	20.383	21.203	8.203	8.203	108.410.265	9.143	63	63	1,86
13	11	32.000	21.544	20.383	-11.617	11.617	110.824.074	9.368	36	60	0,58
14	12	41.000	23.490	21.544	-19.456	19.456	133.132.065	10.208	47	59	-1,38

Célula	Fórmula da célula	Equação	Copiada para
C3	=0.1*B3+(1-0.1)*C2	7.13	C4:C14
D3	=C2	7.12	D4:D14
E3	=D3-B3	7.8	E4:E14
F3	=Abs(E3)		F4:F14
G3	=Sumsq($E$3:E3)/A3	7.21	G4:G14
H3	=Sum($F$3:F3)/A3	7.22	H4:H14
I3	=100*(F3/B3)		I4:I14
J3	=Average($I$3:I3)	7.24	J4:J14
K3	=Sum($E$3:E3)/H3	7.26	K4:K14

》Figura 7.8 Previsão da Tahoe Salt usando o alisamento exponencial simples.

A equipe aplica a metodologia discutida anteriormente. Como um primeiro passo, eles estimam o nível no Período 0 e a tendência inicial. Conforme descrevemos no Exemplo 7.3, essa estimativa é obtida por meio de uma regressão linear entre demanda, D_t, e tempo, Período t. Pela regressão dos dados disponíveis (ver a aba *Regressão de Holt* da planilha *Tahoe Salt*), a equipe obtém o seguinte:

$$L_0 = 12.015 \quad \text{e} \quad T_0 = 1.549$$

Agora, a equipe aplica o modelo de Holt com $\alpha = 0,1$ e $\beta = 0,2$ para obter as previsões para cada um dos 12 trimestres para os quais os dados de demanda estão disponíveis (ver a aba *Figura 7.9*). Eles fazem a previsão usando a Equação 7.14, atualizam o nível usando a Equação 7.15 e atualizam a tendência usando a Equação 7.16. Os resultados são apresentados na Figura 7.9.

Conforme indicado por um SA que varia de –2,15 a 2,00, o alisamento exponencial corrigido pela tendência com $\alpha = 0,1$ e $\beta = 0,2$ não parece superestimar ou subestimar a previsão de modo significativo. Porém, a previsão tem um DMA_{12} muito grande de 8.836, com um $EPAM_{12}$ de 52 por cento. Pela Figura 7.9, observe que:

$$L_{12} = 30.443 \quad \text{e} \quad T_{12} = 1.541$$

	A	B	C	D	E	F	G	H	I	J	K	L
1	Período t	Demanda D_t	Nível L_t	Tendência T_t	Previsão F_t	Erro E_t	Erro Absoluto A_t	Erro Quadrático Médio EQM_t	DMA_t	% de Erro	$EPAM_t$	SA_t
2	0		12.015	1.549								
3	1	8.000	13.008	1.438	13.564	5.564	5.564	30.958.096	5.564	70	69,55	1,00
4	2	13.000	14.301	1.409	14.445	1.445	1.445	16.523.523	3.505	11	40,33	2,00
5	3	23.000	16.439	1.555	15.710	-7.290	7.290	28.732.318	4.767	32	37,46	-0,06
6	4	34.000	19.594	1.875	17.993	-16.007	16.007	85.603.146	7.577	47	39,86	-2,15
7	5	10.000	20.322	1.645	21.469	11.469	11.469	94.788.701	8.355	115	54,83	-0,58
8	6	18.000	21.570	1.566	21.967	3.967	3.967	81.613.705	7.624	22	49,36	-0,11
9	7	23.000	23.123	1.563	23.137	137	137	69.957.267	6.554	1	42,39	-0,11
10	8	38.000	26.018	1.830	24.686	-13.314	13.314	83.369.836	7.399	35	41,48	-1,90
11	9	12.000	26.262	1.513	27.847	15.847	15.847	102.010.079	8.338	132	51,54	0,22
12	10	13.000	26.298	1.217	27.775	14.775	14.775	113.639.348	8.981	114	57,75	1,85
13	11	32.000	27.963	1.307	27.515	-4.485	4.485	105.137.395	8.573	14	53,78	1,41
14	12	41.000	30.443	1.541	29.270	-11.730	11.730	107.841.864	8.836	29	51,68	0,04

Célula	Fórmula da célula	Equação	Copiada para
C3	=0.1*B3+(1-0.1)*(C2+D2)	7.15	C4:C14
D3	=0.2*(C3-C2)+(1-0.2)*D2	7.16	D4:D14
E3	=C2+D2	7.14	E4:E14
F3	=E3-B3	7.8	F4:F14
G3	=Abs(F3)		G4:G14
H3	=Sumsq($F$3:F3)/A3	7.21	H4:H14
I3	=Sum($G$3:G3)/A3	7.22	I4:I14
J3	=100*(G3/B3)		J4:J14
K3	=Average($J$3:J3)	7.24	K4:K14
L3	=Sum($F$3:F3)/I3	7.26	L4:L14

Figura 7.9 Alisamento exponencial corrigido pela tendência.

Assim, usando o modelo de Holt (Equação 7.14), a previsão para os próximos quatro períodos é dada pelo seguinte:[1]

$$F_{13} = L_{12} + T_{12} = 30.443 + 1.541 = 31.984$$

$$F_{14} = L_{12} + 2T_{12} = 30.443 + (2 \times 1.541) = 33.525$$

$$F_{15} = L_{12} + 3T_{12} = 30.443 + (3 \times 1.541) = 35.066$$

$$F_{16} = L_{12} + 4T_{12} = 30.443 + (4 \times 1.541) = 36.607$$

Neste caso, o $DMA_{12} = 8.836$. Assim, a estimativa de desvio padrão de erro de previsão usando o modelo de Holt com $\alpha = 0,1$ e $\beta = 0,2$ é $1,25 \times 8.836 = 11.045$. Nesse caso, o desvio padrão de erro de previsão em relação ao tamanho da previsão é um pouco menor do que era com os dois métodos anteriores. Porém, ele ainda é muito grande.

---

[1] Como resultado do arredondamento, os cálculos feitos apenas com dígitos significativos mostrados no texto podem gerar um resultado diferente. Isso acontece ao longo do livro todo.

Alisamento exponencial corrigido pela tendência e sazonalidade (modelo de Winter)

Em seguida, a equipe investiga o uso do modelo de Winter para fazer a previsão. Como um primeiro passo, eles estimam o nível e a tendência para o Período 0 e os fatores sazonais para os períodos de 1 a $p = 4$. Para começar, eles dessazonalizam a demanda (ver a aba *Não sazonal* na planilha *Tahoe Salt*). Depois, estimam o nível inicial e a tendência executando uma regressão entre a demanda não sazonal e o tempo (ver a aba *Winter-regressão*). Essa informação é usada para estimar os fatores sazonais (ver a aba *Não sazonal*). Para os dados de demanda na Figura 7.2, conforme discutimos no Exemplo 7.4, a equipe obtém o seguinte:

$$L_0 = 18.439 \quad T_0 = 524 \quad S_1 = 0,47 \quad S_2 = 0,68 \quad S_3 = 1,17 \quad S_4 = 1,67$$

Então, eles aplicam o modelo de Winter com $\alpha = 0,05$, $\beta = 0,1$ e $\gamma = 0,1$ para obter as previsões. Todos os cálculos aparecem na Figura 7.10 (ver aba *Figura 7.10* da planilha *Tahoe Salt*). A equipe faz previsões usando a Equação 7.17, atualiza o nível usando a Equação 7.18, a tendência usando a Equação 7.19 e os fatores sazonais usando a Equação 7.20.

	A	B	C	D	E	F	G	H	I	J	K	L	M
1	Período t	Demanda D_t	Nível L_t	Tendência T_t	Fator Sazonal S_t	Previsão F_t	Erro E_t	Erro Absoluto A_t	Erro Quadrático Médio EQM_t	DMA_t	% de Erro	$EPAM_t$	SA_t
2			18.439	524									
3	1	8.000	18.866	514	0,47	8.913	913	913	832.857	913	11	11,41	1,00
4	2	13.000	19.367	513	0,68	13.179	179	179	432.367	546	1	6,39	2,00
5	3	23.000	19.869	512	1,17	23.260	260	260	310.720	450	1	4,64	3,00
6	4	34.000	20.380	512	1,67	34.036	36	36	233.364	347	0	3,50	4,00
7	5	10.000	20.921	515	0,47	9.723	-277	277	202.036	333	3	3,36	3,34
8	6	18.000	21.689	540	0,68	14.558	-3.442	3.442	2.143.255	851	19	5,98	-2,74
9	7	23.000	22.102	527	1,17	25.981	2.981	2.981	3.106.508	1.155	13	6,98	0,56
10	8	38.000	22.636	528	1,67	37.787	-213	213	2.723.856	1.037	1	6,18	0,42
11	9	12.000	23.291	541	0,47	10.810	-1.190	1.190	2.578.653	1.054	10	6,59	-0,72
12	10	13.000	23.577	515	0,69	16.544	3.544	3.544	3.576.894	1.303	27	8,66	2,14
13	11	32.000	24.271	533	1,16	27.849	-4.151	4.151	4.818.258	1.562	13	9,05	-0,87
14	12	41.000	24.791	532	1,67	41.442	442	442	4.432.987	1.469	1	8,39	-0,63
15	13				0,47	11.940							
16	14				0,68	17.579							
17	15				1,17	30.930							
18	16				1,67	44.928							

Célula	Fórmula da célula	Equação	Copiada para
C3	=0.05*(B3/E3)+(1-0.05)*(C2+D2)	7.18	C4:C14
D3	=0.1*(C3-C2)+(1-0.1)*D2	7.19	D4:D14
E7	=0.1*(B3/C3)+(1-0.1)*E3	7.20	E8:E18
F3	=(C2+D2)*E3	7.17	F4:F18
G3	=F3-B3	7.8	G4:G14
H3	=Abs(G3)		H4:H14
I3	=Sumsq($G$3:G3)/A3	7.21	I4:I14
J3	=Sum($H$3:H3)/A3	7.22	J4:J14
K3	=100*(H3/B3)		K4:K14
L3	=Average($K$3:K3)	7.24	L4:L14
M3	=Sum($G$3:G3)/J3	7.26	M4:M14

Figura 7.10 Alisamento exponencial corrigido pela tendência e sazonalidade.

Neste caso, o DMA de 1.469 e o EPAM de 8% são muito menores do que com qualquer um dos outros métodos. Pela Figura 7.10, observe que:

$$L_{12} = 24.791 \quad T_{12} = 532 \quad S_{13} = 0,47 \quad S_{14} = 0,68 \quad S_{15} = 1,17 \quad S_{16} = 1,67$$

Usando o modelo de Winter (Equação 7.17), a previsão para os quatro períodos seguintes é:

$$F_{13} = (L_{12} + T_{12})S_{13} = (24.791 + 532) \times 0,47 = 11.902$$
$$F_{14} = (L_{12} + 2T_{12})S_{14} = (24.791 + 2 \times 532) \times 0,68 = 17.581$$
$$F_{15} = (L_{12} + 3T_{12})S_{15} = (24.791 + 3 \times 532) \times 1,17 = 30.873$$
$$F_{16} = (L_{12} + 4T_{12})S_{16} = (24.791 + 4 \times 532) \times 1,67 = 44.955$$

Neste caso, $DMA_{12} = 1.469$. Assim, a estimativa de desvio padrão do erro de previsão usando o modelo de Winter com $\alpha = 0,05$, $\beta = 0,1$ e $\gamma = 0,1$ é $1,25 \times 1.469 = 1.836$. Neste caso, o desvio padrão de erro de previsão em relação à previsão de demanda é muito menor do que com os outros métodos.

A equipe compila as estimativas de erro para os quatro métodos de previsão conforme mostra a Tabela 7.3.

》 **Tabela 7.3** Estimativas de erro para a previsão da Tahoe Salt.

Método de previsão	DMA	EPAM (%)	Intervalo de SA
Média móvel de quatro períodos	9.719	49	–1,52 a 2,21
Alisamento exponencial simples	10.208	59	–1,38 a 2,15
Modelo de Holt	8.836	52	–2,15 a 2,00
Modelo de Winter	1.469	8	–2,74 a 4,00

Com base na informação de erro na Tabela 7.3, a equipe de previsão decide usar o modelo de Winter. Não é surpresa que esse modelo resulte na previsão mais exata, pois os dados de demanda possuem uma tendência de crescimento e também de sazonalidade. Usando o modelo de Winter, a equipe prevê a seguinte demanda para os quatro trimestres seguintes:
- segundo trimestre, ano 4: 11.902;
- terceiro trimestre, ano 4: 17.581;
- quarto trimestre, ano 4: 30.873;
- primeiro trimestre, ano 5: 44.955;
- o desvio padrão de erro de previsão é 1.836.

7.9 A função de TI na previsão

Existe uma função natural para a TI na previsão, dada a grande quantidade de dados envolvidos, a frequência com que a previsão é realizada e a importância de obter os resultados com a mais alta qualidade possível. Um bom pacote oferece previsões de uma grande gama de produtos, que são atualizadas em tempo real incorporando qualquer nova informação de demanda. Isso ajuda as empresas a responderem rapidamente a mudanças no mercado e evitar os custos de uma reação atrasada. Os bons módulos de planejamento de demanda estão ligados não só aos pedidos do cliente, mas em geral diretamente às informações de vendas do cliente, incorporando, assim, os dados mais atualizados na previsão de demanda. Um resultado positivo do investimento em sistemas de ERP tem sido uma melhoria significativa na transparência da cadeia de suprimentos e integração de dados, permitindo, assim, previsões potencialmente melhores. Embora essa melhoria técnica possa ajudar a produzir melhores previsões, as empresas devem desenvolver as capacidades organizacionais exigidas para tirar vantagem dela.

Além de fornecer uma rica biblioteca de metodologias de previsão, um bom módulo de planejamento de demanda deve fornecer apoio ao ajudar a selecionar o modelo de previsão certo para determinado padrão de demanda. Isso tornou-se particularmente importante conforme a biblioteca disponível das metodologias de previsão passou a crescer.

Como o nome *planejamento de demanda* sugere, esses módulos facilitam a modelagem de demanda. Bons módulos de planejamento de demanda contêm ferramentas para realizar análises hipotéticas, considerando o impacto de potenciais mudanças nos preços sobre a demanda. Essas ferramentas ajudam a analisar o impacto das promoções e podem ser usadas para determinar suas extensões e a melhor época para serem feitas. Isso é discutido em maiores detalhes no Capítulo 9, sobre vendas e planejamento de operações.

Um desenvolvimento importante é o uso de dados correlacionados de demanda (por exemplo, preço, tempo, outras compras e dados sociais) para melhorar a precisão da previsão ou, em alguns casos, estimular a demanda. Em um caso bem publicado, a Target previu que as mulheres estavam grávidas com base em outros produtos que elas estavam comprando. A compra de "loção de manteiga de cacau, uma bolsa grande o suficiente para funcionar como um saco de fraldas, suplementos de zinco e magnésio e uma manta azul brilhante" foi um forte preditor de gravidez.[2] A Target, então, usou essa informação para enviar cupons adequados para atrair essas mulheres ou seus maridos para visitar a Target e comprar produtos relacionados ao bebê. Sistemas sofisticados como esse podem ser usados para melhorar não só a precisão das previsões, mas também identificar oportunidades de marketing adequadas para estimular a demanda futura.

Lembre-se de que nenhuma dessas ferramentas é infalível. Previsões são, quase sempre, imprecisas. Um bom sistema de TI deverá ajudar a rastrear erros de previsão históricos, de modo que eles possam ser incorporados nas decisões futuras. Uma previsão bem-estruturada, junto de uma medida de erro, pode melhorar significativamente a tomada de decisão. Mesmo com todas essas ferramentas sofisticadas, às vezes é melhor confiar na intuição humana para a previsão. Uma das armadilhas dessas ferramentas de TI é confiar muito nelas, o que elimina o elemento humano na previsão. Use as previsões e o valor que elas oferecem, mas lembre-se de que elas não podem avaliar alguns dos aspectos mais qualitativos sobre a demanda futura, o que talvez você seja capaz de fazer por conta própria.

Uma lista detalhada dos vendedores de software de previsão é apresentada na pesquisa *OR/MS Today*, e uma discussão sobre cada vendedor está disponível em <http://www.lionhrtpub.com/orms/surveys/FSS/fss-fr.html>.

7.10 Previsão na prática

Colabore na preparação de previsões. A colaboração com seus parceiros de cadeia de suprimentos muitas vezes pode criar uma previsão muito mais exata. É preciso investimento de tempo e esforço para criar os relacionamentos com seus parceiros para começar a compartilhar informações e criar previsões colaborativas. Porém, os benefícios da colaboração normalmente são de magnitude maior do que o custo (planejamento colaborativo, previsão e ressuprimento são discutidos com mais detalhes no Capítulo 10). Porém, a realidade hoje é que a maioria das previsões nem sequer considera toda a informação disponível ao longo das diferentes funções de uma empresa. Como resultado, as empresas devem ter por objetivo colocar as vendas e o processo de planejamento de operações em vigor (assunto discutido no Capítulo 9), o que trará consigo as funções de vendas e operação ao planejar.

Compartilhe somente os dados que realmente forneçam valor. O valor dos dados depende de onde eles estão na cadeia de suprimentos. Um varejista acha que os dados do ponto de venda são muito valiosos na medição do desempenho de suas lojas. Porém, um fabricante que vende para um distribuidor, que, por sua vez, vende para os lojistas, não precisa de todos os detalhes do ponto de venda. O fabricante acha que os dados agregados de demanda são muito valiosos, com pouco valor adicional vindo dos dados detalhados do ponto de venda. Manter os dados compartilhados sobre o que realmente é necessário diminui o investimento em TI e melhora as chances de uma colaboração bem-sucedida.

---

[2] DUHIGG, C. How Companies Learn Your Secrets. *New York Times*, Fev 16, 2012.

Lembre-se de distinguir entre demanda e vendas. Muitas vezes, as empresas cometem o erro de examinar vendas históricas e presumir que isso foi a demanda histórica. Contudo, para obter a demanda verdadeira, é preciso ajustar a demanda não atendida em razão de faltas de estoque, ações da concorrência, preços e promoções. Deixar de fazer isso resulta em previsões que não representam a realidade atual.

7.11 Resumo dos objetivos de aprendizagem

1. *Compreender o papel da previsão para uma empresa e para uma cadeia de suprimentos.* A previsão é o fator-chave de praticamente toda decisão de projeto e planejamento feita em uma empresa e em uma cadeia de suprimentos. As empresas sempre preveram a demanda e a usaram para tomar decisões. Um fenômeno relativamente recente, porém, é criar previsões colaborativas para uma cadeia inteira e usar isso como base para as decisões. A previsão colaborativa aumenta bastante a exatidão das previsões e permite que a cadeia maximize seu desempenho. Sem a colaboração, os estágios da cadeia de suprimentos mais afastados da demanda provavelmente terão previsões fracas, que causarão ineficiências e falta de responsividade.
2. *Identificar os componentes de uma previsão de demanda.* A demanda consiste em um componente sistemático e um componente aleatório. O componente sistemático mede o valor esperado da demanda. O componente aleatório mede as flutuações na demanda a partir do valor esperado. O componente sistemático consiste em nível, tendência e sazonalidade. O nível mede a demanda atual não sazonal. A tendência mede a taxa atual de crescimento ou declínio. A sazonalidade indica flutuações sazonais previsíveis na demanda.
3. *Prever a demanda em uma cadeia de suprimentos com dados históricos usando metodologias de séries temporais.* Os métodos de séries temporais para previsão são classificados como *estáticos* ou *adaptativos*. Nos métodos estáticos, as estimativas de parâmetros e os padrões de demanda não são atualizados à medida que a nova demanda é observada. Os métodos estáticos incluem regressão. Nos métodos adaptativos, as estimativas são atualizadas toda vez que uma nova demanda é observada. Esses métodos incluem médias móveis, alisamento exponencial simples, modelo de Holt e modelo de Winter. As médias móveis e o alisamento exponencial simples são mais bem utilizados quando a demanda não apresenta tendência nem sazonalidade. O modelo de Holt é melhor quando a demanda apresenta tendência, mas não sazonalidade. O modelo de Winter é apropriado quando a demanda apresenta tendência e sazonalidade.
4. *Analisar as previsões de demanda para estimar erro de previsão.* O erro de previsão mede o componente aleatório da demanda. Essa medida é importante porque revela o quão imprecisa uma previsão pode ser e quais contingências uma empresa pode ter de considerar. O EQM, o DMA e o EPAM são usados para estimar o tamanho do erro de previsão. O viés e o SA são usados para estimar se a previsão é realizada consistentemente para mais ou para menos ou se a demanda tiver se desviado de modo significativo das normas históricas.

Perguntas para discussão

1. Que função a previsão desempenha na cadeia de suprimentos de um fabricante que monta sob encomenda, como a Dell?
2. Como a Apple poderia usar a previsão colaborativa com seus fornecedores para melhorar sua cadeia de suprimentos?
3. Que função a previsão desempenha na cadeia de suprimentos de uma empresa de vendas pelo correio, como a L.L. Bean?
4. Que componentes sistemáticos e aleatórios você esperaria na demanda por chocolates?
5. Por que um gestor deve desconfiar se o responsável pela previsão afirmar que pode prever pela demanda histórica sem nenhum erro de previsão?
6. Dê exemplos de produtos que apresentam sazonalidade de demanda.
7. Qual é o problema se um gestor usar os dados de vendas do ano anterior em vez da demanda do ano vigente para prever a demanda para o próximo?
8. Qual é a diferença entre os métodos de previsão estáticos e adaptativos?
9. Que informação o EQM, o DMA e o EPAM fornecem a um gestor? Como ele pode usar essa informação?
10. Que informação o viés e o SA oferecem a um gestor? Como ele pode usar essa informação?

Exercícios

1. Considere a demanda mensal para a ABC Corporation, como mostrada na Tabela 7.4. Preveja a demanda mensal para o ano 6 usando o método estático de previsão. Avalie viés, SA, DMA, EPAM e EQM. Analise a qualidade da previsão.

Tabela 7.4 Demanda mensal na ABC Corporation.

Vendas	Ano 1	Ano 2	Ano 3	Ano 4	Ano 5
Janeiro	2.000	3.000	2.000	5.000	5.000
Fevereiro	3.000	4.000	5.000	4.000	2.000
Março	3.000	3.000	5.000	4.000	3.000
Abril	3.000	5.000	3.000	2.000	2.000
Maio	4.000	5.000	4.000	5.000	7.000
Junho	6.000	8.000	6.000	7.000	6.000
Julho	7.000	3.000	7.000	10.000	8.000
Agosto	6.000	8.000	10.000	14.000	10.000
Setembro	10.000	12.000	15.000	16.000	20.000
Outubro	12.000	12.000	15.000	16.000	20.000
Novembro	14.000	16.000	18.000	20.000	22.000
Dezembro	8.000	10.000	8.000	12.000	8.000
Total	78.000	89.000	98.000	115.000	113.000

2. A demanda semanal na Hot Pizza é mostrada na Tabela 7.5.
   Estime a demanda para as próximas quatro semanas usando uma média móvel de quatro semanas, bem como um alisamento exponencial simples com $\alpha = 0{,}1$. Avalie DMA, EPAM, EQM, viés e SA em cada caso. Qual dos dois métodos você prefere? Por quê?

Tabela 7.5 Demanda semanal na Hot Pizza.

Semana	Demanda (US$)
1	108
2	116
3	118
4	124
5	96
6	119
7	96
8	102
9	112
10	102
11	92
12	91

3. A demanda trimestral por flores em um atacadista é mostrada na Tabela 7.6.
   Preveja a demanda trimestral para o ano 5 usando o alisamento exponencial simples com $\alpha = 0{,}1$, bem como o modelo de Holt com $\alpha = 0{,}1$ e $\beta = 0{,}1$. Qual dos dois métodos você prefere? Por quê?

Tabela 7.6 Demanda trimestral por flores.

Ano	Trimestre	Demanda (US$000)
1	I	98
	II	106
	III	109
	IV	133
2	I	130
	II	116
	III	133
	IV	116
3	I	138
	II	130
	III	147
	IV	141
4	I	144
	II	142
	III	165
	IV	173

4. Considere a demanda mensal para a ABC Corporation conforme mostra a Tabela 7.4. Preveja a demanda mensal para o ano 6 usando a média móvel, o alisamento exponencial simples, o modelo de Holt e o modelo de Winter. Em cada caso, avalie viés, SA, DMA, EPAM e EQM. Qual método de previsão você prefere? Por quê?

5. Para os dados da Hot Pizza no Exercício 2, compare o desempenho do alisamento exponencial simples com $\alpha = 0{,}1$ e $\alpha = 0{,}9$. Que diferenças nas previsões você observa? Qual das duas constantes de alisamento você prefere?

6. A demanda mensal da A&D Electronics para TVs de tela plana é mostrada na Tabela 7.7.

Tabela 7.7 Demanda mensal da A&D Electronics para Tvs de tela plana.

Semana	Demanda (unidades)
1	1.000
2	1.113
3	1.271
4	1.445
5	1.558
6	1.648
7	1.724
8	1.850
9	1.864
10	2.076
11	2.167
12	2.191

Estime a demanda para as duas próximas semanas usando o alisamento exponencial simples com $\alpha = 0{,}3$ e modelo de Holt com $\alpha = 0{,}05$ e $\beta = 0{,}1$. Para o modelo de alisamento exponencial simples, use o nível do Período 0, como $L_0 = 1.659$ (a demanda média ao longo de 12 meses). Para o modelo de Holt, use o nível do Período 0, como $L_0 = 948$ e a tendência no Período 0, como $T_0 = 109$ (ambos obtidos por meio de regressão). Avalie o DMA, EPAM, EQM, viés e SA em cada caso. Qual dos dois métodos você prefere? Por quê?

7. Usando os dados da A&D Electronics no Exercício 6, repita o modelo de Holt com $\alpha = 0{,}5$ e $\beta = 0{,}5$. Compare o desempenho do modelo de Holt com $\alpha = 0{,}05$ e $\beta = 0{,}1$. Qual combinação da constante de alisamento você prefere? Por qual razão?

8. A demanda semanal por macarrão industrializado na cadeia de supermercados é a mostrada na Tabela 7.8.
Estime a demanda para as quatro próximas semanas usando a média móvel de cinco semanas, bem como o alisamento exponencial simples com $\alpha = 0{,}02$. Analise o DMA, EPAM, EQM, viés e SA em cada caso. Qual dos dois métodos você prefere? Por qual razão?

》 **Tabela 7.8** Demanda semanal por macarrão na cadeia de supermercados.

Semana	Demanda (unidades)
1	517
2	510
3	557
4	498
5	498
6	444
7	526
8	441
9	541
10	445

Referências

BERNSTEIN, P. L.; SILBERT, T. H. Are Economic Forecasters Worth Listening To? *Harvard Business Review*, p. 2–8, set./out. 1984.

BOWERMAN, B. L.; O'CONNELL, R. T. *Forecasting and Time Series: An Applied Approach*, 3. ed. Belmont, CA: Duxbury, 1993.

BOX, G. E. P.; JENKINS, G. M. *Time Series Analysis: Forecasting and Control*. Oakland, CA: Holden-Day, 1976.

BROWN, R. G. *Statistical Forecasting for Inventory Control*. Nova York: McGraw-Hill, 1959.

CHAMBERS, J. C.; MULLICK, S. K.; SMITH, D. D. How to Choose the Right Forecasting Technique. *Harvard Business Review*, p. 45–74, jul./ago. 1971.

FORECASTING with Regression Analysis. Cambridge, MA: Harvard Business School Note #9-894-007, 1994.

GEORGOFF, D. M.; MURDICK, R. G. Manager's Guide to Forecasting. *Harvard Business Review*, p. 2–9, jan./fev. 1986.

GILLILAND, M. Is Forecasting a Waste of Time? *Supply Chain Management Review*, p. 16–23, jul./ago. 2002.

MCCLAIN, J. O. Restarting a Forecasting System When Demand Suddenly Changes. *Journal of Operations Management*, p. 53–61, out. 1981.

MAKRIDAKIS, S. et al. The Accuracy of Extrapolation (Time Series) Methods: Results of a Forecasting Competition. *Journal of Forecasting*, p. 111–153, abr./jun. 1982.

_____; WHEELWRIGHT, S. C. *Forecasting Methods for Management*. Nova York: Wiley, 1989.

SAFFO, P. Six Rules of Effective Forecasting. *Harvard Business Review*, p. 122–131 jul./ago. 2007.

YURKIEWICZ, J. Forecasting: An Upward Trend? *ORMS Today*, p. 52–61, jun. 2012. Pesquisa de softwares disponível em: <http://www.lionhrtpub.com/orms/surveys/FSS/fss-fr.html>. Acesso em: 9 de setembro de 2015.

Estudo de caso

Specialty Packaging Corporation

Julie Williams tinha muita coisa em mente quando saiu da sala de conferência na Specialty Packaging Corporation (SPC). Seu gestor de divisão a tinha informado que ela participaria de uma equipe constituída pelo vice-presidente de marketing da empresa e funcionários de seus principais clientes. O objetivo dessa equipe era melhorar o desempenho da cadeia de suprimentos, pois a SPC não estava conseguindo atender à demanda com eficiência ao longo de vários anos. Isso muitas vezes fez com que os clientes da SPC se debatessem para poder buscar novas demandas de seu cliente. Julie tinha pouco contato com os clientes da SPC e questionou como poderia ajudar nesse processo. Ela foi informada por seu gestor de divisão que a primeira tarefa da equipe era estabelecer uma previsão colaborativa usando os dados da SPC e de seus clientes. Essa previsão serviria como base para melhorar o desempenho da empresa, pois os gestores poderiam usar essa previsão mais exata para o planejamento de sua produção. Melhores previsões poderiam permitir que a SPC melhorasse o desempenho da entrega.

SPC

A SPC transforma resina de poliestireno em recipientes recicláveis/descartáveis para a indústria de alimentos. O poliestireno é comprado como matéria-prima na forma de bolas de resina. A resina é descarregada dos contêineres de transporte para os silos de armazenamento. A fabricação dos recipientes de alimentos é um processo em duas etapas. Primeiro, a resina é transportada para um extrusor, que a converte para folha de poliestireno dobrada em rolos. O plástico vem em duas formas — claro e preto. Os rolos são usados imediatamente para fabricar recipientes ou são armazenados. Então, os rolos são carregados em prensas térmicas, que transformam a folha em recipientes e moldam os recipientes a partir da folha. As duas etapas de fabricação são mostradas na Figura 7.11.

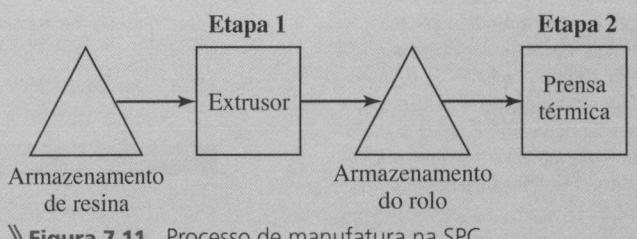

Figura 7.11 Processo de manufatura na SPC.

Durante os últimos cinco anos, o negócio de empacotamento plástico cresceu gradualmente. A demanda por recipientes feitos de plástico claro vem de mercados, padarias e restaurantes. Buffets e mercados utilizam bandejas plásticas pretas como embalagem e para servir. A demanda por recipientes plásticos claros aumenta nos meses de verão, enquanto a demanda por recipientes plásticos pretos aumenta no outono. A capacidade nos extrusores não é suficiente para cobrir a demanda por folhas durante as estações de pico. Como resultado, a fábrica é forçada a acumular estoque de cada tipo de folha prevendo a demanda futura. A Tabela 7.9 e a Figura 7.12 mostram a demanda trimestral histórica para cada um dos dois tipos de recipientes (claro e preto). A equipe modificou os dados de vendas da SPC, considerando as vendas perdidas, para obter dados da demanda verdadeira. Sem os clientes envolvidos nessa equipe, a SPC nunca teria sabido dessa informação, pois a empresa não registrava os pedidos não atendidos.

Previsão

Como um primeiro passo na tomada de decisão da equipe, eles querem prever a demanda trimestral para cada um dos dois tipos de recipientes para os anos de 6 a 8. Com base nas tendências históricas, a demanda deverá continuar a crescer até o ano 8, depois disso, espera-se uma estabilização. Julie precisa selecionar o método de previsão adequado e estimar o erro de previsão provável. Que método ela deverá escolher? Por quê? Usando o método selecionado, preveja a demanda para os anos 6 a 8.

Tabela 7.9 Demanda histórica trimestral para recipientes plásticos pretos e claros.

Ano	Trimestre	Demanda por plástico preto (lb)	Demanda por plástico claro (lb)
1	I	2.250	3.200
	II	1.737	7.658
	III	2.412	4.420
	IV	7.269	2.384
2	I	3.514	3.654
	II	2.143	8.680
	III	3.459	5.695
	IV	7.056	1.953
3	I	4.120	4.742
	II	2.766	13.673
	III	2.556	6.640
	IV	8.253	2.373
4	I	5.491	3.486
	II	4.382	13.186
	III	4.315	5.448
	IV	12.035	2.485
5	I	5.648	7.728
	II	3.696	16.591
	III	4.843	8.236
	IV	13.097	3.316

Figura 7.12 Gráfico da demanda trimestral para recipientes claros e pretos.

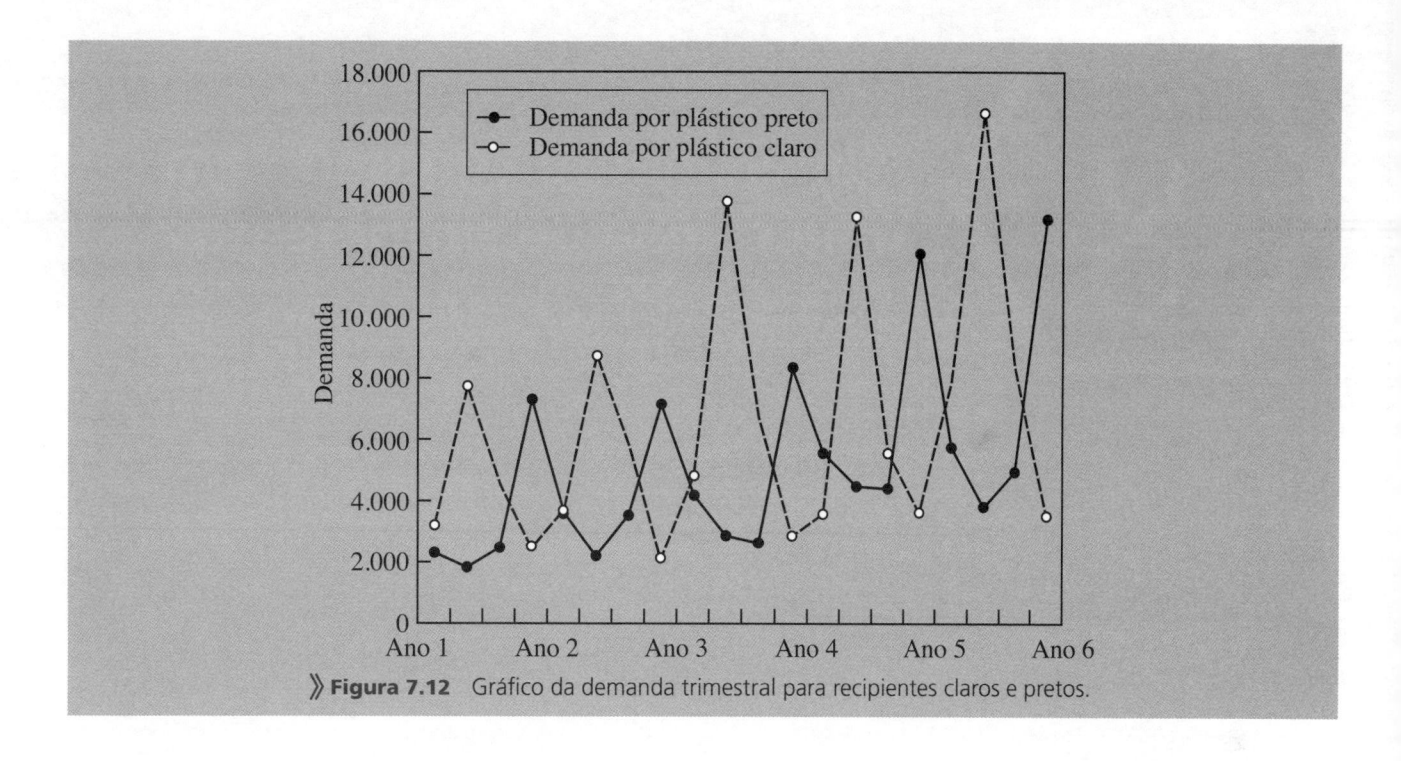

CAPÍTULO 8

Planejamento agregado em uma cadeia de suprimentos

» Objetivos de aprendizagem

Depois de ler este capítulo, você será capaz de:

1. Compreender a importância do planejamento agregado como uma atividade da cadeia de suprimentos.
2. Descrever a informação necessária para produzir um plano agregado e o produto obtido.
3. Explicar as escolhas básicas a serem consideradas na criação de um plano agregado.
4. Formular e resolver problemas básicos de planejamento agregado usando o Microsoft Excel.

Neste capítulo, discutimos como o planejamento agregado é utilizado para a tomada de decisões sobre produção, aquisição, estoque e pedidos em atraso em uma cadeia de suprimentos. Identificamos as informações necessárias para produzir um plano agregado e esboçamos as escolhas básicas que devem ser feitas para criar um plano agregado ideal. Também descrevemos como formular e resolver um problema de planejamento agregado usando o Microsoft Excel.

8.1 A função do planejamento agregado em uma cadeia de suprimentos

Imagine um mundo em que a capacidade de manufatura, transporte, armazenamento e até mesmo informação não têm limites nem um preço a ser pago. Imagine tempos de execução de zero, permitindo que os bens sejam produzidos e entregues instantaneamente. Nesse mundo, não haveria necessidade de planejar em antecipação de demanda, pois sempre que um cliente solicitasse um produto, a demanda seria satisfeita instantaneamente. Nesse mundo, o planejamento agregado não tem função alguma.

Contudo, no mundo real, a capacidade tem um custo, e os tempos de espera normalmente são longos. Portanto, as empresas precisam tomar decisões com relação a níveis de capacidade e de produção, aquisição e promoções, bem antes que a demanda seja conhecida. Uma empresa precisa prever a demanda e determinar, com antecipação a ela, como atendê-la. Uma empresa deve investir em uma fábrica com grande capacidade, capaz de produzir o suficiente para satisfazer a demanda até mesmo nos meses mais difíceis? Ou deve montar uma fábrica pequena, mas arcar com os custos de manter um estoque formado durante os períodos de baixa, na expectativa da demanda nos meses seguintes? Esses são os tipos de perguntas que o planejamento agregado ajuda as empresas a responderem.

Planejamento agregado é um processo pelo qual uma empresa determina os níveis ideais de capacidade, produção, subcontratação, estoque, falta de estoque e até mesmo preços, por um horizonte de tempo especificado. O objetivo do planejamento agregado é satisfazer a demanda enquanto maximiza o lucro. O planejamento agregado, como o nome sugere, resolve problemas envolvendo decisões agregadas, em vez de decisões em nível de unidade de manutenção de estoque (SKU). Por exemplo, o planejamento agregado determina o nível de produção total em uma fábrica para determinado mês, mas faz isso sem determinar a quantidade de cada SKU individual que será produzida. Esse nível de detalhe torna o planejamento agregado uma ferramenta útil para a reflexão sobre decisões com base em um período intermediário de aproximadamente 3 a 18 meses. Nesse espaço de tempo, é muito cedo para determinar os níveis de produção por SKU, mas geralmente é muito tarde para providenciar capacidade adicional. Portanto, o planejamento agregado responde à pergunta: "Como uma empresa deverá utilizar melhor as instalações que ela possui atualmente?".

Para ser eficaz, o planejamento agregado requer informações de todos os estágios da cadeia de suprimentos, e seus resultados têm um impacto tremendo sobre o dela. Como vimos no Capítulo 7, as previsões colaborativas são criadas por várias empresas da cadeia de suprimentos e são um dado importante para o planejamento agregado. Além disso, muitas restrições que são dados fundamentais para o planejamento agregado vêm de parceiros da cadeia de suprimentos de fora da empresa. Sem esses dados, sejam eles cadeia acima ou abaixo, o planejamento agregado não poderá realizar seu potencial pleno para agregar valor. O resultado do planejamento agregado também tem valor para os parceiros a montante e a jusante. Os planos de produção para uma empresa definem a demanda para fornecedores e estabelecem restrições de fornecimento para os clientes. Este capítulo serve para criar uma base para o uso do planejamento agregado, tanto apenas dentro de uma empresa quanto pela cadeia de suprimentos inteira. As implicações do planejamento agregado na cadeia de suprimentos se tornarão ainda mais claras no Capítulo 9, no qual vamos discutir o planejamento de vendas e operações.

Como um exemplo, considere como uma cadeia de suprimentos de papel *premium* usa o planejamento agregado para maximizar o lucro. Muitos tipos de fábricas de papel enfrentam uma demanda sazonal que se propaga dos clientes para as gráficas, para os distribuidores e, finalmente, para os fabricantes. Muitos tipos de papel *premium* possuem picos de demanda na primavera, quando os relatórios anuais são impressos, e no outono, quando folhetos de carros novos são lançados. Montar uma fábrica com capacidade para atender à demanda na primavera e no outono de acordo com a necessidade é muito caro, em razão do alto custo de capacidade da fábrica. Na outra ponta da cadeia de suprimentos, os papéis *premium* normalmente exigem aditivos e camadas especiais que podem ser escassos. O fabricante de papéis precisa enfrentar essas restrições e maximizar o lucro em torno delas. Para lidar com esses problemas em potencial, as fábricas utilizam o planejamento agregado para determinar os níveis de produção e de estoque que elas deveriam ampliar nos meses mais fracos para a venda na primavera e no outono, quando a demanda é maior do que a capacidade da fábrica. Levando em consideração as entradas de toda a cadeia de suprimentos, o planejamento agregado permite que a fábrica e a cadeia de suprimentos maximizem os lucros.

O objetivo principal do planejador agregado é identificar os seguintes parâmetros operacionais no horizonte de tempo especificado:

- *Taxa de produção:* o número de unidades a serem concluídas por unidade de tempo (como uma semana ou um mês).
- *Força de trabalho:* o número de trabalhadores/unidades de capacidade necessários para a produção.
- *Hora extra:* a quantidade de hora extra de produção planejada.
- *Nível de capacidade de máquina:* o número de unidades de capacidade de máquina necessárias para a produção.

- *Subcontratação:* a capacidade subcontratada exigida no horizonte de planejamento.
- *Pedido em atraso:* demanda não satisfeita no período em que ela surge, mas que é prorrogada para períodos futuros.
- *Estoque disponível:* o estoque planejado mantido pelos vários períodos no horizonte de planejamento.

O plano agregado serve como um modelo geral para as operações e estabelece os parâmetros dentro dos quais são tomadas as decisões de produção e distribuição de curto prazo. O plano agregado permite que a cadeia de suprimentos altere as alocações de capacidade e mude contratos de fornecimento. Como foi dito em capítulos anteriores, a cadeia de suprimentos inteira deverá estar envolvida no processo de planejamento. Se um fabricante tiver planejado um aumento na produção por determinado período, o fornecedor, o transportador e o armazenador deverão estar cientes desse plano e incorporar o aumento em seus próprios planos. O ideal é que todos os estágios da cadeia de suprimentos trabalhem juntos em um plano agregado que otimize seu desempenho. Se cada estágio desenvolve seu próprio plano agregado independentemente, é extremamente improvável que todos os planos se encaixem de maneira coordenada. Essa falta de coordenação resulta em falta ou excesso de suprimentos na cadeia. Portanto, é importante formar planos agregados por um escopo amplo da cadeia de suprimentos.

Na próxima seção, vamos definir formalmente o problema do planejamento agregado. Especificamos a informação necessária para o planejamento agregado e discutimos os resultados para a decisão que o planejamento agregado pode fornecer.

8.2 O problema do planejamento agregado

O objetivo do plano agregado é satisfazer a demanda de modo que maximize o lucro para a empresa. Podemos declarar o problema do planejamento agregado formalmente da seguinte maneira:

Dada a previsão de demanda para cada período no horizonte do planejamento, determine o nível de produção, o nível de estoque e o nível de capacidade (interna e terceirizada) para cada período e qualquer atraso (demanda não atendida) que maximize o lucro da empresa no horizonte do planejamento.

Para criar um plano agregado, uma empresa precisa especificar o horizonte de planejamento para ele. Um *horizonte de planejamento* é o espaço de tempo sobre o qual o plano agregado deverá produzir uma solução — normalmente, entre 3 e 18 meses. Uma empresa também precisa especificar a duração de cada período dentro do horizonte de planejamento (por exemplo, semanas, meses ou trimestres). Em geral, o planejamento agregado transcorre em meses ou trimestres. Em seguida, uma empresa especifica as informações necessárias para produzir um plano agregado e toma as decisões para as quais o plano agregado desenvolverá recomendações. Essas informações e as recomendações são especificadas para um problema de planejamento agregado genérico nesta seção. O modelo que propomos na próxima seção é flexível o bastante para acomodar requisitos específicos à situação.

Um planejador agregado precisa das seguintes informações:

- Previsão de demanda P_t para cada Período t em um horizonte de planejamento que se estende por T períodos.
- Custos de produção:
  - custos de mão de obra: horário normal ($/hora) e custos de horas extras ($/hora);
  - custo de subcontratar a produção ($/unidade ou $/hora);
  - custo de mudança de capacidade; especificamente, o custo de contratar/demitir força de trabalho ($/trabalhador) e o custo de aumentar ou reduzir a capacidade de máquina ($/máquina).
- Horas de mão de obra/máquinas exigidas por unidade.

- Custos de manutenção de estoque ($/unidade/período).
- Custo de falta de estoque ou acúmulo de pedidos ($/unidade/período).
- Restrições:
  - limites de horas extras;
  - limites de demissões;
  - limites sobre o capital disponível;
  - limites sobre a falta de estoque e pedidos em atraso;
  - restrições dos fornecedores para a empresa.

Usando essa informação, a empresa faz as seguintes determinações por meio do planejamento agregado:

- *Quantidade de produção em hora normal, hora extra e tempo subcontratado:* usada para determinar o número de trabalhadores e níveis de compra do fornecedor.
- *Estoque mantido:* usado para determinar o espaço em depósito e o capital de giro exigido.
- *Quantidade de falta de estoque e pedidos em atraso:* usada para determinar os níveis de atendimento ao cliente.
- *Força de trabalho contratada/demitida:* usada para determinar quaisquer problemas de mão de obra que provavelmente serão encontrados.
- *Aumento/diminuição de capacidade de máquina:* usado para determinar se novos equipamentos de produção devem ser adquiridos ou se há equipamento disponível ocioso.

A qualidade de um plano agregado tem impacto significativo sobre a lucratividade de uma empresa. Um plano agregado pobre pode resultar em vendas e lucros perdidos se o estoque e a capacidade disponíveis forem incapazes de atender à demanda. Um plano agregado pobre também pode resultar em uma grande quantidade de estoque e capacidade em excesso, aumentando, assim, os custos. Portanto, o planejamento agregado é uma ferramenta importante para ajudar combinar de modo ideal a oferta e a demanda.

Identificação de unidades agregadas de produção

Um primeiro passo importante no planejamento agregado é a identificação de uma unidade agregada de produção. Quando o planejamento é feito no nível agregado, é importante que a unidade agregada seja identificada de forma que, quando o programa de produção final é construído (este tem de estar no nível desagregado do produto), os resultados do plano agregado reflitam aproximadamente o que pode ser conseguido na prática. Dado que é provável que o gargalo seja a área mais limitadora em qualquer fabricação de instalações, é importante se concentrar nele ao escolher a unidade agregada e identificar a capacidade, bem como os tempos de produção. Ao avaliar os tempos de produção, é também importante explicar as atividades — como configurações e manutenções — que usam a capacidade, mas não resultam em qualquer produção. Caso contrário, o plano agregado vai superestimar a capacidade de produção disponível, resultando em um plano que não pode ser implementado na prática. Vamos agora discutir uma abordagem simples que pode ser usada para identificar as unidades agregadas e também para avaliar os custos, receitas e horários para essa unidade agregada.

Considere, por exemplo, a Red Tomato Tools, um fabricante de equipamentos de jardinagem com suas instalações no México. A empresa elabora seis ramos de produtos na sua planta de fabricação. Os custos, receitas, tempo de produção, tempo de configuração e tamanhos históricos de lote de produção para cada ramo estão dispostos na Tabela 8.1.

Na Tabela 8.1 (ver a planilha *Tabela 8-1* presente na Sala Virtual), o tempo fluido de produção por unidade é obtido ao adicionar o tempo de transição alocado em cada unidade e tempo de produção tempo de configuração/tamanho do lote + tempo de produção). Assim, o tempo fluido de produção/unidade por Ramo A é obtido como $8/50 + 5,60 = 5,76$ horas.

Uma abordagem simples para a definição da unidade agregada é baseada na média ponderada da percentagem das vendas representada por cada ramo. Tal abordagem é significativa se a gestão for relativamente confiante quanto ao mix de vendas e se todos os ramos de produtos usarem praticamente o mesmo conjunto de recursos na planta. Considerando essa abordagem, o

Tabela 8.1 Custos, receitas e tempos da Red Tomato Tools.

Família	Custo de material/unidade (US$)	Receita/unidade (US$)	Tempo de configuração/lote (hora)	Tamanho médio de lote	Tempo de produção/unidade (hora)	Tempo fluido de produção/unidade (hora)	Fatia de percentagem de unidades vendidas
A	15	54	8	50	5,60	5,76	10%
B	7	30	6	150	3,00	3,04	25%
C	9	39	8	100	3,80	3,88	20%
D	12	49	10	50	4,80	5,00	10%
E	9	36	6	100	3,60	3,66	20%
F	13	48	5	75	4,30	4,37	15%

custo do material por unidade agregada é obtido na forma de $(15 \times 0,10) + (7 \times 0,25) + (9 \times 0,20) + (12 \times 0,10) + (9 \times 0,20) + (13 \times 0,15) = $ US$ 10. Usando uma avaliação semelhante, obtemos que a receita por unidade agregada é igual a US$ 40 e o tempo fluido de produção por unidade de tempo global é igual a 4,00 horas.

Outras unidades potenciais agregadas poderiam ser toneladas de produção (suscetíveis de ser adequadas para fluxos contínuos, como gasolina ou papel) ou dólares de vendas. Por exemplo, uma fábrica de papel pode produzir papéis de espessura e de qualidade distinta. Se toneladas de produção são usadas como a unidade agregada, todos os cálculos de capacidade, custos e receitas devem considerar o mix de produtos.

8.3 Estratégias de planejamento agregado

O planejador agregado precisa fazer escolhas entre custos de capacidade, estoque e pedidos em atraso. Um plano agregado que aumenta um desses custos normalmente resulta em redução dos outros dois. Nesse sentido, os cursos representam um dilema: para reduzir o custo de estoque, um planejador precisa aumentar o custo da capacidade ou adiar a entrega ao cliente. Assim, o planejador opta por custo do estoque ou por custo de capacidade ou por pedidos em atraso. Chegar à combinação de escolhas mais lucrativa é o objetivo do planejamento agregado. Visto que a demanda varia com o tempo, o nível relativo dos três custos faz com que um deles seja a principal alavanca-chave que o planejador utiliza para maximizar os lucros. Se o custo de variar a capacidade for baixo, a empresa pode não precisar manter estoque ou pedidos em atraso. Se o custo de variar a capacidade for alto, a empresa poderá compensar mantendo algum estoque e deslocando alguns pedidos em atraso dos períodos de pico de demanda para os períodos fora do pico.

Em geral, uma empresa tenta usar uma combinação dos três custos para atender melhor à demanda. Portanto, as escolhas fundamentais disponíveis a um planejador estão entre:

- capacidade (horário normal, hora extra, subcontratação);
- estoque;
- vendas acumuladas/perdidas por conta de atraso.

Há basicamente três estratégias de planejamento agregado distintas para se conseguir equilíbrio entre esses custos. Essas estratégias envolvem escolhas entre investimento de capital, tamanho da força de trabalho, horas de trabalho, estoque e vendas acumuladas/perdidas. A maioria das estratégias que um planejador realmente utiliza são uma combinação dessas três, conhecidas como *estratégias adaptadas* ou *estratégias híbridas*. As três estratégias são apresentadas a seguir.

1. ***Estratégia de rastreamento — uso da capacidade como alavanca:*** com essa estratégia, a taxa de produção é sincronizada com a taxa de demanda, variando a capacidade de máquina ou contratando e dispensando funcionários à medida que a taxa de demanda varia. Na prática, obter esse sincronismo pode ser muito problemático, em razão da dificuldade de variar a capacidade e a força de trabalho com pouca antecedência. A implementação dessa estratégia pode ser cara se o custo de variar a capacidade de máquina

ou de mão de obra com o tempo for alto. Ela também pode ter impacto negativo importante sobre o moral da força de trabalho. A estratégia de rastreamento resulta em baixos níveis de estoque na cadeia de suprimentos e altos níveis de mudança na capacidade e na força de trabalho. Ela deve ser usada quando o custo de manter o estoque for muito alto e os custos para mudar os níveis de capacidade de máquina e mão de obra forem baixos.

2. *Estratégia de flexibilidade — com a utilização como alavanca:* essa estratégia pode ser usada se houver excesso de capacidade de máquina (ou seja, se as máquinas não forem usadas 24 horas por dia, sete dias na semana) e se a força de trabalho mostrar flexibilidade programada. Nesse caso, a força de trabalho (capacidade) é mantida estável, mas o número de horas trabalhadas varia com o tempo em um esforço para sincronizar a produção com a demanda. Um planejador poderá usar quantidades variáveis de hora extra ou um horário flexível para obter esse sincronismo. Embora essa estratégia de fato exija que a força de trabalho seja flexível, ela evita alguns dos problemas associados à estratégia de rastreamento, principalmente alterar o tamanho da força de trabalho. Essa estratégia resulta em baixos níveis de estoque, mas com menor utilização média de máquina. Ela deve ser usada quando os custos de manter estoque forem relativamente altos e a capacidade de máquina for relativamente barata.

3. *Estratégia de nivelamento — com o estoque como alavanca:* com essa estratégia, a capacidade de máquina e força de trabalho estáveis são mantidas com uma taxa de saída constante. Faltas e excessos resultam em níveis de estoque flutuando com o tempo. Nesse caso, a produção não é sincronizada com a demanda. Os estoques são ampliados ao esperar a demanda futura ou os acúmulos de pedidos são passados de períodos de alta para baixa demanda. Os funcionários se beneficiam pelas condições de trabalho estáveis. Uma desvantagem associada a essa estratégia é que grandes estoques podem se acumular e os pedidos do cliente podem ser atrasados. Essa estratégia mantém a capacidade e os custos de mudança de capacidade relativamente baixos. Ela deverá ser usada quando os custos para manter o estoque e acumular pedidos forem relativamente baixos.

Na prática, é mais provável que um planejador tenha melhor resultado com uma estratégia adaptada ou híbrida, que combine aspectos de todas as três abordagens.

8.4 Planejamento agregado na Red Tomato Tools

Ilustraremos a metodologia de planejamento agregado usando como exemplo a Red Tomato Tools. Seus produtos são vendidos por meio de varejistas nos Estados Unidos. As operações consistem na montagem de peças adquiridas em uma ferramenta de jardinagem multifuncional. Em virtude dos equipamentos e espaços limitados para suas operações de montagem, a capacidade da Red Tomato é determinada principalmente pelo tamanho de sua força de trabalho.

Para este exemplo, usamos um período de seis meses, pois esse é um horizonte de tempo longo o bastante para ilustrar muitos dos principais pontos do planejamento agregado.

Red Tomato Tools

A demanda de ferramentas de jardinagem da Red Tomato por consumidores é altamente sazonal, com um pico na primavera, quando as pessoas plantam em seus jardins. Essa demanda sazonal se propaga para montante da cadeia de suprimentos, do varejista até a Red Tomato, que é o fabricante. As opções que a empresa tem para lidar com a sazonalidade são aumentar o número de trabalhadores durante a estação de pico, subcontratar parte do trabalho, acumular estoque durante os meses de baixa ou deixar pedidos em atraso que serão entregues aos clientes mais tarde. Para determinar a melhor forma de usar essas opções por meio de um plano agregado, o vice-presidente da cadeia de suprimentos da empresa começa com a primeira tarefa — montar uma previsão de demanda. Embora a Red Tomato pudesse tentar prever essa demanda por ela mesma, uma previsão muito mais exata vem de um processo colaborativo usado pela empresa e seus varejistas para produzir a previsão mostrada na Tabela 8.2. É importante que essa demanda leve em conta o mix de produtos que se espera vender e seja de acordo com unidades agregadas definidas com antecedência.

A Red Tomato vende cada ferramenta por meio dos varejistas por US$ 40. A empresa tem um estoque inicial, em janeiro, de mil ferramentas. No início de janeiro, a empresa tem uma força de trabalho de 80 funcionários. A fábrica tem um total de 20 dias de trabalho por mês, e cada funcionário recebe US$ 4 por hora de trabalho normal. Cada funcionário trabalha oito horas por dia em período normal e o restante em horas extras. Conforme já discutimos, a capacidade da operação de produção é determinada principalmente pelo total de horas de mão de obra trabalhadas. Portanto, a capacidade da máquina não limita a capacidade da operação de produção. Em virtude das regras trabalhistas, nenhum funcionário trabalha mais do que 10 horas a mais por mês. Os diversos custos aparecem na Tabela 8.3. É importante que os custos e as horas de trabalho estejam em unidades agregadas, como discutido na Seção 8.2.

Atualmente, a Red Tomato não tem limites de subcontratação, estoques e faltas de estoque/acúmulos de pedido. Todas as faltas de estoque são acumuladas e fornecidas nos meses de produção seguintes. Os custos de estoque são incorridos no estoque final do mês. O objetivo do gestor da cadeia de suprimentos é obter o plano agregado ideal que permita que a Red Tomato termine junho com pelo menos 500 unidades (ou seja, sem falta de estoque no final de junho e pelo menos 500 unidades no estoque).

O plano agregado ideal é aquele que resulta no lucro mais alto no horizonte de planejamento de seis meses. Por enquanto, dado o desejo da Red Tomato por um nível muito alto de atendimento ao cliente, suponha que toda a demanda deva ser atendida, embora isso possa ocorrer com atraso. Portanto, as receitas obtidas no horizonte de planejamento são fixas. Como resultado, a redução do custo no horizonte de planejamento é a mesma que a maximização do lucro. Em muitos casos, uma empresa tem a opção de não atender certa demanda, ou o próprio preço pode ser uma variável que uma empresa precisa determinar com base no plano agregado. Nesse cenário, minimizar o custo não é equivalente a maximizar os lucros.

Nas duas próximas seções, discutiremos metodologias geralmente usadas para o planejamento agregado. (Os leitores que não estiverem familiarizados com a programação linear podem ir direto para a Seção 8.6.)

Tabela 8.2 Previsão de demanda da Red Tomato.

Mês	Previsão de demanda
Janeiro	1.600
Fevereiro	3.000
Março	3.200
Abril	3.800
Maio	2.200
Junho	2.200

Tabela 8.3 Custos da Red Tomato.

Item	Custo
Custo de material	US$ 10/unidade
Custo de manutenção de estoque	US$ 2/unidade/mês
Custo marginal de falta/acúmulo de estoque	US$ 5/unidade/mês
Custos de contratação e treinamento	US$ 300/trabalhador
Custos de demissão	US$ 500/trabalhador
Horas de trabalho exigidas	4 h/unidade
Custo da hora normal	US$ 4/unidade
Custo da hora extra	US$ 6/unidade
Custo da subcontratação	US$ 30/unidade

8.5 Planejamento agregado com utilização de programação linear

Como discutimos anteriormente, o objetivo do planejamento agregado é maximizar o lucro, enquanto atende a demanda. Cada empresa, no seu esforço para atender a demanda do cliente, enfrenta certas restrições, como a capacidade de suas instalações ou a capacidade de um fornecedor de entregar um componente. Uma ferramenta altamente eficaz a ser usada por uma empresa quando se tenta maximizar os lucros enquanto está sujeita a uma série de restrições é a programação linear. A programação linear encontra a solução que cria o maior lucro, ao passo que satisfaz as restrições que a empresa enfrenta. A seguir, ilustraremos a abordagem de programação linear para planejamento agregado usando a Red Tomato Tools.

Variáveis de decisão

O primeiro passo na construção de um modelo de planejamento agregado é identificar o conjunto de variáveis de decisão cujos valores devem ser determinados como parte do plano agregado. Para a Red Tomato, as seguintes variáveis de decisão são definidas para o modelo de planejamento agregado:

F_t = tamanho da força de trabalho para o mês t, $t = 1,...,6$;
C_t = número de funcionários contratados no início do mês t, $t = 1,...,6$;
D_t = número de funcionários demitidos no início do mês t, $t = 1,...,6$;
P_t = número de unidades produzidas no mês t, $t = 1,...,6$;
E_t = estoque no final do mês t, $t = 1,...,6$;
U_t = número de unidades em falta/acumuladas ao final do mês t, $t = 1,...,6$;
S_t = número de unidades subcontratadas para o mês t, $t = 1,...,6$;
H_t = número de horas extras trabalhadas no mês t, $t = 1,...,6$.

O próximo passo na construção de um modelo de planejamento agregado é definir a função objetivo.

Função objetivo

Indique a demanda no Período t por D_t. Os valores de D_t são conforme o especificado pela previsão de demanda na Tabela 8.2. A função objetivo deve minimizar o custo total (equivalente a maximizar o lucro total, pois toda a demanda deve ser satisfeita) incorrido durante o horizonte de planejamento. O custo incorrido tem os seguintes componentes:

- custo de mão de obra em horário normal;
- custo de mão de hora em hora extra;
- custo de contratações e demissões;
- custo de manutenção do estoque;
- custo de falta de estoque;
- custo da subcontratação;
- custo de material.

Esses custos são avaliados da seguinte forma:

1. Custo de mão de obra em horário normal. Lembre-se de que os trabalhadores recebem um salário normal de US$ 640 (US$ 4/hora × 8 horas/dia × 20 dias/mês) por mês. Como F_t é o número de trabalhadores no período t, o custo de mão de obra em horário normal no horizonte de planejamento é dado por:

$$\text{Custo de mão de obra em horário normal} = \sum_{t=1}^{6} 640 F_t$$

2. Custo de mão de obra em hora extra. Como o custo da mão de obra em hora extra é de US$ 6 por hora (ver Tabela 8.3) e H_t representa o número de horas extras trabalhadas no Período t, o custo com hora extra no horizonte de planejamento é:

$$\text{Custo de mão de obra em hora extra} = \sum_{t=1}^{6} 6H_t$$

3. Custo de contratações e demissões. O custo para contratar um trabalhador é de US$ 300 e o custo de demitir é de US$ 500 (ver Tabela 8.3). C_t e D_t representam, respectivamente, o número de trabalhadores contratados e demitidos no Período t. Assim, o custo de contratações e demissões é dado por:

$$\text{Custo de contratações e demissões} = \sum_{t=1}^{6} 300C_t + \sum_{t=1}^{6} 500D_t$$

4. Custo de manutenção e falta de estoque. O custo para manter o estoque é de US$ 2 por unidade ao mês, e o custo da falta de estoque é de US$ 5 por unidade ao mês (ver Tabela 8.3). E_t e U_t representam as unidades em estoque e as unidades em falta, respectivamente, no Período t. Assim, o custo de manutenção e falta de estoque é:

$$\text{Custo de manutenção e falta de estoque} = \sum_{t=1}^{6} 2E_t + \sum_{t=1}^{6} 5U_t$$

5. Custo de materiais e subcontratação. O custo com materiais é de US$ 10 por unidade e o custo de subcontratação é de US$ 30/unidade (ver Tabela 8.3). P_t representa a quantidade produzida e S_t representa a quantidade subcontratada no Período t. Assim, o custo com materiais e subcontratação é:

$$\text{Custo de materiais e subcontratação} = \sum_{t=1}^{6} 10P_t + \sum_{t=1}^{6} 30S_t$$

O custo total incorrido durante o horizonte de planejamento é a soma de todos os custos mencionados, dado por:

$$\sum_{t=1}^{6} 640F_t + \sum_{t=1}^{6} 6H_t + \sum_{t=1}^{6} 300C_t + \sum_{t=1}^{6} 500D_t + \sum_{t=1}^{6} 2E_t \quad (8.1)$$
$$+ \sum_{t=1}^{6} 5U_t + \sum_{t=1}^{6} 10P_t + \sum_{t=1}^{6} 30S_t$$

O objetivo da Red Tomato é encontrar um plano agregado que minimize o custo total (Equação 8.1) incorrido durante o horizonte de planejamento.

Os valores das variáveis de decisão na função objetivo não podem ser definidos arbitrariamente. Eles estão sujeitos a uma série de restrições, definidas como capacidade disponível e políticas de operação. A próxima etapa na preparação do modelo de planejamento agregado é definir claramente as restrições vinculadas às variáveis de decisão.

Restrições

Agora, o vice-presidente da Red Tomato deve especificar as restrições que as variáveis de decisão não podem infringir. São as seguintes:

1. Restrições de força de trabalho, contratação e demissão. O tamanho da força de trabalho F_t no período t é obtido somando o número de contratados C_t no Período t ao tamanho da força de trabalho F_{t-1} no Período $t-1$ e subtraindo o número de demissões D_t no Período t, da seguinte forma:

$$F_t = F_{t-1} + C_t - D_t \text{ para } t = 1,\ldots,6 \quad (8.2)$$

O tamanho inicial da força de trabalho é dado por $F_0 = 80$.

2. Restrições de capacidade. Em cada período, a quantidade produzida não pode ultrapassar a capacidade disponível. Esse conjunto de restrições limita a produção total pela capacidade disponível internamente (que é determinada com base nas horas de mão de obra disponíveis, normais ou extras). A produção subcontratada não está incluída nessa restrição, pois a restrição é limitada à produção dentro da fábrica. Como cada trabalhador pode produzir 40 unidades por mês em horário normal (quatro horas por unidade, conforme especificado na Tabela 8.3) e uma unidade para cada quatro horas extras, temos o seguinte:

$$P_t \leq 40F_t + \frac{H_t}{4} \quad \text{para} \quad t = 1, \ldots, 6 \qquad (8.3)$$

3. Restrições de equilíbrio de estoque. O terceiro conjunto de restrições equilibra o estoque ao final de cada período. A demanda líquida para o Período t é obtida como a soma da demanda atual Dem_t e o acúmulo do período anterior U_{t-1}. Essa demanda ou é atendida pela produção atual (produção interna P_t ou produção subcontratada S_t) e pelo estoque anterior E_{t-1} (no caso em que algum estoque E_t pode ter restado) ou parte dela é acumulada U_t. Esse relacionamento é capturado pela seguinte equação:

$$E_{t-1} + P_t + S_t = Dem_t + U_{t-1} + E_t - U_t \quad \text{para} \quad t = 1, \ldots, 6 \qquad (8.4)$$

O estoque inicial é dado por $E_0 = 1.000$, o estoque final deve ser de pelo menos 500 unidades (ou seja, $E6 \geq 500$), e inicialmente não existem demandas acumuladas (ou seja, $U_0 = 0$).

4. Restrições de limite de horas extras. O quarto conjunto de restrições requer que nenhum funcionário trabalhe mais do que 10 horas extras por mês. Esse requisito limita a quantidade total de horas extras disponíveis da seguinte forma:

$$H_t \leq 10F_t \text{ para } t = 1,\ldots,6 \qquad (8.5)$$

Além disso, cada variável deve ser não negativa e não deverá haver pedidos em atraso ao final do Período 6 (ou seja, $U_6 = 0$).

Ao implementar o modelo no Microsoft Excel, que discutiremos mais adiante, é mais fácil se todas as restrições forem escritas de modo que o lado direito para cada restrição seja 0. A restrição de limite de hora extra (Equação 8.5), dessa forma, é escrita como:

$$H_t - 10F_t \leq 0 \text{ para } t = 1,\ldots,6$$

Observe que é fácil acrescentar restrições que limitem a quantidade comprada dos subcontratados por mês ou o número máximo de funcionários a serem contratados ou demitidos. Quaisquer outras restrições que limitem pedidos em atraso ou estoques em excesso também podem ser acomodadas. O ideal é que o número de funcionários contratados ou despedidos seja uma variável inteira. Variáveis fracionais podem ser justificadas se alguns funcionários trabalharem somente uma parte do mês. Esse programa linear pode ser resolvido com a ferramenta Solver do Excel.

Otimizando a função objetivo (minimizando o custo na Equação 8.1) sujeita às restrições listadas (equações 8.2 a 8.5), o vice-presidente obtém o plano agregado mostrado na Tabela 8.4. (Mais adiante no capítulo, discutimos como realizar essa otimização usando o Excel, com a planilha *Capítulos 8 e 9 – Exemplos* disponível na Sala Virtual)

Para este plano agregado, temos o seguinte:

Custo total no horizonte de planejamento = US$ 422.660

A Red Tomato demite um total de 16 funcionários no início de janeiro. Depois disso, a empresa mantém a força de trabalho e o nível de produção. Ela usa os subcontratados durante o mês de abril. Eles mantêm pedidos em atraso apenas de abril para maio. Em todos os outros meses, não planejam faltas de estoque. De fato, a empresa mantém estoque em todos os outros períodos. Descreveremos esse estoque como *estoque sazonal*, pois é mantido esperando por um aumento futuro na demanda.

Tabela 8.4 Plano agregado para a Red Tomato.

Período, t	Núm. contratados, C_t	Núm. Demitidos, D_t	Tamanho da força de trabalho F_t	Horas extras, H_t	Estoque, E_t	Falta de estoque, U_t	Subcontratação, S_t	Produção total, P_t	Demanda, Dem_t
0	0	0	80	0	1.000	0	0		
1	0	16	64	0	1.960	0	0	2.560	1.600
2	0	0	64	0	1.520	0	0	2.560	3.000
3	0	0	64	0	880	0	0	2.560	3.200
4	0	0	64	0	0	220	140	2.560	3.800
5	0	0	64	0	140	0	0	2.560	2.200
6	0	0	64	0	500	0	0	2.560	2.200

Se a flutuação sazonal da demanda crescer, o sincronismo entre oferta e demanda torna-se mais difícil, resultando em aumento ou em estoque ou em acúmulos de pedidos, assim como um aumento no custo total para a cadeia de suprimentos. Isso é ilustrado no Exemplo 8.1, em que a previsão de demanda é mais variável.

EXEMPLO 8.1 » Impacto da variabilidade da alta demanda

Todos os dados são exatamente iguais aos da discussão anterior da Red Tomato, exceto pela demanda prevista. Suponha que a mesma demanda geral (16 mil unidades) seja distribuída pelos seis meses, de modo que a flutuação sazonal da demanda seja maior, como mostra a Tabela 8.5. Obtenha o plano agregado ideal neste caso.

Análise

Neste caso, o plano agregado ideal (usando os mesmos custos mencionados anteriormente) aparece na Tabela 8.6.

Tabela 8.5 Previsão de demanda com maior flutuação sazonal.

Mês	Previsão de demanda
Janeiro	1.000
Fevereiro	3.000
Março	3.800
Abril	4.800
Maio	2.000
Junho	1.400

Tabela 8.6 Plano agregado ideal para a demanda na Tabela 8.5.

Período, t	Núm. contratados, C_t	Núm. Demitidos, D_t	Tamanho da força de trabalho F_t	Horas extras, H_t	Estoque, E_t	Falta de estoque, U_t	Subcontratação, S_t	Produção total, P_t	Demanda, Dem_t
0	0	0	80	0	1.000	0	0		
1	0	16	64	0	2.560	0	0	2.560	1.000
2	0	0	64	0	2.120	0	0	2.560	3.000
3	0	0	64	0	880	0	0	2.560	3.800
4	0	0	64	0	0	1.220	140	2.560	4.800
5	0	0	64	0	0	660	0	2.560	2.000
6	0	0	64	0	500	0	0	2.560	1.400

Observe que a produção mensal continua sendo a mesma, mas os estoques e as faltas (acúmulos de pedidos) sobem em comparação ao plano agregado na Tabela 8.4 para o perfil de demanda na Tabela 8.2. O custo para atender ao novo perfil de demanda na Tabela 8.5 é mais alto em US$ 433.080 (em comparação a US$ 422.660 para o perfil de demanda anterior, da Tabela 8.2).

Pelo Exemplo 8.1, pode-se ver que o aumento na variabilidade da demanda do varejista eleva o estoque sazonal e também os custos planejados.

Usando o exemplo da Red Tomato, vemos também que a escolha ideal muda à medida que os custos mudam. Isso é ilustrado no Exemplo 8.2, no qual mostramos que, conforme os custos de contratação e demissão diminuem, é melhor variar a capacidade com a demanda, enquanto se tem menos estoque e menores acúmulos de pedido.

EXEMPLO 8.2 》 Impacto dos baixos custos de contratação e demissão

Suponha que a demanda na Red Tomato seja conforme aparece na Tabela 8.2 e todos os outros dados sejam os mesmos, exceto que os custos de contratação e demissão sejam agora de US$ 50. Avalie o custo total correspondente ao plano agregado na Tabela 8.4. Sugira um plano agregado ideal para a nova estrutura de custo.

Análise

Se os custos de contratação e demissão diminuírem para US$ 50, o custo correspondente ao plano agregado na Tabela 8.4 diminui de US$ 422.660 para US$ 412.770. Levando em consideração esse novo custo e determinando um novo plano agregado ideal, chegamos ao plano mostrado na Tabela 8.7. Observe que o tamanho da força de trabalho flutua entre uma alta de 88 e uma baixa, ao contrário de ser estável em 64, como na Tabela 8.4.

Conforme esperado, o estoque mantido é variado (pois o custo da capacidade de variação diminuiu), ao passo que o estoque e os pedidos em atraso diminuíram em comparação ao plano agregado na Tabela 8.4. O custo total do plano agregado na Tabela 8.7 é de US$ 412.270, em comparação aos US$ 442.660 (para o plano agregado na Tabela 8.4) se os custos de contratação e demissão forem de US$ 50 cada.

》 **Tabela 8.7** Plano agregado ideal para a contratação e a demissão de US$ 50/funcionário.

Período, t	Núm. contratados, C_t	Núm. demitidos, D_t	Tamanho da força de trabalho F_t	Horas extras, H_t	Estoque, E_t	Falta de estoque, U_t	Subcontratação, S_t	Produção total, P_t	Demanda, Dem_t
0	0	0	80	0	1.000	0	0		
1	0	35	45	0	1.200	0	0	1.800	1.600
2	0	0	45	0	0	0	0	1.800	3.000
3	42	0	87	0	280	0	0	3.480	3.200
4	1	0	88	0	0	0	0	3.520	3.800
5	0	27	61	0	240	0	0	2.440	2.200
6	0	0	61	0	500	0	20	2.440	2.200

A partir do Exemplo 8.2, observe que aumentar a flexibilidade de volume (ao diminuir o custo de contratação e demissão) não só diminui o custo total, mas também move o balanço ideal em direção ao uso da flexibilidade de volume, enquanto mantém os estoques baixos e permite a falta de estoque.

Na próxima seção, explicaremos como implementar uma metodologia de programação linear pelo planejamento agregado usando o Microsoft Excel.

8.6 Planejamento agregado em Excel

Em seguida, discutiremos como gerar o plano agregado para a Red Tomato da Tabela 8.4 usando o Excel. Primeiro, faremos uma planilha simples que permite a análise hipotética e, em seguida, construiremos um modelo mais sofisticado, que permite a otimização utilizando a programação linear.

Elaboração de uma planilha básica de planejamento agregado

O planejador agregado deve decidir sobre o número de pessoas contratadas (C_t) ou demitidas (D_t) a cada mês, junto das horas extras (H_t) ou subcontratações (S_t). Uma vez que essas decisões tenham sido tomadas, pode-se determinar a força de trabalho (F_t), produção (P_t), o estoque (E_t) e a falta de estoque (U_t) para cada mês (ver Tabela 8.8), completando assim o plano agregado. A Figura 8.1 mostra a planilha final (disponível na Sala Virtual como *Processo – Plano agregado*) correspondente à Tabela 8.4. O planejador pode tentar entradas diferentes para cada variável de decisão nas células apropriadas na aba *Planejamento*. É melhor começar com o número de contratados (B5:B10) e o número de demitidos (C5:C10) em cada período. As horas extras máximas disponíveis num dado mês é limitada por $10 \times F_t$ e são mostradas nas células M5:M10. Pode-se então entrar as horas extras (E5:E10) e a quantidade de subcontratados (H5:H10) para cada período. Para cada conjunto de entradas, as saídas são calculadas como mostrado na Tabela 8.8.

O custo total é avaliado na célula C12:

= 640*sum(D5:D10) + 6*sum(E5:E10) + 300*sum(B5:B10) + 500*sum(C5:C10)
+ 2*sum(F5:F10) + 5*sum(G5:G10) + 10*sum(I5:I10) + 30*sum(H5:H10)

O objetivo é construir um plano agregado mudando as entradas de modo que minimize o custo total na célula C12.

A	B	C	D	E	F	G	H	I	J	M
Variáveis de decisão do planejamento agregado										
	C_t	D_t	F_t	H_t	E_t	U_t	S_t	P_t		Máximo de horas extras disponível
Período	nº contratados	nº demitidos	nº força de trabalho	Horas extras	Estoque	Em falta	Subcontrato	Produção	Demanda	
0	0	0	80	0	1.000	0	0			
1	0	16	64	0	1.960	0	0	2.560	1.600	640
2	0	0	64	0	1.520	0	0	2.560	3.000	640
3	0	0	64	0	880	0	0	2.560	3.200	640
4	0	0	64	0	0	220	140	2.560	3.800	640
5	0	0	64	0	140	0	0	2.560	2.200	640
6	0	0	64	0	500	0	0	2.560	2.200	640

》 **Figura 8.1** Planilha básica de planejamento agregado.

》 **Tabela 8.8** Elaboração da planilha básica de planejamento agregado.

Saída	Células	Relações com as entradas	Fórmula na linha 5	Copiadas para as células
Força de trabalho	D5:D10	$F_t = F_{t-1} + C_t - D_t$	= D4 + B5 − C5	D6:D10
Produção	I5:I10	$P_t = 40 \times F_t + H_t/4$	= 40*D5 + (E5/4)	I6:I10
Estoque	F5:F10	$E_t = \text{máx}(E_{t-1} + P_t + S_t - Dem_t - U_{t-1}, 0)$	= máx(F4 + I5 + H5 − G4 − J5,0)	F6:F10
Falta de estoque	G5:G10	$U_t = \text{máx}(0, U_{t-1} + Dem_t - E_{t-1} - P_t - S_t)$	= máx(0,J5 + G4 − I5 − H5 − F4)	G6:G10

Elaboração da planilha de planejamento agregado usando o Solver

Para acessar as capacidades de programação linear do Excel, use o Solver (Ferramentas | Análise de dados | Solver). Para começar, precisamos criar uma tabela, que ilustramos com a Figura 8.2, contendo as seguintes variáveis de decisão:

Capítulo 8 Planejamento agregado em uma cadeia de suprimentos

	A	B	C	D	E	F	G	H	I	J
1	Variáveis de decisão do planejamento agregado									
2		Ct	Dt	Ft	Ht	Et	Ut	St	Pt	
3	Período	nº contratados	nº demitidos	nº força de trabalho	Horas extras	Estoque	Em falta	Subcontrato	Produção	Demanda
4	0	0	0	80	0	1.000	0	0	0	
5	1	0	0	0	0	0	0	0	0	1.600
6	2	0	0	0	0	0	0	0	0	3.000
7	3	0	0	0	0	0	0	0	0	3.200
8	4	0	0	0	0	0	0	0	0	3.800
9	5	0	0	0	0	0	0	0	0	2.200
10	6	0	0	0	0	0	0	0	0	2.200

Figura 8.2 Área da planilha para variáveis de decisão.

F_t = tamanho da força de trabalho para o mês t, $t = 1,...,6$;
C_t = número de funcionários contratados no início do mês t, $t = 1,...,6$;
D_t = número de funcionários demitidos no início do mês t, $t = 1,...,6$;
P_t = número de unidades produzidas no mês t, $t = 1,...,6$;
E_t = estoque no final do mês t, $t = 1,...,6$;
U_t = número de unidades em falta ao final do mês t, $t = 1,...,6$;
S_t = número de unidades subcontratadas para o mês t, $t = 1,...,6$;
H_t = número de horas extras trabalhadas no mês t, $t = 1,...,6$.

A Figura 8.2 (ver a aba *Planejamento* na planilha *Processo-Plano Agregado*) mostra como deverá ficar essa tabela. As variáveis de decisão estão contidas nas células de B5:I10, com cada uma delas correspondendo a uma variável de decisão. Por exemplo, a célula D7 corresponde ao tamanho da força de trabalho no Período 3. Comece definindo todas as variáveis de decisão como 0, como mostra a Figura 8.2.

Observe também que a coluna J contém a demanda real. A informação de demanda está incluída porque é necessária para calcular o plano agregado.

A segunda etapa é construir uma tabela para as restrições nas equações 8.2 a 8.5. A tabela de restrição pode ser construída como mostra a Figura 8.3.

A coluna M contém as restrições da força de trabalho (Equação 8.2), a coluna N, as restrições de capacidade (Equação 8.3), a coluna O, as restrições de equilíbrio de estoque (Equação 8.4) e a coluna P contém as restrições de horas extras (Equação 8.5). Essas restrições são aplicadas a cada um dos seis períodos.

Cada restrição vai ser finalmente escrita no Solver como:

Valor da célula $\{\leq, = \text{ou} \geq\}$ 0

Em nosso caso, temos as restrições:

M5:M10 = 0, N5:N10 $\geq$ 0, O5:O10 = 0, P5:P10 $\geq$ 0

A terceira etapa é criar uma célula que contenha a função objetivo, que é como cada solução é julgada. Essa célula não precisa conter a fórmula inteira, mas pode ser escrita como uma fórmula que use as células com cálculos de custo intermediários. Para o exemplo da Red Tomato, a área da planilha para os cálculos de custo é mostrada na Figura 8.4. A célula B15, por exemplo,

	M	N	O	P
1	Restrições			
2				
3	Força de trabalho	Capacidade	Estoque	Horas extras
4				
5	-80	0	-600	0
6	0	0	-3000	0
7	0	0	-3200	0
8	0	0	-3800	0
9	0	0	-2200	0
10	0	0	-2200	0

Célula	Fórmula da célula	Equação	Copiadas para
M5	=D5-D4-B5+C5	8.2	M6:M10
N5	=40*D5+E5/4-I5	8.3	N6:N10
O5	=F4-G4+I5+H5-J5-F5+G5	8.4	O6:O10
P5	=-E5+10*D5	8.5	P6:P10

Figura 8.3 Área da planilha para restrições.

	A	B	C	D	E	F	G	H	I
12	**Custos de plano agregado**								
14	Período	Contratação	Demissão	Período regular	Horas extras	Estoque	Em falta	Subcontratação	Material
15	1	0	0	0	0	0	0	0	0
16	2	0	0	0	0	0	0	0	0
17	3	0	0	0	0	0	0	0	0
18	4	0	0	0	0	0	0	0	0
19	5	0	0	0	0	0	0	0	0
20	6	0	0	0	0	0	0	0	0
22	**Custo total**		$ -						

Figura 8.4 Área da planilha para cálculos de custo.

contém os custos de contratação incorridos no Período 1. A fórmula na célula B15 é o produto da célula B5 e a célula que contém o custo de contratação por trabalhador, que é obtido pela Tabela 8.3. Outras células são preenchidas de modo semelhante. A célula C22 contém a soma das células B15:I20, representando o custo total.

A quarta etapa é usar Dados | Análise | Solver. Dentro da caixa de diálogo Parâmetros do Solver, digite a seguinte informação para representar o modelo de programação linear:

Definir célula de destino: C22
Igual a: selecione *Mín*
Células variáveis: B5:I10
Submeter às restrições:
    B5:C10 = inteira {O número de funcionários contratados ou demitidos é inteiro}
    B5:I10 ≥ 0 {Todas as variáveis de decisão são não negativas}
    F10 ≥ 500 {Estoque ao final do Período 6 é pelo menos 500}
    G10 = 0 {Falta de estoque ao final do Período 6 é igual a 0}
    M5:M10 = 0 {$F_t - F_{t-1} - C_t + D_t = 0$ para $t = 1,...,6$}
    N5:N10 ≥ 0 {$40F_t + H_t/4 - P_t \geq 0$ para $t = 1,...,6$}
    O5:O10 = 0 {$E_{t-1} - U_{t-1} + P_t + S_t - D_t - E_t + U_t = 0$ para $t = 1,...,6$}
    P5:P10 ≥ 0 {$10F_t - H_t \geq 0$ para $t = 1,...,6$}

A caixa de diálogo Parâmetros do Solver aparece na Figura 8.5. Clique em Resolver. A solução ideal deverá ser retornada. Se o Solver não retornar a ela, resolva o problema novamente

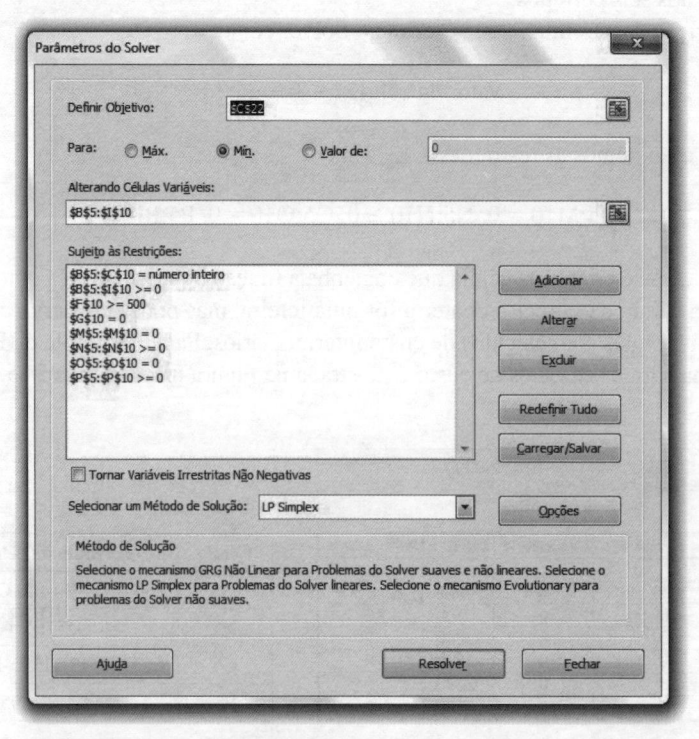

Figura 8.5 Caixa de diálogo Parâmetros do Solver.

depois de salvar a solução que o Solver retornou. (Em alguns casos, podem ser necessárias várias repetições dessa etapa, em razão de algumas falhas na versão do Solver que vem com o Excel. Existem programas complementares disponíveis, a um custo relativamente baixo, que não possuem esses problemas.) A solução ideal é mostrada na Tabela 8.4.

Erro de previsão nos planos agregados

A metodologia de planejamento agregado discutida neste capítulo não considera nenhum erro de previsão. Contudo, sabe-se que todos as previsões são sujeitas a erros. Para melhorar a qualidade dos planos agregados, eles devem ser considerados. Erros de previsão são tratados usando tanto o *estoque de segurança*, definido como o estoque mantido a fim de satisfazer a demanda que for mais alta que a previsão (discutida amplamente no Capítulo 12) como a *capacidade de segurança*, definida como a capacidade utilizada para satisfazer a demanda que for mais alta que a previsão. Uma empresa pode criar uma solução-tampão para um erro de previsão usando o estoque de segurança e a capacidade de segurança em uma variedade de maneiras, algumas das quais são enumeradas a seguir:

- utilize as horas extras como forma de capacidade de segurança;
- mantenha força de trabalho extra permanentemente como forma de capacidade de segurança;
- use os subcontratados como forma de capacidade de segurança;
- crie e mantenha estoques extras como forma de estoque de segurança;
- adquira capacidade ou produto a partir de um mercado local ou aberto como forma de capacidade de segurança.

8.7 Elaboração de um programa mestre de produção estimado

A partir de um plano agregado, um planejador deve desagregar a informação disponível e elaborar um programa mestre de produção (PMP) estimado que identifique os lotes produzidos em cada período, no nível de cada ramo de produtos. Retornamos ao exemplo da Red Tomato a fim de ilustrar uma abordagem simples para desagregar um plano agregado. Embora essa abordagem não seja necessariamente a ideal, ela é fácil de executar e permite um controle de viabilidade. Métodos mais sofisticados (ver Bitran e Hax, 1981) estão disponíveis se um planejador quiser procurar melhores soluções. Esses métodos, no entanto, são difíceis de implementar e podem não ser capazes de refletir todas as realidades complexas. Por essa razão, propomos essa abordagem simples.

Considere o plano agregado na Tabela 8.4. O plano prevê uma força de trabalho de 64 e uma de produção de 2.560 unidades agregadas no Período 1. Sabemos que a restrição da produção é viável no nível agregado, mas vamos precisar verificar a viabilidade no nível desagregado. O primeiro passo é dividir a quantidade de produção de 2.560 entre os seis ramos. Isso é feito na taxa de vendas esperadas (usando o percentual de participação da Tabela 8.1), como mostra a Tabela 8.9 (ver a planilha *Tabela 8-9* disponível na Sala Virtual). Assim, o plano é produzir 256 unidades do Ramo A no Período 1 porque representa 10% das vendas. O próximo passo é identi-

》**Tabela 8.9** Desagregação do plano agregado da Red Tomato Tools para o Período 1.

Ramo	Tempo de configuração/lote (hora)	Tamanho médio do lote	Tempo de produção/ unidade (hora)	Quantidade de produção	Número de configurações	Tempo de configuração (horas)	Tempo de produção (horas)
A	8	50	5,60	256	5	40	1.433,6
B	6	150	3,00	640	4	24	1.920,0
C	8	100	3,80	512	5	40	1.945,6
D	10	50	4,80	256	5	50	1.228,8
E	6	100	3,60	512	5	30	1.843,2
F	5	75	4,30	384	5	25	1.651,2

ficar o número de lotes planejados para cada ramo. Para obter a viabilidade do plano, divide-se a quantidade de produção planejada pelo tamanho médio do lote e, em seguida, arredonda-se a resposta para baixo. Para o Ramo A, o número planejado de configurações (lotes) é 256/50 = 5,12 arredondados para baixo, que é igual a 5. Como resultado, o tamanho médio do lote do Ramo A produzido no período será maior do que 50 (cerca de 51). De modo semelhante, obtemos o número planejado de configurações (lotes) para cada um dos outros ramos no Período 1, como mostrado na Tabela 8.9. Para verificar a viabilidade do programa planejado, calcula-se o tempo de configuração e o tempo de produção para o número planejado de lotes e unidades de cada ramo de produtos. A partir da Tabela 8.9, a produção planejada total e o tempo de configuração é 10.231,4 horas (209 para a configuração + 10.022.4 para a produção). Dadas as 64 pessoas planejadas, o tempo de produção disponível no período é de 64 × 160 = 10.240 horas. Assim o programa planejado parece viável.

8.8 A função da TI no planejamento agregado

O planejamento agregado é comprovadamente a área da cadeia de suprimentos em que a tecnologia da informação tem sido mais utilizada. Os primeiros produtos de TI para a cadeia de suprimentos foram módulos de planejamento agregado, muitas vezes chamados de *planejamento de fábrica*, *produção* ou *manufatura*. Alguns dos primeiros módulos focavam apenas a obtenção de um plano de produção viável, sujeito às restrições que surgem de demanda e de capacidade disponível. Mais tarde, os módulos forneceram ferramentas que escolhiam uma solução ideal, entre os planos de produção viáveis, com base nos objetivos como maior saída ou custo minimizado.

Essas soluções clássicas geralmente formulavam o problema do planejamento agregado como um programa linear (PL) para obter um cronograma de produção a ser feito em cada período. Hoje, alguns módulos de planejamento incorporam a otimização não linear para considerar o fato de que nem todas as restrições ou funções objetivas razoáveis são funções lineares. Porém, dada a grande quantidade de dados considerados na produção de planos agregados, o que pode tornar os problemas não lineares computacionalmente proibitivos, e a capacidade de criar aproximações lineares de funções não lineares, em geral a programação linear costuma ser a melhor maneira de resolver esses problemas.

Alguns vendedores de software (inclusive SAP e Oracle) oferecem sistemas de planejamento avançado (*Advanced Planning Systems* — APS) com o intuito de ajudar as empresas a criar planos agregados. O maior desafio dos APSs é que o resultado pode ser razoavelmente instável com relação às entradas. Uma pequena mudança em uma entrada como a demanda pode produzir um novo plano ideal, que é bastante diferente do plano original. Se os planos se tornarem muito voláteis, toda a cadeia de suprimentos rapidamente começa a desconfiar deles, efetivamente tornando-os inúteis. Assim, é importante assegurar, que conforme chegam novos dados, os planos são modificados enquanto se tenta assegurar algum grau de estabilidade.

A acurácia dos dados é importante se os APSs estão dispostos a entregar seu potencial inteiro. Se o APS está utilizando tempo de espera ou capacidades que são diferentes da realidade, o plano agregado resultante provavelmente levará à insatisfação dos clientes e a altos custos. Assim, é importante controlar a acurácia desses parâmetros e assegurar que as pessoas são levadas em conta nessas entradas.

8.9 Implementação do planejamento agregado na prática

1. *Pense além da empresa, para a cadeia de suprimentos inteira.* A maior parte do planejamento agregado de hoje considera apenas a empresa como seu escopo. Porém, muitos fatores fora da empresa, por toda a cadeia de suprimentos, podem afetar drasticamente o plano agregado ideal. Portanto, evite a armadilha de pensar apenas na sua empresa ao planejar. Trabalhe com parceiros a jusante da cadeia para produzir previsões, com parceiros a montante da cadeia para determinar restrições e com quaisquer outras entidades da cadeia que possam melhorar a qualidade das informações para o plano agregado. O plano é tão bom quanto a qualidade de suas entradas. Assim, o uso da cadeia de suprimentos para aumentar essa qualidade melhorará bastante a qualidade do plano agregado. Certifique-se também de comunicar o plano agregado a todos os parceiros da cadeia de suprimentos que serão afetados por ele.

2. Crie planos flexíveis, pois as previsões sempre são imprecisas. Os planos agregados são baseados em previsões de demanda futura. Visto que essas previsões são imprecisas até certo ponto, o plano agregado precisa ter alguma flexibilidade embutida para que possa ser útil. Criando flexibilidade no plano, quando a demanda futura mudar ou quando ocorrerem outras mudanças, como aumentos nos custos, o plano poderá se ajustar adequadamente para lidar com a nova situação.

Como criamos essa flexibilidade? Além das sugestões mencionadas anteriormente no capítulo, recomendamos que o gestor realize análise de sensibilidade das entradas em um plano agregado. Por exemplo, se o plano recomenda aumento dispendioso de capacidade ao enfrentar demanda incerta, examine o resultado de um novo plano agregado quando a demanda for maior e quando for menor que o esperado. Se esse exame revelar uma pequena economia pela expansão de capacidade quando a demanda for maior, mas um grande aumento no custo quando a demanda for menor que o esperado, decidir adiar a decisão de investimento em capacidade é uma opção potencialmente atraente. O uso da análise de sensibilidade nas entradas do plano agregado permite que o planejador escolha a melhor solução para a variedade de possibilidades que possam ocorrer.

3. Repita o plano agregado quando surgirem novos dados. Como já dissemos, os planos agregados fornecem um mapa para os próximos 3 a 18 meses. Isso não significa que uma empresa deverá executar planos agregados apenas uma vez a cada 3 a 18 meses. À medida que entradas como as previsões de demanda mudam, os gerentes devem usar os valores mais recentes dessas entradas e reexecutar o plano agregado. Tome cuidado, no entanto, para modificar os planos de forma que limite a volatilidade.

4. Use o planejamento agregado à medida que a utilização da capacidade aumenta. Surpreendentemente, muitas empresas não criam planos agregados e, em vez disso, contam somente com os pedidos de seus distribuidores ou depósitos para determinar seus cronogramas de produção. Esses pedidos são controlados pela demanda real ou por algoritmos de gerenciamento de estoque. Se uma empresa não tiver problema para atender à demanda de modo eficaz dessa maneira, então a falta de planejamento agregado pode não prejudicar a empresa de modo significativo. Porém, quando a utilização se torna alta e a capacidade é um problema, confiar nos pedidos para definir o cronograma de produção pode ocasionar problemas de escassez e atrasos. Quando a utilização for alta, o planejamento agregado ajuda a empresa a atender efetivamente a demanda prevista.

8.10 Resumo dos objetivos de aprendizagem

1. Compreender a importância do planejamento agregado como uma atividade da cadeia de suprimentos. O planejamento agregado tem impacto significativo sobre o desempenho da cadeia de suprimentos e deve ser visto como uma atividade que envolve todos os parceiros da cadeia. Um plano agregado preparado por uma empresa isoladamente não é muito útil, pois não leva em conta todos os requisitos do estágio do cliente e as restrições do estágio do fornecedor. O planejamento agregado localizado não pode realizar um bom trabalho de combinar oferta e demanda. O bom planejamento agregado é feito em colaboração com clientes e fornecedores, pois se exige a entrada precisa dos dois estágios. A qualidade dessas entradas, em termos da previsão de demanda a ser atendida e das restrições a serem resolvidas, determina a qualidade do plano agregado. Os resultados do plano agregado também devem ser compartilhados pela cadeia de suprimentos, pois eles influenciam as atividades nos clientes e nos fornecedores. Para eles, o plano agregado determina pedidos antecipados; para clientes, determina a oferta planejada.

2. Descrever a informação necessária para produzir um plano agregado e saídas obtidas. Para criar um plano agregado, o planejador precisa de uma previsão de demanda, informações de custo e de produção e quaisquer restrições de fornecimento. A previsão de demanda consiste em uma estimativa da demanda para cada período no horizonte de planejamento. Os dados de produção e de custo consistem nos níveis de capacidade e nos custos, para aumentá-los e reduzi-los, de produção, de armazenagem do produto, de falta de estoque e quaisquer restrições que limitem esses fatores. Restrições de fornecimento determinam limites sobre subcontratação, horas extras ou materiais. O plano agregado, então, determina a capacidade, produção e decisões de estoque ao longo dos próximos 3 a 18 meses.

3. Explicar as escolhas básicas a serem consideradas na criação de um plano agregado. As escolhas básicas envolvem equilibrar os custos da capacidade, do estoque e das faltas de estoque para maximizar a lucratividade. Aumentar qualquer um dos três permite que o planejador reduza os outros dois.

4. Formular e resolva problemas de planejamento agregado usando o Microsoft Excel. Os problemas de planejamento agregado podem ser solucionados no Excel com a montagem de células para a função objetivo e as restrições, usando-se o Solver para produzir a solução.

Perguntas para discussão

1. Quais são algumas indústrias em que o planejamento agregado seria particularmente importante?
2. Quais são as características das indústrias da Pergunta 1 que as tornam boas candidatas para o planejamento agregado?
3. Quais são as principais diferenças entre as estratégias de planejamento agregado?
4. Que tipos de indústrias ou situações são mais adequadas para a estratégia de rastreamento? A estratégia de flexibilidade? A estratégia de nivelamento?
5. Quais são as principais categorias de custo necessárias como entradas para o planejamento agregado?
6. Como a disponibilidade de subcontratação afeta o problema do planejamento agregado?
7. Se uma empresa atualmente emprega a estratégia de rastreamento e o custo do treinamento aumenta drasticamente, como isso poderia mudar a estratégia de planejamento agregado da empresa?
8. Quais são as questões-chave a serem consideradas quando se escolhe uma unidade agregada de análise?
9. Como o planejamento agregado pode ser usado em um ambiente de alta incerteza na demanda?

Exercícios

1. A Skycell, fabricante de telefone celular importante na Europa, está fazendo planos de produção para o ano seguinte. A empresa tem trabalhado com seus clientes (os provedores de serviço) para chegar a previsões de requisitos mensais (em milhares de aparelhos), conforme mostra a Tabela 8.10.

   A manufatura é principalmente uma operação de montagem, e a capacidade é controlada pelo número de pessoas na linha de produção. A fábrica opera durante 20 dias por mês, oito horas por dia. Uma pessoa pode montar um telefone a cada 10 minutos. Os trabalhadores recebem 20 euros por hora e um adicional de 50% por hora extra. A fábrica atualmente emprega 1.250 trabalhadores. O custo dos componentes para cada telefone celular totaliza 20 euros. Dado o rápido declínio nos preços de componentes e de produto acabado, manter estoque de um mês para outro incorre em um custo de 3 euros por telefone ao mês. A Skycell atualmente possui uma política de não demitir. A hora extra é limitada a 20 horas ao mês por funcionário. Suponha que a Skycell tenha um estoque inicial de 50 mil unidades e queira terminar o ano com o mesmo nível de estoque.

   a. Considerando que não há acúmulo de pedidos, subcontratação e novas contratações, qual é o cronograma de produção ideal? Qual é o custo anual desse cronograma?
   b. Vale a pena para a administração negociar um aumento das horas extras permitidas por empregado de 20 para 40 horas ao mês?
   c. Reconsidere as partes (a) e (b) se a Skycell começar com apenas 1.200 funcionários. Reconsidere as partes (a) e (b) se ela começar com 1.300 funcionários. O que acontece com o valor da hora extra adicional quando o tamanho da força de trabalho diminui?
   d. Considere a parte (a) para o caso em que a Skycell visa a um cronograma de produção nivelado, de modo que a quantidade produzida a cada mês não exceda a demanda média pelos próximos 12 meses (1.241.667) por 50 mil unidades. Assim, a produção mensal, incluindo a hora extra, não deverá ser superior a 1.291.667. Qual seria o custo desse cronograma de produção nivelado? Qual é o valor de flexibilidade da hora extra?

Tabela 8.10 Demanda mensal por telefones celulares, em milhares.

Mês	Demanda
Janeiro	1.000
Fevereiro	1.100
Março	1.000
Abril	1.200
Maio	1.500
Junho	1.600
Julho	1.600
Agosto	900
Setembro	1.100
Outubro	800
Novembro	1.400
Dezembro	1.700

2. Reconsidere os dados da Skycell no Exercício 1. Suponha que a fábrica tenha 1.250 funcionários e uma política de não demitir. As horas extras são limitadas a 20 horas por funcionário ao mês. Um terceiro se ofereceu para produzir telefones celulares conforme a necessidade a um custo de US$ 26 por unidade (isso inclui os custos de componente de US$ 20 por unidade).

   a. Qual é a média por unidade de produção interna (incluindo custo de manutenção de estoque e hora extra) se o terceiro não for usado?
   b. Como a Skycell deve usar o terceiro? Como sua resposta mudará se o terceiro oferecer um preço de US$ 25 por unidade?
   c. A Skycell deverá usar o terceiro se o custo por unidade for de US$ 28?
   d. Por que a Skycell usaria o terceiro mesmo quando o custo por unidade é mais alto que o custo médio (incluindo custo de manutenção de estoque e horas extras) para a produção interna?

3. Reconsidere os dados da Skycell no Exercício 1. Suponha que a fábrica tenha 1.250 funcionários e uma política de não demitir. As horas extras são limitadas a no máximo 20 horas por funcionário ao mês. Além disso, suponha que não haja opção de subcontratação.

   A Skycell tem uma equipe de 50 pessoas que estão dispostas a trabalhar como funcionários temporários. O custo de contratá-las é de 800 euros por empregado, e o custo da demissão é de 1.200 euros por empregado.

   a. Qual é o melhor cronograma de produção, contratação e demissão?
   b. Como o cronograma ideal mudaria se o pessoal temporário crescesse de 50 para 100?
   c. Em relação a ter 1.250 funcionários permanentes e 50 temporários, a Skycell lucrará significativamente se mantiver apenas 1.100 funcionários permanentes e 200 temporários?
   d. Considere o caso em que a Skycell tem 1.250 funcionários permanentes e 50 temporários. O que você diria sobre a política de não demitir para seus funcionários permanentes? Suponha que os funcionários permanentes possam ser contratados ou demitidos ao mesmo custo dos temporários.

4. A FlexMan, fabricante de equipamentos eletrônicos, utiliza sua instalação em Topeka, Kansas, para produzir duas categorias de produtos: roteadores e switches. Uma consulta aos clientes indicou uma previsão de demanda para cada categoria nos próximos 12 meses (em milhares de unidades), conforme mostra a Tabela 8.11.

   A manufatura é principalmente uma operação de montagem, e a capacidade é controlada pelo número de pessoas na linha de produção. A fábrica opera durante 20 dias por mês, oito horas por dia. A produção de um roteador exige 20 minutos e a produção de um switch requer 10 minutos de tempo do trabalhador. Cada um deles recebe US$ 10 por hora, com um adicional de 50% por qualquer hora extra. A fábrica atualmente tem 6.300 funcionários. As horas extras são limitadas a 20 horas por funcionário ao mês. A fábrica atualmente mantém 100 mil roteadores e 50 mil switches em estoque. O custo de manter um roteador em estoque é de US$ 2 por mês e o custo de manter um switch é de US$ 1 por mês. O custo de manutenção aumenta porque os produtos, quando comprados, são pagos pelo consumidor com as taxas existentes no mercado. Assim, se a FlexMan produz cedo e mantém a produção em estoque, ela recupera menos, pelo fato de os preços dos componentes estarem em constante queda.

   a. Considerando que não há pedidos em atraso, subcontratação ou demissões e contratações, qual é o cronograma de produção ideal para a FlexMan? Qual é o custo anual desse cronograma? Que estoques o cronograma ideal de produção constrói? Isso parece razoável?

>> **Tabela 8.11** Previsão de demanda para a FlexMan.

Mês	Demanda por roteadores	Demanda por switches
Janeiro	1.800	1.600
Fevereiro	1.600	1.400
Março	2.600	1.500
Abril	2.500	2.000
Maio	800	1.500
Junho	1.800	900
Julho	1.200	700
Agosto	1.400	800
Setembro	2.500	1.400
Outubro	2.800	1.700
Novembro	1.000	800
Dezembro	1.000	900

   b. Vale a pena para a administração negociar um aumento das horas extras permitidas por funcionário de 20 para 40 horas por mês? Quais variáveis são afetadas por essa mudança?
   c. Reconsidere as partes (a) e (b) se a FlexMan começar com apenas 5.900 funcionários. Reconsidere as partes (a) e (b) se ela começar com 6.700 funcionários. O que acontece com o valor da hora extra adicional quando o tamanho da força de trabalho diminui?

5. Reconsidere os dados da FlexMan do Exercício 4. A empresa está considerando a opção de mudar o tamanho da força de trabalho de acordo com a demanda. O custo de contratar um funcionário é de US$ 700 e o custo de uma demissão é de US$ 1.000. Um funcionário precisa de dois meses para alcançar uma capacidade de produção total. Durante esses dois meses, um novo funcionário fornece apenas 50% de produtividade. Prevendo um padrão de demanda semelhante no ano seguinte, a FlexMan visa terminar o ano com 6.300 funcionários.

   a. Qual é o cronograma ideal de produção, contratação e demissão? Qual é o custo desse cronograma?
   b. Se a FlexMan pudesse melhorar seu treinamento de modo que novos funcionários alcançassem a produtividade total imediatamente, quanta melhora no custo anual a empresa conseguiria? Como a política de contratação e demissão durante o ano é afetada por essa mudança?

6. A FlexMan identificou um terceiro que está disposto a produzir roteadores e switches conforme a necessidade. O terceiro cobrará US$ 6 por roteador e US$ 4 por switch. Suponha que todos os outros dados sejam como os do Exercício 4, exceto que as contratações e demissões são permitidas, como no Exercício 5.

   a. Como a FlexMan deverá usar o terceiro se os novos funcionários fornecerem apenas 50% de produção nos dois primeiros meses?
   b. Como a FlexMan deverá usar o terceiro se os novos funcionários conseguem alcançar produção total imediatamente?
   c. Por que o uso do terceiro muda com a produtividade dos novos funcionários?

7. Retorne aos dados da FlexMan no Exercício 4. A empresa assinou um acordo de nível de serviço com seus clientes e se comprometeu a manter um estoque de segurança de um mês para o outro, igual a pelo menos 15% da demanda do mês seguinte. Assim, a FlexMan está comprometida em manter pelo menos

$0{,}15 \times 1.800.000 = 270$ mil roteadores e $0{,}15 \times 1.600.000 = 240$ mil switches em estoque de dezembro para janeiro.

a. Supondo que não haja acúmulo de pedidos, subcontratação, demissões e contratações, qual é o cronograma ideal de produção ideal para a Flex-Man? Qual é o custo anual desse cronograma?
b. De que forma o contrato de serviço exigindo estoques mínimos aumenta os custos para a Flex-Man?
c. Qual seria o aumento no custo se a FlexMan concordasse com um mínimo de 15% para switches, mas apenas um mínimo de 5% para roteadores? Qual seria o aumento no custo se a FlexMan concordasse com um mínimo de apenas 5% para switches, mas de 15% para roteadores? Qual dos dois é melhor para a FlexMan?

Referências

BITRAN, G. R.; HAX, A. Disaggregation and Resource Allocation Using Convex Knapsack Problems with Bounded Variables. *Management Science*, p. 27, 431–441, 1981.

JACOBS, F. R.; CHASE, R. B.; AQUILANO, N. J. *Operations and Supply Management*, 12. ed. Nova York: McGraw-Hill/Irwin, 2009.

NAHMIAS, S. *Production & Operations Analysis*, 6. ed. Nova York: McGraw-Hill/Irwin, 2009.

Estudo de caso

Kloss Planters and Harvesters

Kevin Cho, gerente geral da Kloss Planters and Harvesters (KPH), deixou a reunião com sua equipe de planejamento estratégico imaginando se faria sentido substituir suas fábricas separadas de tratores de plantação e colheitadeiras por uma fábrica única, que poderia atender ambos.

Uma breve história sobre tratores de plantação e colheitadeiras

Desde que os seres humanos começaram a cultivar plantações, eles têm procurado aliviar a tarefa de plantar e colher suas lavouras. Em sua *Historia Naturalis*, Caio Plínio (23–79 d.C.) descreveu uma máquina de colher que rompia as espigas de milho e as depositava em uma caixa. Em 1799, a primeira patente reconhecida para uma ceifadeira foi concedida ao inventor inglês Joseph Boyce. Em 1831, Cyrus McCormick apresentou a primeira ceifadeira de milho com o nome de "Ceifadeira Virginia". Ela era puxada por um cavalo. Com o tempo, outras empresas introduziram colheitadeiras automotoras e movidas por um motor de combustão. Hoje, elas permitem a um agricultor colher grandes campos de milho no conforto de uma cabine climatizada!

Depois de anos plantando milho da forma como os índios norte-americanos ensinaram aos colonizadores, a ajuda chegou para os agricultores dos Estados Unidos quando tratores de plantação surgiram no final de 1800 e início de 1900. Alguns desses equipamentos possibilitavam o plantio de dois acres por dia, em vez de um único acre, possível com a plantação braçal. Hoje em dia, os tratores podem semear diversos canteiros, enquanto dirigem a uma velocidade de 16 km por hora. A evolução, tanto dos tratores como das colheitadeiras, sem dúvida fez o plantio ser muito mais efetivo.

Planejamento de produção da KPH

A KPH montava seus tratores em Davenport, Iowa, e suas colheitadeiras em Ames, Iowa. A demanda para cada produto era altamente sazonal, como mostrado na Tabela 8.12. O milho era geralmente plantado entre março e maio e colhido entre setembro e novembro. Como resultado, a demanda por tratores atingia o pico em março, ao passo que a demanda por colheitadeiras apresentava o pico em setembro. Cada fábrica visa a um plano de produção que atenda a demanda anual ao menor custo possível.

A capacidade de cada fábrica era determinada por um número de operadores de montagem disponível. Cada máquina (trator de plantação ou colheitadeira) requeria 100 horas de mão de obra para ser montada. Cada fábrica operava por 20 dias por mês, 8 horas por dia. Os operadores de montagem recebiam US$ 20/horas durante período normal. Eles poderiam ser solicitados a trabalhar até 20 horas adicionais por mês, como hora extra, que era paga a um valor de US$ 30/hora.

》 **Tabela 8.12** Previsão de demanda para a Planters and Harvesters.

Mês	Tratores de plantação	Colheitadeiras
Janeiro	600	100
Fevereiro	850	100
Março	1.300	100
Abril	800	100
Maio	550	100
Junho	100	200
Julho	100	500
Agosto	100	1.000
Setembro	100	1.500
Outubro	100	700
Novembro	100	450
Dezembro	300	100

Dada a demanda altamente sazonal, a KPH despedia funcionários durante a baixa temporada e recontratava-os na alta temporada. Cada demissão custava US$ 5.000 à KPH e cada recontratação custava US$ 3.000. Cada fábrica geralmente antecipava a montagem do estoque. Custava US$ 300 manter a máquina em estoque de um mês para o seguinte. A KPH poderia também escolher atrasar o pedido de um cliente ao diminuir o estoque em determinado mês e preencher a falta de estoque a partir do mês seguinte de produção. Contudo, cada unidade atrasada dessa maneira custa US$ 2.000 em descontos oferecidos aos clientes, para deixá-los contentes. A empresa tinha uma política de assegurar que não haveria falta de estoque em dezembro, de modo que o novo ano começasse sem nenhum pedido não atendido. O custo material para cada máquina era de US$ 20.000.

A fábrica de tratores de plantação terminou dezembro com 244 funcionários e 250 tratores em estoque. A fábrica de colheitadeiras terminou dezembro com 100 funcionários e 50 máquinas em estoque. A produção em cada fábrica tentou atender a demanda disposta na Tabela 8.8 ao menor custo possível, enquanto assegurava que a fábrica terminaria dezembro do ano seguinte com a mesma mão de obra e estoque que terminou no mês de dezembro anterior.

Opções para novas fábricas

Considerando a idade das fábricas atuais, Kevin estava planejando substitui-las por novas fábricas. Uma opção seria substituir cada uma por uma fábrica semelhante. A outra opção seria expandir a unidade de Davenport a fim de possibilitar tanto a montagem de tratores de plantação como de colheitadeiras. O investimento para ambas as opções seria bastante similar. Desse modo, Kevin solicitou à sua equipe de planejamento estratégico que identificasse quaisquer vantagens de uma fábrica única.

A equipe destacou que a natureza anticíclica de demanda por tratores de plantação e colheitadeiras cancelou sua sazonalidade individual de demanda em certa medida. Etapas comuns de montagem para os dois produtos permitiriam que a KPH utilizasse a mesma mão de obra para ambos. Isso teria o potencial de reduzir significativamente o número de funcionários demitidos e recontratados a cada ano. Além de melhorar a autoestima dos funcionários, essa mudança daria a possibilidade de reduzir os custos. Kevin pediu à equipe que quantificasse qualquer custo pertinente e vantagens relacionadas aos funcionários que uma fábrica única ofereceria. Ele basearia sua decisão nesses números.

CAPÍTULO 9

Planejamento de vendas e operações: como planejar oferta e demanda em uma cadeia de suprimentos

> **OBJETIVOS DE APRENDIZAGEM**
>
> Depois de ler este capítulo, você será capaz de:
>
> 1. Administrar a oferta para melhorar o sincronismo em uma cadeia de suprimentos em caso de variabilidade previsível.
> 2. Gerir a demanda para melhorar o sincronismo em uma cadeia de suprimentos em caso de variabilidade previsível.
> 3. Usar o planejamento de vendas e operações para maximizar a lucratividade em caso de variabilidade previsível em uma cadeia de suprimentos.

No Capítulo 8, discutimos como as empresas usam o planejamento agregado para fazer planos de oferta de modo a maximizar os lucros. Neste capítulo, vamos nos basear no conhecimento obtido no capítulo anterior e continuar a expandir nosso escopo além da empresa, para a cadeia de suprimentos, enquanto lidamos com a variabilidade previsível de demanda. Também discutimos como a demanda pode ser gerida para combater a variabilidade previsível por meio do uso de preço e promoção. Gerindo juntamente a oferta e a demanda, os administradores podem maximizar a lucratividade geral de uma cadeia de suprimentos.

9.1 Resposta à variabilidade previsível na cadeia de suprimentos

No Capítulo 8, discutimos como as empresas usam o planejamento agregado para planejar de maneira otimizada a oferta a fim de maximizar os lucros. A demanda por muitos produtos muda constantemente de um período para outro, muitas vezes em razão de uma influência previsível. Essas influências incluem fatores sazonais que afetam os produtos (por exemplo, cortadores de grama e jaquetas de esqui), além de fatores não sazonais (por exemplo, promoções ou taxas de adoção de produto), que podem causar grandes aumentos e declínios previsíveis nas vendas.

Variabilidade previsível é a mudança na demanda que pode ser prevista. Produtos que sofrem esse tipo de mudança criam diversos problemas na cadeia de suprimentos, variando desde altos níveis de falta de estoque durante os períodos de pico de demanda até altos níveis de estoque em excesso, durante os períodos de baixa demanda. Esses problemas aumentam os custos e diminuem a responsividade da cadeia de suprimentos. A gestão de oferta e demanda ao longo do planejamento de vendas e operações (PVO) tem impacto significativo quando aplicada a produtos previsivelmente variáveis.

Ao enfrentar a variabilidade previsível, o objetivo de uma empresa é responder de maneira que maximize a lucratividade. O objetivo do planejamento de vendas e operações é que a empresa combine corretamente duas opções gerais para lidar com a variável previsível:

1. Administrar a oferta usando capacidade, estoque, subcontratação e pedidos em atraso.
2. Gerir a demanda usando descontos em curto prazo e promoções comerciais.

O uso dessas ferramentas permite que a cadeia de suprimentos aumente a lucratividade, pois oferta e demanda são combinadas de modo mais coordenado.

Para ilustrar algumas das questões envolvidas, vamos considerar a John Deere, uma fabricante de equipamento agrícola, como tratores de plantação e colheitadeiras combinadas. A demanda por tratores de plantação é sazonal, pois a maior parte da colheita de milho norte-americana ocorre entre março e maio. A John Deere precisa planejar como atenderá à demanda sazonal por tratores de plantação, a fim de maximizar o lucro. Uma forma exige que a John Deere mantenha capacidade de manufatura suficiente para atender à demanda durante o período de pico. A vantagem dessa técnica é que a John Deere incorre em custos de estoque baixos, pois nenhum estoque é transferido de um período para outro. A desvantagem, porém, é que grande parte da capacidade não é usada durante a maioria dos meses, quando a demanda é mais baixa, e isso custa caro.

Outra técnica para atender à demanda sazonal é estocar durante o período fora da estação de pico para atender à demanda durante os meses de pico. A vantagem dessa técnica está no fato de que a John Deere pode se manter com uma fábrica de menor capacidade, mais barata. Contudo, os altos custos de manutenção de estoque tornam essa alternativa cara. Uma terceira técnica seria a John Deere trabalhar com seus parceiros de varejo na cadeia de suprimentos para oferecer uma promoção de preço aos agricultores antes dos meses de pico. Essa promoção desloca parte da demanda em direção a um período de baixa demanda, reduzindo, assim, o surto sazonal e distribuindo a demanda de modo mais uniforme pelo ano. Suprir esse padrão de demanda é mais barato. A John Deere deve usar o processo de PVO para decidir qual alternativa maximizará seus lucros.

Normalmente, as empresas dividem a tarefa de gestão de oferta e demanda em funções distintas, com as vendas geralmente gerindo a demanda, ao passo que as operações lidam com a oferta. Em um nível mais alto, as cadeias de suprimento também sofrem com esse fenômeno. A falta de coordenação prejudica os lucros da cadeia de suprimentos quando as decisões de gestão de oferta e demanda são tomadas de forma independente. Portanto, os parceiros da cadeia devem trabalhar juntos entre as empresas para coordenar essas decisões e maximizar a lucratividade. Alguns estudos têm mostrado que enquanto os executores mais fortes adotam a participação transfuncional no PVO por toda a organização, os executores menos fortes praticam no máximo a adoção parcial. O nível de participação transfuncional no processo de PVO é um dos maiores diferenciais entre os executores mais fortes e as outras organizações.

Primeiro, vamos focar as ações que uma cadeia de suprimentos pode tomar para lidar com a variabilidade gerindo a oferta.

9.2 Gestão da oferta

Uma empresa pode variar a oferta de produtos controlando uma combinação dos dois fatores a seguir:

1. Capacidade de produção.
2. Estoque.

Em geral, as empresas usam uma combinação de capacidade e estoque variáveis para gerir a oferta. A seguir, listamos algumas técnicas específicas que permitem às empresas reduzir a quantidade de capacidade e estoque necessários para lidar com a variabilidade previsível.

Gestão da capacidade

As empresas utilizam uma combinação das técnicas a seguir a fim de reduzir o custo da capacidade exigida para atender a variabilidade previsível:

- *Flexibilidade de tempo da força de trabalho:* nessa técnica, a empresa usa horas de trabalho flexíveis para a força de trabalho a fim de variar a capacidade com a demanda. Em muitos casos, as fábricas não operam continuamente, ficando ociosas durante partes do dia ou da semana. Portanto, existe uma capacidade de reserva na fábrica, na forma de horas em que a fábrica não está operando. Por exemplo, muitas fábricas não trabalham em três turnos, de modo que a força de trabalho existente poderia trabalhar em horas extras durante os períodos de pico para produzir mais e atender à demanda. As horas extras são variadas para se ajustar à flutuação na demanda. Nesses casos, o uso de uma força de trabalho de tempo parcial pode aumentar ainda mais a flexibilidade da capacidade, permitindo que a empresa coloque mais pessoas para trabalhar durante os períodos de pico. Esse sistema possibilita a produção a partir da fábrica para combinar a demanda a partir de clientes de modo mais próximo.
- *Uso de força de trabalho sazonal:* nessa técnica, a empresa usa uma força de trabalho temporária durante a estação de pico para aumentar a capacidade a fim de atender à demanda. O setor de turismo normalmente usa trabalhadores sazonais. Existe uma base de funcionários de tempo integral, e outros são contratados apenas para a estação de pico. A Toyota usa regularmente uma força de trabalho sazonal no Japão para ajustar melhor a oferta e a demanda. Essa técnica, porém, pode ser difícil de sustentar se a mão de obra for escassa.
- *Uso de instalações duais — especializada e flexível:* nessa técnica, a empresa monta instalações especializadas e flexíveis. As instalações especializadas produzem uma saída relativamente estável de produtos com o passar do tempo, de maneira eficiente. As instalações flexíveis produzem um volume altamente variável e uma série de produtos, mas a um custo unitário mais alto. Por exemplo, um fabricante de componentes eletrônicos pode ter instalações especializadas para cada tipo de placa de circuito, além de uma instalação flexível que possa fabricar todos os tipos de placas de circuito. Cada instalação especializada pode produzir em uma taxa relativamente constante, com as flutuações sendo absorvidas pela instalação flexível.
- *Uso de subcontratação:* nessa técnica, a empresa subcontrata a produção de pico de modo que a produção interna permaneça nivelada e possa ser feita de modo mais econômico. Para essa técnica de trabalho, a subcontratada deve ter capacidade de flexibilidade e a capacidade de diminuir o custo ao concentrar as flutuações na demanda em diferentes fabricantes. Assim, a capacidade da subcontratada flexível precisa ter tanto flexibilidade de volume (demanda flutuante de um fabricante) como flexibilidade de variedade (demanda de vários fabricantes) para ser sustentável. Por exemplo, a maioria das companhias de energia não tem a capacidade de fornecer aos seus clientes toda a eletricidade requerida em dias de pico. Elas contam com a possibilidade de adquirir energia de fornecedores e subcontratadas que possuem excesso de eletricidade. Isso permite que as companhias de energia mantenham uma oferta nivelada e, consequentemente, um custo mais baixo.
- *Projeto de flexibilidade do produto nos processos de produção:* nessa técnica, a empresa tem linhas de produção flexíveis, cuja taxa pode ser variada com facilidade. A produção é, então, alterada para se ajustar à demanda. A Hino Trucks no Japão tem várias linhas de produção para diferentes famílias de produtos na mesma fábrica. Essas linhas são projetadas de modo que a mudança no número de trabalhadores em uma delas possa alterar a taxa de produção. Desde que a variação da demanda pelas diferentes linhas de produtos seja complementar (ou seja, quando uma sobe, a outra tende a descer), a capacidade em cada linha pode ser variada passando a força de trabalho de uma linha para outra. Naturalmente, isso requer que a força de trabalho tenha habilidades múltiplas e se adapte facilmente à mudança entre as linhas. A flexibilidade da produção também pode ser alcançada se o maquinário de produção for flexível e puder ser mu-

dado facilmente da produção de um produto para outro. Essa técnica só é eficiente se a demanda geral de todos os produtos for relativamente constante. Várias empresas que fabricam produtos com demanda sazonal tentam explorar essa técnica mantendo um portfólio de produtos que possuam estações de pico de demanda distribuídas ao longo do ano. Um exemplo clássico é o de um fabricante de cortador de grama que também fabrica removedores de neve para manter uma demanda constante em sua fábrica no decorrer do ano.

Gestão do estoque

As empresas usam uma combinação das técnicas a seguir para reduzir o nível de estoque necessário para atender à variabilidade previsível.

- *Uso de componentes comuns a vários produtos:* nessa técnica, uma empresa projeta componentes comuns a serem usados em vários produtos. A demanda total desses componentes é relativamente estável, mesmo que cada produto apresente variabilidade previsível. O uso de um motor comum para cortadores de grama e removedores de neve permite que a demanda de motores seja relativamente estável, embora ela flutue no decorrer do ano. Portanto, a parte da cadeia de suprimentos que produz componentes pode facilmente sincronizar a oferta com a demanda, e é preciso formar um estoque de peças relativamente baixo.
- *Formação de estoque de produtos de alta demanda ou de demanda previsível:* quando a maioria dos produtos que uma empresa fabrica tem a mesma época de pico de demanda, a técnica anterior não é viável. Nesse ambiente, é melhor que a empresa monte produtos que tenham demanda mais previsível fora da época de pico, pois há menos a aprender sobre sua demanda com a espera. A produção de itens mais incertos deve ocorrer mais próxima da época de venda, quando a demanda é mais previsível. Considere um fabricante de jaquetas de inverno que produz jaquetas para vendas no varejo e para os departamentos de Polícia e Bombeiros de Boston. A demanda para as jaquetas de Polícia e Bombeiros de Boston é mais previsível, e elas podem ser feitas fora de estação e estocadas até o inverno. Porém, a demanda de jaquetas para o varejo provavelmente será mais conhecida mais próximo da época em que será vendida, pois as tendências de moda podem mudar rapidamente. Portanto, o fabricante deverá produzir as jaquetas para o varejo próximo do pico da estação, quando a demanda é mais fácil de prever. Essa estratégia ajuda a cadeia de suprimentos a sincronizar melhor oferta e demanda.

A seguir, vamos considerar ações que uma cadeia de suprimentos pode tomar para melhorar a lucratividade gerindo a demanda.

9.3 Gestão da demanda

As cadeias de suprimentos podem influenciar a demanda usando preço e outras formas de promoção. A John Deere oferece um desconto aos agricultores que estão dispostos a comprar um trator de plantação durante a baixa estação. Quanto mais longe do período de pico o agricultor fizer seu pedido, maior será seu desconto. A meta é mover a demanda do período de pico para a baixa estação, reduzindo, assim, a variabilidade previsível. É, então, importante entender como as promoções influenciam a demanda.

Quando uma promoção é oferecida durante um período, a demanda desse período tende a subir. Esse aumento é resultado de uma combinação dos três fatores a seguir:

1. *Crescimento do mercado:* um aumento no consumo do produto, vindo de clientes novos ou já existentes. Por exemplo, quando a Toyota oferece uma promoção de preço sobre o Camry, ela pode atrair compradores que estavam considerando a compra de um modelo inferior. Assim, a promoção aumenta o tamanho geral do mercado de sedan familiar, além de elevar as vendas da Toyota.

2. Participação roubada: os clientes substituem o produto de um concorrente pelo produto da empresa. Quando a Toyota oferece uma promoção, os compradores que poderiam ter comprado um Honda Accord agora podem comprar um Camry. Assim, a promoção aumenta as vendas da Toyota enquanto mantém constante o tamanho geral do mercado de sedans familiares.

3. Compra antecipada: os clientes antecipam as compras futuras (conforme discutido no Capítulo 11) para o presente. Uma promoção pode atrair consumidores que comprariam um Camry alguns meses mais à frente. A compra antecipada não aumenta as vendas da Toyota em longo prazo, e também mantém constante o tamanho do mercado de sedans familiares.

Os dois primeiros fatores aumentam a demanda geral para a Toyota, enquanto o terceiro simplesmente desloca a demanda futura para o presente. É importante entender o impacto relativo dos três fatores como resultado de uma promoção antes de tomar uma decisão relativa ao momento ideal da promoção. Em geral, à medida que cresce a fração de demanda aumentada proveniente da compra antecipada, oferecer a promoção durante o período de pico torna-se menos atraente. Oferecer uma promoção durante um período de pico que tem compra antecipada significativa cria uma demanda ainda mais variável do que antes da promoção. O produto que teria demanda no período de baixa estação tem agora demanda no período de pico, fazendo que o padrão de demanda seja ainda mais caro.

Fatores que influenciam a época de uma promoção

Quatro fatores-chave influenciam a época de uma promoção:

- impacto da promoção sobre a demanda;
- custo de manutenção do estoque;
- custo de alterar o nível de capacidade;
- margens do produto.

Se uma promoção resulta principalmente na compra antecipada (como pode ser o caso de um produto como detergente), o melhor é usar as promoções para reduzir o pico sazonal, oferecendo um desconto de preço durante os períodos de baixa demanda. Fazer uma promoção durante os períodos de baixa demanda também faz sentido se o fabricante tem um alto custo de estoque mantido ou acha caro mudar os níveis de produção. É por essa razão que a John Deere oferece a sua promoção durante os períodos de baixa demanda, antes do pico. Em contrapartida, se uma promoção resulta em um aumento significativo nas vendas, atraindo novos compradores, pode ser melhor oferecer um desconto de preços durante o período de pico, quando muitos compradores estão dispostos a adquirir o produto. O aumento do custo de produção decorrente da demanda de pico mais alta resultante de uma promoção provavelmente será compensado pela margem obtida a partir de novos compradores. A Tabela 9.1 resume o impacto de vários fatores sobre a época ideal de promoções.

》Tabela 9.1 Resumo do impacto sobre a época de promoção.

Fator	Impacto sobre a época de promoção/compra antecipada
Alta compra antecipada	Favorece promoção durante períodos de baixa demanda
Alta capacidade de roubar participação de mercado	Favorece promoção durante períodos de pico de demanda
Alta capacidade de aumentar o mercado geral	Favorece promoção durante períodos de pico de demanda
Alta margem	Favorece promoção durante períodos de pico de demanda
Baixa margem	Favorece promoção durante períodos de baixa demanda
Altos custos de manutenção do fabricante	Favorece promoção durante períodos de baixa demanda
Altos custos de mudança de capacidade	Favorece promoção durante períodos de baixa demanda
Altos custos de manutenção do varejista	Diminui a compra antecipada pelo varejista
Alta elasticidade de promoção do consumidor	Diminui a compra antecipada pelo varejista

9.4 Planejamento de vendas e operações da Red Tomato

As decisões de promoção muitas vezes são feitas por varejistas sem levar em consideração o impacto sobre o restante da cadeia de suprimentos. Nesta seção, nosso objetivo é mostrar como os membros da cadeia podem colaborar nas decisões sobre preço e planejamento agregado (gerindo demanda e oferta) a fim de maximizar a lucratividade da cadeia de suprimentos. Vamos retornar à Red Tomato Tools, o fabricante de equipamento de jardinagem discutido no Capítulo 8. A Green Thumb Gardens é uma grande rede de varejo que assinou um contrato de exclusividade para vender todos os produtos fabricados pela Red Tomato Tools. A demanda por ferramentas de jardinagem aumenta nos meses da primavera nos Estados Unidos, de março e abril, quando os jardineiros se preparam para iniciar o plantio. No planejamento, o objetivo de ambas as empresas deverá ser maximizar os lucros da cadeia de suprimentos, pois esse resultado os deixa com mais dinheiro para compartilhar. Para que haja maximização dos lucros, a Red Tomato e a Green Thumb precisam criar um modo de colaborar e, tão importante quanto isso, determinar uma maneira de dividir os lucros da cadeia. Determinar como esses lucros serão alocados aos diferentes membros da cadeia de suprimentos é fundamental para o sucesso da colaboração.

A Red Tomato e a Green Thumb estão explorando como as datas das promoções de varejo afetam a lucratividade. Elas estarão em melhor posição se oferecerem uma promoção de preço durante o período de pico de demanda ou durante um período de baixa demanda? O vice-presidente de vendas da Green Thumb é a favor de uma promoção durante o período de pico, pois isso aumenta a receita pelo maior valor. Por outro lado, a vice-presidente de manufatura da Red Tomato é contra essa tática, pois aumenta os custos de manufatura. Ela é a favor de uma promoção durante a estação de baixa demanda, pois isso nivela a demanda e reduz os custos de produção. O PVO permite que as duas funções colaborem e façam as escolhas ideais.

O caso-base

Começamos considerando o caso-base apresentado no Capítulo 8. Cada ferramenta tem um preço de revenda de US$ 40. A Red Tomato envia as ferramentas montadas para a Green Thumb, onde todo o estoque é mantido. A Green Thumb tem um estoque inicial, em janeiro, de mil ferramentas. No início de janeiro, a Red Tomato tem uma força de trabalho de 80 funcionários em sua instalação de manufatura no México. Há um total de 20 dias úteis em cada mês, e seus trabalhadores ganham o equivalente a US$ 4 por hora. Cada funcionário trabalha oito horas normais e o restante, em regime de horas extras. Como a operação da Red Tomato consiste principalmente em montagem manual, a capacidade de operação da produção é determinada principalmente pelo total de horas trabalhadas (ou seja, ela não é limitada pela capacidade de máquina). Nenhum funcionário trabalha mais do que 10 horas extras por mês. Os diversos custos aparecem na Tabela 9.2.

Não existem limites para subcontratação, estoques e faltas de estoque. Todas as faltas de estoque são acumuladas e supridas com a produção do mês seguinte. Os custos de estoque são apropriados ao estoque final de cada mês. O objetivo das empresas é obter o plano agregado

Tabela 9.2 Custos da Red Tomato e da Green Thumb.

Item	Custo
Custo de material	US$ 10/unidade
Custo de manutenção de estoque	US$ 2/unidade/mês
Custo marginal de falta/acúmulo de estoque	US$ 5/unidade/mês
Custos de contratação e treinamento	US$ 300/trabalhador
Custo de demissão	US$ 500/trabalhador
Horas de trabalho exigidas	4 h/unidade
Custo de hora normal	US$ 4/hora
Custo de hora extra	US$ 6/hora
Custo de subcontratação	US$ 30/unidade

ideal que deixe pelo menos 500 unidades de estoque ao final de junho (ou seja, sem faltas no fim do mês de junho e pelo menos 500 unidades em estoque). A previsão de uma demanda básica é mostrada nas células J5:J10, da Figura 9.1. Todas as figuras e análises neste capítulo vêm da planilha *Capítulos 8 e 9 - Exemplos*, disponível na Sala Virtual, que usa o Solver. As soluções equivalentes podem também ser obtidas sem o Solver, usando a planilha *Capítulo 8 - Plano agregado*, também disponível na Sala Virtual. A planilha contém instruções para o uso e as planilhas correspondentes às figuras 9.1 a 9.5.

Para o caso-base, definimos a E24 a 0 (sem promoção) e usamos o Solver. O plano agregado ideal do caso-base para a Red Tomato e a Green Thumb é mostrado na Figura 9.1 (como discutido no Capítulo 8 e mostrado na Tabela 8.4).

Para o plano agregado do caso-base, a cadeia de suprimentos obtém os seguintes custos e receitas:

$$\text{Custo total no horizonte de planejamento} = \text{US\$ } 422.660$$
$$\text{Receita no horizonte de planejamento} = \text{US\$ } 640.000$$
$$\text{Lucro no horizonte de planejamento} = \text{US\$ } 217.340$$

	A	B	C	D	E	F	G	H	I	J	K
1	Variáveis de decisão do plano agregado										
2		C_t	D_t	F_t	H_t	E_t	U_t	S_t	P_t		
3	Período	nº contratados	nº demitidos	nº força de trabalho	Horas extras	Estoque	Em falta	Subcontrato	Produção	Demanda	Preço
4	0	0	0	80	0	1.000	0	0			
5	1	0	16	64	0	1.960	0	0	2.560	1.600	40
6	2	0	0	64	0	1.520	0	0	2.560	3.000	40
7	3	0	0	64	0	880	0	0	2.560	3.200	40
8	4	0	0	64	0	0	220	140	2.560	3.800	40
9	5	0	0	64	0	140	0	0	2.560	2.200	40
10	6	0	0	64	0	500	0	0	2.560	2.200	40
22	Custo total =		$ 422.660								
23							Preço-base		$ 40		
24	Receita total =		$ 640.000	Promover? (0/1)	0	Consumo		0,10			
25	Lucro =		$ 217.340	Mês (1/4)	1	Compra antecipada		0,20			

Figura 9.1 Plano agregado do caso-base para a Red Tomato e a Green Thumb.

Quando promover: em pico ou fora do pico?

A Green Thumb estima que dar desconto em uma ferramenta da Red Tomato de US$ 40 para US$ 39 (desconto de US$ 1) em um período resulta no aumento da demanda nesse período em 10%, por conta do aumento do consumo ou substituição. Além do mais, 20% de cada uma das demandas dos dois meses seguintes é antecipada. A gestão gostaria de determinar se é mais efetivo oferecer o desconto em janeiro ou em abril. Analisamos as duas opções, considerando o impacto de uma promoção na demanda e no plano agregado ideal resultante.

IMPACTO DE OFERECER UMA PROMOÇÃO EM JANEIRO A equipe primeiro considera o impacto de oferecer o desconto em janeiro. Para simular essa opção na planilha *Capítulos 8 e 9 - Exemplos*, insira 1 na célula E24 (definindo que a promoção está ativada) e 1 na célula E25 (definindo a promoção no Período 1 — ou seja, janeiro). A nova previsão conta para o fato de que o consumo vai aumentar em 10% em janeiro, e 20% da demanda a partir de fevereiro e março é movida para janeiro. Assim, com uma promoção de janeiro, uma nova previsão de demanda para janeiro é obtida ajustando-se a demanda do caso-base a partir da Figura 9.1 e é dada por (1.600 × 1,1) + [0,2 × 3.000 + 3.200] = 3.000 (veja a Célula J5 na Figura 9.2). A nova previsão de demanda para fevereiro é 3.000 × 0,8 − 2.400, e uma nova previsão de demanda para março é 3.200 × 0,8 = 2.560. Para um desconto em janeiro, a previsão de demanda é mostrada na célula J5:J10 na Figura 9.2. O plano agregado ideal é obtido ao utilizar o Solver na planilha e é mostrado na Figura 9.2. Com o desconto em janeiro, a cadeia de suprimentos obtém o seguinte:

$$\text{Custo total no horizonte de planejamento} = \text{US\$ } 422.080$$

Capítulo 9 Planejamento de vendas e operações: como planejar oferta e demanda em uma cadeia de suprimentos

	A	B	C	D	E	F	G	H	I	J	K
1	Variáveis de decisão do plano agregado										
2		C_t	D_t	F_t	H_t	E_t	U_t	S_t	P_t		
3	Período	nº contratados	nº demitidos	nº força de trabalho	Horas extras	Estoque	Em falta	Subcontrato	Produção	Demanda	Preço
4	0	0	0	80	0	1.000	0	0			
5	1	0	15	65	0	600	0	0	2.600	3.000	39
6	2	0	0	65	0	800	0	0	2.600	2.400	40
7	3	0	0	65	0	840	0	0	2.600	2.560	40
8	4	0	0	65	0	0	300	60	2.600	3.800	40
9	5	0	0	65	0	100	0	0	2.600	2.200	40
10	6	0	0	65	0	500	0	0	2.600	2.200	40
22	Custo total =		$ 422.080								
23						Preço-base		$	40		
24	Receita total =		$ 643.400	Promover? (0/1)	1	Consumo			0,10		
25	Lucro =		$ 221.320	Mês (1/4)	1	Compra antecipada			0,20		

Figura 9.2 Plano agregado ideal ao aplicar desconto no preço em janeiro, mudando-o para US$ 39.

Receita no horizonte de planejamento = US$ 643.400
Lucro no horizonte de planejamento = US$ 221.320

Se comparado ao caso-base, oferecer um desconto em janeiro resulta em baixo estoque sazonal, o que de algum modo proporciona menor custo total, além de lucro total mais alto.

IMPACTO DE OFERECER UMA PROMOÇÃO EM ABRIL Agora, a gestão considera o impacto de oferecer o desconto em abril. Para simular essa opção na planilha *Capítulos 8 e 9 - Exemplos*, insira 1 na célula E24 (definindo que a promoção está ativada) e 4 na célula E25 (definindo a promoção no Período 4 — ou seja, abril). Se a Green Thumb oferecer esse desconto em abril, a previsão da demanda é assim mostrada na célula J5:J10 na Figura 9.3. Se comparado ao desconto de janeiro (Figura 9.2), dar desconto em abril requer mais capacidade (em termos de força de trabalho) e leva a um maior estoque sazonal e uma maior falta de estoque por causa do grande salto na demanda em abril. Com o desconto em abril, temos o seguinte:

Custo total no horizonte de planejamento = US$ 438.920
Receita no horizonte de planejamento = US$ 650.140
Lucro no horizonte de planejamento = US$ 211.220

Observe que uma promoção de preço em janeiro resulta em maior lucro para a cadeia de suprimentos, enquanto uma promoção em abril resulta em lucro menor, se comparado à ausência de promoção. Como resultado do processo de PVO, a Red Tomato e a Green Thumb decidem oferecer um desconto no mês fora de pico, janeiro. Embora as receitas sejam maiores quando o desconto é oferecido em abril, o aumento nos custos de operação o torna uma opção menos

	A	B	C	D	E	F	G	H	I	J	K
1	Variáveis de decisão do plano agregado										
2		C_t	D_t	F_t	H_t	E_t	U_t	S_t	P_t		
3	Período	nº contratados	nº demitidos	nº força de trabalho	Horas extras	Estoque	Em falta	Subcontrato	Produção	Demanda	Preço
4	0	0	0	80	0	1.000	0	0			
5	1	0	14	66	0	2.040	0	0	2.640	1.600	40
6	2	0	0	66	0	1.680	0	0	2.640	3.000	40
7	3	0	0	66	0	1.120	0	0	2.640	3.200	40
8	4	0	0	66	0	0	1.260	40	2.640	5.060	39
9	5	0	0	66	0	0	380	0	2.640	1.760	40
10	6	0	0	66	0	500	0	0	2.640	1.760	40
22	Custo total =		$ 438.920								
23						Preço-base		$	40		
24	Receita total =		$ 650.140	Promover? (0/1)	1	Consumo			0,10		
25	Lucro =		$ 211.220	Mês (1/4)	4	Compra antecipada			0,20		

Figura 9.3 Plano agregado ideal ao aplicar desconto no preço em abril, mudando-o para US$ 39.

lucrativa. Uma promoção em janeiro permite que ambas as empresas aumentem o lucro que podem compartilhar.

Note que essa análise só é possível porque varejista e fabricante têm um processo de PVO que facilita a colaboração durante a fase de planejamento. Essa conclusão apoia nossa declaração anterior de que não é apropriado que uma cadeia de suprimentos deixe as decisões de precificação unicamente no domínio dos varejistas e o planejamento agregado unicamente no domínio dos fabricantes, com cada um deles tendo suas próprias previsões. É essencial que previsões, preços e planejamento agregado sejam coordenados em uma cadeia de suprimentos.

A importância de um processo de PVO colaborativo é apoiada ainda mais pelo fato de que a ação ideal é diferente se a maior parte do aumento da demanda vier do crescimento do mercado e da participação de mercado roubada, em vez da compra antecipada. Agora ilustramos o cenário no qual o desconto leva a um maior aumento no consumo.

Quando oferecer uma promoção se o desconto leva a um maior aumento no consumo

Reconsidere a situação em que o desconto de uma unidade de US$ 40 para US$ 39 resulta no aumento da demanda no período em 100% (em vez dos 10% considerados na análise anterior), em razão do consumo aumentado ou da substituição. A equipe da cadeia de suprimentos quer determinar se é preferível oferecer o desconto em janeiro ou abril sob essas condições. Para simular esse cenário, mude a entrada na célula H24 (aumento no consumo) da planilha *Capítulos 8 e 9 - Exemplos*, de 0,10 (10%) para 1,00 (100%). Defina a entrada na célula E24 para 1, definindo que a promoção está ativada. O caso-base quando nenhuma promoção é oferecida permanece imutável na Figura 9.1. Agora, repetiremos a análise para os casos em que a promoção é oferecida em janeiro (fora do pico) e em abril (no pico).

IMPACTO DE OFERECER UMA PROMOÇÃO EM JANEIRO Para a promoção de janeiro, defina a entrada na célula E25 como 1 (Período 1, janeiro). Se o desconto for oferecido em janeiro, a previsão de demanda de janeiro é obtida como $(1.600 \times 2) + [0,2 \times (3.000 + 3.200)] = 4.400$. É muito mais alta do que a mesma previsão na Figura 9.2 porque supusemos que o consumo no mês de promoção aumente em 100%, em vez dos 10% supostos anteriormente. A previsão de demanda para a promoção de janeiro com o aumento maior no consumo é mostrada nas células J5:J10 na Figura 9.4.

Com o desconto em janeiro, a equipe obtém o seguinte:

Custo total no horizonte de planejamento = US$ 456.880
Receita no horizonte de planejamento = US$ 699.560
Lucro no horizonte de planejamento = US$ 242.680

	A	B	C	D	E	F	G	H	I	J	K
1	Variáveis de decisão do plano agregado										
2		C_t	D_t	F_t	H_t	E_t	U_t	S_t	P_t		
3	Período	nº contratados	nº demitidos	nº força de trabalho	Horas extras	Estoque	Em falta	Subcontrato	Produção	Demanda	Preço
4	0	0	0	80	0	1.000	0	0			
5	1	0	0	80	0	0	140	100	3.200	4.440	39
6	2	0	11	69	0	220	0	0	2.760	2.400	40
7	3	0	0	69	0	420	0	0	2.760	2.560	40
8	4	0	0	69	0	0	620	0	2.760	3.800	40
9	5	0	0	69	0	0	60	0	2.760	2.200	40
10	6	0	0	69	0	500	0	0	2.760	2.200	40
22	Custo total =		$ 456.880								
23							Preço-base		$ 40		
24	Receita total =		$ 699.560	Promover? (0/1)	1	Consumo		1,00			
25	Lucro =		$ 242.680	Mês (1/4)	1	Compra antecipada		0,20			

Figura 9.4 Plano agregado ideal ao aplicar desconto no preço em janeiro, mudando-o para US$ 39 com aumento maior na demanda.

Observe que uma promoção de janeiro, quando o aumento do consumo é maior, resulta em um maior lucro do que no caso-base (Figura 9.1).

IMPACTO DE OFERECER UMA PROMOÇÃO EM ABRIL Para a promoção de abril, defina a entrada na célula E25 como 4 (Período 4, abril). Se o desconto for oferecido em abril, a previsão de demanda de abril é obtida como $(3.800 \times 2) + [0,2 \times (2.200 + 2.200)] = 8.840$. Com uma promoção em abril e um maior aumento no consumo, o pico de abril é muito maior na Figura 9.5 em comparação ao pico de demanda na Figura 9.4 (com a promoção de janeiro). Para uma promoção de abril com maior aumento no consumo, o resultado da previsão da demanda é mostrado nas células J5:J10 na Figura 9.5. O plano agregado ideal é obtido usando o Solver e mostrado na Figura 9.5.

Com o desconto em abril, a equipe obtém o seguinte:

Custo total no horizonte de planejamento = US$ 536.200
Receita no horizonte de planejamento = US$ 783.520
Lucro no horizonte de planejamento = US$ 247.320

Ao comparar as figuras 9.5 e 9.4, observe que com uma promoção em abril (Figura 9.5) não há demissões e a força total de trabalho é mantida. A promoção em abril necessita de um nível muito mais alto de estoque sazonal e também usa acúmulos de estoque e subcontratação em uma extensão maior que a promoção de janeiro. É claro que o custo cresce de modo significativo com a promoção de abril. A observação interessante é que as receitas crescem ainda mais (por conta do grande aumento do consumo), fazendo o lucro geral aumentar com uma promoção de abril em comparação a uma promoção em janeiro. Como resultado, quando o aumento no consumo decorrente de desconto é maior e a compra antecipada é uma pequena parte do aumento na demanda a partir do desconto, a cadeia de suprimentos se sai melhor oferecendo desconto no pico da demanda, que é o mês de abril, mesmo que essa ação eleve de modo significativo os custos da cadeia de suprimentos.

Exatamente como já discutimos, o plano agregado ideal e a lucratividade também podem ser determinados para o caso em que o preço unitário é US$ 31 (insira 31 na célula H23) e o preço com desconto é de US$ 30. Os resultados dos diversos casos são resumidos na Tabela 9.3.

Pelos resultados na Tabela 9.3, podemos chegar às seguintes conclusões com relação ao impacto das promoções.

1. Como vimos na Tabela 9.3, o estoque médio aumenta se uma promoção for feita durante o período de pico e diminui se for feita fora desse período.

2. A promoção durante um mês de pico de demanda pode diminuir a lucratividade geral se uma fração significativa desse aumento resultar de uma compra antecipada. Na Tabela 9.3, observe que realizar uma promoção em abril diminui a lucratividade quando a compra antecipada é de 20% e o aumento na demanda pelo maior consumo e substituição é de 10%.

	A	B	C	D	E	F	G	H	I	J	K
1	Variáveis de decisão do plano agregado										
2		C_t	D_t	F_t	H_t	E_t	U_t	S_t	P_t		
3	Período	nº contratados	nº demitidos	nº força de trabalho	Horas extras	Estoque	Em falta	Subcontrato	Produção	Demanda	Preço
4	0	0	0	80	0	1.000	0	0			
5	1	0	0	80	0	2.600	0	0	3.200	1.600	40
6	2	0	0	80	0	2.800	0	0	3.200	3.000	40
7	3	0	0	80	0	2.800	0	0	3.200	3.200	40
8	4	0	0	80	0	0	2.380	100	3.200	8.480	39
9	5	0	0	80	0	0	940	0	3.200	1.760	40
10	6	0	0	80	0	500	0	0	3.200	1.760	40
22	Custo total =		$ 536.200								
23							Preço-base	$	40		
24	Receita total =		$ 783.520	Promover? (0/1)	1	Consumo		1,00			
25	Lucro =		$ 247.320	Mês (1/4)	4	Compra antecipada		0,20			

Figura 9.5 Plano agregado ideal ao aplicar desconto no preço em abril, mudando-o para US$ 39 com aumento maior na demanda.

3. Conforme o consumo aumenta a partir do crescimento do desconto e a compra antecipada se torna uma fração menor do aumento da demanda a partir de uma promoção, é mais lucrativo promover durante o período de pico. Pela Tabela 9.3, para um preço de venda de US$ 40, o ideal é fazer promoção no mês de janeiro, fora do pico, quando a compra antecipada é de 20% e o consumo aumentado é de 10%. Contudo, quando a compra antecipada é de 20% e o consumo aumentado é de 100%, o ideal é promover no mês de pico, abril.

4. À medida que a margem do produto diminui, fazer promoção durante o período de pico de demanda é menos lucrativo. Na Tabela 9.3, observe que, para um preço unitário de US$ 40, o ideal é fazer promoção em abril, mês de pico, quando a compra antecipada é de 20% e o consumo aumentado é de 100%. Por outro lado, se o preço unitário é US$ 31, o ideal é promover no mês de janeiro, fora do pico, pelo mesmo nível de compra antecipada e aumento no consumo.

Um ponto-chave dos exemplos da cadeia de suprimentos da Red Tomato que consideramos neste capítulo é que, quando uma empresa enfrenta demanda sazonal, ela deve usar uma combinação de preço (para gestão da demanda) e produção e estoque (para gestão da oferta) para melhorar a lucratividade. O uso exato de cada alavanca varia com a situação. Isso torna essencial que as empresas em uma cadeia de suprimentos coordenem seus esforços de previsão e planejamento por meio de um processo de PVO. Só então os lucros são maximizados.

Tabela 9.3 Desempenho da cadeia de suprimentos sob diferentes cenários.

Preço normal	Preço com promoção	Período de promoção	Percentual de aumento na demanda	Percentual de compra antecipada	Lucro	Média de estoque
US$ 40	US$ 40	ND*	ND	ND	US$ 217.340	875
US$ 40	US$ 39	Janeiro	10%	20%	US$ 221.320	515
US$ 40	US$ 39	Abril	10%	20%	US$ 211.220	932
US$ 40	US$ 39	Janeiro	100%	20%	US$ 242.680	232
US$ 40	US$ 39	Abril	100%	20%	US$ 247.320	1.492
US$ 31	US$ 31	ND	ND	ND	US$ 73.340	875
US$ 31	US$ 30	Janeiro	100%	20%	US$ 84.280	232
US$ 31	US$ 30	Abril	100%	20%	US$ 69.120	1.492

* Não disponível.

9.5 Implementação do planejamento de vendas e operações na prática

1. *Coordene o planejamento entre as empresas na cadeia de suprimentos.* Para uma cadeia de suprimentos gerir a variabilidade previsível de modo bem-sucedido, a cadeia inteira deve trabalhar voltada para o objetivo de maximizar a lucratividade. Cada membro de uma cadeia de suprimentos pode concordar com isso como sendo de importância principal. Na realidade, porém, é muito difícil que uma cadeia inteira concorde sobre como maximizar a lucratividade. As empresas têm trabalho até mesmo para fazer com que diferentes funções dentro delas planejem de forma colaborativa. Os incentivos desempenham papel importante nisso. Dentro de uma empresa, o marketing muitas vezes tem incentivos com base na receita, enquanto operações têm incentivos com base no custo. Dentro de uma cadeia de suprimentos, diferentes empresas são julgadas por sua própria lucratividade, não necessariamente pela lucratividade geral da cadeia. Pelos exemplos considerados anteriormente, é claro que, sem o foco em fazer que as empresas trabalhem juntas, uma cadeia de suprimentos subotimizará lucros. A colaboração deverá ocorrer por meio da formação de equipes conjuntas. Os incentivos dos membros de uma cadeia devem estar alinhados. O suporte de alto nível dentro de uma organização é necessário porque essa coordenação frequentemente requer que os grupos atuem contra seus procedimentos operacionais tradicionais. Embora essa colaboração seja difícil, os resultados são significativos. O conceito de previsão, planejamento e reposição colaborativos é discutido de modo detalhado no Capítulo 10.

2. Leve em consideração a variabilidade previsível ao tomar decisões estratégicas. A variabilidade previsível tem um impacto tremendo sobre as operações de uma empresa. Uma companhia sempre precisa levar em conta esse impacto ao tomar decisões estratégicas. Contudo, nem sempre a variabilidade previsível é considerada quando são feitos planos estratégicos, como que tipo de produtos serão ofertados, se novas instalações devem ser construídas ou não, e que tipo de estrutura de preços uma empresa deverá ter. Conforme indicado neste capítulo, o nível de lucratividade é bastante afetado pela variabilidade previsível e, portanto, o sucesso ou o fracasso das decisões estratégicas podem ser determinados por ela.

3. Assegure-se de que a liderança domina o processo de PVO. A função do proprietário do processo de PVO é como a do maestro de uma orquestra — juntar diferentes funções e organizações em uma cadeia de suprimentos. Dados os interesses da competição, o alinhamento é improvável, a menos que o proprietário do processo de PVO seja um líder sênior com autoridade suficiente.

4. Garanta que o processo de PVO modifique os planos quando a realidade ou as previsões mudarem. É importante que alertas antecipados sejam estabelecidos no processo de PVO. Uma mudança nas circunstâncias de demanda ou oferta pode deixar a realidade diferente do plano. Em tal situação, é fundamental que os planejadores alertem a cadeia de suprimentos com relação ao plano antigo e ofereçam um novo, que considere essas mudanças. Mesmo que não haja alertas em curto prazo, a saída do processo de PVO deverá ser modificada à medida que as previsões ou planos de marketing forem ajustados.

9.6 Resumo dos objetivos de aprendizagem

1. Administrar a oferta para melhorar o sincronismo em uma cadeia de suprimentos em caso de variabilidade previsível. Para gerir a oferta com o objetivo de maximizar o lucro, as empresas precisam administrar sua capacidade por meio do uso de flexibilidade da força de trabalho, subcontratação, instalações duais e flexibilidade de produto. As empresas podem reduzir o estoque necessário, enfatizando partes comuns e fabricando e mantendo produtos com demanda previsível com antecedência. Essas metodologias, combinadas com o planejamento agregado, permitem que uma empresa faça gestão da oferta com eficiência.

2. Gerir a demanda para melhorar o sincronismo em uma cadeia de suprimentos em caso de variabilidade previsível. Para gerir a demanda com o objetivo de maximizar o lucro, as empresas devem tomar decisões sobre preço e promoção, que combinem com a demanda da oferta. A época das promoções pode ter um impacto tremendo sobre a demanda. Portanto, usar o preço para moldar a demanda pode ajudar a sincronizar a cadeia de suprimentos.

3. Usar o planejamento de vendas e operações para maximizar a lucratividade em caso de variabilidade previsível em uma cadeia de suprimentos. Para lidar com a variabilidade previsível de maneira que se maximize os lucros, as cadeias de suprimentos devem coordenar a gestão da oferta e da demanda. Isso requer um planejamento coordenado por todos os estágios da cadeia para selecionar planos de promoção e planos agregados que maximizem o lucro.

Perguntas para discussão

1. Quais são alguns obstáculos à criação de uma força de trabalho flexível? Quais são os benefícios?
2. Discuta por que o uso de subcontratados para lidar com a demanda de pico pode muitas vezes possibilitar que uma empresa atenda a demanda a um custo menor.
3. Em que indústrias você poderia ver tipos de instalações duais (algumas instalações focando em apenas um tipo de produto e outras capazes de produzir grande variedade)? Em que indústrias isso seria relativamente raro? Por quê?
4. Discuta como você estabeleceria um mecanismo de colaboração para as empresas em uma cadeia de suprimentos.
5. Quais são algumas linhas de produtos que usam peças comuns para muitos deles? Quais são as vantagens de fazer isso?
6. Discuta como uma empresa pode fazer que vendas e operações trabalhem juntos com o objetivo comum de coordenar oferta e demanda para maximizar a lucratividade.
7. Como uma empresa pode usar a política de preços para mudar os padrões de demanda?
8. Por que uma empresa desejaria oferecer promoções de preço em seus períodos de pico de demanda?
9. Por que uma empresa desejaria oferecer promoções de preço durante seus períodos de baixa demanda?

Exercícios

1. A Lavare, localizada nos subúrbios de Chicago, é um fabricante importante de pias de aço inoxidável. A empresa está no meio do exercício de planejamento de demanda e oferta para o ano seguinte. A demanda mensal prevista pelos distribuidores por 12 meses é mostrada na Tabela 9.4.

   A capacidade na Lavare é controlada pelo número de operadores de máquina que ela contrata. A empresa funciona 20 dias por mês, com um turno operacional normal de oito horas por dia. Qualquer hora depois disso é considerada extra. O pagamento normal é de US$ 15 por funcionário e a hora extra custa US$ 22 cada. As horas extras são limitadas a 20 por funcionário ao mês. A fábrica atualmente possui 250 funcionários. Cada pia requer duas horas de mão de obra. Custa US$ 3 manter uma pia no estoque por um mês. O custo de material por pia é de US$ 40. As pias são vendidas aos distribuidores por US$ 125 cada. Consideramos que nenhuma falta de estoque é permitida e que o estoque inicial em janeiro é de 5.000 unidades e o estoque final desejado em dezembro é também de 5.000 unidades.

   A pesquisa de marketing indicou que uma promoção reduzindo os preços em 1% em determinado mês aumentará as vendas em 20% nesse mês e antecipará 10% da demanda de cada um dos dois meses seguintes. Assim, uma queda de 1% no preço em março aumenta as vendas nesse mês em 3.000 (= 0,2 × 15.000) e desloca 1.800 (= 0,1 × 18.000) unidades na demanda de abril e 2.500 (= 0,1 × 25.000) unidades de maio para março.

   a. Qual é o plano de produção ideal para o ano se consideramos que não haverá promoções? Qual é o lucro anual obtido com esse plano? Qual é o custo desse plano?

   b. É melhor fazer promoção em abril ou em julho? Quanto aumento no lucro pode ser alcançado como resultado?

   c. Se as pias forem vendidas por US$ 250 em vez de US$ 125, a decisão sobre a época da promoção muda? Por quê?

2. Considere os dados para a Lavare no Exercício 1. Agora, consideramos que a empresa pode mudar o tamanho da força de trabalho demitindo ou contratando funcionários. Contratar um novo funcionário gera um custo de US$ 1.000, enquanto demitir um funcionário gera um custo de demissão de US$ 2.000.

   a. Qual é o plano de produção ideal para o ano se consideramos que não haverá promoções? Qual é o lucro anual com esse plano? Qual é o custo desse plano?

   b. É melhor fazer promoção em abril ou em julho? Quanto aumento no lucro pode ser alcançado como resultado?

   c. Se o custo de manutenção para as pias aumentasse de US$ 3 para US$ 5 por mês, a decisão da época de promoção mudaria? Justifique.

3. Retorne aos dados para a Lavare no Exercício 1. Agora, suponha que um terceiro tenha se oferecido para produzir pias a US$ 74 a unidade. Como essa mudança afeta o plano de produção ideal sem uma promoção? Como essa mudança afeta a época ideal de uma promoção? Explique as mudanças.

4. A Jumbo fabrica bicicletas para todas as idades. A previsão de demanda para o ano seguinte é exibida na Tabela 9.5.

   A capacidade na Jumbo é limitada pelo número de funcionários que a empresa contrata. Os funcionários recebem US$ 10 por hora normal e US$ 15 por hora extra. Cada bicicleta requer duas horas de trabalho de um funcionário. A fábrica funciona durante 20 dias por mês e oito horas de horário normal por dia. As horas extras são restritas a um máximo de 20 horas ao mês por funcionário. A Jumbo atualmente tem 250 funcionários e prefere não mudar esse número.

   Cada bicicleta usa US$ 35 de material. Manter uma bicicleta em estoque de um mês para o outro custa US$ 4. A Jumbo começa com 4 mil bicicletas no estoque e deseja terminar o ano com a mesma quantidade. As bicicletas atualmente são vendidas aos varejistas por US$ 80 cada. O mercado é dividido entre a Jumbo e sua concorrente, a Shrimpy.

   A Jumbo está no processo de tomar suas decisões de planejamento de produção e promoção. A empresa quer considerar apenas os planos sem quaisquer faltas de estoque. Uma opção é reduzir o preço de venda em US$ 3 (US$ 80 para US$ 77) para um mês no ano. O resultado dessa ação pela Jumbo é influenciado pela ação tomada pela Shrimpy. Se nenhuma empresa fizer promoção, a demanda prevista para a Jumbo é a mostrada na Tabela 9.5. Se a Jumbo fizer promoção em determinado mês, mas a Shrimpy não, a empresa vê o consumo (este não inclui a compra antecipada) nesse mês aumentar em 40% e a compra antecipada de 10% de cada um dos dois meses seguintes. Se a Shrimpy fizer promoção em determinado mês, mas a Jumbo não, a empresa verá o consumo no mês cair em 40%, sem mudança nos outros meses. Se ambos fizerem promoções em determinado mês, ninguém observa um aumento no consumo, mas ambos observam a compra antecipada de 15% de cada um dos dois meses seguintes. O debate dentro da Jumbo é se ela fará promoção e, se o fizer, se será em abril ou em junho. Para as perguntas a seguir, suponha que a Shrimpy e a Jumbo possuam demandas semelhantes.

   a. Qual é o plano de produção ideal para a Jumbo, considerando que nem a Jumbo nem a Shrimpy farão promoção? Quais são os lucros anuais para a Jumbo?

   b. Quais serão os lucros para a Jumbo se a Shrimpy fizer promoção em abril, mas a Jumbo não o fizer durante todo o ano (pois elas mantêm a política de preços baixos todo dia)? Quais são os lucros para a Jumbo se ela fizer promoção em abril, mas a Shrimpy não o fizer durante todo o ano? Comente sobre o benefício de fazer promoção *versus* a perda de não promover se o concorrente o fizer.

   c. Quais serão o plano de produção ideal e os lucros se ambas fizerem promoções em abril? E se ambas o fizerem em junho?

Tabela 9.4 Demanda mensal antecipada na Lavare.

Mês	Demanda	Mês	Demanda
Janeiro	10.000	Julho	30.000
Fevereiro	11.000	Agosto	29.000
Março	15.000	Setembro	21.000
Abril	18.000	Outubro	18.000
Maio	25.000	Novembro	14.000
Junho	26.000	Dezembro	11.000

Tabela 9.5 Demanda mensal prevista na Jumbo.

Mês	Demanda	Mês	Demanda
Janeiro	12.000	Julho	24.000
Fevereiro	11.000	Agosto	20.000
Março	14.000	Setembro	15.000
Abril	20.000	Outubro	10.000
Maio	25.000	Novembro	11.000
Junho	27.000	Dezembro	10.000

E se a Jumbo fizer em abril e a Shrimpy em junho? E se a Jumbo fizer promoção em junho e a Shrimpy em abril?

d. Qual será a melhor decisão para a Jumbo se ela puder coordenar sua decisão com a Shrimpy?

e. Qual será a melhor decisão para a Jumbo se ela quiser maximizar seus lucros mínimos, não importando o que a Shrimpy faça?

5. Agora, reconsideremos a questão dos concorrentes e das promoções no contexto de um produto de consumo, como detergente, para o qual a demanda é relativamente estável durante o ano. A Q&H é um importante fabricante de detergente, com uma previsão de demanda para o próximo ano como mostra a Tabela 9.6 (em toneladas).

A capacidade na Q&H é controlada pelo número de horas que a linha de produção funciona. A linha requer uma equipe de cem funcionários. Os funcionários recebem US$ 10 por hora normal e US$ 15 por hora extra. Cada tonelada de detergente requer uma hora de operação da linha. A fábrica funciona 20 dias por mês, dois turnos por dia e oito horas por turno no horário normal. As horas extras são restritas a um máximo de 20 horas ao mês por funcionário.

Cada tonelada de detergente usa US$ 1.000 de material. Manter uma tonelada de detergente no estoque de um mês para o outro custa US$ 100. A Q&H começa com 150 toneladas em estoque e deseja terminar com o mesmo nível. Durante os meses intermediários, a empresa deseja ter pelo menos cem toneladas de estoque. O detergente atualmente é vendido aos varejistas por US$ 2.600 a tonelada. O mercado de detergente é compartilhado entre a Q&H e sua concorrente, a Unilock.

Tabela 9.6 Demanda mensal prevista na Q&H.

Mês	Demanda	Mês	Demanda
Janeiro	280	Julho	291
Fevereiro	301	Agosto	277
Março	277	Setembro	304
Abril	302	Outubro	291
Maio	285	Novembro	302
Junho	278	Dezembro	297

A Q&H está no processo de tomar suas decisões de planejamento de produção e promoções. A empresa quer considerar apenas os planos, sem falta de estoque. Uma opção é reduzir o preço de venda em US$ 260 por tonelada (de US$ 2.600 para US$ 2.340) por um mês no ano. O resultado dessa ação é influenciado pela ação tomada pela Unilock. Se nenhuma empresa fizer promoção, a demanda prevista para a Q&H é a mostrada na Tabela 9.6. Se a Q&H fizer promoção em determinado mês, mas a Unilock não, a empresa verá o consumo (sem incluir a compra antecipada) nesse mês aumentar 50% e a compra antecipada de 20% de cada um dos dois meses seguintes. Se a Unilock fizer promoção em determinado mês, mas a Q&H não, esta observará o consumo no mês cair 50%. Se ambas fizerem promoção em determinado mês, nenhuma terá aumento no consumo, mas ambas observarão a compra antecipada de 25% de cada um dos dois meses seguintes. O debate dentro da Q&H é se ela fará promoção e, se o fizer, se será em abril ou em junho. Para as perguntas a seguir, considere que a demanda da Unilock é semelhante à da Q&H.

a. Qual é o plano de produção ideal para a Q&H, considerando que ambas não farão promoções? Quais são os lucros anuais para a Q&H?

b. Quais serão os lucros para a Q&H se a Unilock fizer promoção em abril, mas a Q&H não o fizer durante todo o ano (eles mantêm a política de preços baixos todo dia)? Quais serão os lucros para a Q&H se ela fizer promoção em abril, mas a Unilock não o fizer durante todo o ano? Comente sobre o benefício de fazer promoção *versus* a perda de não promover se o concorrente o fizer.

c. Quais serão o plano de produção ideal e os lucros se ambas fizerem promoções em abril? E se ambas fizerem em junho? E se a Q&H fizer em abril e a Unilock em junho? E se a Q&H fizer promoção em junho e a Unilock em abril?

d. Qual será a melhor decisão para a Q&H se ela puder coordenar sua decisão com a Unilock?

e. Qual será a melhor decisão para a Q&H se ela quiser maximizar seus lucros mínimos, não importa o que a Unilock faça?

6. Retorne aos dados do Exercício 5. Suponha que a Q&H tenha um terceiro disposto a fabricar detergente conforme a necessidade por US$ 2.300/tonelada. Repita a análise para todas as perguntas de (a) até (e).

Referências

BRANDEL, W. The Persistent Gap Between Supply and Demand. *CSMP's Supply Chain Quarterly*, Q4, p. 52–57, 2007.

CHEN, C.; HASAN, N. How to Succeed with Supply Chain Planning. *Supply Chain Management Review*, p. 30–36, jul./ago. 2008.

GEARY, S.; CHILDERHOUSE, P.; TOWILL, D. Uncertainty and the Seamless Supply Chain. *Supply Chain Management Review*, p. 52–61, jul./ago. 2002.

IYENGAR, C.; GUPTA, S. Building Blocks for Successful S&OP. *Supply Chain Management Review*, p. 10–17, nov. 2013.

MARIEN, E. J. Why Focus on Demand Usage Management? *Supply Chain Management Review*, p. 42–48, out. 2008.

MARTIN, A. J. Capacity Planning: The Antidote to Supply Chain Constraints. *Supply Chain Management Review*, p. 62–67, nov./dez. 2001.

MITCHELL, P. Supply Analytics: An Overlooked Opportunity. *Supply Chain Management Review*, p. 26–33, jul./ago. 2012.

PROKOPETS, L. S&OP: What You Can Learn from the Top Performers. *Supply Chain Management Review*, p. 28–35, maio/jun. 2012.

UPTON, H.; SINGH, H. Balanced S&OP: Sunsweet Growers' Story. *Supply Chain Management Review*, p. 51–59, mar. 2007.

Estudo de caso

Mintendo Game Girl

É final de junho e Sandra Huchim, diretora de operações da Mintendo, e Bill Smith, diretor de vendas da We "R" Toys, estão para se reunir e discutir planos de produção e marketing para os próximos seis meses. A Mintendo é o fabricante do popular jogo eletrônico portátil Game Girl, vendido exclusivamente pela rede de lojas We "R" Toys. A segunda metade do ano é decisiva para o sucesso do Game Girl, pois a maior parte de suas vendas ocorre durante o período de compras de fim de ano.

Sandra está preocupada com o impacto do surto de demanda para a próxima temporada sobre sua linha de produção. Os custos para subcontratar a montagem dos Game Girls deverão aumentar, e ela tem tentado reduzir os custos, visto que seu bônus depende do nível dos custos de produção.

Bill está preocupado com as lojas de brinquedos concorrentes ganhando participação nos jogos eletrônicos portáteis durante o período de compras para o Natal. Ele tem visto muitas empresas perderem sua participação por deixarem de alinhar os preços com o desempenho de seus produtos. Ele gostaria de maximizar a participação de mercado do Game Girl no mercado de jogos eletrônicos portáteis.

As equipes de Sandra e Bill produzem uma previsão conjunta de demanda pelos próximos seis meses, como mostra a Tabela 9.7.

A We "R" Toys vende o Game Girls por US$ 50 a peça. Ao final de junho, a empresa tem um estoque de 50.000 Game Girls. A capacidade da instalação de produção é definida unicamente pelo número de trabalhadores que montam os aparelhos. Ao final de junho, a empresa tem uma força de trabalho de 300 funcionários, cada um trabalhando oito horas normais a US$ 15/hora por 20 dias a cada mês. As regras de trabalho exigem que nenhum funcionário trabalhe mais do que 40 horas extras por mês. Os diversos custos são mostrados na Tabela 9.8.

Sandra, preocupada em controlar os custos durante os períodos de maior demanda nos feriados, propõe a Bill que o

Tabela 9.7 Demanda da Game Girls.

Mês	Previsão de demanda
Julho	100.000
Agosto	110.000
Setembro	130.000
Outubro	180.000
Novembro	250.000
Dezembro	300.000

Tabela 9.8 Custos para a Mintendo/We "R" Toys.

Item	Custo
Custo de material	US$ 12/unidade
Custo de estoque mantido	US$ 2/unidade/mês
Custo marginal do acúmulo de estoque	US$ 10/unidade/mês
Custos de treinamento e contratação	US$ 3.000/funcionário
Custos de demissão	US$ 5.000/funcionário
Horas de trabalho necessárias	0,25 h/unidade
Custo de horas normais	US$ 15/horas
Custo de horas extras	US$ 22/horas
Custo de subcontratação	US$ 18/unidade

preço seja reduzido em US$ 5 para o mês de setembro. Isso provavelmente aumentaria a demanda de setembro em 50%, em decorrência de novos clientes serem atraídos à compra do Game Girl. Além disso, 30% da demanda de cada um dos dois meses seguintes ocorreria em setembro, na forma de compras antecipadas. Ela acredita firmemente que esse nivelamento de demanda ajudará a empresa.

Bill, em contrapartida, tem a ideia de oferecer a mesma promoção em novembro, no meio da estação de compras. Nesse caso, a promoção aumenta a demanda de novembro em 50% em decorrência de novos clientes sendo atraídos à compra do Game Girl. Além disso, 30% da demanda de dezembro ocorreria em novembro, na forma de compras antecipadas. Bill deseja aumentar a receita e não vê melhor forma de fazer isso do que oferecer uma promoção durante a estação de pico.

Questões para estudo

1. Qual opção oferece o máximo de lucro para a cadeia de suprimentos: o plano de Sandra, o plano de Bill ou nenhum plano de promoção? Suponha que o estoque começa e termina em zero.
2. Como sua resposta mudaria se fosse preciso dar um desconto de US$ 10 para se chegar ao mesmo nível de impacto que o desconto de US$ 5 recebeu?
3. Suponha que os temores de Sandra sobre o aumento nos custos de aquisição externa se tornem realidade e o custo suba para US$ 22/unidade para a subcontratação. Isso muda a decisão quando o desconto for de US$ 5?

Estudo de caso

Desafios de promoção na Gulmarg Skis

A gestão da Gulmarg Skis ficou surpresa na última estação, quando um concorrente, a Kitz, fez um desconto de US$ 50 em outubro. Em um mercado em que descontos são raros, esse foi um passo não usual dado pela Kitz. Como resultado, a Gulmarg viu uma queda significativa nas vendas entre outubro e janeiro. A empresa não queria ser pega despreparada na próxima estação e estava planejando sua resposta. Duas alternativas consideradas na Gulmarg eram promover em outubro ou dezembro. A Gulmarg não poderia estimar precisamente o que a Kitz faria a respeito de suas promoções, mas sentiu que a concorrente tendia a repetir sua promoção de outubro, dado seu sucesso no ano anterior.

A Gulmarg e a Kitz competiram em esquis de alta performance e venderam direto aos consumidores finais. As empresas orgulhavam-se de seu notável equipamento artesanal, usando apenas os melhores materiais. Ambas eram conhecidas pela alta qualidade de seus esquis e pelo fato de que os clientes podem criar sua própria estampa. Embora cada empresa tenha um público fiel, havia uma fração significativa de clientes que era feliz em comprar esquis de qualquer um. É por esse grupo que as duas empresas estavam competindo por meio de descontos de preços.

A venda de esquis era altamente sazonal, ocorrendo entre outubro e março, como mostra a Tabela 9.9. A capacidade de produção na fábrica era limitada pelo número de funcionários que a Gulmarg contratava. Eles eram pagos a US$ 15 por hora normal e US$ 23 por hora extra. Cada par de esquis necessita de 4 horas de trabalho. A fábrica trabalhava 20 dias por mês, 8 horas por dia em horário comercial. As horas extras eram restritas a um máximo de 40 horas por pessoa ao mês. A Gulmarg empregava um total de 60 trabalhadores e sentia que deveria retê-los, mesmo nos meses em que a procura fosse abaixo da capacidade fornecida. Dadas as exigências de qualificações elevadas, a empresa tinha dificuldade de encontrar as pessoas adequadas e, como resultado, poderia contratar apenas até um máximo de 10 funcionários temporários. Em outras palavras, o número de funcionários poderia oscilar entre 60 e 70. Contratar cada temporário custa US$ 500, e as demissões custam US$ 800 por pessoa.

Cada par de esqui utiliza material no valor de US$ 300, na sua maioria sob a forma de fibra de carbono caro, de plástico e ligas. Manter um par de esquis em estoque de um mês para o outro custa US$ 10. Dada a natureza sazonal da demanda, a Gulmarg começou outubro com um estoque de 2.000 pares de esquis e preferiu terminar março sem nenhum estoque. Qualquer sobra de estoque no final de março custa à Gulmarg o equivalente a US$ 500 por par por causa do desconto necessário para vendê-lo. Os clientes não estavam dispostos a esperar pelos esquis, então a Gulmarg perdeu todas as vendas que não podia atender em um mês por conta da produção e estoque insuficientes. Os esquis da Gulmarg custavam normalmente US$ 800 o par.

Antes de elaborar seus planos de produção, a Gulmarg tinha feito uma pesquisa de marketing para compreender plenamente o impacto das promoções no comportamento do cliente. Baixar o preço de US$ 800 para US$ 750 atraiu novos clientes, mas também resultou em clientes existentes deslocando o momento de sua compra para aproveitar o desconto. O comportamento do cliente também foi afetado por medidas tomadas pela concorrente, a Kitz. Se apenas uma das duas empresas promovesse em um determinado mês, ela veria um aumento de 40% nas vendas para o mês e um movimento antecipado de 20% da demanda a partir de cada um dos três meses seguintes. Em outras palavras, se a Gulmarg promovesse em outubro, mas a Kitz não, a Gulmarg observaria um aumento de 40% na demanda de outubro e uma mudança de 20% da demanda a partir de novembro, dezembro e janeiro a outubro. A concorrente que não promoveu experimentou uma queda de 20% nas vendas para o mês de promoção e uma diminuição de 10% nas vendas para cada um dos três meses seguintes. Se uma das empresas promovesse em outubro e a outra em dezembro, as mudanças na demanda seriam cumulativas, com a promoção de outubro tendo o primeiro impacto, seguido pela promoção de dezembro. Em outras palavras, a demanda para cada empresa mudaria a partir daquela apresentada na Tabela 9.9, com base na promoção de outubro. A promoção de dezembro, em seguida, afetaria a demanda revista. Por exemplo, se a Kitz promovesse em outubro e a Gulmarg escolhesse promover em dezembro, a Gulmarg observaria uma queda de 20% na demanda em outubro e de 10% na demanda em novembro, dezembro e janeiro em comparação aos valores da Tabela 9.9. A promoção de dezembro, então, aumentaria a demanda em dezembro em 40% da quantidade reduzida (por causa da promoção anterior da Kitz). Da mesma forma, a compra antecipada a partir de janeiro também seria com base na quantidade reduzida por conta da promoção de outubro pela Kitz. A compra antecipada de fevereiro e março seria baseada na demanda não afetada pela promoção de outubro pela Kitz. Se ambas as empresas promovessem em determinado mês, cada uma experimentaria um crescimento de 10% para esse mês, além de compra antecipada equivalente a 20% da demanda de cada um dos três meses seguintes.

A Gulmarg deveria promover? Se sim, em qual mês? Se não, por quê?

Tabela 9.9 Previsão de demanda da Gulmarg Skis.

Mês	Previsão de demanda
Outubro	1.600
Novembro	2.400
Dezembro	4.200
Janeiro	3.800
Fevereiro	2.200
Março	2.200

CAPÍTULO 10

Coordenação em uma cadeia de suprimentos

» OBJETIVOS DE APRENDIZAGEM

Depois de ler este capítulo, você será capaz de:

1. Descrever a coordenação da cadeia de suprimentos, o efeito chicote e seu impacto sobre o desempenho da cadeia.
2. Identificar obstáculos para a coordenação em uma cadeia de suprimentos.
3. Discutir sobre as alavancas de gestão que ajudam a alcançar coordenação em uma cadeia de suprimentos.
4. Compreender as diferentes formas de planejamento colaborativo, previsão e reposição possíveis em uma cadeia de suprimentos

Neste capítulo, estenderemos as ideias apresentadas no Capítulo 9 e focaremos em melhorar a coordenação por meio da cadeia de suprimentos. Discutiremos como a falta de coordenação leva a uma degradação da responsividade e a um aumento em custo dentro de uma cadeia de suprimentos. Descreveremos vários obstáculos que levam a essa falta de coordenação e variabilidade exacerbada ao longo da cadeia. Depois, identificaremos as alavancas de gestão que podem ajudar a contornar os obstáculos e conseguir coordenação. Discutiremos, especialmente, como a colaboração pode melhorar o desempenho da cadeia de suprimentos.

10.1 Falta de coordenação da cadeia de suprimentos e o efeito chicote

A *coordenação da cadeia de suprimentos* melhora se todos os estágios da cadeia realizarem ações que, juntas, aumentem seu excedente total. A coordenação da cadeia de suprimentos requer que cada estágio leve em consideração o impacto que suas ações têm sobre os outros estágios.

A falta de coordenação ocorre tanto por haver diferentes estágios da cadeia de suprimentos com objetivos em conflito ou porque a informação que se move entre os estágios é atrasada e distorcida. Diferentes estágios de uma cadeia podem ter objetivos conflitantes se cada estágio tentar maximizar seus próprios lucros, resultando em ações que normalmente diminuem os lucros totais da cadeia de suprimentos (ver capítulos 11, 13 e 15). Hoje, as cadeias de suprimentos consistem em estágios com muitos proprietários diferentes. Por exemplo, a Ford Motor Company possui milhares de fornecedores, da Goodyear à Motorola, e cada um deles, por sua vez, tem muitos fornecedores. Não somente cada estágio foca em seus próprios objetivos, mas a informação é também distorcida enquanto se move pela cadeia de suprimentos, pois a informação completa não é compartilhada entre os estágios. Essa distorção é aumentada pelo fato de que as cadeias de suprimentos hoje produzem grande variedade de produtos. A Ford produz muitos modelos diferentes com várias opções para cada modelo. A maior variedade torna difícil para a Ford coordenar a troca de informações com milhares de fornecedores e revendedores. O desafio fundamental hoje é as cadeias de suprimentos obterem coordenação apesar da propriedade múltipla e de maior variedade de produtos.

O resultado da falta de coordenação da cadeia de suprimentos é o *efeito chicote*, em que as flutuações em pedidos aumentam à medida que elas sobem na cadeia de varejistas para atacadistas, de fabricantes para fornecedores, como mostra a Figura 10.1. O efeito chicote distorce a informação de demanda dentro da cadeia, com cada estágio tendo uma estimativa diferente sobre o que a demanda pode vir a ser.

A Procter & Gamble (P&G) tem observado o efeito chicote na cadeia de suprimentos para as fraldas Pampers (LEE, PADMANABHAN e WHANG, 1997). A empresa descobriu que os pedidos de matéria-prima da P&G para seus fornecedores flutuavam significativamente com o passar do tempo. Mais abaixo na cadeia, quando as vendas nas lojas foram estudadas, descobriu-se que as flutuações, embora presentes, eram pequenas. É razoável supor que os consumidores de fraldas (bebês) no último estágio da cadeia de suprimentos as usavam a uma taxa constante. Embora o consumo do produto final fosse estável, os pedidos de matéria-prima eram altamente variáveis, aumentando os custos e tornando difícil combinar a oferta e a demanda.

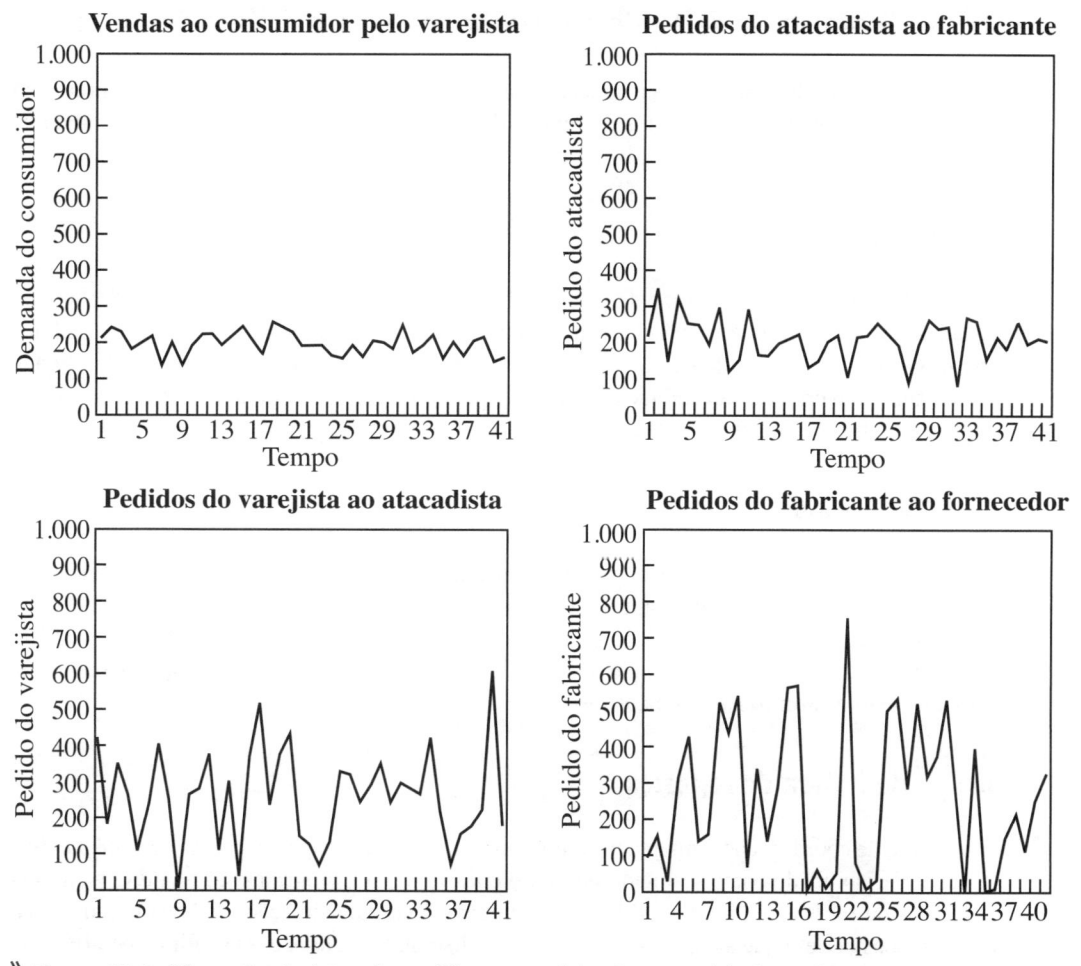

》 **Figura 10.1** Flutuações de demanda em diferentes estágios de uma cadeia de suprimentos.

A Hewlett-Packard (HP) também descobriu que a flutuação em pedidos aumentava significativamente à medida que eles se moviam dos revendedores para cima na cadeia de suprimentos, inclusive a divisão de impressoras e a divisão de circuitos integrados. Mais uma vez, enquanto a demanda do produto mostrava alguma variabilidade, os pedidos feitos com a divisão de circuitos integrados eram muito mais variáveis. Isso tornava difícil para a HP atender aos pedidos a tempo e aumentava o custo de fazê-lo.

Estudos dos setores de roupas e alimentos têm mostrado um fenômeno semelhante: a flutuação em pedidos aumenta à medida que se move a montante da cadeia de suprimentos, da loja até a fabricação. A Barilla, um fabricante italiano de massas, observou que os pedidos semanais feitos por um centro de distribuição local flutuavam por um fator de até 70 no decorrer do ano, enquanto as vendas semanais no centro de distribuição (representando os pedidos feitos pelos supermercados) flutuavam por um fator de menos de três (HAMMOND, 1994). A Barilla, assim, estava enfrentando uma demanda que era muito mais variável do que a demanda do cliente. Isso levou a maiores estoques, pior disponibilidade de produtos e a uma queda nos lucros.

Um fenômeno semelhante, por um período maior, tem sido observado em diversos setores bastante propensos aos ciclos de crescimento e queda. Um bom exemplo é a produção de chips de memória para computadores pessoais. Entre 1985 e 1998, existiram pelo menos dois ciclos durante os quais os preços dos chips de memória flutuavam por um fator de mais de três. Essas grandes flutuações em preço eram conduzidas por grandes faltas ou por excedentes na capacidade. As faltas eram exacerbadas pela compra irracional e pelo excesso de pedidos, que era seguido de uma queda repentina na demanda.

Na próxima seção, explicaremos como a falta de coordenação afeta o desempenho da cadeia de suprimentos.

10.2 O efeito da falta de coordenação sobre o desempenho

A fata de coordenação em uma cadeia de suprimentos aumenta a variabilidade e prejudica o excedente da cadeia. Discutiremos o impacto do efeito chicote em vários custos na cadeia de fraldas da P&G.

Custo de manufatura

A falta de coordenação aumenta o custo de manufatura na cadeia de suprimentos. Como resultado do efeito chicote, a P&G e seus fornecedores devem satisfazer um fluxo de pedidos que é muito mais variável do que a demanda de cliente. A P&G pode responder à variabilidade aumentada tanto criando capacidade em excesso quanto mantendo estoque em excesso (ver Capítulo 8), ambos aumentando o custo de manufatura por unidade produzida.

Custo de estoque

A falta de coordenação aumenta o custo de estoque na cadeia de suprimentos. Para lidar com a maior variabilidade na demanda, a P&G deve manter um nível mais alto de estoque do que seria necessário se a cadeia fosse coordenada. Como resultado, os custos de estoque na cadeia aumentam. Os altos níveis de estoque também aumentam o espaço de armazenagem exigido e, assim, o custo de armazenagem incorrido.

Tempo de espera de reposição

A falta de coordenação aumenta os tempos de espera de reposição na cadeia de suprimentos. A maior variabilidade como resultado do efeito chicote torna a programação na P&G e em fornecedores de fábricas muito mais difícil em comparação a uma situação de demanda nivelada. Existem ocasiões em que a capacidade e o estoque disponíveis não podem suprir os pedidos que chegam. Isso resulta em maiores tempos de execução de reposição na cadeia.

Custo de transporte

A falta de coordenação aumenta o custo de transporte na cadeia de suprimentos. As necessidades de transporte com o tempo na P&G e seus fornecedores estão correlacionados aos pedidos que são feitos. Como resultado do efeito chicote, as necessidades de transporte flutuam significativamente com o tempo. Isso aumenta o custo de transporte, pois a capacidade de transporte excedente precisa ser mantida para cobrir os períodos de alta demanda.

Custo de mão de obra de envio e recebimento

A falta de coordenação aumenta os custos de mão de obra associados ao envio e ao recebimento na cadeia de suprimentos. As necessidades de mão de obra para o embarque na P&G e seus fornecedores flutuam com os pedidos. Uma flutuação semelhante ocorre para as necessidades de mão de obra para recebimento em distribuidores e varejistas. Os vários estágios têm a opção de manter a capacidade de mão de obra em excesso ou variar essa capacidade em resposta à flutuação em pedidos. Qualquer opção aumenta o custo total de mão de obra.

Nível de disponibilidade de produto

A falta de coordenação prejudica o nível de disponibilidade de produto e resulta em maiores faltas de estoque na cadeia de suprimentos. As grandes flutuações em pedidos tornam mais difícil para a P&G atender a tempo todos os pedidos de distribuidor e varejista. Isso aumenta a probabilidade de que os varejistas fiquem sem estoque, resultando em vendas perdidas para a cadeia.

Relacionamentos na cadeia de suprimentos

A falta de coordenação tem efeito negativo sobre o desempenho em cada estágio e, portanto, prejudica os relacionamentos entre diferentes estágios da cadeia de suprimentos. Existe a tendência de atribuir a culpa aos outros estágios, pois cada um deles acha que está fazendo o melhor que pode. A falta de coordenação, assim, leva a uma perda de confiança entre diferentes estágios da cadeia e torna quaisquer esforços potenciais de coordenação mais difíceis.

Pela discussão anterior, segue-se que a falta de coordenação tem impacto negativo considerável sobre o desempenho da cadeia de suprimentos, ao aumentar o custo e diminuir a responsividade. O impacto da falta de coordenação sobre diferentes medidas de desempenho é resumido na Tabela 10.1.

Na próxima seção, discutiremos diversos obstáculos para alcançar a coordenação na cadeia de suprimentos.

> ## 》 Ponto-chave
> A falta de coordenação prejudica tanto a responsividade quanto o custo em uma cadeia de suprimentos, tornando mais caro fornecer determinado nível de disponibilidade de produto.

》 **Tabela 10.1** Impacto da falta de coordenação sobre o desempenho da cadeia de suprimentos.

Medida de desempenho	Impacto da falta de coordenação
Custo de manufatura	Aumenta
Custo de estoque	Aumenta
Tempo de espera de reposição	Aumenta
Custo de transporte	Aumenta
Custo de envio e recebimento	Aumenta
Nível de disponibilidade de produto	Diminui
Lucratividade	Diminui

10.3 Obstáculos à coordenação em uma cadeia de suprimentos

Qualquer fator que leve à otimização local por diferentes estágios da cadeia de suprimentos, ou a um aumento no atraso, distorção e variabilidade da informação dentro da cadeia, é um obstáculo para a coordenação. Se os gestores em uma cadeia forem capazes de identificar os principais obstáculos, então eles poderão realizar ações adequadas para ajudar a alcançar a coordenação. Dividimos os principais obstáculos em cinco categorias:

- obstáculos ao incentivo;
- obstáculos ao processamento de informação;
- obstáculos operacionais;
- obstáculos à precificação;
- obstáculos comportamentais.

Obstáculos ao incentivo

Os obstáculos ao incentivo ocorrem em situações em que os incentivos oferecidos aos diferentes estágios ou participantes em uma cadeia de suprimentos levam a ações que aumentam a variabilidade e reduzem os lucros totais da cadeia.

OTIMIZAÇÃO LOCAL DENTRO DE FUNÇÕES OU ESTÁGIOS DE UMA CADEIA DE SUPRIMENTOS Os incentivos que focam apenas o impacto local de uma ação resultam em decisões que não maximizam os excedentes totais da cadeia de suprimentos. Por exemplo, se a compensação de um gerente de transporte de uma empresa estiver ligada ao custo médio de transporte por unidade, o gerente provavelmente tomará ações que reduzem os custos de transporte, mesmo que elas aumentem os custos de estoque ou prejudiquem o serviço ao cliente. É natural para qualquer participante da cadeia efetuar ações que otimizem as medidas de desempenho ao longo das quais elas são avaliadas. Por exemplo, os gerentes em uma loja de varejo como a Kmart tomam todas as suas decisões de compra e estoque para maximizar seus lucros, e não os lucros totais da cadeia de suprimentos. As decisões de compra baseadas em maximização de lucros em um único estágio da cadeia levam a políticas de pedido que não maximizam os lucros da cadeia de suprimentos (ver capítulos 11, 13 e 15).

INCENTIVOS À EQUIPE DE VENDAS Incentivos estruturados indevidamente para a equipe de vendas são um obstáculo significativo para a coordenação em uma cadeia de suprimentos. Em muitas empresas, os incentivos à equipe de vendas são baseados na quantidade vendida durante um período de avaliação de um mês ou um trimestre. As vendas normalmente medidas por um fabricante são a quantidade vendida a distribuidores ou varejistas (venda por um canal), e não a quantidade vendida aos clientes finais (venda direta). Medir o desempenho com base em vendas por um canal normalmente é justificado pelo fato de que a equipe de vendas do fabricante não controla a venda direta. Por exemplo, a Barilla ofereceu à sua força de vendas incentivos baseados na quantidade vendida aos distribuidores durante um período de promoção de quatro a seis semanas. Para maximizar seus bônus, a equipe de vendas da Barilla pediu aos seus distribuidores que comprassem mais massas no final do período de avaliação, mesmo que eles não estivessem vendendo muito aos varejistas. A equipe de vendas oferecia descontos que eles controlavam para incentivar as vendas no final do período. Isso aumentava a variabilidade no padrão de pedido, com um salto perto do final do período de avaliação, seguido por poucos pedidos no início do próximo período de avaliação. Os tamanhos dos pedidos dos distribuidores da Barilla flutuavam por um fator de até 70 de uma semana para a seguinte. Um incentivo à equipe de vendas baseado em vendas por canal, desse modo, resulta em maior variabilidade de pedido do que a variabilidade de demanda do cliente, pois a equipe de vendas tende a deslocar o produto em direção ao final do período de incentivo.

Obstáculos ao processamento de informação

Os obstáculos ao processamento de informações ocorrem em situações em que a informação da demanda é distorcida enquanto se move entre diferentes estágios da cadeia de suprimentos, levando a uma maior variabilidade em pedidos dentro da cadeia.

PREVISÃO BASEADA NOS PEDIDOS E NÃO NA DEMANDA DO CLIENTE Quando os estágios dentro de uma cadeia de suprimentos fazem previsões com base nos pedidos que eles recebem, qualquer variabilidade na demanda do cliente é amplificada à medida que os pedidos se movem a montante na cadeia de suprimentos, para fabricantes e fornecedores. Nas cadeias em que os meios de comunicação fundamentais entre diferentes estágios são os pedidos feitos, a informação é distorcida à medida que sobe a montante da cadeia de suprimentos [ver Chen, Drezner, Ryan e Simchi-Levi (2000) para ter acesso a uma boa análise quantitativa]. Cada estágio vê seu papel principal dentro da cadeia como o de atender aos pedidos colocados por seu parceiro a jusante. Assim, cada estágio vê sua demanda como o fluxo de pedidos recebidos e produz uma previsão com base nessa informação.

Nesse cenário, uma pequena mudança na demanda do cliente é amplificada à medida que se sobe a montante da cadeia de suprimentos na forma de pedidos. Considere o impacto de um aumento aleatório na demanda do cliente em um varejista. Este pode interpretar parte desse aumento aleatório como uma tendência de crescimento. Essa interpretação levará o varejista a pedir mais do que o aumento observado na demanda, pois ele espera que o crescimento continue no futuro e, portanto, pede para cobrir o crescimento futuro previsto. O aumento no pedido feito pelo atacadista, portanto, é maior do que o observado na demanda no varejista, pois parte dele é isolado. O atacadista, porém, não tem como interpretar corretamente o aumento do pedido. O atacadista simplesmente observa um salto no tamanho do pedido e deduz uma tendência de crescimento. A tendência de crescimento deduzida pelo atacadista será maior do que a deduzida pelo varejista (lembre-se que o varejista aumentou o tamanho do pedido para levar em conta o crescimento futuro). O atacadista, assim, faz um pedido ainda maior com o fabricante. À medida que seguimos acima na cadeia de suprimentos, o tamanho do pedido será amplificado.

Agora, suponha que os períodos de aumento aleatório sejam seguidos por períodos de queda aleatória na demanda. Usando a mesma lógica de previsão de antes, o varejista agora preverá uma tendência de declínio e reduzirá o tamanho do pedido. Essa redução também será amplificada à medida que subimos a montante da cadeia de suprimentos.

FALTA DE COMPARTILHAMENTO DE INFORMAÇÃO A falta de compartilhamento de informação entre os estágios da cadeia de suprimentos amplifica a distorção de informação. Um varejista como o Walmart pode aumentar o tamanho de determinado pedido por causa de uma promoção planejada. Se o fabricante não estiver ciente dessa promoção, poderá interpretar o pedido maior como um aumento permanente na demanda, e fará pedidos com seus fornecedores de acordo com isso. O fabricante e os fornecedores, assim, têm muito estoque logo depois que o Walmart termina sua promoção. Dado o estoque em excesso, à medida que pedidos futuros do Walmart retornarem ao normal, os pedidos do fabricante serão menores do que antes. A falta de compartilhamento de informação entre o varejista e o fabricante, portanto, leva a uma grande flutuação em pedidos do fabricante.

Obstáculos operacionais

Os obstáculos operacionais ocorrem quando as ações tomadas no decorrer da criação e do atendimento aos pedidos levam a um aumento na variabilidade.

PEDIR EM GRANDES LOTES Quando uma empresa faz pedidos em lotes muito maiores do que os lotes nos quais a demanda aumenta, a variabilidade dos pedidos é amplificada a montante da cadeia de suprimentos. As empresas podem pedir em lotes grandes porque existe um custo fixo significativo associado à preparação, ao recebimento ou ao transporte de um pedido (ver Capítulo 11). Também podem ocorrer grandes lotes se o fornecedor oferecer descontos por quantidade com base no tamanho do lote (ver Capítulo 11). A Figura 10.2 mostra a demanda e o fluxo de pedido para uma empresa que faz um pedido a cada cinco semanas. Observe que o fluxo de pedido é muito mais instável do que o fluxo de demanda.

Como os pedidos feitos são agrupados e a cada cinco semanas, o fluxo de pedidos tem quatro semanas sem pedidos, seguidas por um pedido grande, igual a cinco semanas de demanda. Um fabricante que fornece para vários lojistas que fazem seus pedidos em lotes enfrenta um fluxo de pedido muito mais variável do que a demanda que os lojistas experimentam. Se o fabricante

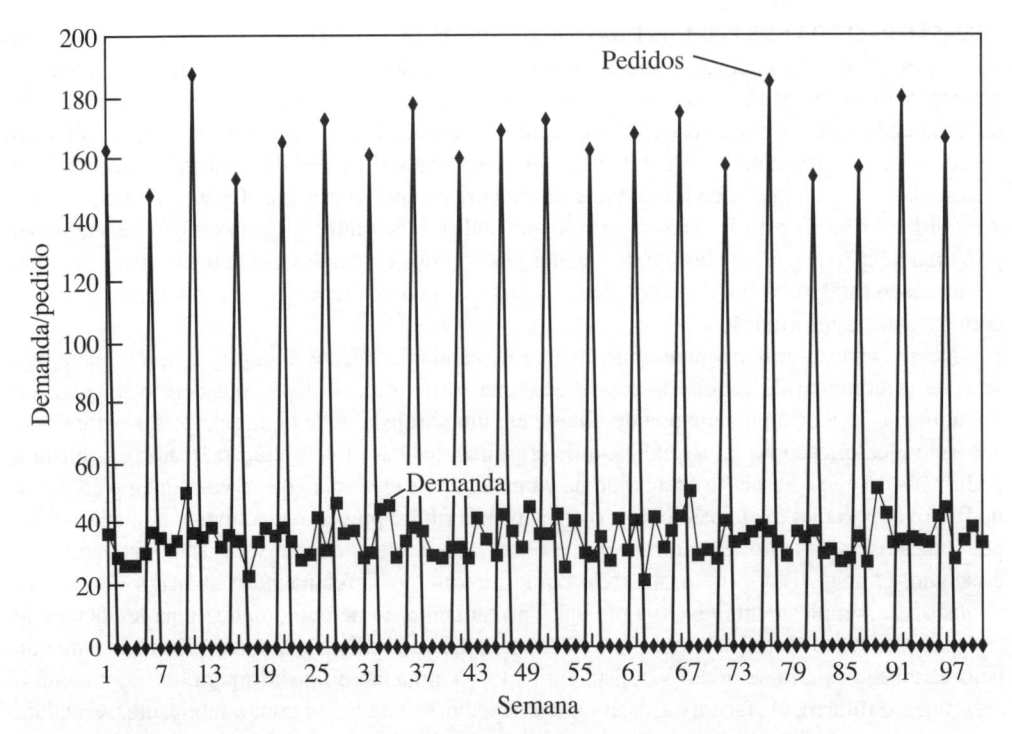

Figura 10.2 Fluxo de demanda e de pedido com pedidos a cada cinco semanas.

ainda agrupa seus pedidos aos fornecedores, o efeito é mais ampliado ainda. Em muitos casos, existem certos períodos de ponto focal, como a primeira ou última semana de um mês, quando a maioria dos pedidos chega. Essa sincronização de pedidos exacerba ainda mais o impacto de pedidos em lote.

GRANDES TEMPOS DE ESPERA DE REPOSIÇÃO A distorção da informação é amplificada se os tempos de espera de reposição entre os estágios forem longos. Considere a situação em que um varejista tenha interpretado erroneamente um aumento aleatório de demanda como uma tendência de crescimento. Se o varejista enfrentar um tempo de espera de duas semanas, ele incorporará o crescimento antecipado de duas semanas ao fazer o pedido. Por outro lado, se enfrentar um tempo de espera de dois meses, ele incorporará em seu pedido um crescimento antecipado de dois meses (que será muito maior). O mesmo se aplica quando uma queda aleatória de demanda for interpretada como uma tendência de declínio.

JOGO DE RACIONAMENTO E CARÊNCIA Os esquemas de racionamento que alocam uma produção limitada proporcional aos pedidos feitos por varejistas levam a uma amplificação da distorção de informação. Isso pode ocorrer quando um produto de alta demanda tem pouca disponibilidade. Nessa situação, os fabricantes surgem com uma série de mecanismos para racionar a oferta escassa de produto ao longo de diversos distribuidores ou varejistas. Um esquema de racionamento muito usado é alocar a oferta disponível de produto com base em pedidos feitos. Sob esse esquema de racionamento, se a oferta disponível for de 75% dos pedidos totais recebidos, cada varejista recebe 75% de seu pedido.

Esse esquema de racionamento resulta em um jogo no qual os varejistas tentam aumentar o tamanho de seus pedidos para aumentar a quantidade fornecida para eles. Um varejista que precisa de 75 unidades pede 100 na esperança de obter 75. O impacto final desse esquema de racionamento é inflar artificialmente os pedidos de produto. Além disso, um varejista que faz pedidos com base no que ele espera vender recebe menos e, como resultado, perde vendas, enquanto quem infla seu pedido é recompensado.

Se o fabricante estiver usando os pedidos para prever a demanda futura, ele interpretará o aumento desses como um aumento na demanda, embora a demanda de cliente não tenha mudado. O fabricante pode responder criando capacidade suficiente para atender a todos os pedidos recebidos. Quando houver capacidade suficiente, os pedidos retornam a seu nível normal, pois eles foram inflados em resposta ao esquema de racionamento. O fabricante, agora, fica com um excedente de produto e de capacidade. Esses ciclos de crescimento e queda tendem, então, a se alternar. Esse fenômeno é muito comum na indústria de computadores, em que normalmente são observados períodos alternados de falta de componentes seguidos por um excesso de componentes.

Obstáculos à precificação

Os obstáculos à precificação surgem quando as políticas de preço para um produto levam a um aumento na variabilidade de pedidos feitos.

DESCONTOS POR QUANTIDADE BASEADOS EM TAMANHO DE LOTE Os descontos por quantidade baseados em tamanho de lote aumentam o tamanho do lote de pedidos feitos dentro da cadeia de suprimentos (ver Capítulo 11), pois preços mais baixos são oferecidos para grandes lotes. Como já discutido, os grandes lotes resultantes ampliam o efeito chicote dentro da cadeia de suprimentos.

FLUTUAÇÕES DE PREÇO As promoções comerciais e outros descontos de curto prazo oferecidos por um fabricante resultam em compra antecipada, pela qual um atacadista ou varejista compra grandes lotes durante o período de desconto para cobrir a demanda durante períodos futuros. A compra antecipada resulta em grandes pedidos durante o período de promoção, seguidos por pedidos muito pequenos (ver Capítulo 11), como mostra a Figura 10.3 para a sopa de galinha com macarrão.

Observe que as remessas durante o período de pico são mais altas do que as vendas, em razão de uma promoção oferecida durante esse período. O período de remessa de pico é seguido por um período de remessas muito baixas por parte do fabricante, indicando uma compra antecipada significativa pelos distribuidores. A promoção, assim, resulta em uma variabilidade nas remessas do fabricante significativamente maior do que a variabilidade nas vendas de varejo.

Obstáculos comportamentais

Os obstáculos comportamentais são problemas no aprendizado dentro das organizações que contribuem para a distorção de informações. Esses problemas normalmente estão relacionados

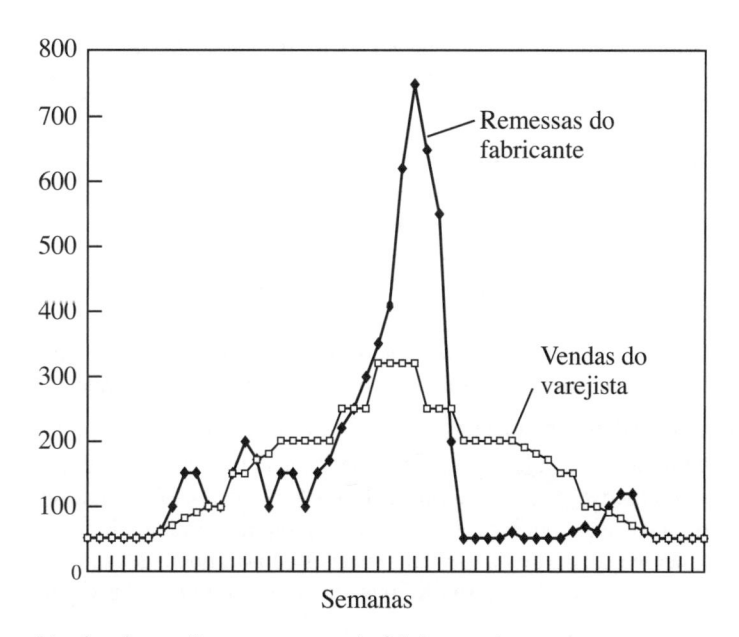

》 **Figura 10.3** Vendas do varejista e remessas do fabricante de sopa.

Fonte: Adaptado de FISHER, M. L. What is the right supply chain for your product? *Harvard Business Review*, p. 83–93, mar./abr. 1997. Copyright © 1997 by Harvard Business School Publishing Corporation; Todos os direitos reservados. Reimpresso com permissão da *Harvard Business Review*.

ao modo como a cadeia de suprimentos está estruturada e às comunicações entre diferentes estágios. Alguns dos obstáculos comportamentais são apresentados a seguir:

1. Cada estágio da cadeia de suprimentos vê suas ações localmente e é incapaz de ver o impacto de suas ações sobre outros estágios.
2. Diferentes estágios da cadeia de suprimentos reagem à situação local atual, em vez de tentar identificar as causas-raiz.
3. Com base na análise local, diferentes estágios da cadeia de suprimentos culpam uns aos outros pelas flutuações, com sucessivos estágios tornando-se inimigos em vez de parceiros.
4. Nenhum estágio da cadeia de suprimentos aprende com suas ações no tempo, pois as consequências mais significativas de suas ações ocorrem em outro lugar. O resultado é um ciclo vicioso em que as ações efetuadas por um estágio criam os mesmos problemas que o estágio afirma ser dos outros.
5. A falta de confiança entre os parceiros da cadeia de suprimentos faz com que eles sejam oportunistas à custa do desempenho geral da cadeia. A falta de confiança também resulta em uma duplicação de esforços significativa. Mais importante, a informação disponível nos diferentes estágios não é compartilhada ou é ignorada, pois não é confiável.

10.4 Alavancas gerenciais para conseguir a coordenação

Tendo identificado os obstáculos à coordenação, agora vamos focar em ações que um gestor pode realizar para ajudar a contornar os obstáculos e conseguir coordenação na cadeia de suprimentos. As ações gerenciais a seguir aumentam os lucros totais da cadeia e moderam a distorção de informação:

- alinhar metas e incentivos;
- melhorar a precisão e a visibilidade da informação;
- melhorar o desempenho operacional;
- projetar estratégia de precificação para estabilizar pedidos;
- criar parcerias estratégicas e confiança.

Alinhar metas e incentivos

Os gestores podem melhorar a coordenação dentro da cadeia de suprimentos alinhando objetivos e incentivos, de modo que cada participante nas atividades da cadeia trabalhe para maximizar os lucros totais.

ALINHAMENTO DE OBJETIVOS NA CADEIA DE SUPRIMENTOS A coordenação requer que cada estágio da cadeia foque no excedente ou no tamanho total da torta, em vez de apenas em sua fatia. Uma chave para a coordenação está aparecendo com mecanismos que permitem a criação de um cenário de ganho mútuo, em que o excedente da cadeia cresce com os lucros para todos os estágios. Um exemplo de tal mecanismo se dá quando o Walmart paga a Hewlett-Packard (HP) por cada impressora vendida e dá a ela o poder de tomar a decisão de reposição enquanto limita a quantidade de estoque de impressora que pode ser mantida na loja. Isso melhora a coordenação porque ambas as partes ganham se a oferta de impressoras de uma loja atender a demanda.

ALINHAR INCENTIVOS ENTRE AS FUNÇÕES Uma chave para as decisões coordenadas dentro de uma empresa é garantir que o objetivo que qualquer função utiliza para avaliar uma decisão esteja alinhado com o objetivo geral da empresa. Todas as decisões sobre instalação, transporte e estoque devem ser avaliadas com base em seu efeito sobre a lucratividade ou custos totais, não sobre os custos funcionais. Isso ajuda a evitar situações como a que o gestor de transportes toma decisões que reduzem o custo do transporte, mas que aumentam os custos gerais da cadeia de suprimentos (ver Capítulo 14).

PRECIFICAÇÃO PARA COORDENAÇÃO Em algumas situações, adequar a programação de preços pode ajudar a coordenar a cadeia de suprimentos. Um fabricante pode usar descontos por quantidade baseados no tamanho do lote para conseguir a coordenação para produtos de consumo se ele tem grandes custos fixos associados a cada lote (ver Capítulo 11 para ter acesso a uma discussão detalhada). Para produtos para os quais uma empresa tem poder de mercado, um fabricante pode usar tarifas em duas partes e descontos por volume para ajudar a conseguir a coordenação (ver Capítulo 11 para mais detalhes). Dada a incerteza da demanda, os fabricantes podem usar recompra, compartilhamento de receita e contratos com quantidade flexível para incentivar os varejistas a oferecerem níveis de disponibilidade de produto que maximizem os lucros da cadeia de suprimentos (ver Capítulo 15 para uma discussão detalhada). Os contratos de recompra têm sido usados no setor editorial para aumentar os lucros totais da cadeia. Os contratos de quantidade flexível têm ajudado a Benetton a aumentar os lucros da cadeia de suprimentos.

ALTERAÇÃO DOS INCENTIVOS DA EQUIPE DE VENDAS DIRETA PARA VENDA POR CANAL Qualquer mudança que reduza o incentivo para o vendedor empurrar um produto para o varejista reduz o efeito chicote. Os fabricantes devem dar incentivos para a equipe de vendas fazer a venda direta pelo varejista em vez da venda por canal. Essa ação elimina qualquer motivação que o pessoal de vendas possa ter para encorajar a compra antecipada. A eliminação dessa modalidade de compra ajuda a reduzir flutuações no fluxo de pedido. Se os incentivos da equipe de vendas forem baseados em vendas por um horizonte móvel, o incentivo de empurrar o produto é reduzido. Isso ajuda a reduzir a compra antecipada e a flutuação resultante em pedidos.

Melhora da precisão e visibilidade da informação

Os gestores podem conseguir a coordenação melhorando a precisão da informação disponível para diferentes estágios na cadeia de suprimentos.

COMPARTILHAMENTO DE DADOS DE DEMANDA DO CLIENTE O compartilhamento de demanda do cliente pela cadeia de suprimentos pode ajudar a reduzir o efeito chicote. Uma das causas principais para a distorção de informações é o fato de que cada estágio da cadeia usa pedidos para prever a demanda futura. Visto que variam os pedidos recebidos por diferentes estágios, as previsões nos diferentes estágios também variam. Na realidade, a única demanda que a cadeia de suprimentos precisa satisfazer é a do consumidor final. Se os varejistas compartilharem dados de demanda do cliente com outros estágios, todos os estágios poderão prever a demanda futura com base na demanda do cliente. Compartilhar dados de demanda do cliente ajuda a reduzir a distorção de informação, pois todos os estágios agora respondem à mesma mudança na demanda do cliente. Observe que o compartilhamento de dados agregados de demanda do cliente é suficiente para enfraquecer a distorção de informação. Não precisamos necessariamente compartilhar dados detalhados de ponto de venda (PDV). O uso de sistemas de informação apropriados facilita o compartilhamento desses dados.

O Walmart compartilha rotineiramente seus dados de PDV com os fornecedores. A Dell compartilha dados de demanda, bem como as posições de estoque atuais de componentes, com muitos de seus fornecedores por meio da internet, ajudando, assim, a evitar flutuações desnecessárias na oferta e em pedidos feitos. A P&G convenceu muitos varejistas a compartilhar os dados de demanda. A empresa, por sua vez, compartilha os dados com seus fornecedores, melhorando a coordenação na cadeia de suprimentos.

IMPLEMENTAÇÃO DA PREVISÃO E DO PLANEJAMENTO COLABORATIVOS Quando os dados de ponto de venda são compartilhados, diferentes estágios da cadeia de suprimentos devem prever e planejar em conjunto para que se alcance a coordenação completa. Sem planejamento colaborativo, o compartilhamento de dados de PDV não garante a coordenação. Um varejista pode ter observado grande demanda no mês de janeiro porque realizou uma promoção. Se nenhuma promoção for planejada no próximo mês de janeiro, a previsão do varejista será diferente da previsão do fabricante, mesmo que ambos tenham os dados prévios de PDV. O fabricante precisa estar ciente dos planos de promoção do varejista para conseguir a coordenação. A chave é garantir que a cadeia de suprimentos inteira esteja operando com uma previsão comum. Para facilitar esse tipo de coordenação no ambiente da cadeia, a Voluntary Interindustry Commerce Standards (VICS) Association estabeleceu um comitê de Planejamento colaborativo, Previsão e Reposição (CPFR, do inglês *Collaborative Planning, Forecasting and Replenishment*) para identificar as melhores práticas e criar diretrizes de planejamento e previsão colaborativos. Essas práticas serão detalhadas mais adiante no capítulo.

PROJETO DO CONTROLE DE REPOSIÇÃO EM ESTÁGIO ÚNICO O projeto de uma cadeia de suprimentos em que um único estágio controla as decisões de reposição para toda a cadeia pode ajudar a diminuir a distorção de informações. Como dissemos anteriormente, uma causa fundamental da distorção de informações é o fato de que cada estágio utiliza pedidos do estágio anterior como sua demanda histórica. Como resultado, cada estágio vê sua função como a de repor pedidos feitos pelo estágio seguinte. Na realidade, a reposição básica é no varejista, pois é lá que o cliente final compra. Quando um único estágio controla as decisões de reposição para a cadeia inteira, o problema de múltiplas previsões é eliminado e a coordenação dentro da cadeia vem em seguida.

Algumas práticas industriais, como os programas de reposição contínua (CRPs, do inglês *Continuous Replenishment Programs*) e os estoques geridos pelo fornecedor (VMI, do inglês *Vendor Management Inventory*) que serão detalhadas posteriormente neste capítulo, proporcionam um controle de ponto único sobre a reposição. O Walmart geralmente define um de seus fornecedores como líder para cada categoria principal de produto para administrar a reposição nas lojas. Isso dá aos fornecedores visibilidade nas vendas e um tomador único de decisão para as decisões de reposição.

> **》Ponto-chave**
>
> O planejamento da demanda em que cada estágio na cadeia de suprimentos com base no fluxo de pedidos recebidos de seu estágio a jusante resulta na amplificação da flutuação nos pedidos, conforme se move a montante a cadeia de suprimentos do varejista ao fabricante. Para toda a cadeia de suprimentos, é melhor fazer a previsão com base na demanda final do cliente.

Melhora do desempenho operacional

Os gestores podem ajudar a reduzir a distorção de informação melhorando o desempenho operacional e projetando esquemas apropriados de racionamento de produtos em caso de falta de estoque.

REDUZIR O TEMPO DE ESPERA DE REPOSIÇÃO Com a redução do tempo de espera de reposição, os gestores podem diminuir a incerteza da demanda durante o tempo de espera (ver Capítulo 12). Uma redução no tempo de espera é especialmente benéfica para itens sazonais, pois permite que múltiplos pedidos sejam feitos na estação com um aumento significativo na exatidão da previsão (ver Capítulo 13). Se o tempo de espera é curto o suficiente, a reposição pode ser programada considerando o consumo real, eliminando assim a necessidade da previsão.

Os gestores podem efetuar uma série de ações em diferentes estágios da cadeia de suprimentos para ajudar a reduzir os tempos de espera de reposição. Fazer o pedido eletronicamente, tanto por *e-commerce* como por intercâmbio eletrônico de dados (EDI, do inglês *Eletronic Data Interchange*), pode reduzir de modo significativo o tempo de espera associado à preparação de pedido e à transferência de informação. Se todos os estágios compartilharem seus planos de longo prazo com os fornecedores, os pedidos em potencial podem ser programados na produção com bastante antecedência, com a quantidade precisa sendo determinada mais próximo da produção real. Isso reduz o tempo de programação, que é muitas vezes o maior componente do tempo de espera. Nas fábricas manufatureiras, a flexibilidade aumentada e a manufatura celular podem ser usadas para conseguir uma redução significativa nos tempos de espera. Uma redução na distorção de informações reduz ainda mais os tempos de espera por causa da demanda estabilizada e, como resultado, melhora a programação. Isso é particularmente verdadeiro quando a manufatura produz grande variedade de produtos. Avisos antecipados de remessa (ASNs, do inglês *Advance Shipping Notices*) podem ser usados para reduzir o tempo de espera, bem como os esforços associados ao recebimento. O *cross-docking* pode ser usado para reduzir o tempo de espera associado à movimentação do produto entre os estágios na cadeia de suprimentos. O Walmart tem usado muitas das técnicas mencionadas para reduzir significativamente o tempo de espera dentro de sua cadeia.

REDUZIR TAMANHOS DE LOTE Os gestores podem reduzir a distorção de informação implementando melhoras operacionais que diminuam os tamanhos do lote. Uma redução nos tamanhos de lote diminui a quantidade de flutuação que pode se acumular entre qualquer par de estágios de uma cadeia de suprimentos, diminuindo assim a distorção. Para reduzir os tamanhos de lote, os gestores precisam realizar ações que ajudem a reduzir os custos fixos associados a pedido, transporte e recebimento de cada lote (ver Capítulo 11). O Walmart e a Seven-Eleven Japan têm sido muito bem-sucedidos na redução dos tamanhos de lote de reposição agregando entregas de muitos produtos e fornecedores.

O pedido assistido por computador (CAO, do inglês *Computer-assisted Ordering*) refere-se à substituição, por meio de tecnologia, das funções do funcionário responsável pelo pedido no varejista na preparação de um pedido com o uso de computadores que integram as informações sobre vendas de produtos, fatores de mercado que afetam a demanda, níveis de estoque, recebimento de produto e níveis de serviço desejados. O CAO e o EDI ajudam a reduzir os custos fixos associados à preparação de cada pedido.

Em alguns casos, os gestores podem simplificar os pedidos eliminando o uso de ordens de compra. Na indústria de automóveis, alguns fornecedores são pagos com base no número de carros produzidos, eliminando a necessidade de ordens de compra individuais. Isso elimina o custo de processamento de pedido associado a cada pedido de reposição. Os sistemas de informação também facilitam a liquidação de transações financeiras, eliminando o custo associado às ordens de compra individuais.

A grande lacuna nos preços de remessa de caminhão carregado (CC) e carga fracionada (CF) encoraja a remessa em quantidades para CC. De fato, com os esforços para reduzir os custos de processamento de pedido, os custos de transporte agora são a principal barreira para lotes menores na maioria das cadeias de suprimentos. Os gestores podem reduzir os tamanhos de lote sem aumentar os custos de transporte enchendo um caminhão com lotes menores de produtos variados (ver Capítulo 11). A P&G, por exemplo, exige que todos os pedidos dos varejistas sejam completamente em CC. O CC, porém, pode ser criado a partir de qualquer combinação de produtos. Um varejista pode, assim, pedir pequenos lotes de cada produto, desde que uma variedade suficientemente grande de produtos seja incluída em cada caminhão. A Seven-Eleven Japan tem usado essa estratégia com caminhões combinados, nos quais a separação é feita pela temperatura em que o caminhão é mantido. Todos os produtos a serem remetidos em determinada temperatura estão no mesmo caminhão. Isso tem permitido que a Seven-Eleven Japan reduza o número de caminhões enviados aos pontos de revenda enquanto mantém alta a variedade de produtos. Algumas empresas no setor de alimentos utilizam caminhões com diferentes compartimentos, cada um em uma temperatura diferente e transportando produtos variados, para ajudar a reduzir os tamanhos de lote.

Os gestores também podem reduzir os tamanhos de lote usando *milk runs* que combinam entregas para vários varejistas em um único caminhão, como veremos no Capítulo 14. Em muitos casos, as transportadoras de terceiros combinam entregas para pontos de venda concorrentes em um único caminhão. Isso reduz o custo fixo do transporte por varejista e permite que cada um deles peça em pequenos lotes. No Japão, a Toyota usa um único caminhão de um fornecedor para abastecer várias fábricas montadoras, o que permite aos gestores reduzir o tamanho do lote recebido por qualquer fábrica. Os gerentes também podem reduzir os tamanhos de lote combinando remessas de vários fornecedores em um único caminhão. Nos Estados Unidos, a Toyota usa essa técnica para reduzir o tamanho do lote que recebe de qualquer fornecedor.

À medida que lotes menores são pedidos e entregues, tanto a pressão quanto o custo de recebimento podem crescer significativamente. Assim, os gestores precisam implementar tecnologias que simplifiquem o processo de recebimento e reduzem o custo associado a esse processo. Por exemplo, ASNs identificam eletronicamente o conteúdo da remessa, a quantidade e a hora da entrega, e ajudam a reduzir o tempo de descarregamento e a aumentar a eficiência do *cross-docking*. Os ASNs podem ser usados para atualizar registros de estoque eletronicamente, reduzindo assim o custo de recebimento. Os códigos de barras de *pallets* e o uso de identificação por radiofrequência (RFID, do inglês *Radio Frequency Identification*) podem simplificar ainda mais o recebimento.

Outra maneira simples de minimizar o impacto de lotes é quebrar qualquer sincronização dos pedidos. Frequentemente, os clientes que fazem pedido uma vez por semana costumam fazê-lo em uma segunda ou em uma sexta-feira. Os clientes que fazem pedido uma vez por mês costumam fazê-lo no início ou no final do mês. Nessas situações, é melhor distribuir uniformemente os clientes que pedem uma vez por semana durante todos os dias da semana, e os clientes que pedem uma vez por mês durante todos os dias do mês. De fato, os dias de pedido regulares podem ser programados com antecedência para cada cliente para nivelar o fluxo de pedidos que chegam ao fabricante.

RACIONALIZAR COM BASE EM VENDAS PASSADAS E COMPARTILHAR INFORMAÇÕES PARA LIMITAR O JOGO Para diminuir a distorção de informação, os gestores podem projetar esquemas de racionamento que desencorajam os varejistas de inflar artificialmente seus pedidos no caso de uma falta de estoque. Uma abordagem, conhecida como *turn-and-earn*, é alocar a oferta disponível com base em vendas passadas do varejista, em vez de pedidos atuais. Amarrar a alocação às vendas passadas remove qualquer incentivo que um varejista pode ter para inflar os pedidos. Na verdade, durante períodos de baixa demanda, a abordagem *turn-and-earn* impulsiona os varejistas a tentarem vender mais para aumentar a alocação que recebem durante os períodos de falta de estoque. Várias empresas, incluindo a General Motors, historicamente têm usado esse mecanismo para racionar o produto disponível no caso de uma falta de estoque. Outras, como a HP, historicamente têm alocado com base em pedidos do varejista, mas agora estão passando a usar as vendas passadas.

Outras empresas têm tentado compartilhar informações ao longo da cadeia de suprimentos para minimizar as situações de falta de estoque. Empresas como a Sport Obermeyer oferecem incentivos para seus grandes clientes fazerem o pré-pedido de pelo menos parte de seu pedido anual. Essa informação permite que a Sport Obermeyer melhore a exatidão de sua própria previsão e aloque capacidade de produção apropriadamente. Uma vez que a capacidade tenha sido alocada corretamente aos diferentes produtos, é menos provável que surjam situações de falta de estoque, reduzindo assim a inflação de pedidos. A disponibilidade de capacidade flexível também pode ajudar nesse sentido, pois a capacidade flexível pode ser facilmente deslocada de um produto cuja demanda é inferior ao esperado para um cuja demanda é maior que o esperado.

Formulação de estratégias de preços para estabilizar pedidos

Os gestores podem reduzir a distorção de informação criando estratégias de preços que encorajem os varejistas a fazer pedidos em pequenos lotes e reduzir a compra antecipada.

PASSAR DE DESCONTOS POR QUANTIDADE BASEADOS EM TAMANHO DE LOTE PARA DESCONTOS COM BASE EM VOLUME Como resultado dos descontos por quantidade baseados em tamanho de lote, os varejistas aumentam seu tamanho de lote para tirar proveito total do desconto. Oferecer descontos por quantidade baseados em volume elimina o incentivo de aumentar o tamanho de um único lote, pois os descontos baseados em volume consideram as compras totais durante um período específico (digamos, um ano), em vez de compras em um único lote (ver Capítulo 11). Os descontos por quantidade baseados em volume resultam em tamanhos de lote menores, reduzindo assim a variabilidade do pedido na cadeia de suprimentos. Os descontos baseados em volume com uma data final fixa, na qual os descontos serão avaliados, podem levar a grandes lotes próximos da data final. Oferecer os descontos em um horizonte de tempo móvel ajuda a amortecer esse efeito.

ESTABILIZAR PREÇOS Os gestores podem atenuar o efeito chicote eliminando promoções e praticando preços baixos todos os dias (EDLP, do inglês *Every Day Low Prices*). A eliminação de promoções evita a compra antecipada por varejistas e resulta em pedidos que correspondem à demanda do cliente. A P&G, a Campbell Soup e vários outros fabricantes têm implementado EDLP para atenuar o efeito chicote.

Os gestores podem colocar limites sobre a quantidade que pode ser comprada durante uma promoção para diminuir a compra antecipada. Esse limite deve ser específico do varejista e ligado às suas vendas históricas pelo varejista. Outra técnica é "amarrar" o valor promocional pago ao varejista à quantidade de venda direta, em vez da quantidade comprada por ele. Como resultado, os varejistas não obtêm benefício com a compra antecipada, e só compram mais se puderem vender mais. As promoções baseadas em venda direta reduzem significativamente a distorção de informação.

Criação de parcerias estratégicas e confiança

Os gestores acham mais fácil usar as alavancas discutidas anteriormente para alcançar coordenação se houver confiança e se forem construídas parcerias estratégicas dentro da cadeia de suprimentos. Compartilhar informações precisas, que sejam confiáveis em cada um dos estágios, resulta em uma combinação melhor de oferta e demanda na cadeia. Um relacionamento melhor também tende a reduzir o custo de transação entre os estágios da cadeia de suprimentos. Por exemplo, um fornecedor pode eliminar seu esforço de previsão se confiar em pedidos e em informação de previsão recebidos do varejista. De modo semelhante, o varejista pode reduzir o esforço de recebimento diminuindo a contagem e as inspeções se confiar na qualidade e na entrega do fornecedor. Em geral, os estágios em uma cadeia podem eliminar esforços duplicados com base na confiança melhorada e em um melhor relacionamento. Essa redução do custo de transação, em conjunto com a informação compartilhada precisa, ajuda a melhorar a coordenação. O Walmart e a P&G têm tentado montar uma parceria estratégica que coordenará melhor suas ações e será mutuamente benéfica.

Uma pesquisa de Kumar (1996) mostrou que quanto mais os varejistas confiam em seus fornecedores, menos eles estariam propensos a desenvolver fontes alternativas, enquanto as vendas de seus produtos estivessem aumentando. Em geral, o alto nível de confiança permite que a cadeia de suprimentos se torne mais responsiva a menor custo. Ações como compartilhamento de informações, troca de incentivos, melhorias operacionais e estabilização dos preços geralmente aumentam o nível de confiança. Elevar o nível de cooperação e confiança dentro da cadeia requer uma clara identificação dos papéis e direitos de decisão de todas as partes, contratos efetivos e bons mecanismos de resolução de conflito.

10.5 Reposição contínua e estoques controlados pelo fornecedor

A distorção de informação pode ser atenuada por práticas que atribuem responsabilidade de reposição na cadeia de suprimentos a uma única entidade. Um único ponto de decisões de reposição garante a visibilidade e uma previsão comum que controla os pedidos ao longo da cadeia de suprimentos. Duas práticas comuns na indústria, que atribuem um único ponto de responsabilidade, são programas de reposição contínua e estoques controlados pelo fornecedor.

Nos programas de reposição contínua (CRP, do inglês *Continuous Replenishment Programs*), o atacadista ou fabricante repõe um varejista regularmente com base em dados do PDV. O CRP pode ser controlado pelo fornecedor, distribuidor ou por um terceiro. Na maioria dos casos, os sistemas de CRP são controlados pelas retiradas reais de estoque dos depósitos do varejista, em vez dos dados do PDV em nível de varejista. Ligar sistemas de CRP a retiradas de depósito é mais fácil de implementar e os varejistas normalmente sentem-se mais à vontade em compartilhar dados nesse nível. Os sistemas de TI vinculados na cadeia de suprimentos oferecem boa infraestrutura de informação na qual um programa de reposição contínua pode ser baseado. No CRP, o varejista é o dono do estoque que armazena.

Com o estoque controlado pelo fornecedor (VMI, do inglês *Vendor-Managed Inventory*), o fabricante ou fornecedor é responsável por todas as decisões relativas aos estoques de produtos no varejista. Como resultado, o controle da decisão de reposição passa para o fabricante, em vez do varejista. Em muitos casos de VMI, o estoque pertence ao fornecedor, até que seja vendido pelo varejista. O VMI requer que o varejista compartilhe informações de demanda com o fabricante, para permitir que ele tome decisões de reposição de estoque. Isso ajuda a melhorar a previsão do fabricante e a combinar melhor a produção do fabricante com a demanda do cliente. O VMI pode possibilitar que o fabricante aumente seus lucros — também os lucros para toda a cadeia de suprimentos — se tanto as margens do varejista como a do fabricante são consideradas quando se toma as decisões referentes ao estoque.

O VMI tem sido implementado com significativo sucesso por, entre outros, Kmart (com cerca de 50 fornecedores) e Fred Meyer. A Kmart tem visto giros de estoque sobre itens sazonais aumentarem de 3 para algo entre 9 e 11, e para itens não sazonais de 12 a 15 para 17 a 20. A Fred Meyer tem experimentado uma queda de estoques de 30 a 40%, enquanto as taxas de atendimento têm aumentado para 98%. Outras empresas com implementações bem-sucedidas são Campbell Soup, Frito-Lay e P&G.

Uma desvantagem do VMI é que os varejistas normalmente vendem produtos de fabricantes concorrentes, que são tidos como "substitutos" na mente do cliente. Por exemplo, um cliente pode substituir um detergente fabricado pela Procter & Gamble por detergente fabricado pela Unilever. Se o varejista tiver um acordo de VMI com os dois fabricantes, cada um ignorará o impacto da substituição quando tomar suas decisões de estoque. Como resultado, os estoques no varejista serão mais altos do que o ideal. Nesse caso, o varejista pode estar mais bem posicionado para decidir sobre a política de reposição. Outra possibilidade é que o varejista defina um líder da categoria entre os fornecedores e peça que ele faça a gestão das decisões de reposição para todos os fornecedores na categoria. O Walmart segue essa prática e atribui um líder da categoria para a maioria dos seus produtos. Ele estabelece o nível alvejado da disponibilidade do produto sobre todos os produtos e o líder da categoria projeta as políticas de reposição que atingem esses níveis. Isso assegura que o líder da categoria não esteja favorecendo nenhum dos fornecedores. Por exemplo, a HP foi líder de sua categoria para impressoras nas lojas do Walmart e geria toda a reposição desse equipamento.

10.6 Planejamento colaborativo, previsão e reposição

A Voluntary Interindustry Commerce Standards Association (VICS) definiu o CPFR como "uma prática comercial que combina a inteligência de vários parceiros no planejamento e na realização da demanda de cliente". Nesta seção, descrevemos o CPFR e algumas implementações bem-sucedidas. É importante entender que o CPFR bem-sucedido só pode ser baseado em um alicerce no qual as duas partes sincronizaram seus dados e estabeleceram padrões para a troca de informação.

Vendedores e compradores em uma cadeia de suprimentos podem colaborar ao longo de uma ou de todas as quatro atividades da cadeia de suprimentos como mostramos a seguir.

1. *Estratégia e planejamento.* Os parceiros determinam o escopo da colaboração e atribuem papéis, responsabilidades e pontos de verificação claros. Em um plano de negócios conjunto, eles, então, identificam eventos significativos, como promoções, introduções de novos produtos, abertura/fechamento de lojas e mudanças na política de estoque que afetam a demanda e a oferta.
2. *Gestão de demanda e oferta.* Uma previsão de vendas colaborativa projeta a melhor estimativa dos parceiros sobre a demanda do cliente no ponto de venda. Então, isso é convertido em um plano de pedido colaborativo, que determina necessidades futuras de pedidos e entrega necessidades com base em previsões de vendas, posições de estoque e tempos de espera de reposição.
3. *Execução.* À medida que as previsões se tornam sólidas, elas são convertidas em pedidos reais. Então, o atendimento desses pedidos envolve produção, remessa, recebimento e estocagem de produtos.
4. *Análise.* As principais tarefas de análise focam a identificação de exceções e a avaliação das métricas usadas para avaliar o desempenho ou identificar tendências.

Um aspecto fundamental da colaboração bem-sucedida é a identificação e resolução de exceções. Estas referem-se a uma lacuna entre as previsões feitas pelos dois lados ou outra medição de desempenho que esteja caindo ou que provavelmente ficará fora dos limites aceitáveis. Essas medições podem incluir estoques que excedem metas ou produzem disponibilidade abaixo de metas. Para o CPFR bem-sucedido, é muito importante ter um processo pronto para permitir que as duas partes resolvam exceções. Processos detalhados para identificar e resolver exceções são discutidos na VICS CPFR Voluntary Guidelines V 2.0 (2002).

Uma implementação de CPFR bem-sucedida envolveu a Henkel, um fabricante de detergente alemão, e a Eroski, um varejista de alimentos espanhol. Antes do CPFR, a Eroski via faltas de estoque frequentes de produtos da Henkel, especialmente durante as promoções. No começo do CPFR, em dezembro de 1999, 70% das previsões de vendas tinham um erro médio de mais de 50% e apenas 5% das previsões tinham erros abaixo de 20%. Porém, dentro de quatro meses da implementação do CPFR, 70% das previsões de vendas tinham erros abaixo de 20% e apenas 5% tinham erros acima de 50%. O CPFR resultou em um nível de atendimento ao cliente de 98% e em um estoque médio de apenas cinco dias. Isso foi obtido apesar de 15 a 20 produtos terem promoção a cada mês.

Outra implementação bem-sucedida envolveu a Johnson & Johnson e a Superdrug, uma rede no Reino Unido. Pelo período de teste de três meses a partir de abril de 2000, a Superdrug viu os níveis de estoque em seus centros de distribuição caírem 13%, enquanto a disponibilidade de produtos aumentou 1,6%. Conforme relatado por Steerman (2003), a Sears também viu benefícios significativos a partir de sua iniciativa com a Michelin em 2001. Os níveis em estoque na Sears melhoraram 4,3%, a taxa de atendimento dos centros de distribuição às lojas melhorou 10,7% e os níveis gerais de estoque caíram 25%.

A VICS identificou os quatro cenários na Tabela 10.2 como as áreas mais comuns em que ocorreram implantações de CPFR em grande escala entre um varejista e um fabricante. A seguir, descreveremos cada um dos quatro cenários.

》 **Tabela 10.2** Quatro cenários comuns de CPFR.

Cenário de CPFR	Onde é aplicado na cadeia de suprimentos	Indústrias onde é aplicado
Colaboração em evento do varejista	Canais ou categorias com muita promoção	Todas as indústrias fora as que praticam EDLP
Colaboração em reposição do CD	CD do varejista ou CD do distribuidor	Farmácias, lojas de ferragens, mercados
Colaboração em reposição da loja	Remessa direta à loja ou remessa do CD do varejo à loja	Atacadistas, clubes
Planejamento de variedade colaborativo	Vestuário e produtos sazonais	Lojas de departamentos, varejos especializados

Colaboração em evento de varejista

Em muitos ambientes de varejo, como supermercados, promoções e outros eventos do varejo têm impacto significativo sobre a demanda. Faltas de estoque, estoque em excesso e custos logísticos não planejados durante esses eventos afetam o desempenho financeiro para o varejista e o fabricante. Em tal situação, a colaboração entre os varejistas e os fornecedores para planejar, prever e repor promoções é muito eficiente.

A colaboração em evento de varejista requer que as duas partes identifiquem marcas e itens específicos que estão incluídos na colaboração. Detalhes do evento — como época, duração, preço, propaganda e táticas de apresentação — são compartilhados. É importante que o varejista atualize essa informação à medida que ocorrem mudanças. Previsões específicas do evento são, então, criadas e compartilhadas. Essas previsões são convertidas em pedidos e entregas planejadas. À medida que o evento acontece, as vendas são monitoradas para identificar quaisquer mudanças ou exceções, que são resolvidas por meio de um processo iterativo entre as duas partes.

A P&G implementou alguma forma de colaboração em evento de varejista com uma série de parceiros, incluindo o Walmart.

Colaboração em reposição de CD

A colaboração em reposição do CD talvez seja a forma mais comum de colaboração observada na prática e também a mais simples de implementar. Nesse cenário, os dois parceiros de negócios colaboram na previsão de retiradas de CD ou na demanda prevista de CD para o fabricante. Essas previsões são convertidas em um fluxo de pedidos de CD para o fabricante, que são confirmados ou travados em um horizonte de tempo especificado. Essa informação permite que o fabricante monte os pedidos previstos nos planos futuros de produção e monte os pedidos confirmados por demanda. O resultado é uma redução no custo de produção do fabricante e uma redução de estoque e faltas de estoque no varejista.

A colaboração em reposição de CD é relativamente fácil de implementar, pois requer colaboração em uma previsão agregada e não requer compartilhamento de dados detalhados de ponto de venda. Como resultado, normalmente esse é o melhor cenário para começar a colaboração. Com o tempo, essa forma de colaboração pode ser estendida para incluir todos os pontos de armazenagem na cadeia de suprimentos, das prateleiras de varejo a depósitos de matéria-prima. De acordo com Hammond (1994), a Barilla implementou essa forma de colaboração com seus distribuidores.

Colaboração em reposição de loja

Na colaboração em reposição de loja, os parceiros de negócios colaboram sobre previsões de ponto de vendas em nível de loja. Essas previsões são, então, convertidas em uma série de pedidos em nível de loja, com os pedidos confirmados em um horizonte de tempo especificado. Essa forma de colaboração é muito mais difícil de implementar do que uma colaboração em nível do CD, especialmente se as lojas forem pequenas. A colaboração em reposição de loja é mais fácil para grandes lojas, como Costco e Home Depot. Os benefícios da colaboração em nível de loja incluem maior visibilidade de vendas para o fabricante, precisão melhorada de reposição, disponibilidade de produto melhorada e estoques reduzidos. Smith (2013) discute como a colaboração em nível de loja possibilita que os fornecedores da varejista canadense West Marine, Inc. melhorem "a remessa única de 30% para 90%". Isso permite que a West Marine mantenha a disponibilidade do produto em um alto nível de 98%.

Planejamento colaborativo de variedade

Roupas da moda e outros produtos sazonais seguem um padrão sazonal de demanda. Assim, o planejamento colaborativo nessas categorias tem um horizonte de uma única estação e é realizado em intervalos sazonais. Dada a natureza sazonal, as previsões contam menos com dados históricos e mais com a interpretação colaborativa de tendências da indústria, fatores macroeconômicos e gostos do cliente. Nessa forma de colaboração, os parceiros comerciais desenvolvem em conjunto um plano variado. A saída é uma ordem de compra planejada em nível de estilo/cor/tamanho. A ordem planejada é compartilhada eletronicamente antes de um evento, em que os produtos da amostra são vistos e são tomadas decisões finais de *merchandising*. Os pedidos planejados ajudam o fabricante a comprar matérias-primas com longo tempo de espera e capacidade de planejamento. Essa forma de colaboração é mais útil se a capacidade for flexível o suficiente para acomodar uma variedade de mix de produtos e a matéria-prima tiver alguma semelhança entre os produtos finais.

Requisitos organizacionais e de tecnologia para o CPFR bem-sucedido

Uma implementação de CPFR bem-sucedida requer mudanças na estrutura organizacional e, para ser escalável, requer a implementação de tecnologia apropriada. A colaboração eficaz exige que os fabricantes montem equipes interfuncionais, específicas do cliente, que incluam vendas, planejamento de demanda e logística, pelo menos para grandes clientes. Esse foco tem se tornado viável com a consolidação no varejo. Para clientes menores, essas equipes podem ser focadas por geografia ou canal de vendas. Os varejistas também devem tentar organizar planejamento de *merchandising* de compra e reposição em equipes em torno dos fornecedores. Isso pode ser difícil, dado o grande número de fornecedores que os varejistas consolidados possuem. Eles podem, então, organizar as equipes por categorias que incluam vários fornecedores. Para os varejistas que possuam vários níveis de estoque, como CDs e lojas de varejo, é importante combinar as equipes de reposição em dois níveis. Sem a gestão de estoque colaborativo em dois níveis, a duplicação de estoques é comum. A estrutura organizacional proposta é ilustrada na Figura 10.4.

O processo de CPFR não é dependente da tecnologia, mas requer que ela seja escalável. Tecnologias de CPFR têm sido desenvolvidas para facilitar o compartilhamento de previsões e informações históricas, avaliar condições de exceção e permitir revisões. Essas soluções devem ser integradas com os sistemas empresariais que registram todas as transações da cadeia de suprimentos.

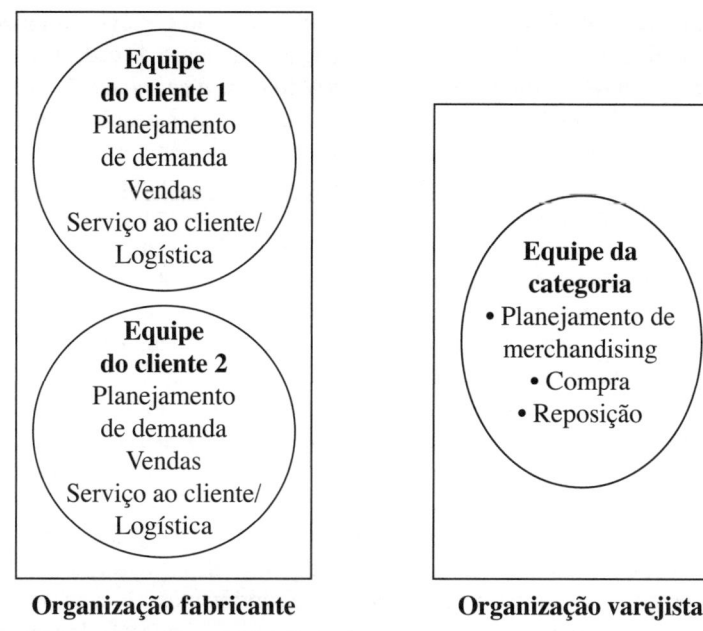

Figura 10.4 Estrutura organizacional colaborativa.

Fonte: Adaptado de Voluntary Interindustry Commerce Standards, *CPFR: An Overview*, 2004.

Riscos e obstáculos para uma implementação de CPFR

É importante observar que existem riscos e obstáculos para uma implementação de CPFR bem-sucedida. Dado o compartilhamento de informações em grande escala, existe um risco de uso impróprio da informação. Normalmente, um ou ambos os parceiros de CPFR têm relacionamentos com os concorrentes do parceiro. Outro risco é que, se um dos parceiros mudar sua escala ou tecnologia, o outro parceiro é forçado a fazer o mesmo, ou perde o relacionamento colaborativo. Finalmente, a implementação de CPFR e a resolução de exceções requer interações mais próximas entre duas entidades cujas culturas podem ser muito diferentes. A incapacidade de promover uma cultura colaborativa pelas organizações parceiras pode ser um grande obstáculo para o sucesso de CPFR. Um dos maiores obstáculos para o sucesso normalmente é que os parceiros tentam algo como a colaboração em nível de loja, que requer um investimento mais alto em níveis organizacional e tecnológico. Geralmente, é melhor começar com algo do tipo colaboração em nível de evento ou CD, que é mais focado e mais fácil de fazer colaboração. Um dos maiores obstáculos para o sucesso de CPFR é que a informação de demanda compartilhada com os parceiros muitas vezes não é usada dentro da organização de maneira integrada. É importante que haja integração entre demanda, oferta, logística e planejamento corporativo dentro da organização, para maximizar os benefícios de um esforço de CPFR com um parceiro.

10.7 Conseguindo a coordenação na prática

1. *Quantifique o efeito chicote.* As empresas normalmente não têm ideia de que o efeito chicote desempenha papel significativo em sua cadeia de suprimentos. Os gestores devem começar comparando a variabilidade em pedidos que elas recebem de seus clientes com a variabilidade em pedidos que elas fazem com seus fornecedores. Isso ajuda a empresa a quantificar sua própria contribuição para o efeito chicote. Quando essa contribuição é visível, fica mais fácil para uma empresa aceitar o fato de que todos os estágios na cadeia de suprimentos contribuem para o efeito chicote, levando a uma perda significativa nos lucros. Na ausência dessa informação concreta, as empresas tentam reagir melhor à variabilidade, em vez de eliminar a própria variabilidade. Isso leva as empresas a investirem somas significativas em sistemas de gestão e programação de estoque, apenas para ver um pouco de melhora em desempenho ou nos lucros. A evidência do tamanho do efeito chicote é eficaz para conseguir que diferentes estágios priorizem esforços para alcançar a coordenação e eliminar a variabilidade criada dentro da cadeia de suprimentos.

2. *Obtenha comprometimento da alta administração para a coordenação.* Mais do que em qualquer outro aspecto da gestão da cadeia de suprimentos, a coordenação só pode ter sucesso com o comprometimento da alta administração. A coordenação requer que os gestores em todos os estágios subordinem seus interesses locais ao interesse maior da empresa e até mesmo da cadeia. A coordenação normalmente requer a resolução dos dilemas de uma maneira que exige que muitas funções na cadeia mudem suas práticas tradicionais. Essas mudanças muitas vezes são contrárias às abordagens que existiam quando cada função focava apenas seu objetivo local. Tais mudanças dentro de uma cadeia de suprimentos não podem ser implantadas sem um forte comprometimento da alta administração. O comprometimento da alta administração foi um fator-chave para ajudar o Walmart e a P&G a montarem equipes colaborativas de previsão e reposição.

3. *Dedique recursos à coordenação.* A coordenação não pode ser alcançada sem que todas as partes envolvidas dediquem recursos de gestão significativos a esse esforço. Em geral as empresas não dedicam recursos à coordenação porque elas assumem que a falta de coordenação é algo com que precisam conviver ou porque esperam que a coordenação aconteça por si só. O problema com essa abordagem é que ela deixa muitos gestores envolvidos apenas com as áreas distintas que eles controlam, enquanto ninguém é responsável por destacar o impacto que as ações de um gestor têm sobre outras partes da cadeia de suprimentos. Uma das melhores formas de resolver problemas de coordenação é por meio de equipes compostas de membros de diferentes empresas ao longo da cadeia de suprimentos. Essas equipes devem ser responsáveis pela coordenação e devem receber autorização para implantar as mudanças requeridas. A montagem de uma equipe de coordenação não renderá frutos a menos que a equipe não tenha poder para atuar, pois ela entrará em conflito com os gestores funcionais que atualmente estejam maximizando os objetivos locais. As equipes de coordenação só podem ser eficazes quando houver um nível de confiança suficiente entre os membros de diferentes empresas. Se forem usadas devidamente, as equipes de coordenação podem oferecer um benefício significativo, como aconteceu com as equipes colaborativas de previsão e reposição montadas pelo Walmart e pela P&G.

4. *Enfoque em comunicação com outros estágios.* A boa comunicação com outros estágios de uma cadeia de suprimentos muitas vezes cria situações que destacam o valor da coordenação para ambos os lados. As empresas frequentemente não se comunicam com outros estágios e não estão dispostas a compartilhar informação. Contudo, normalmente, todas as empresas na cadeia ficam frustradas pela falta de coordenação e ficariam satisfeitas em compartilhar informação se isso ajudasse a cadeia a operar de maneira mais eficaz. A comunicação regular entre as partes envolvidas facilita a mudança em tal situação. Por exemplo, uma importante empresa de PCs pedia seus microprocessadores em lotes de várias semanas de produção. Ela estava tentando passar para um ambiente de montagem sob encomenda, em que faria pedidos de microprocessador diariamente. A empresa de PCs achou que o fornecedor de microprocessadores relutaria em acompanhar essa abordagem. No entanto, quando a comunicação foi aberta com o fornecedor, aconteceu o contrário. O fornecedor também queria reduzir os tamanhos de lote e aumentar a frequência dos pedidos. Ele simplesmente achou que o fabricante de PCs queria grandes lotes e por isso nunca solicitou uma mudança. A comunicação regular ajuda os diferentes estágios da cadeia de suprimentos a compartilhar suas metas e identificar metas comuns e ações de benefício mútuo que melhorem a coordenação.

5. *Tente conseguir a coordenação em toda a rede da cadeia de suprimentos.* O benefício total da coordenação só é alcançado quando toda a rede da cadeia de suprimentos é coordenada. Não basta que dois estágios em uma cadeia estejam coordenados. A parte mais poderosa em uma cadeia deverá fazer um esforço para conseguir a coordenação na rede inteira. A Toyota tem se mostrado muito eficiente em alcançar o compartilhamento de conhecimento e coordenação em toda a sua rede.

6. *Use a tecnologia para melhorar a conectividade na cadeia de suprimentos.* A internet e uma série de diferentes tipos de sistemas de software podem ser usados para aumentar a visibilidade de informação por toda a cadeia de suprimentos. Até agora, a maioria das implementações de TI tem alcançado visibilidade de informação apenas dentro da empresa. A visibilidade por toda a cadeia ainda requer um esforço adicional na maioria dos casos. Pela discussão neste capítulo, deve ter ficado claro que os principais benefícios dos sistemas de TI só podem ser percebidos se os sistemas ajudarem a aumentar a visibilidade na cadeia de suprimentos e facilitar a coordenação. Se as empresas quiserem observar o benefício total dos grandes investimentos que elas fazem em sistemas de TI atuais, principalmente em sistemas de ERP, é essencial que elas façam o esforço extra exigido para usar esses sistemas para facilitar a previsão e o planejamento colaborativos ao longo da cadeia de suprimentos. A internet deverá ser usada para compartilhar informação e aumentar a conectividade na cadeia.

7. Compartilhe os benefícios da coordenação de forma justa. O maior obstáculo para a coordenação na cadeia de suprimentos é o sentimento da parte, de qualquer estágio, de que os benefícios da coordenação não estão sendo compartilhados de forma justa. Os gestores da parte mais forte no relacionamento da cadeia devem ser sensíveis a esse fato e garantir que todas as partes percebam que o modo como os benefícios são compartilhados é justo.

10.8 Resumo dos objetivos de aprendizagem

1. *Descrever a coordenação da cadeia de suprimentos, o efeito chicote e seu impacto sobre o desempenho da cadeia.* A coordenação em cadeia de suprimentos requer que todos os estágios realizem ações que maximizam os lucros totais da cadeia de suprimentos. A falta de coordenação acontece se diferentes estágios focam a otimização de seus objetivos locais ou se a informação for distorcida enquanto se move ao longo da cadeia de suprimentos. O fenômeno no qual a flutuação em pedidos aumenta à medida que se move a montante na cadeia de suprimentos, dos varejistas aos atacadistas, destes aos fabricantes e deles aos fornecedores, é conhecido como efeito chicote. Ele resulta em um aumento em todos os custos na cadeia de suprimentos e uma diminuição em níveis de serviço ao cliente. O efeito chicote afasta todas as partes na cadeia da fronteira da eficiência e resulta em diminuição tanto da satisfação do cliente quanto da lucratividade dentro da cadeia.

2. *Identificar obstáculos para a coordenação em uma cadeia de suprimentos.* Um obstáculo-chave para a coordenação na cadeia de suprimentos são incentivos desalinhados que resultam em diferentes estágios otimizando os objetivos locais, em vez dos lucros totais da cadeia. Outros obstáculos incluem a falta de compartilhamento de informação, ineficiências operacionais que levam a grandes tempos de execução de reposição e lotes grandes, incentivos da equipe de vendas que encorajam a compra antecipada, esquemas de racionamento que encorajam a inflação de pedidos, promoções que encorajam a compra antecipada e a falta de confiança que dificulta qualquer esforço em direção à coordenação.

3. *Discutir sobre as alavancas de gestão que ajudam a alcançar coordenação em uma cadeia de suprimentos.* Os gestores podem ajudar a alcançar a coordenação na cadeia de suprimentos alinhando os objetivos e os incentivos ao longo de diferentes funções e estágios. Outras ações que os gestores podem realizar para alcançar coordenação incluem o compartilhamento de informações de vendas e previsão e planejamento colaborativos, implantação do controle de reposição em único ponto, melhora das operações para reduzir os tempos de espera e os tamanhos de lote, EDLP e outras estratégias que limitam a compra antecipada e a criação de parcerias estratégicas e confiança dentro da cadeia de suprimentos.

4. *Explique as diferentes formas de planejamento colaborativo, previsão e reposição possíveis em uma cadeia de suprimentos.* Os parceiros podem definir relacionamentos de CPFR para colaborar com eventos da loja, reposição do CD, reposição da loja ou planejamento de variedade. A colaboração em reposição do CD normalmente é o mais fácil de implementar, pois requer dados em nível de agregação. A colaboração em reposição da loja requer um nível mais alto de investimento em tecnologia e compartilhamento de dados para que se obtenha sucesso.

Perguntas para discussão

1. O que é o efeito chicote e como ele se relaciona com a falta de coordenação em uma cadeia de suprimentos?
2. Qual é o impacto da falta de coordenação sobre o desempenho de uma cadeia de suprimentos?
3. De que maneira incentivos inapropriados podem levar à falta de coordenação em uma cadeia de suprimentos? Que contramedidas podem ser usadas para contrabalançar esse efeito?
4. Que problemas acontecem se cada estágio de uma cadeia de suprimentos observar sua demanda enquanto pedidos feitos pelo estágio a jusante? Como as empresas dentro de uma cadeia de suprimentos devem se comunicar para facilitar a coordenação?
5. Que fatores levam a um agrupamento de pedidos dentro de uma cadeia de suprimentos? Como isso afeta a coordenação? Que ações podem minimizar grandes lotes e melhorar a coordenação?

6. Como as promoções comerciais e as flutuações de preço afetam a coordenação em uma cadeia de suprimentos? Que políticas de precificação e promoção podem facilitar a coordenação?

7. De que forma a criação de parcerias estratégicas e confiança é valiosa dentro de uma cadeia de suprimentos?

8. Quais são os diferentes cenários de CPFR e como eles beneficiam os parceiros da cadeia de suprimentos?

Referências

BOWERSOX, D. J.; CLOSS, D. J.; STANK, T. P. 21st Century Logistics: Making Supply Chain Integration a Reality. *Supply Chain Management Review*, p. 44–49, 1999.

BRUNELL, T. Managing a Multicompany Supply Chain. *Supply Chain Management Review*, p. 45–52, 1999.

CEDERLUND, J. P.; KOHLI, R.; SHERER, S. A.; YAO, Y. How Motorola put CPFR into Action. *Supply Chain Management Review*, p. 28–35, out. 2007.

CHEN, F. et al. Quantifying the Bullwhip Effect in a Simple Supply Chain: The Impact of Forecasting, Lead Times, and Information. *Management Science*, p. 46, 436–443, 2000.

CONTINUOUS *Replenishment: An ECR Best Practices Report*. Washington, DC: Grocery Manufacturers Association, 1994.

CRUM, C.; PALMATIER, G. E. Demand Collaboration: What's Holding Us Back? *Supply Chain Management Review*, p. 54–61, jan./fev. 2004.

DISNEY, S. M.; TOWILL, D. R.. The Effect of Vendor Managed Inventory (VMI) Dynamics on the Bullwhip Effect in Supply Chains. *International Journal of Production Economics*, p. 85, 199–215, 2003.

FISHER, M. L. What is the right supply chain for your product? *Harvard Business Review*, p. 83–93, mar./abr. 1997.

HAMMOND, J. H. 1994. *Barilla Spa (A–D)*. Harvard Business School Case 9-694-046.

KUMAR, N. The Power of Trust in Manufacturer-Retailer Relationships. *Harvard Business Review*, p. 92–106, nov./dez. 1996.

LEE, H. L.; PADMANABHAN, V.; WHANG, S. The Bullwhip Effect in Supply Chains. *Sloan Management Review*, p. 93–102, 1997.

MARIOTTI, J. L. The Trust Factor in Supply Chain Management. *Supply Chain Management Review*, p. 70–77, 1999.

SABATH, R. E.; FONTANELLA, J. The Unfulfilled Promise of Supply Chain Collaboration. *Supply Chain Management Review*, p. 24–29, jul./ago. 2002.

SEIFERT, D. *Collaborative Planning, Forecasting, and Replenishment: How to Create a Supply Chain Advantage*. New York: AMACOM, 2003.

SENGE, P. M. *The Fifth Discipline*. New York: Currency and Doubleday, 1990.

SMELTZER, L. R. Integration Means Everybody – Big and Small. *Supply Chain Management Review*, p. 36–44, set./out. 2001.

SMITH, L. West Marine: A CPFR Success Story. *Supply Chain Management Review*, p. 29–36, mar. 2006.

———. Connecting the Consumer to the Factory. *Supply Chain Management Review*, p. 10–17, maio/jun. 2013.

STEERMAN, H. A Practical Look at CPFR: The Sears-Michelin Experience. *Supply Chain Management Review*, p. 46–53, jul./ago. 2003.

VOLUNTARY INTERINDUSTRY COMMERCE STANDARDS. *Collaborative Planning, Forecasting, and Replenishment,* Version 2.0, 2002.

VOLUNTARY INTERINDUSTRY COMMERCE STANDARDS. *CPFR: An Overview,* 2004.

Parte IV

Gestão de economias de escala em uma cadeia de suprimentos: estoque cíclico

CAPÍTULO 11

> ### » Objetivos de aprendizagem
>
> Depois de ler este capítulo, você será capaz de:
>
> 1. Equilibrar os custos apropriados para escolher o tamanho do lote e o estoque cíclico ideais em uma cadeia de suprimentos.
> 2. Compreender o impacto dos descontos por quantidade sobre o tamanho do lote e o estoque cíclico.
> 3. Criar esquemas de desconto apropriados para uma cadeia de suprimentos.
> 4. Entender o impacto das promoções comerciais sobre o tamanho do lote e o estoque cíclico.
> 5. Identificar alavancas gerenciais que reduzam o tamanho do lote e o estoque cíclico em uma cadeia de suprimentos sem aumentar o custo.

O estoque cíclico existe porque a produção ou a compra em grandes lotes permite que um estágio da cadeia de suprimentos explore as economias de escala e, portanto, reduza o custo. A presença de custos fixos associados a pedido e transporte, descontos por quantidade no preço do produto e descontos a curto prazo ou promoções comerciais encoraja diferentes estágios de uma cadeia de suprimentos a explorar economias de escala e a fazer pedido em grandes lotes. Neste capítulo, estudamos como cada um desses fatores afeta o tamanho do lote e os estoques cíclicos dentro de uma cadeia. Nosso objetivo é identificar as alavancas gerenciais que reduzem o estoque cíclico em uma cadeia sem elevar o custo.

11.1 Função do estoque cíclico em uma cadeia de suprimento

Tamanho do lote é a quantidade que um estágio de uma cadeia produz ou compra de uma só vez. Considere, por exemplo, uma loja de computadores que vende uma média de quatro impressoras por dia. O gerente da loja, porém, pede 80 impressoras do fabricante toda vez que emite um pedido. O tamanho do lote, nesse caso, é de 80 impressoras. Com vendas diárias de quatro impressoras, em média serão necessários 20 dias antes que a loja venda o lote inteiro e compre um lote de reposição. A loja de computadores mantém um estoque de impressoras porque o gerente compra um tamanho de lote maior do que as vendas diárias da loja. O *estoque cíclico* é o estoque médio em uma cadeia de suprimentos em decorrência de produção ou compras em tamanhos de lote maiores do que o cliente precisa.

Ao longo deste capítulo, usamos a seguinte notação:

Q: quantidade ou tamanho de um lote
D: demanda por unidade de tempo

Neste capítulo, ignoramos o impacto de variabilidade da demanda e consideramos que a demanda é estável. No Capítulo 12, introduziremos a variabilidade da demanda e seu impacto sobre o estoque de segurança.

Vamos considerar o estoque cíclico de jeans na Jean-Mart, uma loja de departamentos. A demanda por jeans é relativamente estável, em $D = 100$ pares de jeans por dia. O gerente da Jean-Mart atualmente compra em lotes de $Q = 1.000$ pares. O *perfil de estoque* de jeans na Jean-Mart é um gráfico representando o nível de estoque ao longo do tempo, como podemos ver na Figura 11.1.

Como as compras são feitas em lotes de $Q = 1.000$ unidades, enquanto a demanda é de apenas $D = 100$ unidades por dia, são necessários 10 dias para que um lote inteiro seja vendido. Durante esses 10 dias, o estoque de jeans na Jean-Mart diminui constantemente de 1.000 unidades (quando o lote chega) para 0 (quando o último par é vendido). Essa sequência de um lote chegando e a demanda esgotando o estoque até que outro lote chegue repete-se a cada 10 dias, como mostra o perfil de estoque na Figura 11.1.

Quando a demanda é constante, o estoque cíclico e o tamanho do lote estão relacionados da seguinte forma:

$$\text{Estoque cíclico} = \frac{\text{tamanho do lote}}{2} = \frac{Q}{2} \qquad (11.1)$$

Para um tamanho de lote de mil unidades, a Jean-Mart mantém um estoque cíclico de $Q/2 = 500$ pares de jeans. Pela Equação 11.1, vemos que o estoque cíclico é proporcional ao tamanho do lote. Uma cadeia de suprimentos na qual os estágios produzem ou compram em grandes lotes tem mais estoque cíclico do que uma cadeia em que os estágios produzem e compram em lotes menores. Por exemplo, se uma loja de departamentos concorrente, com a mesma demanda, comprar em lotes de 200 pares de jeans, ela manterá um estoque cíclico de apenas 100 pares.

Os tamanhos de lote e o estoque cíclico também influenciam o tempo de fluxo de material dentro da cadeia de suprimentos. Lembre-se que, pela lei de Little (Equação 3.1):

$$\text{Tempo de fluxo médio} = \frac{\text{estoque médio}}{\text{taxa de fluxo média}}$$

Para qualquer cadeia de suprimentos, a taxa de fluxo média é igual à demanda. Assim, temos:

$$\text{Tempo de fluxo médio resultante de estoque cíclico} = \frac{\text{estoque cíclico}}{\text{demanda}} = \frac{Q}{2D}$$

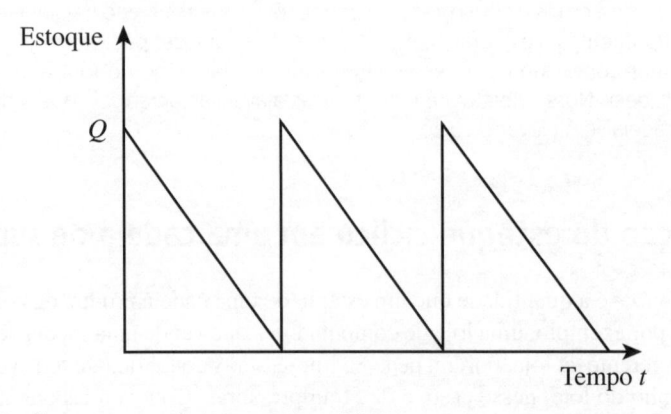

》**Figura 11.1** Perfil de estoque de jeans na Jean-Mart.

Para tamanhos de lote de mil pares de jeans e demanda diária de cem pares, obtemos:

$$\text{Tempo de fluxo médio resultante de estoque cíclico} = \frac{Q}{2D} = \frac{1.000}{2 \times 100} = 5 \text{ dias}$$

Assim, o estoque cíclico na loja Jean-Mart soma cinco dias à quantidade de tempo média que o jeans passou na cadeia de suprimentos. Quanto maior o estoque cíclico, maior é o tempo de defasagem entre quando um produto é produzido e quando ele é vendido. Um nível de estoque cíclico mais baixo sempre é desejável, pois longas defasagens de tempo deixam uma empresa vulnerável a mudanças de demanda no mercado. Um estoque cíclico mais baixo também diminui o requisito de capital de giro de uma empresa. A Toyota, por exemplo, mantém um estoque cíclico de apenas algumas horas de produção entre a fábrica e a maioria dos fornecedores. Como resultado, a Toyota nunca fica com peças desnecessárias e seus requisitos de capital de giro são menores que os de seus concorrentes. A Toyota também aloca muito pouco espaço na fábrica para estoque.

A Zara e a Seven-Eleven Japan são duas empresas que construíram a sua estratégia sobre a capacidade de reabastecer suas lojas em pequenos lotes. A Seven-Eleven reabastece suas lojas no Japão com alimentos frescos três vezes ao dia. O pequeno lote de reabastecimento permite que ela forneça produtos que estejam sempre muito frescos. A Zara reabastece suas lojas europeias até três vezes por semana. Cada reposição de lote contém, assim, apenas cerca de dois dias de demanda. Isso garante que o estoque acompanhe de perto a demanda do cliente. Em ambos os casos, as empresas têm utilizado pequenos lotes de reposição para garantir que o seu fornecimento acompanhe de perto as tendências de demanda do cliente.

Antes de sugerirmos ações que um gestor pode tomar para reduzir o estoque cíclico, é importante entender por que os estágios de uma cadeia de suprimentos produzem ou compram em grandes lotes e como a redução do tamanho do lote afeta o desempenho da cadeia de suprimentos.

O estoque cíclico é mantido para tirar proveito das economias de escala e reduzir o custo dentro de uma cadeia de suprimentos. Por exemplo, o vestuário é enviado da Ásia para a América do Norte em containers cheios para reduzir o custo de transporte por unidade. Da mesma forma, uma usina siderúrgica integrada produz centenas de toneladas de aço por lote para espalhar o alto custo de instalação ao longo de um grande lote. Para entender como a cadeia de suprimentos consegue essas economias de escala, primeiro identificamos os custos que são influenciados pelo tamanho do lote.

O *preço médio pago por unidade comprada* é um custo fundamental na decisão do tamanho de lote. Um comprador pode aumentar o tamanho do lote se essa ação resultar em uma redução no preço pago por unidade adquirida. Por exemplo, se o fabricante de jeans cobra US$ 20 por par para pedidos abaixo de 500 pares de jeans e US$ 18 por par para pedidos maiores, o gerente da Jean-Mart consegue o preço mais baixo pedindo em lotes de pelo menos 500 pares de jeans. O preço pago por unidade é conhecido como *custo do material* e é indicado por C. Ele é medido em dólares/unidade. Em muitas situações práticas, o custo de material apresenta economias de escala — aumentar o tamanho do lote diminui esse custo.

O *custo fixo de pedido* inclui todos os custos que não variam com o tamanho do pedido, mas são incorridos toda vez que um deles é feito. Pode haver um custo administrativo fixo para fazer um pedido, um custo de frete para transportar o pedido e um custo de mão de obra para receber o pedido. A Jean-Mart, por exemplo, incorre em um custo de US$ 400 para o caminhão, independentemente do número de pares de jeans enviados. Se o caminhão pode transportar até 2 mil pares de jeans, um tamanho de lote de 100 pares resulta em um custo de transporte de US$ 4/par, em que um tamanho de lote de mil pares resulta em um custo de transporte de US$ 0,4/par. Dado o custo de transporte fixo por lote, o gerente de loja pode reduzir o custo de transporte por unidade aumentando o tamanho do lote. O custo fixo do pedido por lote é indicado por S (normalmente considerado um custo de preparação, ou "de *setup*") e é medido em dólares/lote. O custo de pedido também apresenta economias de escala, e aumentar o tamanho do lote diminui o custo fixo de pedido por unidade adquirida.

Custo de manutenção é o custo de manter uma unidade no estoque por um período especificado, normalmente um ano. Ele é uma combinação do custo de capital, do custo de armazenar fisicamente o estoque e do custo que resulta de o produto tornar-se obsoleto. O custo de manutenção é indicado por M e é medido em dólares/unidade/ano. Ele também pode ser obtido como uma fração, m, do custo unitário do produto. Dado um custo unitário de C, o custo de manutenção M é dado por:

$$M = mC \qquad (11.2)$$

O custo de manutenção total se eleva com um aumento no tamanho do lote e no estoque cíclico.

Resumindo, os custos que devem ser considerados em qualquer decisão de tamanho de lote são:

- preço médio por unidade adquirida, US$ C/unidade;
- custo fixo do pedido incorrido por lote, US$ S/lote;
- custo de manutenção incorrido por unidade por ano, US$ M/unidade/ano = mC.

Mais adiante no capítulo, discutiremos como os vários custos podem ser estimados na prática. Porém, para os propósitos desta discussão, vamos considerar que eles já sejam conhecidos.

O papel principal do estoque cíclico é permitir que diferentes estágios em uma cadeia de suprimentos comprem o produto em tamanhos de lote que minimizem a soma de custos de material, pedido e manutenção. Se o gerente considerar apenas o custo de manutenção, ele reduzirá o tamanho do lote e o estoque cíclico. O gerente precisa fazer a escolha que minimiza o custo total ao tomar decisões de tamanho de lote.

O ideal é que as decisões de estoque cíclico sejam feitas considerando o custo total por toda a cadeia de suprimentos. Contudo, na prática, geralmente cada estágio toma suas decisões de estoque cíclico independentemente. Conforme discutiremos mais adiante neste capítulo, essa prática aumenta o nível de estoque cíclico e também o custo total na cadeia de suprimentos.

> **Ponto-chave**
>
> O estoque cíclico existe em uma cadeia de suprimentos porque diferentes estágios exploram economias de escala para reduzir o custo total. Os custos considerados incluem custo de material, custo fixo do pedido e custo de manutenção.

Qualquer estágio da cadeia de suprimentos explora as economias de escala em suas decisões de reposição nas três situações típicas a seguir:

1. Um custo fixo é incorrido toda vez que um pedido é feito ou produzido.
2. O fornecedor oferece descontos com base na quantidade adquirida por lote.
3. O fornecedor oferece descontos em curto prazo ou mantém promoções comerciais.

Nas próximas três seções, revisamos como os gestores de compras podem tirar proveito dessas situações.

11.2 Estimativa de custos relacionados ao estoque cíclico na prática

Ao definir níveis de estoque cíclico na prática, um obstáculo comum é estimar os custos de pedido e de manutenção. Em virtude da robustez dos modelos de estoque cíclico, é melhor conseguir rapidamente uma boa aproximação do que gastar muito tempo tentando estimar os custos com exatidão.

Nosso objetivo é identificar os custos incrementais que mudam com a decisão do tamanho do lote. Podemos ignorar os custos inalterados com uma mudança no tamanho do lote. Por exemplo, se uma fábrica está produzindo a 50% da capacidade e toda a mão de obra é de tempo integral e não recebe hora extra, pode-se argumentar que o custo de preparação incremental para a mão de obra é zero. A redução do tamanho do lote, nesse caso, não terá nenhum impacto sobre o custo de preparação até que a mão de obra seja totalmente utilizada (e ganhando hora extra) ou as máquinas sejam totalmente utilizadas (com uma perda resultante na capacidade de produção).

Custo de manutenção de estoque

O custo de manutenção é estimado como uma percentagem do custo de um produto e é a soma dos principais componentes listados a seguir.

- **Custo de capital**: esse é o componente dominante do custo de manutenção para produtos que não se tornam obsoletos rapidamente. A técnica apropriada é avaliar o *custo médio ponderado de capital* (CMPC), que leva em consideração o retorno exigido sobre o patrimônio da empresa e o custo de seu débito (BREALEY e MYERS, 2000). Estes são ponderados pela quantidade de patrimônio e financiamento de débitos que a empresa tem. A fórmula para o CMPC é:

$$CMPC = \frac{P}{D + P}(T_s + \beta \times PRM) + \frac{D}{D + P}T_E(1 - t)$$

    Onde:
    P = quantidade de patrimônio líquido;
    D = quantidade de débito;
    T_S = taxa de retorno sem risco (que normalmente fica no meio da faixa entre 1 e 9);
    β = o beta da empresa, uma medida da volatilidade do preço de estoque;
    PRM = prêmio por risco de mercado (que fica no final da faixa entre 1 e 9);
    T_E = taxa em que a empresa pode conseguir dinheiro emprestado (relacionada à sua avaliação de débito);
    t = taxa de juros.

    A maioria desses números pode ser encontrada no relatório anual de empresas e em qualquer relatório de pesquisa de patrimônio líquido sobre a empresa. A taxa de empréstimo vem de tabelas que listam as taxas cobradas por títulos de empresas com as mesmas avaliações de crédito. A taxa sem risco é o retorno sobre o Tesouro Nacional, e o prêmio de risco de mercado é o retorno do mercado acima da taxa sem risco. Se o acesso à estrutura financeira de uma empresa não estiver disponível, uma boa aproximação pode ser feita usando números de empresas públicas no mesmo setor e de tamanho semelhante.

- **Custo de obsolescência (ou deterioração)**: o custo de obsolescência estima a taxa em que o valor do produto armazenado cai porque o valor de mercado ou a qualidade caem. Esse custo pode variar bastante, de taxas de muitos milhares por cento até praticamente zero, dependendo do tipo de produto. Produtos perecíveis possuem altas taxas de obsolescência. Até mesmo não perecíveis podem ter altas taxas de obsolescência se tiverem ciclos de vida curtos. Um produto com ciclo de vida de seis meses tem um custo de obsolescência efetivo de 200%. Na outra ponta do espectro estão os produtos como petróleo cru, que levam um longo tempo para se tornar obsoletos ou deteriorados. Para tais produtos, pode ser aplicada uma taxa de obsolescência muito baixa.

- **Custo de manuseio**: o custo de manuseio deverá incluir apenas custos de recebimento e armazenamento incrementais que variam com a quantidade de produto recebida. Os custos de manuseio independentes da quantidade que varia com o número de pedidos deverão ser incluídos no custo do pedido. O custo de manuseio dependente da quantidade normalmente não muda se a quantidade variar dentro de um intervalo. Se a quantidade estiver dentro dessa faixa (por exemplo, a faixa de estoque que um grupo de quatro pessoas pode descarregar por período), o custo de manuseio incremental somado ao custo de manutenção é zero. Se a quantidade tratada exigir mais pessoas, um custo de tratamento incremental é somado ao custo de manutenção.

- **Custo de ocupação**: o custo de ocupação reflete a mudança incremental no custo do espaço em razão do estoque cíclico variável. Se a empresa estiver sendo cobrada com base no número real de unidades mantidas em armazenamento, temos o custo de ocupação direto. As empresas normalmente alugam ou compram uma quantidade de espaço fixa. Desde que uma mudança marginal no estoque cíclico não mude os requisitos de espaço, o custo de ocupação incremental é zero. Os custos de ocupação normalmente têm a forma de uma

função de degrau, com um aumento repentino no custo quando a capacidade é totalmente utilizada e um novo espaço precisa ser adquirido.
- **Custos diversos**: o último componente do custo de manutenção lida com uma série de outros custos relativamente pequenos. Estes incluem roubo, segurança, danos, impostos e encargos de seguro adicionais que são incorridos. Mais uma vez, é importante estimar a mudança incremental nesses custos sobre o estoque cíclico variável.

Custo de pedido

O custo de pedido inclui todos os custos incrementais associados à emissão ou ao recebimento de um pedido extra, incorridos independentemente do tamanho do pedido. Os componentes do custo de pedido são:

- **Tempo do comprador**: o tempo do comprador é seu tempo incremental fazendo um pedido extra. Esse custo deverá ser incluído somente se o comprador for totalmente utilizado. O custo incremental de um comprador ocioso para fazer um pedido é zero e não aumenta o custo de pedido. Os pedidos eletrônicos podem reduzir significativamente o tempo em que o comprador faz o pedido.
- **Custos de transporte**: um custo de transporte fixo normalmente é incorrido independentemente do tamanho do pedido. Por exemplo, se um caminhão é enviado para a entrega de cada pedido, custa a mesma coisa enviá-lo pela metade ou cheio. O preço de menos de uma carga completa também inclui um componente fixo, que é independente da quantidade entregue, e um componente variável, que aumenta com a quantidade entregue. O componente fixo deverá ser incluído no custo de pedido.
- **Custos de recebimento**: alguns custos de recebimento são incorridos independentemente do tamanho do pedido. Estes incluem qualquer trabalho administrativo, como a conferência do pedido de compra e qualquer esforço associado à atualização de registros de estoque. Os custos de recebimento que dependem da quantidade não devem ser incluídos aqui.
- **Outros custos**: cada situação pode ter custos exclusivos, que devem ser considerados se forem incorridos para cada pedido, independentemente da quantidade desse pedido.

O custo de pedido é estimado como a soma de todos os seus custos componentes.

11.3 Economias de escala para explorar custos fixos

Para entender melhor as escolhas discutidas nesta seção, considere uma situação que normalmente surge na vida diária — a compra de alimentos e de outros produtos domésticos. Nos Estados Unidos, estes podem ser adquiridos em uma loja de conveniência próxima ou no Costco (um grande clube atacadista que vende produtos de consumo), que geralmente está muito distante. O custo fixo de ir comprar é o tempo gasto para ir a um desses locais. Esse custo é muito menor para a loja de conveniência mais próxima. Contudo, nessas lojas os preços são mais altos. Levando em consideração o custo fixo, tendemos a tomar nossa decisão sobre o tamanho do lote adequando-a às circunstâncias. Quando só precisamos de uma pequena quantidade, vamos até a loja de conveniência mais próxima, pois o benefício de um custo fixo baixo compensa os preços mais altos. Porém, quando estamos comprando uma grande quantidade, vamos até o Costco, onde os preços mais baixos sobre a quantidade maior adquirida compensam mais do que o aumento no custo fixo.

Nesta seção, focaremos a situação em que um custo fixo associado a emitir, receber e transportar um pedido é incorrido toda vez que o pedido é feito. Um gestor de compras deseja minimizar o custo total para satisfazer a demanda e, portanto, deve fazer as escolhas de custo apropriadas ao tomar a decisão sobre o tamanho do lote. Começaremos considerando a decisão do tamanho do lote para um único produto.

Tamanho do lote para apenas um produto (quantidade de pedido econômica)

Quando a Best Buy vende seu estoque atual de computadores HP, o gerente de compras faz um pedido de reposição para um novo lote de Q computadores. Incluindo o custo de transporte, a empresa incorre em um custo fixo de S dólares por pedido. O gerente de compras deve decidir sobre o número de computadores a pedir da HP em um lote. Para essa decisão, consideramos as seguintes informações:

D = demanda anual do produto;

S = custo fixo incorrido por pedido;

C = custo por unidade;

m = custo de manutenção ao ano como uma fração do custo do produto.

Suponha que a HP não ofereça nenhum desconto e cada unidade custe C dólares, não importa o tamanho do pedido. O custo de manutenção é, portanto, dado por $M = mC$ (usando a Equação 11.2). O modelo é desenvolvido usando-se as seguintes suposições básicas:

1. A demanda é constante em D unidades por tempo de unidade.
2. Nenhuma falta de estoque é permitida — ou seja, a demanda deve ser suprida a partir do estoque.
3. O tempo de espera de reposição é fixo (inicialmente suposto como sendo zero).

O gerente de compras toma a decisão de tamanho de lote para minimizar o custo total que a loja incorre. Ele deve considerar três custos ao decidir sobre o tamanho do lote:

- custo anual de material;
- custo anual de pedido;
- custo anual de manutenção.

Como o preço de compra é independente do tamanho do lote, temos:

$$\text{Custo anual de material} = CD$$

O número de pedidos precisa ser suficiente para atender à demanda anual D. Dado um tamanho de lote Q, temos, então:

$$\text{Número de pedidos ao ano} = \frac{D}{Q} \qquad (11.3)$$

Como cada pedido feito incorre em um custo de pedido S, deduzimos que:

$$\text{Custo anual de pedido} = \left(\frac{D}{Q}\right)S \qquad (11.4)$$

Dado um tamanho de lote Q, temos um estoque médio de $Q/2$. O custo de manutenção anual, portanto, é o custo de manter $Q/2$ unidades em estoque por um ano, e é dado como:

$$\text{Custo anual de manutenção} = \left(\frac{Q}{2}\right)M = \left(\frac{Q}{2}\right)mC$$

O custo anual total, TC, é a soma de todos os três custos, dado como:

$$\text{Custo anual total, } TC = CD + \left(\frac{D}{Q}\right)S + \left(\frac{Q}{2}\right)mC$$

A Figura 11.2 mostra a variação em diferentes custos à medida que o tamanho do lote muda. Observe que o custo anual de manutenção aumenta com um aumento no tamanho do lote. Por outro lado, o custo anual de pedido diminui com um aumento no tamanho do lote. O custo de material não depende do tamanho do lote, pois consideramos que o preço é fixo. Portanto, o custo anual total primeiro diminui e depois aumenta com um aumento no tamanho do lote.

Pelo ponto de vista do gestor da Best Buy, o tamanho ideal do lote é aquele que minimiza o custo total para a empresa. Ele é obtido calculando-se a primeira derivada do custo total com relação a Q e igualando-a a 0 (ver Apêndice 11A no final deste capítulo). O tamanho ideal do

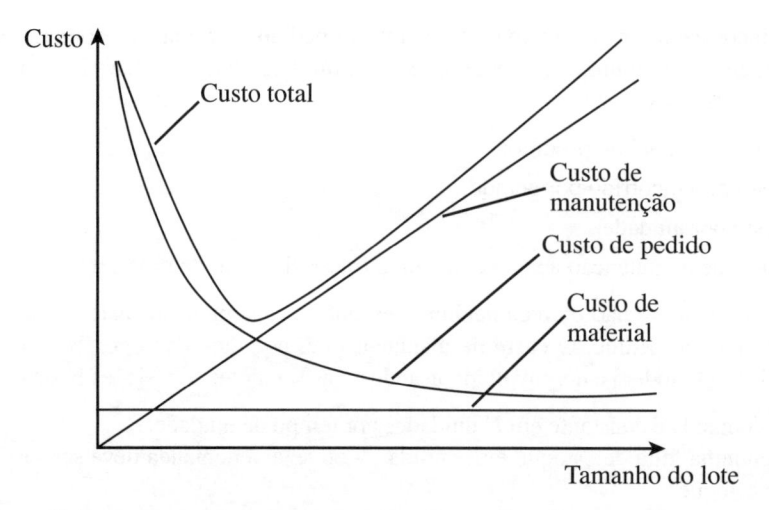

Figura 11.2 Efeito do tamanho do lote sobre os custos na Best Buy.

lote é conhecido como *lote econômico de compra* (LEC). Ele é indicado por Q^* e é dado pela seguinte equação:

$$\text{Tamanho de lote ideal, } Q^* = \sqrt{\frac{2DS}{mC}} \quad (11.5)$$

Para essa fórmula, é importante usar as mesmas unidades de tempo para a taxa de custo de manutenção m e a demanda D. Com cada lote de tamanho Q^*, o estoque cíclico no sistema é dado por $Q^*/2$. O tempo de fluxo gasto por cada unidade no sistema é dado por $Q^*/(2D)$. À medida que o tamanho de lote ideal aumenta, também aumentam o estoque cíclico e o tempo de fluxo. A frequência de pedido ideal é dada por n^*, onde

$$n^* = \frac{D}{Q^*} = \sqrt{\frac{DmC}{2S}} \quad (11.6)$$

No Exemplo 11.1 (ver a aba *Exemplo 11.1* na planilha *Exemplos 1-6* disponível na Sala Virtual), ilustramos a fórmula da LEC e o procedimento para tomar decisões de tamanho de lote.

EXEMPLO 11.1 》 Quantidade econômica de compra

A demanda pelo computador Deskpro na Best Buy é de mil por mês. A empresa incorre em preparação, transporte e recebimento fixo de US$ 4.000 toda vez que um pedido é feito. Cada computador custa à Best Buy US$ 500 e o varejista tem um custo de manutenção de 20%. Avalie o número de computadores que o gerente da loja deverá pedir em cada lote de reposição.

Análise

Neste caso, o gerente tem as seguintes informações:

demanda anual, $D = 1.000 \times 12 = 12.000$ unidades;

custo do pedido por lote, $S =$ US$ 4.000;

custo unitário do computador, $C =$ US$ 500;

custo de manutenção por ano como uma fração do custo unitário, $m = 0,2$.

Usando a fórmula do LEC (Equação 11.5), o tamanho de lote ideal é:

$$\text{Tamanho de lote ideal} = Q^* = \sqrt{\frac{2 \times 12.000 \times 4.000}{0,2 \times 500}} = 980$$

Para minimizar o custo total na Best Buy, o gerente pede um lote com 980 computadores para cada pedido de reposição. O estoque cíclico é o estoque médio resultante e (usando a Equação 11.1) é dado por:

$$\text{Estoque cíclico} = \frac{Q^*}{2} = \frac{980}{2} = 490$$

Para um lote com tamanho $Q^* = 980$, o gerente avalia:

$$\text{Número de pedidos por ano} = \frac{D}{Q^*} = \frac{12.000}{980} = 12,24$$

$$\text{Custo anual de pedido e manutenção} = \frac{D}{Q^*}S + \left(\frac{Q^*}{2}\right)mC = \text{US\$ } 97.980$$

$$\text{Tempo de fluxo médio} = \frac{Q^*}{2D} = \frac{490}{12.000} = 0,041 \text{ anos} = 0,49 \text{ meses}$$

Portanto, cada computador na Best Buy leva em média 0,49 mês antes que seja vendido, pois foi comprado em um lote de 980.

Algumas lições-chave podem ser tiradas do Exemplo 11.1 (ver aba *Exemplo 11.1* na planilha *Exemplos 1-6*). Usar um lote com tamanho de 1.100 (em vez de 980) aumenta os custos anuais para US\$ 98.636 (contra US\$ 97.980). Embora o tamanho do pedido seja mais de 10% maior do que o tamanho ideal Q^*, o custo total aumenta apenas 0,67%. Essa questão pode ser relevante na prática. A Best Buy pode achar que o lote econômico de compra para CDs seja de 6,5 caixas. O fabricante pode relutar em entregar metade de uma caixa e pode querer cobrar mais por esse serviço. Nossa discussão ilustra que a Best Buy talvez lucre mais com tamanhos de lote de seis ou sete caixas, pois essa mudança tem impacto muito pequeno sobre seus custos relacionados a estoque, mas pode economizar alguma taxa que o fabricante cobre por entregar metade de uma caixa.

> **》 Ponto-chave**
>
> Os custos totais de pedido e manutenção são relativamente estáveis em torno do lote econômico de compra. Uma empresa muitas vezes é mais bem servida pedindo um lote de tamanho conveniente, próximo da quantidade econômica, em vez do LEC exato.

Se a demanda na Best Buy aumenta para 4.000 computadores por mês (a demanda aumentou por um fator de 4), a fórmula LEC mostra que o tamanho ideal de lote dobra e o número de pedidos feitos por ano também duplica. Por outro lado, o tempo de fluxo médio diminui por um fator de 2. Em outras palavras, conforme a demanda aumenta, o estoque cíclico medido em termos de dias (ou meses) da demanda deve se reduzir se a decisão do tamanho de lote for tomada de modo ideal. Essa observação pode ser definida como indicado no box ponto-chave a seguir.

> **》 Ponto-chave**
>
> Se a demanda aumenta por um fator de k, o tamanho de lote ideal aumenta por um fator de $\sqrt{k}$. O número de pedidos feitos por ano deve também aumentar por um fator de $\sqrt{k}$. O tempo de fluxo atribuído ao estoque cíclico deve diminuir o fator de $\sqrt{k}$.

Vamos voltar à situação em que a demanda mensal para o modelo Deskpro é de mil computadores. Agora, suponha que o gerente queira reduzir o tamanho do lote para $Q = 200$

unidades, para reduzir o tempo de fluxo. Se esse tamanho for diminuído sem qualquer outra mudança, temos:

$$\text{Custos anuais relacionados ao estoque} = \left(\frac{D}{Q}\right)S + \left(\frac{Q}{2}\right)mC = \$250.000$$

Isso é muito mais alto do que o custo total de US$ 97.980 que a Best Buy incorria quando fazia o pedido em lotes de 980 unidades, como no Exemplo 11.1. Assim, existem motivos financeiros claros para o gerente não estar disposto a reduzir o tamanho do lote para 200. Para tornar viável reduzir o tamanho do lote, o gerente deverá trabalhar para reduzir o custo fixo do pedido S. Se o custo fixo associado a cada lote for reduzido para US$ 1.000 (contra o valor atual de US$ 4.000), o tamanho de lote ideal diminui para 490 (contra a quantidade atual de 980). Ilustramos o relacionamento entre o tamanho de lote desejado e o custo do pedido no Exemplo 11.2 (ver a aba *Exemplo 11.2* na planilha *Exemplos 1-6*).

EXEMPLO 11.2 〉〉 Relacionamento entre o tamanho de lote desejado e o custo do pedido

O gerente da Best Buy gostaria de reduzir o tamanho de lote ideal de 980 para 200. Para que essa redução de tamanho seja viável, ele deseja avaliar o quanto o custo de pedido por lote deverá ser reduzido.

Análise

Neste caso, temos:

tamanho de lote desejado, $Q^* = 200$;

demanda anual, $D = 1.000 \times 12 = 12.000$ unidades;

custo unitário por computador, $C = $ US$ 500;

custo de manutenção por ano como fração do valor do estoque, $m = 0,2$.

Usando a fórmula do LEC (Equação 11.5), o custo do pedido desejado é:

$$S = \frac{mC(Q^*)^2}{2D} = \frac{0,2 \times 500 \times 200^2}{2 \times 12.000} = \text{US\$}\,166,7$$

Assim, o gerente na Best Buy teria de reduzir o custo do pedido de US$ 4 mil para US$ 166,7 para que um lote de 200 seja ideal.

A reflexão no Exemplo 11.2 pode ser declarada da seguinte forma:

> 〉〉 **Ponto-chave**
>
> Para reduzir o tamanho de lote ideal por um fator de k, o custo fixo do pedido S deverá ser reduzido por um fator de k^2.

Tamanho do lote de produção

Na fórmula do LEC, supomos implicitamente que o lote inteiro chega ao mesmo tempo. Embora essa possa ser uma suposição razoável para um lojista que receba um lote de reposição, não é razoável em um ambiente de produção, em que a manufatura ocorre a uma taxa especificada, digamos, P. Em um ambiente de produção, portanto, o estoque se acumula a uma taxa de $P - D$ quando a produção está ativa e o estoque está esgotado a uma taxa D quando a produção está inativa.

Com D, m, C e S conforme definidos anteriormente, a fórmula do LEC pode ser modificada para obtermos o lote econômico de produção (LEP) da seguinte forma:

$$Q^P = \sqrt{\frac{2DS}{(1 - D/P)mC}}$$

O custo de preparação anual, neste caso, é dado por:

$$\left(\frac{D}{Q^P}\right)S$$

O custo de manutenção anual é dado por:

$$(1 - D/P)\left(\frac{Q^P}{2}\right)mC$$

Observe que a quantidade econômica de produção é o LEC multiplicado por um fator de correção que se aproxima de 1 quando a taxa de produção se torna muito mais rápida do que a demanda.

Para o restante deste capítulo, focaremos nossa atenção ao caso em que o lote de reposição inteiro chega ao mesmo tempo, um cenário que se aplica à maioria dos ambientes da cadeia de suprimentos.

Tamanho de lote com restrição de capacidade

Em nossa discussão, supomos que a quantidade econômica de pedidos para um varejista irá carregar o caminhão. Na realidade, o caminhão tem capacidade limitada, dita como K. Se a quantidade econômica de pedidos Q for maior que K, o varejista não tem de pagar por mais de um caminhão. Nesse caso, a quantidade ideal de pedido é obtida ao comparar o custo de pedir unidades K (caminhão completo) e unidades Q ($\lceil Q/K \rceil$ caminhões). Se o custo de preparação S aumentar primariamente a partir do custo do caminhão, fazer o pedido maior que a capacidade de um caminhão nunca é o ideal. Nesse caso, o tamanho ideal do pedido é o mínimo de LEQ e capacidade de caminhão (K).

11.4 Agregação de múltiplos produtos em apenas um pedido

Como discutimos anteriormente, uma chave para reduzir o tamanho do lote é diminuir o custo fixo incorrido por lote. Uma origem importante dos custos fixos é o transporte. Em várias empresas, a gama de produtos vendidos é dividida em famílias ou grupos, com cada grupo controlado independentemente por um gerente de produto separado. Isso resulta em pedidos e entregas separadas para cada família de produtos, aumentando, assim, o estoque cíclico geral. Agregar pedidos e entregas entre as famílias de produtos é um mecanismo eficaz para reduzir os estoques cíclicos. Ilustraremos a ideia de agregar remessas usando o próximo exemplo.

Considere os dados do Exemplo 11.1. Suponha que a demanda de cada um dos quatro modelos diferentes seja de mil unidades por mês. Nesse caso, se cada gerente de produto fizer seu pedido separadamente, ele pediria um tamanho de lote de 980 unidades (como no Exemplo 11.1). Portanto, para os quatro modelos, o estoque cíclico total seria $4 \times 980/2 = 1.960$ unidades.

Agora, considere o caso em que o gerente de loja na Best Buy observa que as entregas dos quatro modelos vêm da mesma origem. Ele pede aos gerentes de produto para coordenar suas compras e garantir que os quatro produtos cheguem no mesmo carregamento. Nesse caso, o tamanho de lote ideal combinado entre os quatro modelos é de 1.960 unidades (use $S =$ US\$ 4.000, $D = 4 \times 12.000 = 48.000$, $mC =$ US\$ $500 \times 0,2 =$ US\$ 10 na Equação 11.5). Isso é equivalente a 490 unidades para cada modelo. Como resultado da agregação de pedidos e rateio do custo fixo de transporte entre vários produtos que têm origem no mesmo fornecedor, torna-se financeiramente ideal que o gerente de loja na Best Buy reduza o tamanho do lote para cada produto individual. Essa ação diminui significativamente o estoque cíclico, bem como o custo para a empresa.

Outra forma de alcançar esse resultado é ter uma única entrega vinda de vários fornecedores (permitindo que o custo fixo do transporte seja rateado entre vários fornecedores) ou ter um único caminhão entregando para diversos varejistas (permitindo que o custo do transporte seja rateado entre vários deles). As empresas que importam produtos para os Estados Unidos a partir da Ásia têm trabalhado duro para agregar suas remessas entre os fornecedores (muitas vezes construindo centros na Ásia para os quais todos os fornecedores entregam), possibilitando a eles que mantenham as economias de escala em transporte enquanto têm entregas menores e mais frequentes a partir de cada cliente. Os benefícios da agregação podem ser descritos como apresentado no quadro Ponto-chave a seguir.

> **》 Ponto-chave**
> Agregar a reposição de produtos entre varejistas ou fornecedores em um único pedido permite uma redução no tamanho do lote para produtos individuais, pois os custos fixos de pedido e transporte agora são rateados entre vários produtos, varejistas ou fornecedores.

O Walmart e outros varejistas facilitam a agregação por vários pontos de fornecimento e entrega sem armazenar estoques intermediários por meio do uso de *cross-docking*. Cada fornecedor envia carregamentos completos ao centro de distribuição (CD), contendo uma entrega agregada destinada a várias lojas de varejo. No CD, cada caminhão que chega é descarregado, o produto é direcionado a docas (*cross-docked*) e os caminhões de saída são carregados. Cada caminhão de saída agora contém o produto agregado de vários fornecedores destinados a uma loja de varejo.

Ao considerar os custos fixos, não se pode ignorar os custos de recebimento ou carga. À medida que mais produtos são incluídos em um único pedido, a variedade de produto em um caminhão aumenta. O depósito de recebimento agora precisa atualizar registros de estoque para mais itens por caminhão. Além disso, a tarefa de estocagem de itens agora se torna mais cara, pois cada item distinto precisa ser estocado em um local separado. Assim, ao tentar reduzir os tamanhos do lote, é importante focar a redução desses custos que aumentam com a variedade. Avisos antecipados de remessa (ASN, do inglês *Advance Shipping Notices*) são arquivos enviados eletronicamente pelo fornecedor ao cliente, contendo registros exatos do conteúdo do caminhão. Esses avisos eletrônicos facilitam a atualização dos registros de estoque, bem como a decisão com relação a locais de armazenagem, ajudando a reduzir o custo fixo do recebimento. A tecnologia de identificação por radiofrequência (RFID) provavelmente também ajudará a reduzir os custos fixos associados ao recebimento que estejam relacionados à variedade de produtos. O custo fixo reduzido de recebimento o torna ideal para diminuir o tamanho do lote pedido, reduzindo, assim, o estoque cíclico.

Em seguida, vamos analisar como podemos determinar os tamanhos de lote ideais quando há custos fixos associados com cada lote e também com a variedade no lote.

Tamanho de lote com vários produtos ou clientes

Em geral, o custo de pedido, transporte e recebimento de um pedido cresce com a variedade de produtos ou pontos de recebimento. Por exemplo, é mais barato para o Walmart receber um caminhão contendo um único produto do que receber um contendo muitos produtos diferentes, pois o esforço de atualização e reposição de estoque é muito menor para um único produto. Uma parte do custo fixo de um pedido pode estar relacionada ao transporte (isso só depende da carga, e não da variedade de produtos no caminhão). Parte do custo fixo está relacionada ao carregamento e recebimento (esse custo aumenta com a variedade no caminhão). Agora, vamos analisar como podemos determinar os tamanhos de lote ideais nessa situação.

Nosso objetivo é chegar a tamanhos de lote e a uma política de pedido que minimizem o custo total. Vamos considerar as seguintes informações de entrada:

D_i: demanda anual do produto i;

S: custo do pedido incorrido toda vez que este é feito, independentemente da variedade de produtos incluídos no pedido;

s_i: custo adicional, incorrido se o produto i for incluído no pedido.

Vamos considerar o caso no qual a Best Buy compra modelos múltiplos de um produto. O gerente de loja pode considerar três técnicas para a decisão do tamanho de lote:

1. Cada gerente de produtos pede seu modelo independentemente.
2. Os gerentes de produto, em conjunto, pedem cada produto em cada lote.
3. Os gerentes de produto fazem o pedido em conjunto, mas nem todo pedido contém cada produto; ou seja, cada lote contém um subconjunto selecionado dos produtos.

A primeira técnica não usa agregação e resulta em alto custo. A segunda agrega todos os produtos em cada pedido. A desvantagem da segunda técnica é que, em cada pedido, produtos de pouca demanda são agregados a produtos de alta demanda. Essa agregação completa resulta em altos custos se o custo do pedido específico para os produtos de baixa demanda for alto. Nessa situação, pode ser melhor pedir os produtos de baixa demanda com menos frequência do que os de alta demanda. Essa prática resulta em uma redução no custo do pedido específico do produto, associada ao produto de baixa demanda. Como resultado, a terceira técnica provavelmente gerará o menor custo. Contudo, ela é mais complexa de ser coordenada.

Consideramos o exemplo da Best Buy comprando computadores e ilustramos o efeito de cada uma das três técnicas sobre os custos da cadeia de suprimentos.

OS LOTES SÃO PEDIDOS E ENTREGUES INDEPENDENTEMENTE PARA CADA PRODUTO Nessa técnica, cada produto é pedido independentemente dos outros. Esse cenário é equivalente a aplicar a fórmula do LEC a cada produto ao avaliar os tamanhos de lote, conforme ilustramos no Exemplo 11.3 (ver aba *Exemplo 11.3* na planilha *Exemplos 1-6*).

EXEMPLO 11.3 》 Vários produtos com lotes pedidos e entregues independentemente

A Best Buy vende três modelos de computador, o Litepro, o Medpro e o Heavypro. As demandas anuais para os três produtos são $D_L = 12.000$ para o Litepro, $D_M = 1.200$ unidades para o Medpro e $D_H = 120$ unidades para o Heavypro. Cada modelo custa US$ 500 para a Best Buy. Um custo de transporte fixo de US$ 4.000 é incorrido toda vez que um pedido é entregue. Para cada modelo pedido e entregue no mesmo caminhão, um custo fixo adicional de US$ 1.000 é incorrido para recebimento e armazenagem. A Best Buy incorre em um custo de manutenção de 20%. Avalie os tamanhos de lote que o gerente da Best Buy deverá pedir se os lotes para cada produto forem pedidos e entregues independentemente. Avalie também o custo anual dessa técnica.

Análise

Neste exemplo, temos a seguinte informação:

demanda, $D_L = 12.000$/ano, $D_M = 1.200$/ano, $D_H = 120$/ano;

custo do pedido comum, $S =$ US$ 4.000;

custo do pedido específico do produto, $s_L =$ US$ 1.000, $s_M =$ US$ 1.000, $s_H =$ US$ 1.000;

custo de manutenção, $m = 0,2$;

custo unitário, $C_L =$ US$ 500, $C_M =$ US$ 500, $C_H =$ US$ 500.

Como cada modelo é pedido e entregue independentemente, um caminhão separado entrega cada modelo. Assim, um custo de pedido fixo de US$ 5.000 (US$ 4.000 + US$ 1.000) é incorrido em cada entrega de produto. As políticas de pedido ideais e os custos resultantes para os três produtos (quando os três produtos são pedidos independentemente) são avaliados usando a fórmula do LEC (Equação 11.5) e aparecem na Tabela 11.1.

O modelo Litepro é pedido 11 vezes por ano, o modelo Medpro é pedido 3,5 vezes por ano e o modelo Heavypro é pedido 1,1 vez a cada ano. O custo anual com pedido e manutenção incorrido pela Best Buy se os três modelos forem pedidos independentemente chega a US$ 155.140.

Tabela 11.1 Tamanhos de lote e custos para o pedido independente.

	Litepro	Medpro	Heavypro
Demanda por ano	12.000	1.200	120
Custo fixo/pedido	US$ 5.000	US$ 5.000	US$ 5.000
Tamanho ideal do pedido	1.095	346	110
Estoque cíclico	548	173	55
Custo de manutenção anual	US$ 54.772	US$ 17.321	US$ 5.477
Frequência do pedido	11,0/ano	3,5/ano	1,1/ano
Custo anual do pedido	US$ 54.772	US$ 17.321	US$ 5.477
Tempo de fluxo médio	2,4 semanas	7,5 semanas	23,7 semanas
Custo anual	US$ 109.544	US$ 34.642	US$ 10.954

Obs.: Embora esses valores estejam corretos, alguns podem diferir dos cálculos por conta do arredondamento.

O pedido independente é simples de executar, mas ignora a oportunidade de agregar pedidos. Assim, os gerentes de produto na Best Buy poderiam potencialmente reduzir os custos combinando os pedidos em um único caminhão. Em seguida, consideramos o cenário em que os três produtos são pedidos e entregues toda vez que é feito um pedido.

OS LOTES SÃO PEDIDOS E ENTREGUES JUNTOS PARA OS TRÊS MODELOS Dado que os três modelos são incluídos toda vez que um pedido é feito, o custo do pedido combinado fixo por pedido é dado por:

$$S^* = S + s_L + s_M + s_H$$

O próximo passo é identificar a frequência de pedido ideal. Considere que n seja o número de pedidos feitos por ano. Temos, então:

$$\text{Custo anual de pedido} = S^*n$$

$$\text{Custo anual de manutenção} = \frac{D_L m C_L}{2n} + \frac{D_M m C_M}{2n} + \frac{D_H m C_H}{2n}$$

Portanto, o custo anual total é dado por:

$$\text{Custo anual total} = \frac{D_L m C_L}{2n} + \frac{D_M m C_M}{2n} + \frac{D_H m C_H}{2n} + S^*n$$

A frequência de pedido ideal minimiza o custo anual total e é obtida apanhando a primeira derivada do custo total com relação a n e definindo-a como sendo igual a 0. Isso resulta na frequência de pedido ótima n^*, onde:

$$n^* = \sqrt{\frac{D_L m C_L + D_M m C_M + D_H m C_H}{2S^*}} \tag{11.7}$$

A Equação 11.7 pode ser generalizada para o caso em que existem k itens consolidados em um único pedido, da seguinte forma:

$$n^* = \sqrt{\frac{\sum_{i=1}^{k} D_i m C_i}{2S^*}} \tag{11.8}$$

A capacidade do caminhão também pode ser incluída nesse cenário, comparando a carga total para o n^* ideal com a capacidade do caminhão. Se a carga ideal ultrapassar a capacidade do caminhão, n^* é aumentado até que a carga se iguale à capacidade. Aplicando a Equação 11.8 para diferentes valores de k, também podemos achar o número ideal de itens ou fornecedores a serem agregados em uma única entrega.

No Exemplo 11.4, consideramos o caso em que os gerentes de produto da Best Buy pedem os três modelos toda vez que fazem um pedido (ver *Exemplo 11.4*).

EXEMPLO 11.4 》 Produtos pedidos e entregues em conjunto

Considere os dados da Best Buy no Exemplo 11.3. Os três gerentes de produto decidiram agregar e pedir os três modelos cada vez que fizerem um pedido. Avalie o tamanho de lote ideal para cada modelo.

Análise

Como os três modelos estão incluídos em cada pedido, o custo do pedido combinado é:

$$S^* = S + s_L + s_M + s_H = US\$ \ 7.000 \text{ por pedido}$$

A frequência de pedido ideal é obtida usando a Equação 11.7 e é dada por:

$$n^* = \sqrt{\frac{(12.000 \times 100) + (1.200 \times 100) + (120 \times 100)}{2 \times 7.000}} = 9,75$$

Assim, se cada modelo tiver de ser incluído em cada pedido e entrega, os gerentes de produtos na Best Buy deverão fazer 9,75 pedidos a cada ano. Nesse caso, as políticas de pedido e os custos aparecem na Tabela 11.2.

》 **Tabela 11.2** Tamanhos de lote e custos para o pedido conjunto na Best Buy.

	Litepro	Medpro	Heavypro
Demanda por ano *(D)*	12.000	1.200	120
Frequência do pedido *(n*)*	9,75/ano	9,75/ano	9,75/ano
Tamanho ideal do pedido *(D/n*)*	1.230	123	12,3
Estoque cíclico	615	61,5	6,15
Custo de manutenção anual	US$ 61.512	US$ 6.151	US$ 615
Tempo de fluxo médio	2,67 semanas	2,67 semanas	2,67 semanas

Como 9,75 pedidos são feitos a cada ano e cada pedido custa um total de US$ 7.000, temos:

$$\text{Custo anual de pedido} = 9,75 \times 7.000 = US\$ \ 68.250$$

O custo anual de pedido e manutenção para os três tamanhos, para a política em consideração, é dado por:

$$\text{Custo anual de pedido e manutenção} = US\$ \ 61.512 + US\$ \ 6.151 + US\$ \ 615 + US\$ \ 68.250$$
$$= US\$ \ 136.528$$

Observe que os gerentes de produto na Best Buy reduzem o custo anual de US$ 155.140 para US$ 136.528 pedindo todos os produtos em conjunto. Isso representa uma diminuição de cerca de 12%.

No Exemplo 11.5, consideramos a agregação ideal de pedidos ou entregas na presença de restrições de capacidade (ver aba *Exemplo 11.5* da planilha *Exemplos 1-6*).

EXEMPLO 11.5 》 Agregação com restrição de capacidade

A W.W. Grainger compra de centenas de fornecedores e está considerando a agregação de embarques recebidos para reduzir custos. O embarque custa US$ 500 por caminhão e mais US$ 100 por separação de carga. A demanda anual média de cada fornecedor é de 10 mil unidades. Cada unidade custa US$ 50 e a Grainger incorre em um custo de manutenção de 20%. Quais são a frequência e o tamanho ideais de pedido se a Grainger decidir agregar quatro fornecedores por caminhão? Quais são o tamanho e a frequência ideais de pedido se cada caminhão tem capacidade para 2.500 unidades?

Análise

Neste caso, a W.W. Grainger tem as seguintes informações de entrada:

demanda por produto, $D_i = 10.000$;

custo de manutenção, $m = 0,2$;

custo unitário por produto, $C_i = US\$ 50$;

custo do pedido comum, $S = US\$ 500$;

custo de pedido específico do fornecedor, $s_i = US\$ 100$.

O custo combinado do pedido dos quatro fornecedores é dado por:

$$S^* = S + s_1 + s_2 + s_3 + s_4 = US\$900 \text{ por pedido}$$

A partir da Equação 11.8, a frequência de pedido ideal é:

$$n^* = \sqrt{\frac{\sum_{i=1}^{4} D_i m C_i}{2S^*}} = \sqrt{\frac{4 \times 10.000 \times 0,2 \times 50}{2 \times 900}} = 14,91$$

Assim, é ideal que a Grainger peça 14,91 vezes ao ano. O custo anual de pedido por fornecedor é:

$$\text{Custo anual de pedido} = 14,91 \times \frac{900}{4} = \$3.355$$

A quantidade pedida de cada fornecedor é $Q = 10.000/14,91 = 671$ unidades por pedido. O custo anual de manutenção por fornecedor é:

$$\text{Custo anual de manutenção por fornecedor} = \frac{mC_iQ}{2} = 0,2 \times 50 \times \frac{671}{2} = US\$ 3.355$$

Essa política, porém, requer uma capacidade total por caminhão de $4 \times 671 = 2.684$ unidades. Como a capacidade do caminhão é de 2.500 unidades, a frequência de pedido precisa ser aumentada para garantir que a quantidade de pedido de cada fornecedor seja $2.500/4 = 625$. Assim, a W.W. Grainger deverá aumentar a frequência do pedido para $10.000/625 = 16$. A capacidade limitada do caminhão resulta em uma frequência de pedido ideal de 16 pedidos por ano, em vez de 14,91 pedidos por ano quando a capacidade do caminhão é ignorada. Essa ação aumentará o custo anual de pedido por fornecedor para US$ 3.600 e diminuirá o custo anual de manutenção por fornecedor para US$ 3.125.

A principal vantagem de pedir todos os produtos em conjunto é que isso é fácil de administrar e implementar. A desvantagem é que não é seletivo o suficiente em combinar os modelos em particular que devem ser pedidos juntos. Se os custos de pedidos específicos do produto forem altos e os produtos variarem significativamente em termos de vendas, é possível diminuir custos ao ser seletivo quanto aos produtos que serão agregados em um pedido conjunto.

Em seguida, consideramos uma política na qual os gerentes de produto não necessariamente pedem todos os modelos a cada vez que um pedido é feito, mas ainda coordenam seus pedidos.

OS LOTES SÃO PEDIDOS E ENTREGUES JUNTOS PARA UM SUBCONJUNTO SELECIONADO DOS PRODUTOS Primeiro vamos demonstrar como ser seletivo em pedidos agregados em um único pedido pode diminuir os custos. Considere o Exemplo 11.4, no qual o gerente decide agregar os três modelos em todos os pedidos. A política ideal do Exemplo 11.4 é fazer o pedido 9,75 vezes ao ano. A desvantagem dessa política é que a Heavypro, com uma demanda anual de apenas 120 unidades, é também pedida como 9,75 vezes. Dado que o custo do modelo específico de US$ 1.000 é incorrido com cada pedido, adiciona-se essencialmente $1.000/(120/9,75) = US\$ 81,25$

no custo do pedido para cada Heavypro. Se formos incluir a Heavypro nos quatro pedidos (em vez de todos os pedidos), pouparíamos 9.750 × (3/4) = US$ 7.312,50 no custo específico do produto relacionado ao pedido (poupar três em vez de quatro pedidos específicos do produto) enquanto incorreríamos em um adicional de 500 × 0,2 × (120/9,75)/2] × 3 = US$ 1.846,15 no custo de manutenção (pois o tamanho do lote da Heavypro aumentaria de 120/9,75 para [120 × (4/9,75)]. Essa política, então, diminuiria o custo anual relativo à agregação completa para mais de US$ 5.466. Esse exemplo aponta para o valor de ser mais seletivo ao agregar pedidos.

Agora, vamos discutir um procedimento mais seletivo na combinação de produtos a serem pedidos juntos. O procedimento que discutimos aqui não necessariamente oferece a solução ideal. Porém, gera uma política de pedido cujo custo é próximo do ideal. A técnica do procedimento é primeiro identificar o produto pedido "com mais frequência", que é incluído em cada pedido. O custo fixo básico S é, então, inteiramente alocado ao seu produto. Para cada um dos produtos pedidos "com menos frequência" i, a frequência do pedido é determinada usando somente o custo específico do produto relacionado ao pedido S_i. As frequências são, então, ajustadas de modo que cada produto i seja incluído em todos os pedidos p_i, onde p_i é número inteiro. Agora detalharemos o procedimento usado.

Primeiro, vamos descrever o procedimento comum, para depois aplicá-lo ao exemplo específico. Suponha que os produtos sejam indexados por i, onde i varia de 1 a n (considerando um total de n produtos). Cada produto i tem uma demanda anual D_i, um custo unitário C_i e um custo de pedido específico do produto s_i. O custo do pedido comum é S.

Etapa 1: Como um primeiro passo, identifique o produto pedido com maior frequência, supondo que cada produto seja pedido independentemente. Neste caso, um custo fixo de $S + s_i$ é alocado a cada produto. Para cada produto i (usando a Equação 11.6), avalie a frequência de pedido:

$$\overline{n}_i = \sqrt{\frac{mC_iD_i}{2(S + s_i)}}$$

Esta é a frequência em que o produto i seria pedido se fosse o único produto solicitado (nesse caso, um custo fixo de $S + s_i$ seria incorrido por pedido). Considere que $\overline{n}$ seja a frequência do produto pedido com maior frequência i^*; ou seja, $\overline{n}_{i^*}$ é o máximo entre todos os $\overline{n}_i$ ($\overline{n} = \overline{n}_{i^*} = $ máx $\{\overline{n}_i, i = 1,..., l\}$). O produto pedido com maior frequência é i^*, incluído toda vez que um pedido é feito.

Etapa 2: Para todos os produtos, $i \neq i^*$, avalie a frequência do pedido:

$$\overline{\overline{n}}_i = \sqrt{\frac{mC_iD_i}{2s_i}}$$

$\overline{\overline{n}}_i$ representa a frequência desejada do pedido se o produto i incorre no custo fixo específico do produto s_i somente cada vez que é pedido.

Etapa 3: Nosso objetivo é incluir cada produto $i \neq i^*$ com o produto i^* mais frequentemente pedido depois de um número inteiro. Para todos os $i \neq i^*$, avalie a frequência de produto i relativa ao produto i^* mais frequentemente pedido como sendo p_i, onde:

$$p_i = \lceil \overline{n}/\overline{\overline{n}}_i \rceil$$

Neste caso, $\lceil \ \rceil$ é a operação que arredonda a fração o mais próximo possível da integral. O produto i está incluso com o produto i^* mais frequentemente requisitado em cada pedido p_i. Dado que o produto e requisitado com maior frequência está incluso em cada pedido, $p_i^* = 1$.

Etapa 4: Tendo decidido a frequência de pedido para cada produto, recalcule a frequência de pedido do produto pedido com maior frequência i^* como sendo n, onde:

$$n = \sqrt{\frac{\sum_{i=1}^{l} mC_i p_i D_i}{2(S + \sum_{i=1}^{l} s_i/p_i)}} \qquad (11.9)$$

Observe que n é uma melhor frequência de pedido para o produto i^* pedido com mais frequência do que $\bar{n}$, pois leva em consideração o fato de que cada um dos outros produtos i seja incluído com i^* em todos os pedidos p_i.

Etapa 5: Para cada produto, avalie uma frequência de pedido de $n_i = n/p_i$ e o custo total dessa política de pedido. O custo anual total é dado por:

$$TC = nS + \sum_{i=1}^{l} n_i s_i + \sum_{i=1}^{l} \left(\frac{D_i}{2n_i}\right) mC_i$$

Esse procedimento resulta em *agregação adaptada*, com os produtos de demanda mais alta pedidos com maior frequência e os produtos com demanda mais baixa pedidos com menor frequência. O Exemplo 11.6 (ver a aba *Exemplo 11.6* na planilha *Exemplos 1-6*) considera a agregação adaptada para a decisão de compra da Best Buy no Exemplo 11.3.

EXEMPLO 11.6 》 Tamanhos de lote pedidos e entregues juntos para um subconjunto selecionado que varia por pedido

Considere os dados da Best Buy no Exemplo 11.3. Os gerentes de produto decidiram pedir em conjunto, mas ser seletivos sobre quais modelos eles incluem em cada pedido. Avalie a política de pedido e os custos usando o procedimento discutido anteriormente.

Análise

Lembre-se que $S =$ US\$ 4.000, $s_L =$ US\$ 1.000, $s_M =$ US\$ 1.000, $s_H =$ US\$ 1.000. Aplicando a Etapa 1, obtemos:

$$\overline{n_L} = \sqrt{\frac{mC_L D_L}{2(S+s_L)}} = 11{,}0, \quad \overline{n_M} = \sqrt{\frac{mC_M D_M}{2(S+s_M)}} = 3{,}5, \quad \overline{n_H} = \sqrt{\frac{mC_H D_H}{2(S+s_H)}} = 1{,}1$$

Claramente, o Litepro é o modelo pedido com mais frequência. Assim, definimos $\bar{n} = 11{,}0$.

Agora, aplicamos a Etapa 2 para avaliar a frequência com que o Medpro e o Heavypro são incluídos com o Litepro no pedido. Primeiro, obtemos:

$$\overline{\overline{n_M}} = \sqrt{\frac{mC_M D_M}{2s_M}} = 7{,}7 \quad \text{e} \quad \overline{\overline{n_H}} = \sqrt{\frac{mC_H D_H}{2s_H}} = 2{,}4$$

Em seguida, aplicamos a Etapa 3 para avaliar:

$$p_M = \left\lceil \frac{\bar{n}}{\overline{\overline{n_M}}} \right\rceil = \left\lceil \frac{11{,}0}{7{,}7} \right\rceil = 2 \quad \text{e} \quad p_H = \left\lceil \frac{\bar{n}}{\overline{\overline{n_H}}} \right\rceil = \left\lceil \frac{11{,}0}{2{,}4} \right\rceil = 5$$

Assim, o Medpro é incluído a cada dois pedidos e o Heavypro é incluído em cada quinto pedido (o Litepro, o modelo pedido com maior frequência, é incluído em todos os pedidos). Agora que decidimos sobre a frequência de pedido de cada modelo, aplique a Etapa 4 (Equação 11.9) para recalcular a frequência de pedido do modelo mais frequente como:

$$n = \sqrt{\frac{mC_L p_L D_L + mC_M p_M D_M + mC_H p_M D_H}{2(S + s_L/p_L + s_M/p_M + s_H/p_H)}} = 11{,}47$$

Assim, o Litepro é pedido 11,47 vezes por ano. Em seguida, aplicamos a Etapa 5 para obter uma frequência de pedido para cada produto:

$$n_L = 11{,}47/\text{ano}, \; n_M = 11{,}47/2 = 5{,}74/\text{ano e } n_H = 11{,}47/5 = 2{,}29/\text{ano}$$

As políticas de pedido e os custos resultantes para os três produtos aparecem na Tabela 11.3.

O custo de manutenção anual dessa política é de US\$ 65.383,5. O custo anual de pedido é dado por:

$$n_S + n_L s_L + n_M s_M + n_H s_H = \text{US\$ } 65.383{,}50$$

Portanto, o custo anual total é igual a US$ 130.767. A agregação adaptada resulta em uma redução de custo de US$ 5.761 (cerca de 4%) em comparação ao pedido de todos os modelos. A redução de custo acontece porque o custo fixo específico de US$ 1.000 de cada modelo não é incorrido a cada pedido.

》 **Tabela 11.3** Tamanhos de lote e custos para a política de pedido usando heurística.

	Litepro	Medpro	Heavypro
Demanda por ano (D)	12.000	1.200	120
Frequência do pedido (n^*)	11,47/ano	5,74/ano	2,29/ano
Tamanho ideal do pedido (D/n^*)	1.046	209	52
Estoque cíclico	523	104,5	26
Custo de manutenção anual	US$ 52.307	US$ 10.461	US$ 2.615
Tempo de fluxo médio	2,27 semanas	4,53 semanas	11,35 semanas

Pelos exemplos da Best Buy, segue-se que a agregação pode oferecer economias de custo significativas e redução em estoque cíclico na cadeia de suprimentos. Quando os custos de pedido por produto específico (s_i) são menores que os relativos ao custo fixo S, a agregação completa, enquanto todos os produtos são incluídos em todos os pedidos, é muito eficiente. A agregação adaptada fornece pequeno valor adicional nesse conjunto e pode não ser suficiente para a complexidade adicional. Se os Exemplos 11.3, 11.4 e 11.6 são repetidos com $s_i = $ US$ 300 (mude as células D5:D7 na aba *Exemplo 11.3* da planilha *Exemplos 1-6* para 300), percebe-se que a agregação adaptada diminui os custos em cerca de somente 1% relativo à agregação completa, ao passo que a agregação completa diminui os custos para mais de 25% com relação à agregação. À medida que os custos com pedidos de produtos específicos aumentam, contudo, a agregação adaptada se torna mais efetiva. Se os Exemplos 11.3, 11.4 e 11.6 são repetidos com $s_i = $ US$ 3.000 (mude as células D5:D7 na aba *Exemplo 11.3* da planilha *Exemplos 1-6* para 3.000), percebemos que a agregação completa na verdade aumenta os custos relativos à não agregação. A agregação adaptada, porém, diminui os custos em cerca de 10% com relação à não agregação. Em geral, a agregação completa deve ser usada quando os custos de pedido de itens específicos são pequenos. Em geral, a agregação completa deverá ser usada quando os custos de pedido específicos do produto forem pequenos e a agregação adaptada deverá ser usada quando esses custos de pedido forem grandes.

Em seguida, consideramos os tamanhos de lote quando o custo de material apresenta economias de escala.

> 》 **Ponto-chave**
>
> Um aspecto essencial para reduzir o estoque cíclico é a diminuição do tamanho do lote. Para reduzi-lo sem aumentar os custos é essencial diminuir o custo fixo associado a cada lote. Isso pode ser feito reduzindo o próprio custo fixo ou agregando lotes por vários produtos, clientes ou fornecedores. Neste caso, a agregação adaptada é a melhor, especialmente se os custos de pedido específicos do produto forem altos.

11.5 Economias de escala para explorar descontos proporcionais à quantidade

Agora, consideraremos os esquemas de preço que encorajam os consumidores a comprar em grandes lotes. Existem muitos casos nas transações *business-to-business* em que o esquema de preços mostra economia de escala, com preços diminuindo conforme o tamanho do lote aumenta. Um desconto *tem base em tamanho de lote* se o esquema de preços oferecer descontos fundamentados na quantidade pedida em um único lote. O desconto *tem base em volume* se for fundamentado na quantidade total adquirida em determinado período, independentemente do número de lotes comprados nesse período. Nesta seção, vamos ver que os descontos de quantidades com base no tamanho do lote tendem a aumentar o tamanho do lote e o estoque cíclico na cadeia de suprimentos. Dois esquemas de desconto com base em tamanho de lote muito utilizados são:

- todos os descontos por quantidade unitária;
- desconto por quantidade unitária marginal ou tarifas multibloco.

Para investigar o impacto desses descontos por quantidade na cadeia de suprimentos, temos de responder às duas perguntas básicas neste contexto:

1. Dado um esquema de preços com descontos por quantidade, qual é a decisão ideal para um comprador visando maximizar os lucros? Como essa decisão afeta a cadeia de suprimentos em termos de tamanhos de lote, estoques cíclicos e tempos de fluxo?
2. Sob que condições um fornecedor deverá oferecer descontos por quantidade? Quais são os esquemas de preço apropriados que um fornecedor deverá oferecer, buscando maximizar os lucros?

Começamos estudando a resposta ideal de um varejista (o comprador) ao lidar com os dois esquemas de desconto com base em tamanho de lote oferecidos por um fabricante (o fornecedor). O objetivo do varejista é selecionar os tamanhos de lote que minimizem o custo anual total de material, pedido e manutenção. Em seguida, avaliamos o tamanho de lote ideal no caso de descontos por quantidade em todas as unidades.

Descontos por quantidade em todas as unidades

Nos descontos por quantidade comuns, o esquema de preços contém pontos de quebra especificados $q_0, q_1, ..., q_r$, onde $q_0 = 0$. Se um pedido feito for pelo menos tão grande quanto q_i, porém menor que q_{i+1}, cada unidade é obtida a um custo C_i. Em geral, o custo unitário diminui quando a quantidade pedida aumenta; ou seja, $C_0 \geq C_1 \geq ... \geq C_r$. Para todos os descontos de unidade, o custo médio de unidade varia conforme a quantidade pedida, como mostra a Figura 11.3. O objetivo do varejista é decidir sobre os tamanhos de lote para maximizar os lucros ou, de modo equivalente, minimizar a soma de custos de material, pedido e manutenção. O procedimento de solução avalia o tamanho ideal do lote para cada preço e escolhe o tamanho de lote que minimiza o custo geral.

Etapa 1: Avalie a quantidade econômica de pedido para cada preço $C_i, 0 \leq i \leq$, como mostrado a seguir:

$$Q_i = \sqrt{\frac{2DS}{mC_i}} \qquad (11.10)$$

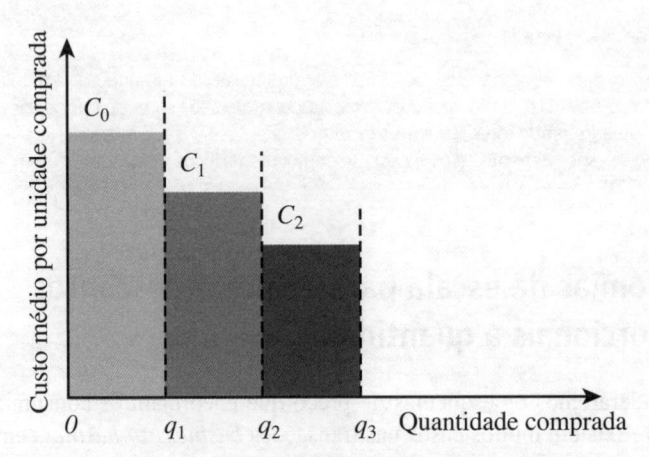

》 Figura 11.3 Custo unitário médio com descontos por quantidade em todas as unidades.

Etapa 2: Em seguida selecionamos a quantidade de pedido Q^*_i para cada preço C_i. Há três casos possível para Q_i:

1. $q_i \leq Q_i < q_{i+1}$
2. $Q_i < q_i$
3. $Q_i \geq q_{i+1}$

A Etapa 3 pode ser ignorada para Q_i porque é considerada para Q_{i+1}. Assim, precisamos considerar apenas as duas primeiras etapas. Se $qi \leq Q_i < q_{i+1}$, então estabelece-se $Q^*_i = Q_i$. Se $Q_i < q_i$, assim um tamanho de lote de Q_i não resultará em um desconto. Nesse caso, estabelece-se $Q^*_i = q_i$, para quantificar esse preço descontado da C_i por unidade.

Etapa 3: Para cada i, calcula-se o custo anual total de unidades de pedido Q^*_i (isso inclui custo de pedido, custo de manutenção e custo de material), como mostrado a seguir:

$$\text{Custo anual total, } TC_i = \left(\frac{D}{Q^*_i}\right)S + \frac{Q^*_i}{2} mC_i + DC_i \qquad (11.11)$$

Etapa 4: Para todos os i selecione a quantidade de pedido Q^*_i com o custo total diminuído TC_i. Goyal (1995) mostrou que esse procedimento pode ser encurtado ainda mais identificando um preço de corte C^* acima do qual a solução ideal não poderá ocorrer. Lembre-se que C_r é o custo unitário mais baixo acima da quantidade de limiar final q_r. O corte é obtido da seguinte forma:

$$C^* = \frac{1}{D}\left(DC_r + \frac{DS}{q_r} + \frac{m}{2}q_rC_r - \sqrt{2mDSC_r}\right)$$

No Exemplo 11.7, avaliaremos o tamanho de lote ideal para um desconto por quantidade em todas as unidades (ver as abas *Exemplo 11.7* e *Exemplo 11.7 verificação* na planilha *Exemplos 7-8* disponível na Sala Virtual).

EXEMPLO 11.7 》 Descontos por quantidade em todas as unidades

A Drugs Online (DO) é um varejista on-line de medicamentos vendidos com receita e suplementos para a saúde. As vitaminas representam uma percentagem significativa de suas vendas. Sua demanda é de 10 mil frascos por mês. A DO incorre em um custo fixo de US$ 100 para preparação do pedido, transporte e recebimento, toda vez que um pedido de vitaminas é feito ao fabricante. A empresa incorre em um custo de manutenção de 20%. O preço cobrado pelo fabricante segue o esquema de preços com descontos em todas as unidades mostradas na Tabela 11.4. Avalie o número de frascos que o gerente da DO deverá pedir em cada lote.

》 **Tabela 11.4** Tabela de preços da Drugs Online.

Quantidade do pedido	Preço unitário
0–4.999	US$ 3,00
5.000–9.999	US$ 2,96
10.000 ou mais	US$ 2,92

Análise

Nesse caso, o gerente tem as seguintes informações de entrada:

$q_0 = 0$, $q_1 = 5.000$, $q_2 = 10.000$;
$C_0 = $ US$ 3,00, $C_1 = $ US$ 2,96, $C_2 = $ US$ 2,92;
$D = 120.000$/ano, $S = $ US$ 100/lote, $m = 0,2$.

Utilizando a Etapa 1 e a Equação 11.10, obtemos:

$$Q_0 = \sqrt{\frac{2DS}{mC_0}} = 6.325; \quad Q_1 = \sqrt{\frac{2DS}{mC_1}} = 6.367; \quad Q_2 = \sqrt{\frac{2DS}{mC_2}} = 6.411$$

Na Etapa 2, ignoramos $i = 0$, pois $Q_0 = 6.325 > q_1 = 5.000$. Para $i = 1, 2$, obtemos:

$$Q_1^* = Q_1 = 6.367; Q_2^* = q_2 = 10.000$$

Na Etapa 3, obtemos os custos totais usando a Equação 11.11, como mostramos a seguir:

$$TC_1 = \left(\frac{D}{Q_1^*}\right)S + \left(\frac{Q_1^*}{2}\right)mC_1 + DC_1 = \$358.969; TC_2 = US\$ 354.520$$

Observe que o menor custo total é para $i = 2$. Assim, o ideal é que a DO peça $q^*_2 = 10.000$ frascos por lote e obtenha o preço de desconto de US$ 2,92 por frasco.

Se o fabricante no Exemplo 11.7 vendesse todos os frascos por US$ 3, seria ideal que a DO pedisse em lotes de 6.235 frascos. O desconto por quantidade é um incentivo para a DO pedir em quantidades maiores que 10 mil frascos, elevando o estoque cíclico e o tempo de fluxo. O impacto do desconto é ampliado ainda mais se a empresa trabalhar bastante para reduzir seu custo de pedido fixo para $S = US\$ 4$ (a partir dos atuais US$ 100). Então, o tamanho de lote ideal na ausência de um desconto é de 1.265 frascos. Na presença do desconto por quantidade em todas as unidades, o tamanho de lote ideal ainda é de 10 mil frascos. Nesse caso, a presença de descontos por quantidade leva a um aumento de oito vezes no estoque médio, bem como o tempo de fluxo na DO.

Dado que todos os descontos de quantidade unitária aumentam o estoque médio e o tempo de fluxo em uma cadeia de suprimentos, é importante identificar como esses descontos adicionam valor em uma cadeia de suprimentos. Antes de considerar essa questão, discutiremos sobre os descontos por quantidade unitária marginal.

Descontos por quantidade unitária marginal

Os descontos por quantidade unitária marginal (ou incremental) também são conhecidos como *tarifas multibloco*. Nesse caso, o esquema de preços contém pontos de quebra especificados $q_0, q_1, ..., q_r$. Não é o *custo médio*, mas o *custo marginal* de uma unidade que diminui em um ponto de quebra (ao contrário do esquema de desconto para unidades em geral). Se for feito um pedido de tamanho q, as primeiras $q_1 - q_0$ unidades têm preço C_0, as próximas $q_2 - q_1$ têm preço C_1, e em geral, $q_{i+1} - q_i$ unidades são precificados em C_i. O custo marginal por unidade varia com a quantidade comprada, como mostra a Figura 11.4.

Ao deparar com esse esquema de preços, o objetivo do varejista é decidir sobre um tamanho de lote que maximize os lucros ou, de modo equivalente, minimize os custos de material, pedido e manutenção.

O procedimento de solução discutido aqui avalia o tamanho de lote ideal para cada preço marginal C_i (isso força um tamanho de lote entre q_i e q_{i+1}) e, depois, estabelece o tamanho de lote que minimiza o custo geral. Um procedimento mais simples foi indicado por Hu e Munson (2002).

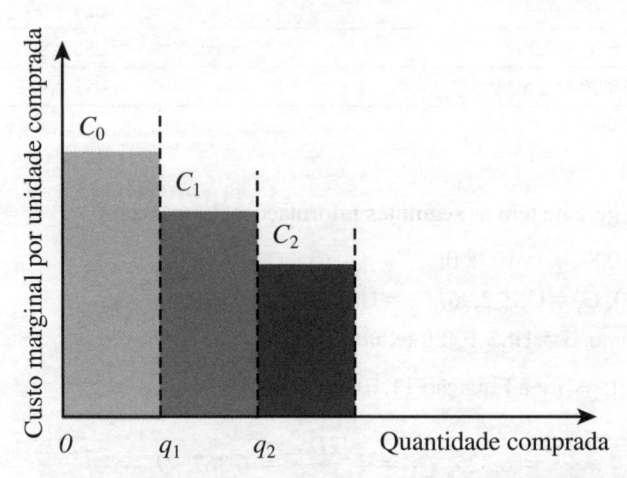

Figura 11.4 Custo unitário marginal com desconto por quantidade unitária marginal.

Para cada valor de i, $0 \leq i \leq r-1$, considere que Vi seja o custo de pedir q_i para q_i unidades. Defina $V_0 = 0$ e V_i para $0 \leq i \leq r$ da seguinte forma:

$$V_i = C_0(q_1 - q_0) + C_1(q_2 - q_1) + \cdots + C_{i-1}(q_i - q_{i-1}) \qquad (11.12)$$

Para cada valor de i, $0 \leq i \leq r-1$, considere um pedido de tamanho Q no intervalo de q_i a q_{i+1} unidades; ou seja, $q_{i+1} \geq Q \geq q_i$. O custo de material de cada pedido de tamanho Q é dado por $V_i + (Q - q_i)C_i$. Os diversos custos associados a tal pedido são os seguintes:

$$\text{Custo anual de pedido} = \left(\frac{D}{Q}\right)S$$

$$\text{Custo anual de manutenção} = [V_i + (Q - q_i)C_i]m/2$$

$$\text{Custo anual de material} = \frac{D}{Q}[V_i + (Q - q_i)C_i]$$

O custo anual total é a soma dos três custos e é dado por:

$$\text{Custo anual total} = \left(\frac{D}{Q}\right)S + [V_i + (Q - q_i)C_i]m/2 + \frac{D}{Q}[V_i + (Q - q_i)C_i]$$

O tamanho de lote ideal para essa faixa de preços é obtido tomando-se a primeira derivada do custo total com relação ao tamanho do lote e definindo-a como 0. Isso resulta no seguinte tamanho de lote ideal:

$$\text{Tamanho de lote ideal para o preço } C_i \text{ e } Q_i = \sqrt{\frac{2D(S + V_i - q_iC_i)}{mC_i}} \qquad (11.13)$$

Observe que o tamanho de lote ideal é obtido usando uma fórmula muito semelhante à fórmula do LEC (Equação 11.5), exceto que a presença do desconto por quantidade tem o efeito de aumentar o custo fixo por pedido em $V_i - q_iC_i$ (de S para $S + V_i - q_iC_i$). O tamanho do lote ideal geral é obtido como demonstrado a seguir:

Etapa 1: Avalie o tamanho do lote ideal usando a Equação 11.13 para cada preço C_i.

Etapa 2: Em seguida, seleciona-se a quantidade do pedido Q_i^* para cada preço C_i. Há três casos possíveis para Q_i:

1. Se $q_i \leq Q_i \leq q_{i+1}$), então estabelece-se $Q_i^* = Q_i$.
2. Se $Q_i < q_i$, então estabelece-se $Q_i^* = q_i$.
3. $Q_i > q_{i+1}$, então estabelece-se $Q_i^* = q_{i+1}$

Etapa 3: Calcule o custo anual total de pedir Q_i^* unidades, como a seguir:

$$TC_i = \left(\frac{D}{Q_i^*}\right)S + [V_i + (Q_i^* - q_i)C_i]m/2 + \frac{D}{Q_i^*}[V_i + (Q_i^* - q_i)C_i]$$

Etapa 4: Para todos os i, selecione o tamanho de pedido Q_i^* com os custos diminuídos TC_i.

No Exemplo 11.8, avaliamos o tamanho de lote ideal dado um desconto por quantidade unitária marginal (ver a aba *Exemplo 11.8 verificação* na planilha *Exemplos 7-8*).

EXEMPLO 11.8 》》 Descontos por quantidade unitária marginal

Vamos retornar à DO do Exemplo 11.7. Suponha que o fabricante use o esquema de preços de desconto por unidade marginal mostrado na Tabela 11.5.

》》 Tabela 11.5 Tabela de preços da Drugs Online.

Quantidade do pedido	Preço unitário marginal
0–5.000	US$ 3,00
5.000–10.000	US$ 2,96
Acima de 10.000	US$ 2,92

Isso implica que, se for feito um pedido de 7 mil frascos, os primeiros 5 mil têm um custo unitário de US$ 3,00, com os 2 mil restantes a um custo unitário de US$ 2,96. Avalie o número de frascos que a DO deverá pedir em cada lote.

Análise

Neste caso, temos:

$$q_0 = 0, q_1 = 5.000, q_2 = 10.000$$
$$C_0 = US\$\ 3,00, C_1 = US\$\ 2,96, C_2 = US\$\ 2,92$$
$$D = 120.000/\text{ano}, S = US\$\ 100/\text{lote}, m = 0,2$$

Usando a Equação 11.12, obtemos:

$$V_0 = 0; V_1 = 3 \times (5.000 - 0) = US\$\ 15.000$$
$$V_2 = 3 \times (5.000 - 0) + 2,96 \times (10.000 - 5.000) = US\$\ 29.800$$

Usando a Etapa 1 e a Equação 11.13, obtemos:

$$Q_0 = \sqrt{\frac{2D(S + V_0 - q_0 C_0)}{mC_0}} = 6.325$$

$$Q_1 = \sqrt{\frac{2D(S + V_1 - q_1 C_1)}{mC_1}} = 11.028$$

$$Q_2 = \sqrt{\frac{2D(S + V_2 - q_2 C_2)}{mC_2}} = 16.961$$

Na Etapa 2, estabelece-se $Q_0^* = q_1 = 5.000$, pois $Q_0 = 6.325 > q_1 = 5.000$. De modo semelhante, obtemos $Q_1^* = q_2 = 10.000$ (pois $Q_1 = 11.028 > q_2 = 10.000$) e $Q_2^* = Q_2 = 16.961$.

Na Etapa 3, obtemos um custo total para $i = 0, 1, 2$ usando Equação 11.14 sendo:

$$TC_0 = \left(\frac{D}{Q_0^*}\right)S + [V_0 + (Q_0^* - q_0)C_0]\ m/2 + \frac{D}{Q_0^*}[V_0 + (Q_0^* - q_0)C_0] = US\$\ 363.900$$

$$TC_1 = \left(\frac{D}{Q_1^*}\right)S + [V_1 + (Q_1^* - q_1)C_1]\ m/2 + \frac{D}{Q_1^*}[V_1 + (Q_1^* - q_1)C_1] = US\$\ 361.780$$

$$TC_2 = \left(\frac{D}{Q_2^*}\right)S + [V_2 + (Q_2^* - q_2)C_2]\ m/2 + \frac{D}{Q_2^*}[V_2 + (Q_2^* - q_2)C_2] = US\$\ 360.365$$

Observe que o menor custo é para $i = 2$. Assim, o ideal para a DO é pedir em lotes de $Q_2^* = 16.961$ frascos. É muito maior que o tamanho de lote ideal de 6.325 quando o fabricante não oferece nenhum desconto.

Se o custo fixo do pedido for de US$ 4, o tamanho de lote ideal para a DO é de 15.755 com o desconto, comparado a um tamanho de lote de 1.265 sem o desconto. Essa discussão demonstra que pode haver tamanhos de pedido significativos e, assim, estoque cíclico significativo na ausência de quaisquer custos de pedido fixos formais, desde que os descontos por quantidade sejam oferecidos. Assim, os descontos por quantidade levam a um acúmulo significativo de estoque cíclico em uma cadeia de suprimentos. Em muitas cadeias, os descontos por quantidade contribuem mais para o estoque cíclico do que os custos de pedido fixos. Isso nos força novamente a questionar o valor dos descontos por quantidade em uma cadeia de suprimentos.

Por que os fornecedores devem oferecer descontos por quantidade?

Vimos que a presença da quantidade baseada no tamanho do lote tende a aumentar o nível do estoque cíclico em uma cadeia de suprimentos. Agora desenvolvemos argumentos para dar suporte à presença de descontos por quantidade em uma cadeia de suprimentos. Nesse caso, procuramos as circunstâncias em que o desconto de quantidade baseada no tamanho do lote aumenta os lucros da cadeia de suprimentos. Os descontos por quantidade podem aumentar o lucro da cadeia de suprimentos pelas seguintes razões:

1. Melhor coordenação para aumentar os lucros totais da cadeia de suprimentos.
2. Extração do excedente por meio da discriminação de preços.

Munson e Rosenblatt (1998) também fornecem outros fatores, como marketing, que motivam os vendedores a oferecerem descontos por quantidade. Agora discutiremos cada uma das duas situações em mais detalhes.

COORDENAÇÃO PARA AUMENTAR OS LUCROS TOTAIS DA CADEIA DE SUPRIMENTOS Uma cadeia de suprimentos é *coordenada* se as decisões tomadas pelo varejista e pelo fornecedor maximizam os lucros totais da cadeia. Na realidade, cada estágio em uma cadeia de suprimentos pode ter um proprietário separado e, assim, tentar maximizar os próprios lucros desse estágio. Por exemplo, cada estágio de uma cadeia de suprimentos provavelmente tome decisões sobre o tamanho do lote com o objetivo de minimizar seus próprios custos gerais. O resultado dessa tomada de decisão independente pode ser a falta de coordenação em uma cadeia de suprimentos, pois as ações que maximizam os lucros do varejista podem não maximizar os lucros da cadeia. Nesta seção, discutimos como um fabricante pode usar descontos em quantidade apropriados para garantir que os lucros totais da cadeia de suprimentos sejam maximizados mesmo se o varejista estiver atuando para maximizar seus próprios lucros.

Descontos em quantidade para produtos de consumo. Os economistas têm argumentado que, para produtos de consumo — como leite — existe um mercado competitivo e os custos são reduzidos para o custo marginal dos produtos. Nesse caso, o mercado define o preço, e o objetivo da empresa é reduzir os custos para aumentar os lucros. Considere, por exemplo, o varejista on-line DO discutido anteriormente. Pode-se argumentar que ele vende um produto de consumo. Nessa cadeia de suprimentos, tanto o fabricante como a DO incorrem em custos relacionados a cada pedido feito pela DO. Suponha que o fabricante tenha um custo fixo S_M, a unidade custa C_M e um custo de manutenção m_M. O fabricante incorre em custos fixos relacionados à preparação e cumprimento do pedido (S_M) e custos de manutenção ($m_M C_M$) conforme constrói estoque para reabastecer o pedido. Suponha que o varejista tenha um custo fixo S_R, e um custo de manutenção m_R. Assim, A DO incorre em custos fixos (S_R) para cada pedido feito e custos de manutenção ($m_R C_R$) para o estoque mantido conforme vende lentamente o pedido. Mesmo que ambas as partes incorram em custos associados com a decisão de tamanho de lote tomada pela DO, o varejista toma as decisões de tamanho de lote com base somente em minimizar os custos locais. Isso resulta em decisões de tamanho de lote que são localmente ideais, mas não maximizam o excedente da cadeia de suprimentos. Ilustraremos essa ideia no Exemplo 11.9 (ver a aba *Exemplo 11.9* na planilha *Descontos de quantidade* disponível na Sala Virtual).

EXEMPLO 11.9 》 O impacto de tamanhos de lote localmente ideais na cadeia de suprimentos

A demanda por vitaminas é de 10 mil frascos por mês. A DO incorre em uma solicitação de pedido fixa, transporte e custo de recebimento de US$ 100 cada vez que faz um pedido de vitaminas a um fabricante. A DO incorre no custo de manutenção de 20%. O fabricante cobra US$ 3 por cada frasco comprado. Avalie o tamanho de lote ideal para a DO.

Cada vez que a DO faz um pedido, o fabricante deve processar, empacotar e enviar o pedido. O fabricante tem uma linha de empacotamento de frasco a uma taxa constante que atende a demanda. O fabricante incorre em um custo de preenchimento fixado por pedido de US$ 250, custo de produção de US$ 2 por frasco, e um custo de manutenção de 20%. Qual é o custo de cumprimento anual e de manutenção incorrido pelo fabricante conforme o resultado da política de pedidos da DO?

Análise

Nesse caso, temos:

$$D = 120.000/\text{ano}, S_R = \text{US\$}\,100/\text{lote}, m_R = 0{,}2, C_R = \text{US\$}\,3$$
$$S_M = \text{US\$}\,250/\text{lote}, m_M = 0{,}2, C_M = \text{US\$}\,2$$

Usando a fórmula LEQ (Equação 11.5), obtemos o tamanho de lote ideal e o custo anual para DO sendo:

$$Q_R = \sqrt{\frac{2DS_R}{m_R C_R}} = \sqrt{\frac{2 \times 120.000 \times 100}{0,2 \times 3}} = 6.325$$

$$\text{Custo anual para DO} = \left(\frac{D}{Q_R}\right)S_R + \left(\frac{Q_R}{2}\right)m_R C_R = \text{US\$ } 3.795$$

Se a DO faz pedidos nos tamanhos de lote de $Q_R = 6.325$, o custo anual incorrido pelo fabricante é obtido como:

$$\text{Custo anual por fabricante} = \left(\frac{D}{Q_R}\right)S_M + \left(\frac{Q_R}{2}\right)m_M C_M = \text{US\$ } 6.008$$

O custo anual da cadeia de suprimentos (fabricante + DO) é, assim US$ 6.008 + US$ 3.795 = US$ 9.803.

No Exemplo 11.9, a DO escolhe o tamanho do lote de 6.325 com o objetivo de minimizar somente seus próprios custos. A partir da perspectiva da cadeia de suprimentos, o tamanho ideal do lote deveria considerar o fato de que tanto a DO como o fabricante incorrem em custos associados com cada lote reposto. Se supormos que o fabricante produz uma taxa que atenda a demanda (como no Exemplo 11.9), o custo total da cadeia de suprimentos de usar o tamanho do lote Q é obtido como:

$$\text{Custo anual para a DO e para o fabricante} = \left(\frac{D}{Q}\right)S_R + \left(\frac{Q}{2}\right)m_R C_R + \left(\frac{D}{Q}\right)S_M + \left(\frac{Q}{2}\right)m_M C_M$$

O tamanho ideal do lote (Q^*) para a cadeia de suprimentos é obtido tomando-se a primeira derivativa do custo total a respeito de Q e estabelecendo-o igual a 0, como mostrado a seguir (ver aba *Exemplo 11.9* da planilha *Descontos de quantidade*).

$$Q^* = \sqrt{\frac{2D(S_R + S_M)}{m_R C_R + m_M C_M}} = 9.165$$

Se a DO pede em lotes de $Q^* = 9.165$ unidades, os custos totais para a DO e o fabricante são:

$$\text{Custo anual para a DO} = \left(\frac{D}{Q^*}\right)S_R + \left(\frac{Q^*}{2}\right)m_R C_R = \text{US\$ } 4.059$$

$$\text{Custo anual para o fabricante} = \left(\frac{D}{Q^*}\right)S_M + \left(\frac{Q^*}{2}\right)m_M C_M = \text{US\$ } 5.106$$

Observe que se a DO faz o pedido de tamanho de lote de 9.165 unidades, o custo da cadeia de suprimentos diminui para US$ 9.165 (a partir de US$ 9.803 quando a DO pediu seu tamanho de lote ideal próximo de 6.325). Há, então, uma oportunidade para a cadeia de suprimentos de economizar US$ 638. O desafio, contudo, é fazer o pedido em lotes de 9.165 frascos aumentar o custo de DO por US$ 264 por ano a partir de US$ 3.795 para US$ 4.059 (mesmo que isso reduza os custos gerais da cadeia de suprimentos). Os custos do fabricante, por outro lado, diminuem US$ 902 partindo de US$ 6.008 para US$ 5.106 por ano. Assim, o fabricante deve oferecer à DO um incentivo adequado para aumentar seu tamanho de lote. Um desconto de quantidade com base no tamanho do lote é um incentivo apropriado nesse caso. O Exemplo 11.10 (ver aba *Exemplo 11.10* na planilha *Descontos de quantidade*) fornece detalhes sobre como o fabricante pode desenvolver um desconto de quantidade adequado que faça a DO fazer o pedido em lotes de 9.165 unidades, mesmo que ela esteja otimizando seus próprios lucros (e não lucros totais da cadeia de suprimentos).

EXEMPLO 11.10 》 Criação de um desconto de quantidade adequado baseado no tamanho de lote

Considere os dados a partir do Exemplo 11.9. Crie um desconto de quantidade adequado que faça a DO pedir em lotes de 9.165 unidades quando tem por objetivo minimizar somente seus próprios custos totais.

Análise

Lembre-se de que fazer o pedido em lotes de 9.165 unidades em vez de 6.325 aumenta o pedido anual e os custos de manutenção para a DO em US$ 264. Assim, o fabricante precisa oferecer um incentivo de pelo menos US$ 264 por ano para a DO em termos de custo de material diminuído se a DO fizer o pedido em lotes de 9.165 unidades. Diminuir o custo de material em US$ 264/ano a partir das vendas de 120.000 unidades implica que o custo de material deve ser diminuído em US$ 3/unidades para US$ 3 − 264/120.000 = US$ 2,9978/unidades se a DO fizer o pedido de lotes de 9.165.

Assim, o desconto apropriado sob quantidade é de US$ 3 se a DO fizer o pedido em lotes que são menores que 9.165 unidades e descontar o valor de US$ 2,9978 para os pedidos de 9.165 ou mais.

Observe que oferecer um desconto baseado no tamanho do lote, neste caso, diminui o custo total da cadeia de suprimentos. Porém, isso aumenta o tamanho do lote que o varejista compra e, portanto, aumenta o estoque cíclico na cadeia.

> 》 **Ponto-chave**
>
> Para produtos de consumo para os quais o preço é definido pelo mercado, os fabricantes com grandes custos fixos por lote podem usar os descontos por quantidade com base no tamanho do lote para maximizar os lucros totais na cadeia de suprimentos. Os descontos com base no tamanho do lote, porém, aumentam o estoque cíclico na cadeia.

Nossa discussão sobre coordenação para produtos de consumo destaca a ligação importante entre o desconto por quantidade fundamentado no tamanho do lote oferecido e os custos de pedido incorridos pelo fabricante. À medida que o fabricante trabalha para reduzir o custo do pedido ou da preparação, o desconto que ele oferece aos varejistas deve mudar. Para um custo de preparação ou de pedido baixo o suficiente, o fabricante ganha muito pouco com o uso de um desconto por quantidade baseado no tamanho do lote. No Exemplo 11.9, discutido anteriormente, se o fabricante reduzir seu custo fixo por pedido de US$ 250 para US$ 100, os custos totais da cadeia de suprimentos são próximos do mínimo sem desconto por quantidade, mesmo que a DO esteja tentando minimizar seu custo. Assim, se os custos fixos do pedido forem reduzidos para US$ 100, faz sentido para o fabricante eliminar todos os descontos por quantidade. Porém, na maioria das empresas, marketing e vendas projetam descontos por quantidade enquanto o sctor dc opcraçõcs trabalha para reduzir o custo de preparação ou pedido. Como resultado, as mudanças nos preços nem sempre ocorrem em resposta à redução no custo de preparação na manufatura. É muito importante que as duas funções coordenem essas atividades.

Descontos por quantidade para produtos que a empresa tem poder de mercado. Agora considere o cenário em que o fabricante inventa uma nova vitamina em pílula, Vitaherb, que é derivada de ingredientes fitoterápicos e tem outras propriedades altamente valorizadas no mercado. Poucos concorrentes possuem um produto semelhante, de modo que pode ser argumentado que o preço pelo qual a DO vende a Vitaherb influencia a demanda. Suponha que a demanda real tratada pela DO seja dada pela curva de demanda 360.000 − 60.000p, onde p é o preço pelo qual a DO vende a Vitaherb. O fabricante incorre em um custo de produção de C_M = US$ 2 por frasco de Vitaherb vendido. O fabricante deve decidir sobre o preço a ser cobrado da DO, e esta, por sua vez, precisa decidir sobre o preço a cobrar do cliente. O lucro na DO ($Lucro_R$) e o do fabricante ($Lucro_F$) como resultado dessa política é dado por:

$$Lucro_R = (p - C_R)(360.000 - 60.000\,p);\ Lucro_M = (C_R - C_M)(360.000 - 60.000\,p)$$

A DO escolhe o preço p para maximizar o $Lucro_R$. Tomando a primeira derivativa com relação a p e estabelecendo-a para 0, obtemos a seguinte relação entre p e C_R:

$$p = 3 + \frac{C_R}{2} \tag{11.15}$$

Considerando que o fabricante está consciente de que a DO tem por objetivo minimizar seus próprios lucros, ele está disposto a usar sua relação entre p e C_R para obter seus próprios lucros:

$$Lucro_M = (C_R - C_M)\left(360.000 - 60.000\left(3 + \frac{C_R}{2}\right)\right) = (C_R - 2)(180.000 - 30.000\,C_R)$$

O fabricante escolhe seu preço C_R para maximizar o $Lucro_F$. Tomando a primeira derivativa de $Lucro_F$ com relação C_R e estabelecendo-o como 0, obtemos C_R = US$ 4. Substituindo na Equação 11.15, obtemos p = US$ 5. Assim, quando a DO e o fabricante tomam sua decisão de preço independentemente, o ideal é que o fabricante cobre o valor de atacado de C_R = US$ 4 e para a DO cobra o preço de varejo de p = US$ 5. A demanda total de mercado nesse caso é 360.000 – 60.000p = 60.000 frascos. A DO faz seu lucro de $Lucro_R$ = (5 – 4) (360.000 – [60.000 × 5]) = US$ 60.000 e o fabricante faz seu lucro de $Lucro_F$ = (4 – 2)(360.000 – [60.000 × 5]) = US$ 120.000 (veja a aba *Dois estágios* na planilha *Descontos de quantidade*).

Agora, considere o caso no qual os dois estágios coordenam suas decisões de preço com a meta de maximizar o lucro da cadeia de suprimentos $Lucro_{SC}$, que é dado por:

$$Lucro_{SC} = (p - C_M)(360.000 - 60.000p)$$

O preço ideal de varejo é obtido estabelecendo-se a primeira derivada de $Lucro_{SC}$ com relação de p a 0. Assim, obtemos um preço coordenado de varejo:

$$p = 3 + \frac{C_M}{2} = 3 + \frac{2}{2} = US\$\ 4$$

Se os dois estágios coordenarem os preços e a DO vender por p = US$ 4, a demanda do mercado é de 360.000 – 60.000p = 120.000 frascos. O lucro total da cadeia de suprimentos se os dois estágios coordenarem é $Lucro_{SC}$ = (US$ 4 – US$ 2) × 120.000 = US$ 240.000. Como resultado de cada estágio definindo seus preços independentemente, a cadeia de suprimentos perde, assim, US$ 60.000 em lucro. Esse fenômeno é conhecido como *dupla marginalização*. Esta leva a uma perda no lucro, pois a margem da cadeia de suprimentos é dividida entre dois estágios, mas cada estágio toma sua decisão considerando apenas sua margem local.

> **》 Ponto-chave**
>
> O lucro da cadeia de suprimentos é menor se cada estágio da cadeia de suprimentos tomar suas decisões de preço independentemente, com o objetivo de maximizar seu próprio lucro. Uma solução coordenada resulta em maiores lucros.

Considerando que as decisões de preço independente diminuem os lucros da cadeia de suprimentos, é importante considerar os esquemas de preço que podem ajudar a recompor alguns desses lucros, quando cada estágio da cadeia continua a agir de modo independente. Propomos dois esquemas de preços que o fabricante pode usar para conseguir a solução coordenada e maximizar os lucros da cadeia, embora a DO atue de modo que maximiza seu próprio lucro.

1. Tarifa em duas partes: nesse caso, o fabricante cobra seu lucro inteiro, como uma taxa de franquia *tf* adiantada (que poderia estar em qualquer lugar entre o lucro do fabricante não coordenado $Lucro_F$ e a diferença entre o lucro da cadeia de suprimentos coordenado, $Lucro_{SC}$ – $Lucro_R$), e depois vende ao varejista pelo preço de custo; ou seja, o varejista estabelece seus preços de promoção $C_R = C_M$. O esquema de preço é referido como tarifa de duas partes, pois o fabricante define tanto a taxa de franquia como o preço de atacado. A decisão de preço de varejo é, assim, baseada na maximização de seus lucros $(p - C_M)(360.000 - 60.000p) - tf$. Sob a tarifa de suas partes, a taxa de franquias tf é paga adiantada e, assim, um custo fixo que não muda com o preço de varejo p. A varejista DO está, assim, maximizando efetivamente os lucros coordenados da cadeia de suprimentos $Lucro_{SC} = (p - C_M)(360.000 - 60.000p)$. Tomando a primeira derivativa com relação a p e definindo-a como igual a 0, o preço de varejo coordenado ideal p é avaliado como:

$$p = 3 + \frac{C_M}{2}$$

No caso da DO, lembre-se de que o lucro total da cadeia de suprimentos quando os dois estágios coordenados é $Lucro_{SC} = US\$ 240.000$ com a DO cobrando do cliente US\$ 4 por frascos da Vitaherb. O lucro feito pela DO quando os dois estágios não se coordenam é $Lucro_R = US\$ 60.000$. Uma opção disponível ao fabricante é construir uma tarifa de duas partes em que a DO seja cobrada por uma taxa adiantada de $tf = Lucro_{SC} - Lucro_R = US\$ 180.000$ (ver a aba *Tarifa em duas partes* da planilha *Descontos de quantidade*) e o custo do material de $C_R = C_M = US\$ 2$ por frasco. A DO maximiza seu lucro se definir o preço das vitaminas em $p = 3 + C_M / 2 = 3 + 2 / 2 = US\$ 4$ por frasco. Ela tem vendas anuais de $360.000 - 60.000p = 120.000$ e lucros de US\$ 60.000. O fabricante tem um lucro de US\$ 180.000, que é cobrado adiantado. Observe que o uso da tarifa em duas partes aumenta os lucros da cadeia de suprimentos a partir de US\$ 180.000 para US\$ 240.000, mesmo que a varejista DO tenha tomado uma decisão de preço localmente ideal, dada a tarifa em duas partes. Um resultado parecido pode ser obtido conforme o fabricante define a taxa adiantada tf como qualquer valor entre US\$ 120.000 e US\$ 180.000 com um preço de atacado de venda de $C_R = C_M = 2$.

2. *Desconto por quantidade com base no volume*: observe que a tarifa em duas partes é, na realidade, um desconto por quantidade com base em volume, pelo qual a varejista DO paga um custo unitário médio menor conforme compra grandes quantidades por ano (a taxa de franquia tf é amortizada ao longo de mais unidades). Essa observação pode ser explicitada elaborando um esquema de desconto com base em volume que faça a varejista DO comprar e vender a quantidade vendida quando os dois estágios coordenam suas ações.

Lembre-se de que a solução coordenada resulta em um preço de varejo de $p = 3 + C_M/2 = 3 + 2/2 = 4$. Esse preço de varejo resulta em uma demanda total de $d^{coord} = 360.000 - (60.000 \times 4) = 120.000$. O objetivo do fabricante é elaborar um esquema de descontos baseado em volume que faça a varejista DO comprar (e vender) $d^{coord} = 120.000$ unidades a cada ano. O esquema de preços deve ser tal que a varejista obtenha um lucro de pelo menos US\$ 60.000, e o fabricante obtenha um lucro de pelo menos US\$ 120.000 (esses são os lucros que a DO e o fabricante obtêm quando suas ações não são coordenadas).

Alguns desses esquemas de preço podem ser desenvolvidos. Um desses esquemas são para o fabricante cobrar um preço de atacado de $C_R = US\$ 4$ por frasco (esse é o mesmo preço de atacado que o ideal quando os dois estágios não são coordenados) para vendas anuais abaixo de $d^{coord} = 120.000$ unidades, e cobrar $C_R = US\$ 3,50$ (qualquer valor entre US\$ 3,00 e US\$ 3,50 vai funcionar) se as vendas atingirem 120.000 ou mais (ver a aba *Desconto de volume* na planilha *Descontos de quantidade*). O ideal é que a DO peça 120.000 no ano e defina seu preço em $p = US\$ 4$ por frasco para os clientes (a fim de assegurar que sejam todos vendidos). O lucro total obtido pela DO é $(360.000 - 60.000) \times (p - C_R) = US\$ 60.000$. O lucro total obtido pelo fabricante é $120.000 \times (C_R - US\$ 2) = US\$ 180.000$ quando $C_R = US\$ 3,50$. O lucro total da cadeia de suprimentos é de US\$ 240.000, o qual é maior que os US\$ 180.000 que a cadeia de suprimentos obteve quando as ações não foram coordenadas.

Se o fabricante cobra US\$ 3 (em vez de US\$ 3,50) por vendas de 120.000 unidades ou mais, o ideal é que a DO faça o pedido de 120.000 unidades no ano e estipule seu preço em $p = US\$ 4$ por frasco. A única diferença é que o lucro total obtido pela DO agora aumenta para US\$ 120.000, enquanto para o fabricante agora cai para US\$ 120.000. Os lucros totais da cadeia de suprimentos permanecem US\$ 240.000. O preço que o fabricante está apto a cobrar (entre US\$ 3 e US\$ 3,50) pelas vendas de 120.000 ou mais vai depender do poder relativo de barganha das duas partes.

Neste estágio, vimos que, até mesmo na ausência dos custos relacionados ao estoque, os descontos por quantidade desempenham papel importante na coordenação da cadeia de suprimentos e na melhoria de seus lucros. A menos que o fabricante tenha custos fixos associados a cada lote, os esquemas de desconto que são ideais são os com base em volume e os com base no tamanho do lote. Pode-se mostrar que, mesmo na presença de grandes custos fixos para o fabricante, um desconto por tarifa em duas partes ou com base em volume, com o fabricante repassando parte de seu custo fixo ao lojista, coordena a cadeia de suprimentos de modo ideal e maximiza os lucros, dada a hipótese de que a demanda do cliente diminui quando o varejista aumenta o preço.

Uma distinção importante entre os descontos fundamentados em tamanho de lote e em volume é que os descontos por tamanho de lote têm base na quantidade adquirida por lote, e não na taxa de compra. Os descontos por volume, por outro lado, têm base na taxa de compra ou no volume comprado na média por um período especificado (digamos, um mês, trimestre ou ano). Os descontos com base em tamanho de lote tendem a aumentar o estoque cíclico na cadeia de suprimentos, encorajando os varejistas a aumentarem o tamanho de cada lote. Os descontos com base em volume, por outro lado, são compatíveis com pequenos lotes que reduzem o estoque cíclico. Os descontos com base em tamanho de lote só fazem sentido quando o fabricante incorre em um custo fixo muito alto por pedido. Em todos os outros casos, é melhor ter descontos com base em volume.

> **》 Ponto-chave**
>
> Produtos para os quais a empresa tem poder de mercado, a tarifa em duas partes ou o desconto por quantidade com base em volume podem ser usados para conseguir a coordenação na cadeia de suprimentos e maximizar seus lucros.

> **》 Ponto-chave**
>
> Produtos para os quais a empresa tem poder de mercado, os descontos com base no tamanho do lote não são ideais para a cadeia de suprimentos, mesmo na presença de custos de estoque. Nessa situação, um desconto por tarifa em duas partes ou com base em volume, com o fornecedor repassando parte de seu custo fixo ao varejista, é necessário para que a cadeia de suprimentos seja coordenada e maximize os lucros.

Pode-se argumentar que, até mesmo com descontos com base em volume, os varejistas tendem a aumentar o tamanho do lote para o final do período de avaliação. Por exemplo, o fabricante oferece à DO um desconto de 2% se o número de frascos de Vitaherb adquiridos por um trimestre ultrapassar 40.000. Essa política não afetará os tamanhos de lote que a DO pede no início do trimestre, e a empresa pedirá em pequenos lotes para combinar a quantidade pedida com a demanda. Porém, considere uma situação em que a DO vendeu apenas 3.000 frascos faltando uma semana para o final do trimestre. Para obter o desconto por quantidade, a DO pode pedir 10.000 frascos para a última semana, embora ela espere vender apenas 3.000. Nesse caso, o estoque cíclico na cadeia de suprimentos sobe, apesar do fato de não haver desconto por quantidade com base no tamanho do lote. A situação em que os pedidos aumentam no final de um horizonte financeiro é conhecida como *fenômeno do taco de hóquei*, pois a demanda aumenta bastante perto do final de um período, semelhante ao modo como um taco de hóquei entorta para cima, em direção à sua ponta. Isso tem sido observado em muitos setores. Uma solução possível para esse fenômeno é basear os descontos por volume em um horizonte móvel. Por exemplo, a cada semana o fabricante pode oferecer à DO o desconto por volume com base nas vendas das 12 últimas semanas. Esse horizonte móvel amortece o fenômeno do taco de hóquei, tornando cada semana a última em um horizonte de 12 semanas.

Até aqui, discutimos sobre o cenário em que a cadeia de suprimentos tem um único varejista. É possível questionar se nossas ideias são robustas e também se são aplicáveis caso a cadeia tenha vários varejistas, cada um com diferentes curvas de demanda, todos abastecidos por um único fabricante. Como é de se esperar, a forma do esquema de desconto a ser oferecido torna-se mais complicada nessas situações (normalmente, em vez de ter apenas um ponto de quebra em que o desconto por volume é oferecido, existem vários pontos de quebra). Contudo, a forma básica do esquema de preços ideais não muda. O desconto ideal continua a ser baseado em volume, com o preço médio cobrado dos varejistas diminuindo à medida que a taxa de compra (o volume adquirido por unidade de tempo) aumenta.

DISCRIMINAÇÃO DE PREÇO PARA MAXIMIZAR OS LUCROS DO FORNECEDOR *Discriminação de preço* é a prática na qual uma empresa cobra preços diferenciados para maximizar os lucros. Um exemplo de discriminação de preço é nas companhias aéreas: passageiros viajando no mesmo avião normalmente pagam diferentes preços por seus assentos.

Conforme discutido no Capítulo 16, a definição de um preço fixo para todas as unidades não maximiza os lucros para o fabricante. Em princípio, este pode obter a área inteira sob a curva de demanda acima de seu custo marginal que define o preço de cada unidade de forma diferente com base na avaliação marginal dos clientes para cada quantidade. Os descontos por quantidade são um mecanismo para discriminação de preços, pois os clientes pagam preços diferentes com base na quantidade adquirida.

A seguir, discutiremos as promoções de comércio e seus impactos nos tamanhos de lote e estoque cíclico na cadeia de suprimentos.

> **》Ponto-chave**
>
> A discriminação de preços a fim de maximizar os lucros do fabricante também pode ser a razão de oferecer descontos de quantidade dentro de uma cadeia de suprimentos.

11.6 Descontos em curto prazo: promoções comerciais

Os fabricantes utilizam *promoções comerciais* para oferecer um desconto de preço aos varejistas e um período pelo qual o desconto vale. Por exemplo, um fabricante de sopas em lata pode oferecer um desconto de 10% para o período de remessa de 15 de dezembro a 25 de janeiro. Para todas as compras dentro do horizonte de tempo especificado, os varejistas recebem um desconto de 10%. Em alguns casos, o fabricante pode exigir ações específicas do lojista, como cartazes, propaganda, promoção e assim por diante, para que se qualifiquem para a promoção comercial. As promoções comerciais são muito comuns no setor de bens embalados, com os fabricantes promovendo diferentes produtos em diferentes épocas do ano.

O objetivo das promoções comerciais é influenciar os varejistas a atuarem de modo que ajude o fabricante a alcançar seus objetivos. Alguns dos principais objetivos (do ponto de vista do fabricante) de uma promoção comercial são os seguintes (ver Blattberg e Neslin [1990] para mais detalhes):

1. Induzir os varejistas a usarem descontos, cartazes ou propaganda para estimular as vendas.
2. Deslocar o estoque do fabricante para o varejista e o consumidor.
3. Defender uma marca contra a concorrência.

Embora estes possam ser os objetivos do fabricante, não fica claro que eles sempre são alcançados como resultado de uma promoção comercial. Nosso objetivo nesta seção é investigar o impacto de uma promoção comercial sobre o comportamento do varejista e o desempenho da cadeia de suprimentos inteira. A chave para entender esse impacto é focar no modo como o varejista reage a uma promoção comercial que o fabricante oferece. Em resposta a uma promoção comercial, o varejista tem as seguintes opções:

1. Repassar parte ou toda a promoção para os clientes para estimular as vendas.
2. Repassar muito pouco para os clientes, mas comprar em maior quantidade durante o período de promoção para explorar a redução temporária no preço.

A primeira ação reduz o preço do produto para o cliente final, levando a maiores compras e, portanto, a maiores vendas para a cadeia de suprimentos inteira. A segunda ação não aumenta as compras pelo cliente, mas aumenta a quantidade de estoque mantida no varejista. Como resultado, o estoque cíclico e o tempo de fluxo dentro da cadeia aumentam.

Uma *compra antecipada* ocorre quando um varejista compra, no período promocional, para vendas em períodos futuros. Uma compra antecipada ajuda a reduzir o custo futuro dos bens do varejista para produtos vendidos após o final da promoção. Embora uma compra antecipada normalmente seja a resposta apropriada do varejista para uma promoção, isso pode diminuir os lucros da cadeia de suprimentos porque resulta em um aumento da variabilidade da demanda, com um aumento resultante em estoque e em tempo de fluxo dentro da cadeia de suprimentos.

Nosso objetivo nesta seção é entender a resposta ideal do varejista quando lida com uma promoção comercial. Identificamos os fatores que afetam a compra antecipada e quantificam o tamanho de uma compra dessa natureza pelo varejista. Também identificamos fatores que influenciam a quantidade de promoção que um varejista repassa para o cliente.

Primeiro, ilustramos o impacto de uma promoção comercial sobre o comportamento da compra antecipada do varejista. Considere um supermercado Cub Foods que vende sopa de frango com macarrão fabricada pela Campbell Soup Company. A demanda do cliente para sopas de frango é de D latas por ano. O preço que a Campbell cobra é de US\$ C por lata. A Cub Foods incorre em um custo de manutenção de m (por dólar de estoque mantido por um ano). Usando a fórmula do LEC (Equação 11.5), a Cub Foods normalmente pede nos seguintes tamanhos de lote:

$$Q^* = \sqrt{\frac{2DS}{mC}}$$

A Campbell anuncia que está oferecendo um desconto de US\$ d por lata para o próximo período de quatro semanas. A Cub Foods precisa decidir quanto pedir em desconto de preço em comparação ao tamanho de lote de Q^* que ela normalmente pede. Considere que Q^d seja o tamanho de lote pedido com desconto de preço.

Os custos que o varejista deve considerar ao tomar essa decisão são os de material, de manutenção e de pedido. Aumentar o tamanho do lote Q^d diminui o custo de material para a Cub Foods, pois eles compram mais latas (para vender agora e no futuro) com o desconto de preço. Aumentar o tamanho do lote Q^d aumenta o custo de manutenção, pois os estoques aumentam. Por outro lado, diminui o custo do pedido para a Cub Foods, pois alguns pedidos que de outra forma seriam feitos agora não são mais necessários. O objetivo da Cub Foods é fazer a escolha que minimiza o custo total.

O padrão de estoque quando um tamanho de lote Q^d é seguido por tamanhos de lote Q^* aparece na Figura 11.5. O objetivo é identificar Q^d que minimize o custo total (custo de material + custo de pedido + custo de manutenção) no intervalo de tempo durante o qual a quantidade Q^d (pedida durante o período de promoção) é consumida.

A análise exata neste caso é complexa, de modo que apresentamos um resultado que se mantém sob algumas restrições (ver Silver, Pyke e Petersen [1998] para uma discussão mais

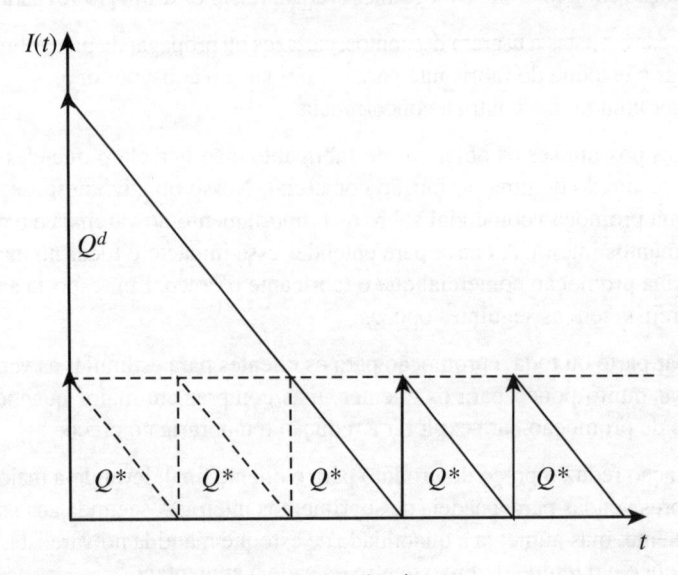

Figura 11.5 Perfil de estoque para compra antecipada.

detalhada). A primeira suposição-chave é que o desconto é oferecido uma vez, sem descontos futuros. A segunda suposição-chave é que o varejista não faz ação alguma (como repassar parte da promoção comercial) para influenciar a demanda do cliente. Assim, a demanda do cliente permanece inalterada. A terceira suposição-chave é que analisamos um período no qual a demanda é um múltiplo inteiro de Q^*. Com essas suposições, a quantidade de pedido ideal com desconto de preço é dada por:

$$Q^d = \frac{dD}{(C-d)m} + \frac{CQ^*}{C-d} \qquad (11.16)$$

Na prática, os varejistas normalmente estão cientes do tempo até a próxima promoção. Se a demanda até a próxima promoção comercial prevista for Q_1, o ideal é que o varejista peça $min\{Q^d, Q_1\}$. Observe que a quantidade Q^d pedida como resultado da promoção é maior do que a quantidade de pedido normal Q^*. A compra antecipada, neste caso, é dada por:

$$\text{Compra antecipada} = Q^d - Q^*$$

Até mesmo para descontos relativamente pequenos, o tamanho do pedido aumenta em grande quantidade, conforme ilustrado no Exemplo 11.11 (ver a aba *Exemplo 11.11* da planilha *Exemplos 11-12*).

EXEMPLO 11.11 》 Impacto das promoções comerciais sobre os tamanhos de lote

A DO é um varejista que vende Vitaherb, um suplemento vitamínico popular. A demanda por Vitaherb é de 120 mil frascos por ano. O fabricante atualmente cobra US$ 3 por cada frasco e a DO incorre em um custo de manutenção de 20%. A DO atualmente pede em lotes de $Q^* = 6.325$ frascos. O fabricante ofereceu um desconto de US$ 0,15 para todos os frascos comprados pelos varejistas no mês seguinte. Quantos frascos de Vitaherb a DO deverá pedir em virtude dessa promoção?

Análise

Na ausência de qualquer promoção, a DO pede em lotes com tamanho $Q^* = 6.325$ frascos. Dada uma demanda mensal de $D = 10.000$ frascos, a DO normalmente pede a cada 0,6325 mês. Na ausência da promoção comercial, temos o seguinte:

$$\text{Estoque cíclico na DO} = Q^*/2 = 6.325/2 = 3.162,50 \text{ frascos.}$$
$$\text{Tempo de fluxo médio} = Q^*/2D = 6.325/(2D) = 0,3162 \text{ mês.}$$

O tamanho de lote ideal durante a promoção é obtido usando a Equação 11.15, e é dado por:

$$Q^d = \frac{dD}{(C-d)m} + \frac{CQ^*}{C-d} = \frac{0,15 \times 120.000}{(3,00 - 0,15) \times 0,20} + \frac{3 \times 6.325}{3,00 - 0,15} = 38.236$$

Durante a promoção, a DO deverá fazer um pedido com tamanho de 38.236 unidades. Em outras palavras, a DO faz um pedido correspondente a 3,8236 meses de demanda. Na presença da promoção comercial, temos:

$$\text{Estoque cíclico na DO} = Q^d/2 = 38.236/2 = 19.118 \text{ frascos}$$
$$\text{Tempo de fluxo médio} = Q^d/(2D) = 38.236/(20.000) = 1,9118 \text{ mês}$$

Nesse caso, a compra antecipada é dada por:

$$\text{Compra antecipada} = Q^d - Q^* = 38.236 - 6.325 = 31.911 \text{ frascos}$$

Como resultado dessa compra antecipada, a DO não fará nenhum pedido pelos próximos 3,8236 meses (sem uma compra antecipada, a DO teria feito 31.912/6.325 = 5,05 pedidos de

6.325 frascos cada durante esse período). Observe que um desconto de 5% faz com que o tamanho do lote aumente mais de 500%.

Como o exemplo ilustra, a compra antecipada como resultado das promoções de comércio leva a um aumento significativo em uma quantidade solicitada pelo varejista. O pedido maior é, então, seguido por um período de pedidos menores para compensar o estoque criado pelo varejista. A flutuação nos pedidos como resultado das promoções de comércio é uma das maiores contribuições para o efeito chicote, discutido no Capítulo 10. O varejista pode justificar a compra antecipada durante uma promoção de comércio porque diminui o custo total. Por outro lado, o fabricante pode justificar essa ação somente como uma necessidade de competição (para considerar a promoção do competidor) ou se tiver inadvertidamente construído um lote de estoque em excesso ou compra antecipada que permite ao fabricante que suavize a demanda pela mudança a partir dos períodos de pico de demanda e de baixa demanda. Na prática, os fabricantes frequentemente constroem estoque em antecipação de promoções planejadas. Durante a promoção de comércio, esse estoque se move para o varejista, primeiro como compra antecipada. Se a compra antecipada durante a promoção de comércio for uma fração significativa das vendas totais, os fabricantes terminam por reduzir as receitas que conseguiram a partir de vendas, porque a maioria do produto é vendida com desconto. O aumento no estoque e a diminuição nos lucros muitas vezes leva à redução no fabricante, bem como nos lucros totais da cadeia de suprimentos como resultado das promoções (ver Blattberg e Neslin [1990] para mais detalhes).

》 Ponto-chave

As promoções comerciais levam a um aumento significativo no tamanho do lote e no estoque cíclico em virtude da compra antecipada pelo varejista. Isso geralmente resulta em menores lucros na cadeia de suprimentos, a menos que a promoção comercial reduza as flutuações de demanda.

Agora, vamos considerar a extensão à qual o varejista pode achar ideal repassar parte do desconto para o cliente final, para estimular as vendas. Como o Exemplo 11.12 nos mostra, não é ideal que o varejista repasse o desconto inteiro para o cliente. Em outras palavras, é ideal que ele fique com parte da promoção e repasse apenas parte ao cliente.

EXEMPLO 11.12 》 Quanto desconto deve ser dado pelo varejista?

Suponha que a DO enfrente uma curva de demanda por Vitaherb de $300.000 - 60.000p$. O preço normal cobrado pelo fabricante ao varejista é $C_R = $ US$ 3 por frasco. Ignorando todos os custos relacionados a estoque, avalie a resposta ideal da DO para um desconto de US$ 0,15 por unidade.

Análise

Os lucros da DO, o varejista, são calculados da seguinte forma:

$$Lucro_R = (300.000 - 60.000\,p)\,p - (300.000 - 60.000\,p)C_R$$

Os preços do varejista para maximizar os lucros e o preço de revenda ideal são obtidos definindo-se a primeira derivada dos lucros do varejista com relação a p como 0. Isso implica que:

$$300.000 - 120.000p + 60.000\,C_R = 0$$

Ou:

$$p = (300.000 + 60.000\,C_R)/120.000 \qquad (11.17)$$

Substituindo $C_R =$ US\$ 3 na Equação 11.17, obtemos o preço de revenda de $p =$ US\$ 4. Como resultado, a demanda do cliente no varejista na ausência da promoção é:

$$D_R = 30.000 - 60.000\, p = 60.000$$

Durante a promoção, o fabricante oferece um desconto de US\$ 0,15, resultando em um preço para o varejista de $C_R =$ US\$ 2,85. Substituindo na Equação 11.17, o preço ideal definido pela DO é:

$$p = (300.000 + 60.000 \times 2,85)/120.000 = US\$\ 3,925$$

Observe que a resposta ideal do varejista é repassar para o cliente apenas US\$ 0,075 do desconto de US\$ 0,15 oferecido. O varejista não repassa o desconto inteiro. No preço descontado, a DO experimenta uma demanda de:

$$D_R = 300.000 - 60.000\, p = 64.500$$

Isso representa um aumento de 7,5% na demanda relativa ao caso básico. Nesse caso, o ideal é que a DO repasse metade do desconto da promoção comercial para os clientes. Essa ação resulta em um aumento de 7,5% na demanda de cliente.

A partir dos exemplos 11.11 e 11.12, observe que o aumento na demanda do cliente resultante da promoção de comércio (7,5% da demanda no Exemplo 11.12) é menor com relação à compra aumentada pelo varejista em razão da compra antecipada (500% no Exemplo 11.11). O impacto do aumento na demanda do cliente pode ser atenuado pelo comportamento do consumidor. Para alguns produtos, como detergente e pasta de dentes, a maior parte do aumento nas compras do cliente consiste em compra antecipada; é improvável que comecem a escovar os dentes com mais frequência porque compraram muitos tubos de pasta de dentes. Para esses produtos, a promoção de comércio não pode aumentar verdadeiramente a demanda.

> **》 Ponto-chave**
>
> Ao deparar com um desconto em curto prazo, o ideal é que os varejistas repassem apenas uma fração do desconto para o cliente, mantendo o restante para si. Simultaneamente, é ideal que aumentem o tamanho do lote de compra e a compra antecipada para períodos futuros. Assim, as promoções comerciais normalmente ocasionam um aumento do estoque cíclico em uma cadeia de suprimentos sem um aumento significativo na demanda do cliente.

Os fabricantes sempre lutaram com o fato de que os varejistas repassam apenas uma pequena fração do desconto comercial para o cliente. Em um estudo conduzido por Kurt Salmon et al. (1993), verificou-se que quase um quarto de todos os estoques dos distribuidores na cadeia de suprimentos de gêneros alimentícios secos podia ser atribuída à compra antecipada.

Nossa discussão anterior dá suporte à afirmação de que as promoções comerciais geralmente aumentam o estoque cíclico em uma cadeia de suprimentos e prejudicam o desempenho. Essa observação tem levado muitas empresas, incluindo o maior varejista do mundo, o Walmart, e vários fabricantes, como a Procter & Gamble, a adotarem o esquema de preços baixos todos os dias (*Every Day Low Pricing* — EDLP). Neste caso, o preço é fixado no tempo e não é oferecido nenhum desconto em curto prazo. Isso elimina qualquer incentivo para a compra antecipada. Como resultado, todos os estágios da cadeia compram em quantidades que correspondem à demanda.

Em geral, o desconto repassado pelo varejista ao consumidor é influenciado pela elasticidade de seus negócios, que é o aumento nas vendas de varejo por desconto unitário no preço. Quanto maior a elasticidade do negócio, mais do desconto o varejista provavelmente repassará ao consumidor. Assim, as promoções comerciais do fabricante podem fazer sentido para produtos com alta elasticidade de negócios, que garantam um alto repasse pelo varejista, e altos custos de manutenção, que garantam pouca compra antecipada. Blattberg e Neslin (1990) identificam os materiais de papelaria como produtos com alta elasticidade de negócios e custo de manutenção. Eles também identificam as promoções comerciais como sendo mais eficientes com marcas fortes em relação às marcas fracas.

As promoções comerciais também podem fazer sentido como uma resposta competitiva. Em uma categoria como refrigerantes, alguns clientes são leais à sua marca, enquanto outros trocam dependendo da marca que for oferecida com menor preço. Considere a situação em que um dos concorrentes, digamos, a Pepsi, oferece aos varejistas uma promoção comercial. Os varejistas aumentam suas compras de Pepsi e repassam parte do desconto ao cliente. Os clientes sensíveis ao preço aumentam suas compras de Pepsi. Se um concorrente como a Coca-Cola não responder, ela perde alguma fatia de mercado na forma de clientes sensíveis ao preço. Pode-se imaginar que uma promoção comercial pela Coca-Cola seja justificada nessa situação, como uma resposta competitiva. Observe que, com os dois concorrentes oferecendo promoções comerciais, não existe um aumento real na demanda de qualquer um deles, a menos que aumente o consumo do cliente. O estoque na cadeia de suprimentos, porém, aumenta para as duas marcas. Essa é, então, uma situação em que as promoções comerciais são uma necessidade competitiva, mas elas aumentam o estoque da cadeia, reduzindo os lucros para todos os concorrentes.

As promoções comerciais devem ser projetadas de modo que os varejistas limitem sua compra antecipada e repassem mais do desconto para os clientes finais. O objetivo do fabricante é aumentar a fatia de mercado e as vendas sem permitir que o varejista compre quantidades significativas antecipadas. Esse resultado pode ser alcançado oferecendo descontos que têm base nas vendas reais aos clientes, em vez da quantidade adquirida pelo varejista. O preço de desconto, assim, aplica-se a itens vendidos aos clientes (*venda direta*) durante a promoção, e não à quantidade comprada pelo varejista (*venda pelo canal*). Isso elimina todo o incentivo para a compra antecipada.

Dada a tecnologia de informação existente, muitos fabricantes hoje oferecem promoções com base no scanner, pelas quais o varejista recebe crédito para o desconto da promoção para cada unidade vendida. Outra opção é limitar a alocação a um varejista com base nas vendas do passado. Esse também é um esforço para limitar a quantidade que ele pode comprar antecipada. Porém, não é provável que os varejistas aceitem esses esquemas para marcas fracas.

11.7 Gestão de estoque cíclico multicamadas

Uma cadeia de suprimentos *multicamadas* tem múltiplos estágios e possivelmente muitos participantes em cada estágio. A falta de coordenação nas decisões do tamanho do lote na cadeia resulta em altos custos e mais estoque cíclico do que o necessário. O objetivo do sistema multicamadas é diminuir os custos totais coordenando os pedidos ao longo da cadeia de suprimentos.

Considere um sistema multicamadas único, com um fabricante fornecendo para um varejista. Suponha que a produção seja instantânea, de modo que o fabricante possa produzir um lote quando for necessário. Se os dois estágios não forem sincronizados, o fabricante pode produzir um novo lote de tamanho Q logo depois de entregar um lote Q de mesmo tamanho ao varejista. O estoque nos dois estágios é como mostra a Figura 11.6. Nesse caso, o varejista mantém um estoque médio de $Q/2$ e o fabricante mantém um estoque médio de cerca de Q.

O estoque geral da cadeia de suprimentos pode ser reduzido se o fabricante sincronizar sua produção para que esteja pronta no momento de ser entregue ao varejista. Nesse caso, o fabricante não mantém estoque e o varejista mantém um estoque médio de $Q/2$. O sincronismo da produção e da reposição permite que a cadeia reduza o custo cíclico total de cerca de $3Q/2$ para $Q/2$.

Para uma cadeia de suprimentos multicamadas única, com apenas um participante em cada estágio, políticas de pedido em que o tamanho do lote em cada estágio é um múltiplo inteiro do tamanho do lote em seu cliente imediato foram consideradas muito próximas do ideal. Quando os tamanhos de lote são múltiplos inteiros, a coordenação do pedido entre os estágios permite que uma parte da entrega a um estágio seja despachada rapidamente para o seguinte. A extensão do despacho rápido depende da razão entre o custo fixo do pedido S e o custo de manutenção M em cada estágio. Quanto mais próxima for essa razão entre dois estágios, maior a percentagem ideal de produto despachado rapidamente. Munson, Hu e Rosenblatt (2003) desenvolvem quantidades de pedido ideais em uma situação multicamadas com um único fabricante fornecendo para um único varejista.

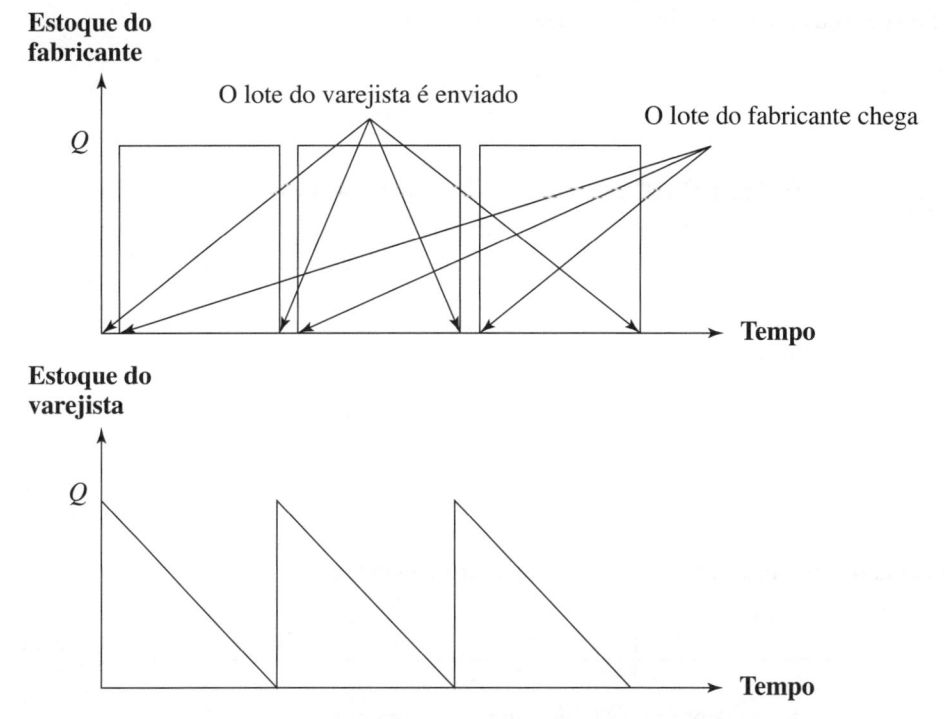

Figura 11.6 Perfil de estoque no varejista e no fabricante sem sincronização.

Se uma parte (distribuidor) em uma cadeia de suprimentos fornece para várias partes (varejistas) no próximo estágio da cadeia de suprimentos, é importante distinguir os varejistas com alta demanda daqueles com baixa demanda. Nessa situação, Roundy (1985) mostrou que uma política quase ideal acontece se os varejistas forem agrupados de modo que todos em um grupo peçam juntos e, para qualquer varejista, ou a frequência do pedido é um múltiplo inteiro da frequência de pedido no distribuidor ou a frequência de pedido no distribuidor é um múltiplo inteiro da frequência no varejista. Uma política de reposição inteira faz com que cada participante peça periodicamente, com o tamanho do intervalo de pedido sendo um múltiplo inteiro de algum período de base. Um exemplo dessa política pode ser visto na Figura 11.7. Sob essa política, o distribuidor faz um pedido de reposição a cada duas semanas. Alguns varejistas fazem pedidos de reposição a cada semana e outros os fazem a cada duas ou quatro semanas. Observe que, para os varejistas que pedem com mais frequência do que o distribuidor, a frequência de pedido daqueles é um múltiplo inteiro da frequência do distribuidor. Para os varejistas que pedem com menos frequência do que o distribuidor, a frequência de pedido deste é um múltiplo inteiro da frequência daqueles.

Se uma política de reposição inteira for sincronizada pelos dois estágios, o distribuidor pode despachar rapidamente parte de seu suprimento para o estágio seguinte. Todas as remessas aos varejistas que pedem não mais frequentemente do que o distribuidor (a cada duas ou quatro semanas) são despachadas rapidamente conforme mostra a Figura 11.8. Para os varejistas que pedem com mais frequência (a cada semana) do que o distribuidor, metade dos pedidos são despachados rapidamente, com a outra metade despachada a partir do estoque, conforme mostra a Figura 11.7.

As políticas de reposição inteiras para a cadeia de suprimentos mostradas na Figura 11.8 podem ser resumidas da seguinte forma:

- Divida todas as partes dentro de um estágio em grupos, de modo que todas as partes dentro de um grupo peçam do mesmo fornecedor e tenham o mesmo intervalo de reposição.
- Defina os intervalos de reposição entre os estágios de modo que o recebimento de um pedido de reposição em qualquer estágio seja sincronizado com a remessa de um pedido para pelo menos um de seus clientes. A parte sincronizada pode ser despachada rapidamente.
- Para clientes com um intervalo de reposição maior do que o fornecedor, torne o intervalo de reposição do cliente um múltiplo inteiro do intervalo do fornecedor e sincronize a reposição nos dois estágios de modo a facilitar o despacho rápido. Em outras palavras,

O pedido de reposição do distribuidor chega

Distribuidor repõe a cada duas semanas

A remessa do varejista é despachada por meio de cross-docking

O varejista repõe a cada semana

A remessa do varejista é do estoque

A remessa do varejista é despachada por meio de cross-docking

O varejista repõe a cada duas semanas

A remessa do varejista é despachada por meio de cross-docking

O varejista repõe a cada quatro semanas

Figura 11.7 Ilustração de uma política de reposição de atacado.

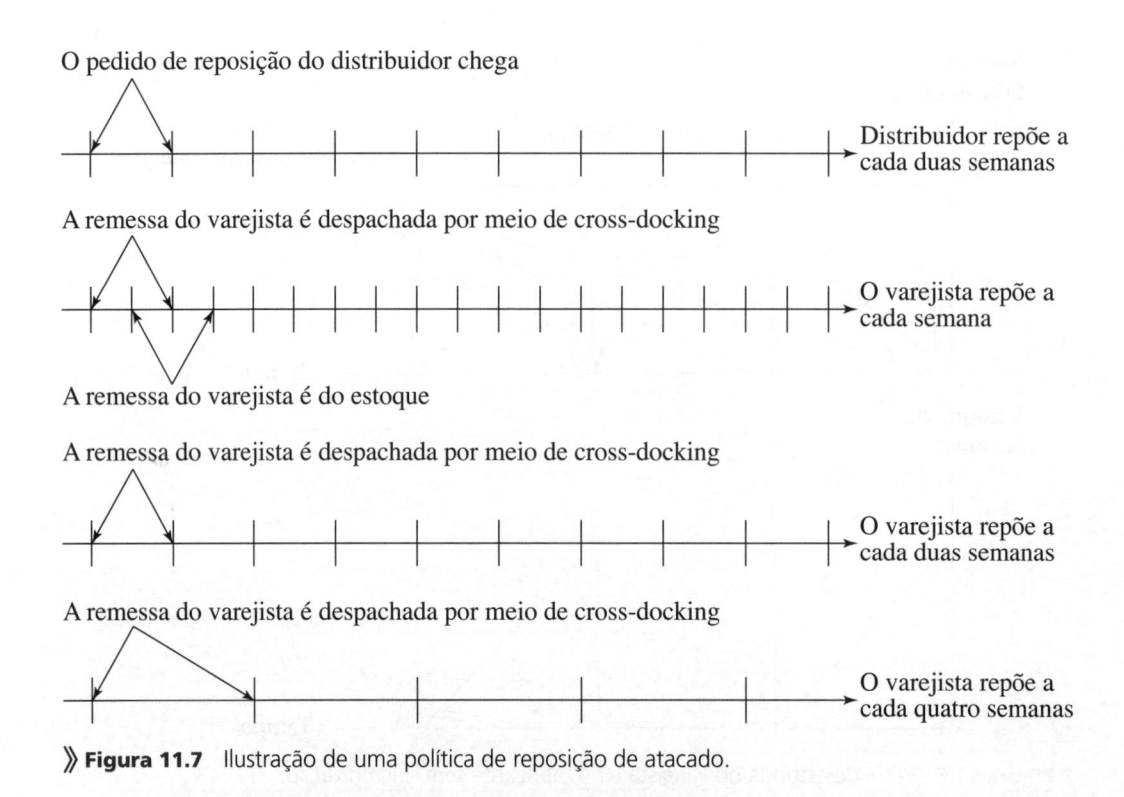

um fornecedor deverá despachar rapidamente todos os pedidos dos clientes que repõem menos frequentemente do que o próprio fornecedor.

- Para os clientes com um intervalo de reposição mais curto do que o fornecedor, torne o intervalo de reposição do fornecedor um múltiplo inteiro do intervalo do cliente e sincronize a reposição nos dois estágios, de modo a facilitar o despacho rápido. Em outras palavras, um fornecedor deverá despachar rapidamente a cada k remessas a um cliente que pede com mais frequência do que ele mesmo, onde k é um inteiro.
- A frequência relativa da reposição depende dos custos de preparação, de manutenção e de demanda nas diferentes partes.

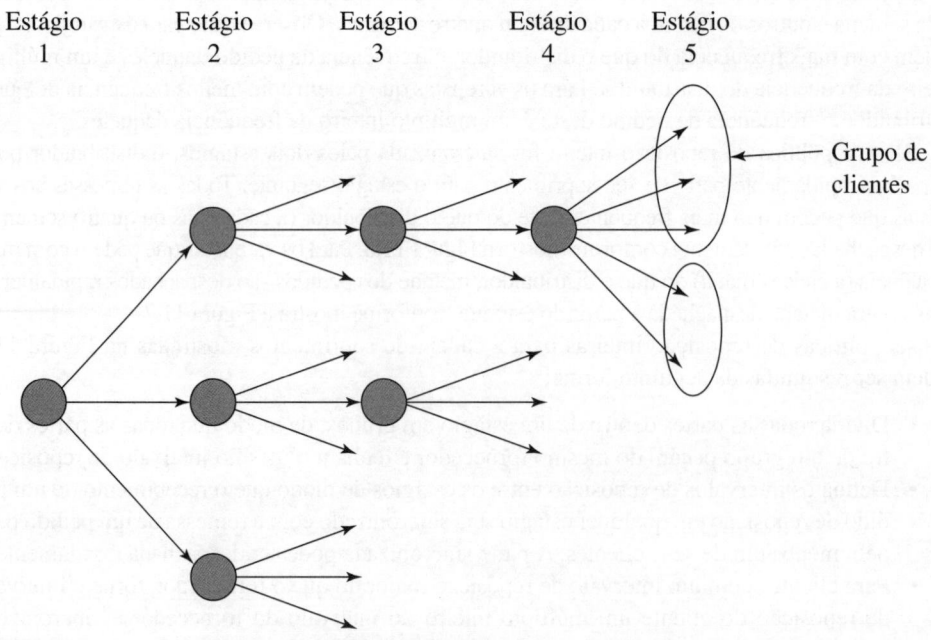

Figura 11.8 Uma cadeia de suprimentos com distribuição multicamadas.

> **Ponto-chave**
>
> As políticas de reposição inteiras podem ser sincronizadas nas cadeias de suprimentos multicamadas, de modo a baixar o estoque cíclico e os custos de pedido. Sob tais políticas, o intervalo de reposição em qualquer estágio é um múltiplo inteiro de um intervalo de reposição de base. As políticas de reposição inteiras sincronizadas facilitam um alto nível de despacho rápido ao longo da cadeia de suprimentos.

Embora as políticas inteiras discutidas anteriormente sincronizem a reposição dentro da cadeia de suprimentos e diminuam os estoques cíclicos, elas aumentam os estoques de segurança, por causa da falta de flexibilidade com relação ao tempo de fazer o pedido, conforme discutiremos no Capítulo 12. Assim, essas políticas fazem mais sentido para as cadeias de suprimentos em que os estoques cíclicos são grandes e a demanda é relativamente previsível.

11.8 Resumo dos objetivos de aprendizagem

1. *Equilibrar os custos apropriados para escolher o tamanho do lote e o estoque cíclico ideais em uma cadeia de suprimentos.* O estoque cíclico geralmente é igual à metade do tamanho do lote. Portanto, à medida que o tamanho do lote cresce, o mesmo acontece com o estoque cíclico. Ao decidir sobre sua quantidade ideal de estoque cíclico, o objetivo da cadeia de suprimentos é minimizar o custo total — os custos de pedido, de manutenção e de material. À medida que o estoque cíclico aumenta, o mesmo acontece com o custo de manutenção. Porém, o custo do pedido e, em alguns casos, o do material diminuem com um aumento no tamanho do lote e no estoque cíclico. O LEC equilibra os três custos para obter o tamanho de lote ideal. Quanto maior o custo de pedido e de transporte, maiores o tamanho do lote e o estoque cíclico.

2. *Compreender o impacto dos descontos por quantidade sobre o tamanho do lote e o estoque cíclico.* Os descontos por quantidade baseados no tamanho de lote aumentam o tamanho do lote e o estoque cíclico dentro da cadeia de suprimentos, pois encorajam as compras em maiores quantidades para tirar proveito da diminuição no preço.

3. *Criar esquemas de desconto apropriados para uma cadeia de suprimentos.* Os descontos por quantidade são justificados para aumentar os lucros totais da cadeia de suprimentos quando as decisões independentes sobre tamanho de lote na cadeia de suprimentos leva a soluções abaixo do ideal a partir da perspectiva geral da cadeia de suprimentos. Se os fornecedores têm custos fixos maiores, os descontos de quantidade adequados com base no tamanho do lote são justificados porque podem coordenar a cadeia de suprimentos. Os descontos com base em volume são mais eficazes do que aqueles com base em tamanho do lote para aumentar os lucros da cadeia sem aumentar o tamanho do lote e o estoque cíclico.

4. *Entender o impacto das promoções comerciais sobre o tamanho do lote e o estoque cíclico.* As promoções comerciais aumentam o estoque e os custos totais da cadeia de suprimentos por meio da compra antecipada, que desloca a demanda futura para o presente e cria um pico na demanda, seguido por uma queda. A variabilidade aumentada eleva os estoques e os custos.

5. *Identificar as alavancas gerenciais que reduzem o tamanho do lote e o estoque cíclico em uma cadeia de suprimentos sem aumentar o custo.* As principais alavancas gerenciais para reduzir o tamanho do lote e, assim, o estoque cíclico na cadeia de suprimentos sem aumentar o custo são os seguintes:

- Reduzir os custos fixos de pedido e transporte incorridos por pedido.
- Implementar esquemas de desconto com base em volume, em vez de esquemas de desconto com base no tamanho do lote individual.
- Eliminar ou reduzir as promoções comerciais e encorajar os preços baixos todos os dias. Basear as promoções comerciais na venda direta, em vez da venda pelo canal ao varejista.

Perguntas para discussão

1. Considere um supermercado que decide sobre o tamanho de seu pedido de reposição para a Procter & Gamble. Que custos ele deverá levar em consideração ao tomar essa decisão?
2. Discuta como diversos custos para o supermercado na Pergunta 1 mudam à medida que ele diminui o tamanho do lote pedido para a Procter & Gamble.
3. À medida que a demanda na rede de supermercados da Pergunta 1 cresce, como você espera que mude o estoque cíclico, medido em dias de estoque? Explique.
4. O gerente do supermercado da Pergunta 1 deseja diminuir o tamanho do lote sem aumentar os custos incorridos. Que ações ele pode tomar para conseguir esse objetivo?
5. Discuta por que os lucros da cadeia de suprimentos podem ser prejudicados por um varejista que tome decisões sobre tamanho de lote com o único objetivo de minimizar os custos.
6. Quando os descontos por quantidade são justificados em uma cadeia de suprimentos?
7. Qual é a diferença entre os descontos por quantidade baseados em tamanho de lote e em volume?
8. Por que os fabricantes como Kraft e Sara Lee oferecem promoções comerciais? Que impacto essas promoções têm sobre a cadeia de suprimentos? Como as promoções comerciais devem ser estruturadas para maximizar seu impacto enquanto minimizam o custo adicional que impõem sobre a cadeia?
9. Por que é apropriado incluir apenas o custo incremental quando se estima o custo de manutenção e pedido para uma empresa?

Exercícios

1. A Harley-Davidson tem sua fábrica de montagem de motor em Milwaukee e sua fábrica de montagem de motocicletas na Pensilvânia. Os motores são transportados entre as duas fábricas usando caminhões, com cada viagem custando US$ 1.000. A fábrica de motocicletas monta e vende 300 motocicletas diariamente. Cada motor custa US$ 500, e a Harley incorre em um custo de manutenção de 20% por ano. Quantos motores a Harley deverá transportar em cada caminhão? Qual é o estoque cíclico dos motores na Harley?
2. Como parte de sua iniciativa para implementar a manufatura *just-in-time* (JIT) na fábrica de montagem de motocicletas do Exercício 1, a Harley reduziu o número de motores transportados em cada caminhão para 100. Se cada viagem de caminhão custa US$ 1.000, como essa decisão afeta os custos anuais de estoque da Harley? Qual deveria ser o custo de cada remessa por caminhão se uma carga de cem motores tivesse de ser ideal para a empresa?
3. Uma loja de varejo North Face em Chicago vende 500 jaquetas por mês. Cada uma custa US$ 100 e a empresa tem um custo de manutenção anual de 25%. O custo fixo de um pedido de reabastecimento (incluindo transporte) é de US$100. A loja atualmente estipula um pedido de reposição todos os meses para 500 jaquetas. Qual é o custo de manutenção anual e o de pedido? Em média, quanto tempo uma jaqueta passa no estoque? Se a loja de varejo quiser minimizar o custo de pedido e de manutenção, qual tamanho de pedido você recomendaria? Quanto o pedido ideal reduziria o custo de manutenção e de pedido com relação à política atual?
4. A Target compra mercadorias domésticas feitas por um fornecedor na China, as lojas da Target nos Estados Unidos vendem 200 mil unidades de mercadorias domésticas a cada mês. Cada unidade custa US$ 10 e a empresa tem um custo de manutenção atual de 20%. Solicitar um pedido de reposição incorre nos custos clericais de US$ 500/pedido. A empresa de remessa cobra US$ 5.000 como um custo fixo por remessa com um custo variável de US$ 0,10 por unidade transportada. Qual o tamanho de pedido ideal para a Target? Qual o custo anual de manutenção da política ideal? Quantos pedidos por ano a empresa solicita? Qual o custo anual fixo de transporte? Qual é o custo anual variável de transporte? Qual o custo clerical anual?
5. A Amazon vende 20 mil unidades de eletrônicos de consumo da Samsung todos os meses. Cada uma custa US$ 100 e a empresa tem um custo de manutenção de 20%. O custo administrativo e de transporte fixo para cada pedido que a Amazon faz para a Samsung é de US$ 4.000. Qual o tamanho ideal de pedido que a Amazon deveria fazer para a Samsung? Com o objetivo de reduzir o estoque, a Amazon gostaria de reduzir o tamanho de cada pedido para 2.500 unidades (possibilitando que tenha quatro pedidos de reposição todos os meses). Quanto ela deveria diminuir o custo fixo por pedido para um pedido de 2.500 unidade ser ideal?
6. A Amazon vende 10.000 PCs Lenovo a cada mês. Cada PC custa US$ 500 e a Amazon tem um custo de manutenção de 20%. Por qual custo fixo por pedido um tamanho de pedido de 10.000 unidades seria ideal? Por qual custo fixo por pedido um tamanho de pedido de 2.500 unidades seria ideal?
7. Uma fábrica de aço laminado pode produzir barras em I à taxa de 20 toneladas por semana. A demanda do cliente para barras é de 5 toneladas por semana. Para produzir barras em I, a fábrica deve passar por uma preparação que requeira mudança para os padrões de laminação apropriados. Cada preparação custa à fábrica US$ 10.000 em produção laboral e perdida. As barras em I custam à fábrica US$ 2.000 por tonelada e a fábrica tem um custo de manutenção de 25%. Qual é o custo anual de preparação da política ideal? Qual o custo de manutenção anual?
8. Uma fábrica de aço laminado pode produzir barras em I à taxa de 20 toneladas por semana. A demanda do cliente para barras é de 5 toneladas por semana. As barras em I custam à fábrica US$ 2.000 por tonelada e a fábrica tem um custo de manutenção de 25%. Para produzir barras em I, a fábrica deve passar por uma preparação que requeira mudança dos padrões de laminação apropriados. A fábrica gostaria de produzir barras em I em lotes de 40 toneladas (resultando em um lote de produção em todas as oito semanas). Por qual custo de transição o tamanho do lote seria ideal?
9. Uma empresa de eletrônicos tem dois fabricantes contratados na Ásia: a Foxconn monta seus tablets e smartphones e a Flextronics monta seus laptops. A demanda mensal por tablets e smartphones é de 10.000 unidades, ao passo que a de laptops é de 4.000. Os tablets custam US$ 100 à empresa, laptops custam US$ 400 e a empresa tem um custo de manutenção de 25%. Atualmente, a empresa tem de fazer pedidos separados para a Foxconn e a Flextronics e recebe remessas separadas. O custo fixo de cada remessa é de US$ 10.000. Qual o tamanho de pedido ideal e frequência de pedidos ideais para a Foxconn e para a Flextronics?

   A empresa está pensando em combinar toda a montagem no mesmo fabricante contratado. Isso vai permitir uma remessa única de todos os produtos vindos da Ásia. Se o custo fixo de cada remessa permanecer em US$ 10.000, qual seria a frequência e tamanho de pedidos ideais para pedidos combinados? Quanta redução no estoque cíclico a empresa pode esperar como resultado de pedidos e remessas combinados?

10. A Harley compra componentes de três fornecedores. Os componentes comprados do Fornecedor A custa US$ 5 cada e são usados na razão de 20 mil unidades por mês. Os componentes comprados do Fornecedor B custam US$ 4 cada e são usados na razão de 2.500 unidades por mês. Os componentes comprados do Fornecedor C custam US$ 5 cada e são usados na razão de 900 unidades por mês. Atualmente, a Harley compra um carregamento separado de cada fornecedor. Como parte de sua orientação JIT, a Harley decidiu agregar as compras dos três fornecedores. A empresa de transporte cobra um custo fixo de US$ 400 para o caminhão, com uma taxa adicional de US$ 100 para cada parada. Assim, se a Harley pedir um carregamento de apenas um fornecedor, a empresa de transporte cobra US$ 500; de dois fornecedores, ela cobra US$ 600; e dos três fornecedores ela cobra US$ 700. Sugira uma estratégia de reposição para a Harley que minimize o custo anual. Suponha um custo de manutenção de 20% por ano. Compare o custo de sua estratégia com a atual da Harley, de pedir separadamente de cada fornecedor. Qual é o estoque cíclico de cada componente na Harley?

11. A Ford e a GM mantêm peças de reposição para suas concessionárias em um armazém terceirizado na Península Superior de Michigan. A demanda por peças de reposição da Ford é de 100 unidades por mês, ao passo que a demanda das partes da GM é de 120 por mês. Cada peça de reposição custa US$ 100 e ambas as empresas têm um custo de manutenção de 20%. Atualmente, cada empresa usa um caminhão separado para enviar essas peças. Cada caminhão tem um custo fixo de US$ 500. Qual o tamanho de pedido e frequência ideais para a Ford? E para a GM? Qual o custo de pedido anual e de manutenção para cada empresa?

Um fornecedor de logística terceirizado ofereceu-se para combinar remessas de cada uma das duas empresas em um único caminhão. Isso vai aumentar o custo de cada caminhão em US$ 600. Se as duas empresas concordarem em juntar suas remessas, qual seria a frequência e tamanho de pedido ideais? Qual a solicitação de pedido e custo de manutenção anuais para as duas empresas combinadas? A Ford e a GM deveriam aceitar a proposta da empresa terceirizada? Como dividiriam o custo fixo por caminhão entre eles?

12. Prefab, um fabricante de móveis, usa 20.000 pés quadrados de compensado por mês. Sua empresa de transporte cobra da Prefab US$ 400 por entrega, independentemente da quantidade comprada. O fabricante oferece um desconto por quantidade em todas as unidades, com o preço de 1 dólar por pé quadrado para pedidos abaixo de 20 mil pés quadrados, US$ 0,98 por pé quadrado para pedidos entre 20 e 40 mil pés metros quadrados, e US$ 0,96 por pé quadrado para pedidos com mais de 40 mil pés quadrados. A Prefab incorre em um custo de manutenção de 20%. Qual é o tamanho de lote ideal para a Prefab? Qual é o custo anual dessa política? Qual é o estoque cíclico de compensado na Prefab? Como isso se compara com o estoque cíclico se o fabricante não oferece um desconto por quantidade, mas vende todo o compensado a US$ 0,96 por pé quadrado?

Agora considere o caso em que o fabricante oferece um desconto por quantidade unitária marginal para o compensado. Os primeiros 20 mil pés quadrados de qualquer pedido são vendidos a 1 dólar por pé quadrado, os próximos 20 mil pés quadrados são vendidos a US$ 0,98 por pé quadrado, e qualquer quantidade acima de 40 mil metros quadrados é vendida a US$ 0,96 por pé quadrado. Qual é o tamanho de lote ideal para a Prefab com essa estrutura de preços? Quanto estoque cíclico de compensado a empresa manterá com essa política de pedido?

13. A demanda por fixadores da W.W Grainger é de 20.000 caixas por mês. O custo de manutenção da Grainger é de 20% por ano. Cada pedido incorre em um custo fixo de US$ 400. O fornecedor oferece um esquema de desconto no preço de todas as unidades com um preço de US$ 5/caixa por pedido sob 30.000 e um preço de US$ 4,90 para todos os pedidos de 30.000 ou mais. Quantas caixas a Grainger deveria pedir por reposição?

14. Agora, considere o Exercício 13 com um desconto de quantidade unitária marginal. A demanda por fixadores da W.W. Grainger é de 20.000 caixas por ano. O custo de manutenção da Grainger é de 20% ao ano. Cada pedido incorre em um custo fixo de US$ 400. O fornecedor oferece um esquema de desconto marginal no preço com o valor de US$ 5 por caixa para as primeiras 30.000 em um pedido. Quantas caixas a Grainger deveria pedir para reposição?

15. A demanda por celulares da Amazon é de 5.000 por mês. O custo de manutenção da Amazon é de 25% e a empresa incorre em um custo fixo de US$ 500 por cada pedido feito. O fornecedor oferece um desconto por quantidade marginal em todas as unidades com um preço de US$ 200 por celular para todos os pedidos abaixo de 10.000, um preço de US$ 195 para todos os pedidos de 10.000 ou mais, mas abaixo de 20.000 e um preço de US$ 190 para todos os pedidos de 20.000 ou mais. Quantos celulares a Amazon deveria pedir por reposição?

16. A demanda por celulares da Amazon é de 5.000 por mês. O custo de manutenção da Amazon é de 25% e a empresa incorre em um custo fixo de US$ 500 por cada pedido feito. O fornecedor oferece um desconto por quantidade marginal em todas as unidades com um preço de US$ 200 por celular para os primeiros 10.000 celulares no pedido, e um preço de US$ 195 para os próximos 10.000 celulares no pedido, além de um preço de US$ 190 para a quantidade acima de 20.000 no pedido. Quantos celulares a Amazon deveria pedir por reposição?

17. A rede de supermercados Dominick's vende Nut Flakes, um cereal popular fabricado pela companhia de cereais Tastee. A demanda por Nut Flakes é de mil caixas por semana. A Dominick's tem um custo de manutenção de 25% que incorre em um custo de entrega fixo de US$ 200 para cada pedido de reposição que ela faz com a Tastee. Dado que a Tastee normalmente cobra US$ 2 por caixa de Nut Flakes, quanto a Dominick's deverá pedir em cada lote de reposição?

A Tastee realiza uma promoção comercial, reduzindo o preço de Nut Flakes para US$ 1,80 por um mês. De quanto deverá ser o pedido da Dominick's, dada a redução de preços em curto prazo?

18. A Flanger é um distribuidor industrial que compra de centenas de fornecedores. Os dois modos de transporte disponíveis para a entrega que chega são carga fracionada (CF) e caminhão carregado (CC). A remessa de CF custa 1 dólar por unidade, enquanto a remessa CC custa US$ 400 por caminhão. Cada caminhão pode transportar até mil unidades. A Flanger deseja uma regra atribuindo produtos ao modo de remessa (CC ou CF) com base na demanda anual. Cada unidade custa US$ 50 e a Flanger usa um custo de manutenção de 20%. A Flanger incorre em um custo fixo de US$ 100 para cada pedido feito com um fornecedor.

a) Determine um limite para a demanda anual acima do qual o CC é preferido e abaixo do qual a CF é preferida.

b) Como o limiar muda (em relação à parte [a]) se o custo unitário for de US$ 100 (em vez de US$ 50) com todos os outros dados inalterados? Que modo se torna preferível quando o custo unitário aumenta?

c) Como o patamar muda (em relação à parte [a]) se o custo da CF cair para US$ 0,80 por unidade (em vez de 1 dólar por unidade)?

19. A SuperPart, um distribuidor de peças de automóveis, tem um grande depósito na região de Chicago e está decidindo sobre uma política para o uso de transporte CC ou CF para a remessa que chega. A remessa CF custa 1 dólar por unidade. A remessa CC custa US$ 800 por caminhão mais US$ 100 por retirada. Assim, um caminhão usado para retirar de três fornecedores custa 800 + (3 × 100) = US$ 1.100. Um caminhão pode transportar até 2 mil unidades. A SuperPart incorre em um custo fixo de US$ 100 para cada pedido feito com um fornecedor. Assim, um pedido com três fornecedores distintos incorre em um custo de pedido de US$ 300. Cada unidade custa US$ 50 e a SuperPart usa um custo de manutenção de 20%. Suponha que o produto de cada fornecedor tenha uma demanda anual de 3 mil unidades. A SuperPart tem milhares de fornecedores e uma empresa deve decidir sobre o número de fornecedores para o grupo por caminhão, se for usado CC.

   a) Qual é o tamanho de pedido ideal e o custo anual se a remessa CF for utilizada? Qual é o tempo entre os pedidos?
   b) Qual é o tamanho de pedido ideal e o custo anual se a remessa CC for utilizada com um caminhão separado para cada fornecedor? Qual é o tempo entre os pedidos?
   c) Qual é o tamanho de pedido ideal e o custo anual por produto se a remessa CC for utilizada, mas dois fornecedores forem agrupados por caminhão?
   d) Qual é o número ideal de fornecedores que devem ser agrupados? Qual é o tamanho de pedido ideal e o custo anual por produto nesse caso? Qual é o tempo entre os pedidos?
   e) Qual é a política de remessa que você recomenda se cada produto tem uma demanda anual de 3 mil unidades? Qual é a política de envio que você recomenda para produtos com uma demanda anual de 1.500? Qual é a política de envio que você recomenda para produtos com uma demanda anual de 18.000?

20. A PlasFib é um fabricante de fibras sintéticas usadas para fabricar móveis estofados. A empresa fabrica fibra em 50 cores diferentes em uma linha. Ao mudar de uma cor para a outra, parte da linha precisa ser limpa, causando perda de material. Cada troca custa US$ 200 em material perdido e mão de obra para a troca. Suponha que cada troca exija que a linha seja paralisada por meia hora. Quando está funcionando, a linha produz fibra a uma taxa de 100 libras por hora.

   As fibras vendidas pela PlasFib são divididas em três categorias. Existem cinco cores de grande saída, que vendem em média 30 mil libras por cor ao ano. Existem 10 cores de saída média, que vendem em média 12 mil libras por cor ao ano. O restante são produtos de baixa saída, que vendem em média 2.400 libras por ano cada. Cada libra de fibra custa US$ 5 e a PlasFib tem um custo de manutenção de 20%.

   a) Qual é o tamanho de lote que a PlasFib deverá produzir para cada cor de grande, média e baixa saída? Em quantos dias de demanda isso se traduz?
   b) Qual é a preparação anual de preparação e manutenção das políticas que você sugeriu na parte (a)?
   c) Quantas horas de operação de fábrica o esquema mencionado anteriormente exigirá em um ano (inclua meia hora de preparação por lote)?

21. A TopOil, uma refinaria em Indiana, atende três clientes perto de Nashville, Tennessee, e mantém estoque em consignação (possuído pela TopOil) em cada local. Atualmente, a empresa usa transporte CC para entregar separadamente para cada cliente. Cada caminhão custa US$ 800 mais US$ 250 por parada. Assim, a entrega a cada cliente separadamente custa US$ 1.050 por caminhão. A TopOil está pensando em agregar as entregas para Nashville em um único caminhão. A demanda no cliente grande é de 60 toneladas por ano, a demanda no cliente médio é de 24 toneladas por ano e a demanda no cliente pequeno é de 8 toneladas por ano. O custo do produto para a TopOil é de US$ 10.000 por tonelada e eles usam um custo de manutenção de 25%. A capacidade do caminhão é de 12 toneladas.

   a) Qual é o custo anual de transporte e manutenção se a TopOil envia um carregamento completo toda vez que um cliente está sem estoque? Sob essa política, um estoque é transportado para cada cliente para quantos dias?
   b) Qual é a política de entrega ideal para cada cliente se a TopOil entregar separadamente para cada um deles? Qual é o custo anual com transporte e manutenção? Sob essa política, um estoque é transportado para cada cliente para quantos dias?
   c) Qual é a política de entrega ideal para cada cliente se a TopOil agrega entregas a cada um dos três clientes em cada caminhão que vai para Nashville? Qual é o custo anual de transporte e manutenção? Sob essa política, um estoque é transportado para cada cliente para quantos dias?
   d) Você pode imaginar uma política adaptada que tenha menores custos do que as políticas em (b) ou (c)? Quais são os custos e estoques para sua política sugerida?

22. A Crunchy, um fabricante de cereais, dedicou uma fábrica para uma rede de varejo importante. As vendas na cadeia do varejo são em média de 20 mil caixas por mês e a produção na fábrica acompanha o ritmo com essa demanda média. Cada caixa de cereais custa à Crunchy US$ 3 e é vendida ao varejista a um preço por atacado de US$ 5. Tanto a Crunchy quanto o varejista utilizam um custo de manutenção de 20%. Para cada pedido feito, o varejista incorre em um custo de pedido de US$ 200. A Crunchy incorre no custo de transporte e carga, totalizando US$ 1.000 por pedido entregue.

   a) Dado que ela está tentando minimizar seus custos com pedido e manutenção, qual deverá ser o tamanho de lote feito pelo varejista em cada pedido? Qual é o custo anual de pedido e manutenção para o varejista como resultado dessa política? Qual é o custo anual de pedido e manutenção para a Crunchy como resultado dessa política? Qual é o custo de estoque total para ambas as partes como resultado dessa política?
   b) Que tamanho de lote minimiza os custos de estoque (pedido, entrega e manutenção) entre a Crunchy e o varejista? Quanta redução no custo em relação a (a) resulta dessa política?
   c) Elabore um desconto por quantidade para todas as unidades que resulte no varejista pedindo a quantidade em (b).
   d) Quanto do custo de entrega de US$ 1.000 a Crunchy deverá repassar ao varejista para cada lote para fazer com que o varejista peça a quantidade em (b)?

23. Um centro de serviços de aço fornece produtos a partir de uma fábrica integrada de aço a um custo de US$ 2.000 por tonelada. A demanda por aço no centro de serviço é de 50 toneladas por mês. O centro de serviço tem um custo de manutenção de 25% e incorre em um custo fixo de US$ 2.000 para cada pedido. Quantas toneladas de aço o centro de serviço deveria pedir para reposição? Qual é o custo anual de pedido e de manutenção incorrido pelo serviço de manutenção?

    A fábrica integrada de aço incorre em um custo fixo de US$ 4.000 por cada pedido feito pelo centro de serviço e aço. O aço custa à fábrica US$ 1.000 por tonelada e a fábrica tem um custo de manutenção de 20%. Supondo que a fábrica elabore seu aço (para o centro de serviço) a uma taxa de 50 toneladas por mês, qual é o custo fixo anual e o custo de manutenção incorridos pela fábrica como resultado de uma política e pedidos do centro de serviço? Qual o custo anual incorrido tanto pelo centro de serviço como pela fábrica de aço?

    Se uma fábrica de aço e um centro de serviços puderem trabalhar de maneira coordenada, qual o tamanho de pedido ideal que minimiza seus custos fixos juntos e seus custos de manutenção? Quais economias anuais a cadeia de suprimentos poderia esperar como resultado da coordenação? Desenvolva um desconto de todas as quantidades unitárias que uma fábrica integrada de aço possa usar para fazer com que o centro de serviço peça a quantidade coordenada sem custos anuais aumentados no centro de serviço.

24. A companhia Orange introduziu um novo dispositivo musical, chamado J-Pod. O J-Pod é vendido pela Good Buy, um varejista de eletrônicos importante. A Good Buy estimou que a demanda para o J-Pod dependerá do preço de revenda final p, de acordo com a curva:

$$\text{Demanda } D = 2.000.000 - 2.000p$$

O custo de produção para a Orange é de US$ 100 por J-Pod.

a) Que preço de atacado a Orange deve cobrar pelo J-Pod? Nesse preço de atacado, que preço de revenda a Good Buy deve definir? Quais são os lucros para a Orange e para a Good Buy no equilíbrio?

b) Se a Orange decidir descontar o preço de atacado em US$ 40, que desconto a Good Buy deverá oferecer aos clientes se quiser maximizar seus próprios lucros? Que fração do desconto oferecido pela Orange a Good Buy repassa para o cliente?

25. A companhia Orange cobra US$ 550 por unidade pelos J-Pods. A Good Buy os vende a US$ 775. A demanda anual nesse preço de revenda é de 450 mil unidades. A Good Buy incorre em custos de pedido, recebimento e transporte de US$ 10.000 para cada lote de J-Pods pedidos. O custo de manutenção usado pelo varejista é de 20%.

a) Qual é o tamanho de lote ideal que a Good Buy deverá pedir?

b) A companhia Orange descontou US$ 40 dos J-Pods em curto prazo (pelas próximas duas semanas). A Good Buy decidiu não mudar o preço de revenda, mas pode mudar o tamanho do lote pedido na Orange. Como a Good Buy deverá ajustar seu tamanho de lote em virtude desse desconto? Quanto o tamanho do lote aumenta por causa do desconto?

Referências

BLATTBERG, R. C.; NESLIN, S. A. *Sales Promotion: Concepts, Methods, and Strategies*. Upper Saddle River, NJ: Prentice Hall, 1990.

BREALEY, R. A.; MYERS, S. C. *Principles of Corporate Finance*. Boston, MA: Irwin McGraw-Hill, 2000.

BUZZELL, R.; QUELCH, J.; SALMON, W. The Costly Bargain of Trade Promotions. *Harvard Business Review*, p. 141–149, mar./abr. 1990.

CROWTHER, J. F. Rationale for Quantity Discounts. *Harvard Business Review*, p. 121–127, mar./abr. 1964.

DOLAN, R. J. Quantity Discounts: Managerial Issues and Research Opportunities. *Marketing Science*, v. 6, p. 1–24, 1987.

FEDERGRUEN, A.; ZHENG, Y. Optimal Power-of-Two Replenishment Strategies in Capacitated General Production/Distribution Networks. *Management Science*, v. 39, p. 710–727, 1993.

GOYAL, S. K. A Simple Procedure for Price Break Models. *Production Planning & Control*, v. 6, p. 584–585, 1995.

HU, J.; MUNSON, C. L. Dynamic Demand Lotsizing Rules for Incremental Quantity Discounts. *Journal of the Operational Research Society*, v. 53, p. 855–863, 2002.

KURT SALMON ASSOCIATES, INC. *Efficient Consumer Response*. Washington, DC: Food Marketing Institute, 1993.

LEE, H. L.; BILLINGTON, C. Managing Supply Chain Inventories: Pitfalls and Opportunities. *Sloan Management Review*, p. 65–73, 1992.

MAXWELL, W. L.; MUCKSTADT, J. A. Establishing Consistent and Realistic Reorder Intervals in Production-Distribution Systems. *Operations Research*, v. 33, p. 1316–1341, 1985.

MUNSON, C. L.; HU, J.; ROSENBLATT, M. J. Teaching the Costs of Uncoordinated Supply Chains. *Interfaces*, v. 33, p. 24–39, 2003.

MUNSON, C. L.; ROSENBLATT, M. J. Theories and Realities of Quantity Discounts. *Production and Operations Management*, v. 7, p. 352-369, 1998.

ROUNDY, R. 98%-Effective Integer-Ratio Lot-Sizing for One-Warehouse Multi-Retailer Systems. *Management Science*, v. 31, p. 1416–1429, 1985.

_____. A 98%-Effective Lot-Sizing Rule for a Multi-Product, Multi-Stage Production Inventory System. *Mathematics of Operations Research*, v. 11, p. 699–727, 1986.

SILVER, E. A.; PYKE, D.; PETERSEN, R. *Inventory Management and Production Planning and Scheduling*. New York: Wiley, 1998.

ZIPKIN, P. H. *Foundations of Inventory Management*. Boston, MA: Irwin McGraw-Hill, 2000.

Estudo de caso

Estratégia de entrega na MoonChem

John Kresge, vice-presidente da cadeia de suprimentos, estava muito preocupado quando saiu da reunião na MoonChem, um fabricante de produtos químicos especializados. A reunião de fim de ano avaliou o desempenho financeiro e discutiu o fato de que a empresa só estava conseguindo dois giros de estoque por ano. Uma visão mais cuidadosa revelou que mais da metade do estoque possuído pela MoonChem era em consignação com seus clientes. Isso foi uma grande surpresa, visto que somente 20% dos clientes possuíam estoque consignado. John era responsável pelo estoque e também pelos custos de transporte. Ele decidiu dar uma olhada cuidadosa na gestão do estoque por consignação e apresentar um plano apropriado.

Operações na MoonChem

A MoonChem, fabricante de produtos químicos especializados, tinha oito fábricas e 40 centros de distribuição. As fábricas preparavam os produtos químicos de base e os centros de distribuição os misturavam para produzir centenas de produtos finais, de acordo com as especificações do cliente. No mercado de produtos químicos especializados, a MoonChem decidiu se diferenciar na região do meio-oeste americano oferecendo estoque por consignação aos seus clientes. A empresa tinha a intenção de tornar essa estratégia nacional, se fosse eficaz. A MoonChem mantinha os produtos químicos requeridos por cada cliente na região do meio-oeste em consignação nas instalações dos clientes. Estes usavam os produtos conforme a necessidade, e a empresa controlava a reposição para garantir a disponibilidade. Na maioria dos casos, o consumo de produtos químicos pelos clientes era bastante estável. A MoonChem possuía os estoques consignados e recebia pelos produtos à medida que eles eram vendidos.

Distribuição na MoonChem

A MoonChem usava o transporte da Golden, uma transportadora por caminhão cheio, para todas as suas entregas. Cada caminhão tinha uma capacidade de 20.000 quilos, e a Golden cobrava uma taxa fixa dados a origem e o destino, independentemente da quantidade entregue no caminhão. A MoonChem enviava caminhões cheios a cada cliente para repor seu estoque consignado.

O estudo piloto em Illinois

John decidiu dar uma olhada cuidadosa em suas operações de distribuição. Ele focou o estado de Illinois, que era abastecido pelo centro de distribuição em Chicago. Ele dividiu o estado de Illinois em uma coleção de códigos postais que eram contíguos, como mostra a Figura 11.9. John restringiu sua atenção para a região de Peoria, que estava classificada com o código 615. Um estudo cuidadoso dessa região revelou dois grandes clientes, seis clientes de tamanho médio e 12 clientes pequenos. O consumo anual de cada tipo de cliente era como o apresentado na Tabela 11.6. A Golden cobrava US$ 400 por cada remessa de Chicago para Peoria, e a política da MoonChem era enviar um carregamento completo para cada cliente, conforme a necessidade.

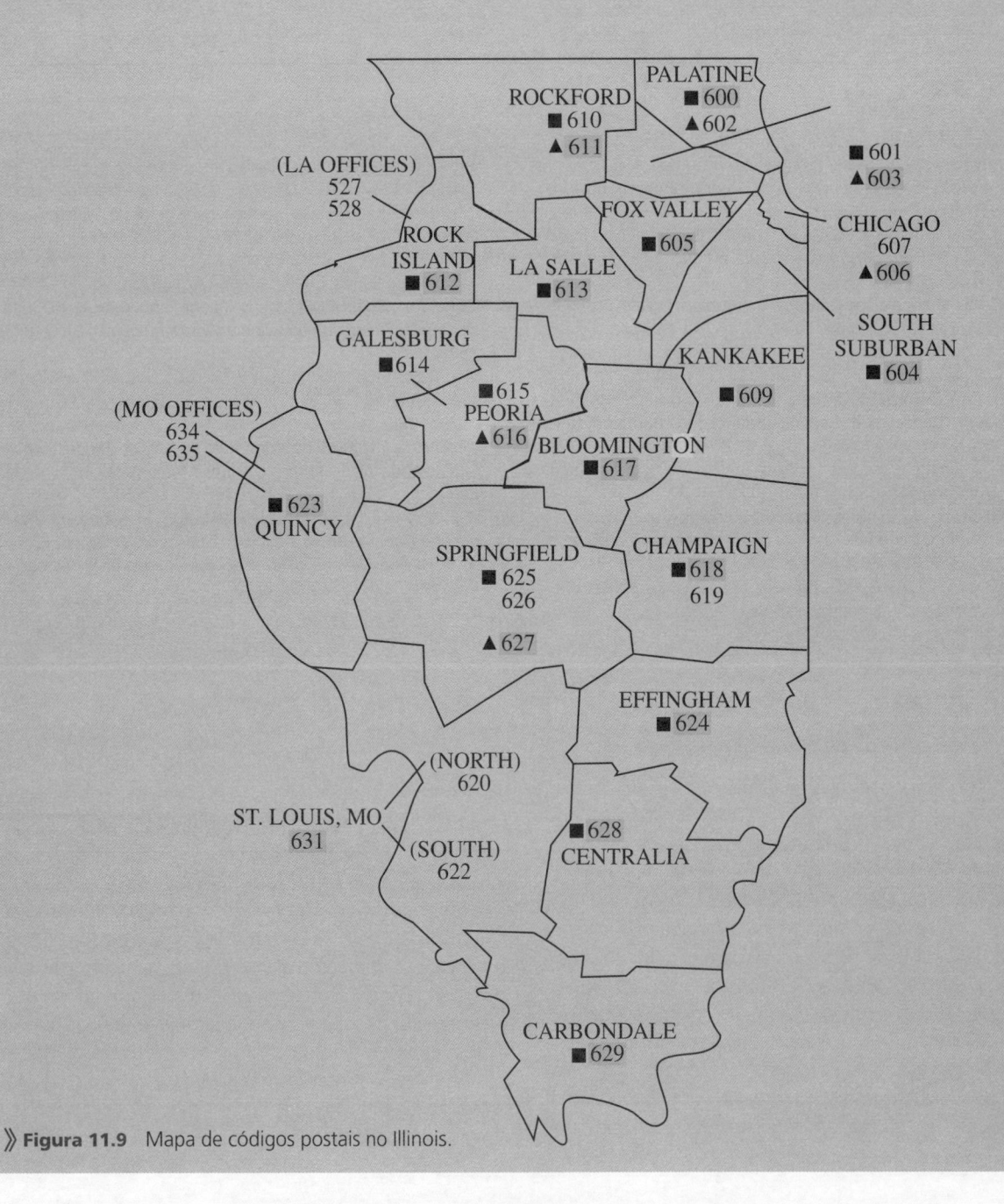

Figura 11.9 Mapa de códigos postais no Illinois.

Tabela 11.6 Perfil de cliente para a MoonChem na região de Peoria.

Tipo de cliente	Número de clientes	Consumo (quilos por mês)
Pequeno	12	453 kg
Médio	6	2.267 kg
Grande	2	5.443 kg

John verificou com a Golden para descobrir o que seria necessário para incluir remessas para vários clientes em uma única viagem. A Golden informou que eles cobrariam US$ 350 por caminhão e acrescentariam US$ 50 para cada entrega que a transportadora fosse responsável por fazer. Assim, se a Golden transportasse um caminhão que fizesse uma entrega, o custo total seria de US$ 400. Contudo, se um caminhão tivesse de fazer quatro entregas, o custo total seria de US$ 550.

Cada quilo de químico em consignação custa US$ 1 à MoonChem, e a empresa tinha um custo de manutenção de 25%. John queria analisar diferentes opções para distribuição disponíveis na região de Peoria para decidir sobre a política de distribuição ideal. Uma delas era agregar os 20 clientes em cada caminhão que fosse para a Peoria. A outra seria separar 20 clientes em dois grupos com um cliente grande, três médios e seis pequenos em cada um. Cada grupo seria agregado em um caminhão que iria para a Peoria. O estudo detalhado da região de Peoria forneceria um modelo para a estratégia de distribuição que a MoonChem planejava implantar em escala nacional.

Questões para estudo

1. Qual é o custo anual da estratégia da MoonChem para enviar caminhões cheios a cada cliente na região de Peoria para repor o estoque por consignação?
2. Considere diferentes opções de entrega e avalie o custo de cada uma. Que opção de entrega você recomenda para a MoonChem?
3. Como sua recomendação impacta o estoque por consignação para a MoonChem?

Estudo de caso

Definição de preço e entrega na KAR Foods

Carlos Ramos, diretor da cadeia de suprimentos da KAR Foods, pensou no porquê de os seus estoques não terem diminuído apesar da melhora significativa que sua equipe obteve em sua capacidade de ligar com pedidos de lote mistos ou pequenos advindos dos clientes. Ele sentiu que o problema era o esquema de descontos oferecido pela equipe de vendas, que encorajou os clientes a fazer grandes pedidos. Carlos agendou uma reunião com Vanessa Rebelo, diretora de vendas e marketing, para discutir os planos futuros.

Definição de preços histórica e custos na KAR

A KAR é uma grande empresa brasileira de processamento de alimentos, com sede em São Paulo, que produz carnes frescas e processadas. Começando com um matadouro, a empresa se tornou uma grande competidora depois de algumas aquisições ao longo do mundo. A empresa vende seus produtos para algumas cadeias de supermercado dentro do Brasil. Uma típica cadeia de supermercado adquire 10.000 kg de carne a cada mês a um preço de R$ 4/kg a partir da KAR. A empresa incorre em um custo de R$ 2,50/kg para produzir carne. As operações dela são definidas para uma taxa constante que atenda a demanda. Historicamente, A KAR encoraja seus consumidores a fazer pedidos em grandes lotes ao oferecer descontos de quantidade de 2% (um preço de R$ 3,92/kg em vez de R$ 4/kg) se os clientes fizerem pedidos de lotes de 27.500 kg ou mais. Os descontos de quantidade foram justificados pelo alto custo fixo de R$ 4.000 incorrido pela KAR para processar, carregar e entregar o pedido.

Melhorias da cadeia de suprimentos na KAR

Conforme a empresa foi crescendo, tornou-se claro que as operações da cadeia de suprimentos requeriam uma melhoria significativa para competir com outras multinacionais que estava entrando no mercado brasileiro. Carlos Ramos foi contratado para liderar esse esforço, por conta de uma extensa experiência na indústria de consumo de bens embalados. Uma rápida revisão do *status quo* por Carlos identificou algumas oportunidades para melhoria. Ele decidiu focar na grande quantidade de estoque construída para atender os pedidos dos clientes. Uma redução no estoque liberaria capital e espaço caro de estoque resfriado, além de simplificar as operações. A um custo de manutenção atual de 20%, a redução no estoque poderia causar a economia de uma quantidade significativa dos custos de manutenção gerais. Ele rapidamente percebeu que a inflexibilidade no sistema de distribuição atual resultou em um alto custo de R$ 4.000 para processar, carregar e entregar cada pedido. Carlos mudou os processos e investiu em tecnologia para aumentar a flexibilidade e fazer com que seja mais barato lidar com cargas mistas. Ele também trouxe um software roteador que facilita o planejamento das entregas para diversos clientes em um único caminhão. Isso ajudou a reduzir o custo fixo por pedido de cliente para menos de R$ 400. Carlos esperava que essas melhorias reduziriam de modo significativo tamanhos de lote e, desse modo, o estoque.

Custos encarados pelos clientes

Dado que havia diminuições muito pequenas nos tamanhos de lote e estoque, Carlos queria entender o porquê de as coisas não mudarem. Antes de sua reunião com Vanessa, ele procurou saber sobre os custos encarados pelas cadeias de supermercados que fazem pedidos à KAR Foods. Ele descobriu que cada cadeia de supermercados em si incorria em um custo fixo de R$ 100 associados a cada pedido. Esse custo fixo era incorrido para fazer solicitações de pedido e recebimento. Além disso, ele teve conhecimento de que cada cadeia de supermercado incorria no custo de manutenção de 20%.

Questões para estudo

1. O que você acha sobre o esquema de desconto que a KAR costumava usar? Você acha que ele podia ser justificado pelas circunstâncias?
2. Uma vez que a KAR reduziu seus custos fixos por pedido a R$ 400, quais são as desvantagens de deixar um esquema de desconto não modificado?
3. O que Carlos deveria sugerir a Vanessa na próxima reunião? Quais são os ganhos potenciais para a KAR a partir dessa sugestão?

Apêndice 11A

Quantidade econômica de pedido

Objetivo

Derivar a fórmula do lote econômico de compra (LEC).

Análise

Dada uma demanda anual D, custo de pedido S, custo unitário C e custo de manutenção m, nosso objetivo é estimar o tamanho de lote Q que minimiza o custo anual total. Para um tamanho de lote Q, o custo anual total é dado por:

$$\text{Custo anual total, } TC = (D/Q)S + (Q/2)\,mC + CD$$

Para minimizar o custo total, tomamos a primeira derivada com relação ao tamanho de lote Q e a definimos como zero. Tomando a primeira derivada com relação a Q, temos:

$$\frac{d(TC)}{dQ} = -\frac{DS}{Q^2} + \frac{mC}{2}$$

Definindo a primeira derivada como zero, o LEC é dado por:

$$Q^2 = \frac{2DS}{mC} \quad ou \quad Q = \sqrt{\frac{2DS}{mC}}$$

CAPÍTULO 12

Gestão de incerteza em uma cadeia de suprimentos: estoque de segurança

» Objetivos de aprendizagem

Depois de ler este capítulo, você será capaz de:

1. Descrever diferentes medidas de disponibilidade de produto.
2. Explicar o papel do estoque de segurança em uma cadeia de suprimentos.
3. Identificar os fatores que influenciam o nível de estoque de segurança exigido.
4. Utilizar as alavancas gerenciais disponíveis para reduzir o estoque de segurança sem prejudicar a disponibilidade de produto.

Neste capítulo, discutiremos como o estoque de segurança pode ajudar uma cadeia de suprimentos a melhorar a disponibilidade de produto na presença de variabilidade de oferta e demanda. Discutiremos diversas medidas de disponibilidade de produto e como os gestores podem definir níveis de estoque de segurança para proporcionar a disponibilidade desejada. Também exploraremos o que os gestores podem fazer para reduzir a quantidade de estoque de segurança exigida enquanto mantêm ou até mesmo melhoram essa disponibilidade.

12.1 A função do estoque de segurança em uma cadeia de suprimentos

Estoque de segurança é o estoque mantido para satisfazer a demanda que ultrapassa a quantidade prevista para determinado período. O estoque de segurança é mantido porque a demanda é incerta e pode haver falta de um produto se a demanda real ultrapassar a prevista. Considere, por exemplo, a Bloomingdale's, uma loja de departamentos de alto nível. A loja vende bolsas compradas da Gucci, um fabricante italiano. Dado o alto custo de transporte da Itália, o gerente de loja na Bloomingdale's faz pedidos em lotes de 600 bolsas. A demanda por bolsas na loja é, em média, de 100 por semana. A Gucci leva três semanas para entregar as bolsas em resposta a um pedido. Se não houver incerteza na demanda e exatamente 100 bolsas forem vendidas a cada semana, o gerente na Bloomingdale's pode fazer um pedido quando a loja tiver exatamente

300 bolsas restantes. Na ausência de incerteza na demanda, essa política garante que o novo lote chegará assim que a última bolsa estiver sendo vendida.

Contudo, dadas as flutuações na demanda e os erros de previsão, a demanda real pelas três semanas pode ser maior ou menor do que as 300 bolsas previstas. Se a demanda real na Bloomingdale's for maior que 300, alguns clientes não conseguirão comprar as bolsas, resultando em uma perda em potencial da margem para a Bloomingdale's. O gerente de loja, assim, decide colocar um pedido na Gucci quando a loja ainda tem 400 bolsas. Essa política melhora a disponibilidade do produto para o cliente, pois agora a loja só ficará sem bolsas no estoque se a demanda ao longo das três semanas ultrapassar 400. Dada uma demanda semanal média de 100 bolsas, a loja terá uma média de 100 bolsas restantes quando o lote de reposição chegar. O estoque de segurança é o estoque médio restante quando o lote de reposição chega. Assim, a Bloomingdale's mantém um estoque de segurança de 100 bolsas.

Dado um tamanho de lote de $Q = 600$ bolsas, o estoque cíclico, o foco do capítulo anterior, é de $Q/2 = 300$ bolsas. O perfil de estoque na Bloomingdale's na presença de estoque de segurança aparece na Figura 12.1, que mostra que o estoque médio na Bloomingdale's é a soma dos estoques cíclico e de segurança.

Este exemplo ilustra a escolha que um gestor da cadeia de suprimentos deve considerar quando planeja o estoque de segurança. Por um lado, aumentar o nível de estoque de segurança eleva a disponibilidade do produto e, assim, a margem capturada pelas compras de clientes. Por outro lado, eleva os custos de manutenção de estoque. Essa questão é particularmente significativa em indústrias nas quais os ciclos de vida do produto são curtos e a demanda é muito volátil. Manter estoque em excesso pode ajudar a combater a volatilidade da demanda, mas pode realmente prejudicar se novos produtos chegarem ao mercado e a demanda pelo produto em estoque diminuir. O estoque disponível torna-se, então, inútil.

No ambiente comercial de hoje, tem se tornado mais fácil para os clientes procurarem a disponibilidade do produto nas lojas. Ao fazer compras de livros on-line, se a Amazon.com não tiver um título, o cliente pode facilmente verificar se a concorrente BarnesandNoble.com tem tal título disponível. A maior facilidade de busca coloca pressão sobre as empresas para melhorar a disponibilidade do produto. Simultaneamente, a variedade de produtos cresceu com o aumento da customização. Como resultado, os mercados se tornaram cada vez mais heterogêneos e a demanda por produtos individuais é muito instável e difícil de prever. Tanto a maior variedade quanto a maior pressão por disponibilidade levam as empresas a aumentarem o nível do estoque de segurança que elas mantêm. Dada a variedade de produtos e a alta incerteza na demanda na maioria das cadeias de suprimentos de alta tecnologia, uma fração significativa do estoque mantido é estoque de segurança.

Porém, enquanto a variedade de produtos tem crescido, os ciclos de vida de produto têm diminuído. Assim, é mais provável que um produto que é "quente" hoje seja obsoleto amanhã, o que aumenta o custo para as empresas de manter muito estoque. Assim, uma chave para o sucesso de qualquer cadeia de suprimentos é descobrir maneiras de diminuir o nível de estoque de segurança mantido sem prejudicar o nível de disponibilidade de produto.

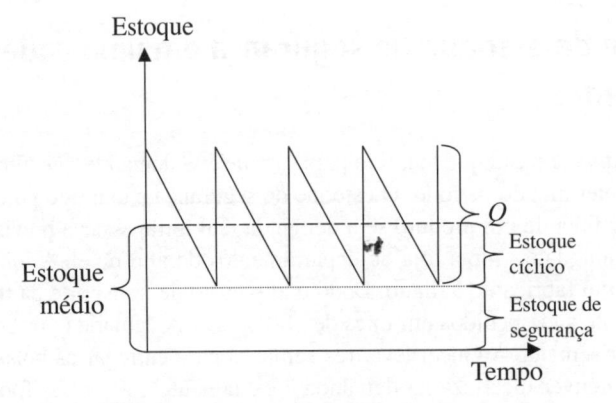

》 Figura 12.1 Perfil do estoque com o estoque de segurança.

A importância de estoques de segurança reduzidos é enfatizada pela experiência da Nordstrom, Macy's e Saks durante a recessão de 2008 a 2009. A Nordstrom superou as outras duas cadeias ao mover seu estoque cerca de duas vezes mais rápido que elas. Em 2008 (2009), a Nordstrom manteve uma média de cerca de 2 (2) meses. A Macy's manteve cerca de 4 (4,15) meses, e a Saks manteve cerca de 4,24 (4,67) meses de estoque. Uma chave para o sucesso da Nordstrom tem sido sua capacidade de proporcionar alto nível de disponibilidade de produtos aos clientes, enquanto mantém baixos níveis de estoque de segurança em sua cadeia de suprimentos. Esse fato também tem tido importante função no sucesso da Zara, Walmart e Seven-Eleven Japan.

Para qualquer cadeia de suprimentos, três questões-chave precisam ser consideradas ao planejar o estoque de segurança:

1. Qual é o nível apropriado de disponibilidade do produto?
2. Quanto estoque de segurança é necessário para conseguir o nível desejado de disponibilidade do produto?
3. Que ações podem ser tomadas para reduzir o estoque de segurança sem prejudicar a disponibilidade do produto?

A primeira questão será discutida em detalhes no Capítulo 13. O restante deste capítulo tem como foco responder à segunda e à terceira questões, supondo um nível desejado de disponibilidade do produto.

12.2 Fatores que afetam o nível apropriado de estoque de segurança

O nível apropriado de estoque de segurança é determinado pelos dois fatores a seguir:

- A incerteza da demanda e da oferta.
- O nível desejado de disponibilidade do produto.

À medida que a incerteza da oferta ou da demanda aumenta, o nível exigido de estoques de segurança também aumenta. Como resultado, os supermercados podem operar com baixos níveis de estoque de segurança com relação à demanda. Por outro lado, a demanda por condimentos em alguns supermercados é difícil de ser prevista. Assim, o supermercado precisa manter altos níveis de estoque de segurança para condimentos relativos à demanda. Enquanto a maioria do estoque de leite de um supermercado consiste em estoque cíclico (com muito pouco sendo estoque de segurança), a maior parte do estoque de condimentos consiste em estoque de segurança mantido a fim de lidar com a incerteza da demanda.

À medida que aumenta o nível desejado de disponibilidade de produto, também aumenta o nível exigido de estoque de segurança. Se o supermercado busca um nível mais alto de disponibilidade de produto para certo condimento, ele deve manter um nível mais alto de estoque de segurança para ele.

A seguir, vamos discutir sobre algumas medidas da incerteza da demanda.

Medida da incerteza da demanda

Conforme discutimos no Capítulo 7, a demanda tem um componente sistemático e também um aleatório. O componente aleatório é uma medida da incerteza da demanda. O objetivo da previsão é estipular um componente sistêmico e estimar o componente aleatório. Este normalmente é estimado como o desvio-padrão do erro de previsão. Ilustraremos nossas ideias usando a demanda de incerteza para smartphone da B&M Office Suppliers como contexto. Supomos que a demanda periódica para telefones da B&M é geralmente distribuída com as seguintes entradas:

D: Demanda média por período
σ_D: Desvio-padrão da demanda (erro de previsão) por período

Mesmo que o desvio-padrão da demanda não seja necessariamente o mesmo que o erro de previsão, trataremos ambos como sendo transmutáveis em nossa discussão. Os cálculos de estoque de segurança deveriam de fato ter base no erro de previsão.

O *tempo de espera* é o intervalo entre quando um pedido é feito e quando ele é recebido. Em nossa discussão, indicamos o tempo de espera como L. No exemplo da B&M, L é o tempo entre quando a B&M pede telefones e quando eles são entregues. Nesse caso, a B&M é exposta à incerteza de demanda durante o tempo de espera. Se a B&M é capaz de satisfazer toda a demanda com base em seu estoque, isso depende da demanda por telefones experimentada durante o tempo de espera e o estoque que a empresa tem quando o pedido de reposição é feito. Assim, a B&M deve estimar a incerteza da demanda durante o tempo de execução, e não apenas um único período. Agora, vamos avaliar a distribuição da demanda por L períodos, dada a distribuição da demanda durante cada período.

AVALIAÇÃO DA DEMANDA DE DISTRIBUIÇÃO POR L PERÍODOS Suponha que a demanda por cada período i, $i = 1, ..., L$ seja distribuída normalmente com uma média D_i e desvio-padrão ρi. Seja ρij o coeficiente de correlação de demanda entre os períodos i e j. Nesse caso, a demanda total durante L períodos normalmente é distribuída com uma média de D_L e um desvio-padrão de σ_L, onde o seguinte é verdadeiro:

$$D_L = \sum_{i=1}^{L} D_i, \quad \sigma_L = \sqrt{\sum_{i=1}^{L} \sigma_i^2 + 2 \sum_{i>j} \rho_{ij}\sigma_i\sigma_j} \quad (12.1)$$

A demanda nos dois períodos é *perfeitamente correlacionada positivamente* se $\rho ij = 1$. A demanda em dois períodos é *perfeitamente correlacionada negativamente* se $\rho ij = -1$. A demanda em dois períodos é *independente* se $\rho ij = 0$. Suponha que a demanda durante cada um dos L períodos seja independente e distribuída normalmente com uma média D e um desvio-padrão σD. Pela Equação 12.1, descobrimos que a demanda total durante os L períodos é distribuída normalmente com uma média DL e um desvio-padrão σL, onde o seguinte é verdadeiro:

$$D_L = D \times L, \quad \sigma_L = \sqrt{L}\sigma_D \quad (12.2)$$

Outra medida importante de incerteza é o *coeficiente de variação* (*cv*), que é a razão entre o desvio-padrão e a média. Dada a demanda com uma média μ e um desvio-padrão σ, temos:

$$cv = \sigma / \mu$$

O coeficiente de variação mede o tamanho da incerteza em relação à demanda. Ele captura o fato de que um produto com demanda média e desvio-padrão 100 tem maior incerteza de demanda do que um produto com uma média de 1.000 e um desvio-padrão 100. Considerando apenas o desvio-padrão, não podemos capturar essa diferença.

A seguir, vejamos algumas medidas da disponibilidade de produto.

Medida da disponibilidade de produto

A disponibilidade de produto reflete a capacidade de uma empresa atender a um pedido do cliente além do estoque disponível. Uma *falta de estoque* acontece se um pedido de cliente chegar quando o produto não estiver disponível. Existem várias maneiras de medir a disponibilidade de produto. Algumas das medidas importantes são listadas a seguir.

1. ***Taxa de atendimento (ta) do produto*** é a fração de demanda do produto que é satisfeita pelo produto em estoque. A taxa de atendimento é equivalente à probabilidade de a demanda do produto ser suprida pelo estoque disponível. A taxa de atendimento deve ser medida por quantidades específicas de demanda em vez de tempo. Assim, é mais apropriado medir a taxa de atendimento por milhões de unidades de demanda em vez de por mês. Suponha que a B&M ofereça smartphones para 90% de seus clientes com base em estoque, com os 10% restantes perdidos para um concorrente na vizinhança, em razão de uma falta de estoque disponível. Nesse caso, a B&M consegue uma taxa de atendimento de 90%.

2. ***Taxa de atendimento do pedido*** é a fração de pedidos que são atendidos pelo estoque disponível. A taxa de atendimento do pedido também deve ser medida com base em um número especificado de pedidos, em vez do tempo. Em um cenário com múltiplos produtos, um pedido é atendido pelo estoque apenas se todos os produtos no pedido puderem ser fornecidos pelo estoque disponível. No caso da B&M, um cliente pode pedir um telefone junto de um laptop. O pedido é atendido pelo estoque somente se um telefone e um laptop estiverem disponíveis na loja. As taxas de atendimento do pedido tendem a ser menores do que as taxas de atendimento do produto, pois todos os produtos precisam estar no estoque para que um pedido seja atendido.

3. ***Nível de serviço do ciclo (NSC)*** é a fração dos ciclos de reposição que resulta no atendimento de toda a demanda de cliente. Um *ciclo de reposição* é o intervalo entre duas remessas de reposição sucessivas. O NSC é igual à probabilidade de não haver falta de estoque em um ciclo de reposição. Esse nível deve ser medido por um número especificado de ciclos de reposição. Se a B&M pedir lotes de reposição de 600 fones, o intervalo entre a chegada de dois lotes sucessivos é um ciclo de reposição. Se o gerente na B&M administra o estoque de modo que a loja não fique sem estoque em 6 entre 10 ciclos de reposição, a loja obtém um NSC de 60%. Observe que um NSC de 60% normalmente resulta em uma taxa de atendimento muito mais alta. Nos 60% dos ciclos nos quais a B&M não fica sem estoque, toda a demanda do cliente é satisfeita pelo estoque disponível. Nos 40% dos ciclos nos quais ocorre falta de estoque, a maior parte da demanda do cliente é satisfeita com base em estoque. Só é perdida uma pequena fração, mais para o final do ciclo que chega após a B&M estar sem estoque. Como resultado, a taxa de atendimento é muito mais alta do que 60%.

A distinção entre a taxa de atendimento do produto e a do pedido em geral não é significativa em uma situação de único produto. Porém, quando uma empresa está vendendo vários produtos, essa diferença pode ser significativa. Por exemplo, se a maioria dos pedidos incluir dez ou mais produtos diferentes que devem ser entregues, uma situação de falta de estoque de um produto resulta no pedido não ser atendido pelo estoque. Nesse caso, a empresa pode ter uma fraca taxa de atendimento do pedido, embora tenha boas taxas de atendimento. Acompanhar as taxas de atendimento do pedido é importante quando os clientes valorizam bastante o pedido inteiro sendo atendido simultaneamente.

Em seguida, descreveremos duas políticas de reposição que muitas vezes são usadas na prática.

Políticas de reposição

Uma política de reposição consiste em decisões com relação a quando e o quanto repor. Essas decisões determinam os estoques cíclico e de segurança, junto da taxa de atendimento e o nível de atendimento. As políticas de reposição podem tomar qualquer uma entre várias formas. Vamos voltar nossa atenção a dois tipos:

1. *Revisão contínua:* o estoque é continuamente acompanhado e um pedido para um tamanho de lote Q é feito quando o estoque cai para o ponto de reposição (PR). Como um exemplo, considere o gerente de loja na B&M que continuamente acompanha o estoque de telefones. Ele pede 600 telefones quando o estoque cai para menos de 400. Nesse caso, o tamanho não muda de um pedido para o seguinte. O tempo entre os pedidos pode flutuar com a demanda variável.

2. *Revisão periódica:* o status do estoque é verificado em intervalos periódicos regulares e um pedido é feito para aumentar o nível de estoque para um limite especificado. Como exemplo, considere a compra de filme na B&M. O gerente não acompanha o estoque de filme de modo contínuo. A cada quinta-feira, os funcionários verificam esse estoque e o gerente pede o suficiente para que o estoque disponível e o tamanho do pedido totalizem 1.000 filmes. Nesse caso, o tempo entre os pedidos é fixo. Contudo, o tamanho de cada pedido pode flutuar com a demanda variável.

Essas políticas de estoque não são abrangentes, mas são suficientes para ilustrar os principais aspectos gerenciais referentes a estoques de segurança.

12.3 Determinação do nível apropriado de estoque de segurança

Agora, discutiremos a relação entre estoque de segurança, NSC e *ta*. Nesta seção, voltamos nossa atenção à política de revisão contínua. A revisão periódica é discutida com detalhes na Seção 12.6. A política de reposição consiste em um tamanho de lote Q pedido quando o estoque disponível diminui até o PR. Suponha que a demanda semanal seja distribuída normalmente, com média D e desvio-padrão σD. Considere um tempo de espera para reposição de L semanas.

Ligação entre o estoque de segurança e o nível de serviço do ciclo

Agora, mostraremos como os níveis de serviço do ciclo podem ser avaliados considerando-se a política de reposição (e, assim, o estoque de segurança correspondente). Então, explicaremos como determinar o estoque de segurança necessário considerando-se o nível de serviço do ciclo desejado.

AVALIAÇÃO DO ESTOQUE DE SEGURANÇA DADA UMA POLÍTICA DE REPOSIÇÃO No caso da B&M, o estoque de segurança corresponde ao número médio de telefones disponíveis quando chega um pedido de reposição. Dado o tempo de espera de L semanas e uma demanda semanal média de D, usando a Equação 12.2, temos:

$$\text{Demanda esperada durante o tempo de espera} = D \times L$$

Dado que o gerente de loja faz um pedido de reposição quando existem PR telefones em estoque, temos:

$$\text{Estoque de segurança, } es = PR - D \times L \quad (12.3)$$

Isso porque, na média, $D \times L$ fones serão vendidos ao longo do período entre quando o pedido é feito e quando o lote chega. O estoque médio quando o lote de reposição chegar será, então, $PR - D \times L$. O estoque de segurança médio para dada política de estoque é descrito no Exemplo 12.1 (ver a aba *Exemplo 12.1* na planilha *Exemplos 1 a 13* disponível na Sala Virtual).

EXEMPLO 12.1 》 Avaliação do estoque de segurança considerando-se uma política de estoque

Suponha que a demanda semanal de telefones na B&M Computer World seja distribuída normalmente, com uma média de 2.500 e um desvio-padrão de 500. O fabricante leva duas semanas para atender a um pedido feito pelo gerente da B&M. O gerente atualmente pede 10.000 telefones quando o estoque disponível cai para 6.000. Avalie o estoque de segurança e o estoque médio mantidos pela B&M. Avalie também o tempo médio que um telefone fica na B&M.

Análise:

Sob essa política de reposição, temos:
Demanda média por semana, $D = 2.500$
Desvio-padrão da demanda semanal, $\sigma_D = 500$
Tempo de espera média para reposição, $L = 2$ semanas
Ponto de novo pedido, $PR = 6.000$
Tamanho de lote médio, $Q = 10.000$
Usando a Equação 12.3, temos, então:

$$\text{Estoque de segurança, } es = PR - D \times L = 6.000 - 5.000 = 1.000$$

A B&M, assim, mantém um estoque de segurança de 1.000 fones. Pelo Capítulo 11, lembre-se que:

$$\text{Estoque cíclico} = Q/2 = 10.000/2 = 5.000$$

Assim, temos:

Estoque médio = estoque cíclico + estoque de segurança = 5.000 + 1.000 = 6.000

A B&M, portanto, mantém uma média de 6.000 telefones em estoque. Usando a lei de Little (Equação 3.1), temos:

Tempo de fluxo médio = estoque médio/vazão = 6.000/2.500 = 2,4 semanas

Cada telefone, portanto, fica uma média de 2,4 semanas na B&M.

A seguir, vamos discutir como avaliar o NSC para uma política de reposição.

AVALIANDO O NÍVEL DE SERVIÇO DO CICLO CONSIDERANDO-SE UMA POLÍTICA DE REPOSIÇÃO

Dada uma política de reposição, nosso objetivo é avaliar o NSC, a probabilidade de não esgotar o estoque em um ciclo de reposição. Retornamos à política de reposição de revisão contínua da B&M, de pedir Q unidades quando o estoque disponível cair para o PR. O tempo de espera é de L semanas e a demanda semanal é distribuída normalmente, com uma média D e um desvio-padrão σD. Observe que uma falta de estoque ocorre em um ciclo se a demanda durante o tempo de espera for maior do que o PR. Assim, temos:

NSC = Probabilidade (demanda durante tempo de espera de L semanas $\leq PR$)

Para avaliar essa probabilidade, precisamos obter a distribuição da demanda durante o tempo de espera. Pela Equação 12.2, sabemos que a demanda durante o tempo de espera é distribuída normalmente, com uma média D_L e um desvio-padrão σ_L. Usando a notação para a distribuição normal do Apêndice 12A e a função equivalente do Excel a partir da Equação 12.22 no Apêndice 12B, o NSC é

$$NSC = F(PR, DL, \sigma L) = NORMDIST(PR, D_L, \sigma_L, 1) \qquad (12.4)$$

Agora, ilustraremos essa avaliação no Exemplo 12.2 (ver aba *Exemplo 12.2* da planilha *Exemplos 1 a 13*).

EXEMPLO 12.2 》 Avaliação do estoque de segurança considerando-se uma política de estoque

A demanda semanal de telefones na B&M é distribuída normalmente, com uma média de 2.500 e um desvio-padrão de 500. O tempo de execução de reposição é de duas semanas. Suponha que a demanda seja independente de uma semana para a seguinte. Avalie o NSC resultante de uma política de pedir 10.000 telefones quando existem 6.000 em estoque.

Análise:

Neste caso, temos:

$$Q = 10.000, PR = 6.000, L = 2 \text{ semanas}$$
$$D = 2.500/\text{semana}, \sigma D = 500$$

Observe que a B&M corre o risco de ficar sem estoque durante as duas semanas entre quando um pedido é feito e quando a reposição chega. Assim, se haverá falta de estoque ou não, isso depende da demanda durante o tempo de espera de duas semanas.

Como a demanda ao longo do tempo é independente, usamos a Equação 12.2 para obter a demanda durante o tempo de espera a ser distribuída normalmente com uma média de D_L e um desvio-padrão de σL, onde:

$$D_L = D \times L = 2 \times 2,500 = 5,000, \quad \sigma_L = \sqrt{L}\sigma_D = \sqrt{2} \times 500 = 707$$

Usando a Equação 12.4, o NSC é avaliado como:

$$NSC = F(PR, D_L, \sigma_L) = NORMDIST(PR, D_L, \sigma_L, 1)$$
$$= NORMDIST(6.000, 5.000, 707, 1) = 0,92$$

Um NSC de 0,92 implica que, em 92% dos ciclos de reposição, a B&M supre toda a demanda pelo estoque disponível. Nos 8% dos ciclos restantes, ocorrem faltas de estoque e alguma demanda não é satisfeita em consequência disso.

Agora, vamos discutir como o nível apropriado de estoque de segurança pode ser obtido, dado um NSC desejado.

Avaliação do estoque de segurança considerando-se o nível de serviço do ciclo desejado

Em muitas situações práticas, as empresas têm um nível desejado de disponibilidade de produto e querem idealizar políticas de reposição que alcancem esse nível. Por exemplo, o Walmart tem um nível desejado de disponibilidade para cada produto vendido em loja. O gerente de loja precisa idealizar uma política de reposição com o nível apropriado de estoque de segurança para atender a esse objetivo. Esse nível desejado pode ser determinado avaliando-se o custo de manter o estoque e o custo de uma falta de estoque. Esse dilema é discutido com detalhes no Capítulo 13. Em outras situações, o nível de disponibilidade de produto desejado (em termos de NSC ou taxa de atendimento) é indicado explicitamente em contratos, e a administração deve idealizar políticas de reposição que alcancem o objetivo desejado.

AVALIAÇÃO DO ESTOQUE DE SEGURANÇA EXIGIDO PARA O NÍVEL DE SERVIÇO DO CICLO DESEJADO

Nosso objetivo é obter o nível apropriado de estoque de segurança dado o NSC desejado. Consideramos que é seguida uma política de reposição com revisão contínua. Considere o gerente de uma loja Walmart responsável por idealizar políticas de reposição para todos os produtos na loja. Ele visou a um NSC para a caixa básica de blocos de montagem Lego. Dado um tempo de espera de L, o gerente deseja identificar um PR e um estoque de segurança adequados que alcancem o nível de serviço desejado. Suponha que a demanda por Lego no Walmart seja distribuída normalmente e seja independente de uma semana para a outra. Consideramos as seguintes informações de entrada:

Nível de serviço do ciclo desejado = NSC

Demanda média durante o tempo de espera = D_L

Desvio-padrão da demanda durante o tempo de espera = σ_L

Pela Equação 12.3, lembre-se de que $PR = D_L + es$. O gerente de loja precisa identificar o estoque de segurança es de modo que o seguinte seja verdadeiro:

Probabilidade (demanda durante tempo de espera $\leq D_L + es$) = NSC

Dado que a demanda é distribuída normalmente, o gerente deverá identificar o estoque de segurança es de modo que o seguinte seja verdadeiro (usando a Equação 12.4):

$$F(D_L + es, D_L, \sigma L) = NSC$$

Dada a definição da normal inversa no Apêndice 12A e a função equivalente do Excel a partir do Apêndice 12B, obtemos:

$$D_L + es = F^{-1}(NSC, D_L, \sigma_L) = NORMDIST(NSC, D_L, \sigma_L)$$

ou $es = F^{-1}(NSC, D_L, \sigma L) - DL = NORMDIST(NSC, D_L, \sigma_L) - D_L$

Usando a definição da distribuição normal padrão e seu inverso do Apêndice 12A e a função equivalente a partir do Apêndice 12B, também pode ser mostrado que o seguinte é verdadeiro:

$$ss = F_S^{-1}(NSC) \times \sigma_L = F_S^{-1}(NSC) \times \sqrt{L}\sigma_D = NORMSINV(NSC) \times \sqrt{L}\sigma_D \quad (12.5)$$

No Exemplo 12.3 (ver aba *Exemplo 12.3* da planilha *Exemplos 1 a 13*), ilustraremos a avaliação do estoque de segurança dado um NSC desejado.

EXEMPLO 12.3 》 Avaliação do estoque de segurança considerando-se o nível de serviço do ciclo desejado

A demanda semanal por Lego em uma loja Walmart é distribuída normalmente, com uma média de 2.500 caixas e um desvio-padrão de 500. O tempo de espera para reposição é de duas semanas. Supondo uma política de reposição de revisão contínua, avalie o estoque de segurança que a loja deverá manter para alcançar um NSC de 90%.

Análise:

Neste caso, temos:

$$D = 2.500/\text{semana}, \sigma_D = 500 = 0{,}9, L = 2 \text{ semanas}$$

Como a demanda pelo tempo é independente, usamos a Equação 12.2 para encontrar a demanda durante o tempo de espera como sendo distribuída normalmente com uma média de D_L e um desvio-padrão de σ_L, onde:

$$D_L = D \times L = 2 \times 2.500 = 5.000; \quad \sigma_L = \sqrt{L}\sigma_D = \sqrt{2} \times 500 = 707$$

Usando a Equação 12.5, obtemos:

$$ss = F_S^{-1}(NSC) \times \sigma_L = NORMSINV(NSC) \times \sigma_L = NORMSINV(0{,}90) \times 707 = 906$$

Assim, o estoque de segurança exigido para alcançar um NSC de 90% é de 906 caixas.

Ligação entre estoque de segurança e taxa de atendimento

Agora mostraremos como as taxas de atendimento podem ser avaliadas considerando-se uma política de reposição (e, assim, o estoque de segurança correspondente). Então, mostraremos como determinar o estoque de segurança exigido considerando-se a taxa de atendimento desejada.

AVALIANDO A TAXA DE ATENDIMENTO PARA UMA POLÍTICA DE REPOSIÇÃO Lembre-se de que a taxa de atendimento mede a proporção da demanda de cliente que é satisfeita pelo estoque disponível. A taxa de atendimento geralmente é uma medida mais relevante do que o nível de serviço do ciclo, pois permite que o varejista estime a fração de demanda que é transformada em vendas. As duas medidas estão relacionadas muito de perto, pois aumentar o nível de serviço do ciclo também aumenta a taxa de atendimento para uma empresa. Nossa discussão foca a avaliação da taxa de atendimento para uma política de revisão contínua, sob a qual Q unidades são pedidas quando a quantidade disponível cai para o PR.

Para avaliar a taxa de atendimento, é importante entender o processo pelo qual ocorre falta de estoque durante um ciclo de reposição. Ocorre falta de estoque se a demanda durante o tempo de espera excede o PR. Assim, precisamos avaliar a quantidade média de demanda em excesso do PR em cada ciclo de reposição.

A *falta esperada por ciclo de reposição* (FECR) é a média de unidades de demanda que não são satisfeitas pelo estoque por ciclo de reposição. Dado um lote de tamanho Q (que também é a demanda média em um ciclo de reposição), a fração de demanda perdida é, portanto, FECR/Q.

Assim, a taxa de atendimento do produto *ta* é dada por:

$$ta = 1 - FECR/Q = (Q - FECR)/Q \qquad (12.6)$$

Ocorre uma falta em um ciclo de reposição somente se a demanda durante o tempo de espera ultrapassar o PR. Considere que *f(x)* seja a função de densidade da distribuição de demanda durante o tempo de espera. A FECR é dada por

$$FECR = \int_{x=ROP}^{\infty} (x - ROP)f(x)dx \qquad (12.7)$$

No caso em que a demanda durante o tempo de espera é distribuída normalmente com média D_L e desvio-padrão σ_L, dado um estoque de segurança *es*, a Equação 12.7 pode ser simplificada para:

$$FECR = -ss\left[1 - F_s\left(\frac{ss}{\sigma_L}\right)\right] + \sigma_L f_s\left(\frac{ss}{\sigma_L}\right) \qquad (12.8)$$

onde *Fs* é a função de distribuição cumulativa normal padrão e *fs* é a função de densidade normal padrão. A distribuição normal padrão tem uma média de 0 e um desvio-padrão de 1. Uma descrição detalhada da distribuição normal é dada no Apêndice 12A. Os detalhes da simplificação na Equação 12.8 aparecem no Apêndice 11C. Usando as funções do Excel (equações 12.25 e 12.26) discutidas no Apêndice 12B, FECR pode ser avaliada (usando a Equação 12.8) como:

$$FECR = -es[1 - NORMDIST(ss/\sigma L, 0, 1, 1)] + \sigma L\ NORMDIST(ss/\sigma L, 0, 1, 0) \quad (12.9)$$

Com a FECR, podemos usar a Equação 12.6 para avaliar a taxa de atendimento *ta*. Em seguida, ilustramos essa avaliação no Exemplo 12.4 (ver aba *Exemplo 12.4* da planilha *Exemplos 1 a 3* e Figura 12.2).

	A	B	C	D	E
1	**Entradas**				
2	Q	R	σ_R	L	es
3	10.000	2.500	500	2	1.000
4	**Distribuição da demanda durante o tempo de espera**				
5	D_L	σ_L			
6	5000	707			
7	**Nível de serviço do ciclo e taxa de atendimento**				
8	**NSC**	**FECR**	**ta**		
9	0,92	25,13	0,9975		

Célula	Fórmula da célula	Equação
A6	=B3*D3	12.2
B6	=SQRT(D3)*C3	12.2
A9	=NORMDIST(A6+E3, A6, B6, 1)	12.4
B9	=-E3*(1-NORMDIST(E3/B6, 0, 1, 1)) + B6*NORMDIST(E3/B6, 0, 1, 0)	12.8
C9	=(A3-B9)/A3	12.5

》 Figura 12.2 Solução em Excel para o Exemplo 12.4.

EXEMPLO 12.4 》 Avaliação da taxa de atendimento considerando-se uma política de reposição

Pelo Exemplo 12.2, lembre-se de que a demanda semanal de telefones na B&M é distribuída normalmente, com uma média de 2.500 e um desvio-padrão de 500. O tempo de espera de reposição é de duas semanas. Suponha que a demanda seja independente de uma semana para a seguinte. Avalie a taxa de atendimento resultante da política de pedir 10.000 telefones quando existem 6.000 em estoque.

Análise

Pela análise do Exemplo 12.2, temos:

Tamanho do lote, $Q = 10.000$

Demanda média durante o tempo de espera, $D_L = 5.000$

Desvio-padrão da demanda durante o tempo de espera, $\sigma_L = 707$

Usando a Equação 12.3, obtemos:

Estoque de segurança, $es = PR - D_L = 6.000 - 5.000 = 1.000$

Pela Equação 12.9, temos, então:

$FECR = -1.000[1 - NORMDIST(1.000/707, 0, 1, 1)] + 707 \, NORMDIST(1.000/707, 0, 1, 0) = 25$

Então, na média, em cada ciclo de reposição, 25 fones são solicitados pelos clientes, mas não estão disponíveis em estoque. Assim, usando a Equação 12.6, obtemos a seguinte taxa de atendimento:

$ta = (Q - FECR)/Q = (10.000 - 25)/10.000 = 0,9975$

Em outras palavras, 99,75% da demanda é atendida pelo estoque da loja. Isso é muito mais do que o NSC de 92% resultante no Exemplo 12.2 para a mesma política de reposição.

Devemos fazer algumas observações-chave. Primeiro, observe que a taxa de atendimento (0,9975) no Exemplo 12.4 é significativamente mais alta do que o NSC (0,92) no Exemplo 12.2 para a mesma política de reposição. Em seguida, executando os exemplos novamente com um tamanho de lote diferente (ver aba *Exemplo 1.4*), podemos observar o impacto das mudanças no tamanho do lote sobre o nível de atendimento. Aumentar o tamanho do lote dos telefones de 10.000 para 20.000 não tem impacto sobre o NSC (que permanece em 0,92). Porém, a taxa de atendimento agora aumenta para 0,9987. Isso porque um aumento no tamanho do lote resulta em menos ciclos de reposição. No caso da B&M, um aumento no tamanho do lote de 10.000 para 20.000 resulta na reposição ocorrendo uma vez a cada oito semanas, em vez de uma vez a cada quatro semanas. Com um NSC de 92%, um tamanho de lote de 10.000 resulta, na média, em um ciclo com uma falta de estoque por ano. Com um tamanho de lote de 20.000, temos, na média, uma falta de estoque a cada dois anos. Assim, a taxa de atendimento é mais alta.

> 》 **Ponto-chave**
>
> Tanto a taxa de atendimento quanto o nível de serviço do ciclo aumentam quando o estoque de segurança é aumentado. Para o mesmo estoque de segurança, um aumento no tamanho do lote eleva a taxa de atendimento, mas não o nível de serviço do ciclo.

AVALIAÇÃO DO ESTOQUE DE SEGURANÇA EXIGIDO CONSIDERANDO-SE A TAXA DE ATENDIMENTO

DESEJADA Para uma política de reposição com revisão contínua, agora avaliamos o estoque de segurança exigido dada uma taxa de atendimento *ta* desejada. Considere o gerente de loja no Walmart visando a uma taxa de atendimento *ta* para blocos de montagem Lego. O tamanho atual do lote de reposição é Q. O primeiro passo é obter a FECR usando a Equação 12.6.

O próximo passo é obter um estoque de segurança *es* que resolva a Equação 12.8 (e seu equivalente em Excel, a Equação 12.8) dada a FECR avaliada anteriormente. Não é possível dar uma fórmula que ofereça a resposta. O estoque de segurança apropriado que resolve a Equação 12.9 pode ser facilmente obtido usando o Excel e experimentando diferentes valores de *es*. No Excel, o estoque de segurança também pode ser obtido diretamente com o uso da ferramenta *GOALSEEK*, conforme ilustrado no Exemplo 12.5 (use o Exemplo 12.5).

EXEMPLO 12.5 》 Avaliação do estoque de segurança considerando-se a taxa de atendimento desejada

A demanda semanal por Legos em uma loja Walmart é distribuída normalmente, com uma média de 2.500 caixas e um desvio-padrão de 500. O tempo de espera da reposição é de duas semanas. O gerente da loja atualmente faz pedidos de reposição em lotes de 10.000 caixas. Considerando uma política de reposição com revisão contínua, avalie o estoque de segurança que a loja deverá manter para alcançar uma taxa de atendimento de 97,5%.

Análise

Neste caso, temos:

Taxa de atendimento desejada, $ta = 0{,}975$
Tamanho do lote, $Q = 10.000$ caixas
Desvio-padrão da demanda durante o tempo de espera, $\sigma_L = \sqrt{2} \times 500 = 707$

A partir da Equação 12.6, obtém-se, então um FECR como:

$$FECR = (1 - ta)Q = (1 - 0{,}975)10{,}000 = 250$$

Agora precisamos resolver a Equação 12.8 para o estoque de segurança *es*, onde:

$$FECR = 250 = -ss\left[1 - F_s\left(\frac{ss}{\sigma_L}\right)\right] + \sigma_L f_s\left(\frac{ss}{\sigma_L}\right) = -ss\left[1 - F_s\left(\frac{ss}{707}\right)\right] + 707 f_s\left(\frac{ss}{707}\right)$$

Usando a Equação 12.9, essa equação pode ser redefinida como as funções do Excel como:

$$250 = -ss[1 - NORMDIST(ss/707,0,1,1)] + 707 NORMDIST(ss/707,0,1,0) \qquad (12.10)$$

	A	B	C	D	E
1	Entrada			Cálculo	Variável
2	ta	σ_L	Q	FECR desejado	es
3	0,975	707	10.000	250	67
4	Fórmula				
5	FECR atual				
6	250				

Goal Seek
Set cell: $A$6
To value: 250
By changing cell: $E$3

Célula	Fórmula da célula	Equação
A6	–E3*(1-NORMSDIST(E3/B3, 0, 1,1)) + B3*NORMDIST(E3/B3, 0, 1, 0)	12.10

》 **Figura 12.3** Solução em Excel para o Exemplo 12.4.

A Equação 12.10 pode ser resolvida no Excel ao tentar diferentes valores de *es* até a equação ser satisfeita. Uma boa alternativa para resolver a Equação 12.10 é usar a ferramenta do Excel *GOALSEEK*, como segue.

Na aba *Exemplo 12.5* da planilha *Exemplos 1 a 13*, abra a ferramenta *GOALSEEK* no Excel usando *DATA* | What-If analysis | *Goal Seek*. Na caixa de diálogo *GOALSEEK*, digite os dados mostrados na Figura 12.3 e clique no botão OK. Neste caso, a célula D3 é alterada até que o valor da fórmula na célula A6 seja igual a 250.

Usando a ferramenta *Goalseek*, obtemos um estoque de segurança de *es* = 67 caixas, como mostra a Figura 12.3. Assim, o gerente no Walmart deverá visar a um estoque de segurança de 67 caixas para alcançar a taxa de atendimento desejada de 97,5%.

Impacto da disponibilidade de produto desejada e da incerteza sobre o estoque de segurança

Os dois fatores-chave que afetam o nível exigido de estoque de segurança são o nível desejado de disponibilidade de produto e a incerteza. Agora, vamos discutir o impacto que cada fator tem sobre o estoque de segurança.

À medida que a disponibilidade de produto desejada sobe, o estoque de segurança exigido também aumenta, pois agora a cadeia de suprimentos precisa ser capaz de acomodar uma demanda excepcionalmente alta ou uma oferta excepcionalmente baixa. Para a situação do Walmart no Exemplo 12.5, avaliamos o estoque de segurança exigido para níveis variados de taxa de atendimento, como mostra a Tabela 12.1.

Observe que elevar a taxa de atendimento de 97,5 para 98,0% exige mais 116 unidades de estoque de segurança, enquanto aumentar a taxa de atendimento de 99,0 para 99,5% exige mais 268 unidades de estoque de segurança. Assim, o aumento marginal no estoque de segurança cresce à medida que a disponibilidade de produto aumenta. Esse fenômeno realça a importância de selecionar níveis de disponibilidade adequados. É muito importante para um gestor de cadeia de suprimentos estar ciente dos produtos que exigem um alto nível de disponibilidade e manter estoques de segurança altos somente para esses produtos. Não é apropriado selecionar um nível muito alto de disponibilidade e exigi-lo arbitrariamente para todos os produtos.

» Ponto-chave

O estoque de segurança exigido cresce rapidamente com um aumento na disponibilidade de produto desejada.

Pela Equação 12.5, vemos que o estoque de segurança exigido *es* também é influenciado pelo desvio-padrão da demanda durante o tempo de espera, σL. O desvio-padrão é influenciado pela duração do tempo de espera, *L*, além do desvio-padrão da demanda periódica, σD, como mostra a Equação 12.2. A relação entre estoque de segurança e σD é linear porque um aumento de 10% em σD resulta em um aumento de 10% no estoque de segurança. Este também aumenta com uma elevação no tempo de espera, *L*. O estoque de segurança, porém, é proporcio-

» **Tabela 12.1** Estoque de segurança exigido para os diferentes valores de taxa de atendimento.

Taxa de atendimento	Estoque de segurança
97,5%	67
98,0%	183
98,5%	321
99,0%	499
99,5%	767

nal à raiz quadrada do tempo de espera (se a demanda for independente do tempo) e, portanto, cresce mais lentamente do que o próprio tempo de espera.

> **》 Ponto-chave**
> O estoque de segurança exigido aumenta com uma elevação no tempo de espera e com a incerteza da demanda periódica.

O objetivo de qualquer gestor de cadeia de suprimentos é reduzir o nível de estoque de segurança exigido de maneira que não afete negativamente a disponibilidade do produto. A discussão anterior destaca duas alavancas gerenciais essenciais, que podem ser usadas para alcançar esse objetivo.

1. *Reduzir o tempo de espera do fornecedor L:* se o tempo de espera diminuir por um fator de k, o estoque de segurança exigido diminui por um fator de k. O único problema aqui é que a redução no tempo de espera do fornecedor requer um esforço significativo da parte dele, enquanto a redução no estoque de segurança ocorre no varejista. Assim, é importante que este compartilhe parte dos benefícios resultantes, conforme discutido no Capítulo 10. Walmart, Seven-Eleven Japan e muitos outros varejistas aplicam uma pressão tremenda sobre seus fornecedores para reduzir o tempo de espera da reposição de estoque. A varejista de vestuário Zara construiu sua estratégia completa ao redor do uso de produção local flexível para reduzir o tempo de espera de reposição. Em cada caso, o benefício tem se manifestado na forma de estoque de segurança reduzido, enquanto mantém o nível desejado de disponibilidade do produto.

2. *Reduzir a incerteza básica da demanda (representada por σD):* se a incerteza representada por σD for reduzida por um fator de k, o estoque de segurança exigido também diminui por um fator de k. Uma redução na incerteza pode ser alcançada por uma melhor inteligência de mercado, pela maior visibilidade da cadeia de suprimentos e pelo uso de métodos de previsão mais sofisticados. A Seven-Eleven Japan oferece aos seus gerentes de lojas dados detalhados sobre a demanda anterior, junto de fatores que podem influenciar a demanda, como clima e outros. Essa inteligência de mercado permite que os gerentes de loja façam melhores previsões, reduzindo a incerteza. Na maioria das cadeias de suprimentos, porém, a chave para reduzir a incerteza básica de previsão é vincular todas as previsões em toda a cadeia de suprimentos aos dados de demanda do cliente. Só existe muita incerteza de demanda porque cada estágio da cadeia de suprimentos planeja e prevê de forma independente. Isso distorce a demanda por toda a cadeia de suprimentos, aumentando a incerteza. Uma melhor visibilidade e coordenação, conforme discutimos no Capítulo 10, em geral pode reduzir a incerteza da demanda de maneira significativa. A Zara planeja sua produção e reposição com base nas vendas atuais em suas lojas de varejo a fim de assegurar que nenhuma incerteza desnecessária seja produzida. Tanto o Walmart como a Seven-Eleven Japan compartilham informações de demanda com seus fornecedores, reduzindo a incerteza e, assim, o estoque de segurança dentro da cadeia de suprimentos.

Ilustraremos os benefícios de reduzir o tempo de espera e a incerteza da demanda no Exemplo 12.6 (ver aba *Exemplo 12.6* da planilha *Exemplos 1 a 13*).

EXEMPLO 12.6 》 Benefícios de reduzir o tempo de espera e a incerteza da demanda

A demanda semanal para camisetas brancas na loja da Target é distribuída normalmente, com uma média de 2.500 e um desvio-padrão de 800. O tempo de espera de reposição a partir de um fornecedor atual é de nove semanas. Um gerente de loja tem por objetivo obter um nível de serviço do ciclo de 95%. Quais economias em estoque de segurança uma loja pode esperar se o fornecedor diminuir o tempo de espera em uma semana? Quais economias no estoque de segurança uma loja pode esperar se uma incerteza de demanda diminuída resultar em um desvio-padrão da demanda de 400?

Análise

Para o caso-base, obtemos:

$$D = 2.500/\text{semana}, \sigma_D = 800, \text{NSC} = 0,95$$

A partir da Equação 12.5, obtemos, então, um estoque de segurança do caso-base como:

$$es = NORMSINV(NSC) \times \sqrt{L}\sigma_D = NORMSINV(.95) \times \sqrt{9} \times 800 = 3.948$$

Se o fornecedor diminuir o tempo de espera L para uma semana, o estoque de segurança exigido é dado por:

$$es = NORMSINV(NSC) \times \sqrt{L}\sigma s_D = NORMSINV(.95) \times \sqrt{1} \times 800 = 1.316$$

Assim, reduzir o tempo de espera de nove semanas para uma semana diminui o estoque de segurança exigido para 2.632 camisetas.

Agora consideraremos os benefícios de reduzir o erro de previsão. Se a Target diminui o desvio-padrão de 800 para 400 (pelo tempo de espera de nove semanas), o estoque de segurança exigido é obtido por:

$$es = NORMSINV(NSC) \times \sqrt{L}\sigma s_D = NORMSINV(.95) \times \sqrt{9} \times 400 = 1.974$$

Desse modo, diminuir o desvio-padrão (igual ao erro de previsão) de demanda de 800 para 400 reduz o estoque de segurança exigido de 1.974 camisetas.

12.4 Impacto da incerteza da oferta sobre o estoque de segurança

Em nossa discussão até este ponto, focamos situações com incerteza da demanda na forma de um erro de previsão. Em muitas situações práticas, a incerteza da oferta também desempenha papel significativo. Seu impacto é ilustrado muito bem pelas consequências do encalhamento do MSC *Napoli* na costa sul da Grã-Bretanha em janeiro de 2007. O navio cargueiro estava transportando mais de 1.000 toneladas de níquel, um ingrediente-chave do aço inoxidável. Visto que 1.000 toneladas eram quase 20% das 5.052 toneladas de níquel então armazenadas em depósitos globalmente, esse atraso para levar o níquel ao mercado resultou em significativas faltas de estoque e elevou seu preço em cerca de 20% nas primeiras 3 semanas e meia de janeiro de 2007. A incerteza da oferta aumenta por conta de alguns fatores, incluindo os atrasos de produção, atrasos de transporte e problemas de qualidade. As cadeias de suprimento devem considerar a incerteza da oferta ao planejar os estoques de segurança.

Nesta seção, incorporamos a incerteza da oferta ao supor que o tempo de espera é incerto e identificamos o impacto da incerteza do tempo de espera sobre os estoques de segurança. Suponha que a demanda do cliente por período para tablets da Amazon e o tempo de espera da reposição do fornecedor de componentes sejam distribuídos normalmente. Temos as seguintes entradas:

D: Demanda média por período
σ_D: Desvio-padrão da demanda por período
L: Tempo de espera médio para reposição
s_L: Desvio-padrão do tempo de espera

Consideramos os requisitos de estoque de segurança visto que a Amazon segue uma política de revisão contínua para gerir o estoque de componentes. A empresa sofre uma falta de componentes se a demanda durante o tempo de espera exceder o PR; ou seja, a quantidade disponível quando a Amazon faz um pedido de reposição. Assim, precisamos identificar a distribuição da demanda do cliente durante o tempo de espera. Como tanto o tempo de espera quanto a demanda periódica são incertos, a demanda durante o tempo de espera normalmente é distribuída com uma média de D_L e um desvio-padrão σL, onde:

$$D_L = D \times L; \quad \sigma_L = \sqrt{L\sigma_D^2 + D^2 s_L^2} \qquad (12.11)$$

Dada a distribuição da demanda durante o tempo de espera na Equação 12.11 e um NSC desejado, a Amazon pode obter o estoque de segurança exigido usando a Equação 12.5. Se a disponibilidade de produto for especificada como uma taxa de atendimento, a Amazon pode obter o estoque de segurança exigido usando o procedimento esboçado no Exemplo 12.5. No Exemplo 12.7, ilustramos o impacto da incerteza no tempo de espera sobre o nível exigido de estoque de segurança na Amazon (ver aba *Exemplo 12.7* da planilha *Exemplos 1 a 13*).

EXEMPLO 12.7 》 Impacto da incerteza no tempo de espera sobre o estoque de segurança

A demanda diária por tablets na Amazon é distribuída normalmente, com uma média de 2.500 e um desvio-padrão de 500. O fornecedor de tablets leva uma média de $L = 7$ dias para repor o estoque na Amazon. A empresa está buscando um NSC de 90% (fornecendo uma taxa de atendimento próxima de 100%) para seu estoque de discos rígidos. Avalie o estoque de segurança de discos rígidos que a Dell precisa manter se o desvio-padrão do tempo de espera for de sete dias. A empresa está trabalhando com o fornecedor para reduzir o desvio-padrão para zero. Avalie a redução no estoque de segurança que a Dell pode esperar como resultado dessa iniciativa.

Análise:

Neste caso, temos:

Demanda média por período, $D = 2.500$

Desvio-padrão da demanda por período, $\sigma_D = 500$

Tempo de espera médio para reposição, $L = 7$ dias

Desvio-padrão do tempo de espera, $s_L = 7$ dias

Primeiro, avaliamos a distribuição da demanda durante o tempo de espera. Usando a Equação 12.11, temos:

Demanda média durante o tempo de espera, $D_L = D \times L = 2.500 \times 7 = 17.500$

Desvio-padrão da demanda durante o tempo de espera,

$$\sigma_L = \sqrt{L\sigma_D^2 + D^2 s_L^2}$$
$$= \sqrt{7 \times 500^2 + 2.500^2 \times 7^2} = 17.550$$

O estoque de segurança exigido é obtido por meio das equações 12.5 e 12.27, da seguinte forma:

$$es = NORMSINV(NSC) \times \sigma L = NORMSINV(0,90) \times 17.550 = 22.491 \text{ tablets}$$

Se o desvio-padrão do tempo de espera for de sete dias, a Amazon deve manter o estoque de segurança de 22.491 tablets. Isso é equivalente a cerca de nove dias de demanda para tablets.

Na Tabela 12.2, fornecemos o estoque de segurança exigido, visto que a Amazon trabalha com o fornecedor para reduzir o desvio-padrão do tempo de espera (s_L) de seis para zero. Pela Tabela 12.2, observe que a redução na incerteza do tempo de espera permite que a Amazon reduza seu estoque de segurança de tablets em uma quantidade significativa. Quando o desvio-padrão do tempo de espera diminui de sete dias para zero, a quantidade de estoque de segurança diminui de cerca de nove dias de demanda para menos de um dia.

O exemplo anterior enfatiza o impacto da variabilidade do tempo de espera sobre os requisitos de estoque de segurança (e, portanto, o tempo de fluxo do material) e os grandes benefícios potenciais de reduzir a variabilidade do tempo de espera ou melhorar as entregas a tempo. Frequentemente, os cálculos do estoque de segurança na prática não incluem nenhuma medida da incerteza da oferta, resultando em níveis que podem ser menores que o necessário. Isso prejudica a disponibilidade do produto.

> **Ponto-chave**
> Uma redução na incerteza da oferta pode ajudar bastante a reduzir o estoque de segurança exigido sem prejudicar a disponibilidade do produto.

Na prática, a variabilidade do tempo de espera da oferta é causada por práticas tanto do fornecedor quanto da parte que recebe o pedido. Os fornecedores às vezes têm ferramentas de planejamento fracas, que não lhes permitem programar a produção de modo que possa ser executada. Hoje, a maioria dos pacotes de software de planejamento da cadeia de suprimentos possui boas ferramentas de planejamento de produção, permitindo que os fornecedores prometam tempos de espera que possam ser atendidos. Isso ajuda a reduzir a variabilidade do tempo de espera. A falta de visibilidade para um fornecedor dentro de planos futuros relacionados a clientes é também um fator significativo que aumenta a incerteza da cadeia de suprimentos. A W. W. Grainger estava apta a fazer que seus fornecedores reduzissem tanto o tempo de espera como a variabilidade do tempo de espera ao compartilhar planos futuros com eles. Isso permitiu que os fornecedores agendassem pedidos da Grainger dentro da produção sem esperar que os pedidos chegassem. A quantidade produzida foi finalizada mais próximo da produção real. Em outras situações, o comportamento da parte que faz o pedido muitas vezes aumenta essa variabilidade. Certa vez, um distribuidor fez pedidos a todos os fornecedores no mesmo dia da semana. Como resultado, todas as entregas chegaram no mesmo dia. O surto nas entregas tornou impossível que todos eles fossem registrados no estoque no dia em que chegaram. Isso levou a uma percepção de que os tempos de espera eram longos e variáveis. Apenas distribuindo os pedidos durante a semana, o tempo de espera e a variabilidade foram significativamente reduzidos, permitindo que o distribuidor reduzisse seu estoque de segurança.

A seguir, vejamos como a agregação pode ajudar a reduzir a quantidade de estoque de segurança na cadeia de suprimentos.

12.5 Impacto da agregação no estoque de segurança

Na prática, as cadeias de suprimentos possuem graus variados de agregação de estoque. Por exemplo, a Barnes & Noble vende livros a partir de lojas de varejo com o estoque distribuído geograficamente por todo o país. A Amazon, por outro lado, envia todos os seus livros a partir de poucas instalações. A Seven-Eleven Japan tem muitas lojas de conveniência pequenas, distribuídas densamente pelo Japão. Ao contrário, os supermercados costumam ser muito maiores, com menos pontos de venda não tão densamente distribuídos. A Redbox aluga seus filmes a partir de dezenas de milhares de quiosques distribuídos pelos Estados Unidos. Por outro lado, a Netflix centraliza seu estoque de DVDs em menos de 50 centros de distribuição.

Nosso objetivo é entender como a agregação em cada um desses casos afeta a exatidão da previsão e os estoques de segurança. Considere k regiões, com a demanda em cada região distribuída normalmente, com as seguintes características:

D_i: Demanda periódica média na região i, $i = 1, ..., k$
σ_i: Desvio-padrão da demanda semanal na região i, $i = 1, ..., k$
ρ_{ij}: Correlação da demanda semanal para as regiões i, j, $1 \leq i \neq j \leq k$

Existem duas maneiras de atender à demanda nas k regiões. Uma é ter estoques locais em cada região e a outra é agregar todos os estoques em uma instalação centralizada. Nosso objetivo é comparar os estoques de segurança nos dois casos. Com um tempo de espera de reposição L e um nível de serviço do ciclo desejado NSC, o estoque de segurança total no caso descentralizado é (usando a Equação 12.5):

$$\text{Estoque de segurança total na opção descentralizada} = \sum_{i=1}^{k} F_S^{-1}(NSC) \times \sqrt{L} \times \sigma_i \quad (12.12)$$

Se todos os estoques forem agregados em um local central, temos de avaliar a distribuição da demanda agregada. Esta é distribuída normalmente, com uma média de D^C, desvio-padrão de σ_D^C e variância de var (D^C), como:

$$D^C = \sum_{i=1}^{k} D_i; \quad \mathrm{var}(D^C) = \sum_{i=1}^{k} \sigma_i^2 + 2\sum_{i>j} \rho_{ij}\sigma_i\sigma_j; \quad \sigma_D^C = \sqrt{\mathrm{var}(D^C)} \quad (12.13)$$

Observe que a Equação 12.13 é como a Equação 12.1, exceto pelo fato de estarmos agregando pelas regiões k mais do que pelos períodos L. Se todas as regiões k tiverem demanda que seja distribuída tecnicamente, com média D e desvio-padrão σ_D, e tiverem a mesma correlação ρ, a Equação 12.14 poderia ser simplificada como:

$$D^C = kD; \sigma_D^C = \sqrt{k\sigma^2 + k(k-1)\rho\sigma^2} \quad (12.14)$$

Se todas as k regiões tiverem demandas independentes ($\rho_{ij} = 0$) e distribuídas identicamente, com média D e desvio-padrão σ_D, a Equação 12.13 pode ser simplificada como:

$$D^C = kD; \sigma_D^C = \sqrt{k}\sigma_D \quad (12.15)$$

Usando as equações 12.5 e 12.13, o estoque de segurança exigido no local centralizado é dado como:

$$\text{Estoque de segurança exigido na agregação} = F_S^{-1}(NSC) \times \sqrt{L} \times \sigma_D^C \quad (12.16)$$

As economias de custo de manutenção na agregação por unidade vendida são obtidas dividindo-se as economias no custo de manutenção pela demanda total k_D. Se M é o custo de manutenção por unidade, usando as equações 12.12 e 12.16, as economias por unidade são:

$$\text{Economias de custo de manutenção na agregação por unidade vendida}$$
$$= \frac{F_S^{-1}(CSL) \times \sqrt{L} \times H}{D^C} \times \left(\sum_{i=1}^{k}\sigma_i - \sigma_D^C\right) \quad (12.17)$$

Pela Equação 12.13, segue-se que a diferença $\left(\sum_{i=1}^{k}\sigma_i - \sigma_D^C\right)$ é influenciada pelos coeficientes de correlação ρij. Essa diferença é grande quando os coeficientes de correlação são próximos de −1 (correlação negativa) e diminui à medida que se aproximam de +1 (correlação positiva). As economias de estoque na agregação são sempre positivas, desde que os coeficientes de correlação sejam menores que 1. Pela Equação 12.17, chegamos, assim, às seguintes conclusões com relação ao valor da agregação:

- As economias no estoque de segurança na agregação aumentam com o nível de serviço do ciclo desejado NSC.
- As economias no estoque de segurança na agregação aumentam com o tempo de espera de L de reposição.
- As economias no estoque de segurança na agregação aumentam com o custo de manutenção M.
- As economias de estoque de segurança na agregação aumentam com o coeficiente de variação (σ_D/D) da demanda.
- As economias no estoque de segurança na agregação diminuem à medida que os coeficientes de correlação aumentam.

No Exemplo 12.8 (ver aba *Exemplo 12.8* da planilha *Exemplos 1 a 13*), ilustramos as economias de estoque na agregação e o impacto do coeficiente de correlação sobre essas economias.

EXEMPLO 12.8 》 Impacto da correlação sobre o valor da agregação

Uma concessionária BMW tem $k = 4$ pontos de venda que atendem a toda a área de Chicago (opção desagregada). A demanda semanal em cada ponto é distribuída normalmente, com uma média de $D = 25$ carros e um desvio-padrão de $\sigma_D = 5$. O tempo de espera para reposição do fabricante é de $L = 2$ semanas. Cada ponto de venda abrange uma área geográfica separada, e a correlação da demanda por qualquer par de áreas é ρ. A concessionária está considerando a possibilidade de substituir os quatro pontos por um único ponto de venda grande (opção agregada). Suponha que a demanda no ponto central seja a soma da demanda por todas as quatro áreas. A concessionária está tentando obter um NSC de 0,90. Compare o nível de estoque de segurança necessário nas duas opções enquanto o coeficiente de correlação ρ varia entre 0 e 1.

Análise

Fornecemos uma análise detalhada para o caso em que a demanda em cada área é independente (ou seja, $\rho = 0$). Para cada ponto de venda, temos:

Desvio-padrão da demanda semanal, $\sigma_D = 5$
Tempo de espera de reposição, $L = 2$ semanas

Usando a Equação 12.12, o estoque de segurança exigido na opção descentralizada para $NSC = 0{,}90$ é:

Estoque de segurança total exigido, $es = k \times F_s^{-1}(NSC) \times \sqrt{L} \times \sigma_D$
$= 4 \times F_s^{-1}(0.9) \times \sqrt{2} \times 5 = 4 \times NORMSINV(0.9) \times \sqrt{2} \times 5 = 36.25$ carros

Agora, considere a opção agregada. Usando a Equação 12.14, o desvio-padrão da demanda semanal agregada é:

Desvio-padrão da demanda semanal na revenda central, $\sigma_D^C = \sqrt{4 \times 5^2 + 4 \times 3 \times 5^2 \times \rho}$

Para um NSC de 0,90 e $\rho = 0$, o estoque de segurança exigido para a opção agregada (usando a Equação 12.16) é dado como:

$$es = F_s^{-1}(0.90) \times \sqrt{L} \times \sigma_D^C = NORMSINV(0.90) \times \sqrt{2} \times 10 = 18.12$$

Usando as equações 12.12 a 12.16, o nível exigido de estoque de segurança para as opções desagregada e agregada pode ser obtido para diferentes valores de ρ, como mostra a Tabela 12.3, usando a aba agregada *Exemplo 12.8* da planilha *Exemplos 1 a 13*. Observe que o estoque de segurança para a opção desagregada é mais alto do que para a opção agregada, exceto quando todas as demandas são correlacionadas de forma perfeitamente positiva. O benefício da agregação diminui à medida que a demanda nas diferentes áreas é mais positivamente correlacionada.

》Tabela 12.3 Estoque de segurança nas opções desagregada e agregada.

	Estoque de segurança desagregado	Estoque de segurança agregado
0	36,25	18,12
0,2	36,25	22,93
0,4	36,25	26,88
0,6	36,25	30,33
0,8	36,25	33,42
1,0	36,25	36,25

O Exemplo 12.8 e a discussão anterior demonstram que a agregação reduz a incerteza da demanda e, portanto, o estoque de segurança exigido, desde que a demanda agregada não seja correlacionada de forma perfeitamente positiva. A demanda para a maioria dos produtos não mostra correlação positiva perfeita entre diferentes regiões geográficas. Produtos como óleo de aquecimento provavelmente têm demanda positivamente correlacionada ao longo de regiões vizinhas. Por outro lado, produtos como leite e açúcar provavelmente terão demanda muito mais independente entre as regiões. Se a demanda nas diferentes regiões geográficas for praticamente do mesmo tamanho e independente, a agregação reduz o estoque de segurança pela raiz quadrada do número de áreas agregadas. Em outras palavras, se o número de locais de estoque independentes diminuir por um fator de n, o estoque de segurança médio deverá diminuir por um fator de n. Esse princípio é conhecido como *lei da raiz quadrada*. Esta lei é ilustrada na Figura 12.4.

A maior parte das empresas de *e-commerce* explora os benefícios da agregação em termos de estoques reduzidos. Por exemplo, a Blue Nile vende diamantes on-line e atende todos os Estados Unidos fora de um depósito. Como resultado, ela tem menores níveis de estoque de diamante do que as cadeias de joias como a Tiffany e Zales, que devem manter o estoque em cada loja de varejo.

No entanto, existem situações em que a agregação física de estoques em um local pode não ser ideal. Existem duas desvantagens principais dessa agregação:

1. Aumento no tempo de resposta ao pedido do cliente.
2. Aumento no custo de transporte para o cliente.

As duas desvantagens devem-se ao fato de que a distância média entre o estoque e o cliente aumenta com a agregação. Assim, o cliente precisa se deslocar mais para chegar ao produto ou o produto deve ser enviado por distâncias maiores para chegar a ele. Uma rede de lojas como a Gap tem a opção de montar muitos pontos de revenda pequenos ou pouco grandes. A Gap costuma ter muitos pontos pequenos, distribuídos uniformemente em uma região, pois essa estratégia reduz a distância que os clientes percorrem para chegar a uma loja. Se a Gap tivesse um grande ponto de venda centralizado, a distância média que os clientes precisariam percorrer aumentaria e, com isso, o tempo de resposta também aumentaria. O desejo de diminuir o tempo de resposta do cliente, portanto, é o ímpeto para a empresa ter muitos pontos de venda. Outro exemplo é a McMaster-Carr, um distribuidor de produtos de manutenção, reparo e operações (MRO). A McMaster-Carr usa a UPS para enviar produtos aos clientes. Como os custos de envio são baseados na distância, ter um depósito centralizado aumenta o custo médio de envio, assim como o tempo de resposta ao cliente. Assim, a McMaster-Carr tem seis depósitos, permitindo que ela ofereça entrega no dia seguinte a uma grande fração dos Estados Unidos. A entrega no dia seguinte pela UPS não seria viável a um custo razoável se a empresa tivesse apenas um depósito. Até mesmo a Amazon.com, que começou com um depósito em Seattle, acrescentou outros depósitos em outras partes dos Estados Unidos, em um esforço para melhorar o tempo de resposta e reduzir o custo de transporte para o cliente. Ilustraremos essas trocas de centralização no Exemplo 12.9 (ver aba *Exemplo 12.9* na planilha *Exemplos 1 a 13*).

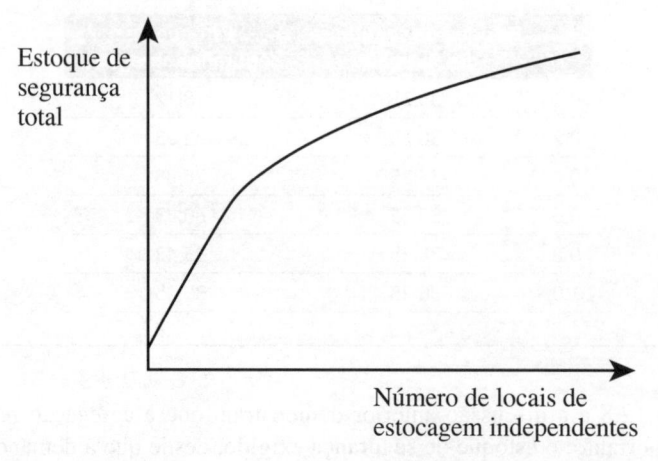

》 **Figura 12.4** Lei da raiz quadrada.

EXEMPLO 12.9 》 Trocas de centralização física

Um varejista de *e-commerce* está debatendo se deve servir os Estados Unidos por meio de quatro centros de distribuição regionais ou a partir de um centro de distribuição nacional. A demanda semanal em cada região é normalmente distribuída, com uma média de 1.000 e um desvio-padrão de 300. A demanda experimentada em cada região é independente, e o tempo de espera da oferta é de quatro semanas. O varejista de *e-commerce* têm custo de manutenção de 20% e o custo de cada produto de US$ 1.000. O varejista promete a seus clientes a entrega no dia seguinte. Com os centros de distribuição regionais, o varejista pode proporcionar a entrega no dia seguinte usando transporte terrestre a um custo de US$ 10/unidade. Com um centro de distribuição único, o varejista tem o uso de um modo mais caro de transporte, que custa US$ 13/unidade por serviço de entrega no dia seguinte. Compor e operar os quatro centros de distribuição regionais custa US$ 150.000 a mais por ano do que compor e operar um único centro de distribuição nacional. Qual rede de distribuição você recomenda? Suponha um NSC desejado de 0,95.

Análise

Observe que a centralização diminui os custos de instalação e estoque, mas aumenta os custos de transporte. Desse modo, avaliamos a mudança em cada categoria de custo na agregação. Começamos com os custos de estoque. Para cada região, temos:

$$D = 1.000/\text{semana}, \sigma_D = 300, L = 4 \text{ semanas}$$

Considerando-se o *NSC* desejado = 0,95, o estoque de segurança exigido pelos quatro centros de distribuição regionais é obtido usando Equação 12.12:

$$\text{Estoque de segurança exigido total, } es = 4 \times F_s^{-1}(NSC) \times \sqrt{L} \times \sigma_D$$
$$= 4 \times NORMSINV(0.95) \times \sqrt{4} \times 300 = 3.948$$

Agora considere a opção agregada. Por conta de a demanda em todas as quatro áreas ser independente, $\rho = 0$. Usando a Equação 12.15, o desvio-padrão da agregação da demanda semanal é:

$$\text{O desvio-padrão da demanda semanal no centro de distribuição nacional, } \sigma_D^C = \sqrt{4} \times 300 = 600$$

Para um NCS de 0,95, o estoque de segurança exigido para a opção agregada (usando a Equação 12.16) é dado como:

$$ss = F_S^{-1}(0.95) \times \sqrt{L} \times \sigma_D^C = NORMSINV(0.95) \times \sqrt{4} \times 600 = 1.974$$

Agora podemos avaliar os efeitos das mudanças nos custos de estoque, transporte e instalação na agregação como:

Diminuição nos custos anuais de manutenção de estoque = (3.948 – 1.974) × US$ 1.000 × 0,2
= US$ 394.765

Diminuição nos custos anuais de instalação na agregação = US$ 150.000

Aumento nos custos anuais de transporte na agregação = 4 × 52 × 1.000 × 13 – 10) = US$ 624.000

Observe que nesse caso os custos anuais para o varejista de *e-commerce* aumentam em US$ 624.000 – US$ 394.765 – US$ 150.000 = US$ 79.235 sobre a agregação. O varejista de *e-commerce* é melhor com os quatro centros de distribuição regionais.

O Exemplo 12.9 e a discussão anterior destacam situações em que a agregação física do estoque em apenas um local pode não ser ideal. Porém, existem benefícios claros na agregação do estoque de segurança. Agora, vamos discutir sobre diversos métodos pelos quais uma cadeia de suprimentos pode extrair os benefícios da agregação sem ter de centralizar fisicamente todos os estoques em um só local.

Centralização da informação

A Redbox utiliza a *centralização da informação* para praticamente agregar todos os seus estoques de DVDs, apesar de ter dezenas de milhares de máquinas de venda eletrônica. A empresa montou um sistema de informação que permite aos clientes alugarem nas máquinas de vendas próximas o DVD que estão procurando em estoque. Isso permite que a Redbox forneça um nível mais alto de disponibilidade do produto do que seria possível se o cliente percebesse a disponibilidade somente ao visitar uma máquina de venda. O benefício da centralização da informação vem do fato de que a maioria dos clientes buscam seu DVD na máquina de vendas mais próxima de sua casa. No caso de falta de estoque na máquina de venda mais próxima, o cliente é atendido por uma outra máquina de venda, melhorando assim a disponibilidade do produto sem aumentar os estoques.

Varejistas como a Gap também usam a centralização da informação de modo muito eficiente. Se uma loja não tem o tamanho ou a cor que um cliente deseja, os funcionários podem usar seu sistema para informar ao cliente sobre a loja mais próxima com o produto em estoque. Os clientes podem tanto ir até essa loja quanto pedir que o produto seja entregue em sua casa. A Gap usa a centralização da informação para agregar o estoque virtualmente por todas as lojas de varejo, embora o estoque esteja separado fisicamente. Isso permite que a empresa reduza a quantidade de estoque de segurança que mantém enquanto oferece um alto nível de disponibilidade de produtos.

O Walmart possui um sistema de informação que permite que os gerentes pesquisem itens em excesso em outras lojas mas que podem vender bem nas lojas que coordenam. O Walmart oferece transporte que permite que os gerentes troquem produtos, de modo que cheguem às lojas onde estão com alta demanda. Neste caso, a empresa usa a centralização da informação com um sistema de transporte responsivo para reduzir a quantidade de estoque de segurança transportado enquanto oferece um alto nível de disponibilidade de produtos.

Especialização

A maioria das cadeias de suprimentos oferece uma variedade de produtos aos clientes. Quando o estoque é mantido em vários locais, uma decisão-chave para o gestor de cadeia é se todos os produtos deverão ser estocados em todos os locais. É claro que um produto que não vende bem em uma região geográfica não deverá ser mantido em estoque pelo depósito ou loja lá existente. Por exemplo, não faz sentido que uma revenda da Sears no sul da Flórida mantenha grande variedade de botas de neve em estoque.

Outro fator importante que deve ser considerado ao se tomar decisões de estoque é a redução no estoque de segurança resultante da agregação. Se a agregação reduzir o estoque de segurança exigido para um produto em uma grande quantidade, é melhor manter o produto em um local central. Se a agregação reduzir o estoque de segurança exigido para um produto em uma pequena quantidade, pode ser melhor mantê-lo em vários locais descentralizados para reduzir o tempo de resposta e o custo do transporte.

A redução no estoque de segurança em decorrência da agregação é fortemente influenciada pelo coeficiente de variação da demanda. Para um produto com um coeficiente de variação muito baixo, a demanda desagregada pode ser prevista com exatidão. Como resultado, o benefício ao estoque a partir da agregação é mínimo. Para um produto com alto coeficiente de variação de demanda, a demanda desagregada é difícil de prever. Nesse caso, a agregação melhora significativamente a exatidão da previsão, oferecendo grandes benefícios. Ilustramos essa ideia no Exemplo 12.10 (ver aba *Exemplo 12.10* da planilha *Exemplos 1 a 13*).

EXEMPLO 12.10 》》 Impacto do coeficiente na variação sobre o valor da agregação

Suponha que a W.W. Grainger, fornecedor de produtos de MRO, tenha 1.600 lojas distribuídas pelos Estados Unidos. Considere dois produtos – grandes motores elétricos e limpadores industriais. Grandes motores elétricos são itens de alto valor e baixa demanda, enquanto o limpador industrial é um item de baixo valor e alta demanda. Cada motor custa US$ 500 e cada lata de limpador custa US$ 30. A demanda semanal por motores em cada loja tem distribuição normal, com uma média de 20 e um desvio-padrão de 40. A demanda semanal por limpador em cada loja tem distribuição normal, com uma média de 1.000 e um desvio-padrão de 100. A demanda experimentada por cada loja é independente, e o tempo de espera de fornecimento para os motores e o limpador é de quatro semanas. A W.W. Grainger tem um custo de manutenção de 25%. Para cada um dos dois produtos, avalie a redução nos estoques de segurança que acontecerá se eles forem removidos dos pontos de revenda e mantidos apenas em um CD centralizado. Considere um NSC desejado de 0,95.

Análise

A avaliação dos estoques de segurança e o valor da agregação para cada um dos dois produtos aparece na Tabela 12.4. Todos os cálculos usam a técnica discutida anteriormente e ilustrada no Exemplo 12.7. Como mostra a Tabela 12.4, o benefício de centralizar motores é muito maior do que o benefício de centralizar o limpador. Por essa análise, a W.W. Grainger deverá estocar limpadores nas lojas e motores no CD. Visto que o limpador é um item de alta demanda, os clientes poderão buscá-lo no mesmo dia nas lojas. Como os motores são um item de baixa demanda, os clientes podem estar dispostos a esperar mais um dia até que chegue a remessa do CD.

》》 **Tabela 12.4** Valor da agregação na W.W. Grainger.

	Motores	Limpador
O estoque é mantido em cada loja		
Demanda média semanal por loja	20	1.000
Desvio-padrão	40	100
Coeficiente de variação	2,0	0,1
Estoque de segurança por loja	132	329
Estoque de segurança total	211.200	526.400
Valor de estoque de segurança	US$ 105.600.000	US$ 15.792.000
O estoque é agregado ao CD		
Demanda semanal média agregada	32.000	1.600.000
Desvio-padrão da demanda agregada	1.600	4.000
Coeficiente de variação	0,05	0,0025
Estoque de segurança agregado	5.264	13.159
Valor do estoque de segurança	US$ 2.632.000	US$ 394.770
Economias		
Economia de estoque total na agregação	US$ 102.968.000	US$ 15.397.230
Economia no custo de manutenção total na agregação	US$ 25.742.000	US$ 3.849.308
Economia no custo de manutenção por unidade vendida	US$ 15,47	US$ 0,046
Economias como percentagem de custo do produto	3,09%	0,15%

》》 **Ponto-chave**

Quanto maior é o coeficiente de variação de um item, maior é a redução nos estoques de segurança como resultado da centralização.

Itens com demanda muito baixa são conhecidos como *itens de movimentação lenta*, e normalmente possuem alto coeficiente de variação, enquanto os itens com alta demanda são conhecidos como *itens de movimentação rápida*, e normalmente possuem baixo coeficiente de variação. Para muitas cadeias de suprimentos, especializar a rede de distribuição com itens de movimentação rápida estocados em locais descentralizados perto do cliente e itens de movimentação lenta estocados em um local centralizado pode reduzir significativamente o estoque de segurança mantido, sem prejudicar o tempo de resposta ou aumentar os custos de transporte. O local centralizado, então, especializa-se em lidar com itens de movimentação lenta.

Naturalmente, outros fatores também precisam ser considerados quando se decide sobre a alocação de produtos a locais de estocagem. Por exemplo, um item que é considerado de emergência porque o cliente precisa dele urgentemente pode ser estocado em lojas mesmo que tenha um alto coeficiente de variação. Nesse caso, o cliente vai estar disposto a pagar mais caro por ter o item disponível na loja. Também é preciso considerar o custo do item. Itens de alto valor oferecem maior benefício com a centralização do que os de baixo valor.

Os *insights* do Exemplo 12.10 e a discussão acima são resumidos na Figura 12.5. Em geral, redes descentralizadas como a Costco fornecem uma cadeia de suprimentos de baixo custo para produtos com muita saída, previsível e de baixo custo, como o detergente. Redes centralizadas como a Blue Nile proporcionam uma cadeia de suprimentos de baixo custo para produtos de pouca saída, imprevisível e de alto valor, como diamantes. Uma cadeia de suprimentos descentralizada como a Tiffany pode manter itens de pouca saída como diamantes até quando os clientes estiverem dispostos a pagar caro por sua escolha. De modo semelhante, uma cadeia de suprimentos centralizada como a Amazon pode manter itens de muita saída, como detergente, mas somente se os clientes estiverem dispostos a pagar mais caro. Pode-se argumentar que a incapacidade da Amazon de extrair uma quantia de dinheiro significativa de seus clientes para itens de muita saída que ela vende tenha prejudicado sua lucratividade.

É importante que as empresas com lojas físicas levem em conta a ideia da especialização quando incorporam o canal on-line em sua estratégia de omni-channel. Considere, por exemplo, uma rede de livrarias como a Barnes & Noble, que mantém cerca de 100.000 títulos em cada livraria. Os títulos mantidos podem ser divididos em duas categorias gerais – *best-sellers* com alta demanda e outros livros com demanda muito menor. A Barnes & Noble pode projetar uma estratégia de omni-channel sob a qual as lojas de varejo mantenham principalmente os *best-sellers* em estoque. Elas também mantêm uma ou no máximo duas cópias de cada um dos outros títulos, para permitir que os clientes as folheiem. Os clientes podem acessar todos os títulos que não estão no ponto de venda por meio de computadores na loja, que oferecem acesso ao estoque da BarnesandBoble.com. Essa estratégia permite que os clientes acessem uma variedade maior de livros das lojas Barnes & Noble. Os clientes fazem pedidos de títulos com pouca saída na BarnesandNoble.com, enquanto compram títulos com muita saída na própria loja. Essa estratégia de especialização permite que a Barnes & Noble agregue todos os itens de pouca saída para serem vendidos pelo canal on-line. Todos os *best-sellers* são descentralizados e mantidos próximos ao cliente. A cadeia de suprimentos, portanto, reduz os custos de estoque para os itens de pouca saída em detrimento de um custo de transporte um pouco maior. Para os itens com muita saída, a cadeia oferece um custo de transporte mais baixo e um melhor tempo de resposta mantendo os itens nas lojas, próximos ao cliente.

A Home Depot segue uma estratégia semelhante e integra seu canal on-line com suas lojas de varejo. As lojas de varejo mantêm os itens mais vendidos e o cliente pode adquirir as variantes de pouca saída on-line. Assim, a Home Depot consegue aumentar a variedade de produtos disponíveis aos clientes enquanto reduz os estoques na cadeia de suprimentos. O Walmart.com também empregou uma estratégia de manter on-line os itens de pouca saída.

Tipo de item	Estoques centralizados	Estoques descentralizados
Previsíveis de muita saída (baixo valor)	Cliente disposto a pagar mais caro?	Baixo custo
Imprevisíveis de pouca saída (alto valor)	Baixo custo	Cliente disposto a pagar mais caro?

Figura 12.5 Especialização do estoque com base no tipo de produto.

Substituição de produtos

Substituição refere-se ao uso de um produto para satisfazer a demanda por um produto diferente. Existem dois casos em que a substituição pode ocorrer:

1. **Substituição controlada pelo fabricante:** O fabricante ou fornecedor toma a decisão de substituir. Normalmente, o fabricante substitui um produto de maior valor por um produto de menor valor, que não está no estoque. Por exemplo, a Dell pode instalar um disco rígido de 1,2 terabytes para um cliente que peça um disco de 1 terabyte, se o disco rígido menor estiver esgotado.
2. **Substituição controlada pelo cliente:** Os clientes tomam a decisão de substituir. Por exemplo, um cliente que entra em uma loja Walmart para comprar um galão de detergente poderá comprar um frasco equivalente a meio galão se o outro não estiver disponível. O cliente substitui o frasco maior pelo menor.

Em ambos os casos, explorar a substituição permite que a cadeia de suprimentos satisfaça a demanda usando estoques agregados, o que permite à cadeia reduzir os estoques de segurança sem prejudicar a disponibilidade do produto. Em geral, dados dois produtos ou componentes, a substituição pode ser unidirecional (ou seja, apenas um dos produtos [componentes] substitui o outro) ou bidirecional (ou seja, qualquer produto [componente] substitui o outro). Discutimos rapidamente a substituição unidirecional no contexto da substituição controlada pelo fabricante e a substituição bidirecional no contexto da substituição controlada pelo cliente a seguir.

SUBSTITUIÇÃO UNIDIRECIONAL CONTROLADA PELO FABRICANTE Considere um fabricante de PC, que vende diretamente para os clientes, oferecendo unidades de disco cujo tamanho varia entre 0,8 e 1,2 terabytes. Os clientes são cobrados de acordo com o tamanho da unidade que eles selecionam, com os tamanhos maiores sendo mais caros. Se um cliente pede uma unidade de 1 terabyte e o fabricante não possui esse tamanho em estoque, existem duas escolhas possíveis: (1) adiar ou negar o pedido do cliente ou (2) substituir por uma unidade maior que esteja no estoque (digamos, uma unidade de 1,2 terabytes) e atender ao pedido do cliente a tempo. No primeiro caso, potencialmente há uma venda perdida ou vendas futuras perdidas, porque o cliente experimenta uma entrega atrasada. No segundo caso, o fabricante instala um componente de maior custo, reduzindo a margem de lucro da empresa. Esses fatores, junto do fato de que apenas unidades maiores podem substituir as menores, devem ser considerados quando o fabricante toma decisões de estoque para tamanhos de unidade individuais.

A substituição permite que o fabricante de PC agregue a demanda pelos componentes, reduzindo os estoques de segurança necessários. O valor da substituição aumenta quando a incerteza da demanda aumenta. Assim, o fabricante deverá considerar a substituição por componentes que exibem incerteza de demanda muito alta.

O grau de substituição desejado é influenciado pelo diferencial de custo entre o componente de maior valor e o de menor valor. Se o diferencial de custo for muito pequeno, o fabricante deve agregar a maior parte da demanda e manter a maior parte de seu estoque na forma do componente de maior valor. À medida que o diferencial de custo aumenta, o benefício da substituição diminui. Nesse caso, o fabricante achará mais lucrativo manter estoque de cada um dos componentes e diminuir a quantidade de substituição.

O nível de substituição desejado também é influenciado pela correlação da demanda entre os produtos. Se a demanda entre dois componentes for fortemente correlacionada de forma positiva, há pouco valor na substituição. Quando a demanda pelos dois componentes se torna correlacionada de forma menos positiva (ou mesmo correlacionada de modo negativo), o benefício da substituição aumenta.

> **》Ponto-chave**
> A substituição controlada pelo fabricante aumenta a lucratividade geral para o fabricante, permitindo alguma agregação da demanda, o que reduz os requisitos de estoque para o mesmo nível de disponibilidade.

SUBSTITUIÇÃO BIDIRECIONAL CONTROLADA PELO CLIENTE Considere a W.W. Grainger ao vender duas marcas de motores, GE e SE, que possuem características de desempenho muito semelhantes. Os clientes geralmente estão dispostos a comprar qualquer uma das marcas, dependendo da disponibilidade do produto. Se os gerentes da W.W. Grainger não reconhecerem a substituição do cliente, eles não a encorajarão. Assim, para determinado nível de disponibilidade de produtos, eles terão de manter altos níveis de estoque de segurança de cada marca. Se seus gerentes reconhecerem e encorajarem a substituição do cliente, eles poderão agregar o estoque de segurança entre as duas marcas, melhorando, assim, a disponibilidade do produto.

A W.W. Grainger faz um trabalho muito bom reconhecendo a substituição do cliente. Quando um cliente liga ou faz um pedido on-line e o produto que ele solicita não está disponível, ele é imediatamente informado sobre a disponibilidade de todos os produtos equivalentes. Nesse caso, a maioria dos clientes compra um produto substituto. A empresa explora essa substituição gerindo em conjunto o estoque de segurança de todos os produtos substituíveis. O reconhecimento e a exploração da substituição do cliente permitem que a W.W. Grainger ofereça um alto nível de disponibilidade do produto com menores níveis de estoque de segurança.

Um bom conhecimento da substituição controlada pelo cliente é muito importante no setor de varejo. Ela deve ser explorada no merchandising para garantir que produtos substitutos sejam colocados próximos, permitindo que um cliente compre um se o outro estiver esgotado. No canal on-line, a substituição requer que o varejista apresente a disponibilidade dos produtos substitutos se aquele que o cliente solicita estiver esgotado. A cadeia de suprimentos, portanto, deve ser capaz de reduzir o nível exigido de estoque de segurança enquanto oferece alto nível de disponibilidade de produto.

> **》 Ponto-chave**
>
> O reconhecimento da substituição controlada pelo cliente e a gestão conjunta de estoques pelos produtos substituíveis permite que uma cadeia de suprimentos reduza o estoque de segurança exigido enquanto garante alto nível de disponibilidade de produto.

As incertezas da demanda, bem como a correlação desta entre os produtos substituíveis, influenciam o benefício da exploração da substituição para um varejista. Quanto maior a incerteza da demanda, maior é o benefício da substituição. Quanto menos positiva a correlação da demanda entre os produtos substituíveis, maior é o benefício da exploração da substituição.

Semelhança de componentes

Em qualquer cadeia de suprimentos, uma quantidade significativa de estoque é mantida na forma de componentes. Um único produto, como um PC, contém centenas de componentes. Quando uma cadeia está produzindo grande variedade de produtos, os estoques de componentes podem facilmente se tornar muito grandes. O uso de componentes comuns em uma série de produtos é uma estratégia eficiente da cadeia de suprimentos para explorar a agregação e reduzir os estoques.

A Dell vende milhares de configurações de PC diferentes aos clientes. Uma opção extrema para a empresa é projetar componentes distintos que são adequados ao desempenho de determinada configuração. Nesse caso, a Dell usaria diferentes componentes de memória, disco rígido e outros para cada produto acabado distinto. A outra opção é projetar produtos de modo que componentes comuns sejam usados em diferentes produtos acabados.

Sem componentes comuns, a incerteza da demanda para qualquer componente é a mesma que a incerteza para o produto acabado em que ele é utilizado. Dado o grande número de componentes em cada produto acabado, a incerteza da demanda será muito alta, resultando em altos níveis de estoque de segurança. Quando os produtos com componentes comuns são projetados, a demanda para cada componente é uma agregação da demanda para todos os produtos acabados dos quais o componente é uma parte. A demanda do componente é, portanto, mais previsível do que a demanda de qualquer produto acabado. Esse fato reduz os estoques de componente mantidos na cadeia de suprimentos. Essa ideia tem sido um fator-chave para o sucesso na indústria de eletrônicos e também tem começado a desempenhar um papel importante na indústria de automóveis.

Com uma variedade de produtos em crescimento, a semelhança de componentes é uma chave para reduzir os estoques da cadeia sem prejudicar a disponibilidade do produto. Ilustramos a ideia básica por trás da semelhança de componentes no Exemplo 12.11 (ver aba *Exemplo 12.11* da planilha *Exemplos 1 a 13*).

EXEMPLO 12.11 》 Valor da semelhança de componentes

Suponha que a Dell esteja para fabricar 27 PCs diferentes com três componentes distintos: processador, memória e disco rígido. Sob a opção desagregada, a empresa projeta componentes específicos para cada PC, resultando em $3 \times 27 = 81$ componentes distintos. Sob a opção de componentes comuns, a Dell projeta PCs de modo que três processadores, três unidades de memória e três discos rígidos distintos possam ser combinados para criar 27 PCs diferentes. Assim, cada componente é usado em nove PCs diferentes. A demanda mensal para cada um dos 27 PCs diferentes é independente e distribuída normalmente, com uma média de 5.000 e um desvio-padrão de 3.000. O tempo de espera para reposição de cada componente é de um mês. A Dell está buscando um NSC de 95% para o estoque de componentes. Avalie os requisitos de estoque de segurança com e sem o uso da semelhança de componentes. Avalie também a mudança nos requisitos de estoque de segurança à medida que o número de produtos acabados, dos quais um componente faz parte, varia de um a nove.

Análise

Primeiro, avaliamos a opção desagregada, em que os componentes são específicos a um PC. Para cada componente, temos:

$$\text{Desvio-padrão da demanda mensal} = 3.000$$

Dado um tempo de execução de um mês e um total de 81 componentes por 27 PCs diferentes, usamos, assim, a Equação 12.12 para obter:

$$\text{Estoque de segurança total exigido} = 81 \times NORMSINV(0.95) \times \sqrt{1} \times 3.000 = 399.699 \text{ unidades}$$

No caso da semelhança de componentes, cada componente termina em nove produtos acabados diferentes. Portanto, a demanda no nível de componente é a soma da demanda por nove produtos. Usando as equações 12.15 e 12.16, o estoque de segurança exigido para cada componente é, portanto:

$$\text{Estoque de segurança por componente comum} = NORMSINV(0.95) \times \sqrt{1} \times \sqrt{9} \times 3.000$$
$$= 14.803,68 \text{ unidades}$$

》 **Tabela 12.5** Benefício marginal da semelhança de componentes.

Número de produtos acabados por componente	Estoque de segurança	Redução marginal no estoque de segurança	Redução total no estoque de segurança
1	399.699		
2	282.630	117.069	117.069
3	230.766	51.864	168.933
4	199.849	30.917	199.850
5	178.751	21.098	220.948
6	163.176	15.575	236.523
7	151.072	12.104	248.627
8	141.315	9.757	258.384
9	133.233	8.082	266.466

Com a semelhança de componentes, há um total de nove componentes distintos. O estoque de segurança total para os nove componentes é, portanto:

$$\text{Estoque de segurança total exigido} = 9 \times 14.804,68 = 133.233$$

Assim, ter cada componente comum a nove produtos diferentes resulta em uma redução no estoque de segurança para a Dell de 399.699 a 133.236 unidades.

Na Tabela 12.5, avaliamos o benefício marginal em termos de redução no estoque de segurança como resultado do aumento da semelhança de componentes. Começando com o estoque de segurança exigido quando cada componente é usado em apenas um produto acabado, avaliamos o estoque de segurança quando o número de produtos em que um componente é usado aumenta para nove. Observe que a semelhança de componentes diminui o estoque de segurança exigido para a Dell. O benefício marginal da semelhança, porém, diminui à medida que um componente é usado em mais produtos acabados.

Quando um componente é usado em mais produtos acabados, ele deve ser mais flexível. Como resultado, o custo de produzi-lo normalmente cresce com o aumento da semelhança. Dado que o benefício marginal da semelhança de componentes diminui à medida que aumentamos a semelhança, precisamos avaliar o aumento no custo do componente e a diminuição no estoque de segurança ao decidir sobre o nível apropriado de semelhança de componentes.

> **》Ponto-chave**
>
> A semelhança de componentes diminui o estoque de segurança exigido. O benefício marginal, porém, diminui com o aumento da semelhança.

Postergação

A *postergação* é a capacidade de uma cadeia de suprimentos de adiar a diferenciação ou customização até próximo do momento em que o produto é vendido. O objetivo é ter componentes comuns na cadeia de suprimentos para a maior parte da fase empurrar e mover a diferenciação do produto o mais próximo possível da fase puxar da cadeia. Por exemplo, atualmente a mistura final de tinta é feita na loja de varejo depois de o cliente selecionar a cor que quer. Assim, a variedade de tinta é produzida somente quando a demanda é conhecida com certeza. A postergação acoplada à semelhança de componentes permite que os varejistas que vendem tinta mantenham estoques de segurança significativamente menores do que no passado, quando a mistura era feita nas fábricas. No passado, o gerente da fábrica tinha que prever a demanda de tinta por cor quando planejava a produção. Hoje, ele precisa prever somente a demanda agregada, pois a mistura foi postergada até que a demanda do cliente seja

Fluxos da cadeia de suprimentos sem postergação

Fluxos da cadeia de suprimentos com semelhança de componentes e postergação

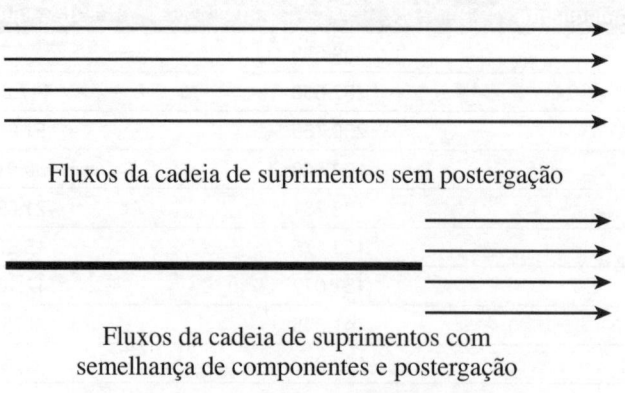

》Figura 12.6 Fluxos da cadeia de suprimentos com postergação.

conhecida. Desse modo, cada loja de varejo mantém principalmente estoque agregado na forma de tinta-base, que é configurada para a cor apropriada segundo a demanda do cliente.

Outro exemplo clássico de postergação é o processo de produção na Benetton para fabricar tricôs coloridos. O processo original exigia que o fio fosse tingido e depois tricotado e montado nas peças. O processo inteiro exigia até seis meses. Como a cor final da peça era fixada no momento em que o fio era tingido, a demanda para as cores individuais tinha de ser prevista com muita antecedência (até seis meses). A Benetton desenvolveu uma tecnologia de manufatura que lhe permitiu tingir as roupas tricotadas na cor apropriada. Agora, o *fio cru* (o termo usado para o fio que ainda não foi tingido) pode ser comprado, tricotado e montado nas peças antes que elas sejam tingidas. O tingimento das roupas é feito muito mais perto da estação de vendas. De fato, parte do tingimento é feito após o início da estação de vendas, quando a demanda é conhecida com maior precisão. Nesse caso, a Benetton postergou a customização da cor dos tricôs. Quando o fio é comprado, somente a demanda agregada por todas as cores precisa ser prevista. Como essa decisão é feita com bastante antecedência, quando as previsões têm probabilidade muito menor de serem exatas, há uma grande vantagem nessa agregação. Porém, quando a Benetton se aproxima da estação de vendas, a incerteza na previsão diminui. Quando a Benetton tinge os tricôs, a demanda é conhecida com alto grau de precisão. Assim, a postergação permite que a Benetton explore a agregação e reduza significativamente o nível de estoque de segurança mantido. Os fluxos da cadeia de suprimentos com e sem adiamento são ilustrados na Figura 12.6.

Sem a semelhança e postergação de componente, a diferenciação de produtos ocorre antes na cadeia de suprimentos, e a maioria os estoques da cadeia é desagregada. A postergação possibilita que a cadeia de suprimentos atrase a diferenciação do produto. Como resultado, a maioria dos estoques na cadeia é agregada. A postergação possibilita que a cadeia de suprimentos explore a agregação a fim de diminuir os estoques de segurança sem prejudicar a disponibilidade do produto. Ilustramos os benefícios da postergação no Exemplo 12.12 (ver aba *Exemplo 12.12* da planilha *Exemplos 1 a 13*). Uma discussão mais detalhada do valor da postergação é apresentada no Capítulo 13.

EXEMPLO 12.12 》 Valor da postergação

Considere um varejista de tintas que vende 100 cores diferentes. Suponha que a demanda semanal por cada cor é independente e é normalmente distribuída com uma média de 20 e um desvio-padrão de 10. O tempo de espera para reposição a partir da fábrica é de duas semanas e um varejista visa a um NSC = 0,95. Quanto estoque de segurança terá que ser mantido se a tinta for misturada na fábrica e mantida em estoque no varejista como cores individuais? Como as exigências do estoque de segurança mudam se o varejista mantiver a tinta-base (fornecida pela fábrica) e misturar as cores conforme a demanda?

Análise:

Primeiro avaliamos a opção desagregada sem postergação, na qual o varejista mantém o estoque de segurança para cada cor vendida. Para cada uma, temos:

$$D = 30/\text{semana}, \sigma_D = 10, L = 2 \text{ semanas}$$

Dado o NSC desejado de 0,95, o estoque de segurança exigido para todas as 100 cores é obtido usando a Equação 12.12, sendo:

$$\text{Estoque de segurança exigido total}, es = 100 \times F_S^{-1}(NSC) \times \sqrt{L} \times \sigma_D$$
$$= 100 \times NORMSINV(0.95) \times \sqrt{2} \times 10 = 2.326$$

Agora, considere a opção em que a mistura é postergada até que o cliente faça o pedido. O estoque de segurança é mantido na forma de tinta-base, cuja demanda é um agregado da demanda de 100 cores. Em razão de a demanda para todas as 100 cores ser independente, $\rho = 0$. Usando a Equação 12.15, o desvio-padrão da demanda semanal agregada de tinta-base é:

$$\text{Desvio-padrão da demanda semanal de tinta-base}, \sigma_D^C = \sqrt{100} \times 10 = 100$$

Para um NSC de 0,95, o estoque de segurança exigido para uma opção agregada (usando a Equação 12.16) é dado por:

$$ss = F_S^{-1}(0.95) \times \sqrt{L} \times \sigma_D^C = NORMSINV(0.95) \times \sqrt{2} \times 100 = 233$$

Observe que a postergação diminui o estoque de segurança exigido no varejista de tinta de 2.326 unidades para 233 unidades.

A postergação pode ser um conceito poderoso quando os clientes estão dispostos a esperar um pouco até que seus pedidos cheguem. Esse atraso oferece à cadeia de suprimentos uma oportunidade para diminuir os estoques ao postergar a diferenciação do produto até que o pedido do cliente chegue. É importante que o processo de fabricação seja criado de forma que possibilite que a montagem seja completada com rapidez. Considerando-se que os clientes muitas vezes estão dispostos a esperar pela entrega, alguns fabricantes de móveis e de janelas postergam alguns dos processos de montagem de seus produtos.

12.6 Impacto de políticas de reposição em estoque de segurança

Nesta seção, descreveremos a avaliação dos estoques de segurança para as políticas de reposição com revisões contínua e periódica. Destacamos o fato de que as políticas de revisão periódica exigem mais estoque de segurança do que as políticas de revisão contínua para o mesmo nível de disponibilidade de produtos. Para simplificar a discussão, utilizaremos o NSC como a medida de disponibilidade de produtos. As implicações gerenciais são as mesmas se usarmos a taxa de atendimento; a análise, porém, é mais trabalhosa.

Políticas de revisão contínua

Dado que as políticas de revisão contínua foram discutidas com detalhe na Seção 12.2, aqui vamos apenas reiterar os pontos principais. Ao usar uma política de revisão contínua, um gestor pede Q unidades quando o estoque cai para o PR. Claramente, uma política de revisão contínua requer uma tecnologia que monitore o nível do estoque disponível. Esse é o caso de muitas empresas como Walmart e Dell, cujos estoques são monitorados continuamente.

Dado um NSC desejado, nosso objetivo é identificar o estoque de segurança *es* exigido e o PR. Vamos supor que a demanda seja distribuída normalmente, com as seguintes entradas:

D: Demanda média para o período
σ_D: Desvio-padrão da demanda por período
L: Tempo de espera médio para reposição

O PR representa o estoque disponível para atender à demanda durante o tempo de espera L. Haverá falta de estoque se a demanda durante o tempo de espera for maior que o PR. Se a demanda pelos períodos for independente, a demanda durante o tempo de espera normalmente é distribuída com o seguinte:

Demanda média durante tempo de espera, $D_L = D \times L$
Desvio-padrão da demanda durante tempo de espera, $\sigma_L = \sqrt{L}\sigma_D$

Dado o NSC desejado, o estoque de segurança (*es*) exigido, obtido pela Equação 12.5, e o PR, obtido pela Equação 12.3, são:

$$es = F_S^{-1}(NSC) \times \sigma_L = NORMSINV(NSC) \times \sqrt{L}\sigma_D, \quad PR = D_L + es$$

Um gestor que usa uma política de revisão contínua precisa considerar apenas a incerteza da demanda durante o tempo de espera. Isso porque o monitoramento contínuo do estoque permite que ele ajuste o tempo do pedido de reposição, dependendo da demanda experimentada. Se a demanda for muito alta, o estoque atinge o PR rapidamente, levando a um pedido de reposição mais rápido. Se a demanda for muito baixa, o estoque cai lentamente para o PR, levando a um pedido de reposição adiado. O gestor, porém, não tem recurso durante o tempo de execução, uma vez que o pedido de reposição já foi feito. O estoque de segurança disponível, assim, precisa cobrir a incerteza da demanda durante esse período.

Normalmente, nas políticas de revisão contínua, o tamanho do lote pedido é mantido fixo entre os ciclos de reposição. O tamanho de lote ideal pode ser avaliado usando a fórmula do LEC, discutida no Capítulo 11.

Políticas de revisão periódica

Nas políticas de revisão periódica, os níveis de estoque são revisados após um período fixo T e um pedido é feito de modo que o nível de estoque atual mais o tamanho do lote de reposição seja igual a um nível previamente especificado, chamado *nível máximo de pedido* — NMP (*Order-Up-to-Level* — OUL). O *intervalo de revisão* é o tempo T entre os pedidos sucessivos. Observe que o tamanho de cada pedido pode variar, dependendo da demanda experimentada entre pedidos sucessivos e o estoque resultante no momento do pedido. As políticas de revisão periódica são mais simples para os varejistas implementarem, pois elas não exigem que o lojista tenha a capacidade de monitorar o estoque continuamente. Os fornecedores também podem preferi-las porque resultam em pedidos de reposição feitos em intervalos regulares.

Vamos considerar o gerente de loja no Walmart, que é responsável por elaborar uma política de reposição para os blocos de montagem Lego. Ele deseja analisar o impacto sobre o estoque de segurança se decidir usar uma política de revisão periódica. A demanda por Lego é distribuída normalmente e é independente de uma semana para a outra. Vamos considerar as seguintes entradas:

D: Demanda média por período
σ_D: Desvio-padrão da demanda por período
L: Tempo de espera médio para reposição
T: Intervalo de revisão
NSC: Nível de serviço do ciclo desejado

Para entender o requisito de estoque de segurança, acompanhamos a sequência de eventos ao longo do tempo enquanto o gerente faz pedidos. Ele faz o primeiro pedido no tempo 0, de modo que o tamanho de lote pedido e o estoque disponível somam-se ao NMP. Quando um pedido é feito, o lote de reposição chega após o tempo de espera L. O próximo período de revisão é o tempo T, quando o gerente faz o pedido seguinte, que chega, então, no tempo $T + L$. O NMP representa o estoque disponível para atender a toda a demanda que surge entre os períodos 0 e $T + L$. A loja Walmart experimentará falta de estoque se a demanda durante o intervalo de tempo entre 0 e $T + L$ ultrapassar o NMP. Assim, o gerente deverá identificar um NMP de modo que o seguinte seja verdadeiro:

$$\text{Probabilidade (demanda durante } L + T \leq NMP) = NSC$$

O próximo passo é avaliar a distribuição da demanda durante o intervalo $T + L$. Usando a Equação 12.2, a demanda durante o intervalo $T + L$ é distribuída normalmente, com:

$$\text{Demanda média durante } T + L \text{ períodos, } D_{T+L} = (T + L)D$$
$$\text{Desvio-padrão da demanda durante } T + L \text{ períodos, } \sigma_{T+L} = \sqrt{T + L}\sigma_D$$

O estoque de segurança, neste caso, é a quantidade em excesso de D_{T+L} mantida pelo Walmart pelo intervalo de tempo $T + L$. O NMP e o estoque de segurança es estão relacionados da seguinte forma:

$$NMP = D_{T+L} + es \tag{12.18}$$

Dado o NSC desejado, o estoque de segurança (es) exigido é dado por:

$$ss = F_S^{-1}(NSC) \times \sigma_{T+L} = NORMSINV(NSC) \times \sigma_{T+L} \qquad (12.19)$$

O tamanho de lote médio é igual à demanda média durante o período de revisão T e é dado por:

$$\text{Tamanho médio do lote, } Q = D_T = D \times T \qquad (12.20)$$

Na Figura 12.7, mostramos o perfil de estoque para uma política de revisão periódica com tempo de espera $L = 4$ e intervalo de reposição $T = 7$. Observe que, no dia 7, a empresa faz um pedido que determina o estoque disponível até o dia 18 (conforme ilustra a linha entre o ponto 1 e o ponto 2). Como resultado, o estoque de segurança deve ser suficiente para amortecer a variabilidade da demanda por $T + L = 7 + 4 = 11$ dias. Ilustramos a política de revisão periódica para o Walmart no Exemplo 12.13 (ver aba *Exemplo 12.13* da planilha *Exemplos 1 a 13*).

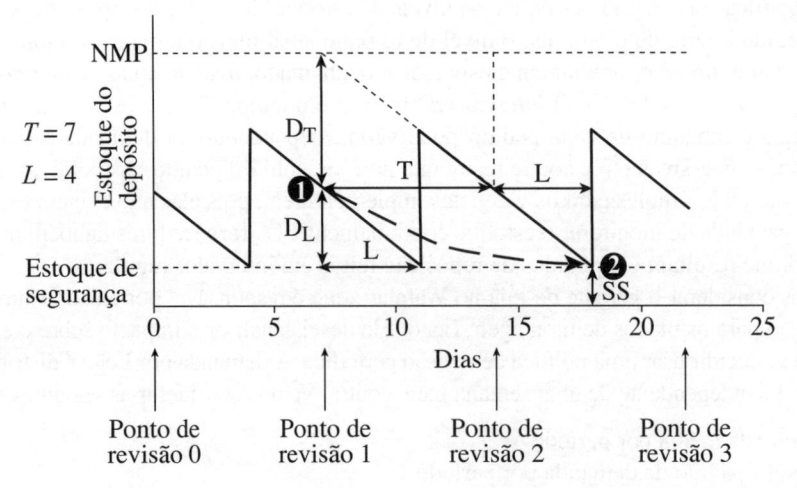

》 **Figura 12.7** Perfil de estoque para política de revisão periódica com $L = 4$, $T = 7$.

EXEMPLO 12.13 》 Avaliação do estoque de segurança para uma política de revisão periódica

A demanda semanal para Lego em uma loja Walmart é distribuída normalmente, com uma média de 2.500 caixas e um desvio-padrão de 500. O tempo de espera de reposição é de duas semanas, e o gerente da loja decidiu rever o estoque a cada quatro semanas. Considerando uma política de reposição com revisão periódica, avalie o estoque de segurança que a loja deverá manter para fornecer um NSC de 90%. Avalie o NMP para tal política.

Análise

Neste caso, temos:

Demanda média por período, $D = 2.500$
Desvio-padrão da demanda por período, $\sigma_D = 500$
Tempo de espera médio para reposição, $L = 2$ semanas
Intervalo de revisão, $T = 4$ semanas

Primeiro, obtemos a distribuição da demanda durante o intervalo de tempo $T + L$. Usando a Equação 12.2, a demanda durante o intervalo $T + L$ é distribuída normalmente, com:

Demanda média durante $T + L$ períodos, $D_{T+L} = (T + L)D = (2 + 4)\,2.500 = 15.000$
Desvio-padrão da demanda durante $T + L$ períodos, $\sigma_{T+L} = \sqrt{T + L}\,\sigma_D$
$= (\sqrt{4 + 2})500 = 1{,}225$

Pela Equação 12.19, o estoque de segurança exigido para um $NSC = 0,90$ é dado como:

$$es = F_S^{-1}(NSC) \times \sigma_{T+L} = NORMSINV(NSC) \times \sigma_{T+L}$$
$$= NORMSINV(0,90) \times 1.225 = 1.570 \text{ caixas}$$

Usando a Equação 12.18, o NMP é dado por:

$$NMP = D_{T+L} + es = 15.000 + 1.570 = 16.570$$

O gerente de loja, assim, pede a diferença entre 16.570 e o estoque atual a cada quatro semanas.

Agora, é possível comparar o estoque de segurança exigido ao usar as políticas de revisão contínua e periódica. Com uma política de revisão contínua, o estoque é usado para cobrir a incerteza da demanda durante o tempo de espera L. Com uma política de revisão periódica, o estoque é usado para cobrir a incerteza da demanda durante o tempo de espera e o intervalo de revisão $L + T$. Dado que a incerteza mais alta deve ser considerada, as políticas de revisão periódica exigem um nível mais alto de estoque de segurança. Esse argumento pode ser confirmado comparando os resultados nos exemplos 12.4 e 12.13. Para um NSC de 90%, o gerente exige um estoque de segurança de 906 caixas ao usar revisão contínua e estoque de segurança de 1.570 caixas ao usar revisão periódica.

> **》 Ponto-chave**
>
> As políticas de reposição de revisão periódica exigem mais estoque de segurança do que as políticas de revisão contínuas para o mesmo tempo de espera e nível de disponibilidade de produto.

Naturalmente, as políticas de revisão periódicas são um pouco mais simples de implementar, pois não exigem acompanhamento contínuo do estoque. Dado o uso generalizado de códigos de barras e sistemas de ponto de venda, além do surgimento da tecnologia RFID, o acompanhamento contínuo de todos os estoques é muito mais comum hoje do que era há uma década. Em algumas situações, as empresas particionam seus produtos com base em seu valor. Os produtos de alto valor são geridos usando políticas de revisão contínuas e os de baixo valor são geridos usando políticas de revisão periódica. Isso faz sentido se o custo de acompanhamento permanente de estoque for maior do que as economias no estoque de segurança resultantes da troca de todos os produtos para uma política de revisão contínua.

12.7 Gestão do estoque de segurança em uma cadeia de suprimentos multicamadas

Em nossa discussão até aqui, supomos que cada estágio da cadeia de suprimentos tem uma distribuição de demanda e oferta bem definida, que ela usa para definir seus níveis de estoque de segurança. Na prática, isso não é verdadeiro para as cadeias de suprimentos multicamadas. Considere uma cadeia multicamadas simples, com um fornecedor alimentando um varejista que vende para o cliente final. O varejista precisa conhecer a demanda e também a incerteza da oferta para definir os níveis de estoque de segurança. A incerteza da oferta, porém, é influenciada pelo nível de estoque de segurança que o fornecedor escolhe manter. Se um pedido do varejista chegar quando o fornecedor tiver estoque suficiente, o tempo de espera da oferta é curto. Ao contrário, se o pedido do varejista chegar quando o fornecedor estiver sem estoque, o tempo de espera de reposição para o varejista aumenta. Assim, se o fornecedor aumenta seu nível de estoque de segurança, o varejista pode reduzir o estoque de segurança que ele mantém. Isso implica que o nível do estoque de segurança em todos os estágios de uma cadeia de suprimentos multicamadas deve estar relacionado.

Todo o estoque entre um estágio e o cliente final é chamado de *estoque em camadas*. O estoque em camadas em um varejista é simplesmente o estoque no lojista ou no *pipeline* vindo para ele. O estoque em camadas em um distribuidor, porém, inclui o estoque no distribuidor e todos os varejistas atendidos por ele. Em uma situação multicamadas, os pontos de reposição e os níveis máximos em qualquer estágio devem ser baseados no estoque em camadas, e não no estoque local. Assim, um distribuidor deve decidir seus níveis de estoque de segurança com base no nível de estoque mantido por todas as revendas abastecidas por ele. Quanto mais estoque de segurança os varejistas mantiverem, menos estoque o distribuidor precisa manter. À medida que os varejistas diminuem o nível do estoque de segurança que eles mantêm, o distribuidor precisa aumentar o seu para garantir a reposição regular nos varejistas.

Se todos os estágios em uma cadeia de suprimentos tentarem gerenciar seu estoque em camadas, a questão de como o estoque é dividido entre os diversos estágios torna-se importante. Manter o estoque a montante em uma cadeia de suprimentos permite maior agregação e, assim, reduz a quantidade de estoque exigida. Porém, manter o estoque a montante aumenta a probabilidade de que o cliente final tenha de esperar porque o produto não está disponível em um estágio próximo a ele. Assim, em uma cadeia de suprimentos multicamadas, uma decisão deve ser feita com relação ao nível de estoque de segurança mantido em diferentes estágios. Se o estoque for muito caro de manter e os clientes estiverem dispostos a tolerar um atraso, é melhor aumentar a quantidade de estoque mantido a montante, mais longe do cliente final, para explorar os benefícios da agregação. Se o estoque for mais barato de manter e os clientes forem muito sensíveis ao tempo, é melhor manter mais estoque a jusante, mais perto do cliente final.

12.8 A função da TI na gestão de estoque

Além do básico de formalizar procedimentos de reposição de estoques para milhares de SKUs, as duas contribuições mais significativas dos sistemas de TI podem ser visibilidade de estoque melhorada e coordenação aprimorada na cadeia de suprimentos.

Um excelente exemplo dos benefícios da visibilidade de estoque melhorada é a Nordstrom, uma cadeia de lojas de departamento norte-americana. A empresa estava sempre muito bem na gestão de seu estoque (com um importante papel desempenhado pelos sistemas de TI), mas tinha separado historicamente seu estoque on-line de seu estoque da loja física Em setembro de 2009, a empresa começou a integrá-los em seu website. Os clientes agora podem acessar seu estoque onde quer que esteja disponível. Se eles preferem entrega em domicílio, a empresa pode agora usar seu estoque da loja física para atendê-los. Contudo, se eles preferem retirar, a Nordstrom possibilita que eles reservem para retirada. A visibilidade de estoque aumentada permite que a Nordstrom sirva seus estoques on-line melhor enquanto criam mais tráfego para as lojas. Em 2010, o Walmart passou a usar uma característica semelhante, chamada de "Retire hoje", a qual permite que os clientes façam seus pedidos on-line e retire-os poucas horas depois nas lojas de varejo. Os clientes são avisados (em geral, por mensagens de texto) quando o pedido está pronto. A Redbox usa a visibilidade de estoque para cada uma de suas máquinas de venda a fim de guiar os clientes até o quiosque mais próximo que tenha o DVD desejado em estoque. Em cada exemplo, a visibilidade aumentada proporcionada pelos sistemas de TI possibilita que a empresa melhore sua disponibilidade de produto ao consumidor sem aumentar seus estoques.

Outra área em que a visibilidade aumentada pode desempenhar uma função significativa é a locação de estoque em loja ou em depósito. Muitas vezes, uma loja ou depósito tem estoque disponível, mas em um lugar equivocado. O resultado líquido é uma perda da disponibilidade do produto a despeito do estoque mantido. Bons sistemas de identificação por radiofrequência têm o potencial de direcionar essa questão. Embora tenha havido sucesso limitado com o uso desses sistemas em nível de item nas lojas (tem havido algum sucesso com o vestuário de alto valor), áreas como armazenagem de peças para aeronaves têm tido bom resultado.

Os sistemas de TI também têm tido papel importante em melhorar a integração entre diferentes estágios da cadeia de suprimentos. Um exemplo clássico é o programa de reposição contínua (PRC) estabelecido entre a Procter and Gamble (P&G) e o Walmart, que possibilita que a P&G reponha o estoque de fraldas no Walmart com base na visibilidade de estoques disponíveis e nas vendas do Walmart. Essa coordenação possibilita que ambas as empresas melhorem seus níveis de serviço enquanto reduzem os estoques. Com o passar do tempo, o programa desenvolveu-se com planejamento colaborativo, previsão e reposição (discutido em mais detalhes no Capítulo 10), o que permite uma melhor coordenação do planejamento e da reposição entre diversos membros das cadeias de suprimentos por meio da visibilidade melhorada de estoques e vendas. Mesmo que cada um desses programas use TI como base, é importante reconhecer que o sucesso requer mudanças organizacionais importantes e comprometimento da liderança, como abordado no Capítulo 10. Bons sistemas de TI são uma necessidade, mas não constituem condição suficiente para obter resultados bem-sucedidos.

É importante reconhecer que o valor dos sistemas de TI em cada caso discutido aqui é intimamente ligado à acurácia da informação de estoque. Informações imprecisas levam a decisões falhas e podem, no pior dos casos, gerar desconfiança entre os membros da cadeia de suprimentos que tentam coordenar as decisões e ações. Um estudo de DeHoracius e Raman (2008) apontou que cerca de 65% dos registros de estoque verificados por um varejista eram imprecisos. Ou seja, para 65% dos registros verificados, o estoque disponível não dizia respeito ao estoque mostrado no sistema de TI. Sem registros de estoque razoavelmente precisos, o valor proporcionado por um sistema de TI será limitado.

12.9 Estimativa e gestão do estoque de segurança na prática

1. *Considere o fato de que a demanda da cadeia de suprimentos é irregular.* Na prática, um fabricante ou distribuidor não pede uma unidade de cada vez; normalmente os pedidos são feitos em lotes grandes. Assim, a demanda observada por diferentes estágios da cadeia tende a ser irregular. A irregularidade aumenta a variabilidade da demanda. Por exemplo, ao usar uma política de revisão periódica, a irregularidade pode fazer o estoque cair bem abaixo do PR antes que um pedido de reposição seja feito. Na média, o estoque cairá abaixo do PR da metade do tamanho médio de um pedido. A irregularidade pode ser considerada na prática elevando-se o estoque de segurança sugerido pelos modelos discutidos anteriormente em metade do tamanho médio de um pedido.
2. *Ajuste as políticas de estoque se a demanda for sazonal.* Na prática, a demanda normalmente é sazonal, com sua média e desvio-padrão variando de acordo com a época do ano. Assim, determinado ponto de novo pedido ou nível máximo pode corresponder a dez dias durante uma estação de baixa demanda, e apenas dois dias durante o período de pico de demanda. Se o tempo de espera for de uma semana, certamente faltará estoque durante a estação de pico. Na presença de sazonalidade, não é apropriado selecionar demanda média e desvio-padrão em relação ao ano para avaliar os pontos de pedido fixos e níveis máximos. Tanto a média quanto o desvio-padrão da demanda devem ser ajustados à época do ano, a fim de refletir a mudança na demanda. Ajustes correspondentes nos pontos de novo pedido, níveis máximos e estoques de segurança devem ser feitos durante o ano. O melhor é avaliar todos os parâmetros de estoque, como pontos de novo pedido e níveis máximos em termos de dias de demanda. Uma heurística simples que mantenha os dias de demanda constantes ao longo do tempo ajuda a considerar a sazonalidade ao ajustar automaticamente o ponto de novo pedido e o nível máximo.
3. *Use simulação para testar as políticas de estoque.* Visto que a demanda provavelmente não será distribuída normalmente e pode ser sazonal, uma boa ideia é testar e ajustar as políticas de estoque usando simulação por computador antes que elas sejam implementadas. A simulação deverá usar um padrão de demanda que reflita verdadeiramente a demanda real, incluindo qualquer irregularidade, assim como a sazonalidade. As políticas de estoque obtidas usando os modelos discutidos no capítulo podem, então, ser testadas e ajustadas, se necessário, para obter os níveis de atendimento desejados. Simulações surpreendentemente poderosas podem ser feitas com o Excel, conforme discutido no Capítulo 13. A identificação de problemas em uma simulação pode economizar muito tempo e dinheiro em comparação a enfrentar esses problemas quando a política de estoque está pronta.

4. *Comece com um piloto.* Até mesmo uma simulação não poderá identificar todos os problemas que podem surgir quando se usa uma política de estoque. Quando uma política tiver sido selecionada e testada usando a simulação, muitas vezes é uma boa ideia começar a implementação com um programa-piloto de produtos representativos do conjunto inteiro de produtos em estoque. Começando com um piloto, muitos dos problemas (tanto nas próprias políticas de estoque quanto no processo de aplicação das políticas) podem ser solucionados. Resolver esses problemas antes que a política seja implantada para todos os produtos poderá poupar muito tempo e dinheiro.
5. *Monitore os níveis de serviço.* Quando uma política de estoque tiver sido implementada, é importante que seu desempenho seja acompanhado e monitorado. O monitoramento é essencial, pois permite que uma cadeia de suprimentos identifique quando uma política não está funcionando bem e faça ajustes antes que o desempenho da cadeia seja afetado significativamente. O monitoramento requer não apenas acompanhar os níveis de estoque, mas também quaisquer faltas de estoque resultantes. Historicamente, as empresas não têm acompanhado muito bem as faltas de estoque, em parte porque elas são difíceis de acompanhar e em parte porque existe a percepção de que as faltas afetam o cliente, mas não a própria empresa. As faltas de estoque podem ser difíceis de medir em uma situação como em um supermercado, onde o cliente simplesmente não compra o produto quando ele não está na prateleira. Porém, existem maneiras simples de estimar as faltas de estoque. Em um supermercado, a fração de tempo que uma prateleira fica vazia pode ser usada para estimar a taxa de atendimento. As faltas de estoque, na realidade, são mais fáceis de estimar no ambiente on-line, onde o número de cliques em um produto sem estoque pode ser medido. Dadas a fração de cliques que se transformam em pedidos e o tamanho médio de um pedido, a demanda durante uma falta de estoque pode ser estimada.
6. *Foque a redução dos estoques de segurança.* Visto que o estoque de segurança normalmente é uma grande fração do estoque total em uma cadeia de suprimentos, a capacidade de reduzi-lo sem prejudicar a disponibilidade do produto pode aumentar significativamente a lucratividade na cadeia. Isso é importante particularmente na indústria de alta tecnologia, em que os ciclos de vida de produto são curtos. Neste capítulo, discutimos uma série de alavancas gerenciais que podem ajudar a reduzir os estoques de segurança sem prejudicar a disponibilidade. Os gestores da cadeia de suprimentos devem focar continuamente o uso dessas alavancas para diminuir os estoques de segurança.

12.10 Resumo dos objetivos de aprendizagem

1. *Descrever diferentes medidas de disponibilidade de produto.* As três medidas básicas de disponibilidade de produto são a taxa de atendimento do produto, a taxa de atendimento do pedido e o nível de serviço do ciclo. A taxa de atendimento do produto é a fração da demanda por um produto que é atendida a partir do estoque. A taxa de atendimento do pedido é a fração dos pedidos que são atendidos completamente. O nível de serviço do ciclo é a fração dos ciclos de reposição em que não ocorrem faltas de estoque.
2. *Explicar o papel do estoque de segurança em uma cadeia de suprimentos.* O estoque de segurança ajuda uma cadeia de suprimentos a oferecer aos clientes alto nível de disponibilidade de produto, apesar da incerteza da oferta e demanda. Ele é mantido para o caso de a demanda exceder a quantidade prevista ou o estoque chegar mais tarde que o esperado.
3. *Identificar os fatores que influenciam o nível de estoque de segurança exigido.* O estoque de segurança é influenciado por incerteza na demanda, tempos de espera de reposição de estoque, variabilidade do tempo de espera e disponibilidade do produto desejado. À medida que qualquer um deles aumenta, o estoque de segurança exigido também aumenta. O estoque exigido também é influenciado pela política de estoque implementada. As políticas de revisão contínua exigem menos estoque de segurança do que as políticas de revisão periódicas.
4. *Utilizar as alavancas gerenciais disponíveis para reduzir o estoque de segurança sem prejudicar a disponibilidade de produto.* O nível exigido de estoque de segurança pode ser

reduzido e a disponibilidade de produto pode ser melhorada se uma cadeia de suprimentos puder reduzir a incerteza da demanda, os tempos de espera de reposição e a variabilidade dos tempos de espera. Uma mudança de monitoramento periódico para monitoramento contínuo também pode ajudar a reduzir os estoques. Outra alavanca gerencial importante para reduzir os estoques de segurança exigidos é explorar a agregação. Isso pode ser obtido agregando estoques fisicamente ou virtualmente por meio da centralização da informação, especializando estoques com base no volume da demanda, explorando a substituição, usando a semelhança de componentes e postergando a diferenciação do produto.

Perguntas para discussão

1. Qual é o papel do estoque de segurança na cadeia de suprimentos?
2. Explique como uma redução no tempo de espera pode ajudar uma cadeia de suprimentos a reduzir o estoque de segurança sem prejudicar a disponibilidade de produto.
3. Quais são os prós e os contras das diversas medidas de disponibilidade de produto?
4. Descreva os dois tipos de políticas de pedido e o impacto que cada um deles tem sobre o estoque de segurança.
5. Qual é o impacto da incerteza da oferta sobre o estoque de segurança?
6. Por que a Home Depot, com poucas lojas grandes, proporciona um nível mais alto de disponibilidade de produto, com estoques menores, do que uma rede de lojas de ferragens como a True Value, que tem muitas lojas pequenas?
7. Por que a Amazon é capaz de oferecer grande variedade de livros e música com menos estoque de segurança do que uma rede de livrarias que vende por meio de lojas de varejo?
8. Nos anos de 1980, as tintas eram vendidas por cor e tamanho nas lojas desse segmento. Hoje, as tintas são misturadas na loja de acordo com a cor solicitada. Discuta o impacto, se houver algum, que essa mudança tem sobre os estoques de segurança na cadeia de suprimentos.
9. Uma nova tecnologia permite que livros sejam impressos em dez minutos. A Barnes & Noble decidiu comprar essas máquinas para cada uma de todas as suas livrarias. Ela deve decidir quais livros manter em estoque e quais imprimir por demanda usando essa tecnologia. Você a recomenvda para *best-sellers* ou para outros livros? Por quê?
10. Considere uma empresa como a Zara, que desenvolveu capacidades de produção com tempos de espera de reposição muito curtos. Você acha que essa capacidade é mais valorosa para suas operações on-line ou para suas operações na loja física? Por quê?
11. Conforme uma empresa melhora sua postergação (pode postergar a um custo mais baixo), ela deveria aumentar/manter imutável/diminuir a variedade que oferece? Por quê?
12. Quais capacidades os fornecedores locais em países de alto custo de produção podem desenvolver se eles vão competir efetivamente contra fornecedores transcontinentais em países de baixo custo de produção? Discuta como a capacidade impacta o nível de estoque em uma cadeia de suprimentos.

Exercícios

1. A demanda semanal por smartphones em uma loja Apple é normalmente distribuída, com uma medida de 500 e um desvio-padrão de 300. A Foxconn, uma montadora, leva quatro semanas para fornecer um pedido da Apple. A Apple tem por objetivo um NSC de 95% e monitora seu estoque continuamente. Quanto estoque de segurança de celulares uma loja Apple deveria manter? Qual deveria ser seu PR?
2. A demanda semanal para jeans na loja da Gap é normalmente distribuída, com uma média de 100 e um desvio-padrão de 50. Uma fábrica leva três semanas para fornecer um pedido à Gap. O gerente da loja monitora seu estoque continuamente e faz novos pedidos quando o estoque disponível cai abaixo de 350. Quanto estoque de segurança a loja deve manter? Qual NSC ela deve adquirir? Se o gerente quiser visar a um NSC de 95%, quanto estoque de segurança de jeans deveria ser mantido? Qual deveria ser seu PR?
3. A demanda semanal por telefones celulares Motorola em uma loja Best Buy é distribuída normalmente, com uma média de 300 e um desvio-padrão de 200. A Motorola leva duas semanas para enviar um pedido à Best Buy. A Best Buy está visando a um NSC de 95% e monitora seu estoque continuamente. Quanto estoque de segurança de celulares a Best Buy deverá manter? Qual deverá ser seu PR?
4. Reconsidere a loja Best Buy do Exercício 3. A gerente decidiu seguir uma política de revisão periódica para gerenciar o estoque de celulares. Ela planeja fazer o pedido a cada três semanas. Dado um NSC desejado de 95%, quanto estoque de segurança a loja deverá manter? Qual deverá ser seu NMP?
5. Suponha que a loja Best Buy do Exercício 3 tenha uma política de fazer pedido de celulares da Motorola em lotes de 500. A demanda semanal por celulares Motorola na loja é distribuída normalmente, com uma média de 300 e um desvio-padrão de 200. A Motorola leva duas semanas para entregar um pedido. Se a gerente estiver visando a uma taxa de atendimento de 99%, que estoque de segurança a loja deve manter? Qual deverá ser seu PR?
6. A demanda semanal por impressoras HP em uma loja Sam's Club é distribuída normalmente, com uma média de 250 e um desvio-padrão de 150. O gerente de loja monitora continuamente o estoque e atualmente pede 1.000 impressoras toda vez que o estoque cai para 600. A HP atualmente leva duas semanas para atender a um pedido. Quanto estoque de segurança a loja deverá manter? Que NSC o Sam's Club atinge como resultado dessa política? Que taxa de atendimento a loja alcança?
7. Retorne à loja Sam's Club do Exercício 6. Suponha que o tempo de espera de fornecimento da HP seja distribuído normalmente, com uma média de 2 semanas e um desvio-padrão de 1,5 semana. Quanto estoque de segurança o Sam's Club deverá manter se quiser fornecer um NSC de 95%? Como o estoque de segurança exigido muda à medida que o desvio-padrão do tempo de espera é reduzido de 1,5 semana para zero em intervalos de meia semana?

8. A demanda semanal por detergente em uma loja Walmart é distribuída normalmente, com uma média de 3.000 e um desvio-padrão de 700. O gerente monitora o estoque de detergente continuamente e solicita pedido de reposição de 10.000 unidades quando há 7.000 unidades em estoque. O fornecedor leva duas semanas para atender o pedido do Walmart. Qual NSC a loja deve adquirir? Qual taxa de atendimento ela deve ter?

9. A demanda semanal por papel toalha em uma loja Target e distribuída normalmente, com uma média de 1.000 e um desvio-padrão de 300. O fornecedor leva duas semanas para fornecer o pedido à Target, que tem um tamanho de lote de 5.000. A Target visa a uma taxa de atendimento de 99% e monitora seu estoque continuamente. Quanto estoque de segurança de papel toalha deveria ser mantido? Qual deveria ser o PR?

10. A demanda semanal para motores elétricos em um fabricante de automóveis japoneses é normalmente distribuída, com uma média de 1.000 e um desvio-padrão de 1.000. Os motores são montados atualmente na China e entregues a um custo de 20.000 ienes/motor. O fornecedor leva oito semanas para fornecer um pedido. Um fabricante japonês local ofereceu-se para entregar motores com um tempo de espera de uma semana a um custo de 20.400 ienes por motor. O fabricante do motor visa ao um NSC de 99% e monitora continuamente o seu estoque. Incorre em um custo de manutenção de 25%. Ele deveria aceitar a oferta do fornecedor local?

11. A demanda semanal para máquinas de lavar roupas de marca privada na Karstadt, uma cadeia de lojas de departamentos alemã, é normalmente distribuída com uma média de 500 e um desvio-padrão de 300. A Karstadt tem atualmente uma fonte de abastecimento na China que oferece máquinas a um custo de 200 euros. O prazo de entrega exigido pelo fornecedor é normalmente distribuído com uma média de nove semanas e um desvio-padrão de seis semanas. Um fornecedor europeu ofereceu-se para entregar máquinas de lavar com um tempo de espera garantido de uma semana a um custo de 210 euros. A Karstadt tem um custo de manutenção de 25% e visa a um nível de serviço do ciclo de 99%. Ela deve aceitar a oferta do fornecedor local?

12. A Croma é uma cadeia de varejo indiana de eletroeletrônicos. A empresa tem atualmente 25 lojas localizadas nas principais áreas metropolitanas. A demanda semanal para smartphones em cada uma é normalmente distribuída, com uma média de 300 e um desvio-padrão de 300. O fornecedor atualmente leva quatro semanas para cumprir um pedido de reposição, que é solicitado separadamente por cada loja. A Croma visa a um NSC de 95% e monitora seu estoque continuamente. Quanto estoque de segurança de smartphones ela deve manter em cada loja? A empresa está pensando em mover os smartphones para o canal on-line, onde seriam estocados em um único depósito nacional. Suponha que a Croma possa mover os smartphones sem perder demanda (a demanda on-line é uma soma da demanda em cada loja de varejo). Quanta economia em estoque de segurança ela pode esperar pela venda on-line se a demanda por meio das lojas é independente? Quanta economia em estoque de segurança ela pode esperar a partir da venda on-line se a demanda por meio das lojas tem um coeficiente de correlação de $\rho = 0{,}5$?

13. O Magazine Luiza é uma cadeia de varejo brasileira de produtos eletroeletrônicos. A empresa tem atualmente 100 lojas distribuídas em todo o Brasil e também opera um canal on-line. Está considerando a introdução de uma nova impressora e deve decidir se vai oferecê-la em lojas de varejo ou no canal on-line. A demanda semanal para a impressora em cada loja foi prevista como sendo normalmente distribuída com uma média de 100 e um desvio-padrão de 80. A empresa também previu que a demanda no canal on-line seria a soma da demanda em todas as 100 lojas. O fornecedor terá quatro semanas para cumprir um pedido de reposição, tanto solicitados separadamente por cada loja como pelo CD da loja virtual. O Magazine Luiza visa a um NSC de 95% e monitora continuamente o seu estoque. Quanto estoque de segurança a empresa vai manter se a impressora for mantida em todas as 100 lojas? Quanto estoque de segurança será mantido se a impressora for oferecida on-line e a demanda pelas lojas for independente? Quanto estoque de segurança será mantido se a impressora for oferecida on-line e a demanda por meio das lojas tiver um coeficiente de correlação de $\rho = 0{,}3$?

14. A Gap começou a vender por seu canal on-line junto de suas lojas de varejo. A sua gestão precisa decidir quais produtos manter nas lojas e quais manter em um depósito central, para serem vendidos apenas pelo canal on-line. A Gap atualmente tem 900 lojas de varejo nos Estados Unidos. A demanda semanal por calças cáqui em tamanho grande em cada loja é distribuída normalmente, com uma média de 800 e um desvio-padrão de 100. Cada par de calças custa US$ 30. A demanda semanal para suéteres de caxemira roxos em cada loja é distribuída normalmente, com uma média de 50 e um desvio-padrão de 50. Cada suéter custa US$ 100. A Gap tem um custo de manutenção de 25%. A empresa gere todos os estoques usando uma política de revisão contínua, e o tempo de espera do fornecimento para os dois produtos é de quatro semanas. O NSC visado é de 95%. Quanta redução no custo de manutenção por unidade vendida a Gap pode esperar passando cada um dos dois produtos das lojas para o canal on-line? Qual dos dois produtos a Gap deverá manter nas lojas e qual ela deve manter no depósito central, para o canal on-line? Por quê? Suponha que a demanda de uma semana para a seguinte seja independente.

15. A Epson produz impressoras para venda na Europa em sua fábrica de Taiwan. As impressoras vendidas em vários países diferem em relação à tomada e também ao idioma dos manuais. Atualmente, a Epson monta e embala impressoras para venda em cada país que as vende. A demanda semanal nos diferentes países é distribuída normalmente, com médias e desvios-padrão conforme mostra a Tabela 12.6.

》Tabela 12.6 Demanda semanal por impressoras Epson na Europa.

País	Demanda média	Desvio-padrão
França	3.000	2.000
Alemanha	4.000	2.200
Espanha	2.000	1.400
Itália	2.500	1.600
Portugal	1.000	800
Reino Unido	4.000	2.400

Suponha que a demanda nos países seja independente. Dado que o tempo de espera da fábrica de Taiwan é de oito semanas, quanto estoque de segurança a Epson requer na Europa se ela visa a um NSC de 95%?

A Epson decide montar um CD central na Europa. Ela enviará impressoras básicas (sem a fonte de alimentação) para o CD. Quando um pedido for recebido, o CD montará as fontes de alimentação, incluirá os manuais e enviará as impressoras para o país apropriado. As impressoras básicas ainda são manufaturadas em Taiwan com um tempo de espera de oito semanas. Quanta economia em estoque de segurança a Epson pode esperar como resultado?

16. Retorne aos dados da Epson no Exercício 15. Cada impressora custa à empresa US$ 200, e o custo de manutenção é de 25%.

Que economia no custo de manutenção ela pode esperar como resultado da montagem do CD europeu? Se a montagem final no CD europeu acrescentar US$ 5 ao custo de produção de cada impressora, você recomendaria a mudança? Suponha que a Epson seja capaz de reduzir o tempo de espera para produção e entrega de sua fábrica de Taiwan para quatro semanas, usando bons sistemas de informação. Quanta economia em custo de manutenção ela pode esperar sem o CD europeu? E com ele?

17. Retorne aos dados da Epson no Exercício 15. Suponha que a demanda nos diferentes países não seja independente. A demanda em qualquer país está correlacionada com um coeficiente de correlação ρ. Avalie as economias no custo de manutenção que a Epson ganha como resultado de construir um CD europeu à medida que ρ aumenta de 0 (demanda independente) até 1 (demanda perfeitamente correlacionada de forma positiva) em intervalos de 0,2.

18. A Motorola obtém telefones celulares de seu fabricante contratado, localizado na China, para atender ao mercado dos Estados Unidos, que é atendido por um depósito localizado em Memphis, Tennessee. A demanda diária no depósito em Memphis é distribuída normalmente, com uma média de 5.000 e um desvio-padrão de 4.000. O depósito visa a um NSC de 99%. A empresa está debatendo se usará transporte marítimo ou aéreo da China. O transporte marítimo resulta em um tempo de espera de 36 dias e custa US$ 0,50 por telefone. O transporte aéreo resulta em um tempo de espera de quatro dias e custa US$ 1,50 por telefone. Cada telefone custa US$ 100, e a Motorola usa um custo de manutenção de 20%. Dados os tamanhos mínimos de lote, a Motorola pediria 100.000 telefones de cada vez (na média, uma vez a cada 20 dias) se estiver usando transporte marítimo e 5.000 telefones de cada vez (na média, diariamente) se estiver usando o transporte aéreo. Para começar, suponha que a Motorola se aproprie do estoque na entrega.
    a. Supondo que a Motorola siga uma política de revisão contínua, que ponto de reposição e estoque de segurança o depósito deverá visar quando usar transporte marítimo ou aéreo? Quantos dias de estoque de segurança e cíclico a Motorola manterá sob cada política?
    b. Quantos dias de estoque cíclico a Motorola mantém sob cada política?
    c. Sob uma política de revisão contínua, você recomenda o transporte marítimo ou aéreo se a Motorola não possui o estoque enquanto está em trânsito? Sua resposta mudaria se a Motorola se apropriasse do estoque enquanto ele está em trânsito?

19. A demanda semanal para consoles na Liverpool, uma cadeia de lojas de departamento mexicana, é normalmente distribuída com uma média de 1.000 e um desvio-padrão de 400. O tempo de espera de reposição do fornecedor é de quatro semanas. A Liverpool está visando a um NSC de 95% e usa uma política de revisão periódica sob a qual ela faz novos pedidos de consoles a cada oito semanas. Qual é o tamanho médio de pedido? Quanto estoque de segurança de consoles a Liverpool deve manter? Qual deve ser seu nível máximo de pedido? Quanto estoque de segurança seria necessário se a Liverpool mudasse para uma política de revisão contínua?

20. A demanda semanal para bolsas de mão na Liverpool é normalmente distribuída com uma média de 3.000 e um desvio-padrão de 1.000. O tempo de espera de reposição do fornecedor é de quatro semanas. A Liverpool usa uma política de revisão periódica em que faz novos pedidos de bolsas de mão a cada 12 semanas. Ela atualmente faz uso de um nível máximo de pedido de 50.000. Qual é o tamanho médio de pedido? Quanto estoque de segurança de bolsas ela deve carregar? Qual NSC ela deve adquirir? Qual nível máximo de pedido deve ser usado se ela quiser um NSC de 99%?

21. Retorne aos dados do problema no Exercício 18. Suponha que a Motorola siga uma política de revisão periódica. Dados os tamanhos de lote por meios marítimo e aéreo, a Motorola teria de fazer um pedido a cada 20 dias usando o transporte marítimo, mas poderia pedir diariamente usando o transporte aéreo.
    a. Suponha que a Motorola siga uma política de revisão periódica. Que nível máximo e estoque de segurança o depósito deverá visar quando usar transporte marítimo ou aéreo? Quantos dias de estoque de segurança a Motorola manterá sob cada política?
    b. Quantos dias de estoque cíclico a Motorola mantém sob cada política?
    c. Sob uma política de revisão periódica, você recomenda o transporte marítimo ou o aéreo? Sua resposta mudaria se a Motorola se apropriasse do estoque enquanto ele está em trânsito?

22. A DoorRed Pharmacy repõe um de seus medicamentos mais vendidos usando uma política de revisão contínua. A demanda diária pelo medicamento é distribuída normalmente, com uma média de 300 e um desvio-padrão de 100. O atacadista pode processar um pedido de reposição em 2 dias. A política de reposição atual é pedir 1.500 unidades quando existem 750 unidades disponíveis.
    a. Qual é o nível de serviço do ciclo que a DoorRed alcança com essa política?
    b. Qual é a taxa de atendimento que a DoorRed alcança com essa política?
    c. Que mudança na taxa de atendimento a DoorRed alcançaria se aumentasse seu ponto de reposição de 750 para 800?

23. Retorne à DoorRed Pharmacy no Exercício 22. Para o medicamento em discussão, a DoorRed deseja ajustar seu ponto de reposição de 750 para atingir uma taxa de atendimento de 99,9%. Que ponto de reposição ela deverá usar?

24. A DoorRed Pharmacy tem 25 pontos de revenda na região de Chicago. A política atual é manter cada medicamento em cada ponto de revenda. A DoorRed está investigando a possibilidade de reunir alguns dos medicamentos em um local central. O valor da remessa aumentaria em US$ 0,02 por unidade se um medicamento estivesse centralizado. O aumento no valor vem do custo adicional de operar a viagem do local central para cada um dos outros locais. Em cada ponto de revenda, a DoorRed segue uma política de reposição semanal (um pedido de reposição é feito uma vez a cada sete dias). O tempo de espera de reposição é de três dias. A empresa planeja ficar com um pedido por semana, mesmo que um medicamento seja centralizado. A DoorRed usa um custo de manutenção de estoque de 20% e almeja um nível de serviço do ciclo de 99%. Suponha que a demanda das lojas seja independente.
    a. Considere um medicamento com demanda diária que seja distribuído normalmente, com uma média de 300 e um desvio-padrão de 50. O medicamento custa US$ 10 por unidade. Qual é o custo de manutenção anual do estoque de segurança por todas as lojas? Se o medicamento fosse centralizado em um local, qual seria o custo anual de manutenção de estoque de segurança no local central? Qual seria o aumento anual no custo de remessa? Você recomenda a centralização?
    b. Agora, considere um medicamento com demanda diária distribuída normalmente, com uma média de 5 e um desvio-padrão de 4. O medicamento custa US$ 10 por unidade. Qual é o custo de manutenção anual do estoque de segurança por todas as lojas? Se o medicamento estivesse centralizado em um local, qual seria o custo anual da manutenção do estoque de segurança no local central? Qual seria o aumento anual no custo de remessa? Você recomenda a centralização?
    c. Sua resposta para (a) e (b) mudaria se a demanda das lojas tivesse um coeficiente de correlação de 0,5?

25. A Toyota decidiu montar depósitos regionais onde algumas variantes do Scion serão customizadas e entregues aos revendedores sob

demanda. A customização e o envio sob demanda aumentarão o custo de produção e transporte por carro em US$ 100. Cada carro custa US$ 20.000, e a Toyota tem um custo de manutenção de 20%. Os carros no revendedor pertencem à Toyota durante os primeiros 90 dias. Assim, para todos os fins práticos, a Toyota possui todo o estoque, seja nos revendedores, seja no depósito regional. Considere uma região com cinco grandes revendedores e 30 revendedores pequenos. A Toyota dividiu os modelos em dois grupos: variantes populares e variantes exclusivas. A demanda semanal para os dois tipos de modelos nos dois tipos de distribuidores aparece na Tabela 12.7. O objetivo é oferecer um nível de serviço do ciclo de 95% usando uma política de revisão contínua. Os tempos de espera de reposição para os revendedores e os depósitos regionais são de quatro semanas. A customização e a entrega a partir de um depósito regional para um revendedor podem ser feitas em um dia, e esse tempo pode ser ignorado. Suponha que a demanda seja independente entre todos os revendedores.

a. Quanto estoque de segurança de uma variante popular é necessário em um revendedor grande ou pequeno?
b. Qual é o estoque de segurança exigido se o estoque para a variante popular (para revendedores grandes e pequenos) for centralizado no depósito regional pela Toyota?
c. Qual é o estoque de segurança exigido se o estoque para a variante popular nos revendedores pequenos for centralizado no depósito regional, mas o dos revendedores grandes for descentralizado?
d. Dado o custo adicional com customização e transporte, que estrutura você recomenda para a variante popular?
e. Repita as partes (a) a (d) para a variante exclusiva.
f. Como a Toyota deverá estruturar os estoques dados seus depósitos regionais?

》 **Tabela 12.7** Demanda semanal nos revendedores de carros.

	Variante popular		Variante exclusiva	
	Média	Desvio-padrão	Média	Desvio-padrão
Grande revendedor	50	15	8	5
Pequeno revendedor	10	5	2	2

26. A Orion é uma empresa global que vende copiadoras. Ela atualmente vende dez modelos de uma copiadora, com todo o estoque mantido na forma de produtos acabados. O componente principal que diferencia as copiadoras é o subconjunto de impressão. Uma ideia sendo discutida é introduzir a semelhança no subconjunto de impressão de modo que a montagem final possa ser adiada e os estoques sejam mantidos na forma de componente. Atualmente, cada copiadora custa US$ 1.000 em termos de componentes. A introdução da semelhança no subconjunto de impressão aumentará os custos com componentes para US$ 1.025. Uma das 10 variantes representa 80% da demanda total. A demanda semanal para essa variante é distribuída normalmente, com uma média de 1.000 e um desvio-padrão de 200. Cada um dos nove modelos restantes tem uma demanda semanal de 28 com um desvio-padrão de 20. A Orion visa a oferecer um nível de serviço de 95%. O tempo de espera para reposição dos componentes é de quatro semanas. A montagem da copiadora pode ser concluída em questão de horas. A Orion gerencia todos os estoques usando uma política de revisão contínua e usa um custo de manutenção de 20%.

a. Quanto estoque de segurança de cada variante a Orion deverá manter sem semelhança de componentes? Qual é o custo de manutenção anual?
b. Quanto estoque de segurança deverá ser mantido na forma de componente se a Orion utilizar componentes comuns para todas as variantes? Qual é o custo de manutenção anual? Qual é o aumento no custo do componente usando a semelhança? A semelhança é justificada para todas as variantes?
c. A que custo de semelhança a semelhança completa será justificada?
d. Agora, considere o caso em que a Orion usa a semelhança de componentes apenas para os nove modelos de baixa demanda. Quanta redução no estoque de segurança a Orion consegue nesse caso? Quais são as economias em termos de custo de manutenção anual? Essa forma mais restrita de semelhança é justificada?
e. A que custo de semelhança pode-se justificar a semelhança em variantes de baixo volume?

Referências

BARNES, J. The Myths and Truths About Inventory Optimization. *Supply Chain Management Review*, p. 10–19, mar./abr. 2014.

DEHORATIUS, N.; RAMAN, A. Inventory Record Inaccuracy: An Empirical Analysis. *Management Science* 54, p. 627–641, abr. 2008.

FEDERGRUEN, A. Y. Z. An Efficient Algorithm for Computing an Optimal (r,Q) Policy in Continuous Review Stochastic Inventory Systems. *Operations Research*, v. 40, p. 808–813, jul./ago. 1992.

FEITZINGER, E.; LEE, H. L. Mass Customization at Hewlett Packard. *Harvard Business Review*, p. 116–121, jan./fev. 1997.

GALLEGO, G. New Bounds and Heuristics for (Q,r) Policies. *Management Science* 44, p. 219–233, fev. 1998.

GEARY, S.; CHILDERHOUSE, P.; TOWILL, D. Uncertainty and the Seamless Supply Chain. *Supply Chain Management Review*, p. 52–61, jul./ago. 2002.

KOPCZAK, L.; LEE, H. L. *Hewlett-Packard Co.: Deskjet Printer Supply Chain (A)*. Stanford University Case GS3A, 2001.

LEE, H. L. Design for Supply Chain Management: Concepts and Examples. In: SARIN, R. (ed.) *Perspectives in Operations Management*. Norwell, MA: Kluwer Academic Publishers, 1993, p. 45–65.

LEE, H. L.; BILLINGTON, C. Managing Supply Chain Inventory. *Sloan Management Review*, p. 65–73, 1992.

LEE, H. L.; BILLINGTON, C.; CARTER, B. Hewlett-Packard Gains Control of Inventory and Service Through Design for Localization. *Interfaces*, p. 1–11, jul./ago. 1993.

NAHMIAS, S. *Production and Operations Analysis*. Burr Ridge, IL: Richard P. Irwin, 1997.

SIGNORELLI, S.; HESKETT, J. L. *Benetton (A)*. Harvard Business School Case 9-685-014, 1984.

SILVER, E. A.; PYKE, D.; PETERSEN, R. *Inventory Management and Production Planning and Scheduling*. New York: Wiley, 1998.

STRANG, R. Retail Without Boundaries. *Supply Chain Management Review*, p. 32–39 nov. 2013.

TAYUR, S.; GANESHAN, R.; MAGAZINE, M. *Quantitative Models for Supply Chain Management*. Boston: Kluwer Academic Publishers, 1999.

TRENT, R. J. Managing Inventory Investment Effectively. *Supply Chain Management Review*, p. 28–35, mar./ abr. 2002.

ZIPKIN, P. H. *Foundations of Inventory Management*. Boston: Irwin McGraw-Hill, 2000.

Estudo de caso
Gestão de estoques na ALKO Inc.

A ALKO começou em 1943 em uma oficina de garagem montada por John Williams, em sua casa em Cleveland. John sempre gostou de consertos, e em fevereiro de 1948 ele conseguiu uma patente para um de seus projetos de luminárias. Ele decidiu produzi-las em sua oficina e tentou comercializá-las na área de Cleveland. O produto vendia bem, e em 1957 a ALKO se tornou uma empresa de 3 milhões de dólares. Suas luminárias eram bem conhecidas por sua incrível qualidade. Na época, ele vendia um total de cinco produtos.

Em 1963, John abriu o capital da empresa. Desde então, a ALKO tem tido muito sucesso, e a empresa começou a distribuir seus produtos por todo o país. À medida que a concorrência se intensificava na década de 1980, a ALKO introduziu muitos novos projetos de luminárias. A lucratividade da empresa, porém, começou a ficar ruim apesar do fato de a ALKO ter muito cuidado em garantir que a qualidade do produto não ficasse prejudicada. O problema foi que as margens começaram a encurtar quando a concorrência no mercado se intensificou. Nesse ponto, a direção decidiu que era necessária uma completa reorganização, começando de cima. Gary Fisher foi contratado para reorganizar e reestruturar a empresa.

Quando Gary chegou, em 2009, ele encontrou uma empresa beirando o abismo. Ele passou os primeiros meses tentando entender o negócio da empresa e o modo como ela estava estruturada. Gary observou que a chave estava no desempenho operacional. Embora a empresa sempre tivesse sido fantástica no desenvolvimento e na produção de novos produtos, ela historicamente tinha ignorado seu sistema de distribuição. O sentimento dentro da empresa era de que, quando você tem um bom produto, o resto cuida de si mesmo. Gary montou uma força-tarefa para rever o sistema de distribuição atual da empresa e fazer recomendações.

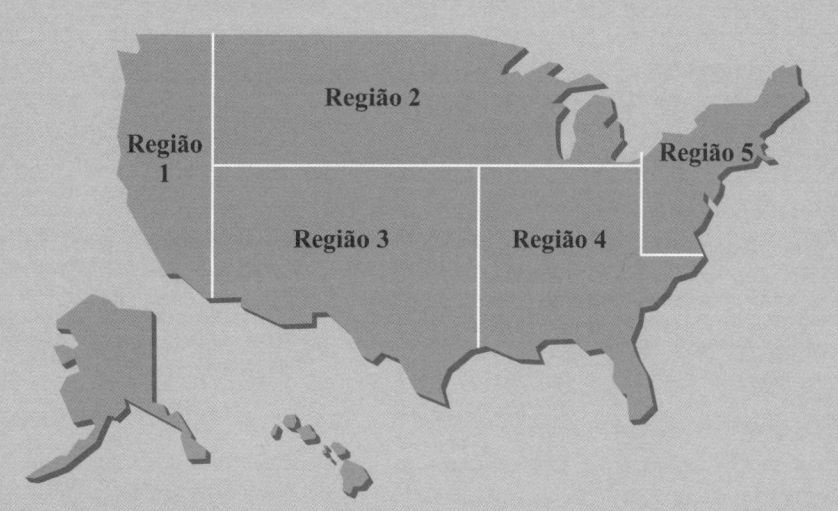

Figura 12.8 Regiões de vendas para a ALKO.

O sistema de distribuição atual

A força-tarefa observou que a ALKO tinha 100 produtos em sua linha em 2009. Toda a produção ocorria nas três instalações localizadas na área de Cleveland. Para fins de vendas, os Estados Unidos foram divididos em cinco regiões, como mostra a Figura 12.8. Um CD pertencente à ALKO operava em cada uma dessas regiões. Os clientes faziam pedidos aos CDs, que tentavam fornecê-los com base em produtos em estoque. À medida que o estoque de cada produto diminuía, o CD, por sua vez, pedia das fábricas. As fábricas programavam a produção com base nos pedidos do CD. Os pedidos eram transportados das fábricas aos CDs em quantidades CC, pois os tamanhos dos pedidos costumavam ser grandes. Por outro lado, as entregas do CD para o cliente eram de CF. A ALKO usava uma empresa de transporte terceirizada para os dois braços de transportes. Em 2009, os custos com CC das fábricas para os CDs eram em média US$ 0,09 por unidade. Os custos da entrega CF de um CD para um cliente eram, em média, US$ 0,10 por unidade.

Na média, eram necessários cinco dias entre o momento em que um CD fazia um pedido com uma fábrica e o momento em que o pedido era entregue da fábrica.

A política em 2009 era estocar cada item em cada CD. Um estudo detalhado da linha de produtos mostrou que havia três categorias básicas de produtos em termos de volume de vendas. Elas foram categorizadas como: Alta, Média e Baixa. Os dados de demanda para um produto representativo em cada categoria são mostrados na Tabela 12.8. Os produtos 1, 3 e 7 são representativos de produtos com demanda Alta, Média e Baixa, respectivamente. Dos 100 produtos que a ALKO vendeu, 10 foram do tipo Alto, 20 do tipo Médio e 70 do tipo Baixo. Cada uma de suas demandas era idêntica àquelas dos produtos representativos 1, 3 e 7, respectivamente.

A força-tarefa identificou que as capacidades da fábrica permitiam que qualquer pedido razoável fosse produzido e entregue em cinco dias. Assim, o tempo de espera de reposição era de cinco dias. Os CDs faziam o pedido usando uma política de revisão periódica com um intervalo de reposição de seis dias. O custo de manutenção incorrido era de US$ 0,15 por unidade ao dia se a unidade estivesse em trânsito ou em armazenagem. Todos os CDs mantinham estoques de segurança para garantir um NSC de 95%.

Tabela 12.8 Distribuição da demanda diária na ALKO.

	Região 1	Região 2	Região 3	Região 4	Região 5
Peça 1 M	35,48	22,61	17,66	11,81	3,36
Peça 1 DP	6,98	6,48	5,26	3,48	4,49
Peça 3 M	2,48	4,15	6,15	6,16	7,49
Peça 3 DP	3,16	6,20	6,39	6,76	3,56
Peça 7 M	0,48	0,73	0,80	1,94	2,54
Peça 7 DP	1,98	1,42	2,39	3,76	3,98

Sistemas de distribuição alternativos

A força-tarefa recomendou que a ALKO montasse um centro de distribuição nacional (CDN) fora de Chicago. Recomendou também que a ALKO fechasse seus cinco CDs e passasse todo o estoque para o CDN. A capacidade do depósito era medida em termos do *número total de unidades tratadas ao ano* (ou seja, a capacidade do depósito era dada em termos da demanda fornecida pelo depósito). O custo de construção de um depósito aparece na Figura 12.9. Porém, a ALKO esperava recuperar US$ 50.000 para cada depósito que fechasse. O NSC a partir do CDN continuaria a ser de 95%.

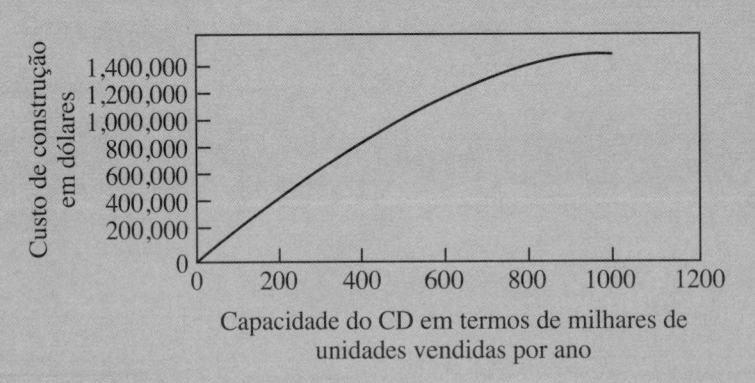

Figura 12.9 Custos de construção do CDN.

Como Chicago está próximo de Cleveland, o custo do transporte que chega das fábricas para o CDN cairia para US$ 0,05 por unidade. O tempo de espera total de reposição para o CDN em Chicago ainda seria de cinco dias. Porém, dada a distância média aumentada, o custo do transporte de saída para os clientes a partir do CDN aumentaria para US$ 0,24 por unidade.

Outras possibilidades que a força-tarefa considerou incluem a criação de um centro de distribuição nacional enquanto os CDs regionais são mantidos abertos. Nesse caso, alguns produtos seriam estocados nos CDs regionais, enquanto outros seriam estocados no CDN.

A decisão de Fisher

Gary Fisher ponderou o relatório da força-tarefa. Eles não tinham detalhado nenhum dos números que deram suporte à sua decisão. Ele decidiu avaliar os números antes de tomar sua decisão.

Perguntas

1. Quais são o estoque e o custo de distribuição anual do sistema de distribuição atual?
2. Quais são as economias que resultariam de seguir a recomendação da força-tarefa e construir um CDN? Avalie as economias quando o coeficiente de correlação da demanda em qualquer par de regiões varia de 0 para 0,5 para 1,0. Você recomenda construir um CDN?
3. Sugira outras opções que Gary Fisher deveria considerar. Avalie cada opção e recomende um sistema de distribuição que seja mais lucrativo para a ALKO. O quanto sua recomendação depende do coeficiente de correlação da demanda entre diferentes regiões?

Estudo de caso
O empacotamento deveria ser postergado ao CD?

A Penang Eletronics (PE) é um fabricante contratado que fabrica e embala produtos de marca privada para algumas cadeias de varejo, inclusive a Target, Best Buy, Staples e Office Max. Em cada caso, os produtos básicos são idênticos, com a única diferença consistindo na marcação e no empacotamento. Assim, a versão etiquetada e embalada do produto destinado para a Target não pode ser enviada para a Best Buy.

Atualmente, uma instalação de produção na Malásia é usada para fabricar, etiquetar e embalar todos os produtos. Ela repõe um CD em St. Louis, a partir do qual o fabricante contratado preenche todos os pedidos do cliente. O tempo de espera de fabricação e transporte da Penang até St. Louis é de nove semanas. A PE utiliza uma política de revisão contínua para gerenciar os estoques em seus CDs e tem como objetivo proporcionar um nível de serviço do ciclo de 95% para cada produto a todos os clientes.

O mês anterior tinha sido muito desafiador porque a Best Buy solicitou 5.000 unidades adicionais além do que estava disponível no CD, enquanto a Target fez pedido de 3.500 unidades a menos e a Staples solicitou 4.000 unidades a menos. Mesmo havendo estoque de produto suficiente disponível no CD (sob a forma de produto básico), a PE não poderia atender à solicitação da Best Buy porque o estoque excedente disponível estava etiquetado e embalado para outros clientes. O CD teve sobra de estoque da Target e da Staples, que infelizmente não poderia ser usada para servir a Best Buy. A PE tinha perdido o negócio e o excedente de estoque, tudo por causa das etiquetas e embalagens colocadas erroneamente.

Inserção de etiqueta e empacotamento no CD

A vice-presidente da cadeia de suprimentos na PE propôs a postergação da inserção de etiqueta e empacotamento finais para o CD. Sua lógica permitiria que a PE usasse todos os estoques disponíveis para servir qualquer cliente. Em particular, a situação que surgiu no mês anterior, quando a Best Buy não conseguiu seu pedido completo, poderia ter sido evitada pela postergação. Se o empacotamento fosse movido para o CD, o tempo de espera de fabricação e transporte do produto básico da Malásia continuaria a ser de cerca de nove semanas. A inserção de etiqueta e o empacotamento foram passos relativamente rápidos e o tempo de resposta a partir do CD ao cliente não teve expectativa de mudança.

O gerente do CD se opôs à ideia porque ela acarretaria em trabalho adicional que era diferente do que eles estavam acostumados. Um estudo detalhado do processo de produção mostrou que a inserção de etiqueta e o empacotamento no CD custaria US$ 2 por unidade a mais do que o custo de etiquetar e embalar na Malásia. O gerente do CD acreditou que esse aumento no custo ficaria a cargo deles uma vez que o processo mudasse, e que eles estariam sob constante pressão para diminuir os custos. Eles também acreditavam que isso complicaria o trabalho que eles tinham ao preencher um pedido e poderia impactar de maneira adversa o serviço ao cliente.

Avaliação de duas opções

Para avaliar as duas opções, uma equipe formada tanto pelos fabricantes como pelo pessoal do CD foi definida. Ela decidiu focar sua análise em três categorias de produtos principais: computadores, impressoras e scanners; e em quatro clientes principais: Target, Best Buy, Staples e Office Max. A demanda semanal por cada produto e cliente é mostrada na Tabela 12.9. Em cada caso, "Média (M)" indica a demanda semanal média e "SD" indica o desvio-padrão da demanda semanal. Supôs-se que toda a demanda seria distribuída normalmente. A PE incorreu em custo total de US$ 1.000 por computador, US$ 300 por impressora e US$ 100 por scanner. Dado o ciclo de vida curto desses produtos, a PE usou um custo de manutenção de 30% ao tomar as decisões relativas ao estoque. A equipe analisou o impacto da postergação nos estoques de segurança antes de fazer a recomendação final.

Tabela 12.9 Distribuição da demanda semanal para produto e cliente.

	Computadores		Impressoras		Scanners	
	M	DP	M	DP	M	DP
Target	1.000	700	2.000	1.000	4.000	1.000
Best Buy	700	600	1.500	800	4.500	900
Office Max	800	600	1.200	600	2.000	700
Staples	500	400	900	500	1.400	500

Perguntas

1. Qual o custo de estoque anual do sistema atual, no qual o produto é fabricado, etiquetado e empacotado na Malásia antes de ser remetido para o CD?
2. Como seria a mudança no custo de estoque se a inserção de etiqueta e o empacotamento fossem movidos para o CD? Avalie a mudança nos custos de estoque à medida que o coeficiente de correlação da demanda de qualquer par de clientes varia de 0 para 0,5 para 1,0.
3. Como a PE deveria definir seus processos de produção, inserção de etiqueta e empacotamento? Sua resposta mudaria se um custo adicional de inserção de etiqueta e empacotamento no CD fosse reduzido em US$ 1 (a partir do valor atual de US$ 2)?

Apêndice 12A

A distribuição normal

Uma variável aleatória contínua X tem uma *distribuição normal* com média μ e desvio-padrão $\sigma > 0$ se a função de densidade de probabilidade $f(x, \mu, \sigma)$ da variável aleatória for dada por:

$$f(x, \mu, \sigma) = \frac{1}{\sigma\sqrt{2\pi}} \exp\left[\frac{(x - \mu)^2}{2\sigma^2}\right] \qquad (12.21)$$

A função de densidade normal é mostrada na Figura 12.10.

A *função de distribuição normal acumulada* é indicada por $F(x, \mu, \sigma)$ e é a probabilidade de que uma variável aleatória distribuída normalmente com média μ e desvio-padrão σ assuma um valor menor ou igual a x. A função de distribuição normal acumulada e a função de densidade estão relacionadas da seguinte forma:

$$F(x, \mu, \sigma) = \int_{X=-\infty}^{x} f(X, \mu, \sigma) dX$$

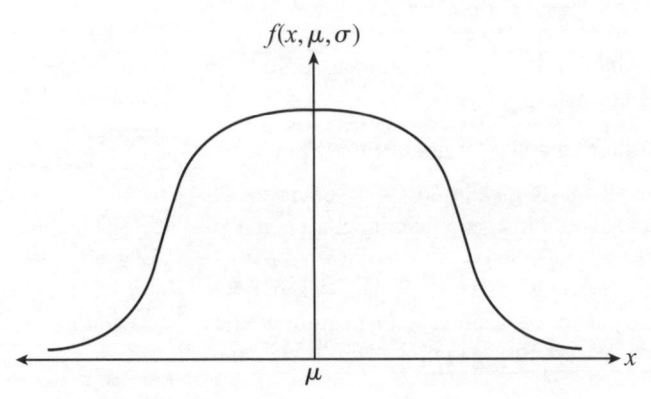

Figura 12.10 Função de densidade normal.

Uma distribuição normal com uma média $\mu = 0$ e desvio-padrão $\sigma = 1$ é conhecida como *distribuição normal padrão*. A função de densidade normal padrão é indicada por $f_S(x)$ e a função da distribuição normal padrão acumulada é indicada por $F_S(x)$. Assim:

$$f_S(x) = f(x, 0, 1) \text{ and } F_S(x) = F(x, 0, 1)$$

Dada uma probabilidade p, a normal inversa $F^{-1}(p, \mu, \sigma)$ é o valor de x tal que p é a probabilidade de que a variável aleatória normal assuma um valor de x ou menos. Assim, se $F(x, \mu, \sigma) = p$, então $x = F^{-1}(p, \mu, \sigma)$. O inverso da distribuição normal padrão é indicado por $F_S^{-1}(p)$. Assim:

$$F_S^{-1}(p) = F^{-1}(p, 0, 1).$$

Apêndice 12B

A distribuição normal no Excel

As seguintes funções do Excel podem ser usadas para avaliar diversas funções de distribuição normal:

$$F(x, \mu, \sigma) = \text{NORMDIST}(x, \mu, \sigma, 1) \tag{12.22}$$

$$f(x, \mu, \sigma) = \text{NORMDIST}(x, \mu, \sigma, 0) \tag{12.23}$$

$$F^{-1}(p, \mu, \sigma) = \text{NORMINV}(p, \mu, \sigma) \tag{12.24}$$

As funções do Excel para avaliar diversas funções de distribuição normal são listadas a seguir.

$$F_S(x) = \text{NORMDIST}(x, 0, 1, 1) \text{ or } \text{NORMSDIST}(x) \tag{12.25}$$

$$f_S(x) = \text{NORMDIST}(x, 0, 1, 0) \tag{12.26}$$

$$F_S^{-1}(p) = \text{NORMSINV}(p) \tag{12.27}$$

Apêndice 12C

Falta esperada pelo ciclo de reposição

Objetivo

Estabelecer uma fórmula alternativa para a falta esperada por ciclo de reposição (FECR) a ser avaliada usando o Excel.

Análise

Dado um ponto de novo pedido $PR = D_L + es$, a FECR é dada como:

$$FECR = \int_{x=PR}^{\infty} (x - PR) f(x) dx$$

$$= \int_{x=D_L+ss}^{\infty} (x - D_L - ss) f(x) dx$$

Dado que a demanda durante o tempo de espera é distribuída normalmente com média D_L e desvio-padrão σ_L, temos (usando a Equação 12.21):

$$FECR = \int_{x=D_L+ss}^{\infty} (x - D_L - ss) \frac{1}{\sqrt{2\pi}\sigma_L} e^{-(x-D_L)^2/2\sigma_L^2} dx$$

Substitua o seguinte:

$$z = \frac{(x - D_L)}{\sigma_L}$$

Isso implica que:

$$dx = \sigma_L dz$$

Desse modo, temos:

$$FECR = \int_{z=ss/\sigma_L}^{\infty} (z\sigma_L - ss)\frac{1}{\sqrt{2\pi}}e^{-z^2/2}dz$$

$$= -ss\int_{z=ss/\sigma_L}^{\infty} \frac{1}{\sqrt{2\pi}}e^{-z^2/2}dz$$

$$+ \sigma_L\int_{z=ss/\sigma_L}^{\infty} z\frac{1}{\sqrt{2\pi}}e^{-z^2/2}dz$$

Lembre-se de que $F_S(.)$ é a função da distribuição acumulada e $f_s(.)$ é a função de densidade de probabilidade para a distribuição normal padrão com média 0 e desvio-padrão 1. Usando a Equação 12.21 e a definição da distribuição de padrão normal, temos:

$$1 - F_S(y) = \int_{z=y}^{\infty} f_s(z)dz = \int_{z=y}^{\infty} \frac{1}{\sqrt{2\pi}}e^{-z^2/2}dz$$

Substitua $w = z^2/2$ na expressão para CFEC. Isso implica que:

$$FECR = -ss[1 - F_S(ss/\sigma_L)] + \sigma_L\int_{w=ss^2/2\sigma_L^2}^{\infty} \frac{1}{\sqrt{2\pi}}e^{-w}dw$$

ou

$$FECR = -ss[1 - F_S(ss/\sigma_L)] + \sigma_L f_s(ss/\sigma_L)$$

Usando as equações 12.25 e 12.26, a FECR pode ser avaliada usando o Excel da seguinte forma:

$$FECR = -ss[1 - NORMDIST(ss/\sigma_L, 0, 1, 1)]$$
$$+ \sigma_L NORMDIST(ss/\sigma_L, 0, 1, 0)$$

Apêndice 12D

Avaliação do estoque de segurança para itens de pouca saída

Objetivo

Criar um procedimento para avaliar o estoque de segurança para itens de pouca saída cuja demanda pode ser aproximada por meio de uma distribuição de Poisson.

Análise

Para itens de pouca saída, a distribuição normal não é uma boa estimativa para a distribuição da demanda. Uma técnica melhor é usar a distribuição de Poisson com a demanda chegando a uma taxa D. Nessa situação, políticas (Q, r) são conhecidas como sendo ideais. Sob uma política

(Q, r), um pedido é feito sempre que a posição do estoque cai para o ponto de reposição r ou abaixo, e o tamanho do pedido é nQ, onde n é o número de lotes de tamanho Q exigidos para levantar a posição do estoque para que esteja no intervalo (r, $r + Q$).

Para a distribuição de Poisson, dado um tempo de espera constante L, a demanda média durante o tempo de espera é dada por LD e a variância da demanda durante o tempo de espera é dada por $\sigma^2 = \sqrt{LD}$. Algoritmos eficientes para obter Q e r são dados por Federgruen e Zheng (1992). Os resultados que apresentamos são baseados em Gallego (1998), que indicou uma heurística eficiente para resolver o problema.

Se M é o custo de manutenção por unidade de tempo, p é o custo fixo da falta de estoque por unidade de tempo, e S é o custo fixo do pedido por lote, Gallego sugere um tamanho de lote de Q^*, onde:

$$Q^* = Min\left(\sqrt{2}, \sqrt[4]{1 + \left(\frac{(H + p)L}{2S}\right)^2}\right)\sqrt{\frac{2DS}{H}} \qquad (12.28)$$

Ele mostra que o uso do tamanho de lote Q^* resulta em um custo que não é mais do que 7% do tamanho de lote ideal. O ponto de reposição r^* pode ser obtido usando um procedimento discutido por Federgruen e Zheng (1992). O custo médio de longo prazo $C(r, Q)$ de uma política (r, Q) quando a demanda é Poisson é dado por:

$$C(r, Q) = \frac{DS}{Q} + \frac{1}{Q}\sum_{y=r+1}^{r+Q}\left\{H\sum_{i=0}^{y}(y - i)P_i + p\sum_{i=y+1}^{\infty}(i - y)P_i\right\}, \qquad (12.29)$$

Onde:

$$P_i = \frac{e^{DL}(DL)^i}{i!}, i = 0, 1, \ldots$$

O ponto de reposição r^* é obtido inserindo o tamanho de lote Q^* da Equação 12.28 na Equação 12.29 e procurando o valor r^* que minimiza o custo $C(r, Q^*)$. Dado que $C(r, Q^*)$ é unimodal (conforme demonstrado por Federgruen e Zheng [1992]), r^* pode ser obtido usando uma busca binária com base em inteiros.

CAPÍTULO 13

Determinação do nível ideal de disponibilidade de produto

» Objetivos de aprendizagem

Depois de ler este capítulo, você será capaz de:

1. Identificar os fatores que afetam o nível ideal de disponibilidade de produto e analisar o nível ideal de serviço de ciclo.
2. Utilizar alavancas gerenciais que melhorem a lucratividade da cadeia de suprimentos.
3. Compreender as condições sob as quais a postergação é de grande valor para a cadeia de suprimentos.
4. Alocar a capacidade de *sourcing* limitada entre diversos produtos a fim de maximizar os lucros esperados.

Neste capítulo, exploraremos o processo de determinação do nível ideal de disponibilidade do produto a ser oferecido aos clientes. O capítulo examina os fatores que influenciam o ciclo ideal. Discutiremos e demonstraremos como diferentes alavancas gerenciais podem ser usadas para melhorar a lucratividade da cadeia de suprimentos aumentando o nível de disponibilidade de produto enquanto os estoques são reduzidos.

13.1 A importância do nível de disponibilidade de produto

O nível de disponibilidade do produto é medido por meio do nível de serviço de ciclo ou da taxa de atendimento, que são medidas para a quantidade da demanda do cliente satisfeita a partir do estoque disponível. O *nível de disponibilidade de produto*, também conhecido como *nível de serviço ao cliente*, é uma das principais medidas da responsividade de uma cadeia de suprimentos. Uma cadeia pode usar um alto nível de disponibilidade de produto para melhorar sua responsividade e atrair clientes, aumentando, assim, sua receita. Porém, um alto nível de disponibilidade de produto requer grandes estoques, o que aumenta os custos da cadeia de suprimentos. Portanto, uma cadeia precisa alcançar um equilíbrio entre o nível de disponibilidade e o custo de estoque. O nível ideal de disponibilidade de produto é aquele que maximiza os lucros da cadeia de suprimentos.

No quarto trimestre de 2008, os estoques dos Estados Unidos cresceram em 6,2 bilhões de dólares em virtude do rápido declínio na demanda que atingiu varejistas e fabricantes. Para alguns fabricantes, a situação foi pior em razão do excesso de estoque de matéria-prima, como aço e plásticos, que eles haviam acumulado, prevendo aumentos nos preços. Os varejistas também sofreram grande impacto, com alguns, como a Saks Fifth Avenue, reduzindo os preços em 70% durante o período de festas para estimular a demanda. O excesso de estoques e a queda na demanda levaram vários varejistas, como a Steve and Barry e a Circuit City, a declarar falência durante esse período. Por outro lado, a Nintendo perdeu um total estimado de 1,3 bilhão de dólares em vendas durante a época de festas de 2007 por não conseguir atender à crescente demanda global de seu videogame Wii. Esses exemplos deixam claro que tanto ter muito quanto pouco nível de disponibilidade de produto impacta significativamente os lucros da cadeia de suprimentos.

Se o nível de disponibilidade ideal é alto ou baixo, depende de onde a empresa acredita que pode maximizar os lucros. A Nordstrom tem focado em oferecer alto nível de disponibilidade de produtos e usa sua reputação por responsividade para se tornar uma rede de lojas de departamentos muito bem-sucedida. Porém, seus preços são mais altos do que os de uma loja de descontos, na qual o nível de disponibilidade de produtos é mais baixo. Usinas de energia garantem que elas (quase) nunca ficarão sem combustível, pois uma interrupção é extremamente cara, resultando em vários dias de produção perdida. Algumas usinas de energia tentam manter estoque de combustível de vários meses para evitar qualquer probabilidade de escassez. Por outro lado, a maioria dos supermercados mantém apenas o estoque de alguns dias de produto, e situações de falta ocorrem com certa frequência.

A internet permite que um cliente compre facilmente em uma loja alternativa se alguma estiver sem estoque. Esse ambiente competitivo coloca pressão sobre os varejistas da Web para aumentar seu nível de disponibilidade. Simultaneamente, a concorrência de preços significativa tem reduzido os preços nesse canal. Os varejistas com estoque em excesso acham difícil ser lucrativos. Oferecer o nível ideal de disponibilidade do produto é, portanto, uma chave para o sucesso na Web.

Nos exemplos descritos anteriormente, as empresas oferecem diferentes níveis de disponibilidade de produto. Cada gestor de cadeia de suprimentos deve usar fatores que influenciam o nível ideal de disponibilidade para visar a seu nível ideal de disponibilidade do produto e identificar alavancas gerenciais que aumentem o excedente da cadeia. A seguir, identificaremos fatores que afetam o nível ideal de disponibilidade de produto.

13.2 Fatores que afetam o nível ideal de disponibilidade de produto

Para entender os fatores que influenciam o nível ideal de disponibilidade de produto, considere a L. L. Bean, uma grande companhia que vende vestuário. Um dos produtos que a empresa vende é jaquetas para esqui. A estação de vendas de jaquetas para esqui é de novembro a fevereiro. O comprador na L. L. Bean atualmente compra o estoque de jaquetas para esqui do fabricante para a estação inteira, antes do início da estação de vendas. Oferecer alto nível de disponibilidade de produto requer a compra de um grande número de jaquetas. Embora um alto nível de disponibilidade de produto provavelmente satisfaça todas as demandas que surgirem, isso pode também resultar em um grande número de jaquetas não vendidas ao final da estação, com a L. L. Bean perdendo dinheiro nessas peças. Por outro lado, um baixo nível de disponibilidade de produto provavelmente resultará em menos jaquetas não vendidas. Porém, é bastante provável que a L. L. Bean tenha de abrir mão de clientes dispostos a comprar jaquetas, pois elas se esgotaram. Nesse cenário, a empresa perde lucro em potencial pela perda de clientes. O comprador na L. L. Bean deve equilibrar a perda por ter muitas jaquetas não vendidas (caso o número de jaquetas pedidas seja maior do que a demanda) e o lucro perdido de clientes não atendidos (caso o número de jaquetas pedidas seja menor do que a demanda) ao decidir sobre o nível de disponibilidade de produto.

O *custo do estoque em excesso* é indicado por C_o, e é a perda contraída por uma empresa para cada unidade não vendida ao final da estação de vendas. O *custo do estoque em falta* é indicado por C_u, e é a margem perdida por uma empresa para cada venda perdida porque não existe estoque disponível. O custo de estocar a menos deverá incluir a margem perdida das vendas atuais e futuras se o cliente não retornar. Resumindo, os dois fatores que influenciam o nível de disponibilidade de produto são:

- custo de estocar em excesso o produto, C_o;
- custo de falta de estocar o produto, C_u.

Ilustramos e desenvolvemos esse relacionamento no contexto de uma decisão de compra na L. L. Bean. O primeiro ponto a observar é que decidir sobre um nível ideal de disponibilidade de produto só faz sentido no contexto de incerteza de demanda. Tradicionalmente, muitas empresas têm previsto uma estimativa de consenso de demanda sem nenhuma medida da incerteza. Nessa situação, as empresas não tomam uma decisão considerando o nível de disponibilidade; elas simplesmente requerem a previsão de consenso. Durante a década passada, as empresas desenvolveram uma compreensão melhor sobre incerteza e começaram a desenvolver previsões que incluem uma medida da incerteza. Incorporar a incerteza e decidir sobre o nível ideal de disponibilidade de produto pode aumentar os lucros relativos ao uso de uma previsão de consenso.

A L. L. Bean tem um comitê de compras que decide sobre a quantidade de cada produto a ser pedida. Com base na demanda pelos últimos anos, os compradores estimaram a distribuição de demanda para uma parka de esqui vermelha feminina, conforme mostra a Tabela 13.1. Esse é um desvio da prática tradicional de usar a demanda histórica média como previsão de consenso. Para simplificar a discussão, supomos que toda a demanda é de centenas de parkas. O fabricante também requer que a L. L. Bean faça pedidos em múltiplos de 100. Na Tabela 13.1, p_i é a probabilidade de que a demanda seja igual a D_i, e P_i é a probabilidade de que a demanda seja menor ou igual a D_i. Pela Tabela 13.1, avaliamos a demanda esperada de parkas como:

$$\text{Demanda esperada} = \Sigma D_i p_i = 1.026$$

Sob a política antiga de pedir o valor esperado, os compradores teriam pedido 1.000 parkas. Porém, a demanda é incerta e a Tabela 13.1 mostra que existe uma probabilidade de 51% de que a demanda seja de 1.000 ou menos. Assim, uma política de pedir 1.000 parkas resulta em um nível de serviço de ciclo de 51% na L. L. Bean. O comitê de compra deve decidir sobre um tamanho de pedido e nível de serviço de ciclo que maximize os lucros pela venda de parkas na L. L. Bean.

A perda que a L. L. Bean incorre por uma parka não vendida, bem como o lucro que ela tem sobre cada parka que ela vende influenciam a decisão de compra. Cada parka custa à L. L. Bean c = US$ 45 e é vendida pelo catálogo a p = US$ 100. Qualquer parka não vendida ao final da estação é vendida na ponta de estoque por US$ 50. Manter a parka em estoque e transportá-la para a loja custa US$ 10. Assim, a L. L. Bean recupera um valor residual de s = US$ 40 para cada parka que não é vendida ao final da estação. A empresa ganha um lucro de $p - c$ = US$ 55 sobre cada parka que ela vende e incorre em uma perda de $c - s$ = US$ 5 sobre cada capa vendida na ponta de estoque.

O lucro esperado de pedir 1.000 parkas é dado por:

$$\begin{aligned}
\text{Lucro esperado} &= \sum_{i=4}^{10}[D_i(p-c) - (1.000 - D_i)(c-s)]p_i + \sum_{i=11}^{17} 1.000(p-c)p_i \\
&= [400 \times 55 - 600 \times 5] \times 0,01 + [500 \times 55 - 500 \times 5] \times 0,02 \\
&\quad + [600 \times 55 - 400 \times 5] \times 0,04 + [700 \times 55 - 300 \times 5] \times 0,08 \\
&\quad + [800 \times 55 - 200 \times 5] \times 0,09 + [900 \times 55 - 100 \times 5] \times 0,11 \\
&\quad + [1.000 \times 55 - 0 \times 5] \times 0,16 + 1.000 \times 55 \times 0,20 + 1.000 \times 55 \times 0,11 \\
&\quad + 1.000 \times 55 \times 0,10 + 1.000 \times 55 \times 0,04 + 1.000 \times 55 \times 0,02 \\
&\quad + 1.000 \times 55 \times 0,01 + 1.000 \times 55 \times 0,01 \\
&= \$49.900
\end{aligned}$$

Para decidir se irá pedir 1.100 parkas, o departamento de compras precisa determinar o impacto de comprar as 100 unidades extras. Se 1.100 parkas forem pedidas, as 100 extras são vendidas (gerando um lucro de US$ 5.500) se a demanda for de 1.100 ou maior. Caso contrário,

Tabela 13.1 Distribuição de demanda de parkas na L. L. Bean.

Demanda D_i (em centenas)	Probabilidade P_i	Probabilidade acumulada de a demanda ser D_i ou menos (P_i)	Probabilidade de a demanda ser maior que $D(1 - P_i)$
4	0,01	0,01	0,99
5	0,02	0,03	0,97
6	0,04	0,07	0,93
7	0,08	0,15	0,85
8	0,09	0,24	0,76
9	0,11	0,35	0,65
10	0,16	0,51	0,49
11	0,20	0,71	0,29
12	0,11	0,82	0,18
13	0,10	0,92	0,08
14	0,04	0,96	0,04
15	0,02	0,98	0,02
16	0,01	0,99	0,01
17	0,01	1,00	0,00

as 100 unidades extras são vendidas na ponta de estoque com uma perda de US$ 500. Pela Tabela 13.1, vemos que existe uma probabilidade de 0,49 de que a demanda seja 1.100 ou maior e uma probabilidade de 0,51 de que a demanda seja 1.000 ou menor. Assim, deduzimos o seguinte:

Lucro esperado das 100 parkas extras = 5.500 × Prob(demanda ≥ 1.100)
−500 × Prob(demanda < 1.100) = US$ 5.500 × 0,49 − US$ 500 × 0,51 = US$ 2.440

O lucro esperado total de pedir 1.100 parkas é, portanto, de US$ 52.340, que é quase 5% maior que o lucro esperado de pedir 1.000 parkas. Usando a mesma técnica, avaliamos a contribuição marginal de cada 100 parkas adicionais como na Tabela 13.2 (ver aba *Tabela 13.1* na planilha *Exemplos*, disponível na pasta do Capítulo 13 na Sala Virtual). Observe que a contribuição marginal esperada é positiva até 1.300 parkas, mas é negativa a partir desse ponto em diante. Assim, o tamanho de pedido ideal é de 1.300. Pela Tabela 13.2, temos:

Lucro esperado do pedido de 1.300 parkas = US$ 49.900 + US$ 2.440
+ US$ 1.240 + US$ 580 = US$ 54.160

Isso é mais de 8% de aumento na lucratividade em relação à política de pedir o valor esperado de 1.000 parkas.

Um gráfico dos lucros totais esperados contra a quantidade de pedido aparece na Figura 13.1. A quantidade de pedido ideal maximiza o lucro esperado. Para a L. L. Bean, a quantidade de pedido ideal é de 1.300 parkas, o que oferece um NSC de 92%. Observe que, com um NSC de 0,92, a empresa tem uma taxa de atendimento que é muito mais alta. Se a demanda for de 1.300 ou menos, a L. L. Bean alcança uma taxa de atendimento de 100%, pois toda a demanda é satisfeita. Se a demanda for acima de 1.300 (digamos, D), parte da demanda ($D - 1.300$) não é satisfeita. Nesse caso, uma taxa de atendimento de $1.300/D$ é alcançada. Em geral, a taxa de atendimento alcançada na L. L. Bean se 1.300 parkas forem pedidas é dada por:

$$ta = 1 \times \text{Prob (demanda} \leq 1.300) + \sum_{D_i > 1.300} (1.300/D_i) p_i$$

$$= 1 \times 0,92 + (1.300/1.400) \times 0,04 + (1.300/1.500) \times 0,02$$
$$+ (1.300/1.600) \times 0,01 + (1.300/1.700) \times 0,01$$
$$= 0,99$$

Tabela 13.2 Contribuição marginal esperada de cada 100 parkas adicionais.

Centenas adicionais	Benefício marginal esperado	Custo marginal esperado	Contribuição marginal esperada
11ª	5.500 × 0,49 = 2.695	500 × 0,51 = 255	2.695 – 255 = 2.440
12ª	5.500 × 0,29 = 1.595	500 × 0,71 = 355	1.595 – 355 = 1.240
13ª	5.500 × 0,18 = 990	500 × 0,82 = 410	990 – 410 = 580
14ª	5.500 × 0,08 = 440	500 × 0,92 = 460	440 – 460 = –20
15ª	5.500 × 0,04 = 220	500 × 0,96 = 480	220 – 480 = –260
16ª	5.500 × 0,02 = 110	500 × 0,98 = 490	110 – 490 = –380
17ª	5.500 × 0,01 = 55	500 × 0,99 = 495	55 – 495 = –440

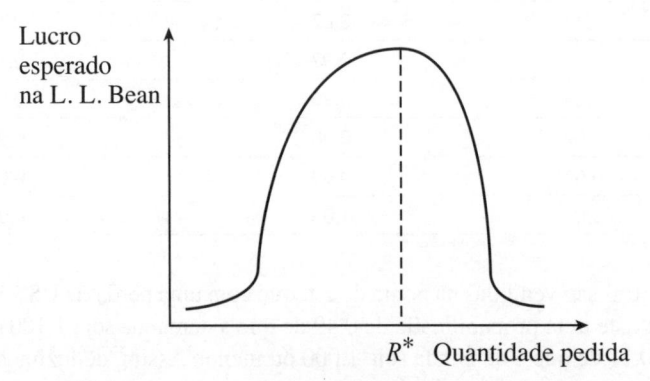

Figura 13.1 Perfil esperado como uma função de quantidade de pedido da L. L. Bean.

Assim, com uma política de pedir 1.300 parkas, a L. L. Bean satisfaz, na média, 99% de sua demanda por parkas no estoque.

No exemplo da L. L. Bean, temos um custo de estocar em excesso de $C_o = c - s =$ US$ 5 e um custo de estocar em falta de $C_u = p - c =$ US$ 55. À medida que esses custos mudam, o nível ideal de disponibilidade de produto também muda. Na próxima seção, desenvolveremos o relacionamento entre o NSC desejado e o custo de estocar em excesso e em falta para itens sazonais.

Nível de serviço de ciclo ideal para itens sazonais com um único pedido em uma estação

Nesta seção, voltamos nossa atenção para os produtos sazonais, como jaquetas de esqui, para os quais todos os itens restantes devem ser liquidados ao final da estação. A hipótese é de que os itens restantes da estação anterior não sejam usados para satisfazer a demanda para a estação atual. Considere um preço de revenda por unidade p, um custo c e um valor residual s. Consideramos as seguintes entradas:

C_o: custo do estoque em excesso de uma unidade, $C_o = c - s$;
C_u: custo do estoque em falta de uma unidade, $C_u = p - c$;
NSC^*: nível de serviço de ciclo ideal;
O^*: tamanho de pedido ideal correspondente.

NSC^* é a probabilidade de que a demanda durante a estação esteja em O^* ou abaixo. No nível de atendimento de ciclo ideal NSC^*, a contribuição marginal da compra de uma unidade adicional é zero. Se a quantidade do pedido for aumentada de O^* para $O^* + 1$, a unidade adicional vende se a demanda for maior que O^*. Isso ocorre com probabilidade $1 - NSC^*$ e resulta em uma contribuição de $p - c$. Assim, temos:

$$\text{Benefício esperado da compra de unidade extra} = (1 - NSC^*)(p - c)$$

A unidade adicional permanece sem ser vendida se a demanda estiver em O^* ou abaixo. Isso ocorre com probabilidade NSC^* e resulta em um custo de $c - s$. Assim, temos:

$$\text{Custo esperado da compra de unidade extra} = NSC^*(c - s)$$

Assim, a contribuição marginal esperada pelo aumento do tamanho do pedido de O^* para $O^* + 1$ é dada por:

$$(1 - NSC^*)(p - c) - NSC^*(c - s)$$

Como a contribuição marginal esperada deve ser 0 no nível de serviço de ciclo ideal, temos:

$$NSC^* = \text{Prob}(Demanda \leq O^*) = \frac{p - c}{p - s} = \frac{C_u}{C_u + C_o} = \frac{1}{1 + (C_o/C_u)} \quad (13.1)$$

Uma derivação mais rigorosa da fórmula mencionada é fornecida no Apêndice 13A. O NSC^* ideal também é chamado de *fractil crítico*. A quantidade de pedido ideal resultante maximiza o lucro da empresa. Se a demanda durante a estação for distribuída normalmente, com uma média de μ e desvio-padrão de σ, a quantidade de pedido ideal é dada por:

$$O^* = F^{-1}(NSC^*, \mu, \sigma) = NORMINV(NSC^*, \mu, \sigma) \quad (13.2)$$

Quando a demanda é distribuída normalmente, com uma média de μ e um desvio-padrão de σ, o lucro esperado do pedido de O unidades é dado por:

$$\text{Lucro esperado} = (p - s)\mu F_s\left(\frac{O - \mu}{\sigma}\right) - (p - s)\sigma f_s\left(\frac{O - \mu}{\sigma}\right)$$
$$- O(c - s)F(O, \mu, \sigma) + O(p - c)[1 - F(O, \mu, \sigma)]$$

A derivação dessa fórmula é fornecida no Apêndice 13B e no Apêndice 13C. Aqui, F_S é a função de distribuição acumulada normal padrão, e f_S é a função da densidade normal padrão, discutidas no Apêndice 12A do Capítulo 12. O lucro esperado do pedido de O unidades é avaliado no Excel usando as equações 12.22, 12.25 e 12.26, da seguinte forma:

$$\begin{aligned}\text{Lucros esperados} &= (p - s)\mu NORMDIST[(O - \mu)/\sigma, 0, 1, 1] \\ &- (p - s)\sigma\, NORMDIST[(O - \mu)/\sigma, 0, 1, 0] \\ &- O(c - s)NORMDIST(O, \mu, \sigma, 1) \\ &+ O(p - c)[1 - NORMDIST(O, \mu, \sigma, 1)]\end{aligned} \quad (13.3)$$

O Exemplo 13.1 ilustra o uso das equações 13.1 e 13.2 para obter o nível de serviço de ciclo ideal e a quantidade de pedido ideal (ver aba *Exemplo 13.1* na planilha *Exemplos*).

EXEMPLO 13.1 》 Avaliação do nível de serviço ideal para itens sazonais

O gerente da Sportmart, uma loja de produtos esportivos, precisa decidir sobre o número de esquis que comprará para a estação de inverno. Com base nos dados de demanda do passado e nas previsões de tempo para o ano, a administração previu que a demanda será distribuída normalmente, com uma média de $\mu = 350$ e um desvio-padrão de $\sigma = 100$. Cada par de esquis custa $c = US\$ 100$ e é revendido por $p = US\$ 250$. Quaisquer esquis não vendidos ao final da estação são liquidados por US\$ 85. Suponha que custe US\$ 5 para manter um par de esquis no estoque durante a estação. Quantos esquis o gerente deverá pedir para maximizar os lucros esperados?

Análise

Neste caso, temos:

$$\text{Valores residuais} = s = US\$ 85 - US\$ 5 = US\$ 80$$
$$\text{Custo de estocar em excesso} = C_u = p - c = US\$ 250 - US\$ 100 = US\$ 150$$
$$\text{Custo de estocar em falta} = C_o = c - s = US\$ 100 - US\$ 80 = US\$ 20$$

Usando a Equação 13.1, deduzimos que o NSC ideal é:

$$NSC^* = \text{Prob}(Demanda \leq O^*) = \frac{C_u}{C_u + C_o} = \frac{150}{150 + 20} = 0{,}88$$

Usando a Equação 13.2, o tamanho de pedido ideal é:

$$O^* = NORMINV(NSC^*, \mu, \sigma) = NORMINV(0{,}88, 350, 100) = 468$$

Assim, o ideal é que gerente da Sportmart peça 468 pares de esquis, embora o número esperado de vendas seja 350. Nesse caso, como o custo de estocar em excesso é muito maior que o custo de estocar em falta, a administração prefere pedir mais do que o valor esperado para cobrir a incerteza da demanda.

Usando a Equação 13.3, os lucros esperados do pedido de O^* unidades são:

$$\begin{aligned}
\text{Lucros esperados} &= (p-s)\mu NORMDIST[(O^*-\mu)/s, 0, 1, 1] \\
&- (p-s)s NORMDIST[(O^*-\mu)/s, 0, 1, 0] \\
&- O^*(c-s)NORMDIST(O^*, \mu, \sigma, 1) \\
&+ O^*(p-c)[1 - NORMDIST(O^*, \mu, \sigma, 1)] \\
&= 170 \times 350 \times NORMDIST(1.18, 0, 1, 1) \\
&- 170 \times 100 \times NORMDIST(1.18, 0, 1, 0) \\
&- 468 \times 20 \times NORMDIST(468, 350, 100, 1) \\
&+ 468 \times 150 \times [1 - NORMDIST(468, 350, 100, 1)] = \$49{,}146
\end{aligned}$$

O lucro esperado de pedir 350 pares de esquis pode ser avaliado como US$ 45.718. Assim, o pedido de 468 pares resulta em um lucro esperado que é quase 8% maior que o lucro obtido por pedir o valor esperado de 350 pares.

Quando O unidades são pedidas, uma empresa fica com muito ou pouco estoque, dependendo da demanda. Quando esta é distribuída normalmente, com valor esperado μ e desvio-padrão σ, a quantidade que se espera que seja estocada em excesso ao final da estação é dada por:

$$\text{Estoque a mais} = (O - \mu)F_S\left(\frac{O-\mu}{\sigma}\right) + \sigma f_S\left(\frac{O-\mu}{\sigma}\right)$$

A derivação dessa fórmula é fornecida no Apêndice 13D. A fórmula pode ser avaliada usando o Excel da seguinte maneira:

$$\begin{aligned}
\text{Estoque a mais esperado} &= (O-\mu)NORMDIST[(O-\mu)/\sigma, 0, 1, 1] \\
&+ \sigma NORMDIST[(O-\mu)/\sigma, 0, 1, 0]
\end{aligned} \quad (13.4)$$

A quantidade estocada em falta esperada ao final da estação é dada por:

$$\text{Estoque em falta esperado} = (\mu - O)\left[1 - F_S\left(\frac{O-\mu}{\sigma}\right)\right] + \sigma f_S\left(\frac{O-\mu}{\sigma}\right)$$

A derivação dessa fórmula é fornecida no Apêndice 13E. A fórmula pode ser avaliada usando o Excel da seguinte maneira:

$$\begin{aligned}
\text{Estoque em falta esperado} &= (\mu - O)[1 - NORMDIST[(O-\mu)/\sigma, 0, 1, 1]] \\
&+ \sigma NORMDIST[(O-\mu)/\sigma, 0, 1, 0]
\end{aligned} \quad (13.5)$$

O Exemplo 13.2 ilustra o uso das equações 13.4 e 13.5 para avaliar a quantidade esperada a ser estocada em excesso e em falta como resultado de uma política de pedido (ver aba *Exemplo 13.2* na planilha *Exemplos*).

EXEMPLO 13.2 》 Avaliação do estoque em excesso e em falta esperado

A demanda por esquis na Sportmart é distribuída normalmente com média $\mu = 350$ e desvio-padrão $\sigma = 100$. O gerente decidiu pedir 450 pares de esquis para a próxima estação. Avalie os estoques em excesso e em falta esperados como resultado dessa política.

Análise

Temos um tamanho de pedido $O = 450$. Um estoque em excesso acontece se a demanda durante a estação for menor que 450. O estoque em excesso esperado pode ser obtido usando a Equação 13.4, como:

$$\text{Estoque em excesso esperado} = (O - \mu)\, NORMDIST[(O - \mu)/\sigma, 0, 1, 1]$$
$$+ \sigma\, NORMDIST[(O - \mu)/\sigma, 0, 1, 0]$$
$$= (450 - 350)\, NORMDIST[(450 - 350)/100, 0, 1, 1]$$
$$+ 100\, NORMDIST[(450 - 350)/100, 0, 1, 0] = 108$$

Assim, a política de pedir 450 pares de esquis resulta em um estoque em excesso esperado de 108 pares. Um estoque em falta ocorre se a demanda durante a estação for maior do que 450 pares. O estoque em falta esperado pode ser avaliado usando a Equação 13.5, da seguinte forma:

$$\text{Estoque em falta esperado} = (\mu - O)\,(1 - NORMDIST[(O - \mu)/\sigma, 0, 1, 1])$$
$$+ \sigma\, NORMDIST[(O - \mu)/\sigma, 0, 1, 0)]$$
$$= (350 - 450)\,(1 - NORMDIST[(450 - 350)/100, 0, 1, 1])$$
$$+ 100\, NORMDIST[(450 - 350)/100, 0, 1, 0] = 8$$

Assim, a política de pedir 450 pares resulta em um estoque em falta esperado de 8 pares. Observe que tanto o estoque em falta e um estoque em excesso esperados são positivos. Esse resultado inicialmente pode parecer anti-intuitivo, mas faz sentido porque os valores usados para calcular um estoque em falta ou em excesso esperado sempre são maiores ou iguais a zero. Por exemplo, se a demanda é 500 e existem 450 jaquetas em estoque, existe um estoque em falta de 50 e um estoque em excesso de 0 (não –50). Isso garante que o valor esperado de cada um seja maior ou igual a zero.

Pedidos de única vez na presença de descontos por quantidade

Nesta seção, consideramos um comprador que precisa fazer um único pedido quando o vendedor oferece um desconto no preço com base na quantidade comprada. Essa situação pode surgir no contexto de itens sazonais como vestuário, para os quais o fabricante oferece um preço menor por unidade se as quantidades pedidas ultrapassarem determinado limite. Essas decisões também surgem ao final do ciclo de vida de um produto ou para peças sobressalentes. A demanda futura para o produto ou para peças sobressalentes é incerta, e o comprador tem uma única oportunidade de pedir. O comprador deve levar em conta o desconto ao selecionar o tamanho do pedido.

Considere um varejista de peças sobressalentes que tem uma última chance de pedi-las antes que o fabricante pare a produção. A peça tem um preço de revenda por unidade de p, um custo para o varejista (sem desconto) de c e um valor residual de s. O fabricante oferece um preço com desconto de c_d se o varejista pedir pelo menos K unidades. O varejista pode tomar sua decisão de tamanho do pedido usando as seguintes etapas:

1. Usando $C_o = c - s$ e $Cu = p - c$, avalie o nível de atendimento de ciclo ideal NSC^* e o tamanho de pedido ideal O^* sem um desconto, usando as equações 13.1 e 13.2, respectivamente. Avalie o lucro esperado com o pedido de O^* usando a Equação 13.3.
2. Usando $C_o = c_d - s$ e $C_u = p - c_d$, avalie o nível de serviço de ciclo ideal NSC^*_d e tamanho de pedido ideal O^*_d com um desconto, usando as equações 13.1 e 13.2, respectivamente. Se $O^*_d \geq K$, avalie o lucro esperado com o pedido de O^*_d unidades usando a Equação 13.3. Se $O^*_d < K$, avalie o lucro esperado com o pedido de K unidades usando a Equação 13.3.

3. Peça O^* unidades se o lucro na etapa 1 for maior. Se o lucro na etapa 2 for maior, peça O^*_d unidades se $O^*_d \geq K$ ou K unidades se $O^*_d < K$.

Ilustramos o procedimento no Exemplo 13.3 (ver aba *Exemplo 13.3* na planilha *Exemplos*).

EXEMPLO 13.3 》 Avaliação do nível de serviço com descontos por quantidade

A SparesRUs, varejista de peças de automóveis, deve decidir sobre o tamanho do pedido para um modelo de freios de 20 anos atrás. O fabricante planeja descontinuar a produção desses freios depois de sua última rodada de produção. A SparesRUs previu que a demanda restante seja distribuída normalmente, com uma média de 150 e um desvio-padrão de 40. Os freios têm um preço de revenda de US$ 200. Quaisquer peças não vendidas são inúteis e não possuem valor residual. O fabricante planeja vender cada freio por US$ 50 se o pedido for menor que 200 freios, e US$ 45 se o pedido for de pelo menos 200. Quantos freios a SparesRUs deverá pedir?

Análise

Na primeira etapa, calculamos a quantidade de pedido ideal ao preço regular $c =$ US$ 50:

Custo de estocar em excesso $= C_u = p - c =$ US$ 200 - US$ 50 = US$ 150
Custo de estocar em falta $= C_o = c - s =$ US$ 50 - US$ 0 = US$ 50

Usando a Equação 13.1, deduzimos que o NSC ideal é:

$$NSC^* = \text{Prob}(Demanda \leq O^*) = \frac{C_u}{C_u + C_o} = \frac{150}{150 + 50} = 0{,}75$$

Usando a Equação 13.2, o tamanho do pedido ideal é:

$$O^* = NORMINV(NSC^*, \mu, \sigma) = NORMINV(0{,}75, 150, 40) = 177$$

Usando a Equação 13.3, o lucro esperado se a SparesRUs não buscar o desconto é:

Lucro esperado pelo pedido de 177 unidades = US$ 19.958

Na segunda etapa, consideramos o desconto $c_d =$ US$ 45 e obtemos:

Custo de estocar em excesso $= C_u = p - c_d =$ US$ 200 - US$ 45 = US$ 155
Custo de estocar em falta $= C_o = c_d - s =$ US$ 45 - US$ 0 = US$ 45

Usando a Equação 13.1, deduzimos que o NSC ideal com preço em desconto é:

$$NSC^*_d = \text{Prob}(Demanda \leq O^*_d) = \frac{C_u}{C_u + C_o} = \frac{155}{155 + 45} = 0{,}775$$

Usando a Equação 13.2, o tamanho de pedido ideal é:

$$O^*_d = NORMINV(NSC^*_d, \mu, \sigma) = NORMINV(0{,}775, 150, 40) = 180$$

Dado que 180 < 200, o varejista deverá pedir pelo menos 200 freios para se beneficiar com o desconto. Assim, calculamos o lucro esperado do pedido de 200 unidades usando a Equação 13.3 como:

Lucros esperados pelo pedido de 200 unidades a US$ 45 cada = US$ 20.595

Assim, é ideal que a SparesRUs peça 200 unidades para tirar proveito do desconto por quantidade. O estoque em excesso esperado pode ser calculado usando a Equação 13.4, resultando em 52.

Nível de serviço de ciclo desejado para itens estocados continuamente

Nesta seção, focalizaremos os produtos como detergente, que são pedidos repetidamente por varejistas como o Walmart. Nessa situação, o Walmart usa o estoque de segurança para aumentar o nível de disponibilidade e diminuir a probabilidade de falta de estoque entre as entregas sucessivas. Se o detergente sobrar em um ciclo de reposição, ele pode ser vendido no ciclo seguinte. Ele não precisa ser vendido a um preço mais baixo. Porém, um custo de manutenção é incorrido quando o produto é mantido de um ciclo para o seguinte. O gerente no Walmart enfrenta a questão de decidir sobre o NSC a ser buscado.

Dois cenários extremos deverão ser considerados:

1. Toda a demanda que surge quando o produto está esgotado é acumulada e atendida posteriormente, quando os estoques forem repostos.
2. Toda a demanda que surge quando o produto está esgotado é perdida.

A realidade, na maioria dos casos, é algo intermediário, com parte da demanda perdida e outros clientes retornando quando o produto estiver disponível no estoque. Aqui, consideramos os dois casos extremos.

Suponhamos que a demanda por unidade de tempo seja distribuída normalmente, em conjunto com as seguintes entradas:

Q: tamanho do lote de reposição;
S: custo fixo associado a cada pedido;
PR: ponto de reposição;
D: demanda média por unidade de tempo;
σ_D: desvio-padrão da demanda por unidade de tempo;
ss: estoque de segurança (lembre-se de que $ss = PR - D_L$);
NSC: nível de serviço de ciclo;
C: custo unitário;
m: custo de manutenção como uma fração do custo de produto por unidade de tempo;
M: custo de manter uma unidade por unidade de tempo. $M = mC$.

A DEMANDA DURANTE A FALTA DE ESTOQUE É ACUMULADA Primeiro, consideramos o caso em que toda a demanda que surge quando o produto está em falta no estoque é acumulada. Como nenhuma demanda é perdida, minimizar custos torna-se equivalente a maximizar lucros. Como exemplo, considere uma loja Walmart que vende detergente. O gerente da loja oferece um cupom com um desconto de C_u a cada cliente que quiser comprar detergente quando o produto estiver esgotado. Isso garante que todos esses clientes retornarão quando o estoque estiver reposto. Assim C_u é o custo de acumulação ou de falta de estoque por unidade.

Se o gerente aumentar o nível do estoque de segurança, mais pedidos serão satisfeitos pelo estoque, resultando em menos acúmulos de pedidos. Isso diminui o custo do pedido acumulado ou de falta de estoque. Porém, aumenta o custo de manter o estoque. Começamos considerando os custos e benefícios de manter uma unidade adicional do estoque de segurança em cada ciclo de reposição. Se o estoque de segurança for aumentado de ss (que proporciona um nível de serviço de ciclo, NSC) para $ss + 1$, a cadeia de suprimentos incorre em custos para manter a unidade adicional do estoque por um ciclo de reposição (que tem duração Q/D). A unidade adicional do estoque de segurança é benéfica (o benefício iguala o custo de falta de estoque C_u) se a demanda durante o ciclo de reposição for maior que ss unidades de estoque de segurança consumidas (isso acontece com probabilidade [1 − NSC]). Assim, temos o seguinte:

Custo aumentado por ciclo de reposição de estoque de segurança adicional de 1 unidade = $(Q/D)H$
Benefício por ciclo de reposição do estoque de segurança adicional de 1 unidade $(1 - NSC)C_u$

Nesse caso, o nível de serviço de ciclo ideal é obtido pela equação de custo adicional e benefício como:

$$NSC^* = 1 - \left[\frac{HQ}{DC_u}\right] \quad (13.6)$$

Dado o nível de serviço de ciclo ideal, o estoque de segurança exigido pode ser avaliado usando a Equação 12.5 se a demanda for distribuída normalmente.

Pela Equação 13.6, observe que aumentar o tamanho de lote Q permite que o gerente no Walmart reduza o nível de serviço de ciclo e, portanto, o estoque de segurança mantido. Isso porque aumentar o tamanho do lote eleva a taxa de atendimento e, desse modo, reduz a quantidade acumulada. Porém, deve-se ter cuidado, porque esse aumento eleva o estoque cíclico. Em geral, aumentar o tamanho do lote não é um modo eficaz para uma empresa melhorar a disponibilidade do produto.

Se o custo de falta de estoque for conhecido, pode-se usar a Equação 13.6 para obter o nível de serviço de ciclo apropriado (e, assim, o nível apropriado do estoque de segurança). Em muitas situações práticas, é difícil estimar o custo da falta de estoque. Em tal situação, um gerente pode querer avaliar esse custo implicado pela política de estoque atual. Quando o custo exato da falta de estoque não puder ser achado, esse custo implicado pelo menos dá uma ideia se o estoque deve ser aumentado, diminuído ou mantido igual. No Exemplo 13.4, mostramos como a Equação 13.6 pode ser usada para atribuir um custo de falta de estoque dada uma política de estoque (ver aba *Exemplos 13.4 e 13.5* na planilha *Exemplos*).

EXEMPLO 13.4 》 Atribuição do custo da falta de estoque na política de estoque

A demanda semanal por detergente no Walmart é distribuída normalmente, com média $D = 100$ galões e desvio-padrão $\sigma_D = 20$. O tempo de espera para reposição é $L = 2$ semanas. O gerente de loja no Walmart pede 400 galões quando o estoque disponível cai para 300. Cada galão de detergente custa US$ 3. O custo de manutenção que o Walmart incorre é de 20%. Se toda a demanda não atendida for acumulada e levada para o ciclo seguinte, avalie o custo da falta de estoque atribuído pela política de reposição atual.

Análise

Neste caso, temos:

> Tamanho do lote, $Q = 400$ galões
> Ponto de reposição, $PR = 300$ galões
> Demanda média por semana, $D = 100$
> Desvio-padrão da demanda por semana, $\sigma_D = 20$
> Custo unitário, $C = $ US$ 3
> Custo de manutenção como uma fração do custo do produto por ano, $m = 0{,}2$
> Custo de manter uma unidade por um ano, $M = mC = $ US$ 0,6
> Tempo de espera, $L = 2$ semanas

Assim, temos:

> Demanda média durante o tempo de espera, $D_L = D_L = 200$ galões
> Desvio-padrão da demanda durante o tempo de espera, $\sigma_L = \sigma_D \sqrt{L} = 20\sqrt{2} = 28{,}3$

Como a demanda é distribuída normalmente, podemos usar a Equação 12.4 e 12.22 para avaliar o NSC sob a política de estoque atual:

$$NSC = F(PR, D_L, \sigma_L) = NORMDIST(300, 200, 28{,}3, 1) = 0{,}9998$$

Assim, podemos deduzir que o custo atribuído da falta de estoque (usando a Equação 13.6) é dado por:

$$C_u = \frac{HQ}{(1 - NSC)D} = \frac{0.6 \times 400}{(1 - 0{,}9998) \times 100 \times 52} = \text{US\$} 230{,}77 \text{ por galão}$$

A implicação aqui é que, se cada falta de estoque de um galão de detergente custa US$ 230,8, o NSC atual de 0,9998 é ideal. Neste exemplo em particular, pode-se afirmar que o gerente está mantendo muito estoque, pois é improvável que o custo do estoque de detergente seja US$ 230,8 por galão.

Um gerente pode usar a análise anterior para decidir se o custo atribuído de falta de estoque, e assim a política de estoque, é razoável.

A DEMANDA DURANTE A FALTA DE ESTOQUE É PERDIDA Para o caso em que a demanda não atendida durante o período de falta de estoque é perdida, o nível de serviço de ciclo ideal NSC^* é dado como:

$$NSC^* = 1 - \frac{HQ}{HQ + DC_u} \quad (13.7)$$

Consideramos que C_u é o custo de perder uma unidade de demanda durante o período de falta de estoque. A partir da comparação entre as equações 13.6 e 13.7, observe que para o mesmo custo de estoque em falta, uma cadeia de suprimentos deve oferecer um nível de ciclo de serviço mais alto se as vendas forem perdidas mais que acumuladas. No Exemplo 13.5, avaliamos o nível de serviço de ciclo ideal se a demanda for perdida durante o período de falta de estoque (ver aba *Exemplos 13.4 e 13.5* na planilha *Exemplos*).

EXEMPLO 13.5 》 Avaliação do nível de serviço ideal quando a demanda não atendida é perdida

Considere a situação no Exemplo 13.4, mas suponha que toda a demanda durante uma falta de estoque seja perdida. Suponha que o custo de perder uma unidade de demanda seja de US$ 2. Avalie o nível de serviço de ciclo ideal que o gerente no Walmart deverá buscar.

Análise

Neste caso, temos:

Tamanho do lote, $Q = 400$ galões
Demanda média por ano, $D = 100 \times 52 = 5.200$
Custo de manter uma unidade por um ano, $M = US\$ 0,6$
Custo de estoque em falta, $C_u = US\$ 2$

Usando a Equação 13.7, o nível de serviço de ciclo ideal é dado como:

$$NSC^* = 1 - \frac{HQ}{HQ + DC_u} = 1 - \frac{0,6 \times 400}{0,6 \times 400 + 2 \times 5.200} = 0,98$$

O gerente de loja no Walmart deverá visar a um nível de serviço de ciclo de 98%.

13.3 Alavancas gerenciais para melhorar a lucratividade na cadeia de suprimentos

Tendo identificado os fatores que influenciam o nível ideal de disponibilidade de produto, agora vamos priorizar as ações que um gestor pode fazer para melhorar a lucratividade da cadeia de suprimentos. Mostramos, na Seção 13.2, que os custos de estoque em excesso e em falta têm impacto direto sobre o nível de serviço de ciclo ideal e a lucratividade. Duas alavancas gerenciais óbvias para aumentar a lucratividade são:

1. Aumentar o valor residual de cada unidade melhora a lucratividade (bem como o nível de serviço de ciclo ideal).
2. Diminuir a perda de margem causada por uma falta de estoque melhora a lucratividade (permitindo um nível de serviço de ciclo ideal).

As estratégias para aumentar o valor residual incluem vender para pontas de estoque, de modo que as unidades restantes não sejam meramente descartadas. Algumas empresas, como a Sport Obermeyer, que vende roupas de inverno nos Estados Unidos, vende o excedente na

América do Sul, onde o inverno corresponde ao verão na América do Norte. O valor residual aumentado do excedente permite que a Sport Obermeyer ofereça um nível mais alto de disponibilidade de produto nos Estados Unidos e aumente seus lucros. O crescimento dos liquidantes on-line, como Overstock.com, ajuda os varejistas aumentando seu valor residual para produtos com estoque a mais. Aumentar o valor residual das unidades de ponta de estoque permite que uma empresa melhore os lucros ao fornecer um nível mais alto de disponibilidade de produto por conta de o custo de estoque em excesso ser reduzido.

As estratégias para diminuir a perda de margem em uma falta de estoque incluem providenciar uma fonte de reserva (que pode ser mais cara), de modo que os clientes não se percam para sempre. A prática de comprar produtos de um concorrente no mercado aberto para satisfazer a demanda do cliente é observada e justificada pelo raciocínio antecipado. No setor de suprimentos de MRO, a McMaster-Carr e a W. W. Grainger, dois concorrentes importantes, também são grandes clientes um do outro.

O custo de estocar em falta também pode ser diminuído dando ao cliente um produto substituto. Diminuir o custo de estoque em falta permite que uma empresa melhore os lucros ao fornecer um nível mais baixo de disponibilidade de produto (pois há alternativas disponíveis para servir os clientes), diminuindo assim a quantidade de estoque em excesso no final da estação.

O nível de serviço de ciclo ideal como uma função da razão do custo de estocar em excesso e o custo de estocar em falta são mostrados na Figura 13.2. Observe que, à medida que a razão fica menor, o nível ideal de disponibilidade de produto aumenta. Esse fato explica a diferença no nível de disponibilidade de produto entre uma loja de alto nível, como a Nordstrom, e uma loja de desconto. A Nordstrom tem margens maiores e, assim, um custo mais alto de estocar em falta. Assim, ela deve oferecer um maior nível de disponibilidade de produto do que uma loja de desconto, com margens menores e, como resultado, um menor custo de falta de estoque.

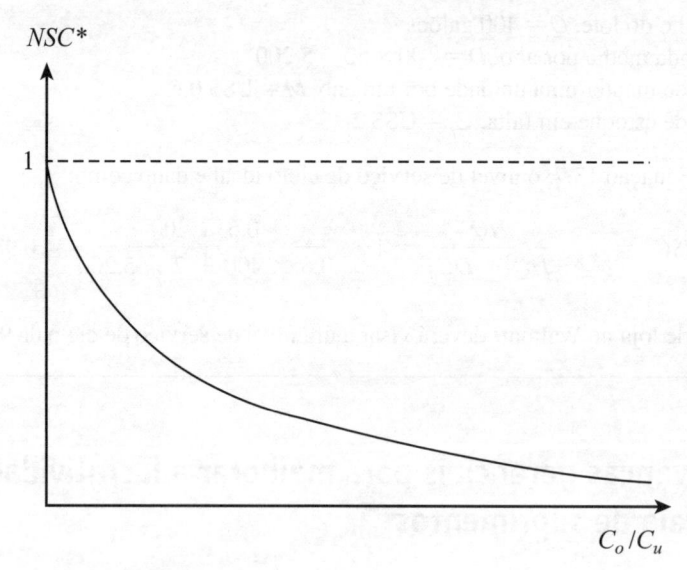

》 **Figura 13.2** Impacto de alterar a razão C_o/C_u no nível de serviço de ciclo ideal.

Outra alavanca gerencial significativa para melhorar a lucratividade da cadeia de suprimentos é a redução da incerteza da demanda. Com menor incerteza, um gestor de cadeia pode combinar melhor oferta e demanda, reduzindo o estoque em excesso e em falta. Um gerente pode reduzir a incerteza da demanda das seguintes maneiras:

1. *Melhor previsão:* usar melhor inteligência e colaboração de mercado para reduzir a incerteza da demanda.
2. *Resposta rápida:* reduzir o tempo de espera de reposição de modo que vários pedidos possam ser feitos na estação de vendas.
3. *Postergação:* em uma situação de múltiplos produtos, postergar a diferenciação do produto até mais perto do momento de venda.

4. Aquisição adaptada: usar um fornecedor com tempo de espera baixo, mas talvez mais caro, como reserva para um fornecedor de baixo custo, mas talvez com tempo de espera longo.

A seguir, estudaremos o impacto de cada um destes no desempenho da cadeia de suprimentos.

Melhoria de previsões: impacto sobre lucros e estoques

As empresas têm tentado entender melhor seus clientes e coordenar ações dentro da cadeia de suprimentos para melhorar a exatidão da previsão. O uso de sistemas de informação de planejamento de demanda também tem ajudado em relação a isso. Mostraremos que a maior exatidão da previsão pode ajudar uma empresa a aumentar significativamente sua lucratividade enquanto diminui o estoque em excesso, bem como as vendas perdidas em virtude da falta de estoque. Ilustramos o impacto de melhorar a exatidão da previsão no Exemplo 13.6 (ver *Exemplo 13.6*).

EXEMPLO 13.6 》 Impacto de melhores previsões

Considere um comprador na Bloomingdale's responsável por comprar aparelhos de jantar com motivos natalinos. O aparelho de jantar é vendido apenas durante a época próxima ao Natal, e o comprador faz um pedido para entrega no início de novembro. Cada aparelho de jantar custa $c =$ US$ 100 e é vendido pelo preço de revenda de $p =$ US$ 250. Quaisquer unidades não vendidas no Natal têm grande desconto nas vendas pós-natal, e são vendidas por um valor residual de $s =$ US$ 80. O comprador estimou que a demanda é distribuída normalmente, com média $\mu = 350$. Historicamente, os erros de previsão têm levado a um desvio-padrão de $\sigma = 150$. O comprador decidiu realizar uma pesquisa de mercado adicional para chegar a uma previsão melhor. Avalie o impacto da melhor exatidão na previsão sobre a lucratividade e os estoques quando o comprador reduz σ de 150 para 0 em aumentos de 30.

Análise

Neste caso, temos:

Custo de estocar em excesso $= C_u = p - c =$ US$ 250 $-$ US$ 100 $=$ US$ 150
Custo de estocar em falta $= C_o = c - s =$ US$ 100 $-$ US$ 80 $=$ US$ 20

Usando a Equação 13.1, temos:

$$NSC^* = Prob(Demanda \leq O^*) \geq \frac{150}{150 + 20} = 0{,}88$$

O tamanho de pedido ideal é obtido usando a Equação 13.2 e o lucro esperado, usando a Equação 13.3. O tamanho do pedido e o lucro esperado à medida que a exatidão da previsão (medida pelo desvio-padrão do erro de previsão) varia são mostrados na Tabela 13.3.

》 **Tabela 13.3** Lucro esperado e tamanho do pedido na Bloomingdale's.

Desvio-padrão do erro de previsão σ	Tamanho de pedido ideal O*	Estoque em excesso esperado	Estoque em falta esperado	Lucro esperado
150	526	186,7	8,6	US$ 47.469
120	491	149,3	6,9	US$ 48.476
90	456	112,0	5,2	US$ 49.482
60	420	74,7	3,5	US$ 50.488
30	385	37,3	1,7	US$ 51.494
0	350	0	0	US$ 52.500

> **Ponto-chave**
> Um aumento na exatidão da previsão diminui a quantidade do estoque em excesso e do estoque em falta e melhora os lucros de uma empresa.

O Exemplo 13.6 ilustra que, à medida que uma empresa melhora a exatidão de sua previsão, a quantidade de estoque em excesso e em falta esperada diminui e o lucro esperado aumenta. Esse relacionamento pode ser visto na Figura 13.3.

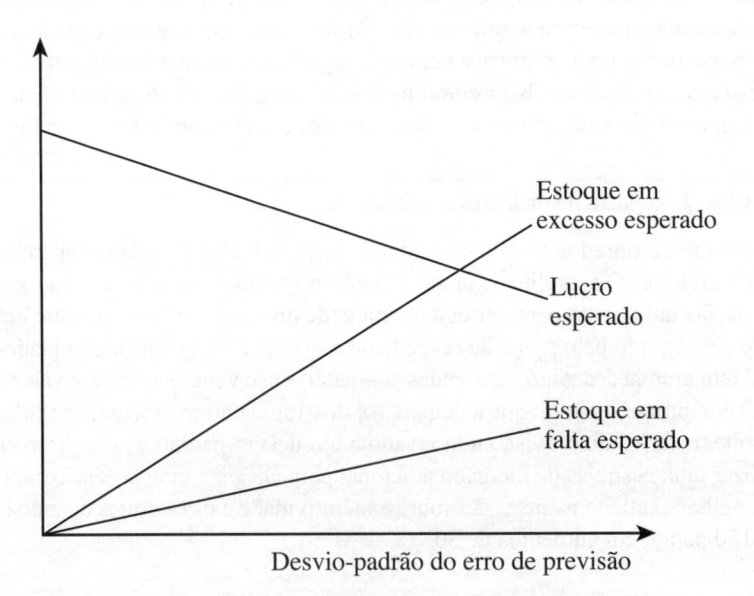

Figura 13.3 Variação do lucro e dos estoques com a exatidão da previsão.

Resposta rápida: impacto sobre lucros e estoques

Resposta rápida é o conjunto de ações que uma cadeia de suprimentos toma para reduzir o tempo de espera da reposição. Os gestores de cadeia são capazes de melhorar a exatidão de sua previsão à medida que os tempos de espera diminuem, o que lhes permite combinar melhor a oferta com a demanda e aumentar a lucratividade da cadeia de suprimentos. Discutimos os benefícios da redução do tempo de espera para os itens estocados regularmente, como detergente, no Capítulo 12 (ver Exemplo 12.6). Agora, focaremos nos benefícios da redução do tempo de espera para os itens de estação.

Para ilustrar essas questões, considere o exemplo da Saks Fifth Avenue, uma loja de departamentos de alto nível, que compra xales de caxemira da Índia e do Nepal. A estação de vendas de xales de caxemira tem cerca de 14 semanas. Historicamente, os tempos de espera para reposição têm sido da ordem de 25 a 30 semanas. Com um tempo de espera de 30 semanas, o comprador na Saks deve pedir tudo o que a loja espera vender bem antes do início da estação de vendas. É difícil para ele fazer uma previsão exata da demanda com toda essa antecipação. Isso resulta em alta incerteza da demanda, levando o comprador a pedir muitos ou poucos xales a cada ano.

Normalmente, os compradores conseguem fazer previsões bastante exatas quando observam a demanda na primeira ou segunda semana da estação. Se os tempos de espera podem ser encurtados para facilitar o uso de vendas atuais ao fazer parte do pedido da estação, pode haver benefícios significativos para a cadeia de suprimentos. Considere a situação em que os fabricantes conseguem reduzir o tempo de espera de reposição para seis semanas. Essa redução permite que o comprador na Saks divida a compra da estação inteira em dois pedidos, cada um cobrindo sete semanas de demanda. O primeiro pedido é feito seis semanas antes do início da estação de vendas. O comprador pede o que a loja espera vender durante as primeiras sete semanas da estação. O primeiro pedido deve ser feito sem observar qualquer venda. Quando as vendas começam, o comprador observa a demanda da primeira semana e faz um segundo pedido após esse período. Ao fazer o segundo pedido, o comprador pode usar informações de venda a partir da primeira semana da estação. A melhora da precisão das previsões do comprador permite que a empresa use o segundo pedido para combinar oferta e demanda com mais eficiência, resultando em maiores lucros.

Quando vários pedidos são feitos na estação, não é possível fornecer fórmulas como as equações 13.1 a 13.5, que especificam a quantidade de pedido ideal e o lucro, o estoque em excesso e o estoque em falta esperados. Em vez disso, temos de usar simulação (ver Apêndice 13F) ou aproximações para identificar o impacto de diferentes políticas de pedido. Ilustramos o impacto de poder fazer vários pedidos na estação usando aproximações do exemplo da Saks discutido anteriormente.

O comprador na Saks deve decidir sobre a quantidade de caxemira a pedir da Índia e do Nepal para a estação do inverno que se aproxima. O custo unitário de cada xale é de c = US$ 40, e o xale é vendido por p = US$ 150. Uma loja de desconto compra quaisquer mantas que sobraram ao final da estação por s = US$ 30 cada. Após a estação de vendas de 14 semanas, quaisquer mantas restantes são vendidas para a loja de desconto.

Antes do início da estação de vendas, o comprador prevê a demanda semanal sendo distribuída normalmente, com uma média de D = 20 e um desvio-padrão de σ_D = 15. Comparamos o impacto das duas políticas de pedido a seguir:

1. O tempo de espera de oferta é maior que 15 semanas. Como resultado, um único pedido deve ser feito no início da estação para cobrir a demanda da estação inteira.
2. O tempo de espera é reduzido para seis semanas. Como resultado, dois pedidos são feitos para a estação, um para ser entregue no início e o outro para ser feito no final da semana 1 e entregue no início da semana 8.

Para a política 2, supomos que uma vez que o comprador veja as vendas para a primeira semana, ele está apto a prever a demanda para o primeiro período de sete semanas precisamente (essa aproximação permite quantificar os benefícios do segundo pedido). Ele ainda não está apto a prever vendas para o segundo período de sete semanas. Em termos de sua capacidade de previsão para o segundo período de sete semanas, consideramos dois cenários – em que a precisão da previsão do comprador não melhora para o segundo pedido (i. e., o desvio-padrão da demanda de previsão permanece como 15), e outro em que ela melhora e o comprador é capaz de reduzir o desvio-padrão da previsão para 3 em vez de 15. Também supomos que a demanda é independente entre as semanas.

Primeiro, começamos com o caso em que os compradores fazem um único pedido para a estação. Dado que a estação dura 14 semanas e a demanda é independente ao longo das semanas, obtemos o seguinte (usando a Equação 12.1):

$$\text{Demanda esperada de xales na estação} = \mu \ 14 \times 20 = 280$$
$$\text{Desvio-padrão da demanda sazonal } \sigma = \sqrt{14} \ \sigma_D \times \sqrt{14} \times 15 = 56,1$$

Usando a Equação 13.1, o nível de serviço de ciclo ideal é dado por:

$$NSC^* = \frac{p - c}{p - s} = \frac{150 - 40}{150 - 30} = 0,92$$

A quantidade de pedido ideal para um único pedido é obtida usando a Equação 13.2:

$$O^* = NORMINV(NSC^*, \mu, \sigma) = NORMINV(0,92, 280, 56,1) = 358$$

Para um pedido de 358 mantas, obtemos:

Lucro esperado com um único pedido (usando a Equação 13.3) = US$ 29.767
Estoque em excesso esperado (usando a Equação 13.4) = 79,8
Estoque em falta esperado (usando a Equação 13.5) = 2,14

Dado que o custo do estoque em excesso é de US$ 10 por xale e o custo do estoque em falta é de US$ 110 por xale, obtemos:

$$\text{Custo esperado do estoque em excesso} = 79{,}8 \times \text{US\$ } 10 = \text{US\$ } 798$$
$$\text{Custo esperado do estoque em falta} = 2{,}14 \times \text{US\$ } 110 = \text{US\$ } 235$$

Se não houvesse incerteza na demanda, a demanda durante a estação seria de 280 xales, com um lucro de 280 × US$ 110 = US$ 30.800. Observe que o lucro esperado é reduzido por US$ 30.800 – US$ 29.767 = US$ 1.033 = US$ 798 + US$ 235 por causa da incerteza. Assim, a incerteza reduz o lucro esperado por causa do estoque em excesso e em falta.

Pela análise anterior, também se segue que a redução da incerteza como resultado do encurtamento dos tempos de espera aumentará os lucros por no máximo US$ 1.033 na estação.

Agora, descrevemos um procedimento que pode ser usado para estimar o benefício de fazer dois pedidos em uma estação. Supomos que o primeiro pedido vise cobrir a demanda para as sete primeiras semanas e o segundo, para as sete últimas. Dado que o comprador vai ver a primeira semana de demanda antes de fazer o segundo pedido, supomos que ele vai estar apto a predizer precisamente as vendas no primeiro período de sete semanas. Assim, seu segundo pedido pode levar em conta qualquer estoque que sobre do primeiro pedido.

Primeiro, considere o caso em que não existe melhora na exatidão da demanda depois de observar a demanda do primeiro período (o desvio-padrão da demanda semanal permanece 15). Para cada período de sete semanas, obtemos o seguinte:

$$\text{Demanda esperada de xales em sete semanas} = \mu_7 = 7 \times 20 = 140$$
$$\text{Desvio-padrão da demanda durante sete semanas} = \mu_7 = \sqrt{7} \times 15 = 39{,}7$$

O nível de serviço de ciclo ideal é mantido em 0,92. Usando a Equação 13.2, obtemos o tamanho do primeiro pedido como sendo:

$$O_1 = NORMINV(NSC^*, \mu_7, \sigma_7) = NORMINV(0{,}92, 140, 39{,}7) = 195$$

Para um pedido de 195 xales, obtemos:

$$\text{Lucro esperado do primeiro pedido (usando a Equação 13.3)} = \text{US\$ } 14.670$$
$$\text{Estoque em excesso esperado (usando a Equação 13.4)} = 56{,}4$$
$$\text{Estoque em falta esperado (usando a Equação 13.5)} = 1{,}51$$

Lembre-se de que o comprador pode predizer precisamente as vendas durante o primeiro período de sete semanas quando faz o segundo pedido no final da semana 1. Assim, qualquer excesso de estoque resultante do primeiro pedido será usado para ajustar o tamanho do segundo pedido. Também supomos que qualquer estoque em falta nas primeiras setes semanas é servido de xales que chegam no segundo pedido. Considerando que o estoque inicial desejado para o segundo período de sete semanas é 196 xales, o excesso de estoque esperado no final do primeiro período de sete semanas é 56,4 xales, e o estoque em falta esperado é de 1,51 xales, o segundo pedido será de 195 – 56,4 + 140,11 xales, em média. Considerando que todo o excesso em estoque a partir do primeiro período de sete semanas é usado para diminuir o tamanho do pedido para o segundo período de sete semanas e que todo o estoque em falta é servido a partir do segundo pedido, não há excesso de estoque ou estoque em falta a partir do primeiro pedido. Há um excesso de estoque esperado de 56,4 xales (isso é esperado ao iniciar o segundo período de sete semanas com 195 xales) e um estoque em falta de 1,51 xales ao final da estação.

O lucro esperado no final da estação é, assim, dado pela soma de lucro esperado a partir do período de sete semanas e pelo excesso de estoque e falta de estoque recompostos a partir do primeiro período de sete semanas, como a seguir:

$$\text{Lucro esperado da estação} = \text{US\$ } 14.670 + (\text{US\$ } 56{,}4 \times \text{US\$ } 10) + (1{,}51 \times \text{US\$ } 110) + \text{US\$ } 14.670$$
$$= \text{US\$ } 30.070$$

Acrescentamos (56,4 × US$ 10) + (1,51 × US$ 110) ao lucro esperado da primeira metade de sete semanas porque efetivamente não existe estoque a mais que deva ser vendido para a loja de desconto ao final das primeiras sete semanas ou estoque em falta quando a margem é perdida. Nossa análise indica que permitir um segundo pedido na estação aumenta os lucros em US$ 30.070 – US$ 29.767 = US$ 303, mesmo que não haja melhora na exatidão da previsão para o segundo período de sete semanas. Contudo, o aumento do lucro será menor se assumirmos que os clientes que não acharam o produto ao final das sete primeiras semanas não estarão dispostos a esperar até que o segundo pedido chegue. Observe que como resultado de possibilitar um segundo pedido, a quantidade do pedido total diminui de 358 xales para 195 + 140,1 = 335,1 xales. O excesso de estoque esperado no final da estação diminuiu de 79,8 para 56,4 xales e o estoque em falta esperado diminuiu para 1,51.

Pela nossa análise, observamos três consequências importantes de poder fazer um segundo pedido na estação depois de observar algumas vendas:

1. A quantidade total pedida esperada durante a estação, com dois pedidos, é menor do que com um único pedido para o mesmo nível de serviço de ciclo. Em outras palavras, é possível oferecer o mesmo nível de disponibilidade de produto ao cliente com menos estoque se um segundo pedido, de acompanhamento, for permitido dentro da estação de vendas.
2. O excesso de estoque médio a ser liquidado no final da estação de vendas e a falta de estoque esperada são menores se um pedido de acompanhamento for permitido durante a estação de vendas.
3. Os lucros são maiores quando um pedido de acompanhamento é permitido durante a estação de vendas.

Em outras palavras, à medida que a quantidade total para a estação é dividida em múltiplos pedidos menores, com o tamanho de cada pedido baseado em algumas vendas observadas, o comprador é mais capaz de combinar oferta e demanda e aumentar a lucratividade para a Saks. Esses relacionamentos são mostrados nas figuras 13.4 e 13.5.

Agora, consideramos o caso em que o comprador melhora a exatidão de sua previsão para um segundo pedido após observar parte da demanda da estação. Como resultado, o desvio-padrão da previsão de demanda semanal cai de 15 para 3 para o segundo período de sete semanas. Nessa situação, o primeiro pedido fica em 195 xales, conforme discutido anteriormente. Para o segundo pedido, porém, temos de levar em conta o fato de que o desvio-padrão da demanda semanal caiu para 3. Como resultado, obtemos:

$$\text{Demanda esperada de xales em sete semanas} = \mu_7 = 7 \times 20 = 140$$
$$\text{Desvio-padrão da demanda pelo primeiro período de sete semanas } \sigma_1 = \sqrt{7} \times 15 = 39,7$$
$$\text{Desvio-padrão da demanda pelo segundo período de sete semanas } \sigma^2 7 = \sqrt{7} \times 3 = 7,9$$

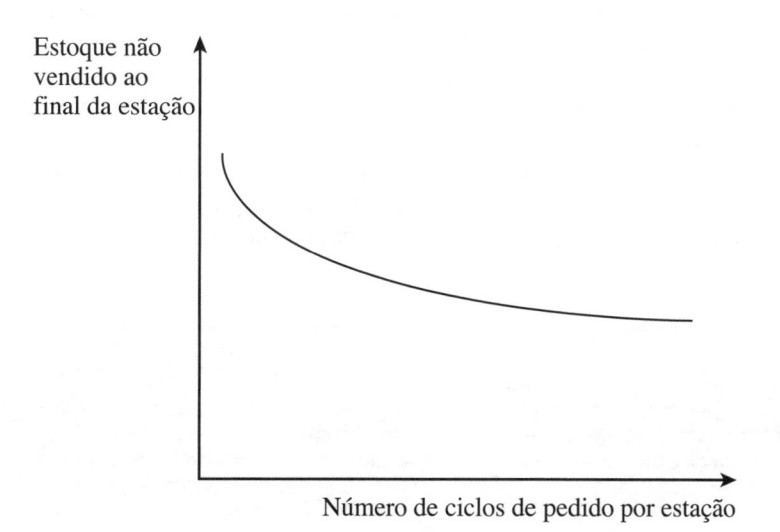

》 **Figura 13.4** Estoque restante versus número de ciclos de pedido por estação.

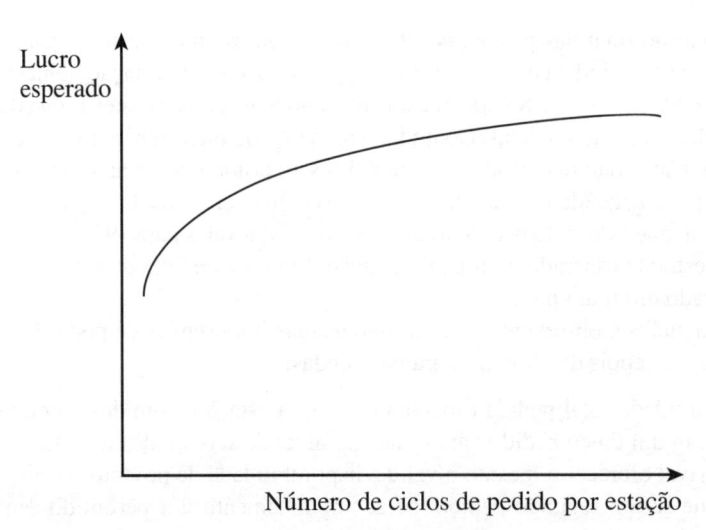

> **Figura 13.5** Estoque restante versus número de ciclos de pedido por estação.

O nível de serviço de ciclo ideal é mantido em 0,92. Usando a Equação 13.2, obtemos que o número desejado de xales no início do segundo período de sete semanas seja $O_1 = 195$ como antes e que o início do segundo período de sete semanas seja O_2, onde:

$$O_2 = NORMINV(NSC^*, \mu_7, \sigma_7^2) = NORMINV(0.92, 140, 7.9) = 151$$

Como na análise anterior, supomos que o comprador seja precisamente apto a predizer vendas para o primeiro período de sete semanas depois de observar as vendas para a primeira semana. Ele, assim, considera o excesso de estoque e o estoque em falta no final do primeiro período de sete semanas ao fazer seu segundo pedido. Dado um excesso de estoque esperado de 56,4 xales e um estoque em falta esperado de 1,51 a partir do primeiro pedido, o segundo pedido líquido é, assim, 151 – 56,4 + 1,51 = 96,11 xales. Com 151 peças no início do segundo período de sete semanas, obtemos:

Lucro esperado do segundo pedido (usando a Equação 13.3) = US$ 15.254
Estoque em excesso esperado (usando a Equação 13.4) = 11,3
Estoque em falta esperado (usando a Equação 13.5) = 0,30

Novamente, observe que não há custo de excesso de estoque no final do primeiro período de sete semanas e supomos que os pedidos do cliente que estão em falta no primeiro pedido são atendidos a partir do segundo. Os lucros líquidos para a estação são, portanto, US$ 14.670 (primeiras sete semanas) + 56,4 × US$ 10 (sem excesso de estoque no final do primeiro período de sete semanas) + 1,51 × US$ 110 (a falta em estoque é atendida pelo segundo pedido) + US$ 15.254 (segundo período de sete semanas) = US$ 30.654. Se a exatidão da previsão melhora como resultado de observar o início da demanda sazonal, o lucro da estação melhora em US$ 30.654 – US$ 29.767 = US$ 887. O estoque em excesso esperado ao final da estação agora caiu para 11,3 unidades e a falta de estoque para 0,3 unidades. Um segundo pedido e maior exatidão da previsão, como resultado da observação das vendas no início da estação, aumenta os lucros e diminui os estoques em excesso e estoque em falta.

> **Ponto-chave**
>
> Se a resposta rápida permitir múltiplos pedidos de reposição na estação, os lucros aumentam e a quantidade de estoque em excesso e estoque em falta diminuem. Reposições múltiplas possibilitam que a cadeia de suprimentos combine melhor a oferta e a demanda ao ser capaz de responder às tendências mais do que ter de predizê-las.

A Zara, uma varejista de vestuário espanhola, construiu sua estratégia inteira com base na resposta rápida. Quando a maioria dos concorrentes estava cortando custos ao terceirizar a produção para países de produção de baixo custo, a Zara focou na redução do tempo de resposta ao estabelecer instalações de produção na Espanha. Enquanto concorrentes tinham tempos de espera que variavam de três para nove semanas, a Zara era capaz de reduzir seu tempo de espera "do design à prateleira" de três para quatro semanas. Considerando uma estação de vendas de três meses (para cada um de outono, inverno, primavera e verão), os concorrentes focavam em tomar decisões de *sourcing* bem antes do início da estação. Por outro lado, a Zara dividiu a estação de vendas de três meses em três períodos de um mês. Para o primeiro mês, a Zara decidiu sobre as quantidades sem saber como as vendas seriam. Contudo, essas quantidades eram muito mais baixas do que o que os concorrentes necessitavam para fazer pedido para a estação de três meses inteira. Para o segundo mês, a Zara tomou suas decisões de produção depois de observar a primeira semana de demanda (a Zara observou a demanda em seus concorrentes). Para o terceiro mês, ela tomou suas decisões de produção depois de observar um mês inteiro de vendas. Em cada exemplo, as vendas observadas permitiram que a Zara aumentasse de modo significativo sua exatidão de previsão. O resultado foi que a Zara foi capaz de trazer mais do que era vendido sem desperdiçar uma capacidade de produção preciosa sobre o que provavelmente não seria vendido. A resposta rápida permitia que a Zara respondesse às tendências mais do que teria de predizê-la. Isso resultou em lucros maiores para a empresa porque ela produzia o que estava vendendo e tinha menos excesso de estoque e estoque em falta. O *New York Times* relatou em 2006 que "a Zara vendeu 85% de suas mercadorias com preço total, ao passo que a média da indústria é de 60%".

Pela nossa discussão anterior, a resposta rápida é claramente vantajosa para um varejista em uma cadeia de suprimentos – com um detalhe. À medida que o fabricante reduz os tempos de espera para reposição, permitindo um segundo pedido, temos visto que o tamanho do pedido do varejista diminui. Com efeito, o fabricante vende menos ao varejista. Assim, a resposta rápida resulta em menos lucro para o fabricante a curto prazo se tudo o mais ficar inalterado. Esse é um ponto importante a ser considerado, pois diminuir os tempos de espera para reposição requer um tremendo esforço do fabricante, enquanto parece beneficiar o varejista em detrimento de si próprio. Os benefícios resultantes da resposta rápida deverão ser compartilhados adequadamente pela cadeia de suprimentos. Isso era mais fácil para Zara, que estava verticalmente integrada na fabricação e no varejo responsivos. Pode ser um desafio, no entanto, para varejistas que terceirizam a fabricação.

Postergação: impacto sobre lucros e estoques

Conforme discutimos no Capítulo 12, a postergação refere-se ao atraso na diferenciação do produto até mais próximo de sua venda. Com a postergação, todas as atividades antes da diferenciação exigem previsões agregadas que são mais exatas do que as previsões do produto individual. Estas são exigidas próximo ao momento da venda, quando a demanda é conhecida com maior precisão. Como resultado, a postergação permite que uma cadeia de suprimentos combine melhor a oferta com a demanda. A postergação pode ser uma alavanca gerencial poderosa para aumentar a lucratividade. Ela pode ser particularmente valiosa se os clientes estiverem dispostos a esperar pela entrega. Se a cadeia de suprimentos puder postergar a diferenciação do produto até depois de receber o pedido do cliente, pode-se conseguir um aumento significativo nos lucros e uma redução nos estoques.

O principal benefício da postergação surge da combinação melhorada entre oferta e demanda. Porém, existe um custo associado à postergação, pois o custo de produção usando postergação normalmente é mais alto que o custo sem ela. Por exemplo, o processo de produção na Benetton, onde tricôs são tingidos, custa cerca de 10% a mais do que se o fio já tingido for tricotado. De modo semelhante, quando os varejistas misturam tintas em lojas em vez de isso ser feito na fábrica, os custos de fabricação aumentam porque existe uma perda das economias de escala na mistura. Dado o custo de produção mais alto em decorrência da postergação, uma empresa assegura que os benefícios no estoque a partir da postergação sejam maiores do que os custos adicionais.

A postergação é valiosa para uma empresa que vende uma grande variedade de produtos com demanda imprevisível, independente e comparável em tamanho. Ilustramos isso usando o exemplo da Benetton. Uma grande fração de suas vendas são de tricôs em cores sólidas. Começando com o fio, existem duas etapas para concluir uma peça – tingir e tricotar. Tradicionalmente, o fio era tingido e depois o suéter era tricotado (Opção 1). A Benetton desenvolveu um procedimento pelo qual o tingimento era postergado até depois que a roupa fosse tricotada (Opção 2).

A Benetton vende cada tricô a um preço de varejo p = US$ 50. A Opção 1 (sem postergação) resulta em um custo de manufatura de US$ 20, enquanto a Opção 2 (postergação) resulta em um custo de manufatura de US$ 22 por peça. A Benetton vende quaisquer suéteres não vendidos ao final da estação em uma liquidação por s = US$ 10 cada. O processo de tricotagem ou manufatura leva um total de 20 semanas. Para nossa discussão, vamos considerar que a Benetton vende suéteres em quatro cores. Com vinte semanas de antecedência, a Benetton prevê que a demanda para cada cor seja distribuída normalmente, com uma média de μ = 1.000 e um desvio-padrão de σ = 500. A demanda para cada cor é independente. Com a Opção 1, a Benetton toma a decisão de compra para cada cor 20 semanas antes do período de vendas e mantém estoques separados para cada uma. Com a Opção 2, a Benetton prevê apenas o fio não colorido agregado para comprar com 20 semanas de antecedência. O estoque mantido é baseado na demanda agregada para todas as quatro cores. A Benetton decide a quantidade de cores individuais após a demanda ser conhecida. Agora, vamos quantificar o impacto da postergação para a Benetton. Todas as análises são detalhada na planilha *Postergação-Benetton* presente na Sala Virtual. Veja a planilha para a análise a seguir.

Com a Opção 1, a Benetton deve decidir sobre a quantidade de fio colorido a ser comprada para cada cor. Para cada cor, temos:

Preço de revenda, p = US$ 50

Custo de manufatura, c = US$ 20

Valor residual, s = US$ 10

Usando a Equação 13.1, obtemos o nível de serviço de ciclo ideal para cada cor como:

$$NSC^* = \frac{p-c}{p-s} = \frac{50-20}{50-10} = 0{,}75$$

Usando a Equação 13.2, a quantidade de compra ideal de fio de cada cor é:

$$O^* = NORMINV(NSC^*, \mu, \sigma) = NORMINV(0{,}75, 1.000, 500) = 1.337$$

Assim, o ideal é que a Benetton produza 1.337 unidades de cada cor. Usando a Equação 13.3, o lucro esperado de cada cor é:

Lucros esperados = US$ 23.644

Usando as equações 13.4 e 13.5, os estoques em excesso e em falta esperados para cada cor é:

Estoque em excesso esperado = 412
Estoque em falta esperado = 75

Usando a Opção 1, para todas as quatro cores, a Benetton produz, assim 4 × 1.337 = 5.348 suéteres. Isso resulta em um lucro esperado de 4 × 23.644 = US$ 94.576, com uma média de 4 × 412 = 1.648 peças vendidas na liquidação ao final da estação e 4 × 75 = 300 clientes perdidos por falta de suéteres.

Usando a Opção 2, a Benetton deve decidir apenas o número total de suéteres para as quatro cores a serem produzidas, pois eles podem ser tingidos na cor apropriada quando a demanda for conhecida. Neste caso, temos:

Preço de revenda, p = US$ 50

Custo de manufatura, c = US$ 22

Valor residual, s = US$ 10

Usando a Equação 13.1, o nível de serviço de ciclo ideal para cada cor é:

$$NSC^* = \frac{p-c}{p-s} = \frac{50-22}{50-10} = 0{,}70$$

Dado que a demanda para cada cor é independente, a demanda total para as quatro cores pode ser avaliada usando a Equação 12.15 como sendo distribuída normalmente, com média μ_A e desvio-padrão σ_A, onde:

$$\mu_A = 4 \times 1.000 = 4.000 \quad \sigma_A = \sqrt{4} \times 500 = 1.000$$

Usando a Equação 13.2, a quantidade de produção agregada ideal para a Benetton é dada por O^*_A, onde:

$$O^*_A = NORMINV(0{,}7, \mu_A, \sigma_A) = NORMINV(0{,}7, 4.000, 1.000) = 4.524$$

Sob a Opção 2, é ideal que a Benetton produza 4.524 suéteres para serem tingidos quando a demanda de cor estiver disponível. O lucro esperado com a postergação é avaliado usando a Equação 13.3, como:

Lucros esperados = US$ 98.092

Usando as equações 13.4 e 13.5, o estoque em excesso esperado é de 715 e o estoque em falta esperado é de 190. Assim, a postergação aumenta os lucros esperados para a Benetton de US$ 94.576 para US$ 98.092. O estoque em excesso esperado diminui de 1.648 para 715 e o estoque em falta esperado cai de 300 para 190. Nitidamente, o uso da postergação e da produção usando a Opção 2 é uma boa escolha para a Benetton neste caso.

Os benefícios da postergação diminuem de modo significativo se a demanda entre as diferentes cores for positivamente relacionada. No exemplo da Benetton, percebe-se que a postergação não é valiosa se o coeficiente de correlação entre cada cor for $\rho = 0{,}2$ ou maior.

Os benefícios da postergação também diminuem de modo significativo se a demanda for mais previsível. Se o desvio-padrão da demanda para cada cor diminui para 300 ou menos, nossa análise mostra que a Opção 2 com postergação resulta em menores lucros que na Opção 1 sem postergação.

》 **Ponto-chave**

A postergação permite que uma empresa aumente os lucros e melhore a combinação de oferta e demanda se ela produz uma grande variedade de produtos cuja demanda é imprevisível e não está correlacionada positivamente e tem aproximadamente o mesmo tamanho. O valor de postergação diminui conforme a incerteza diminui ou a demanda esteja positivamente correlacionada entre os produtos finais.

A postergação não é muito eficiente se uma grande fração da demanda vier de um único produto. Isso porque o benefício da agregação é pequeno nesse caso, enquanto o custo de produção aumentado se aplica a todos os itens produzidos. Ilustramos essa ideia mais uma vez usando a Benetton como exemplo (ver aba *Postergação com produto dom.* na planilha *Postergação-Benetton*).

Suponha que a demanda por suéteres vermelhos na Benetton seja prevista como sendo distribuída normalmente, com uma média $\mu_{verm} = 3.100$ e um desvio-padrão $\sigma_{verm} = 800$. A demanda para as outras três cores é prevista como sendo distribuída normalmente, com uma média $\mu = 300$ e desvio-padrão $\sigma = 200$. Observe que os suéteres vermelhos constituem cerca de 80% da demanda.

Sob a Opção 1, o nível de serviço de ciclo ideal NSC^* é 0,75, conforme avaliado anteriormente. Usando a Equação 13.2, a produção ideal de suéteres vermelhos é dada por:

$$O^*_{verm} = NORMINV(NSC^*, \mu_{verm}, \sigma_{verm}) = NORMINV(0{,}75, 3.100, 800) = 3.640$$

Usando a Equação 13.3, o lucro esperado dos suéteres vermelhos é de US$ 82.831. Usando a Equação 13.4, o estoque em excesso esperado de suéteres vermelhos é de 659; usando a Equação 13.5, o estoque em falta de suéteres vermelhos é de 119. Para cada uma das outras três cores, podemos semelhantemente avaliar a produção ideal como sendo O^*, onde:

$$O^* = NORMINV(NSC^*, \mu, \sigma) = NORMINV(0,75, 300, 200) = 435$$

Isso resulta em um lucro esperado de US$ 6.458, um estoque em excesso esperado de 165 e um estoque em falta de 30 para cada uma das três cores. Pelas quatro cores, a Opção 1 resulta em:

Produção total = 3.640 + 3× 435 = 4.945

Lucro esperado = US$ 82.831 + 3 × US$ 6.458 = US$ 102.205

Estoque em excesso esperado = 659 + 3 × 165 = 1.154

Estoque em falta esperado = 119 + 3 × 30 = 209

Sob a Opção 2, a Benetton tem de decidir apenas sobre a produção total das quatro cores. Dado que a demanda por cada cor é independente, a demanda total pelas quatro cores pode ser avaliada usando a Equação 12.13 para uma distribuição normal, com uma média μ_A e desvio-padrão σ_A, onde:

$$\mu_A = 3.100 + 3 \times 300 = 4.000; \sigma_A = \sqrt{800^2 + 3 \times 200^2} = 872$$

Sob a Opção 2, repetimos todos os cálculos para obter o seguinte:

Produção total = 4.457

Lucro esperado = US$ 99.876

Estoque em excesso esperado = 623

Estoque em falta esperado = 166

Nesse caso, a Benetton vê seus lucros diminuírem mesmo que tanto o estoque em excesso como a falta de estoque tenham diminuído como resultado da postergação. Isso porque uma grande fração da demanda é de suéteres vermelhos, que já pode ser prevista com uma precisão razoavelmente boa. A postergação e a agregação resultantes, portanto, não melhoram a exatidão da previsão para suéteres vermelhos. Porém, isso melhora a exatidão da previsão para as outras três cores, mas elas representam uma pequena fração da demanda. Enquanto isso, os custos de produção aumentam para todos os suéteres (inclusive os suéteres vermelhos). Como resultado, os maiores custos de produção superam os benefícios da postergação por todas as cores.

> **》 Ponto-chave**
>
> A postergação pode reduzir os lucros gerais para uma empresa se um único produto contribuir para a maioria da demanda, pois a despesa de manufatura aumentada em razão da postergação supera o pequeno benefício que a agregação oferece nesse caso para produto dominante.

A seguir, discutiremos como a postergação adaptada pode ser uma estratégia eficaz quando a postergação completa não for apropriada.

Postergação adaptada: impacto nos lucros e estoques

Na *postergação adaptada*, uma empresa usa a produção com postergação para satisfazer uma parte de sua demanda, com o restante sendo satisfeito sem postergação. A postergação adaptada produz lucros mais altos do que quando nenhuma postergação é usada ou quando todos os produtos são fabricados usando a postergação. Sob a postergação adaptada, uma empresa produz a quantidade que provavelmente venderá, usando o método de produção de menor custo, sem postergação. A parte da demanda que é incerta é produzida usando a postergação. Na parte da demanda que é certa, a postergação oferece pouco valor em termos de maior exatidão da previsão. A empresa, portanto, a produz usando o método de menor custo, para reduzir o custo de manufatura. Na parte da demanda que é incerta, o adiamento melhora significativamente a exatidão da previsão. Assim, a empresa está disposta a incorrer em maior custo de produção para alcançar o benefício de combinar melhor a oferta e a demanda. Ilustramos a ideia da postergação adaptada retornando ao exemplo da Benetton (ver aba *Postergação adaptada* na planilha *Postergação-Benetton*).

Uma maneira de implementar a postergação adaptada é elaborar produtos previsíveis, de alta demanda sem postergação e elaborar somente os produtos imprevisíveis usando a postergação. Vamos voltar aos dados da Benetton sobre suéteres vermelhos constituindo cerca de 80% da demanda. Lembre-se de que a demanda para suéteres vermelhos para a Benetton é prevista como distribuída normalmente, com uma média de $\mu_{red} = 3.100$ e desvio-padrão de $\sigma_{red} = 800$. A demanda para as outras três cores é prevista como sendo distribuída normalmente, com uma média de $\sigma = 300$ e um desvio padrão de $\sigma = 200$. Avaliamos que postergar todas as cores diminui os lucros da Benetton para menos de US$ 2.000 (de US$ 102.205 para US$ 99.876). No entanto, se adaptarmos a postergação de modo que os suéteres vermelhos sejam feito usando-se o método tradicional e somente as outras cores forem postergadas, os lucros na verdade aumentariam de US$ 1.009 para US$ 103.213.

Uma técnica mais sofisticada para postergar separa toda a demanda dentro da carga de base e variação. A carga de base é manufaturada usando o método de baixo custo sem postergação, e somente a variação é feita usando postergação. Essa forma mais sofisticada de *sourcing* adaptada é mais complexa de ser implementada, mas pode ser valiosa mesmo que todos os produtos sendo postergados tenham demanda semelhante, como ilustramos a seguir (ver planilha *Tabela 13-4*, disponível na Sala Virtual). Considere o cenário em que a Benetton está vendo quatro cores, e a demanda prevista para cada cor é normalmente distribuída, com uma média de $\mu = 1.000$ e desvio-padrão de $\sigma = 500$. Já observamos que o uso da postergação completa (todos os suéteres são postergados) nesse exemplo aumenta os lucros na Benetton de US$ 94.576 para US$ 98.092.

Agora, vamos considerar uma situação em que a Benetton aplica a postergação adaptada e usa tanto a Opção 1 (fio tingido e depois suéter tricotado) quanto a Opção 2 (suéter tricotado e depois tingido) para a produção. Para cada cor, a Benetton identifica uma quantidade Q_1 (carga de base), a ser manufaturada usando a Opção 1, e uma quantidade agregada Q_A, a ser manufaturada usando a Opção 2, com cores para a quantidade agregada sendo atribuídas quando a demanda é conhecida. Agora, identificamos a política de postergação adaptada adequada e seu impacto sobre lucros e estoques. Não existe uma fórmula que possa ser usada para avaliar a política ideal e os lucros. Assim, vamos lançar mão de simulações para estudar o impacto de diferentes políticas. Os resultados de várias simulações aparecem na Tabela 13.4. Pela tabela, vemos que a Benetton pode aumentar seu lucro esperado usando uma política de postergação adaptada sob a qual Q_1 unidades de cada cor são produzidas usando a Opção 1 e Q_A unidades são produzidas usando a Opção 2. O lucro resultante é mais alto se todas as unidades forem produzidas inteiramente usando a Opção 1 (sem postergação) ou a 2 (postergação completa). É melhor selecionar Q_1 de modo que é bastante provável que a demanda para cada cor seja Q_1 ou maior. A política de postergação adaptada explora esse fato e produz essas unidades usando a Opção 1, que tem baixo custo. Q_A unidades são produzidas usando a Opção 2, de modo que a incerteza da demanda pode ser reduzida pela agregação.

》 Ponto-chave

A postergação adaptada permite que uma empresa aumente sua lucratividade postergando apenas a parte incerta da demanda e produzindo a parte previsível com o menor custo sem postergação. A postergação adaptada é mais lucrativa do que não aplicar nenhuma postergação ou postergação completa, mas pode ser complexa de ser implementada.

Tabela 13.4 Média de 500 simulações para políticas de postergação adaptada.

Política de manufatura		Lucro médio	Estoque em excesso médio	Estoque em falta médio
Q_1	Q_A			
0	4.524	US$ 97.847	510	210
1.337	0	US$ 94.377	1.369	282
700	1.850	US$ 102.730	308	168
800	1.550	US$ 104.603	427	170
900	950	US$ 101.326	607	266
900	1.050	US$ 101.647	664	230
1.000	850	US$ 100.312	815	195
1.000	950	US$ 100.951	803	149
1.100	550	US$ 99.180	1.026	211
1.100	650	US$ 100.510	1.008	185

Sourcing adaptado: impacto sobre lucros e estoques

No *sourcing adaptado*, as empresas usam uma combinação de duas fontes de suprimento, uma focando o custo, mas incapaz de lidar bem com a incerteza, e outra priorizando a flexibilidade para lidar com a incerteza, porém a um custo maior. Para que o *sourcing* adaptado seja eficiente, ter fontes de *sourcing* de modo que uma atenda como reserva para a outra não é suficiente. As duas fontes precisam focar capacidades diferentes. A fonte de baixo custo deve focalizar a eficiência e só deve fornecer a parte previsível da demanda. A fonte flexível deve enfocar a responsividade e fornecer a parte incerta da demanda. Como resultado, o *sourcing* adaptado permite que uma empresa aumente seus lucros e combine melhor a oferta e a demanda. O valor do *sourcing* adaptado depende da redução no custo que pode ser alcançada como resultado de uma fonte que não enfrenta variabilidade. Se esse benefício for pequeno, o *sourcing* adaptado pode não ser ideal, em razão da complexidade adicional de implementação. O *sourcing* adaptado pode ser baseado em volume ou em produto, dependendo da fonte de incerteza.

No *sourcing adaptado baseado em volume*, a parte previsível da demanda por um produto é produzida em uma instalação eficiente, enquanto a parte incerta é produzida em uma instalação flexível. A Benetton fornece um exemplo de *sourcing* adaptado baseado em volume. A empresa requer que os varejistas confirmem cerca de 65% de seus pedidos cerca de sete meses antes do início da estação de vendas. A Benetton subcontrata a produção dessa parte sem incerteza de fontes de baixo custo, que possuem tempos de espera maiores, de vários meses. Para os outros 35 por cento, a Benetton permite que os varejistas façam pedidos muito mais perto ou até mesmo depois do início da estação de vendas. Toda a incerteza é concentrada nessa parte do pedido. A Benetton produz essa parte do pedido em uma fábrica muito flexível que ela possui. A produção em sua fábrica é mais cara que a produção da subcontratada. Porém, a fábrica pode produzir com um tempo de espera de semanas, enquanto os subcontratados tinham um tempo de espera de alguns meses. Uma combinação das duas fontes permite que a Benetton reduza seus estoques enquanto incorre em um alto custo de produção para apenas uma fração de sua demanda. Isso permite que ela aumente os lucros.

O *sourcing* adaptado baseado em volume deve ser considerado por empresas que passaram grande parte de sua produção para outros países para aproveitar os custos mais baixos. Os custos mais baixos também têm sido acompanhados por tempos de espera maiores. Nessa situação, ter uma fonte local flexível, com tempos de espera mais curtos, pode ser um complemento eficiente para o fornecedor de outros países com longo tempo de espera, mesmo que a fonte local seja mais cara. Tempos de espera longos exigem grandes estoques de segurança, e a divergência resultante entre oferta e demanda prejudica os lucros. A presença da fonte local permite que a empresa mantenha estoques de segurança baixos e tenha suprimento de qualquer demanda excedente pela fonte local. A combinação mais eficiente é que a fonte de outro país priorize os estoques do ciclo de reposição, ignorando a incerteza. A fonte local é usada como reserva em qualquer momento em que a demanda ultrapassar o estoque disponível.

Allon e Van Mieghem (2010) descreveram um fabricante de alta tecnologia de componentes de transmissão sem fio com instalações na China e no México. A instalação chinesa era mais barata, mas tinha tempos de espera que era cinco a dez vezes mais longos que os da unidade mexicana. Um estudo simulado indicou que o uso de *sourcing* adaptado foi a estratégia mais eficiente nesse caso. Os autores recomendam que a política de estoque de base de pico adaptada (TBS, do inglês *Tailored Base-Surge*), sob a qual uma constante carga de base é suprida a partir de uma fonte mais barata (China, no caso), com uma fonte responsiva (México, no caso) sendo usada a qualquer momento em que o estoque fique abaixo do limite. Suas simulações indicam que suprir mais ou menos 75% da demanda a partir de uma fonte mais barata como carga de base, com o restante vindo de uma fonte responsiva conforme necessário, é uma política de *sourcing* adaptado razoavelmente eficaz na prática. Seus resultados mostram que uma fração da demanda alocada conforme a carga de base a uma fonte mais barata aumenta à medida que a demanda e a diferença de custo com uma instalação responsiva cresce. A fração da demanda alocada conforme a carga de base a uma fonte mais barata diminui à medida que a confiabilidade da fonte mais barata diminui ou a volatilidade da demanda e o custo de manutenção do estoque crescem.

No *sourcing adaptado baseado em produto*, produtos de baixo volume com demanda incerta são obtidos de uma fonte flexível, enquanto produtos de alto volume, com menos incerteza de demanda, são obtidos de uma fonte eficiente. Um exemplo de *sourcing* adaptado baseado em produto é a Levi Strauss. A empresa vende jeans de tamanhos padrão e também jeans que podem ser customizados de acordo com o indivíduo. Os jeans-padrão possuem demanda relativamente estável, enquanto a demanda por jeans customizados é imprevisível. As peças customizadas são produzidas em uma instalação flexível, enquanto os jeans-padrão são produzidos em uma instalação eficiente. A Zara também segue essa estratégia de *sourcing* adaptado com base no produto, obtendo mais que metade de sua produção a partir de fábricas responsivas na Europa, com o restante vindo de fábricas de baixo custo na Ásia. Os itens de mais saída, que têm demanda menos previsível e podem ser vendidos por períodos mais longos, como camisetas básicas, são fornecidos a partir das unidades asiáticas mais baratas.

Em alguns casos, novos produtos possuem demanda muito incerta, enquanto produtos bem-estabelecidos possuem demanda mais estável. O *sourcing* adaptado baseado em produto pode ser implementado com uma instalação flexível, focando novos produtos, e instalações eficientes, priorizando produtos bem-estabelecidos. Isso muitas vezes ocorre na indústria farmacêutica, por exemplo.

13.4 Definição de disponibilidade de produto para múltiplos produtos sob restrições de capacidade

Em nossa discussão até este ponto, consideramos que uma empresa pode definir seu nível desejado de disponibilidade de produto e não existem restrições que interfiram nessa escolha. Um cenário comum no qual essa suposição falha é quando o nível desejado de disponibilidade de produto resulta em um tamanho de pedido que ultrapassa a capacidade disponível no fornecedor. Ao pedir um único produto, é ideal que o comprador peça o mínimo da capacidade disponível e a quantidade de pedido ideal. Ao pedir vários produtos, porém, o comprador precisa considerar o dilema entre pedir mais de um produto do que de outro.

Considere uma loja de departamentos que planeja pedir dois estilos de suéteres de um fornecedor italiano. A demanda pelo suéter de primeira linha é prevista como sendo distribuída normalmente, com média $\mu_1 = 1.000$ e desvio-padrão $\sigma_1 = 300$. A demanda para o suéter intermediário é distribuída normalmente, com média $\mu_2 = 2.000$ e desvio-padrão $-_2 = 400$. O suéter de primeira linha tem um preço final de $p_1 = US\$ 150$, um custo $c_1 = US\$ 50$ e um valor residual de $s_1 = US\$ 35$. O suéter de linha média tem um preço final de $P_2 = US\$ 100$, um custo de $C_2 = US\$ 40$ e um valor residual de $S_2 = US\$ 25$. A análise a seguir é também detalhada na planilha *Seção 13-4*, disponível na Sala Virtual. Usando a Equação 13.1, o nível ideal de disponibilidade de produto para o suéter de primeira linha é de $(150 - 150)/(100 - 25) = 0,87$ e o do suéter intermediário é de $(100 - 40)/(100 - 25) = 0,80$. Assim, sem restrições de capacidade, é ideal que a loja de departamentos peça 1.337 — = $NORMINV(0{,}87, 1.000, 300)$ — unidades do suéter de primeira linha e 2.337 — = $NORMINV(0{,}80, 2.000, 400)$ — unidades do suéter intermediário. Se o fornecedor tem uma restrição de capacidade de 3.000 unidades, a política de pedido desejada não é viável e a loja de departamentos deve diminuir o tamanho de seu pedido por um total de pelo menos 674 unidades. A análise precedente é fornecida na aba *Sem restrição* na planilha *Seção 13-4*. De onde deve vir essa redução? Ela deve ser dividida uniformemente entre os dois produtos?

Primeiro, vamos considerar a técnica mais simplista de diminuir o tamanho do volume de cada produto em 337 unidades, para conseguir um pedido de 1.000 suéteres de primeira linha e 2.000 suéteres intermediários (use a aba *Restrição de capacidade* na planilha *Seção 13-4*). Esse tamanho de pedido atende à restrição de capacidade e o lucro esperado é de US$ 194.268 (usando a Equação 13.3). Para verificar se esse tamanho de pedido é ideal, podemos pensar em termos de como a capacidade é alocada aos dois estilos. Vamos supor que tenhamos decidido alocar 1.000 unidades ao suéter de primeira linha e 1.999 unidades ao suéter intermediário. Isso deixa apenas a última unidade de capacidade a ser alocada. A qual suéter essa unidade deverá ser atribuída? É razoável tomar essa decisão com base na contribuição marginal esperada para os lucros se essa unidade de capacidade for alocada a cada um dos dois estilos. A última unidade de capacidade deverá ser alocada ao suéter com a maior contribuição marginal esperada. Lembre-se de que $F_i(Q_i)$ é a probabilidade de que a demanda pelo produto i seja Q_i ou menos. Considere que $MC_i(Q_i)$ seja a contribuição marginal de um suéter do tipo i se a quantidade Q_i for pedida. A contribuição marginal esperada é avaliada de modo semelhante à Tabela 13.2, sendo obtida da seguinte forma:

Contribuição marginal esperada para o suéter de primeira linha = $MC_1(1.000)$

$$= p_1[1 - F_1(1.000)] + s_1 F_1(1.000) - c_1$$
$$= 150 \times (1 - 0{,}5) + 35 \times 0{,}5 - 50 = US\$ 42{,}50$$

Contribuição marginal esperada para o suéter intermediário = $MC_2(1.999)$

$$= p_2[1 - F_2(1.999)] + s_2 F_2(1.999) - c_2$$
$$= 100 \times (1 - 0{,}499) + 25 \times 0{,}499 - 40 = US\$ 22{,}57$$

Nitidamente, é melhor alocar a última unidade de capacidade ao suéter de primeira linha, em vez do suéter intermediário. De fato, mudar o tamanho do pedido para 1.001 suéteres de alto nível e 1.999 suéteres intermediários aumenta os lucros esperados em quase US$ 20. Pode-se agora diminuir o tamanho do pedido para o suéter intermediário para 1.998 e perguntar como a última unidade de capacidade deve ser alocada. Repetindo o procedimento anterior, vemos que o tamanho do pedido para os suéteres de primeira linha deverá ser aumentado para pelo menos 1.002. De fato, o tamanho do pedido para o suéter de primeira linha deverá ser aumentado até que a contribuição marginal esperada para ele seja igual à do suéter intermediário. Nesse ponto, não faz mais sentido mover a capacidade de um tipo de suéter para o outro. A alocação ideal de capacidade passa a ser 1.089 suéteres de primeira linha e 1.911 suéteres intermediários. Os lucros esperados para esse tamanho de pedido são de US$ 195.152. Observe que, na forma ideal, o suéter de primeira linha recebe uma fatia relativamente alta da capacidade disponível porque sua margem relativa ao custo de estocar a mais é mais alta do que a do suéter intermediário.

A ideia de alocar a capacidade disponível ao produto com a maior contribuição marginal esperada pode ser convertida em um procedimento de solução. Considere que cada produto i tenha uma demanda média μ_i e um desvio-padrão σi. O produto i tem um preço de revenda p_i, um custo c_i e um valor residual s_i. Se a quantidade Q_i for alocada ao produto i, a contribuição marginal esperada é obtida como:

$$MC_i(Q_i) = p_i[1 - F_i(Q_i)] + s_i F_i(Q_i) - c_i \qquad (13.8)$$

》 **Tabela 13.5** Aplicação do procedimento de solução para obter quantidades de pedido sob restrições de capacidade.

Capacidade restante	Contribuição marginal esperada		Quantidade do pedido	
	Primeira linha	Intermediária	Primeira linha	Intermediário
3.000	99,95	60,00	0	0
2.900	99,84	60,00	100	0
2.100	57,51	60,00	900	0
2.000	57,51	60,00	900	100
800	57,51	57,00	900	1.300
780	54,59	57,00	920	1.300
300	42,50	43,00	1.000	1.700
200	42,50	36,86	1.000	1.800
180	39,44	36,86	1.020	1.800
40	31,89	30,63	1.070	1.890
30	30,41	30,63	1.080	1.890
10	29,67	29,54	1.085	1.905
1	29,09	29,18	1.080	1.910
0	29,09	29,10	1.089	1.911

O procedimento a seguir aloca cada unidade de capacidade ao produto com a maior contribuição marginal esperada. Considere que B seja a capacidade disponível total.

1. Defina a quantidade $Q_i = 0$ para todos os produtos i.
2. Calcule a contribuição marginal esperada $MC_i(Q_i)$ para cada produto i usando a Equação 13.8.
3. Se nenhuma contribuição marginal esperada for positiva, pare. Se não, considere que j seja o produto com a contribuição marginal esperada mais alta. Aumente Q_j em uma unidade.
4. Se a quantidade total por todos os produtos for menor que $_B$, retorne à etapa 2. Se não, a restrição de capacidade foi atendida e as quantidades atuais são ideais.

Resultados parciais da aplicação do procedimento descrito para os dados da loja de departamentos aparecem na Tabela 13.5. Uma versão mais detalhada da Tabela 13.5 é apresentada na aba *Alocação de capacidade* na planilha *Seção 13-4*.

As quantidades de pedido sob restrições de capacidade também podem ser obtidas resolvendo um problema de otimização (ver aba *Otimização* na planilha *Seção 13-4*). Considere que $\Pi_i(Q_i)$ seja o lucro esperado obtido usando a Equação 13.3 a partir do pedido de Q_i unidades de produto i. As quantidades de pedido apropriadas podem ser obtidas solucionando o problema de otimização a seguir.

$$\text{Máx} \sum_{i=1}^{n} \Pi_i(Q_i)$$

Sujeito a:

$$\sum_{i=1}^{n} Q_i \leq B$$
$$Q_i \geq 0$$

> **Ponto-chave**
>
> Ao pedir múltiplos produtos sob uma capacidade de fornecimento limitada, a alocação de capacidade aos produtos deverá ser baseada em sua contribuição marginal esperada para os lucros. Essa técnica aloca uma fração relativamente mais alta de capacidade aos produtos que têm margem alta relativa ao seu custo de estocar em excesso.

13.5 Definição de níveis ideais de disponibilidade de produto na prática

1. *Esteja atento aos níveis presentes de disponibilidade.* Muitas vezes, as empresas têm um alvo predefinido de disponibilidade de produto sem nenhuma justificativa. Nessa situação, os gestores devem sondar o raciocínio para o nível de disponibilidade de produto visado. Um gestor pode agregar um valor significativo ajustando o nível de disponibilidade de produto visado, de modo que ele maximize os lucros.

2. *Use custos aproximados, pois soluções de maximização de lucros são muito fortes.* As empresas devem evitar gastar uma quantidade muito grande de esforço para obter estimativas exatas de vários custos, usadas para avaliar os níveis ideais de disponibilidade de produto. Não é crucial que todos os custos sejam estimados com precisão, pois a aproximação razoável dos custos geralmente produzirá os níveis almejados de disponibilidade do produto que são próximos do ideal.

3. *Estime um intervalo para o custo de falta de estoque.* Os esforços das empresas para definir níveis de disponibilidade de produto muitas vezes ficam presos ao debate sobre o custo de falta de estoque. A natureza às vezes controversa desse custo e seus componentes difíceis de quantificar (como a perda da credibilidade do cliente) o tornam um número difícil para as pessoas de diferentes funções chegarem a um consenso. Contudo, frequentemente não é necessário estimar um custo exato de falta de estoque. Usando um intervalo de custo de falta de estoque, um gestor pode identificar os níveis apropriados de disponibilidade e os lucros associados. Em geral, os lucros não mudam significativamente no intervalo, eliminando, assim, a necessidade de uma estimativa mais precisa do custo de falta de estoque.

4. *Adapte sua resposta à incerteza.* Um gestor deve reconhecer que estratégias como resposta rápida e postergação são mais eficientes quando a imprevisibilidade subjacente for grande. Desse modo, para a parte da demanda que é relativamente previsível, seria preciso focar no método de produção de custo mais baixo, mesmo se não for responsivo. A parte imprevisível da demanda, contudo, deve ser atendida usando uma técnica mais responsiva (postergação ou resposta rápida), mesmo se for mais cara.

13.6 Resumo dos objetivos de aprendizagem

1. *Identificar os fatores que afetam o nível ideal de disponibilidade de produto e analisar o nível ideal de serviço de ciclo.* O custo de estocar a mais em uma unidade e a margem perdida atual e futura de estocar a menos em uma unidade são os dois fatores principais que afetam o nível ideal de disponibilidade do produto. O nível ideal de disponibilidade é obtido comparando os custos de estocar em excesso e em falta. À medida que o custo de estocar em excesso aumenta, o ideal é reduzir o nível visado de disponibilidade do produto. À medida que a margem perdida de estar sem estoque aumenta, o ideal é aumentar o nível visado de disponibilidade do produto.

2. *Utilizar alavancas gerenciais que melhorem a lucratividade da cadeia de suprimentos.* Um gestor pode aumentar a lucratividade da cadeia de suprimentos (a) aumentando o valor residual de cada unidade estocada a mais, (b) diminuindo a margem perdida por uma falta de estoque, (c) usando uma melhor previsão para reduzir a incerteza da demanda, (d) usando a resposta rápida para reduzir os tempos de espera e permitir vários pedidos em uma estação, (e) usando a postergação para atrasar a diferenciação entre os produtos e (f) usando o *sourcing* adaptado com uma fonte de suprimentos flexível, com tempo de espera curto, servindo como reserva para uma fonte de suprimentos de baixo custo.

3. Compreender as condições sob as quais a postergação é de grande valor para a cadeia de suprimentos. A postergação é valiosa na cadeia de suprimentos quando uma empresa vende uma grande variedade de produtos com demanda altamente imprevisível de cerca do mesmo tamanho que não é positivamente correlacionado. A postergação também não é tão valiosa se uma grande fração da demanda vier de poucos produtos. Nessa situação, a postergação adaptada é mais eficaz quando as cargas de base não são postergadas, mas a variação é.

4. Alocar a capacidade de sourcing limitada entre os diversos produtos a fim de maximizar os lucros esperados. Quando a capacidade de *sourcing* disponível é limitada, ela deve ser alocada entre os produtos com base em sua contribuição marginal aos lucros. Na alocação ideal, a contribuição marginal esperada de cada produto é a mesma. Quando não há restrição de capacidade, a contribuição marginal esperada de cada produto na otimização é zero.

Perguntas para discussão

1. Considere dois produtos com o mesmo custo, mas com margens diferentes. Qual produto deverá ter maior nível de disponibilidade? Por quê?
2. Considere dois produtos com a mesma margem, mantidos em estoque por um varejista. Quaisquer unidades restantes de um produto são descartadas. As unidades remanescentes do outro produto podem ser vendidas para pontas de estoque. Qual produto deverá ter o maior nível de disponibilidade? Por quê?
3. Uma empresa melhora a exatidão de sua previsão usando melhor inteligência de mercado. Que impacto isso terá sobre os estoques e a lucratividade da cadeia de suprimentos? Por quê?
4. Como a postergação da diferenciação de produto pode ser usada para melhorar a lucratividade da cadeia de suprimentos?
5. Quais são alguns cenários em que a diferenciação do produto postergado entre todos os produtos pode ser lucrativa? Como uma postergação adaptada pode ajudar nessas situações?
6. A Zara usou produção local na Europa para ter tempos de espera curtos para reposição. Como essa capacidade de resposta rápida ajuda a empresa a aumentar os lucros em um mercado de vestuário com tendências altamente voláteis?
7. Quando o *sourcing* adaptado pode ser usado para aumentar os lucros da cadeia de suprimentos? Quais são alguns desafios na implementação do *sourcing* adaptado?

Exercícios

1. A Green Thumb, um fabricante de equipamentos de jardinagem, introduziu um novo produto. Cada unidade custa US$ 150 para ser fabricada, e o preço inicial deverá ser US$ 200. Com esse preço, a demanda antecipada é distribuída normalmente, com média $\mu = 100$ e desvio-padrão $\sigma = 40$. Quaisquer unidades não vendidas ao final da estação provavelmente não serão muito valiosas, e serão liquidadas em uma venda de queima de estoque por US$ 50 cada. Custa US$ 20 manter uma unidade em estoque para a estação inteira. Quantas unidades a Green Thumb deverá fabricar para venda? Qual é o lucro esperado dessa política? Em média, quantos clientes a Green Thumb espera perder em decorrência da falta de estoque?

2. O gerente geral da Green Thumb decide realizar uma extensa pesquisa de mercado para seu novo produto. Ao final da pesquisa, o gerente estima que a demanda seja distribuída normalmente, com média $\mu = 100$ e desvio-padrão $\sigma = 15$. Como a Green Thumb deverá alterar seus planos de produção no Exercício 1 como resultado da pesquisa de mercado? Que aumento no lucro ela provavelmente observará? Como a previsão melhorada afeta a demanda perdida pela Green Thumb em razão do estoque em falta? Use as informações de custo e preço do Exercício 1.

3. O gerente da Goodstone Tires, um distribuidor de pneus de Illinois (EUA), usa uma política de revisão contínua para gerir o estoque. O gerente atualmente pede 10.000 pneus quando o estoque cai para 6.000. A demanda semanal por pneus é distribuída normalmente, com uma média de 2.000 e um desvio-padrão de 500. O tempo de espera de reposição para pneus é de duas semanas. Cada pneu custa à Goodstone US$ 40, e a empresa vende cada pneu por US$ 80. A Goodstone incorre em um custo de manutenção de 25%. Quanto estoque de segurança a Goodstone mantém atualmente? A que custo de estoque em falta a política de estoque atual do gerente é justificada? Quanto estoque de segurança a Goodstone deverá manter se o custo de estocar em falta é de US$ 80 por pneu em margem perdida atual e futura?

4. A Champion fabrica jaquetas de lã, vendidas nos Estados Unidos. A demanda por jaquetas durante a estação é distribuída normalmente, com uma média de 20.000 e um desvio-padrão de 10.000. Cada jaqueta é vendida por US$ 60 e custa US$ 30 para ser produzida. Quaisquer jaquetas restantes ao final da estação são vendidas por US$ 25 na liquidação de fim de ano. Manter as jaquetas até a venda de fim de ano acrescenta outros US$ 5 ao seu custo. Um contratado recente sugeriu enviar as jaquetas que sobraram para a América do Sul para venda no inverno de lá, em vez de vender em liquidação. Cada jaqueta terá um preço de US$ 35 na América do Sul, e todas as jaquetas enviadas para lá provavelmente serão vendidas. Os custos de transporte acrescentam US$ 5 ao custo de qualquer jaqueta vendida. Você recomendaria a opção da América do Sul? Como essa decisão afetará as decisões de produção na Champion? Como isso afetará a lucratividade? Em média, quantas jaquetas a Champion deverá remeter à América do Sul em cada estação de vendas?

5. A Snoblo, um fabricante de removedor de neve, vende quatro modelos. O modelo básico, Regulpo, tem uma demanda distribuída normalmente, com média de 10.000 e desvio-padrão de 1.000.

Os três outros modelos têm características adicionais, e cada um tem demanda distribuída normalmente, com média de 1.000 e desvio-padrão de 700. Atualmente, os quatro modelos são fabricados na mesma linha a um custo de US$ 100 para o Reguplo e US$ 110 para cada um dos outros três modelos. O Reguplo é vendido por US$ 200, enquanto cada um dos outros três modelos é vendido por US$ 220. Quaisquer removedores de neve não vendidos são liquidados ao final da estação por US$ 80. A Snoblo está considerando o uso do *sourcing* adaptado, definindo duas linhas separadas, uma para o Reguplo e outra para os outros três modelos. Visto que nenhuma mudança será exigida na linha do Reguplo, seu custo de produção deverá diminuir para US$ 90. O custo de produção dos outros três produtos, porém, agora aumentará para US$ 120. Você recomenda o sourcing adaptado para a Snoblo? Como o sourcing adaptado afetará a produção e os lucros? Ignore os custos de manutenção para os removedores de neve.

6. A AnyLogo fornece às empresas roupas contendo seus logotipos para serem usadas com fins promocionais. A AnyLogo tem quatro clientes principais – IBM, AT&T, HP e Cisco. Durante as festas de fim de ano, os logotipos são adornados com um motivo natalino. A demanda de cada empresa para roupas com o motivo natalino é distribuída normalmente, conforme a Tabela 13.6.

Tabela 13.6 Distribuição de demanda para a AnyLogo.

	IBM	AT&T	HP	Cisco
Média	5.000	7.000	4.000	4.000
DP	2.000	2.500	2.000	2.200

A AnyLogo atualmente produz todas as roupas, incluindo o bordado do logotipo, no Sri Lanka, antes da época de festas de fim de ano. Cada unidade custa US$ 15 e é vendida por US$ 50. Qualquer estoque restante ao final da estação de festas é essencialmente inútil e não pode ser redirecionado para uma empresa diferente. É, então, doado pela AnyLogo para fins de caridade. Manter as roupas em estoque acrescenta outros US$ 3 ao custo por unidade doada ao estoque. Contudo, a doação permite que a empresa recupere US$ 6 por unidade em deduções de impostos. Que quantidades de produção você recomenda para a AnyLogo? Qual é o lucro esperado dessa política? Na média, quanto a AnyLogo espera doar para caridade a cada ano?

7. O gestor da AnyLogo está considerando a compra de máquinas de bordado de alta velocidade que lhe permitirá bordar sob demanda. Nesse caso, a roupa será feita no Sri Lanka sem nenhum bordado; o bordado do logotipo será postergado e feito nos Estados Unidos sob demanda. Isso aumentará o custo por unidade para US$ 18. Porém, a AnyLogo não terá nenhuma roupa para a época de festas de fim de ano ou específica de empresas a ser descartada ao final da estação. A roupa sem os logotipos pode ser vendida por US$ 18 a unidade aos varejistas. O custo de manter estoque e de envio acrescenta US$ 4 ao custo de qualquer roupa que restar após a estação de festas de fim de ano. Com todas as outras informações do Exercício 6, você recomenda que o gestor da AnyLogo implemente a postergação? Qual será seu impacto sobre lucros e estoques?

8. Uma empresa importante de *fast-food* está realizando uma promoção para refeições para crianças, para a qual eles oferecem um brinquedo Sharky. Um único pedido será feito para os brinquedos. Cada brinquedo custa US$ 0,50, e quaisquer brinquedos não vendidos terão de ser descartados ao final da promoção. A margem de cada refeição (incluindo o brinquedo) é de US$ 1,00, e as crianças provavelmente irão a um concorrente se a empresa não tiver os brinquedos em estoque. A demanda por refeições com brinquedos é prevista para ser distribuída normalmente, com uma média de 50.000 e desvio-padrão de 15.000.

a) Quantos brinquedos Sharky deverão ser pedidos com antecedência para a promoção?

b) Levantou-se a questão de que os clientes que vão para os concorrentes podem ser perdidos a longo prazo. Estimou-se que o custo de não ter os brinquedos em estoque é de US$ 5 por falta de estoque, em virtude da perda de vendas atuais e futuras. Como essa informação afeta o número de brinquedos Sharky a serem pedidos?

9. A Highland Company (THC) está planejando os pedidos para seu catálogo de inverno. Um pedido deverá ser feito no início da estação. A previsão de demanda para uma de suas jaquetas é normal, com média de 5.000 e desvio-padrão de 2.000. Cada jaqueta é adquirida por US$ 100, e quaisquer jaquetas não vendidas ao final da estação serão vendidas pela ponta de estoque por US$ 75. Com esse preço, praticamente todas as jaquetas deverão ser vendidas. Custam outros US$ 15 para armazenar uma jaqueta não vendida na estação e depois levá-la para a ponta de estoque. Existe uma divergência básica dentro do comitê de compras sobre o efeito da falta de estoque e o número de jaquetas a serem pedidas. Um dos membros acha que devem ser pedidas 6.000 jaquetas, enquanto outro acha que devem ser pedidas 8.000.

a) A que custo de falta de estoque o tamanho do pedido de cada um dos membros seria justificado?

b) Se o preço de venda planejado for US$ 200, descreva uma situação em que o pedido de 6.000 jaquetas faz sentido. Descreva outra situação em que o pedido de 8.000 jaquetas faz sentido.

10. A Sport Obermeyer (SO) é um fabricante de roupas para esqui. Uma jaqueta de esqui é adquirida a um custo de US$ 80 e vendida por US$ 125. Um pedido é feito no início da estação. Atualmente, a SO vende quaisquer jaquetas ao final da estação para pontas de estoque por US$ 70. Custa US$ 10 manter uma jaqueta em estoque pela estação inteira e depois enviá-la para uma ponta de estoque. A demanda por jaquetas de esqui tem sido prevista como distribuída normalmente, com média de 4.000 e desvio-padrão de 1.750.

a) Quantas jaquetas a SO deverá pedir para a estação considerando um único pedido?

b) Qual é o lucro esperado dessa política?

c) Qual é o estoque em excesso esperado ao final da estação que será enviado para as pontas de estoque?

d) A SO está considerando uma alternativa sob a qual ela enviará as jaquetas excedentes ao final da estação para venda no Hemisfério Sul. Incluindo todos os custos, a SO espera que o valor residual aumente para US$ 75 com essa opção. Como essa mudança afetará a quantidade pedida, os lucros esperados e o estoque em excesso esperado a ser enviado para o Hemisfério Sul Você recomenda essa opção?

11. A demanda diária por aspirina na DoorRed Pharmacy é distribuída normalmente, com uma média de 40 frascos e um desvio-padrão de 5. O tempo de espera de reposição do fornecedor é de um dia. A política de estoque atual na DoorRed é pedir 200 frascos quando a quantidade disponível cair para menos de 45. Cada frasco custa US$ 4 à DoorRed, e a farmácia usa um custo de manutenção de 25%.

a) Se toda a demanda não atendida for considerada como acumulada e levada para o ciclo seguinte, que custo de estoque em falta justifica a política atual?

b) Se toda a demanda não atendida for considerada perdida, que custo de falta de estoque justifica a política atual?

c) A DoorRed acha que toda a demanda não atendida pode ser acumulada se os clientes receberem um desconto de US$ 1,50 em sua próxima compra (efetivamente tornando US$ 1,50 o custo do estoque em falta). Que política de estoque você recomenda para a DoorRed?

12. A Lake Grove Confectionaries (LGC) vende chocolates para a estação de festas de fim de ano em caixas especialmente preparadas. A empresa vende quatro projetos diferentes, e atualmente toda a embalagem é feita na fábrica à medida que os chocolates são fabricados. Toda a manufatura e embalagem para a estação de festas de fim de ano é concluída antes do início da estação. A previsão de demanda para cada um dos quatro projetos é normalmente distribuída, com uma média de 20.000 e desvio-padrão de 8.000. Cada caixa custa US$ 10 e é vendida por US$ 20. Quaisquer caixas não vendidas ao final da estação têm desconto de US$ 8, e todas elas são vendidas por esse preço. O custo de manter uma caixa no estoque pela estação inteira antes de vendê-la com um desconto é de US$ 1.
   a) Quantas caixas de cada projeto a LGC deverá fabricar?
   b) Qual é o lucro esperado com essa política?
   c) Quantas caixas a LGC espera vender com desconto?
   d) Uma opção considerada pela LGC é separar a produção do chocolate da produção da embalagem. Os chocolates serão produzidos antes do início da estação, mas a embalagem será feita em uma linha expressa à medida que os pedidos chegarem. A linha expressa e a separação de etapas acrescenta US$ 2 ao custo da produção. Quantas caixas de chocolates a LGC deverá fabricar se decidir postergar a embalagem? Qual é o lucro esperado? Quantas caixas a LGC venderá com desconto se usar a postergação?
   e) A que custo adicional de postergação (em vez dos atuais US$ 2) seria indiferente para a LGC operar com e sem postergação?

13. A The Knitting Company (TKC) está planejando a produção para seus quatro modelos de suéteres populares durante o Natal. Os quatro modelos possuem demanda distribuída normalmente. O modelo mais vendido tem uma demanda esperada de 30.000 e desvio-padrão de 5.000. Cada um dos outros três modelos tem uma demanda esperada de 10.000, com um desvio-padrão de 4.000. Atualmente, todos os suéteres são produzidos antes do início da estação. O custo da produção é de US$ 20 por suéter, e eles são vendidos por um preço de atacado de US$ 35. Quaisquer suéteres não vendidos ao final da estação são descontados para US$ 15, e todos eles são vendidos por esse preço. Custa US$ 2 manter um suéter em estoque pela estação inteira, se ele não for vendido.
   a) Quantos suéteres de cada tipo a TKC deverá fabricar?
   b) Qual é o lucro esperado dessa política?
   c) Quantos suéteres a TKC espera vender com desconto?
   d) A TKC está considerando a postergação do tricotado e o uso de máquinas muito flexíveis. Isso exigirá que os suéteres básicos sejam feitos com antecedência (idêntica para cada um dos quatro modelos) e os padrões finais sejam tricotados mais tarde. Isso aumentará o custo da produção por suéter para US$ 21,40. Quantos suéteres a TKC deverá fabricar com a postergação? Qual é o lucro esperado dessa política?
   e) Outra opção é produzir o modelo popular sem postergação e os outros três estilos usando a postergação. Qual é o lucro esperado sob essa política?

14. Um projetista está planejando pedidos para seu adorno anual com edição limitada. A demanda foi prevista para ser distribuída normalmente, com média de 20.000 e desvio-padrão de 8.000. Cada ornamento custa US$ 30 e é vendido por US$ 95. Todos os ornamentos não vendidos são destruídos ao final da estação, para garantir o valor da edição limitada.
   a) Quantos ornamentos deverão ser pedidos pelo projetista? Qual é o lucro esperado?
   b) O fabricante ofereceu descontar o preço para US$ 28 por ornamento se pelo menos 25.000 forem pedidos. Como o projetista deverá responder?

15. Uma editora está imprimindo calendários para o ano seguinte. A demanda por calendários é distribuída normalmente, com média de 70.000 e desvio-padrão de 25.000. O custo por calendário é de US$ 3, e eles são vendidos por US$ 10 cada. Todos os calendários não vendidos são reciclados ao final de janeiro.
   a) Quantos calendários a editora deverá imprimir? Qual é o lucro esperado?
   b) A gráfica ofereceu um desconto no custo de impressão de US$ 2,75 por calendário se a editora pedir pelo menos 100.000. O que a editora deverá fazer?

16. Um fabricante de eletrônicos terceirizou a produção de seus MP3 *players* mais recentes para um fabricante asiático contratado. A demanda pelos aparelhos ultrapassou todas as expectativas, embora o fabricante contratado tenha capacidade de produção limitada. O fabricante de eletrônicos vende três tipos de aparelhos — um de 40 GB, um de 20 GB e um de 6 GB. Para a próxima estação de festas de fim de ano, a previsão de demanda para o MP3 *player* de 40 GB é distribuída normalmente, com média de 20.000 e desvio-padrão de 7.000, a previsão de demanda para o aparelho de 20 GB tem uma média de 40.000 e desvio-padrão de 11.000, e a previsão de demanda para o aparelho de 6 GB tem uma média de 80.000 e desvio-padrão de 16.000. O aparelho de 40 GB tem um preço de venda de US$ 200, um custo de produção de US$ 100 e um valor residual de US$ 80. O aparelho de 20 GB tem um preço de venda de US$ 150, um custo de produção de US$ 90 e um valor residual de US$ 70. O aparelho de 6 GB tem um preço de venda de US$ 100, um custo de produção de US$ 70 e um valor residual de US$ 50.
   a) Quantas unidades de cada tipo de aparelho o fabricante de eletrônicos deverá pedir se não houver restrições de capacidade?
   b) O fabricante contratado tem capacidade de produção disponível de apenas 140.000 unidades. Qual é o lucro esperado se o fabricante de eletrônicos pedir 20.000 unidades do aparelho de 40 GB, 40.000 unidades do aparelho de 20 GB e 80.000 unidades do aparelho de 6 GB?
   c) Quantas unidades de cada tipo de MP3 *player* o fabricante de eletrônicos deverá pedir se a capacidade disponível for de 140.000? Qual é o lucro esperado?

Referências

ALLON, G.; VAN MIEGHEM, J. A. Global Dual Sourcing: Tailored Base-Surge Allocation to Near and Offshore Production. *Management Science*, v. 56, p. 110–124, jan. 2010.

CACHON, G. P.; FISHER, M. L. Campbell Soup's Continuous Product Replenishment Program: Evaluation and Enhanced Decision Rules. *Production and Operations Management*, v. 6, 266–276, 1997.

CACHON, G. P.; LARIVIERE, M. A. Turning the Supply Chain into a Revenue Chain. *Harvard Business Review*, p. 20–21, mar. 2008.

CLARK, T. H.; HAMMOND, J. H. Reengineering Channel Reordering Processes to Improve Total Supply Chain Performance. *Production and Operations Management*, v. 6, p. 248–265, 1997.

FISHER, M. L.; HAMMOND J. H.; OBERMEYER, W. R.; RAMAN, A. Making Supply Meet Demand in an Uncertain World. *Harvard Business Review,* p. 83-93, maio/jam. 1994.

GHEMAWAT, P.; NUENO, J. L. *Zara: Fast Fashion.* Harvard Business School Case 9-703-497, 2006.

NAHMIAS, S. *Production and Operations Analysis.* Burr Ridge, IL: Richard P. Irwin, 1997.

PADMANABHAN, V.; PNG, I. P. L. Returns Policies: Making Money by Making Good. *Sloan Management Review*, p. 65–72, 1995.

PASTERNACK, B. A. Optimal Pricing and Return Policies for Perishable Commodities. *Marketing Science*, v. 4, p. 166-176, 1985.

SIGNORELLI, S.; HESKETT, J. L. *Benetton (A).* Harvard Business School Case 9-685-014, 1984.

SILVER, E. A.; PYKE, D.; PETERSEN, R. *Inventory Management and Production Planning and Scheduling.* New York: Wiley, 1998.

TAYUR, S.; GANESHAN, R.; MAGAZINE, M. *Quantitative Models for Supply Chain Management.* Boston: Kluwer Academic Publishers, 1999.

The Critical-Fractile Method for Inventory Planning. Harvard Business School Note 9-191-132, 1991.

Estudo de caso
A necessidade de rapidez na Winner Apparel

Tiffany Chen estava preocupada acerca dos resultados de vendas da Winner Apparel's a partir da estação anterior. Para alguns produtos, a empresa tinha de vender mais ou menos um terço das aquisições sazonais a preços drasticamente mais baixos. Para os outros produtos, a empresa ficou sem estoque bem antes do final da estação. A Tiffany queria melhorar a combinação entre a oferta e da demanda. Um fornecedor local havia oferecido trazer uma segunda entrega em torno da metade da estação, mas queria um aumento de 5% no preço de compra. A Tiffany tinha que decidir se o benefício de uma segunda entrega no meio da estação compensaria o aumento de preços.

A estação anterior na Winner Apparel

O ano de vendas para a Winner foi dividido em quatro estações de vendas de cerca de três meses cada. A empresa implementou uma estratégia de suprimentos de baixo custo e identificou fornecedores na Ásia. Embora eles proporcionassem um baixo preço de compra, necessitavam que a Winner fizesse seus pedidos bem antes do início da estação de vendas. Para reduzir os custos, os fornecedores entregaram um único lote de algumas semanas antes do início da estação. Isso colocou o ônus para a previsão precisa sobre o departamento de compras. Tiffany tinha um grupo muito experiente de compradores que viram os padrões históricos de vendas e os novos projetos para a estação atual para chegar a quantidades de pedido de cada fornecedor. Infelizmente, o seu histórico de combinação de oferta e demanda era na verdade fraco. A Winner sempre pareceu ter poucos produtos que pareciam estar vendendo muito bem e tinha um excedente de produtos que não estava tendo boa saída.

A Tiffany decidiu se concentrar em um par de produtos que teve problemas na última estação. "Trendy" era uma coleção de camisas femininas que, como o nome sugeria, incorporava a moda de vanguarda. O departamento de compras estava otimista quanto aos novos designs e fez pedido de 570 unidades para a estação. Infelizmente, 250 dessas unidades ainda não tinham sido vendidas ao fim da estação. As camisas Trendy foram vendidas a um preço integral de US$ 100, mas para as 250 unidades não vendidas no final da estação a Winner seria capaz apenas de ter uma margem de US$ 20/unidade. Esta era uma perda significativa, dado que cada unidade tinha sido comprada por US$ 40. Por outro lado, "Basic" era uma coleção de camisetas que sempre manteve seu portfólio na Winner. O departamento de compras tinha encomendado 1.080 unidades, mas a Winner esgotou o estoque antes do final da estação. A equipe de Tiffany estimou que a empresa poderia ter vendido mais 60 unidades se o estoque estivesse disponível. Dado que a Winner tinha uma margem de US$ 20 para cada camiseta, a empresa havia perdido US$ 1.200 em margem por estar sem estoque.

A proposta de ser um fornecedor responsivo

Um fornecedor local tinha ouvido falar que a Tiffany estava reconsiderando o *sourcing* dos produtos. Ele se propôs a atender as necessidades da Winner em duas entregas. A primeira chegaria antes do início da estação e seria projetada para cerca de meia estação de vendas. A segunda entrega chegaria por volta da metade da estação, mas o tempo e a quantidade poderiam ser ajustados para ter em conta as vendas na primeira metade. O fornecedor se comprometeu a entregar de modo que não houvesse falta de estoque durante a primeira metade. Em outras palavras, o fornecedor traria na segunda entrega antecipada (e uma maior quantidade) se as vendas na primeira metade parecessem ser maiores do que o previsto. Se as vendas na primeira metade fossem mais lentas do que o previsto, a Winner poderia reduzir a quantidade encomendada para a segunda metade. Por essa flexibilidade, o fornecedor local queria um prêmio de 5% em comparação ao fornecedor de baixo custo. Se comprada a partir do fornecedor local, a linha Trendy, portanto, custaria US$ 42 (em vez de US$ 40) por unidade, ao passo que a linha Basic custaria US$ 31,50 (em vez de US$ 30). A Tiffany sentiu que com uma entrega de meia estação todos os clientes que poderiam não encontrar o produto durante a primeira metade retornariam para a segunda e comprariam o item. Desse modo, não haveria venda perdida durante a primeira metade da estação. Sua equipe preparou os dados de demanda e de custos apresentados nas tabelas 13.7 e 13.8. A Tiffany teve de decidir se a responsividade do fornecedor local compensaria o adicional de 5% no custo da unidade.

Tabela 13.7 Demanda sazonal e custo de *sourcing* a partir do fornecedor de baixo custo.

Produto	Preço de venda, p	Custo de sourcing, c	Valor de despesa, s	Demanda média para a estação, μ	Desvio-padrão da demanda para a estação, σ
Linha Trendy	US$ 100	US$ 40	US$ 20	400	250
Linha Basic	US$ 50	US$ 20	US$ 20	1.000	200

Tabela 13.8 Demanda de meia estação e custo de *sourcing* a partir do fornecedor responsivo

Produto	Preço de venda, p	Custo de sourcing, c	Valor de despesa, s	Demanda média para a meia estação, μ	Desvio-padrão da demanda para a estação, σ
Linha Trendy	US$ 100	US$ 42,00	US$ 20	200	177
Linha Basic	US$ 50	US$ 31,50	US$ 20	500	141

Apêndice 13A

Nível ideal de disponibilidade de produto

Objetivo

Avaliar o nível de disponibilidade de produto que maximiza o lucro.

Análise

Suponha que a demanda é uma variável aleatória não negativa contínua com função de densidade $f(x)$ e função de distribuição acumulada $F(x)$. C_u é a margem por unidade e, como resultado, o custo do estoque em falta por unidade. C_o é o custo de estocar em falta por unidade. Considere que Q unidades sejam adquiridas e surja uma demanda de x unidades. Se $Q \leq x$, todas as Q unidades são vendidas e isso resulta em um lucro de QC_u. Por outro lado, se $Q > x$, somente x unidades são vendidas e isso resulta em um lucro de $xC_u - (Q-x)C_o$. O lucro esperado $L(Q)$, assim, é dado por:

$$P(Q) = \int_0^Q [xC_u - (Q-x)C_o]f(x)dx + \int_Q^\infty QC_u f(x)dx$$

Para determinar o valor de Q que maximiza o lucro esperado $P(Q)$, temos:

$$\frac{dP(Q)}{d(Q)} = -C_o \int_0^Q f(x)dx + C_u \int_Q^\infty f(x)dx$$
$$= C_u[1 - F(Q)] - C_o F(Q) = 0$$

Isso implica um tamanho de pedido ideal de Q^*, onde:

$$F(Q^*) = \frac{C_u}{C_u + C_o}$$

Pode-se verificar que a segunda derivada é negativa, implicando que o lucro esperado total é maximizado em Q^*.

Apêndice 13B

Uma avaliação intermediária

Objetivo

Dado que x é distribuído normalmente, com uma média μ e desvio-padrão σ, mostre que:

$$A = \int_{x=-\infty}^{a} xf(x)dx = \mu F_S\left[\frac{(a-\mu)}{\sigma}\right] - \sigma f_S\left[\frac{(a-\mu)}{\sigma}\right] \quad (13.8)$$

Aqui, $f(x)$ é a função de densidade normal, $f_s(\,)$ é a função de densidade normal padrão, e $F_s(\,)$ é a função de distribuição acumulada normal padrão.

Análise

Usando a Equação 12.20, temos:

$$A = \int_{x=-\infty}^{a} xf(x)dx = \int_{-\infty}^{a} x \frac{1}{\sqrt{2\pi}\sigma} e^{-(x-\mu)^2/2\sigma^2} dx$$

Substitua $z = (x - \mu)/s$. Isso implica que $dx = s\,dz$. Assim, temos:

$$A = \int_{z=-\infty}^{(a-\mu)/\sigma} (z\sigma + \mu) \frac{1}{\sqrt{2\pi}} e^{-z^2/2} dz$$

$$= \mu \int_{z=-\infty}^{(a-\mu)/\sigma} \frac{1}{\sqrt{2\pi}} e^{-z^2/2} dz + \sigma \int_{z=-\infty}^{(a-\mu)/\sigma} z \frac{1}{\sqrt{2\pi}} e^{-z^2/2} dz$$

Dado o relacionamento entre a função de distribuição acumulada e a função de densidade de probabilidade, usamos a definição da distribuição normal padrão e a Equação 12.18 para obter:

$$F_S(t) = \int_{z=-\infty}^{t} f_S(z)dz = \int_{z=-\infty}^{t} \frac{1}{\sqrt{2\pi}} e^{-z^2/2} dz$$

Substitua $w = z^2/2$ na expressão para A. Isso implica que $dw = z\,dz$. Assim:

$$A = \mu F_S\left[\frac{(a-\mu)}{\sigma}\right] + \sigma \int_{w=\infty}^{(a-\mu)^2/2\sigma^2} \frac{1}{\sqrt{2\pi}} e^{-w} dw$$

ou

$$A = \mu F_S\left[\frac{(a-\mu)}{\sigma}\right] - \sigma f_s\left[\frac{(a-\mu)}{\sigma}\right]$$

Apêndice 13C

Lucro esperado de um pedido

Objetivo

Suponha que a demanda seja distribuída normalmente, com média μ e desvio-padrão s. Cada unidade é vendida por um preço de US$ p e custa US$ c. Quaisquer unidades não vendidas trazem um valor residual de US$ s. Obtenha uma expressão para o lucro esperado se O unidades forem pedidas.

Análise

Se O unidades forem pedidas e a demanda for $x \leq 0$, cada uma das x unidades vendidas contribui com $p - c$, enquanto cada uma das $(O - x)$ unidades não vendidas resulta em uma perda de $c - s$. Se a demanda for maior que O, cada uma das O unidades vendidas contribui com $p - c$. Assim, obtemos:

$$\text{Lucros esperados} = \int_{x=-\infty}^{O} [(p-c)x - (c-s)(O-x)]f(x)dx$$

$$+ \int_{x=O}^{\infty} O(p-c)f(x)dx = \int_{x=-\infty}^{O} [(p-s)x$$

$$- O(c-s)]f(x)dx + \int_{x=O}^{\infty} O(p-c)f(x)dx$$

Usando a Equação 13.8, obtemos:

$$\int_{x=-\infty}^{O} xf(x)dx = \mu F_S\left[\frac{(O-\mu)}{\sigma}\right] - \sigma f_s\left[\frac{(O-\mu)}{\sigma}\right]$$

Assim, podemos avaliar os lucros esperados como:

$$\text{Lucros esperados} = (p-s)\mu F_S\left[\frac{(O-\mu)}{\sigma}\right] - (p-s)\sigma f_S\left[\frac{(O-\mu)}{\sigma}\right]$$

$$- O(c-s)F(O,\mu,\sigma) + O(p-c)[1 - F(O,\mu,\sigma)]$$

Apêndice 13D

Excesso em estoque esperado de um pedido

Objetivo

Suponha que a demanda seja distribuída normalmente, com média μ e desvio-padrão s. Obtenha uma expressão para o excesso de estoque esperado se O unidades forem pedidas.

Análise

Se O unidades forem pedidas, um estoque em excesso resulta somente se a demanda for $x < O$. Assim, temos:

$$\text{Lucros esperados} = \int_{x=-\infty}^{O} (O-x)f(x)dx$$

$$= \int_{x=-\infty}^{O} Of(x)dx - \int_{x=-\infty}^{O} xf(x)dx$$

$$= OF_S\left[\frac{O-\mu}{\sigma}\right] - \int_{x=-\infty}^{O} xf(x)dx$$

Usando a Equação 13.8, obtemos:

$$\text{Excesso em estoque} = OF_S\left[\frac{(O-\mu)}{\sigma}\right] - \mu F_S\left[\frac{(O-\mu)}{\sigma}\right] + \sigma f_S\left[\frac{(O-\mu)}{\sigma}\right]$$

$$= (O-\mu)F_S\left[\frac{(O-\mu)}{\sigma}\right] + \sigma f_S\left[\frac{(O-\mu)}{\sigma}\right]$$

Apêndice 13E

Estoque em falta esperado de um pedido

Objetivo

Suponha que a demanda seja distribuída normalmente, com média μ e desvio-padrão s. Obtenha uma expressão para o estoque em falta esperado se O unidades forem pedidas.

Análise

Se O unidades são pedidas, um estoque em falta resulta apenas se a demanda for $x > O$. Assim, temos:

$$\text{Estoque em falta esperado} = \int_{x=O}^{\infty} (x - O)f(x)dx$$

$$= \int_{x=O}^{\infty} xf(x)dx - \int_{x=O}^{\infty} Of(x)dx = \int_{x=-\infty}^{\infty} xf(x)dx$$

$$- \int_{x=-\infty}^{O} xf(x)dx - O\left\{1 - F_S\left[\frac{(O-\mu)}{\sigma}\right]\right\}$$

$$= (\mu - O) + OF_S\left[\frac{(O-\mu)}{\sigma}\right] - \int_{x=-\infty}^{O} xf(x)dx$$

Usando a Equação 13.8, obtemos, então:

$$\text{Estoque em falta esperado} = (\mu - O) + OF_S\left[\frac{(O-\mu)}{\sigma}\right]$$

$$- \mu F_S\left[\frac{(O-\mu)}{\sigma}\right] + \sigma f_S\left[\frac{(O-\mu)}{\sigma}\right]$$

$$= (\mu - O)\left\{1 - F_S\left[\frac{(O-\mu)}{\sigma}\right]\right\} + \sigma f_S\left[\frac{(O-\mu)}{\sigma}\right]$$

Apêndice 13F

Simulação por meio de planilhas

Uma *simulação* é um modelo de computador que replica uma situação da vida real, permitindo que o usuário estime qual seria o potencial resultado de cada um dentre um conjunto de ações. A simulação é uma ferramenta muito poderosa, que ajuda a avaliar o impacto das decisões comerciais sobre o desempenho em um ambiente incerto. Em alguns casos, os cenários futuros podem ser modelados matematicamente sem simulação e fórmulas podem ser obtidas para o impacto de diferentes políticas sobre o desempenho. Em outros casos, as fórmulas são difíceis ou impossíveis de obter e deve-se usar simulação. As simulações são poderosas porque podem acomodar qualquer quantidade de complicações. Os problemas impossíveis de resolver analiticamente em geral podem ser resolvidos facilmente com a simulação. Uma boa simulação é um modo barato de testar diferentes ações e identificar a decisão mais eficaz dado um futuro incerto.

Considere a Lands' End, uma empresa de venda de roupas por catálogo. A empresa enfrenta uma demanda incerta e precisa tomar decisões com relação ao número de catálogos a imprimir e remeter, o número de unidades de cada produto a pedir e os contratos a tomar parte com seus fornecedores. O gerente geral da Lands' End deseja avaliar diferentes políticas antes de implementá-las. Uma simulação requer que o gerente crie um modelo por computador que simule os pedidos feitos, o estoque mantido, a demanda do cliente e outros processos que fazem parte da cadeia de suprimentos da Lands' End.

Uma *instância* de demanda refere-se à demanda aleatória obtida por uma distribuição de demanda. Toda vez que a demanda é gerada por uma distribuição, uma nova instância acontece. Com base nas estimativas da distribuição de demanda futura, instâncias de demanda para diferentes produtos são geradas aleatoriamente. O impacto de uma política de pedido é avaliado para cada instância de demanda gerada. Com base em um grande número de instâncias de demanda, o gerente pode avaliar a média e a variabilidade do desempenho de uma política. Diferentes políticas podem, então, ser comparadas.

Geração de números aleatórios com o Excel

Uma etapa fundamental em qualquer simulação é a geração de números aleatórios que correspondam à distribuição que foi estimada para a demanda futura ou algum outro parâmetro. Por exemplo, se a Lands' End tiver estimado a demanda de suéteres de caxemira pelo catálogo de inverno como sendo distribuída normalmente, com média de 3.000 e desvio-padrão de 1.000, o gerente precisa gerar várias instâncias de demanda a partir dessa distribuição. Existem várias funções disponíveis no Excel que geram números aleatórios.

A função *RAND( )* gera um número aleatório que é distribuído uniformemente entre 0 e 1. Assim, há uma probabilidade de 10% de que *RAND( )* gere um número entre 0 e 0,1, uma probabilidade de 50% de que ele gere um número aleatório entre 0 e 0,5 e uma probabilidade de 90 por cento de que ele gere um número aleatório entre 0 e 0,9. A função *RAND( )* pode ser usada para gerar números aleatórios a partir de diversas distribuições.

A função do Excel *NORMINV(RAND( ), μ, σ)* gera um número aleatório que é distribuído normalmente, com média μ e desvio-padrão p. A função do Excel *NORMSINV(RAND( ))* gera um número aleatório que é distribuído normalmente, com uma média de 0 e desvio-padrão de 1. O fato de que tanto *NORMINV* quanto *NORMSINV* podem gerar números negativos normalmente gera problemas quando eles são usados para gerar demanda. Uma opção é usar um máximo de 0 e *NORMINV(RAND(), μ, p)* para gerar demanda. Isso é apropriado se o coeficiente de variação, *cv*, for menor que 0,4. Para coeficientes de variação maiores, é melhor usar a distribuição log-normal, pois ela gera apenas números não negativos. A função do Excel *LOGINV(RAND( ), μ, p)* gera um número aleatório *X* que segue a distribuição log-normal, onde ln(*X*) é distribuído normalmente, com média μ e desvio-padrão *p*. Várias outras distribuições de demanda também podem ser geradas, usando outras funções do Excel.

Configuração de um modelo de simulação

A Lands' End planeja vender suéteres de caxemira em seu catálogo de inverno por US$ 150 cada. O gerente espera que a demanda seja distribuída normalmente, com uma média de $\mu = 3.000$ e um desvio-padrão de $\sigma = 1.000$. Mais para o final da estação de inverno, a Lands' End envia um catálogo de vendas com preços descontados sobre os itens não vendidos. O preço descontado determina a demanda em resposta ao catálogo de vendas. O gerente prevê que o catálogo de vendas gerará demanda por suéteres de caxemira com uma média de $1.000 - 5p$ e desvio-padrão de $(1.000 - 5p)/3$, onde *p* é o preço descontado cobrado. Quaisquer suéteres restantes após o catálogo de vendas são doados para caridade. Cada suéter custa US$ 50 para a Lands' End. Assim, a doação para caridade gera US$ 25 em descontos de impostos. A Lands' End incorrem em um custo de US$ 5 por suéter não vendido para armazená-los e transportá-los para caridade, resultando em um valor residual de $s =$ US$ 20 por suéter enviado à caridade. O gerente decidiu cobrar um preço de desconto de max(US$ 25, US$ 150 – $n/20$), onde *n* é o número de suéteres restantes após o catálogo de inverno. O gerente deseja identificar o número de suéteres que devem ser comprados no início da estação de inverno.

O primeiro passo é montar um modelo de simulação que avalia o lucro líquido para uma instância de demanda durante a estação de inverno. O modelo montado aparece na Figura 13.6 e é detalhado na planilha *Lands End - Simulação* dentro da pasta *Simulação*, disponível na Sala Virtual.

Uso da tabela de dados para criar muitas instâncias

Tendo definido o modelo de simulação, o próximo passo é criar muitas instâncias de demanda aleatória e avaliar os lucros médios do pedido de 3.000 unidades. No Excel, *Tabelas de dados* podem ser usadas para conseguir múltiplas replicações da simulação. O objetivo é avaliar a média e o desvio-padrão dos perfis, o número médio de suéteres descontados e o número médio de suéteres doados para caridade pelas múltiplas replicações. Uma tabela de dados é construída no intervalo A23:D522 para replicar os resultados da simulação de 500 instâncias de demanda, da seguinte forma:

1. Digite a fórmula = I14 na célula B23, = D12 na célula C23 e = D16 na célula D23. Como resultado, o lucro é copiado para a célula B23, a quantidade descontada é copiada para a célula C23 e a quantidade dada para caridade é copiada para a célula D23.
2. Selecione o intervalo A23:D522. Pela barra de ferramentas, selecione *Dados | Análise hipotética | Tabela de dados*. Na caixa de diálogo *Tabela*, aponte para a célula A23 como *Célula de entrada de coluna*. Clique em OK.

A tabela de dados é criada no intervalo A23:D522. Cada linha da tabela de dados indica o lucro, a quantidade descontada e a quantidade dada para caridade para uma instância de demanda aleatória. O Excel recalcula a simulação usando novos números aleatórios para cada linha na tabela de dados. Podemos agora obter o lucro médio, o número médio de suéteres descontados e o número médio de suéteres doados para caridade pela tabela de dados. Estes são calculados nas células C18, I18 e I19, respectivamente na planilha *Lands End — Simulação* (ver Figura 13.6).

Toda vez que a tecla F9 é pressionada, novos números aleatórios são gerados e todas as entradas são recalculadas. O gerente da Lands' End pode usar a simulação para avaliar o impacto das diferentes políticas de pedido inicial sobre o desempenho ao mudar a entrada na célula D10.

	A	B	C	D	E	F	G	H	I
1	**Pedidos e precificações na Land's End**								
2									
3	Custo dos suéteres =			$ 50					
4	Preço de venda no catálogo de inverno =			$ 150					
5	Demanda média pelo catálogo de inverno =			3.000					
6	DP da demanda pelo catálogo de inverno =			1.000					
7	Média de demanda com desconto =			428					
8	DP da demanda com desconto =			142,67					
9									
10	Quantidade pedida inicialmente =			3000		Custo dos suéteres perdidos =		$	150.000
11	Demanda do catálogo de inverno =			2288		Receita das vendas de inverno		$	343.200
12	Suéteres com desconto =			712		Receita das vendas com desco		$	73.445
13	Preço com desconto, p =		$	114,4		Benefício líquido da doação =		$	1.400
14	Demanda a preço com desconto =			642		**Lucro líquido =**			**$ 268.045**
15	Número vendido com desconto =			642					
16	Quantidade doada à caridade =			70					
17									
18	Lucro médio =		$ 262.658			Número médio de suéteres com desconto			420
19	DP do lucro =		$ 64.233			Quantidade média doada para a caridade =			200

Número da célula	Fórmula da célula	Número da célula	Fórmula da célula
D7	=1000-5*D13	D16	=D12-D15
D8	=D7/3	I10	=D3*D10
D11	=int(max(0,norminv(rand(),D5,D6)))	I11	=min(D10,D11)*D4
D12	=max(0,D10-D11)	I12	=D15*D13
D13	=max(25,150-D12/20)	I13	=D16*20
D14	=int(max(0,norminv(rand(),D7,D8)))	I14	=sum(I11:I13)-I10
D15	=min(D12,D14)		

Figura 13.6 Modelo de simulação do Excel para a Lands' End.

Transporte em uma cadeia de suprimentos

CAPÍTULO 14

》 Objetivos de aprendizagem

Depois de ler este capítulo, você será capaz de:

1. Compreender a função do transporte em uma cadeia de suprimentos.
2. Analisar os pontos fortes e fracos dos diferentes modos de transporte.
3. Discutir o papel da infraestrutura e das políticas em transporte.
4. Identificar os pontos fortes e fracos relativos às diversas opções de projeto de rede de transporte.
5. Identificar os trade-offs que os expedidores precisam considerar ao projetar uma rede de transporte.

Neste capítulo, discutiremos o papel do transporte dentro de uma cadeia de suprimentos e identificamos alternativas que devem ser consideradas quando se toma decisões de transporte. Nosso objetivo é capacitar gestores a tomar decisões de estratégia e projeto de transporte, de planejamento e operacionais, com um conhecimento de todos os prós e contras importantes de suas escolhas.

14.1 O papel do transporte em uma cadeia de suprimentos

Transporte refere-se ao movimento de produto de um local para outro enquanto ele prossegue do início de uma cadeia de suprimentos até o cliente. O transporte é um fator importante da cadeia de suprimentos porque os produtos raramente são produzidos e consumidos no mesmo local. O transporte é um componente significativo dos custos incorridos pela maioria das cadeias. De acordo com o Bureau of Transportation (BTS), "mais de 19 bilhões de toneladas de frete, avaliadas em 13 trilhões, foram transportadas em 4,4 trilhões de toneladas por milha nos Estados Unidos em 2002".[1] Apenas três setores — imobiliário, assistência médica e alimentos —

---

1   Bureau of Transportation Statistics, Freight in America, Janeiro de 2006.

contribuíram com uma fatia maior para o PIB do que o transporte. Os empregos relacionados ao transporte empregaram quase 20 milhões de pessoas em 2002, responsáveis por 16% do emprego ocupacional total nos Estados Unidos.

O papel do transporte é ainda mais significativo nas cadeias de suprimentos globais. De acordo com o BTS, a rede de transporte de frete lidou com mercadorias de exportação e importação de valor superior a US$ 2,2 trilhões em 2004, um aumento de 168%, considerando-se os US$ 822 bilhões em 1990. Durante o mesmo período, a razão de exportações e importações nos Estados Unidos para o PIB aumentou de 12% para 21%.

Qualquer sucesso da cadeia de suprimentos está intimamente ligado ao uso apropriado de transporte. A IKEA, varejista de móveis domésticos escandinavo, montou uma rede global com cerca de 350 lojas em 42 países, principalmente com base no transporte eficaz. Suas vendas para o ano fiscal terminando em agosto de 2013 atingiram 29,2 bilhões de euros. A estratégia da IKEA é montada para oferecer produtos de boa qualidade a preços baixos; sua meta é cortar os preços de 2 a 3% a cada ano. Como resultado, a empresa trabalha bastante para encontrar a fonte global menos dispendiosa para cada um de seus produtos. O projeto modular de seus móveis permite que a IKEA transporte seus produtos para o mundo inteiro de maneira muito mais custo-efetiva do que um fabricante de móveis tradicional. O grande tamanho das lojas e remessas da IKEA permite o transporte mais econômico dos móveis domésticos até o ponto de revenda. Designs modulares combinados com um *sourcing* eficaz e um transporte pouco dispendioso permitem que a IKEA ofereça móveis de alta qualidade com preços baixos globalmente.

A Seven-Eleven Japan é outra empresa que tem usado o transporte para alcançar seus objetivos estratégicos. A empresa visa manter produtos em suas lojas de acordo com as necessidades dos clientes, pois elas variam de acordo com o local geográfico e a hora do dia. Para ajudar a alcançar esse objetivo, a empresa faz uso de um sistema de transporte responsivo, que repõe suas lojas várias vezes por dia, de modo que os produtos disponíveis combinam com as necessidades dos clientes. Os produtos de diferentes fornecedores são agregados em caminhões de acordo com a temperatura exigida, para ajudar a conseguir remessas frequentes a um custo razoável. A Seven-Eleven Japan usa um sistema de transporte responsivo, junto da agregação, para diminuir seus custos de transporte e recebimento, enquanto garante que a disponibilidade de produto corresponda de perto à demanda do cliente.

As cadeias de suprimentos também usam transporte responsivo para centralizar os estoques e operar com menos instalações. Por exemplo, a Amazon conta com transportadoras de encomendas expressas e o sistema postal para entregar os pedidos dos clientes a partir de depósitos centralizados. A McMaster-Carr utiliza transporte terrestre e transportadoras de encomendas expressas para proporcionar a entrega no dia seguinte de uma ampla variedade de produtos de MRO para cerca de 90% de seus negócios norte-americanos a partir de cinco centros de distribuição. O local dos CDs, em conjunto com um transporte eficaz, possibilita que a McMaster seja bastante responsiva enquanto faz uso de um modo de baixo custo de transporte.

O *expedidor* é a parte que requer a movimentação do produto entre dois pontos na cadeia de suprimentos. O *transportador* é a parte que movimenta ou transporta o produto. Por exemplo, quando a McMaster-Carr usa a UPS para enviar seus produtos do depósito ao cliente, ela é o expedidor e a UPS é o transportador. Duas outras partes têm impacto significativo sobre o transporte: (1) os proprietários e operadores da infraestrutura de transporte, como estradas, portos, canais e aeroportos; e (2) as agências que definem a política de transporte mundial. As ações de todas as quatro partes influenciam a eficácia do transporte.

Para entender o transporte em uma cadeia de suprimentos é importante considerar o ponto de vista das quatro partes. Um transportador toma decisões de investimento com relação ao equipamento de transporte (p. ex., locomotivas, caminhões, aviões etc.) e, em alguns casos, à infraestrutura (ferrovia) e depois toma decisões de operação para tentar maximizar o retorno desses bens. Um expedidor, ao contrário, usa o transporte para minimizar o custo total (transporte, estoque, informação, *sourcing* e instalações) enquanto oferece um nível apropriado de responsividade ao cliente. A eficácia dos transportadores é influenciada pela infraestrutura, como portos, estradas, hidrovias e aeroportos. A maior parte da infraestrutura de transporte pertence e é administrada como um bem público em todo o mundo. É muito importante que a infraestrutura seja administrada de modo que haja dinheiro para manutenção e investimento em mais capacidade, conforme o necessário. A política de transporte define a direção da quantidade de recursos nacionais que vão para a melhoria da infraestrutura de transporte. Essa política também visa a evitar abuso de poder do monopólio, promover concorrência justa e balancear aspectos ambientais, de energia e sociais no transporte.

Nas próximas seções, discutiremos questões que são importantes do ponto de vista dos transportadores, proprietários e operadores de infraestrutura, formuladores de política de transporte e expedidores. Na seção a seguir, vamos discutir os diferentes modos de transporte e suas características de custo e desempenho.

14.2 Modos de transporte e suas características de desempenho

As cadeias de suprimentos usam uma combinação dos seguintes modos de transporte:

- aéreo;
- transportadoras de encomendas expressas;
- caminhão;
- ferrovia;
- marítimo;
- dutoviário;
- intermodal.

A atividade de frete comercial nos Estados Unidos por modo em 2002 é resumida na Tabela 14.1.

Antes de discutirmos sobre os vários modos, é importante destacar algumas das tendências importantes na economia dos Estados Unidos. Entre 1970 e 2002, o PIB real do país, medido em dólares no ano 2000, cresceu em 176%. Pelo mesmo período, o transporte por frete medido em toneladas-milhas cresceu em apenas 73 %. Em 1970, foram necessárias 2,1 toneladas-milhas de transporte de frete para produzir US$ 1 de PIB em produtos. Em 2002, foi necessária apenas 1,1 tonelada-milha para produzir US$ 1 de PIB. Essa tendência reflete a redução no tamanho de produtos com nova tecnologia e a eficiência melhorada do sistema de transporte por frete. Isso continuou até 2002.

A eficácia de qualquer modo de transporte é afetada por investimentos em equipamento e decisões de operação pelo transportador, além das políticas disponíveis de infraestrutura e transporte. O objetivo principal do transportador é garantir a boa utilização de seus bens enquanto oferece aos clientes um nível de serviço aceitável. As decisões do transportador são afetadas pelo custo do equipamento, pelo custo operacional fixo, pelos custos operacionais variáveis, pela responsividade que o transportador busca oferecer ao seu segmento-alvo e os preços que o mercado suportará. Por exemplo, a FedEx projetou uma rede aérea do tipo *hub-and-spoke* (cubo e raio) para o transporte de pacotes, a fim de oferecer tempos de entrega rápidos e confiáveis. A UPS, ao contrário, usa uma combinação de aeronaves, ferrovias e caminhões para oferecer transporte mais barato com tempos de entrega um pouco maiores. A diferença entre as duas redes de transporte se reflete na tabela de preços. A FedEx cobra por pacotes com base principalmente no tamanho. A UPS, ao contrário,

》 **Tabela 14.1** Fatos sobre o transporte.

Modo	Valor do frete (US$ bilhões) em 2002	Toneladas de frete (bilhões) em 2002	Toneladas-milhas de frete (milhões) em 2002	Valor do frete (US$ bilhões) em 2002
Aéreo (inclui caminhão e aéreo)	563	6	13	61,9
Caminhão	9.075	11.712	1.515	113,1
Ferrovia	392	1.979	1.375	30,8
Aquático	673	1.668	485	14,3
Dutoviário	896	3.529	688	12,0
Multimodal	1.121	229	233	

Fonte: Adaptado de Bureau of Transportation Statistics, *Freight Shipments in America*, 2006.

cobra com base no tamanho e no destino. Por um ponto de vista da cadeia de suprimentos, uma rede aérea *hub-and-spoke* é mais apropriada quando os preços são independentes do destino e a remessa rápida é importante, enquanto uma rede de caminhões é mais apropriada quando os preços variam com o destino e uma entrega um pouco mais lenta é aceitável.

Aéreo

As principais companhias aéreas nos Estados Unidos que transportam passageiros e carga incluem American, Southwest, United e Delta. As companhias têm três componentes de custo: (1) um custo fixo de infraestrutura e equipamento; (2) custo de pessoal e combustível, que é independente dos passageiros ou carga em um voo, mas é fixo por voo; e (3) um custo variável que depende dos passageiros e carga transportados. Dado que a maior parte do custo de um voo é incorrido quando decola, um objetivo importante de uma empresa aérea é maximizar a receita gerada pelo voo. Como resultado, a gestão de receita (ver Capítulo 16) é um fator significativo no sucesso das companhias aéreas de passageiros.

As transportadoras aéreas oferecem um modo de transporte muito rápido e muito caro. Itens pequenos, de alto valor, ou entregas emergenciais sensíveis ao tempo, que precisam trafegar por longas distâncias, são mais adequadas para o transporte aéreo. As transportadoras aéreas normalmente movimentam remessas abaixo de 500 libras, incluindo produtos de alta tecnologia com alto valor, porém leves. Dado o crescimento na alta tecnologia, o peso do frete transportado por meio aéreo diminuiu durante as duas últimas décadas, mesmo que o valor do frete tenha aumentado um pouco. Em 2002, os bens que as empresas dos Estados Unidos movimentaram por meio aéreo custaram cerca de US$ 75.000 por tonelada, com certeza o mais alto entre todos os modos de transporte.

A indústria aérea asiática tem experimentado um crescimento significativo no século 21, sobretudo na China e na Índia. Nos Estados Unidos, a indústria andou tendo tempos difíceis, com algumas transportadoras decretando falência na primeira década do século. Isso se seguiu de uma consolidação na indústria nos Estados Unidos e na Europa Ocidental. Após as perdas abruptas em 2008 e 2009, a partir de 2010 a indústria passou a ser mais lucrativa.

Os problemas principais que as transportadoras aéreas enfrentam incluem identificar o local e o número de *hubs*, atribuir aviões a rotas, estabelecer cronogramas de manutenção para aviões, escalonar tripulações e gerir preços e disponibilidade com preços diferenciados.

Transportadoras de encomendas expressas

As *transportadoras de encomendas expressas* são empresas como FedEx, UPS e o serviço postal americano, que transportam pacotes pequenos, de cartas até entregas pesando cerca de 150 libras. Essas transportadoras utilizam transporte aéreo, por caminhão e ferrovia para enviar pacotes menores, sensíveis ao tempo. As transportadoras de encomendas expressas são caras e não podem competir com as transportadoras de carga fracionada (CF) no preço para entregas grandes. O principal serviço que elas oferecem aos expedidores é remessa rápida e confiável. Assim, os expedidores usam transportadoras de encomendas expressas para entregas pequenas e sensíveis ao tempo. Essas transportadoras também oferecem outros serviços de valor agregado, como rastreamento dos pedidos, e, em alguns casos, processamento e montagem dos produtos.

As transportadoras de encomendas expressas são o modo de transporte preferido de *e-businesses* como Amazon.com e Gilt Groupe, além de empresas como W. W. Grainger e McMaster-Carr, que enviam pequenos pacotes aos clientes. Com o crescimento do *e-business*, o uso dessas transportadoras tem aumentado significativamente ao longo dos últimos anos. As transportadoras de encomendas expressas buscam entregas menores e mais sensíveis ao tempo do que o transporte aéreo de carga, sobretudo onde o acompanhamento e outros serviços de valor agregado são importantes para o expedidor.

Dado o pequeno tamanho dos pacotes e os vários pontos de entrega, a consolidação das entregas é um fator-chave no aumento da utilização e diminuição de custos para as transportadoras de encomendas expressas. Essas transportadoras possuem caminhões que fazem entregas locais e retiradas de pacotes. Os pacotes são, então, levados a grandes centros de distribuição, dos quais são enviados por caminhão de carga completa, ferrovia ou via aérea para o centro de distribuição mais próximo ao ponto de entrega. A partir do centro de triagem do ponto de entrega, o pacote é enviado aos clientes em pequenos caminhões que fazem entregas diretas não programadas (discutidas mais adiante no capítulo). As principais questões nesse setor incluem o local e a capacidade dos pontos de transferência, bem como a capacidade de informação para facilitar e rastrear o fluxo de pacotes. Para a remessa final a um cliente, uma consideração importante é o escalonamento e roteamento dos caminhões de entrega.

Caminhão

Em todo o mundo, os caminhões transportam uma fração significativa dos bens movimentados. Em 2002, os caminhões movimentavam 69,5% do frete comercial dos Estados Unidos em valor e 60,1% em peso.[2] O setor de caminhões consiste em dois segmentos principais – CC (caminhão de carga completa) e CF (caminhão de carga fracionada). O uso de caminhões é mais caro do que o uso de trens, mas oferece a vantagem de entrega de porta em porta e um tempo de entrega menor. Ele também tem a vantagem de não exigir transferência entre remessa e entrega.

As operações de CC possuem custos fixos relativamente baixos, e possuir alguns caminhões em geral é suficiente para entrar no negócio. Essa indústria é caracterizada por envios de 10.000 libras ou mais; mais que 50.000 transportadores oferecem serviços de CC nos Estados Unidos. O desafio no negócio de CC é que a maioria dos mercados têm um desequilíbrio dos fluxos de transporte de recebimento e entrega. Por exemplo, Nova York tem um fluxo de recebimento maior do que de entrega. A meta do transportador de CC é agendar os envios que proporcionem alta receita, enquanto minimiza o tempo ocioso dos caminhões e o tempo de viagem sem carga. Isso é mais bem feito ao projetar as rotas que pegam carga de mercados em que a demanda de transporte de entrega excede a oferta recebida, pois esses mercados tendem a oferecer preços mais altos.

As operações de CF são precificadas para encorajar envios em pequenos lotes, geralmente menores que metade de um CC, de modo que CF tende a ser mais barato para remessas maiores. O CF é adaptado para remessas que são muito grandes para ser enviadas como pequenos pacotes (em geral, mais que 150 libras), mas que constituem menos da metade de um CC. As operações de CF tendem a funcionar para receber regionais ou *hub-and-spoke* nacionais, que permitem a consolidação de cargas parciais. As remessas de CF levam mais tempo que as de CC, por causa das outras cargas que precisam ser retiradas e entregues.

Acidentes associados a fadiga são correlacionados com o número de horas dirigindo e com o aumento na distância total da viagem. Para reduzir os acidentes na estrada causados pelo cansaço do motorista, o U. S. Department of Transportation estabelece regulações de horas trabalhadas que limitam os períodos de jornada para os caminhoneiros. Tanto as transportadoras de CF como de CC devem projetar suas rotas levando essas regras em consideração.

Ferrovia

Em 2002, as ferrovias transportavam cerca de 3% das remessas dos Estados Unidos em valor, 10% em peso, e mais de 30% das toneladas-milhas totais. Esses valores refletem o uso da ferrovia para mover bens de consumo a grandes distâncias. Os transportadores por ferrovia incorrem em um alto custo fixo em termos de ferrovias, locomotivas, vagões e pátios. Também há um custo significativo de mão de obra e combustível relacionado à viagem, que é independente do número de vagões (os custos de combustível variam um pouco com o número de vagões), mas que não varia com a distância trafegada e o tempo gasto. Qualquer tempo ocioso, uma vez que um trem seja ativado, é muito caro, pois os custos de mão de obra e combustível são incorridos, mesmo que trens não estejam se movendo. O tempo ocioso ocorre quando os trens trocam de vagões para diferentes destinos. Ele também ocorre em virtude de congestionamento dos trilhos. A mão de obra e o combustível, juntos, correspondem a mais de 60% dos custos da ferrovia.

---

[2] Bureau of Transportation Statistics, *Freight in America*, 2006.

Sob um ponto de vista operacional, é importante, assim, que as ferrovias mantenham as locomotivas e o pessoal bem utilizados.

A estrutura de preços e a capacidade de carga pesada tornam a ferrovia um modo de transporte ideal para produtos grandes, pesados ou de alta densidade por longas distâncias. O tempo de transporte por ferrovia, porém, pode ser longo. Portanto, a ferrovia é ideal para remessas muito pesadas, de baixo valor, não sensíveis ao tempo. O carvão, por exemplo, é parte importante das remessas de cada ferrovia. Remessas pequenas, sensíveis ao tempo, por curta distância ou com tempo de espera curto raramente seguem por ferrovias.

Um objetivo importante para as empresas de ferrovia é manter as locomotivas e o pessoal bem utilizados. As principais questões operacionais nas ferrovias incluem o escalonamento de veículo e pessoal, os atrasos de trilhos e terminais, e o mau desempenho no tempo. O desempenho da ferrovia é prejudicado pela grande quantidade de tempo gasta em cada transição. O tempo de viagem normalmente é uma pequena fração do tempo total para uma remessa por via férrea. Os atrasos são exagerados porque hoje os trens normalmente não são escalonados, mas "montados". Em outras palavras, um trem sai quando existem vagões suficientes para constituí-lo. Os vagões esperam que o trem seja montado, aumentando a incerteza do tempo de entrega para um expedidor. Uma ferrovia pode melhorar o desempenho no tempo programando alguns dos trens em vez de montar todos eles. Nesse caso, uma estratégia de preço mais sofisticada, que inclua a gestão de receita (ver Capítulo 16), precisa ser instituída para os trens programados.

Marítimo

As principais transportadoras oceânicas são Maersk, Evergreen Group, American President Lines e Hanjin Shipping Co. O transporte marítimo, por sua natureza, é limitado a certas áreas. Dentro dos Estados Unidos, esse transporte ocorre por meio do sistema fluvial interno (os Grandes Lagos e rios), ou pela região costeira. O transporte marítimo é adequado para transportar cargas muito grandes a um custo baixo. Dentro dos Estados Unidos, essa modalidade de transporte é usada principalmente para movimentar remessas de bens de consumo em grande quantidade e é o modo mais barato para transportar tais cargas. Porém, ele é o mais lento de todos os modos, e ocorrem atrasos significativos nos portos e terminais. Isso torna o transporte marítimo difícil de operar para viagens de curta distância, embora seja usado com eficiência no Japão e em partes da Europa para as viagens diárias de curta distância, com poucos quilômetros de extensão.

Dentro dos Estados Unidos, a aprovação do Ocean Shipping Reform Act de 1998 foi um evento significativo para o transporte marítimo. Esse ato permite que transportadores e expedidores realizem contratos confidenciais, efetivamente retirando o controle do governo sobre a indústria. O ato é semelhante ao que ocorreu nos setores de transporte por caminhão e aéreo há duas décadas, e provavelmente terá impacto semelhante sobre o setor de remessa.

No comércio global, o transporte marítimo é o modo dominante para embarcar todos os tipos de produtos. Carros, grãos, roupas e outros produtos são enviados pelo mar. Em 2001, o comércio de mercadorias foi avaliado em mais de 718 bilhões de dólares movimentados entre os Estados Unidos e portos estrangeiros. O transporte marítimo foi responsável por 78% em peso do frete de mercadorias intercontinental dos Estados Unidos em 2002. Para as quantidades enviadas e as distâncias envolvidas no comércio internacional, o transporte marítimo é, de longe, o modo de transporte mais barato. Uma tendência significativa no comércio marítimo mundial tem sido o crescimento do uso de contêineres. Isso tem levado a uma demanda por navios maiores, mais rápidos e mais especializados para melhorar a economia do transporte por contêiner. Os atrasos nos portos, alfândega, segurança e a gestão dos contêineres utilizados são os principais problemas no transporte marítimo global. O congestionamento nos portos, em particular, tem sido um grande problema nos Estados Unidos.

Dutoviário

Dutovia é usada principalmente para o transporte de petróleo bruto, derivados do petróleo e gás natural. Nos Estados Unidos, dutovias foram responsáveis por cerca de 16% do total de toneladas-milhas em 2002. Um custo fixo inicial significativo é incorrido na preparação da tubulação e na infraestrutura relacionada, que não varia muito com o diâmetro do tubo. As operações dutoviárias normalmente são otimizadas em cerca de 80 a 90% da capacidade da tubulação. Dada a natureza dos custos, as dutovias são mais adequadas quando são exigidos fluxos relativamente estáveis e grandes. A dutovia pode ser um modo eficaz de levar petróleo bruto a um porto ou a uma refinaria. O envio de gasolina para um posto de combustível não justifica o investimento em uma dutovia, e é feito por meio de caminhões. O preço da dutovia normalmente consiste em dois componentes: um componente fixo, relacionado ao pico de uso do expedidor; e um segundo custo relacionado à quantidade real transportada. Essa estrutura de preços encoraja o expedidor a usar a dutovia para o componente previsível da demanda, com outros modos sendo normalmente usados para cobrir as flutuações.

Intermodal

O transporte *intermodal* é o uso de mais de um modo de transporte para mover as mercadorias até seu destino. Diversas combinações intermodais são possíveis, a mais comum delas sendo caminhão/ferrovia. O tráfego intermodal tem crescido consideravelmente com o uso cada vez maior de contêineres para remessa e o aumento dos negócios globais. Os contêineres são fáceis de transferir de um modo para outro e seu uso facilita o transporte intermodal. O frete por contêiner muitas vezes utiliza combinações caminhão/água/ferrovia, principalmente para o frete global. Para o comércio global, o transporte intermodal costuma ser a única opção, pois fábricas e mercados podem não estar próximos aos portos. À medida que cresce a quantidade enviada por contêineres, a combinação intermodal caminhão/água/ferrovia também cresce. Em 2001, a atividade intermodal contribuiu com 20% das receitas das ferrovias.[3] Em terra, o sistema intermodal ferrovia/caminhão oferece o benefício de menor custo que o CC, e tempos de entrega melhores do que os da ferrovia, reunindo, assim, diferentes modos de transporte para criar ofertas de preço/serviço que não têm comparação a nenhum modo isolado. Isso também gera conveniência para os expedidores, que agora lidam com apenas uma entidade representando todos os transportadores que, juntos, oferecem o serviço intermodal.

Os principais problemas no setor intermodal envolvem a troca de informações para facilitar as transferências de carregamento entre os diferentes modos, pois essas transferências normalmente envolvem atrasos consideráveis, prejudicando o desempenho do tempo de entrega.

14.3 Infraestrutura e políticas de transporte

Estradas, portos, aeroportos, ferrovias e canais são alguns dos principais elementos de infra-estrutura que existem ao longo dos nós e das ligações de uma rede de transporte. Em quase todos os países, o governo ou já assumiu responsabilidade completa ou desempenhou papel significativo na construção e na administração desses elementos de infraestrutura. A melhor infraestrutura desempenhou papel significativo no desenvolvimento do transporte e no crescimento resultante do comércio. O papel das ferrovias e dos canais no desenvolvimento econômico dos Estados Unidos está bem documentado. Mais recentemente, o impacto da melhora na infraestrutura em estradas, aeroportos e portos no desenvolvimento da China ficou bastante visível.

Antes de considerarmos as questões políticas relacionadas às infraestruturas de transporte, vale a pena examinar a história da infraestrutura de ferrovias e estradas nos Estados Unidos, para ver algumas das questões envolvidas. Resumimos parte da discussão de Ellison (2002) da história das ferrovias e a regulamentação na indústria. A construção de ferrovias nos Estados Unidos ocorreu rapidamente durante a década de 1850. As ferrovias eram privadas, mas foram construídas com subsídio significativo do governo, normalmente na forma de concessões de terras. Pela década de 1870, a rede ferroviária conectava a maior parte dos Estados Unidos.

---

[3] "The Value of Rail Intermodal to the U.S. Economy", acesso em 04 de novembro de 2015. Disponível em: <http://intermodal.transportation.org/Documents/brown.pdf>.

Cada ferrovia era provedora exclusiva de vagões sobre seus trilhos. Esse monopólio permitiu que as ferrovias determinassem o preço cobrado e também o nível de serviço que elas ofereciam a seus clientes. A construção inicial de novas ferrovias gerou alguma concorrência nos valores cobrados. As companhias férreas responderam entrando em acordos entre elas, o que efetivamente terminou com a concorrência e aumentou os preços. Os protestos dos fazendeiros e de outros usuários das ferrovias por fim levou ao estabelecimento da Interstate Commerce Commission (ICC), que proibiu a política de preços discriminatórios. A ICC exigiu que as ferrovias submetessem seus preços a ela e os tornassem públicos. As ferrovias responderam formando cartéis para restringir a oferta. Isso levou à aprovação do Sherman Antitrust Act em 1890. Respondendo às dificuldades financeiras das ferrovias na década de 1940, o governo permitiu que elas tivessem algum grau de coordenação e as isentou das regulamentações antitruste. Com o crescimento dos outros modos de transporte e a necessidade de revitalizar seus ativos, as ferrovias passaram por uma má situação financeira no início da década de 1970. O Staggers Rail Act de 1980 retirou o controle governamental sobre as ferrovias, dando-lhes alguns poderes para a definição de preços, e facilitou a entrada e a saída. O ato também removeu a imunidade antitruste das ferrovias. A desregulamentação nos Estados Unidos foi seguida por uma onda de reorganização e fusões dentro do setor ferroviário. Acima de tudo, a desregulamentação resultou em um melhor desempenho financeiro da indústria ferroviária e aumentou o uso das ferrovias pelos expedidores.

Levinson (1998) apresenta uma discussão excelente da história da construção de estradas e precificação. No final do século 18, estradas foram construídas usando fundos públicos na Virgínia, em Maryland e na Pensilvânia, mas depois passaram para empresas privadas, que cobravam pedágio. Com o tempo, outras estradas foram construídas como resultado da concorrência entre as cidades para ganhar o comércio. Fora as concessões de terras federais, essas estradas normalmente eram construídas com esforço e dinheiro locais. Os pedágios nessas estradas geralmente eram estruturados para manter as viagens locais gratuitas e fazer com que as pessoas viajando por uma área pagassem por esse direito. No entanto, com o crescimento nas ferrovias e nos canais, as estradas sofreram financeiramente em meados do século 19 e, por fim, foram convertidas em estradas públicas. No século 20, à medida que os modos de transporte mudavam, houve a necessidade de estradas de maior qualidade. Foi construída uma rede de rodovias nacionais sem pedágio, em grande parte usando impostos sobre a gasolina como fonte de custeio. Ao mesmo tempo, outras instalações, como túneis e pontes, normalmente eram construídas com pagamento de pedágio. Em muitos outros países, como França e Espanha, as concessões eram dadas a empresas privadas, que recebiam receita de pedágio. Mais recentemente, estradas com pedágios também foram construídas na Malásia, na Indonésia e na Tailândia.

Pelos exemplos anteriormente citados, parece razoável que o governo tenha de possuir ou regulamentar um recurso de infraestrutura de transporte monopolista. Quando o recurso de infraestrutura de transporte tem concorrência ou dentro de um modo ou entre os modos de transporte, a propriedade privada, a desregulamentação e a concorrência parecem funcionar bem. A desregulamentação do setor de transporte dentro dos Estados Unidos é um caso pontual. Lembre-se, porém, de que estradas, portos e aeroportos são, em grande parte, públicos, e não privados por conta da natureza inerentemente monopolista desses recursos de infraestrutura de transporte. Nessa situação, a propriedade pública desses recursos é justificada. Isso levanta a questão política do financiamento da construção e manutenção desses recursos de transporte público. As estradas devem ser custeadas por meio de impostos sobre combustíveis, ou será que outra forma de custeio, como pedágios, é mais apropriada?

Alguns economistas têm argumentado a favor da posse pública desses recursos e da definição de preços de quase-mercado para melhorar a eficiência geral. Os preços de quase-mercado precisam levar em consideração a divergência entre os incentivos de um indivíduo que usa a infraestrutura de transporte e o público em geral que possui essa infraestrutura. Essa divergência é ilustrada na Figura 14.1 no contexto de tráfego de rodovia.

Um motorista de veículo baseia sua decisão de usar uma rodovia no custo e no benefício de fazer isso. A Figura 14.1 considera que pessoas diferentes dão valores distintos para fazer uma viagem, e esses valores são distribuídos uniformemente por um intervalo. O número de usuários cujo valor de uma viagem excede um custo em particular é, portanto, definido pela curva de demanda. Supõe-se uma curva de demanda simples dada por $f = 1.000 - custo$. Os custos incorridos por um motorista incluem o custo de tempo gasto na rodovia e o custo de operação e manutenção do veículo. Sabe-se bem que o tempo gasto aumenta não linearmente com o congestionamento em uma rodovia. Assim, o custo médio para cada motorista aumenta com o fluxo de tráfego, como mostra a Figura 14.1. Começamos com o caso em que não há pedágios e os motoristas incorrem somente nos custos relacionados ao congestionamento, operação e manutenção. Supomos que o custo total cresce com o tráfego f e é dado como *custo total* $= 3f^2$. O custo médio por motorista é então dado por *custo* $= 3f^2/f = 3f$. Por não haver pedágios para acessar a rodovia, a demanda vai se materializar com base no custo médio de congestionamento, operação e manutenção incorrido pelas pessoas na estrada. Considerando-se a avaliação das pessoas da viagem, o número de motoristas que usou a estrada é determinado pela interseção da curva de demanda com uma curva de custo médio no ponto A, como mostrado na Figura 14.1. Para nossa curva de demanda $f = 1.000 - custo$ e função de custo médio *custo* $= 3f$, obtemos $f = 1.000 - custo = 1.000 - 3f$. Resolvendo essa questão para f, obtemos $f = 1.000/4 = 250$ motoristas em equilíbrio. Isso resulta em um custo médio para motoristas de $P_0 = 3f = 3 \times 250 = 750$ e um fluxo de tráfego de $Q_0 = f = 250$.

Pelo ponto de vista do público, porém, é mais apropriado considerar como cada motorista adicional afeta o custo total, não somente o custo médio. Observe que um motorista adicional aumenta o custo médio $3f$ por uma pequena quantidade, mas aumenta o custo total $3f^2$ de todos os motoristas por uma quantidade muito maior. Isso é representado na Figura 14.1 pela curva de custo marginal, que mede o aumento marginal no custo total como resultado do fluxo de tráfego adicional. Para uma curva de custo total *custo total* $= 3f^2$, o custo marginal é dado considerando a derivada $d(custo\ total)/df = 6f$. Observe que a curva de custo marginal $6f$ é mais alta do que a curva de custo médio $3f$. Em outras palavras, o impacto marginal de um motorista sobre o custo total é muito maior do que sua parcela do impacto. O ideal é que se cobre do motorista um pedágio para a rodovia que ele usa com base nesse custo marginal que ele adiciona ao sistema. Faremos isso em nosso exemplo (i. e., de algum modo cobra-se $3f$ como pedágio adicional para aumentar o custo marginal para $6f$), a partir de nossa curva de demanda, obtemos $f = 1.000 - custo\ marginal = 1.000 - 6f$. Resolvendo essa equação para f, obtemos um tráfego de equilíbrio de $f = 1.000/7 = 143$ motoristas. Os motoristas devem ser cobrados a um pedágio de $3f$ que depende da quantidade de tráfego na rodovia. Se o tráfego estiver em um nível abaixo de 143, o motorista paga um pedágio menor. Conforme o tráfego aumenta, o preço do pedágio se eleva na mesma proporção e esse aumento no custo agora desencoraja os motoristas de pegar a rodovia. Em equilíbrio, há $f = 143$ motoristas na rodovia, cada qual cobrado por um valor de pedágio relacionado ao congestionamento de $3f = 3 \times 143 = 429$, e cada um incorre em custos médios relacionados a pedágio de $3f = 429$ para um custo total de 838 por motorista. Com um pedágio vigente, poucos motoristas utilizam a rodovia porque eles arcam com o custo verdadeiro que estão impondo ao sistema rodoviário. Esse pedágio reduz a taxa de fluxo de veículos para $Q_0 = 250$ para $Q_1 = 143$

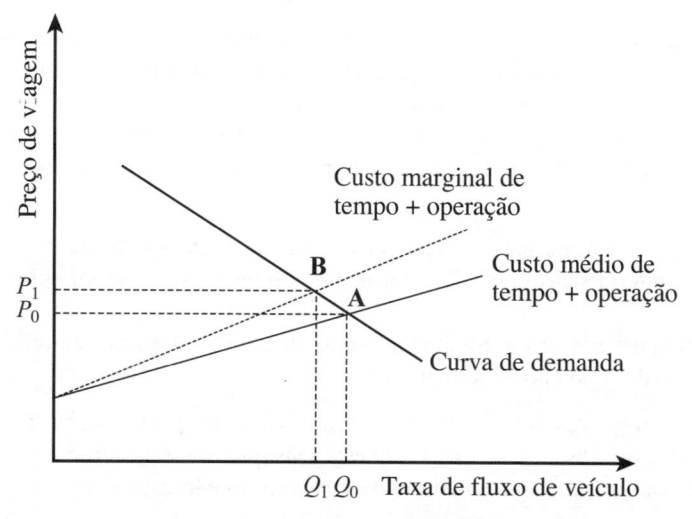

Figura 14.1 Impacto do custo médio e marginal sobre o fluxo de veículos.

e diminui o custo médio de congestionamento por motorista de 750 para 429. Em outras palavras, a ausência de uma taxa de congestionamento resulta em um uso maior da infraestrutura de transporte e um custo de congestionamento resultante sobre todos os usuários.

O problema é bem representado por uma única ilustração dada por Vickrey (ver Button e Verhoef, 1998). Cada membro de um grupo que sai para jantar provavelmente pedirá um item caro se o plano for dividir a conta igualmente, ao invés de cada pessoa pagar pelo que realmente gastou. Assim, é justo dizer que a conta geral é mais alta se ela for dividida igualmente, se comparado a cada pessoa pagando com base em seu consumo real. O mesmo acontece com a infraestrutura de transporte se o preço não estiver ligado ao congestionamento.

Assim, os preços de quase-mercado para a infraestrutura de transporte resultam em preços maiores nos locais e momentos de pico e preços mais baixos nas outras situações. Esse esquema de preços não é observado normalmente para a infraestrutura de transporte, exceto em estradas de Cingapura e nos centros de algumas cidades europeias. O congestionamento é um fator importante em vários portos e aeroportos. O porto de Los Angeles-Long Beach, por exemplo, experimentou um congestionamento significativo em 2004. Vários fatores afetaram esse congestionamento, incluindo problemas de capacidade das ferrovias em se desfazer de contêineres, escassez de mão de obra e questões de tecnologia. Porém, o congestionamento também foi afetado pelo desejo de muitos expedidores de levarem carregamentos semanais da Ásia nos fins de semana, para garantir o estoque para a semana inteira. Isso criou um período de pico com congestionamento significativo. A carga de trabalho de pico também se torna exagerada à medida que os navios porta-contêineres se tornam maiores. Nessa situação, o uso de tarifas de pico para nivelar os recebimentos pode ser uma política eficaz. Em geral, é importante ter em mente que a infraestrutura de transporte enfrenta problemas relacionados a congestionamento, a menos que os usuários sejam forçados a incorporar o impacto marginal de suas ações sobre a sociedade. Pode ser mais eficiente cobrar uma taxa de congestionamento e usar o dinheiro gerado para melhorar a eficácia da infraestrutura de transporte.

> **Ponto-chave**
>
> As infraestruturas de transporte muitas vezes exigem a propriedade ou a regulamentação do governo, em razão de sua natureza inerentemente monopolista. Na ausência de um monopólio, a desregulamentação e as forças de mercado ajudam a criar uma estrutura de indústria eficaz. Quando a infraestrutura é pública, é importante definir o preço do uso para que reflita o impacto marginal sobre o custo para a sociedade. Se isso não for feito, resulta em uso demasiado e o congestionamento, pois o custo gerado por um usuário é menor que seu impacto marginal sobre o custo total.

14.4 Opções de projeto para uma rede de transporte

O projeto de uma rede de transporte afeta o desempenho de uma cadeia de suprimentos estabelecendo a infraestrutura dentro da qual são tomadas as decisões operacionais relacionadas à programação e à roteirização. Uma rede de transporte bem-projetada permite que uma cadeia alcance o grau de responsividade desejado com um custo baixo. Três questões básicas precisam ser consideradas ao projetar uma rede de transporte entre dois estágios de uma cadeia de suprimentos:

1. O transporte deveria ser direto ou por meio de um local intermediário?
2. O local intermediário deveria estocar produto ou somente servir o local de despacho rápido?
3. Cada rota deveria suprir um único destino ou diversos destinos (entrega direta não programada, discutida posteriormente)?

Com base nas respostas a essas perguntas, a cadeia de suprimentos acaba com uma variedade de redes de transporte. Discutimos essas opções e seus pontos fortes e fracos no contexto de um comprador com vários locais que adquirem de vários fornecedores.

Rede de remessa direta para um único destino

Com a rede de remessa direta para um único destino, o comprador estrutura sua rede de transporte de modo que todas as remessas venham diretamente de cada fornecedor para cada local do comprador, como mostra a Figura 14.2. Com uma rede de remessa direta, a roteirização de cada remessa é especificada e o gestor da cadeia de suprimentos só precisa decidir sobre a quantidade a entregar e o modo de transporte a usar. Essa decisão envolve um dilema entre os custos de transporte e de estoque, conforme discutimos mais adiante neste capítulo.

A principal vantagem de uma rede de transporte com remessa direta é a eliminação dos depósitos intermediários e sua simplicidade de operação e coordenação. A decisão de remessa é completamente local, e a decisão feita para uma remessa não influencia as outras. O tempo de transporte do fornecedor ao local do comprador é curto porque cada remessa segue diretamente.

Uma rede de remessa direta é justificada se a demanda nos locais do comprador for grande o suficiente para que os tamanhos de lote de reposição ideais sejam próximos de um CC de cada fornecedor para cada local. A Home Depot começou com uma rede de remessa direta, visto que a maioria das lojas abertas até cerca de 2002 eram grandes. As lojas faziam pedidos de quantidades grandes o suficiente para justificar um pedido feito localmente dentro da loja e entregue diretamente do fornecedor. Porém, a rede de remessa direta mostrou-se problemática quando a Home Depot começou a abrir lojas menores, que não tinham pedidos grandes o suficiente para justificar uma remessa direta.

Remessa direta com entregas não programadas

A *entrega direta não programada* é aquela em que um caminhão pode tanto entregar produtos de um único fornecedor para vários lojistas ou sair de vários fornecedores para um único local do comprador, como mostra a Figura 14.3. Na remessa direta com entrega não programada, um fornecedor entrega diretamente a vários locais de compra em um caminhão, ou um caminhão busca entregas destinadas ao mesmo local de compra a partir de vários fornecedores. Ao usar essa opção, o gestor da cadeia de suprimentos tem de decidir sobre a roteirização de cada entrega.

Uma entrega direta oferece o benefício de eliminar depósitos intermediários, enquanto a entrega direta não programada reduz o custo de transporte consolidando entregas para vários locais em um único caminhão. A entrega direta não programada faz sentido quando a quantidade destinada para cada local é muito pequena para encher um caminhão, mas diversos locais estão próximos o suficiente um do outro, de modo que sua quantidade combinada complete a carga. Empresas como a Frito-Lay, que fazem entregas diretas na loja, utilizam esse tipo de entrega para reduzir seu custo de transporte. Se pequenas entregas frequentes forem necessárias regularmente e

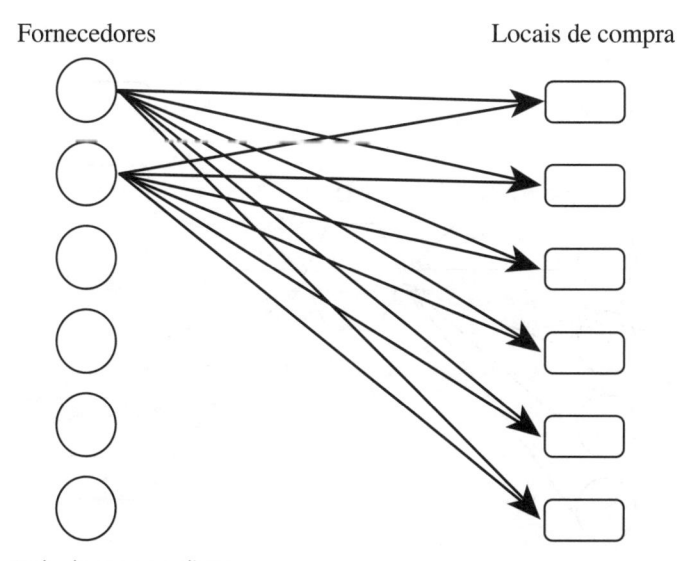

Figura 14.2 Rede de remessa direta.

um conjunto de fornecedores ou de varejistas estiver próximo geograficamente, o uso de entrega direta não programada pode reduzir significativamente os custos de transporte. Por exemplo, a Toyota utiliza entregas diretas não programadas dos fornecedores para dar suporte a seu sistema de manufatura *just-in-time* no Japão e nos Estados Unidos. No Japão, a empresa tem muitas fábricas montadoras localizadas próximas e, assim, utiliza entrega direta não programada de um único fornecedor para muitas fábricas. Nos Estados Unidos, porém, ela usa entregas diretas não programadas de muitos fornecedores para cada fábrica montadora, por conta da grande distância entre elas.

Todas as remessas via centro de distribuição intermediário com depósito

Nesta opção, o produto é enviado pelos fornecedores a um centro de distribuição central, onde é mantido até que seja requisitado pelos compradores, quando é enviado para cada comprador local, como mostra a Figura 14.4. Estocar o produto em um local intermediário é justificado se as economias de transporte exigirem grandes remessas do lado do recebimento ou as remessas de entrega não possam ser coordenadas. Nessa situação, o produto vem em grandes quantidades

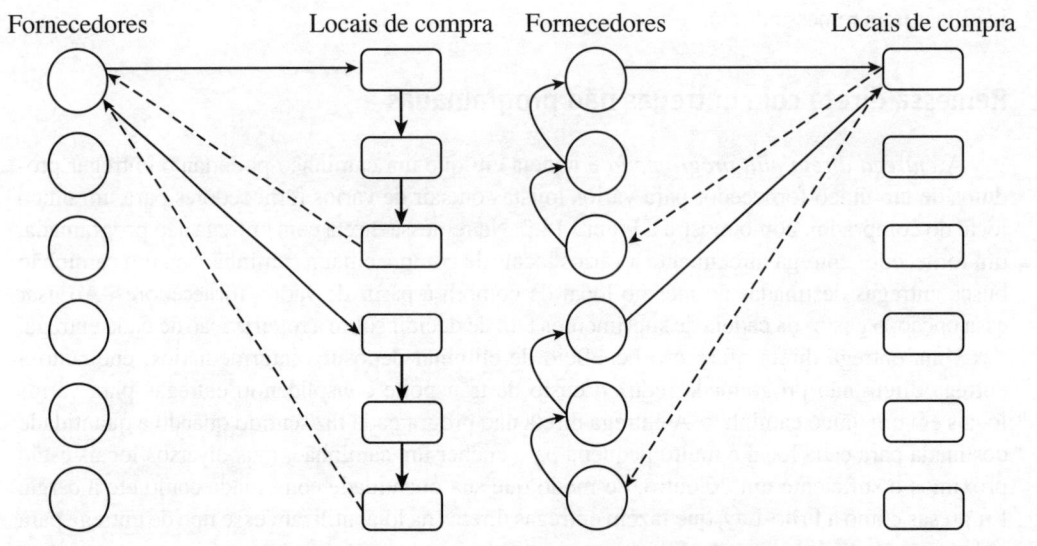

》 Figura 14.3 Entregas diretas não programadas de vários fornecedores para vários locais de compra.

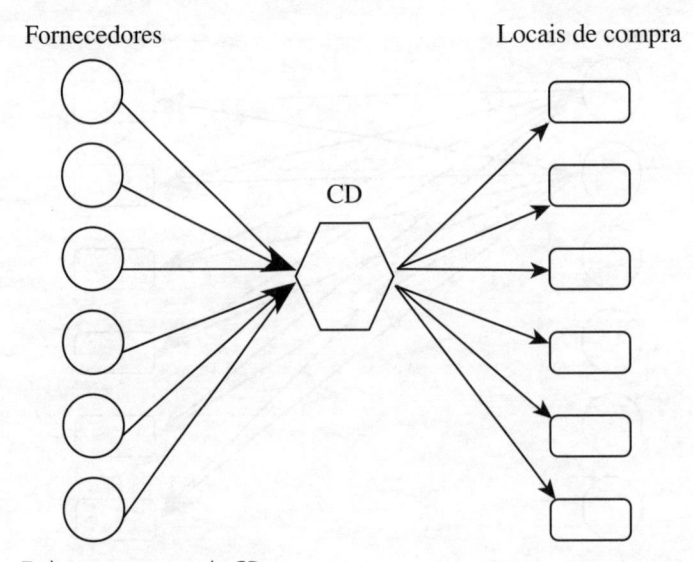

》 Figura 14.4 Todas as remessas via CD.

no CD, onde é mantido em estoque e enviado aos locais de compra em pequenos lotes de reposição, quando necessário.

A presença de um CD permite que a cadeia obtenha economias de escala para o transporte que chega a um ponto próximo ao destino final, pois cada fornecedor envia um carregamento grande ao CD, contendo produtos para todos os locais a que ele atende. Como os CD atendem a locais próximos, o custo do transporte que chega não é muito grande. Por exemplo, a W. W. Grainger tem fornecedores que entregam produtos em um dos nove CDs (geralmente em grandes quantidades), que, por sua vez, abastecem suas filiais da região com as quantidades menores de que necessitam. Seria caro para os fornecedores tentar suprir cada loja diretamente. De modo similar, quando a Home Depot se abastece a partir de seus fornecedores transcontinentais, o produto é mantido em estoque no CD porque o tamanho de lote no lado do recebimento é muito maior do que a soma dos tamanhos de lote para as lojas servidas pelo CD.

Todas as remessas via ponto de transição intermediário com despacho rápido

Nessa opção, os fornecedores enviam suas remessas para um ponto de trânsito intermediário (que pode ser um CD), onde eles são despachados e enviados aos locais do comprador sem que sejam estocados. O fluxo do produto é similar ao mostrado na Figura 14.4, exceto por não haver estocagem na instalação intermediária. Quando um CD realiza o despacho rápido, cada caminhão que chega contém produtos de um fornecedor para vários locais de compra, enquanto cada caminhão que sai contém produtos para um local de compra vindo de vários fornecedores. Um benefício importante do despacho rápido é que um pequeno estoque precisa ser mantido e o produto flui mais rapidamente na cadeia de suprimentos. O despacho rápido também economiza custo de manuseio, pois o produto não precisa ser movido para dentro e para fora do depósito. O despacho rápido é apropriado quando economias de escala no transporte podem ser adquiridas tanto nos lados de recebimento como de entrega, e ambos podem ser coordenados.

O Walmart tem usado o despacho rápido com sucesso para diminuir estoques na cadeia de suprimentos sem incorrer em custos excessivos com transporte. A empresa monta muitas lojas grandes em uma área geográfica com o suporte de um CD. Como resultado, o tamanho de lote total para todas as lojas de cada fornecedor enche caminhões no lado do recebimento para obter economias de escala. No lado da entrega, a soma dos tamanhos de lote de todos os fornecedores para cada loja enche o caminhão para obter economias de escala.

Outro bom exemplo do uso de um ponto de trânsito com despacho rápido vem da Peapod na região de Chicago. A empresa tem um CD em Lake Zurich, a partir do qual entrega aos seus clientes por meio de entregas diretas não programadas. Essa técnica provou ser eficaz para os clientes nos subúrbios das regiões norte e oeste de Chicago. A Peapod, contudo, queria aumentar a região atendida da cidade de Chicago e de Milwaukee. Ambas estão longe do CD, a ponto de a entrega direta não programada desperdiçar cerca de duas horas em trânsito, sem fazer entregas produtivas. Esses mercados eram também pequenos a ponto de não justificar um CD local. A resposta da Peapod foi estabelecer uma instalação de despacho rápido (que tende a ser mais barata que um CD, pois não há estocagem envolvida) em cada local. A Peapod envia todas as suas entregas ao local da instalação de despacho rápido em um caminhão maior e usa caminhões menores para as entregas locais. O uso do despacho rápido em um ponto de trânsito tem permitido que a Peapod aumente a região de abrangência do CD de Lake Zurich, sem aumentar de modo significativo a despesa com transporte.

Remessa via CD usando entregas diretas não programadas

Como podemos ver na Figura 14.5, entregas diretas não programadas podem ser usadas a partir de um CD se os tamanhos de lote a serem entregues a cada local de compra forem pequenos. As entregas diretas não programadas reduzem os custos de transporte consolidando remessas pequenas. Por exemplo, a Seven-Eleven Japan realiza entregas por despacho rápido dos seus fornecedores de alimentos frescos em seus CDs e envia por entregas diretas não programadas para os pontos de venda, pois o carregamento total para uma loja a partir de todos os fornecedores não enche um caminhão. O uso da combinação de despacho rápido e entregas diretas não programadas permite que a Seven-Eleven Japan reduza seu custo de transporte enquanto envia pequenos lotes de reposição para cada loja. O uso dessa combinação requer um grau de coordenação significativo das entregas diretas não programadas, além de roteirização e programação adequadas.

O mercado on-line Peapod utiliza entregas diretas não programadas a partir dos CDs ao fazer entregas para o cliente, para ajudar a reduzir os custos de transporte para pequenas remessas a serem entregues nas residências. A OshKosh B'Gosh, fabricante de roupas para crianças, usou essa ideia para praticamente eliminar as remessas de CF do seu CD no Tennessee para os pontos de venda.

Rede adaptada

A opção de rede adaptada é uma combinação adequada das opções anteriores, que reduz o custo e melhora a responsividade da cadeia de suprimentos. Nela o transporte usa uma combinação de despacho rápido, entregas diretas não programadas e transportadores de CC e CF, com

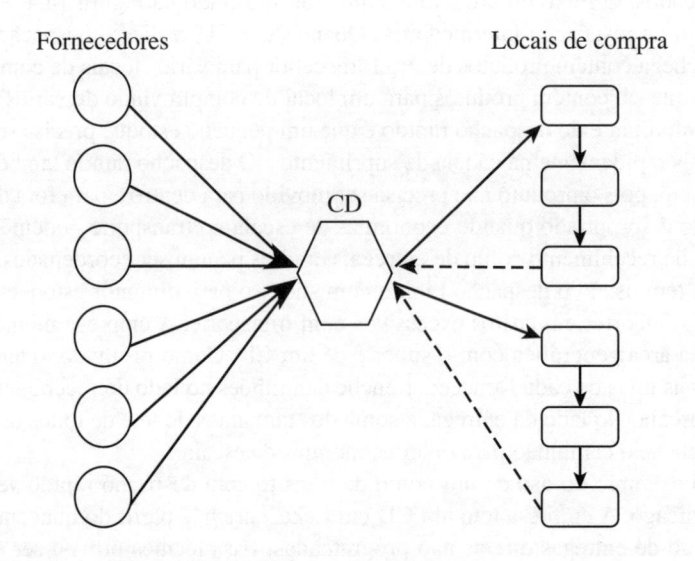

Figura 14.5 Entregas diretas não programadas a partir do CD.

Tabela 14.2 Prós e contras de diferentes redes de transporte.

Estrutura de rede	Prós	Contras
Remessa direta	Sem depósito intermediário Simples de ser coordenada	Estoques altos (devidos ao grande tamanho de lote)
Remessa direta com entrega direta não programada	Menores custos de transporte para pequenos lotes Baixos estoque	Complexidade de coordenação aumentada
Todas as remessas via CD central com depósito de estoque	Menor custo de transporte de recebimento por meio de consolidação	Custo de estoque aumentado Manejo aumentado no CD
Todas as remessas via CD central com despacho rápido	Baixa necessidade de estoque Baixo custo de transporte por meio da consolidação	Complexidade de coordenação aumentada
Remessa via CD usando entrega direta não programada	Menor custo de transporte de entrega para pequenos lotes	Maior aumento da complexidade de coordenação
Rede adaptada	A escolha do transporte atende melhor necessidades e produtos individuais e lojas	Maior complexidade de coordenação

transportadoras de encomendas expressas em alguns casos. O objetivo é usar a opção apropriada em cada situação. Os produtos de alta demanda para pontos de venda de alta demanda podem ser remetidos diretamente, enquanto os produtos de baixa demanda ou as remessas para pontos de venda com baixa demanda são consolidadas de e para o CD. A complexidade da gestão dessa rede de transporte é alta, pois diferentes procedimentos de remessa são usados para cada produto e ponto de venda. Operar uma rede adaptada requer um investimento significativo em infraestrutura de informação para facilitar a coordenação. Porém, essa rede oferece o uso seletivo de um método de remessa para minimizar os custos de transporte, assim como de estoque.

A Tabela 14.2 resume os prós e os contras das diversas opções de rede de transporte discutidas. Ilustraremos algumas dessas escolha no Exemplo 14.1.

EXEMPLO 14.1 》 Seleção de rede de transporte

Uma cadeia de varejo tem oito lojas em uma região suprida por quatro fontes de suprimento. Caminhões têm capacidade para 40.000 unidades e custo de US$ 1.000 por carga mais US$ 100 por entrega. Assim, um caminhão que faz duas entregas cobra US$ 1.200. O custo de manutenção de uma unidade em estoque no varejo para um ano é de US$ 0,20.

O vice-presidente da cadeia de suprimentos está considerando se envia direto a partir dos fornecedores para as lojas de varejo ou se estabelece entregas diretas não programadas a partir dos fornecedores para as lojas de varejo. Qual rede você recomenda se as vendas anuais para cada produto de cada loja de varejo são de 960.000 unidades? Qual rede você recomenda se as vendas para cada produto de cada loja de varejo são de 120.000 unidades?

Análise

Proporcionamos uma análise detalhada quando as vendas anuais de cada produto para cada cadeia de varejo são de 960.000 unidades. Nossa análise supõe que todos os caminhões viajem completos. Uma análise mais sofisticada pode ser apresentada para que a carga ideal em cada caminhão seja calculada e usada nela. Essa análise está também disponível na aba *Exemplo 14.1* na planilha *Exemplos*, disponível na Sala Virtual.

Primeiro vamos avaliar a rede de remessa direta e supor que as cargas de caminhão completas sejam enviadas a partir de fornecedores para lojas de varejo. Nesse caso, temos o seguinte:

Tamanho de lote enviado a partir de cada fornecedor para cada loja = 960.000/40.000 = 24

Custo anual com caminhões para a rede direta = $24 \times 1.100 \times 4 \times 8$ = US$ 844.800

Estoque médio de cada loja para cada produto = 40.000/2 = 20.000 unidades

Custo de estoque anual para rede direta = $20.000 \times 0,2 \times 4 \times 8$ = US$ 128.000

Custo anual total de rede direta = US$ 844.800 + US$ 128.00 = US$ 972.800

Agora, vamos analisar a rede em que os fornecedores fazem uso de entregas diretas não programadas para lojas de varejo. Essas entregas aumentam o custo de transporte, mas diminuem o nível de estoque que cada loja mantém. Proporcionamos uma análise detalhada para o caso dos fornecedores que utilizam entregas diretas nao programadas para duas lojas em cada caminhão. Nesse caso, temos:

Tamanho de lote enviado a partir de cada fornecedor para cada loja = 40.000/2 = 20.000 unidades

Número de remessas/ano a partir de cada fornecedor para cada loja = 960.000/20.000 = 48

Custo de transporte por remessa por loja (duas lojas/caminhão) = 1.000/2 + 100 = US$ 600

Custo anual com caminhões para a rede de entrega direta não programada = $48 \times 600 \times 4 \times 8$ = US$ 921.600

Estoque médio de cada loja para cada produto = 20.000/2 = 10.000 unidades

Custo de estoque anual para rede de entrega direta não programada = $10.000 \times 0,2 \times 4 \times 8$ = US$ 64.000

Custo anual total de rede de entrega direta não programada = US$ 921.600 + US$ 64.000 = US$ 985.600

Essa análise mostra que quando a demanda por produto por loja é de 960.000 unidades, a rede direta é mais barata do que fazer uso de entregas diretas não programadas com duas lojas por rota. Aumentar o número de lojas em entrega direta não programada acaba por custar ainda mais porque aumenta os custos de transporte mais do que causa a economia dos custos de manutenção.

Quando a demanda por produto por loja é 120.000, primeiro proporcionamos os custos detalhados para a rede de remessa direta, como a seguir (supondo que todos os caminhões viajem completos):

Tamanho de lote enviado a partir de cada fornecedor para cada loja = 40.000 unidades
Número de remessas/ano a partir de cada fornecedor para cada loja = 120.000/20.000 = 3
Custo anual com caminhões para a rede direta = $3 \times 1.100 \times 4 \times 8$ = US$ 105.600
Estoque médio de cada loja para cada produto = 40.000/2 = 10.000 unidades
Custo de estoque anual para rede direta = $20.000 \times 0,2 \times 4 \times 8$ = US$ 128.000
Custo anual total de rede direta = US$ 105.600 + US$ 128.000 = US$ 233.600

Para a rede direta, verifica-se que para minimizar os custos anuais totais é melhor não completar cada caminhão, mas enviar somente 36.332 unidades por caminhão. A carga ideal aumenta os custos de transporte um pouco, mas diminui os custos totais para US$ 232.524 por ano.

Agora, vamos analisar a rede em que os fornecedores fazem uso de entrega direta não programada para as lojas de varejo. Fornecemos uma análise detalhada para o caso dos fornecedores que utilizam entrega direta não programada para quatro lojas em cada caminhão e cada um viaja completo. Nesse caso, temos:

Tamanho de lote enviado a partir de cada fornecedor para cada loja = 40.000/4 = 10.000 unidades
Número de remessas/ano a partir de cada fornecedor para cada loja = 120.000/10.000 = 12
Custo de transporte por remessa por loja (quatro lojas/caminhão) = 1.000/4 + 100 = US$ 350
Custo anual com caminhões para a rede de entrega direta não programada = $12 \times 350 \times 4 \times 8$ = US$ 134.400
Estoque médio de cada loja para cada produto = 10.000/2 = 5.000 unidades
Custo de estoque anual para rede de entrega direta não programada = $5.000 \times 0,2 \times 4 \times 8$ = US$ 32.000
Custo anual total de rede de entrega direta não programada = US$ 134.400 + US$ 32.000 = US$ 166.400

Essa análise mostra que quando a demanda por produto por loja é de 120.000 unidades, a entrega direta não programada com quatro lojas por rota é mais barata que a rede direta (mesmo quando as cargas do caminhão são otimizadas). A rede direta acaba por custar mais por causa dos custos de manutenção de estoque aumentados, mesmo que o transporte seja mais barato. Observe que as entregas diretas não programadas se tornam mais atrativas conforme a quantidade que flui por meio do sistema diminui. Na seção a seguir, discutiremos uma variedade de alternativas que os gestores da cadeia de suprimentos precisam considerar quando projetam e operam uma rede de transporte.

14.5 Mumbai dabbawalas: uma rede de distribuição altamente responsiva

Imagine tentar retirar e entregar 150.000 refeições feitas na hora a cada dia em uma cidade onde o tráfego é normalmente engarrafado. Não conseguir que esse sistema de distribuição fosse bem-sucedido financeiramente causou o fracasso de muitas *startups* ponto.com, como a Urbanfetch e a Kozmo.com, que operavam nas cidades como Londres e Nova York. Os Mumbai dabbawalas, no entanto, fizeram uso desse sistema por mais de um século – enquanto cobravam dos clientes cerca de US$ 7/mês por esse serviço, incluindo logística reversa: todos os recipientes de alimento são devolvidos após o almoço. Sua rede de distribuição utiliza várias ideias discutidas anteriormente, da entrega direta não programada ao despacho rápido.

Em todas as manhãs de trabalho, por volta das 9 horas, cerca de 5.000 *dabbawallas* fazem uso de entrega direta não programada com bicicletas para retirar refeições de cerca de 30 casas cada um. Essas refeições feitas recentemente são embaladas em recipientes de aço ou de plástico, chamados *tiffins* ou *dabbas* (daí o nome *dabbawala* ou "*dabba boy*"). Cada casa tem um período de tempo de cerca de um minuto para a retirada, e a programação é repetida em todos os dias de trabalho. A entrega direta não programada termina na estação ferroviária local, onde os *dabbas* são coletados e classificados em caixas de madeira de acordo com seu destino. Existem poucas estações em que diversas linhas de trem se intersectam. Nelas, os *dabbawalas* despacham os *dabbas* entre caixas para assegurar que cada uma contenha refeições que vão para o mesmo destino. As caixas com refeições chegam às estações de destino por volta de 11h30. Uma estação de trem de destino serve como um centro de consolidação de suprimento a partir do qual as caixas são levadas ao seu destino final, em que as refeições são consumidas. Cada *dabbawala* é responsável por entregar cerca de 40 *dabbas*. Isso geralmente é feito usando entrega direta não programada em uma bicicleta ou carrinho de mão, e todas as entregas são feitas antes das 13 horas. Uma vez que os clientes terminam suas refeições, o processo inteiro é repetido reservadamente, a fim de retornar os *dabbas* vazios às suas respectivas casas por volta das 17 horas. Por essa rede completa, em que 150.000 retiradas e entregas individualizadas são gerenciadas todo dia, os *dabbawalas* calculam uma entrega atrasada em 16 milhões!

Além de serem admirados por suas realizações, é importante perguntar como eles têm sucesso enquanto outros falham ao tentar fornecer entrega em domicílio, como a Urbanfetch e a Kozmo.com. Além de sua disciplina e comprometimento, três fatores facilitam o sucesso de sua rede de distribuição:

1. Baixa incerteza de demanda.
2. Agregação temporal da demanda.
3. Uso de recursos de transporte quando eles são subutilizados.

Os pontos de retirada e entrega para os *dabbawalas* são fixos e não variam de um dia para o outro. Essa previsibilidade da demanda possibilita que eles projetem entregas diretas não programadas otimizadas e passem por rotas que são repetidas diariamente. Por outro lado, os destinos para os pedidos de entrega em domicílio recebidos pela Kozmo variavam todos os dias. Dado que os *dabbawalas* têm um único produto (refeição), os tempos de entrega e retirada são próximos um do outro para todos os clientes. Essa agregação temporal da demanda permite que os *dabbawalas* se assegurem de que todas as entregas e retiradas para um único prédio sejam feitas em conjunto. Esse luxo não estava disponível para a Kozmo, que muitas vezes tinha que voltar à mesma área por causa de diversos pedidos que chegavam e eram distribuídos ao longo do tempo. Por fim, os *dabbawalas* utilizam o sistema ferroviário de Mumbai durante o período fora do pico. Esse sistema é um dos mais densamente carregados no mundo – em 2008, ele transportou 6,4 milhões de passageiros diariamente, com trens seguidos durante a hora do rush. Os *dabbawalas* viajam nesses trens depois do pico da manhã e antes do pico da tarde. Os trens também são bastante lotados fora do período de pico, mas a multidão da hora do rush é densa a ponto de tornar difícil para o passageiro carregar um *dabba* por si (essa é uma razão comum, dada pelo uso dos *dabbawalas*). A ausência de incerteza, a agregação temporal de pedidos e o uso do sistema ferroviário durante as horas fora do pico permitem que os *dabbawalas* forneçam economicamente um serviço que desafiou algumas empresas de entrega em domicílio.

14.6 Trade-offs no projeto de transporte

Todas as decisões de transporte feitas pelos expedidores em uma rede de cadeia de suprimentos precisam levar em conta seu impacto sobre os custos do estoque, custos de instalação e processamento, o custo da coordenação de operações, bem como o nível de responsividade fornecido aos clientes. Por exemplo, o uso pela Amazon de transportadoras de encomendas expressas para entregar produtos aos clientes aumenta o custo do transporte, mas permite que a empresa centralize suas instalações e reduza custos de estoque. Se a Amazon quiser reduzir seus custos de transporte, a empresa deve ou sacrificar a responsividade aos clientes ou aumentar o número de instalações e estoques resultantes para levá-los para mais perto dos clientes.

O custo para coordenar operações geralmente é difícil de quantificar. Os expedidores devem avaliar as diferentes opções de transporte em termos de diversos custos e também das receitas, e, depois, classificá-las de acordo com a complexidade da coordenação. Um gestor pode, então, tomar a decisão de transporte apropriada. Os gestores devem considerar as seguintes trade-offs ao fazer decisões de transporte:

- trade-off entre custo de transporte e estoque;
- trade-off entre custo de transporte e responsividade ao cliente.

Trade-off entre custo de transporte e estoque

A opção entre custos de transporte e estoque é significativa quando se projeta uma rede da cadeia de suprimentos. Duas decisões fundamentais de cadeia envolvendo essa decisão são:

- escolha do modo de transporte;
- agregação de estoque.

ESCOLHA DO MODO DE TRANSPORTE A seleção de um modo de transporte é uma decisão tanto de planejamento quanto operacional em uma cadeia de suprimentos. A decisão com relação às transportadoras que uma companhia contrata é uma decisão de planejamento, enquanto a escolha do modo de transporte para determinada remessa é uma decisão operacional. Para as duas decisões, um expedidor deve equilibrar os custos de transporte e estoque. O modo de transporte que resulta no menor custo de transporte não necessariamente reduz os custos totais em uma cadeia de suprimentos. Modos de transporte mais baratos em geral possuem maiores tempos de espera e maiores quantidades mínimas de entrega, ambos resultando em maiores níveis de estoque na cadeia. Os modais que permitem a remessa em pequenas quantidades reduzem os níveis de estoque, mas costumam ser mais caros. A Apple, por exemplo, usa frete aéreo para seus componentes originários da Ásia. Essa escolha não pode ser justificada apenas com base no custo de transporte. Ela só pode ser justificada porque o uso de um modo de transporte mais rápido para o envio de componentes valiosos permite que a Apple mantenha baixos níveis de estoque e ainda seja responsiva aos seus clientes.

O impacto do uso de diferentes modos de transporte sobre estoques, tempo de resposta e custos na cadeia de suprimentos aparece na Tabela 14.3. Cada modo de transporte é avaliado ao longo de várias dimensões, com 1 sendo o melhor e 6 sendo o pior.

Os modos de transporte mais rápidos são preferidos para produtos com uma alta razão valor-peso (um iPad é um bom exemplo desse produto), para os quais a redução dos estoques é importante, enquanto os modos mais baratos são preferidos para produtos com uma pequena razão valor-peso (p. ex. móveis importados pela IKEA), para os quais a redução no custo do transporte é importante. A escolha do modo de transporte deve levar em conta os custos do estoque cíclico, de segurança e em trânsito, além do custo de transporte. As vendas perdidas e os custos de estoque são influenciados pela velocidade, flexibilidade e confiabilidade do modal. O preço de compra deve também ser incluído se mudar com a escolha do modo de transporte (talvez por conta de uma mudança nos tamanhos de lote). Ignorar os custos de estoque ao tomar decisões de transporte pode resultar em escolhas que pioram o desempenho de uma cadeia de suprimentos, conforme ilustrado no Exemplo 14.2 (ver aba *Exemplo 14.2* na planilha *Exemplos*).

Tabela 14.3 Avaliação dos modos de transporte em termos de desempenho da cadeia de suprimentos (ler verticalmente, 1 = melhor, 6 = pior).

Modo	Estoque cíclico	Estoque de segurança	Custo em trânsito	Custo de transporte	Tempo de transporte
Ferroviário	5	5	5	2	5
CC	4	4	4	3	3
CF	3	3	3	4	4
Encomendas expressas	1	1	1	6	1
Aéreo	2	2	2	5	2
Água	6	6	6	1	6

EXEMPLO 14.2 》 Trade-offs ao selecionar o modo de transporte

A Eastern Electric (EE) é um importante fabricante de eletrodomésticos, com uma grande fábrica na área de Chicago. A EE compra todos os motores para seus aparelhos da Westview Motors, localizada próximo a Dallas. A EE atualmente compra da Westview 120.000 motores a cada ano, a um preço de US$ 120 por motor. A demanda tem sido relativamente constante por vários anos e espera-se que continue dessa maneira. Cada motor pesa em média 10 libras (4,53 quilos), e a EE tradicionalmente tem comprado lotes de 3.000 motores. A Westview envia cada pedido da EE dentro de um dia após recebê-lo (o tempo de espera é de um dia a mais do que o tempo de trânsito). Em sua fábrica de montagem, a EE mantém um estoque de segurança igual a 50% da demanda média por motores durante o tempo de espera da reposição.

O gerente da fábrica na EE recebeu várias propostas para transporte e deve decidir qual aceitará. Os detalhes das várias propostas aparecem na Tabela 14.4, onde um cwt é igual a cem libras.

O preço da Golden representa um desconto por quantidade unitária marginal (ver Capítulo 11). O representante da Golden propôs reduzir a taxa marginal para a quantidade acima de 250 cwt em uma remessa de US$ 4/cwt para US$ 3/cwt e sugeriu que a EE aumentasse seu tamanho de lote para 4.000 motores, para tirar proveito do menor custo de transporte. O que o gerente da fábrica deve fazer?

Análise:

A nova proposta da Golden resultará em muito pouco custo de transporte para a EE se o gerente da fábrica pedir em lotes de 4.000 motores. O gerente, porém, decide incluir os custos do estoque na decisão de transporte. O custo anual de manutenção de estoque da EE é de 25%, o que significa um custo de manutenção anual de M = US$ 120 × 0,25 = US$ 30 por motor. As entregas por ferrovia exigem um tempo de trânsito de cinco dias, enquanto as entregas por caminhão têm um tempo de trânsito de três dias. A decisão de transporte afeta o estoque cíclico, o estoque de segurança e o estoque em trânsito para a EE. Portanto, o gerente decide avaliar o custo total de transporte e estoque para cada opção de transporte.

A proposta da AM Rail requer um envio mínimo de 20.000 libras, ou 2.000 motores. O tempo de espera de reposição nesse caso é $L = 5 + 1 = 6$ dias. Para um tamanho de lote de $Q = 2.000$ motores, o gerente da fábrica obtém o seguinte:

Tabela 14.4 Propostas de transporte para a Eastern Electric.

Transportadora	Amplitude da quantidade enviada (cwt)	Custo de remessa (US$/cwt)
AM Railroad	200+	6,50
Northeast Trucking	100+	7,50
Golden Freightways	50-150	8,00
Golden Freightways	150-250	6,00
Golden Freightways	250+	4,00

Estoque cíclico = $Q/2$ = 2.000/2 = 1.000 motores

Estoque de segurança = $L/2$ dias de demanda = (6/2)(120.000/365)
= 986 motores

Estoque em trânsito = 120.000(5/365) = 1.644 motores

Estoque médio total = 1.000 + 986 + 1.644 = 3.630 motores

Custo de manutenção anual usando a AM Rail = 3.630 × US$ 30 = US$ 108.900

A AM Rail cobra US$ 6,50 por cwt, resultando em um custo de transporte de US$ 0,65 por motor, pois cada motor pesa 10 libras. Aqui, aproximamos o custo de manutenção porque não incluímos o custo de transporte no custo do produto. Uma avaliação mais precisa definiria o custo de manutenção do estoque em trânsito como US$ 30 (pois o custo de transporte ainda não foi incorrido) e o custo de manutenção do estoque cíclico e de segurança como 120,65 × 0,25 = US$ 30,16, pois o custo de transporte foi incorrido no estágio. A avaliação precisa resultaria em um custo de manutenção de estoque de (1.644 × 30) + (1.986 × 30,16) = US$ 109.218.

O custo de transporte anual é obtido como segue:

Custo de transporte anual usando a AM Rail = 120.000 × 0,65 = US$ 78.000

Portanto, o custo total anual de estoque e transporte usando a AM Rail é de US$ 186.900.

Então, o gerente da fábrica avalia o custo associado a cada opção de transporte, como mostra a Tabela 14.5 (usamos o custo de estoque aproximado na análise, aplicando o custo de manutenção somente ao custo unitário e não o custo unitário mais custo de transporte/unitário). (Ver a aba *Exemplo 14.2* na planilha *Exemplos* para todos os detalhes na Tabela 14.5) Com base na análise dessa tabela (os números de estoque são arredondados aos números inteiros mais próximos), o gerente decide assinar um contrato com a Golden Freightways e pedir motores em lotes de 500. Essa opção tem o maior custo de transporte, mas o menor custo geral. Se a seleção da opção de transporte fosse feita usando apenas o custo de transporte incorrido, a nova proposta da Golden, reduzindo o preço para grandes entregas, pareceria atraente. Na realidade, a EE paga um alto custo geral por essa proposta, por causa dos altos custos de estoque em que ela resulta. Assim, considerar a alternativa entre custos de estoque e transporte permite que o gerente tome uma decisão de transporte que minimiza o custo total da EE.

》 **Tabela 14.5** Análise das opções de transporte para a Eastern Electric.

Alternativa	Tamanho do lote (motores)	Custo de transporte	Estoque cíclico	Estoque de segurança	Estoque em trânsito	Custo do estoque	Custo total
AM Rail	2.000	US$ 78.000	1.000	986	1.644	US$ 108.900	US$ 186.900
Northeast	1.000	US$ 90.000	500	658	986	US$ 64.320	US$ 154.320
Golden	500	US$ 96.000	250	658	986	US$ 56.820	US$ 152.820
Golden	1.500	US$ 96.000	750	658	986	US$ 71.820	US$ 167.820
Golden	2.500	US$ 86.400	1.250	658	986	US$ 86.820	US$ 173.220
Golden	3.000	US$ 80.000	1.500	658	986	US$ 94.320	US$ 174.320
Golden (proposta antiga)	4.000	US$ 72.000	2.000	658	986	US$ 109.320	US$ 181.320
Golden (proposta nova)	4.000	US$ 67.500	2.000	658	986	US$ 109.320	US$ 176.820

》 **Ponto-chave**

Ao selecionar um modo de transporte, os gestores devem considerar os custos de estoque cíclico, de segurança e em trânsito que resultam do uso de cada modo. Os modais com alto custo de transporte podem ser justificados se eles resultarem em custos de estoque significativamente menores.

AGREGAÇÃO DE ESTOQUE As empresas podem reduzir significativamente o estoque de segurança que elas exigem agregando fisicamente os estoques em um local (ver Capítulo 12). A maioria dos *e-businesses* utiliza essa técnica para tirar proveito de empresas com instalações em muitos locais. Por exemplo, a Amazon.com focalizou a diminuição de seus custos de instalação e estoque mantendo o estoque em poucos depósitos, enquanto livrarias, como a Barnes & Noble, precisam manter estoque em muitos pontos de revenda.

O custo de transporte, porém, geralmente aumenta quando o estoque é agregado. Se os estoques são altamente desagregados, alguma agregação também pode reduzir os custos. Além de um ponto, porém, a agregação de estoques aumenta os custos totais de transporte. Considere uma rede de livrarias, como a Barnes & Noble. O custo do transporte de recebimento à Barnes & Noble é decorrente da reposição de livrarias com novos livros. Não existe custo de entrega porque os clientes levam seus próprios livros para casa. Se a Barnes & Noble decidir fechar todas as suas livrarias e vender apenas on-line, ela terá de incorrer em custos de transporte de recebimento e entrega. O custo do transporte de entrada para os depósitos será menor do que para todas as livrarias. No lado da entrega, porém, o custo do transporte vai aumentar de modo significativo, pois a remessa de entrega para cada cliente será pequena e exigirá um modo caro, como uma transportadora de encomendas expressas. O custo total do transporte aumentará na agregação, pois cada livro viaja a mesma distância de quando ele era vendido por uma livraria, exceto que uma grande fração da distância está no lado da entrega, usando um modo de transporte caro. À medida que o grau de agregação de estoque aumenta, o custo total do transporte sobe. Outra comparação é no negócio de aluguel de vídeos, entre Netflix e Redbox. A Netflix agrega seus estoques, reduzindo, assim, os custos de instalação e estoque. Porém, ela precisa pagar para entregar DVDs entre seus CDs e as residências dos clientes. A Redbox, por outro lado, tem máquinas de venda que comportam os DVDs, mas incorrem em baixos custos de transportes. Assim, todas as empresas que planejam agregação de estoque precisam considerar as alternativas entre custos de transporte, estoque e instalação ao tomar essa decisão.

A agregação de estoque é uma boa ideia quando os custos de estoque e instalação formam uma grande fração dos custos totais de uma cadeia de suprimentos. A agregação é útil para produtos com uma grande razão valor-peso ou com alta incerteza na demanda. Por exemplo, a agregação de estoque é muito valiosa para novos produtos na indústria de diamantes, pois estes têm uma grande razão valor-peso e a demanda é incerta. A agregação de estoque também é uma boa ideia se os pedidos do cliente forem grandes o suficiente para garantir economias de escala suficientes no transporte de entrega. Contudo, quando os produtos têm baixa razão valor-peso e os pedidos do cliente são pequenos, a agregação de estoque pode prejudicar o desempenho de uma cadeia, em decorrência dos altos custos de transporte. Em comparação aos diamantes, o valor da agregação do estoque é menor para os livros mais vendidos, que têm menor razão valor-peso e uma demanda mais previsível.

Ilustraremos a alternativa envolvida na tomada de decisões de agregação no Exemplo 14.3 (ver aba *Exemplo 14.3* na planilha *Exemplos*).

EXEMPLO 14.3 ⟫ Trade-offs ao agregar estoque

A HighMed, um fabricante de equipamentos médicos usados em procedimentos cardíacos, está localizada em Madison, Wisconsin, e seus produtos são usados por cardiologistas de toda a América do Norte. O equipamento médico não é vendido por agentes de compra, mas diretamente aos médicos. A HighMed atualmente divide os Estados Unidos em 24 territórios, cada um com sua própria força de vendas. Todos os estoques de produtos são mantidos localmente e repostos pela Madison a cada quatro semanas usando a UPS. O tempo de espera médio da reposição com essa empresa de entrega é de uma semana. A UPS cobra uma taxa de US$ 0,66 + 0,26x, onde x é a quantidade enviada em libras. Os produtos vendidos se encontram em duas categorias — HighVal e LowVal. Os produtos HighVal pesam 0,1 libra e custam US$ 200 cada. Os produtos LowVal pesam 0,04 libra e custam US$ 30 cada.

A demanda semanal por produtos HighVal em cada território é distribuída normalmente, com uma média de $\mu_H = 2$ e desvio-padrão de $\sigma_H = 5$. A demanda semanal por produtos LowVal em cada território é distribuída normalmente, com uma média de $\mu_L = 20$ e desvio-padrão de $\sigma_L = 5$.

A HighMed mantém estoques de segurança suficientes em cada território para fornecer um NSC de 0,997 para cada produto. O custo de manutenção na HighMed é de 25%.

Além da prática atual, a diretoria da HighMed está considerando outras duas opções:

Opção A. Manter a estrutura atual, mas repor o estoque uma vez por semana, em vez de uma vez a cada quatro semanas.

Opção B. Eliminar os estoques nos territórios, agregar todos os estoques em um depósito de produtos acabados em Madison e repor o depósito uma vez por semana.

Se os estoques forem agregados em Madison, os pedidos serão enviados pela FedEx, que cobra US$ 5,53 + 0,53x por remessa, onde x é a quantidade enviada em libras. A fábrica exige um tempo de espera de uma semana para repor os estoques de produtos acabados no depósito em Madison. Um pedido médio é de 1 unidade de HighVal e 10 unidades de LowVal. O que a HighMed deve fazer?

Análise:

A HighMed pode reduzir o custo de transporte agregando a quantidade entregue de uma só vez, porque os preços para a UPS e a FedEx exibem economias de escala. Ao comparar a Opção A com o sistema atual, a equipe de gestão precisa pesar as economias no custo do transporte por meio da reposição menos frequente com as economias no custo do estoque com a reposição mais frequente. Ao considerar a Opção B, a equipe de gestão deve pesar o aumento no custo de transporte com a agregação de estoques e o uso de uma transportadora mais rápida e mais cara (FedEx), com a diminuição no custo do estoque.

A equipe de gestão primeiro analisa a situação atual. Para cada território:

Tempo de espera da reposição, $L = 1$ semana
Intervalo de reposição, $T = 4$ semanas
$NSC = 0{,}997$

1. Custos de estoque da HighMed (cenário atual): Para o HighVal em cada território, a diretoria obtém o seguinte:

Tamanho médio do lote, Q_H = demanda esperada durante T semanas
$= T\mu_H = 4 \times 2 = 8$ unidades

Estoque de segurança, $ss_H = F^{-1}(NSC) \times \sigma_{T+L} = F^{-1}(NSC) \times \sqrt{T+L} \times \sigma_H$
$= NORMSINV(0.997) \times \sqrt{4+1} \times 5$
$= 30{,}7$ unidades (ver Equação 12.18)

Estoque total do HighVal $= Q_H/2 + ss_H = (8/2) + 30{,}7 = 34{,}7$ units

Portanto, em todos os 24 territórios, a HighMed mantém estoque de HighVal de $24 \times 34{,}7 = 832{,}8$ unidades (o número verdadeiro é 833,3 unidades se não arredondarmos os valores de estoque ao primeiro decimal). Para o LowVal, em cada território, a equipe de gestão obtém o seguinte:

Tamanho médio do lote, Q_L = demanda esperada durante T semanas $= T\mu_L = 4 \times 20 = 80$ unidades

Estoque de segurança, $SS_L = F^{-1}(NSC) \times \sigma_{T+L} = F^{-1}(NSC) \times \sqrt{T+L} \times \sigma_L$
$= NORMSINV(0{,}997) \times \sqrt{4+1} \times 5 = 30{,}7$ unidades

Estoque total de LowVal $= Q_L/2 + ss_L = (80/2) + 30{,}7 = 70{,}7$ unidades

Assim, por todos os 24 territórios, a HighMed mantém estoque de LowVal $= 24 \times 70{,}7 = 1.696{,}8$ unidades (o número verdadeiro é 1.697,3 se não arredondarmos o estoque de segurança ao primeiro decimal).

A equipe de gestão, portanto, obtém o seguinte:

Custo de manutenção de estoque anual para a HighMed = (estoque médio de HighVal × US$ 200 + estoque médio de LowVal × US$ 30) × 0,25 = (832,8 × US$ 200 + 1.696,8 × US$ 30) × 0,25 = US$ 54.366 (US$ 54,366 sem arredondar)

2. Custos de transporte da HighMed (cenário atual): o pedido de reposição médio de cada território consiste em Q_H = 8 unidades de HighVal e QL = 80 unidades de LowVal. Assim,
Peso médio de cada pedido de reposição

$$= 0,1Q_H + 0,04Q_L = 0,1 \times 8 + 0,04 \times 80 = 4 \text{ libras}$$

Custo de entrega por pedido de reposição = US$ 0,66 + 0,26 × 4 = US$ 1,70

Cada território tem 13 pedidos de reposição por ano e existem 24 territórios. Portanto:

Custo anual com transporte = US$ 1,70 × 13 × 24 = US$ 530

3. Custo total da HighMed (cenário atual): o custo anual com estoque e transporte na HighMed = custo do estoque + custo do transporte = US$ 54.366 + US$ 530 = US$ 54.896 (US$ 54.926 sem arredondar).

A diretoria da HighMed avalia os custos para a Opção A e a Opção B de modo semelhante, e os resultados são resumidos na Tabela 14.6. Eles são relatados sem arredondamento e podem ser obtidos a partir da aba *Exemplo 14.3* na planilha *Exemplos*.

Pela Tabela 14.6, observe que aumentar a frequência de reposição sob a Opção A reduz o custo total na HighMed. O aumento nos custos de transporte é muito menor do que a diminuição nos custos de estoque resultantes de lotes menores. A HighMed é capaz de reduzir mais o custo total agregando todos os estoques e usando a FedEx para o transporte, pois a diminuição nos estoques com a agregação é maior do que o aumento nos custos de transporte.

O valor de agregação é afetado pelo custo de transporte, incerteza da demanda, custo de manutenção e tamanho do pedido dos clientes. Se os custos de transporte dobrarem para HighMed, a Opção A descentralizada se tornaria mais barata do que a Opção B centralizada (nesse caso, a opção A custa US$ 32.109, ao passo que a Opção B custa US$ 37.402). Conforme o custo de transporte cresce, torna-se mais barato descentralizar estoques mesmo que aumentem os custos de estoque.

》Tabela 14.6 Custos da HighMed sob diferentes opções de rede.

	Cenário atual	Opção A	Opção B
Número de locais de estocagem	24	24	1
Intervalo de reposição	4 semanas	1 semana	1 semana
Estoque cíclico de HighVal	96 unidades	24 unidades	24 unidades
Estoque de segurança de HighVal	737,3 unidades	466,3 unidades	95,2 unidades
Estoque de HighVal	833,3 unidades	490,3 unidades	119,2 unidades
Estoque cíclico de LowVal	960 unidades	240 unidades	240 unidades
Estoque de segurança de LowVal	737,3 unidades	466,3 unidades	95,2 unidades
Estoque de LowVal	1.697,3 unidades	706,3 unidades	335,2 unidades
Custo anual do estoque	US$ 54.395	US$ 29.813	US$ 8.473
Tipo de remessa	Reposição	Reposição	Pedido do cliente
Tamanho da remessa	8 HighVal + 80 LowVal	2 HighVal + 20 LowVal	1 HighVal + 10 LowVal
Peso da remessa	4 lb.	1 lb.	0,5 lb.
Custo anual do transporte	US$ 530	US$ 1.148	US$ 14.464
Custo anual total	US$ 54.926	US$ 30.961	US$ 22.938

Se a incerteza da demanda diminuir (p. ex., o desvio-padrão da demanda semanal por High-Val diminuir de 5 para 2), a Opção A descentralizada novamente se tornaria mais barata do que a Opção B centralizada. À medida que a incerteza da demanda aumenta, torna-se mais barato centralizar estoques.

Se o custo de manutenção diminui (p. ex., o custo de manutenção diminui para 12,5% a partir de 25%), a opção A descentralizada se torna de novo mais barata do que a Opção B centralizada. Conforme o valor de produto ou o custo de manutenção diminuem, torna-se mais barato descentralizar estoques.

Se os tamanhos do pedido forem pequenos, o aumento no custo do transporte com a agregação pode ser significativo e a agregação do estoque pode aumentar os custos totais. Reconsidere o caso da HighMed, mas agora cada pedido é, em média, de 0,5 HighVal e 5 LowVal (metade do considerado anteriormente). Os custos para a opção atual, assim como a Opção A, continuam inalterados, pois a HighMed não paga pelo transporte de entrega e incorre apenas no custo de transportar os pedidos de reposição sob as duas opções. A Opção B, porém, torna-se mais cara, pois os custos do transporte de entrega aumentam com uma diminuição no tamanho do pedido. Com pedidos menores, os custos sob a Opção B são os seguintes:

$$\text{Peso médio de cada pedido} = 0{,}1 \times 0{,}5 + 0{,}04 \times 5 = 0{,}25 \text{ libras}$$

$$\text{Custo de envio por pedido} = \text{US\$ } 5{,}53 + 0{,}53 \times 0{,}25 = \text{US\$ } 5{,}66$$

$$\text{Número de pedidos de clientes por território por semana} = 4$$

$$\text{Total de pedidos de clientes por ano} = 4 \times 24 \times 52 = 4.992$$

$$\text{Custo anual de transporte} = 4.992 \times \text{US\$ } 5{,}66 = \text{US\$ } 28.255 \ (\text{US\$ } 28.267 \text{ sem arredondar})$$

$$\text{Custo anual total} = \text{custo do estoque} + \text{custo do transporte} = \text{US\$ } 8.474 + \text{US\$ } 28.255$$
$$= \text{US\$ } 36.729 \ (\text{US\$ } 36.740 \text{ sem arredondar})$$

Assim, com pedidos menores, a agregação do estoque não é maior que a opção de menor custo para a HighMed, em razão do grande aumento nos custos de transporte. O melhor para a empresa é manter o estoque em cada território e usar a Opção A, que oferece um custo total mais baixo.

As lições do Exemplo 14.3 (ver Capítulo 12) com relação à agregação do estoque são resumidas na Tabela 14.7.

> **》 Ponto-chave**
>
> As decisões de agregação de estoque devem considerar os custos de estoque e transporte. A agregação de estoque diminui os custos da cadeia de suprimentos se o produto tem uma alta razão valor-peso, alta incerteza de demanda, baixo custo de transporte e os pedidos são grandes. Se um produto tem uma baixa razão valor-peso, baixa incerteza de demanda, alto custo de transporte ou os pedidos são pequenos, a agregação de estoque pode aumentar os custos da cadeia de suprimentos.

Trade-off entre custo de transporte e responsividade ao cliente

O custo de transporte que uma cadeia de suprimentos incorre está intimamente relacionado ao grau de responsividade que a cadeia de suprimentos visa oferecer. Se uma empresa tem alta responsividade e envia todos os pedidos em até um dia após o recebimento do cliente, ela terá pequenas remessas de entrega resultantes em um alto custo de transporte. Se ela diminuir sua

》 Tabela 14.7 Condições que favorecem a agregação ou a desagregação do estoque.

	Agregar	Desagregar
Custo de transporte	Baixo	Alto
Incerteza da demanda	Alta	Baixa
Custo de manutenção	Alto	Baixo
Tamanho do pedido do cliente	Grande	Pequeno

responsividade e agregar pedidos por um horizonte de tempo maior antes de enviá-los, ela poderá explorar as economias de escala e incorrer em um custo de transporte mais baixo, em virtude de remessas maiores. A *agregação temporal* é o processo de combinar pedidos ao longo do tempo. Essa agregação diminui a responsividade de uma empresa, em virtude do atraso na entrega, mas também diminui os custos de transporte, em virtude das economias de escala resultantes das remessas maiores. Assim, uma empresa deve considerar a alternativa entre a responsividade e o custo de transporte ao projetar sua rede de transporte, conforme ilustrado no Exemplo 14.4.

EXEMPLO 14.4 》 Trade-off entre custo de transporte e responsividade

A Alloy Steel é um centro de serviços de aço na área de Cleveland. Todos os pedidos são enviados aos clientes usando uma transportadora de CF que cobra US$ $100 + 0,01x$, onde x é o número de libras de aço enviados no caminhão. Atualmente, a Alloy Steel envia pedidos no dia em que são recebidos. Permitindo dois dias em trânsito, essa política faz com que a Alloy obtenha um tempo de resposta de dois dias. A demanda diária na Alloy Steel por um período de duas semanas aparece na Tabela 14.8.

O gerente geral da Alloy Steel sente que os clientes não valorizam realmente o tempo de resposta de dois dias e estariam satisfeitos com uma resposta em quatro dias. Quais são as vantagens no custo ao aumentar o tempo de resposta?

Análise:

À medida que o tempo de resposta aumenta, a Alloy Steel tem a oportunidade de agregar a demanda por vários dias para remessa. Para um tempo de resposta de três dias, ela pode agregar a demanda por dois dias sucessivos antes de enviar. Para um tempo de resposta de quatro dias,

》 **Tabela 14.8** Demanda diária na Alloy Steel pelo período de duas semanas.

	Segunda-feira	Terça-feira	Quarta-feira	Quinta-feira	Sexta-feira	Sábado	Domingo
Semana 1	19.970	17.470	11.316	26.192	20.263	8.381	25.377
Semana 2	39.171	2.158	20.633	23.370	24.100	19.603	18.442

》 **Tabela 14.9** Quantidade enviada e custo de transporte como uma função do tempo de resposta.

		Resposta em 2 dias		Resposta em 3 dias		Resposta em 4 dias	
Dia	Demanda	Quantidade enviada	Custo (US$)	Quantidade enviada	Custo (US$)	Quantidade enviada	Custo (US$)
1	19.970	19.970	299,70	0	–	0	–
2	17.470	17.470	274,70	37.440	474,40	0	–
3	11.316	11.316	213,16	0	–	48.756	587,56
4	26.192	26.192	361,92	37.508	475,08	0	–
5	20.263	20.263	302,63	0	–	0	–
6	8.381	8.381	183,81	28.644	386,44	54.836	648,36
7	25.377	25.377	353,77	0	–	0	–
8	39.171	39.171	491,71	64.548	745,48	0	–
9	2.158	2.158	121,58	0	–	66.706	767,06
10	20.633	20.633	306,33	22.791	327,91	0	–
11	23.370	23.370	333,70	0	–	0	–
12	24.100	24.100	341,00	47.470	574,70	68.103	781,03
13	19.603	19.603	296,03	0	–	0	–
14	18.442	18.442	284,42	38.045	480,45	38.045	480,45
			US$ 4.164,46		US$ 3.464,46		US$ 3.264,46

pode agregar a demanda por três dias antes de enviar. O gerente avalia a quantidade entregue e os custos de transporte para diferentes tempos de resposta pelo período de duas semanas, conforme mostra a Tabela 14.9 (ver aba *Exemplo 14.4* na planilha *Exemplos*).

Pela Tabela 14.9, observe que o custo do transporte para a Alloy Steel diminui à medida que o tempo de resposta aumenta. O benefício da consolidação temporal, porém, diminui rapidamente com o aumento do tempo de resposta. À medida que esse tempo aumenta de dois para três dias, o custo de transporte ao longo da janela de duas semanas diminui em US$ 700. Aumentar o tempo de resposta de três para quatro dias reduz o custo do transporte em apenas US$ 200. Assim, a Alloy Steel pode preferir oferecer um tempo de resposta de três dias, pois o benefício marginal de aumentar o tempo de resposta um pouco mais é pequeno.

Em geral, uma quantidade limitada de agregação temporal pode ser eficiente na redução do custo de transporte em uma cadeia de suprimentos. Porém, escolhendo o tempo de resposta, as empresas devem compensar a diminuição no custo de transporte pela agregação temporal com a perda de receita em virtude da responsividade mais fraca. A consolidação temporal também melhora o desempenho do transporte, pois resulta em remessas mais estáveis. Por exemplo, na Tabela 14.9, quando a Alloy Steel faz remessas diárias, o coeficiente de variação é 0,44, enquanto a agregação temporal por três dias (alcançada com um tempo de resposta de quatro dias) tem um coeficiente de variação de apenas 0,16. Remessas mais estáveis permitem que o expedidor e o transportador planejem melhor as operações e melhorem a utilização de seus recursos.

> **》 Ponto-chave**
>
> A agregação temporal da demanda resulta em uma redução nos custos de transporte, pois acarreta maiores entregas e também reduz a variação nos tamanhos da remessa de uma para outra. Porém, ela prejudica o tempo de resposta ao cliente. O benefício marginal da agregação temporal diminui quando aumenta a janela de tempo sobre a qual a agregação ocorre.

Na próxima seção, discutiremos como as redes de transporte podem ser adaptadas para fornecer a clientes com necessidades diferentes.

14.7 Transporte adaptado

O *transporte adaptado* é o uso de diferentes redes e modos de transporte com base nas características do cliente e do produto. A maioria das empresas vende uma série de produtos e serve a muitos segmentos de cliente diferentes. Por exemplo, a W. W. Grainger vende mais de 200.000 produtos de suprimento de MRO para pequenos contratantes e empresas muito grandes. Os produtos variam em tamanho e valor, e os clientes variam na quantidade comprada, responsividade exigida, incerteza dos pedidos e distância das filiais e dos CDs. Dadas essas diferenças, uma empresa como a W. W. Grainger não deverá projetar uma rede de transporte comum para atender a todas as necessidades. Uma empresa pode atender às necessidades do cliente a um custo mais baixo usando transporte adaptado para oferecer a escolha de transporte apropriada com base nas características do cliente e do produto. Nas próximas seções, descrevemos várias formas de transporte adaptado nas cadeias de suprimentos.

Transporte adaptado por densidade e distância do cliente

As empresas devem considerar a densidade e a distância entre o cliente e o depósito ao projetar as redes de transporte. As opções de transporte ideais, baseadas na densidade e na distância, aparecem na Tabela 14.10.

Quando uma empresa atende a uma densidade muito alta de clientes próximos ao CD, muitas vezes é melhor que ela possua uma frota de caminhões que são usados com entregas diretas não programadas originando-se do CD para abastecer os clientes, pois esse cenário faz melhor uso dos veículos e proporciona o contato com os clientes. Se a densidade de clientes for alta, mas a distância do depósito for grande, não compensa enviar entregas diretas não programadas do depósito, pois os caminhões trafegarão vazios por uma longa distância na viagem de retorno. Em tal situação, é melhor usar uma transportadora pública com grandes caminhões para transportar as remessas para um centro de despacho rápido próximo da área do cliente, onde as remessas são carregadas em caminhões menores, que enviamos produtos aos clientes usando entregas diretas não programadas. Nessa situação, pode não ser ideal que a empresa possua sua própria frota. À medida que a densidade de clientes diminui, o uso de uma transportadora de CF ou um terceiro realizando entregas diretas não programadas é mais econômico, pois o terceiro pode agregar entregas de muitas empresas. Se uma empresa quiser atender a uma área com uma densidade de clientes muito baixa, longe do depósito, até mesmo as transportadoras de CF podem não ser viáveis, e o uso de transportadoras de encomendas expressas pode ser a melhor opção, se as cargas são pequenas. A Boise Cascade Office Products, um distribuidor industrial de materiais de escritório, criou uma rede de transporte coerente com a sugestão na Tabela 14.10.

A densidade e a distância dos clientes também deverão ser consideradas quando as empresas decidem sobre o grau de agregação temporal (que afeta o tempo de resposta) a usar quando abastecem os clientes. As empresas devem atender a áreas com alta densidade de clientes com mais frequência, pois essas áreas provavelmente fornecerão economias de escala suficientes no transporte, tornando a agregação temporal menos valiosa. Para reduzir os custos de transporte, as empresas devem usar um grau mais alto de agregação temporal visando de algum modo a uma menor responsividade ao atender a áreas com baixa densidade de clientes.

Transporte adaptado por tamanho de cliente

As empresas devem levar em conta o tamanho e a localização do cliente ao projetar redes de transporte. Clientes muito grandes podem ser abastecidos com uma transportadora de CC, enquanto clientes menores exigirão uma transportadora de CF ou entregas diretas não programadas. Ao usar entregas diretas não programadas, um expedidor incorre em dois tipos de custos:

- custo de transporte baseado na distância total da rota;
- custo de entrega baseado no número de entregas.

O custo de transporte é o mesmo, esteja ele indo para um cliente grande ou pequeno. Se uma entrega tiver de ser feita para um cliente grande, incluir outros clientes pequenos no mesmo caminhão pode economizar o custo do transporte. Para cada cliente pequeno, porém, o custo de entrega por unidade é maior do que para clientes grandes. Assim, não é ideal entregar para clientes pequenos e grandes com a mesma frequência pelo mesmo preço. Uma opção que as empresas têm é cobrar um valor de entrega mais alto para clientes menores. Outra opção é adaptar as entregas diretas não programadas de modo que elas visitem clientes maiores com uma frequência mais alta do que os menores. As empresas podem dividir os clientes em grandes (G), médios (M) e pequenos (P) com base na demanda de cada um. A frequência ideal de visitas pode ser avaliada

Tabela 14.10 Opções de transporte com base na densidade e na distância dos clientes.

	Curta distância	Média distância	Longa distância
Alta densidade	Frota privada com entrega direta não programada	Despacho rápido com entrega direta não programada	Despacho rápido com entrega direta não programada
Média densidade	Entrega direta não programada terceirizada	Transportadora de CF	Transportadora de CF ou de encomendas expressas
Baixa densidade	Entrega direta não programada terceirizada ou transportadora de CF	Transportadora de CF ou de encomendas expressas	Transportadora de encomendas expressas

com base nos custos de transporte e de entrega (ver Seção 10.2). Se clientes grandes tiverem de ser visitados a cada entrega direta não programada, clientes médios a cada duas entregas diretas não programadas e clientes de baixa demanda a cada três entregas diretas não programadas, as entregas diretas não programadas adequadas podem ser projetadas combinando clientes grandes, médios e pequenos em cada uma. Suponha que os clientes médios seriam divididos em dois subconjuntos (M_1, M_2) e os clientes pequenos seriam divididos em três subconjuntos (P_1, P_2, P_3). A empresa pode sequenciar as seis entregas diretas não programadas seguintes para garantir que cada cliente seja visitado com a frequência apropriada: (G, M_1, P_1), (G, M_2, P_2), (G, M_1, P_3), (G, M_2, P_1), (G, M_1, P_2), (G, M_2, P_3). Essa sequência adaptada tem a vantagem de que cada caminhão transporta praticamente a mesma carga e os clientes maiores recebem a entrega com mais frequência do que os menores, o que é compatível com seus custos relativos de entrega.

Transporte adaptado por demanda e valor do produto

O grau de agregação de estoque e os modos de transporte usados em uma rede da cadeia de suprimentos devem variar com a demanda e o valor de um produto, como mostra a Tabela 14.11. O estoque cíclico para produtos de alto valor com alta demanda é desagregado para economizar custos de transporte, pois isso permite que os pedidos de reposição sejam transportados de modo mais barato. O estoque de segurança para tais produtos pode ser agregado para reduzir estoques (ver Capítulo 12) e um modo de transporte rápido pode ser usado se o estoque de segurança for exigido para atender à demanda do cliente. Para produtos de alta demanda com baixo valor, todos os estoques devem ser desagregados e mantidos próximos ao cliente, a fim de reduzir os custos de transporte. Para produtos de baixa demanda e alto valor, todos os estoques devem ser agregados para economizar custos de estoque. Para produtos de baixa demanda e baixo valor, os estoques cíclicos podem ser mantidos próximos do cliente e os estoques de segurança agregados, a fim de reduzir os custos de transporte e tirar algum proveito da agregação. Os estoques cíclicos são repostos usando um modo de transporte mais barato, para economizar nos custos.

> **》 Ponto-chave**
>
> Ajustar transporte com base em densidade e distância do cliente, no tamanho do cliente ou na demanda e valor do produto possibilita que uma cadeia de suprimentos alcance responsividade apropriada e baixo custo.

14.8 A função da TI no transporte

A complexidade e a escala do transporte tornam essa uma área excelente dentro da cadeia de suprimentos para o uso de sistemas de TI. O uso de software para determinar rotas de transporte tem sido a aplicação de TI mais comum em transporte. Esse software assume como entradas a localização dos clientes, o tamanho da remessa, tempos de entrega desejados, informação sobre a infraestrutura de transporte (como distâncias entre pontos) e a capacidade do veículo. Essas entradas são transformadas em um problema de otimização cuja solução é um conjunto de rotas

》 Tabela 14.11 Estratégias de agregação baseadas em valor/demanda.

Tipo de produto	Alto valor	Baixo valor
Alta demanda	Desagregar estoque cíclico. Agregar estoque de segurança. Modo de transporte barato para estoque cíclico de reposição e modo rápido ao usar estoque de segurança.	Desagregar todos os estoques e usar modo de transporte barato para reposição.
Baixa demanda	Agregar todos os estoques. Se preciso, usar modo de transporte rápido para atender aos pedidos do cliente.	Agregar apenas estoque de segurança. Usar modo de transporte barato para estoque cíclico de reposição.

e uma lista de engradados para cada veículo que minimiza os custos ao mesmo tempo em que atende a restrições de entrega.

Junto da roteirização, o software de agregação de carga do veículo ajuda a melhorar a utilização da frota. Considerando o tamanho do contêiner e o tamanho e a sequência de cada entrega, esse software desenvolve um plano para carregar o veículo de modo eficiente, enquanto oferece maior facilidade de retirada e/ou carregamento ao longo do percurso. O sincronismo entre o software de agregação de carga e roteirização é importante porque o quanto for acondicionado em um caminhão afeta a roteirização, e a roteirização obviamente afeta o que é acondicionado em um caminhão.

A TI também entra em ação no uso de sistemas de posicionamento global (GPS) para mapear o local real de veículos e receber as notificações eletrônicas de recebimentos iminentes. Os sistemas de GPS monitoram a localização de veículos em tempo real. A disponibilidade de informação atualizada também possibilita a otimização dinâmica em tempo real de rotas de transporte e entregas. As notificações eletrônicas e o mapeamento melhoram o serviço ao cliente e a preparação da cadeia de suprimentos.

A internet também tem sido usada por empresas como a Freight Zone Logistics e Echo Global Logistics para ajudar a combinar as cargas do expedidor com a capacidade disponível nas transportadoras na indústria de transportes.

Os problemas mais comuns no uso da TI em transporte estão relacionados à colaboração entre empresas e à visão restrita de alguns softwares de transporte. Considerando-se que o transporte muitas vezes é terceirizado, a colaboração bem-sucedida no transporte requer que três ou mais empresas trabalhem em conjunto, tornando-a muito mais difícil. Outros problemas surgem porque grande parte do software de transporte é muito focada no uso de rotas eficientes. O software geralmente deixa de lado outros fatores, como o serviço ao cliente e os horários de entrega prometidos, que deverão restringir a rota selecionada.

14.9 Tomada de decisões de transporte na prática

1. *Alinhe a estratégia de transporte com a estratégia competitiva.* Os gestores devem garantir que a estratégia de transporte de uma empresa dê suporte à sua estratégia competitiva. Eles devem projetar incentivos funcionais que ajudem a alcançar esse objetivo. Historicamente, a função de transporte dentro das empresas tem sido avaliada com base na extensão à qual ela pode reduzir os custos de transporte. Esse foco leva a decisões que reduzem os custos de transporte, mas prejudicam o nível de responsividade fornecido aos clientes, e podem aumentar o custo total da empresa. Se o despachante em um CD for avaliado com base unicamente na extensão à qual os caminhões são carregados, ele provavelmente atrasará as entregas e prejudicará a responsividade do cliente para conseguir uma carga maior. As empresas devem avaliar a função de transporte com base no custo total e no nível de responsividade alcançado com os clientes.

2. *Considere o transporte interno e terceirizado.* Os gestores devem considerar uma combinação apropriada de transporte pertencente à empresa e terceirizado para atender a suas necessidades. Essa decisão deve ser baseada na capacidade de uma empresa em lidar com o transporte de forma lucrativa, além da importância estratégica do transporte para o sucesso da companhia. Em geral, a terceirização é uma opção melhor quando os tamanhos de remessa são pequenos, enquanto ter a frota própria de transporte é melhor quando os tamanhos de remessa são grandes e a responsividade é importante. Por exemplo, o Walmart usa transporte responsivo para reduzir estoques em sua cadeia de suprimentos. Dada a importância do transporte para o sucesso de sua estratégia, a empresa possui sua frota de transporte e ela mesma a administra. Isso se torna mais fácil pelo fato de que o Walmart alcança uma boa utilização de seus recursos de transporte já que a maioria de suas remessas é grande. Por outro lado, empresas como a W. W. Grainger e a McMaster-Carr enviam pequenas remessas aos clientes; a gestão de estoque, em vez do transporte, é a chave do sucesso deles. Um transportador terceirizado pode reduzir os custos para eles, agregando suas remessas com as de outras empresas. Como resultado, as duas empresas usam transportadoras terceirizadas para seu transporte de entrega.

3. Use tecnologia para melhorar o desempenho de transporte. Os gestores devem usar a tecnologia da informação para diminuir os custos e melhorar a responsividade em suas redes de transporte. O software ajuda-os a realizar planejamento de transporte e seleção modal e a montarem rotas e horários de entrega. A tecnologia disponível permite que as transportadoras se comuniquem com cada veículo e identifiquem a localização exata, bem como seu conteúdo. Essas tecnologias ajudam as transportadoras a reduzir os custos e a se tornarem mais responsivas a mudanças.

4. Crie flexibilidade na rede de transporte. Ao projetar redes de transporte, os gestores devem levar em consideração a incerteza da demanda e também a disponibilidade de transporte. Ignorar a incerteza encoraja o maior uso de modos de transporte mais baratos e inflexíveis, que funcionam bem quando tudo corre conforme o planejado. Porém, essas redes não funcionam bem quando os planos mudam. Quando os gestores levam em conta a incerteza, eles provavelmente incluem modos de transporte flexíveis, porém mais caros, dentro de sua rede. Embora esses modos possam ser mais caros para uma remessa em particular, incluí-los nas opções de transporte permite que uma empresa reduza o custo geral de fornecer um alto nível de responsividade.

14.10 Resumo dos objetivos de aprendizagem

1. Compreender a função do transporte em uma cadeia de suprimentos. O transporte refere-se ao movimento de produtos de um local para outro dentro de uma cadeia de suprimentos. A importância do transporte tem crescido com o aumento da globalização nas cadeias e também com o crescimento do *e-commerce*, pois as duas tendências aumentam a distância que os produtos trafegam. As decisões de transporte afetam a lucratividade e influenciam as decisões de estoque e instalação dentro de uma cadeia de suprimentos.

2. Analisar os pontos fortes e fracos dos diferentes modos de transporte. Os diversos modos de transporte incluem aquático, ferroviário, por caminhão, aéreo, dutoviário, intermodal e por meio de transportadoras de encomendas expressas. O transporte aquático muitas vezes é o modo mais barato, mas também é o mais lento, enquanto o modo aéreo e por meio de transportadoras de encomendas expressas são os mais caros e mais rápidos. Os transportes ferroviário e aquático são adequados para remessas grandes, de baixo valor, que não precisam ser movimentadas rapidamente. Os transportes aéreos e por meio de transportadoras de encomendas expressas são mais adequados para remessas pequenas, de alto valor e de emergência. O transporte intermodal e as transportadoras de CC são mais rápidos do que os transportes ferroviário e aquático, mas um pouco mais caros. As transportadoras de CF são mais adequadas para pequenas entregas, muito grandes para as transportadoras de encomendas expressas, porém muito menores que por meio de uma transportadora de CC.

3. Discutir o papel da infraestrutura e das políticas em transporte. Infraestrutura, como portos, estradas e aeroportos, tem um impacto significativo sobre o transporte. Dada sua natureza inerentemente monopolista, a maior parte da infraestrutura de transporte requer propriedade ou regulamentação pública. No caso de propriedade pública, preços baseados no custo médio levam à superutilização e a congestionamentos. É importante usar alguma forma de tarifação de congestionamento, sob a qual os usuários são forçados a incorporar o aumento no custo da rede causado por eles.

4. Identificar os pontos fortes e fracos relativos às diversas opções de projeto de rede de transporte. As redes são projetadas para enviar diretamente da origem para o destino ou mover o produto através de um ponto de consolidação. As remessas diretas são mais eficientes quando grandes quantidades devem ser movimentadas. Quando as remessas são pequenas, o uso de um depósito intermediário ou CD reduz o custo do transporte por agregar entregas menores, embora isso leve mais tempo e seja mais complexo. As remessas também podem ser consolidadas com entrega direta não programada, seja coletando de vários locais, seja entregando em vários locais.

5. Identificar trade-offs que os expedidores precisam considerar ao projetar uma rede de transporte. Ao projetar redes de transporte, os expedidores precisam considerar as alternativas entre custos de transporte, de estoque, operacional e de responsividade ao cliente. O objetivo da cadeia de suprimentos é minimizar o custo total enquanto proporciona o nível desejado de responsividade aos clientes.

Perguntas para discussão

1. Que modos de transporte são mais adequados para remessas grandes, de baixo valor? Por quê?
2. Por que é importante levar em conta o congestionamento ao precificar o uso da infraestrutura de transporte?
3. O Walmart projeta suas redes de modo que um CD ofereça suporte a muitos grandes varejistas. Explique como a empresa pode usar tal rede para reduzir os custos de transporte enquanto repõe os estoques com frequência.
4. Compare os custos de transporte para uma *e-business*, como a Amazon, e um varejista, como a Home Depot, ao vender materiais de reforma de casa.
5. Que desafios no transporte a rede Peapod enfrenta ao vender on-line? Compare os custos de transporte de comerciantes on-line com os das cadeias de supermercados.
6. Você espera que a agregação de estoque em um local seja mais eficaz quando uma empresa como a Dell vende computadores ou quando uma empresa como a Amazon vende livros? Explique considerando os custos de transporte e de estoque.
7. Discuta os principais fatores que podem ser considerados para o uso do transporte adaptado. Como esse tipo de transporte pode ajudar?

Referências

AMPUJA, J.; PUCCI, R. Inbound Freight: Often a Missed Opportunity. *Supply Chain Management Review*, p. 50–57, mar./abr. 2002.

BALLOU, R. H. *Business Logistics Management*. Upper Saddle River, NJ: Prentice Hall, 1999.

BOWERSOX, D. J.; CLOSS, D. J.; HELFERICH, O. K. *Logistical Management*. New York: Macmillan, 1986.

BUTTON, K. J.; VERHOEF, E. T. *Road Pricing, Traffic Congestion and the Environment*. Northampton, MA: Edward Elgar, 1998.

COYLE, J. J.; BARDI, E. J.; NOVACK, R. A. *Transportation*. Cincinnati, OH: South-Western College Publishing, 2000.

ELLISON, A. P. *Entrepreneurs and the Transformation of the Global Economy*. Northampton, MA: Edward Elgar, 2002.

HAMMOND, J. H.; MORRISON, J. E. P. *Note on the U.S. Transportation Industry* Harvard Business School Note 688080, 1988.

LEVINSON, D. M. Road Pricing in Practice. *In* BUTTON, K. J.; VERHOEF, E. T. *Road Pricing, Traffic Congestion and the Environment*, Northampton, MA: Edward Elgar, 1998, p. 14–38.

LEVINSON, M. *The Box: How the Shipping Container Made the World Smaller and the World Economy Bigger*. Princeton, NJ: Princeton University Press, 2006.

ROBESON, J. F.; COPACINO, W. C. *The Logistics Handbook*. New York: The Free Press, 1994.

SHAPIRO, R. D.; HESKETT, J. L. *Logistics Strategy: Cases and Concepts*. St. Paul, MN: West, 1985.

THOMKE, S.; SINHA, M. *The Dabbawala System: On-Time Delivery, Every Time*. Harvard Business School Case 9-610-059, 2013.

Transportation in America 1998. Washington, DC: Eno Transportation Foundation, 1998.

TYWORTH, J. E.; CAVINATO, J. L.; LANGLEY JR, C. J. *Traffic Management: Planning, Operations, and Control*. Prospect Heights, IL: Waveland, 1991.

Estudo de caso

Projeto de uma rede de distribuição para a Michael's Hardware

Ellen Lin, vice-presidente da cadeia de suprimentos da Michael's Hardware, estava dando uma olhada nos resultados financeiros relativos ao trimestre que tinha se passado e pensou que a empresa poderia melhorar de modo significativo seus custos de distribuição, sobretudo dada a recente expansão no estado norte-americano do Arizona. Os custos de transporte tinham sido muito altos, e Ellen acreditou que se afastar da remessa de CF para o Arizona ajudaria a diminuir os custos de transporte sem aumentar o estoque de maneira significativa.

A Michael's tinha 32 lojas cada no Illinois e no Arizona, e supria seus produtos a partir de oito fornecedores localizados no Centro-Oeste. A empresa teve início no Illinois e suas lojas no estado experimentaram fortes vendas. Cada uma vendia, em média, 50.000 unidades por ano de produtos de cada fornecedor (para vendas anuais de 400.000 unidades por loja). A operação do Arizona tinha começado há cerca de cinco anos e ainda tem amplo campo para crescer. Cada loja nesse estado vendia 10.000 unidades por ano a partir de cada fornecedor (para vendas anuais de 80.000 unidades por loja). Considerando as grandes vendas no Illinois, a Michael's seguiu um modelo de envio direto e remeteu pequenas cargas de caminhão (com uma capacidade de 10.000 unidades) de cada fornecedor para cada loja no Illinois. Cada pequeno caminhão custa US$ 450 por entrega do fornecedor para uma loja em Illinois e pode suportar 10.000 unidades. No Arizona, contudo, a empresa queria manter os estoques baixos e usava remessa de CF por loja, mas o custo era de US$ 0,50 por unidade. Os custos de manutenção para a Michael's eram de US$ 1 por unidade por ano.

Ellen pediu a sua equipe que propusesse alternativas distintas de distribuição tanto para Illinois como para o Arizona.

Alternativas de distribuição para o Illinois

A equipe de Ellen propôs duas estratégias de alternativas de distribuição para as lojas desse estado:

1. Usar remessa direta mesmo com caminhões maiores que tinham capacidade de 40.000 unidades. Esses caminhões custavam somente US$ 1.150 por entrega a uma loja no estado. Esse uso diminuiria o custo de transporte, mas aumentaria os estoques, por causa dos tamanhos de lote maiores.
2. Fazer entrega direta não programada de cada fornecedor para diversas lojas em Illinois, a fim de diminuir o custo de estoque, mesmo se o custo de transporte aumentasse. Caminhões maiores (capacidade para 40.000 unidades) custariam US$ 1.000 por remessa e um valor de US$ 150 por entrega. Caminhões pequenos (capacidade de 10.000 unidades) custariam US$ 400 por remessa e um valor de US$ 50 por entrega.

Alternativas de distribuição para o Arizona

A equipe de Ellen tinha três alternativas de distribuição para as lojas desse estado:

1. Fazer uso de remessa direta com pequenos caminhões (capacidade de 10.000 unidades), como era feito em Illinois. Cada caminhão menor custava US$ 2.050 por remessa de até 10.000 unidade do fornecedor para a loja no Arizona. Esse era um custo de transporte significativamente menor do que o que estava sendo cobrado no momento pela transportadora de CF. No entanto, essa alternativa aumentaria os custos de estoque no Arizona, dados os maiores tamanhos de lote.
2. Fazer entregas diretas não programadas usando pequenos caminhões (capacidade de 10.000 unidade) do fornecedor para diversas lojas no estado. A transportadora de caminhões menores cobrava US$ 2.000 por remessa e US$ 50 por entrega. Desse modo, uma entrega direta não programada de um fornecedor para quatro lojas custaria US$ 2.200. A entrega direta não programada incorreria em maiores custos de transporte do que a remessa direta, mas manteria os custos de estoque baixos.
3. Uma instalação de despacho rápido terceirizada no Arizona que cobrava US$ 0,10 por unidade por seu serviço. Isso possibilitaria que todos os fornecedores enviassem produto (destinado a todas as 32 lojas no estado) usando um caminhão grande para a instalação de despacho rápido, onde seria despachado e enviado às lojas em caminhões menores (cada caminhão menor conteria agora produto de todos os oito fornecedores). Caminhões maiores (capacidade de 40.000 unidades) custam US$ 4.150 de cada fornecedor para a instalação de despacho rápido. Caminhões menores (capacidade de 10.000 unidades) custam US$ 250 da instalação de despacho rápido para cada loja de varejo no Arizona.

Ellen imaginou como seria melhor estruturar a rede de distribuição e se as economias valeriam a pena o esforço. Se ela fizesse uso de entregas diretas não programadas em uma das regiões, elas também teriam de decidir quantas lojas seriam incluídas em cada entrega.

Questões para estudo

1. Qual é o custo anual de distribuição de uma rede de distribuição atual? Inclua os custos de transporte e estoque.
2. Como Ellen deveria estruturar a distribuição de fornecedores para as lojas em Illinois? Quais economias anuais ela pode esperar?
3. Como Ellen deveria estruturar a distribuição de fornecedores para as lojas no Arizona? Quais economias anuais ela pode esperar?
4. Quais mudanças na rede de distribuição (se alguma) você sugeriria à medida que os dois mercados crescessem?

Estudo de caso

O futuro da entrega no mesmo dia: mesmo como o passado?

Embora a entrega a domicílio de pizza tenha sido bem-sucedida por décadas nos Estados Unidos, a maioria dos esforços de entrega no mesmo dia falhou. A batalha dessas entregas agora se esquentou com a Amazon, Walmart e eBay lançando grandes esforços para implementar a entrega no mesmo dia:

A Amazon tem um novo jogo. Agora que ela concordou em colher taxas de venda, a empresa pode legalmente estabelecer depósitos dentro de algumas das maiores áreas metropolitanas dos Estados Unidos. Por que ela iria querer fazer isso? Porque sua nova meta é entregar a sua encomenda imediatamente — poucas horas depois de você ter apertado a tecla *Comprar*.

É difícil superestimar sobre o quanto isso vai abalar o setor de varejo. A entrega no mesmo dia tem sido o cálice sagrado para os varejistas da internet, algo que dúvidas de startups tentaram e falharam em conseguir (Lembra do caso da Kozmo.com?) Mas a Amazon está investindo bilhões para fazer da entrega no dia seguinte um padrão, e da entrega no mesmo dia uma opção para diversos clientes. Se puder pôr isso em prática, a empresa vai permanentemente alterar o modo como compramos. Para ser mais claro: os varejistas com lojas físicas estarão perdidos.[4]

---

[4] MANJOO, F. I. Want It Today: How Amazon's Ambitious New Push for Same-Day Delivery Will Destroy Local Retail, *Slate*, 11 de julho de 2012.

O Walmart reagiu aos esforços da Amazon anunciando testes para entrega no mesmo dia em algumas cidades:

> O gigante do varejo anunciou que também quer muito oferecer a entrega no mesmo dia, usando uma extensa rede de superlojas como centros de distribuição, e enviando produtos aos clientes via UPS. De acordo com o relato do *Wall Street Journal*, o serviço estará disponível primeiro nas regiões da Virginia do Norte, Philadelphia e Minneapolis, San José e San Francisco. O serviço vai custar US$ 10 por entrega, com um pedido mínimo. A Amazon tem um serviço de entrega no mesmo dia com custo de US$ 8,99, com um encargo de US$ 0,99 por item remetido.[5]

Enquanto a Amazon e o Walmart estavam oferecendo entrega no mesmo dia para produtos estocados, o eBay estava experimentando a entrega no mesmo dia para produtos não necessariamente estocados. O *Wall Street Journal* relatou um pedido de cliente para o qual o eBay enviou um portador para a Macy's para a compra e então entregou-o dentro de uma hora.[6] O jornal publicou que o eBay tinha uma equipe de 50 portadores em San Francisco que "buscava e entregava as mercadorias direto à porta do cliente dentro de uma hora depois de feito o pedido on-line". O eBay tinha também começado o serviço em Nova York e planejava implantá-lo em outras cidades. Outras entregas no mesmo dia testadas incluíam o serviço postal norte-americano, com um programa chamado de Metro Post, que estava sendo implantado como piloto em Nova York e San Francisco.

A Iconic, uma empresa australiana que vende roupas, sapatos e acessórios, oferecia entrega em três horas dentro de Sydney por US$ 9,95. Ela prometia ter as mercadorias separadas, embaladas e enviadas dentro de três horas para as áreas metropolitanas da cidade, entre as 7 da manhã e as 6 da tarde em dias úteis. Embora fosse uma empresa nova, esse serviço foi extremamente bem recebido. A Seven-Eleven Japan era outra empresa que oferecia entrega em domicílio — nesse caso, seu serviço 7-Meal, visando à população idosa do país. O serviço oferecia um menu de refeições de alta qualidade que os clientes podiam escolher retirar nas lojas da Seven-Eleven Japan ou receber em sua casa ou escritório.

Se a história tiver algum guia, a implementação lucrativa da entrega no mesmo dia seria desafiadora. A Urbanfetch e a Kozmo possuíam esse modelo de negócio durante o boom das empresas ponto.com. A primeira operou em regiões densamente populosas como Londres, Manhattan e Brooklyn, mas foi forçada a fechar as portas no outono de 2000, em razão da falta de fundos; a segunda, que levantou mais de US$ 280 milhões em fundos e operou em onze cidades, faliu no início de 2001.

As opiniões são claramente divididas sobre o potencial para o sucesso com as entregas no mesmo dia. Um autor opinou que "essa estratégia [da Amazon] balançaria o setor de varejo[7]", enquanto um artigo do *New York Times* afirmou que "alguns analistas de varejo estão questionando se a despesa e a dificuldade de estabelecer a entrega no mesmo dia valem a pena o esforço[8]".

Questões para estudo

1. Por que a entrega no mesmo dia de pizza tem sido bem-sucedida, enquanto a prática tem falhado em outras áreas (p. ex., Kozmo.com)?

2. Quais são as características de negócios que podem ter sucesso com a entrega no mesmo dia? A Amazon, Walmart, eBay ou o Serviço Postal norte-americano podem ter sucesso empregando-a? Qual provavelmente teria melhor desempenho? Por quê?

---

[5] MATTHEWS, C. Walmart Announces Same-Day Delivery, Tries to Beat Amazon at Its Own Game, *Time*, 11 de outubro de 2012.
[6] BENSINGER, G. Order It Online, and ... Voilà, *Wall Street Journal*, 3 de dezembro de 2012.
[7] MANJOO, F. I Want It Today: How Amazon's Ambitious New Push for Same-Day Delivery Will Destroy Local Retail, *Slate*, 11 de julho de 2012.
[8] CLIFFORD, S. Same-Day Delivery Test at Wal-Mart, *New York Times*, 9 de outubro de 2012.

Estudo de caso

Seleção de modos de transporte para a China Imports

Jackie Chen, vice-presidente da China Imports, estava dando uma olhada no modelo de uma estrutura para seleção de modos de transporte para vários produtos importados da China para os Estados Unidos. Suas opções básicas era usar frete aéreo ou remessa marítima em contêineres de 20 pés. O frete aéreo era mais rápido e confiável, mas a remessa marítima era mais barata. Ele decidiu avaliar a decisão de remessa para duas categorias de produtos distintas — eletrônicos de consumo, como smartphones, e materiais de ferro decorativos, como maçanetas e dobradiças.

A China Imports fornecia uma variedade de produtos para seus clientes a partir de um depósito perto do porto de Long Beach, na Califórnia. A empresa incorria em um custo de manutenção de 25% em todo o estoque mantido e tinha por objetivo proporcionar um nível de serviço cíclico de 98% em seus produtos. O alto nível de serviço se alinhava com a alta qualidade dos produtos que a empresa importava.

Opções de transporte a partir da China

Frete aéreo e remessa marítima foram as duas opções disponíveis para transportar o produto da China para os Estados Unidos. O frete aéreo custava US$ 10 por quilo enviado e exigia uma remessa mínima de 50 kg. Além de ser rápido, era bastante confiável. O tempo de espera médio era de uma semana, com um desvio-padrão de tempo de espera de 0,2 semanas. A remessa marítima era muito mais barata e custava US$ 1.200 por contêiner de 20 pés. Dado que cada contêiner podia suportar 15.000 kg, o custo de remessa por quilo era mais de cem vezes menor do que o do frete aéreo. Todavia, a remessa marítima levava mais tempo para chegar e era menos confiável. O tempo de espera médio com seu uso era de nove semanas, com um desvio-padrão de três semanas.

Características de produto

A demanda semanal para smartphones era em média de 1.000 e tinha um desvio-padrão de 400. Cada smartphone custava US$ 300 e pesava 0,1 kg. O ciclo de vida normal era de cerca de um ano; era importante não perder demanda antes no ciclo de vida, por causa da perda da disponibilidade do produto. A demanda semanal por material de ferro era em média de 5.000, com um desvio-padrão de 1.000. Cada unidade custa US$ 20 e pesa 1 kg. Esse material tende a ter um longo ciclo de vida — a empresa ainda estava vendendo maçanetas e dobradiças que tinham sido lançadas a mais de uma década.

Questões para estudo

1. Qual é o custo anual do uso de frete aéreo para importar smartphones? Qual é o custo anual do uso de remessa marítima para importá-los?
2. Qual é o custo anual do uso de frete aéreo para importar material decorativo de ferro? Qual é o custo anual do uso de remessa marítima para importá-lo?
3. Quais outros fatores devem ser considerados na escolha do modo de transporte? Sugira uma estrutura geral que Jackie possa usar para todas as categorias de produto.

Decisões de *sourcing* em uma cadeia de suprimentos

CAPÍTULO 15

» Objetivos de aprendizagem

Depois de ler este capítulo, você será capaz de:

1. Compreender o papel do *sourcing* em uma cadeia de suprimentos.
2. Discutir os fatores que afetam a decisão de terceirizar uma função da cadeia de suprimentos.
3. Identificar dimensões de desempenho do fornecedor que afetam o custo total.
4. Descrever os benefícios de compartilhar riscos e recompensas.
5. Desenvolver um o portfólio adaptado de fornecedores

Neste capítulo, exploramos diversos fatores que influenciam as decisões referentes a se uma atividade da cadeia de suprimentos é realizada dentro da empresa ou terceirizada. Nosso objetivo é permitir que os gestores considerem todas as opções envolvidas ao tomar decisões de *sourcing* para maximizar o valor extraído de cada estágio de um relacionamento de *sourcing*.

15.1 O papel do *sourcing* em uma cadeia de suprimentos

A *compra*, também chamada de aquisição, é o processo pelo qual as empresas adquirem matérias-primas, componentes, produtos, serviços ou outros recursos dos fornecedores para executar suas operações. *Sourcing* é todo o conjunto de processos de negócios exigidos para adquirir bens e serviços. Para qualquer função da cadeia de suprimentos, a decisão mais significativa é se uma função será terceirizada ou realizada internamente. Terceirizar resulta na função da cadeia que é realizada por terceiros. Terceirizar é um dos aspectos mais importantes que uma empresa enfrenta, e as ações entre os setores tendem a ser variadas. Por exemplo, a W. W. Grainger, um distribuidor de MRO, coerentemente tem possuído e gerido seus centros de distribuição. Por outro lado, o transporte de encomendas expressas dos centros de distribuição aos clientes tem sido consistentemente terceirizado. Que fatores podem explicar as decisões da empresa?

Até 2005, a Dell era conhecida por aumentar seus lucros mantendo interna toda a função de revenda e vendendo diretamente a seus clientes. Porém, desde 2007, a empresa começou a terceirizar a revenda para empresas como o Walmart. A Dell também aumentou a fração da montagem terceirizada para fabricantes contratados. Por que a integração vertical no varejo foi uma boa ideia para a Dell até cerca de 2005, mas não depois de 2007? A Dell estava certa em terceirizar uma fração maior da montagem para fabricantes contratados? Ao contrário da Dell, a Apple expandiu de modo significativo seu *sourcing* interno de varejo durante o mesmo período ao aumentar suas lojas de varejo. A Procter & Gamble (P&G) nunca tentou vender detergente diretamente para os clientes, e ninguém está pedindo que ela mesma realize a função de venda no varejo. O que tornou a integração vertical para o varejo uma boa ideia para a Dell, mas uma má ideia para a P&G? A maioria das empresas terceiriza a montagem de eletrônicos de consumo. Por outro lado, a maior parte das empresas montam internamente na indústria automotiva. Que fatores podem explicar essa diferença?

Analisamos a terceirização das atividades da cadeia de suprimentos com base nas questões a seguir:

1. O terceirizado aumentará o excedente da cadeia de suprimentos, em comparação a realizar a atividade internamente?
2. Até que ponto os riscos aumentam com a terceirização?
3. Há razões estratégicas para terceirizar?

Lembre-se de que o excedente da cadeia de suprimentos é a diferença entre o valor de um produto para o cliente e o custo total de todas as atividades da cadeia envolvidas em levar o produto até o cliente. Nossa premissa básica é de que a terceirização faz sentido se ela aumentar o excedente da cadeia (caso mantenha algum aumento) sem afetar significativamente os riscos. Uma decisão de *sourcing* deve ter por objetivo aumentar o valor líquido criado pela cadeia de suprimentos.

Por exemplo, a P&G tem historicamente terceirizado o varejo de seus produtos. Os terceiros aumentam o excedente da cadeia de suprimentos ao agregar alguns produtos de que os clientes necessitam (não apenas os da P&G) em uma única loja de varejo. Esta agregação permite então espalhar (distribuir) os custos de instalação, os custos de venda, os custos de pessoal e os custos de transporte através de muitos fabricantes de bens de consumo. Esta agregação também permite ao varejista aumentar o valor do cliente, permitindo-lhes adquirir muitos produtos de que necessitam em uma única visita à loja. Claramente, a terceirização do varejo aumenta o valor criado pela cadeia de suprimentos em uma maior extensão do que se a P&G gerenciasse seu próprio varejo. Boas decisões de *sourcing* aumentam o valor ao ligar cada atividade dentro da cadeia de suprimentos à parte que pode adicionar mais valor.

Os processos de *sourcing* eficazes dentro de uma empresa podem melhorar os lucros para essa empresa e para o excedente total da cadeia de suprimentos de diversas maneiras. É importante que os fatores de melhoria de lucros sejam claramente identificados quando se tomam decisões de *sourcing*. Alguns dos benefícios das decisões de *sourcing* eficazes são os seguintes:

- A identificação da fonte correta pode resultar em uma atividade desempenhada com maior qualidade e menor custo.
- Melhores economias de escala podem ser alcançadas se os pedidos dentro de uma empresa forem agregados.
- Transações de aquisição mais eficientes podem reduzir significativamente o custo geral das compras. Isso é mais importante para itens para os quais ocorre um grande número de transações de baixo valor.
- A colaboração em projeto pode resultar em produtos mais fáceis de manufaturar e distribuir, resultando em menores custos gerais. Esse fator é mais importante para produtos do fornecedor que contribuam para uma parcela significativa do custo e do valor do produto.
- Bons processos de aquisição podem facilitar a coordenação com o fornecedor e melhorar a previsão e o planejamento. A melhor coordenação reduz os estoques e melhora a correspondência entre oferta e demanda.
- O compartilhamento apropriado de riscos e benefícios pode resultar em lucros maiores tanto para o fornecedor como para o comprador.

- As empresas podem obter um preço de compra mais baixo aumentando a concorrência como ao fazer leilões.

Ao projetar uma estratégia de *sourcing*, é importante que a empresa seja clara sobre os fatores que têm a maior influência sobre o desempenho e busque melhorar nessas áreas. Por exemplo, se a maior parte dos gastos de uma empresa for em materiais com apenas algumas transações de alto valor, melhorar a eficiência das transações de aquisição proporcionará pouco valor, enquanto melhorar a colaboração em projeto e a coordenação com o fornecedor oferecerão um valor significativo. Por outro lado, ao realizar *sourcing* de muitas transações de baixo valor, aumentar a eficiência das transações de aquisição será muito valioso.

Na próxima seção, discutiremos os fatores que influenciam a decisão de terceirizar.

15.2 Interno ou terceirizado

A decisão de terceirizar é baseada no crescimento do excedente da cadeia de suprimentos fornecido pelo terceiro e no aumento de risco incorrido pelo uso de um terceiro. A empresa deverá considerar a terceirização se o crescimento em excedente for grande, com um pequeno aumento no risco. Realizar a função internamente é preferível se o crescimento em excedente for pequeno ou o aumento em risco for grande.

Como os terceiros aumentam o excedente da cadeia de suprimentos?

Os terceiros aumentam o excedente da cadeia de suprimentos se eles aumentarem o valor para o cliente ou diminuírem o custo da cadeia em relação a uma empresa que realize a tarefa internamente. Os terceiros podem efetivamente aumentar o excedente da cadeia se forem capazes de agregar os ativos ou fluxos da cadeia a um nível mais alto do que a própria empresa. Discutiremos os diversos mecanismos que os terceiros podem usar para aumentar o excedente.

1. **Agregação de capacidade.** Um terceiro pode aumentar o excedente da cadeia de suprimentos agregando a demanda de várias empresas e conseguindo economias de escala na produção que nenhuma empresa pode conseguir sozinha. Esse é o motivo mais comum para terceirizar a produção em uma cadeia. Um dos motivos para os fabricantes de smartphones terceirizarem a fabricação de vidro para suas telas é que o terceiro atinge economias de fabricação que nenhum fabricante único pode adquirir sozinho. O crescimento no excedente a partir da terceirização é maior quando as necessidades da empresa são significativamente menores do que os volumes exigidos para ganhar economias de escala. Um bom exemplo nesse contexto é a Magna Steyr, um terceiro que assumiu a montagem de automóveis para diversos fabricantes. A Magna Steyr desenvolveu linhas de montagem que são usadas para cinco tipos de veículos diferentes em uma única linha. Essa flexibilidade permite que a empresa produza uma variedade de carros de baixo volume de maneira econômica. Em 2013, a Magna Steyr montou a classe G para a Mercedes, o RCZ para a Peugeot, o Mini Countryman e o Mini Paceman para a BMW na mesma planta. Em cada caso, os modelos possuem um volume de demanda relativamente baixo. Cada uma das empresas não conseguiria ganhar economias de escala suficientes para montar seu modelo. Ao combinar todos eles em uma única planta flexível, a empresa aumentou seu excedente relativo a cada empresa montando seus carros. Um terceiro provavelmente não aumenta o excedente por meio da agregação de capacidade se os requisitos de volume de uma empresa forem grandes e estáveis. Isso é evidenciado pelo fato de que nenhum fabricante de automóveis terceiriza a produção de seus carros mais vendidos.

2. **Agregação de estoque.** Um terceiro pode aumentar o excedente da cadeia de suprimentos agregando estoques de um grande número de clientes. A W. W. Grainger e a McMaster-Carr são fornecedores de MRO que criam valor principalmente agregando o estoque para centenas de milhares de clientes. A agregação permite que eles reduzam significativamente a incerteza geral e melhorem as economias de escala em compra e em

transporte. Como resultado, esses distribuidores de MRO mantêm muito menos estoque de segurança e cíclico do que seria exigido se cada cliente decidisse manter estoque por conta própria. Outro exemplo de agregação de estoque é a Brightstar, um distribuidor que facilita a postergação para telefones celulares. Esses telefones são fabricados no Extremo Oriente e enviados ao depósito da Brightstar em Miami, onde software e acessórios são acrescentados à medida que os pedidos chegam da América do Sul. A alta variedade de produtos e os muitos clientes pequenos permitem que a Brightstar aumente o excedente da cadeia de suprimentos por meio de agregação de estoque e postergação. O terceiro realizando agregação de estoque acrescenta mais ao excedente da cadeia quando a demanda dos clientes é fragmentada e incerta. Quando a demanda é grande e previsível, um intermediário acrescenta pouco ao excedente por manter estoques. A consolidação do varejo e a escala e previsibilidade resultantes da demanda explicam por que os distribuidores desempenham um papel muito menor nos Estados Unidos em comparação a países em desenvolvimento.

3. *Agregação do transporte por intermediários de transporte.* Um terceiro pode aumentar o excedente agregando a função de transporte a um nível mais alto do que qualquer expedidor pode fazer por conta própria. UPS, FedEx e uma série de transportadoras de CF são exemplos de intermediários de transporte que aumentam o excedente da cadeia de abastecimento por meio da agregação de transporte através de uma variedade de carregadores. O valor fornecido em cada caso é controlado pelas economias de escala inerentes ao transporte. Quando o expedidor deseja enviar pequenas quantidades, o intermediário do transporte agrega as remessas de vários expedidores, reduzindo, assim, o custo de cada remessa para abaixo do que poderia ser obtido apenas pelo expedidor sozinho. Um intermediário de transporte aumenta o excedente da cadeia quando os expedidores estão enviando encomendas ou quantidades de CF a clientes que estão distribuídos geograficamente. Um intermediário de transporte também pode aumentar o excedente para a remessa por CC agregando entre diversas empresas que tenham fluxos de transporte não balanceados, com a quantidade que vem em uma região sendo muito diferente da quantidade que sai. Um excelente exemplo de intermediário de transporte que aumenta o excedente da cadeia de suprimentos é fornecido por um programa-piloto envolvendo a Chrysler e a Ford. A Exel, um provedor de serviços logísticos terceirizados (3PL), operava uma frota dedicada à distribuição de peças sobressalentes para a Chrysler. Em testes no Michigan e no México, a Ford incluiu suas próprias peças de caminhão para entrega na mesma frota. Dadas as densidades relativamente baixas dos revendedores no norte de Michigan e no México (fora da cidade do México), a agregação fornecida pela Exel foi um benefício para a Ford e para a Chrysler. Um intermediário de transporte provavelmente pouco acrescenta ao excedente da cadeia de suprimentos de uma empresa como Walmart, para a qual os tamanhos de remessa são grandes e a empresa também consegue agregação por meio dos muitos pontos de venda que ela possui. A única possibilidade para um intermediário de transporte em tal situação seria obter melhores viagens de retorno do que o Walmart.

4. *Agregação de transporte por intermediários de armazenagem.* Um terceiro que armazena estoque também pode aumentar o excedente da cadeia de suprimentos agregando transporte recebido e enviado. Intermediários de armazenagem como W. W. Grainger e McMaster-Carr estocam produtos de mais de 1.000 fabricantes cada e vendem para centenas de milhares de clientes. No lado da chegada, eles podem agregar as remessas de vários fabricantes em um único caminhão. Isso resulta em menor custo de transporte do que cada fabricante poderia obter independentemente. No lado da saída, eles agregam encomendas de clientes com um destino comum, resultando em um custo de transporte significativamente menor do que pode ser obtido por cada cliente em separado. Por exemplo, o centro de distribuição da Grainger em Chicago abastece caminhões separados com encomendas destinadas a cada estado adjacente. Assim que um caminhão destinado a Michigan (por exemplo) é abastecido, ele é enviado à planta de seleção da UPS em Michigan. Esse nível de agregação não pode ser obtido pelos próprios clientes. Assim, a armazenagem de bens pela Grainger e pela McMaster-Carr aumenta o exce-

dente da cadeia, agregando o transporte recebido e enviado. Um serviço semelhante é fornecido por distribuidores em países como a Índia. Dado o pequeno tamanho dos pontos de venda, um distribuidor agrega a remessa de vários fabricantes, reduzindo significativamente o custo do transporte de saída. Essa forma de agregação é mais eficiente se o intermediário estocar produtos de muitos fornecedores e atender a muitos clientes, cada um pedindo em pequenas quantidades. Essa forma de agregação torna-se menos eficiente à medida que aumenta a escala de remessa de um fornecedor para o cliente. Isso pode ser visto no uso reduzido de distribuidores pelas redes de supermercados dos Estados Unidos. Os supermercados normalmente recebem caminhões cheios, entregues com mercadoria própria, e não precisam de um distribuidor para aumentar a agregação.

5. *Agregação de armazenagem.* Um terceiro pode aumentar o excedente da cadeia de suprimentos agregando as necessidades de armazenagem de vários clientes. O crescimento no excedente é obtido em termos dos menores custos de espaço, bem como dos menores custos de processamento dentro do depósito. As economias por meio da agregação de armazenamento surgem se as necessidades de armazenagem de um fornecedor forem pequenas ou se suas necessidades flutuarem com o tempo. De qualquer modo, o intermediário com o depósito pode explorar as economias de escala na construção e operação do depósito agregando entre vários clientes. Um exemplo é a Safexpress, um provedor de serviços logísticos terceirizados na Índia. A Safexpress possui depósitos distribuídos por todo o país, usados por muitos de seus clientes. A maior parte de seus clientes não tem necessidades de armazenagens grandes o suficiente para justificar um armazém próprio em cada região. A agregação de armazenagem por um intermediário acrescenta muito ao excedente a pequenos fornecedores e a empresas que estão começando em um local geográfico. A agregação de armazenagem provavelmente não acrescenta muito ao excedente a um fornecedor grande ou a um cliente cujas necessidades de armazenagem são relativamente estáveis ao longo do tempo. As necessidades de armazenagem para Walmart, Amazon e Grainger são suficientemente grandes e estáveis para justificar seus próprios depósitos, e um terceiro provavelmente não aumentaria o excedente.

6. *Agregação de aquisição.* Um terceiro aumenta o excedente da cadeia de suprimentos se ele agrega a aquisição de muitos parceiros pequenos e facilita economias de escala na produção e no transporte de chegada. A agregação de aquisição é mais eficiente por muitos compradores pequenos. Pequenos varejistas na Índia compram mercadorias a partir de distribuidores que agregam a compra dos fabricantes. A agregação da aquisição provavelmente não é um grande fator com poucos clientes grandes. Por exemplo, o Walmart tem escala suficiente e cuida de sua própria aquisição. Ele não vê valor adicionado em fazer as aquisições a partir de um terceiro.

7. *Agregação de informação.* Um terceiro pode aumentar o excedente agregando a informação a um nível mais alto do que pode ser alcançado por uma empresa realizando a função internamente. Todos os varejistas agregam informações sobre produtos de muitos fabricantes em um único local. Essa agregação de informação reduz os custos de pesquisa para os clientes. A eBags é um exemplo de varejista que oferece principalmente agregação de informação. A empresa mantém muito pouco estoque, mas é o único ponto de exibição de informações sobre bolsas de muitos fabricantes. Agregando a informação do produto, a eBags reduz significativamente os custos de pesquisa para o cliente on-line. Em relação à eBags, se cada fabricante montasse seu próprio website e loja on-line, os custos de busca para o cliente seriam maiores e cada fabricante teria de investir na infraestrutura de informação. Assim, a eBags aumenta o excedente da cadeia de suprimentos por meio da agregação de informação, tornando a pesquisa mais barata e reduzindo o investimento em tecnologia da informação. Dois outros exemplos de agregação de informação são W. W. Grainger e McMaster-Carr. Ambas oferecem um catálogo de produtos e um website bastante detalhado. Isso simplifica a pesquisa por parte do cliente e agrega informações de produto para mais de 1.000 fabricantes. Outro excelente exemplo de agregação de informação é fornecido por diversos sites on-line, como Freight Zone e Echo Global Logistics, que juntam expedidores e caminhoneiros que procuram viagens de retorno. A agregação de informação reduz os custos de pes-

quisa e permite uma melhor combinação entre caminhoneiros e cargas. A agregação de informação aumenta o excedente se tanto compradores quanto vendedores estiverem fragmentados e a compra for esporádica. Essa agregação provavelmente não é um fator tão importante para um fabricante de carros que compra aço regularmente de um único fornecedor.

8. *Agregação de recebíveis.* Um terceiro pode aumentar o excedente da cadeia de suprimentos se puder agregar o risco de recebíveis a um nível mais alto do que a empresa ou se tiver um custo de cobrança menor do que a empresa. A Brightstar, por exemplo, é um distribuidor da Motorola em países da América Latina, exceto o Brasil. Os telefones celulares na área são vendidos por muitos pontos de venda pequenos e independentes. A cobrança de recebíveis de cada ponto de venda é uma proposição muito cara para o fabricante. Visto que um revendedor compra de muitos fabricantes, o poder de cada fabricante cobrar também é reduzido. A Brightstar, como distribuidor, é capaz de agregar a cobrança para todos os fabricantes (que ela atende), reduzindo seu custo. Agregando a cobrança mais do que qualquer fabricante isolado poderia, a Brightstar também reduz o risco padrão. Os menores custo de cobrança e risco permitem que ela aumente o excedente da cadeia de suprimentos com relação à permissão para que essa atividade seja realizada pelos fabricantes. O mesmo acontece com distribuidores na Índia, que normalmente distribuem para um grande número de fabricantes em um mesmo varejista. Dada a sua capacidade de agregar por muitos fabricantes e pequenos varejistas, os distribuidores na Índia normalmente têm responsabilidade por administrar os recebíveis dos varejistas. A agregação de recebíveis provavelmente aumenta o excedente da cadeia de suprimentos se os pontos de venda forem pequenos e numerosos, e cada revenda estocar produtos de muitos fabricantes, todos atendidos pelo mesmo distribuidor. Esse cenário é mais provável em países em desenvolvimento, onde o varejo é fragmentado. Ele é menos provável em países desenvolvidos, como os Estados Unidos e a maioria da Europa Ocidental, onde o varejo é consolidado.

9. *Agregação de relacionamento.* Um intermediário pode aumentar o excedente da cadeia de suprimentos diminuindo o número de relacionamentos exigidos entre vários compradores e vendedores. Sem um intermediário, a conexão de 1.000 vendedores a um milhão de compradores requer um bilhão de relacionamentos. A presença de um intermediário reduz o número de relacionamentos exigidos para pouco mais de um milhão. A maioria dos varejistas e distribuidores de MRO, como a W. W. Grainger, melhora o excedente da cadeia de suprimentos por meio da agregação de relacionamento. Esta aumenta o excedente da cadeia, aumentando o tamanho de cada transação e diminuindo seu número. A agregação do relacionamento é mais eficiente quando muitos compradores esporadicamente compram pequenas quantidades de uma só vez, mas cada pedido normalmente tem produtos de múltiplos fornecedores. Assim, a Grainger pode aumentar o excedente sendo um agregador de relacionamento para produtos de MRO. Um terceiro, porém, não aumenta o excedente sendo um agregador de relacionamento entre poucos compradores e vendedores, em que os relacionamentos são de prazo mais longo e maiores. Por exemplo, a Covisint não conseguiu se tornar um agregador de relacionamento no setor automotivo, especialmente para materiais diretos.

10. *Menores custos e maior qualidade.* Um terceiro pode aumentar o excedente da cadeia de suprimentos se oferecer menor custo ou maior qualidade em relação à empresa. Se esses benefícios vierem de especialização e aprendizagem, eles provavelmente serão sustentáveis a um prazo mais longo. Um terceiro especializado, que vá mais adiante na curva de aprendizagem para alguma atividade da cadeia, provavelmente manterá sua vantagem a longo prazo. Um cenário comum, porém, é aquele em que o terceiro tem uma localização de baixo custo que a empresa não tem. Nessa situação, os menores custos de mão de obra e encargos são motivos temporários para terceirizar, pois se o diferencial de salário for persistente e o terceiro não oferecer nenhuma das outras vantagens discutidas anteriormente, é melhor que a empresa mantenha a propriedade e terceirize a produção para a localização de baixo custo no exterior.

> **Ponto-chave**
>
> Um terceiro pode ser capaz de oferecer um crescimento sustentável no excedente agregando a um nível mais alto do que a própria empresa. O crescimento no excedente vem da agregação de capacidade, estoques, transporte de chegada e saída, armazenagem, aquisição, informação, recebíveis ou relacionamento, a um nível que a empresa não pode conseguir por conta própria. Um crescimento no excedente também pode ocorrer se o terceiro tiver menores custos ou qualidade mais alta em virtude de especialização ou aprendizagem.

Fatores que influenciam o crescimento do excedente por um terceiro

Três fatores importantes afetam o aumento no excedente, oferecido por um terceiro: escala, incerteza e a especificidade dos ativos. Se a escala for grande, é muito provável que economias de escala suficientes sejam alcançadas internamente à própria empresa. Nesse caso, é pouco provável que um terceiro possa alcançar maiores economias de escala e aumentar o excedente. O Walmart tem escala suficiente em termos de suas necessidades de transporte com base nas quais ele consegue economias de escala com a própria carga. A terceirização não aumentaria o excedente e resultaria em alguma perda de controle. Por outro lado, se as necessidades de uma empresa não oferecerem economias de escala suficientes, o terceiro pode aumentar bastante o excedente para uma maior quantidade. Para encomendas de saída, embora a Grainger tenha uma grande quantidade saindo, elas são distribuídas geograficamente e a companhia não poderia alcançar economias de escala para a remessa porta a porta. Uma transportadora de encomendas expressas terceirizada aumenta o excedente nesse caso.

O segundo fator importante é a incerteza das necessidades de uma empresa. Se as necessidades forem previsíveis, o aumento no excedente advindo de um terceiro é limitado, especialmente se a empresa tiver escala suficiente. Por outro lado, se as necessidades da empresa forem altamente variáveis com o tempo, o uso de terceiros pode aumentar o excedente por meio da agregação com outros clientes. Por exemplo, a Grainger tem necessidades previsíveis em termos de espaço de armazenagem exigido. Dada a escala suficiente, ela possui e opera seus próprios centros de distribuição. Ao contrário, a maioria das empresas tem demanda muito incerta para produtos de MRO. Elas preferem não manter esses itens em estoque e usar a Grainger como intermediária.

Por fim, o crescimento no excedente é influenciado pela especificidade dos ativos exigidos pelo terceiro. Se os ativos exigidos forem específicos a uma empresa e não puderem ser usados por outras, um terceiro provavelmente não aumentará o excedente, pois tudo o que ele faz é passar os ativos de uma empresa para outra. O terceiro não tem oportunidade de agregar-se a outros clientes. Por exemplo, se um distribuidor mantém estoque específico de um cliente, o distribuidor não consegue agregá-lo a um nível mais alto do que o cliente. A presença do distribuidor não aumenta o excedente nesse caso. De modo semelhante, se um provedor de serviços logísticos terceirizados gerencia um depósito exclusivamente para uma única empresa, ele tem poucas oportunidades de aumentar o excedente, a menos que possa agregar o uso de sistemas de gestão ou informação para outros depósitos. Ao contrário, se os ativos (estoque ou depósitos nos exemplos anteriores) são menos específicos e podem ser usados por várias empresas, um terceiro pode aumentar o excedente agregando a incerteza entre vários clientes ou melhorando as economias de escala.

Um exemplo no qual uma empresa pode terceirizar mesmo quando nenhum dos fatores mencionados sugerirem terceirização é o encurtamento do capital ou um terceiro com muito menos custo. Nos dois cenários, o terceiro pode aumentar o excedente ao trazer capital de baixo custo à cadeia de suprimentos. Essa discussão sobre como e quanto um terceiro pode aumentar o excedente da cadeia de suprimentos é resumida na Tabela 15.1.

> **Ponto-chave**
>
> Uma empresa ganha mais terceirizando se suas necessidades forem pequenas, altamente incertas e compartilhadas por outras empresas que contratam o mesmo terceiro.

Tabela 15.1 Crescimento no excedente por terceiros como uma função de escala, incerteza e especificidade.

		Especificidade de ativos envolvidos na função	
		Baixa	Alta
Escala da empresa	Baixa	Alto crescimento no excedente	Baixo-médio crescimento no excedente
	Alta	Baixo crescimento no excedente	Nenhum crescimento no excedente a menos que o custo de capital seja menor para o terceiro
Incerteza de demanda para a empresa	Baixa	Baixo-médio crescimento no excedente	Baixo crescimento no excedente
	Alta	Alto crescimento no excedente	Baixo-médio crescimento no excedente

Riscos do uso de terceiros

As empresas devem avaliar os seguintes riscos ao passarem qualquer função para terceiros.

1. *O processo está interrompido.* Os maiores problemas surgem quando uma empresa terceiriza funções da cadeia de suprimentos simplesmente porque perdeu o controle do processo. Lembre-se de que a introdução de um terceiro em um processo interrompido da cadeia só o torna pior e mais difícil de controlar. O primeiro passo deve ser manter o controle do processo, depois realizar uma análise de custo-benefício, e somente depois decidir sobre a terceirização.

2. *Subestimação do custo da coordenação.* Um erro comum quando se terceiriza é subestimar o esforço exigido para coordenar várias entidades que realizam tarefas da cadeia de suprimentos. Isso é especialmente evidente se uma empresa planeja terceirizar funções específicas da cadeia para diferentes terceiros. As funções de terceirização para muitos terceiros são viáveis (e pode ser muito eficiente) se a empresa vê a coordenação como um de seus principais pontos fortes. Um bom exemplo de um coordenador forte é a Cisco. Porém, até mesmo essa companhia teve problemas no início da década de 2000 e ficou com muito estoque em excesso por problemas de coordenação. Um exemplo em que a coordenação causou problemas foi entre a Nike e a i2 Technologies em 2000. A Nike culpou o software de planejamento de cadeia de suprimentos da i2 por uma perda de 100 milhões de dólares com problemas de gestão de estoque. A i2, por sua vez, culpou a Nike pelos problemas de emprego do software. Logicamente, a coordenação insuficiente entre as duas empresas desempenhou papel importante nesse fracasso.

3. *Contato reduzido entre cliente e fornecedor.* Uma empresa pode perder contato com o cliente/fornecedor introduzindo um intermediário. A perda de contato com o cliente é particularmente significativa para empresas que vendem diretamente a clientes, mas decidem usar um terceiro para coletar pedidos que chegam ou para entregar o produto que sai. Um bom exemplo é a Boise Cascade, que terceirizou toda a sua distribuição de produtos para terceiros. Isso levou a uma significativa perda de contato com o cliente. A Boise Cascade decidiu fazer ela mesma a remessa que saía para clientes localizados próximos a seus centros de distribuição. Dada a alta densidade de clientes em torno de seus centros de distribuição, o ganho adicional no excedente que um terceiro poderia oferecer foi mínimo, enquanto o ganho proporcionado pelo maior contato com o cliente foi significativo. A Boise Cascade não trouxe para si a distribuição além desse ponto porque o ganho no excedente fornecido por um terceiro era significativo.

4. *Perda de capacidade interna e crescimento no poder do terceiro.* Uma empresa pode decidir manter uma função da cadeia de suprimentos internamente se a terceirização aumentar significativamente o poder do terceiro. Um exemplo pode ser visto na indústria eletrônica. Empresas como HP e Motorola passaram a maior parte de sua manufatura para fabricantes contratados, mas relutam em passar aquisição e projeto, embora os fabricantes contratados tenham desenvolvido tais capacidades. Dada a semelhança de

componentes, é possível argumentar que um fabricante contratado pode alcançar um nível mais alto de agregação na aquisição e também nos ativos de projeto. Porém, HP e Motorola relutam em passar a aquisição para os fabricantes contratados porque a perda potencial no poder é grande, enquanto os ganhos de agregação são pequenos, dado o tamanho relativamente grande das duas empresas. Manter interna parte de uma função da cadeia também é importante se uma perda completa da capacidade fortalecer significativamente a posição de barganha do terceiro. A capacidade interna, então, serve como uma opção que pode ser exercida quando a necessidade surgir. A opção também limita o quanto do excedente da cadeia o terceiro pode manter para si.

5. *Vazamento de dados e informações confidenciais.* O uso de um terceiro requer que a empresa compartilhe informações de demanda e, em alguns casos, de propriedade intelectual. Se o terceiro também trabalha para concorrentes, sempre há o perigo de vazamento. As empresas normalmente têm insistido em *firewalls* dentro do terceiro, mas um *firewall* aumenta a especificidade dos ativos, limitando o crescimento no excedente que o terceiro pode oferecer. Quando o vazamento é um problema, especialmente com relação à propriedade intelectual, as empresas normalmente decidem manter a função internamente.

6. *Contratos ineficazes.* Os contratos com medidas de desempenho que distorcem os incentivos do terceiro frequentemente reduzem bastante quaisquer ganhos advindos da terceirização. Por exemplo, o contrato de preço com base em custo de serviços de terceiros apresenta problemas de incentivo mesmo que o terceiro mantenha seus livros abertos. Essa forma de gestão de preços elimina incentivos para que o terceiro inove mais, a fim de reduzir custos. O ônus pela melhoria recai para a empresa. Outro exemplo é quando as empresas exigem que os fornecedores ou distribuidores mantenham certo número de dias de estoque como parte do contrato. Esse contrato reduz o incentivo do terceiro para efetuar ações que reduzam os estoques. Nessa situação, é melhor que a empresa contrate o nível de serviço desejado e deixe o terceiro com mais liberdade com relação à quantidade em estoque. O terceiro, então, tem um incentivo para trabalhar na redução de estoque necessária para oferecer determinado nível de serviço.

7. *Perda da visibilidade da cadeia de suprimentos.* Introduzir terceiros reduz a visibilidade das operações da cadeia de suprimentos, tornando mais difícil para a empresa responder de maneira rápida ao cliente local e à demanda do mercado. Essa perda de visibilidade pode ser particularmente danosa para longas cadeias de suprimentos.

8. *Impacto de reputação negativo.* Em alguns casos, ações com relação à mão de obra ou o ambiente tomadas por terceiros pode ter impacto negativo significativo na reputação da empresa. A Nike tem tido dificuldade com alguns de seus fornecedores com relação às práticas de mão de obra e ambiente. Em 2008, a empresa produziu seu primeiro relatório de cadeia de suprimentos sobre fornecedores na China e apontou algumas práticas de mão de obra questionáveis, incluindo trabalhadores menores de idade, subsalários e documentação falsificada. A perda de reputação a partir de ações do fornecedor pode ser particularmente danosa a empresas como a Nike, cujas marcas são fortes no mercado.

Fatores estratégicos em *sourcing*

Além de fatores econômicos e riscos, os fatores estratégicos devem ser considerados ao tomar decisões de *sourcing*.

1. *Apoie a estratégia de negócios.* A Harley-Davidson ilustra a importância de ligar a estratégia de negócio à decisão de fazer ou de comprar. Para manter sua forte imagem de marca "Made in America", a empresa fabrica principalmente nos Estados Unidos, mesmo que componentes mais baratos possam ser encontrados em outros países. Um exemplo ainda mais extremo é o da Brunello Cucinelli, uma marca italiana luxuosa e bem-sucedida. A empresa descreve seu objetivo como o de fornecer artesanato italiano marcante, com uma cultura de "capitalismo ético". Para apoiar essa estratégia, a empresa focou a maioria de sua produção em Solomeo, uma aldeia medieval na

região da Umbria. Lá, a empresa construiu o que seu fundador chama de "fábrica humanizada", na qual "os empregados são tratados como sendo tão preciosos quanto as roupas que criam".
2. **Melhore o foco da empresa.** No mundo complexo de hoje, é impossível para uma empresa fazer tudo. Uma falta de foco porque uma empresa está fazendo tudo internamente pode ser o maior problema. Entre as atividades exigidas, uma empresa deve identificar aquelas que são as centrais e proporcionam uma vantagem estratégica. Terceirizar todas as atividades ajuda a melhorar o foco e, assim, o desempenho. Um bom exemplo da terceirização aumentada vem da indústria automotiva. Ao mesmo tempo, a maioria dos fabricantes produziu muitos dos seus componentes internos. Com a crescente complexidade dos automóveis, contudo, as empresas terceirizam a maioria de suas partes hoje em dias, passando a focar no design, na montagem e na coordenação.

15.3 Exemplos de fornecedores terceirizados bem-sucedidos

A montagem de eletrônicos de consumo é uma atividade que foi muito desempenhada internamente até os anos de 1990. Hoje, contudo, a montagem é em sua maioria terceirizada pelos fabricantes de equipamentos originais (FEOs), como a Apple. Nos anos de 1990, os computadores da Macintosh foram montados em uma empresa da Apple. Hoje, os tablets e os smartphones da Apple são todos montados por prestadores do serviço de fabricação de eletrônicos (SFE), como a Foxconn. Um estudo da evolução da indústria de SFE aponta o porquê de a terceirização da montagem ter aumentado na indústria de eletrônicos e as capacidades que os prestadores de SFE terceirizados têm desenvolvido para aumentar ainda mais o valor que proporcionam.

Os prestadores de SFE cresceram em 1980 fora das pequenas unidades de trabalho usadas pelos FEOs, como a IBM, para suplementar sua própria capacidade de produção de placa de circuito impresso ou para descarregar a produção de itens como cabos que foram vistos como oferecendo alguma vantagem estratégica. Nos anos de 1990, a maioria dos FEOs, como a IBM, Motorola e Lucent, vendia sua capacidade de produção e de modo crescente terceirizou uma grande fração de sua fabricação aos prestadores de SFE. Os serviços de fabricação iniciais oferecidos pelos prestadores de SFE incluíram montagem de placa, montagem final e teste. A terceirização da montagem de placa aos prestadores de SFE faz sentido, dadas as caras máquinas de pegar-e-colocar exigidas pela tecnologia de quantidade de superfície. Embora essas máquinas fossem caras, elas também eram flexíveis o suficiente a ponto de serem reprogramadas para lidar com uma variedade de produtos. Os prestadores de SFE poderiam, assim, obter melhor utilização dessas máquinas ao oferecer esse serviço para competir com os FEOs. Embora cada FEO fosse incerto sobre o sucesso de sua própria produção, a indústria como um todo tinha vendas estáveis. A capacidade dos prestadores de SFE de agregar a incerteza se tornou mais importante conforme o ciclo de vida de produtos eletrônicos continuou a encolher.

Ao longo do tempo, os pestadores de SFE como a Flextronics e a Celestina tomaram a liderança em adicionar serviços de projeto para aumentar seu valor percebido aos clientes. Eles expandiram da oferta de placa de circuito impresso e *design-for-test* para a oferta de *expertise* em projetos de telefones móveis, impressoras, networking e produtos aos clientes. A Flextronics alegou que um dos maiores benefícios de ter equipes de projeto sob o mesmo teto que a fabricação era que "os engenheiros podem desenvolver produtos que se adéquem em nosso fluxo de fabricação e em nossa cadeia de suprimentos".[1] Os prestadores de SFE podem também nivelar sua experiência em desenvolver um produto para o cliente por meio de outros na mesma indústria. Por exemplo, a Celestica desenvolveu um "black box" genérico para os aparelhos automotivos da IBM muito rápido porque ela fazia um trabalho similar para as empresas do Reino Unido. Isso permitiu que a IBM reduzisse o tempo ao mercado para bem abaixo do que poderia ter feito sozinha.[2]

---

[1] The Value of Design, *Electronics Business*, Junho de 2003.
[2] Ibid.

Os prestadores SFE lidam com a maioria das aquisições de componentes para seus clientes. Mais de 95% da aquisição é de *turnkey*, o que significa que os prestadores de SFE enviam a ordem de compra para as peças.[3] Dada a comunalidade de partes na indústria de eletrônicos, os prestadores SFE poderiam obter menores preços dos clientes (sobretudo em comparação aos FEOs menores) por causa de seu grande gasto nas partes. A Flextronics, por exemplo, estava gastando bem mais de US$ 10 bilhões por anos em partes, permitindo que obtivesse bons negócios a partir dos fornecedores.

Ao longo do tempo, os prestadores SFE têm começado a incluir a armazenagem e a remessa no menu de serviços que proporcionam. A Flextronics, por exemplo, oferece aos clientes a capacidade de "projetar, montar e distribuir" seus produtos. Isso só é possível dada a comunalidade de partes e as fontes de suprimentos na indústria de eletrônicos. Os prestadores SFE estão aptos a ganhar economias nos fretes de recebimento que não estão disponíveis para um único FEO. Do lado da entrega, a maioria dos produtos eletrônicos muda a planta de montagem para portos comuns na Europa e na América do Norte. Isso possibilita que o prestador SFE adicione valor ao agregar envio de entrega para uma maior extensão do que qualquer FEO.

A comunalidade de partes e os ciclos de vida curtos com vencedores imprevisíveis para cada nova geração de produtos têm permitido que os prestadores de SFE adicionem valor significativo à indústria de eletrônicos. A rápida mudança e a incerteza da demanda permitem que os prestadores de SFE adicionem valor por meio da agregação no design, aquisição, transporte e fabricação. Uma questão interessante é se o desenvolvimento de todas essas capacidades em um terceiro diminuiu as barreiras à entrada de modo suficiente nessa indústria para permitir que novos participantes possam competir efetivamente contra os agentes estabelecidos. Nesse caso, o desenvolvimento dos prestadores de SFE resultou na queda constante nos preços nessa indústria — um grande benefício ao cliente.

Enquanto os prestadores de SFE adicionaram serviços de logística, a UPS é um exemplo de fornecedor logístico que adicionou serviços de fabricação básicos para agregar mais valor a seus clientes. Em um comunicado à imprensa em 2010, a UPS discutiu o estabelecimento de "uma instalação de conserto de laptop interna para um fabricante de computadores bem conhecido" perto de seu centro de consolidação de suprimentos aéreo global em Louisville. Em menos de 24 horas, a instalação da UPS poderia "consertar, renovar e retornar os laptops a seus donos". Ao estabelecer uma instalação de conserto em seu centro de consolidação de suprimentos, não somente a UPS reduziu o transporte relativo ao fabricante fazendo os consertos, mas também estabeleceu a capacidade de agregar esses serviços por meio dos concorrentes. Em outro exemplo, a UPS controlou o kit, embalagem e operações de envio para uma grande empresa de telecomunicações. Como resultado, 16 procedimentos de pedido e instalações de distribuição para o cliente foram centralizados pela UPS em um de seus locais. Isso resultou em procedimentos mais rápidos, custos menores e experiência do cliente melhorada. Outro excelente exemplo de empresa que aumenta o excedente da cadeia de suprimentos ao agregar de modo efetivo a demanda por meio dos clientes e a capacidade por meio dos fornecedores é a Li & Fung, que criou um negócio multibilionário ajudando empresas globais, como a Reebok, a gerenciar seu *sourcing* e produção por meio de alguns locais nos países em desenvolvimento. A empresa construiu um intermediário entre os fornecedores nos países em desenvolvimento e os compradores globais desde que foi fundada em 1906. A Li & Fung originalmente exportava jade, porcelana e seda da China para os Estados Unidos. Na década de 1970, a empresa expandiu seu network de fornecedores e agora está apta a alcançar a cobertura de comércios regionais como a União Europeia e o NAFTA ao fornecer apropriadamente. A Li & Fung é um centro de consolidação de informação que está apto a ligar milhares de fábricas em 32 países a quase mil clientes de maneira ideal. Ela reserva 30 a 70% de uma capacidade do fornecedor. Essas fábricas estão acostumadas a repetir de modo confiável negócios da Li & Fung e estão, portanto, dispostas a comprometer essa capacidade. A Li & Fung mantém informações de capacidade detalhada para cada fábrica que é usada para combinar pedidos de clientes apropriados que chegam. Para seus clientes, a Li & Fung facilita a produção em tempo curto de espera. Isso permite que os clientes observem as tendências de vendas antes de fazer um

---

[3] OEMs Seek Single Point of Contact for SCM, *Electronics Business*, Junho de 2003.

pedido. Quando um pedido chega, a empresa adquire o fio de um fornecedor, entra no cronograma de produção de uma fábrica de tecelagem e, finalmente, cultiva a produção do vestuário para assegurar que a programação de entrega seja cumprida. Tudo isso é feito para minimizar o custo de produção enquanto atende cronogramas de entrega. Claramente, a Li & Fung é um integrador que contribui para o excedente da cadeia de suprimentos de forma que nenhum cliente individual ou fornecedor poderia. A empresa agrega demanda em centenas de clientes e capacidade por meio de milhares de fornecedores e utiliza informações detalhadas em ambas para combinar a oferta e a demanda da maneira mais custo-efetiva.

Em comparação à indústria de eletrônicos, contratar manufatura para montagem final é muito menos prevalente no setor automotivo. A maioria das empresas automotivas estabelece suas próprias plantas de montagem porque os ciclos de vida dos produtos são mais longos, a demanda é mais estável e é difícil desenvolver plantas de montagem que possam produzir um Toyota, bem como um Ford. Um fabricante contratado bem-sucedido na indústria automotiva é a Magna Steyr, que é parte da Magna Internacional. A principal instalação de montagem da empresa é em Graz, na Áustria. O fator-chave para seu sucesso é a flexibilidade de "construir para cinco tipos de veículos diferentes/derivativos em uma única linha de montagem". Essa capacidade permite que a empresa produza modelos de baixo volume para FEOs mais eficazes do que podem fazer sozinhos. Em 2013, a Magna Steyr montou a Class G da Mercedes-Benz, a Peugeot RCZ, a Mini Countryman e a Mini Paceman, cada uma com volume de vendas pequeno, em sua planta de Graz.

15.4 Custo total de propriedade

Quando a decisão de terceirizar ou de comparar os fornecedores é tomada, algumas empresas cometem o erro fundamental de focar somente no preço citado, ignorando o fato de que alguns fatores afetam o custo total de usar um fornecedor. Por exemplo, os fornecedores têm tempos de espera de reposição diferentes. Ele paga por selecionar um fornecedor mais caro com tempo de espera mais curto? Ou considera que os fornecedores têm desempenhos diferentes em relação ao tempo? O fornecedor mais confiável é aquele que vale os poucos centavos extra que ele cobra por peça?

Em cada um dos casos, o preço cobrado pelo fornecedor é somente um dos muitos fatores que afetam o excedente da cadeia de suprimentos. É importante focar no *custo total de propriedade* (CTP) ao selecionar os fornecedores. O CTP inclui todos os custos associados com a compra de material a partir do fornecedor até que atinja o comprador e esteja pronto para o uso. Esses custos incluem o preço do fornecedor, os termos de fornecimento que afetam os custos financeiros, as taxas e impostos, os custos de entrega e os custos de qualidade de entrada. Os custos de aquisição devem também incluir as despesas gerais de gerenciamento da relação e planejamento de compras. Os custos de despesa geral incluem todos os custos associados com a parte comprada a partir de quando ela chega do fornecedor até quando o produto finalizado é vendido ao cliente. Esses custos incluem os custos de estoque, de armazenagem, de conversão, de qualidade de produção e de tempo de ciclo de produção. Os custos de pós-propriedade incluem os custos incorridos pela empresa depois que o produto finalizado atinge o consumidor final. Esses custos incluem os custos de garantia, de ambiente, de responsabilidade de produção e de reputação. Ao pontuar e avaliar os fornecedores, pode-se organizar os fatores que influenciam o custo total, como mostra a Tabela 15.2.

O desempenho de cada fonte potencial (incluindo a produção interna) deve ser classificado em cada um desses fatores, porque tudo isso afeta o custo total de propriedade. É importante considerar tendências que possam existir, sobretudo se algumas das fontes estão localizadas no exterior; elas incluem taxas de câmbio, inflação local em custo de material e mão de obra, custos de transporte e tarifas. Isso é especialmente verdadeiro hoje, dada a rápida mudança nesses fatores. Goel, Moussavi e Srivatsan (2008) apontaram que a produção de um servidor de médio alcance na Ásia em 2003 teria produzido significativas economias em relação à sua produção nos Estados Unidos. Entre 2005 e 2008, porém, os custos de frete marítimo aumentaram em 135%, o yuan chinês foi apreciado em 18% e os salários chineses de produção subiram em 44%.

Tabela 15.2 Fatores que influenciam o custo total de propriedade.

Categoria de desempenho	Componentes de categoria	Quantificável?
Custos de aquisição		
Preço do fornecedor	Mão de obra, material e despesas gerais	Sim
Termos do fornecedor	Termos de pagamento líquido, frequência de entrega, tamanho de lote mínimo e descontos de quantidade	Sim
Taxas e impostos	Todas as tarifas e custos de conformidade	Sim
Custos de entrega	Todos os custos de transporte a partir da fonte para o destino, custos de empacotamento	Sim
Custos de qualidade de entrada	Custo de inspeção, defeito e retrabalho	Sim
Custos de gerenciamento	Custo de gestão e planejamento de compra	Difícil
Custos de propriedade		
Custos de estoque	Estoque do fornecedor, incluindo matéria-prima, em processo e mercadorias finalizadas, estoque em trânsito, estoque de mercadorias finalizadas na cadeia de suprimentos	Sim
Custo de armazenagem	Armazenagem e custos de manuseio de material para apoiar o estoque complementar	Sim
Custo de fabricação	Custo de fabricação associado com a parte fornecida	Sim
Custos de qualidade de produção	Impacto da parte fornecida na qualidade do produto finalizado	Difícil
Custos de tempo de ciclo	Impacto da parte fornecida no tempo de ciclo de produção	Sim
Custos de pós-propriedade		
Reputação	Impacto da reputação de problemas de qualidade	Não
Garantia e custos de responsabilidade de produção	Garantia e custos de responsabilidade de produtos associados com a parte finalizada	Difícil
Custos de ambiente	Custos de ambiente afetados pela parte finalizada	Difícil
Capacidades do fornecedor	Tempo de espera e reposição, desempenho em tempo, flexibilidade, capacidade de coordenação de informação, capacidade de coordenação de projeto e viabilidade do fornecedor	Em alguma extensão

Em 2008, os custos de frete e de mão de obra tinham aumentado o suficiente para tornar a produção nos Estados Unidos mais barata do que a produção na Ásia. Até 2008, muitos fabricantes viam o negócio no exterior como uma necessidade, dado que os preços no exterior eram de 25 a 40% inferiores aos dos fornecedores locais. Até 2008, no entanto, muitos executivos perceberam que cadeias de suprimentos mais longas, falta de visibilidade, problemas de qualidade, aumento dos custos de transporte e o aumento dos salários nos países em desenvolvimento fez o *sourcing* de fornecedores locais muito mais atraente. A menor distância de transporte aumenta ainda mais a atratividade de fornecedores locais numa perspectiva de ambiente. Dado que é improvável que uma decisão de *sourcing* seja alterada rapidamente, é importante incluir tendências e cenários (ver Capítulo 6) na análise de custo total.

A importância de tomar a perspectiva de CTP tem ajudado muitas empresas a tomar melhores decisões, enquanto em outros casos um foco no preço de compra acabou aumentando o custo total. A Zara é um excelente exemplo em que a disposição de pagar um preço de compra mais elevado resultou em um custo muito mais baixo de propriedade. A empresa escolheu a fonte de seus produtos mais modernos a partir de fábricas que pertencem a ela na Europa, mesmo que o custo de aquisição da Europa fosse cerca de 40% mais caro do que na Ásia. As fábricas europeias tiveram curtos tempos de espera para desenvolver o produto de 3 a 4 semanas, em vez de 3 a 6 meses a partir da Ásia. Os tempos de ciclo mais curtos permitiram que a Zara atendesse a demanda por seus produtos populares enquanto não produzia em excesso itens que não eram vendidos. Como resultado, a Zara foi capaz de aumentar os lucros com a venda de cerca de 85% de seus produtos a preço de atacado, enquanto a média da indústria era mais próxima de 60%.

Uma perspectiva semelhante permitiu que a Benetton projetasse uma estratégia eficaz de *sourcing* ao introduzir a postergação (ver Capítulo 12) em suas peças de tricô na década de 1980. Tradicionalmente, eles eram feitos tricotando fios coloridos. Para reduzir os custos, as várias fases da produção eram tratadas por algumas pequenas empresas familiares. Embora esse processo reduzisse o custo, o processo de produção total levava até seis meses. A Benetton identificou um novo processo no qual as peças poderiam ser tricotadas a partir de fios não tingidos e, em seguida, tingidos, mantendo a qualidade. Como discutido no Capítulo 12, essa postergação do tingimento permite o fornecimento de cores para atender melhor a demanda. Embora a postergação fosse melhor para combinar a oferta e a demanda, ela tinha um custo de produção maior. Com foco no CTP, no entanto, a Benetton identificou a postergação adaptada (ver Capítulo 13) como sendo uma estratégia mais eficaz. Ela separou a carga de base previsível a partir da parte imprevisível da demanda por cada cor. A empresa terceirizou para a carga de base previsível, como havia feito no passado, a fim de reduzir os custos de aquisição. Os prazos mais longos dos fornecedores não prejudicaram o custo total porque a carga de base sempre se esgotava. Para a parte incerta da demanda, no entanto, qualquer defasagem entre a oferta e a demanda era suscetível de aumentar o custo total. Assim, a empresa optou pelo método de produção de custo mais elevado com postergação para produzir a parte imprevisível da demanda de perto quando fosse necessário. A Benetton executou a função de tingimento interno postergada, de modo que poderia ser bastante responsiva no tingimento de cores com base na demanda. Essa estratégia de suprir a demanda previsível a partir de terceiros de baixo custo e a parte imprevisível da demanda internamente usando um processo muito responsivo (embora de custo elevado) permitiu que ela diminuísse o custo total de propriedade.

A Mattel é um exemplo de empresa que pagou custos significativos pós-propriedade por conta da ação de seu fornecedor. Em 2007, a empresa anunciou muitos *recalls* de brinquedos feitos na China que estavam contaminados por metais pesados. Um subcontratado estabelecido para pintar os brinquedos usou tinta a partir de um fornecedor não autorizado. A Mattel anunciou um valor de US$ 30 milhões para cobrir o custo do *recall*. A empresa também foi multada em US$ 2,3 milhões pela Consumer Product Safety Comission. Mesmo que o impacto sobre sua reputação fosse difícil de quantificar, a Mattel pagou claramente um alto preço por essa decisão de *sourcing*, que reduziu seu custo de aquisição.

A Nike é outro exemplo de empresa que trabalhou muito duro para conter o impacto de reputação negativa de ações em seus fornecedores. Seu modelo de negócios era baseado em terceirizar a fabricação. Na década de 1980, seus produtos eram feitos na Coreia e em Taiwan, que eram, até então, vistos como fontes de baixo custo. Como os custos de mão de obra aumentaram nesses países, no entanto, a Nike instou seus contratantes a transferir a produção para Indonésia, China e Vietnã. No início de 1990, vários relatórios apareceram de más condições de trabalho e salários abaixo do mínimo na Indonésia em um subcontratante da Nike. Após vários anos de protesto, crítica significativa e fraqueza na demanda, a empresa norte-americana começou a tomar medidas mais decisivas no final de 1990. Seu CEO, Phil Knight, anunciou um aumento da idade mínima dos colaboradores, o aumento do controle dos fornecedores e a adoção dos padrões de ar limpo U.S. OSHA em todas as fábricas fornecedoras. A empresa executou auditorias e publicou uma lista completa das fábricas com as quais tinha contrato. Mesmo que essas ações fizessem aumentar o custo de aquisição para a Nike, elas também ajudaram a mudar a reputação da empresa. Empresas que terceirizam podem aprender com a experiência da Mattel e da Nike que contabilizar os custos de pós-propriedade pode ser muito útil ao tomar decisões de *sourcing*.

> **》 Ponto-chave**
>
> O desempenho do fornecedor deveria ser comparado com base no impacto do custo total de propriedade. Além dos custos de aquisição, os custos de propriedade e pós-propriedade também deveriam ser considerados. Em alguns casos, um maior custo de aquisição é mais do que compensado pela diminuição dos custos de propriedade e pós-propriedade.

15.5 Seleção de fornecedor – Leilões e negociações

Antes da seleção dos fornecedores, uma empresa precisa decidir se irá usar *sourcing* único ou vários fornecedores. O *sourcing* único garante ao fornecedor negócios suficientes quando o fornecedor precisa fazer um investimento significativo, específico do comprador. O investimento específico do comprador pode ter a forma de uma fábrica e equipamento projetado para produzir uma peça específica do comprador ou pode ter a forma de habilidades que precisam ser desenvolvidas. O *sourcing* único também é usado na indústria automotiva para peças como bancos, que precisam chegar na sequência de produção. A coordenação dessa sequência é impossível com múltiplas fontes. Como resultado, as companhias de automóveis têm uma única fonte de fornecimento de assentos para cada fábrica, apesar de múltiplas fontes de fornecimento de assentos ao longo de sua rede de manufatura. Ter múltiplas fontes garante um grau de concorrência e também diminui o risco ao fornecer um substituto se uma fonte falhar na entrega.

Um bom teste para saber se uma empresa tem o número certo de fornecedores é analisar o impacto que terá a remoção ou inclusão de um fornecedor. A menos que cada fornecedor tenha uma função diferente, é muito provável que a base de oferta seja muito grande. Ao contrário, a menos que a inclusão de um fornecedor com uma capacidade exclusiva e valiosa acrescente claramente ao custo total, a base de oferta pode ser muito pequena.

A seleção de fornecedores é feita usando diversos mecanismos, incluindo propostas competitivas off-line, leilões reversos ou negociações diretas. Não importa que mecanismo seja utilizado, a seleção do fornecedor deve ser baseada no custo total do uso de um fornecedor, e não apenas no preço de compra. Em geral, leilões são mais bem usados quando um custo de aquisição quantificável é o componente primário do custo total. Se os custos de propriedade ou a pós-propriedade são consideráveis, os leilões não são apropriados ao selecionar os fornecedores. Nesses cenários, as negociações diretas muitas vezes levam a melhor resultado. A seguir, discutiremos algumas ideias a serem levadas em conta ao projetar leilões.

Leilões em cadeia de suprimentos

Uma excelente discussão sobre leilões pode ser encontrada em Krishna (2002) e Milgrom (2004). Grande parte da discussão a seguir é um resumo de suas ideias.

Em muitas situações da cadeia de suprimentos, um comprador procura terceirizar uma função, como a produção ou o transporte. Os fornecedores em potencial primeiro são qualificados e depois podem fazer lances sobre o quanto eles cobrariam para realizar a função. O processo de qualificação é importante porque existem vários atributos de desempenho (conforme esboçamos na Tabela 15.2) com os quais o comprador se importa. Assim, ao realizar um leilão baseado principalmente em preço unitário, é importante que o comprador especifique as expectativas de desempenho com todas as dimensões além do preço. Estabelecer um leilão que considere muito atributos, não todos aqueles que podem ser precisamente quantificados, é difícil. Assim, o processo de qualificação é usado para identificar os fornecedores que atendem às expectativas de desempenho ao longo dos atributos sem preço. Se o número de atributos sem preço for maior, muitas vezes é melhor engatar negociações diretas do que promover um leilão.

Do ponto de vista do comprador, a finalidade do leilão é fazer com que os licitantes revelem sua estrutura de custo básica, de modo que o comprador possa selecionar o fornecedor com os menores custos. Um mecanismo comumente usado que atinge o resultado é o *leilão de segundo preço* (*Vickrey*). Nesse tipo de leilão, cada potencial fornecedor promove uma licitação e o contrato é assinado para o menor licitador — mas ao preço citado pelo licitador com segundo preço mais baixo. Em geral, é do interesse do comprador revelar toda a informação disponível antes da licitação. Se o licitador percebe uma falta de informação, eles provavelmente aumentarão suas licitações para supri-la.

Um fator significativo que deve ser considerado ao projetar um leilão é a possibilidade de conluio entre todos os licitadores, mas o licitador com menor preço aumenta suas licitações, o contrato vai para o licitador com menor custo, mas a um preço alto. As empresas devem tomar cuidado para garantir que não haja conluio ao promover um leilão.

Princípios básicos de negociação

As empresas entram nas negociações tanto para a seleção do fornecedor como para estabelecer os termos do contrato com um fornecedor existente. Quando o custo total de propriedade tem componentes múltiplos além do custo de aquisição, as negociações geralmente promovem um melhor resultado em comparação ao uso de leilões. A negociação provavelmente acarretará um resultado positivo somente se o valor que o comprador estabelecer na terceirização da função da cadeia de suprimentos para o fornecedor for pelo menos tão grande quanto o valor que ele atribui na realização da função para o comprador. O valor que um fornecedor atribui na realização de uma função é influenciado por seu custo, bem como por outras opções que estão disponíveis com base em sua capacidade existente. De modo semelhante, o valor que o comprador atribui é influenciado pelo custo de realização interna da função e o preço praticado em fornecedores alternativos. A diferença entre os valores do comprador e os do vendedor é conhecida como *excedente de barganha*. O objetivo de cada parte negociando é idealmente criar uma situação em que o excedente cresça, aumentando assim o tamanho da fatia a ser compartilhada.

Uma excelente discussão sobre negociações pode ser encontrada em Thompson (2005). Mencionamos a seguir alguns dos destaques de sua discussão. A primeira recomendação é ter uma ideia clara de seu próprio valor e uma estimativa do valor do terceiro que seja a melhor possível. Uma boa estimativa do excedente de barganha melhora a chance de um resultado bem-sucedido. Os fornecedores da Toyota normalmente têm mencionado que a "Toyota conhece nossos custos melhor do que nós mesmos", o que leva às melhores negociações. A segunda recomendação é procurar um resultado justo com base na divisão igual ou equitativa do excedente de barganha, ou dividi-lo com base em necessidades. Equidade, aqui, refere-se a uma divisão do excedente em proporção à contribuição de cada parte.

A chave para uma negociação bem-sucedida, porém, é criar um resultado de ganho mútuo. É impossível obter um resultado de ganho mútuo se as duas partes estiverem negociando sobre uma única dimensão, como preço. Nesse caso, uma parte só pode "ganhar" à custa da outra. Para criar uma negociação de ganho mútuo, as duas partes precisam identificar mais de uma questão para negociar. Identificar múltiplas questões permite a oportunidade de expandir o bolo se as duas partes tiverem preferências distintas. Isso normalmente é mais fácil do que parece em um cenário de cadeia de suprimentos, sobretudo se ambas as partes focarem no custo total de propriedade. Um comprador focado no CTL se importa não somente com o custo de aquisição, mas também com a responsividade e qualidade (duas das dimensões identificadas na Tabela 15.2). Se o fornecedor achar mais difícil reduzir o preço, porém mais fácil reduzir o tempo de resposta, existe uma oportunidade para uma resolução de ganho mútuo, em que o fornecedor oferece melhor responsividade sem alterar o preço.

Um excelente exemplo do resultado de ganha-ganha surge de um fabricante de equipamentos de tratamento de água cujo foco no CTL permitiu que reduzisse seus próprios custos de produção sem mudar o custo de aquisição a partir do fornecedor. A empresa supriu os aços especiais a partir de um fornecedor monopolizado e estava procurando diminuir os custos. O poder de barganha do fornecedor (dada sua posição de monopólio) diminuiu sua capacidade de baixar o preço de compra do aço. Um foco no preço de compra provavelmente teria terminado a negociação. O fabricante de equipamento de tratamento de água estudou seu processo de produção e identificou um método para diminuir o custo de propriedade sem aumentar o custo para o fornecedor. O aço era fornecido em forma de lâminas de tamanho específico. Essas lâminas eram então cortadas nos tamanhos exigidos pelo fabricante antes da montagem. Um estudo do processo do fornecedor indicou que o fornecedor não se importaria de mudar o tamanho da folha a ser cortada, enquanto que o número total de cortes não fosse aumentado. O fabricante de equipamento de tratamento de água identificou três tamanhos de lâmina diferentes, que, se fornecidos, reduziriam o número de cortes exigidos em sua planta antes da montagem. O fornecedor concordou prontamente em cortar as lâminas nos três tamanhos exigidos, porque essa mudança não aumentaria o número total de cortes. O fabricante originalmente tinha definido três etapas para o corte de metal e duas para a montagem. Depois que o fornecedor mudou o tamanho das lâminas, o fabricante pôde reduzir o corte de metal para duas etapas. A negociação produziu um resultado em que o fornecedor não diminuiu o preço do material, mas o comprador estava apto a reduzir seu custo total. Levar todas as dimensões do CTL em consideração muitas vezes permite mais negociações bem-sucedidas durante o *sourcing*, por oferecer múltiplas oportunidades para criar resultados positivos mútuos.

15.6 Compartilhamento de riscos e recompensas na cadeia de suprimentos

Neste capítulo, enfatizamos o fato de que todas as decisões de *sourcing* deveriam ser tomadas com o objetivo de aumentar o excedente da cadeia de suprimentos. Na prática, contudo, algumas empresas se importam menos com o crescimento do excedente e mais com qual fatia do excedente elas estão aptas a capturar. Conforme as empresas ganham maior poder na cadeia de suprimentos, elas muitas vezes tentam capturar a maior fatia do excedente enquanto submetem os membros da cadeia de suprimentos a mais riscos. Nesta seção, destacamos as desvantagens de focar no interesse local da empresa no gasto do excedente da cadeia de suprimentos. Também sugerimos algumas abordagens que podem ser usadas para considerar as desvantagens da otimização local.

Compartilhamento de risco para aumentar os lucros da cadeia de suprimentos

Ações independentes tomadas pelas duas partes na cadeia de suprimentos muitas vezes resultam em lucros menores do que aquelas que podem ser atingidas se a cadeia de suprimentos coordenar suas ações com o objetivo comum de maximizar os lucros da cadeia de suprimentos em vez de os lucros da empresa individualmente. Conforme uma empresa se fortalece, ela tende a submeter os membros da cadeia de suprimentos a mais riscos, enquanto mantém uma ampla margem para ela. Um exemplo clássico dessa abordagem é a ação tomada pela Mattel em 1999 em resposta aos resultados adversos de 1998. Até 1998, a empresa permitia que seus varejistas fizessem dois pedidos no período de Natal. A Mattel entregou o primeiro pedido antes do feriado de Ação de Graças; os varejistas então fizeram o segundo pedido depois de observar as vendas naquele feriado. As vendas dos feriados permitiram que os varejistas obtivessem melhor precisão para o período de Natal antes de fazer o segundo pedido. Em 1998, as vendas no feriado de Ação de Graças foram mais amenas e alguns varejistas decidiram não fazer o segundo pedido. Como resultado, a Mattel relatou uma queda de US$ 500 milhões nas vendas nas últimas semanas do ano. Tendo sido queimada por conta de sua disposição a absorver o risco do segundo pedido, a Mattel mudou sua política em 1999. Ela agora exigia que os varejistas fizessem os pedidos por inteiro antes do feriado de Ação de Graças e a empresa não aceitaria novos pedidos em dezembro. A Mattel anunciou que a nova política permitiria que a empresa "adaptasse a produção de forma mais precisa à demanda e evitasse a criação de um estoque para pedidos que não seriam feitos".

As ações da Mattel consistiram em mover o risco dela para seus varejistas. Enquanto a Mattel absorvia parte da incerteza da demanda quando os varejistas eram permitidos a fazer um pedido de seguimento em dezembro, forçá-los a fazer seus pedidos antes do feriado de Ação de Graças submeteria todo o risco do erro de previsão a eles. Essa ação pela Mattel (aparentemente tomada por causa de seus próprios interesses) claramente prejudica os varejistas. Agora apontamos que também prejudica a própria Mattel. Dada a incerteza da demanda, um fabricante como a Mattel quer que o varejista mantenha um grande estoque de seus produtos para garantir que qualquer urgência na demanda seja satisfeita. O varejista, por outro lado, perde dinheiro por qualquer estoque não vendido. Como resultado, o varejista prefere manter um menor custo de estoque, sobretudo quando deve absorver o risco inteiro de uma previsão de erro. Essa tensão leva um resultado da cadeia de suprimentos que prejudica tanto o varejista como o fabricante, como ilustrado no Exemplo 15.1 (ver a aba *Exemplo 15.1* na planilha *Exemplos* disponível na Sala Virtual).

EXEMPLO 15.1 》 Impacto da otimização local

Considere uma loja de música que vende CDs. O fornecedor fabrica CDs a US$ 1 por unidade e vende-os à loja a US$ 5 por unidade. O varejista vende cada CD ao consumidor final por US$ 10. A esse preço de varejo, a demanda do mercado é normalmente distribuída, com uma média de 1.000 e um desvio-padrão de 300. Qualquer sobra de discos no final do período de vendas não é levada em conta. Quantos discos um varejista independente deveria pedir? Quais são os lucros da cadeia de suprimentos com um varejista independente? Se o fabricante e o varejista são verticalmente integrados (eles são uma única empresa), quantos discos o varejista deveria solicitar? Quais são os lucros da cadeia de suprimentos quando o fabricante e o varejista são uma única empresa?

Análise

Primeiro considere o caso do varejista independente. Ele tem uma margem de US$ 5 por CD e pode potencialmente perder US$ 5 para cada disco não vendido. O varejista, assim, tem um custo de estoque em excesso de C_o = US$ 5 e um custo de falta de estoque de C_u = US$ 5. Usando a Equação 13.1, o ideal é que o varejista tenha por objetivo um nível de serviço de 5/(5 + 5) = 0,5 e pede *NORMINV*(0,5, 1.000, 300) = 1.000 discos. A partir da Equação 13.3, os lucros esperados dos varejistas são US$ 3.803, e o fabricante faz US$ 4.000 a partir de vendas de 1.000 discos. O lucro total da cadeia de suprimentos com um varejista independente é, assim, US$ 3.803 + US$ 4.000 = US$ 7.803.

Agora, considere o caso em que a cadeia de suprimentos é verticalmente integrada. Ela tem uma margem de US$ 10 – US$ 1 = US$ 9 por disco e pode potencialmente perder US$ 1 para cada disco não vendido. Assim, a cadeia de suprimentos tem um custo de estoque em excesso de C_o = US$ 1 e um custo de falta de estoque de C_u = US$ 9. Usando a Equação 13.1, o ideal é que a cadeia de suprimentos tenha por objetivo um nível de serviço de 9/(1 + 9) = 0,9 e pede *NORMINV*(0,9, 1.000, 300) = 1.384 discos. A partir da Equação 13.3, os lucros esperados da cadeia de suprimentos são US$ 8.474.

Desse modo, a cadeia de suprimentos verticalmente integrada faz US$ 670 mais do que quando o varejista toma a decisão de fazer o pedido de modo independente.

Conforme discutido no Capítulo 11, a marginalização dupla reduz os lucros da cadeia de suprimentos porque a margem dela é dividida entre as duas partes, e cada estágio toma suas decisões considerando somente sua própria margem. Agora discutiremos outros casos em que a marginalização dupla leva a perda de desempenho da cadeia de suprimentos na presença da incerteza da demanda.

Um varejista independente toma suas decisões de comprar antes de a demanda ser percebida e assim suporta toda a incerteza da demanda. Se a demanda for menor do que o estoque do varejista, o varejista deve liquidar os produtos não vendidos com desconto. Dada a incerteza da demanda, o varejista decide sobre a quantidade comprada com base na margem e no custo de excesso de estoque, como discutido no Capítulo 13. A margem do varejista, no entanto, é menor do que a margem de contribuição para a cadeia de suprimentos por inteiro. Como resultado, o varejista é conservador e visa a um nível mais baixo de disponibilidade de produto do que o ideal para a cadeia de suprimentos, levando a uma perda do excedente da cadeia de suprimentos. Como ilustra o Exemplo 15.1, se o varejista absorve todo o risco de erro de previsão enquanto obtém somente uma parte da margem (US$ 4 nesse exemplo, em comparação à margem da cadeia de suprimentos de US$ 9), a decisão de pedido do varejista diminui os lucros da cadeia de suprimentos em comparação com aqueles da cadeia de suprimentos verticalmente integrada.

A partir de nossa discussão, parece claro que as ações da Mattel — em que ela repassou todos os riscos aos varejistas — evidentemente prejudicam os lucros da cadeia de suprimentos, pois os varejistas ficaram mais conservadores do que seriam quando a Mattel compartilhava algum risco. A abordagem conservadora dos varejistas não permitiu que a cadeia de suprimentos tomasse vantagem de uma elevação da demanda, reduzindo assim os lucros da cadeia de suprimentos.

> **》Ponto-chave**
>
> A ausência de compartilhamento de risco em uma cadeia de suprimentos resulta em decisões localmente ideais que diminuem os lucros totais da cadeia de suprimentos. Na ausência de compartilhamento de riscos, os varejistas visam a um menor nível de disponibilidade de produtos do que seria necessário para maximizar os lucros da cadeia de suprimentos.

Dado que identificamos o problema quando o risco não é compartilhado, focaremos agora em identificar soluções potenciais que permitam o compartilhamento de risco de uma maneira que aumente os lucros da cadeia de suprimentos. Para aumentar os lucros gerais, o fornecedor deve compartilhar risco de maneira que encoraje o comprador a adquirir mais e aumentar o nível de disponibilidade do produto. Isso exige que o fornecedor compartilhe parte da incerteza da demanda do comprador. As três abordagens a seguir para o compartilhamento de risco aumentam os lucros gerais da cadeia de suprimentos.

1. Recompra ou devolução.
2. Compartilhamento de receita.
3. Quantidade flexível.

Ilustramos cada uma das três abordagens usando a história do Exemplo 15.1, da loja de música. Discutimos o desempenho de cada abordagem em termos das três questões a seguir.

1. Como o compartilhamento de risco afeta os lucros da empresa e os lucros totais da cadeia de suprimentos?
2. O compartilhamento de risco introduzirá alguma distorção de informação?
3. Como o compartilhamento de risco influencia o desempenho do fornecedor por meio das medidas de desempenho?

COMPARTILHAMENTO DE RISCO POR MEIO DE RECOMPRA Uma cláusula de recompra ou de devolução permite ao varejista devolver o estoque não vendido até uma quantidade especificada, a um preço combinado. Nesse caso, o fornecedor está compartilhando risco ao concordar em comprar de volta o estoque não vendido do varejista. Em um *contrato de recompra*, o fabricante especifica um preço de atacado c, com um preço de recompra b, pelo qual o varejista pode retornar quaisquer unidades não vendidas ao final da estação. Supomos que o fabricante pode recuperar US$ s_M para quaisquer unidades que o varejista devolver. O fabricante tem um custo de v por unidade produzida. O preço de varejo é p.

A quantidade de pedido ideal O^* para o varejista em resposta a um contrato de recompra é avaliada usando as equações 13.1 e 13.2, onde o valor residual para o varejista é $s = b$. O custo de estocar em excesso para o varejista é dado por $C_o = c - b$, e o custo de falta de estoque para o varejista é dado por $C_u = p - c$. Usando a Equação 13.1, o nível de serviço ideal que o varejista visa é, assim, dado por $NSC^* = (p - c)/(p - b)$. Usando a Equação 13.2, o tamanho de pedido ideal para o varejista é dado por $O^* = NORMINV(NSC^*, \mu, \sigma)$. O lucro esperado do varejista é avaliado usando a Equação 13.3 com um valor residual do varejista (avaliado usando a Equação 13.4) que é devolvido. Obtemos, então:

$$\text{Lucro esperado do fabricante} = O^*(c - v) - (b - s_M)$$
$$\times \text{estoque em excesso esperado no varejista}$$

EXEMPLO 15.2 ⟫ Impacto do compartilhamento de risco por meio de recompras

Retornamos à loja de música do Exemplo 15.1 com todos os dados especificados. Suponha que o fornecedor concorda em comprar de volta qualquer disco não vendido por US$ 3, mesmo que a sobra de CDs no final do período de vendas não seja considerável. Com a cláusula de recompra, quantos discos o varejista independente deveria pedir? Quais são os lucros da cadeia de suprimentos com a cláusula de recompra?

Análise

Com uma cláusula de recompra como especificado, o varejista tem um valor residual de US$ 3 por cada unidade não vendida. Dado o preço de atacado de US$ 5 e o valor de varejo de US$ 10, o varejista então tem um custo de estoque em excesso de $C_o =$ US$ 5 − US$ 3 = US$ 2 e um custo de falta de estoque de $C_u =$ US$ 10 − US$ 5 = US$ 5. Usando a Equação 13.1, o ideal é que o varejista vise a um nível de serviço de $5/(2 + 5) = 0{,}71$ e peça 1.170 [= $NORMINV(5/7, 1.000, 300)$] discos. A partir da Equação 13.3, os lucros esperados do varejista são de US$ 4.286. Dado um esperado excesso de estoque de 223 unidades (usando a Equação 13.4), o lucro esperado do fabricante é de US$ 4.011 [= $1.170 \times (5 - 1) - (223 \times 2)$]. O lucro total da cadeia de suprimentos com recompras é, assim, de US$ 4.286 + US$ 4.011 = US$ 8.297.

Observe que o compartilhamento de risco usando a cláusula de recompra para US$ 3 aumenta os lucros para o varejista e também para o fabricante (e a da cadeia de suprimento como um todo) em comparação ao Exemplo 15.1, no qual não há compartilhamento de risco.

O Exemplo 15.2 ilustra que o compartilhamento de risco por meio de uma cláusula de recompra projetada adaptável pode aumentar os lucros do fabricante (com relação ao caso sem compartilhamento de risco), mesmo que o varejista seja compensado por qualquer estoque não vendido. O compartilhamento de risco pelo fabricante sempre aumenta os lucros do varejista porque seus custos de estoque em excesso são diminuídos. Apesar do estoque não vendido comprado de volta por US$ 3, os lucros da cadeia de suprimentos aumentam no Exemplo 15.2 porque o varejista, em média, vende mais produto (nos quais o fornecedor faz US$ 5 por unidade). Os contratos de recompra são mais efetivos para produtos com baixo custo variável, como música, software, livros, revistas e jornais.

A Tabela 15.3 (que pode ser construída usando a aba *Exemplo 15.2* da planilha *Exemplos*) mostra os lucros da cadeia de suprimentos para valores diferentes de preços integrais e de recompra. Observe que um contrato de recompra aumenta os lucros totais da cadeia de suprimentos em cerca de 20% quando o preço de atacado é de US$ 7 por CD. Para um preço de atacado fixo, aumentar o preço de recompra sempre eleva os lucros do varejista. Em geral, existe um preço de recompra positivo que é uma fração do preço de atacado, no qual o fabricante tem um lucro maior em comparação ao caso em que não oferece a possibilidade de recompra. Observe também que as recompras aumentam os lucros para os fabricantes à medida que a margem do fabricante aumenta. Na Tabela 15.3, nota-se que as recompras são mais úteis ao fabricante quando o preço de atacado é de US$ 7 com relação a quando o preço de atacado é de US$ 5. Assim, quanto

Tabela 15.3 Tamanhos de pedido e lucros na cadeia de suprimentos de música sob diferentes contratos de recompra.

Preço de atacado c	Preço de recompra b	Tamanho de pedido ideal para a loja	Lucro esperado para a loja	Devoluções esperadas para o fornecedor	Lucro esperado para o fornecedor	Lucro esperado da cadeia de suprimentos
US$ 5	US$ 0	1.000	US$ 3.803	120	US$ 4.000	US$ 7.803
US$ 5	US$ 2	1.096	US$ 4.090	174	US$ 4.035	US$ 8.125
US$ 5	US$ 3	1.170	US$ 4.286	223	US$ 4.009	US$ 8.295
US$ 6	US$ 0	924	US$ 2.841	86	US$ 4.620	US$ 7.461
US$ 6	US$ 2	1.000	US$ 3.043	120	US$ 4.761	US$ 7.804
US$ 6	US$ 4	1.129	US$ 3.346	195	US$ 4.865	US$ 8.211
US$ 7	US$ 0	843	US$ 1.957	57	US$ 5.056	US$ 7.013
US$ 7	US$ 4	1.000	US$ 2.282	120	US$ 5.521	US$ 7.803
US$ 7	US$ 6	1.202	US$ 2.619	247	US$ 5.732	US$ 8.351

maior a margem do fabricante, maior é seu benefício por meio do uso de algum mecanismo de compartilhamento de risco, como as recompras.

Para um preço de atacado fixo, conforme o preço de recompra aumenta, o varejista faz mais pedidos e também mais retornos. Em nossa análise da Tabela 15.3, no entanto, não consideramos o custo associado ao retorno. Conforme ele aumenta, os contratos de recompra se tornam menos atrativos porque o custo de retorno reduz os lucros da cadeia de suprimentos. Se os custos de retorno forem altos, os contratos de recompra podem reduzir os lucros totais da cadeia de suprimentos bem mais do que no caso em que não há recompra.

Em 1932, a Viking Press foi a primeira editora de livros a aceitar consignações. Hoje, os contratos de recompra são muito comuns na indústria de livros, e as editoras aceitam livros não vendidos das livrarias. Para minimizar o custo associado a uma devolução, as livrarias não precisam devolver o livro, apenas a capa. Quando a editora pode verificar as vendas da livraria de modo eletrônico, nada deve ser retornado. A meta é que em ambos os casos a editora tenha a prova de que o livro não vendeu, enquanto reduz o custo de devolução. Com o passar dos anos, tem havido um debate considerável sobre o impacto da política de devolução das editoras sobre os lucros na indústria. Nossa discussão proporciona alguma justificativa para a técnica utilizada pelas editoras.

Em alguns casos, os fabricantes usam subsídios ao custo de estocagem ou proteção de preço para encorajar os varejistas a pedirem mais. Com *subsídios ao custo de estocagem*, os fabricantes pagam aos varejistas certo valor para cada unidade mantida em estoque por determinado período. Os subsídios ao custo de estocagem são prevalentes nas cadeias de suprimentos de automóveis. Na indústria de alta tecnologia, em que os produtos perdem valor rapidamente, os fabricantes compartilham o risco de o produto se tornar obsoleto oferecendo *suporte de preço* aos varejistas. Muitos fabricantes garantem que, no caso de uma queda de preços, eles também reduzirão os preços para todos os estoques que o varejista estiver mantendo atualmente e compensarão os varejistas de acordo. Como resultado, o custo do estoque em excesso no varejista é limitado ao custo de capital e armazenagem física, e não inclui obsolescência, que pode ser de mais de 100% ao ano para produtos de alta tecnologia. Assim, o varejista aumenta o nível de disponibilidade de produto na presença de suporte de preço. Tanto os subsídios ao custo de estocagem quanto o suporte de preço são formas de recompra.

Uma desvantagem da cláusula de recompra (ou qualquer prática equivalente, como o subsídio ao custo de estocagem ou o suporte de preço) é que ela leva ao excesso de estoque, que deverá ser liquidado ou descartado. A tarefa de devolver produtos não vendidos aumenta os custos da cadeia de suprimentos. O custo das devoluções pode ser eliminado se o fabricante der ao varejista uma margem de desconto e permitir que ele venda o produto com um desconto significativo. Hoje, as editoras geralmente não pedem que os varejistas devolvam livros não vendidos. Em vez disso, elas dão uma permissão de desconto para esses livros. Os varejistas os remarcam e vendem com um desconto considerável.

Para o nível indicado de disponibilidade de produto no varejista, a presença de uma cláusula de recompra também pode prejudicar as vendas, pois o leva a exercer menos esforço para vender do que se não houvesse recompra. A redução no esforço do varejista na presença de recompra ocorre porque sua perda com o estoque não vendido é maior quando não existe recompra, ocasionando um esforço de vendas mais alto. O fornecedor pode combater a redução no esforço de vendas limitando a quantidade de recompra permitida.

A estrutura de uma cláusula de recompra leva a cadeia de suprimentos inteira a reagir ao pedido feito pelo varejista e não à demanda real do cliente. Se um fornecedor estiver vendendo para vários lojistas, ele produz com base nos pedidos feitos de cada um deles. Cada varejista baseia seu pedido em seu custo de estocagem em excesso ou em falta (ver Capítulo 13). Depois que as vendas reais se materializam, o estoque não vendido é devolvido ao fornecedor de cada varejista separadamente. Como resultado, a estrutura da cláusula de recompra aumenta a distorção de informação quando um fornecedor está vendendo para vários lojistas. Ao final da estação de vendas, porém, o fornecedor obtém informações sobre as vendas reais. A distorção de informação é devida principalmente ao fato de que o estoque está desagregado nos varejistas, com base em uma decisão de pedido quando a demanda é incerta. Se o estoque for centralizado no fornecedor e enviado aos varejistas apenas conforme a necessidade, a distorção de informação pode ser reduzida. Com produção mais responsiva e estoque centralizado, o fornecedor pode explorar a independência da demanda pelos varejistas para manter um nível mais baixo de estoque. Na prática, a maior parte dos contratos de recompra, porém, possui estoque descentralizado nos varejistas. Como resultado, existe um alto nível de distorção de informação.

COMPARTILHAMENTO DE RISCOS POR MEIO DE COMPARTILHAMENTO DE RECEITA Nos contratos de *compartilhamento de receita*, o fabricante cobra do varejista um preço de atacado c mais baixo (em comparação ao caso sem compartilhamento de risco), mas compartilha uma fração f de sua receita. Nesse caso, o fabricante está compartilhando risco porque o custo do varejista é menor (do que sem compartilhamento de risco) se a demanda for menor. Mesmo que nenhuma devolução seja permitida, o preço de atacado mais baixo diminui o custo para o varejista no caso de estoque em excesso. O varejista, assim, aumenta o nível de disponibilidade de produto, resultando em maiores lucros para ele e para o fabricante quando o compartilhamento de receita é projetado de modo adequado.

Suponha que o fabricante tenha um custo de produção v; o varejista cobra um preço de revenda p e pode liquidar quaisquer unidades que restarem por s_R. A quantidade de pedido ideal O^* solicitada pelo varejista é avaliada usando as equações 13.1 e 13.3, onde o custo de falta de estoque é $C_u = (1 - f)p - c$ e o custo de estoque em excesso é $C_o = c - s_R$. Assim, obtemos:

$$NSC^* = \text{probabilidade}(\text{demanda} \leq O^*) = \frac{C_u}{C_u + C_o} = \frac{(1-f)p - c}{(1-f)p - s_R}$$

O fabricante recebe o preço de atacado c para cada unidade adquirida pelo varejista e uma fatia da receita para cada unidade vendida por ele. O estoque em excesso esperado no varejista é obtido usando a Equação 13.4. Os lucros do fabricante são, portanto, avaliados como:

Lucros esperados do fabricante = $(c - v) O^*$
$+ fp(O^* - $ estoque em excesso esperado no varejista$)$

O varejista paga um preço de atacado c por cada unidade comprada e recebe uma receita de $(1 - f)p$ para cada unidade vendida e uma receita de s_R para cada unidade estocada em excesso. O lucro esperado do varejista é, portanto, avaliado como

Lucro esperado do varejista = $(1 - f)p(O^* - $ estoque em excesso esperado no varejista$)$
$+ s_R \times$ estoque em excesso esperado no varejista $- cO^*$

Ilustraremos o impacto do compartilhamento de receita nos lucros da cadeia de suprimentos usando o Exemplo 15.3 (ver aba *Exemplo 15.3* na planilha *Exemplos*).

EXEMPLO 15.3 〉〉 Impacto do compartilhamento de risco por meio do compartilhamento de receitas

Retornamos ao exemplo da loja de música do Exemplo 15.1 com todos os dados como especificado. Suponha que o fornecedor concorda com um contrato de compartilhamento de receita sobre o qual o varejista é cobrado somente por US$ 1 por cada CD, com o fabricante obtendo 45% das receitas de varejo. Se cada unidade tem o preço de US$ 10, o fornecedor recebe US$ 4,50 para cada unidade vendida e a loja recebe US$ 5,50. Com a cláusula de compartilhamento de receita, quantos discos um varejista independente deveria pedir? Quais são os lucros da cadeia de suprimentos com a cláusula de compartilhamento de receita?

Análise

Com a cláusula de compartilhamento de risco conforme especificado, temos $c =$ US$ 1, $p =$ US$ 10, $s_R = 0$ e uma fração de fatia de receita de $f = 0,45$. O fabricante tem um custo de produção de $v =$ US$ 1. A loja, assim, tem um custo de estoque em excesso de $C_o = c - s_R = 1 - 0 =$ US$ 1 e um custo de excesso de estoque de $C_u = (1 - f)p - c = (1 - 0,45) \times 10 - 1 =$ US$ 4,50. A loja visa a um nível de serviço de $NSC^* = 4,5/(4,5 + 1) = 0,818$ ou 81,8% (ver Equação 13.1) e faz pedido de 1.273 [$= NORMINV(4,5/5,5, 1.000, 300)$] discos. Observe que é bem mais que os 1.000 CDs pedidos no Exemplo 15.1, quando o preço de atacado era de US$ 5 e não havia compartilhamento de risco. O aumento no tamanho do pedido ocorre porque o varejista perde somente US$ 1 por disco não vendido (em vez de US$ 5 por disco sem compartilhamento de receita), enquanto obtém uma margem de US$ 4,50 por cada disco que vende.

Dado um pedido de 1.273 discos, o varejista tem um estoque em excesso de 302 discos (use a Equação 13.4). Como resultado, o lucro esperado do fabricante $= (c - v)O^* + fp(O^* -$ estoque em excesso esperado) $= (1 - 1) \times 1.273 + 0,45 \times 10 \times (1.273 - 302) =$ US$ 4.369. O lucro esperado do varejista $= (1 - f) p(O^* -$ estoque em excesso do varejista) $+ S_R \times$ estoque em excesso do varejista $- cO^* = (1 - 0,45) \times 10 (1.273 - 302) + 0 \times 302 - 1 \times 1.273 =$ US$ 4.068. O lucro total da cadeia de suprimentos $= 4.369 + 4.068 =$ US$ 8.437.

Observe que o compartilhamento de riscos usando a cláusula de compartilhamento de receitas com um preço de atacado de US$ 1 e uma fatia de 45% para o fornecedor aumenta os lucros para o varejista e também para o fabricante (e da cadeia de suprimentos como um todo) em comparação ao Exemplo 15.1, no qual não há compartilhamento de riscos.

A Tabela 15.4 (construída usando a aba *Exemplo 15.3* na planilha *Exemplos*) proporciona o resultado em termos de tamanhos de pedido e lucros para diferentes preços de varejo e frações de compartilhamento de receitas *f*. A partir das tabelas 15.3 e 15.4, observe que o compartilhamento de receitas permite que tanto o fabricante como o varejista aumentem seus lucros na ausência de recompras em comparação com o caso em que o atacadista vende a um preço fixo de US$ 5 sem recompras. Lembre-se de que quando cobra um preço de atacado de US$ 5, o fornecedor obtém um lucro de US$ 4.000 e a loja obtém um lucro de US$ 3.803 (ver Tabela 15.3).

Os contratos de compartilhamento de receita também resultam em menor esforço para o varejista em comparação ao caso em que ele paga um preço de atacado inicial e mantém a

〉〉 **Tabela 15.4** Tamanhos de pedido e lucros na cadeia de suprimentos de música sob diferentes contratos de compartilhamento de receita.

Preço de atacado *c*	Fração de compartilhamento de receita *f*	Tamanho de pedido ideal para a loja	Estoque em excesso esperado na loja	Lucro esperado para a loja	Lucro esperado para o fornecedor	Lucro esperado da cadeia de suprimentos
US$ 1	0,30	1.320	342	US$ 5.526	US$ 2.934	US$ 8.460
US$ 1	0,45	1.273	302	US$ 4.064	US$ 4.367	US$ 8.431
US$ 1	0,60	1.202	247	US$ 2.619	US$ 5.732	US$ 8.350
US$ 2	0,30	1.170	223	US$ 4.286	US$ 4.009	US$ 8.295
US$ 2	0,45	1.105	179	US$ 2.881	US$ 5.269	US$ 8.150
US$ 2	0,60	1.000	120	US$ 1.521	US$ 6.282	US$ 7.803

receita inteira de uma venda. A queda no esforço acontece porque o varejista recebe apenas uma fração da receita de cada venda. Uma vantagem dos contratos de compartilhamento de receita em relação aos contratos de recompra é que nenhum produto precisa ser devolvido, eliminando, assim, o custo das devoluções. Os contratos de compartilhamento de receita são mais adequados para produtos com baixo custo variável e alto custo de devolução. Um bom exemplo dos contratos de compartilhamento de receita é o que ocorre entre a locadora de vídeos Blockbuster e os estúdios de cinema. Um estúdio vende cada título à Blockbuster a um preço baixo e depois compartilha a receita gerada pelo aluguel real. Com o preço baixo, a Blockbuster compra muitas cópias, resultando em mais aluguéis e lucros mais altos para a Blockbuster e para o estúdio.

O contrato de compartilhamento de receita requer uma infraestrutura de informação que permita ao fornecedor monitorar as vendas no varejista. Essa infraestrutura pode ser cara para montar. Como resultado, esses contratos podem ser difíceis de administrar para um fornecedor que venda para muitos compradores pequenos.

Assim como em contratos de recompra, os contratos de compartilhamento de receita também resultam na cadeia de suprimentos produzindo contra os pedidos do varejista, e não contra a demanda real do consumidor. Essa distorção de informação resulta em excesso de estoque na cadeia e maior divergência entre oferta e demanda. A distorção de informação aumenta à medida que cresce o número de varejistas para os quais o fornecedor vende. Assim como em contratos de recompra, a distorção de informação dos contratos de compartilhamento de receita pode ser reduzida se os varejistas reservarem capacidade de produção ou estoque no fornecedor, em vez de comprar o produto e mantê-lo em estoque por conta própria. Isso permite a agregação da variabilidade por vários lojistas e o fornecedor deve manter um nível mais baixo de capacidade ou estoque. Na prática, porém, a maioria dos contratos de compartilhamento de receita é implementada com o varejista comprando e mantendo o estoque.

COMPARTILHAMENTO DE RISCOS USANDO QUANTIDADE FLEXÍVEL Sob *contratos com quantidade flexível*, o fabricante permite que o varejista mude a quantidade solicitada (dentro dos limites) depois de observar a demanda. Se um varejista pede O unidades, o fabricante se compromete a oferecer $Q = (1 + \alpha)O$ unidades, enquanto o varejista está comprometido a comprar pelo menos $q = (1 - \beta)O$ unidades. Tanto α quanto β estão entre 0 e 1. O varejista pode comprar até de qQ unidades, dependendo da demanda que ele observa. Esses contratos são semelhantes em espírito ao que a Mattel ofereceu a seus varejistas antes de 1999. Em contratos de quantidade flexível o fabricante compartilha risco ao permitir que o varejista ajuste seu pedido conforme recebe melhores informações de mercado. Como nenhuma devolução é necessária, esses contratos podem ser mais eficazes do que os de recompra quando o custo das devoluções for alto. Quando o fornecedor está vendendo para diversos varejistas, esses contratos são mais efetivos do que os contratos de recompra porque eles permitem que o fornecedor agregue incerteza ao longo de diversos varejistas e assim diminuam o nível de estoque em excesso. Os contratos com quantidade flexível aumentam a quantidade média que o varejista compra e podem aumentar os lucros totais da cadeia de suprimentos quando estruturados de modo apropriado.

Suponha que o fabricante incorra em um custo de produção de US$ v por unidade e cobre um preço de atacado de US$ c do varejista. Este, por sua vez, vende aos clientes por um preço final de US$ p. O varejista liquida quaisquer unidades restantes por s_R. O fabricante liquida quaisquer unidades restantes por s_M. Se a demanda do varejista for distribuída normalmente, com média μ e desvio-padrão σ, podemos avaliar o impacto de um contrato com quantidade flexível. Se o varejista pede O unidades, o fabricante se compromete a fornecer Q unidades. Como resultado, consideramos que o fabricante produz Q unidades. O varejista compra q unidades se a demanda D for menor que q, D unidades se a demanda D for entre q e Q, e Q unidades se a demanda for maior que Q. Observe que, nas fórmulas a seguir, F_S é a função da distribuição acumulada normal padrão e f_S é a função da densidade normal padrão, discutidas no Apêndice 12A do Capítulo 12. Assim, obtemos:

Quantidade esperada comprada pelo varejista $Q_R = qF(q) + Q[1 - F(Q)]$
$$+ \mu\left[F_s\left(\frac{Q-\mu}{\sigma}\right) - F_s\left(\frac{q-\mu}{\sigma}\right)\right]$$
$$- \sigma\left[f_s\left(\frac{Q-\mu}{\sigma}\right) - f_s\left(\frac{q-\mu}{\sigma}\right)\right]$$

Quantidade esperada vendida pelo varejista $D_R = Q[1 - F(Q)]$
$$+ \mu F_s\left(\frac{Q-\mu}{\sigma}\right) - \sigma f_s\left(\frac{q-\mu}{\sigma}\right)$$

Estoque em excesso esperado no fabricante $= Q_R - D_R$
Lucro esperado do varejista $= D_R \times p + (Q_R - D_R)s_R - Q_R \times c$
Lucro esperado do fabricante $= Q_R \times c + (Q - Q_R)s_M - Q \times v$

Ilustraremos o impacto da flexibilidade da quantidade nos lucros da cadeia de suprimentos usando o Exemplo 15.4 (ver aba *Exemplo 15.4* na planilha *Exemplos*).

EXEMPLO 15.4 》 Impacto do compartilhamento de risco por meio da quantidade flexível

Retornamos à loja do Exemplo 15.1 com todos os dados conforme especificado. O varejista é cobrado em US$ 5 por cada CD e tem um preço de varejo de US$ 10. Suponha que o fornecedor concorde com um contrato de quantidade flexível em que ele esteja de acordo com $\alpha = 0{,}05$ e $\beta = 0{,}05$. Por esse contrato, o varejista decide fazer um pedido para 1.017 unidades. Com uma cláusula de quantidade flexível, quantos discos o varejista independente espera comprar? Quantos discos ele espera vender? Quais são os lucros da cadeia de suprimentos com uma cláusula de quantidade flexível?

Análise

Nesse caso, temos $v = $ US$ 1, $c = $ US$ 5, $p = $ US$ 10, $S_R = 0$, e $S_M = 0$. Com uma cláusula de quantidade flexível conforme especificado e um pedido para $O = 1.017$ a partir do varejista, o fabricante se empenha para fornecer qualquer quantidade entre $q = (1 - \beta)O = (1 - 0{,}05) \times 1.017 = 966$ unidades e $Q = (1 + \alpha)O = (1 + 0{,}05) \times 1.017 = 1.068$ unidades. Assim, obtemos:

Quantidade esperada comprada pelo varejista, $Q_R = 1.015$ unidades
Quantidade esperada vendida pelo varejista, $D_R = 911$ unidades
Estoque em excesso esperado no varejista, $Q_R - D_R = 1.015 - 911 = 104$ unidades

Lucro esperado do varejista $= D_R \times p + (Q_R - D_R)s_R - Q_R \times c$
$= 911 \times 10 + (1.015 - 911) \times 0 - 1.015 \times 5 = $ US$ 4.038

Lucro esperado do fabricante $= Q_R \times c + (Q - Q_R)s_M - Q \times v$
$= 1.015 \times 5 + (1.068 - 1.015) \times 0 - 1068 \times 1$
$= $ US$4.007

Dado o pedido de 1.017 discos (que é ajustado entre 966 e 1.068 com base na demanda atual), o lucro total da cadeia de suprimentos $= 4.038 + 4.007 = $ US$ 8.045.

Observe que o compartilhamento de risco usando a cláusula de quantidade flexível com uma flexibilidade de 5% acima ou abaixo da quantidade do pedido aumenta os lucros para o varejista e também para o fabricante (e para a cadeia de suprimentos como um todo) em comparação ao Exemplo 15.1, no qual não há compartilhamento de riscos.

Com a cláusula de quantidade flexível, o varejista está apto a levar vantagem da inteligência de mercado de modo que a quantidade finalmente comprada pelo varejista seja maior em fluxo do que na demanda atual. A melhor combinação entre oferta e demanda resulta em maiores lucros para o varejista. Se o fornecedor tem acesso a alguma capacidade mais flexível e responsiva, ele pode produzir a parte da incerteza do pedido antes que o pedido do varejista seja finalizado, enquanto produz a carga de base (q unidades) usando um método de produção de baixo custo. Essa adaptação da produção permite que o fornecedor reduza os custos gerais. Um contrato de quantidade flexível é particularmente eficiente se um fornecedor estiver vendendo para diversos varejistas com demanda independente porque isso possibilita que as incertezas sejam agregadas pelo fornecedor.

Na Tabela 15.5, mostramos o impacto de diferentes contratos com quantidade flexível sobre a lucratividade para a cadeia de suprimentos de música quando a demanda é distribuída normalmente, com uma média de $\mu = 1.000$ e um desvio-padrão de $\sigma = 300$ (ver aba *Exemplo 15.4* na planilha *Exemplos*). Suponha um preço de atacado de $c = US\$ 5$ e um preço de revenda de $p = US\$ 10$. Todos os contratos considerados são tais que $\alpha = \beta$. Os resultados na Tabela 15.5 são construídos em dois passos. Primeiro, fixa-se α e β (digamos $\alpha = \beta = 0,2$). O próximo passo é identificar o tamanho de pedido ideal para o varejista. Isso é feito usando o Excel ao selecionar um tamanho de pedido que maximize os lucros esperados do varejista dados por α e β. Por exemplo, quando $\alpha = \beta = 0,05$ e $c = US\$ 5$, os lucros do varejista são maximizados por um tamanho de pedido de $O = 1.017$. Por esse tamanho de pedido, obtemos um compromisso do fornecedor de entregar até $Q = (1 + 0,05) \times 1.017 = 1.068$ e o compromisso do varejista de comprar menos de $q = (1 - 0,05) \times 1.017 = 966$ discos. Em nossa análise, supomos que o fornecedor produza $Q = 1.068$ discos e envie o número preciso (entre 966 e 1.068) demandado pelo varejista. Essa política resulta em lucros do varejista de US$ 4.038 e lucros do fornecedor de US$ 4.006.

Pela Tabela 15.5, observe que os contratos com quantidade flexível permitem que o fabricante e o varejista aumentem seus lucros. Observe que, à medida que o fabricante aumenta o preço de atacado, o ideal é que ele ofereça maior quantidade flexível ao varejista.

Os contratos com quantidade flexível são comuns para componentes na indústria eletrônica e de computadores. Na discussão anterior, consideramos contratos bastante simples. A Benetton tem usado com sucesso sofisticados contratos com quantidade flexível com seus varejistas para aumentar os lucros da cadeia de suprimentos. Descrevemos um contrato desse tipo no contexto dos tricôs coloridos.

Sete meses antes da entrega, os lojistas da Benetton precisam fazer seus pedidos. Considere um varejista que faça um pedido de 100 suéteres vermelhos, azuis e amarelos cada um. Um a três meses antes da entrega, os varejistas podem alterar até 30% da quantidade pedida em qualquer cor e atribuí-la a outra cor. O pedido agregado, porém, não pode ser ajustado nesse estágio. Potencialmente, o varejista pode mudar o pedido para 70 suéteres vermelhos, 70 azuis e 160 amarelos. Após o início da estação de vendas, os varejistas podem pedir até 10% de seu pedido anterior em qualquer cor. Potencialmente, então, o varejista pode pedir outros 30 suéteres amare-

》 Tabela 15.5 Lucros na cadeia de suprimentos de música sob diferentes contratos com quantidade flexível.

α	β	Preço de atacado c	Tamanho do pedido O	Compra esperada pelo varejista	Venda esperada pelo varejista	Lucros esperados para o varejista	Lucros esperados para o fornecedor	Lucro esperado da cadeia de suprimentos
0,00	0,00	US$ 5	1.000	1.000	880	US$ 3.803	US$ 4.000	US$ 7.803
0,05	0,05	US$ 5	1.017	1.015	911	US$ 4.038	US$ 4.006	US$ 8.044
0,20	0,20	US$ 5	1.047	1.023	967	US$ 4.558	US$ 3.858	US$ 8.416
0,00	0,00	US$ 6	924	924	838	US$ 2.841	US$ 4.620	US$ 7.461
0,20	0,20	US$ 6	1.000	1.000	955	US$ 3.547	US$ 4.800	US$ 8.347
0,30	0,30	US$ 6	1.021	1.006	979	US$ 3.752	US$ 4.711	US$ 8.463
0,00	0,00	US$ 7	843	843	786	US$ 1.957	US$ 5.056	US$ 7.013
0,20	0,20	US$ 7	947	972	936	US$ 2.560	US$ 5.666	US$ 8.226
0,40	0,40	US$ 7	1.000	1.000	987	US$ 2.873	US$ 5.600	US$ 8.473

los. Nesse contrato com quantidade flexível, os varejistas da Benetton têm uma flexibilidade de até 10% sobre o pedido agregado de todas as cores e cerca de 40% para as cores individuais. Os varejistas podem aumentar a quantidade agregada pedida em até 10% e a quantidade de qualquer cor individual pode ser ajustada em até 40%. Essa flexibilidade é coerente com o fato de que as previsões agregadas são mais precisas do que as previsões para as cores individuais. Como resultado, os varejistas podem combinar melhor a disponibilidade de produto com a demanda. A parte garantida do pedido é manufaturada pela Benetton usando um processo de produção com tempo de espera mais barato, porém longo. A parte flexível do pedido (cerca de 35%) é manufaturada usando postergação. O resultado é uma combinação melhor de oferta e demanda a um custo mais baixo do que na ausência de tal contrato. O contrato com quantidade flexível permite que os varejistas e a Benetton aumentem seus lucros.

O contrato de quantidade flexível exige que o estoque ou o excesso de capacidade flexível estejam disponível no fornecedor. Se este estiver vendendo para vários lojistas com demanda independente, a agregação de estoque leva a um estoque excedente menor (ver Capítulo 12), com um contrato com quantidade flexível em comparação a um contrato de recompra ou de compartilhamento de receita. Os estoques podem ser reduzidos ainda mais se o fornecedor tiver capacidade flexível em excesso. Portanto, os contratos com quantidade flexível são preferidos para produtos com alto custo marginal ou em casos nos quais a capacidade excedente está disponível. Para serem eficazes, os contratos com quantidade flexível exigem que o varejista seja bom em colher inteligência de mercado e melhorar suas previsões mais próximo ao ponto de venda.

Com relação aos contratos de recompra e compartilhamento de receita, os contratos com quantidade flexível têm menos distorção de informação. Considere o caso com vários lojistas. Com um contrato de recompra, a cadeia de suprimentos deve produzir com base em pedidos do varejista que são feitos bem antes que surja a demanda real. Isso ocasiona estoque excedente desagregado em cada varejista. Com um contrato com quantidade flexível, os varejistas especificam apenas o intervalo dentro do qual eles comprarão, bem antes que surja a demanda real. Se a demanda em vários lojistas for independente, o fornecedor não precisa planejar a produção para o ponto mais alto do intervalo do pedido de cada varejista. Ele pode agregar a incerteza por todos os varejistas e montar um nível mais baixo de estoque em excesso do que seria necessário se o estoque fosse desagregado em cada varejista. Estes, então, pedem mais próximo do momento de venda, quando a demanda é mais visível e menos incerta. A agregação da incerteza resulta em menos distorção da informação com um contrato com quantidade flexível.

Assim como os outros contratos discutidos, os contratos com quantidade flexível resultam em menor esforço do varejista. Na verdade, qualquer contrato que faça com que os varejistas ofereçam um nível mais alto de disponibilidade do produto, não os tornando totalmente responsáveis pelo estoque em excesso, resultará em uma redução de esforço do varejista para determinado nível de estoque.

> **》 Ponto-chave**
>
> O compartilhamento de risco em uma cadeia de suprimentos aumenta os lucros tanto para o fornecedor como para o lojista. Os mecanismos de compartilhamento de risco incluem recompras, compartilhamento de receitas e quantidade flexível. Os contratos de quantidade flexível resultam em menor distorção de informação do que os de recompra ou de compartilhamento de receita quando um fornecedor vende para vários compradores ou tem capacidade em excesso, flexível.

Compartilhamento de recompensas para melhorar o desempenho

Tendo discutido os benefícios do compartilhamento de risco, focaremos agora na importância de compartilhar recompensas em uma cadeia de suprimentos. Em alguns casos, um comprador quer a melhora do desempenho de um fornecedor que tem pouco incentivo para tal. Um fornecedor pode ser relutante em investir em melhoria se o esforço tem de ser exercido por ele, mas a maioria dos benefícios são revertidos para o comprador. Nesse cenário, compartilhar os benefícios da melhoria pode encorajar a cooperação do fornecedor, resultando em um melhor resultado da cadeia de suprimentos.

Como exemplo, considere um comprador que quer que o fornecedor melhore o desempenho por meio da redução do tempo de espera para um item sazonal. Este é um componente importante de todas as iniciativas de resposta rápida em uma cadeia de suprimentos. Com um tempo de espera mais curto, o comprador espera ter melhores previsões e ser mais capaz de combinar a oferta e a demanda. A maior parte do trabalho para reduzir o tempo de espera deve ser feita pelo fornecedor, enquanto a maior parte vai para o comprador em termos de estoques reduzidos, estoque em excesso e vendas perdidas. Na verdade, o fornecedor vai perder vendas porque o comprador agora vai manter menos estoque de segurança como resultado de tempos de espera menores e melhores previsões. Para induzir o fornecedor a reduzir o tempo de espera, o comprador pode usar um *contrato de economia compartilhada*, com o fornecedor recebendo uma fração das economias resultantes da redução do tempo de espera. Enquanto a fatia do fornecedor das economias compensa qualquer esforço que tenha de fazer, seu incentivo será alinhado com a do comprador, ocasionando um resultado que beneficia ambas as partes.

Uma regra semelhante surge quando o comprador quer encorajar o fornecedor a melhorar a qualidade. Aprimorar a qualidade do fornecimento reduz os custos do comprador, mas exige esforço adicional do fornecedor. Mais uma vez, o contrato de economias compartilhadas é uma boa maneira de alinhar os incentivos entre o comprador e o fornecedor. O comprador pode fazer uso de economias compartilhadas a partir da qualidade melhorada com o fornecedor. Isso encorajará o fornecedor a melhorar a qualidade para um nível melhor do que o fornecedor escolheria na ausência de economias compartilhadas. Outro exemplo surge no contexto de material químico tóxico que pode ser usado pelo fabricante. Ele gostaria de diminuir o uso desse material. Geralmente, o fornecedor é mais bem equipado para identificar formas de reduzir o uso, pois esse é seu negócio principal. No entanto, ele não tem nenhum incentivo para trabalhar com o comprador na redução, pois isso diminuiria suas vendas. Um contrato de economias compartilhadas pode ser usado para alinhar os incentivos entre ambos. Se o fabricante compartilha as economias que resultam da redução no uso do material químico tóxico com o fornecedor, este irá fazer um esforço para diminuir o uso, contanto que as economias compensem a perda na margem de vendas reduzidas.

Em geral, compartilhar as economias é eficaz no alinhamento dos incentivos do fornecedor e do comprador quando o fornecedor é solicitado a melhorar o desempenho em uma dimensão particular e a maioria dos benefícios da melhoria vai para o comprador. Um comprador poderoso pode juntar as economias com as penalidades da perda de melhoria para encorajar ainda mais o fornecedor a aprimorar seu desempenho. Compartilhar as recompensas de melhorias eleva os lucros tanto para o comprador como para o fornecedor, enquanto se atingem resultados que são benéficos para a cadeia de suprimentos.

> **Ponto-chave**
>
> Compartilhar as recompensas advindas de melhorias pode induzir a um aprimoramento do desempenho do fornecedor em dimensões como tempo de espera, para a qual o benefício da melhoria vai para o comprador, mas o esforço é sobretudo do fornecedor.

15.7 Impacto dos incentivos ao terceirizar

Conforme as empresas passaram a terceirizar mais atividades da cadeia de suprimentos, tornou-se mais difícil alinhar as metas de todas as partes envolvidas. O desalinhamento de incentivos muitas vezes prejudica o desempenho da cadeia de suprimentos. A baixa contábil de US$ 2,5 bilhões do estoque pela Cisco em 2001 é um exemplo do custo de incentivos desalinhados. A Cisco terceirizou a produção para contratar fabricantes e recompensa-os por entregas rápidas. Os fornecedores estocavam produtos semiacabados para a Cisco, porque a disponibilidade desse estoque permitia que os fornecedores reagissem rapidamente durante um período prolongado, quando a demanda ultrapassava a oferta. Quando a demanda desacelerou em 2000, demorou até que a entrada de componentes pudesse ser abreviada. A recompensa para entregas rápidas, sem qualquer consequência negativa para os estoques, levou os fornecedores a construir um estoque de US$ 2,5, que se tornou inútil quando a demanda diminuiu. Esse exemplo é um conto de advertência sobre a importância da compreensão do impacto de incentivos em uma cadeia de suprimentos. Entender o impacto dos incentivos é importante sempre que as ações de terceiros não são totalmente observáveis ou se o terceiro tem a informação que não está disponível para a empresa. Em ambos os casos, é difícil conceber incentivos que induzam o terceiro a fazer o que é certo para a cadeia de suprimentos.

Um bom exemplo da falta de visibilidade das ações do terceiro surge na cadeia de suprimentos de automóveis. Considere o caso em que a Chrysler vende carros por meio de uma concessionária, que é um agente que atua em nome da empresa automobilística, referida como a principal. A revendedora também vende outras marcas e carros usados. Todos os meses, ela aloca seu esforço de vendas (por exemplo, pessoal, promoções) em todos os tipos de carros que vende. Os ganhos para a Chrysler são baseados nas vendas de suas marcas, que por sua vez são afetados pelo esforço exercido pela revendedora. O desafio nesse cenário é que, embora a Chrysler possa observar diretamente as vendas, o esforço da concessionária é difícil de observar e medir. Assim, quando as vendas são altas em determinado mês, é difícil para a Chrysler inferir se o aumento resultou de melhores condições de mercado ou maior esforço de vendas. Em geral, a Chrysler gostaria de encorajar um maior esforço de seus revendedores.

Sabe-se que os incentivos oferecidos podem encorajar um maior esforço do agente. Incentivos bem concebidos podem ser fortes comunicadores do desempenho desejado. Incentivos mal desenvolvidos, no entanto, podem sair pela culatra e prejudicar o desempenho da cadeia de suprimentos. Um incentivo de desempenho comumente utilizado estabelece "limiares" para o desempenho mínimo abaixo do qual não há nenhuma recompensa. A Chrysler ofereceu esse incentivo a suas concessionárias no primeiro trimestre de 2001. A estrutura do incentivo foi a seguinte: as concessionárias iriam manter a margem feita a partir de clientes se as vendas para o mês fossem inferiores a 75% de um objetivo acordado. No entanto, se a vendas atingissem ou ultrapassassem 75%, mas fossem menos de 100% da meta, o negociante receberia um adicional de US$ 150 por carro vendido. Se as vendas atingissem ou ultrapassassem 100%, mas fossem menos de 110%, o revendedor receberia um adicional de US$ 250 por carro vendido. Se as vendas atingissem ou excedessem 110% do alvo, o revendedor receberia um adicional de US$ 500 por carro vendido. A esperança da Chrysler era que, ao aumentar a margem de limiares mais elevados, a concessionária teria um incentivo para aumentar o esforço nas vendas de seus carros.

No primeiro mês após o novo contrato ter sido anunciado, a indústria de automóveis dos Estados Unidos experimentou uma diminuição das vendas. A Chrysler, no entanto, viu uma queda de vendas do dobro da média da indústria. Há três causas possíveis para esse comportamento, todas relacionadas com a estrutura do incentivo. Primeiro, o alvo estabelecido pode ter sido muito alto. Tendo em conta que o alvo não era viável, as concessionárias decidiram suprimir o esforço. Em segundo lugar, no âmbito do incentivo, a concessionária ganha mais dinheiro vendendo 900 carros em um mês e 1.100 no mês seguinte em comparação à venda de 1.000 carros por mês. O revendedor tem um incentivo para encaminhar a demanda ao longo do tempo a fim de alcançar tal resultado, aumentando assim a distorção de informação e a variação da demanda observada. A terceira causa é que durante a primeira semana do mês o revendedor teve a ideia de que a faixa de limiar é suscetível de ser atingida. Por exemplo, se a concessionária acredita que pode facilmente atravessar o limiar de 75%, mas tem pouca chance de cruzar o limite de 100%, ela irá diminuir o seu esforço para o mês e poupá-lo para mais tarde, porque o benefício marginal de vender um carro adicional é de apenas US$ 150. Por outro lado, se a demanda para o mês for alta e o negociante acredita que pode facilmente atravessar o limiar de 100%, é provável que exerça um esforço extra para atingir o limite de 110%, porque o benefício marginal de alcançar esse limiar é alto. Assim, o incentivo da Chrysler aumenta a variação no esforço da concessionária, exagerando ainda mais qualquer variação de mercado existente.

As seguintes abordagens podem ajudar a amortecer a distorção introduzida por incentivos de limiar, como no caso da Chrysler. É importante assegurar que o alvo definido não é muito elevado ou muito baixo porque a concessionária reduz o esforço exercido em ambos os casos. Mesmo quando o alvo é definido de forma justa, um problema surge se o destino for um número fixo que não varia com as condições de mercado. Um alvo razoável pode tornar-se demasiado fácil se o mercado for forte e muito difícil, se o mercado for fraco. É melhor definir um alvo que se ajuste com base nas condições de mercado. O desafio, no entanto, é identificar as condições de mercado. Uma abordagem utilizada é a de ajustar o alvo depois que as vendas são observadas, com base na média de vendas em todas as concessionárias. Assim, quando o mercado de automóveis caiu 8% (as vendas da indústria são uma boa medida das condições de mercado), a Chrysler poderia ter reduzido o alvo para seus revendedores no mesmo montante. Supondo, claro, que o alvo original era bastante definido e as concessionárias estavam cientes de que o ajuste previsto do destino com base nas condições de mercado teriam continuado a exercer um esforço constante. Incentivos de limiar para os quais o alvo é ajustado com base em condições de mercado têm maior probabilidade de resultarem em esforço constante a partir do terceiro.

A distorção da informação também é observada em incentivos de limiar oferecidos pelas empresas a suas equipes de vendas. Sob esses incentivos, são oferecidas à equipe recompensas por ultrapassar os limiares de vendas durante determinado período (por exemplo, um trimestre). O problema observado é que o esforço de vendas e pedidos atingem o pico durante as últimas semanas do trimestre, conforme os vendedores tentam cruzar o limiar. Esse padrão, em que as vendas têm pico perto do fim do período de avaliação, é referido como o fenômeno do bastão de hóquei. Essa distorção da informação surge porque o incentivo é oferecido ao longo de um período fixo, fazendo com que as últimas semanas de cada trimestre sejam um período de intensa atividade para toda a equipe de vendas.

Uma abordagem que as empresas podem tomar para resolver o fenômeno do bastão de hóquei é oferecer incentivos de limiar para um horizonte futuro. Por exemplo, se uma empresa oferece a sua equipe de vendas incentivos semanais com base nas vendas ao longo das últimas 13 semanas, cada semana torna-se a última semana de um período de 13 semanas. Assim, o esforço de vendas torna-se mais uniforme em comparação a quando toda a equipe de vendas tem a mesma última semana para a sua avaliação de bônus. Dada a presença de sistemas de planejamento de recursos empresariais (PRE), a implementação de um horizonte de incentivo futuro é muito mais fácil hoje do que era antes. Outra abordagem para resolver esse problema é reconhecer que, embora maiores vendas beneficiem o desempenho da cadeia de suprimentos, a maior variação das vendas prejudica o desempenho. Os incentivos podem então ser concebidos para recompensar as vendas totais ao longo de determinado período e punir a variação das vendas. Ainda que a criação de incentivos que respondem por múltiplas dimensões de desempenho seja difícil, ela é importante se as metas do terceiro e da empresa estão por ser alinhadas.

> **Ponto-chave**
> Os incentivos da cadeia de suprimentos podem ter consequências involuntárias quando a informação e as ações do terceiro são difíceis de serem observadas. É importante compreender e direcionar as consequências negativas de tais incentivos.

15.8 Desenvolvimento de um portfólio de *sourcing*: *sourcing* adaptado

Ao estruturar um portfólio de fornecedores, as empresas têm muitas opções em relação a quem fornecer e onde fornecer. No que diz respeito ao "quem", uma empresa deve decidir sobre a possibilidade de produzir internamente ou repassar a produção a terceiros. A empresa também deve decidir se a fonte seria eficiente em custo e responsiva. No que diz respeito ao "onde", uma empresa pode escolher entre *on-shoring*, *near-shoring* e *off-shoring*. *On-shoring* refere-se a fazer o produto no mercado onde é vendido, mesmo quando for um local de alto custo. *Near-shoring* refere-se à produção do produto em um local de baixo custo perto do mercado. Para o mercado norte-americano, por exemplo, produzir no México é *near-shoring*. Para o mercado na Europa, produzir na Europa Oriental é *near-shoring*. *Off-shoring* refere-se à elaboração do produto em um local de baixo custo que pode ser longe do mercado. Nesta seção, discutiremos uma variedade de fatores que influenciam o desenvolvimento do portfólio de *sourcing*.

A maioria das empresas precisa adequar seu portfólio de fornecedores com base em uma variedade de produtos e nas características do mercado. Por exemplo, a Zara usa fontes responsivas fora da Europa para produzir produtos de moda que devem estar nas lojas rapidamente para atender a demanda do cliente. Por outro lado, o vestuário básico, como camisetas brancas, é proveniente de instalações de baixo custo na Ásia. A Tabela 15.6 identifica os fatores que favorecem a seleção de uma fonte responsiva ou de baixo custo.

Tal como acontece com a Zara, um portfólio adaptado consiste em uma combinação de fornecedores responsivos e de baixo custo. Para usá-lo de forma eficaz, a demanda deve ser repartida entre fornecedores de forma que seja compatível com as suas capacidades. Os fornecedores de baixo custo devem receber pedidos grandes e estáveis de produtos maduros, de baixo custo, que não necessitam de engenharia significativa ou suporte ao projeto. Os fornecedores responsivos, ao contrário, devem ser responsáveis por produtos voláteis, de alto valor, que são muitas vezes jovens em seu ciclo de vida e precisam de apoio significativo de engenharia/design.

Em geral, as fontes responsivas tenderão a ser localizadas *on-shore* ou *near-shore* a fim de facilitar uma resposta rápida. As fontes de baixo custo poderiam ser localizadas em qualquer lugar, mas o baixo custo é muitas vezes a razão principal para praticar *on-shore* ou *near-shore*. Na Tabela 15.7, identificamos alguns fatores que influenciam a decisão de localização do *sourcing*.

Itens grandes e volumosos, como máquinas de lavar e geladeiras, são melhores para *on-shore* ou *near-shore* porque eles têm altos custos de transporte em relação ao valor. Por outro lado, pequenos itens, como eletrônicos de consumo, especialmente aqueles que vendem em grandes quantidades (por exemplo, o iPad), podem ser produzidos por *off-shore*. Como os custos de transporte aumentam, as opções de *on-shore* e *near-shore* tornam-se mais atraentes em relação ao *off-shoring*. Por exemplo, roteadores de alto valor com volatilidade de alta demanda, altos custos de estoque e necessidade de apoio significativo à gestão são terceirizados pela Cisco para um fornecedor *on-shore*. Roteadores de baixo valor com designs estáveis e volatilidade de baixa demanda, ao contrário, são produzidos *off-shore* em países de baixo custo. Como esses exemplos ilustram, é importante para uma empresa planejar uma estratégia de *sourcing* adaptado em que as características do produto e do mercado combinem com a capacidade de resposta e localização da fonte.

》 Tabela 15.6 Fatores que favorecem a seleção de fontes responsivas e de baixo custo.

	Fonte responsiva	Fonte de baixo custo
Ciclo de vida do produto	Fase inicial	Fase madura
Volatilidade da demanda	Alta	Baixa
Volume da demanda	Baixo	Alto
Valor do produto	Alto	Baixo
Taxa de obsolência do produto	Alta	Baixa
Qualidade desejada	Alta	Baixa a média
Apoio de engenharia/design	Alta	Baixa

》 Tabela 15.7 Fatores que favorecem o *on-shoring*, *near-shoring* e *off-shoring*.

	On-shore	Near-shore	Off-shore
Taxa de inovação/variedade de produto	Alta	Média para alta	Baixa
Volatilidade da demanda	Alta	Média para alta	Baixa
Conteúdo de trabalho	Baixo	Médio a alto	Alto
Taxa de volume ou peso ao valor	Alta	Alta	Baixa
Impacto da ruptura da cadeia de suprimentos	Alto	Médio a alto	Baixo
Custos de estoque	Alto	Médio a alto	Baixo
Apoio de engenharia/gestão	Alto	Alto	Baixo

A China e outras partes da Ásia foram fontes *off-shore* populares para as duas décadas entre 1990 e 2010. Algumas tendências fazem gerentes americanos repensar suas escolhas de *off-shore*. Uma delas foi a mudança nos salários chineses e o fortalecimento do yuan há alguns anos, que diminuíram a vantagem de custo do trabalho da China, sobretudo quando comparada a locais *near-shore*, como o México. Outra foi o aumento dos preços do petróleo e dos custos de transporte, que atuaram como uma barreira tarifária, tornando o *off-shoring* um pouco menos atraente. Por fim, o aumento da volatilidade e a necessidade de mitigar o risco também têm incentivado os desenvolvedores da cadeia de suprimentos a incluir uma fonte *on-shore* ou *near-shore* para complementar uma fonte *off-shore* de baixo custo.

> **》Ponto-chave**
>
> As empresas devem considerar uma estratégia de *sourcing* adaptado que junte as fontes responsivas de *on-shore* e *near-shore* com fontes *off-shore* de baixo custo. As fontes responsivas *on-shore* devem se concentrar em produtos de alto valor com alta volatilidade de demanda, enquanto as fontes *off-shore* de baixo custo devem focar em produtos de grande volume e baixo custo com alto conteúdo de trabalho.

A adaptação do portfólio do fornecedor também considera as outras características do produto que está sendo fornecido. Uma simples categorização dos bens adquiridos dá-se entre materiais diretos e indiretos. *Materiais diretos* são componentes utilizados para produzir bens acabados. Por exemplo, o processador é um material direto para um fabricante de smartphone. *Materiais indiretos* são bens utilizados para apoiar operações de uma empresa. Materiais de escritório são exemplos de materiais indiretos para um fabricante de automóveis. As diferenças importantes entre os materiais diretos e indiretos são apresentadas na Tabela 15.8.

Dada a ligação direta para a produção, os fornecedores de materiais diretos devem ser selecionados com base em sua capacidade de colaborar e coordenar toda a cadeia de suprimentos. A colaboração é importante tanto para a fase de design como para a de produção. A colaboração durante o projeto pode ajudar a reduzir o componente custos, ao passo que a colaboração durante a produção pode ajudar a melhorar a coordenação da cadeia de suprimentos por meio de um melhor planejamento e visibilidade. Um bom exemplo de colaboração é a relação entre a Johnson Controls e a Chrysler na produção do Jeep Liberty de 2002. A Johnson Controls integrava componentes de trinta e cinco fornecedores e entregava a montagem para a Chrysler como um módulo de cockpit. Assim que a Chrysler a notificava sobre um pedido de um Jeep, a Johnson Controls tinha 204 minutos para elaborar e entregar o módulo. Isso era feito 900 vezes por dia para cerca de 200 cores e combinações interiores. A forte colaboração entre as duas empresas resultou em uma significativa redução de estoques e em uma melhor combinação da oferta de produtos com a demanda do consumidor final.

Materiais indiretos são muitas vezes uma pequena fração do dinheiro gasto por uma empresa, mas podem representar uma grande dor de cabeça para o departamento de compras. A compra de materiais indiretos costuma envolver muitas transações, com cada transação sendo pequena. Cada uma pode ser cara, por conta da dificuldade de selecionar bens (de muitos catálogos, que estão muitas vezes fora da data), obter a aprovação, além de criar e enviar um pedido de compra. Os fornecedores

》Tabela 15.8 Diferenças entre materiais diretos e indiretos.

	Materiais diretos	Materiais indiretos
Uso	Produção	Operações de manutenção, conserto e apoio
Contabilidade	Custo de bens vendidos	Despesas de venda, gerais e administrativas
Impacto na produção	Qualquer atraso irá prejudicar a produção	Menos impacto direto
Custo de processamento com relação ao valor de transação	Baixo	Alto
Número de transações	Baixo	Alto

de material indireto devem, portanto, ser selecionados com base em sua capacidade de simplificar cada transação. Como fornecedores de manutenção e peças de reposição (materiais indiretos típicos), a McMaster-Carr e a W.W. Grainger trabalharam duro para facilitar a transação com seus clientes.

Além da categorização de materiais em diretos e indiretos, todos os produtos comprados também podem ser categorizados como mostra a Figura 15.1, com base em seu valor/custo e seu estado crítico. A maior parte dos materiais indiretos está incluída nos itens gerais. Os materiais diretos podem ainda ser classificados em compras em massa, itens críticos e estratégicos. Para a maioria dos itens de compra em massa, como materiais de embalagem e produtos químicos em massa, os fornecedores costumam ter o mesmo preço de venda. Assim, é importante para o departamento de compras fazer a distinção entre fornecedores com base em serviços que eles oferecem e seu desempenho em todas as dimensões que afetam o custo total de propriedade. Itens críticos incluem componentes com longos tempos de espera e produtos químicos especializados. O principal objetivo de aquisição para itens críticos não é o preço baixo, mas garantir a disponibilidade. A presença de uma fonte de suprimentos alternativa responsiva, mesmo que de alto custo, pode ser muito valiosa para os itens críticos. A última categoria, itens estratégicos, inclui exemplos como produtos eletrônicos para um fabricante de automóveis. Para itens estratégicos, o relacionamento entre comprador e fornecedor é de longo prazo. Assim, os fornecedores devem ser avaliados com base no custo/valor do ciclo de vida de relacionamento. O objetivo deve ser identificar fornecedores que possam colaborar na fase de projeto e coordenar as atividades de projeto e produção com outros parceiros na cadeia de suprimentos.

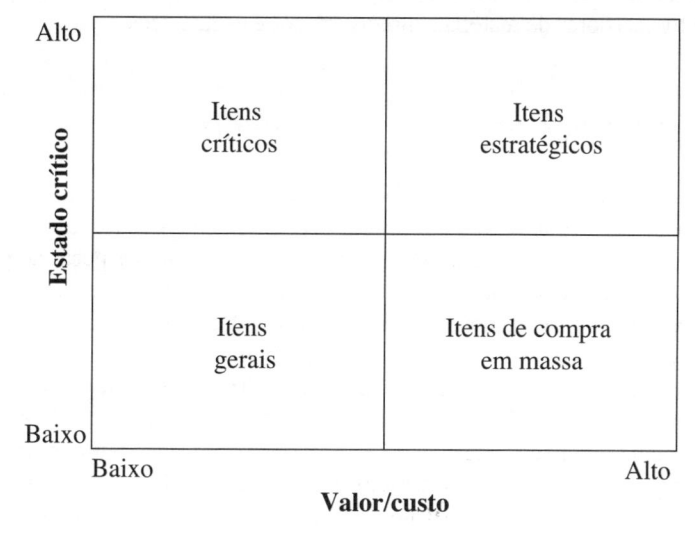

Figura 15.1 Categorização de produtos por valor e criticidade.

15.9 Tomada de decisões de *sourcing* na prática

1. Trabalhe com equipes multifuncionais. Estratégias eficazes para o *sourcing* resultam da colaboração multifuncional dentro da empresa. Uma estratégia de *sourcing* do grupo de compras provavelmente será relativamente estreita e focalizará o preço de compra. Uma estratégia desenvolvida com a colaboração de compras, manufatura, engenharia e planejamento tem muito mais probabilidade de identificar os fatores corretos que influenciam o custo total. A colaboração deve ser continuada além da formulação da estratégia, para a fase de aquisição, pois é aí que a manufatura e a engenharia têm mais probabilidade de colher os benefícios completos de uma boa estratégia de *sourcing*.

2. Assegure a coordenação apropriada entre regiões e unidades de negócios. A coordenação de compras por todas as regiões de unidades de negócios permite que uma empresa maximize as economias de escala na compra e também reduza os custos de transação. Contudo, outras oportunidades vindas da melhoria do *sourcing*, como melhor coordenação da cadeia de suprimentos e colaboração em projeto, podem exigir um envolvimento forte em nível de unidade de negócios para que sejam realmente eficazes. Decretar a coordenação global por todas as unidades de negócios pode complicar esses esforços. Itens como suprimentos de MRO, para os quais os custos da transação e o volume de compras total têm impacto significativo sobre o custo total, são mais beneficiados pelas compras coordenadas por geografia e unidades de negócios. Por outro lado, os itens para os quais a maior parte do valor é extraída de uma melhor colaboração em projeto e em previsão e realização coordenadas da cadeia de suprimentos são mais bem atendidos com um *sourcing* mais descentralizado.

3. Sempre avalie o custo de propriedade total. Uma estratégia de *sourcing* eficaz não deve tornar a redução de preços seu único objetivo. Todos os fatores que influenciam o custo total de propriedade devem ser identificados e usados na seleção de fornecedores. O desempenho do fornecedor, com todas as dimensões relevantes, deve ser medido, e seu impacto sobre o custo total deve ser quantificado. Focalizar o custo de propriedade total também permite que um comprador identifique melhor as oportunidades para melhor colaboração em projeto, planejamento e realização.

4. Crie relacionamentos de longo prazo com os principais fornecedores. Um princípio básico do bom *sourcing* é que comprador e fornecedor trabalhando juntos podem gerar mais oportunidades de economia do que as duas partes trabalhando de maneira independente. A cooperação sólida provavelmente resulta apenas quando as duas partes têm um relacionamento de longo prazo e um grau de confiança. Um relacionamento de longo prazo encoraja o fornecedor a despender maiores esforços em questões importantes para um comprador em particular. Isso inclui o investimento em tecnologia específica do comprador e colaboração em projeto. Um relacionamento de longo prazo também melhora a comunicação e a coordenação entre as duas partes. Essas capacidades são muito importantes em *sourcing* de materiais diretos. Assim, os relacionamentos de longo prazo devem ser cultivados com fornecedores de materiais diretos críticos e estratégicos.

15.10 Resumo dos objetivos de aprendizagem

1. Compreender o papel do sourcing em uma cadeia de suprimentos. O *sourcing* compreende todos os processos exigidos para uma empresa comprar bens dos fornecedores. Ao longo da última década, as empresas de manufatura têm aumentado a fração das peças adquiridas. Assim, as decisões de *sourcing* eficazes possuem impacto significativo sobre o desempenho financeiro. Boas decisões de *sourcing* focam no custo total de propriedade e visam identificar os fornecedores que irão aumentar o excedente da cadeia de suprimentos.

2. Discutir os fatores que afetam a decisão de terceirizar uma função da cadeia de suprimentos. Uma função da cadeia de suprimentos deve ser terceirizada se o terceiro puder aumentar o excedente da cadeia sem risco significativo. Um terceiro pode aumentar o excedente agregando capacidade, estoque, depósito, transporte, informação, recebíveis e outros fatores a um nível mais alto do que a empresa pode por conta própria. A terceirização geralmente faz sentido se as necessidades de uma empresa forem pequenas, altamente incertas e puderem ser atendidas usando recursos que também podem servir a outras empresas. Terceirizar também faz sentido se a empresa está com pouco capital ou se o terceiro tem um menor custo de capital.

3. Identificar dimensões de desempenho do fornecedor que afetem o custo total. O custo total inclui o custo de aquisição, propriedade e pós-postergação. Além do preço cotado, o custo total do uso de um fornecedor é afetado pelos termos do fornecedor; custos de entrega; custos de estoque; custos de armazenagem; custos de qualidade; custo de esforço de gerenciamento e apoio administrativo; impacto na reputação; capacidades do fornecedor, como tempo de espera de reposição, desempenho no prazo e flexibilidade; e outros custos, como tendências da taxa de câmbio, taxas e impostos.

4. Descrever os benefícios de compartilhar riscos e recompensas. A otimização local prejudica o excedente da cadeia de suprimentos quando o risco e a recompensa não são compartilhados em uma cadeia de suprimentos. É mais provável que os fornecedores ajam em interesse das empresas quando o risco e a recompensa são compartilhados. O uso de recompra ou compartilhamento de receita é um mecanismo eficaz de compartilhamento de risco por produtos como livros com baixos custos variáveis. Em geral, contudo, aos contratos de quantidade flexível são mais efetivos porque resultam em melhor combinação da oferta com a demanda. Quando uma empresa quer que um fornecedor melhore o desempenho em dimensões como tempo de espera e qualidade, compartilhar as recompensas a partir dessa melhoria é um incentivo adequado.

5. Desenvolver um portfólio adaptado de fornecedores. As empresas deveriam selecionar uma combinação de fontes responsivas e de baixo custo que podem ser *on-shore*, *near-shore* ou *off-shore*. As fontes responsivas *on-shore* são mais adequadas para produtos de alto valor com demanda volátil e conteúdo de trabalho relativamente baixo. As fontes de *off-shore* de baixo custo são mais adequadas para produtos com alto conteúdo de trabalho, demanda previsível e baixo custo de transporte em relação ao valor do produto.

Perguntas para discussão

1. Quais são algumas maneiras com as quais uma empresa como o Walmart se beneficia das boas decisões de projeto?
2. Que fatores levam o Walmart a possuir seus caminhões, embora muitos varejistas terceirizem todo o seu transporte?
3. Como um fornecedor com um preço mais baixo acaba custando mais para o comprador do que um fornecedor com um preço mais alto?
4. Explique por que, para o mesmo nível de estoque, um contrato de compartilhamento de receita resulta em um esforço de vendas menor do varejista do que se ele tiver pago pelo produto e for responsável por todo o estoque restante.
5. Para um fabricante que vende para muitos varejistas, por que um contrato por quantidade flexível resulta em menos distorção de informação do que um contrato de recompra?
6. A maioria das empresas oferece à sua equipe de vendas incentivos monetários com base na superação de um alvo especificado. Quais são os prós e os contras dessa técnica? Como você modificaria esses contratos para corrigir alguns dos problemas?
7. Um fabricante de automóveis compra tanto materiais de escritório quanto subsistemas, como assentos. Que diferença na estratégia de *sourcing*, se houver alguma, você recomendaria para os dois tipos de produtos?
8. Por que você acha que a montagem na indústria de eletrônicos de consumo é realizada por terceiros, ao passo que a montagem na indústria automotiva quase nunca é terceirizada?
9. Para produtos como eletrodomésticos, brinquedos, vestuário de tricô e eletrônicos de consumo, quais fatores influenciariam a seleção do fornecedor *on-shore*, *near-shore* ou *off-shore*?

Exercícios

1. Uma editora vende livros para a Barnes & Noble a US$ 12 cada. O custo de produção marginal para a editora é de US$ 1 por livro. A Barnes & Noble vende o livro aos seus clientes a US$ 24 e espera que a demanda nos próximos dois meses seja distribuída normalmente, com uma média de 20.000 e um desvio-padrão de 5.000. A Barnes & Noble faz um único pedido com a editora para entrega no início do período de dois meses. Atualmente, a Barnes & Noble oferece um desconto para quaisquer livros não vendidos ao final dos dois meses, caindo para US$ 3, e quaisquer livros que não venderam pelo preço normal são vendidos por esse preço.
   a) Quantos livros a Barnes & Noble deverá pedir? Qual é seu lucro esperado? Quantos livros ela espera vender com desconto?
   b) Qual é o lucro que a editora tem, dadas as ações da Barnes & Noble?
   c) Um plano sob discussão é que a editora reembolse à Barnes & Noble US$ 5 por livro não vendido durante o período de dois meses. Como antes, a Barnes & Noble descontará US$ 3 e venderá qualquer um que sobrar. Sob esse plano, quantos livros a Barnes & Noble pedirá? Qual é o lucro esperado da Barnes & Noble? Quantos livros espera-se que não sejam vendidos? Qual é o lucro esperado para a editora? O que a editora deverá fazer?

2. Um estúdio de cinema vende seu filme mais recente em DVD para a VideoRUs a US$ 10 por DVD. O custo de produção marginal para o estúdio de cinema é de US$ 1 por DVD. A VideoRUs cobra de seus clientes US$ 19,99 por cada DVD. Os DVDs são mantidos em uma prateleira normal por um período de um mês, e depois seu valor é reduzido para US$ 4,99. A VideoRUs faz um único pedido. Sua previsão atual é que as vendas sejam distribuídas normalmente, com uma média de 10.000 e um desvio-padrão de 5.000.
   a) Quantos DVDs a VideoRUs deve pedir? Qual é seu lucro esperado? Quantos DVDs ela espera vender com desconto?
   b) Qual é o lucro que o estúdio tem, dadas as ações da VideoRUs?
   c) Um plano sob discussão é que o estúdio reembolse à VideoRUs US$ 4 por DVD que não é vendido durante o período de um mês. Como antes, a VideoRUs venderá por US$ 4,99 tudo o que restar. Sob esse plano, quantos DVDs a VideoRUs deve pedir? Qual é o lucro esperado para a VideoRUs? Quantos DVDs espera-se que não sejam vendidos ao final do mês? Qual é o lucro esperado para o estúdio? O que o estúdio deverá fazer?

3. A Topgun Records e vários estúdios de cinema decidiram assinar um contrato de compartilhamento de receita para CDs. Cada CD custa ao estúdio US$ 2 para ser produzido. O CD será vendido à Topgun por US$ 3. Ela, por sua vez, vende um CD por US$ 15 e prevê que a demanda seja distribuída normalmente, com uma média de 5.000 e um desvio-padrão de 2.000. Quaisquer CDs não vendidos são liquidados por US$ 1. A Topgun compartilhará 35% da receita com o estúdio, mantendo 65 por cento para si.
   a) Quantos CDs a Topgun deverá pedir?
   b) Quantos CDs ela espera vender com desconto?
   c) Qual é o lucro que espera ter?
   d) Qual é o lucro que o estúdio espera ter?
   e) Repita as partes (a)-(d) se o estúdio vender o CD por US$ 2 (em vez de US$ 3), mas receber 43% da receita.

4. A Benetton entrou em um contrato de quantidade flexível com um varejista para um produto sazonal. Se o varejista pedir O unidades, a Benetton está disposta a oferecer até outros 35%, se necessário. O custo de produção da Benetton é de US$ 20, e ela cobra do varejista um preço de atacado de US$ 36. O varejista cobra US$ 55 por unidade de seus clientes. Quaisquer unidades não vendidas podem ser vendidas pelo varejista a um valor residual de US$ 25. A Benetton pode pagar apenas US$ 10 por unidade por seu estoque restante. O varejista prevê que a demanda seja distribuída normalmente, com média de 4.000 e desvio-padrão de 1.600.
   a) Quantas unidades O o varejista deverá pedir?

b) Qual é a quantidade esperada a ser comprada pelo varejista (lembre-se de que ele pode aumentar o pedido em até 35% após observar a demanda)?
c) Qual é a quantidade que o varejista espera vender?
d) Qual é o estoque em excesso esperado no varejista?
e) Qual é o lucro esperado para o varejista?
f) Qual é o lucro esperado para a Benetton?

5. Você é um gerente de compras de uma grande companhia de energia elétrica, encarregado de estocar um certo tipo de transformador. A demanda semanal entre seu pessoal de campo para esses transformadores é distribuída normalmente, com média de 100 e desvio-padrão de 50. Os custos de manutenção são de 25%, e você precisa manter um nível de estoque correspondente a um NSC de 95%. Você tem à frente dois fornecedores, Reliable Components e Value Electric, que oferecem os seguintes termos: a Reliable vende o transformador por US$ 5.000 com um pedido mínimo de 100 e um tempo de espera de 1 semana com um desvio-padrão de 0,1 semana. A Value vende o transformador por US$ 4.800, tem um lote mínimo de 1.000, um tempo de espera de 5 semanas e um desvio-padrão do tempo de espera de 4 semanas.
    a) Qual é o custo anual do uso da Reliable Components como fornecedor?
    b) Qual é o custo anual do uso da Value Electric como fornecedor?
    c) Que fornecedor você escolheria?
    d) Se você pudesse usar os dois fornecedores, como estruturaria seus pedidos?

6. No Exercício 5, imagine que você tenha escolhido a Reliable como seu fornecedor. A Value Electric deseja muito seu negócio e lhe oferece a escolha de três alternativas mutuamente excludentes: um tempo de espera reduzido de 1 semana, um lote mínimo reduzido de 800 ou uma redução no desvio-padrão do tempo de espera de 3 semanas.

a) Quais são os custos anuais esperados para realizar cada uma dessas opções?
b) Qual é o custo anual esperado se todas as três pudessem ser efetivadas?
c) Você mudaria sua decisão para prosseguir com a Reliable por qualquer uma dessas opções?

7. Considere um fabricante que vende DVDs a um varejista por US$ 6 por unidade. O custo de produção de cada DVD é US$ 1 e o varejista precifica cada DVD a US$ 10. A demanda de varejo para DVDs é normalmente distribuída, com uma média de 1.000 e um desvio-padrão de 300. Um fabricante ofereceu ao varejista um contrato de quantidade flexível com $\alpha = \beta = 0,2$. O varejista faz o pedido de 1.000 unidades. Suponha que o valor residual seja zero para o varejista e o fabricante.
    a) Qual o lucro esperado para o varejista e para o fabricante?
    b) Quanto o lucro aumentará para o varejista se α aumentar para 0,5?
    c) Quanto o lucro aumentará para o varejista se β aumentar para 0,5 (mantendo α em 0,2)?

8. Imagine que você tenha adquirido o varejista e o fabricante discutidos no Exercício 7. Seus interesses agora são maximizar a lucratividade para sua nova empresa e montar um sistema de incentivo para fazer isso acontecer. Você escolheu manter o contrato por quantidade flexível para oferecer incentivo tanto para seu varejista quanto para seu fabricante.
    a) Como o aumento de α para 0,5 afeta a lucratividade de sua empresa?
    b) Como o aumento de β para 0,5 afeta a lucratividade de sua empresa?
    c) Por que uma dessas mudanças não tem efeito sobre a lucratividade?

Referências

BANFIELD, E. *Harnessing Value in the Supply Chain: Strategic Sourcing in Action*. New York: Wiley, 1999.
BURT, D. N.; PETCAVAGE, S. D.; PINKERTON, R. L. *Supply Management*. New York: McGraw-Hill/Irwin, 2010.
BILLINGTON, C.; JAGER, F. Procurement: The Missing Link in Innovation. *Supply Chain Management Review*, p. 22–28, jan./fev. 2008.
CACHON, G. P.; LARIVIERE, M. A. Turning the Supply Chain into a Revenue Chain. *Harvard Business Review*, p. 20–21, mar. 2001.
CAVINATO, J. L.; KAUFFMAN, R. *The Purchasing Handbook: A Guide for the Purchasing and Supply Professional*. New York: McGraw-Hill, 2000.
CHOPRA, s.; DOUGAN, D.; TAYLOR, G. B2B E-Commerce Opportunities. *Supply Chain Management Review*, p. 50–58, mai/jun. 2001.
DEKHNE, A.; HUANG, X.; SARKAR, A. Bridging the Procurement-Supply Chain Divide. *Supply Chain Management Review*, p. 36–42, set./out. 2012.
ELLRAM, L. S.; MALTZ, A. B. The Use of Total Cost of Ownership Concepts to Model the Outsourcing Decision. *The International Journal of Logistics Management*, v. 6, p. 55–66, 1995.
EVANS, W. S.; BLAWATT, S. The Growth Potential in Managing Supplier Risk. *Supply Chain Management Review*, p. 30–35, set./out. 2010.
FAVRE, D.; MCCREERY, J. Coming to Grips with Supplier Risk. *Supply Chain Management Review*, p. 26–32, set. 2008.
FERREIRA, J.; PROKOPETS, L. Does Offshoring Still Make Sense? *Supply Chain Management Review*, p. 20–27, jan./fev. 2009.

GOEL, A.; MOUSSAVI, N.; SRIVATSAN, V. N. Time to Rethink Offshoring? *McKinsey on Business Technology*, v. 14, p. 32–35, 2008.
HESKETT, J. L.; SIGNORELLI, S. *Benetton (A)*. Harvard Business School Case 685014, 1984.
JACOBY, D.; FIGUEIREDO, B. The Art of High-Cost Country Sourcing. *Supply Chain Management Review*, p. 32–38, maio/jun. 2008.
KRISHNA, V. *Auction Theory*. San Diego, CA: Academic Press, 2002.
LASETER, T. M. *Balanced Sourcing: Cooperation and Competition in Supplier Relationships*. San Francisco: Jossey-Bass, 1998.
MILGROM, P. *Putting Auction Theory to Work*. Cambridge, UK: Cambridge University Press, 2004.
MURPHY, S. Will Sourcing Come Closer to Home? *Supply Chain Management Review*, p. 33–37 set. 2008.
NARAYANAN, V.G.; RAMAN, A. Aligning Incentives in Supply Chains? *Harvard Business Review*, v. 82, n. 11, p. 94–102, 2004.
NOOR, J.; SATPATHY, A.; SHULMAN, J.; MUSSO, C. The Power of Supplier Collaboration and Rapid Supplier Qualification. *Supply Chain Management Review*, p. 40–47, set./out. 2013.
PIERSON, J. C. Johnson Controls' Journey to e-Procurement. *Supply Chain Management Review*, p. 56–62, jan./fev. 2002.
SMELTZER, L. R.; CARTER, J. R. How to Build an e-Procurement Strategy. *Supply Chain Management Review*, p. 76–83, mar./abr. 2001.
THOMPSON, L. L. *The Mind and Heart of the Negotiator*. Upper Saddle River, NJ: Prentice Hall, 2005.

CAPÍTULO 16

Precificação e gestão de receita em uma cadeia de suprimentos

» Objetivos de aprendizagem

Depois de ler este capítulo, você será capaz de:

1. Compreender o papel da gestão de receita em uma cadeia de suprimentos.
2. Identificar condições sob as quais as táticas de gestão de receita podem ser eficazes.
3. Descrever os dilemas que devem ser considerados ao se tomar decisões de gestão de receita.

Dado que a maioria dos ativos da cadeia de suprimentos é fixa, mas a demanda flutua, a combinação de oferta e demanda é um desafio constante. Neste capítulo, discutiremos como os gestores podem usar a precificação como alavanca para uma combinação melhor de oferta e demanda e aumentar a receita derivada de ativos da cadeia de suprimentos.

16.1 A função da precificação e da gestão de receita em uma cadeia de suprimentos

No Capítulo 9, discutimos como as promoções de curto prazo podem ser uma ferramenta eficaz para atender a demanda sazonal de modo mais lucrativo. Neste capítulo, construiremos uma ideia quanto ao uso da precificação como uma ferramenta importante para aumentar os lucros da cadeia de suprimentos, combinando melhor a oferta e a demanda, sobretudo quando há diversos tipos de clientes dispostos a pagar preços diferentes (com base em atributos como tempo de resposta) para um ativo. A *gestão de receita* é o uso da precificação para aumentar o excedente da cadeia de suprimentos e lucro gerado por uma fonte limitada de ativos da cadeia de suprimentos. Esses ativos existem em duas formas — capacidade e estoque. Os ativos de capacidade na cadeia existem para produção, transporte e armazenamento. Os ativos de estoque existem por toda a cadeia e são executados para melhorar a disponibilidade de produto. Na presença de diversos tipos de cliente, a gestão de receita tem por objetivo aumentar os lucros ao vender ativo certo ao cliente certo a um preço certo. Além de variar a capacidade e o estoque, a gestão de receita sugere variar o preço para aumentar os lucros ao combinar melhor a oferta e a demanda. Uma discussão excelente sobre técnicas de gestão de receita na teoria e na prática pode ser encontrada em Talluri e Van Ryzin (2004) e em Phillips (2005).

Considere uma empresa de transporte que possui 10 caminhões. Uma técnica que a empresa pode usar é definir um preço fixo para seus serviços e usar propaganda para incentivar a demanda caso haja capacidade excedente. Contudo, usando a gestão de receita a empresa poderia fazer muito mais, contanto que haja clientes cuja disposição a pagar varie com alguma dimensão de serviço, como tempo de resposta. Uma técnica é cobrar um preço mais baixo de clientes dispostos a confirmar seus pedidos com antecedência e um preço mais alto de clientes que buscam capacidade de transporte na última hora. Outra técnica é cobrar um preço mais baixo para clientes com contratos de longo prazo e um preço mais alto para clientes que procuram comprar capacidade de última hora. Uma terceira técnica é cobrar um preço mais alto durante períodos de alta demanda e preços mais baixos durante períodos de baixa demanda. Considere um varejista que compra roupas à venda da estação. Uma estratégia que ajusta os preços com base em disponibilidade de produto, demanda do cliente e duração restante da estação de vendas resultará em maiores lucros da cadeia de suprimentos do que uma estratégia que fixa o preço com base na duração da estação de vendas.

Todas essas estratégias de gestão de receita utilizam preços diferenciais como alavanca decisiva para maximizar seus ganhos. A gestão de receita também pode ser definida como o uso de precificação diferenciada com base em segmentação de cliente, tempo de uso e disponibilidade de produto ou capacidade para aumentar o excedente da cadeia de suprimentos, bem como os lucros. O impacto da gestão de receita sobre o desempenho da cadeia de suprimentos pode ser significativo. Um dos exemplos mais citados é o uso bem-sucedido da gestão de receita pela American Airlines para combater — e finalmente atacar — a PeopleExpress em meados da década de 1980. A PeopleExpress foi iniciada em Newark, Nova Jersey, e oferecia tarifas 50 a 80% menores que as de outras companhias. Inicialmente, as outras companhias aéreas ignoraram a PeopleExpress porque elas não estavam interessadas no segmento de mercado de baixas tarifas. Contudo, em 1983, a PeopleExpress estava voando com 40 aeronaves e conseguindo fatores de carga de mais de 74%. A PeopleExpress e outros novos iniciantes estavam fazendo progressos significativos no terreno das companhias existentes. Estas não poderiam competir reduzindo preços ao nível da PeopleExpress, pois tinham custos operacionais mais altos. A American Airlines foi a primeira a aparecer com uma contramedida eficaz usando gestão de receita. Em vez de reduzir o preço de todos os seus assentos, a American reduziu os preços de uma parte dos assentos para valores iguais ou abaixo dos da PeopleExpress. O número de assentos com preço baixo é maior em voos que têm probabilidade de ter assentos vazios, que, por outro lado, poderiam não gerar receita. Essa estratégia permitiu que a American atraísse clientes que valorizassem o preço baixo sem perder receita a partir dos clientes que estivessem dispostos a pagar mais. Logo outras companhias, como a United, fizeram o mesmo, atraindo muitos dos passageiros da PeopleExpress. Isso foi suficiente para reduzir os fatores de carga da PeopleExpress para menos de 50%, um nível no qual a companhia não poderia sobreviver. Antes do final de 1986, a PeopleExpress quebrou.

A American Airlines teve sucesso principalmente porque usou precificação diferenciada para reduzir os preços de uma fração dos assentos e atrair passageiros que de outra forma teriam voado pela PeopleExpress. A American não reduziu os preços para a fração de assentos usada pelos passageiros de negócios que não estavam voando com a PeopleExpress. A precificação diferenciada direcionada está no coração da gestão de receita bem-sucedida.

A gestão de receita ajusta os preços e a oferta disponível de ativos e tem impacto significativo sobre a lucratividade da cadeia de suprimentos quando existe uma ou mais das condições a seguir:

1. O valor do produto varia em diferentes segmentos do mercado.
2. O produto é altamente perecível ou há desperdício de produto.
3. A demanda tem picos sazonais e outros picos.
4. O produto é vendido tanto em massa quanto no mercado à vista.

Os assentos de companhias aéreas são um bom exemplo de produto cujo valor varia por segmento de mercado. Um passageiro de negócios está disposto a pagar uma tarifa mais alta por um voo que se ajusta ao seu horário. Ao contrário, um passageiro de lazer normalmente alterará seu horário para conseguir uma tarifa mais baixa. Uma companhia que pode obter um preço mais alto do passageiro de negócios em comparação ao passageiro de lazer sempre será melhor do que uma companhia que cobra o mesmo preço para todos os passageiros. Ideias semelhantes podem ser aplicadas no contexto de quartos de hotel e aluguel de veículos, para os quais há diferença significativa entre os clientes que viajam a trabalho e os que viajam a lazer.

Roupas da moda e sazonais são exemplos de produtos altamente perecíveis porque elas perdem valor conforme o tempo passa. Os clientes geralmente valorizam mais o vestuário da alta costura no início da estação, pois eles querem ser os primeiros as usar as novidades. No final da estação, só estão dispostos a comprar se estiver com um bom desconto. De modo semelhante, a capacidade de produção, armazenagem e transporte perde todo o valor se não for usada a um determinado tempo, pois a capacidade perdida não pode ser recuperada. Se um caminhão não for usado por um dia, a capacidade de transporte para aquele dia se foi para sempre sem produzir receita. Desse modo, toda a capacidade é também um ativo altamente perecível. A meta da gestão da receita nesse cenário é ajustar o preço ao longo do tempo a fim de maximizar o lucro obtido a partir do estoque disponível ou da capacidade.

A demanda por quartos de hotel em alguns destinos turísticos mostra um padrão altamente sazonal. Por exemplo, resorts em Phuket, na Tailândia, cobram uma taxa significativamente menor durante os meses de verão de baixa temporada em comparação aos períodos de pico no inverno. Tal padrão de precificação possibilita, então, que eles atraiam os clientes com algum tempo flexível durante os meses de verão, que são de baixo custo, deixando a capacidade de inverno para aqueles que estejam dispostos a pagar mais para aproveitar Phuket nessa estação. Algumas ferrovias de transporte constante utilizam uma estratégia semelhante para lidar com os picos distintos em viagens de passageiros. Elas cobram tarifas mais altas durante períodos de pico e tarifas mais baixas para viagens fora dos períodos de pico. É importante ter em mente que a precificação diferenciada para períodos de pico e fora de pico aumenta os lucros de maneira coerente com as prioridades do cliente. Na ausência de preços de pico, os períodos de pico, como são os mais desejáveis, teriam demanda em excesso, enquanto os períodos fora de pico teriam capacidade ociosa significativa. Com a precificação diferenciada, os clientes que realmente valorizam o período de pico pagariam o preço mais alto, enquanto aqueles que não tivessem restrições de tempo se deslocariam para o período fora de pico para tirar proveito dos preços mais baixos. O resultado dessa mudança são lucros mais altos para a empresa e uma utilização coerente com as necessidades dos clientes.

Cada produto e cada unidade de capacidade podem ser vendidos tanto em massa quanto no mercado à vista. Um exemplo é o proprietário de um depósito que precisa decidir se o alugará por inteiro para os clientes que desejam assinar contratos de longo prazo ou guardará uma parte do depósito para uso no mercado à vista. O contrato de longo prazo é mais seguro, mas normalmente busca um preço médio mais baixo do que o do mercado à vista. A gestão de receita aumenta os lucros encontrando o portfólio correto de clientes de longo prazo e do mercado à vista.

A gestão de receita pode ser uma ferramenta poderosa para cada proprietário de ativos em uma cadeia de suprimentos. Os exemplos mais bem-sucedidos do uso de gestão de receita são provenientes do setor de viagens e turismo, e incluem companhias aéreas, locadoras de carros e hotéis. A American Airlines tem declarado que as técnicas de gestão aumentam suas receitas em mais de US$ 1 bilhão a cada ano. Tais técnicas na rede Marriott aumentam as receitas anuais em mais de US$ 100 milhões. A gestão de receitas pode ter impacto semelhante em todos os estágios da cadeia de suprimentos que satisfazem uma ou mais das quatro condições identificadas anteriormente.

Nas próximas seções, discutiremos diversas situações em que a gestão de receita é eficaz e as técnicas usadas em cada caso.

16.2 Precificação e gestão de receita para diversos segmentos de clientes

Um exemplo clássico de mercado com múltiplos segmentos de cliente é o setor aéreo, em que os passageiros de negócios estão dispostos a pagar uma tarifa mais alta para viajar em um horário específico, enquanto os passageiros de lazer estão dispostos a mudar seu horário para tirar proveito de tarifas mais baixas. Muitos casos semelhantes aparecem em uma cadeia de suprimentos. Imagine a ToFrom, uma companhia de transporte que comprou seis caminhões, com uma capacidade total de 6.000 pés cúbicos, para usar no transporte entre Chicago e St. Louis. A despesa mensal com l*easing*, motorista e manutenção é de US$ 1.500 por caminhão, resultando em um custo mensal total de US$ 9.000. A pesquisa de mercado indicou que a curva de demanda para a capacidade de transporte rodoviário é:

$$d = 10.000 - 2.000p$$

onde d é a demanda de cada segmento e p é o custo de transporte por pé cúbico. Um preço de US$ 2 por pé cúbico resulta em uma demanda de 6.000 pés cúbicos (todos os clientes dispostos a pagar US$ 2 ou mais), receita de US$ 12.000 e um lucro de US$ 3.000, enquanto um preço de US$ 3,50 por pé cúbico resulta em uma demanda de 3.000 (somente clientes dispostos a pagar US$ 3,50 ou mais), receita de US$ 10.500 e um lucro de US$ 1.500. A questão real é se os 3.000 pés cúbicos de demanda a um preço de US$ 3,50 é de um segmento diferente dos 3.000 pés cúbicos adicionais de demanda gerados ao preço de US$ 2 por pé cúbico. Se a ToFrom supor que toda a demanda vem de um único segmento e não pode ser separada, o preço ideal é de US$ 2,50 por pé cúbico, resultando em uma demanda de 5.000 pés cúbicos e receita de US$ 12.500, como mostra a Figura 16.1.

Contudo, se a ToFrom pode diferenciar o segmento que compra 3.000 pés cúbicos a US$ 3,50 do segmento que compra 3.000 pés cúbicos a apenas US$ 2, a empresa pode usar a gestão de receita para melhorar as receitas e os lucros. A ToFrom deverá cobrar US$ 3,50 para o segmento disposto a pagar esse preço e US$ 2 pelos 3.000 pés cúbicos que são vendidos apenas a esse preço. A empresa, assim, extrai receitas de US$ 10.500 do segmento disposto a pagar US$ 3,50 e receitas de US$ 6.000 do segmento disposto a pagar apenas US$ 2 por pé cúbico, para receita total de US$ 16.500, como mostra a Figura 16.2. Na presença de diferentes segmentos que possuem diferentes valores para a capacidade de transporte, a gestão de receita aumenta as receitas de US$ 12.500 para US$ 16.500 e resulta em uma melhora significativa nos lucros.

Em teoria, o conceito de preços diferenciados aumenta os lucros totais para uma empresa. Existem duas questões fundamentais, porém, que precisam ser tratadas na prática. Primeiro, como a empresa pode diferenciar entre os dois segmentos e estruturar seu esquema de preços para fazer um segmento pagar mais que o outro? Em segundo lugar, como a empresa pode controlar a demanda de modo que o segmento que paga menos não utilize a disponibilidade inteira do ativo?

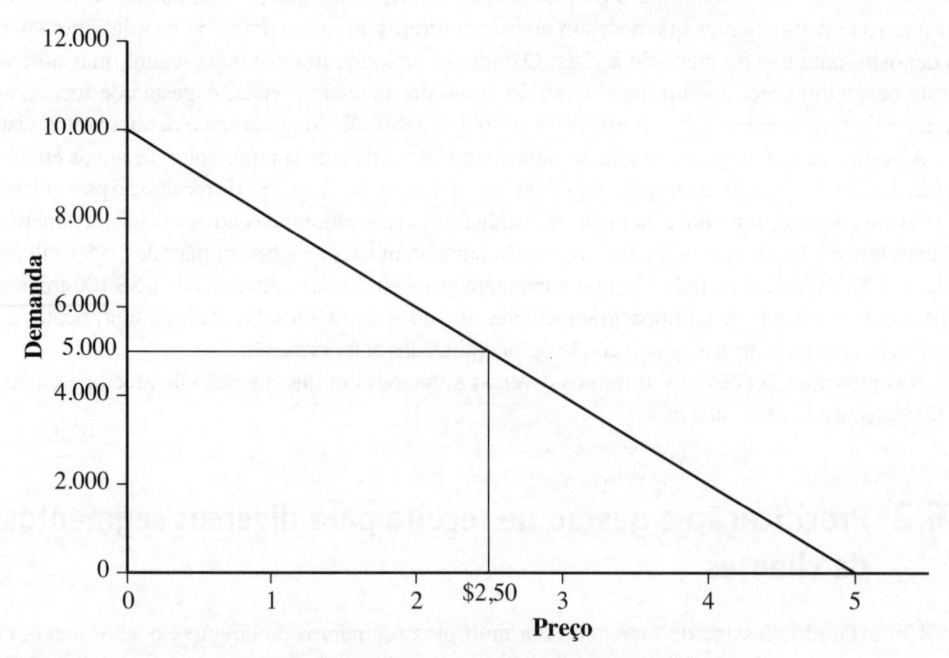

》 **Figura 16.1** Receita gerada pela precificação da ToFrom para um segmento.

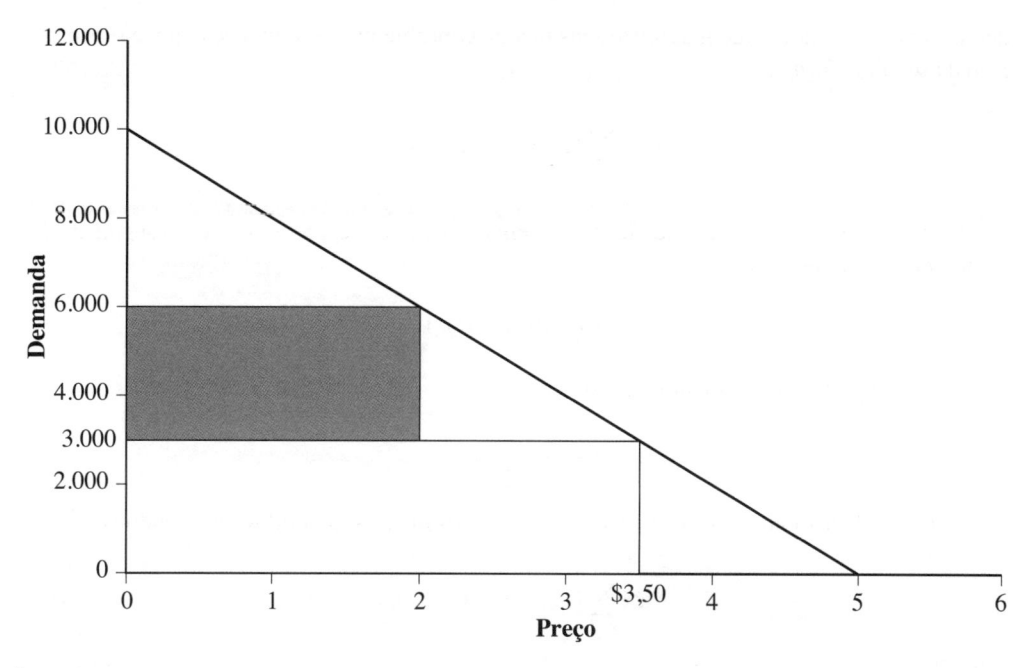

Figura 16.2 Receita gerada pela precificação da ToFrom para dois segmentos.

Para diferenciar entre os diversos segmentos, a empresa deve criar barreiras identificando atributos de produto ou serviço que os segmentos valorizam de forma diferente. Por exemplo, os passageiros de negócios em uma companhia aérea desejam fazer reservas na última hora e ficar apenas o tempo que precisarem. Os passageiros de lazer, por outro lado, estão dispostos a fazer reservas com antecedência e ajustar a duração de sua estadia. Os planos para os passageiros de negócios também estão sujeitos a mudanças. Assim, a reserva com antecedência, uma estadia requerida na noite de sábado e uma penalidade por mudanças em uma tarifa mais baixa separam o passageiro de lazer do passageiro de negócios. Para um provedor de transporte como a ToFrom, os segmentos podem ser diferenciados com base na antecedência com a qual o cliente está disposto a confirmar e pagar pela capacidade de transporte. Uma separação semelhante também pode ocorrer para ativos relacionados à produção e ao armazenamento em uma cadeia de suprimentos.

Na presença de diversos segmentos que podem ser separados, a empresa deve resolver os seguintes problemas:

1. Que preço cobrar para cada segmento?
2. Como alocar capacidade limitada entre os segmentos?

Precificação para múltiplos segmentos

Vamos começar considerando o cenário simples em que a empresa identificou critérios sobre os quais pode separar os diversos segmentos de cliente. Um critério desse tipo pode ser uma companhia aérea exigir uma permanência na noite de sábado. Outro poderia ser uma empresa de transportes separar clientes com base em aviso antecipado com o qual eles estão dispostos a se comprometer com uma entrega. A empresa agora deseja identificar o preço apropriado para cada segmento. Considere um fornecedor (de produto ou de alguma outra função da cadeia de suprimentos) que tenha identificado k segmentos de cliente distintos que possam ser separados. Suponha que a curva de demanda para o segmento i seja dada por (supomos curvas de demanda lineares para simplificar a análise):

$$d_i = A_i - B_i p_i$$

O fornecedor tem um custo c de produção por unidade e deve decidir sobre o preço p_i a cobrar em cada segmento; d_i é a demanda resultante do segmento i. O objetivo do fornecedor é definir o preço de modo que maximize seus lucros. O problema da precificação pode ser formulado da seguinte forma:

$$\text{Máx} \sum_{i=1}^{k} (p_i - c)(A_i - B_i p_i)$$

Sem uma restrição de capacidade, o problema separa por segmento e, para o segmento i, o fornecedor tenta maximizar:

$$(p_i - c)(A_i - B_i p_i)$$

O preço ideal para cada segmento i é dado por:

$$p_i = \frac{A_i}{2B_i} + \frac{c}{2} \tag{16.1}$$

Se a capacidade disponível for restrita por Q, os preços ideais são obtidos resolvendo-se:

$$\text{Máx} \sum_{i=1}^{k} (p_i - c)(A_i - B_i p_i) \tag{16.2}$$

Sujeito a:

$$\sum_{i=1}^{k} (A_i - B_i p_i) \leq Q$$

$$A_i - B_i p_i \geq 0 \quad \text{para} \quad i = 1, \ldots, k$$

As duas fórmulas são simples o bastante para serem resolvidas no Excel. O Exemplo 16.1 ilustra o benefício de preços diferenciados para segmentos múltiplos (ver aba *Exemplo 16.1* na planilha *Exemplos* disponível na Sala Virtual).

EXEMPLO 16.1 》 Precificação para múltiplos segmentos

Um fabricante contratado identificou dois segmentos de clientes para sua capacidade de produção — um disposto a fazer um pedido com mais de uma semana de antecedência e o outro disposto a pagar um preço mais alto desde que possa fornecer um aviso com menos de uma semana para a produção. Os clientes que não estão dispostos a se comprometer com antecedência são menos sensíveis ao preço e têm uma curva de demanda $d_1 = 5.000 - 20p_1$. Os clientes dispostos a se comprometer com antecedência são mais sensíveis ao preço e possuem uma curva de demanda $d_2 = 5.000 - 40p_2$. O custo de produção é $c = $ US\$ 10 por unidade. Que preço o fabricante contratado deverá pagar por segmento se o seu objetivo é maximizar os lucros? Se o fabricante por contrato cobrasse um único preço para ambos os segmentos, qual seria ele? Quanto de aumento nos lucros a precificação diferenciada oferece? Se a capacidade de produção total for limitada a 4.000 unidades, quanto o fabricante contratado deverá cobrar por segmento?

Análise:

Sem restrições de capacidade, os preços diferenciados a serem cobrados por segmento são dados pela Equação 16.1. Assim, obtemos:

$$p_1 = \frac{5.000}{2 \times 20} + \frac{10}{2} = 125 + 5 = \text{US\$ } 130 \quad \text{e} \quad p_2 = \frac{5.000}{2 \times 40} + \frac{10}{2} = 62,50 + 5 = \text{US\$ } 67,50$$

A demanda dos dois segmentos é dada por:

$$d_1 = 5.000 - (20 \times 130) = 2.400 \quad \text{e} \quad d_2 = 5.000 - (40 \times 67,5) = 2.300$$

O lucro total é:

$$\text{Lucro total} = (130 \times 2.400) + (67,5 \times 2.300) - (10 \times 4.700) = \text{US\$ } 420.250$$

Se o fabricante por contrato cobrar o mesmo preço p para os dois segmentos, ele está tentando maximizar:

$$(p - 10)(5.000 - 20p) + (p - 10)(5.000 - 40p) = (p - 10)(10.000 - 60p)$$

O preço ideal, nesse caso, é dado por:

$$p = \frac{10.000}{2 \times 60} + \frac{10}{2} = \text{US\$ } 88,33$$

A demanda dos dois segmentos é dada por:

$$d_1 = 5.000 - 20 \times 88,33 = 3.233,40 \text{ e } d_2 = 5.000 - 40 \times 88,33 = 1.466,80$$

O lucro total é:

$$\text{Lucro total} = (88,33 - 10) \times (3.233,40 + 1.466,80) = \text{US\$ } 368.166,67$$

A precificação diferenciada, assim, aumenta os lucros em mais de US\$ 50.000 em relação à oferta de um preço fixo.

Agora, vamos considerar o caso em que a capacidade de produção total é limitada a 4.000 unidades. O preço diferenciado ideal resulta na demanda que ultrapassa a capacidade total de produção. Assim, lançamos mão da formulação na Equação 16.2 e resolvemos:

$$\text{Máx } (p_1 - 10)(5.000 - 20p_1) + (p_2 - 10)(5.000 - 40p_2)$$

Sujeito a:

$$(5.000 - 20p_1) + (5.000 - 40p_2) \leq 4.000$$
$$(5.000 - 20p_1), (5.000 - 40p_2) \geq 0$$

Os resultados da otimização restrita (usando o Solver na aba *Exemplo 16*.1) são mostrados na Figura 16.3. Observe que a capacidade limitada leva o fabricante contratado a cobrar um preço mais alto para cada um dos dois segmentos em relação ao caso em que não havia limite de capacidade.

	A	B	C	D
3	Capacidade de produção =	4000		
4	Segmento	Preço	Demanda	Lucro
5	1	US\$ 141,7	2.166,67	US\$ 285.277,80
6	2	US\$ 79,2	1.833,33	US\$ 126.805,60
7	Total		4.000	US\$ 412.083,30

Célula	Fórmula da célula	Copiado de
C5	=5000−20*B5	
C6	=5000−40*B6	
D5	=(B5−10)*C5	D6
C7	=sum(C5:C6)	
D7	=sum(D5:D6)	

》 **Figura 16.3** Planilha do Solver para o Exemplo 16.1.

A metodologia que descrevemos tem duas suposições importantes que provavelmente não funcionarão na prática. A primeira é que ninguém do segmento de preço mais alto decide passar para o segmento de preço mais baixo depois que os preços são anunciados. Em outras palavras, supomos que o atributo como tempo de espera, usado para separar os segmentos, funciona perfeitamente. Na prática, isso é pouco provável de acontecer. Nossa segunda suposição é que, uma vez que os preços são decididos, a demanda do cliente é previsível. Na prática, sempre haverá incerteza associada à demanda. Talluri e Van Ryzin (2004) têm uma excelente discussão de vários modelos para gestão de receita que consideram a incerteza e alguns modelos que consideram os clientes sendo estratégicos e decidindo sobre suas ações após os preços serem anunciados.

Alocação da capacidade a um segmento sob incerteza

Na maioria dos casos de precificação diferenciada, a demanda vinda do segmento que paga o menor preço surge mais cedo do que a demanda vinda do segmento que paga o preço mais alto. É também muitas vezes o caso em que o segmento de baixo preço pode usar a capacidade de disponibilidade por inteiro. Por exemplo, os viajantes a lazer tendem a agendar seus bilhetes antes que os viajantes a trabalho e a maioria das companhias aéreas pode preencher o avião com preços de promoção que visem às pessoas que viajam a lazer. Um fornecedor pode cobrar um preço menor de um comprador disposto a se comprometer com antecedência e um preço mais alto de compradores que desejam fazer seus pedidos na última hora. Para tirar proveito da gestão de receita, é, então, importante que o fornecedor limite a quantidade de capacidade comprometida com compradores que pagam preços mais baixos, mesmo que haja demanda suficiente do segmento de preço mais baixo para usar a capacidade disponível inteira. Isso levanta a questão de quanta capacidade guardar para o segmento de preço mais alto, que geralmente chega depois. A resposta seria simples se a demanda fosse previsível. Na prática, a demanda é incerta e as empresas devem tomar essa decisão levando em conta a incerteza.

O dilema básico a ser considerado pelo fornecedor com capacidade de produção está entre se comprometer com um pedido de um comprador de preço mais baixo ou esperar por um comprador de preço mais alto que chegará mais tarde. Os dois riscos nessa situação são *excesso* e *falta*. O *excesso* ocorre quando a capacidade reservada para compradores de preço mais alto é desperdiçada porque a demanda desse segmento não se materializa. A *falta* ocorre se os compradores de preço mais alto tiverem de ser rejeitados porque a capacidade já foi comprometida para os compradores de preço mais baixo. O fornecedor deverá decidir sobre a capacidade a comprometer para os compradores de preço mais alto a fim de minimizar o custo esperado do excesso e da falta. Um pedido atual de um comprador de preço mais baixo deve ser comparado à receita esperada de aguardar por um comprador de preço mais alto. O pedido do comprador de preço mais baixo deve ser aceito se a receita esperada do comprador de preço mais alto for menor do que a receita atual do comprador de preço mais baixo.

Vamos agora desenvolver o dilema mencionado em termos de uma fórmula que possa ser usada quando o fornecedor estiver trabalhando com dois segmentos de cliente. Seja p_B o preço cobrado do segmento de preço mais baixo e p_A o preço cobrado do segmento de preço mais alto com demanda incerta. Suponha que a demanda antecipada para o segmento de preço mais alto seja distribuída normalmente, com uma média de D_A e desvio-padrão de σ_A. Se reservamos uma capacidade C_A para o segmento de preço mais alto, a receita marginal esperada $R_A(C_A)$ de reservar mais capacidade é dada por:

$$R_A(C_A) = \text{Prob(demanda do segmento de preço mais alto} > C_A) \times p_A$$

A quantidade reservada para o segmento de preço mais alto deve ser escolhida de modo que a receita marginal esperada do segmento de preço mais alto seja igual à receita marginal atual do segmento de preço mais baixo; ou seja, $R_A(C_A) = p_B$. Em outras palavras, a quantidade C_A reservada para o segmento de preço mais alto deve ser tal que:

$$\text{Prob(demanda do segmento de preço mais alto} > C_A) = p_B/p_A \qquad (16.3)$$

Se a demanda para o segmento de preço mais alto for distribuída normalmente, com uma média de D_A e um desvio-padrão de σ_A, pode-se obter a quantidade reservada para o segmento com preço mais alto como:

$$C_A = F^{-1}(1 - p_B/p_A, D_A, \sigma_A) = NORMINV(1 - p_B/p_A, D_A, \sigma_A) \qquad (16.4)$$

Se houver mais de dois segmentos de clientes, a mesma filosofia pode ser usada para obter um conjunto de reservas aninhadas. A quantidade C_1 reservada para o segmento de preço mais alto deve ser tal que a receita marginal esperada do segmento de preço mais alto seja igual ao preço do segmento com o próximo preço mais alto. A quantidade C_2 reservada para os dois segmentos de preço mais alto deve ser tal que a receita marginal esperada dos dois segmentos de preço mais alto seja igual ao preço do segmento com o terceiro preço mais alto. Essa técnica sequencial pode ser usada para obter um conjunto de reservas aninhadas de capacidade para todos os segmentos, com exceção daqueles com o preço mais baixo.

Um ponto importante a observar é que o uso de precificação diferenciada aumenta o nível de disponibilidade de ativos para o segmento de preço mais alto. A capacidade está sendo poupada para esses clientes, em virtude de sua disposição para pagar mais pelo ativo. Assim, o uso efetivo da gestão de receita aumenta os lucros da empresa e também melhora o atendimento para o segmento de clientes mais valioso. O Exemplo 16.2 ilustra como os lucros podem ser aumentados pela capacidade reservada para o segmento que paga valor mais alto quando a demanda é incerta (ver aba *Exemplo 16.2* na planilha *Exemplos*).

EXEMPLO 16.2 》 Alocação da capacidade a múltiplos segmentos

A ToFrom Trucking atende a dois segmentos de clientes. Um segmento (A) está disposto a pagar US$ 3,50 por pé cúbico, mas deseja se comprometer com uma entrega com apenas 24 horas de antecedência. O outro segmento (B) está disposto a pagar apenas US$ 2 por pé cúbico e está disposto a se comprometer com uma remessa com até uma semana de antecedência. Faltando duas semanas, a demanda para o segmento A é prevista como sendo distribuída normalmente, com uma média de 3.000 pés cúbicos e um desvio-padrão de 1.000. Quanto da capacidade disponível deverá ser reservada para o segmento A? Como a ToFrom deverá mudar sua decisão se o segmento A estiver disposto a pagar US$ 5 por pé cúbico?

Análise

Neste caso, temos:

Receita do segmento A, $p_A = $ US$ 3,50 por pé cúbico
Receita do segmento B, $p_B = $ US$ 2 por pé cúbico
Demanda média para o segmento A, $D_A = $ 3.000 pés cúbicos
Desvio-padrão da demanda para o segmento A, $\sigma_A = $ 1.000 pés cúbicos

Usando a Equação 16.4, a capacidade a ser reservada para o segmento A é dada por:

$$C_A = NORMINV(1 - p_B/p_A, D_A, \sigma_A) = NORMINV(1 - 2,00/3,50, 3.000, 1.000) = 2.820 \text{ pés cúbicos}$$

Assim, a ToFrom deverá reservar 2.820 pés cúbicos de capacidade do caminhão para o segmento A quando os clientes desse segmento estiverem dispostos a pagar US$ 3,50 por pé cúbico. Se o valor que os clientes estiverem dispostos a pagar aumentar de US$ 3,50 para US$ 5, a capacidade reservada deverá ser aumentada para:

$$C_A = NORMINV(1 - p_B/p_A, D_A, \sigma_A) = NORMINV(1 - 2,00/5,00, 3.000, 1.000) = 3.253 \text{ pés cúbicos}$$

O ideal é que a previsão de demanda para todos os segmentos de cliente seja revisada e uma nova quantidade de reserva seja calculada toda vez que um pedido for processado. Na prática, esse procedimento seria muito difícil de implementar. É mais prático revisar a previsão e a quantidade de reserva após um período sobre o qual a demanda prevista ou a exatidão da previsão tenham mudado em uma quantidade significativa.

Outra técnica para precificação diferenciada é criar diferentes versões de um produto voltadas para diferentes segmentos. As editoras lançam livros de autores mais vendidos em edições com capa dura e cobram um preço mais alto. Os mesmos livros são lançados em edições de brochura a um preço mais baixo. As duas versões são usadas para cobrar um preço mais alto a um segmento que deseja ler o livro assim que ele é lançado. Diferentes versões também podem ser criadas agrupando diferentes opções e serviços com o mesmo produto básico. Os fabricantes de automóveis criam uma versão completa, uma versão intermediária e uma versão básica dos modelos mais populares, com base em opcionais fornecidos. Essa política permite que eles cobrem preços diferenciados para diferentes segmentos do mesmo produto básico. Muitos fabricantes de lentes de contato vendem a mesma lente com garantia de uma semana, um mês e seis meses. Nesse caso, o mesmo produto com diferentes serviços em forma de garantia é usado para cobrar preços diferenciados.

Para usar a gestão de receita com sucesso ao atender a diversos segmentos do cliente, uma empresa deve usar as seguintes táticas com eficiência:

- basear o preço no valor atribuído por segmento;
- usar preços diferentes para cada segmento;
- fazer previsão em nível de segmento.

Empresas de frete por ferrovia e por caminhão não têm usado a gestão de receita com múltiplos segmentos de modo eficiente. As companhias aéreas, ao contrário, têm sido muito mais eficazes no uso dessa técnica. Um empecilho importante para as ferrovias é a falta de trens programados. Sem eles, é difícil separar os segmentos de preço mais alto e de preço mais baixo. Para tirar proveito das oportunidades de gestão de receita, os proprietários dos bens de transporte na cadeia de suprimentos têm de oferecer alguns serviços programados, como um mecanismo para separar os segmentos de maior e menor preço. Sem serviços programados, é difícil separar os clientes que estão dispostos a se comprometer desde cedo daqueles que desejam usar o serviço de última hora.

> **》Ponto-chave**
>
> Se um fornecedor atende a vários segmentos de cliente com um ativo fixo, ele pode melhorar as receitas definindo preços diferentes para cada segmento. Os preços precisam ser definidos com barreiras, de modo que o segmento disposto a pagar mais não seja capaz de pagar o preço mais baixo. O valor do bem reservado para o segmento de preço maior é tal que a receita marginal esperada desse segmento seja igual ao preço do segmento de menor preço.

16.3 Precificação e gestão de receita para ativos perecíveis

Qualquer ativo que perca valor com o tempo é perecível. Nitidamente, frutas, vegetais e produtos farmacêuticos são perecíveis, mas essa lista também inclui produtos como computadores e telefones celulares, que perdem valor à medida que novos modelos são lançados. Roupas de alta costura são perecíveis porque não podem ser vendidas pelo preço máximo quando a estação termina. Ativos perecíveis também incluem todas as formas de capacidade de produção, de transporte e de armazenagem desperdiçada se não for totalmente utilizada. A capacidade não usada do passado não tem valor. Assim, toda a capacidade não utilizada é equivalente à capacidade perdida.

Um exemplo bem conhecido de gestão de receita na revenda de roupas foi a Filene's Basement em Boston. As mercadorias foram vendidas primeiro na loja principal com preço máximo. A mercadoria restante foi passada para o porão e seu preço foi reduzido aos poucos por um período de 35 dias, até ser vendida. Toda mercadoria não vendida foi, então, doada para instituições de caridade. Hoje, a maioria das lojas de departamentos realiza descontos progressivos nas mercadorias durante a estação de vendas e depois vende qualquer estoque restante para uma ponta de estoque, que segue uma estratégia de preços semelhante.

Outro exemplo de gestão de receita para um bem perecível é o uso de *overbooking* pelo setor de companhias aéreas. Um assento perde todo o valor quando o avião decola. Visto que pessoas frequentemente não aparecem para um voo mesmo quando têm uma reserva, as companhias vendem mais reservas do que a capacidade do avião, para maximizar a receita esperada.

As duas táticas de gestão de receita usadas para bens perecíveis são:

1. Variar o preço dinamicamente ao longo do tempo para maximizar a receita esperada.
2. Fazer reservas em excesso para vendas do ativo para levar em conta os cancelamentos.

Precificação dinâmica

A *precificação dinâmica*, tática de variar o preço ao longo do tempo, é adequada para bens como roupas da moda, que possuem uma data clara além da qual perdem seu valor. O sucesso da precificação dinâmica também requer a presença de segmentos de clientes diferentes, com alguns dispostos a pagar um preço mais alto pelo produto. Roupas desenhadas para o inverno não têm muito valor na primavera. Um varejista que comprou 100 jaquetas de esqui perto do inverno tem muitas opções com relação à sua estratégia de preços. Ele pode inicialmente cobrar um preço alto. Essa estratégia atrairá somente os clientes com alta disposição para pagar e resultará em vendas menores no início da estação (embora a um preço mais alto), deixando mais jaquetas para serem vendidas mais tarde, durante a estação. Um desconto posterior na estação pode atrair clientes que querem pagar um valor menor para o produto. Outra opção é inicialmente cobrar um preço mais baixo, vendendo mais jaquetas no início da estação (embora a um preço inferior) e deixando menos jaquetas para serem vendidas com desconto. Esse dilema determina os lucros para o varejista. Para variar o preço com eficiência ao longo do tempo para um ativo perecível, o proprietário do ativo deve ser capaz de estimar seu valor ao longo do tempo e prever o impacto do preço sobre a demanda do cliente com eficiência. Os preços diferenciados efetivos ao longo do tempo geralmente aumentam o nível de disponibilidade de produto para o cliente disposto a pagar o preço cheio e também aumenta os lucros totais para o varejista.

Agora, discutiremos uma metodologia simples para precificação dinâmica no contexto em que o vendedor tem uma quantidade especificada Q de um único produto no início da estação. Supomos que o vendedor seja capaz de dividir a estação de venda em k períodos e possa prever a curva de demanda para cada período. A suposição básica aqui é que a resposta dos clientes à precificação possa ser prevista com o tempo e que clientes não mudem seu comportamento em resposta às mudanças de preço antecipadas. Para simplificar, supomos que, dado um preço p_i no período i, a demanda d_i no período i seja dada por:

$$d_i = A_i - B_i p_i$$

Essa é uma curva de demanda linear, mas em geral essa curva não precisa ser linear. Apresentamos um caso linear aqui porque ele é mais fácil de entender e resolver. Presume-se que os clientes que compram nos períodos iniciais são menos sensíveis ao preço, ao passo que os que compram depois são mais sensíveis a ele. O varejista deseja variar o preço ao longo do tempo para maximizar a receita que pode extrair das Q unidades que tem em mãos no início da estação. O problema de precificação dinâmica enfrentado pelo varejista pode, então, ser formulado da seguinte forma:

$$\text{Máx} \sum_{i=1}^{k} p_i (A_i - B_i p_i) \qquad (16.5)$$

sujeito a:

$$\sum_{i=1}^{k} (A_i - B_i p_i) \leq Q$$

$$A_i - B_i p_i \geq 0 \quad \text{para} \quad i = 1, \ldots, k$$

Conforme formulado, o problema da precificação dinâmica é simples o bastante para poder ser resolvido diretamente com o Excel, como ilustrado no Exemplo 16.3 (ver abas *Exemplo 16.3 [preço dinâmico]* e *Exemplo 16.3 [preço fixo]* na planilha *Exemplos*).

EXEMPLO 16.3 》 Precificação dinâmica

Um varejista comprou 400 parkas de esqui antes do início da estação do inverno a um custo de US$ 100 cada (por um custo total de US$ 40.000). A estação dura três meses e o varejista previu a demanda em cada um dos três meses como sendo $d_1 = 300 - p_1$, $d_2 = 300 - 1,3p_2$ e $d_3 = 300 - 1,8p_3$. Como o varejista deverá variar o preço da parka ao longo dos três meses para maximizar a receita? Se o varejista cobrar um preço constante ao longo dos três meses, qual deve ser esse preço? Quanto ganho na receita resulta da precificação dinâmica?

Análise

Observe que os clientes que compram no início da estação são previstos como sendo menos sensíveis ao preço e os clientes que compram no final da estação são mais sensíveis ao preço. Usando a Equação 16.5, o problema do varejista pode ser formulado da seguinte forma:

$$\text{Máx } p_1(300 - p_1) + p_2(300 - 1,3p_2) + p_3(300 - 1,8p_3)$$

Sujeito a:

$$(300 - p_1) + (300 - 1,3p_2) + (300 - 1,8p_3) \leq 400$$
$$300 - p_1, 300 - 1,3p_2, 300 - 1,8p_3 \geq 0$$

Esse problema pode ser formulado usando o Solver no Excel, como mostra a Figura 16.4 (ver planilha *Exemplo 16.3[preço dinâmico]*). As células B5:B7 contêm as variáveis de preço, as células C5:C7 contêm a demanda resultante das curvas de demanda respectivas, e as células D5:D7 contêm a receita em cada período. A demanda total nos três períodos está na célula C8 e a receita total está na célula D8. A quantidade no início da estação está na célula B3.

Como mostrado na Figura 16.4, a estratégia ideal para o varejista é definir o preço em US$ 162,20 no primeiro mês, US$ 127,58 no segundo mês e US$ 95,53 no terceiro mês. Isso gera uma receita total de US$ 51.697,94 e um lucro de US$ 11.697,94 para o varejista.

O problema de obter o preço fixo ideal para a estação de três meses pode ser formulado no Excel, conforme mostra a Figura 16.5 (ver aba *Exemplo 16.3 [preço fixo]*). Todas as fórmulas de célula, exceto B6 e B7, são como na Figura 16.4.

	A	B	C	D
3	Quantidade no início da estação =	400		
4		Período	Preço	Demanda	Receita
5		1	US$ 162,20	137,80	US$ 22.351,28
6		2	US$ 127,58	134,15	US$ 17.114,36
7		3	US$ 95,53	128,05	US$ 12.232,40
8	Total			400	US$ 51.697,94

Célula	Fórmula da célula	Copiado de
C5	=300−B5	
C6	=300−1,3*B6	
C7	=300−1,8*B7	
D5	=B5*C5	D6:D7
C8	=sum(C5:C7)	
D8	=sum(D5:D7)	

》 **Figura 16.4** Planilha do Solver para o Exemplo 16.3 para precificação dinâmica.

Se o varejista quiser ter um preço fixo pelos três meses, ele deverá definir o preço das jaquetas em US$ 121,95 para obter uma receita resultante de US$ 48.780,49 e um lucro de US$ 8.780,49. Podemos ver que a precificação dinâmica permite que o varejista aumente os lucros por quase US$ 3.000, de US$ 8.780 para US$ 11.698.

	A	B	C	D
3	Quantidade no início da estação =	400		
4		Período Preço	Demanda	Receita
5		1 US$ 121,95	178,05	US$ 21.713,27
6		2 US$ 121,95	141,46	US$ 17.251,64
7		3 US$ 121,95	80,49	US$ 9.815,59
8	Total		400	US$ 48.780,49

Célula	Fórmula da célula	Copiado de
B6	= B5	B7

Figura 16.5 Planilha do Solver para o Exemplo 16.3 para preço fixo ao longo da estação.

Uma vez que tenhamos entendido como definir o preço dinamicamente ao longo da estação, poderemos voltar e perguntar quantas unidades o varejista deverá adquirir no início da estação para maximizar os lucros, conforme descrito no Exemplo 16.4 (ver aba *Exemplo 16.4* na planilha *Exemplos*).

EXEMPLO 16.4 》 Avaliação da quantidade com precificação dinâmica

Retorne ao varejista no Exemplo 16.3. Suponha curvas de demanda como descrito no Exemplo 16.3. Quantas parkas o varejista deverá comprar no início da estação e qual deverá ser seu preço durante os três meses da estação para maximizar os lucros?

Análise

Neste caso, a quantidade no início da estação também é uma variável de decisão. O problema do varejista pode, agora, ser formulado da seguinte forma:

$$\text{Máx } p_1(300 - p_1) + p_2(300 - 1{,}3p_2) + p_3(300 - 1{,}8p_3) - 100Q$$

sujeito a:

$$(300 - p_1) + (300 - 1{,}3p_2) + (300 - 1{,}8p_3) \leq Q$$
$$300 - p_1, 300 - 1{,}3p_2, 300 - 1{,}8p_3, Q \geq 0$$

O problema pode ser formulado no Excel como mostra a Figura 16.6 (ver aba *Exemplo 16.4*) para obter a quantidade inicial ideal e os preços dinâmicos ao longo da estação. Todas as fórmulas de célula, exceto D9, são conforme a Figura 16.4.

O ideal é que o varejista peça 245 jaquetas no início da estação. Elas têm, então, um preço de US$ 200 para o primeiro mês, US$ 165,38 para o segundo mês e US$ 133,33 para o terceiro mês. O lucro total para o varejista com a quantidade de pedido ideal e preço dinâmico é de US$ 17.557,69. Observe que é mais alto do que o lucro obtido no Exemplo 16.4 quando o varejista começou com 400 parkas.

A precificação dinâmica pode parecer bastante lucrativa desde que os consumidores não se antecipem à queda dos preços e adiem suas compras. Porém, se eles decidem escolher esse comportamento mais estratégico e protelarem suas compras para esperar pelo menor preço, a situação se torna mais desafiadora.

	A	B	C	D
3	Custo por unidade =	US$ 100,00		
4	Quantidade no início da estação =	245		
5		Período	Preço	Demanda	Receita
6		1	US$ 200,00	100	US$ 20.000,00
7		2	US$ 165,38	85	US$ 14.057,70
8		3	US$ 133,33	60	US$ 8.000,01
9	Total			245,0002	US$ 42.057,71
10				Lucro =	US$ 17.557,69

Célula	Fórmula da célula	Copiado de
D9	= B8−B2*B3	

》 Figura 16.6 Planilha do Solver para o Exemplo 16.4 para quantidade ideal e precificação dinâmica.

O DESAFIO DOS CLIENTES ESTRATÉGICOS Na realidade, o problema de precificação dinâmica é mais complicado porque a demanda é imprevisível e os clientes comportam-se estrategicamente no sentido de que podem decidir adiar sua compra se souberem que os preços cairão com o tempo. Uma discussão excelente sobre os modelos que podem ser usados nessa situação mais complexa pode ser encontrada em Talluri e Van Ryzin (2004).

A questão de demanda imprevisível e clientes estratégicos é ilustrada com eficiência nas decisões feitas pelo varejista de alto nível Saks Fifth Avenue em novembro de 2008. Em 2007, produtos de luxo de marcas como Prada, Gucci e Dolce & Gabbana haviam se tornado especialmente importantes para varejistas de alto nível como a Saks, pois eles mantiveram fortes vendas em meados de 2008, mesmo com as vendas no varejo em geral começando a cair na época. Como resultado, a Saks fez seus pedidos para a estação de fim de ano de 2008 esperando fortes vendas dessas marcas. Em novembro, porém, houve uma grande discrepância entre os estoques na Saks e a demanda dos clientes. Nas "*private sale nights*" da Saks no início de novembro, para clientes importantes, aos descontos normais de 40% não tiveram resposta. Em meados de novembro, concorrentes como a Neiman Marcus havia reduzido os preços em 40% e alguns designers estavam oferecendo descontos de 90% nas vendas de sobras de coleção (*sample sales*). Quanto mais o preço cai, mais os clientes decidem adiar suas compras em antecipação de preços ainda mais baixos. Com a proximidade do dia de Ação de Graças, a Saks decidiu oferecer descontos de 70% para movimentar seu estoque.

Quando há muito estoque em um varejista é razoável esperar que alguns clientes sejam estratégicos e atrasem a sua compra em antecipação para ter um preço mais baixo no futuro. Ignorar esse comportamento estratégico por parte dos clientes pode reduzir significativamente os benefícios da precificação dinâmica para varejistas. Considere, por exemplo, o varejista no Exemplo 16.4, que começa a estação com 245 unidades, conforme sugerido pelos resultados do Exemplo 16.4. Quando os clientes não são estratégicos, o varejista espera vender 100 unidades a US$ 200 cada no primeiro mês, 85 unidades a US$ 165,38 cada no segundo mês, e as demais 60 unidades a US$ 133,33 cada unidade no terceiro mês, para as vendas totais de US$ 42.057,71 e um lucro de US$ 17.557,08 (dado um custo unitário de US$ 100). Agora considere o caso de clientes estratégicos detalhado na aba *Exemplo 16.4 (estratégico)* na planilha *Exemplos*. Se os clientes estratégicos atrasarem a sua compra e o varejista vender apenas 80 unidades no primeiro mês e 50 no segundo mês, o varejista fica com 115 unidades a serem vendidas no terceiro mês. Para vender todas as 115 unidades, o varejista é forçado a baixar o preço no terceiro mês para (300 − 115) / 1,8 = US$ 102,78. O lucro total, neste caso, cai para US$ 11.588,43. Quanto mais os clientes estratégicos esperarem até o terceiro mês, maior será a queda nos lucros do varejista. Nitidamente, o varejista paga um preço por ignorar clientes estratégicos.

Na presença de clientes estratégicos, é melhor que o varejista compre 245 unidades e cobre um preço fixo de US$ 159,76 para toda a estação (ver aba *Exemplo 16.4 [preço fixo]* na planilha *Exemplos*). O preço fixo elimina quaisquer ganhos para um cliente de comportamento estratégico. A esse preço, os clientes que adquirem no primeiro mês compram 140 unidades, os clientes que adquirem no segundo mês compram cerca de 92 unidades, e apenas cerca de 13 unidades são deixadas para serem vendidas no terceiro mês. O varejista obtém um lucro total de US$ 14.640 com um preço fixo. Embora seja menos do que o que conseguiria com a precificação dinâmica se os clientes não fossem estratégicos, é mais do que os lucros potenciais com clientes estratégicos. Um preço fixo confiável pode ser uma resposta eficaz a clientes estratégicos. A Tiffany é um exemplo de empresa que mantém essa política de preço fixo. Outra abordagem é reduzir a quantidade oferecida no início da estação para os clientes que estão relutantes em assumir o risco de esperar por um desconto de final da estação no caso de a quantidade total ser vendida fora do preço total. A Zara usa essa abordagem para conseguir que seus clientes comprem produtos ao vê-los na loja.

> **Ponto-chave**
>
> A precificação dinâmica pode ser uma ferramenta poderosa para aumentar os lucros se a sensibilidade dos clientes ao preço mudar no decorrer da estação. Isso costuma ser o caso de produtos de moda, para os quais os clientes são menos sensíveis ao preço no início da estação, mas se tornam mais sensíveis perto do final da estação. A precificação dinâmica, porém, deve considerar cuidadosamente o comportamento estratégico dos clientes que podem antecipar futuras quedas de preço e atrasar suas compras. Com os clientes estratégicos, pode ser melhor ter um preço fixo ou reduzir a quantidade oferecida.

Overbooking

O *overbooking* ocorre quando um vendedor com capacidade limitada oferece mais unidades do que ele tem disponível. As companhias adotam essa prática para assegurar que os aviões não decolem com assentos vazios. A tática de *overbooking* ou *overselling* dos ativos disponíveis é adequada em qualquer situação em que os clientes estão aptos a cancelar pedidos e o valor do ativo cai de modo significativo depois do *deadline*. Alguns exemplos incluem assentos de companhias aéreas, itens criados especialmente para o Natal e capacidade de produção. Em cada caso, existe uma quantidade limitada de ativo disponível, os clientes podem cancelar pedidos e o ativo perde o valor após certa data. Se a taxa de cancelamento puder ser prevista com precisão, o nível de *overbooking* é fácil de determinar. Na prática, porém, a taxa de cancelamento é incerta.

O dilema básico a considerar durante o *overbooking* é entre ter capacidade (ou estoque) desperdiçada, em virtude de cancelamentos excessivos, ou ter uma falta de capacidade (ou estoque) em virtude de poucos cancelamentos, quando uma reserva cara precisa ser disponibilizada. O custo de capacidade desperdiçada é a margem que teria sido gerada se a capacidade fosse usada para a produção. O custo de uma falta de capacidade é a perda por unidade que resulta de ter de passar para uma fonte de reserva. O objetivo ao tomar a decisão de *overbooking* é maximizar os lucros da cadeia de suprimentos minimizando o custo de capacidade desperdiçada e o custo da falta de capacidade.

Agora, desenvolvemos esse dilema em termos de uma fórmula que pode ser usada para definir os níveis de *overbooking* para um ativo. Considere que p seja o preço pelo qual cada unidade do ativo é vendida e considere que c seja o custo de uso ou produção de cada unidade de ativo. No caso de falta do ativo, considere que b seja o custo por unidade em que uma reserva pode ser usada. Assim, o custo marginal de ter capacidade desperdiçada é $C_d = p - c$, e o custo marginal de ter falta de capacidade é $C_f = b - p$. Se o custo da capacidade de reserva é menor que o preço de venda, não existe motivo para limitar o *overbooking*. O caso interessante surge quando o custo da capacidade de reserva excede o preço de venda. O dilema para obter o nível ideal de *overbooking* é muito semelhante ao dilema na Equação 13.1 para obter o nível de serviço de ciclo (NSC) ideal para itens sazonais. Considere que O^* seja o nível ideal de *overbooking* e considere que s^* seja a probabilidade de que os cancelamentos sejam menores ou iguais a O^*. Semelhante à derivação da Equação 13.1, o nível ideal de *overbooking* é obtido como:

$$s^* = \text{Prob}(\text{cancelamentos} \le O^*) = \frac{C_d}{C_d + C_f} \qquad (16.6)$$

Se a distribuição de cancelamentos for conhecida em termos absolutos como sendo distribuída normalmente, com uma média μ_c e desvio-padrão σ_c, o nível ideal de *overbooking* é avaliado como:

$$O^* = F^{-1}(s^*, \mu_c, \sigma_c) = NORMINV(s^*, \mu_c, \sigma_c) \qquad (16.7)$$

Se a distribuição de cancelamento for conhecida apenas como uma função do nível de reserva (capacidade L + *overbooking* O) para ter uma média de $\mu(L + O)$ e um desvio-padrão de $\sigma(L + O)$, o nível ideal de *overbooking* é obtido como uma solução para a seguinte equação:

$$O = F^{-1}[s^*, \mu(L + O), \sigma(L + O)] = NORMINV[s^*, \mu(L + O), \sigma(L + O)] \quad (16.8)$$

Observe que o nível ideal de *overbooking* deverá aumentar à medida que aumentar a margem por unidade e o nível de *overbooking* deverá diminuir à medida que aumentar o custo da capacidade de reposição. Observe também que o nível de *overbooking* aumenta a utilização do ativo pelos clientes. O uso dessa prática diminui o número de clientes que são afastados e, portanto, melhora a disponibilidade de ativo para o cliente, enquanto melhora os lucros para o proprietário do ativo. A avaliação do *overbooking* é ilustrada no Exemplo 16.5 (ver aba *Exemplo 16.5* na planilha *Exemplos*).

EXEMPLO 16.5 》 *Overbooking*

Considere um fornecedor de roupas que esteja fazendo pedidos de vestidos com tema natalino. A capacidade de produção disponível do fornecedor é de 5.000 vestidos, e isso gera US$ 10 para cada vestido vendido. O fornecedor atualmente está recebendo pedidos dos varejistas e deve decidir com quantos pedidos se comprometerá nesse momento. Se ele tiver pedidos que excedam a capacidade, terá de arrumar capacidade de reserva, que resulta em uma perda de US$ 5 por vestido.

Sabe-se que os varejistas cancelam seus pedidos perto da estação de inverno por terem melhor visibilidade da demanda esperada. Quantos pedidos o fornecedor deverá aceitar se os cancelamentos forem distribuídos normalmente, com uma média de 800 e um desvio-padrão de 400? Quantos pedidos o fornecedor deve aceitar se os cancelamentos são distribuídos normalmente, com uma média de 15% dos pedidos aceitos e um coeficiente de variação de 0,5?

Análise

O fornecedor tem os seguintes parâmetros:

Custo de capacidade desperdiçada, C_d = US$ 10 por vestido

Custo de falta de capacidade, C_f = US$ 5 por vestido

Usando a Equação 16.6, obtemos, assim:

$$s^* = \frac{C_d}{C_d + C_f} = \frac{10}{10 + 5} = 0{,}667$$

Se os cancelamentos forem distribuídos normalmente, com uma média de 800 e um desvio-padrão de 400, o nível ideal de *overbooking* é obtido usando a Equação 16.7, como:

$$O^* = NORMINV(s^*, \mu_c, \sigma_c) = NORMINV(0{,}667, 800, 400) = 972$$

Nesse caso, o fornecedor deve pedir 972 vestidos a mais e aceitar pedidos para um total de 5.972 peças.

Se os cancelamentos forem distribuídos normalmente, com média de 15% do nível de reserva e um coeficiente de variação de 0,5, o nível ideal de *overbooking* é obtido usando a Equação 16.8 como a solução da seguinte equação:

$$O = NORMINV[0{,}667, 0{,}15(5.000 + O), 0{,}075(5.000 + O)]$$

Essa equação pode ser resolvida usando a ferramenta do Excel (ver aba *Exemplo 16.5*) para obter o nível ideal de *overbooking*:

$$O^* = 1.115$$

Neste caso, o fornecedor deverá reservar 1.115 vestidos a mais e aceitar um pedido de até 6.115 vestidos.

O *overbooking* como uma tática tem sido usado no setor de companhias aéreas, ferroviário de passageiros e de hotéis. Porém, ele não tem sido usado até o ponto em que deveria em muitos cenários da cadeia de suprimentos, incluindo capacidades de produção, de depósito e de transporte. Não há motivo para que um depósito de terceiros que aluga para vários clientes não venda o espaço total que excede o disponível. Uma reserva será claramente necessária se todos os clientes usarem o espaço do depósito até a capacidade plena. Em todos os outros casos, a capacidade disponível do depósito cobrirá a necessidade de espaço. O *overbooking*, nesse caso, melhora as receitas para o depósito enquanto permite que mais clientes usem o espaço de depósito disponível.

> **》 Ponto-chave**
> O *overbooking* ou *overselling* de um ativo da cadeia de suprimentos é uma tática valiosa se ocorrem cancelamentos de pedido e o ativo é perecível. O nível de *overbooking* é baseado no dilema entre o custo de desperdiçar o ativo se muitos cancelamentos levarem a ativos não usados e o custo de providenciar uma reserva se muito poucos cancelamentos levaram a pedidos comprometidos maiores do que a capacidade disponível.

16.4 Precificação e gestão de receita para demanda sazonal

Os picos sazonais de demanda são uma ocorrência comum em muitas cadeias de suprimentos. A maioria dos varejistas nos Estados Unidos alcança uma fração significativa de suas vendas anuais durante o mês de dezembro. Um exemplo disso é a Amazon.com. Como resultado do pico sazonal, há um aumento significativo na exigência de separar e embalar, assim como na capacidade de transporte na Amazon.com. Reunir capacidade em curto prazo é caro e diminui as margens da empresa. Conforme discutimos no Capítulo 9, descontos fora do período de pico são um método eficaz de deslocar a demanda do pico para o período fora dele. A Amazon normalmente oferece remessa gratuita para pedidos feitos em novembro. O desconto de preço encoraja alguns clientes a deslocarem sua demanda de dezembro para novembro, reduzindo, assim, o pico de dezembro para a Amazon e permitindo que ela extraia um lucro mais alto. Simultaneamente, essa estratégia oferece um patamar de preço para os clientes que estejam dispostos a fazer pedidos mais cedo.

Diante de picos sazonais, uma tática de gestão de receita eficaz é cobrar um preço mais alto durante o período de pico e um preço mais baixo durante os períodos fora de pico. O resultado é um deslocamento de demanda dos períodos de pico para os outros. Esse resultado é benéfico se o desconto dado durante os períodos fora de pico for maior do que o deslocamento pela diminuição de custo em decorrência de um pico menor e do aumento de receita durante o período fora de pico. Veja, no Capítulo 9, uma discussão detalhada sobre os dilemas envolvidos quando uma empresa usa a precificação para lidar com picos sazonais.

A indústria hoteleira utiliza preços diferenciados por dia da semana e época do ano. Aqui, o objetivo não é deslocar a demanda, mas aumentá-la durante os períodos de baixa temporada, atraindo clientes sensíveis ao preço, como famílias em férias, com um desconto. A Marriott Corporation tem tido muito sucesso nesse esforço. A demanda por quartos de hotel varia de acordo com o dia da semana. Para a Marriott, que visa a clientes de negócios, os dias de demanda de pico ocorrem no meio da semana. A Marriott oferece taxas menores durante o fim de semana para encorajar as famílias a usarem o hotel durante esses dias. Outra tática de gestão de receita que a rede utiliza é cobrar dos clientes uma taxa mais baixa se eles permanecerem por um período maior, que também abrange os dias de baixa demanda.

Um exemplo interessante de precificação de pico é o Next, restaurante fundado pelo renomado chef Grant Achatz em Chicago, em 2010. O restaurante vende ingressos com antecedência para assentos em épocas diferentes. O preço varia com base no menu, mas também conforme o período para o qual é adquirido. Desse modo, um assento de sábado à noite às 20h é mais caro do que um assento na noite de terça às 21h30. De maneira semelhante, equipes esportivas cobram mais por jogos contra equipes populares e menos por jogos contra equipes mais fracas ou menos conhecidas.

O desconto fora do período de pico pode ser uma tática de gestão de receita eficaz para os proprietários de capacidade de produção ou de transporte em qualquer cadeia de suprimentos que enfrente demanda de pico sazonal, pois mudar a capacidade ao longo do tempo é caro. Essa tática aumenta os lucros para os proprietários de ativos, diminui o preço pago por uma fração dos clientes e também traz novos clientes potenciais durante o período de desconto fora do pico.

16.5 Precificação e gestão de receita para contratos de massa e contratos à vista

A maioria das empresas enfrenta um mercado em que alguns clientes compram em massa com desconto e outros compram unidades isoladas ou lotes pequenos a um preço mais alto. Considere um proprietário de capacidade de armazenagem em uma rede de suprimentos. A capacidade de armazenagem pode ser alugada em grandes ou em pequenas quantidades para grandes empresas, para suas necessidades emergenciais, ou para pequenas empresas. A empresa grande que aluga espaço em grande quantidade normalmente recebe um desconto em frente às outras. O proprietário do espaço de armazenagem, assim, enfrenta o seguinte dilema: ele poderia alugar o espaço para o comprador de grande quantidade com um desconto ou reservar parte do espaço para a demanda com preço mais alto, para pequenas quantidades de espaço de armazenagem que podem ou não surgir.

Na maioria dos casos, os proprietários ativos da cadeia de suprimentos preferem atender a toda a demanda que surge das vendas por atacado e tentar atender a pequenos clientes somente se restarem alguns ativos. Ao contrário, uma empresa como a McMaster-Carr visa apenas aos clientes com demanda de emergência por produtos de MRO. Essa empresa recusará qualquer comprador por atacado que busque um desconto. Usando essa estratégia, a McMaster-Carr é uma empresa muito lucrativa. Para uma empresa que deseja atuar em mercado de nicho, visar a um dos dois extremos é uma estratégia sensata. Ela permite que a companhia foque suas operações em atender ou somente ao segmento de massa ou ao mercado à vista. Para outras companhias, porém, uma estratégia híbrida de atender ambos segmentos é apropriada. Nesse caso, as empresas precisam decidir que fração de seus ativos elas venderão em massa e que fração será reservada para o mercado à vista. O dilema fundamental é semelhante ao caso em que uma empresa atende a dois segmentos de mercado (ver Seção 16.2). A empresa precisa decidir sobre os preços nos segmentos de massa e à vista e a quantidade que reservará para o mercado à vista (no qual a demanda surge depois). Os preços de cada segmento podem ser determinados usando as equações 16.1 e 16.2. A quantidade reservada para o mercado à vista deve ser tal que a receita marginal esperada desse mercado seja igual à receita atual de uma venda em massa. A quantidade reservada é afetada pela diferença na margem entre o mercado à vista e a venda em massa, e também pela distribuição da demanda do mercado à vista. Se considerarmos esse mercado como o segmento de maior preço e os compradores em massa como o segmento de menor preço, a quantidade de ativo a ser reservada para o mercado à vista pode ser obtida usando as equações 16.3 e 16.4.

Uma decisão semelhante precisa ser tomada por todos os compradores de ativos de produção, armazenagem e transporte em uma cadeia de suprimentos. Considere uma empresa que procura capacidade de remessa para operações globais. Uma opção é ela assinar um contrato em massa de longo prazo com uma empresa de remessa. Outra opção é comprar capacidade de remessa no mercado à vista. O contrato de massa de longo prazo tem a vantagem de um preço fixo, mais baixo, mas tem a desvantagem de haver desperdício se não for utilizado. O mercado à vista tem a desvantagem de um preço médio mais alto, mas tem a vantagem de nunca haver desperdício. O comprador precisa considerar esse dilema ao decidir a quantidade de contratos de remessa em massa de longo prazo que assinará.

Dado que tanto o preço de mercado à vista quanto a necessidade do comprador pelo ativo são incertos, uma abordagem da árvore de decisão, conforme discutido no Capítulo 6, deve ser usada para avaliar a quantidade de contrato em massa de longo prazo que deve ser assinada. Para o caso simples em que o preço do mercado à vista é conhecido, mas a demanda é incerta, a extensão do contrato em massa pode ser avaliada usando-se uma fórmula. Considere que c_M seja a taxa para venda em massa e c_V seja o preço do mercado à vista para o ativo em questão. Considere que Q^* seja a quantidade ideal do ativo a ser comprado em massa e p^* seja a probabilidade de que a demanda do ativo não exceda Q^*. O custo marginal de compra em massa de outra unidade é c_M. O custo marginal esperado de não comprar outra unidade em massa e, depois, comprá-la no mercado à vista é $(1 - p^*)c_V$. Se a quantidade ideal do ativo for comprada em massa, o custo marginal dessa compra deve ser igual ao custo marginal esperado da compra no mercado à vista; ou seja, $c_M = (1 - p^*) c_V$. Assim, o valor ideal p^* é obtido como:

$$p^* = \frac{c_V - c_M}{c_V} \tag{16.9}$$

Se a demanda for distribuída normalmente, com uma média μ e desvio-padrão σ, a quantidade ideal, Q^*, do ativo adquirido em massa, é obtida como:

$$Q^* = F^{-1}(p^*, \mu, \sigma) = NORMINV(p^*, \mu, \sigma) \tag{16.10}$$

A quantidade da compra em massa aumenta se o preço de mercado à vista aumentar ou o preço em massa diminuir. A avaliação das compras com contrato em massa é ilustrada no Exemplo 16.6 (ver aba *Exemplo 16.6* na planilha *Exemplos*).

EXEMPLO 16.6 》 Contratos em massa de longo prazo versus o mercado à vista

Um fabricante compra vários componentes da China e tem necessidades de transporte mensais que são distribuídas normalmente, com uma média $\mu = 10$ milhões de unidades e desvio-padrão $\sigma = 4$ milhões de unidades. O fabricante deve decidir sobre o portfólio de contratos de transporte a manter. Um contrato em massa de longo prazo custa US$ 10.000 por mês para 1 milhão de unidades. A capacidade de transporte também está disponível no mercado à vista, a um preço médio de US$ 12.500 por milhão de unidades. Para quanta capacidade de transporte o fabricante deve assinar um contrato em massa de longo prazo?

Análise

Neste caso, temos:

Custo do contrato em massa, $c_M = $ US$ 10.000 por milhão de unidades
Custo no mercado à vista, $c_V = $ US$ 12.500 por milhão de unidades

Usando-se a Equação 16.9, obtemos:

$$p^* = \frac{c_V - c_M}{c_V} = \frac{12.500 - 10.000}{12.500} = 0,2$$

A quantidade ideal a ser comprada usando-se o contrato em massa de longo prazo é, portanto, obtida usando-se a Equação 16.10, ou seja:

$$Q^* = NORMINV(p^*, \mu, \sigma) = NORMINV(0,2, 10, 4) = 6,63$$

Assim, o fabricante deverá assinar um contrato em massa de longo prazo para 6,63 milhões de unidades por mês e comprar qualquer capacidade de transporte além dessa quantidade no mercado à vista.

》 Ponto-chave

A maioria dos consumidores de ativos de produção, armazenagem e transporte em uma cadeia de suprimentos enfrenta o problema de construir um portfólio de contratos em massa de longo prazo e contratos do mercado à vista. A decisão básica é o tamanho do contrato em massa. O dilema fundamental é entre desperdiçar uma parte de um contrato em massa de baixo custo e pagar mais pelo ativo no mercado à vista.

16.6 O uso da precificação e da gestão de receita na prática

1. *Avalie seu mercado cuidadosamente.* O primeiro passo em gestão de receita é identificar os segmentos do cliente sendo atendidos e suas necessidades. O objetivo é entender o que o cliente está comprando, em oposição ao que se está vendendo. Se uma companhia aérea pensa que está apenas vendendo assentos, ela não pode usar a gestão de receita. Ela precisa pensar que está vendendo assentos, a capacidade de reserva de última hora, a capacidade de alterar planos de voo e a capacidade de escolher um horário de voo conveniente. Somente então as oportunidades de gestão de receita se apresentam.

Tendo identificado as necessidades do mercado, é essencial colher dados precisos e completos em relação aos produtos oferecidos, preços, concorrência e, o mais importante, o comportamento do cliente. Informação sobre tal comportamento é um ativo valioso, que ajuda a identificar as preferências do consumidor. Por fim, um conhecimento apropriado das preferências do cliente e uma quantificação do impacto de várias táticas sobre o comportamento do cliente estão no centro da gestão de receita bem-sucedida.

2. *Quantifique os benefícios da gestão de receita.* É fundamental quantificar os benefícios esperados de gestão da receita antes de iniciar o projeto. O ideal é que os dados históricos e um bom modelo das preferências do cliente sejam usados para estimar os benefícios por meio de uma simulação. O resultado dessa etapa devem ser alvos de receita explícitos, alcançados como resultado da gestão de receita. Os alvos de receita devem ser tais que todas as pessoas envolvidas acreditem neles. O esforço de gestão de receita deve, então, ser comparado ao benefício esperado.

3. *Implemente um processo de previsão.* O alicerce de qualquer sistema de gestão de receita é a função de previsão. Com previsão não queremos obter uma estimativa que seja sempre exata. A previsão envolve estimar a demanda e também atribuir um erro esperado para a previsão seguinte. É difícil prever em um nível micro, em que todo o comportamento é basicamente idiossincrático. Por exemplo, uma companhia aérea com 100 classes de tarifa achará muito difícil prever a demanda para cada classe e também prever o comportamento dos clientes quando eles não encontram vaga em uma classe de tarifa. Assim, é importante garantir que as táticas de gestão de receita sejam planejadas em um nível de agregação suficiente para que a previsão eficaz seja possível.

4. *Mantenha a simplicidade.* A maioria dos benefícios da gestão de receita é percebido em poucas dimensões para a precificação diferenciada. A complexidade adicional agrega ao esforço requerido sem necessariamente agregar muito valor. Uma companhia aérea, por exemplo, pode obter a maioria dos benefícios a partir da gestão da receita usando poucas classes de tarifas. Mais complexidade somente fará a previsão ser mais difícil sem necessariamente aumentar a receita.

5. *Envolva tanto vendas como operações.* Os vendedores devem entender a tática de gestão de receita em execução para que possam alinhar seu ritmo de vendas de acordo. Não faz sentido que uma empresa ofereça um desconto fora da época de pico se o pessoal de vendas continuar a empurrar as pessoas para o período de preços mais altos. A equipe de vendas deve diferenciar os clientes que realmente precisam do ativo da cadeia de suprimentos durante o período de pico daqueles que se beneficiarão com a mudança de seu pedido para o período fora do pico. Essa técnica aumentará os lucros para a empresa enquanto também satisfaz os clientes. O setor de operações deve entender os resultados em potencial das táticas de gestão de receita existentes e estar informado sobre os resultados reais que estão ocorrendo. Por exemplo, o setor de operações em uma companhia aérea que usa *overbooking* precisa estar pronto para embarcar, em outros voos viáveis, passageiros que não puderam sair em um voo cheio.

6. *Compreenda e informe o cliente.* Os clientes terão uma percepção negativa das táticas de gestão de receita se elas forem percebidas simplesmente como um mecanismo para extrair o máximo de receita. Essa percepção provavelmente diminuirá a fidelidade do cliente no longo prazo e o encorajará a tentar burlar o processo. Assim, é importante para a empresa estruturar seu programa de gestão de receita de modo que a receita aumente enquanto o serviço melhora em alguma dimensão que seja importante para os clientes que pagam o preço mais alto. Conforme já discutimos neste capítulo, uma implementação apropriada das táticas de gestão deverá alcançar os dois resultados. É importante que a empresa passe essa informação aos seus clientes mais valiosos. Lembre-se de que uma mudança no comportamento desse conjunto de clientes pode destruir qualquer benefício em potencial de um programa de gestão de receita!

7. Integre o planejamento de oferta com a gestão de receita. Embora as ideias de planejamento de oferta e gestão de receita que discutimos neste livro sejam valiosas isoladamente, combiná-las pode criar muito mais valor. A ideia aqui não é usar a gestão de receita sozinha, mas combiná-la com decisões sobre o lado da oferta. Por exemplo, se, depois de aplicar a gestão de receita, um fabricante achar que a produção de uma instalação com tempo de espera curto fornece a maior parte de seu lucro, ela deve pensar na geração de mais capacidade com um tempo de espera curto. Entender e atuar sobre as interações entre oferta, demanda e precificação pode gerar resultados poderosos.

16.7 Resumo dos objetivos de aprendizagem

1. *Compreender o papel da gestão de receita em uma cadeia de suprimentos.* A gestão de receita usa preços diferenciados para combinar melhor oferta e demanda e aumentar os lucros da cadeia de suprimentos. Tradicionalmente, as empresas têm mudado a disponibilidade de ativos para combinar a oferta e a demanda.

A gestão de receita visa reduzir qualquer desequilíbrio entre oferta/demanda usando os preços como alavanca. Uma grande vantagem do uso de gestão de receita é que uma mudança nos preços é muito mais fácil de reverter em comparação a um investimento em ativos da cadeia. Quando usada corretamente, a gestão de receita aumenta os lucros da empresa enquanto deixa os clientes valiosos mais satisfeitos pela maior disponibilidade de ativo.

2. *Identificar condições sob as quais as táticas de gestão de receita podem ser eficazes.* As táticas de gestão de receita podem ser muito eficazes se a empresa atender a vários segmentos, cada um colocando um valor diferente no ativo da cadeia de suprimentos, ou se o ativo for perecível e perder valor com o tempo, ou a demanda tiver picos sazonais distintos, ou o ativo puder ser comprado e vendido usando contratos em massa de longo prazo e no mercado à vista.

3. *Descrever os dilemas que devem ser considerados ao tomar decisões de gestão de receita.* Ao atender a múltiplos segmentos de cliente, a decisão básica de gestão de receita é a quantidade de ativo que será reservada para o segmento de preço mais alto. O dilema é entre reservar muito e estragar o ativo se a demanda de preço mais alto não se materializar e perder clientes que pagam mais caro porque poucos ativos foram reservados para isso. Quando o ativo é perecível, as decisões básicas de gestão de receita são sobre como mudar o preço ao longo do tempo e o grau pelo qual o ativo deve ter *overbooking* ou sobrevenda (*oversold*). Ao mudar o preço do bem ao longo do tempo, o dilema fica entre cobrar um preço inicialmente mais alto e ter muito estoque sobrando para vender mais barato depois, ou cobrar um preço baixo inicialmente e ter pouco estoque sobrando. Ao fazer o *overbooking*, o dilema é entre não vender a mais e desperdiçar o ativo disponível e vender muito e ter de obter capacidade de reserva a um alto custo. Quando a demanda tem picos sazonais distintos, a decisão básica de gestão de receita é o tempo e a extensão do desconto fora do período de pico. O dilema é entre o custo adicional de atender ao pico sazonal e o impacto sobre a demanda e, portanto, sobre a receita, de oferecer um desconto fora do período de pico. Para um vendedor que usa tanto contratos em massa de longo prazo como de mercado à vista, a decisão básica de gestão de receita é a fração do ativo a reservar para o mercado à vista. O dilema básico fica entre comprometer uma demanda a um preço mais baixo, com contratos em massa, e potencialmente conseguir um preço mais alto no mercado à vista. Para um comprador, a decisão básica é a fração de demanda antecipada que será comprada por meio de um contrato em massa de longo prazo. O dilema básico fica entre assinar um contrato em massa de longo prazo, a um preço mais baixo, mas que pode não ser totalmente usado, e comprar do mercado à vista somente a quantidade exigida, mas a um preço mais alto.

Perguntas para discussão

1. De que maneiras um varejista como a Nordstrom pode tirar proveito das oportunidades de gestão de receita?

2. Que oportunidades de gestão de receita estão disponíveis para um fabricante? Como ele pode tirar proveito dessas oportunidades?

3. Que oportunidades de gestão de receita estão disponíveis para uma empresa de transportes por caminhão? Como ela pode tirar proveito dessas oportunidades?

4. Que oportunidades de gestão de receita estão disponíveis ao proprietário de um depósito? E como ele pode tirar proveito delas?
5. Explique o uso de pontas de estoque por varejistas como a Saks Fifth Avenue no contexto de gestão de receita. Como a presença das pontas de estoque ajuda a Saks? Como isso ajuda seu cliente mais valioso, que está disposto a pagar o preço cheio?
6. A demanda de cabeleireiros é muito mais alta nos fins de semana, quando as pessoas não estão no trabalho. Que técnicas de gestão de receita podem ser usadas por esse tipo de negócio?
7. Como um curso de golfe pode usar a gestão de receita para melhorar o desempenho financeiro?

Exercícios

1. A Felgas, um fabricante de juntas de feltro, tem uma capacidade de produção de 1.000 unidades por dia. Atualmente, a empresa vende a capacidade de produção por US$ 5 a unidade. Com esse preço, toda a capacidade de produção é reservada com uma semana de antecedência. Um grupo de clientes disse que estaria disposto a pagar o dobro do preço (US$ 10 por unidade) se a Felgas tivesse capacidade disponível no último dia. Com cerca de 10 dias de antecipação, a demanda para o segmento de alto preço é distribuída normalmente, com uma média de 250 e um desvio-padrão de 100. Quanta capacidade de produção a Felgas deverá reservar para o último dia?

2. O GoGo Bunny está sendo um brinquedo muito solicitado neste Natal, e o fabricante decidiu racionar a oferta para todos os varejistas. Uma grande rede de varejo possui dois canais — um de desconto e um de alto nível. O varejista planeja vender o brinquedo a uma margem de US$ 4 no canal de desconto e uma margem de US$ 8 no canal de alto nível. O fabricante vende 100.000 GoGo Bunnies ao varejista. Este previu que a demanda pelo brinquedo no canal de alto nível é distribuída normalmente, com média de 400.000 e desvio-padrão de 150.000. Quantos brinquedos o varejista deverá enviar para o canal de alto nível?

3. Um pequeno depósito tem 100.000 pés quadrados de capacidade. O gerente no depósito está em processo de assinatura de contratos para capacidade de armazenagem com clientes. O contrato tem uma taxa mensal fixa de US$ 200 por cliente, além de uma taxa de US$ 3 por pé quadrado com base no uso real. O depósito garante a quantidade contratada mesmo que tenha de arrumar espaço extra a um preço de US$ 6 por pé quadrado. O gerente acha que os clientes provavelmente não usarão a quantidade contratada inteira o tempo todo. Assim, ele está pensando em assinar contratos que ultrapassem os 100.000 pés quadrados. Ele prevê que o espaço não usado será distribuído normalmente, com média de 20.000 pés quadrados e desvio-padrão de 10.000 pés quadrados. Qual é o tamanho total dos contratos que ele deve assinar? Se ele prevê que o espaço não usado será distribuído normalmente, com uma média de 15% da quantidade contratada e um coeficiente de variação de 0,6, qual é o espaço total dos contratos que ele deve assinar?

4. Uma transportadora por caminhão tem capacidade atual de 200.000 pés cúbicos. Um fabricante grande está disposto a comprar a capacidade inteira a US$ 0,10 por pé cúbico ao dia. O gestor da transportadora observou que, no mercado à vista, a capacidade de transporte é vendida por uma média de US$ 0,13 por metro cúbico ao dia. Porém, a demanda não é garantida a esse preço. O gestor prevê uma demanda diária no mercado à vista distribuída normalmente, com média de 60.000 pés cúbicos e desvio-padrão de 20.000. Quanta capacidade de transporte o gerente deve reservar para o mercado à vista?

5. A gestora de um grande fabricante está planejando as necessidades de armazenagem para o próximo ano. Ela prevê que as necessidades de armazenagem serão distribuídas normalmente, com uma média de 500.000 pés quadrados e um desvio-padrão de 150.000. O gerente pode conseguir um aluguel para o ano inteiro a US$ 0,50 por pé quadrado por mês ou comprar espaço de armazenamento no mercado à vista. As taxas do mercado à vista são, em média, US$ 0,70 por pé quadrado ao mês. Qual o tamanho do contrato anual que a gestora deve assinar?

6. A NatBike, um fabricante de bicicletas, identificou dois segmentos de clientes, um que prefere uma bicicleta customizada e está disposto a pagar um preço mais alto, e outro que está disposto a comprar uma bicicleta padronizada, mas que é mais sensível ao preço. Suponha que o custo de manufatura de qualquer bicicleta seja de US$ 200. A demanda do segmento customizado tem uma curva de demanda de $d_1 = 20.000 - 10p_1$ e a demanda do segmento-padrão, sensível ao preço, é $d_2 = 40.000 - 30p_2$. Que preço a NatBike deve cobrar de cada segmento se não existe restrição de capacidade? Que preço a NatBike deverá cobrar de cada segmento se a capacidade disponível total for de 20.000 bicicletas? Qual é o lucro total em cada caso?

7. Retorne ao fabricante de bicicletas NatBike do Exercício 6. Agora suponha que uma bicicleta customizada custe US$ 300 para fabricar, enquanto uma bicicleta padronizada custa US$ 200 para fabricar, com todos os outros dados iguais aos do Exercício 6. Que preço a NatBike deve cobrar de cada segmento se não existe restrição de capacidade? Que preço a NatBike deve cobrar de cada segmento se a capacidade disponível total for de 20.000 bicicletas? Qual é o lucro total em cada caso?

8. Retorne ao fabricante de bicicletas NatBike do Exercício 6. Suponha que a fábrica tenha uma capacidade de 20.000 bicicletas. Se a capacidade adicional pode ser acrescentada a um custo de US$ 25 por bicicleta, quanto a NatBike deverá cobrar para cada um dos dois segmentos e quanta capacidade ela deverá acrescentar? Como os lucros são afetados em relação ao Exercício 6?

9. Uma loja de departamentos adquiriu 5.000 trajes de banho para serem vendidos durante a estação de vendas de verão. A estação dura três meses e o gerente da loja prevê que os clientes que compram mais cedo na estação provavelmente são menos sensíveis ao preço e aqueles que compram mais tarde na estação provavelmente são mais sensíveis ao preço. As curvas de demanda em cada um dos três meses são previstas da seguinte forma: $d_1 = 2.000 - 10p_1$, $d_2 = 2.000 - 20p_2$ e $d_3 = 2.000 - 30p_3$. Se a loja de departamentos cobrar um preço fixo em toda a estação, qual deverá ser? Qual é a receita resultante? Se a loja de departamentos quiser praticar preços dinâmicos, que variam por mês, quais deverão ser? Como isso afeta os lucros em relação à cobrança de preços fixos? Se cada traje de banho custa US$ 40 e a loja planeja cobrar preços dinâmicos, quantos trajes ela deverá comprar no início da estação?

Referências

BITRAN, G.; CALDENTEY, R. An Overview of Pricing Models and Revenue Management. *M&SOM*, 2003, p. 203-229.

CROSS, R. G. *Revenue Management*. New York: Bantam Doubleday Dell, 1997.

CROSS, R. G.; HIGBIE, J. A.; CROSS, Z. N. Milestones in the Application of Analytical Pricing and Revenue Management. *Journal of Revenue and Pricing Management*, 2010, p. 1-11.

DAUDEL, S.; VIALLE, G. *Yield Management: Applications to Air Transport and Other Service Industries*. Paris: Institut du Transport Aerien, 1994.

ELMAGHRABY, W.; KESKINOCAK, P. Dynamic Pricing in the Presence of Inventory Considerations. *Management Science*, 2003, p. 1287-1309.

O'CONNELL, V.; DODES, R. Saks Upends Luxury Market with Strategy to Slash Prices. *The Wall Street Journal*, fev. 9, 2009.

PHILLIPS, R. *Pricing and Revenue Optimization*. Stanford, CA: Stanford University Press, 2005.

SHEN, Z. M.; SU, X. Customer Behavior Modeling in Revenue Management and Auctions: A Review and New Research Opportunities. *Production and Operations Management*, 2007, p. 713-728.

TALLURI, K. T.; RYZIN, G. J. V. *The Theory and Practice of Revenue Management*. Boston: Kluwer Academic, 2004.

TAYUR, S.; GANESHAN, R.; MAGAZINE, M. *Quantitative Models for Supply Chain Management*. Boston: Kluwer Academic, 1999.

WELLS, P. In Chicago, the Chef Grant Achatz Is Selling Tickets to His New Restaurant. *New York Times*, maio 5, 2010.

Estudo de caso

Decidir pelo Savored ou pelo Groupon?[1]

O Sr. Chang, o proprietário do Enter the Dragon, um restaurante fino de comida asiática em Chicago, ficou em dúvida diante das possibilidades apresentadas a ele pelo representante de vendas do Groupon. Ele podia oferecer uma oferta do dia (um cupom de US$ 60 por US$ 30) que poderia ser visualizada por centenas de milhares de assinantes do Groupon na região de Chicago; ou poderia oferecer mais descontos adaptados no Savored, um site de reserva de restaurantes também dirigido pelo Groupon. O movimento ficava fraco mais tarde, sobretudo durante as noites de dias de semana, e Mr. Chang queria estimular a demanda. Contudo, ele queria ter certeza de fazer isso de forma que realmente aumentasse os lucros. Ele estimou que a demanda durante as noites dos dias de semana era normalmente distribuída, com uma média de 60 e um desvio-padrão de 30. Dada uma capacidade de 100 e apenas um único assento por mesa por noite, havia mesas vazias em muitas noites.

Groupon e sua oferta do dia

Lançado em 2008, o Groupon expandiu-se rapidamente com o foco em duas ofertas do dia. A oferta do dia equivale a um cupom de desconto de 50 a 70% para um produto ou serviço oferecido por um negócio local. A oferta é anunciada pelo Groupon para seus assinantes; se o número de compradores exceder um limite, a oferta é finalizada e a empresa compartilha cerca de metade das receitas com o negócio local, mantendo o resto como sua comissão. O negócio local, assim, recebe cerca de 20 a 25 centavos do dólar do valor de varejo. Então, clientes que compraram um cupom usando a oferta do dia contataram o negócio local para o seu produto ou serviço. Em restaurantes como o Enter the Dragon, os compradores do Groupon tendem a obter as suas reservas mais rapidamente, conforme compraram o seu cupom, bem antes de clientes regulares que tentam fazer as suas reservas.

A popularidade da oferta do dia entre os assinantes levou a um rápido crescimento do Groupon. Depois de rejeitar uma oferta de 6 bilhões de dólares do Google, a empresa abriu seu capital em 2011. Suas ações tiveram uma jornada turbulenta desde então. Depois de abrir a US$ 25, as ações atingiram uma baixa de US$ 4 até o final de 2012, antes de se recuperarem a US$ 10 no início de 2014. A queda no preço pode ser atribuída em parte aos custos de marketing mais altos e à publicidade negativa de alguns varejistas que tinham feito uso da oferta do dia. Alguns se queixaram de que "as finanças simplesmente não podiam funcionar", enquanto outros[2] chamaram o Groupon de "o pior marketing de todos os tempos". Os varejistas se queixaram de que enquanto o Groupon trouxe novos clientes, as margens eram terríveis, porque os 20 a 25 centavos do dólar recuperados de uma oferta de Groupon eram muito inferiores em relação à receita que os novos clientes forneciam.

Um post muito popular escrito por Jay Goltz no site do *New York Times*[3] ofereceu aos varejistas uma forma de avaliar o benefício da oferta. Ele sugeriu que os varejistas pensem no Groupon como publicidade. Em vez de assinar um cheque para a agência de publicidade, os varejistas que usavam a oferta do dia estavam escolhendo perder dinheiro em vendas. Assim, o único cálculo que importava era o custo por novo cliente adquirido de uma oferta do dia. O post sugeriu as oito métricas-chave a seguir para decidir se a oferta do dia era uma publicidade custo-efetiva:

1. Custo incremental de vendas.
2. Tamanho da venda média.
3. Percentagem de cupons resgatados.

---

[1] Esse caso foi desenvolvido pelo Prof. Rene Caldentey, Stern School of Business, New York University, e pelo Prof. Kalyan Talluri, Imperial College Business School.

[2] GOLTZ, J. Doing the Math on a Groupon Deal. *New York Times*, Nov 23, 2010.

[3] Ibid.

4. Percentagem de cupons comprados pelos clientes atuais.
5. Número de cupons comprados pelo cliente.
6. Percentagem de clientes que adquirem novos cupons e se tornam clientes regulares.
7. O valor de todos os assinantes do Groupon verem a oferta do dia.
8. Custo atual para conseguir novos clientes por meio de publicidade.

O valor da oferta diária dependia desses números. Em um exemplo descrito no blog, o Sr. Goltz focou em um restaurante que vendeu 3.000 cupons com um valor real de US$ 75 por US$ 35 (o restaurante recebeu apenas US$ 17,50, com o Groupon ficando com o resto a título de comissão). Ele supôs que o restaurante gastasse 40% (da receita normal, receitas não descontadas) em custos incrementais; os clientes gastaram, em média, US$ 85 (US$ 10 mais do que o cupom); apenas 85% dos cupons foram resgatados; 40% dos cupons foram adquiridos para clientes atuais; dois cupons foram adquiridos por cliente; e cerca de 10% dos novos clientes voltaram ao restaurante.

Nesse caso, o restaurante recebeu um cheque de US$ 52.500 (= 3.000 × 17,50) do Groupon e receitas adicionais de US$ 25.500 (= 3.000 × 0,85 × 10) porque os clientes que vieram ao restaurante gastaram US$ 10 mais do que o valor de face do cupom. O custo incremental de servir esses clientes foi de US$ 86.700 (= 3.000 × 0,85 × 85 × 0,40). Assim, o restaurante perdeu US$ 8.700 em seu negócio. Se visto como despesa de publicidade, seria necessário avaliar o número de clientes que retornam o que a oferta trouxe. Dado que 2.550 (= 3.000 × 0,85) cupons foram resgatados e cada cliente comprou dois cupons, a oferta foi usada por um total de 1.275 clientes. Dado que 60% deles eram novos clientes, a oferta trouxe 765 (= 1.275 × 0,6) novos clientes ao restaurante. Se 10% retornaria, a oferta trouxe efetivamente 76 novos clientes repetidos. Então, o restaurante tinha de decidir se gastar US$ 8.700 para trazer 76 clientes que retornassem era mais eficaz do que as formas de publicidade.

Savored e os descontos de restaurantes

O Groupon adquiriu o Savored, um mecanismo de reserva de restaurantes, em setembro de 2012. O Savored oferece desconto de até 40% em restaurantes renomados, contanto que os clientes façam suas reservas on-line com antecedência. Os restaurantes podem variar os descontos oferecidos pelo período do dia e dia da semana, com descontos maiores nos períodos menos populares. Os restaurantes podem variar o número de mesas disponíveis a preço de promoção. O Savored sugere os períodos em que os descontos devem ser oferecidos depois de estudar os padrões de tráfego do restaurante. Por exemplo, todos os horários de sábado à noite no Capital Grill em Wall Street estão com desconto porque ele atrai sobretudo as pessoas que trabalham na região durante a semana, ao passo que o Fatty Crab no West Village em Manhattan oferece somente desconto de sábado à noite às 23h.[4] O Savored ajuda os restaurantes a gerenciar sua capacidade ociosa de modo eficaz. O Le Cirque, um restaurante renomado de Manhattan, eliminou seu menu pré-teatro mais barato porque as reservas do Savored preenchem esses horários.

Questões para estudo

1. Suponha um custo variável de US$ 10 por mesa e uma média de gasto de US$ 60 por mesa. Com uma oferta diária (US$ 60 por US$ 30 o cupom), o Groupon proporciona ao Sr. Chang uma receita de US$ 15 por mesa. A análise fornecida pelo blog do *New York Times* indicou que o sr. Chang gerou receita (US$ 5 por mesa) por meio da oferta do dia (mais do que se optasse por gastar com publicidade). Você acha que a análise incluiu todos os aspectos que precisam ser considerados? O sr. Chang deveria continuar com a oferta do dia, dado que ele pode fazer anúncios enquanto ganha um pouco de dinheiro por cupom?
2. Com o Savored, o sr. Chang pode limitar o número de mesas que ele permite que sejam oferecidas a preço de desconto. Supondo que ele obtém a mesma receita com o Savored por mesa com desconto que com a oferta do dia (US$ 15), você acha que a capacidade de limitar o número de mesas com desconto tem algumas vantagens? Você preferiria usar o Savored ou a oferta do dia?
3. Você preferiria usar o Savored ou a oferta do dia? Por quê?

---

[4] CLIFFORD, S. When It Comes to Reservations, Time Is Money, *New York Times*. 4 de setembro de 2012.

Sustentabilidade e a cadeia de suprimentos

CAPÍTULO 17

> ## » Objetivos de aprendizagem
>
> Depois de ler este capítulo, você será capaz de:
>
> 1. Entender a importância da sustentabilidade em uma cadeia de suprimentos.
> 2. Discutir sobre o desafio à sustentabilidade estabelecido pela tragédia dos bens comuns.
> 3. Descrever as dimensões-chave da sustentabilidade para a cadeia de suprimentos.
> 4. Compreender o papel dos incentivos para os esforços bem-sucedidos de sustentabilidade.

A sustentabilidade tem se tornado uma prioridade-chave no desenvolvimento e na operação das cadeias de suprimentos no século 21. Um foco na sustentabilidade permite que uma cadeia de suprimentos sirva melhor os clientes mais ambientalmente conscientes, enquanto muitas vezes aprimora o seu próprio desempenho. Neste capítulo, iremos explorar a importância da sustentabilidade, alguns desafios para o desenvolvimento e para a operação de cadeias de suprimentos mais sustentáveis, além do papel de diferentes fatores da cadeia na melhoria da sustentabilidade.

17.1 O papel da sustentabilidade em uma cadeia de suprimentos

Este livro tem se centrado no desenvolvimento e na operação de cadeias de suprimentos com o objetivo de aumentar o excedente da cadeia. Cada uma, no entanto, é apenas uma pequena parte do mundo em que reside. Em última análise, a saúde e a sobrevivência de toda a cadeia de suprimentos e de cada indivíduo dependerá da saúde do mundo ao seu redor. Desse modo, é importante expandir a meta de uma cadeia de suprimentos, além dos interesses de seus participantes (que o excedente da cadeia de suprimentos representa) para outros que podem ser afetados por decisões da cadeia de suprimentos. É nesse contexto que o século 21 tem visto um crescente foco na sustentabilidade. A Comissão Brundtland das Nações Unidas definiu o desenvolvimento sustentável como "o desenvolvimento que satisfaz as necessidades do presente sem comprometer a capacidade das gerações futuras de satisfazerem as suas próprias necessidades". A Cúpula Mundial de 2005 das Nações Unidas apresentou um quadro identificando sustentabilidade econômica, ambiental e social como os "três pilares" do desenvolvimento sustentável. Todos eles devem ser reconciliados para a sustentabilidade ocorrer.

O foco na sustentabilidade aumentou à medida que as economias em países extensos como Brasil, China e Índia cresceram. Por um lado, o crescimento dos mercados emergentes está melhorando os padrões de vida globais de uma maneira que talvez nunca tenha acontecido na história da humanidade. Por outro, o crescimento pressiona os recursos e o meio ambiente como nunca aconteceu. Está ficando cada vez mais claro que se as cadeias de suprimentos não se tornarem mais sustentáveis do que elas foram no passado, os recursos e meio ambiente mundiais não serão capazes de manter o nível de crescimento.

Os fatores que conduzem um foco aumentado na sustentabilidade da cadeia de suprimentos podem ser divididos em três categorias distintas:

1. Redução do risco e melhoria do desempenho da cadeia de suprimentos.
2. Pressões comunitárias e legislaturas governamentais.
3. Atração de consumidores que deem valor à sustentabilidade.

Mesmo que tenha sido um grande negócio falar em todas as três categorias, ações mais concretas têm sido observadas na redução de risco para a cadeia de suprimentos e aumento do desempenho financeiro. A primeira parte do século 21 viu um aumento na pressão comunitária e nas legislaturas governamentais em algumas partes do mundo. Muito menos sucesso tem sido conduzido pela demanda dos consumidores ou pelo desejo de uma empresa de tornar o mundo mais sustentável. É interessante notar que existe uma oportunidade significativa se as cadeias de suprimentos focarem somente na redução do risco e na melhoria do desempenho financeiro. Um artigo de McKinsey (Creyts et al., 2007) com foco na emissão de gases do efeito estufa relatou: "Quase 40% do abatimento (de gases do efeito estufa) poderia ser atingido com custos marginais negativos, significando que investir nessas opções poderia gerar retorno econômico financeiro ao longo do ciclo de vida." Apesar da existência de oportunidades financeiramente viáveis para aumentar a sustentabilidade, a atividade tem sido lenta, pois algumas dessas ações requerem investimento antecipado que seria compensado ao longo do tempo. Um exemplo é o investimento nas lâmpadas de LED pelo Walmart. Mesmo que exigisse investimento antecipado, instalar lâmpadas de LED reduziu de modo significativo o consumo de energia nas unidades da empresa. Por causa do longo tempo de compensação, no entanto, outras poucas empresas seguiram o Walmart, por causa do grande investimento inicial.

Embora muito ainda precise ser feito, algumas empresas têm reportado sucesso na melhoria da sustentabilidade. A Unilever, um gigante holandês-britânico em bens de consumo, investiu esforço significativo para ajudar economias emergentes como Brasil e Índia a lutar contra a pobreza, a escassez de água e as mudanças climáticas. No Brasil, a empresa ajudou produtores de tomate a irrigar por gotejamento para economizar água. A empresa vê quase metade de suas vendas e a maioria de seu crescimento vindo de economias emergentes. Ela compra cerca de "10% da colheita mundial de chá e 30% de todo o espinafre".[1] O foco na sustentabilidade ajuda a Unilever a melhorar a saúde ambiental e econômica dos mercados em que provavelmente terá crescimento futuro, enquanto simultaneamente assegura a oferta de produtos, ela precisa alimentar seu crescimento.

O Walmart começou a focar na sustentabilidade como um movimento de defesa, dada a crítica que ele estava recebendo dos ativistas ambientais. Contudo, a empresa viu alguns benefícios para a sua linha de produção. Instalar lâmpadas mais eficientes em suas lojas e adicionar teto solar para obter luz natural ajudou a diminuir os custos de energia de modo significativo. Reduzir as embalagens ajudou a diminuir os custos de material e também os custos de transporte. Outro exemplo é a reformulação da garrafa de leite pelo Walmart e pela Costco para usar menos material e aumentar a densidade do empacotamento durante o transporte. Mesmo que tivesse levado algum tempo para as pessoas aceitarem o novo modelo, o esforço causou a economia de "10 a 20 centavos por garrafa, se comparado às antigas".[2]

---

[1] "Beyond the Green Corporation," *Business Week*, 29 de janeiro de 2007.
[2] "Solution, or Mess? A Milk Jug for a Green Earth," *New York Times*, 30 de junho de 2008.

A Starbucks é outro exemplo de empresa que focou na sustentabilidade por razões de negócio significativas. No final da década de 1990, a empresa se deu conta de que seus planos de crescimento não poderiam ser sustentados sem ajudar os produtores de café a aumentar sua produção de maneira sustentável. A empresa, assim, começou as suas práticas C.A.F.E. (equidade entre o café e o produtor, do inglês *Coffee And Farmer Equity*), em que avalia a produção sustentável do café em quatro dimensões: qualidade do produto, contabilidade econômica, responsabilidade social e liderança ambiental. De acordo com a empresa, "as duas primeiras categorias são pré-requisitos para a participação no programa e também para assegurar a qualidade básica do café, a transparência financeira, a equidade e a visibilidade da cadeia de suprimentos do café". A responsabilidade social mede a extensão em que as condições de trabalho são seguras e humanizadas. A liderança ambiental mede as ações que os fornecedores estão tomando para "gerenciar desperdício, proteger a qualidade da água, conservar água e energia, preservar a biodiversidade e reduzir o uso de agrotóxicos". Os candidatos recebem o status de "fornecedor preferencial" com base na pontuação que atingem nas três categorias. Os fornecedores preferenciais obtêm um preço premium de US$ 0,05 por libra juntamente aos termos de contrato favoráveis. A empresa alega que obteve 95% de seu café em 2013 a partir de fontes que eram "terceiros verificados e certificados pelas práticas C.A.F.E., Fairtrade ou outro sistema externamente auditado". Além de ajudar a atrair os clientes que se preocupam com a sustentabilidade, esses esforços ajudaram a Starbucks a reduzir o risco de desabastecimento e assegurar um fornecimento contínuo de café de alta qualidade, o *input* mais crítico para o seu negócio.

A sustentabilidade tem representado mais do que um desafio quando exige esforços que não proporcionam o retorno óbvio sobre o investimento da empresa. Na verdade, os próprios clientes nem sempre confirmam suas palavras sobre a importância da sustentabilidade com a disposição de pagar mais por produtos sustentáveis ou de fazer mais esforço para apoiar a sustentabilidade. Como exemplo, a Starbucks pôde aumentar a percentagem de bebidas servidas nos copos do próprio cliente de somente 1,4% em 2009 para 1,8% em 2013. De todas as dimensões que a empresa relatou em seu Relatório de Responsabilidade Global de 2013, essa foi a dimensão que viu o menor investimento. Em uma pesquisa, os líderes de negócio identificaram retorno insuficiente sobre o investimento, indisposição do cliente para pagar um extra por produtos orgânicos e dificuldade de avaliar a sustentabilidade por meio do ciclo de vida do produto como as maiores barreiras para aumentar o foco na sustentabilidade.[3] Quando a análise racional para um foco aumentado na sustentabilidade não é claramente definida por empresas individuais, manter o foco necessário na construção de cadeias de suprimentos mais sustentáveis é mais difícil. Como discutiremos na próxima seção, um dos maiores desafios para a construção de cadeias de suprimentos sustentáveis é que no curto ao médio prazo um foco aumentado na sustentabilidade proporciona benefícios que são compartilhados, mas custos que podem ser locais para uma empresa ou indivíduos, ao passo que o atual *status quo* proporciona benefícios que são locais para as empresas ou indivíduos, mas um custo que é global.

17.2 A tragédia dos bens comuns

Em um artigo influente, Hardin (1968) descreveu a tragédia dos bens comuns como um dilema que surge quando o bem comum não se alinha perfeitamente com o bem de entidades individuais. Isso é útil para estudar o seu exemplo com mais detalhes. Considere um pasto que está aberto a todos os cuidadores de gado. Cada cuidador tenta maximizar o seu ganho desse ativo público. Quando o gado de determinado cuidador se alimentar no pasto, esse cuidador obtém ganho a partir de seu crescimento e esse ganho diz respeito somente a ele. Qualquer custo de pastoreio excessivo, no entanto, é espalhado por todos os cuidadores cujo gado se alimenta naquele pasto. Assim, o pastoreio em excesso pelo gado de qualquer cuidador fornece uma utilidade positiva de +1 para aquele pastor, mas uma utilidade negativa de apenas uma fração de –1 para os pastores porque a utilidade negativa de –1 é espalhada por todos os pastores. Assim, cada pastor racional continua a aumentar seu rebanho, porque a utilidade positiva para o pastor, de adição de outro

---

[3] Gibbs & Soell survey. Disponível em: <www.cnbc.com/id/42432191/>. Acesso em: 1º maio, 2011.

animal, excede a utilidade negativa que ele vivencia a partir do pastoreio em excesso. Como diz Hardin: "Aí está a tragédia. Cada homem está trancado em um sistema que o obriga a aumentar seu rebanho sem limite — em um mundo que é limitado. A ruína é o destino para o qual todos os homens correm, cada um perseguindo seu próprio interesse em uma sociedade que acredita na liberdade dos comuns. A liberdade em um bem comum traz a ruína para todos."

Hardlin, então, descreve como a questão da poluição ambiental é essencialmente a tragédia dos bens comuns. Todos os indivíduos e todas as empresas liberam dejetos e poluição no meio ambiente na forma de esgoto, material químico e dióxido de carbono. O indivíduo e a empresa incorreriam no custo completo da redução da quantidade de dejetos que descarta, enquanto o custo de jogar o dejeto no meio ambiente é compartilhado por todo o mundo. O meio ambiente comum disponível a todos sem custo torna difícil fazer que todas as empresas invistam em esforços que visem à redução dos dejetos, mesmo que esses dejetos prejudiquem a todos.

Esse problema também aparece no nível nacional. O Painel Intergovernamental sobre a Mudança Climática, um organismo das Nações Unidas, que tem avaliado o aquecimento global desde 1990, relatou que, embora a maior parte da acumulação de dióxido de carbono na atmosfera tenha vindo dos Estados Unidos e da Europa Ocidental, os países mais pobres mais próximos do equador são suscetíveis a pagar o maior preço. O risco de seca, abastecimento de água interrompido e aumento do volume dos oceanos a partir do derretimento das calotas polares, como resultado do aquecimento global, serão sentidos principalmente na África e nos "deltas fluviais lotados no sul da Ásia e no Egito, juntamente a pequenas nações insulares".[4] Em tal ambiente, conseguir qualquer acordo sobre a ação é difícil porque a ação conjunta almejada não é a individualmente ideal, seja no nível corporativo ou nacional. Não é de admirar que tenha sido quase impossível negociar um acordo sobre mudança climática que cada país esteja disposto a aderir! Outros exemplos da tragédia dos bens comuns vêm do uso excessivo dos recursos naturais, tais como peixes, água e florestas. A pesca em excesso de esturjão na Rússia e a destruição de rotas do salmão em rios que foram represados estão bem documentados.

Cada empresa e cadeia de suprimentos enfrenta o desafio da tragédia dos bens comuns conforme ela opera em um ambiente global. Elas devem competir contra outros que podem estar extraindo benefícios do patrimônio ambiental ou bens de recursos sem gastar para manter esses bens comuns. Elas devem competir em um mercado em que os clientes muitas vezes valorizam custo baixo e não estão dispostos a pagar o preço de uma solução mais sustentável, na forma de um preço mais elevado ou consumo reduzido. A menos que todos os consumidores de repente mudem sua mentalidade, é difícil imaginar uma solução sustentável emergente sem alguma intervenção. Enquanto todos concordam sobre a necessidade de intervenção, há discordância considerável sobre a forma necessária de interferência.

Quais são algumas das soluções para essa "tragédia"?

Em seu artigo, Hardin focou no problema decorrente do fato de que os bens comuns são "livres" para todos. Como ele disse, poderia ser encontrada uma solução sem tirar um pouco da liberdade de que os participantes gozam quanto aos bens comuns. Em relação aos parques nacionais nos Estados Unidos, ele escreveu: "Poderíamos vendê-los como propriedade privada. Podemos mantê-los como propriedade pública, mas alocar o direito de entrar neles. A alocação pode ser com base no valor, por meio da utilização de um sistema de leilão. Pode ser na base do mérito, tal como definido por alguns padrões acordados. Pode ser por sorteio. Ou pode ser com base no primeiro a chegar, primeiro a ser atendido, administrado em longas filas. Estes, eu acho, são todos questionáveis. Mas temos de escolher, ou concordar com a destruição dos bens comuns que chamamos de nossos Parques Nacionais". Em vez de focalizar em muitas ideias de Hardin, é importante compreender o seu ponto — a necessidade para nós de escolher entre opções que não são suscetíveis de ser apoiadas por todos de modo espontâneo.

No artigo, Hardin apresenta a ideia de "coerção mútua", em que os arranjos sociais ou mecanismos coagem todos os participantes a se comportar de uma forma útil ao bem comum. Dado que os participantes não tenderão a proteger os bens comuns por sua livre vontade, os mecanis-

---

[4] Andrew C. Revkin, "Poor Nations to Bear Brunt as World Warms." *New York Times*, 1º de abril, 2007.

mos de coerção mútua que se aplicam a todos os participantes podem incentivar o comportamento adequado. A coerção mútua pode ser tentada por meio de uma abordagem de comando e controle ou por mecanismos de mercado. Apresentamos essas abordagens nesta seção, mas a discutiremos com mais detalhes na Seção 17.6. Como sugere Hardin para os parques nacionais, tanto o mecanismo de comando e controle como de mercado têm alguns aspectos que são "questionáveis". Apesar da ausência de uma solução perfeita, é importante fazer uma escolha. Caso contrário, os bens comuns ambientais continuarão a sofrer degradação.

Em uma abordagem de comando e controle, o governo ou os reguladores estabelecem padrões que todos devem aderir. Um exemplo são os padrões de emissão de monóxido de carbono estabelecidos pelos Estados Unidos para os novos automóveis. Outro exemplo é o Diretório Waste Electrical and Electronic Equipment (WEEE) da União Europeia, que é voltado para a reciclagem adequada e para evitar descarte na indústria elétrica e eletrônica. Um terceiro exemplo é o uso de padrões de maior eficiência de combustível na indústria automobilística. Essas normas aumentarão a eficiência de combustível exigida em cerca de 29 milhas por galão em 2012 para 54,5 milhas por galão em 2025. O desafio com as abordagens de comando e controle é que elas tendem a ser inflexíveis e nem sempre são rentáveis. Um exemplo é a proposta da Agência de Proteção Ambiental para exigir tecnologias de captura de carbono em novas usinas de energia movidas a carvão. Além de aumentar os custos globais de eletricidade, há receio quanto à possibilidade de que essa proposta não seja eficaz por causa do alto custo da tecnologia de captura de carbono. O alto custo da legislatura pode afastar os operadores de usinas de energia de usinas movidas a carvão, o que pode retardar a pesquisa em captura de carbono e prejudicar futuras melhorias na área. Em vez de melhorar o desempenho na captura de carbono, essa legislatura pode desacelerar a inovação futura nesse espaço.

Damos dois exemplos de mecanismos de mercado que foram debatidos (mas ainda não implementados em nível nacional nos Estados Unidos até outubro de 2014) no contexto dos gases do efeito estufa, um problema que só está piorando, conforme as cadeias de suprimentos se tornam mais globais. Atualmente, não há nenhuma "cobrança" pela emissão de gases de efeito estufa e não há limites explícitos que são rigorosamente aplicados. O bem comum aqui é o ambiente, e a falta de qualquer "coerção mútua" leva à excessiva emissão de gases de efeito estufa para a atmosfera. A esperança é estabelecer mecanismos que entrem em vigor e possam resolver o problema de forma sustentável.

Um mecanismo conhecido como *limitação e comércio* restringe as emissões agregadas por meio da criação de um número limitado de licenças de emissão negociáveis que as fontes de emissão devem assegurar e entregar na proporção de suas emissões. Qualquer falha em entregar o número adequado de licenças leva a uma multa significativa. O mecanismo começa com o governo criando um número limitado de licenças totais que são distribuídas entre todos os atores da economia. Se os agentes gerarem menos emissões do que os subsídios que possuem, eles podem vender as suas licenças excedentes para outros que podem estar poluindo acima do seu limite e precisam de licenças adicionais. O "preço" de licenças nesse mecanismo é criado pela oferta e demanda de licenças. Tal mecanismo oferece às empresas um incentivo para reduzir as suas emissões porque recebem uma recompensa financeira para essa melhoria com a venda de suas licenças adicionais para aqueles que não podem (ou não conseguem) reduzir suas emissões. A esperança com esse mecanismo é de que as empresas escolham a maneira menos cara de respeitar o limite de emissões, seja implementando planos de redução de emissões ou comprando licenças no mercado aberto. Esse mecanismo foi implementado por várias regiões, incluindo a União Europeia (UE) e do estado norte-americano da Califórnia. A experiência da UE aponta para um dos desafios da implementação de limitação e comércio. O Esquema de Comércio de Emissões (ETS, *Emissions Trading Scheme*) foi lançado pela UE em 2005, com uma distribuição de permissões ou licenças gratuitas. Uma vez que começou a negociação, o preço dessas licenças atingiu o pico em torno de 30 euros por tonelada em abril de 2006 antes de cair para abaixo de 5 euros por tonelada em 2013. A queda no preço tirou qualquer incentivo para as empresas no sentido de promover maiores melhorias nas emissões. Essa falha do mercado estava ligada à distribuição de muitas licenças gratuitas e à definição de limites máximos que foram facilmente alcançados usando as melhorias feitas por empresas. A Califórnia, que começou seu programa de limitação e comércio em 2013, distribuiu uma fração das licenças grátis e leiloou as demais. A Califórnia também estabeleceu um piso sobre o preço dessas licenças durante os leilões. O uso de leilões com preço mínimo para liberar autorizações permite um melhor equilíbrio, sendo menos suscetível de entrar em colapso. A UE também alterou seus planos e mudou o método de alocação de licenças de quotas gratuitas para leilões. O Programa Chuva Ácida é mais uma iniciativa baseada no mercado da Agência de Proteção ao Meio Ambiente Norte-Americana, que tem tido sucesso na redução dos níveis gerais de dióxido de enxofre e óxidos de nitrogênio na atmosfera.

Um segundo mecanismo para controlar as emissões é o imposto sobre emissão. Cada entidade que gere gás do efeito estufa recebe a cobrança proporcionalmente ao tamanho das emissões. Isso é semelhante ao pedágio baseado no congestionamento, que foi discutido sobre o gerenciamento do congestionamento de tráfego (ver Capítulo 14). A taxa sobre emissão incentiva as empresas a reduzir as suas emissões usando todas as ideias cujo custo marginal é inferior à cobrança. Como resultado de um imposto sobre emissão, a quantidade total de gases do efeito estufa produzida irá diminuir. Esses impostos são frequentemente implementados em combustíveis fósseis relacionados com teor de carbono. Por exemplo, a Índia introduziu um imposto de carbono em todo o país de 50 rúpias por tonelada métrica de carvão produzido e importado para o país.[5] Da mesma forma, o Japão introduziu um imposto sobre o petróleo, gás natural e carvão, e espera custear cerca de 80 bilhões de ienes anualmente a partir de 2016.[6] Um problema com um imposto sobre o carbono, porém, é que ele tende a ser regressivo e prejudicar grupos de baixa renda em maior medida.

Discutiremos os prós e contras da limitação e comércio *versus* um imposto sobre o carbono em maior detalhe na Seção 17.6. Ainda há um debate considerável entre os especialistas sobre os méritos relativos das duas abordagens. Infelizmente, esse debate tem abrandado a aplicação de qualquer abordagem por todo o globo. O desafio de cuidar dos bens comuns ambientais é ampliado porque o estado do ambiente é afetado por todas as regiões do mundo. Para ser eficaz, a coerção mútua deve ter o mesmo alcance global do ambiente. Soluções não são suscetíveis de ser eficazes a menos que haja coordenação global na aplicação de quaisquer mecanismos de coerção mútua. A necessidade pela coordenação é evidente, mesmo na experiência da UE com limitação e comércio. Depois de iniciar com limitações nacionais que criaram problemas, a UE teve de mudar para limitações por toda a UE. Há uma preocupação de que a introdução de limitação e comércio na Califórnia possa resultar em algumas empresas se deslocando para fora do estado. Na ausência de uma coordenação global, será difícil conseguir que mecanismos de mercado sejam muito eficazes no controle de emissões. A necessidade de coordenação global é particularmente importante, dado que, embora a maior parte das emissões existentes tenha vindo do mundo desenvolvido, é provável que um aumento da quota de emissões futuras venha de economias que ainda estão em desenvolvimento. Não será suficiente ter soluções limitadas aos países de primeiro mundo.

17.3 Pilares-chaves da sustentabilidade

A sustentabilidade em uma cadeia de suprimentos pode ser vista ao longo de três pilares — social, ambiental e econômico. Grandes corporações globais, como Walmart e Starbucks, relatam seu desempenho econômico nos seus relatórios anuais e seu desempenho social e ambiental em seus relatórios de responsabilidade global (também chamados de relatórios de responsabilidade social corporativa). Como mencionamos anteriormente, muitas ações tomadas em uma cadeia de suprimentos podem melhorar o desempenho nas três dimensões. Por exemplo, o uso do design modular pela IKEA permite que a empresa embale firmemente seu material quando ele é enviado a partir do local de produção para suas lojas de varejo. O design modular permite que ela reduza simultaneamente as emissões, assim como os seus custos de transporte. A SC Johnson, fabricante de material de limpeza e outros bens de consumo, informou que entre 1990 e 1999 utilizou os seus esforços de ecoeficiência para cortar mais de 420 milhões libras de resíduos e economizar

---

[5] MUKHERJEE, K. India Eyes Millions in Green Funds from Coal Tax, *Reuters*, 26 de fevereiro de 2010.
[6] MAEDA, R. Japan's New Carbon Tax to Cost Utilities $1 Billion Annually, *Reuters*, 10 de outubro de 2012.

US$ 125 milhões. A maioria dos esforços relacionados à sustentabilidade, no entanto, tem um custo que a cadeia de suprimentos incorre por um benefício que pode ser mais universal. Em tais situações, medir desempenho ao longo dos três pilares é necessário para avaliar o impacto dos esforços relacionados à sustentabilidade na cadeia de suprimentos.

Dois desafios fundamentais existem em uma cadeia de suprimentos na medição e comunicação dos pilares sociais e ambientais. O primeiro desafio relaciona-se com o escopo de aplicação sobre a qual uma categoria é medida. Considere uma empresa que só relata o consumo de energia dentro de suas próprias operações. Se ela decide terceirizar parte da produção para um fornecedor *offshore*, seu próprio consumo de energia irá mostrar um declínio, embora o consumo de energia em toda a cadeia de suprimentos possa ter aumentado. Se decidir realizar um pouco de produção internamente e *on-shore*, o consumo de energia dentro de suas operações vai mostrar um aumento, mesmo que o consumo de energia para toda a cadeia de suprimentos tenha diminuído. Desse modo, é importante definir claramente o escopo em que todas as métricas são medidas e relatadas. No contexto da emissão de gases de efeito estufa, a iniciativa do *Greenhouse Gas Protocol* (Protocolo do GEE Protocol)[7] define três níveis de escopo. O escopo 1 refere-se a emissões a partir de fontes de GEE que pertencem ou são controladas pela entidade relatada, também conhecidas como *emissões diretas*. O escopo 2 refere-se à inclusão de emissões indiretas de eletricidade provenientes da rede e outros serviços de utilidade, incluindo calor, vapor e resfriamento. O escopo 3 refere-se à inclusão de outras emissões indiretas provenientes da produção de materiais comprados, atividades terceirizadas, veículos de propriedade do contratante, eliminação de resíduos e viagens de negócios do funcionário. Para a maioria das empresas, a extensão de emissões diretas costuma ser apenas uma pequena fração da dimensão das emissões indiretas na cadeia de suprimentos. Por exemplo, uma análise detalhada pela empresa farmacêutica Abbott indicou que as suas emissões indiretas foram cerca de 6 a 14 vezes suas emissões diretas. Para um típico varejista, apenas cerca de 7% do impacto ambiental é direto, com os 93% restantes sendo provenientes de outros ramos da cadeia de suprimentos. Assim, é fundamental medir os impactos sociais, ambientais e econômicos em toda a cadeia de suprimentos.

O segundo desafio na medição e comunicação refere-se ao uso de medidas absolutas ou relativas de desempenho. Uma medida absoluta informa a quantidade total do consumo de energia, enquanto uma medida relativa pode relatar a energia consumida por unidade de produção. A vantagem de usar uma medida absoluta é que ela relata o impacto total da cadeia de suprimentos (supondo que usamos o escopo 3) ao longo da categoria a ser medida. A desvantagem é que uma queda nas vendas e na produção da cadeia de suprimentos irá mostrar uma medida absoluta inferior de consumo de energia, mesmo que a empresa possa não ter melhorado nada. Este foi o caso na Europa em torno de 2012, quando a desaceleração da economia resultou em emissões mais baixas, mesmo quando as empresas não tinham feito quaisquer melhorias. A medida relativa do desempenho, como as emissões por tonelada de produção, é mais eficaz na captura de melhoria. O desafio com o uso de uma medida relativa é a escolha de unidade de base, pois cada categoria pode ser medida em relação a uma variedade de unidades, como dólares de venda, quilogramas de produção ou pés quadrados de espaço. Em geral, é melhor para as empresas medir e comunicar medidas, tanto absolutas como relativas, a fim de obter uma imagem fiel de seu desempenho.

A seguir, vamos elaborar diferentes dimensões dos pilares sociais e ambientais usando Walmart e Starbucks como exemplos.

Pilar social

O pilar social mede a capacidade da empresa de tratar de questões que são importantes para sua mão de obra, clientes e sociedade. Os fatores relacionados com mão de obra incluem a qualidade do emprego, saúde e segurança, treinamento e desenvolvimento, além de diversidade e oportunidade. Fatores relacionados a clientes incluem informações precisas sobre o produto e rotulagem, juntamente ao impacto do produto na saúde e segurança das pessoas que o adquirem. As questões sociais incluem os direitos humanos e o impacto nas comunidades locais.

---

[7] Disponível em: <www.ghgprotocol.org>. Acesso em: 9 de novembro de 2015.

Em seus relatórios de responsabilidade global, tanto o Walmart como a Starbucks informaram cada um dos fatores sociais. As duas empresas obtêm quantidades significativas de produtos a partir de terceiros em todo o mundo. Assim, o seu desempenho em relação à mão de obra deve incluir seus fornecedores. O Walmart tem se concentrado em questões relacionadas com a segurança do trabalhador, o empoderamento das mulheres e o tráfico de pessoas em seus fornecedores. Criou os "Padrões para os Fornecedores" que exigem que os fornecedores eliminem o trabalho forçado ou infantil, ofereçam salários e carga horário de trabalho compatíveis com a legislação local e busquem cuidar da saúde e da segurança dos funcionários. Quando terceiros estão envolvidos, definir padrões não é o suficiente; a empresa deve realizar auditorias confiáveis para garantir que as normas estão sendo seguidas. O Walmart pretende auditar cada instalação a cada 6 a 24 meses. Algumas auditorias são realizadas pela empresa, mas a maioria delas é feita por meio de organizações independentes. A empresa afirma que executou 11.568 auditorias em 2012 e que "os fornecedores foram obrigados a cessar a produção em 214 fábricas por conta de violações graves"[8]. Da mesma forma, a Starbucks afirma ter originado 95% de seu café em 2013 "por meio das práticas C.A.F.E., Fairtrade ou outro sistema auditado externamente".[9] Além de normas e auditorias, é importante para as grandes empresas, como Walmart e Starbucks, fornecer suporte aos seus (muitas vezes muito menores) fornecedores em economias emergentes à medida que avançam em sua jornada em direção a uma maior sustentabilidade. Simplesmente estabelecer padrões seguidos por auditorias pode não ser suficiente se os fornecedores não têm a capacidade de realizar mudanças por conta própria. Um estudo de 2013 feito pelo Global Supply Chain Management Forum na Universidade de Stanford considerou que "a colaboração do fornecedor e a construção de capacidade" parecem estar "fortemente associadas com a melhoria de desempenho da responsabilidade social e ambiental e com os custos operacionais mais baixos".

O custo das auditorias e elaboração de capacidades de fornecedores é muitas vezes suportado por uma empresa, enquanto os benefícios da melhoria do fornecedor dizem respeito a todos os que o utilizam. Como discutido na tragédia dos bens comuns, as grandes empresas não desempenham esforço suficiente sobre as auditorias e elaboração de capacidade em fornecedores por conta da ausência de mecanismos eficazes para a "coerção mútua". Isso pode ser um desafio mesmo com a melhor das intenções. Por exemplo, os varejistas ocidentais e marcas de vestuário reagiram à indignação pública resultante do desabamento da fábrica da Rana Plaza perto de Dhaka, Bangladesh, em 2013, iniciando um grande esforço para melhorar a segurança das instalações. Em vez da coordenação desse esforço, no entanto, eles formaram dois grupos distintos. Um grupo — o Bangladesh Accord For Fire and Building Safety — incluiu muitas marcas europeias, como H&M, Carrefour e Mango, enquanto o outro grupo — a Alliance for Bangladesh Worker Safety — incluiu 26 empresas do Canadá e dos Estados Unidos. Os dois grupos se enfrentaram muitas vezes, diminuindo o esforço global. "Alguns membros da aliança dominada pelos norte-americanos e canadenses disseram que seu lado havia realizado mais inspeções que o europeu, enquanto alguns membros do Accord afirmaram que as inspeções da Alliance eram menos rigorosas"[10]. Nitidamente, a ausência de uma ação coordenada prejudicou os resultados em Bangladesh, apesar de as empresas envolvidas poderem ter tido a melhor das intenções.

Pilar ambiental

O pilar ambiental mede o impacto de uma empresa sobre o meio ambiente, incluindo o ar, a terra, a água e os ecossistemas. As atividades da empresa que melhoram o pilar ambiental podem ser categorizadas como redução de recursos, diminuição de emissões e inovação de produtos. As atividades de redução de recursos resultam em um uso mais eficiente dos recursos naturais na cadeia de suprimentos. A capacidade da Starbucks de reduzir o consumo de água nas lojas operadas pela empresa em 21% entre 2008 e 2013 é um exemplo de redução de recursos. As atividades de redução de emissão reduzem as emissões atmosféricas perigosas (p. ex., gases de efeito estufa), resíduos, descarga de água ou o impacto ambiental da empresa em uma comu-

---

[8] Relatório de Responsabilidade Global do Walmart de 2013.
[9] Relatório da Starbucks de Responsabilidade Global de 2013.
[10] Steven Greenhouse e Elizabeth A. Harris, Battling for a Safer Bangladesh, *New York Times*, 21 de abril de 2014.

nidade. A capacidade do Walmart de reduzir as emissões de gases de efeito estufa em sua base ajustada em 2005 nas lojas em mais de 20% é um exemplo de redução de emissões. A inovação de produtos reflete a capacidade da empresa de reduzir os custos ambientais e os encargos para os seus clientes por meio do desenvolvimento de produtos ou serviços ecoeficientes. O vaso sanitário de alta eficiência, por exemplo, é uma inovação de produto que permite aos usuários reduzir significativamente a sua descarga de água.

Os recursos usados pelas empresas incluem materiais, energia, água e terra. A Starbucks reduziu o consumo de água em suas lojas norte-americanas de 24,35 galões por pé quadrado/mês/loja em 2008 para 19,22 litros, em 2013, por meio da utilização de equipamentos eficientes, juntamente ao monitoramento ativo de consumo. Para reduzir o consumo de energia, o Walmart focou em sua HVAC, refrigeração e iluminação. A instalação de iluminação de LED em freezer pela empresa seguida pelo lançamento da iluminação de LED na área de vendas permitiu a redução do consumo. De acordo com seu Relatório de Responsabilidade Global de 2013, o Walmart diminuiu o consumo de combustível em 2012 e "entregou 297 milhões a mais de cases enquanto percorria 11 milhões milhas a menos". As atividades de redução de recursos não só ajudam o meio ambiente, mas também causam a economia de dinheiro pela empresa. Por exemplo, o Walmart afirmou que o combustível melhorado e a eficiência da entrega de sua frota "fez a empresa e os clientes economizarem quase US$ 130 milhões".

As emissões de uma empresa que podem prejudicar o meio ambiente incluem gases de efeito estufa, dióxido de carbono, substâncias destruidoras de ozônio, nitrogênio e óxidos de enxofre, resíduos e descargas de água. Dado que cerca de 80% das emissões diretas de gases do efeito estufa da Starbucks vêm da energia utilizada para alimentar suas lojas e instalações, a empresa focou na construção de nova lojas operadas de acordo com os padrões certificados pelo U.S. Green Building Council's Leadership in Energy and Environmental Design (LEED). Em 2012 e 2013, cerca de 65% das novas lojas construídas foram certificadas pelo LEED. As sacolinhas de compra são uma fonte significativa de desperdício; os varejistas fizeram um esforço concertado a fim de conseguir que os clientes comecem a usar sacolas multiuso. Esse esforço tem sido razoavelmente bem-sucedido na maioria das regiões do mundo, onde tem vindo a ser implementado. O Walmart afirmou ter reduzido seu desperdício de sacolinhas de plásticos por loja em mais de 38% entre 2007 e 2013. As atividades de redução de emissões podem ter implementação mais desafiadora, porque muitas vezes exigem investimento inicial e mudanças no comportamento de funcionários e clientes.

Apesar de existirem vários exemplos de inovação de produtos amigos do meio ambiente, essa é também uma área em que a maioria das reivindicações devem ser vistas com ceticismo. De acordo com um estudo conduzido pela consultoria de marketing TerraChoice, "mais de 98% dos produtos supostamente naturais e amigos do meio ambiente nas prateleiras dos supermercados norte-americanos estão fazendo promessas potencialmente falsas ou enganosas, e 22% dos produtos estão fazendo reivindicações verdes que não têm significado inerente".[11] O termo *lavagem verde* é muitas vezes usado para se referir a produtos e práticas que parecem verdes, mas fundamentalmente destinam-se a aumentar os lucros.

O Institute for Local Self-Reliance (ILSR) questionou se as afirmações do Walmart no que diz respeito à responsabilidade ambiental são inteiramente justificadas. Ele aponta para o fato de que as demandas do Walmart por preços mais baixos de seus fornecedores fez diminuir a qualidade e a durabilidade de bens de consumo. Isso acelerou o "fluxo de mercadorias da fábrica para o aterro, expandindo enormemente a quantidade de material que os norte-americanos compram e descartam".[12] Ele também observa que os norte-americanos "jogam fora uma média de 83 libras de têxteis por pessoa, principalmente de roupas descartadas, a cada ano". As questões citadas pelo ILSR têm alguma validade e apontam para a dificuldade de avaliar afirmações sobre a responsabilidade ambiental. O Walmart deve ser responsabilizado pelas coisas que os clientes jogam fora? Ou os clientes devem arcar com a responsabilidade de querer produtos mais baratos, que podem ser menos duráveis? Ele também aponta para a importância de ampliar o escopo da análise de toda a cadeia de suprimentos, a partir do cliente para o último fornecedor, ao avaliar o impacto ambiental de uma ação.

---

[11] Erica Orange, From Eco-Friendly to Eco-Intelligent, *The Futurist*, set./out. 2010.
[12] Top Ten Ways Walmart Fails on Sustainability, *Institute for Local Self-Reliance*, abr. 2012.

Ao iniciar sua jornada de melhoria da sustentabilidade, é melhor para uma empresa se concentrar em primeiro lugar em atividades de redução de recursos. Seja reduzindo o material de embalagem, uso de energia ou transporte, as atividades de redução de recursos são mais propensas a fornecer um resultado ganha-ganha que ajuda o meio ambiente melhorando simultaneamente os lucros. Tais êxitos podem fornecer o impulso para as mais desafiadoras atividades de sustentabilidade. O impulso para a redução de recursos é propenso a ser auxiliado pelo aumento de combustível e custos de envio. Conforme os custos de envio crescem, as redes de cadeia de suprimentos são suscetíveis a se tornarem um pouco mais regionais, ajudando a reduzir as emissões de transporte. Contudo, no longo prazo os maiores benefícios para a sociedade são suscetíveis de se acumular quando as empresas incluem os pilares sociais e ambientais ao tomar suas decisões de *sourcing*. É provável que o maior desafio para as melhorias do desenvolvimento social e ambiental seja o fato de a maior parte do esforço ser local para uma empresa (e talvez a sua cadeia de suprimentos), enquanto os benefícios são mais amplamente distribuídos. A tragédia dos bens comuns e a dificuldade de medir a mudança em todo o escopo da cadeia de suprimentos são suscetíveis de tornar o processo real lento, enquanto as empresas continuam a reivindicar grandes melhorias relacionadas com a sustentabilidade.

17.4 Sustentabilidade e condutores da cadeia de suprimentos

As oportunidades para melhorar a sustentabilidade da cadeia de suprimentos podem ser identificadas pela combinação entre os pilares sociais (mão de obra, clientes e sociedade) e ambientais (redução de recursos, diminuição das emissões, inovação de produtos) que descrevemos com os vários condutores da cadeia de suprimentos discutidos neste texto. O objetivo é que todas as empresas meçam o seu impacto ambiental para cada condutor ao longo de cada uma das categorias sociais e ambientais. Nesta seção, discutiremos algumas das oportunidades disponíveis para cada condutor e daremos alguns exemplos.

Instalações

As instalações tendem a ser consumidores significativos de energia e água e emissores de resíduos e gases do efeito de estufa e, assim, oferecem oportunidades importantes para a melhoria rentável. Uma vez que uma empresa mede o impacto direto de cada uma das instalações em termos de energia, água, emissões e resíduos, ela deve separar as oportunidades de melhoria para aqueles que geram fluxos de caixa positivos e aqueles que não o fazem. As empresas bem-sucedidas começam por identificar e implementar primeiro os projetos rentáveis. De acordo com seu Relatório de Responsabilidade Social Empresarial (RRS) de 2011, o Walmart desenvolveu e abriu um protótipo de loja viável que é até 25 a 30% mais eficiente em uso de energia e produz até 30% menos emissões de gases do efeito estufa em comparação à linha de base de 2005. Usar mais lâmpadas econômicas em termos energéticos e construir tetos solares para aproveitar a luz natural cortou o consumo de energia em suas lojas existentes. O Walmart também trabalhou para converter a gestão dos resíduos em suas lojas de um custo a um gerador de lucro. A empresa informou que em 2011 impediu que mais de 80% dos resíduos gerados em suas lojas e centros de distribuição fossem para aterros sanitários. A maior parte desse sucesso veio de "trabalhar com os fornecedores para eliminar os materiais, tornando-se parte do fluxo de resíduos ou reciclagem em primeiro lugar".

Outro exemplo de melhoria rentável vem do uso da tecnologia para equilibrar a carga de pico de energia em uma cadeia de lojas de conveniência. Ajustando adequadamente o tempo em que o ar-condicionado e freezers em suas lojas estão ligados, a cadeia pode reduzir a demanda de pico de energia em toda a rede de lojas, resultando em menores custos para a cadeia e em uma reduzida demanda de carga de pico na rede. Várias empresas estão desenvolvendo o hardware e software necessário para operar tais sistemas. Os esforços para reduzir a carga de pico tendem a ser mais bem-sucedidos quando as utilidades incluem uma taxa de pico, recompensando assim os clientes que reduzem o consumo de pico.

As instalações de produção muitas vezes têm oportunidade significativa de reaproveitar a energia e o calor gerado, além de reduzir o uso de água durante o processo. A Coca-Cola trabalhou duro para reutilizar energia térmica a partir das caldeiras em seu processo de produção e diminuir o seu gasto total de água. Lee (2010) dá o exemplo da Posco, que trabalhou com o seu fornecedor de equipamentos, a Siemens VAI, para criar um novo processo de produção que cortasse os custos e as emissões sem prejudicar a qualidade do produto, utilizando minério de ferro local que tivesse menos qualidade, mas fosse mais barato. Como resultado, a Posco reduziu o custo de uma nova usina de 6% para 17% e diminuiu seus custos operacionais em 15%, enquanto produzia menores níveis de gases do efeito estufa e outros resíduos. Como esses exemplos ilustram, as instalações muitas vezes oferecem a melhor oportunidade para melhorar simultaneamente os desempenhos ambientais e financeiros por meio da inovação.

Estoque

A maioria das cadeias de suprimentos se concentra em matérias-primas, trabalho em processo e estoque de bens acabados, como vemos neste texto. Embora essa forma de estoque seja vista como ativo e esteja incluída nas finanças, algumas empresas ainda consideram o estoque ocioso como um típico aterro. Quando o produto de uma empresa é descartado em um aterro após o uso, o custo desse estoque é suportado coletivamente pela sociedade. Mesmo que o estoque no aterro possa não aparecer no balanço de uma empresa, isso mostra que ele é um dos aspectos mais prejudiciais do ponto de vista da sustentabilidade. Os danos podem ser na forma de aditivos prejudiciais ou sob a forma de energia e de materiais valiosos que ainda estão bloqueados no aterro. Indiscutivelmente, os desperdícios mais significativos em qualquer cadeia de suprimentos ocorrem quando um produto é jogado em um aterro porque tanto os materiais como a energia utilizados para produzi-lo agora estão perdidos para sempre, potencialmente causando danos. O objetivo de cada cadeia de suprimentos deve ser o de acompanhar o seu estoque de aterro e separá-lo em termos de aditivos prejudiciais e valor não utilizado. A avaliação do ciclo de vida pode ser usada para analisar os impactos ambientais associados à vida de um produto do berço até o túmulo. O objetivo deve ser o de reduzir (ou pelo menos limitar) o estoque prejudicial e desbloquear o valor não utilizado em produtos quando eles são descartados. Na Seção 17.5, discutimos os desafios de desenvolver cadeias de suprimentos de circuito fechado que reduzam o estoque de aterro por meio de reciclagem ou refabricação efetivas.

McDonough e Braungart (2002) discutiram a importância do desenvolvimento do "berço ao berço" se estamos realmente limitando o estoque de aterro gerado por uma cadeia de suprimentos. Eles sugerem a criação de produtos "que, quando sua vida útil acabar, não se tornem resíduos inúteis, mas possam ser atirados ao chão para se decompor e tornar-se alimento para plantas e animais, além de constituir nutrientes para o solo; ou, alternativamente, possam retornar aos ciclos industriais para fornecer matérias-primas de alta qualidade para novos produtos". Por exemplo, a Cyberpac, uma empresa britânica, tem desenvolvido vários produtos que procuram substituir embalagens de plástico com equivalentes compostáveis usando recursos à base de amido e plástico hidrodegradável. A Bioplastics Feedstock Alliance, formada por várias empresas, e o World Wildlife Fundo incentivam o desenvolvimento de plásticos a partir de matéria vegetal.

Transporte

O transporte é outro condutor com o qual as empresas tendem a encontrar várias oportunidades de fluxo de caixa positivas que melhoram o desempenho ambiental, por meio de recurso, bem como de redução de emissões. Qualquer inovação no desenvolvimento da cadeia de suprimentos que reduza os custos de transporte também tende a diminuir o consumo de combustível, bem como as emissões e resíduos gerados pelo transporte. Como os custos de combustível aumentam no futuro, as empresas tendem a reestruturar os seus produtos e cadeias de suprimentos para reduzir os custos do transporte. Junto a uma diminuição nos custos de transporte, essas mudanças (como *near-shoring* ou *on-shoring*) também costumam diminuir o consumo de combustível e as emissões. No seu relatório de RRS de 2011, o Walmart relatou que, nos Estados

Unidos, diminuiu a quantidade de combustível utilizado para entregar um case de produto em 65% entre 2005 e 2010. Essa melhora — por meio da agregação aumentada, uma carga mais eficiente de veículos de transporte, além de um aumento em sua eficiência — corta tanto os custos como os danos ambientais. Lee (2010) citou quatro empresas — Hewlett-Packard, Electrolux, Sony e Braun — que formaram uma *joint venture*, a European Recycling Platform, para obter uma melhor economia de escala nos seus esforços de reciclagem. Lee relata que o custo da HP de reciclar câmeras digitais é apenas de 1 ou 2 centavos de euro em países com a plataforma ambiental, em comparação a 7 centavos de euro para 1,24 euros em países sem a plataforma. A Ocean Spray e a Tropicana, com presença em Massachusetts e na Flórida, respectivamente, têm colaborado para tirar proveito dos caminhões de entrega vazios a fim de englobar produtos uma da outra ao longo da Costa Leste dos Estados Unidos, economizando combustível e dinheiro.

O desenvolvimento do produto também pode desempenhar papel significativo na redução dos custos de transporte e nas emissões por meio da redução de embalagens e permitindo maior densidade durante o transporte. A IKEA sempre trabalhou duro para projetar produtos que possam ser enviados de modo compacto a fim de alcançar alto volume e densidade de peso durante o transporte. Como resultado, a empresa não só reduz o seu custo de transporte, mas também diminui as emissões e o uso de energia.

Sourcing

Para boa parte das empresas, o maior impacto social e ambiental ocorre na cadeia de suprimentos estendida fora de sua própria empresa. Esse impacto tem crescido conforme as empresas têm aumentado o seu *sourcing* global, sobretudo em países de baixo custo. Assim, para ter realmente um impacto sobre a sustentabilidade, os agentes poderosos devem prestar atenção à cadeia de suprimentos estendida e trabalhar com seus fornecedores a fim de melhorar o desempenho. Como já mencionado anteriormente, o programa C.A.F.E. na Starbucks incentiva os fornecedores a melhorar sua pontuação de responsabilidade ambiental e social, fornecendo um preço premium. O Walmart e a IKEA também fixaram metas agressivas para seus fornecedores a fim de melhorar a sustentabilidade da cadeia de suprimentos como um todo. A falha em trabalhar com os fornecedores para conquistar a sustentabilidade deve também ser vista como uma potencial fonte de risco que pode causar danos consideráveis à reputação e às vendas de uma empresa. A presença de metais pesados em alguns de seus brinquedos mais populares, por exemplo, forçou a Mattel a fazer *recall* de centenas de milhares de brinquedos vendidos entre abril e julho de 2007.[13]

Verificar e acompanhar o desempenho dos fornecedores no que diz respeito à sustentabilidade, no entanto, continua a ser um grande desafio para a maioria das empresas. Esse desafio surge, pelo menos parcialmente, por conta da tragédia dos bens comuns. Afinal de contas, os benefícios da melhoria da responsabilidade social e ambiental a fornecedores são compartilhados, enquanto os esforços de verificação e acompanhamento são muitas vezes concentrados. Como resultado, as empresas raramente se esforçam tanto quanto deveriam. Em geral, é preciso ativistas externos e terceiros focados na melhoria social e ambiental para incentivar uma empresa a mudar. A jornada da Nike é um exemplo clássico. Foram necessárias revelações do ativista Jeff Ballinger, protestos nos Jogos Olímpicos de Barcelona e protestos de estudantes em campus universitários para acabar com o uso de trabalhadores clandestinos pela empresa. Desde então, ela mudou, tornando-se líder em responsabilidade social. Dado o desafio da tragédia dos bens comuns, os ativistas sempre terão papel significativo a desempenhar no sentido de incentivar as empresas a considerar os pilares sociais e ambientais na tomada de decisões de *sourcing*.

Informação

A boa informação continua a ser um dos maiores desafios para a melhoria da sustentabilidade na cadeia de suprimentos. A ausência de padrões para medição e relato levou a reivindicações de melhoria que muitas vezes não são verificáveis. No curto prazo, isso levou a padrões

---

[13] Louise Story, "Lead Paint Prompts Mattel to Recall 967,000 Toys." *New York Times*, 2 de agosto de 2007.

específicos da empresa e a uma explosão de certificados e agências certificadoras. As empresas falam de trabalhar em direção a um conjunto comum de padrões, mas é improvável que eles surjam porque os incentivos não são alinhados em diferentes empresas. Isso representa um desafio tanto dentro das empresas como em toda a cadeia de suprimentos quando se trata de melhorar a sustentabilidade. Os padrões C.A.F.E e a classificação do fornecedor constituem um esforço da Starbucks para incentivar os fornecedores a se concentrar na sustentabilidade. Plambeck (2007) descreveu os esforços dentro do Walmart para medir e motivar tanto os fornecedores como os associados. Para reduzir as embalagens, o Walmart implementou um quadro de resultados baseado na rede que avaliou as embalagens de cada produto ao longo de nove métricas, como a utilização de cubo e o conteúdo reciclado. Esse quadro de resultados foi utilizado para medir e reconhecer as melhorias na embalagem. Mesmo que os padrões universais talvez não sejam possíveis, o uso de quadros de resultados consistentes dentro de uma cadeia de suprimentos pode percorrer um longo caminho até alinhar os esforços de sustentabilidade de todos os membros da cadeia de suprimentos estendida.

Precificação

Como discutido no Capítulo 16, o uso inteligente de preços diferenciados pode melhorar a utilização dos ativos, levando à redução de recursos. Aviões que são abastecidos por precificações diferentes aumentam os lucros das companhias aéreas, enquanto reduzem o consumo de combustível e as emissões por passageiro. Isso também atrasa a necessidade de capacidade adicional sob a forma de novos aviões. A visibilidade do consumo e a precificação diferenciada por carga ou período do dia têm o potencial de fazer uma diferença significativa no uso de energia por parte dos consumidores. Alguns estudos relataram que, quando as pessoas podem ver quanta eletricidade estão usando e o impacto de desligar aparelhos diferentes, seu uso diminui entre 10 a 15%. Se essa visibilidade é simultaneamente acoplada ao menor preço da eletricidade no período fora do pico, há um potencial para reduzir a procura de carga de pico. Em geral, os picos mais baixos e a utilização melhorada dos ativos por meio da precificação diferenciada aprimoram tanto o desempenho ambiental como o econômico de uma empresa.

Um dos maiores desafios para a melhoria da sustentabilidade de uma cadeia de suprimentos está mudando a disposição do cliente a pagar por um produto que é produzido e distribuído por uma cadeia de suprimentos em uma forma mais sustentável, mas acaba custando mais. De acordo com uma pesquisa de 2011 realizada pela empresa de pesquisa de mercado Mintel para a indústria de serviços alimentícios, os clientes estão dispostos a pagar meramente 1 a 5% a mais pelo encargo sustentável. A falta de vontade de pagar também se estende a empresas ao fazer escolhas relativas à cadeia de suprimentos. Por exemplo, o Walmart não atingiu suas metas para o uso de energia renovável, porque essas fontes têm custos mais elevados em comparação a outras fontes de energia. O uso de energias renováveis pelo Walmart em 2013 diminuiu com relação a 2012, porque ele foi "incapaz de renegociar um contrato que expirava com preços competitivos". Da mesma forma, a Starbucks classificou seu uso das energias renováveis como uma área que "precisa melhorar" em seu relatório de responsabilidade global de 2013. No curto prazo, os incentivos do governo podem incentivar os clientes e as empresas a se comportar de forma mais sustentável. No longo prazo, porém, os esforços para uma maior sustentabilidade irão ganhar corpo somente quando os clientes derem maior valor a ela, possibilitando que as cadeias de suprimentos aumentem seu excedente por ser sustentáveis (apesar dos custos mais elevados).

17.5 Cadeias de suprimentos de ciclo fechado

Como discutimos anteriormente, as cadeias de suprimentos normalmente causam danos significativos para o meio ambiente quando sua produção acaba em um aterro. Uma das maiores oportunidades para melhorar a sustentabilidade é as empresas desenvolverem produtos que utilizem menos recursos e que possam ser reciclados e refabricados depois do uso. Um exemplo comum de um produto refabricado são os pneus remoldados. Eles são utilizados em caminhões, ônibus, equipamentos agrícolas e de construção pesada, aeronaves e automóveis. Têm produção mais barata e podem ser reformados várias vezes. Apesar dessas vantagens, eles representavam apenas "cerca de 3% do total das vendas por empresas norte-americanas dentro do setor de pneus" entre 2009 e 2011.[14] Em 2011, a produção de remoldadores de pneus dos Estados Unidos era limitada pela disponibilidade de carcaças de pneus usados. O exemplo dos pneus levanta duas questões importantes que surgem em todos os setores: Por que não vemos mais exemplos de refabricação? O que pode ser feito para aumentar o retorno do produto usado (como carcaças de pneus)? A extensão da reciclagem ou refabricação depende dos seguintes fatores:

- o incentivo para reciclar ou refabricar;
- o custo de reciclar ou refabricar.

A menos que eles sejam forçados, os fabricantes têm normalmente limitado seus esforços para projetar produtos recicláveis/refabricáveis. Mesmo quando tais produtos tenham sido projetados, as taxas de reciclagem muitas vezes foram baixas por causa da falta de clientes e de esforço do fabricante. A ausência de reciclagem bem-sucedida e refabricação pode ser explicada pela tragédia dos bens comuns — o fabricante teme que os produtos refabricados possam canibalizar a demanda de novos produtos — e pela falta de esforço dos clientes para devolver o produto usado. O custo de um produto que termina em um aterro é arcado pela sociedade (até recentemente, era gratuito para os fabricantes), ao passo que o custo adicional de produtos recicláveis é arcado por cada fabricante. Isso diminui qualquer incentivo para os fabricantes no sentido de fazer esse esforço. Calcott e Paredes (2000) discutiram modelos teóricos para desenvolver incentivos a fim de estimular a criação de produtos que sejam ambientalmente amigáveis. Para incentivar o comportamento adequado nas cadeias de suprimentos, é importante que o poluidor pague o custo infligido na sociedade (referido como o *princípio poluidor-pagador*). Políticas que são compatíveis com essa ideia incluem legislatura de retoma, taxas antecipadas de descarte e programas de depósito-reembolso. A Diretiva WEEE é um exemplo de uma legislatura de retoma em que os produtores têm a responsabilidade pelos resíduos de eletroeletrônicos em fim-de-vida útil na Europa. Os produtores suportam tanto a responsabilidade financeira como a física para atingir os objetivos de reciclagem ou recuperação. As taxas antecipadas de descarte têm sido usadas para materiais como óleo de motor, anticongelante, pneus e os solventes que são difíceis de eliminar. A Califórnia cobra uma taxa de reciclagem de lixo eletrônico para todos os produtos vendidos com uma tela. Programas de depósito-reembolso são utilizados para latas e garrafas quando os clientes pagam um depósito fixo ao comprar refrigerante ou cerveja. A restituição é então fornecida quando os clientes trazem de volta latas vazias ou garrafas. Em cada exemplo citado aqui, o objetivo é estabelecer um custo que incentive a redução dos resíduos e um incentivo positivo que incentive o aumento da reciclagem.

O medo da canibalização da demanda por novos produtos é um grande impedimento para a refabricação. Os fabricantes estão preocupados que as vendas do produto refabricado reduzam a demanda por novos produtos, prejudicando assim a rentabilidade da empresa. O impacto da canibalização depende da presença de distintos segmentos de clientes para o produto. Se existirem pelo menos dois segmentos distintos de clientes, a refabricação pode ser usada para atingir o segmento de menor preço, enquanto novos produtos têm como alvo o segmento de preço mais elevado (ver Capítulo 16). Essa estratégia é usada por fabricantes de pneus para pneus de caminhão, à medida que a refabricação permite que marcas fortes possam competir com marcas mais fracas sem diluir o valor do novo produto. Quando existem dois segmentos distintos, a refabricação pode ajudar em vez de prejudicar os lucros. No entanto, quando essa distinção entre os segmentos não é viável, os clientes tendem a ser estratégicos e adquirir o produto refabricado a um menor preço, levando à canibalização da demanda por novos produtos.

Se um cliente pudesse ser cobrado pela poluição com base no custo exato para a sociedade, os clientes tenderiam a devolver os produtos recicláveis a uma taxa elevada. O desafio, porém, é que a maioria das pessoas paga uma taxa mensal fixa pela coleta, transporte e despejo de resíduos. Em tal cenário, as pessoas têm um incentivo menor para reciclar. Um modelo "pague pelo que descarta", em que o custo incorrido é proporcional à quantidade de lixo jogado fora, tende a

---

[14] U.S. International Trade Commission. *Remanufactured Goods: An Overview of the U.S. and Global Industries, Markets, and Trade*, out. de 2012.

aumentar a reciclagem. A maioria das comunidades com esse sistema exige que os clientes usem sacos de lixo específicos, pelos quais eles são cobrados. Essa abordagem vincula os gastos das pessoas sobre o lixo ao número de sacos que utilizam, recompensando-os, portanto, por reciclar um produto em vez de jogá-lo fora.

Mesmo quando os incentivos adequados estão vigentes, o custo real de reciclagem ou refabricação tem um impacto significativo sobre a extensão da reciclagem. Muito do custo em tais casos está ligado ao custo logístico de coleta e transporte. Eletroeletrônicos são um exemplo clássico de que o alto custo de coleta e transporte prejudica a reciclagem e refabricação. A maioria dos eletroeletrônicos é fabricada na Ásia, com grandes mercados consumidores na Europa e na América do Norte. Não só é caro recuperar equipamentos eletrônicos usados dos clientes, mas também é muito caro enviar quaisquer peças recicladas de volta para a Ásia para refabricação. Isso faz o custo ser alto o suficiente para que os produtos refabricados não tenham muitas vezes produção mais barata do que a dos novos. Uma empresa que está trabalhando para reduzir o custo de refabricação de smartphones é a Brightstar, uma das maiores prestadoras de serviços de remodelação para o setor de telecom. Como o hardware do smartphone se torna mais padronizado e menos sujeito a mudança (com a maior parte das alterações passando para o software), a Brightstar, com centros de remodelagem locais na América do Norte, está esperando fornecer aparelhos remodelados de baixo custo. O uso de peças padronizadas que tornam o processo de refabricação barato, juntamente à presença local que reduz o custo de transporte, aumenta a possibilidade de refabricação bem-sucedida nesse espaço.

As câmeras de uso único foram um dos exemplos mais bem-sucedidos de uma cadeia de suprimentos de ciclo fechado com refabricação. Esse foi um caso em que a refabricação foi bem-sucedida porque todos os incentivos estavam adequados e os custos eram baixos. O custo da coleta foi baixo porque os clientes naturalmente trouxeram suas câmeras de uso único para um varejista a fim de imprimir imagens. Não foram necessários mais incentivos para encorajar os resultados dos clientes. Os fabricantes tiveram o incentivo adequado, porque a refabricação poupou seu dinheiro e não houve diferença de preço entre uma câmera refabricada e um nova. Existem alguns outros exemplos, no entanto, com o mesmo sucesso. Os incentivos adequados para os fabricantes e os clientes, juntamente a uma cadeia de suprimentos reversa bem desenvolvida, serão necessários para uma maior utilização da reciclagem e da refabricação.

17.6 Precificação da sustentabilidade

Para os indivíduos e as empresas focarem na sustentabilidade, é fundamental que internalizem o "valor monetário" do custo social ou ambiental de suas ações. As empresas são estruturadas para considerar, naturalmente, todos os fatores pelos quais têm de pagar. Todo esforço é posto em prática para reduzir esses custos. Por exemplo, as empresas otimizam a utilização de água com base no seu custo. Esse custo não inclui, porém, o impacto da escassez de água na empresa, bem como a comunidade do entorno. Como resultado, as empresas usam mais água do que se tivessem de internalizar o custo da futura escassez na sociedade. Ineficiências semelhantes existem ao longo de uma variedade de fatores sociais e ambientais. Para melhorar a sustentabilidade na cadeia de suprimentos, é então importante incorporar os preços adequados para os impactos sociais e ambientais de diferentes ações, como as emissões. Há, no entanto, desafios significativos para definir esses preços de forma adequada. Discutimos alguns desses desafios no contexto da precificação da emissão.

Precificação de emissões

Os tomadores de decisão de todo o mundo têm dedicado uma atenção significativa à redução das emissões de GEE. Como discutido na tragédia dos bens comuns, as empresas não vão dispender esforço suficiente para reduzir os GEEs, a menos que sejam "forçadas" a reduzir as emissões ou obrigadas a pagar pelo custo social de sua emissão. As políticas propostas incluem legislaturas de tecnologia, padrões de desempenho e precificação de emissões. A atração teórica da precificação de emissões é que ela tem o potencial de alcançar a redução de emissões a um custo menor do que outras abordagens. Um estudo realizado pela OCDE apontou que as cobranças pelas emissões eram mais eficientes, em termos de custo, do que os subsídios ou legislaturas na redução de emissões de dióxido de carbono.[15] Apesar de haver um consenso geral sobre a necessidade de precificar as emissões, estabelecer o preço adequado é um desafio.

Duas abordagens utilizadas para as emissões de preços são um imposto sobre o carbono e um sistema de limitação e comércio. Ao cobrar pelas emissões, ambos os métodos incentivam as empresas a reduzir as emissões por unidade de produção. Os preços nos dois casos, no entanto, são definidos de forma diferente. Sob o imposto sobre o carbono, o preço das emissões é a taxa de imposto definida diretamente pela autoridade reguladora. Um imposto sobre o carbono fixa o preço das emissões, mas a quantidade de emissões é decidida pelos emissores. Sob um sistema de limitação e comércio, a quantidade total de emissões é definida pela autoridade reguladora e o preço é definido de forma indireta. A autoridade reguladora estabelece um limite global sobre a quantidade de emissões, fornecendo licenças de emissão iguais a esse limite. As empresas que emitem menos do que a sua quota de licença de emissão podem vender as licenças excedentes para as empresas que emitem mais do que sua parte. Esse mercado de licenças, então, produz um preço de emissões. Um sistema de limitação e comércio fixa a quantidade de emissões por meio de permissões, mas é permitido mudar o preço das emissões. Um artigo seminal que discutiu os méritos relativos de definição de preços *versus* quantidades foi escrito por Martin Weitzman, em 1974. A dificuldade em ambas as abordagens surge porque os reguladores não têm informações suficientes sobre o custo às empresas individuais de redução das emissões ou sobre o custo das emissões para a sociedade. Na abordagem relativa ao imposto sobre o carbono, essa falta de informação torna difícil definir o imposto correto. A definição de um imposto que é muito baixo resulta em esforços insuficientes por parte das empresas para reduzir as emissões. Por outro lado, definir um imposto que é muito alto obriga as empresas a fazer esforços de redução de emissões que são muito caros. Na abordagem de limitação e comércio, a falta de informação faz com que seja difícil decidir a quota de licenças de emissão. Cotas muito altas resultam em preços muito baixos de emissões, ao passo que cotas pequenas demais resultam em um preço muito alto.

Goulder e Schein (2013) forneceram uma excelente revisão tanto de um imposto sobre o carbono como de limitação e comércio. Em vez de um mecanismo de limitação e comércio puro, em que o mercado estabelece preços em todas as circunstâncias, eles recomendam uma versão híbrida da limitação e comércio, em que licenças de comércio tenham um preço de piso e também um teto. O teto é imposto pela adição de licenças extras quando o preço máximo é atingido (a autoridade reguladora vende licenças ilimitadas ao preço de teto), enquanto o piso é imposto por meio da remoção de licenças (a autoridade reguladora adquire qualquer número de licenças disponíveis para venda, ao preço de piso). Uma grande vantagem da limitação e comércio híbridos em relação a uma limitação e comércio puros é a limitação da volatilidade no preço das emissões, permitindo que as empresas planejem melhor suas atividades ambientais. Goulder e Schein discutiram as seguintes dimensões ao longo das quais qualquer mecanismo de preços emissões deve ser avaliado:

- ***Custo de administração***: o custo de administração de uma política de preços depende de emissões sobre o número de fontes que têm de ser monitoradas. Cobrar os emissores finais pode ser muito complicado, tendo em conta as milhões de entidades. Pode ser mais barato cobrar fornecedores a montante (como empresas de fornecimento de energia), cujos produtos acabam como emissões porque há menos deles (em comparação aos emissores finais). Tanto os impostos sobre o carbono como de limitação e comércio podem potencialmente ser aplicados a fornecedores a montante.
- ***A volatilidade dos preços***: os negócios tendem a preferir a baixa volatilidade dos preços porque lhes permite planejar melhor suas atividades de sustentabilidade. Um imposto sobre o carbono fixa o preço das emissões, ao passo que um sistema de limitação e comércio exibe volatilidade de preços. O sistema de limitação e comércio híbridos limita a volatilidade dos preços, dado um preço de piso e de teto. A volatilidade dos preços em

---

[15] Climate and Carbon: Aligning Prices and Policies, *OECD Environment Policy Paper*, nº 1, Outubro de 2013.

um sistema de limitação e comércio pode ser reduzida, permitindo transações bancárias intertemporais, em que as empresas possam aplicar permissões futuras para as emissões atuais ou poupar permissões atuais para futuras emissões.
- *Incerteza de emissão*: um sistema de limitação e comércio diminui as emissões (exceto quando o preço de teto é atingido), ao passo que um imposto sobre o carbono pode potencialmente ter altas emissões, se o custo de reduzir as emissões for maior do que o imposto. Alguns ativistas ambientais se opuseram ao imposto sobre o carbono, pois ele não garante uma queda nas emissões.
- *Incerteza de novas informações*: como novas informações se tornam disponíveis sobre os custos e os benefícios da redução de emissões (por exemplo, com a introdução de novas tecnologias), o preço das emissões deve se ajustar em conformidade. Um mecanismo de limitação e comércio híbridos com a possibilidade de transação bancária intertemporal (por licenças de emissão a ser guardadas para o futuro ou emprestadas futuramente) é mais capaz de ajustar o preço das emissões com base em novas informações em comparação a um imposto sobre o carbono.
- *Competitividade da indústria*: um país ou estado que está mais adiante na precificação de emissões pode potencialmente prejudicar a competitividade de suas próprias empresas de emissões intensas em relação a empresas que operam fora das suas fronteiras. Em teoria, um imposto na fronteira de bens importados (com base na origem) e uma licença para produtos exportados (com base no destino) podem nivelar o campo de atuação. Na prática, porém, essa abordagem é administrativamente complexa na maioria dos casos porque requer diferentes níveis de imposto com base na origem das importações e de destino para as exportações. Essa complexidade faz os ajustes de fronteira serem muito difíceis de implementar na prática.
- *Transferência de riqueza para os países exportadores de energia*: para um país que importa a maior parte de seu suprimento de energia, um sistema de limitação e comércio tem o potencial de mover a riqueza para os países exploradores de energia. O preço para as emissões é projetado para encorajar o menor consumo de combustíveis como o petróleo bruto. Um cartel de países produtores de petróleo pode, potencialmente, tirar proveito de um mecanismo de limitação e comércio, reduzindo a oferta de petróleo abaixo do nível que seria alcançado com um preço para as emissões. Isso reduziria o preço das emissões sob limitação e comércio para zero porque a demanda por licenças seria menor do que a oferta. Os produtores de petróleo obteriam receitas porque a oferta reduzida elevaria o preço do petróleo. Em vez de a receita do governo local ganhar receita a partir do leilão de licenças de emissão, os produtores de petróleo extraem a receita sob a forma de preços mais elevados. Essa transferência de riqueza não ocorre com um imposto sobre o carbono e é restringida por um sistema de limitação e comércio híbridos. Tal resultado também é limitado se o mercado de fornecimento de energia for competitivo, porque a oferta não pode ser restrita em um mercado competitivo.
- *Neutralidade da receita*: vários estudos indicaram que os custos das políticas de precificação de emissões são minimizados se qualquer receita do governo a partir dessas políticas (sob a forma de um imposto ou de receitas dos leilões de licenças de emissão) é devolvida aos consumidores sob a forma de uma redução das taxas marginais de imposto de renda ou de vendas pré-existentes.

Há um consenso geral de que colocar um preço explícito sobre as emissões é mais eficiente do que outras opções de políticas de redução de emissões. Nesse contexto, os impostos sobre o carbono são simples de administrar e fornecem um preço fixo que as empresas podem planejar. Eles, no entanto, não garantem a diminuição das emissões e é difícil para a autoridade reguladora determinar a taxa de imposto ideal. Mecanismos de limitação e comércio podem ser usados para limitar as emissões e são flexíveis o suficiente para incorporar novas informações assim que estiverem disponíveis, mas podem exibir volatilidade significativa de preços. Para limitar a volatilidade dos preços, o melhor é implementar limitação e comércio com um piso de preço, bem como teto, além de permitir transações bancárias intertemporais de licenças de emissão.

17.7 Resumo dos objetivos de aprendizagem

1. Entender a importância da sustentabilidade em uma cadeia de suprimentos. Como as cadeias de suprimentos se globalizaram e os países emergentes têm crescido, tornou-se cada vez mais claro que os recursos do mundo e meio ambiente não serão capazes de suportar esse crescimento, a menos que as cadeias de suprimentos se tornem mais sustentáveis. Além da necessidade de tornar o mundo mais sustentável, um maior enfoque na sustentabilidade permitiu que algumas cadeias de suprimentos reduzissem o risco, tornassem-se mais eficientes e atraíssem alguns clientes que valorizam esses esforços.

2. Discorrer sobre o desafio à sustentabilidade estabelecido pela tragédia dos bens comuns. Muitas ações que melhorem a sustentabilidade de uma cadeia de suprimentos impõem custos que são locais (a um indivíduo, empresa, cadeia de suprimentos ou país), mas fornecem benefícios comuns que são mais globais. Por outro lado, um desrespeito pela sustentabilidade proporciona benefícios que são locais, mas custos que são compartilhados globalmente. Como resultado, incentivar a sustentabilidade sem alguma pressão externa, na forma de uma legislatura pública ou um incentivo econômico, pode ser difícil.

3. Descrever as dimensões-chave da sustentabilidade para a cadeia de suprimentos. A sustentabilidade da cadeia de suprimentos pode ser avaliada em termos de impactos sociais, ambientais e econômicos. O pilar social inclui o impacto sobre a força de trabalho, clientes e sociedade. O pilar ambiental inclui a redução de recursos, diminuição de emissões e inovação de produtos ambientais.

4. Compreender o papel dos incentivos para os esforços bem-sucedidos de sustentabilidade. A tragédia dos bens comuns torna difícil melhorar os esforços de sustentabilidade de empresas individuais e sem alguma pressão externa. Para diminuir o consumo de recursos e aumentar a reciclagem e refabricação, uma abordagem adequada é tributar o produtor para incentivar a redução de recursos e recompensar o reciclador para aumentar o percentual reciclado. Um preço sobre as emissões é a forma mais rentável de reduzi-las. As emissões podem ser precificadas, tanto por um imposto sobre o carbono como por um mecanismo de limitação e comércio híbridos.

Perguntas para discussão

1. Quais são alguns dos benefícios para a melhoria da sustentabilidade de uma cadeia de suprimentos?
2. Quais são alguns dos desafios que limitam o esforço colocado por cadeias de suprimentos para melhorar a sustentabilidade?
3. Descreva a "tragédia dos bens comuns" no contexto da sustentabilidade da cadeia de suprimentos. Quais são alguns dos mecanismos "mutuamente coercitivos" que poderiam ser implementados para incentivar a sustentabilidade da cadeia de suprimentos?
4. Quais são alguns problemas com as empresas relatando seu desempenho de sustentabilidade com base em métricas que não consideram sua cadeia de suprimentos estendida?
5. Estude o relatório de RRS de um par de empresas. Identifique ações em alguns condutores de cadeia de suprimentos que melhoraram a sustentabilidade. Em quais áreas a empresa encontrou um desafio para melhorar?
6. Discuta algumas razões pelas quais não vemos mais reciclagem ou refabricação de produtos.
7. O esquema de comércio de emissões da União Europeia viu muita volatilidade dos preços na Fase I. Muitos acadêmicos apontaram que grande parte da volatilidade dos preços ocorreu porque o programa impediu a transação bancária de licenças da primeira fase para a segunda. Discuta por que a transação bancária de licenças ao longo do tempo pode reduzir a volatilidade dos preços em um esquema de limitação e comércio.

Referências

CALCOTT, P.; WALLS, M. Can Downstream Waste Disposal Policies Encourage Upstream Design for Environment? *American Economic Review*, maio 2000, 90, p. 233–237.

CREYTS, J. et al. *Reducing U.S. Greenhouse Gas Emissions: How Much at What Cost?* McKinsey & Company, dec. 2007.

FERGUSON, M. E.; SOUZA, G. C. *Closed-Loop Supply Chains*. Boca Raton, FL: CRC Press, 2010.

GOULDER, L. H.; SCHEIN, A. R. Carbon Taxes *vs.* Cap and Trade: A Critical Review. NBER Working Paper n. 19338, ago. 2013.

GUIDE, V. D. R.; WASSENHOVE, L. N. V. The Evolution of Closed Loop Supply Chains. *Operations Research*, jan./fev. 2009, v. 57, p. 10–18.

HARDIN, G. The Tragedy of the Commons. *Science*, 1968, v. 162, p. 1243–1248.

HAWKEN, P.; LOVINS, A.; LOVINS, L. H. *Natural Capitalism*. New York: Little, Brown and Company, 1999.

HORNE, R.; GRANT, T.; VARGHESE, K. *Life Cycle Assessment: Principles, Practice and Prospects*. Collingwood, Australia: CSIRO Publishing, 2009.

LEE, H. L. Don't Tweak Your Supply Chain – Rethink It End to End. *Harvard Business Review*, out. 2010, p. 61–69.

MCDONOUGH, W.; BRAUNGART, M. *Cradle to Cradle*. New York: North Point Press, 2002.

PLAMBECK, E. *Wal-Mart's Sustainability Strategy*. Stanford Graduate School of Business Case OIT-71, 2007.

PROKESCH, S. The Sustainable Supply Chain. *Harvard Business Review*, out. 2010, p. 70–72.

WEITZMAN, M.; Prices vs. Quantities. *The Review of Economic Studies*, out. 1974, v. 41, p. 477–491.

Índice remissivo

7dream.com, 84

A

Abbott, 499
Acordo Norte-Americano de Livre Comércio (NAFTA), 110
Adaptabilidade, redes de distribuição, 101–103
Advanced Micro Devices, 116
Agência de proteção ao meio ambiente, 498
Agregação da aquisição, 437
Agregação de estoque, 419–422, 435–436
Agregação de informação, 437–438
Agregação de recebíveis, 438
Agregação de relacionamento, 438
Agregação de transporte
 com base no valor/demanda, 426
 por intermediários de armazenagem, 436–437
 por intermediários de transporte, 436
Agregação temporal, 423
Agregação
 aquisição, 437
 armazenagem, 437
 capacidade, 435
 diversos produtos, 278–286
 estoque, 435–436, 435–436
 estoque de segurança, 330–342
 informação, 437
 recebíveis, 438
 relacionamento, 438
 temporal, 423
 transporte, 436–437
Alavancas gerenciais
 para coordenação da cadeia de suprimentos, 256–260
 para lucratividade, 372–386
Alinhamento estratégico, 21–22
 adquirir, passos para, 22–30
 cadeia de suprimentos ajustada para o, 30–31
 desafios para adquirir, 34–36
 escopo do. *Ver* Escopo, alinhamento estratégico
 zona de, 27

Alisamento constante, seleção de, 194–195
Alisamento exponencial corrigido por tendência (modelo de Holt), 188–190, 197–199
Alisamento exponencial corrigido por tendência ou sazonalidade (modelo de Winter), 190–191, 200–201
Alliance for Bangladesh
Alloy Steel, 423–424
Alocação da demanda às instalações de produção, 125–126
Alocação de capacidade, 108, 109, 387
 a múltiplos segmentos, 475–478
 modelos. *Ver* Modelos, local da instalação/alocação de capacidade
Alocação de mercado e suprimentos, 109
Alocação de mercado, 109–110
Amazon, 2, 5–6, 9, 16, 21, 42–46, 51, 59, 60, 72–74, 79, 80, 82–84, 87, 89–91, 94–97, 101, 109, 114, 314, 485
AmazonFresh, 81
Ambiente de negócios, 35
American Airlines, 470
Andersen Windows, 55
Apple, 13–14, 34, 71, 88, 94, 434
APS. *Ver* Sistemas de planejamento avançado (APS)
Aquisição, 58. *Ver também* Compras
 ciclo, 9, 11
ArcelorMittal, 7
Armazenagem de varejo, com locais de retirada pelo cliente, 86–87
Armazenagem do fabricante
 com entrega direta, 81–83
 com retirada do cliente, 83–85
 consolidação em trânsito, 78–79
Armazenagem
 agregação, 437
 capacidade, 486
Armazéns, locais, 129–131
Árvores de decisão, 153–160, 162
 definidas, 153
 metodologia, 154
 princípios das, 153–154
Ásia, indústria aérea na, 402
ASN. *Ver* Avisos antecipados de remessa (ASN)

Associação, 257, 260–261. *Ver também* CPFR (Planejamento colaborativo, previsão e reposição)
Ativos perecíveis, táticas de gestão de receita para, 478–485
 overbooking, 483–485
 precificação dinâmica, 479–483
Ativos perecíveis. *Ver* Ativos perecíveis, táticas de gestão de receita para
Ato de Reforma de Embarque Oceânico de 1998, 404
Atuação escassa, 252
Avaliação do ciclo de vida, 503
Avisos antecipados de remessa (ASN), 256–257, 278

B

Ballinger, Jeff, 504
Baltic Dry Index, 112
Bangladesh Accord for Fire and Building Safety, 500
Barilla, 27
Barnes & Noble, 72, 73, 80, 90, 95–96, 114, 329, 336, 419
Benetton, 341, 379–384, 446, 458
Best Buy, 4, 45
BioPharma, Inc., 171–174
Bioplastics Feedstock Alliance, 503
Blockbuster, 35, 38–39, 90, 99–101
Bloomingdale's, 313
Blue Nile, 20, 53, 104–106
BMW, 111–112, 435
Boise Cascade, 440
Borders (rede de livrarias), 5–6, 96, 102
Braun, 504
Brightstar, 436–438, 507
Brunello Cucinelli, 441
BTS. *Ver* Bureau of Transportation Statistics (BTS)
Bureau of Transportation Statistics (BTS), 399, 400

C

Cadeia de suprimentos de ciclo fechado, 505–507
Cadeia de suprimentos
 ajuste, para alinhamento estratégico, 30–31
 capacidades, 25–27

Índice remissivo » 513

coordenação. Ver Coordenação da cadeia de suprimentos
decisões. *Ver* Decisões da cadeia de suprimentos
definida, 1–3
desempenho, condutores da. *Ver* Condutores, cadeia de suprimentos desempenho
estágios da, 2–3
exemplos de, 13–17
incerteza, 23–25
objetivo da, 3–5
planejamento, 6–8
processos, visões de. *Ver* Processos, cadeia de suprimentos
propriedade, fragmentação da, 35
Cadeias de suprimentos multicamada, e estoque de segurança, 345–346
Câmeras descartáveis, 507
Caminhão carregado (CC), 257, 403
Caminhão, 403
Campbell Soup Company, 298
Capacidade da cadeia de suprimentos, 26
Capacidade de segurança, 220–223
  agregação e, 329–342
  cadeias de suprimento multicamadas e, 346
  estimativa e gestão da, 347–348
  estudo de caso, 353–356
  fatores que afetam a, 315–317
  incerteza da demanda e, 327–329
  itens de baixa saída e, 358–359
  média, 52
  nível de, 318–327
  papel da, 313–315
  políticas de reposição, 318, 342–345
  tecnologia da informação (TI) e, 346–347
Capacidade dedicada, 49
Capacidade
  agregação, 435
  dedicada, 49
  estratégia de rastreamento, 212–213
  flexíveis, 49
  gestão de receita e, 476–477
  gestão da, 232–233
  instalação, 49
  planejamento agregado e, 212
Carga fracionada (CF), 257, 402, 403
Carrefour, 499
CC. *Ver* Caminhão carregado (CC)
Celestica, 442
Centralização da informação, 334
CF. *Ver* Carga fracionada (CF)
Chrysler, 436, 461–462, 464
Ciclo de fabricação, 10–11
Ciclo de giro de ativos, 43
  tempo, 50
Ciclo de pedido do cliente, 9–11
Ciclo de reposição, 317
Ciclo de vida do produto, diminuição, 34

Ciclo de vida, diminuição do produto, 34
Circuit City, 361
Cisco, 21, 440, 460, 463
Clientes estratégicos, 481–483
Clientes, tamanho de lote com, 278–285
CMPC. *Ver* Custo mediado pelo peso do capital (CMPC)
Coca-Cola, 110, 176, 302, 503
Coeficiente de interceptação, 186
Coeficiente de variação (cv), 330
Coerção mútua, 496
Colaboração de reposição do CD, 262
Colaboração em reposição de loja, 262
Colaboração entre empresas, 427
Colaboração. *Ver também* CPFR (Planejamento colaborativo, previsão e reposição); Coordenação da cadeia de suprimentos
  previsão, 203
  evento de varejista, 261
  planejamento colaborativo de variedade, 262
  reposição de CD, 261–262
  reposição de loja, 262
  sourcing adaptado e, 462–463
Companhias aéreas, 402
Compartilhamento de informação, 56
  falta de, 251
  Formulação de estratégias de preços, 258–259
Compartilhamento de recompensas, *sourcing* e, 459–460
Compartilhamento de risco, lucros na cadeia de suprimentos e, 449–460
  economias compartilhadas, 459–460
  flexibilidade de quantidade, 456–459
  receitas compartilhadas, 454–456
  recompra, 451–454
Competitividade, precificação de emissões e, 509
Componente aleatório, 180–181
Componente sistemático, 180
  cálculo, 181
Componentes de decisões de instalações, 48–49
Comportamento do cliente, informações sobre, 488
Compra antecipada, 234
  promoções de comércio e, 297–302
Compras, 434
Comunalidade de partes, 342–344
Conceito de encadeamento, 150
Condutores, desempenho da cadeia de suprimentos
  estoque, 45, 50–53
  informações, 46, 54–57
  instalações, 45, 48–50
  precificação (*pricing*), 46–47, 59–61
  quadro estrutural, 45–47
  sourcing, 46, 57–59
  transporte, 45, 53–54

Configuração de instalação regional, 115–117
Consolidação em trânsito, armazenagem do fabricante com, 78–79
Contato reduzido entre cliente e fornecedor, 440
Contenção, 149–150
Contrato de economias compartilhadas, 460
Contratos à vista, 486–487
Contratos de compartilhamento de receita, 454–456
Contratos de flexibilidade de quantidade, 456–459
Contratos de massa, 486–487
Contratos de recompra, 452–455
Contratos
  compartilhamento de receita, 454–456
  de massa, 486–487
  economias compartilhadas, 459–460
  flexibilidade de quantidade, 456–459
  ineficazes, terceirização, 440–341
  recompra, 451–454
Contribuição de volume dos 20 por centro principais SKUs e clientes, 50
CoolWipes, 141
Coordenação da cadeia de suprimentos, 54–55
  alavancas gerenciais para, 254–259
  benefícios de, compartilhamento, 265
  compromisso da alta gestão para, 264
  comunicação e, 264–265
  CPFR, 255, 260–263
  CRP, 259
  custo de, 440
  decisões de sourcing e, 465–466
  desempenho operacional, 256–258
  efeito chicote, 248–249, 253, 258, 263, 265
  estratégias de precificação, 258
  falta de, 248–249
  maximização dos lucros da cadeia de suprimentos, 291–297
  na prática, 264–265
  obstáculos para, 250–254
  por meio de empresas, 240
  recursos e, 264
  tecnologia e, 264–265
  visibilidade e precisão da informação, 255–256
  VMI, 259–260
Coordenação. *Ver* Coordenação da cadeia de suprimentos
Costco, 59, 110, 262, 272, 336, 494
CPFR (Planejamento colaborativo, previsão e reposição), 255, 260–263, 265. *Ver também* Coordenação da cadeia de suprimentos

colaboração de reposição do CD, 262–263
colaboração de reposição da loja, 262
colaboração do evento de varejo, 261
planejamento colaborativo de variedade, 262
riscos e obstáculos na, 263
solicitação organizacional, 262–263
solicitações de tecnologia para, 262–263
Crescimento do mercado, 233
Criação de auditorias e capacidade, 500
Criação de confiança, pela coordenação da cadeia de suprimentos, 259
CRM. *Ver* Gerenciamento de relacionamento com o cliente (CRM)
CTP. *Ver* Custo total de propriedade (CTP)
Cub Foods, 298
Custo de capital, 271
Custo de deterioração, 271
Custo de estoque em excesso, 372
Custo de falta de estoque, 369
Custo de hora extra de mão de obra, 216
Custo de manufatura, 248
Custo de manuseio, 271–272
Custo de manutenção de estoque, 271–272
Custo de manutenção, 271–272
Custo de mão de obra em horário normal, 215
Custo de mão de obra, 249
Custo de obsolescência, 271
Custo de ocupação, 271–272
Custo de transporte de entrega, 54, 73
Custo fixo de pedido, 270
Custo funcional, redução, 32
Custo local, minimização, 32
Custo mediado pelo peso do capital (CMPC), 271–272
Custo operacional, 271–272
Custo total de propriedade (CTP), 444–447
decisões de sourcing e, 465
Custo total de propriedade, 444–447
Custo total, *offshoring* e, 144–147
Custo, planejamento agregado
de contratações e demissões, 216
de estoque e falta de estoque, 216
de materiais e subcontratações, 216
Custos de aquisição, 444
Custos de combustível, 112–113
Custos de lidar com quantidade independente, 271
Custos de logística, e decisões de projeto de rede, 114–115
Custos de pós–propriedade, 444
Custos de recebimento, 272
Custos de transporte, 249, 272
custos de estoque e, 414–422

responsividade do cliente e, 422–424
Custos diversos, 272
Custos fixos, exploração de economias de escala, 272–277
Custos incrementais, 60
Custos logísticos totais, 74
Custos
aquisição, 446
entregas, 85
estoque, 114–115
fabricação, 248
fixos, 272–277
impacto das vendas on-line nos, 90–91
incremental, 60
instalações, 72, 114–115
logística total, 74
logística, 114–115
manuseio, 271
manutenção de estoque, 271–272
manutenção, 269–270
mão de obra, 249
obsolescência, 271
propriedade, 444
recebimento, 272
total, 144–147
transporte de entrega, 54, 73
transporte de recebimento, 54, 73
transporte, 80, 82
variáveis, 60–61
Cyberpac, 503

D

Dabbawalas. *Ver* Mumbai dabbawalas
Dados de demanda do cliente, 255
Dados de ponto de venda (PDV), 259
decisão estratégica, 241
Decisões da cadeia de suprimentos
instalações, 49–50
informação, 54–57
estoque, 50–53
fase de operações, 7
fase de planejamento, 7
sourcing, 57–59
transporte, 53–54
importância da, 5–6
estratégia/fase de projeto, 6–7
Decisões de *offshore*
avaliação das, 165–167
incerteza e, 160–167
Decisões de *sourcing*
benefícios de, 434
componentes de, 56–57
contratos, compartilhamento de risco e desempenho, 449–460
custo total de propriedade (CTP), 444–447
fatores estratégicos, 441–442
fornecedores terceirizados. *Ver* Terceiros
incentivos e, 460–462
na prática, 462–465

papel da, 433–435
seleção de fornecedor, 447–449
sourcing adaptado, 462–465
sourcing interno e terceirização, 435–442
Declarações financeiras
Amazon.com, 41–45
Blue Nile, 106
Macy's, 69
Nordstrom Inc., 42–44
Seven-Eleven Japan, 63
Tiffany & Co., 106
Walmart, 69
Zale Corporation, 106
Dell, 3, 6, 9, 21–22, 35, 71, 78–79, 90, 92–94
Demanda correlacionada perfeitamente negativa, 316
Demanda correlacionada perfeitamente positiva, 316
Demanda não sazonal, 182–184
Demanda sazonal, gestão de receita para, 485–486
Demanda
cliente, dados, 257
gestão da, 233–234
transporte adaptado por, 426
Desconto baseado no tamanho do lote, 258, 285–291
descontos de volume *vs.*, 258, 295
Desconto de curto prazo, 59, 297–299
Desconto de quantidade com base no volume, 286, 295–297
desconto com base no tamanho do lote vs., 258, 296
Desconto fora do período de pico, 486
Desconto por quantidade em todas as unidades, 287–288
Descontos de quantidade
com base no tamanho do lote, 258
com base no volume, 285, 295–297
explorando economias de escala, 285–297
pedidos feito de uma única vez com, 367–368
produtos de bens de consumo, 291–295
todas as unidades, 286–288
unidade marginal, 288–291
Descontos por quantidade unitária marginal, 288–291
Descontos. *Ver também* Desconto de curto prazo, 59
Desempenho de transporte, tecnologia para, 428
Desempenho operacional, coordenação da cadeia de suprimentos, 259–260
Desempenho
cadeia de suprimentos, condutores da. *Ver* Condutores, desempenho da cadeia de suprimentos
decisões de projeto de rede e, 109–110

e-business e, 92, 94, 96, 99–101
empresas, medidas financeiras de, 41–45
medidas, para previsões de demanda, 179–180
Desenvolvimento sustentável. *Ver também* Sustentabilidade
definido, 493
Despacho rápido no CD, 411
Despacho rápido, 411
Desvio absoluto, 192
Desvio médio absoluto (DMA), 192, 193
Dilema do custo do estoque, 416–424
Dilemas, no projeto de transporte, 415–424
custo de transporte e responsividade do cliente, 422–424
custos de estoque, 416–422
Diretório WEEE. *Ver* Waste Electrical and Electronic Equipment (WEEE)
Diretório, 497, 505
Discriminação de preço, 297
Disponibilidade de produto, 71. *Ver também* Nível ideal de disponibilidade de produto
e-business e, 88
estoque de segurança e, 325–327
medida da, 316–317
nível de, 249
Distância e densidade do cliente, transporte adaptado pela, 424–425
Distribuição normal, 357–358
Distribuição
definição, 69
papel na cadeia de suprimentos, 70–71
projeto, 72–75
rede, projeto. *Ver* Projeto da rede de distribuição
DMA. *Ver* Desvio médio absoluto (DMA)
Dole Food Company, Inc., 143
D-Solar, 160–165
Dupla marginalização, 294

E

EBags, 75, 76, 437
e-business
Amazon. *Ver* Amazon
e indústria de aluguel de filmes, 99–101
e indústria de produtos alimentícios, 96–99
e indústria dos computadores, 90–93
e indústria dos livros, 94–96
exemplo de, 16–17
falha da, 5–6
impacto, sobre o custo, 90–91
impacto, sobre o serviço ao cliente, 88–90
Echo Global Logistics, 427, 437
e-business

Economias de escala, 60
custos fixos e, 272–277
descontos de quantidade, 285–297
EDI. *Ver* Intercâmbio eletrônico de dados (EDI)
EDLP. *Ver* Preço baixo todo dia (EDLP)
Efeito chicote, 247–249, 253, 255, 258, 263, 264, 256
Eficiência de tempo de fluxo, 50
Eficiência. *Ver* Capacidade da cadeia de suprimentos
Electrolux, 504
Emissão
excessiva, 497
redução, 500, 501. *Ver também* Pilar ambiental da sustentabilidade
Emissões de gases do efeito estufa, 502
Emissões diretas, 499
Empresas de caminhões, 470
Empresas
capacidades da cadeia de suprimentos de, 26–27
desempenho, medidas financeiras de, 41–45
estratégia competitiva, 115–116
Empresas, coordenação da cadeia de suprimentos por meio das, 246
England, Inc., 28–29
Entrega direta
custos de transporte de, 81
definida, 80
estoque do distribuidor com, 81–83
tempos de resposta por, 82
Entrega por transportadora, armazenagem no distribuidor, 79–81
Entregas diretas não programadas
Entregas no prazo, 58
Entregas
custos, 85
transportadora, armazenagem do distribuidor com a, 81–83
Envios de entregas diretas não programadas no CD, 411–412
EPAM. *Ver* Erro percentual absoluto médio (EPAM)
Época de uma promoção, fatores que influenciam, 234
EQM. *Ver* Erro quadrático médio (EQM)
Equidade entre o café e o produtor (C.A.F.E.), 495
Equipes multifuncionais, decisões de *sourcing* e, 465–466
Ericsson, 147
Erro de previsão, 181
medidas de, 188, 191–193
Erro percentual absoluto médio (EPAM), 193
Erro quadrático médio (EQM), 193
Escopo 1, GHG Protocol, 499
Escopo 2, GHG Protocol, 499
Escopo 3, GHG Protocol, 499
Escopo ágil entre empresas, 34

Escopo entre empresas, alinhamento estratégico, 33
Escopo interfuncional, alinhamento estratégico, 32–33
Escopo intrafuncional, alinhamento estratégico, 32
Escopo intrafuncional, alinhamento estratégico, 32
Escopo, planejamento estratégico, 32–33
definido, 32
interempresarial, 33
interfuncional, 32–33
intrafuncional, 32
intraoperacional, 32
Especialização, 334–336
Esquema de comércio de emissões (ETS), 497
Estoque cíclico, 51
custos fixos, economias de escala para explorar, 272–277
estudo de caso, 309–312
multicamadas, 302–305
papel do, 267–270
promoções comerciais, 297–302
transporte adaptado, 424–426
Estoque controlado pelo fornecedor (VMI), 259–260
Estoque de aterro, 503. *Ver também* Cadeia de suprimentos de ciclo fechado
Estoque de ciclo multicamada, 302–305
Estoque de segurança, 52–53, 223
Estoque em camada, 346
Estoque médio, 52
Estoque obsoleto, 53
Estoque sazonal, 52, 217
Estoque, 45, 50–53. *Ver também* Estoque cíclico; Estoque de segurança
ciclo, 51–52
custos, 117, 248, 416–422
decisões, componentes de, 51–53
e-business e, 90
estratégia de nivelamento, 213
gestão do, 233
média, 53
obsoleto, 53
papel na cadeia de suprimentos, 51
postergação adaptada e, 382–384
postergação e, 379–382
resposta rápida, 374–379
sazonal, 52
segurança, 52
sourcing adaptado, 384–385
sustentabilidade e, 503
Estratégia competitiva e, 19–21
Estratégia competitiva
de uma empresas, 110
e da cadeia de suprimentos, 19–21
Estratégia da cadeia de suprimentos, definindo, 115–116

Estratégia de desenvolvimento do produto, 20
Estratégia de flexibilidade, planejamento agregado, 213
Estratégia de marketing e vendas, 20
Estratégia de nivelamento, 213
Estratégia de rastreamento, 212
Estratégia, cadeia de suprimentos, 6–7
Estrutura de propriedade, modelo de rede de distribuição, 101–102
Estudo de caso
    alinhamento e escopo estratégicos, 38–40
    condutores e métricas, 62–69
    estoque cíclico, 309–312
    estoque de segurança, 353–356
    gestão de receita, 491–492
    planejamento agregado, 228–229
    planejamento de vendas e operações (PVO), 243–244
    previsão da demanda, 205–207
    projeto de rede, 139–141
    redes globais da cadeia de suprimentos, 171–174
    vendas on-line, 104–107
Ethan Allen, 10
ETS. *Ver* Esquema de comércio de emissões (ETS)
Excedente da cadeia de suprimentos, 3–4. *Ver também* Valor maximização, 33
Excedente de barganha, 448
Excedente de cadeia, 3
Excel, distribuição normal no, 357–359
Excel, planejamento de agregação em, 220–223
    erros de previsão, 223
Excesso, 476
Exel, 436
Experiência do cliente
Externalidades positivas, 113
Externalidades, positivas, 113

F

Fábrica da Rana Plaza, Dhaka, 500
Fabricante de automóveis, 15–16
Fabricantes de equipamentos originais (FEO), 81, 442–444
Falta de estoque, 316–317
Falta esperada por ciclo de reposição (FEEC), 357–359
Falta, 476
Fatia de mercado, roubando, 234
Fatores competitivos, e decisões de projeto de rede
    externalidades positivas, 113
Fatores de infraestrutura, e decisões de projeto de rede, 112–113
Fatores estratégicos, e decisões de projeto de rede, 110
Fatores macroeconômicos, e decisões de projeto de rede
    custos de combustível, 112

frete, 112
incentivos de imposto, 111
risco de demanda, 111–112
tarifas, 111
taxa de câmbio, 111–112
Fatores políticos, e decisões de projeto de rede, 112
FCD. *Ver* Fluxos de caixa descontados (FCD)
FedEx, 454
Fenômeno do taco de hóquei, 296
FEO. *Ver* Fabricante de equipamentos originais (FEO);
Flexibilidade de novos produtos, 149–151
Flexibilidade de volume, 150
Flexibilidade do produto, nos processos de produção, 232–233
Flexibilidade mix, 150
Flexibilidade
    avaliação, 154–155
    cadeia de suprimentos global, 149–151
    categorias de, 149–151
    instalações duais, 232
    produto, em processos de produção, 232–233
    rede de transporte, 428
    tempo, 232
Flextronics, 46, 110, 143, 442–443
Flutuações de preço, 253
Fluxo médio real/tempo cíclico, 52
Fluxo teórico/tempo de ciclo de produção, 50
Fluxos de caixa descontados (FCD), 151–152
Ford Motor Company, 133, 436
Forever Young, 173–174
Fornecedores de manutenção, reparo e operações (MRO), 15, 19
Fornecedores. *Ver também* Decisões de *sourcing*
    confiabilidade, 59
    relacionamentos de longo prazo com, 465–466
    seleção de, 58–59, 447–449
    terceiros. *Ver* Terceiros, oferta
Fornecimento
    qualidade de, 58
    tempo de espera, 58
Foxconn, 110, 143
Freight Zone, 427, 437
Frete, 112
fronteira eficiente entre custo e responsividade, 27
Fronteira empurrar/puxar, 10
Função de objetivos, planejamento agregado, 215–216

G

Gamesa, 111
Gap, 332–334
Gateway, 13–14, 71, 88, 94

General Motors (GM), 43
Gerenciamento de relacionamento com fornecedor (SRM), 12, 13
Gerenciamento de relacionamento com o cliente (CRM), 12, 13
Gestão da cadeia de suprimentos (SCM), 4, 55
Gestão de receita
    ativos, perecíveis, 478–483
    benefícios qualificáveis da, 488
    companhias aéreas, 402, 470–471
    contratos, de massa e à vista, 486–487
    demanda sazonal, 485–486
    estudo de caso, 491–492
    papel da, 469–471
    para vários segmentos de clientes, 471–478
    planejamento de oferta e, 489
    prática de, 488–489
Gestão de risco, nas cadeias de suprimento globais, 147–151
Gestão do estoque multicamadas, 345–346
Gestão interna da cadeia de suprimentos (ISCM), 12, 13
Giro de estoque, 52
Global Political Risk Index (GPRI), 112
Global Supply Chain Management Forum , Universidade de Stanford , 500
Globalização
    e incerteza, 34
    impacto nas redes de cadeia de suprimentos, 142–144
GPRI. *Ver* Global Political Risk Index (GPRI)
GPS. *Ver* Sistemas de posicionamento global (GPS)
Groupon, 90, 491

H

H&M, 500
Hardin, Garrett, 495–497
Harley-Davidson, 441
Henkel, 260
Hewlett-Packard (HP), 248, 254, 258, 440–441, 504
HighMed, 419–422
HighOptic, 125–138
Highways. *Ver* Precificação e construção de estradas
Hino Trucks, 147
Home Depot, 175, 411
Honda, 35, 498, 109, 144, 149
Horizonte de planejamento, 210

I

I2 Technologies, 440
IBM, 442
ICC. *Ver* Interstate Commerce Commission (ICC)

Identificação por radiofrequência (RFID). *Ver* Sistema RFID
IKEA, 28, 30, 32, 46, 49, 146, 400, 416, 498, 504
ILSR. *Ver* Institute for Local Self-Reliance (ILSR)
Iluminação com diodos emissores de luz (LED), 494
Implicações culturais, e decisões de projeto de rede, 133
Imposto de carbono, 498, 508–510. *Ver também* Precificação de emissões
Imposto sobre emissão, 496–498
Impostos, 132–133
    incentivos, 111, 133–134
Incentivos da equipe de vendas, 255
Incentivos
    coordenação da cadeia de suprimentos e, 254–255
    imposto, 111, 133
    terceirização e, 460–461
Incerteza da demanda implicada, 25
    características da demanda, correlação entre, 24
    e responsividade da cadeia de suprimentos, 26
    incerteza da demanda vs., 23
    necessidades do cliente e, 22, 23
Incerteza da demanda, 150, 315–316
    vs. incerteza da demanda implícita, 23
Incerteza da oferta, 25
Incerteza. *Ver também* Estoque de segurança
    cadeia de suprimentos, 23–25
    clientes, 232–25
    decisões de projeto global da cadeia de suprimentos sob, 160–167
    demanda implicada, 23
    demanda, 23, 327–328
    estoque de segurança e, 327–329
    globalização e, 34–35
    oferta, 25
    tempo de espera, 327
Índia, varejo na, 4–5
Inditex, 14–15
Indústria aérea
    na Ásia, 402
    nos Estados Unidos, 402
Indústria de aluguel de filmes, e-business e, 99–101
Indústria de computadores, *e-business*, 92–94
Indústria de gênero alimentício, e-business e, 96–99
Industria de livros, e-business, 94–96
Indústria de varejo de diamantes
    Blue Nile, 105
    Tiffany & Co., 107–107
    Zale Corporation, 105–106
Informação, sustentabilidade, 504–505
Informações, 44, 53–56
    decisões, componentes de, 55–56

e-business e, 91
    papel na cadeia de suprimentos, 56
    precisão da, 255–256
    visibilidade das, 255–256
Infraestrutura, transporte, 405–408
Inovação do produto, 499, 500. *Ver também* Pilar ambiental da sustentabilidade
Instalação com foco no produto, 48
Instalação com metodologia funcional, 49
Instalações de produção flexíveis, 50
Instalações de produção, alocação de demanda, 125–126
Instalações duais, 232
Instalações especializadas, 232
Instalações, 45, 48–50
    capacidade, 50–51
    configuração, 116
    custos, 74, 114–115
    decisão, componentes de, 48–49
    e-business e, 89–90
    local, 49
    papel na cadeia de suprimentos, 48–49
    sustentabilidade, 502
    vida útil de, 133
Institute for Local Self-Reliance (ILSR), 501
Intercâmbio eletrônico de dados (EDI), 56, 256
Intermediários de armazenagem, 436
Intermediários de transporte e, 436
Internet, 362. *Ver também* Tecnologia da informação (TI);
Interstate Commerce Commission (ICC), 406
Intervalo de revisão, 343
ISCM. *Ver* Gestão interna da cadeia de suprimentos (ISCM)
Itens estocados continuamente, nível de serviço de ciclo, 369–371

J

Jean-Mart, 268–269
John Deere, 231, 233, 234
Johnson Controls, 464

K

Knight, Phil, 446
Kozmo, 5, 81–82
Kurt Salmon and Associates, 301

L

L. L. Bean, 10–11, 361–364
Lançamentos de produtos
    e-business, 89
    projeto de rede de distribuição, 72, 80, 83
Lavagem verde, 501
Leadership in Energy and Environmental Design (LEED), 501

LEED. *Ver* Leadership in Energy and Environmental Design (LEED)
Lei da raiz quadrada, 332
Lei de Little, 51
Leilão de segundo preço (Vickrey), 448
Leilões, 447–448
Levi Strauss, 31, 385
Li & Fung, 443–444
Liderança sênior, processo de PVO, 241
Locais de retirada do cliente
    armazenagem com o fabricante/distribuidor, 83–85
    armazenagem do varejo com, 86–87
Local da fábrica, 128–130
Local de instalação, 108, 109
    alocação, 109
    modelos de. *Ver* Modelos, local de instalação/capacidade
    seleção de, 117
Local, de instalações, 49
Lojas de varejo com redes de cadeia de suprimentos
    livros, 94–95
    PCs, 92–94
Lucratividade da cadeia de suprimentos, 3–4
Lucratividade
    alavancas gerenciais para a, 371–385
    cadeia de suprimentos, 3–4
    maximização da, 33
    pedidos e, 396
    postergação adaptada e, 384–386
    postergração e, 379–382
    resposta rápida, 374–379
    sourcing adaptado, 384–385

M

Macroprocessos, 12–13
Macy's, 17, 68–69, 315
MAGNA International, 444
Magna Steyr, 435
Mango, 499
Mão de obra sazonal, uso de, 232
Mão de obra
    flexibilidade de tempo, 232
    restrição, 216–217
    sazonal, 232
Margem de lucro, 60
Marriott, 485
Materiais diretos, 464
Materiais indiretos, 464
Mattel, 446–447, 449, 451,456
Maximizar os lucros do fornecedor, discriminação de preços para, 297
McMaster-Carr, 15, 19, 27, 33, 45, 79, 114, 332, 427, 435, 436, 437, 465, 486
Média móvel, 186–187, 196
Mercado à vista, avaliação de, 156–157
Mercados, divisão, 113
Mercedes, 112

Método de alisamento exponencial simples, 187–188, 197
Método de previsão estática, 181–185
Métodos de previsão estático, 181
Métodos de previsão qualitativo, 178
Métodos de previsão seriados por tempo, 178, 180–191
 método estático, 181–185
 previsão adaptativa, 185–191
Métodos de previsão, 177–178
Métricas associadas ao *sourcing*, 57–59
Métricas relacionadas à informação, 57
Métricas relacionadas à precificação, 60–61
Métricas relacionadas ao estoque, 52–53
Métricas relacionadas ao transporte, 53–54
Microsoft Excel. *Ver* Excel, planejamento de agregação em
Modelo "pague pelo que descarta", 506
Modelo de Holt, 188–191, 197–201
Modelo de localização de fábrica com base em capacidade, 118–120, 126–128
Modelo de referência das operações da cadeia de suprimentos (SCOR), 9
Modelo de Winter, 190–192, 200–201
Modelo SCOR. *Ver* Modelo de referência de operações da cadeia de suprimentos (SCOR)
Modelos de otimização de rede, 117–118, 124–125
 fábricas e depósitos locais, 130–132
 instalações de produção, alocação de demanda para, 125–126
 modelo de local de fábrica capacitado, 117–122, 126–130
Modelos gravitacionais de localização, 122–124
Modelos, local da instalação/alocação de capacidade, 117–133
 impostos/tarifas/solicitações do cliente, 132–133
 modelos de local de gravidade, 122–124
 modelos de otimização de rede, 117–118, 124–125
Modos, de transporte, 401–405
Monitoramente dos níveis de serviço, 348
Monitoramento de níveis de serviço, 348
Motorola, 46, 438, 442
Mumbai dabbawalas, 414–415

N

NAFTA. *Ver* Acordo Norte-Americano de Livre Comércio (NAFTA)
Near-shoring, 462–463
Negociações, princípios básicos de, 448–449
Neiman Marcus, 482

Netflix, 99–100,
Neutralidade da receita, precificação da emissão e, 509
New York Times, 379
Nike, 440, 441, 446–447, 504
Nintendo, 361
Nissan, 146
Nível de disponibilidade de produto, 52
Nível de serviço da produção, 50
Nível de serviço de ciclo (NSC), 317, 360
 estoque de segurança e, 318–327
 itens estocados continuamente e, 369–371
 política de reposição e, 321–323
Nível ideal de disponibilidade de produtos, 393
 avaliação intermediária, 394
 excesso em estoque esperado de um pedido, 395
 fatores que afetam, 361–371
 importância do, 360–361
 lucratividade, alavancas gerenciais para, 372–386
 lucratividade, pedidos e, 394–395
 produtos diversos sob restrições de capacidade, 386–388
 simulações de planilha, 396–398
 visão geral, 360
Nível máximo de pedido (NMP), 343–344
NMP. *Ver* Nível máximo de pedido (NMP)
Nokia, 147
Nordstrom, 42–45, 75–76, 315, 346, 361, 372
NSC. *Ver* Nível de serviço de ciclo (NSC)

O

Objetivo, de previsão, 179
Obstáculos ao incentivo, para a coordenação da cadeia de suprimentos, 250
Obstáculos comportamentais à coordenação em uma cadeia de suprimentos, 253–254
Obstáculos de precificação e, para a coordenação da cadeia de suprimentos, 253
Obstáculos de processamento de informação, para a coordenação da cadeia de suprimentos, 250–251
Obstáculos operacionais, para a coordenação da cadeia de suprimentos, 251–253
 comportamentais, 253–254
 incentivo, 250
 precificação, 253
 processamento de informações, 250–251
Obstáculos, para a coordenação da cadeia de suprimentos, 250–254

 comportamentais, 253–254
 incentivos, 250
 precificação, 253
 processamento de informação, 250–251
Ocean Spray, 504
Offshoring, 462–463. *Ver também* Decisões de *sourcing*
 e custo total, 144–147
On-shoring, 462
Opção de aluguel fixo, 157–158
Opção de *onshore*, 162–165
Opção flexível de aluguel, 159–160
Operações, cadeia de suprimentos, 7
Otimização local, 449
Otimização local, na coordenação da cadeia de suprimentos, 250
Otoriyose-bin, 84
Outros custos, 272
Overbooking, 483–485
Overstock.com, 372

P

Pactiv Corporation, 2
Painel intergovernamental sobre a mudança climática, 496
Papel da instalação, 108–109
Participação roubada, 234
Peapod, 82, 96–98
Pedágios, 406–407
Pedido de uma só vez, descontos por quantidade e, 367–368
Pedidos
 estoque em excesso de, 395–396
 estratégias de preços, 258
 lucratividade e, 394–395
 rastreamento, 78, 83
 tamanho, médio, 61
 variabilidade, 57
 visibilidade, 72, 76, 78, 80, 83, 89
Pendência de vendas diária, 58
Pendência pagável diária, 58
PeopleExpress, 470
Pepsi, 302
PepsiCo Inc., 7
Perda de reputação, terceiro, 441
Periodicidade, 184
Pilar ambiental da sustentabilidade, 500–502
 inovação de produtos, 500, 501
 redução de emissão, 500, 501
 redução de recursos, 500, 502
Pilar social de sustentabilidade, 499–500
Planejamento agregado
 definido, 210
 erro de previsão, 223
 estratégias, 212–213
 estudo de caso, 228–229
 Excel e, 219–223
 ferramenta da Red Tomato, 213–221
 horizonte de planejamento, 210
 implementação do, 224–225

objetivo do, 209
papel do, 210–212
problema do, 211–212
programa mestre de produção (PMP), 223–224
programação linear, 213–224
tecnologia da informação (TI) em, 224
unidades agragadas de produção, 211–212
Planejamento colaborativo, 260–261
Planejamento colaborativo, para coordenação da cadeia de suprimentos, 261–262
Planejamento da demanda, 202
módulo, 202
Planejamento da oferta, gestão da receita e, 489
Planejamento de operações. *Ver* Planejamento de vendas e operações (PVO)
Planejamento de recursos empresariais (PRE), 10, 462
Planejamento de vendas e operações (PVO), 56
estudo de caso, 243–245
gestão da demanda, 233–234
na prática, 240–241
variabilidade previsível, 230–231
Planejamento
demanda, integração com a previsão, 181
fase de decisão da cadeia de suprimentos, 6–7
Plataforma de reciclagem europeia, 497
PMP. *Ver* Programa mestre de produção (PMP)
Pneus remoldados, 505
Política de estoque de base de pico adaptada (TBS), 385
Políticas de reposição, 317
revisão contínua, 317, 342–343
revisão periódica, 317, 343–345
Políticas, transporte, 401, 405–408
Ponto de reposição (PR), 317, 347
Ponto de trânsito com despacho rápido, 411
Portfólio de produto, 90
Posco, 503
Postergação adaptada, 382–384
Postergação, 340–342
adaptada, 382–384
PRC. *Ver* Programa de reposição contínua (PRC)
PRE. *Ver* Planejamento de recursos empresariais (PRE)
Precificação alta-baixa *vs.* estratégia de preço baixo todo dia, 58
Precificação de emissões, 507–509
abordagem de limitação e comércio para, 507, 508
competitividade, 509
custo de administração, 508

dimensões avaliativas, 506–507
neutralidade da receita, 509
preço mínimo, 508
teto, 509
volatilidade de preço, 508–509
Precificação dinâmica, 479–483
Precificação e contrução de estradas, 405–407
Precificação por menu, 60
Precificação, 45, 60–61. *Ver também* Gestão de receita
ativos, perecíveis, 478–485
benefícios quantificáveis da, 488
construção de estradas e, 405–406
contratos, de massa e à vista, 486–487
coordenação da cadeia de suprimentos e, 254–255
decisões, componentes de, 58–59
demanda sazonal, 485–486
e economias de escala, 60
e-business e, 88–89
estudo de caso, 491–492
fixos vs. menu, 60
papel da, 469–471
papel na cadeia de suprimentos, 59
pedidos estabilizados, 258
prática de, 488–489
segmentos de diversos clientes, 469–476
sustentabilidade e, 505
tubulação, 404–405
vendas, 60
Precisão da informação, 255
Precisão dos dados, APS e, 224
Preço baixo todo dia (EDLP), 258
precificação alto-baixo vs., 60
Preço de compra
faixa de, 58
média, 58
Preço de venda
amplitude de, 61
média, 61
Preço fixa, 60
Preço médio de venda, 61
Preço médio pago por unidade comprada, 269
Preço mínimo, 508. *Ver também* Precificação de emissões
preços de quase-mercado, 406, 408
Presença local, e decisão de projeto de rede, 114
Prestadores de serviço de fabricação de eletrônicos (SFE), 442–444
Previsão adaptativa, 185–196
alisamento exponencial corrigida pela tendência (modelo de Holt), 188–201
alisamento exponencial corrigida pela tendência e sazonalidade (modelo de Winter), 190–201
alisamento exponencial simples, 187–201

estrutura, etapas, 190
média móvel, 186
Previsão da demanda. *Ver também* Previsão
fatores que influenciam, 179–180
integração do planejamento, 179
na Tahoe Salt, 196–201
papel da tecnologia da informação na, 201–202
papel da, 177–178
técnica básica, 179–180
Previsão
adaptativa, 185–191
agregada, 180
características de, 176–177
colaboração e, 202
colaborativa, 260–263
componentes de, 177–178
coordenação da cadeia de suprimentos, 250–251
de longo prazo, 176
demanda. *Ver* Previsão da demanda
erro, 57
frequência de atualização, 57
gestão de receita, 486–487
horizonte de, 57
métodos, 179–180
nível ideal de disponibilidade do produto da, 372–373
objetivos de, 179
processo de PVO, 240
Previsões agregadas, 176, 180
Previsões de longo prazo, 176
Princípio do poluidor–pagador, 506
Princípios de Bellman, 154
Probabilidade de transição, 154
Processos de produção, flexibilidade do produto na, 232–233
Processos especulativos, 10
Processos reativos, 10
Processos, cadeia de suprimentos
macro, 12–13
visão cíclica da, 8–10
visão de empurrar/puxar da, 10–12
Procter & Gamble (P&G), 2, 33, 71, 110, 142–143, 247–249, 346, 434
Produção
custo por unidade, 50
tamanho de lote, 276–277
Produtos críticos/especializados, 98
Produtos de alta demanda, estoque de, 233
Produtos de consumo, descontos em quantidade para, 291–294
Produtos de demanda previsível, estoque de, 233
Produtos diversos
agregação de, 277–278
componentes comuns por meio de, 233
restrições de capacidade e, 385–388
tamanho de lote para, 277–285

Produtos sazonais, nível de serviço de ciclo ideal para, 364–365, 367
Produtos
  agregação dos, 277–285
  desconto por quantidade por, 293–297
  sazonal, nível de serviço de ciclo ideal, 364–367
  Tamanho de lote por, 272–277
  racionalizar, 258
Programa de chuva ácida, 498
Programa de reposição contínua (PRC), 259, 346
Programa mestre de produção (PMP), 223–224
Programação linear, para planejamento agregado, 215–219
Programas de depósito-reembolso, 506
Projeto da rede de distribuição, 75–88
  consolidação em trânsito, 78–79
  entrega por transportadora, 79–81
  estrutura de propriedade, 100
  fatores que influenciam, 71–74
  locais de retirada do cliente, 82–85
  opções para, 74–87
  remessa direta, 81–83
  seleção de, 87–88
  vendas on-line e, 88–101. *Ver também* e-business
  armazenagem no distribuidor, 83–85
  com entrega direta, 81–83
  com retirada pelo cliente, 83–87
  entrega da transportadora, 79–81
  tempo de resposta sob, 80–81
Projeto de rede de distribuição, 72, 87
  e-business, 88
Promoções com base no scanner, 302
Promoções de comércio
  compra antecipada e, 298–302
  conceito, 297
  estoque cíclico, 297–300
  meta de, 301
Promoções, 90
  baseadas em scanner, 302
Propriedade intelectual, 441
Protocolo do gás do efeito estufa (Protocolo GEE), 499
PVO. *Ver* Planejamento de vendas e operações (PVO)

Q

Quadro de pontuação baseado na rede, 504
Qualidade
  da oferta, 58
  perdas, 50
Quantidade de compra, média, 58
Quantidade econômica de pedido (QEP), 277, 286, 312
Quantidade média de compra, 58
Questões ambientais, 36
Questões sobre qualidade de vida, e decisões de projeto de rede, 133

R

Racionamento, 252, 258
Rastreamento, pedidos, 78, 83
Recessão (2008–2009), 315
Reciclagem, 505–507
Red Tomato
  planejamento agregado na, 211, 213–221
  PVO na, 235–241
Red Tomato, 235–240
  gestão da cadeia de suprimentos, 232–234
Redbox, 35, 39–40, 346, 419
Rede adaptada, 412–414. *Ver também* Rede de transporte
Rede de decisões
  classificação da, 108–109
  decisões de projetos 109
  estrutura para, 115–116
  fatores que influenciam, 110–115
  implicações culturais e, 133
  papel da, 108–110
  questões sobre qualidade de vida, 133
  tempo de vida das instalações, 133
Rede de fornecimento. *Ver* Cadeia de suprimentos
Rede de remessa direta, 409
Rede de transporte, 408–414
  flexibilidade de projeto em, 428
  prós e contras da, 412–413
  rede adaptada, 412–414
  rede de remessa direta para um único destino, 409
  remessa direta com entregas diretas não programadas, 409–410
Redes de cadeia de suprimentos global
  análise de fluxo de caixa descontados, 151–152
  avaliação de, 168
  decisões de *offshoring*, 144–147
  decisões, avaliações de, 153–167
  gerenciamento de risco nas, 147–151
  globalização e, 142–144
Redução de recursos, 500. *Ver também* Pilar ambiental, da sustentabilidade
Refabricação, 505–506
Reformadores de pneu, 505–506
Relacionamentos, por meio da cadeia de suprimentos, 249
Relatório de responsabilidade global (REG) de 2013, 500
Remarcações, 44
Remessa direta com entregas diretas não programadas, 409–411
Remessa direta, 75–78, 79
  armazenagem do fabricante com, 74–76, 77
Remessas de CD, 412
  definidas, 411
  remessa direta com, 411–412
Remessas. *Ver também* Tansporte
CD com deposito, 410
CD usando entregas diretas não programadas, 411–412
  custo de transporte de recebimento médio por, 53
  diretas, 409–411
  embarque, tamanho médio, 54
  recebimento, tamanho médio, 54
  ponto de trânsito com despacho rápido, 411
Reposição, 11
  controle de estágio único de, 256
  colaboração em loja, 262
Requisitos de infraestrutura física, 116
Responsabilidade social corporativa, 498
Responsividade da cadeia de suprimentos, 26, 27
  incerteza implicada e, 29
Responsividade. *Ver* Responsividade da cadeia de suprimentos
Resposta rápida, 372, 374–379
Restrição de contratação, 216–217
Restrição de demissão, 216–217
Restrição de substâncias perigosas (RoHS), 36
Restrições de capacidade, 217
  múltiplos produtos, 385–388
  tamanho de lote, 277–279
Restrições de equilíbrio de estoque, 217
Restrições de limite de hora extra, 217
Restrições, 216–219
Retornabilidadade, 72, 80, 88, 89
Retorno sobre a equidade (ROE), 42
Retorno sobre o nivelamento financeiro (ROFL), 42
Revisão contínua, 318–321, 342–343, 345. *Ver também* Políticas de reposição
Revisão periódica, 317–318, 343–345. *Ver também* Políticas de reposição
Risco de demanda, 111–112
Riscos, implementação de CPFR, 263
Rodovias livres de pedágio, 406–407
ROE. *Ver* Retorno sobre a equidade (ROE)
ROFL. *Ver* Retorno sobre o nivelamento financeiro (ROFL)
Royal Philips Electronics, 147
RSC. *Ver* Responsabilidade social corporativa

S

Sacolas descartáveis, 501
Sacolinha de plástico, 501
Safexpress, 437
Saks Fifth Avenue, 361, 482
Sam's Club, 23, 27, 110, 114
Sazonalidade, 181, 186
SC Johnson, 498
SCM. *Ver* Gestão da cadeia de suprimentos (SCM)

Segmentos de clientes diversos, precificação e receita gestão por, 471-478
Serviço ao cliente, e-business e, 88-90
Seven-Eleven Japan, 5, 8, 21, 23, 27, 46, 47, 55, 62-67, 71, 84-85, 176-177, 257, 269, 400
SFE. *Ver* Prestadores de serviço de fabricação de eletrônicos (SFE)
Sherman Antitrust Act em 1890, 406
Siemens VAI, 503
Simulação, para testar políticas de estoque, 347
Sinal de rastreando (RS), 193
Sistema de limitação e comércio, 497, 508-509. *Ver também* Precificação de emissões
Sistema RFID, 57, 257, 345
Sistemas de empurrar, 56
Sistemas de planejamento avançado (APS), 224
Sistemas de posicionamento global (GPS), 427
Sistemas de puxar, 56
Solicitações de infraestrutura leves, 116
Solicitações do cliente, local da instalação/modelos de alocação de capacidade, 133
Sony, 78, 504
Sourcing adaptado com base no produto, 384-385
Sourcing adaptado com base no volume, 384
Sourcing adaptado, 462-465
  colaboração e, 464-465
  com base no produto, 385
  com base no volume, 384-385
  conceito, 384
Sourcing interno, 58, 434
Sourcing, 46, 57-59, 504
  adaptado, 384-385
  conceito de, 434-435
  decisões. *Ver* Decisões de *sourcing*
  papel na cadeia de suprimentos, 57-58
  projeto de portfólio, 462-465
Specialty Packaging Corporation (SPC), 205-207
Sport Obermeyer, 371-372
SportStuff.com, 139-140
SRM. *Ver* Gestão de relacionamento com o fornecedor (GRF)
Starbucks, 36, 495, 498-501, 504, 505
Steve & Barry's, 361
Subcontratação, 232. *Ver também* Decisões de *sourcing*
Substituição bidirecional controlada pelo cliente, 338-339
Substituição de uma via conduzida pelo fabricante, 337-338
Substituição
  de bidirecional conduzida pelo cliente, 338-339

de unidirecional conduzida pelo fabricante, 337
definida, 337
SunOil, 117-118, 121
Sunsweet Growers, 55
Sustentabilidade, 35-36
  cadeias de suprimento de ciclo fechado, 505-507
  estoque, 503
  informação, 504-505
  instalações, 502-503
  papel na cadeia de suprimentos, 493-495
  Pilares-chave da, 498-502
  precificação de emissão, 507-509
  precificação, 505
  sourcing, 504
  tragédia dos bens comuns, 495-498
  transporte, 503-504
Suzuki, 113

T

Tahoe Salt, 181-185
  previsão de demanda na, 196-201
Tamanho de lote
  clientes e, 278-285
  coordenação da cadeia de suprimentos e, 253-254, 255
  diversos produtos e, 278-285
  produção, 276-277
  produto, 272-276
  promoções comerciais e, 299-300
  reduzir, 257-258
  restrição de capacidade, 277
Tamanho de lote, 268
Tamanho do cliente, transporte adaptado ao, 426
Tamanho médio de lote de produção, 50
Tamanho médio de lote de reposição, 53
Tarifa de duas partes, 295
Tarifas multibloco. *Ver* Descontos por quantidade unitária marginal
Tarifas, 111, 132-133, 133-134
Taxa da disponibilidade de pedido, 316-317
Taxa de atendimento, 53
  estoque de segurança e, 324-327
  política de reposição e, 324-327
Taxa de atendimentoa (ta), 316
Taxa de reciclagem de lixo eletrônico, 506
Taxas de câmbio, 111-112, 160-161
Tecnologia da informação (TI)
  na gestão de estoque, 346-347
  na previsão, 202-203
  no planejamento agregado, 224
  no transporte, 426-427
Tecnologia. *Ver também* Tecnologia da informação (TI)
  decisões de informação e, 56-57
  desempenho de transporte, 426-427
  e decisões de projeto de rede, 110-111

TelecomOne, 125-128
Tempo de configuração, 50
Tempo de espera de reposição, 248, 256, 273
Tempo de espera, 316-317
  reposição, 254
Tempo de execução, fornecimento, 58
Tempo de fluxo de produção, 50
Tempo de processamento, 50
Tempo de resposta de cliente, projeto de rede
  decisões, 113-114
Tempo de resposta, 72
  aos clientes, 89
  sob armazém do distribuidor, 79-80
  para entrega direta, 81-83
Tempo do comprador, 272
Tempo ocioso, 50
Tempo ocioso, 50
Tempo para o mercado. *Ver* Lançamento de produtos
Tendências, 180-187
Terceirização, 56-57. *Ver também* Decisões de *sourcing*
  definida, 434
  excedente da cadeia de suprimentos, 435-441
  fatores estratégicos, 441-442
  incentivos, 459-460
  questões direcionadas à, 434
Terceiros. *Ver também* Decisões de *sourcing*, 442-444
  exemplos, 442-444
  fatores que influenciam o crescimento do excedente por, 438-439
  mecanismos usados para aumentar o excedente por, 435-438. *Ver também* Agregação
  perda de capacidade interna e crescimento, 439-440
  perda de reputação, 441
  perda de visibilidade da cadeia de suprimentos, 441
  riscos de usar, 440-441
TerraChoice, 501
Tesco, 81, 84, 102
Tiffany & Co., 104-107, 482
Tiffins. *Ver* Mumbai dabbawalas
Tomada de decisão, transporte, 427-428
Toyota Motor Corporation, 15-16, 49, 109, 144
Toys "R" Us, 52
Transferência de fundos, 90
Transportadoras ferroviárias, 403-404
Transportadoras, 401. *Ver também* Transporte
  encomendas expressas, 402
Transporte adaptado, 424-426
  por demanda e valor do produto, 426
  por distância e densidade do cliente, 424-425

por tamanho do cliente, 425–426
Transporte aéreo, 402
Transporte de água, 404
    The Wealth of Nations (Smith), 144
Transporte de encomendas expressas, 402–403
Transporte intermodal, 405
Transporte interno, 428
Transporte marítimo, 404
Transporte terceirizado, 427
Transporte, 45, 53–54
    custo de entrega, 54
    custo de recebimento, 54
    custos, 80
    decisões, componentes de, 54
    definido, 400
    dilemas de projeto, 415–424
    e-business e, 91
    fração de, 54
    infraestrutura, 405–408
    interno e terceirizado, 427
    meio de, 54
    modos de, 401–405
    opções de projeto para, 408–414
    papel do, 399–401
    papel na cadeia de suprimentos, 53
    políticas, 401, 405–408
    rede, projeto de, 54
    sustentabilidade, 503–504
    tecnologia da informação (TI) no, 426–427
    tomada de decisão, 427–428
Trilhos, 403–404
    infraestrutura e políticas, 404
Trips Logistics, 152–159
Tropicana, 504
Tubulação, 404–405

U

U.S. Green Building Council, 501
U.S. Postal Service (Serviço Postal Americano), 402
União Europeia (UE), 497
Unilever, 499
UPS, 332, 400, 401, 402, 443
Urbanfetch, 81, 82
Utilização, 48, 213–214

V

Valor, 3
    de semelhança de compontente, 338–340
    de postergação, 340–342
    decisões de informação e, 55
    transporte adaptado, 424–426
Varejistas, promoções de comércio e, 297–302
Varejo de *omni-channel*, 17
Variabilidade da demanda, 57
Variáveis de decisão, no planejamento agregado, 215
Variedade de produtos, 50
    crescimento da, 34
    e-business e, 89
    projeto de rede de distribuição, 72, 82
Variedade previsível, 231–232
Vazamento de dados, 441
Vazamento de dados, 441
Vendas diretas, 89
Vendas perdidas, 44
Vendas periódicas, 61
Vendedores de software, 224

Visão cíclica, processos da cadeia de suprimentos, 8–10
Visão empurrar/puxar, processos da cadeia de suprimentos, 10–12
Visibilidade de informações, 255–256
Visibilidade, pedidos, 72, 76, 77, 80, 83
VMI. *Ver* Estoque controlado pelo fornecedor (VMI)
Volatilidade dos preços, 508–509
Voluntary Interindustry Commerce Standards (VICS)

W

W.W. Grainger, 13, 15, 27, 31, 45, 57, 71, 75, 77, 79–80, 84, 85, 86, 89, 114, 411, 424, 427, 433, 435, 436, 437, 438, 439, 465
Walmart, 2–6, 8, 19, 33, 44, 47, 55, 68–69, 71, 84, 89, 102, 347, 411, 494, 498, 499, 500, 501, 502, 503
Waste Electrical and Electronic Equipment (WEEE), 36
Webvan, 5
Weitzman, Martin, 508
Worker Safety, 500
World Wildlife Fund, 503

Z

Zale Corporation, 106
Zales, 20
Zappos, 16
Zara, 14–15, 30, 45, 58, 110, 150, 269, 379, 446, 463, 483
Zona de alinhamento estratégico, 27–28
Zonas de livre comércio, 111

Sobre os autores

Sunil Chopra

Sunil Chopra é professor emérito de gestão de operações e sistemas de informação da IBM na Kellogg School of Management. Ele atuou como reitor interino e diretor associado sênior de currículo e ensino e codiretor do programa MMM, um programa conjunto de dupla graduação entre a Kellogg School of Management e a McCormick School of Engenering da Northwestern University. Tem PhD em pesquisa operacional pela SUNY, em Stony Brook. Antes de ingressar na Kellogg, lecionou na New York University e passou um ano na IBM Research.

Os interesses de pesquisa e ensino do professor Chopra estão na cadeia de suprimentos, gestão de logística, gestão de operações, além do projeto de redes de telecomunicações. Ele já ganhou vários prêmios de ensino nos programas de MBA e executivos da Kellogg. É autor de mais de 40 artigos e de dois livros.

Ele foi editor de departamento da *Management Science* e editor associado da *Manufacturing & Service Operations Management*, da *Operacional Research* e do *Decision Sciences Journal*. Sua pesquisa recente tem se centrado na compreensão dos riscos para a cadeia de suprimentos e na elaboração de estratégias eficazes de redução dos riscos. Ele também fez consultoria para várias empresas na área da cadeia de suprimentos e gestão de operações.

Peter Meindl

Peter Meindl é gerente de portfólio na Kepos Capital em Nova York. Anteriormente, ele foi agente de pesquisa na Barclays Global Investors, consultor no Boston Consulting Group e na Mercer Management Consulting, além de diretor de estratégia na i2 Technologies. Ele possui PhD, MS, BS e BA pela Stanford e MBA pela Kellogg School of Management da Northwestern University.

A primeira edição deste livro ganhou o prestigiado prêmio Book of the Year em 2002 pelo Institute of Industrial Engineers.